Erziehungs- und Bildungspartnerschaften

Waldemar Stange · Rolf Krüger
Angelika Henschel · Christof Schmitt (Hrsg.)

Erziehungs- und Bildungspartnerschaften

Grundlagen und Strukturen
von Elternarbeit

Herausgeber
Waldemar Stange,
Rolf Krüger,
Angelika Henschel,
Christoff Schmitt,
Leuphana-Universität Lüneburg,
Deutschland

ISBN 978-3-531-16611-7 ISBN 978-3-531-94279-7 (eBook)
DOI 10.1007/978-3-531-94279-7

Die Deutsche Nationalbibliothek verzeichnet diese Publikation in der Deutschen Nationalbibliografie; detaillierte bibliografische Daten sind im Internet über http://dnb.d-nb.de abrufbar.

Springer VS
© VS Verlag für Sozialwissenschaften | Springer Fachmedien Wiesbaden 2012
Das Werk einschließlich aller seiner Teile ist urheberrechtlich geschützt. Jede Verwertung, die nicht ausdrücklich vom Urheberrechtsgesetz zugelassen ist, bedarf der vorherigen Zustimmung des Verlags. Das gilt insbesondere für Vervielfältigungen, Bearbeitungen, Übersetzungen, Mikroverfilmungen und die Einspeicherung und Verarbeitung in elektronischen Systemen.

Die Wiedergabe von Gebrauchsnamen, Handelsnamen, Warenbezeichnungen usw. in diesem Werk berechtigt auch ohne besondere Kennzeichnung nicht zu der Annahme, dass solche Namen im Sinne der Warenzeichen- und Markenschutz-Gesetzgebung als frei zu betrachten wären und daher von jedermann benutzt werden dürften.

Einbandentwurf: KünkelLopka GmbH, Heidelberg

Gedruckt auf säurefreiem und chlorfrei gebleichtem Papier

Springer VS ist eine Marke von Springer DE. Springer DE ist Teil der Fachverlagsgruppe Springer Science+Business Media
www.springer-vs.de

Inhalt

Vorwort 10

Einführung/Überblick

Waldemar Stange
Erziehungs- und Bildungspartnerschaften – Grundlagen, Strukturen, Begründungen 12

Christof Schmitt
Zum Präventionsbegriff und dessen Dimensionen 40

Detlef Gaus
Bildung und Erziehung – Klärungen, Veränderungen und Verflechtungen
vager Begriffe 57

Soziologische, psychologische und pädagogische Grundlagen in ihrer Bedeutung für Erziehungs- und Bildungspartnerschaften

Matthias von Saldern
Das System Schule heute und der Stellenwert der Eltern 68

Rolf Krüger
Das System Jugendhilfe heute und der Stellenwert von Eltern 76

Ulrich Deinet
Lebenswelten als Bildungswelten 82

Mario R. Fox
Erziehung und Gruppe – psychologische Aspekte 92

Uta Meier-Gräwe
Familie – unverwüstlich und anpassungsfähig oder ein Auslaufmodell? 107

Siegfried Keil
Stärkung familialer Beziehungs- und Erziehungskompetenzen durch
Förderung von Erziehungspartnerschaften 114

Klaus A. Schneewind
Erziehungsstile 122

Das Verhältnis zwischen Eltern und den Bildungseinrichtungen bzw. der Jugendhilfe: rechtlich, politisch und ökonomisch

Klaus Jürgen Bönkost
Bildungsökonomische Aspekte 128

Rolf Krüger/Christof Schmitt
Rechtliche Rahmenbedingungen des Verhältnisses von Eltern, Schule
und Jugendhilfe 140

Susanne Soppart-Liese
Staatliche Bildungspolitik als sozialpolitische Steuerungspolitik 146

Irene Gerlach/Siegfried Keil
Eckpunkte einer modernen Familienpolitik 151

Rolf Krüger
Kommunale Kinder-, Jugend- und Familienpolitik – Einflussmöglichkeiten von
pädagogischen Fachkräften 162

Carsten Spies
Bürgergesellschaft/Zivilgesellschaft auf dem Hintergrund der kommunalen
Kinder-, Jugend- und Familienpolitik 169

Andreas Borchers
Qualitätskriterien der Kinder-, Jugend- und Familienfreundlichkeit 175

Sabine Kirk
Elternmitwirkung im schulrechtlichen Rahmen der Ländergesetzgebung 182

Andreas Eylert
Elternmitbestimmung in der Kita: Rechtliche Rahmenbedingungen und
institutionalisierte Formen 190

Hartmut Häger
Elternarbeit aus der Sicht der Schulaufsicht 197

Mario Tibussek
Lokale Bildungslandschaften – Bildungswege vor Ort gestalten 207

Hans Günther Homfeldt
Kooperation der sozialen Dienste – Hemmnisse und Lösungshinweise 215

Rolf Krüger
Finanzierung von Elternarbeit 225

Nationaler und internationaler Forschungsstand Erziehungs- und Bildungspartnerschaft

Werner Sacher
Erziehungs- und Bildungspartnerschaften in der Schule: zum Forschungsstand 232

Manuela Westphal/Karin Kämpfe
Elternarbeit im Bereich Kita: empirische Forschungsergebnisse 244

Andreas Vossler
Erziehungs- und Familienberatung im Spiegel der Forschung 255

Inhalt

Friedrich Lösel/Daniela Runkel
Empirische Forschungsergebnisse im Bereich Elternbildung und Elterntraining 267

Akteure im kommunalen Netzwerk: die Elternarbeiter in den Institutionen, Kooperationspartner, Stakeholder und Netzwerke

Rolf Krüger/Nina Krüger
Kooperationspartner, Netzwerke, Stakeholder im Bereich der Elternarbeit 280

Andreas Eylert
Vielfalt als Chance – Elternschaft als heterogenes Gebilde 286

Werner Sacher
Schule: Elternarbeit mit schwer erreichbaren Eltern 297

Christiane Solf
Ehrenamtliche Erziehungs- und Bildungspartnerschaften mit Kindern,
Jugendlichen und ihren Eltern 304

Adelheid Smolka
Der Orientierungs-, Informations- und Bildungsbedarf von Eltern 311

Ausgewählte Eltern-Zielgruppen: Einstellungen, Bedürfnisse, Interessenlagen und Zugänge, Schwierigkeiten

Christoph Grote
Zusammen wachsen – Väter in Erziehungspartnerschaften 320

Cengiz Deniz
Perspektiven für die Elternarbeit mit migrantischen Familien 326

Angelika Henschel
Zwischen Überforderung und Anspruch – Bildungs- und Erziehungspartnerschaften
mit Ein-Eltern-Familien 332

Cengiz Deniz
Väterarbeit mit migrantischen Vätern – eine Praxisreflexion 338

Angelika Henschel
Erziehungs- und Bildungspartnerschaften – ein Thema für die Frauenhausarbeit? 345

Uta Meier-Gräwe
Bildungsarmut – und kein Ende in Sicht? 353

Themen, Problemstellungen und Ziele von Erziehungs- und Bildungspartnerschaften

Wilfried Griebel
Übergänge zwischen Familie und Bildungssystem im Lichte des
Transitionsansatzes – Übergänge I – III und die Rolle der Eltern 360

Hermann Rademacker
Transition IV: Übergang Schule – Beruf 365

Birgit Schwarz
Beobachtung und Reflexion als zentrales Instrument der Erziehungs- und
Bildungsbegleitung in der Kindertagesstätte 373

Sabine Kirk
Schlüsselthemen der Elternarbeit in der Schule 379

Margitta Rudolph
Außerschulische Lernbegleitung 384

Andrea Bargsten
Ziele von Erziehungs- und Bildungspartnerschaften 391

Arbeitsformen/Methodenmuster

Waldemar Stange
Überblick zu den Arbeitsformen: Methoden-Muster 398

Heinz-Roland Möhle
1. Methoden-Muster: Information 411

Heinz-Roland Möhle
2. Methoden-Muster: Gestaltung von Beziehungen, Kontaktpflege, Klima 415

Heinz-Roland Möhle
3. Methoden-Muster: Austausch, Koordination, Abstimmung 419

Kristine Langhorst
4. Methoden-Muster: Beratung 422

Kristin Hartmann
5. Methoden-Muster: Coaching 428

Heike Görtemaker
6. Methoden-Muster: Direkte materielle Unterstützung –
Hilfen außerhalb der gesetzlichen Ansprüche 430

Andrea Bargsten
7. Methoden-Muster: Training von Erziehungskompetenzen 435

Waldemar Stange
8. Methoden-Muster: Partizipation und Verhandlung – Elternbeteiligung und
-mitbestimmung 438

Andreas Eylert
9. Methoden-Muster: Elternmitarbeit in der Einrichtung – pädagogische Angebote
durch/mit Eltern 451

Andreas Eylert
10. Methoden-Muster: Elternselbstorganisation und -selbstverwaltung –
„Können die das schaffen? – Ja, die schaffen das!" 456

Christof Schmitt
11. Methoden-Muster: Netzwerkarbeit 460

Nina Krüger
12. Methoden-Muster: Presse- und Öffentlichkeitsarbeit 467

Transferbedingungen für Konzepte von Erziehungs- und Bildungspartnerschaften

Waldemar Stange
Qualitätskriterien und -indikatoren für Erziehungs- und Bildungspartnerschaften – ein
Praxisinstrument 476

Rolf Krüger/Angelika Henschel/Christof Schmitt
Grenzen von Erziehungs- und Bildungspartnerschaften 486

Thomas Dirscherl/Ronja Born
Elternkompetenzen und seelische Gesundheit von Kindern fördern –
säulenübergreifend, multidisziplinär und evidenzbasiert 500

Andreas Eylert
(Selbst-)Evaluation im Rahmen von Erziehungs- und Bildungspartnerschaften 508

Waldemar Stange
Elternarbeit als Netzwerkaufgabe 518

Verzeichnis der AutorInnen 556

Vorwort

Kindertagesstätten, Schule sowie Kinder- und Jugendhilfe sind in Deutschland heute die bedeutsamen Einrichtungen, wenn es gilt Minderjährige zu unterstützen, Problemlagen zu vermeiden bzw. aufzufangen und sie zu einem selbstbestimmten Leben zu befähigen. Ihre zunehmende Bedeutung als Sozialisationsinstanz für die Entwicklung, Erziehung, Betreuung und Förderung von Mädchen und Jungen resultiert nicht zuletzt aus den gestiegenen Anforderungen, mit denen sich Familien heute konfrontiert sehen. Dennoch zeigt die Erfahrung, dass das Elternhaus in den meisten Fällen immer noch als die wichtigste Erziehungs- und Bildungsinstanz anzusehen ist. Ohne effektive Einbeziehung der Eltern müssen deshalb viele gutgemeinte Initiativen und Bemühungen zugunsten der Kinder und Jugendlichen ins Leere laufen.

Wie lassen sich Kommunikation, Austausch, Kooperation mit Müttern und Vätern in der Praxis intensivieren und verbessern? Was konkret müssen also die Fachkräfte beachten, wollen sie die – oft zeitfressende, halbherzig durchgeführte, mitunter auch undankbare – Elternarbeit auf ein für alle Seiten tragendes Fundament stellen? Für diese Bemühungen steht der zielführende Begriff der *Erziehungs- und Bildungspartnerschaften*. Diese Partnerschaften zwischen Kindertagesstätte, Schule, Jugendhilfe und Familie sind niemals als Selbstzweck gedacht, dienen nicht (nur) dem freundlichen und kommunikativen Miteinander. Im Fokus steht immer die eigentliche Zielgruppe und deren positive Entwicklung: die Kinder und Jugendlichen. Und im Fokus steht ein neuer Weg: die Entwicklung kommunaler *Präventions- und Bildungsketten* auf dem Hintergrund von Gesamtkonzepten und Netzwerkansprüchen.

Gelingende Erziehungs- und Bildungspartnerschaften – wie lässt sich dieser Zielvorgabe Leben einhauchen? Um fundierte und für die Praxis ergiebige Antworten auf diese zentrale Frage aufzuspüren, haben die HerausgeberInnen die beiden korrespondierenden Bände „Erziehungs- und Bildungspartnerschaften – Elternarbeit in Kooperation von Schule, Kita, Jugendhilfe und Familie" mit Beiträgen namhafter Fachleute zusammengestellt.

Band 1 – „Elternarbeit in Kooperation von Schule, Kita, Jugendhilfe und Familie" – liefert das notwendige Fundament, um Zusammenhänge, Aspekte und Argumentationslinien zum Themenbereich besser durchdringen zu können. Interessierte LeserInnen finden hier eine umfangreiche Bestandsaufnahme der Ist-Situation aus z.T. recht unterschiedlichen Blickwinkeln, wissenschaftlichen Disziplinen und Zugängen zum Themenfeld. Außerdem werden wertvolle konzeptionelle Ideen und strukturelle Umsetzungsmöglichkeiten aufgezeigt, die zu gelingenden Erziehungs- und Bildungspartnerschaften führen bzw. helfen können diese effektiv und langfristig zu implementieren.

Band 2 – das „Praxisbuch: Elternarbeit als Netzwerkaufgabe" – ergänzt die Ausführungen des Grundlagenbandes mit einer umfassenden Palette von Beispielen erfolgreicher Erziehungs- und Bildungspartnerschaften, aufgefächert nach Lebensalter der Kinder, nach Lebenslagen, Themenfeldern und auch nach Institutionen. In detaillierten, anschaulichen Praxisportraits werden gangbare Wege und Erfolgsfaktoren für gelingende Partnerschaften geschildert – unter Einbezug der Klippen und Schwierigkeiten, die sich in der Realität manchmal in den Weg stellen. Erfahrene Fachkräfte teilen mit uns ihren reichen Erfahrungsschatz, der in vielen Fällen unterstützend wirken wird, um Fehler zu vermeiden und die vorhandenen Ressourcen zielgerichtet einzusetzen.

Erziehungs- und Bildungspartnerschaften mit den Eltern stellen in der Praxis mitunter einen anspruchsvollen, aber unverzichtbaren und allemal lohnenden Weg dar, wie die Fülle der erfolgreichen Projekte in Band 2 eindrucksvoll dokumentiert.

Die Herausgeber

Waldemar Stange

Erziehungs- und Bildungspartnerschaften – Grundlagen, Strukturen, Begründungen

1. Einleitung

Es gibt zurzeit eine bunte Vielfalt an spannenden Konzepten für Elternarbeit, Elternpartizipation, Erziehungs- und Bildungspartnerschaften aus Forschungs- und Modellprojekten. Dieses aufregende Spektrum an kreativen Ansätzen harrt aber noch des Transfers in die Breite und in den Alltag. Die vorhandenen Ansätze stehen im Allgemeinen noch unverbunden nebeneinander. Die Einzelansätze werden meistens nicht aufeinander bezogen und zu keinem Gesamtsystem verbunden. Es gibt nur wenige Ansätze (z.B. die *Familienzentren* und die *Early-Excellence-Centers*), die sich solch einem Gesamtsystem anzunähern versuchen. Wirklich überzeugende integrierte und vernetzte Gesamtsysteme sind bisher nur an ganz wenigen Orten – wie z.B. im Monheimer Projekt *Mo.Ki – Monheim für Kinder* (siehe dazu das Praxisportrait im parallel erscheinenden Praxisbuch[1]) oder das *Dormagener Modell* (Jugendamt der Stadt Dormagen 2011) – in die Praxis implementiert worden. Überlegungen zu solch einem Gesamtsystem werden im Schlussaufsatz dieses Buches skizziert.

Im vorliegenden Beitrag geht es darum zu begründen, weshalb ein solches *kommunales Gesamtsystem für Prävention und Bildung* mit dem Fokus auf *Erziehungs- und Bildungspartnerschaften* dringend notwendig ist. Dabei gilt es aber immer im Blick zu behalten, dass es bei jeder Form der Elternarbeit in letzter Instanz immer um die *Kinder und Jugendlichen* geht. Jede Strategie, jede Methode, jedes Programm-Muster der Praxis muss sich vor diesem Grundsatz legitimeren!

2. Was sind Erziehungs- und Bildungspartnerschaften? – Begriffsklärung

Der Begriff *Erziehungspartnerschaft* ist zunächst in der Elementar- und Kindergartenpädagogik aufgetaucht. Damit sollte die enge Kooperation von Kindertagesstätten mit den Eltern, aber auch bereits die Partnerschaft mit den Schulen abgebildet werden. Einer etwas anderen Diskurslinie entstammt der Begriff *Bildungspartnerschaft*, der eher den Bereich der formellen Bildung, also den der Schulen, der Hochschulen, die Kooperation mit Unternehmen, die berufliche Aus- und Weiterbildung sowie die Intensivierung ihrer Kooperationszusammenhänge widerspiegelte. Hier wurde sozusagen bereits das vorbereitet, was wir heute als *Kommunale oder Lokale Bildungslandschaften* erörtern. Der dann in den 1990er Jahren zunächst sukzessiv, dann massiv erhobene Anspruch, dass auch der Elementarbereich einen fundierten Bildungsauftrag habe, führte dann zur Zusammenführung dieser Linien – und zu der Auffassung, dass es auch hier um Erziehungs- und Bildungspartnerschaften – im Rahmen größerer Gesamtzusammenhänge im Sinne von Präventions- und Bildungsketten, die alle Lebensphasen und Institutionen umfassen – ginge (ausgeführt im Schluss-Artikel, S. 521 ff.) – eine Auffassung, die auch in diesem Buch vertreten wird.

---

1 Stange/Henschel/Krüger/Schmitt (Hrsg.) (2011): Erziehungs- und Bildungspartnerschaften – Praxisbuch: Elternarbeit als Netzwerkaufgabe. Wiesbaden: Verlag für Sozialwissenschaften

Der Diskurs um Erziehungs- und Bildungspartnerschaften ist zwar neueren Datums, der dazu als Hintergrundfolie mitzudenkende reichhaltige Erfahrungsschatz der Elternarbeit in den Bildungsinstitutionen dagegen ist sehr alt. Das *Know-how der Elternarbeit* und die Einzelinstrumente sind im Kern seit langem bekannt. Die Tatsache, dass die einzelnen Ansätze nicht wirklich neu sind, zeigt schon ein Blick in die Geschichte: Leicht lässt sich der Bogen spannen etwa von der Mütterbildung im Kaiserreich und der Weimarer Republik über die Traditionen konventioneller Elternarbeit in Schulen (Elternabende, Elterninformationen) und die Elterninitiativen im Anschluss an die Kinderladenbewegung Anfang der 1970er Jahre bis hin zu den vielfältigen Traditionen der Elternarbeit in Kindertagesstätten[2]. Das hat zu vielschichtigen Begriffsbildungen bzw. uneinheitlich verwendeten Begriffen geführt wie: *Elternarbeit, Elternpädagogik, Elternbildung, Familienbildung, Elternförderung, Eltern-Coaching, Elternberatung, Elterneinbeziehung, Elternmitwirkung, Elternmitbestimmung, Elternpartizipation, Elternkommunikation, Eltern-Kooperation, Erziehungspartnerschaften, Bildungspartnerschaften* oder eben *Erziehungs- und Bildungspartnerschaften*. Wie lässt sich dieses relativ willkürliche Begriffswirrwarr ordnen?

Im Kern geht es immer um *Kommunikation* und *Kooperation* der Bildungseinrichtungen mit Eltern. Diese sind dennoch nicht automatisch *Elternpädagogik*, nur weil sie im pädagogischen Feld stattfinden. So sind z.B. Absprachen, Abstimmungen und Koordinationsversuche zwar Elternarbeit, diese muss jedoch nicht zwangsläufig pädagogischen Intentionen unterliegen. Das bedeutet: Elternpädagogik und Elternbildung sind lediglich ein Teilelement, eine Unterform der Elternarbeit. *Erziehungs- und Bildungspartnerschaft* wiederum ist schlicht eine besondere Ausprägung von Elternarbeit – nämlich deren positive Ausprägung. Der Begriff *Erziehungs- und Bildungspartnerschaft* verweist auf die Zieldimension!

Nebenbei und ergänzend bemerkt: Auch *Elternpartizipation* ist nicht automatisch *Erziehungspartnerschaft*. Es gibt eine Reihe von Partizipationsrechten für Eltern, die gelegentlich durchaus konflikthaft ausgestaltet werden und sich nicht immer im partnerschaftlichen Gewand zeigen. Und: Der Begriff *Elternarbeit* erfasst – anders als Erziehungspartnerschaft – auch die Problemzonen, Schwierigkeiten und negativen Seiten der Kommunikation mit Eltern. Außerdem ist der Terminus Elternarbeit aus der Sicht der Fachkräfte, also der professionell-pädagogischen Seite, formuliert. Er mag zudem auch ein wenig ideologielastig und verschleiernd wirken, weil in der realen Praxis meistens ja – schon aus rechtlichen Gründen – faktisch oft ein Ungleichgewicht zwischen beiden Seiten und keine echte Partnerschaft gegeben ist. Viele ziehen deshalb den Begriff der *Eltern-Kooperation* vor als einen ehrlichen und unverfänglichen Begriff. Aber auch das wäre weitgehend eine positive Zielbeschreibung. Was also ist sinnvoll und richtig?

Zum einen ist der nach wie vor zutreffende Oberbegriff für alle genannten Formen immer noch der Begriff *Elternarbeit*, da er alle Formen der organisierten Kommunikation und Kooperation zwischen pädagogischen Einrichtungen und den Eltern umfasst – einschließlich aller Problemzonen, aber auch aller Potenziale. Zum anderen soll der spannende aktuelle

---

2   Wir verfügen heute allerdings in etlichen Feldern über neue Instrumente gegenüber diesen Traditionen und über neu ausgerichtete und breiter ausgebaute Strategien: Neu an der derzeitigen, hochspannenden Situation ist vor allem, dass die Vielzahl bekannter Instrumente und Interventionen aus ihrer Unverbundenheit und wirkungslosen Isolierung herausgeholt und zu völlig neuen integrierten und vernetzten Strategien verbunden werden. Dazu später mehr. Nicht wirklich neu ist im Übrigen auch, dass wir seit langem eine völlig ausreichende breite rechtliche Normierung der Elternarbeit haben.

Fachdiskurs um Erziehungs- und Bildungspartnerschaften, der doch einen wahrnehmbaren Paradigmenwechsel erkennen lässt, aufgegriffen werden. Alles in allem könnte deshalb eine Formulierung lauten: *Elternarbeit als Erziehungs- und Bildungspartnerschaft!*

Der Begriff Erziehungs- und Bildungspartnerschaft hat aber noch eine zusätzliche, sehr wichtige Bedeutung. Da es um die Kooperation von Eltern, Bildungseinrichtungen und Jugendhilfe beim gemeinsamen Aufbau einer lern- und entwicklungsförderlichen Umgebung für Kinder und Jugendliche geht, verweist er darauf, dass neben den Eltern und der jeweiligen Bezugsinstitution noch eine Vielzahl weiterer Partner berücksichtigt werden muss: das gesamte *sozialökologische Umfeld (der Sozialraum)*, alle weiteren *Institutionen, Organisationen, Personen*, die sich sonst noch um das Kind bzw. den Jugendlichen und um die Eltern kümmern. Es geht also um einen *systemisch-ökologischen und kontextuellen Bildungsbegriff*, d.h. um eine sehr umfassende und integrierte Auffassung von kindlicher Entwicklung. Um dieses Netzwerk zu erfassen und die erforderliche Vielfalt der zu koordinierenden Einflüsse zu betonen, ist der Begriff *Erziehungs- und Bildungspartnerschaft* am besten geeignet. Er verknüpft dabei Erziehung und Bildung in einer integrierten Entwicklungsbetrachtung, die stark autopoietisch und konstruktivistisch bestimmt ist. Dabei wird die eigene Entwicklung auch vom Kind selber eigenständig in einem komplexen sozialökologischen Umfeld und in vielfältigen sozialen Beziehungen aktiv *ko-produziert*. Eine solche Auffassung vom Kompetenzerwerb in einem komplexen und vielfältigen sozialökologischen Lernprozess, der vom Kind aktiv in dessen sozialen Netzwerken und Beziehungen bewältigt wird, erfordert natürlich auch auf der Angebots- und Planungsseite eine *ganzheitliche* und umfassende Blickrichtung auf diese vielschichtigen Netzwerke aus Personen (eben nicht nur allein auf die Eltern oder die Bildungseinrichtungen) und auf die Institutionen in den Sozialräumen. Sie verlangt auch den Blick auf die dafür verantwortlichen Kommunen bzw. die öffentlichen und freien Träger bei der Bereitstellung von ebenso vielfältig konzipierten Lern- und Entwicklungsräumen für integrierte Prozesse sowohl der formalen, als auch der non-formalen und informellen Bildung als Bestandteil eines modernen Bildungsbegriffs (siehe dazu den Artikel von Gaus in diesem Band, S. 57 ff.) bzw. eine am Auftrag der Jugendhilfe orientierte innovative Auffassung von Prävention und Intervention (siehe dazu den Beitrag von Schmitt, S. 40 ff.). Es geht um hochdifferenzierte, ganzheitliche, *kommunale Präventions- und Bildungsketten* (siehe zu Begriff und Begründung: Abschnitt 4).

Damit wird offensichtlich – dies lehrt uns auch die Resilienzforschung (vgl. z.B. Wustmann 2007, 162 ff.) –, dass Eltern, Einrichtungen und Kommunen in ihrer Funktion als Rahmenbedingung des Aufwachsens, aber auch in ihrer Funktion als Akteure im kindlichen Lern- und Entwicklungsnetzwerk, eine bedeutende verantwortliche Rolle und Aufgabe vor allem bei der Gestaltung eines positiven sozialen Umfeldes zukommt – worauf das SGB VIII (§ 1) schon immer insistierte (Schaffung einer kinder- und familienfreundlichen Umwelt).

Wie auch immer, ob man nun diesen Anmerkungen folgt oder nicht: Einigkeit lässt sich sicher herstellen darüber, dass die Aspekte *Partnerschaft und Kooperation*, die durch die Begriffe *Erziehungs- und Bildungspartnerschaft* oder *Eltern-Kooperation* abgebildet werden, konkret immer folgendes bedeuten:

- *Absprache* gemeinsamer Aktivitäten
- *Austausch* von Erfahrungen über den Bildungsstand der Kinder

- Erarbeitung *gemeinsamer Bildungsziele und Angebote* in den jeweiligen Institutionen
- *Unterstützung* in familiären Erziehungsfragen (Elternbildung)
- Synergetisches Erschließen von *Ressourcen* für Eltern, Kinder und die Bildungsinstitutionen
- Verbesserung der *Beziehungen* zwischen Eltern und Einrichtungen
- Erweiterung der *Mitbestimmungsmöglichkeiten*
- *Öffnung* der Bildungseinrichtungen gegenüber anderen Erziehungspartnern, insb. im Gemeinwesen, d.h. im sozialökologischen Lern- und Entwicklungsumfeld
- *Vernetzung* aller für Kinder und Eltern relevanten Einrichtungen

Im Rahmen von echten *Erziehungs- und Bildungspartnerschaften* arbeiten Eltern – anders als in früheren Ansätzen und Konzeptionen der Elternarbeit – mit pädagogischen Fachkräften und Lehrkräften umfassend, systematisch, verbindlich zusammen, ziehen am gleichen Strang, kooperieren intensiv in Bildungs- und Erziehungsfragen ‚auf Augenhöhe', im Interesse einer guten Entwicklung der Kinder. Eltern und Fachkräfte stehen also in einem ebenbürtigen Verhältnis, das die klassischen asymmetrischen Muster in der Beziehung zwischen Eltern und Fachkräften hinter sich lässt. Alle tragen gemeinsam Verantwortung und arbeiten gleichwertig und gleichberechtigt in dieser Partnerschaft[3] zusammen. Damit verbunden ist auf dem Hintergrund der neueren Fachdiskussion – wie sie dieses Buch widerspiegeln will – die Schaffung gänzlich neuer, vernetzter, ganzheitlicher Angebote der Bildung und Unterstützung von Eltern und pädagogischen Fachkräften als eigenständigen Bildungsakteuren.

Allerdings sollte eine Einschränkung im Folgenden immer bewusst bleiben: *Elternarbeit als Erziehungs- und Bildungspartnerschaft* bildet nur einen – wenn auch sehr wichtigen – Teilausschnitt mit Querschnittscharakter aus den sehr komplexen großen Präventions- und Bildungsstrategien ab!

3. Typische Argumentationsfiguren: Begründungszusammenhänge für die Notwendigkeit von Erziehungs- und Bildungspartnerschaften

Um die Relevanz und den hohen Stellenwert von Erziehungs- und Bildungspartnerschaften zu betonen, gibt es im öffentlichen Fachdiskurs eine Vielfalt typischer Argumentationsfiguren. Die wichtigsten und markantesten, die an vielen Stellen dieses Buches noch ausführlicher aufgegriffen werden, werden im Folgenden kurz erläutert.

---

[3] Gelegentlich wird süffisant darauf hingewiesen, dass die gleichberechtigte Einbeziehung der Elementarpädagogik, aber auch der in der Jugendhilfe so wichtigen non-formalen und informellen Lernprozesse die ‚klassischen' Bildungseinrichtungen ein wenig von ihrem hohen Bildungsross herabsteigen ließen in die Niederungen der alltagsweltlichen Erziehung und der traditionell unterschätzten Pädagogiken des Elementarbereichs, der Kinder- und Jugendhilfe, diese somit deutlich aufwerten und den ‚klassischen' Bildungseinrichtungen ein wenig von ihrer Definitionsmacht nehmen würden.

3.1 Argumentationsmuster 1 – Die Bildungsbedeutung des familiären Systems: Warum es so wichtig ist, bei allen pädagogischen und sozialpolitischen Strategien den Faktor ‚Eltern' zu berücksichtigen

Das erste Argumentationsmuster weist darauf hin, dass Eltern alles in allem der wichtigste Sozialisations- und Erziehungsfaktor sind – möglicherweise wichtiger als Gesellschaft, Umfeld, Medien und vielleicht auch wichtiger als die Bildungs- und Erziehungsinstitutionen Krippe, Kita und Schule. Für die Schule gelte sogar (etwas polemisch zugespitzt): Schulleistung werde im Ergebnis nicht überwiegend durch die Schule erzeugt, sondern durch die Eltern! Die Begleituntersuchungen zu PISA 2000 zeigten diesen aus früheren Untersuchungen (Coleman-Report, Plowden-Report) bereits bekannten Zusammenhang nochmals sehr deutlich auf. Es wurde gezeigt, dass z.B. in den Bereichen Lesekompetenz, mathematische und naturwissenschaftliche Kompetenz der Einfluss der Familie (sicher überwiegend auf der Basis von Sozialschichteffekten) doppelt so stark war wie der Einfluss von Schule, Lehrkräften und Unterricht (OECD 2001, S. 356 f.)

3.2 Argumentationsmuster 2 – Die Bedeutung der Kooperation mit Eltern nimmt zu aufgrund des gestiegenen Stellenwertes der vorschulischen Betreuung, Bildung und Erziehung

Bei diesem Argumentationsmuster geht es um den breiten gesellschaftlichen, fachlichen und wissenschaftlichen *Diskussionszusammenhang*, der mittlerweile die Form eines breiten Konsenses angenommen hat: Die Bedeutung der ersten Lebensjahre für die Entwicklung von Kindern und Jugendlichen ist unbestritten (vgl. z.B. Hertzman 2008, S. 2 ff.). Die ersten Lebensjahre sind die entscheidenden. Und das gilt nicht nur für den Einfluss der Familie, sondern auch für die öffentlichen Bildungsinstitutionen, wie es eindrucksvoll etwa die BASS-Studie (Fritschi/Oesch 2008) belegt hat. Die starke, vermutlich noch zunehmende Ausweitung der vorschulischen Betreuung, Bildung und Erziehung ist von den Eltern auf breiter Front gewollt. Diese Ausweitung verlangt nach vermehrter Kooperationen der Eltern mit den Einrichtungen und eröffnet damit ein neues großes Feld der Erziehungs- und Bildungspartnerschaften (insb. im Krippen- und Tagesmütterbereich). Das steigende Bewusstsein über die lern- und entwicklungspsychologische Bedeutung der frühkindlichen Phasen bzw. die pädagogische Bedeutung der frühen Förderung und das steigende Gewicht von Erziehungs- und Bildungspartnerschaften stehen also in engem Zusammenhang.

Der Stellenwert dieses Argumentationsmusters wird zusätzlich noch dadurch untermauert, dass mittlerweile eine Reihe von Hinweisen vorliegt, die die Erhöhung der langfristigen Bildungschancen durch den Krippenbesuch und besonders wirksame Möglichkeiten für eine spezielle Förderung von Kindern in prekären Lebenslagen (Eltern mit niedrigem Bildungsgrad und Einkommen, Arbeitslose, Migrationshintergrund usw.) belegen (vgl. Fritschi/Oesch 2008, S. 5, 13 ff.).

Die frühkindliche Bildung in Form der Krippe hat einen hohen Einfluss auf die Bildungswege der Kinder. Für den Durchschnitt der Kinder erhöht sich die Wahrscheinlichkeit, ein Gymnasium zu besuchen von 36% auf rund 50%, wenn sie eine Krippe besuchen (vgl. Fritschi/Oesch, S. 4, 13 ff.). Die Verbesserung der Bildungschancen durch den Krippenbesuch liegt jedoch für benachteiligte Kinder noch höher als für den Durchschnitt. Rechnet man nämlich die Werte für die Teilgruppen getrennt, ergibt sich: „Von den benachteiligten Kindern, welche eine Krippe besucht haben, gehen rund zwei Drittel mehr aufs Gymnasium. Bei den nichtbenachteiligten Kindern gehen von den Kindern, die eine Krippe besucht haben, fast zwei Fünftel mehr auf das Gymnasium als ‚Nicht-Krippenkinder' (Fritschi/Oesch, S. 4).

Argumentationsmuster 3 – Eltern benötigen mehr Hilfe als früher, weil sich ihre Lebensbedingungen verändert haben

Ein typischer Begründungszusammenhang für die Notwendigkeit von Erziehungs- und Bildungspartnerschaften in kommunalen Netzwerken ist das Argumentationsmuster, dass Eltern heute mehr Hilfen als früher benötigten, weil sich ihre Lebenslage verändert habe. Für dieses Muster spricht eine Reihe von Befunden (vgl. dazu etwa Beck-Gernsheim 1999, Hill/Kopp 2002, Nave-Herz 2002, Nickel/Quaiser-Pohl 2001, Peuckert 2002, Schneewind 1998, Schneewind 1999, Schneewind/von Rosenstiel 1992). Es werden gesellschaftliche Trends wie die Individualisierung und Pluralisierung mit ihren widersprüchlichen Optionen, die Zunahme sozialer Ungleichheit und ökonomischer Risiken und der familiale Wandel (steigende Scheidungsraten, Zunahme von Stief- bzw. Patchwork-Familien), sinkende Geburtenraten, steigende Erwerbsbeteiligung von Müttern, aber auch massive Probleme in der Erziehung) genannt (vgl. Walper 2006, S. 3)[4].

3.4 Argumentationsmuster 4 – Der volkswirtschaftliche Nutzen der Kinderbetreuung lässt den Faktor Eltern verstärkt in den Fokus geraten

Die internationale volkswirtschaftliche und bildungsökonomische Forschung zu den Folgen unterlassener Bildungsinvestitionen im Bereich frühkindlicher Betreuung, Bildung und Erziehung unterstützt ein weiteres Argumentations- und Begründungsmuster. Die Nutzeffekte der Kinderbetreuung aus volkswirtschaftlicher Sicht sind erheblich:

1. Es könnte durch die Schaffung von Arbeitsplätzen in den Betreuungseinrichtungen (Ausdehnung der marktwirtschaftlichen Wertschöpfung durch Übertragung der bislang unbezahlten Familienarbeit in marktrelevante Transaktionen) ein erheblicher volkswirtschaftlicher Nutzen entstehen. Laut Deutschem Institut für Wirtschaft könnte die Beschäftigung zusätzlichen Personals 5,6 Mrd. € pro Jahr an zusätzlichen Steuer- und Beitragseinnahmen einbringen (vgl. Sell 2004, S. 57 f.).[5]

2. Es würde auch eine deutliche Verringerung der transferleistungsbedingten Haushaltsbelastung des Staates bzw. der Sozialversicherungen eintreten, z.B. durch erhöhte Erwerbstätigkeit von Frauen, die sonst im Sozialhilfe- und Harz-IV-Bezug stünden (sei es durch

---

4   Walper weist noch auf folgende Zusammenhänge hin: In Deutschland werden schätzungsweise 8 – 12% der Kinder von ihren Eltern körperlich misshandelt. 10 – 20% aller Kinder und Jugendlichen entwickeln klinisch relevante psychische Störungen (z.B. Hyperaktivität, Aggressivität, Angst- oder Essstörungen). Geschätzte Folgekosten inkompetenten Erziehungsverhaltens in den USA: jährlich 38,6 Mrd. $ (vgl. Walper 2006, S. 3).
5   Fritschi/Oesch stellen ein interessantes Gedankenspiel zu den verpassten Ertragschancen durch unzureichende Investitionen in den 1990er Jahren an: Um ein Ausbauszenario, dass 35% des Jahrgangs damals eine Krippe besucht hätten (Erhöhung der Anzahl der Kinder um das 2,18-fache. In Wirklichkeit haben lediglich 16% eine Krippe besucht) zu erreichen, hätten pro Jahr rund 181.000 zusätzliche Krippenplätze zur Verfügung gestellt werden müssen, welche pro Jahrgang von 155.000 Kindern beansprucht worden wären. Dabei wäre ein Nettonutzen von 2,1 Milliarden Euro pro betrachtetem Geburtsjahrgang generiert worden. Das wären allein für die Zeit von 1990 bis 1995 12,6 Mrd. €. Dabei muss man die Kosten für den Ausbau mit dem Gewinn (erhöhter Lebensverdienst, Reduzierung von Transferleistungen usw.) verrechnen (Fritschi/Oesch 2008, S. 15 ff.).

Berufstätigkeit direkt in diesem Bereich oder durch die so ermöglichte Vereinbarkeit von Berufstätigkeit und Kindeswunsch).

3.5 Argumentationsmuster 5 – Der Diskurs über die Vereinbarkeit von Beruf und Familie erfordert mehr Kooperation der Bildungs- und Erziehungseinrichtungen mit den Eltern

Finkelnburg (2004) greift die Tatsache auf, dass insbesondere Frauen sich immer noch zwischen Beruf und Familie entscheiden müssen: 44% der Akademikerinnen im Alter von 35 bis 39 Jahren seien kinderlos, 45% der männlichen und 75% der weiblichen Führungskräfte in deutschen Unternehmen ebenfalls. Nur etwa die Hälfte der 400.000 Frauen, die in Deutschland jährlich in Elternzeit gingen, kehrten an ihren Arbeitsplatz zurück. 70% der Frauen, die ihren Beruf aus familiären Gründen eingeschränkt oder aufgegeben hätten, wünschten sich bessere Betreuungsmöglichkeiten für ihre Kinder. Mittlerweile würden auch 78% der Männer eine flexiblere Arbeitsgestaltung fordern, um mehr Zeit für das Familienleben zu haben (vgl. Finkelnburg 2004, S. 78). Der internationale Vergleich zeige, dass sich durch eine familienfreundliche Personalpolitik wichtige gesellschaftliche Probleme entschärfen ließen: So würde Berufstätigen die Entscheidung für die Familiengründung erleichtert. Eine Entscheidung zwischen Karriere und Elternschaft sei im Idealfall nicht mehr nötig (vgl. ebd.).

Die letzten beiden Argumentationsfiguren weisen deshalb eine hohe Relevanz für das Thema Erziehungs- und Bildungspartnerschaften auf, weil der in diesen Mustern enthaltene Wunsch nach Ausweitung der Berufstätigkeit der Frauen und der damit verbundenen vergesellschafteten Kleinkinderziehung automatisch einen erheblich steigenden Bedarf nach *Koordination* und *Abstimmung* zwischen den Einrichtungen für Betreuung, Bildung und Erziehung und den Familien, aber auch den Betrieben und anderen Netzwerkkomponenten – also nach *Erziehungs- und Bildungspartnerschaften* – erzeugt.

3.6 Argumentationsmuster 6 – Die Resilienz-Forschung sensibilisiert für zusätzliche sozialökologische Netzwerkpartner in Erziehungs- und Bildungspartnerschaften

Gründe, die speziell für breit angelegte Bildungs- und Präventionsstrategien im sozial-ökologischen Umfeld unter Beteiligung möglichst vieler Partner sprechen, liefert (im Hinblick auf die multifaktoriellen Bedingungen des Aufwachsens von Kindern) u.a. die Resilienz-Forschung.

Hinweise aus der berühmten Kauai-Studie und aus ähnlichen Studien (vgl. zum Folgenden: Werner/Smith 1982, 1992; Werner 2001; Wustmann 2007, S. 147 ff.) besagen, dass resiliente Kinder auch außerhalb ihrer Familien über entscheidende Quellen emotionaler und sozialer Unterstützung verfügen: Großeltern, Verwandte, NachbarInnen, Pfarrer bzw. PastorInnen, ErzieherInnen, LehrerInnen. Viele Kinder konnten z.B. Lehrerinnen oder Lehrer benennen, die ihnen Aufmerksamkeit entgegenbrachten, sich für sie einsetzten und sie herausforderten (LehrerInnen wurden sogar am häufigsten als Vertrauenspersonen außerhalb der Familie genannt). Unterstützende Personen außerhalb der Familie trugen nicht nur zur unmittelbaren Problemreduzierung bei, sondern dienten gleichzeitig auch als Modelle für ein aktives und konstruktives Bewältigungsverhalten sowie für prosoziale Handlungsweisen.

Ein weiteres wirksames Unterstützungssystem stellten in der *Kauai-Studie* Peer-Kontakte und positive Freundschaftsbeziehungen dar, die nicht zuletzt auch in den vergesellschafteten Formen der Erziehung ermöglicht werden.

Als weitere Schutzfaktoren im sozialen Umfeld haben sich Ressourcen auf kommunaler Ebene, insbesondere der Zugang zu sozialen Einrichtungen und professionelle Hilfsangebote (z.B. Angebote der Eltern- und Familienbildung, Beratungsstellen, Frühfördereinrichtungen, Gemeindearbeit, Sportvereine), das Vorhandensein prosozialer Rollenmodelle, Normen und Werte in der Gesellschaft (gesellschaftlicher Stellenwert von Kindern, Erziehung, Familie) sowie positive Erfahrungen in der Schule herausgestellt.

Man konnte auch spezifische Qualitäten z.B. in der schulischen Umgebung – und dies gilt im Prinzip analog auch für die Kindertagesstätten – identifizieren, die eine Funktion als Schutzfaktor hatten. Das waren Schulen, in denen Möglichkeiten des kooperativen Lernens und der Partizipation bestanden, LehrerInnen sich um ihre SchülerInnen sorgten und aktives Interesse an ihnen signalisierten, von denen eine enge Zusammenarbeit mit dem Elternhaus und anderen sozialen Einrichtungen angestrebt wurde, Schulsozialarbeit und weitere Förderangebote verankert waren, außerschulische Aktivitäten organisiert wurden (z.B. Projekttage, Exkursionen, Sportveranstaltungen/Wettbewerbe), bei denen die SchülerInnen gemeinsame Ideen und Interessen teilen konnten, in denen insgesamt ein wertschätzendes Schulklima vorherrschte (vgl. Julius/Prater 1996, Howard/Dryden/Johnson 1999, Wustmann 2007, S.147 ff.). Diese Hinweise sind deckungsgleich mit den Grundsätzen umfassender *Erziehungs- und Bildungspartnerschaften* bzw. breit angelegter *Präventions- und Bildungsketten*. Wer Schutzfaktoren aufbauen und Resilienzförderung betreiben will, braucht dafür Erziehungs- und Bildungspartnerschaften.

3.7 Argumentationsmuster 7 – Erziehungs- und Bildungspartnerschaften sind sinnvoll, weil sie wirksam sind – empirische Erkenntnisse zur Wirksamkeit von Elternprogrammen

Es liegt eine Vielzahl von empirischen Untersuchungen zur Wirksamkeit von Elternarbeit – insb. auch zur Wirksamkeit von Eltern- und Familienbildung[6] – vor. Diese Ergebnisse em-

---

6   Die Wirksamkeit von Elterntrainings ist in vielen internationalen (Layzer et al. 2001) und nationalen Studien eindrucksvoll nachgewiesen worden. Exemplarisch hier einige Aussagen aus der Studie für das BMFSFJ *Bestandsaufnahme und Evaluation von Angeboten im Elternbildungsbereich* (Lösel 2006) durch die Universität Erlangen-Nürnberg (repräsentative Untersuchung zu den Angeboten familienbezogener Bildungsmaßnahmen und ihrer Wirksamkeit, bundesweite schriftliche Befragung von 2083 Einrichtungen zu den dort vorgehaltenen Angeboten im Elternbildungsbereich im Jahr 2004):
„Über 2 Millionen TeilnehmerInnen werden in rund 200 000 Elternbildungsangeboten erreicht. Der Schwerpunkt der Angebote liegt bei Eltern-Kind-Gruppen für junge Familien (50%). Die Palette der weiteren Angebote ist breit gefächert: Sie reichen von Geburtsvorbereitungskursen über Erziehungskurse zur Stärkung der Erziehungskompetenz bis hin zu Kursen zur Vermittlung von Alltagskompetenzen. 25% der Angebote richten sich an Familien in besonderen Belastungssituationen (z.B. Trennung und Scheidung). Städtische Regionen verfügen über relativ mehr Angebote der Elternbildung als ländliche Regionen. Die TeilnehmerInnen sind überwiegend weiblich, Väteranteil 17%, Tendenz steigend. 15% der TeilnehmerInnen kommen aus sozial benachteiligten Familien. Bei einem Drittel der Maßnahmen finden sich aktive Rekrutierungsstrategien. Die evaluierten Angebote zeigen positive Effekte auf Erziehungseinstellungen und elterliches Erziehungsverhalten, die auch über einen längeren Zeitraum anhalten. Erfolgversprechend sind besonders gezielte Präventionsmaßnahmen, die sich speziell an Familien in besonderen Belastungssituationen richten, zeitlich und personell relativ intensiv ausgerichtet sind sowie übungs- und handlungsorientiert durchgeführt werden" (vgl. auch den Beitrag von F. Lösel und D. Runkel in diesem Band zu den Empirischen Forschungsergebnissen im Bereich Elternbildung national und international, S. 267 ff.).

pirischer Forschung werden in diesem Buch z.B. in den Beiträgen von Westphal und Kämpfe (zur Elternarbeit im Bereich Kita, S. 244 ff.), von Sacher (Erziehungs- und Bildungspartnerschaften in der Schule, S. 232 ff.), von Vossler (Erziehungs- und Familienberatung, S. 255 ff.) sowie Lösel und Runkel (Elternbildung national und international, S. 267 ff.) dargelegt. Im bereits erwähnten zweiten Band zum vorliegenden Buch werden zudem Evaluationen einzelner Eltern-Kompetenz-Trainings vorgestellt, so zum *EFFEKT*-Elterntraining (Lösel et al.) und zu *Triple P – Positive Parenting Program* (Dirscherl/Born).

Diese empirischen Forschungsansätze haben allesamt ausreichende empirische Evidenz zur grundsätzlichen Wirksamkeit von Elternprogrammen erbracht. Es scheint sich also durchaus zu lohnen, in Elternprogramme zu investieren. Allerdings muss man sich eine Einschränkung sehr bewusst machen: Die (Rahmen-)Bedingungen, unter denen diese Aussage gilt, sind dermaßen heterogen, dass man genau hinsehen muss, wann Maßnahmen wirken und wann nicht – was im Umkehrschluss allerdings auch bedeutet, dass sich aus diesen Untersuchungen i.d.R. auch recht gut Hinweise destillieren lassen, wie Programme und Maßnahmen in ihren konkreten Bedingungen im Einzelnen auszugestalten sind.

Walper fasst die Befunde einer Meta-Analyse von Layzer et al. aus 665 Studien, durch die 260 Eltern-Programme evaluiert wurden (vgl. Layzer et al. 2001), knapp zusammen: Es wurde der Nachweis erbracht, dass die Eltern-Kind-Interaktion mehr von Programmen profitiert, die frühzeitig ansetzen, professionelles Personal haben, Gruppenarbeit anbieten statt nur auf Hausbesuche zu rekurrieren, gegenseitige Unterstützung der Eltern fördern und auch Angebote für die Kinder einbeziehen. Ein kombiniertes Vorgehen erzielt die besten Effekte (vgl. Walper 2008, S. 29).

Allerdings kann es hier leicht die eine oder andere Überraschung geben. Konsequenzen aus den Forschungsergebnissen zur Elternarbeit (es ist nicht nur Elternbildung gemeint) können z.B. auf dem Hintergrund folgender Tendenzen gezogen werden:

a. Wenn Elternarbeit praktiziert wird, wird sie oft strategisch falsch platziert oder schlecht ausgeführt.
b. Elternarbeit hat oft – obwohl sie fachgerecht durchgeführt wird – ganz andere Wirkungen als angenommen und gewünscht.

Eltern-LehrerInnen-Kontakte sind für sich allein wenig effektiv. Sie werden häufig nur problemveranlasst aufgenommen. Die Effektivität von Kontakten wird dadurch beeinträchtigt, dass sie meistens auf Sprechstunden, Sprechtage und Elternabende beschränkt bleiben. Auch *Eltern-Mithilfe* in der Schule trägt kaum etwas zum eigentlichen Bildungserfolg der Kinder bei. Sogar die derzeitige *Mitwirkung in Elterngremien* ist weitgehend bedeutungslos für den Lernerfolg der Kinder. Zahlreiche Untersuchungen zeigen darüber hinaus, dass heimbasiertes Engagement der Eltern (Interesse, Motivation, Wertschätzung, Vertrauen, Interaktion, Unterstützung, die über eine einfache Hausaufgabenüberwachung hinausgeht) effektiver ist als rein schulbasiertes Engagement (Mitarbeit in der Schule) (vgl. Sacher in diesem Band, S. 232 ff.).

Eine weitere Einschränkung der obigen Kernaussage zur grundsätzlichen Wirksamkeit von Elternprogrammen betrifft die berechtigte Rückfrage, inwieweit die diskutierten Untersuchungen die hochkomplexen Erziehungs- und Bildungspartnerschaften in Präventions-

und Bildungsketten als Teil von regionalen und lokalen Gesamtkonzepten (großen ganzheitlichen Kommunalen Netzwerken) überhaupt widerspiegeln können, wie sie in diesem Buch forciert werden. Das können sie natürlich nicht.

Hier bestehen große Forschungsdesiderate. Es besteht Bedarf an geeigneten Forschungsstrategien für größere kommunale Systeme, Gesamtkonzepte und Netzwerke. Aber es gibt durchaus Hinweise. Die Wirkungsevaluation des komplexen gemeinwesenorientierten Präventionsprogramms CTC^7 in den USA konnte erstaunliche Effekte feststellen: eine Reduzierung z.B. von delinquenten Aktivitäten Jugendlicher um 31% oder dem, was wir heute ‚Koma-Saufen' nennen, um 37% (vgl. Hawkins et al. 2009, S. 789-98).

Man kann davon ausgehen, dass die vorliegenden empirischen Untersuchungen in etwa die Teilsysteme abbilden, sodass sich zumindest plausible Richtungsaussagen treffen lassen. Gerade beim Betrachten großer Netzwerke kann man sich behelfen, indem man sich – sozusagen nach dem Black-Box-Verfahren – weniger mit der detaillierten Ergründung von Kausalitäten aufhält und stattdessen versucht, mithilfe einiger einfacher, aber treffsicherer Indikatoren Veränderungen im Gesamtsystem zu erfassen. Im hochentwickelten Praxismodell *Mo.Ki – Monheim für Kinder* wurden die Veränderungen in einem besonders belasteten Stadtteil z.B. über die Veränderungen in Sprachtests, Übergangsquoten ins Gymnasium, die Steigerung der Teilnahme an den kinderärztlichen Untersuchungen oder über die Veränderung der stationären Hilfen zur Erziehung erfasst (vgl. dazu Berg 2011a, S. 23 f.), z.B.:

- Steigerung der Teilnahme an den kinderärztlichen U-Untersuchungen von 76% (2005) auf 95% (2009)
- Verringerung des Sprachförderbedarfes (Delfin 4) von 59% (2007) auf 27% (2009)
- Verschiebung der Übergangsquoten im besonders belasteten Stadtteil Berliner Viertel zur Hauptschule von 29,1% (2007/08) auf 18,2% (2009/10) und zum Gymnasium von 30,4% (2007/08) auf 37,9% (2009/10)
- Rückgang der stationären Heimerziehung von über 50 Fällen auf ca. 30[8]

Ähnlich verfährt die Stadt Dormagen, wenn sie sich im Rahmen der Evaluation Ihres *Dormagener Qualitätskataloges der Kinder- und Jugendhilfe* – quasi in einem Benchmarking – über relevante Kennzahlen mit anderen Kommunen, aber auch mit ihren eigenen früheren Zahlen vergleicht. Hinter dem Konzept der Stadt Dormagen steckt ein sehr vielschichtiges Netzwerk früher präventiver Hilfen für Eltern und Kinder. Der Vergleich ergab u.a., ...

„dass in Dormagen der Zuschussbedarf für die erzieherischen Hilfen mit rd. 47 € pro Einwohner knapp 52 € unterhalb der ‚teuersten' und nur um 1 € über dem der ‚preiswertesten' Stadt liegt. Beispielhaft führt die Prüfungsanstalt aus, dass z.B. der Anstieg des finanziellen Aufwandes im letzten geprüften Jahr in Dormagen rund 7% betrug, dagegen landesweit eine Steigung rund 27,5% zu verzeichnen war" (Jugendamt der Stadt Dormagen 2011, S. 8).

Prinzipiell lassen sich also auch Aussagen über netzwerkartige Gesamtangebote treffen, die dann durchaus Hinweise und Bestätigungen liefern für die Fortführung und Weiterentwicklung des Gesamtkonzeptes.

---

7   Communities That Care
8   Persönliche Mitteilung der Jugendamtsleiterin Annette Berg vom 25.10.2009

3.8 Argumentationsmuster 8 – Erziehungs- und Bildungspartnerschaften sind rechtlich geboten: Rechtsnormen und Rahmenbedingungen

In § 1 SGB VIII heißt es: „Jeder junge Mensch hat ein Recht auf Förderung seiner Entwicklung und auf Erziehung zu einer eigenverantwortlichen und gemeinschaftsfähigen Persönlichkeit". Gleichzeitig postuliert das Grundgesetz in Art. 6 das primäre Erziehungsrecht der Eltern („Pflege und Erziehung der Kinder sind das natürliche Recht der Eltern und die zuvörderst ihnen obliegende Pflicht"). Andererseits sind in Art. 7 des Grundgesetzes die Organisationsbefugnis des Staates und im Art. 6 das Wächteramt des Staates – und damit klare schulrechtliche Befugnisse – definiert (z.B. Schulpflicht, Mitwirkungsrechte von Eltern und Schulen – geregelt in Landesschulgesetzen). So ergibt sich allein schon aus dem Widerspruchsverhältnis zum primären Erziehungsrecht der Eltern ein mehr als deutlicher Auftrag zur Kooperation der Schule mit den Eltern, der dann konsequenterweise auch in sämtlichen Schulgesetzen ausbuchstabiert wird.

Der Gesetzgeber hat an diversen Stellen zusätzlich Hinweise gegeben zur Unterstützung von Eltern und Familien. So heißt es im § 16 SGB VIII im Abschnitt „Allgemeine Förderung der Erziehung in der Familie":

„(1) Müttern, Vätern, anderen Erziehungsberechtigten und jungen Menschen sollen Leistungen der allgemeinen Förderung der Erziehung in der Familie angeboten werden. Sie sollen dazu beitragen, dass Mütter, Väter und andere Erziehungsberechtigte ihre Erziehungsverantwortung besser wahrnehmen können.
(2) Leistungen zur Förderung der Erziehung in der Familie sind insbesondere
1. Angebote der Familienbildung, die auf Bedürfnisse und Interessen sowie auf Erfahrungen von Familien in unterschiedlichen Lebenslagen und Erziehungssituationen eingehen, die Familie zur Mitarbeit in Erziehungseinrichtungen und in Formen der Selbst- und Nachbarschaftshilfe besser befähigen sowie junge Menschen auf Ehe, Partnerschaft und das Zusammenleben mit Kindern vorbereiten,
2. Angebote der Beratung in allgemeinen Fragen der Erziehung und Entwicklung junger Menschen,
3. Angebote der Familienfreizeit und der Familienerholung, insbesondere in belastenden Familiensituationen, die bei Bedarf die erzieherische Betreuung der Kinder einschließen."

Die Novellierung des SGB VIII (KJHG) im Jahr 2005 hat im 3. Abschnitt „Förderung von Kindern in Tageseinrichtungen und Tagespflege" die Zusammenarbeit mit den Eltern nochmals konkretisiert. Kindertageseinrichtungen sollen danach ...

- die Erziehung und Bildung in der Familie unterstützen und ergänzen (§ 22 [2] 2.)
- den Eltern dabei helfen, Erwerbstätigkeit und Kindererziehung besser miteinander vereinbaren zu können (§ 22 [2] 3.)
- mit anderen kinder- und familienbezogenen Institutionen und Initiativen im Gemeinwesen, insbesondere solchen der Familienbildung und -beratung zusammenarbeiten (§ 22a [2] 2.)
- das Angebot pädagogisch und organisatorisch an den Bedürfnissen der Kinder und ihrer Familien orientieren (§ 22 [3])

Untermauert wurden diese gesetzlichen Aufträge noch durch einen wichtigen Beschluss der Jugendministerkonferenz (2003) zur Stärkung der Erziehungskompetenzen der Eltern[9].

---

9 Weitere rechtliche Hinweise finden sich in diesem ersten Band in den Beiträgen von Rolf Krüger (*Das System Jugendhilfe heute und die Stellung der Eltern*, S. 76 ff. und im Beitrag von Rolf Krüger und Christof Schmitt (*Rechtliche Rahmenbedingungen des Verhältnisses von Eltern, Schule und Jugendhilfe*, S. 140 ff.), im Beitrag

Die Kooperation mit den Eltern ist also rechtlich nicht nur der Tendenz nach geboten, sondern eine klare Pflichtaufgabe für die Kinder- und Jugendhilfe im Allgemeinen, Kindertageseinrichtungen bzw. für die Schulen im Besonderen. Damit sind bereits auf der rechtlichen und gesetzlichen Grundlage markante strategische Konsequenzen für die Organisation von Erziehungs- und Bildungspartnerschaften erkennbar. Hier liegen die entscheidenden strategischen Säulen für Gesamtkonzepte von Erziehungs- und Bildungspartnerschaft (siehe dazu der Schlussbeitrag in diesem Band, ab S 521 ff.). Der erforderliche Netzwerk-Blick für solche Gesamtkonzepte, auf den wir noch im Einzelnen zu sprechen kommen werden, ist nicht explizit definiert, wird aber durch den Hinweis auf „unterschiedliche Lebenslagen" in § 16 SGB VIII (2) 1. bzw. über die vielfältigen Kooperationshinweise in den Schulgesetzen oder über die Liste der Kooperationspartner in § 81 SGB VIII oder in den Ausführungen zu § 78 SGB VIII (Arbeitsgemeinschaften) deutlich nahegelegt.

Bereits an dieser Stelle lassen sich also schon strategische Folgen für die Konzeptionierung von Prävention, Intervention und Bildung in der gesamten Sozialen Arbeit, im Gesundheitswesen, aber auch im schulischen Bereich, erkennen! Durchgehend – und sich teilweise mehrfach wiederholend – wird auch im rechtlichen Bereich neben der Hervorhebung der zentralen Bedeutung von Familien und Eltern auf eine Vielfalt von Netzwerkpartnern (meistens milder als ‚Kooperationspartner' bezeichnet) hingewiesen. Es ist völlig klar, dass die formalisierten Betreuungs-, Bildungs- und Erziehungsinstitutionen auf der einen Seite und die informell agierenden Eltern und Familien auf der anderen Seite ohne intensive Kooperation – z.B. in der Form von Erziehungs- und Bildungspartnerschaften – keine zufriedenstellenden Ergebnisse erreichen können.

3.9 Argumentationsmuster 9 – Das Kosten-Argument

Das Kostenargument spielt in der aktuellen Diskussion eine wesentliche Rolle. Es gibt im Jugendhilfebereich, aber auch beim Arbeitslosengeld II und bei anderen Sozialleistungen einen großen Kostendruck, der die Kreise und Gemeinden an die Grenze ihrer finanziellen Handlungsfähigkeit bringt. Die häufig zu hörende Behauptung ist nun, dass die konsequente Umsteuerung der Jugendhilfe-Ausgaben (insb. im Bereich der kostenintensiven Hilfen zur Erziehung) in flächendeckende präventive Angebote wie Elternbildung für sämtliche Hauptphasen des Elternseins oder in breit angelegte Netzwerkaktivitäten zur frühesten Förderung von Kindern und Familien[10], wie sie in Dormagen praktiziert werden, – mit einer

---

von Matthias von Saldern (*Das System Schule heute* S. 68 ff.), von Sabine Kirk (*Elternmitwirkung im schulrechtlichen Rahmen der Ländergesetzgebung*, S. 182 ff.), von Andreas Eylert (*Elternmitbestimmung im Bereich der Kita*, S. 190 ff.) und Hartmut Häger (*Elternarbeit aus der Sicht der Schulaufsicht*, S. 197 ff.). Verwiesen sei an dieser Stelle auch auf die Länder-Gesetze mit ihren Vorschriften zur Mitwirkung der Erziehungsberechtigten in der Schule und diverse Dokumente zur Schulqualität, die in den Bundesländern eine erhebliche Steuerungsfunktion erfüllen und sich in der Regel deutlich zur Kooperation mit den Eltern äußern, etwa die Empfehlungen des Niedersächsischen Orientierungsplans für Erziehung und Bildung (vgl. Nds. Kultusministerium 2005).

10 Matthias Bartscher verlangte im Rahmen der Entwicklung der Hammer Elternschule (siehe dazu den Beitrag von Bartscher im 2. Praxis-Band) 10% der Kosten für die Hilfen zur Erziehung. Das entsprach damals in etwa den Gesamtkosten für die Jugendarbeit. Er verfolgte das Ziel, Eltern viermal in der Familienentwicklung zu erreichen. Er setzte pro TeilnehmerIn eines Elternkurses 100 – 600 € (Durchschnitt 200 €) an, womit die Kosten für die Eltern bei Teilnahme an vier Elternkursen bis zur Volljährigkeit 800 € betragen. Die Kosten, um *alle* Eltern zu erreichen, setzte er pro Haushaltsjahr mit 2.000.000 € an (Kosten pro 1% erreichter Eltern: 20.000 €). Das wären etwas weniger als 10% der Kosten für die HzE (persönliche Mittteilung 2009).

gewissen Phasenverschiebung – mittel- und langfristig die Steigerung der Jugendhilfekosten stoppen und auf einem akzeptablen Niveau halten würde. So plausibel dieser Argumentationsgang sein mag, so schwierig ist es hier, belastbare Zahlen und Beweise zu finden. Die Evaluation solch umfassender kommunaler und sozialräumlicher Systeme und Netzwerke steht erst in den Anfängen. Allerdings gibt es eine Reihe von sehr plausiblen Einzelhinweisen. So kann man sicher unterstellen, dass sich die positiven Wirkungen der ungemein vielfältigen und breitflächigen Netzwerkangebote in Monheim (Deutscher Präventionspreis), wie sie unter 3.7 erwähnt wurden (z.B. Steigerung der Teilnahme an den kinderärztlichen U-6-Untersuchungen, Steigerung der Übergangsquoten zu den weiterführenden Schulen, Entwicklung der HzE-Zahlen, der Rückgang der stationären Heimeinweisungen von über 50 auf ca. 30, Verringerung des Sprachförderbedarfes von 59% auf 27%) auch auf der Kostenseite niederschlagen werden.

Die konzeptionellen Veränderungen (Anteil der ambulanten Hilfen) in der Jugendhilfe in Dormagen haben sich nachweislich auf der Kostenseite bemerkbar gemacht:

„Z.B. stellt die Gemeindeprüfungsanstalt für Nordrhein-Westfalen im interkommunalen Vergleich fest, dass der Anteil ambulanter Hilfen zur Erziehung in Dormagen 83,18% aller Hilfen ausmacht (Mittelwert: 53,18%, Minimum 29,99%, Benchmark: 70%) im internen Zeitreihenvergleich liegt bezogen auf den Zeitraum 2004 – 2008 eine kontinuierlich ansteigende Entwicklung der ambulanten Hilfen vor; der Zuschussbedarf der Hilfen bis zum 21. Lebensjahr liegt in Dormagen bei 239 € je Einwohner (Mittelwert: 354 €, Minimum: 224 €, Maximum 495 €). Dormagen wird als beispielhaft für andere Kommunen und als ,Best Practice' eingestuft" (Gemeindeprüfungsanstalt NRW, zit. n. Jugendamt der Stadt Dormagen 2011, S. 19).

4. Das Verhältnis von Prävention und Intervention einerseits und Bildung und Erziehung andererseits als Basis von Erziehungs- und Bildungspartnerschaften

Es bleibt ein wichtiger Punkt zu klären: Was haben Erziehungs- und Bildungspartnerschaften mit Prävention zu tun? Zunächst: Der Präventionsbegriff ist umstritten (vgl. Freund/Lindner 2002). So ist eine denkbare Kontrollfunktion von Prävention moniert und eine versteckte, zu schnelle Normenanpassung unterstellt worden oder im Rahmen der primären Prävention eine Stigmatisierungswirkung von Personen, die weit über den tatsächlich abweichenden Personenkreis hinausgehe (z.B. durch die Unterstellung, dass etwas passieren könne, obwohl noch nichts passiert sei (vgl. Frehsee 2009, S. 67). Diese warnenden Hinweise und auch die Tatsache, dass Prävention immer ,etwas verhindern' will statt den Fokus auf Ressourcen und positive Potenziale zu legen und auch die Kritik daran, dass es zu häufig ein ,Präventionsversprechen' gäbe, eine vielfach unausgegorene Begründung und Behauptung vieler pädagogischer Programme, sie würden schon präventiv wirken (ohne die eigentlich viel bessere Begründung über ihre Bildungswirkung), sind gewiss ernst zu nehmen. Dennoch sollte man sich nicht vorschnell vom Präventionsgedanken verabschieden. Beim bewussten und vorsichtigen, nicht inflationären Gebrauch des Begriffs bleibt eine Reihe von Vorzügen erkennbar. Wer sich um eine saubere Kategorisierung be-

---

Man könnte eine bescheidene Forderung anschließen: auch 10% der Kosten für die Schule in die Elternarbeit! Diese Umsteuerung vorhandener Ressourcen würde sich so rechnen: Bis zum Abitur kostet ein Schüler den Staat ca. 64 000 €. Denn laut Statistischem Bundesamt 2005 kostete pro Haushaltsjahr ein Durchschnittsschüler einer allgemeinbildenden Schule 4.900 € (plus Sekretärinnen und Hausmeister, die von den Gemeinden bezahlt werden und Immobilienkosten, die ca. 1.500 € pro SchülerIn und Jahr betragen). Das wären bei 6.400 € x ca. 10 Jahren 64.000 €. Man wäre also nicht unbescheiden, wenn man 6000 € pro Kind für die Elternarbeit verlangen würde!

müht, der entdeckt, dass die Unterscheidung der beiden Präventionsebenen *Systembezogene Prävention* und *Personenbezogene Prävention* (vgl. Schmitt in diesem Band, S. 44 ff.) sehr gut kompatibel ist mit der in diesem Buch vorgetragenen Auffassung von *systemisch-netzwerkartiger* und *individuell-personenbezogener* Erziehungs- und Bildungspartnerschaft.

Die von Schmitt in seiner Grafik (siehe Abbildung Nr. 1 auf S. 41) vorgenommenen Kategorisierungen beziehen sich sowohl auf die *Analyseebene* als auch – und dies vor allem – auf die *Handlungsebene* (Präventionskonzepte und -programme). Im ersten Zugriff ist zunächst einmal zu klären: Soll das Programm spezifisch oder unspezifisch sein? Wenn es spezifisch ist, muss benannt werden, um welche Zielgruppe es sich genau handelt. Wenn die Entscheidung ‚unspezifisch' oder ‚ universell' lautet, ist zu berücksichtigen, dass die Zeitdimension (primär, sekundär, tertiär) eher nicht relevant ist und weitgehend entfällt (siehe S. 27 f.).

Die Unterscheidung von *spezifischer* und *unspezifischer, universeller* Prävention (bzw. Spezial- oder Allgemein- bzw. Generalprävention) kann für die Planung von kommunalen pädagogischen Gesamtkonzepten durchaus tragfähig sein. *Spezifische Prävention* meint immer ein ganz bestimmtes Problem (den Gegenstand oder das Thema eines Präventionsprogramms) einer ganz bestimmten Zielgruppe. Universelle Prävention bezieht sich dagegen nicht auf eine einzelne Zielgruppe, sondern auf viele (ggf. sogar die ganze Bevölkerung). Auf der Problemebene (Thema) ist aber auch sie bezogen auf ein eingegrenztes Spektrum (und insofern in der Regel ‚themenspezifisch' und nicht allgemein). Ansonsten würde der Begriff zerfasern und nicht mehr aussagekräftig sein.

Aus internationalen Langzeitstudien ist folgendes bekannt: Den „fünf jugendlichen Problemverhaltensweisen – Gewalt, Delinquenz, Schulabbruch, problematischer Drogen- und Alkoholgebrauch sowie frühe Schwangerschaften – liegen nicht jeweils unterschiedliche Risikofaktoren, sondern dieselben 19 Faktoren in unterschiedlicher Kombination zugrunde. Umso mehr Risikofaktoren ein Kind ausgesetzt ist, umso höher die Wahrscheinlichkeit von Problemverhalten" (Landespräventionsrat Niedersachsen 2009, S. 4)[11], z.B. in der Familie „schlechtes Familienmanagement, Konflikte in der Familie, zustimmende Haltung der Eltern zu Problemverhalten", in der Schule „frühes und anhaltendes unsoziales Verhalten, fehlende Bindung zur Schule", im Bereich Nachbarschaft „Verfügbarkeit von Drogen, Verfügbarkeit von Waffen, Normen, die Problemverhalten fördern, Gewalt in den Medien, wenig Bindung in der Nachbarschaft und Desorganisation in einem Gebiet, hochgradige soziale und räumliche Ausgrenzung" (ebd., S. 9). Der *Faktor Familie* bzw. *Eltern* spielt

---

11 Eine erweiterte Liste von Risikofaktoren, die die Resilienzforschung erbracht hat, präsentiert Wustmann: „Niedriger sozioökonomischer Status, chronische Armut – aversives Wohnumfeld – chronische familiäre Disharmonie – elterliche Trennung und Scheidung – Wiederheirat eines Elternteils, häufig wechselnde Partnerschaften der Eltern – Arbeitslosigkeit der Eltern – Alkohol-/Drogenmissbrauch der Eltern – psychische Störungen oder Erkrankungen eines bzw. beider Elternteile – niedriges Bildungsniveau der Eltern – Erziehungsdefizite/ungünstige Erziehungspraktiken der Eltern (z.B. inkonsequentes, zurückweisendes oder inkonsistentes Erziehungsverhalten, körperliche Bestrafungen, mangelnde Feinfühligkeit und Responsivität) – sehr junge Elternschaft (vor dem 18. Lebensjahr) – häufige Umzüge, häufiger Schulwechsel – Migrationshintergrund – soziale Isolation der Familie – Verlust eines Geschwisters, engen Freundes – Geschwister mit einer Behinderung, Lern- oder Verhaltensstörung – mehr als vier Geschwister – Mobbing/Ablehnung durch Gleichaltrige" (Wustmann 2007, S. 131).

also in diesem Zusammenhang eine große Rolle, dessen Beeinflussung nur über Elternarbeit (am besten in der Form von Erziehungs- und Bildungspartnerschaften) gelingt.

Interessant ist nun, dass vergleichbare Zusammenhänge auch dann gelten, wenn man fragt, wie denn nun präventiv gegen Fehlentwicklungen vorzugehen wäre. Wenn man resilienztheoretische Überlegungen zugrunde legt, entdeckt man, dass nicht allein durch ‚einfaches Weglassen', Vermeidung und Bekämpfung dieser 19 universellen Risikofaktoren (u.a. Verfügbarkeit von Drogen und Alkohol, Armut usw.), sondern durch die Konzentration auf die aktive Förderung einer ebenso begrenzten Anzahl universeller Schutzfaktoren[12] Fehlentwicklungen sehr wirkungsvoll vermieden bzw. bekämpft werden können: z.B. durch die Vermittlung ‚gesunder Auffassungen' und ‚klarer Verhaltensnormen' (wobei diese immer dann von den Kindern und Jugendlichen leichter übernommen werden, „wenn sie sich mit ihrer Familie, der Schule und der Nachbarschaft bzw. dem Gebiet, in dem sie leben, stark verbunden fühlen. Sie müssen Chancen bekommen, einen sinnvollen Beitrag dazu zu leisten" (ebd., S. 4). Dies ist – nebenbei bemerkt – ein sehr starkes Argument für die in den letzten Jahren propagierten Programme zur kommunalen Partizipation von Kindern und Jugendlichen (vgl. Stange 2008, 2009b) und z.B. auch für Projekte und Modelle der Bertelsmann-Stiftung wie *mitWirkung!* (Jugendpartizipation) und *jungbewegt* (Bürgerschaftliches Engagement von Kindern und Jugendlichen), an denen der Autor mitwirken durfte (vgl. Bertelsmann-Stiftung 2007; Stange/Meinhold-Henschel/Schack 2008).

Kinder und Jugendliche müssen vielfältige „Chancen" erhalten, um „Fähigkeiten" entwickeln zu können, um „Anerkennung" zu erhalten, um „persönliche und strukturelle Bindungen (…) zu Familien, Schulen, Nachbarschaften und Peer-Gruppen" aufbauen zu können (Landespräventionsrat Niedersachsen 2009, S. 10). Dies ist ein mehr als deutlicher Hinweis darauf, dass Erziehung und Bildung neben der im vorigen Abschnitt erwähnten gemeinwesenorientierten und kommunalen Sichtweise zentrale Präventionsfaktoren darstellen, wenn sie obige Schutzfaktoren[13] – neben allem anderen, was Bildung noch ausmacht –

---

12 Prävention als Reduzierung von Risikofaktoren (siehe Anm. 11) hat einerseits 1. den Charakter äußerer Maßnahmen und Eingriffe – abgefedert durch sozialpolitischen Maßnahmen –, z.B. durch materielle (finanzielle, räumliche) Hilfen; Herausnahme von Kindern durch das Jugendamt bei Kindeswohlgefährdung 2. den von Interventionsmaßnahmen in die Interaktionsstrukturen des familiären Systems (z.B. SPFH – Sozialpädagogische Familienhilfe, Beeinflussung der personellen Faktoren – z.B. über Elterntrainings oder Therapien usw.); 3. forciert Interventionen und Maßnahmen in Bezug auf die Organisation der Bildungseinrichtungen und das soziale Umfeld (Gemeinwesen, Sozialraum) – andererseits auch 4. Maßnahmen, die direkt auf die Kinder zielen: Therapie und insbesondere direkte Bildungs- und Erziehungsmaßmaßnahmen). Gegenstand des vorliegenden Buches ist nur ein Teilausschnitt solch präventiven Handelns, nämlich die die *aktive Förderung von Schutzfaktoren* im Bereich Erziehungs- und Bildungsmaßnahmen über die Beeinflussung des personalen Faktors *Eltern*.

13 Eine erweiterte Liste von Schutzfaktoren, die die Resilienzforschung erbracht hat, trägt Wustmann vor: „Die zentralen protektiven Faktoren, die für eine erfolgreiche Bewältigung von Lebensbelastungen förderlich sind und zur Entwicklung von Resilienz beitragen:
1. Personale Ressourcen
1.1 Kindbezogene Faktoren
• Positive Temperamentseigenschaften, die soziale Unterstützung und Aufmerksamkeit bei den Betreuungspersonen hervorrufen (flexibel, aktiv, offen) • Intellektuelle Fähigkeiten • Erstgeborenes Kind • Weibliches Geschlecht (in der Kindheit)
1.2 Resilienzfaktoren
• Problemlösefähigkeiten • Selbstwirksamkeitsüberzeugungen • Positives Selbstkonzept/Selbstvertrauen/ Hohes Selbstwertgefühl • Fähigkeit zur Selbstregulation • Internale Kontrollüberzeugung • Realistischer Attribuierungsstil • Hohe Sozialkompetenz: Empathie/Kooperations- und Kontaktfähigkeit (verbunden mit guten

Erziehungs- und Bildungspartnerschaften – Grundlagen, Strukturen, Begründungen   27

verstärkt in den Blick nehmen.[14] Die Einheit von Bildung und Prävention – gelegentlich schon als ‚alter Hut' abgeschrieben – erhebt sich – zumindest in diesem Schnittfeld – zu einem Schlüsselkonzept moderner Sozial- und Bildungsprogrammatik.

Diese Überlegungen ergeben für die Planung von *Präventions- und Bildungsketten* die folgenden Varianten:

1. Es werden ‚universelle' Präventionsstrategien für alle geplant. Der Hintergrund sind die oben ausgeführten evidenten Zusammenhänge, dass nur wenige universelle Ursachenfaktoren für die ganze Palette unterschiedlicher Problemverhaltensweisen verantwortlich sind und dass auch der *Abbau von Risikofaktoren* und der *Aufbau von Schutzfaktoren* sich auf eine begrenzte, durchaus steuerbare Anzahl von Faktoren bezieht, von denen aber (wenn auch in unterschiedlicher Intensität und Mischung) *alle* betroffen sind und potenziell gefährdet sind. Deshalb ist es sinnvoll, *Handlungskonzepte und -programme (Präventionsstrategien)* zu universellen kommunalen Präventions- und Bildungsketten – übergreifend und quer zu allen Altersgruppen und Lebenslagen, Zielgruppenmerkmalen und Institutionen – zu konzipieren. Wir können aus guten Gründen davon ausgehen, dass solche Programme auch breite Wirkungen haben und verhindern, dass Problemverhaltensweisen überhaupt erst entstehen (siehe Abschnitt 3.7).

2. Es ist jedoch möglich, dass in einer bestimmten Kommune oder einem Sozialraum ein bestimmtes Problem (Thema) besonders auffällig erscheint oder dass eine bestimmte ethnische Gruppe, eine Altersgruppe oder eine bestimmte Institution herausgehobene Probleme

---

Sprachfertigkeiten)/Soziale Perspektivenübernahme/Verantwortungsübernahme/Humor • Aktives und flexibles Bewältigungsverhalten (z.B. die Fähigkeit, soziale Unterstützung zu mobilisieren, Entspannungsfähigkeiten) • Sicheres Bindungsverhalten/Explorationslust • Lernbegeisterung/Schulisches Engagement • Optimistische, zuversichtliche Lebenseinstellung • Religiöser Glaube/Spiritualität/Kohärenzgefühl • Talente, Interessen und Hobbys • Körperliche Gesundheitsressourcen
2. Soziale Ressourcen
2.1 Innerhalb der Familie
• Mindestens eine stabile Bezugsperson, die Vertrauen und Autonomie fördert • Autoritativer/demokratischer Erziehungsstil (emotional positives, unterstützendes und strukturierendes Erziehungsverhalten, Feinfühligkeit und Responsivität) • Zusammenhalt (Kohäsion), Stabilität und konstruktive Kommunikation in der Familie • Enge Geschwisterbindungen • Altersangemessene Verpflichtungen des Kindes im Haushalt • Hohes Bildungsniveau der Eltern • Unterstützendes familiäres Netzwerk (Verwandtschaft, Freunde, Nachbarn) • Hoher sozioökonomischer Status
2.2 In den Bildungsinstitutionen
• Klare, transparente, konsistente Regeln und Strukturen • Wertschätzendes Klima (Wärme, Respekt und Akzeptanz gegenüber dem Kind) • Hoher, aber angemessener Leistungsstandard • Positive Verstärkung der Leistungen und Anstrengungsbereitschaft des Kindes • Positive Peerkontakte/positive Freundschaftsbeziehungen • Förderung von Basiskompetenzen (Resilienzfaktoren) • Zusammenarbeit mit dem Elternhaus und anderen sozialen Institutionen
2.3 Im weiteren sozialen Umfeld
• Kompetente und fürsorgliche Erwachsene außerhalb der Familie, die Vertrauen und Zusammengehörigkeitssinn fördern und als positive Rollenmodelle dienen (z. B. Großeltern, Nachbarn, Freunde, Erzieherinnen, Lehrer) • Ressourcen auf kommunaler Ebene • Vorhandensein prosozialer Rollenmodelle, Normen und Werte in der Gesellschaft" (Wustmann 2007, S. 165 f., Nummer. u. Hervorh.: WS)

14 Interessant ist dieser Aspekt auch deshalb, weil hier nachdrücklich der hohe Stellenwert der Sozialpädagogik aufscheint: Solche Fähigkeiten lassen sich nur bedingt im Rahmen formeller Bildungsprozesse erwerben, viel eher im Rahmen non-formaler und informeller Bildungsprozesse, die ja in besonderer Weise zum Kompetenzprofil der Sozialpädagogik gehören – ein wiederholter Hinweis auf die hohe Relevanz aller Konzepte zur Kooperation von Schule und Jugendhilfe (siehe Henschel/Krüger/Schmitt/Stange 2008 und die Ausführungen von Stange im Schlussaufsatz dieses Buches, S. 518 ff.).

haben. Dann ist es natürlich sinnvoll, für diese Situation auch *spezifische* Programme zu entwickeln und anzubieten. Wenn das Problem bereits häufig manifest war, sind *tertiäre* Strategien erforderlich, die der ‚Nacherziehung' und Resozialisierung dienen, damit die Wiederholung des abweichenden Verhaltens in Zukunft reduziert wird. Wenn jedoch das abweichende Verhalten noch nicht manifest bzw. dauerhaft verfestigt ist, sind *sekundäre* Strategien erforderlich, die eine dauerhafte Verfestigung verhindern sollen. Wird aber – z.B. aufgrund der Häufung bestimmter soziologischer Merkmale und Indikatoren oder weiter zurück liegender Erfahrungen – eine *potenzielle* Gefährdung nur vermutet, ohne dass bereits irgendetwas geschehen ist, greifen *primäre* Programme. Alle diese Maßnahmen und Programme sind *spezifisch*, weil das jeweilige Problem (Thema) über ganz konkrete *spezifische Maßnahmen* für *besonders* eingegrenzte Zielgruppen, Altersgruppen und Lebenslagen und Institutionen angegangen wird. Aber auch für diese ‚spezifischen' Präventionsprogramme ist die Reduzierung ‚universeller' Entstehungsfaktoren (Risikofaktoren) und die Förderung ebenso ‚universeller' Schutzfaktoren erforderlich.

Deshalb enthalten spezielle Präventionsprogramme für bestimmte gefährdete Zielgruppen[15] als Primärprävention (und auch Sekundärprävention) häufig auch Programmanteile, die in der Allgemeinprävention üblich sind. Die ‚Zutaten' sind dann aber meistens nicht wie bei der klassischen universellen Präventionsstrategie sehr breit gestreut, sondern konzentriert und *fokussiert*: Alle diese Faktoren, aber auch einige Risikofaktoren, werden besonders beachtet bzw. einige Schutzfaktoren werden besonders stark herausgehoben und gefördert. Und es ist darüber hinaus in der Regel immer auch erforderlich, weitere ergänzende Programmelemente einzubauen, die sich auch sonst noch in der Arbeit mit solchen besonderen Zielgruppen bewährt haben.

Universelle Präventionsstrategien enthalten im Kern immer einen sehr starken Anteil an Erziehungs- und Bildungsstrategien – mit Fokussierung auf die Förderung der erwähnten Faktoren wie Aufbau von persönlichen und strukturellen Bindungen zu Familien, Schulen, Nachbarschaften und Peer-Gruppen, klaren Verhaltensnormen, Selbstbewusstsein und Selbstwirksamkeit usw.

Das bedeutet im Klartext, dass wir eigentlich von einer *Koexistenz universeller* Präventionsstrategien und *spezieller* Präventionsstrategien ausgehen müssen. Beide – auch alle speziellen Programme – müssen den Charakter von *Ketten* oder von *Spiralen* haben, die Interventionen systematisch über einen längeren Zeitraum und verschiedene Altersphasen hinweg anbieten. Insofern haben auch *Erziehungs- und Bildungspartnerschaften* sowohl *universellen* als auch *speziellen* Charakter, sind Teil von kommunalen Präventions- und Bildungsketten und nur im Rahmen von Gesamtkonzepten vorstellbar!

Ähnlich verhält es sich mit dem Verhältnis der Begriffe *Prävention* und *Intervention*. Häufig wird versucht, das Verhältnis dieser Begriffe über die Betrachtung der zeitlichen Differenzierung im Präventionsmodell, d.h. über die Kategorisierung in *primäre*, *sekundäre* und *tertiäre* Prävention[16] in den Griff zu bekommen. Manchmal werden die sekundäre oder die

---

15 Selbstverständlich existieren in allen Sozialräumen auch genügend Indikationen für sofortige massive Interventionen, die über Primärprävention hinaus in den Bereich der Tertiärprävention reichen.
16 Die bekannte Unterscheidung von universeller, selektiver und indizierter Prävention deckt in etwa das gleiche Spektrum ab: „Universelle Prävention: für alle, Selektive Prävention: für Risikogruppen, Indizierte Prävention: in Problemfällen (mit fließenden Grenzen zur therapeutischen Intervention)" (Walper 2008, S. 24). Dabei

tertiäre Prävention als *Intervention* interpretiert. Böllert bezeichnet Prävention schlicht als „rechtzeitige Intervention" (Böllert 1995, S. 139). Dies zeigt: Prävention ist zeitlich konnotiert. Intervention ist zeitneutral und beschreibt *alle* fachlichen Aktionen und Eingriffe in soziale und individuell-personale Systeme. Prävention sind nur die *rechtzeitigen proaktiven Handlungen*. Alle späteren *reaktiven Handlungen* und Eingriffe (Therapien, repressive Maßnahmen, Strafen usw.) sind Intervention, aber keine Prävention.

Beide Kategorien unterscheiden sich in der Regel auch durch die Themen, auf die sie sich beziehen: Eine präventive Handlung beschäftigt sich in der Regel mit einem *anderen* Thema (einem positiv aufzubauenden, ressourcen-fördernden Verhalten ohne starken Problembezug), reaktive Interventionen reagieren in der Regel auf ein aktuell bestehendes Problem. Prävention – auch die primäre Spezialprävention, aber natürlich insbesondere die unspezifische Prävention (Allgemeinprävention, Generalprävention) – baut bestimmte Verhaltenselemente auf (Bindungserfahrungen, Selbstbewusstsein, Selbstwirksamkeitserfahrungen, Selbstbeobachtung, Perspektivenübernahme, positive kognitive und emotionale Kompetenzen, Intelligenzen usw.), die in ihrer psychischen Struktur wenig mit derjenigen eines späteren devianten, gestörten Verhaltens zu tun haben. Hierzu sei auf die Diskussion um die Schutzfaktoren innerhalb der Resilienzforschung verwiesen (vgl. Wustmann 2007, S. 131).

Das alles bedeutet auch, dass wir bei den Angeboten zu Bildung und Erziehung gar nicht wissen müssen, für wen diese Angebote in besonderer Weise eine präventive Wirkung darstellen. Für die einen ist es *Bildung*, für die anderen *Bildung und Prävention*. Und viele Maßnahmen, die ursprünglich aus präventiver Absicht für potenziell gefährdete Gruppen entwickelt wurden, sind gut für *alle*. Ein *HIPPY-* oder *PEKiP*-Programm (siehe dazu die Praxisportraits im parallel erscheinenden zweiten Band – dem Praxisbuch[17]) oder ein Frühmotorik-Training enthalten Elemente, die auch nicht-präventionsrelevanten Zielgruppen Bildungserfahrungen eröffnen.

Zusammenfassend können wir also festhalten: Wenn es richtig ist, dass viele dieser Bildungsmaßnahmen auch präventive Wirkung haben, dann fällt es schwer, hier eine Stigmatisierung irgendwelcher Zielgruppen zu sehen. Denn die Maßnahme wirkt ja bei allen. Dieser Gedanke wird im Übrigen von vielen Jugendämtern inzwischen in der Weise aufgenommen, dass ursprünglich spezialpräventiv gedachte Maßnahmen nun für *alle* Familien angeboten werden – so das Begrüßungsprogramm für Neugeborene durch das Jugendamt Dormagen (vgl. Jugendamt der Stadt Dormagen 2011, S.111 ff.). So fließen *Generalprävention* und *Spezialprävention* faktisch zusammen.

Das bedeutet nun, dass man sehr wohl präventive Zielsetzungen in die strategischen Leitbilder, Gesamtkonzepte und Programme aufnehmen kann, ohne bestimmte Gruppen zu diskriminieren oder zu stigmatisieren. Präventionsarbeit hat nicht per se „entmündigende, freiheitseinschränkende, kontrollverschärfende und damit repressive Formen" (Schmitt in diesem Band, S. 54). Prävention als *rechtzeitige, proaktive Aktion und Strategie* in der Form von *Allgemeinprävention* ist – neben der Beseitigung objektiver äußerer Risikofaktoren – in weiten Teilen deckungsgleich mit Bildung und Erziehung. Prävention als

---

wäre dann Selektive Prävention im Grundsatz *primärpräventiv* und *sekundärpäventiv*, aber nicht tertiärpräventiv denkbar.
17 Stange/Henschel/Krüger/Schmitt (Hrsg.): Erziehungs- und Bildungspartnerschaften – Praxisbuch Elternarbeit als Netzwerkaufgabe, Wiesbaden 2012

spätere (sekundäre und tertiäre Intervention) ist zwar *spezifisch* und selektiert Gruppen, ist aber nicht automatisch stigmatisierend.

Sekundär- und Tertiärprävention stellen oft erst die Voraussetzungen dafür her, damit dann allgemeine Bildungsprozesse wieder möglich werden (und somit auch wieder allgemeinpräventive und primärpräventive Wirkungen). Allgemeinprävention und Bildung lassen sich also überhaupt nicht trennen (auch wenn zum Zeitpunkt von Bildungsmaßnahmen nicht bewusst ist, für wen sie Präventionsfunktion haben).[18]

Auch *kommunale Entwicklungsstrategien* dürfen hier nicht trennen: Sie entfalten nur über systematische, dauerhafte, umfassende und permanente *Präventions- und Bildungsketten*[19] effektive Gesamtwirkungen. Dabei ist das Angebot flächendeckender frühzeitiger Integration von Familien und Eltern über den Ansatz von *Erziehungs- und Bildungspartnerschaften* integrales Schlüsselelement.

5. Die Ausgangslage: differenzierte Strukturen und vielfältige Angebote ohne Netzwerkcharakter

Schon der erste Blick auf das vielscheckige Feld der Akteure und Stakeholder, die sich mit Eltern befassen, vermittelt den Eindruck, dass das Angebot für Eltern und Familien ein sehr breites und bunt gefächertes ist. Wer genau agiert eigentlich in diesem Feld? Wer kümmert sich um Eltern?

---

18 Alle bisherigen Überlegungen gelten auch „für die (Zusammen-)Arbeit mit Eltern. Auch wenn Zusammenhänge zwischen Bildungsschicht und Erziehungskompetenz im Mittel gezogen werden, bedeutet dies nicht, dass alle zuordnenbaren Eltern automatisch z.B. einen ‚Elternführerschein' machen müssen, zumal solche Bedarfe auch in anderen Schichten vorkommen. Umgedreht sind beispielsweise Unterstützungsangebote für Eltern möglicherweise kommunikativ und strukturell so aufzusetzen, dass das Label ‚Erziehungsversager' erst gar nicht entsteht und von der Inanspruchnahme des Angebots abhält" (Schmitt in diesem Band, Seite 50).

19 Der Begriff *Präventions- und Bildungskette* wurde z.B. im Monheimer Projekt *Mo.Ki* (Berg 2009, S. 4) und im Rahmen des Dormagener Qualitätskatalogs der Kinder- und Jugendhilfe (2011, S. 111) geprägt.

Erziehungs- und Bildungspartnerschaften – Grundlagen, Strukturen, Begründungen

Abbildung 1: *Einrichtungen, Organisationen, Akteure der Elternarbeit*

Es scheint so zu sein, dass es an Angeboten häufig gar nicht mangelt. Dies ist Ausdruck der Ausdifferenzierung von Unterstützungsangeboten im sozialen Sektor und der wachsenden fachlichen Spezialisierung.

Die derzeitige Situation ist auf jeden Fall widersprüchlich: Es gibt zurzeit einerseits eine bunte Vielfalt an spannenden Konzepten und Programmen der Elternarbeit, der Elternpartizipation und der Erziehungs- und Bildungspartnerschaft. Diesem aufregenden Spektrum an durchaus kreativen Ansätzen mangelt es jedoch an Struktur und Verbindungen zwischen den einzelnen Initiativen.

Es sind Tendenzen der Isolierung und Abschirmung von Angeboten unterschiedlicher Träger festzustellen. Die Einzelansätze werden meistens nicht aufeinander bezogen und zu einem Gesamtsystem verbunden. Die wenigen Ansätze (z.B. die *Familienzentren* bzw. die *Early-Excellence-Centres* – siehe dazu die Beiträge von Heike Engelhardt zum *Familienzentrum Hannover* und von Annette Berg zu *Mo.Ki – Monheim für Kinder* im Praxisband), die dies versuchen, stellen sich zurzeit nur als Unikate dar. Wir sind weit davon entfernt, ein integriertes und vernetztes Gesamtsystem zu haben.

Die Angebote sind häufig losgelöst vom Gesamtsystem (z.B. bei reinen Angeboten von Elternbildungskursen), d.h. es gibt gut gemeinte Einzelansätze mit isolierten Angeboten ohne Einbindung in ein Gesamtkonzept bzw. in Netzwerke. Bei vielen Ansätzen etwa der

Schule oder der Kindertagesstätte besteht eine nur dürftige und wenig systematische Berücksichtigung des gesamten Jugendhilfe- und Sozialhilfesystems (von einigen Ausnahmen in Modellprojekten abgesehen). Die Loslösung der Konzepte von den materiellen Kern-Problemen der Betroffenen (Arbeitslosigkeit, Einkommen, Wohnungsprobleme) und dem dazugehörigen Hilfe- und Unterstützungssystem (Sozialhilfesystem) ist also recht typisch. So gibt es dann vielfach auf den ersten Blick sympathische, aber strukturell vollkommen isolierte, rein pädagogische Angebote ohne Integration von z.B. Sozialberatungsangeboten, der Schuldnerberatung usw.

Häufig ist auch eine Dominanz psychologischer Interventionskonzepte, entwicklungspsychologischer und klinisch-psychologischer Programme festzustellen (*Triple P usw.*) mit häufig zu schwacher Anbindung an die Instrumente der Jugendhilfe, z.B. an die Hilfen zur Erziehung (etwa Erziehungsbeistandsschaften, Sozialpädagogische Familienhilfe). Positive Gegenbeispiele sind natürlich auch vorhanden, z.B. die vom ASD aus organisierten jugendhilfespezifischen Elterntrainings (siehe z.B. im parallel erscheinenden Praxisbuch: Krüger: *Elternarbeit im Rahmen der Hilfen zur Erziehung*, Homfeldt/Schulze-Krüdener: *Elternarbeit in der Heimerziehung*, Solf: *Elternarbeit in der Tagesgruppe*, Klauenberg et al.: *AWO-Elternwerkstatt*).

Vielfach wird faktisch reine Mütterbildung statt Väter- oder Eltern- und Familienbildung betrieben (vgl. in diesem Band Lösel/Runkel: *Empirische Forschungsergebnisse im Bereich Elternbildung national und international*, S. 267 ff. oder Sacher mit dem Beitrag *Schule: Elternarbeit mit schwer erreichbaren Eltern*, S. 297 ff.).

Auch wenn der Kooperationsgedanke in der Fachdiskussion[20] inzwischen unstrittig ist – von einer Breitenwirksamkeit in der realen Praxis im kommunalen Gesamtfeld kann noch keine Rede sein. Es herrscht nach wie vor ein ausgeprägtes ‚Säulen-Denken' vor. Die Fixierung auf die ‚eigene Säule' mag das Handeln zunächst vordergründig einfacher gestalten, wird sie auf Dauer aber ineffektiv machen und zumindest das langfristige Scheitern provozieren. Ein Kernproblem dürften aufseiten vieler Akteure die mangelnden rechtlichen Kenntnisse bzw. Struktur-Kenntnisse des Gesamtsystems sein. Dieses komplett zu durchschauen ist objektiv schwierig, da im Bereich der Erziehungs- und Bildungspartnerschaften so heterogene, schwer verständliche und manchmal wenig aufeinander bezogene rechtliche und finanzielle Systeme und Akteure zusammenspielen sollen: Kinder und Jugendhilfe, das Gesundheitswesen, die Schule, die Kindertagesstätten, die Arbeitsverwaltung, die Stadtplanung, zivilgesellschaftliche Akteure usw. Deshalb wird im Folgenden ein Versuch der Systematisierung und Ordnung vorgenommen.

Zunächst einmal bleibt festzuhalten, dass die Folgen des unverbundenen Nebeneinanders unterschiedlicher Einrichtungen, Organisationen und Akteure schmerzhaft sind:

- Es gibt Widersprüche zwischen den Instanzen und Ebenen, es kommt zu Interessenunterschieden, Kommunikationsschwierigkeiten und Informationsverlusten.

---

20 Siehe dazu auch den in den vergangenen Jahren breit geführten Diskurs zur *Kooperation von Schule und Jugendhilfe* (Henschel/Krüger/Schmitt/Stange 2008), der hervorragende Impulse hervorbrachte, aber nur ein Teilsegment des viel größeren kommunalen Gesamtkonzeptes erfasst, das im vorliegenden Buch zur Diskussion gestellt wird.

Erziehungs- und Bildungspartnerschaften – Grundlagen, Strukturen, Begründungen

- Die Konzentration auf isolierte Einzelansätze verhindert umfassende und differenzierte Gesamtreaktionen auf komplexe, multidimensionale Problemlagen.
- Es gibt Orientierungsunsicherheit, Unklarheit und Diffusität im Handeln.
- Manchmal kommt es auch zu Fehleinschätzungen der unübersichtlichen Lage und so auch zu Fehlentscheidungen und -handlungen und zur Wahl falscher Strategien und Methoden.

Schmitt beklagt die „Segmentiertheit der Zuständigkeiten und Unterstützungsangebote aus der Perspektive des Entwicklungsverlaufs von Kindern und Jugendlichen", die „unterschiedlichen Zuständigkeiten auf Bundes-, Landes- und Kommunalebene", die „verschiedenen ministeriellen bzw. sektoralen Zuständigkeiten auf gleicher Ebene", was sich widerspiegele in einem regional und lokal „bunten Feld unterschiedlicher freier Träger sowie Initiativen und sonstiger Zusammenschlüsse". Diese „wechselnden Zuständigkeiten bei den Übergängen zwischen den Erziehungs- und Bildungsinstanzen" seien ein großes Problem, das teilweise noch dadurch verkompliziert werde, dass diese Vielfalt gleichwohl „in hohem Maße rechtlich normiert" sei, was aus dem Vorteil der systematischen Absicherung manchmal auch Verselbstständigungen und Abschottungen machen könne. Schmitt macht auch auf den sehr unschönen Mechanismus aufmerksam, dass das erhebliche „Risiko der Verschiebung frühzeitiger Unterstützung bzw. der Delegation von Verantwortung" bestünde. Das würde noch dadurch unterstützt, dass Defizite in der Qualität der eigenen Angebote, sich häufig gar nicht in der eigenen Einrichtung, sondern bei einem ganz anderen „Bildungs- und Erziehungsakteur" – und dies in der Regel auch noch viel später – bemerkbar mache (Schmitt in diesem Band zur Netzwerkarbeit, S. 460). Die eigentlichen Ursachen sind dann bereits vergessen. Dieser Mechanismus reduziert die Motivation, rechtzeitig und effektiv einzugreifen, weil man nicht im Sinne des Gesamtsystems denkt, sondern nur in den Egoismen des eigenen Teilsystems. Das treibt – aus der Sicht des Gesamtsystems – die Kosten dieses ineffektiven Patchwork-Sozialsystems permanent in die Höhe. Eine weitere Kostensteigerung erfolgt auch dadurch, dass es unkoordinierte Parallelstrukturen gleicher bzw. ähnlicher Angebote gibt, während sie an anderen Stellen fehlen.

6. Strukturen und Rahmenbedingungen als Hintergrundfolie für die Entwicklung einer Gesamtstrategie

Die gesamte Vielfalt und Widersprüchlichkeit des Feldes muss also erst einmal geordnet werden, damit dann alle Elemente sinnvoll aufeinander bezogen und abgestimmt werden können und – dies wäre die zentrale Zielsetzung – das Gesamtsystem und seine Elemente netzwerkangepasst und effektiv gesteuert werden können. Nur so wird sich schließlich – dies wird noch darzulegen sein – ein umfassendes, alle Institutionen und Akteure einbeziehendes Gesamtsystem und *Gesamtkonzept von Erziehungs- und Bildungspartnerschaften* als einem bedeutendem Kernelement im Rahmen einer großen *Präventions- und Bildungskette von 0 bis 18* (27) etablieren lassen! Dabei wird der jeweils besondere Beitrag der Einzelangebote zum großen Ganzen von Prävention und Intervention, von Bildung und Erziehung deutlich werden müssen.

Erziehungs- und Bildungspartnerschaften haben sich einzubinden in ein Gesamtsystem, in ein Netzwerkverhältnis vielfältiger Unterstützungssysteme des deutschen Sozialsystems:

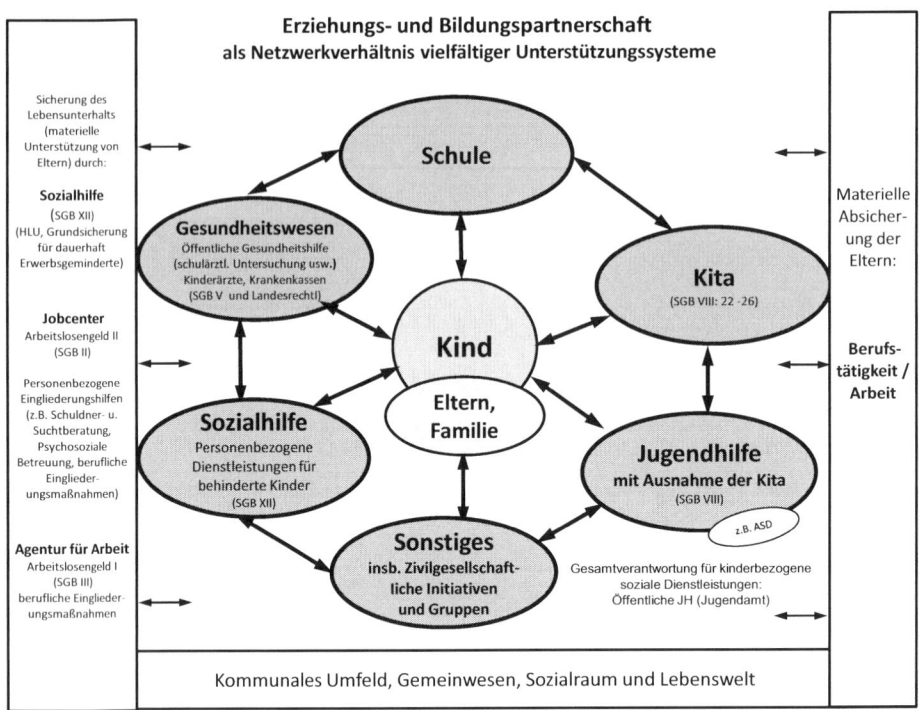

Abbildung 2: *Erziehungs- und Bildungspartnerschaften im Netzwerk vielfältiger Unterstützungssysteme*

Die Notwendigkeit einer Gesamtstrategie

Mit einer fundamentalen Änderung der rechtlichen und finanziellen Rahmenbedingungen und des strukturellen Verhältnisses der Teilsysteme zueinander ist nicht zu rechnen. Deshalb kann nur eine markant geänderte Art und Weise der Kooperation und der Beziehungen der Teilsysteme untereinander und die Fokussierung aller auf ein zu entwickelndes *Gesamtkonzept* und eine nachhaltig verankerte *Netzwerkstrategie* auf dem Hintergrund gemeinsam geteilter *Ziele* helfen. Ein solcher Ansatz verhindert nicht nur ineffektive *Parallelstrukturen* und *Disparitäten* in der Versorgung einzelner Sozialräume. Der Gesamtblick und sinnvoll aufeinander abgestimmte Angebote führen auch zu Synergieeffekten und stellen eine angemessene Antwort auf viel komplexer gewordene Problemlagen bei weiterhin ebenso komplexen, politisch gesetzten rechtlichen Rahmenbedingungen dar.

Schon der bereits erwähnte *sozialökologische Blick* auf den Gesamtzusammenhang der Entwicklungs- und Lernbedingungen sowie die Schlüsselfaktoren beim Aufwachsen von Kindern legt diesen Ansatz nahe. Wenn man berücksichtigt, dass ein Kind und seine Eltern nicht nur in der Kita und in der Schule, sondern möglicherweise auch über die personenbezogenen Dienstleistungen für behinderte Kinder (SGB XII), Elemente des Gesundheitswesens (Kinderärzte, Krankenkassen) und von einer Vielfalt zivilgesellschaftlicher Institutionen, Organisationen und Initiativen, die sich ehrenamtlich um Kinder und Eltern kümmern (Vereine, Tafeln, Patenschaften usw.), unterstützt werden, liegt dies auf der Hand.

Es wird also deutlich: eine Erweiterung des rein einrichtungsbezogenen, rein elementarpädagogischen oder rein schulpädagogischen Blicks durch einen *systemischen, ganzheitlichen Blick* ist unverzichtbar!

Systematisierung und Ordnung, Organisation und Steuerung dieser systemischen Vielfalt erfolgen planerisch auf verschiedenen Ebenen

1. Planung und Organisation der überindividuellen Strukturen und Rahmenbedingungen von Erziehungs- und Bildungspartnerschaften
2. Gestaltung von Erziehungs- und Bildungspartnerschaften auf der Ebene einzelner Institutionen
3. Gestaltung von Erziehungs- und Bildungspartnerschaften auf der individuellen Ebene

1. Planung und Organisation der überindividuellen Strukturen und Rahmenbedingungen von Erziehungs- und Bildungspartnerschaften:

Sozial-, Jugendhilfe-, Schulentwicklungs- und Gesundheitsplanung
- Kreisebene (übergreifende Querschnittskonzepte und Planungen)

Regionale, kommunale, lokale Bildungslandschaften (Bildungsnetzwerke)
- Kreisebene und lokale Ebene

Lokale Netzwerkstrukturen: Arbeitsgemeinsch. nach § 78 SGB VIII, Lokale Bündnisse f. Familie, Sozialraumbüros, Familien-Service-Büros, Familienzentren
- Lokale Ebene (Gemeinde, Stadt) und Sozialräume

Konzepte für die Kooperation von Jugendhilfe und Schule bzw. Kita und Schule (z.B. Brückenjahr)
- institutionenübergreifende Konzepte zwischen mehreren Einrichtungen

2. Gestaltung von Erziehungs- und Bildungspartnerschaften auf der Ebene einzelner Institutionen:

Institutionsbezogene Erziehungs- u. Bildungspartnerschaften
- In der einzelnen Kita, Schule, Gesundheitseinrichtung, Initiative

3. Gestaltung von Erziehungs- und Bildungspartnerschaften auf der individuellen Ebene:

Erziehungs- und Bildungspartnerschaften für das einzelne Kind
- In der einzelnen Kita, Schule, Gesundheitseinrichtung, Initiative: einzelfallbezogen

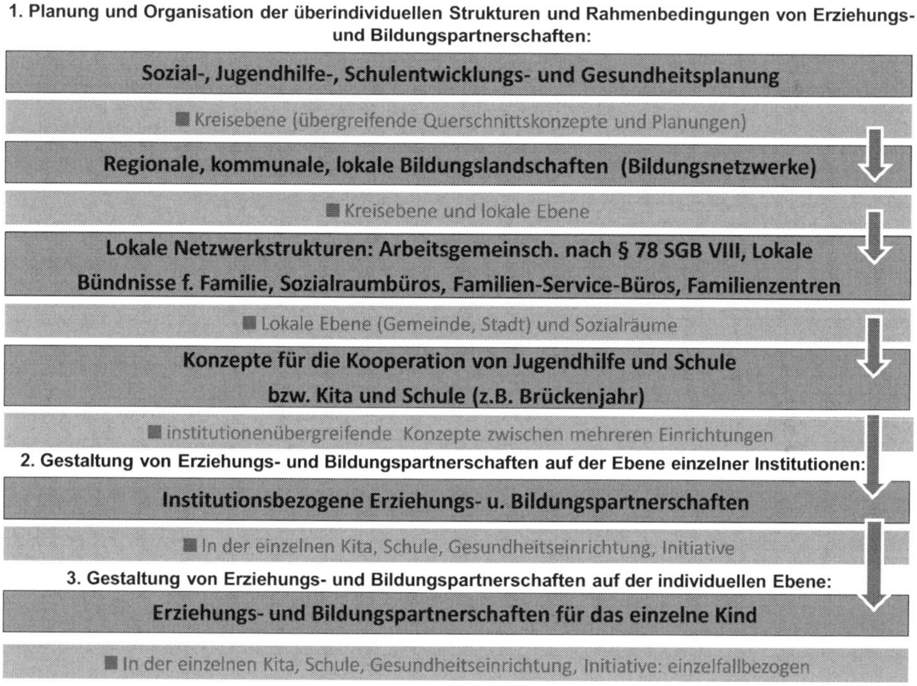

Abbildung 3: *Die Ebenen der Planung und Organisation*

Im Rahmen von *Erziehungs- und Bildungspartnerschaften* muss auf allen diesen Ebenen analytisch, konzeptionell und umsetzungsorientiert agiert werden. Die Verantwortung für gelingende Erziehungs- und Bildungspartnerschaften kann also nicht einfach auf die dritte Ebene der konkreten individuell praktizierten Kooperation einzelner Erziehungs- und Bildungsakteure delegiert werden. Erziehungs- und Bildungspartnerschaften als markante

Systemfunktionen setzen fachlich und wissenschaftlich angemessene Konzepte und die Zurverfügungstellung der erforderlichen Strukturen, Rahmenbedingungen und Ressourcen auf den übergeordneten Systemebenen voraus.

7. Die Grenzen von Erziehungs-und Bildungspartnerschaften

Erziehungs- und Bildungspartnerschaften haben auch deutliche Grenzen (siehe dazu den Beitrag von Krüger, Henschel, Schmitt und Eylert in diesem Band, Seite 486 ff.). Die Kooperation wird z.B. dann eingeschränkt werden müssen, wenn massive Fälle von Kindeswohlgefährdung durch Eltern vorliegen. Es gibt auch rechtliche Grenzen der Elternmitwirkung (einschließlich der Schulpflicht), die mit der Dominanz des Staates im schulischen Bereich auf dem Hintergrund des grundgesetzlich garantierten Wächteramtes des Staates und der Organisationsbefugnis des Staates (Art. 7 GG und Landesgesetzgebung, Einschränkungen durch Urteile des Bundesverfassungsgerichtes usw.) zusammenhängen. Aber auch eine erkennbare *Ideologiefunktion* des Begriffs *Partnerschaft* (Verschleierung von Interessenunterschieden und eine gewisse ‚Rechtlosigkeit' der Eltern in manchen Bereichen) kann versteckte Grenzen erzeugen. Und: Paradigmenwechsel und Umsteuerung des gesellschaftlichen Ressourceneinsatzes brauchen Zeit. *Erziehungs- und Bildungspartnerschaften als Teil kommunaler Präventions- und Bildungsketten* können nicht überall und sofort aufgebaut werden. Und auch die Wirkungen werden häufig erst langfristig und zeitverschoben erkennbar sein. Das Präventions- und Bildungsversprechen ist nicht sofort belegbar!

Auf eine weitere Grenze von *Elternarbeit als Erziehungs- und Bildungspartnerschaften* war am Anfang dieses Artikels hingewiesen worden: Alle Elternarbeit darf *kein Selbstzweck* sein – sie lässt sich nur dadurch legitimeren, dass sie in letzter Instanz immer den *Kindern und Jugendlichen* nutzen muss! Die Hauptaufgabe unserer Bildungs- und Jugendhilfe-Einrichtungen ist deren Entwicklung zu „eigenverantwortlichen und gemeinschaftsfähigen Persönlichkeiten" (SG B VIII [1]).

Eine weitere Grenze und Einschränkung ist die ebenfalls erwähnte Tatsache, dass *Elternarbeit als Erziehungs- und Bildungspartnerschaft* nur einen – wenn auch sehr wichtigen – Teilausschnitt aus den sehr komplexen größeren Präventions- und Bildungsstrategien abbildet.

8. Schlussbemerkung: Ausblick auf das Gesamtkonzept

In den vorangegangenen Abschnitten sind neben der Begriffsklärung eine Reihe von Argumentationsmustern und Begründungszusammenhängen für die Notwendigkeit von *Erziehungs- und Bildungspartnerschaften* genannt worden. Weiterhin sind Probleme erörtert worden, die die Planung von netzwerkorientierter Elternarbeit erschweren. Die Gründe dafür liegen im Wesentlichen in schwierigen strukturellen und rechtlichen Rahmenbedingungen im kommunalen Raum bzw. im Sozial- und Bildungssystem. Viele der in diesem Überblick genannten Zusammenhänge werden in den folgenden Beiträgen dieses Buches detaillierter aufgegriffen. Danach wird es möglich sein, im Schlussbeitrag dieses Bandes ein *Gesamtkonzept für Elternarbeit als Erziehungs- und Bildungspartnerschaften im Rahmen kommunaler Präventions- und Bildungsketten* zu entwerfen. Dabei werden die Prinzipien für gelingende Erziehungs- und Bildungspartnerschaften, die Strukturelemente und Eckpunkte einer Gesamtstrategie bzw. eines Gesamtkonzeptes, deren drei zentrale Säulen sowie die *Gesamtverantwortung* und *Steuerung* von kommunalen *Präventions- und Bildungsketten* dargestellt, die Struktur von Methodenangeboten und Hinweise zur differenzierenden Elternarbeit mit unterschiedlichen Zielgruppen aufgezeigt und abschließend ein exemplarisches *Programmportfolio eines Gesamtkonzeptes* für Erziehungs- und Bildungspartnerschaften im Rahmen kommunaler Präventions- und Bildungsketten präsentiert.

Literatur

Beck-Gernsheim, Elisabeth (2000): Was kommt nach der Familie? 2. durchges. Auflage. München: Beck
Berg, Annette (2009): Mo.Ki – Monheim für Kinder. Mit konsequenter Präventionsarbeit gegen soziale Benachteiligung der Kinder. Powerpoint-Präsentation. Monheim
Berg, Annette (2011): Mo.Ki – Monheim für Kinder. Vernetzung in Kindertagesstätten im Berliner Viertel/Monheim am Rhein. Powerpoint-Präsentation. Monheim
Bertelsmann Stiftung (2007) (Hrsg.): Kinder- und Jugendbeteiligung in Deutschland. Gütersloh: Bertelsmann-Stiftung
Böllert, Katrin (1995): Zwischen Intervention und Prävention. Eine andere Funktionsbestimmung Sozialer Arbeit. Neuwied, Kriftel und Berlin: Luchterhand
Böllert, Karin (Hrsg.) (2008): Von der Delegation zur Kooperation. Bildung in Familie, Schule, Kinder - und Jugendhilfe. Wiesbaden: Verlag für Sozialwissenschaften
Bundesministerium für Familie, Senioren, Frauen und Jugend (Hrsg.) (2006): Bestandsaufnahme und Evaluation von Angeboten im Elternbildungsbereich. Info-Blatt. Bonn
Davis, Nancy J. (1999): Resilience. Status of research and research-based programs, http://www.mentalhealth.org/schoolviolence/5.28resilience.html (Download am 05.07.2001).
Detert, Dörte (2007): Gemeinsame Erziehungsverantwortung von Familien und Lehrkräften. Studie zur Kooperationszufriedenheit am Beispiel der Primarstufe in Hannover und Liverpool: Blumhardt
Finkelnburg, Antonin (2004): Der betriebswirtschaftliche Nutzen der Kinderbetreuung. In: Henry-Huthmacher 2004, S. 74 ff.
Frehsee, Detlev (2000): Fragen an den Deutschen Präventionstag. In: DVJJ-Journal. Nr. 167, 1/2000. S. 65-72
Freund, Thomas/Lindner, Werner (Hrsg.) (2001): Prävention. Zur kritischen Bewertung von Präventionsansätzen in der Jugendarbeit. Opladen: Leske und Budrich
Fritschi, Tobias/Oesch, Tom (2008): BASS-Studie. Volkswirtschaftlicher Nutzen frühkindlicher Bildung. Gütersloh: Bertelsmann Stiftung
Fthenakis, Wassilios E. (2007): Auf den Anfang kommt es an. 2. Auflage. Bonn und Berlin: BMBF
Hawkins et al. (2009): Results of a type 2 translational research trial to prevent adolescent drug use and delinquency: A test of Communities That Care. Archives of Pediatrics and Adolescent Medicine, 163. Pp. 789-98
Heckman, James (2008): Die Dynamik von Bildungsinvestitionen im Lebensverlauf. Warum Sparen in der Bildung teuer ist. Powerpoint-Präsentation. Gütersloh: Bertelsmann Stiftung
Henry-Huthmacher, Christine (Hrsg.) (2004): Jedes Kind zählt. Neue Wege der frühkindlichen Bildung, Erziehung und Betreuung. Zukunftsforum Politik Nr. 58. Sankt Augustin: Konrad-Adenauer-Stiftung
Henschel, Angelika/Krüger, Rolf/Schmitt, Christof/Stange, Waldemar (Hrsg.) (2008): Jugendhilfe und Schule. Handbuch für eine gelingende Kooperation. Wiesbaden: Verlag für Sozialwissenschaften
Hertzmann, Clyde (2008): Wirkung messen – zielorientiert steuern. Good-practice-Beispiel aus Kanada. Powerpoint-Präsentation. Gütersloh: Bertelsmann Stiftung
Heymann, S. Jody/Earle, Alison (2000): Low-income parents: How do working conditions affect their opportunity to help school-age children at risk? In: American educational research journal, 37, 4. Washington, D. C.: AERA. Pp. 833-848
Hill, Paul B./Kopp, Johannes (2002): Familiensoziologie. 2., überarb. und erweit. Auflage. Wiesbaden: Westdeutscher Verlag
Holz, Gerda/Skoluda, Susanne (2003): Armut im frühen Grundschulalter. Frankfurt am Main: ISS
Holz, Gerda (2007):Wer fördert Deutschlands sozialbenachteiligte Kinder? Rahmenbedingungen zur Arbeit von Kitas mit Kindern aus sozial benachteiligten Familien Gütersloh: Bertelsmann Stiftung
Jugendamt der Stadt Dormagen (Hrsg.) (2011): Dormagener Qualitätskatalog der Kinder- und Jugendhilfe. Ein Modell kooperativer Qualitätsentwicklung. Opladen und Farmington Hills: Barbara Budrich
Jugendministerkonferenz (2003): Stellenwert der Eltern- und Familienbildung. TOP 4. Ludwigsburg

Julius, Henri/Prater, Mary Anne (1996): Resilienz. Sonderpädagogik, 26. S. 228-235
Keck, Rudolf W./Kirk, Sabine (Hrsg.) (2001): Erziehungspartnerschaft zwischen Elternhaus und Schule – Analysen – Erfahrungen – Perspektiven. Baltmannsweiler: Schneider Hohengehren
Kiefl, Wolfgang (1995): Sie fühlt sich groß, weil sie mehr kann. Die wichtigsten Ergebnisse des Modellprojektes „HIPPY" zur Integration von Aussiedler- und Ausländerkindern und ihrer Familien. Projektbericht. München: DJI
Kiefl, Wolfgang (1996): Sprungbrett oder Sackgasse? Die HIPPY-Hausbesucherin auf dem Weg zur Integrationshelferin. In: Soziale Arbeit 45, 1. S. 10-17
Kirk, Sabine (2001): Verkehrsformen zwischen Elternhaus und Schule. In: Keck/Kirk (2001): S. 27 ff.
Landespräventionsrat Niedersachsen (Hrsg.) (2009): Communities That Care – CTC. Hannover
Layzer, Jean I./Goodson, Barbara D./Bernstein, Lawrence/Price, Christofer (2001): National evaluation of family support programs. Final Report, Vol. A: The meta-analysis. Cambridge: M.A. Abt Associates
Lösel, Friedrich (2006): Bestandsaufnahme und Evaluation von Angeboten im Elternbildungsbereich. Abschlussbericht. Hrsgg. vom BMFSFJ. www:bmfsfj.de/docu/eltern bildungsbereich (Download am 7.10.2009)
Niedersächsisches Kultusministerium (2005): Empfehlungen des niedersächsischen Orientierungsplans für Bildung und Erziehung. Hannover
Merkle, Tanja/Wippermann, Carsten (2008): Eltern unter Druck. Selbstverständnisse, Befindlichkeiten, und Bedürfnisse von Eltern in verschiedenen Lebenswelten. Stuttgart: Konrad-Adenauer-Stiftung
Nave-Herz, Rosemarie (2002): Familie heute. 2. überarb. und ergänzte Auflage. Darmstadt: Wissenschaftliche Buchgesellschaft
Nickel, Horst/Quaiser-Pohl, Claudia (Hrsg.) (2001): Junge Eltern im kulturellen Wandel. Weinheim und München: Juventa
OECD – Organisation for Economic Cooperation and Development (2001): Lernen für das Leben. Erste Ergebnisse der internationalen Schulleistungsstudie PISA 2000. Paris: OECD
Oerter, Rolf/Montada, Leo (Hrsg.) (1998): Entwicklungspsychologie. 4. korrig. Auflage. Weinheim: Psychologie-Verlags-Union
Peuckert, Rüdiger (2002): Familienformen im sozialen Wandel. 4. überarb. und erw. Auflage. Opladen: Leske und Budrich
PISA-Konsortium (Hrsg.) (2001): PISA 2000. Basiskompetenzen von Schülerinnen und Schülern im internationalen Vergleich. Opladen: Leske und Budrich
Sacher, Werner (2008): Elternarbeit – Gestaltungsmöglichkeiten und Grundlagen für alle Schularten. Bad Heilbrunn: Klinkhardt
Schack, Stefan (2007): Netzwerke für Beteiligung organisieren und steuern. In: Bertelsmann Stiftung (2007): S. 247 ff.
Schneewind, Klaus A. (1999): Familienpsychologie. 2. überarb. Auflage. Stuttgart: Kohlhammer
Schneewind, Klaus A. (1998): Familienentwicklung. In: Oerter/Montada (1998): S. 128-166
Schneewind, Klaus A./von Rosenstiel, Lutz (Hrsg.) (1992): Familie im Wandel. Göttingen: Hogrefe
Sell, Stefan (2004): Der volkswirtschaftliche Nutzen der Kinderbetreuung. In: Henry-Huthmacher 2004, S. 52 ff.
Silbereisen, Rainer K./Reitzle, Matthias (Hrsg.) (2001): Psychologie 2000. Bericht über den 42. Kongress der Deutschen Gesellschaft für Psychologie in Jena 2000. Berlin: Pabst Science Publishers
Stange, Waldemar (2008: Partizipation von Kindern und Jugendlichen im kommunalen Raum I. Grundlagen. Beteiligungsbausteine, Band 1. Münster: Monsenstein und Vannerdat
Stange, Waldemar (Hrsg.) (2009a): Partizipation in Kindertagesstätte, Schule und Jugendarbeit. Aktionsfelder – exemplarische Orte und Themen I. Beteiligungsbausteine, Band 5. Münster: Monsenstein und Vannerdat
Stange, Waldemar (Hrsg.) (2009b): Partizipation von Kindern und Jugendlichen in Stadtplanung und Dorfentwicklung. Aktionsfelder – exemplarische Orte und Themen II. Beteiligungsbausteine, Band 6. Münster: Monsenstein und Vannerdat
Stange, Waldemar/Meinhold-Henschel, Sigrid/Schack, Stephan (2008): Mitwirkung (er)leben. Handbuch zur Durchführung von Beteiligungsprojekten mit Kindern und Jugendlichen. Gütersloh: Bertelsmann Stiftung
Stange/Henschel/Krüger/Schmitt (Hrsg.) (2012): Erziehungs- und Bildungspartnerschaften – Praxisbuch: Elternarbeit als Netzwerkaufgabe. Wiesbaden: Verlag für Sozialwissenschaften
Textor, Martin R. (2000): Kooperation mit den Eltern. Erziehungspartnerschaft von Familie und Kindertagesstätte. München: Don Bosco
Textor, Martin R. (2005a): Die Bildungsfunktion der Familie stärken. Neue Aufgabe der Familienbildung, Kindergärten und Schulen? Nachrichtendienst des Deutschen Vereins für öffentliche und private Fürsorge 85 (5). S. 155-159
Textor, Martin R. (2005b): Elternarbeit im Kindergarten. Ziele, Formen, Methoden. Norderstaedt: Books on Demand

Textor, Martin R. (2009): Bildungs- und Erziehungspartnerschaft in der Schule. Gründe, Ziele, Formen. Norderstedt: Books on Demand
Tschöpe-Scheffler, Sigrid (2006): Konzepte der Elternbildung – eine kritische Übersicht. 2. durchges. Auflage. Opladen: Barbara Budrich
Walper, Sabine (2006): Stärkung elterlicher Erziehungskompetenzen. Vorlesungstext (Powerpoint-Präsentation). München
Walper, Sabine (2008): Elternbildung heute. Bedarf und Konzepte. Präsentation. München
Werner, Emmy E. (2001): The Children of Kauai: Pathways from birth to midlife. In: Silbereisen/Reitzle (2001)
Werner, Emmy E./Smith, R. S. (1982): Vulnerable but invincible. A study of resilient children. New York: McGraw-Hill
Werner, Emmy E./Smith, R. S. (1992): Overcoming the odds. High risk children from birth to adulthood. Ithaca: Cornell University Press
Werner, Emmy E. & Smith, R. S. (2001): Journeys from childhood to midlife: Risk, resilience and recovery. Ithaca: Cornell University Press
Wissenschaftlicher Beirat für Familienfragen beim Bundesministerium für Familie, Senioren, Frauen und Jugend (2002): Die bildungspolitische Bedeutung der Familie – Folgerungen aus der PISA-Studie. Schriftenreihe des BMFSFJ, Band 224. Stuttgart: Kohlhammer
Wissenschaftlicher Beirat für Familienfragen beim Bundesministerium für Familie, Senioren, Frauen und Jugend (2002): Stärkung familialer Beziehungs- und Erziehungskompetenzen. Kurzbericht. www.bmfsfj.de/Kategorien/Forschungsnetz/forschungsberichte,did=28318.html (Download am 01.04.2006)
Wustmann, Corina (2007): Resilienz. In: Fthenakis/Fthenakis (2007): S. 119-189

Christof Schmitt

Zum Präventionsbegriff und dessen Dimensionen[1]

Der fachliche Auf- und Ausbau von Erziehungs- und Bildungspartnerschaften rückt aufgrund seiner unterstellten positiven Effekte in den Bereich präventiver Ansätze. Prävention wird dabei von vielen als „Zauberformel" (Böllert 1995, S. 107) beim Umgang mit (noch entstehenden) Problemen angesehen. Im Sinne von fachlich weiter zu entwickelnden Erziehungs- und Bildungspartnerschaften ist allerdings zu hinterfragen, ob Prävention einen geeigneten Bezugspunkt für deren Praxis darstellt. „Es könnte sich dabei durchaus herausstellen, dass künftig die beste Form von Prävention die sein wird, vor Prävention zu warnen" (Wambach 1983, S. 10).

Vorbemerkung und definitorische Näherung

Prävention ist ein bunt schillernder Begriff, unter den Wissenschaft und Berufspraxis unterschiedliche und zum Teil widersprüchliche Ansätze, Strategien, Konzepte etc. subsumieren und für den es keine anerkannte allgemeinverbindliche Definition gibt.

Diese Feststellung bietet noch keine hilfreiche Konkretisierung von Prävention an. Sie spiegelt jedoch die Zerrissenheit des Präventionsbegriffs in der Theoriediskussion und in der praktischen Ausgestaltung wider und macht deutlich, dass dieser bis heute inhaltlich unbestimmt geblieben ist (vgl. Böllert 1995, S. 439).

Die noch darzustellende Unschärfe und Uneinheitlichkeit bei der Verwendung des Präventionsbegriffs zieht gleichermaßen auch die Frage nach dem Verhältnis zu konkurrierenden Begriffen wie Prophylaxe, Vorbeugung, Non-Intervention und anderen nach sich, deren Abgrenzung ebenfalls nur schwer möglich ist (vgl. Flösser 1995, S. 62). Die Begriffsvielfalt und unterschiedliche definitorische Verständnisse sind sicherlich dem Umstand zuzurechnen, dass der Anwendungsbereich von Prävention sich über so verschiedene Disziplinen wie Psychologie, Medizin, Rechtswissenschaft, Pädagogik und Soziologie erstreckt, wobei sich das fachspezifische Definitionsangebot auch dementsprechend reichhaltig repräsentiert (vgl. Schrottmann 1990, S. 12).

Ungeachtet des Problems einer klaren Begriffsbestimmung werden präventive Ansätze, Konzepte und Programme immer wieder neu aufgelegt. Parallel dazu mehren sich spätestens seit Beginn der 1980er Jahre kritische Stimmen in der fachlichen Diskussion, die auf Probleme und Widersprüche von Prävention hinweisen (vgl. Lindner/Freund 2001, S. 69). Beide Entwicklungen verlaufen scheinbar entkoppelt nebeneinander her, wobei der Abstand zwischen beiden eher noch zuzunehmen scheint.

Der vorliegende Artikel unternimmt den Versuch, Kritikpunkte und Gründe für Präventionsarbeit darzustellen und miteinander in Beziehung zu setzen. Eine Auseinandersetzung stellt die Basis für eine fachlich begründete und reflektierte präventive Arbeit dar. Voraus-

---

[1] Die Grundzüge dieses Artikels erschien in leicht veränderter Form bereits 2008 in: Henschel, Angelika/Krüger, Rolf/Schmitt, Christof/Stange, Waldemar (Hrsg.) (2008): Jugendhilfe und Schule. Handbuch für eine gelingende Kooperation. Wiesbaden: Verlag für Sozialwissenschaften

setzung dafür ist jedoch zunächst, die breite Palette der inhaltlichen Füllung des Präventionsbegriffs nicht auszublenden, sondern sich systematisch mit dieser Begriffsvielfalt auseinanderzusetzen.

Modell eines Orientierungsrasters für Prävention

Häufig wird – in Wissenschaft und Berufspraxis – kritisiert, dass nicht überall Prävention ‚drin ist', wo Prävention ‚drauf steht'. Fragt man die Kritisierenden jedoch nach einer Einschätzung, was denn ‚wirkliche' Prävention sei, gehen die Meinungen stark auseinander. Ursache hierfür ist die thematisierte Vielfalt theoretischer und konzeptioneller Ansätze. Vor diesem Hintergrund erscheint es müßig – und kann im Rahmen dieses Artikels auch nicht vertieft werden – darüber zu streiten, was ‚echte' Prävention ist.

Ziel der folgenden Ausführungen soll es daher nicht sein, die faktische Inflationierung des Präventionsbegriffs zu bewerten und den zahlreichen Definitionsversuchen weitere hinzuzufügen. Stattdessen soll – ausgehend von der Überzeugung, dass im fachlichen Diskurs keine einheitliche verbindliche Definition von Prävention (innerhalb einer absehbaren Zukunft) erreicht werden wird – ein Orientierungsschema entwickelt werden, auf dessen Basis sich sowohl theoretische Ansätze als auch die verschiedenen Praxisprojekte und Konzepte zuordnen lassen.

Unter der Perspektive des Anwendungsbezugs soll damit dem wachsenden Auseinanderklaffen von theoretischen Diskussionen und praktischer Anwendung entgegengewirkt werden. Das nachfolgende Raster bietet einerseits eine Erleichterung und Orientierung im begrifflichen Dickicht der Präventionsdiskussion und schafft eine Struktur, auf deren Grundlage PraktikerInnen vereinfacht nach bereits existenten Präventionsprojekten und Arbeitsansätzen suchen können, die den eigenen Präventionsüberlegungen gleichen, um somit von schon gemachten Erfahrungen profitieren zu können.

Modell eines Rasters für Präventionskonzepte

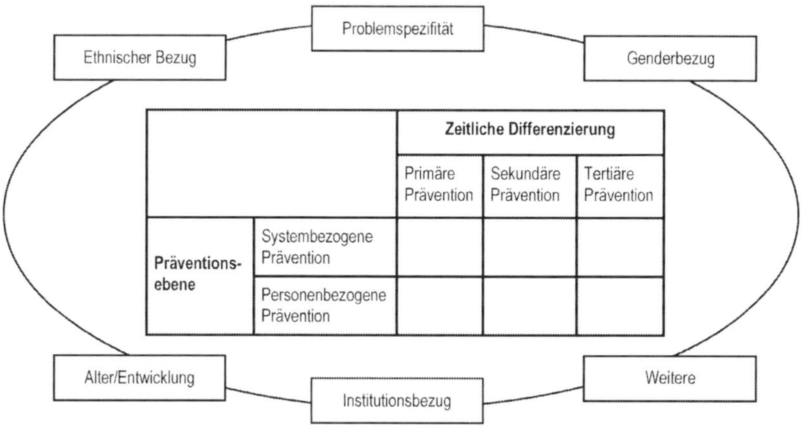

Abbildung 1: *Modell eines Rasters für Präventionskonzepte und -maßnahmen*

1. Obligatorische Dimensionen

Im Zentrum des Modells stehen zwei zentrale Kategorisierungen von Präventionsansätzen, die *zeitliche Differenzierung* und die nach dem *Präventionszugang*, die im Folgenden näher behandelt werden sollen. Beide liegen zunächst unabhängig voneinander vor und sind miteinander kombinierbar. Sie stellen damit zentrale Dimensionen für die Systematisierung von Prävention dar. Beide liegen vor, auch wenn ein definitorisches Verständnis der handelnden Akteure hierüber nicht existiert. Diese Dimensionen sind daher als obligatorisch zu bezeichnen.

Zeitliche Dimension

Die erste Unterscheidung bezieht sich auf den Zeitpunkt, zu dem ein Handeln ansetzt. In diesem Zusammenhang ist auch das Verhältnis von Prävention und Intervention zu thematisieren. „Das, was Prävention und Intervention (...) voneinander unterscheidet, ist der Zeitpunkt, zu dem entsprechende Angebote und Maßnahmen umgesetzt werden. Prävention ist in diesem Sinne eine rechtzeitige Intervention" (Böllert 1996, S. 139 f.). Prävention und Intervention stehen sich in diesem Verständnis idealtypisch gegenüber.

Allerdings ergeben sich bereits bei genauerer Auseinandersetzung mit der allgemeinen Definition von Prävention erste Probleme der Abgrenzung. Geht man hierbei von einem Eingreifen aus, bevor etwas geschehen ist, muss geklärt werden, was (rechtzeitig) verhindert werden soll.

Prävention mit der zeitlichen Dimension als zentralem Unterscheidungsmerkmal zur Intervention kommt ohne eine Bestimmung der zu verhindernden Problematik, Situation etc. nicht aus. In der Konkretheit kann es sich dabei beispielsweise aber sowohl um die Verhinderung des Erstkonsums von Drogen von Jugendlichen als auch, bei bereits erfolgtem Erstkonsum, um die Verhinderung der Ausprägung einer Sucht handeln. Beide Beispiele sind in Ableitung der allgemeinen Definition originär Prävention. Hieran wird die Schwierigkeit deutlich, Prävention und Intervention allgemein als konträre Problembearbeitungsstrategien zu definieren. Vielmehr ist der Auftrag bzw. das konkrete Ziel der Vermeidung Basis für die Einschätzung, ob eine Prävention oder Intervention vorliegt. In der Konkretheit der tatsächlichen Arbeit kann es sich daher im Einzelfall, je nach Zielstellung, sowohl um eine Präventions- wie auch um eine Interventionsmaßnahme handeln.

Aus diesem Grund soll an die beinahe klassische Dreiteilung von Caplan aus dem Jahre 1964 in *primäre, sekundäre und tertiäre Prävention* angeknüpft werden (vgl. Caplan 1964, S. 113). Für die Bereiche von Erziehung und Sozialer Arbeit folgt aus dieser Definition, dass unter primärer Prävention die Maßnahmen zu zählen sind, die eine Problemlage, in der Regel ein potenziell abweichendes Verhalten, vorab verhindern sollen. Diese Begriffsdefinition ist somit kongruent mit dem allgemeinen Verständnis von Prävention. Kennzeichnend für sekundäre Präventionsmaßnahmen ist, dass die jeweilige Problemlage bzw. das abweichende Verhalten noch nicht manifest sind und durch das jeweilige Angebot eine diesbezügliche Verfestigung verhindert werden soll. Unter tertiärer Prävention werden Maßnahmen subsumiert, die der Besserung, Nacherziehung und der Resozialisierung mit dem Zweck dienen, zukünftiges abweichendes Verhalten bzw. das wiederholte Auftreten der Problemlage zu vermeiden (vgl. Herringer 1986, S. 7 f.).

Die Caplansche zeitliche Einteilung wurde in der fachlichen Debatte neben einer teilweisen Veränderung der darunter zu subsumierenden Inhalte, auf deren Darstellung hier verzichtet werden soll, auch mit unterschiedlichen Begrifflichkeiten besetzt, wie folgender Auszug belegt:

Primäre Prävention	Sekundäre Prävention	Tertiäre Prävention	Caplan, 1964
Prävention	Intervention (korrektiver, kurativer und rehabilitativer Art)		Sonderforschungsbereich (SFB) 227, 1985
vorgezogene (präventive) Intervention	Intervention (korrektiver, kurativer und rehabilitäver Art)		Sonderforschungsbereich (SFB) 227, 1994
Prävention	Intervention	Postvention	Korte, 1997

Abbildung 2: *Variationen der Caplanschen zeitlichen Einteilung*

Die definitorischen Unterschiede sind hierbei weniger substanziell als es die verschiedenen Begrifflichkeiten vermuten lassen könnten. Für die Auseinandersetzung und den praktischen Transfergehalt theoretischer Überlegungen kommt es daher weniger auf die Bezeichnung als vielmehr auf das dahinter liegende konzeptionelle Verständnis an. Die Caplansche Einteilung bietet dafür eine bekannte und weitgehend akzeptierte Kategorisierung an, die den inhaltlichen Diskurs erleichtert.

Zentralere Bedeutung kommt hingegen der das Modell begleitenden Herausforderung zu, die verschiedenen zeitlichen Abschnitte gegeneinander abzugrenzen. Dies beginnt mit der Schwierigkeit der Einschätzung bzw. der Nichtkenntnis, ob die jeweilige Problemlage schon eingetreten ist oder mit der Frage, wann von einer Manifestierung dieser gesprochen werden kann.

Dennoch stellt gerade diese fachliche Auseinandersetzung ein wichtiges Moment präventiver Arbeit dar. Ausgegangen werden soll von der Prämisse, dass die Arbeit mit Personen, bei denen beispielsweise ein abweichendes Verhalten unterschiedlich manifestiert ist, in der Regel auch anderer konzeptioneller Überlegungen bedarf. Neben der Beschreibung des jeweiligen Problems und dem Verständnis der jeweiligen Problemgenese ist es daher wichtig, sich über Indikatoren zu verständigen, die eine Zuordnung der Problemausprägung zu den verschiedenen zeitlichen Kategorien ermöglichen.

Die Einteilung in *primäre, sekundäre und tertiäre Prävention* als weitestgehendes Präventionsverständnis bietet somit den Rahmen, alle Präventionsverständnisse auf der zeitlichen Dimension von Prävention abzubilden. Dieses Modell vermag aber nicht die Diskussion um das Verhältnis von Prävention und Intervention aufzulösen. Es besteht deshalb – nach wie vor – Uneinigkeit darüber, inwieweit eine Subsumtion aller drei zeitlichen Einteilungen unter den Begriff der Prävention zulässig und hilfreich ist und ob hier nicht die Wahl anderer Begrifflichkeiten sinnvoll wäre (vgl. Schrottmann 1990, S. 15).

Wie angedeutet wird hier auf die Bewertung der dem Modell innewohnenden impliziten Ausweitung des Präventionsbegriffs verzichtet. Die Einteilung bietet jedoch die Möglichkeit, einen ersten Abgleich des Präventionsverständnisses beispielsweise von Förderinstitutionen und ausführenden Fachkräften oder zwischen den regionalen Akteuren einer Erziehungs- und Bildungspartnerschaft herzustellen und damit einen gemeinsamen Fokus der gemeinsamen Präventionsarbeit zu schaffen. Wenn als Ergebnis ‚nur' primäre Prävention als Prävention betrachtet wird, grenzt dies die anzustellenden konzeptionellen Überlegungen ein und schafft Sicherheit auf beiden Seiten. Gleiches gilt für die Ausweitung des Präventionsverständnisses in der zeitlichen Dimension.

Präventionsebene

Prävention beruht auf äthiologischen Grundvorstellungen, die Erklärungsansätze liefern, was Bedingungsfaktoren einer Problemgenese sind. Daher lassen sich Präventionsansätze auch nach der Orientierung präventiven Handelns kategorisieren.

"System und Subjekt sind die Pole, die das Spannungsverhältnis bezeichnen, indem sozialpolitische Probleme zu verorten sind. Erklärungen sozialpolitischer Probleme rekurrieren daher in unterschiedlicher Gewichtung auf objektive Bedingungen und subjektive Dispositionen" (Vobruba 1983, S. 29).

Eines der genannten Erklärungsmuster bezieht sich also auf die individuell abweichenden Verhaltensmuster, die zu individuellen und bei vielfachem Auftreten auch zu gesellschaftlichen Problemen führen können. Ansatzpunkt präventiver Strategien ist daher das jeweilige Individuum. Im Folgenden soll im Zusammenhang von *Subjektorientierung* bzw. von verhaltensbezogenen *Präventionsstrategien* gesprochen werden.

Die zweite Deutung, wie es zu Problemen kommen kann, sucht die Verantwortlichkeit in den Strukturen, Rahmenbedingungen sowie sonstigen Kontexten, in denen das jeweilige Individuum eingebunden ist. Hierauf ausgerichtete präventive Strategien sollen deshalb im Folgenden als *system-* bzw. *verhältnisbezogen* bezeichnet werden.

Im Laufe der fachlichen Debatte hat sich in Bezug auf den Präventionszugang eine Vielzahl begrifflicher Einteilungen herausgebildet, die inhaltlich zum Teil unterschiedlich akzentuiert sind, sich aber immer auf das Spannungsverhältnis von Subjekt und System beziehen. Ich beschränke mich darauf, diese tabellarisch gegenüberzustellen.

Institutionell	—	Personell	Vobruba 1983
Systemorientiert	—	Personorientiert	Ernst 1977
Kontextzentriert	—	Personzentriert	Brandstädter 1982
Unspezifisch	—	Spezifisch	Balzer/Rolli 1981
Generalisierend	—	Individualisierend	Balzer/Rolli 1981
Kollektiv	—	Individuumzentriert	Keupp/Rerrich 1982
Soziale Aktion	—	Interpersonelle Aktion	Caplan 1964
Soziale Umwelt	—	Individuum	Sommer/Ernst 1977
Aktive Maßnahme	—	Passive Maßnahme	Brandstädter 1982
Expositionsprophylaxe	—	Dispositionsprophylaxe	Karrmaus 1983
Strukturbezogen	—	Personenbezogen	Herriger 1982
Verhältnisprävention	—	Verhaltensprävention	von Kardorf 1995

Abbildung 3: *Präventionszugang* (erweiterte Zusammenstellung nach Schrottman 1990, S. 19)

Die hier aufgezeigte Vielfalt der Begrifflichkeiten macht die Inflationierung des Präventionsbegriffs deutlich. Dies ist aus Sicht einer (nach-)fragenden Praxis von Prävention, die die Theoriedebatte verfolgt, besonders deshalb kritikwürdig, weil die Frage nach dem damit verbundenen Erkenntnisgewinn eher dürftig ausfällt. „Die Wahl der Bezeichnungen scheint ihre Funktion vor allem in der Abgrenzung zu anderen Autoren zu erfüllen" (Schrottmann 1990, S. 19).

Die Auseinandersetzung mit dem grundlegenden Spannungsverhältnis von System und Subjekt hingegen stellt eine bedeutsame Voraussetzung für eine reflektierte Präventionspraxis wie auch für eine theoriegeleitete Handlungspraxis dar. Die Dichotomie des Handlungszugangs hat ihre Wurzeln in den theoretischen Erklärungsmodellen bezüglich der Verursachung von Problemen. Heute wird kaum noch bestritten, dass die Entstehung von Problemlagen am besten durch multifaktorielle Erklärungsmodelle abgebildet werden kann, da in der Regel sowohl individuelle als auch strukturelle Faktoren vorliegen, die durch gegenseitige Bedingtheit und Kumulation zu diesen führen.

Obgleich die Wirkung gesellschaftlicher und struktureller Bedingungen bekannt ist, erschöpft sich dieses Wissen darum größtenteils in sich selbst und die Aufmerksamkeit wird auf die jeweilige Arbeit mit dem Einzelnen oder der Gruppe gerichtet. „Deren Perspektive ist individuell, strukturblind, man kümmert sich kaum um die institutionellen Bedingungen, unter denen ein Fall behandelt wird, beziehungsweise nimmt deren Gegebenheiten (mehr oder weniger murrend) hin" (Trabant/Wurr 1989, S. 12). Eine so verstandene Prävention löst „(...) die bereits in der Genese der Problemdefinition angelegte Ambivalenz zwischen objektiven Bedingungen und subjektiven Dispositionen einseitig im Sinne einer pädagogischen Lösung politischer Konflikte (...)" und macht „(...) somit tendenziell die Opfer zu Schuldigen" (Otto 1983, S. 220). Dieser Widerspruch wird auch als *Victim-blaming-Ideologie* (Ryan 1971, S. 73) bezeichnet.

Mit Blick auf die Präventionspraxis sind zahlreiche Strategien auf die Befähigung des Einzelnen konzentriert, auf (strukturelle) Bedingungen mit einem adäquaten Verhalten auf dem Hintergrund eines vorgegebenen Normenkontextes zu reagieren. Damit wird allerdings die Verantwortung, ob ein Problem entsteht, dem Klienten zugeschrieben, da er über sein Handeln entscheidet. „Der gesellschaftliche Normenkontext, in den hinein vorbeugend integriert werden soll, bleibt unhinterfragt und gilt sofern als nicht zu problematisierende Zielkategorie präventiver Strategien" (Böllert 1995, S. 109).

Prävention in einem fortschrittlichen Verständnis sollte sich aber (auch) auf die Verbesserung der Lebensbedingungen richten und nicht auf die optimierte Anpassung von Kindern und Jugendlichen an häufig durchaus schlechte Lebensbedingungen (vgl. Sturzenhecker 2000, S. 15). Insbesondere die Jugendhilfe hat gemäß § 1 Abs. 3 Ziff. 4 SGB VIII auch den gesetzlichen Auftrag dazu beizutragen, positive Lebensbedingungen für junge Menschen und ihre Familien sowie eine kinder- und familienfreundliche Umwelt zu erhalten oder zu schaffen.

Wenngleich auch bundesrepublikanische rechtliche Rahmenbedingungen eher selten direkte Ausgangspunkte von systembezogenen Strategien sind, wird hier deutlich, dass es gilt den Systembegriff zu operationalisieren. Eine Unterteilung in *Mikro-, Meso- und Makroebene* kann dabei den Fokus für präventive Bezugspunkte schärfen. In der Regel bieten beispielsweise die eigenen Institutionen der jeweiligen Fachkräfte, also z.B. die Schule oder das Jugendzentrum, Bezugspunkte für systembezogene Ansätze. Diese sind bis hin zum jeweiligen Stadtteil als Lebensraum der Kinder und Jugendlichen (in begrenztem Maß) beeinflussbar und gestaltbar.

Vor dem Hintergrund der dargestellten Kritik an einer reinen Subjektorientierung präventiver Maßnahmen sollte das System immer auch Bezugspunkt bei der Konzeptionierung und Durchführung von Angeboten sein und einen permanenten Bestandteil professioneller Präventionsarbeit bilden.

2. Fakultative Dimensionen

In der Literatur und Praxis sind weitere Klassifizierungen von Präventionsansätzen zu finden. Auch sie liegen zunächst unabhängig voneinander und auch quer zu den vorgestellten Ansätzen vor. Der zentrale Unterschied hierbei liegt in der Wahlmöglichkeit der Dimension bei der Konzeptionierung des Angebots. Auch hier stellt sich dann – allerdings in einem zweiten Schritt – die Frage, wie die Dimension im Detail ausgestaltet ist. Aus diesem Grund sollen die nachfolgenden Kategorisierungen als fakultative Dimensionen der Prävention bezeichnet werden.

Problemspezifität

Eine weitere Einteilung der Präventionsebenen unterscheidet in einer ebenfalls dualen Kategorisierung zwischen *spezifischer* und *unspezifischer Prävention* bzw. Spezial- und Allgemein- oder Generalprävention. Auch hier gibt es eine Fülle unterschiedlicher Meinungen, was unter diesen Begriffen zu subsumieren ist. „Spezifische Prävention bezieht sich nach dem üblichen Verständnis auf ein bestimmtes Problem oder auf eine bestimmte Zielgruppe (Risikogruppe). Sie setzt voraus, dass die Ursache oder zumindest äthiologische Zusammenhänge bekannt sind" (Schrottmann 1990, S. 17).

Diese Definition soll in Bezug auf das entwickelte Modellraster zunächst einmal dahingehend eingeschränkt werden, dass sich spezifische Prävention nur auf ein bestimmtes Problem bzw. Thema bezieht. Gewaltprävention, Drogenprävention oder Prävention schulaversiven Verhaltens wären demnach Beispiele für spezifische Präventionskonzepte.

Das Merkmal einer unspezifischen Prävention besteht darin, dass dieser Bezug auf eine bestimmte Problematik nicht existiert. So weisen beispielsweise Konzepte von Gewalt- und Drogenprävention in der Subjektdimension, wenn man sie übereinander legt, hohe Übereinstimmungen auf, was sich beispielsweise im Aufbau von Selbstbewusstsein und anderen Kompetenzen konkretisiert. Prävention in diesem Sinne hat nicht zentral die Vermeidung einer bestimmten Problemlage im Blickfeld, sondern baut auf der Erfahrung auf, „dass viele Verhaltens- und Politikkonzepte durchaus präventiv wirksam sein können, ohne dass sie explizit auf die jeweilige Problemvermeidung zielen oder zielen müssen" (Rosenbrock 1997, S. 41).

Dieser Dimension kommt im Raster systematisch eine Sonderrolle zu. Ist das jeweilige Konzept unspezifisch angelegt und richtet sich beispielsweise auf die grundsätzliche Entwicklung und Stärkung der Persönlichkeit, wird die beschriebene zeitliche Dimension, die sich auf ein konkretes Problemverhalten bezieht, ausgeblendet. Auch hier soll bewusst auf die Aufnahme der offenen Fachdiskussion verzichtet werden, ob unspezifische Präventionsangebote sinnvoll sind und zur Prävention zählen. Die Kategorisierung bietet den Rahmen für die Subsumtion aller Ansätze an und weist systematisch auf die zentrale Unterscheidung hin, zu der sich die jeweiligen Akteure positionieren können.

Sonstige fakultative Dimensionen

Anhand der nachfolgenden Dimensionen von Präventionskonzepten wird der fakultative Aspekt noch deutlicher. Auf der Grundlage theoretischer Ansätze sowie praktischer Erfahrungen, die manchmal unvermittelt nebeneinander stehen, sind in der praktischen Präventionsarbeit zahlreiche Konzepte entstanden bzw. denkbar, die die eine oder andere Dimension bewusst ausgestalten. Zahlreiche Maßnahmen sind beispielsweise geschlechtsbewusst und zum Teil -differenziert konzipiert und nehmen damit auf die Erfahrungen in der Praxis sowie der Forschung Bezug. In anderen fehlt der Genderbezug – sei es, weil er auch in der Perspektive der Fachkräfte grundsätzlich weniger Raum einnimmt oder ihm allein in dem betreffenden Kontext eine untergeordnete Rolle zugeschrieben wird.

Gleiches gilt für den ethnischen Bezug. Je nach Ausgangslage sind bestimmte Konzepte mit Blick auf diese Kategorisierung der Zielgruppe inhaltlich und methodisch zu modifizieren, um wirksam werden zu können. Auch das Alter bzw. der Entwicklungsstand von Kindern und Jugendlichen kann in diesem Rahmen eine Bedeutung erlangen. Während dies bei subjektbezogenen Ansätzen i.d.R. eine Rolle spielt, muss dieses im Bereich systembezogener Ansätze nicht automatisch so sein. In Erziehungs- und Bildungspartnerschaften sind zudem Präventionsansätze denkbar, die aufgrund des Bezugspunkts bzw. der Ausgestaltung nicht ohne Weiteres auf andere Institutionen oder Akteurssettings übertragbar sind. Mit Akteurssetting ist dabei die konkrete Zusammensetzung der regionalen Erziehungs- und Bildungspartnerschaft gemeint. So ist es denkbar, dass bestimmte Konzepte nicht wirklich funktionieren, weil z.B. die Schule nicht mitwirkt oder auch weil sie mitwirkt. Demgegenüber stehen Konzepte, die fast ohne Brüche übertragbar und deshalb nicht spezifisch einer Institution oder einem bestimmten Akteurssetting zuzuordnen sind.

In der fachlichen Debatte ist zudem zu erwarten, dass weitere zentrale Dimensionen hinzukommen. Die Aufzählung der fakultativen Dimensionen ist daher nicht als abgeschlossen zu betrachten, was durch den Punkt der ‚weiteren Dimension(en)' angedeutet wird. So ist es für den Bereich der Erziehungs- und Bildungspartnerschaften möglicherweise durchaus sinnvoll, die Dimension *Bildungsnähe bzw. -ferne* aufzumachen, um unterschiedliche Ansätze – bei entsprechendem Praxisbedarf – hier differenzieren zu können.

Kritik an (primärer) Prävention

Prävention sieht sich in der fachlichen Debatte vielfacher Kritik ausgesetzt (vgl. Freund/Lindner 2001). Für das Selbstverständnis, aber auch für die konkrete Ausgestaltung präventiver Maßnahmen erscheint es sinnvoll, die zentralen Kritikpunkte zu kennen und eine reflektierte Positionierung zu diesen zu entwickeln. Im Rahmen dieses Artikels kann jedoch nur eine kurze Skizzierung der Diskussionsbereiche erfolgen.

Kontrollfunktion von Prävention

Häufig scheint es so, als ob die Beteiligten in der Praxis Kontrolle eher als Merkmal von Intervention betrachten, von der es sich abzugrenzen gilt. „Prävention wird gegenüber der

‚Intervention', der als repressiv definierten Variante des staatlichen Eingriffs, ins Spiel gebracht. Hier werden die beiden Begriffe fast als Dichotomien verwendet, wobei Intervention negativ besetzt ist und mit nicht sozial akzeptierter staatlicher Machtausübung gleichgesetzt wird" (Gaiser/Müller-Stackebrandt 1995, S. 3).

Wie gezeigt existiert keine verbindliche Trennung von Prävention und Intervention. Allerdings kann auch eine starke Eingrenzung des Präventionsbegriffs in Form der primären Prävention nicht darüber hinwegtäuschen, dass Normenbezug und Normenkontrolle immer Bestandteil von Prävention sind. Prävention übt vielleicht in einer subtileren Form die Funktion der Kontrolle aus, aber auch sie ist auf einen Normenkontext zu beziehen, den sie (wieder-) herstellen bzw. sichern helfen soll. Das doppelte Mandat von Hilfe und Kontrolle ist – wenngleich in unterschiedlicher Ausprägung – in allen Arbeitskontexten der Jugendhilfe konstitutiver Bestandteil und kann auch nicht in präventiver Arbeit umgangen werden. Dies gilt auch für den Bereich der Schule.

Pluralisierung von Normen

Präventive Konzepte gehen gleichsam als Basis und auch als Zielkategorie von der Existenz einer verallgemeinerbaren, gesellschaftlich anerkannten Vorstellung aus, die konformes bzw. abweichendes Verhalten voneinander trennt. Sie sind also explizit oder implizit immer auf eine Norm bezogen.

Übersehen wird dabei, dass die gesellschaftliche Wirklichkeit von einer Pluralisierung, Individualisierung und Temporalisierung von Lebenskonzepten und Lebensstilen geprägt ist, die es immer weniger möglich erscheinen lassen, von allgemein verbindlichen Normen zu sprechen. „Normalität, so könnte man zugespitzt formulieren, pluralisiert sich – und zwar so lange, bis sie als durchschnittlicher Orientierungsmaßstab (...) von selbst verschwindet" (Rauschenbach 1992, S. 39).

In der Praxis der Präventionsarbeit wird im Sinne der skizzierten Entwicklung deutlich, dass in einer konkreten (Gruppen-) Situation, beispielsweise innerhalb einer Klasse oder in einem Jugendzentrum, immer weniger auf ein allgemeinverbindliches Normengerüst zurückgegriffen werden kann. Das, was bisher als normal galt und Grundlage gesellschaftlich anerkannter Normalitätsvorstellungen war, ist immer weniger Normalität, kann immer seltener unhinterfragt vorausgesetzt werden (vgl. Böllert 1995, S. 2). Gleiches gilt für Erziehungsstile von Eltern und dem Fachpersonal in Schule und Jugendhilfe.

Professionelle Präventionsarbeit kann und darf nicht die Differenz zwischen der sozialen Wirklichkeit der AdressatInnen und abstrakten Normen außer Acht lassen. Bis zu einer gewissen Grenze bietet das Aushandeln von Normen Chancen und Möglichkeiten hierauf zu reagieren (vgl. Olk/Otto 1981, S. 110).

Normabweichung und natürliche Entwicklung

Bei der Konzeptionierung primärpräventiver Angebote sollte man sich auch mit der Kritik auseinandersetzen, ob Prävention, die, allgemein formuliert, eine positive Entwicklung von Kindern und Jugendlichen im Blick hat, auch wirklich dieses Ziel erreicht oder neue Probleme erzeugt. „Dadurch werden Erfahrungsräume von Jugendlichen immer mehr eingegrenzt. Ihre Welt ist bereits mit Warnschildern und Verhaltensregeln gepflastert, bevor sie

sie sich selbst erschließen können" (Sturzenhecker 2000, S. 15). „Es geht sogar so weit, dass Jugendliche nicht einmal mehr herausfinden können, wo Grenzen liegen, die ihnen durch die Gesellschaft oder durch eigene Erkenntnisse gesetzt werden, denn sie sollen ja schon, bevor sie diese Grenzen überhaupt selber erfahren könnten, vor solchem Handeln gewarnt, abgeschreckt und behütet werden. Das learning by doing oder learning by experience wird aufgehoben, weil die erwachsenen Pädagogen schon bestimmt haben, welche Erfahrungen man machen darf und welche nicht" (ebd., S. 19).

Hinter dieser Kritik steckt das Spannungsverhältnis zwischen dem Schutz der AdressatInnen durch Prävention und der Forderung, dass sich Kinder und Jugendliche selbst ihre Lebenswelt – ohne Beschränkung – erschließen sollen. Traditionelle primärpräventive Ansätze versuchen, in diesem Spannungsverhältnis abweichendes Verhalten und Probleme bereits im Vorfeld abzuwenden. „Dabei wird ignoriert, dass Grenzüberschreitungen und Provokation entwicklungstypische Realitätsproben darstellen, in denen sie etwas über die Gesellschaft lernen, indem sie deren Regeln – vorzugsweise spielerisch – übertreten" (Lindner 1999, S. 154). In der konkreten Ausgestaltung von Präventionskonzepten ist dieses Spannungsverhältnis auszutaxieren. Dies ist u.a. durch die Schaffung und Gestaltung von Erfahrungsräumen und -anlässen forcierbar, in denen die benötigen Entwicklungsschritte gegangen werden können.

Negative und gewollte Devianz

Wenngleich Devianz in der Regel mit einer negativen Bewertung assoziiert wird, ist damit zunächst nur die Abweichung von einer Norm beschrieben. Der Blick auf Höchstleistungen in Sport, Wissenschaft oder anderen Bereichen veranschaulicht die Problematik. Das hier den Ergebnissen zugrunde liegende Verhalten – z.B. das Überspringen einer zwei Meter hohen Latte – ist ohne Zweifel deviant. Diese Abweichung ist aber gewollt und wird positiv honoriert, was sich schon in der Beschreibung des Ergebnisses als ‚Höchstleistung' wiederfindet. Darüber hinaus werden erst durch Abweichungen die Voraussetzung von Innovation geschaffen (vgl. Lindner/Freund 2001, S. 83 f.). Die Frage, die sich daran anschließt, hier aber nicht weiter ausgeführt werden soll, problematisiert den (gesellschaftlichen) Bewertungsrahmen. Wer definiert, was eine Abweichung ist und wer bewertet diese als positiv oder negativ bzw. nur als ‚anders'? Ein Blick auf den Umgang mit Menschen mit einer Behinderung und ihren ‚Devianzen' verdeutlicht, dass die Bewertung immer politisch und sozial konnotiert und damit beeinflussbar ist.

Pauschale Verdächtigung von Prävention

Primäre Prävention sieht sich dem Vorwurf ausgesetzt, dass sie eine Stigmatisierung weit über den Kreis der tatsächlich abweichenden Personen hinaus in Kauf nimmt. „Da Prävention (...) begrifflich ansetzt, ohne dass etwas passiert ist, und sich nur daran orientiert, dass etwas passieren könnte, ist der Adressatenkreis unbegrenzt und unbestimmt" (Frehsee 2000, S. 67). Folgerichtig werden alle AdressatInnen primärer Maßnahmen zu potenziell Süchtigen, SchulverweigererInnen, Gewalttätigen, überforderten Eltern etc. Deshalb soll bei der Ausgestaltung – gerade in Hinblick auf Öffentlichkeitsarbeit – in den Fokus genommen werden, dass präventive Maßnahmen in der Gefahr stehen, ein Bild von potenziellen Delinquenten zu transportieren bzw. einen „Generalverdacht" (Lindner/Freund 2001, S. 76) zu erzeugen, was die Sichtweise der Öffentlichkeitsarbeit nachhaltig negativ verändern kann.

In der Praxis zeichnet sich jedoch oft auch ein entgegengesetztes Bild ab. Stigmatisierungen von Kindern und Jugendlichen sind weithin schon Status quo, das heißt, negativ besetzte Sichtweisen und Einschätzungen über ‚die Jugend' gehen präventiven Bemühungen voraus. In diesem Fall wird die Kritik einer pauschalen Verdächtigung von der Wirklichkeit überholt. In beiden Varianten kommt der Art und Weise der Darstellung präventiver Maßnahmen eine zentrale Rolle zu. „Es geht darum, ein differenziertes Bild junger Menschen zu zeichnen, und dem Versuch, eine ganze Lebensphase zu diskreditieren, offensiv entgegenzutreten" (Bettinger 1999, S. 116).

Gleiches gilt für die (Zusammen-)Arbeit mit Eltern. Auch wenn Zusammenhänge zwischen Bildungsschicht und Erziehungskompetenz im Mittel gezogen werden, bedeutet dies nicht, dass alle zuordnenbaren Eltern automatisch z.B. einen ‚Elternführerschein' machen müssen, zumal solche Bedarfe auch in anderen Schichten vorkommen. Umgedreht sind beispielsweise Unterstützungsangebote für Eltern möglicherweise kommunikativ und strukturell so aufzusetzen, dass das Label ‚Erziehungsversager' erst gar nicht entsteht und von der Inanspruchnahme des Angebots abhält.

Fehlende Problemeinsichten der AdressatInnen

Primäre Prävention hat anders als sekundäre oder tertiäre Prävention nicht die Möglichkeit, auf einen Leidensdruck oder die persönliche Betroffenheit des Einzelnen zurückzugreifen. „Denn im Prinzip will Prävention soziale Probleme bekämpfen, bevor diese als solche sichtbar werden, und dies heißt in den meisten Fällen auch, bevor die Betroffenen die Situation selbst als problematisch wahrnehmen (können)" (Lüders 1995, S. 45). Angesichts der Erkenntnis, dass eine Normbindung umso stärker ist, je mehr sie von Überzeugung getragen wird (vgl. Stoffers 1995, S. 149), „hat dies zur Folge, dass nun die Adressatinnen und Adressaten von Prävention von ihren zukünftigen Problemen überzeugt werden müssen" (Lüders 1995, S. 45 f.). Hinzu kommt die immer zu wenig mitgedachte Ebene der systemorientierten Prävention. Weshalb sollten in einer Institution, einem Stadtteil etc. andere (günstigere) Bedingungen geschaffen werden, wenn sich doch die aktuelle Situation dadurch auszeichnet, dass die zu verhindernde Problematik eben noch nicht eingetreten ist?

Die Logik der dargestellten Kritik wird also von der Annahme gespeist, dass die Problemlagen noch nicht existent sind.

Die idealtypischen Konstrukte von Primärprävention gehen jedoch, wie bereits gezeigt, an der Realität vorbei. Tatsächlich findet beispielsweise eine auf Gewalt bezogene, primärpräventive Maßnahme in einer Schule nicht in einem gewaltfreien Umfeld innerhalb der Institution und erst recht nicht außerhalb dieser statt. Es bieten sich also sehr wohl Ansatzpunkte für derartige Konzepte, selbst wenn die AdressatInnen eine Problemeinsicht aufgrund eigener Erfahrungen noch nicht besitzen. Die Fragestellung der Antizipation des Problembewusstseins ist daher auf einer didaktischen Ebene, z.B. über das Lernen am Modell, zu lösen.

Primäre Prävention als Reaktion

Bei näherer Betrachtung der vorhandenen Präventionskonzepte fällt auf, dass ein zentrales Merkmal primärer Prävention, welches in der agierenden Rolle besteht, in der Realität schwer lupenrein einzulösen ist.

Problemlagen werden erst dann zum Gegenstand gesellschaftlicher Reflexion und wissenschaftlicher Forschung, wenn diese unmittelbar bevorstehen, ihre Folgen bereits eingetreten sind und diese als sozial nicht zu tolerieren angesehen werden (vgl. Stoffers 1994, S. 149). In diesem Sinne wird der Ruf nach primärer Prävention vornehmlich dann laut, nachdem es bereits zu (eigentlich in der Zukunft zu verhindernden) Normabweichungen und Problemlagen gekommen ist (vgl. Lindner/Freund 2001, S. 75 f.).

Dabei wird aber übersehen, dass eine reagierende Rolle nicht einfach gegen eine agierende eingetauscht werden kann, um damit die beklagten Probleme zu lösen. Primäre Prävention, deren Zielbestimmung die Vermeidung von Problemlagen ist, bevor diese auftreten, ist nicht dafür geschaffen, die reagierende Rolle sekundärer und tertiärer Prävention zu übernehmen. Der Zielgruppenbezug sowie die darauf abgestimmten Methoden, Inhalte und Instrumentarien können in ihrer Konkretheit unterschiedlich ausfallen. Neben der Konzipierung primärpräventiver Maßnahmen muss also zwangsläufig parallel auch auf der Ebene der sekundären Prävention gehandelt werden, wobei beide miteinander abzustimmen sind und sie sich in der Praxis auch gegenseitig beeinflussen.

Die Entgrenzung und Segmentierung von primärer Prävention

Um eine wirkungsvolle Prävention durchführen zu können, bedarf es in der Regel einer Erklärung, aufgrund welcher Faktoren das zu vermeidende Problem entsteht (vgl. Schrottmann 1990, S. 20 f.). Gerade in den letzten Jahrzehnten haben Wissenschaft und Forschung eine Vielzahl von Beiträgen und neuen Erkenntnissen zur Wechselwirkung unterschiedlicher Faktoren bei der Problemgenese abweichenden Verhaltens hervorgebracht. Diese erfolgten zum großen Teil zu spezifischen Themen wie etwa Sucht oder Gewalt. Der Versuch der Umsetzung dieser Erkenntnisse in spezialpräventive Programme zu diesen Themen sieht sich allerdings dem Vorwurf ausgesetzt, Lebenslagen zu segmentieren und ganze Lebensbereiche auszublenden, die in Verbindung mit der jeweiligen Problematik stehen.

Parallel dazu gibt es Diskussionen darüber, dass widerstreitende Theorien Wirklichkeit in ihrer Komplexität selten voll erfassen und sie deshalb nicht alternativ, sondern als kumulativ und damit sich gegenseitig ergänzend und verstärkend zu betrachten sind. Konsequenz dieser Einsicht ist es, verschiedene (sich widersprechende) Theorien und Erkenntnisse in hochkomplexen multifaktoriellen Modellen zusammenzufügen, die alle möglichen Faktoren für die Entstehung von abweichendem Verhalten berücksichtigen und damit eine ganzheitliche Sicht- und Herangehensweise ermöglichen, die dem Segmentierungsvorwurf keinen Angriffspunkt bietet.

Genau hier setzt aber eine andere Kritik an, die die Entgrenzung von Prävention anprangert. „Die Vielzahl der Komponenten sowie ihre nahezu unbegrenzten Interdependenzen bilden für die Entwicklung operationaler Präventionskonzepte eine für die Forschung und Intervention oft ausweglos erscheinende Komplexität" (Rosenbrock 1997, S. 50). Hierbei wird insbesondere die Ausdehnung des Präventionsverständnisses in Richtung Systemorientierung problematisiert. „Die sinnvolle Erweiterung des traditionellen personenbezogenen Blickes präventiver Überlegung um sozialpolitische, institutionelle und gesellschaftstheoretische Dimensionen hat (...) zur Folge, dass die potenziellen Aufgaben präventiver Maßnahmen uferlos wurden" (Lüders 1995, S. 46).

Beide Kritikstränge haben jedoch eines gemeinsam, nämlich, dass beide von einer Effektlosigkeit präventiver Maßnahmen ausgehen – die eine, weil sie die Komplexität von Lebenszusammenhängen nicht berücksichtigt und die andere, weil sie es tut. Die Widersprüchlichkeit beider Kritiken bringt die Schwachpunkte, aber in Umkehrung auch die Stärken der jeweiligen Sichtweise hervor, sodass sie durchaus als polare Bezugsgrößen einer fachlichen Reflexion der eigenen Präventionsarbeit dienen können.

Die Evaluierbarkeit

Die wahrscheinlich bekannteste Problematik im Zusammenhang mit Prävention besteht in der Frage nach deren Wirksamkeit. Prävention steht in der Regel an irgendeinem Punkt immer vor der (von außen herangetragenen) Frage, welche Ergebnisse sie vorzuweisen hat. Dahinter steckt im Sinne einer binären Sichtweise das nachvollziehbare Ziel, effiziente von nicht effizienten Präventionsmaßnahmen zu unterscheiden. Besonders ein konzeptionelles Verständnis von Prävention, das auch systembezogene Maßnahmen verfolgt, hat es dabei schwer, seine Legitimation durch den empirischen Nachweis von Erfolgen zu begründen (vgl. von Kardorff 1995, S. 10).

Der Nachweis spezifischer Wirksamkeit von Prävention ist jedoch ebenfalls schwierig, selbst wenn diese ausschließlich im Bereich der personenbezogenen Prävention angesiedelt ist. Die zahlreichen Wirkungsfaktoren, die sich gegenseitig bedingen und kumulativ an einer Problemgenese beteiligt sind, machen es mehr als schwierig, Effekte oder auch Effektlosigkeit einem oder wenigen präventiv bearbeiteten Faktoren zuzurechnen. Zu dieser Problematik gesellt sich die Schwierigkeit eines Benchmarkings unterschiedlicher Präventionsmaßnahmen, die häufig so verschiedenen Bedingungsfaktoren unterliegen, dass eine Vergleichbarkeit in der Regel zu bezweifeln ist.

Es ist auch die schwierige Frage zu beantworten, was Erfolg bedeutet. An einer Schule mit ansteigender Anzahl an Gewaltvorfällen kann dies von einer Einstellung jeglicher Gewalt, dem Rückgang der Vorfälle über die Stabilisierung bis hin zu einer Verminderung des Anstiegs reichen. Dabei soll einmal vernachlässigt werden, wie die Gewaltvorfälle überhaupt gemessen und eventuell klassifiziert werden.

Der Thematik der Evaluation sowie insbesondere der Frage, wie diese anzulegen ist, um gegenüber methodischer Kritik zu bestehen, kommt eine zentrale Rolle zu. In diesem Zusammenhang sei auf den Artikel zur Evaluation von Andreas Eylert auf Seite 508 ff. dieser Veröffentlichung sowie die weiterführende Literatur verwiesen.

Grundsätzlich sollte bei der Konzeptionierung von Präventionsmaßnahmen von vollmundigen Lösungsversprechen abgesehen werden. Da die Wirkungen von Prävention nur sehr schwer zu belegen sind, entsteht die Gefahr der Diskreditierung präventiver Maßnahmen (vgl. Sturzenhecker 1994, S. 20). Allerdings kann – und das sollte man im Rahmen von Legitimation präventiver Konzepte immer mitbedenken für den Fall, dass Wirkungen als nicht ermittelbar betrachtet werden – auch kein Beweis der Nichtwirkung präventiver Angebote erbracht werden kann.

Unabhängig von der Diskussion über wissenschaftliche Erhebungsstandards ist es bei der Konzipierung von Präventionsangeboten jedoch in jedem Fall sinnvoll, nach Indikatoren zu suchen, die bei der Auswertung der erfolgten Maßnahmen – und sei es ‚nur' im Rahmen der internen Reflexion der geleisteten Arbeit – als Orientierung dienen können.

Prävention als strategischer Begriff

Zur Begründung der Entwicklung von Erziehungs- und Bildungspartnerschaften muss nicht zwangsläufig auf den Präventionsbegriff zurückgegriffen werden. Die Legitimation lässt sich fachlich durchaus auch aus den Vorteilen gemeinsamer Erziehungs- und Bildungsziele ableiten. Die prinzipiellen und teilweise vorgestellten Kritikpunkte an der Präventionslogik, die durch Paradoxien und Ambivalenzen geprägt ist, könnten in diesem Zusammenhang sogar nahelegen, den Bezug auf Prävention ganz zu vermeiden (vgl. Lindner/Freund 2001, S. 74 ff.). Da allerdings auch in absehbarer Zeit nicht von einer widerspruchsfreien, theoretisch stringent geordneten (Präventions-) Wirklichkeit auszugehen ist, stellt sich die eher pragmatische Frage nach der Zukunft von Prävention – auch für den Bereich der Erziehungs- und Bildungspartnerschaften.

(Primäre) Prävention steht in der Kritik, aber die dafür benötigten Gelder wird es trotzdem immer geben (was folglich ebenfalls häufig kritisiert wird). Dieses hat sicherlich viele Ursachen. Zum einen ist sie, ganz allgemein formuliert, die adäquate Antwort auf die Furcht, dass irgendetwas im Begriff ist ‚schlechter' zu werden oder es zumindest werden könnte. Diese Furcht – und auch das wird nicht bestritten – ist grundsätzlich existent. Wenn diese einen bestimmten (beeinflussbaren) Umfang erreicht, wird sich ihrer – berechtigt oder nicht – unter besonderen Rahmenbedingungen aufseiten der Politik angenommen. Das viel kritisierte Problem der Nicht-Falsifizierbarkeit von Prävention erweist sich in diesem Fall als ideal. „(...) Prävention als Handlungsorientierung und Politikfeld eignet sich vorzüglich zur Bearbeitung durch bloß symbolische Akte bzw. Politik" (Rosenbrock 1997, S. 42).

Die Werbung für präventive Konzepte und Maßnahmen stützt sich dabei auf ein geschlossenes und somit wirklichkeitsresistentes Begründungsmodell: Falls nach einer Analyse der Situation ein Bedarf für derartige Maßnahmen nicht nachzuweisen ist, kann immer noch darauf abgestellt werden, dass in der Zukunft mit einem Anstieg der zu verhindernden Problematik gerechnet werden kann. Im Angesicht der möglichen Entstehung einer Problematik oder der alleinigen Furcht davor besitzen Präventionskonzepte eine ideale Legitimationsfolie (vgl. Frehsee 2000, S. 66).

Daneben kommt Prävention eine enorme Strahlkraft zu, da sie verspricht, etwas zu tun ‚bevor das Kind in den Brunnen gefallen ist'. Wer möchte sich schon gern vorhalten lassen, dass er zu einem solchen Sturz mit seinem Nichthandeln beigetragen habe. „Die politische Stärke der Präventionsidee liegt in ihrer vordergründig bestechenden Vernünftigkeit. Wer wollte bestreiten, dass Vorbeugen besser ist als Heilen" (Frehsee 2000, S. 65). Vor diesem Hintergrund ist ihr auch weiterhin eine Zukunft gewiss. Hinzu kommt die Perspektive für viele Fachkräfte im sozialen Bereich, die teilweise unter ihrer reagierenden und kurativen Rolle leiden, diese gegen eine agierende eintauschen zu können.

Die getroffenen Aussagen führen zumindest zu zwei zentralen Möglichkeiten für Fachkräfte, deren Alltag und sogar die eigene Berufsrolle von Dialektik und Widersprüchlichkeiten geprägt sind und die in diesen handeln müssen. Prävention, die als strategischer Begriff gebraucht wird, kann einerseits (zusätzliche) Geldquellen erschließen, andererseits auch Menschen, die die jeweiligen Präventionsmaßnahmen mittragen und als MultiplikatorInnen fungieren können, mobilisieren. Dabei kann es in der Praxis durchaus hilfreich sein, dass der Präventionsbegriff einmal nicht so kritisch beleuchtet wird und sich Personen mit unterschiedlichen Ansichten zusammenfinden, um ‚etwas Gutes zu tun'. Soll Prävention allerdings nicht nur eine programmatische und inhaltsleere Formel bleiben, so muss geklärt werden, wie die möglicherweise erhaltenen Gelder und die mobilisierten MultiplikatorInnen sinnvoll eingesetzt werden können und ob es so etwas wie eine ‚gute' Prävention gibt.

Ansprüche an eine ‚gute' Prävention

Zunächst sollte man sich von der allgemeinen Überzeugung verabschieden, dass Prävention an sich ‚gut' ist. Selbst die Realisierung der verschiedenen fakultativen Dimensionen des vorgestellten Modells eines Präventionsrasters sollte nicht darüber hinwegtäuschen. Prävention ist zunächst lediglich eine Klassifizierung (professionellen) Handelns bzw. vorliegender Konzepte und gemäß des Achten Jugendberichts der Bundesregierung auch eine Strukturmaxime im Bereich der Jugendhilfe (vgl. BMJFFG 1990, S. 85 ff.). Eine Bewertung, ob das jeweilige Präventionsangebot oder das grundsätzliche frühe Handeln als Idee positiv ist, kann erst auf der Ebene der konkreten Konzeption und in Kenntnis der vorliegenden Rahmenbedingungen erfolgen.

Vor dem Hintergrund der bisher gemachten Ausführungen dürfte deutlich sein, dass an dieser Stelle keine globale Definition erfolgen kann, was ‚gute' Prävention ist. Es kann nur eine Auswahl allgemeiner Merkmale und handlungsleitender Prinzipien von Prävention dargestellt werden, die aufgrund der kontextbezogenen Herangehensweise im konkreten Fall aber eben manchmal auch genau gegenteiliger Maßnahmen bedürfen.

So wäre ein Prinzip der größtmögliche Verzicht auf entmündigende, freiheitseinschränkende, kontrollverschärfende und damit repressive Formen und Bestandteile in der Präventionsarbeit.

Ein weiteres Prüfkriterium zielt darauf ab, die Schaffung *paralleler Präventionsstrukturen* zu vermeiden. Dies setzt die Kenntnis der möglichen Dimensionen und Merkmale von Prävention sowie der konkreten Gegebenheiten vor Ort voraus.

Prävention sollte zudem langfristig angelegt sein, was in der Praxis aber oft durch die relativ kurzen Zeiten, in denen Gelder für derartige Maßnahmen bereitgestellt werden, gebrochen ist und sich teilweise der Gestaltbarkeit entzieht. Dennoch, ‚gute' Prävention ist auf Nachhaltigkeit ausgerichtet und bedarf daher eines längeren zeitlichen Gesamtkonzepts.

Ein weiteres zentrales Merkmal ‚guter' Prävention besteht in dem Prinzip der *Gestaltung sozialer Zusammenhänge* (vgl. von Kardorff 1995, S. 8). Die Prävention im klassischen Sinn wird dagegen dadurch charakterisiert, dass sie etwas verhindern will. Ein solcher Paradigmenwechsel von einer Verhinderungs- zu einer Gestaltungshaltung bietet vielfach neue Möglichkeiten für Prävention, insbesondere was die Partizipation der AdressatInnen betrifft. So ist der in der Wissenschaft und Praxis dominierende Präventionsdiskurs von einem Demokratie- und Partizipationsdefizit gekennzeichnet, dem es entgegenzuwirken gilt (vgl. ebd., S. 13). In den lebensweltorientierten Ansätzen ist dies bereits verankert. Ein auf die Lebenswelt bezogener präventiver Ansatz „bezieht sich auf die Gestaltung (und Gestaltbarkeit) von unterschiedlichen Lebensräumen mit dem Ziel, Modelle zur Steigerung der Lebensqualität für verschiedene Gruppen mit unterschiedlichen Kompetenzen und Stärken, Schwächen und Defiziten zu entwickeln". Ausgangspunkt ist dabei die Prämisse, dass eine dementsprechende Prävention „nur mit, jedoch niemals für oder über Menschen gemacht werden kann" (Stark 1989b, S. 19 f.). So ist ein zentrales Prinzip einer ‚guten' Prävention die größtmögliche Einbeziehung und Förderung der Kompetenzen der jeweiligen Personen zur Veränderung und Gestaltung ihrer Umwelt. Allerdings ist oft eine ausgeglichene Partizipation aufgrund zu komplexer problembedingender Wirkungszusammenhänge nicht möglich (vgl. Böllert 1995, S. 120). Die sich daraus ergebenen Strategien sollten aber ihre Anteile im prozesshaften Verlauf zugunsten einer dann erreichten höheren Partizipationsmöglichkeit verschieben.

Es ist, wie vielfach dargestellt wurde, unbestritten, dass das Entstehen von Problemlagen individuelle Gründe sowie Ursachen, die nicht in der Person liegen, haben kann. Daher bedeutet es eine Verkürzung, diese entweder im Individuum selbst oder nur im System zu suchen. Eine professionelle Prävention muss beide Aspekte berücksichtigen und darf die Schieflage in Richtung einer allein personenorientierten Präventionsarbeit nicht noch verstärken.

Die dargestellten Prinzipien sowie die getätigten Ausführungen zu den Kritikpunkten nehmen nicht für sich in Anspruch widerspruchsfrei zu sein. Professionelle präventive Arbeit, die sich dadurch deutlich von einem blinden Präventionsaktionismus unterscheidet, ist gekennzeichnet durch das Bewusstsein solcher Spannungsverhältnisse. Auftrag der jeweilig handelnden Akteure in lokalen Erziehungs- und Bildungspartnerschaften ist es, wenn sie sich – aus welchen Grunden auch immer – (mit) für das ‚Label Prävention' entschieden haben, in diesem Sinne in aktiver Auseinandersetzung der behandelten Kritikpunkte und der vorgesellten Prinzipien einer ‚guten' Prävention die konkrete Präventionsarbeit vor Ort zu gestalten.

Literatur

Arbeitsgemeinschaft Kinder- und Jugendschutz Landesstelle Nordrhein-Westfalen e.V. (Hrsg.) (1994): Materialien zum Thema Gewalt und Gewaltprävention. Köln: ASJ
Bettinger, Frank (1999): Jugend und Jugendhilfe im Spannungsverhältnis von Wirklichkeitskonstruktionen und Legitimationszwang. In: Unsere Jugend. 3/1999. S. 112-116
BMJFFG – Bundesministerium für Jugend, Familien, Frauen und Gesundheit (Hrsg.) (1990): Achter Jugendbericht. Bericht über Bestrebungen und Leistungen der Jugendhilfe. Bonn: BMJFFG
Böllert, Katrin (1995): Zwischen Intervention und Prävention: Eine andere Funktionsbestimmung Sozialer Arbeit. Neuwied, Kriftel und Berlin: Luchterhand
Caplan, Gerald (1964): Principles of Preventive Psychiatry: Basic Books. London und New York: Basic Books
Flösser, Gaby (1995): Prävention und Intervention im Kindes- und Jugendalter. Begriffliche Entzauberung am Beispiel eines Forschungsprogramms. In: Diskurs, 1/1995. S. 61-65
Frehsee, Detlev (2000): Fragen an den Deutschen Präventionstag. In: DVJJ-Journal. Nr. 167, 1/2000. S. 65-72
Freund, Thomas/Linder, Werner (Hrsg.) (2001): Prävention. Zur kritischen Bewertung von Präventionsansätzen in der Jugendarbeit. Opladen: Leske und Budrich

Gaiser, Wolfgang/Müller-Stackebrandt, Jutta (1995): Prävention und Intervention. Maximen staatlichen und pädagogischen Handelns. In: Diskurs, 1/1995. S. 2-5
Herringer, Norbert/1986): Präventives Handeln und soziale Praxis. Weinheim und München: Juventa
Klotter, Christoph (Hrsg.) (1997): Prävention im Gesundheitswesen. Göttingen: Verlag für Angew. Psychologie
Lindner, Werner (1999): ‚Zero Tolerance' und Präventionsinflation – Jugendliche und Jugendarbeit im Kontext der gegenwärtigen Sicherheitsdebatte. In: deutsche Jugend, 4/1999. S. 153-162
Linder, Werner/Freund, Thomas (2001): Der Prävention vorbeugen? Zur Reflexion und kritische Bewertung von Präventionsaktivitäten in der Sozialpädagogik. In: Freund/Linder (2001): S. 69-96
Lüders, Christian (1995): Prävention in der Jugendhilfe: Alte Probleme und neue Herausforderungen. In: Diskurs, 1/1995. S. 42-49
Olk, Thomas/Otto, Hans-Uwe (1981): Wertewandel und Sozialpolitik. Entwicklungsperspektiven kommunaler Sozialarbeitspolitik. In: Neue Praxis, 11/1981. S. 99-146
Otto, Hans-Uwe (1983): Prävention – Zauberwort für gesellschaftliche Veränderung oder eine Form der Sozialkontrolle? In: Zeitschrift für Pädagogik, 18. Beiheft 1983. S. 219-220
Rauschenbach, Thomas/Gängler, Hans (Hrsg.) (1992): Soziale Arbeit und Erziehung in der Risikogesellschaft. Neuwied, Kriftel und Berlin: Luchterhand
Rauschenbach, Thomas (1992): Soziale Arbeit und soziales Risiko. In: Rauschenbach/Gängler (Hrsg.) (1992): S. 25-60
Rosenbrock, Rolf (1997): Theoretische Grundlagen der Prävention. In: Klotter (1997): S. 41-60
Ryan, William (1971): Blaming the victim. New York: Vintage Books
Schrottmann, Ria-Elisa (1990): Prävention oder: Ist Vorbeugen besser als Heilen? Zur Präventions-Diskussion im psychosozialen Bereich. Ed. Schindele. Heidelberg: HVA
Sonderforschungsbereich 227 (1985): Prävention und Intervention in Kindes- und Jugendalter, Finanzierungsantrag für die erste Forschungsphase. Universität Bielefeld. Bielefeld
Sonderforschungsbereich 227 (1994): Prävention und Intervention in Kindes- und Jugendalter, Finanzierungsantrag für die vierte Forschungsphase. Universität Bielefeld. Bielefeld
Stark, Wolfgang (Hrsg.) (1989a): Lebensweltbezogene Prävention und Gesundheitsförderung: Konzepte und Strategien für die psychosoziale Praxis. Freiburg im Breisgau: Lambertus
Stark, Wolfgang (1989b): Prävention als Gestaltung von Lebensräumen: Zur Veränderung und notwendigen Reformierung eines Konzepts. In: Stark (1989a): S. 11-37
Stoffers, Manfred (1994): Gewalt und Gewissen: Gewissensbildung als Gewaltvorbeugung. In: Arbeitsgemeinschaft Kinder- und Jugendschutz Landesstelle Nordrhein-Westfalen e.V. (1994): S. 149-150
Sturzenhecker, Benedikt (2000): Prävention ist keine Jugendarbeit. Thesen zu Risiken und Nebenwirkungen der Präventionsorientierung. In: Sozialmagazin, 25. Jg., 1/2000. S. 14-21
Trabandt, Henning/Wurr, Ruediger (1989): Prävention in der sozialen Arbeit. Opladen: Westdt. Verlag
Vobruba, Georg (1983): Prävention durch Selbstkontrolle. In: Wambach (1983): S. 27-50
von Kardorff, Ernst (1995): Prävention: wissenschaftliche und politische Desiderate. In: Diskurs, 1/1995. S. 6-14
Wambach, Manfred Max (Hrsg.) (1983): Der Mensch als Risiko. Frankfurt am Main: Suhrkamp

Detlef Gaus

Bildung und Erziehung – Klärungen, Veränderungen und Verflechtungen vager Begriffe

Einleitung

Mit den Begriffen *Bildung* und *Erziehung* operieren sowohl das Schulsystem, das oft auch gleichlautend als ‚Bildungssystem' bezeichnet wird, wie die Familie. Sie prägen aber auch Unterstützungs- und Ergänzungsbereiche wie die Jugendhilfe, die Familienhilfe, Familienbildungsstätten, soziokulturelle Bildungsangebote oder Stadtteilkulturzentren. Ebenso erläutern etwa sozial-, museums- oder medienpädagogische Bildungsangebote von Sozial- und Kultureinrichtungen für spezielle Zielgruppen mit diesen Begriffen ihren Aufgabenbereich. Für die PraktikerInnen in allen diesen Einrichtungen stellt sich damit ein Problem: Einerseits sollen sie augenscheinlich einen Erziehungs- und/oder Bildungsauftrag erfüllen. Andererseits aber ist kaum klar, was mit *Bildung* und *Erziehung* eigentlich gemeint ist. Dieses wiederum hat zwei Gründe: Zum einen stehen beide Begriffe in einer jahrhundertealten Diskussion der Bildungsphilosophie und Erziehungswissenschaft. Diese Diskussion hat aber niemals zu einer eindeutigen Einigung auf abschließende Definitionen geführt. Andererseits stehen beide Begriffe in vielfältigen aktuellen Diskussionen der Bildungspolitik ebenso wie der unterschiedlichen professionellen Praxen. Auch in diesen Debatten werden für diese Begriffe jeweils andere Schwerpunkte gesetzt. Ziel dieses Aufsatzes ist es, einen Überblick über diese vielfältigen Bezüge der Begriffe zu geben.

Begriffsklärungen

Der Begriff *Bildung* ist ein spezifisch deutscher. In anderen Sprachen ist er in dieser Weise nicht bekannt. Bildung wird zumeist alltagssprachlich in vielen Zusammenhängen verwendet. Dabei fällt auf, dass er immer positiv besetzt ist. Zugleich aber ist er nicht eindeutig bestimmt.

In den großen bildungsphilosophischen Entwürfen der Zeit um 1800 wurde ganz unterschiedlich diskutiert. Kleinster gemeinsamer Nenner aber aller dieser Entwürfe war eine große Hoffnung auf und Begeisterung für die Entfaltung ‚der Menschheit' durch ‚Bildung'. Menschheit wurde dabei einerseits als die Möglichkeit des einzelnen Menschen verstanden, zu seinem Menschsein zu kommen. Im biografischen Bildungsprozess kann er seine Individualität und Personalität ausbilden. Dieses ermöglicht es ihm, zum Subjekt seiner eigenen Biografie zu werden. Menschheit wurde aber andererseits auch als Gattung verstanden in ihrer Fähigkeit, durch Selbst- und Welteinsicht sich selbst wie die Welt durch soziale und kulturelle Vervollkommnung im historischen Prozess zu veredeln und zu verbessern. In allen diesen Entwürfen ging es darum, Entfremdung durch Anverwandlung zu überwinden. Anverwandlung heißt, sich mit Welt gemein zu machen, ohne sich in Welt zu verlieren. Bildende Anverwandlung ist derjenige wechselseitige Prozess, in dem das Ich sich von der Vielfalt der Welt ebenso wie von seinem Gegenüber Du anregen lässt, umgekehrt aber auch das Gegenüber Du anregt und gestaltend auf die Vielfalt der Welt zurückwirkt. Gebildet ist in diesem Sinne, wer durch die Begegnung mit dem Stoff der Welt immer mehr zu seiner eigenen besseren Form kommt, zugleich aber auch dem Stoff der Welt bessere, humanere Formen zurückgibt. Bildende Anverwandlung vollzieht sich also – in den klassisch gewordenen Worten Wilhelm von Humboldts – in der „Verknüpfung unseres Ichs mit der Welt", die auf „allgemeinste, regeste und freieste Wechselwirkung" zielt. In ihr steht jeder Mensch wie die Menschheit als ganze vor der Aufgabe, „von sich aus zu den Gegenständen ausser ihm überzugehen". Dabei aber darf man sich „in dieser Entfremdung nicht ... verliere(n)", vielmehr muss man an der Aufgabe wie an der Lust festhalten, ein besseres Leben wie eine bessere Welt zu gestalten (Humboldt 1960, S. 237).

In diesem Sinne ist, im Idealfall, Bildung die subjektive Seinsweise objektiver humaner Kultur. Umgekehrt ist objektive humane Kultur Ergebnis subjektiver Bildungsprozesse. Bildung und Kultur sind also zwei Seiten einer Medaille. Ebenso gilt, dass Bildung in diesem bildungsphilosophischen Sinne im wesentlichen Selbst-Bildung ist (vgl. Drieschner/Gaus 2010).

Der Erziehungsbegriff ist in der Erziehungswissenschaft noch weniger eindeutig als der Bildungsbegriff. Ob mit *Erziehung* Handlungs- oder Beziehungsformen, ob nur beabsichtigte oder auch nicht beabsichtigte Folgen, ob überhaupt Ergebnisse, ob nur Verhältnisse von Angesicht zu Angesicht oder auch Rahmenbedingungen von Institutionen, Organisationen und Verhältnissen als erzieherische gemeint sind, bleibt umstritten. Und weiter erläutert Helge Wasmuth unter Bezug auf Ludwig Liegle und Jürgen Oelkers:

„Erziehung kann einen Prozess und ein Ergebnis meinen, wie auch ein absichtsvolles Handeln, aber auch unbeabsichtigte Einflüsse (vgl. Liegle 2008, 93) oder ganz ‚allgemein die moralische Kommunikation zwischen Personen und Institutionen (...), soweit sie auf dauerhafte Einwirkungen abzielt und Gefälle voraussetzt' (Oelkers 2004, 303)" (Wasmuth 2011, S. 10).

In Bezug auf Schule, Sozialpädagogik und Familienhilfe erscheint es als anwendungsbezogener Ausweg, *Erziehung* von *Bildung* und *Unterrichtung* abzugrenzen. Aber auch hier zeigen sich Grenzen. Im einen Extrem wird Erziehung als gleichbedeutend mit Bildung angenommen (vgl. Trapp 1977, S. 25). Im anderen Extrem wird Erziehung von Bildung strikt getrennt. Die eine beziehe sich auf die Sozialmachung als Gemeinschaftswesen; die andere beziehe sich auf die Ichwerdung als Kulturwesen (vgl. Petersen 1927). Eine mittlere Position wird in der hermeneutisch-geisteswissenschaftlichen Tradition vertreten. Hier wird Erziehung als Hilfe zur und Vorbereitung von Bildung verstanden. Im Gegensatz zum dort ‚freien' Austausch unter Gebildeten und zu ‚freier' Anverwandlung von Welt wird hier Erziehung unter dem Aspekt der Planmäßigkeit und der Lenkung betont. „Unter Erziehung verstehen wir die planmäßige Tätigkeit, durch welche Erwachsene das Seelenleben von Heranwachsenden zu bilden suchen" (Dilthey 1971, S. 111).

Nicht zuletzt wegen solcher Unklarheiten versucht die derzeitige Bildungsforschung, die Begriffe *Bildung* und *Erziehung* zu umgehen. Hier wird insbesondere vom *Lernen* gesprochen. Dabei wird *Lernen* hauptsächlich als Selbsttätigkeit des Lerners betrachtet (vgl. Drieschner 2007). Damit bleibt aber die interaktiv-absichtsvolle Seite von Lernprozessen unterbelichtet. Werden aber *Bildung* und *Erziehung* als Slogans, als ‚Container-Worte' – so die Wortwahl von Dieter Lenzen – von der Disziplin dem Alltagsjargon überlassen, so bleiben professionell betriebene Schul- wie Sozialpädagogik zugleich alleine und ratlos zurück. Denn Schule hat einen Bildungs- und Erziehungsauftrag, Sozialpädagogik hat einen Erziehungs-, Betreuungs-, Interventions- und Präventionsauftrag. In der Zusammenarbeit beider Bereiche sind deshalb Gemeinsamkeiten wie Unterschiede der Begriffsverwendungen zu beachten.

Begriffsverwendungen

In der Ausdifferenzierung beruflich betriebener Pädagogik seit dem 19. Jahrhundert mussten die hochstrebenden philosophischen Bildungsdiskussionen für und durch die entstehenden Systeme der Schule und der Sozialen Arbeit handhabbar gemacht werden. Dabei wurden jeweils bestimmte Leistungen erbracht und zugleich bestimmte Mängel zwangsläufig.

Das Schulsystem erbrachte die Leistung, den Zusammenhang von Bildung und Kultur zu ordnen und zu gliedern. In Lehrplanarbeit und Didaktik wurde ein systematischer Zusammenhang zwischen objektiven kulturellen Gehalten und subjektiven Lernprozessen vermittelt. So wurde insbesondere der Gesichtspunkt betont, dass Bildungsprozesse die Begegnung mit kulturellen Inhalten und Gehalten zur Voraussetzung haben. Demnach ist es nicht ausreichend, jemanden nur einfach zu ‚unterrichten' oder zu ‚(be-)lehren', demnach reicht es nicht aus, wenn SchülerInnen einfach nur ‚qualifiziert' sind, bestimmte Dinge zu tun oder zu lassen. Vielmehr sind Kulturgüter so zu präsentieren, dass sie SchülerInnen dabei helfen können, in der Entwicklung ihrer Individualität, Persönlichkeit und Subjekthaftigkeit voranzukommen. In der Geschichte des Schulsystems wurden große Anstrengungen unternommen, diese Bildung ermöglichende Begegnung sicherzustellen. Standardisierungen und Systematisierungen nicht nur von Lehrplänen, sondern auch von Lehrerausbildung, Unterrichtsmaterialien, Schul(besuchs)zeiten, Schulhäusern, Schulrecht und -aufsicht, um nur Beispiele zu nennen, dienten diesem Ziel (vgl. Oelkers 2004, S. 18). So wurden das *Lernen im Unterricht* ebenso wie der *schulische Erziehungsauftrag* der Bildungs- und Kulturaufgabe untergeordnet.

Diesen Erträgen standen im Verlauf der Schulgeschichte auch Verluste gegenüber. Mit dieser Ausrichtung auf den Bildungswert von Schule wurden jene Bereiche der Unterrichtung abgewertet, die erklärtermaßen einzig der Unterstützung von Lernen oder der Vermittlung von Qualifikationen dienen. Zugleich entstand ein Zusammenhang von Bildung und *sozialer Ungleichheit*. Bestimmte Inhalte, die in bestimmten Stufen und Formen des Schulsystems gelehrt werden, wurden nicht nur in sachbezogener, sondern auch in gesellschaftlicher Hinsicht für ‚wertvoller' als andere gehalten. Schließlich zielt der lehrgangsorientierte Unterricht in Klassen- und Kursverbänden in der Wirklichkeit einer leistungsorientierten Gesellschaft auf die Eröffnung von Abschluss- und damit Karrierechancen. In diesen Zusammenhängen konnte der Dimension der Selbstbildung in ergebnisoffener freier Wechselwirkung zwischen Ich, Du und Welt sowie der Zielperspektive einer entfalteten Individualität, Persönlichkeit und Subjekthaftigkeit nicht genügend Gerechtigkeit widerfahren (vgl. Müller 2003, S. 237).

In der Sozialpädagogik stellt sich die Lage in der Tendenz anders herum dar. In der Fachdebatte wird immer wieder gefordert, sozialpädagogische Angebote insbesondere im Bereich der (offenen) Jugend- und Familienarbeit als Bildungsarbeit zu verstehen (vgl. zuletzt: Bosselmann/Denker 2010). In ihrer Entwicklung aus der Fürsorge und der Jugendwohlfahrtspflege hat sich aber auch ein anderes Verständnis entwickelt. Dieses wird insbesondere im Anschluss an die Systemtheorie ausformuliert. Demnach ist Soziale Arbeit durch die Leitdifferenz ‚helfen/nicht-helfen' codiert. Die Einheit sozialarbeiterischer Aktionen wird demnach dadurch gewährleistet, dass Menschen in Not- und Krisenlagen geholfen wird, welche ohne solche Interventionen keine Hilfe gewährt bekämen (vgl. Hollstein-Brinkmann 2005, S. 46 f.). Wird hingegen nicht Soziale Arbeit als System von Hilfen, sondern Sozialpädagogik als Angebot von Bildung betrachtet, so ergibt sich ein ganz anderer Zugriff: In diesem Falle geht es nicht darum, die Klientel in ihrer Unvollkommenheit, Krisenbefangenheit, Devianz zu sehen. Vielmehr geht es darum, ein Angebot für ein Gegenüber zu machen, welches in seiner Entwicklungsfähigkeit, in seinen Möglichkeiten zu einem gelingenden Leben gesehen wird. Dann geht es ...

„genau umgekehrt von jeher [um] die Aufgabe, das in den Blick zu nehmen, was junge Menschen können, worin sie kompetent sind, vor allem, was sie wollen – nicht aber um das, was alles nicht funktioniert" (Bosselmann/Denker 2010, S. 285).

In der Tradition der Sozialpädagogik hat es immer wieder Konzepte in dieser Richtung gegeben. Schon in der bekannten Definition von Paul Natorp heißt es: „Die sozialen Bedingungen der Bildung und die Bildungsbedingungen des sozialen Lebens bilden die Themen der Sozialpädagogik" (Natorp 1909, S. 676). Die Entwicklung des Menschen vollzieht sich für Natorp in aufeinander aufbauenden Gemeinschaften (Familie, Schule, schließlich der Staat), gelingende Individualität setzt gelingende Sozialwerdung voraus und umgekehrt. Diese Entwicklungen zu unterstützen sei der Bildungsauftrag der Sozialpädagogik.

In der Gegenwart wird dieser Gedanke in gewisser Weise fortgeführt, aber um den kulturphilosophischen Hintergrund Natorps ermäßigt. Er findet sich in jenen Ansätzen der Sozialpädagogik, der familienbezogenen und der soziokulturellen Bildungsarbeit, die sich auf die sozialisationstheoretischen Modellannahmen des so genannten *sozialökologischen Ansatzes* nach Uri Bronfenbrenner beziehen. Demnach findet gelingender Persönlichkeitsaufbau in aufeinander aufbauenden Systemen statt. Familie, Schule, Arbeitswelt bis hin zur Gesellschaft als ganze ebenso wie die vielfältigen Beziehungen zwischen diesen umfassen demnach jeweils biologisch-ökologische Grundlagen, soziale Grundbedingungen und kulturelle Traditionen. Diese machen in ihrer Gesamtheit die Umweltbedingungen von gelingendem oder misslingendem Leben aus. Jenes verweist wiederum auf die Verhältnisse zwischen diesen Systemen zurück. Wechselwirkungen zwischen Familie und Schule etwa können entwicklungsfördernd, aber auch entwicklungshemmend sein, die Berufswelt der Eltern kann für deren Kinder Chancen der Entwicklung, etwa über hohes Einkommen, aber auch Risiken, etwa über die Arbeitsbelastung der abwesenden Eltern, bereithalten. Gesellschaftliche Rahmenbedingungen wirken ihrerseits mit diesen Wechselwirkungen zusammen; Städtebau, Berufsbildungs-, Sozial- und Medienpolitik wären Beispiele für Einflussgrößen, die gelingenden Lebensläufen entgegenkommen oder entgegenstehen können (vgl. Oerter 1987, S. 87 ff.). Die klassische Bildungstheorie hatte sich recht wenig mit der Frage auseinandergesetzt, wie ,bildende Anverwandlung' geleistet werden kann, wenn widrige Umstände oder ungenügende kulturelle und soziale Kompetenz dem entgegenstehen. Hier setzt ein entsprechendes Verständnis von Sozialpädagogik an, Hilfen zum Bildungsprozess in Form von Strukturierungen und Begleitungen anzubieten.

Ebenfalls bildungsphilosophisch war Herman Nohl orientiert. Ihm geht es nicht um die konzentrischen Lebenskreise, von denen Natorp ausgeht, sondern um die besondere (sozial-)pädagogische Beziehungsqualität des *Pädagogischen Bezugs*. In ihm vollzieht Sozialpädagogik Bildungsarbeit; Bildungsziel ist aber auch für Nohl, dass „der Mensch mündig wird". Sozialpädagogische Angebote haben daher das „Ziel sich selbst überflüssig zu machen"

(Nohl 1933, S. 21). Schule und Sozialpädagogik kommen für Nohl, den Schüler Diltheys, zusammen in jener „planmäßigen Tätigkeit" mit dem Ziel, positiv das „Seelenleben von Heranwachsenden" anzuregen (ebd.). In der Arbeit mit devianten Jugendlichen und damals so genannten ‚Psychopathen' kommt der Sozialpädagogik die Aufgabe zu, dem Klienten Chancen zu seiner Individuation zu geben, ‚dass er zu sich und zu seiner Form komme', so lautet der bekannte Schluss der Definition des Pädagogischen Bezugs. In der spezifischen Bindungsqualität (sozial-)pädagogischer Beziehungen soll also nach Nohl den KlientInnen die Möglichkeit gegeben werden, jene Bezüge zu Kultur, Sitte und Tradition, ebenso aber auch zu den eigenen Möglichkeiten und Entwicklungszielen stellvertretend zu erleben und durchzuarbeiten, die ihnen – sei es aus sozialen, sei es aus entwicklungspsychologischen Gründen – von sich aus versagt sind.

Großen Einfluss auf die gegenwärtige Sicht auf Sozialpädagogik hat die *Lebensweltorientierung* nach Hans Thiersch. Sein Konzept wählt insofern einen anderen Zugriff als die kultur- und bildungsphilosophisch ausgerichteten Vorgänger, als er nicht vom objektiven Gehalt kultureller Gebilde und subjektiver Bildung ausgeht. Vielmehr stellt er den subjektiven Sinn gelingenden Lebens in den Mittelpunkt. *Lebenswelt* meint die sozialen Bezüge, wie ein Mensch sie ‚für sich' erlebt. Familie, Freundeskreis, Schul- und Berufswelt, Nachbarschaft, Internet-Kontakte usw. bilden demnach ein Geflecht, das der/die Einzelne um sich herum als bedeutsam wahrnimmt. Lebensweltorientierte Bildungsarbeit zielt auf eine, in der Sprache dieser Richtung, *ressourcenorientierte Wahrnehmung* des Einzelnen in seinen jeweiligen Bezügen. Geschaut wird auf die Stärken und die Möglichkeiten jedes Menschen in seinen ihm selbst je anschaulich erfahrbaren Bezügen, wie er sie als seine Welt erlebt. An seinen Problemen und seinen Wünschen in der ihm erfahrbaren Welt seines Lebens gilt es anzuknüpfen, um ihm so ein gelingenderes Leben als bisher zu ermöglichen. Selbstbildung wird dementsprechend von Thiersch als *Leben lernen* oder *Lebensbildung* aufgefasst. In diesem Sinne sind Bildungsangebote ‚niedrigschwellig', ‚anerkennend', ‚partizipativ' und ‚integrativ' zu gestalten. Der Einzelne ist in seiner Lebenswelt zu begleiten, mit ihm gemeinsam, von seinen Interessen ausgehend, sind Angebote der Begleitung zu entwickeln (vgl. Thiersch 1992, 2006).

Wird so die sozialpädagogische Debatte verfolgt, werden auch hier Erträge und Verluste in Bezug auf den Bildungsbegriff deutlich. Diese sind der Richtung nach eher umgekehrt als im Schulsystem zu gliedern. Anders als im Schulsystem wurden, je länger, desto mehr, die Erfahrungswelt des Einzelnen und seine Möglichkeiten der Selbstentfaltung in den Blick genommen. Zudem wurde auch und gerade auf die ‚Bildungsverlierer' geschaut, wohingegen das Schulsystem auf die ‚Bildungsgewinner' hin angelegt war. Dabei wurde aber, umgekehrt, die normative Dimension des Kulturbezugs als wesentlichem Moment von Bildung im Verlauf der Theorieentwicklung immer weniger in den Blick genommen. Sich in seiner Lebenswelt oder in seinen sozialökologisch bestimmten Systemen zurechtzufinden, ist anderes und vor allem weniger als Bildung im umfassenden Sinne.

In der Gegenwart wird die Lage nochmals vielschichtiger, weil sich diese Entwicklungen tendenziell auch in jeweils umgekehrter Richtung ergänzen.

In der Sozialpädagogik wird insbesondere durch die Entwicklungen der soziokulturellen Bildungsarbeit seit dem letzten Drittel des 20. Jahrhunderts die Bedeutung von *Kultur* als zwangsläufigem Gegenüber von *Bildung* wieder stärker diskutiert. Zugleich wird im Selbstverständnis gerade der ‚offenen' Angebote nicht mehr von einer ‚Klientel' ausgegangen. Vielmehr wird – etwa in Angeboten von Stadtteilkulturzentren, Mehrgenerationenhäusern oder Familienbildungsstätten – betont, dass es sich hier um Bildungsangebote für alle handele.

In der Schule wird umgekehrt spätestens seit den Ergebnissen der großen Leistungsvergleichsstudien wie PISA, TIMSS, IGLU oder LAU sehr viel stärker und genauer auf die ‚Bildungsverlierer' im System geschaut. Zugleich wird in der bildungspolitischen Reaktion auf solche Studien die traditionelle Koppelung von *Bildung* und *Kultur* gelöst. Handlungsleitend ist jetzt vielmehr die Annahme von *Kompetenzen*. Die traditionellen Lehrpläne, die eben einen gelingenden Zusammenhang von Bildung und Kultur ermöglichen sollten, werden zugunsten von Bildungsplänen auf der Basis von Bildungsstandards zurückgelassen. Diese tragen zwar noch den Bestandteil *Bildung* in sich, zielen jetzt aber auf anderes. Ihnen geht es um den Erwerb von Kompetenzen als Zusammenhang von Problemlösefähigkeiten. ‚Gelingendes' Leben wird auch hier nicht mehr im Sinne einer kritisch-humanistischen normativen Zukunftshoffnung verstanden. Vielmehr geht es – darin durchaus der Entwicklung in der Sozialpädagogik vergleichbar – um die Entwicklung von Fähigkeiten zur gelingenden Teilhabe in vielfältig unübersichtlichen Umwelten. Was aber in der Lebensweltorientierung der Sozialpädagogik aus ideologiekritischer Perspektive als Möglichkeit für Bildung begrüßt wird, wird in der Bildungstheorie der Schule aus ökonomiekritischer Perspektive als Verhinderung von Bildung durch den Anpassungsdruck einer ökonomisierten Globalisierung kritisiert (vgl. z.B. Messner 2004, S. 29; Schlömerkämper 2004b, S. 7).

Begriffsverflechtungen

Neuerdings stehen beide Bereiche unter dem Anpassungsdruck ganz neuer marktorientierter Vorgaben der internationalen Politik. In den zugehörigen Debatten rückt der Begriff des *Lernens* in den Vordergrund. Als aktuelle Herausforderung wird hier die Verknüpfung formalisiertem mit non-formalem und informellem Lernen benannt. *Formalisiertes Lernen* meint handlungsentlastetes planmäßiges, organisiertes, strukturiertes und zertifiziertes Lernen in dafür ausgewiesenen Organisationen der Unterrichtung. *Non-formales Lernen* meint nicht standardisiertes, nicht zertifiziertes, sondern umwelt- und anlassbezogen situiertes, dabei systematisch durch Angebote von Lernzielen, Lerndauern und Lernmitteln angeleitetes und strukturiertes pragmatisch-problemlösendes Lernen. *Informelles Lernen* meint konkret anlassbezogenes, auf alltagspraktische Fragen bezogenes problemlösendes Lernen, das sich in den meisten Fällen nicht intentional beiläufig in unmittelbaren Lebenszusammenhängen ereignet. Typisches Beispiel für einen formalisierten Lernprozess wäre der Lehrgang eines schulischen Fremdsprachenunterrichts. Non-formales Lernen wäre etwa das Erlernen der Fremdsprache in einer Volkshochschule, aber auch in einem selbstorganisierten, selbst verbindlich gesetzten Lernzirkel. Dementsprechend wäre das informelle Lernen der beiläufige Fremdsprachenerwerb in konkreten Lebenslagen, etwa während des Besuchs einer Austauschschülerin in der Familie oder in der Arbeitswelt mit fremdsprachigen KollegInnen.

Dieser Lernbegriff ist nicht bildungstheoretisch, didaktisch oder lernpsychologisch legitimiert. Er hat seinen Ursprung in der Organisationstheorie. Er steht seinerseits im Zusammenhang mit bildungspolitischen und -ökonomischen Begriffen wie Lebenslanges Lernen, Lernende Regionen, Bildungsnetzwerke, Wissensgesellschaft u.v.a.m. In diesem Zusammenhang steht zurzeit auch die Einführung und Umsetzung des Europäischen Qualifikationsrahmens (EQR) und des Deutschen Qualifikationsrahmens (DQR).

Die Begriffsdreiheit *Formales/Non-formales/Informelles Lernen* geht bereits auf Unterscheidungen von UNESCO, UNICEF und Weltbank aus den 1970er Jahren zurück, wurde aber seit den 1990er Jahren insbesondere von der OECD vorangetrieben. Zielsetzung dieses Prozesses ist, Lernanlässe non-formaler und informeller Art nicht mehr an den schulischen Organisationen formalisierten Lernens vorbeilaufen zu lassen. Vielmehr sollen alle drei Ebenen systematisch über den gesamten Lebenslauf und alle Lebenslagen verzahnt werden. So sollen Ressourcen des Lernens besser verwertbar gemacht werden. Die OECD-Strategie zeigt in anderen Staaten insbesondere Auswirkungen auf den Berufsbildungsbereich. Der deutschen Bildungspolitik aber geht es sehr viel stärker darum, unterhalb der Ebene einer Neuordnung von Zertifikaten den Bereich der Bildungsorganisation neu zu gliedern (vgl. BMBF 2006, S. 7). Angestrebt wird, die Systeme Schule, Sozialpädagogik/Sozialarbeit und Familie in einer Organisationsmatrix aufeinander beziehbar zu machen. Ziel ist, die Möglichkeiten einer Vernetzung folgender Art auszuloten:

- „Schule als Ort formaler Bildung von Kindern und Jugendlichen
- Kinder- und Jugendhilfe mit ihren Angeboten, Maßnahmen und Einrichtungen als ein Ort non-formaler Bildung
- Familie, Peers und Medien als typische Orte und Gelegenheiten informeller Bildung im Kindes- und Jugendalter" (BMBF 2004, S. 13)

Die Durchsetzung einer solchen Organisationsmatrix wird von Schule wie von Sozialpädagogik Veränderungen in Bezug auf *Bildung* verlangen. Für Schule wird die geforderte Verknüpfung ihrer formalisierten Lehrgänge mit den non-formalen Bildungsangeboten der Sozialpädagogik, der Jugendhilfe, der Kulturpädagogik, der Familienhilfe usw. einerseits eine Öffnung über die Lebenszeit bedeuten. Die Diskussionen um eine verstärkte Zusammenarbeit von Kindergarten und Schule sind hier erst der Anfang; ähnliche Entwicklungen sind etwa für den Bereich der Jugendberufshilfe oder der Weiterbildung schon absehbar. Zum anderen wird Schule eine inhaltliche und räumliche Öffnung zu anderen Bildungspartnern und Lernorten leisten müssen: Informationsrecherchen werden von der Stadtbibliothek angeboten werden, das Ganztagsschulangebot wird von der Jugendpflege entwickelt werden, die Schulsozialarbeit wird integraler Teil des schulpädagogischen Konzeptes werden. – Umgekehrt wird sich Sozialpädagogik, insbesondere in Gliederungen wie der offenen Jugendarbeit oder der Familienbildung, stärker der formalisierten Logik des institutionalisierten Bildungssystems unterwerfen müssen. Dessen Eigendynamik wird solche Soziale Arbeit wieder mehr zu Sozial-Pädagogik machen, allerdings um den Preis einer schulkonformeren Organisationslogik als bisher. Dabei wird es die besondere Herausforderung sein, zugleich den Bezug zu den informellen, lebensweltlichen Bezügen der Familie nicht zu verlieren.

Zur Abgrenzung der *Erziehung* von *Bildung* wird ein scheinbar pragmatisches Verständnis derzeit in der Pädagogik der frühen Kindheit vertreten. Dieses blickt auf kommunikativ vermittelte Lernprozesse und unterscheidet sodann: Wird von *Bildung* gesprochen, so wird besonders auf die Eigenaktivität des *lernenden* Subjekts geschaut. Wird von *Erziehung* gesprochen, so wird eher auf die fördernde Attitude des *lehrenden* Gegenübers geschaut (vgl. Andres/Laewen 2002; Liegle 2006). Diese Trennung kann nicht überzeugen. In diesem Falle wären Schulen vornehmlich Erziehungs- und sozialpädagogische Organisationen hauptsächlich Bildungsinstitutionen.

Dennoch weist eine solche Unterscheidung darauf hin, dass Schulen und sozialpädagogische Hilfen verstärkt auch ihr jeweils ‚Anderes' integrieren müssen. Schließlich wird auch unter dem Gesichtspunkt von *Erziehung* die Verknüpfung von Familie, den verschiedensten sozialpädagogischen Angeboten und Schule noch komplexer werden. Dieses liegt alleine in der rechtlichen Lage begründet. Juristisch verankert ist das *Erziehungsrecht* grundgesetzlich bei der *Familie*. „Pflege und Erziehung der Kinder sind das natürliche Recht der Eltern und die zuvörderst ihnen obliegende Pflicht" (GG Art 6, Abs. 2). Dieses „natürliche" Recht wird einerseits durch einen *schulischen Erziehungs- und Bildungsauftrag* ergänzt. Er ergibt sich aus GG Art 7, Abs. 1 i.V. mit den Verfassungen und Schulgesetzen der Bundesländer. In diesen wird *Erziehung* als Vorbereitung von *Bildung* unter Bezug auf *Kultur* verstanden; schulische Erziehungsanstrengungen sollen Bildung vorbereiten und ermöglichen. Anders ist der sozialpädagogische Auftrag. Das SGB VIII gibt der Jugendhilfe in § 1 (unter Bezug auf GG Art. 6, 2) den Auftrag, Hilfen zur elterlichen Erziehung bereitzustellen, indem sie *fördert, berät, unterstützt* und *schützt*; § 16 sieht zudem die Möglichkeit der *Betreuung* vor, welche sich für den Bereich der Familienhilfe nach § 31 auch auf die Familie als ganze beziehen kann. So werden beim Gesetzgeber in Bezug auf Schule sowie sozialpädagogische Jugend- und Familienhilfe ganz unterschiedliche Erziehungsvorstellungen deutlich.

Der Erziehungsauftrag der Schule wird als Unterstützung in Bezug auf Bildung und Kultur verstanden. Erziehung und Bildung werden als Verbundenes in der Tradition Diltheys aufgefasst (s.o.). Erziehung ist dabei ihrerseits der größere reflektierte Rahmen von Unterricht als Summe der Lehrarrangements und Lehrhandlungen. *Unterricht, Erziehung* und *Bildung* werden hier als drei aufeinander aufbauende Größen verstanden (vgl. Einsiedel 1994, S. 649). Nicht im Fokus steht dagegen die Familie. Die in ihr stattfindende Erziehung wird als funktionierende vorausgesetzt. Eine solche Gliederung aber wird den Realitäten von Schule nicht (mehr) gerecht. Schule kann nicht (mehr) davon ausgehen, dass grundlegende Erziehungsleistungen im Elternhaus erbracht werden. Vielmehr trennt sich die SchülerInnenpopulation mehr und mehr in einerseits intensiv durch Eltern geförderte, andererseits aber auch bedrohlich von Eltern vernachlässigte Kinder und Jugendliche. So ist es nicht nur eine Frage der Gerechtigkeit, sondern schon viel schlichter schiere Notwendigkeit für die Schulpädagogik, überhaupt erst einmal Förderungs- und Präventionsarbeit zu leisten, damit Unterricht möglich bleibe oder wieder werde (vgl. Opp/Fingerle 2008b, S. 10).

Umgekehrtes gilt für die Sozialpädagogik. Deren Erziehungsangebot wird als Ergänzung von Intervention, Betreuung und Prävention gerade in Bezug auf familiale Erziehung verstanden. *Erziehung, Betreuung, Intervention* und *Prävention* werden so als Vierklang für die Sozialpädagogik aufgefasst. Auch diese Verbindung kann nicht überzeugen. In der gesamten klassischen Erziehungsphilosophie werden Betreuung, Intervention und Prävention aus guten Gründen als vorpädagogische Bereiche von der Erziehung getrennt. Gleichwohl verweist auch diese sozialpädagogische Orientierung auf Wichtiges. Indem nicht nur auf das ‚zu erziehende' Gegenüber, sondern, darüber hinausgehend, sozialökologisch (s.o.) auf die Bedingungsgefüge geschaut wird, in und mit denen dieses Gegenüber lebt, hat die sozialpädagogische Perspektive einen ganzheitlicheren Blick als die schulpädagogische. Dort werden Kinder und Jugendliche gedanklich als SchülerInnen in ihrer Rolle im schulischen System von diesen soziokulturellen, ökonomischen und politischen Bezügen isoliert. Hier hingegen wird der einzelne Mensch umgekehrt in genau diesen Bezügen betrachtet. Freilich stehen Hilfsangebote in der Gefahr, nicht ‚ganzheitlich', sondern ‚diffus' zu werden. Dieses ist einerseits dann der Fall, wenn es nicht gelingt, trennscharf Erziehungsangebote von solchen der Betreuung, Prävention und Intervention abzugrenzen. Dieses ist andererseits dann der Fall, wenn in der Zusammenarbeit mit Schule der dort ganz andere Schwerpunkt von Erziehung nicht immer mitgedacht wird.

Die Zusammenarbeit von Schule und sozialpädagogischer Jugend- und Familienhilfe wird Prozesse neuer Differenzierung, Integration und Ausdifferenzierung zwischen und in den Systemen verlangen. Aufgabe der professionell betriebenen Schul- und Sozialpädagogik wird es dabei sein, dialektisch zu verfahren. Im ersten Schritt werden sie an der begrifflichen und organisatorischen Trennschärfe ihres Tuns weiter feilen müssen. Ist dieses getan, können sie im zweiten Schritt professionell wie theoretisch fundierte Formen der Zusammenarbeit entwickeln und anbieten. Nur dann wird es gelingen, der politisch gesetzten Forderung nach einer Verzahnung von formalisiertem, non-formalem und informellem Lernen im Rahmen einer ökonomisch legitimierten Wissensgesellschaft nachzukommen. Aber auch, wenn dieses nicht gewünscht wird, ist entsprechende Schärfung der Begriffe Voraussetzung dafür, sich gegen diese Tendenzen zu wehren und sich wechselseitig abzugrenzen.

Literatur

Andres, Beate/Laewen, Hans Joachim (2002): Bildung und Erziehung in der frühen Kindheit. Bausteine zum Bildungsauftrag von Kindertageseinrichtungen. Weinheim u.a.: Beltz

Bosselmann, Michael/Denker, Hannah (2010): Subjektorientierte (offene) Kinder- und Jugendarbeit als Bildungsarbeit. Möglichkeiten und Grenzen allgemeinpädagogischer Reflexions- und Begründungsformen außerschulischer Bildungsarbeit. In: Gaus/Drieschner (2010): S.283-310

Dilthey, Wilhelm (1971): Ausgewählte Texte aus einer Nachschrift der Berliner Pädagogik-Vorlesungen. In: Dilthey, Wilhelm: Schriften zur Pädagogik. Besorgt v. Hans-Herrmann Groothoff u. Ulrich Herrmann. Paderborn: Schöningh. (Schöninghs Sammlung Pädagogischer Schriften: Quellen zur historischen, empirischen und vergleichenden Erziehungswissenschaft).

Drieschner, Elmar (2007): Erziehungsziel Selbstständigkeit. Grundlagen, Theorien und Probleme eines Leitbildes der Pädagogik. 1. Auflage. Wiesbaden: Verlag für Sozialwissenschaften

Drieschner, Elmar/Gaus, Detlef (2010): Bildung und allgemeinpädagogische Theoriebildung. In: Gaus/Drieschner (2010): S.9-31

Einsiedel, Wolfgang (1994): Schulpädagogik. Unterricht und Erziehung in der Schule. In: Roth (1994): S.649-657

Fitzner, Thilo (Hrsg.) (2004): Bildungsstandards. Internationale Erfahrungen – Schulentwicklung – Bildungsreform. Bad Boll: Evangelische Akademie

Gaus, Detlef/Drieschner, Elmar (Hrsg.) (2010): Bildung jenseits pädagogischer Theoriebildung. 1. Auflage. Wiesbaden: Verlag für Sozialwissenschaften

Hollstein-Brinkmann, Heino (2005): Systemtheorien im Vergleich. Was leisten Systemtheorien für die soziale Arbeit? 1. Auflage. Wiesbaden: Verlag für Sozialwissenschaften

Humboldt, Wilhelm von (1960): Theorie der Bildung des Menschen. Bruchstück. Werke in fünf Bänden, Band 1. Hrsgg. von Andreas Flitner und Klaus Giel. Darmstadt: Wissenschaftliche Buchgesellschaft

Liegle, Ludwig (2006): Bildung und Erziehung in der frühen Kindheit. Stuttgart: Kohlhammer

Lindner, Werner/Thole, Werner/Weber, Jochen (Hrsg.) (2003): Kinder- und Jugendarbeit als Bildungsprojekt. Opladen: Leske und Budrich

Messner, Rudolf (2004): Was Bildung von Produktion unterscheidet. In: Schlömerkemper (2004a): S. 26-47

Müller, Burkhard (2003): Bildung und Jugendarbeit – Zwischen Größenwahn und Selbstverleugnung. In: Lindner/Thole/Weber (2003): S. 235-245

Natorp, Paul (1909): Sozialpädagogik. Theorie der Willenserziehung auf der Grundlage der Gemeinschaft. 3., verm. Auflage. Stuttgart: Frommann

Nohl, Herman (1933): Die Theorie der Bildung. In: Nohl/Pallat (1933): S. 3-80
Nohl, Herman/Pallat, Ludwig (Hrsg.) (1933): Handbuch der Pädagogik. Bd. 1. Langensalza: Beltz
Oelkers, Jürgen (2004): Zum Problem von Standards aus historischer Sicht. In: Fitzner (2004): S.11-42
Oerter, Rolf (1987): Der ökologische Ansatz. In: Oerter/Montada (1987): S. 87-128
Oerter, Rolf/Montada, Leo (Hrsg.) (1987): Entwicklungspsychologie. Ein Lehrbuch. 2., völlig neu bearb. und erw. Auflage. München u.a.: Psychologie-Verlag-Union
Opp, Günther/Fingerle Michael (Hrsg.) (2008a): Was Kinder stärkt. Erziehung zwischen Risiko und Resilienz. München u.a.: Reinhardt
Opp, Günther/Fingerle Michael (2008b): Erziehung zwischen Risiko und Protektion. In: Opp/Fingerle (2008a): S. 7-18
Otto, Hans-Uwe/Oelkers, Jürgen (Hrsg.) (2006): Zeitgemäße Bildung. Herausforderung für Erziehungswissenschaft und Bildungspolitik. München und Basel: Reinhardt
Petersen, Peter (1927): Der kleine Jena-Plan einer freien allgemeinen Volksschule. Langensalza: Beltz
Rauschenbach, Thomas (2004): Konzeptionelle Grundlagen für einen Nationalen Bildungsbericht. Non-formale und informelle Bildung im Kindes- und Jugendalter. Hrsgg. v. Bundesministerium für Bildung und Forschung, Referat Publikationen. Berlin: BMBF. http://www.bmbf.de/pub/nonformale_und_informelle_bildung_kindes_u_jugendalter.pdf (Download am 04.07.2011).
Roth, Leo (Hrsg.) (1994): Pädagogik. Handbuch für Studium und Praxis. München: Ehrenwirth
Schlömerkemper, Jörg (Hrsg.) (2004a): Bildung und Standards. Zur Kritik der „Instandardsetzung" des deutschen Bildungswesens. Die Deutsche Schule, Beiheft 8. Weinheim und München: Juventa
Schlömerkemper, Jörg (2004b): „Standards" dürfen „Bildung" nicht ersetzen! In: Schlömerkemper (2004a): S. 5-9
Seidel, Sabine (Hrsg.) (2004): Stand der Anerkennung non-formalen und informellen Lernens in Deutschland. Im Rahmen der OECD Aktivität „Recognition of non-formal and informal Learning. Hrsgg. v. Bundesministerium für Bildung und Forschung, Referat EU-Bildungsprogramme. Bonn: BMBF. http://www.bmbf.de/pub/non-formales_u_informelles_lernen_ind_deutschland.pdf (Download am 04.07.2011)
Thiersch, Hans (1992): Lebensweltorientierte soziale Arbeit. Aufgaben der Praxis im sozialen Wandel. Edition Soziale Arbeit. Weinheim u.a.: Juventa
Thiersch, Hans (2006): Lebenlernen, Bildungskonzepte und sozialpädagogische Aufgaben. In: Otto/Oelkers (2006): S. 21-36
Trapp, Ernst Christian (1977): Versuch einer Pädagogik. Unveränd. Nachdruck d. 1. Ausgabe. Berlin 1780. Mit Trapps hall. Antrittsvorlesung „Von der Nothwendigkeit, Erziehen und Unterrichten als eine eigene Kunst zu studieren". Besorgt v. Ulrich Herrmann. Paderborn: Schöningh
Wasmuth, Helge (2011): Kindertageseinrichtungen als Bildungseinrichtungen. Zur Bedeutung von Bildung und Erziehung in der Geschichte der öffentlichen Kleinkinderziehung in Deutschland bis 1945. Bad Heilbrunn: Klinkhardt

Soziologische, psychologische und pädagogische
Grundlagen in ihrer Bedeutung für Erziehungs-
und Bildungspartnerschaften

Matthias von Saldern

Das System Schule heute und der Stellenwert der Eltern

Einleitung

Das staatliche Schulsystem ist ein Pflichtschulsystem. Dies bedeutet, dass man Kinder und Jugendliche für viele Jahre aus der Familie herausnimmt. Dies führt zu den folgenden Fragen:

1. Kann das Schulsystem die möglichen positiven Effekte von Familie nachbilden?
2. Wie muss dazu das Verhältnis zwischen Schulsystem und Familiensystem beschaffen sein?

Aufbau des Schulsystems

Es ist nicht möglich, generell von dem deutschen Schulsystem zu sprechen, weil rechtlich gesehen die einzelnen Bundesländer für die Schule (außer Berufsschule) zuständig sind. Dies führt zu unterschiedlichen Schulstrukturen in den einzelnen Bundesländern. Nach dem Ersten Weltkrieg war das viergliedrige Schulsystem die klassische Form, die auf die Grundschule aufbaute. Dazu gehörten die Förderschule (früher Hilfs-, später Sonderschule), die Hauptschule, die Realschule und das Gymnasium. Seit den 1960er Jahren gehört mehr und mehr die Gesamtschule dazu.

In den letzten Jahren sind allerdings große Veränderungsprozesse hinsichtlich der Schulstrukturen zu beobachten. Dies begründet sich zum einen in dem stellenweise drastischen Rückgang der SchülerInnenzahlen, zum anderen in der Erkenntnis, dass die frühe Selektion von SchülerInnen sozial ungerecht und wenig erfolgreich ist. Eltern bevorzugen mehr und mehr Schulformen, die alle Abschlüsse anbieten. Letztendlich sind dies derzeit das Gymnasium und die Integrierte Gesamtschule (in den Bundesländern unter verschiedenen Namen zu finden).

Derzeit kann man folgende Entwicklungen beobachten:

- Aufgrund der Ratifizierung der UN-Behindertenrechtskonvention durch die Bundesrepublik Deutschland hat jedes Kind ein Recht, inklusiv beschult zu werden. Dies bedeutet, dass Kinder mit sonderpädagogischem Förderbedarf nicht mehr separiert werden dürfen. Mittelfristig hat dies die Abschaffung der Förderschule zur Folge.
- Hauptschulen und Realschulen werden (dort, wo noch getrennt) zusammengelegt. Zwei Formen sind daraus entstanden: zum einen eine Schulform, die man als Erweiterung der Realschule bezeichnen kann (mit Hauptschulabschluss und Realschulabschluss, aber ohne Abitur), zum anderen eine Schulform, die auch das Abitur anbietet. Diese Trends sind in allen Bundesländern zu beobachten, wenn auch derzeit vereinzelt noch Hauptschulen und Realschulen vorhanden sind.
- Die Zahl der Gesamtschulen steigt trotz rückläufiger SchülerInnenzahlen deutlich.
- Das Gymnasium wird mittelfristig dort erhalten bleiben, wo es genug SchülerInnen gibt, die es anwählen.

Daneben existiert ein umfangreiches berufsbildendes Schulsystem, das außerordentlich heterogen zusammengesetzt ist. Diese Trennung zwischen Allgemeinbildung und Berufsbildung ist heute teilweise nicht mehr zu verstehen, weil es in beiden Systemen Schulformen gibt, die sich schon sehr angenähert haben. Dies ist vorwiegend im gymnasialen Bereich zu beobachten (z.B. Wirtschaftsgymnasium und allgemeinbildendes Gymnasium mit Schwerpunkt Wirtschaft). Die grundsätzliche Trennung zwischen diesen beiden Bildungsformen war ursprünglich gar nicht so angedacht. So schreibt Wilhelm von Humboldt im Jahre 1809: „Auch Griechisch gelernt zu haben könnte ... dem Tischler ebenso wenig unnütz seyn, als Tische zu machen dem Gelehrten." Vor diesem Hintergrund ist eine vielfach zu beobachtende Stärkung der Berufsorientierung auch kritisch zu sehen.

Entwicklungswandel und -perspektiven

Neben der Veränderung der Strukturen des Schulsystems sind noch andere Trends zu beobachten, die derzeit ihre Wirkung entfalten.

Zum einen ist hier die zunehmende Ökonomisierung des Schulsystems zu nennen. Diese macht sich weniger dadurch deutlich, dass Bildungsangebote privat finanziert werden müssten (so wie es im Bereich der Erwachsenenbildung um sich greift), sondern Ökonomisierung zeigt sich vor allem hinsichtlich der neuen Steuerungsmodelle im und für das deutsche Schulsystem (vgl. von Saldern 2010).

- Positiv an diesen Modellen ist zu benennen, dass Schule eine erhöhte Verantwortung für die Ergebnisse der SchülerInnen bekommt. Dabei liegt allerdings die Gefahr darin zu übersehen, dass Schule für bestimmte Ausstattungsmerkmale nicht zuständig ist. Dazu gehört z.B. die Größe der Klassen (siehe dazu von Saldern 2011), die Zahl der Stunden pro Fach und vieles andere mehr.
- Zu hinterfragen ist, ob Modelle der Organisationsentwicklung für alle pädagogischen Bereiche passen. Die meisten Qualitätsmodelle versuchen Prozesse zu steuern und nehmen dabei den pädagogischen Prozess innerhalb des Klassenzimmers nicht in ihrem Blick. Wesentliches Element eines guten Unterrichts ist aber die Persönlichkeit der Lehrkraft, insbesondere ihre Fähigkeit, die SchülerInnen zum Lernen zu motivieren.

Zum anderen gibt es derzeit einen Trend, Bildungsgänge zu verkürzen. Dies zeigt sich z.B. an der Einführung des Abiturs nach acht Jahren. Diese politische Entscheidung ist problematisch, weil die Verkürzung um ein Jahr den etwas langsameren SchülerInnen die Möglichkeit erschwert, das Abitur zu erreichen. Zudem werden bei diesem neuen Abitur Inhalte gestrichen, was zu einer Entwertung desselben führt. Auf der Universität wird dieses Beschleunigungsdenken noch verstärkt durch die Einführung des Bachelor-Master-Systems (außer in Medizin und Jura).

Das Kernproblem dieser beiden Entwicklungen liegt vor allem darin, dass dahinter immer noch das Bild steckt, Prozesse im Schulsystem zentral steuern zu müssen, auch wenn die Absichtserklärungen häufig anders lauten. Ziel muss es sein, das Schulsystem zu flexibilisieren. Dies bedeutet zum einen, den Weg einer Schülerin oder eines Schülers durch das Schulsystem hoch individuell zu gestalten, zum anderen, Eingruppierungen der Schülerschaft zu vermeiden. Die derzeitige Logik des Schulsystems basiert auf der Arbeit mit

Gruppen, die zukünftige Logik muss darin bestehen, Individuen zum Maßstab pädagogischer Entscheidungen zu machen. An einigen Beispielen soll das verdeutlicht werden:

- Völlig unklar ist es, warum schlechte SchülerInnen in einem Fach genauso viele Unterrichtsstunden bekommen wie gute SchülerInnen. Pädagogisch sinnvoll wäre es, den starken SchülerInnen neue Aufgaben zu geben, während die schwachen individuell einem Förderprogramm unterworfen werden.
- Die Abschlüsse innerhalb des Systems könnten flexibilisiert werden. Das bedeutet z.B., dass (solange er noch erhalten bleibt) der Hauptschulabschluss nach acht, neun oder sogar zehn Jahren erreicht werden kann. Dasselbe könnte man für den Realschulabschluss einführen. Das Abitur – und damit die gymnasiale Oberstufe – wäre ebenfalls flexibel zu gestalten: Die Oberstufe sollte man in zwei, drei oder vier Jahren durchlaufen können. Da die Oberstufe ein Kurssystem ist, wäre dieses Modell schnell umzusetzen.
- Die Leistungsmessung muss ebenfalls individualisiert werden. Es ergibt keinen Sinn, allen SchülerInnen einer Klasse die gleiche Klassenarbeit abzuverlangen. Die Lerngeschwindigkeiten sind sehr unterschiedlich, weshalb es sinnvoll ist, zukünftig mit Kompetenzrastermodellen zu arbeiten.

Sozialisationswirkungen

Mit dem Begriff *Erziehung* fasst man alle mit einer Intention (einem Ziel) versehenen Lernprozesse, die Wirkungen bei dem Nachwuchs erreichen sollen. *Sozialisation* hingegen sind alle Beeinflussungsprozesse der Umwelt, die ein Kind oder einen Jugendlichen beeinflussen. Die großen Gruppen, die den Nachwuchs beeinflussen, sind die Familie, Krippe, Kita und schließlich die Schule, später mit zunehmendem Alter die Freunde. Deshalb spricht man auch von der Familie als primärer Sozialisationsinstanz, von der Schule als sekundärer Sozialisationsinstanz usw. Die außerschulischen Sozialisationswirkungen auf die SchülerInnen sind groß. Selbst bei einer optimalen Gestaltung des Schulsystems werden sich Kinder und Jugendliche deshalb unterschiedlich entwickeln. Schule muss sich mit derartigen Sozialisationswirkungen auseinandersetzen: Zum einen, weil sie mit außerschulischen Wirkungen umgehen muss, zum anderen, weil sie selbst Sozialisationsinstanz ist. In der Schule nennt man das z.B. ‚heimlicher Lehrplan'.

Der Einfluss der Familie gerade in einem selektiven Schulsystem wie in Deutschland ist immens. In Deutschland bestimmt die Familie den Schulerfolg. Dies ist nicht unproblematisch, weil SchülerInnen, die zuhause nicht gefördert werden, im Schulsystem eine sehr geringe Chance auf höhere Abschlüsse haben. Problematisch wird es insbesondere dann, wenn „der Input in das Erziehungssystem sehr oft als der beste Prädiktor für den Output erscheint" (Luhmann/Schorr 1999, S. 253).

Die unterschiedlichen Auffassungen darüber, welche Instanz mehr Einfluss haben soll, ist beeindruckend zu sehen an der Diskussion über die Ganztagsschule. Die Schulform mindert den (nicht immer vorteilhaften) Einfluss der Familie und stärkt den Einfluss der Schule, was dort zu einer hohen Verantwortung führt. Im Folgenden wird daher das Verhältnis zwischen Familiensystem und Schulsystem näher beleuchtet (zum theoretischen Zugang: siehe von Saldern 2005).

Zum Verhältnis Familiensystem und Schulsystem

Das Verhältnis zwischen Familien- und Schulsystem basiert auf einem Grundkonflikt: Familien wollen eine individuelle Förderung für ihr Kind, das Erziehungssystem hingegen versucht vom seiner (pädagogisch oft fragwürdigen) Konzeption her, Ungleiche gleich zu behandeln. Solange das Schulsystem damit ständig Selektion statt Förderung thematisiert, wird es deshalb immer wieder zu Konfliktlinien kommen. Gute Pädagogik zeichnet sich nämlich durch die Ungleichbehandlung der Ungleichen aus. Diese Erkenntnis hat sich bei vielen Verantwortlichen noch nicht durchgesetzt.

Die Elternrechte haben in Deutschland kontinuierlich zugenommen. Immer mehr Bundesländer weisen den Eltern dabei ein höheres Recht zur Mitsprache und auch Mitentscheidung zu (vgl. Übersicht bei Rux 2008). Somit sind Eltern von Schule nicht nur betroffen, sondern sie werden auch an Schule beteiligt (vgl. Krüger 1995). Dies zeigt sich z.B. an der Einführung der sogenannten Schulvorstände in verschiedenen Bundesländern, in denen die Eltern über schulische Ausgaben und pädagogische Konzeptionen konkret mitbestimmen können.

Generell ist allerdings zu sagen, dass die Kooperation von Elternhaus und Schule stark verbesserungsbedürftig ist. Lehrkräfte haben oft nicht die Zeit dazu, wegen der hohen Unterrichtsbelastung und der großen Klassen. Auch wird richtige Elternarbeit in Studium und Praxis selten genügend geschult. Dies führt dann häufig dazu, dass nur Hilfe erbeten wird bei Schulfesten oder eine Spende für den Schulverein (vgl. Trautmann 2009). Zudem sind nicht alle Eltern an einer intensiven Kooperation mit der Schule interessiert. Dies zeigt sich beispielsweise darin, dass an Elternabenden nicht immer alle Eltern anwesend sind.

Es gibt zahlreiche offizielle Verbindungslinien (Brücken) zwischen Familiensystem und Schulsystem. Diese werden im Folgenden systematisch dargestellt.

Brücke: Einschulung

Nach dem Modell des preußischen Militärs werden in den Bundesländern der Bundesrepublik Deutschland Kinder nach Alter eingeschult. Das alte und damit überholte Modell sah so aus, dass man die Schulreife (später: Schulfähigkeit) testete, um das Kind in die Schule aufzunehmen oder eben nicht. Neuere und damit pädagogisch sinnvollere Modelle bestehen darin, alle Kinder in die Schule einzuschulen, was zur Folge hat, dass Grundschulen anders arbeiten müssen. Die fortschrittlichen Grundschulen haben z.B. dadurch reagiert, dass die ersten beiden Klassen zusammen unterrichtet werden oder sogar alle vier Jahrgänge der Grundschule gemeinsam geschult werden. Dies hat den Vorteil, auf die unterschiedlichen Entwicklungsstände der SchülerInnen angemessen zu reagieren. Allerdings unterscheiden sich hier die Bundesländer noch immens, insbesondere das altersgemischte Lernen hat im deutschen System noch nicht den Stellenwert, den es eigentlich haben müsste. Zudem begrenzt die Selektion nach der Grundschule dieses System, wobei nun auch die ersten Schulen im Sekundarbereich I beginnen altersgemischt zu arbeiten.

Brücke: Grundschulempfehlung

Ein typisches Merkmal des deutschen Schulsystems ist darin zu sehen, dass versucht wird, Kinder nach der vierten Klasse (in zwei Bundesländern nach der sechsten Klasse) unterschiedlichen Bildungsgängen zuzuordnen. Zahlreiche Studien konnten zeigen, dass die Validität der Grundschulempfehlung schlecht ist: Ca. die Hälfte der Abschlüsse entsprechen nicht der gegebenen Grundschulempfehlung. Weil aber ein flexibler Wechsel zwischen Bildungsgängen aus unterschiedlichen Gründen sehr selten möglich ist, führt die Grundschulempfehlung häufig zu einer immensen Belastung für die SchülerInnen und deren Eltern.

Brücke: Elterngespräche

Neben den informellen Kontakten zwischen Schule und Elternhaus sind es vor allem zwei vorgeschriebene Rituale, die den Kontakt zwischen beiden Systemen herstellen sollen: der Elternabend und der Elternsprechtag. Abgesehen vom allerersten Elternabend ist diese Form der Kommunikation Sache der Elternschaft. Die schulischen Machtverhältnisse führen allerdings dazu, dass de facto die verantwortlichen Lehrkräfte Themen vorgeben und die Gestaltung dieser Elternabende vornehmen: Wie die SchülerInnen sitzen deren Eltern im Klassenzimmer, vorne steht die Lehrkraft.

Eine besonders fragwürdige und für alle Beteiligten anstrengende Form des Kontaktes zwischen beiden Systemen ist der Elternsprechtag. Die Kommunikation dauert pro SchülerIn meistens exakt zehn Minuten, wobei die betroffenen SchülerInnen auch hier, ähnlich wie beim Elternabend, nicht beteiligt werden.

So zeichnen sich diese beiden Formen des Kontaktes zwischen beiden Systemen dadurch aus, dass die eigentlich Betroffenen an der Kommunikation nicht beteiligt werden. In anderen Ländern sind Gespräche häufig so konzipiert, dass SchülerInnen an diesen Gesprächen selbstverständlich teilnehmen. Aber auch gute, deutsche Schulen bieten inzwischen andere Kommunikationsformen an, wie z.B. eine auch zeitlich intensive Lernberatung, um den weiteren Entwicklungsweg einer Schülerin oder eines Schülers mit allen Beteiligten zu besprechen.

Reaktionen des Familiensystems

Die genannten Brücken zeigen deutlich, dass die Konstellation zwischen Schulsystem und Familiensystem asymmetrisch ist. Es herrscht ein deutliches Machtgefälle, welches man vielleicht als aus der Monarchie tradiert bezeichnen kann. Die Folge dieser Konstellation ist, dass Eltern häufig so reagieren, ihre Kinder an das Erziehungssystem anzupassen, ohne dieses grundlegend zu hinterfragen. Nur wenige Eltern versuchen ihre Kinder in Ersatzschulen (Privatschulen) zu schicken.

Reaktion: Abnahme der Bildungsaspiration

Für die Entwicklung eines Kindes ist es sehr wichtig, dass die Eltern an das Kind glauben und eine positive emotionale Beziehung aufrechterhalten. Häufig ist damit eine hohe Bildungsaspiration seitens der Eltern verbunden: Man wünscht dem Kind eine positive Schullaufbahn mit möglichst hohen Abschlüssen, weil man auch zeigen kann (z.B. durch die Untersuchungen der OECD), dass Menschen mit einer gelungenen Schullaufbahn später in günstigere Lebenskonstellationen hineinwachsen.

Das deutsche Schulsystem ist dadurch gekennzeichnet, dass SchülerInnen durch die Gruppierung (unterschiedliche Schulformen oder unterschiedliche Fachleistungskurse innerhalb der Gesamtschule) etikettiert werden. Die damit verbundenen Fremdbilder werden als Selbstbild übernommen und führen bei den Eltern häufig dazu, die Hoffnung für die weitere Schullaufbahn aufzugeben. Bei den SchülerInnen tritt ein ähnlicher Effekt ein: Man erhält gewissermaßen durch eine offizielle Urkunde die Bestätigung, für eine höhere Schullaufbahn nicht geeignet zu sein.

Reaktion: Hausaufgabenkontrolle

Eine besondere Rolle in der Beziehung zwischen Schule und Elternhaus spielen die Hausaufgaben (besser: Schulaufgaben). Schulische Anforderungen werden damit in das Elternhaus getragen und müssen dort auch bewältigt werden. Viele Lehrkräfte, aber auch Eltern machen es sich mit den Hausaufgaben zu leicht. Die eine Gruppe, weil sie falsche Hausaufgaben stellt und z.B. nicht zwischen den SchülerInnen differenziert, die andere Gruppe, weil sie Hausaufgaben häufig als unverzichtbar für schulisches Lernen hält.

Die Wirkung von Hausaufgaben ist nämlich durchaus umstritten (Mischo/Haag 2010). Kurz zusammengefasst: Die leistungsstarken SchülerInnen brauchen keine Hausaufgaben, die leistungsschwächeren SchülerInnen bauen zuhause stellenweise Fehlkonzepte auf, die von den Lehrkräften schwer wieder aus den Köpfen zu bringen sind. Dennoch werden weiter Hausaufgaben gegeben, weshalb Eltern und Lehrkräfte mit diesem fragwürdigen Instrument richtig umgehen müssen. Lehrkräfte müssen vor allem darauf achten, die SchülerInnen nicht zu überfordern und dass vor allem neu gelernter Stoff geübt wird. Ausgezeichnet wäre es, wenn Lehrkräfte je nach Leistungsstand der SchülerInnen die Hausaufgaben in der Themenstellung und im Anforderungsniveau differenzieren könnten. Die Eltern sollten sich von Lehrkräften erläutern lassen, wie sie richtig auf Hausaufgaben reagieren. Wichtig ist für Eltern, dass sie sich im Hintergrund halten und Ansprechpartner für ihre Kinder sind, aber ansonsten strikt darauf achten, dass die Hausaufgaben von ihren Kindern selbstständig und selbstbestimmt gemacht werden müssen. Starke Einmischung durch ständige Verbesserung und strikte Ergebniskontrolle sind falsch (Wild/Remy 2002).

Die Zeit, die die deutschen Jugendlichen in Hausaufgaben investieren, entspricht in etwa dem OECD-Durchschnitt. Allerdings muss berücksichtigt werden, dass Hausaufgaben nur ein Teil der häuslichen Arbeit für die Schule sind. Es gehören natürlich auch dazu: das Lernen neuen Stoffes (z.B. Vokabeln), das Wiederholen von gelerntem Stoff und das Vorbereiten z.B. von Referaten (vgl. Wagner 2005).

Reaktion: Nachhilfe

Der Begriff der Nachhilfe ist dahingehend definiert, dass Lernen außerhalb der Schule, ja sogar außerhalb der Familie stattfindet. Nachhilfe zeigt aktuell die zunehmende Ökonomisierung des Schulwesens. Ihr Anteil steigt. Dies zeigt, dass Schule in Deutschland so konstruiert ist, dass viele SchülerInnen die schulischen Anforderungen eigentlich gar nicht bewältigen können. Die Qualität des deutschen Schulsystems würde dann deutlich werden, wenn man die Nachhilfe verbieten würde.

Nachhilfe wird für die Familie oft als notwendig erachtet und deshalb in einem freiheitlich demokratischen System auch weiter Bestand haben, solange sich Schule nicht anders definiert. Eltern gehen häufig davon aus, dass Nachhilfe etwas nützt, aber dieses Ergebnis kann auch darauf zurückzuführen sein, dass man sich für die Geldausgabe selbst rechtfertigt. Zur Wirksamkeit fehlen flächendeckende Untersuchungen (vgl. Rudolph 2002). Die bisher vorliegenden Studien deuten an, dass Nachhilfe bei hoher Qualität der Durchführung sinnvoll ist, dass aber selten SchülerInnen von der Nachhilfe wegkommen (vgl. Haag 2010). Zudem passen SchülerInnen mit Nachhilfe im Unterricht häufig nicht auf, weil sie davon ausgehen, dass die Nachhilfelehrkraft das Verpasste dann schon erläutern wird.

Es gibt zahlreiche Elternratgeber, in denen zahlreiche Hilfestellungen für Eltern gegeben werden, wobei allerdings die Sinnhaftigkeit von Nachhilfe selbst selten thematisiert wird. Zudem sind in solchen Ratgebern sachlich falsche Informationen, z.B. über die Funktionsweise des deutschen Schulsystems, zu finden (siehe z.B. Kowalczyk/Ottich 2002, S. 86): Die Zahl der Rückläufer von höheren Schulen etwa auf die Hauptschule ist eben nicht auf den falschen Ehrgeiz von Eltern zurückzuführen, sondern weil die frühe Selektion der SchülerInnen nach Klasse 4 falsch ist.

Erziehungsstil und Schule

Im § 1 des KJHG heißt es: „Jeder junge Mensch hat ein Recht auf Förderung seiner Entwicklung und auf Erziehung zu einer eigenverantwortlichen und gemeinschaftsfähigen Persönlichkeit." Im Grundgesetz von 1949, Artikel 6, Absatz 2 wird festgelegt: „Pflege und Erziehung der Kinder sind das natürliche Recht der Eltern und die zuvörderst ihnen obliegende Pflicht." Aus beiden Grundlagen ergibt sich, dass Eltern verpflichtet sind, ihre Kinder zur eigenverantwortlichen und gemeinschaftsfähigen Persönlichkeiten zu erziehen. Vor dem Hintergrund dieser Rechtsgrundlage und auch der gesellschaftlichen Veränderungen der letzten Jahrzehnte hat sich ein Wandel im Erziehungsstil vollzogen: Während noch bis Ende der 1960er Jahre Konformität, Gehorsam und Unterordnung eine große Rolle spielten, unterlegt von einer autoritären Haltung und stellenweise auch durch körperliche Bestrafung gekennzeichnet, vollzog sich langsam, aber stetig ein Wandel zu einem Erziehungsziel, das als Selbstentfaltung bezeichnet werden kann. Hier waren Selbstständigkeit und freier Wille, manchmal auch eine gewisse Nachgiebigkeit zu beobachten. Familienintern wandelte man sich vom Befehls- zum Verhandlungshaushalt. Dies setzte vor allem voraus, dass beide Seiten hohe kommunikative Kompetenzen haben, was nicht immer der Fall ist. Auch war das Setzen von Grenzen und die Fähigkeit, Konflikte auszuhalten durch ein falsch verstandenes Harmonieideal eingeschränkt.

Diese unterschiedlichen Ausprägungen von Erziehungsstilen und Erziehungszielen wirken sich unmittelbar auf das Verhalten der Kinder und Jugendlichen aus und sind daher auch in der Schule zu spüren. Gute elterliche Unterstützung für schulische Prozesse (aber vor allem für die Entwicklung der Kinder und Jugendlichen) ist eine ausgeprägte Wertschätzung, ein gutes Vorbildverhalten sowie die ständige Unterstützung der Autonomie der eigenen Kinder. Überzogene Leistungserwartungen wirken sich negativ auf das SchülerInnenverhalten aus. Es ist daher unstrittig, dass viele Eltern sich einer Elternschulung unterziehen sollten (siehe Minsel 2009; Rauer 2009).

Fazit

Aus den unterschiedlichen Zielen heraus passen Schulsystem und Familiensystem nicht recht zueinander. Diese Differenz wird sich schlecht aufheben lassen. Allerdings bedürfen die Brücken zwischen beiden Systemen einer grundlegenden Überarbeitung: Lehrkräfte müssen z.B. in die Lage versetzt werden, stärker Einblick in die Familien zu erhalten, was bei derzeitiger Rechtslage und Arbeitsbelastung schwer umzusetzen ist. Gut wäre ein Feedback durch Eltern an die Schule und an einzelne Lehrkräfte. Für Lehrkräfte ist dies eher ungewohnt. Zudem setzt es voraus, dass Eltern Feedback geben können, was auch nicht immer zutrifft. Ein richtiger Beginn wäre es, offener und häufiger im geeigneten Rahmen zu kommunizieren – und zwar mit den Betroffenen.

Literatur

Haag, Ludwig (2010): Nachhilfeunterricht. In Rost (2010): S. 591-599
Iwers-Stelljes, Telse/Angelika C. Wagner (Hrsg.) (2009): Prävention – Intervention – Konfliktlösung. Pädagogisch-psychologische Förderung und Evaluation. Festschrift für Angelika C. Wagner. Wiesbaden: Verlag für Sozialwissenschaften
Kowalczyk, Walter/Ottich, Klaus (2002): Nachhilfe: wo sie hilft, was zu beachten ist: Cornelsen Eltern-Sprechstunde. Berlin: Cornelsen
Krüger, Rudolf (1995): Betroffen oder beteiligt? Schulautonomie und Elternrolle. Schul-Management, 26 (3). München: Oldenbourg Schulbuchverlag. S. 25-29
Luhmann, Niklas/Schorr, Karl Eberhard (1999): Reflexionsprobleme im Erziehungssystem. 2. Auflage. Suhrkamp-Taschenbuch Wissenschaft: Bd. 740. Frankfurt am Main: Suhrkamp
Minsel, Beate (2009): Eltern- und Familienbildung. In: Tippelt/von Hippel (2009): S. 865-872
Mischo, Christoph/Haag, Ludwig (2010): Hausaufgaben. In: Rost (2010): S. 249-257
Prenzel, Manfred/Doll, Jörg (Hrsg.) (2002): Bildungsqualität von Schule: Schulische und außerschulische Bedingungen mathematischer, naturwissenschaftlicher und überfachlicher Kompetenzen. Weinheim: Beltz
Rauer, Wulf (2009): Untersuchungen zu Wirkungen eines präventiven universellen Elternkurses auf die Erziehungskompetenz der Eltern – ein Bericht aus der Forschungspraxis im Feld. In: Iwers-Stelljes/Wagner (2009): S. 18-40
Rost, Detlef H. (2010): Handwörterbuch Pädagogische Psychologie. 4. überarbeitete und erweiterte Auflage. Weinheim: Beltz
Rudolph, Margitta (2002): Nachhilfe – Gekaufte Bildung? Empirische Untersuchung zur Kritik der Außerschulischen Lernbegleitung: Eine Erhebung bei Eltern, LehrerInnen und Nachhilfeinstituten. Bad Heilbrunn: Klinkhardt
Runkel, Gunter/Burkhart, Günter (Hrsg.) (2005): Funktionssysteme der Gesellschaft. Beiträge zur Systemtheorie von Niklas Luhmann. Wiesbaden: Verlag für Sozialwissenschaften
Rux, Johannes (2008): Aktiv mit dem Schulrecht umgehen. Erziehen und Unterrichten in der Schule. Bad Heilbrunn: Klinkhardt
Tippelt, Rudolf/von Hippel, Aiga (Hrsg.) (2009): Handbuch Erwachsenenbildung/Weiterbildung. 3. überarbeitete und erweiterte Auflage. Wiesbaden: Verlag für Sozialwissenschaften
Trautmann, Thomas (2009): Qualitativ gewichtige Eltern(mit)arbeit auf Augenhöhe – Gewünscht? Verwünscht? Gefürchtet? In: Iwers-Stelljes/Wagner (2009): S. 41-55
von Humboldt, Wilhelm (1809): Königsberger und Litauischer Schulplan, 1809. Teil B: Unmassgebliche Gedanken über den Plan zur Einrichtung des Litthauischen Stadtschulwesens
von Saldern, Matthias (2005): Erziehungssystem. In: Runkel/Burkhart (2005): S. 155-194
von Saldern, Matthias (2010): Systemische Schulentwicklung. Schule in Deutschland: Bd. 1. Norderstedt: Books on Demand
von Saldern, Matthias (2011): Klassengröße: Über ein vernachlässigtes Merkmal. Schule in Deutschland: Bd. 3. Norderstedt: Books on Demand
Wagner, Petra (2005). Häusliche Arbeitszeit für die Schule: Eine Typenanalyse. Münster: Waxmann
Wild, Elke/Remy, Katharina (2002): Quantität und Qualität der elterlichen Hausaufgabenbetreuung von Drittklässlern in Mathematik. In: Prenzel/Doll (2002): S. 276-290

Rolf Krüger

Das System Jugendhilfe heute und der Stellenwert von Eltern

1. Vorbemerkungen

Dass die grundsätzlichen Strukturen der Jugendhilfe seit der Geltung des SGB VIII sich nicht wesentlich verändert haben, aber dennoch einem nicht zu übersehenden Erosionsprozess unterliegen, will der folgende Beitrag darlegen. Er soll auch deutlich machen, dass Eltern im Verhältnis zur Jugendhilfe nicht nur eine zu unterstützende Zielgruppe sind, sondern dass sie auch durchaus gelegentlich ihre Rechte gegen die Jugendhilfe durchzusetzen suchen. Sie werden dann zu vermeintlichen oder tatsächlichen Gegnern, wenn das Jugendamt, in Wahrung des Wächteramtes des Staates, Kinder vor ihren Eltern schützen muss.

2. Zum Gegenstandsbereich der Jugendhilfe

Nach immer noch herrschender Auffassung ist Jugendhilfe der Bereich der Erziehung, der nicht Schule oder Familie ist, oder anders ausgedrückt: Jugendhilfe realisiert die Erziehungsansprüche junger Menschen, die durch Elternhaus, Schule und berufliche Bildung allein nicht sichergestellt werden oder erst durch deren Versagen entstehen. Jugendhilfe ist so verstanden eine gesellschaftliche Sozialisationshilfe. Sie hat eigenständige Zuständigkeit, Organisationsformen und Arbeitsmethoden. In ihrem Handhabungsfeld arbeiten Fachkräfte mit spezifischer Ausbildung. Sie hat den Anspruch, sich aktiv in Belange und Zuständigkeitsbereiche anderer Sozialisationsinstanzen einzumischen und gesellschaftliche Rahmenbedingungen von Erziehung mit zu gestalten (vgl. Münder 1996, S. 315).

Die Standards moderner Jugendhilfe lassen sich seit Mitte der 80er Jahre mit Prinzipien wie: Leistung statt Eingriff, Prävention statt Reaktion, Flexibilität statt Bürokratisierung sowie Demokratisierung statt Bevormundung beschreiben (vgl. BMJFFG 1990).

Jugendhilfe hat die zentrale Aufgabe, das Recht junger Menschen auf Förderung ihrer Entwicklung und auf Erziehung zu einer eigenverantwortlichen und gemeinschaftsfähigen Persönlichkeit zu gewährleisten; insbesondere soweit die Eltern hierzu alleine nicht in der Lage sind. Jugendhilfe hat nach wie vor auch die Aufgabe, nicht ausreichende Wahrnehmung elterlicher Erziehungsverantwortung zu überwachen. Diese beiden Kernaufgaben werden durch den Auftrag ergänzt, dazu beizutragen, dass positive Lebensbedingungen für junge Menschen und ihre Familien sowie eine kinder- und familienfreundliche Umwelt erhalten bzw. geschaffen wird. Zur Erfüllung dieser Anforderungen hält die Jugendhilfe Leistungen vor und nimmt weitere Aufgaben zugunsten junger Menschen und ihrer Familien wahr.

Nach den Grundsätzen der sogenannten institutionellen Subsidiarität sollen die Leistungen der Jugendhilfe vorrangig von sogenannten freien Trägern (z.B. Wohlfahrtsverbänden, Jugendverbänden) erbracht werden. Die anderen Aufgaben können teilweise an freie Träger zur Durchführung übertragen werden, im Kern sind sie jedoch Ausfluss staatlicher Tätigkeit. Die Aufgabenverantwortung verbleibt deshalb immer beim Jugendamt. Die Kosten der

Das System Jugendhilfe heute und der Stellenwert von Eltern

Jugendhilfe werden von den öffentlichen Jugendhilfeträgern getragen. Diese haben u.a. mit Schule und der Schulverwaltung zusammenzuarbeiten.

Historisch gesehen ist Jugendhilfe die fürsorgerische Instanz gewesen, die jungen Menschen mit sozialer Kontrolle und Disziplinierung begegnete. Nach neuerem und umfassenderem Verständnis lässt sich zusammenfassend sagen, dass die Aufgaben der Jugendhilfe darin liegen, junge Menschen in ihrer individuellen und sozialen Entwicklung zu fördern, um zu eigenverantwortlichen und gemeinschaftsfähigen Persönlichkeiten zu werden. Es geht darum, Benachteiligungen zu vermeiden und abzubauen und dazu beizutragen, dass positive Lebensbedingungen und eine kinder- und familienfreundliche Umwelt entstehen.

Zu diesen grundsätzlichen Aussagen ist zu ergänzen, dass Jugendhilfe, soweit sie staatlich verantwortet wird, das sogenannte Wächteramt des Staates aus Art. 6 GG wahrzunehmen hat. Da dies in der Vergangenheit nicht immer hinreichend geschehen ist, wurde zur Klarstellung der § 8a in das SGB VIII eingefügt. Problematisch bleibt die Regelung dann, wenn ihr nicht auch notwendige personelle Unterfütterung in den Jugendämtern folgt.

3. Die Jugendhilfestruktur

An dieser Stelle soll auf den rechtlichen Strukturrahmen, die öffentlichen Träger und die freien Träger der Jugendhilfe sowie ihr Verhältnis zu einander eingegangen werden.

3.1 Die rechtliche Struktur der Jugendhilfe

Die wesentlichen rechtlichen Strukturen der Jugendhilfe sind im Kinder- und Jugendhilfegesetz (KJHG) sowie den hierzu ergangenen Landesausführungsgesetzen normiert. Das KJHG ist rechtssystematisch das VIII. Buch des Sozialgesetzbuches (SGB VIII). Deshalb haben auch die allgemeinen Vorschriften des Sozialgesetzbuches Bedeutung für die Jugendhilfe. Das SGB VIII ist einerseits Ausfluss des Sozialstaatsgebotes des Art. 20 GG und berührt andererseits auch das Verhältnis von Elternrecht und staatlichem Wächteramt des Art. 6 GG. Wegen Art. 74 GG besteht für den Bund nur die Zuständigkeit der konkurrierenden Gesetzgebung. Im Gesetzgebungsverfahren muss der Bundesrat zustimmen. Soweit das SGB VIII keine abschließenden Regelungen enthält, können die Länder Ausführungsgesetze erlassen. Das Land Niedersachsen hat z.B. hiervon durch Erlass des Gesetzes zur Ausführung des Kinder- und Jugendhilfegesetzes, des Gesetzes über Tageseinrichtungen für Kinder und des Nds. Jugendförderungsgesetzes Gebrauch gemacht. Neben Organisations- und Zuständigkeitsfragen sowie Kosten- und Datenschutzbestimmungen enthält das SGB VIII Vorschriften für Leistungen der Jugendhilfe und für sonstige Aufgaben.

3.2 Öffentliche Träger

Bei den öffentlichen Trägern der Jugendhilfe sind die örtlichen von dem überörtlichen Träger zu unterscheiden. Örtliche öffentliche Träger sind die Landkreise – bzw. die an deren Stelle tretenden Gebietskörperschaften – und die kreisfreien Städte. Ausnahmsweise können auch kreisangehörige Gemeinden örtliche Träger der Jugendhilfe sein, wenn sie dieses wollen und das jeweilige Bundesland seine Genehmigung erteilt. Wer überörtlicher Träger der Jugendhilfe ist, entscheidet das Landesrecht.

Für die Stadtstaaten gelten Sonderregelungen. Örtliche öffentliche Träger errichten ein Jugendamt, überörtliche Träger ein Landesjugendamt. In der Praxis ist der Begriff *Jugendamt* in den letzten Jahren in den Hintergrund getreten. Die Landkreise und kreisfreien Städte nennen ihre entsprechenden Verwaltungsabteilungen heute häufig Fachbereiche. Diese Fachbereiche können mit der eigentlichen Verwaltung des Jugendamtes identisch sein oder auch strukturell darüber hinaus gehen (z.B. Fachbereich Jugend, Familie und Soziales). Das Land Niedersachsen hat die Behörde Landesjugendamt nach einer Verwaltungsreform gänzlich aufgelöst. Die Aufgabe wird durch ein Landesamt für alle sozialen Angelegenheiten wahrgenommen. Diese Lösung ist nach der Neuregelung der Aufgabenverteilung zwischen Bund und Ländern grundsätzlich zulässig. Hinzuweisen ist darauf, dass Jugendamt und Landesjugendamt nicht in einem Hierarchieverhältnis zueinander stehen. Es handelt sich lediglich um Behörden mit unterschiedlichen Aufgaben.

Das Jugendamt (und entsprechend das Landesjugendamt) ist eine sogenannte zweigliedrige Behörde. Sie besteht aus der Verwaltung und dem Jugendhilfeausschuss. Die jeweilige Zusammensetzung und die Größenordnung des Jugendhilfeausschusses wird durch Bundesrecht, Landesrecht und die jeweilige Jugendamtssatzung bestimmt. Neben den Kommunalpolitikern haben die Vertreter der Wohlfahrts- und Jugendverbände Sitz und Stimme in dem Gremium. Ergänzt werden diese stimmberechtigten Mitglieder durch eine Reihe von beratenden Mitgliedern. Der Jugendhilfeausschuss ist im Gegensatz zu anderen Ausschüssen auf kommunaler Ebene mit besonderen Rechten ausgestattet. Dies sind:

- Befassungsrechte in allen Angelegenheiten der Jugendhilfe
- Beschlussrechte in Angelegenheiten der Jugendhilfe (im Rahmen der bereitgestellten Mittel, der Jugendamtssatzung und der Beschlüsse des Kommunalparlaments)
- Weitere Rechte, z.B. Anhörungsrechte bei Berufung des/der LeiterIn der Verwaltung der Jugendamtes, Auskunftsrecht gegenüber dem/der LeiterIn der Verwaltung des Jugendamtes, Beschlussrecht über Widersprüche in Angelegenheiten der Jugendhilfe (vgl. Krüger/Zimmermann 2009, S.132)

3.3 Die freien Träger der Jugendhilfe

Die wichtigsten freien Träger der Jugendhilfe sind die Wohlfahrtsverbände und die Kirchen, daneben auch die Jugendverbände und nur örtlich agierende gemeinnützige Träger, die sich keinem Wohlfahrtsverband angeschlossen haben. Neben dieser Gruppe der gemeinnützigen freien Träger sind auch gewerbliche freie Träger im Bereich der Jugendhilfe tätig. Ihre Zahl hat in den letzten Jahren zugenommen, ohne dass sie bisher ein wesentliches Gegengewicht zu den gemeinnützigen Trägern bilden konnten. Eine Besonderheit im Bereich der Jugendhilfe besteht darin, dass gemeinnützige freie Träger unter bestimmten Voraussetzungen öffentlich anerkannt werden können. Dieser Status ist u.a. Voraussetzung für eine dauerhafte Förderung und für die Möglichkeit einen Verbandsvertreter in den Jugendhilfeausschuss entsenden zu können (vgl. Krüger 2007, S. 10 f.).

3.4 Das Verhältnis von öffentlichen und freien Trägern

Im Kern gibt es vier Bereiche des Zusammenwirkens öffentlicher und freier Träger der Jugendhilfe. Dies sind:

- Mitwirkungsrechte freier Träger, z.B. im Jugendhilfeausschuss, in Arbeitsgemeinschaften nach § 78 SGB VIII oder bei der Jugendhilfeplanung (gilt nur für öffentlich anerkannte freie Träger)
- Subventionsmöglichkeiten freier Träger, z.B. im Bereich der Jugendarbeit (dauerhafte Subventionen nur an öffentlich anerkannte freie Träger möglich)
- Übertragung von Aufgaben an freie Träger. Es können die Aufgaben nach den §§ 42, 43, 50-52a und 53 Abs. 2-4 übertragen werden (die Aufgabenübertragung wird zur Ausführung übertragen und ist nur an öffentlich anerkannte Träger möglich)
- Die Finanzierung der Leistungserbringung durch freie Träger bei der Jugendhilfeleistung mit subjektivem Rechtsanspruch über das sogenannte sozialrechtliche Dreiecksverhältnis (vgl. Krüger 2007, S. 50 ff.)

4. Eltern im Jugendhilfesystem

Eltern kommen im Jugendhilfesystem in sehr unterschiedlichen und teilweise widersprüchlichen Rollen vor. Zunächst soll es um Eltern als eigenständige Zielgruppe von Jugendhilfe gehen. Sie werden häufig Mütter und Väter sowie andere Erziehungsberechtigte genannt und sollen nach den §§16 ff. SGB VIII gefördert werden, z.B. durch Familienbildung, Beratung in allgemeinen Fragen der Erziehung, durch Freizeitangebote und Angebote der Familienerholung. Darüber hinaus haben sie Anspruch auf Beratung in Fragen der Partnerschaft. Sie sind zu unterstützen bei der Findung eines einvernehmlichen Konzeptes zur Wahrnehmung der elterlichen Sorge für ihre Kinder bei Trennung und Scheidung. Einen verstärkten Anspruch auf Beratung und Unterstützung haben alleinerziehende Mütter und Väter.

Sind Eltern als Personensorgeberechtigte Anspruchsinhaber für Hilfen zur Erziehung, mit denen vornehmlich ihre Kinder unterstützt werden, so finden in den §§ 28 (Erziehungsberatung), 30 (Erziehungsbeistand), 31 (Familienhilfe), 33 (Vollzeitpflege), 34 (Heimerziehung) Eltern als Mitzuunterstützende besondere Erwähnung.

Eltern können aber auch zu Gegnern der öffentlichen Jugendhilfe werden. Sie sind i.d.R. die Anspruchsberechtigten der Hilfen der Erziehung oder sie vertreten ihre Kinder als Sorgeberechtigte in einem Anspruch nach § 35a (Eingliederungshilfe für seelisch behinderte Minderjährige). Verwährt das Jugendamt die Leistungen, die den Eltern oder ihren Kindern zustehen, oder die Leistungserbringung durch den Träger, den die Eltern wünschen, so können diese in einem Rechtsmittelverfahren ihre berechtigten Interessen auch gegen den öffentlichen Jugendhilfeträger durchsetzen. Zu Konflikten zwischen freien Jugendhilfeträgern und Eltern kann es bei der Leistungserbringung kommen. Diese Konflikte sind allerdings leicht durch die Ausübung des Wunsch- und Wahlrechtes der Eltern zugunsten eines anderen Leistungserbringers zu lösen.

Es bleibt als letzte Ebene des Auftretens von Eltern im Jugendhilfesystem die Konfliktlage bei einer Kindeswohlgefährdung durch die Eltern. Hier hat das Jugendamt die Situation zu prüfen und letztlich alle Entscheidungen vom Wohl des betroffenen Kindes abhängig zu machen. Dies wird aus der Perspektive der Eltern sicher häufig als Gegnerschaft empfunden.

5. Zu den Entwicklungen der letzten Jahre

Ohne dass es seit der Geltung des SGB VIII zentrale rechtliche Neuregelungen im Bereich der Jugendhilfe gegeben hat, sind doch einige Veränderungen in der Praxis feststellbar:

- Nach einigen skandalträchtigen Kindstötungen wurde der § 8a in das SGB VIII eingefügt. Sein tatsächlich neuer Regelungsgehalt ist eher bescheiden, dennoch hat es in der Jugendhilfe eine deutliche praktische Verschiebung von der Unterstützungsorientierung zu mehr Kontrolle gegeben.
- Die Jugendämter nennen sich häufig nicht mehr so. Als Folge der Neuorganisationsdebatte in den Kommunalverwaltungen werden sie nun begrifflich abgelöst durch Fachbereiche mit gleicher oder erweiterter Zuständigkeit. Wem damit geholfen wurde, bleibt unklar.
- Das Selbstverständnis der MitarbeiterIn im Allgemeinen Sozialdienst der Jugendämter hat sich vielerorts verändert. Sie möchten nicht mehr BezirkssozialarbeiterIn sein, sondern FallmanagerIn. Ich halte dies auch für eine Flucht vor dem alltäglichen Kontakt mit dem Klientel und für eine neue überflüssige Form der Bürokratisierung der Jugendhilfe. Nebenbei ist es auch nicht gerade kostengünstig, wenn jeder kleine Hilfeprozess sofort an einen freien Träger ‚vergeben' wird, statt ihn selbst zu erledigen und bei Gelingen damit auch ein positives Verhältnis zum Klientel aufzubauen.
- Die Entwicklung kreisangehörige Gemeinden zu örtlichen Trägern der Jugendhilfe zu machen ist widersprüchlich. Einerseits haben eine Reihe von kreisangehörigen Städten wegen ihrer Finanznot die Jugendhilfeaufgaben wieder an die Landkreise zurückgegeben, andererseits gibt es auch Neugründungen von Jugendämtern in Gemeinden, die zu sehr großen Landkreisen (bzw. entsprechenden Gebietskörperschaften) gehören.
- Das Verhältnis der öffentlichen und freien Träger ist durch Ökonomisierung bei gleichzeitiger Entpolitisierung geprägt. Die freien Träger untereinander sind zu Konkurrenten geworden. Die öffentlichen Träger versuchen ihre Haushaltsrisiken teilweise auf die freien Träger zu verlagern. Bestes Beispiel hierfür sind die rechtswidrigen sogenannten Sozialraumbudgets im Bereich der ambulanten Hilfen zur Erziehung (vgl. Krüger/Zimmermann 2005, S. 248 ff.).
- Die Kritik an der Versäulung des Hilfeangebots der verschiedenen Formen der Hilfe zur Erziehung führte zu sogenannten integrativen Hilfen. Hiergegen ist sicher nichts einzuwenden, wenn diese Hilfen im Einzelfall passgenauer sind als die in dem nicht abgeschlossenen Katalog des § 27, Abs. 2 SGB VIII vorgesehenen Angebote. Wenn das Vorhalten der integrativen Hilfen aber dazu führt, dass die anderen Angebote gar nicht mehr vorhanden sind, so ist dies nicht nur rechtswidrig, sondern führt möglicherweise auch zu einem Verlust von Fachlichkeit, die sich mühsam – bezogen auf jede einzelne Hilfeart – im letzten Jahrzehnt entwickelt hat (vgl. Völger 2008, S. 18 f.).

6. Perspektiven

Unter einer Reaktivierung des Verständnisses der Einheit der Jugendhilfe gibt es erfreuliche Neuorganisationsversuche der Jugendhilfe in der Kommune. Bekanntes Beispiel hierfür ist die Kleinstadt Monheim. Unter dem Titel *Monheim für Kinder* (Mo.Ki) wird versucht, von der Geburt bis zum Erwachsenwerden Minderjährige und ihre Eltern zu unterstützen und zu fördern. Hierbei hat das Jugendamt die Steuerungsfunktion (Gesamtverantwortung) und die freien Träger werden im Rahmen eines Gesamtkonzeptes angemessen beteiligt.

Auf der allgemeinen Ebene ist die größte Herausforderung an die Jugendhilfe derzeit die Verarmung der Familien. Jugendhilfe kann sich deshalb nicht nur als pädagogische Institution im engeren Sinne verstehen, sondern muss bereit und in der Lage sein Armut zu bekämpfen. Strukturell geht dies nur durch politische Einflussnahme, individuell durch Sozialberatung und Unterstützung der betroffenen Menschen.

Literatur

BMFJFFG (1990): 8. Jugendbericht. Bericht über Bestrebung und Leistung der Jugendhilfe. Bonn
Henschel, Angelika et al. (2009): Jugendhilfe und Schule. Handbuch für eine gelingende Kooperation. Wiesbaden: Verlag für Sozialwissenschaften
Kreft, Dieter/Mielenz, Ingrid (1996): Wörterbuch Soziale Arbeit. 4. Auflage. Weinheim und Basel: Beltz
Krüger, Rolf (2007): Organisation und Finanzierung freier Träger der Sozialarbeit. Grundlagen – Struktur – Hilfsmittel. 2. überarbeitete Auflage. Berlin: Lehmanns Media
Krüger, Rolf/Zimmermann, Gerhard (2009): Struktur, Leistungen und andere Aufgaben der Jugendhilfe. In: Henschel et al. (2009): S. 125-151
Krüger, Rolf/Zimmermann, Gerhard (2005): Gemeinwesenorientierung, Sozialräume, das Budget und der Verlust von Fortschrittlichkeit in der Jugendhilfe. In: Störch (2005): S. 248-258
Münder, Johannes (1996): Jugendhilfe. In: Kreft/Mielenz (1996): S. 315 ff.
Störch, Klaus (Hrsg.) (2005): Soziale Arbeit in der Krise. Perspektiven fortschrittlicher Sozialarbeit. Hamburg: VSA
Völger, Martina (2008): Hilfen zur Erziehung im Sozialraum. Historische Grundlagen, aktuelle Modelle und fachliche Anforderungen. Berlin: Lehmanns Media

Ulrich Deinet

Lebenswelten als Bildungswelten

Gemeinwesen, Stadtteil, Sozialökologie von Lernen und Bildung

Zusammenfassung

Eine wichtige Grundlage für die Entwicklung von Erziehungs- und Bildungspartnerschaften besteht in einem erweiterten Verständnis von Lernen und Bildung, das über die Institutionen wie Schule hinausgeht und fragt, welche Lern- und Bildungsmöglichkeiten die unmittelbare Umwelt von Kindern, Jugendlichen und Familien bietet, also ihr Gemeinwesen, ihr Stadtteil etc.

Die Bedeutung des Sozialraums als Bildungsraum soll herausgearbeitet werden, wobei es zu differenzieren gilt zwischen dem sozialgeografischen Raum als Stadtteil, Ort, Dorf etc. und dem spezifischen Sozialraum als subjektiver Lebenswelt, so wie er sich für Kinder, Jugendliche und Erwachsene erschließt. Dabei spielt das Netzwerk von informellen und formellen Bildungsorten ebenso eine große Rolle wie der öffentliche Raum, der insbesondere für Kinder und Jugendliche einen wichtigen Bildungsraum darstellt.

Auf der Grundlage des 12. Kinder- und Jugendberichtes wird zunächst ein breiter Bildungsbegriff aufgespannt, der in einem breiten Spektrum zwischen formellen und informellen Bildungsprozessen sowie formalen und non-formalen Settings unterscheidet. Dabei kommt auch der öffentliche Raum als der Ort informeller Bildungsprozesse stärker in den Blick, so wie er insbesondere durch die sozialökologischen Forschungen der 1970er und 1980er Jahre thematisiert wurde. Aktuelle Begriffe wie der der *Alltagsbildung* (Rauschenbach 2009) schließen an sozialökologische Ansätze wie die von Wolfgang Zacharias an, der schon 1983 versuchte, Lebenswelt als *Lernumwelt* zu begreifen und darzustellen.

Der zweite Teil geht kurz auf die sozialräumliche Entwicklung von Kindern und Jugendlichen ein, die als stetige Erweiterung ihres Handlungsraumes zu begreifen ist, so wie sie die sozialökologischen Ansätze wie das *Zonen-* oder das *Inselmodell* thematisieren. Mit der Erweiterung des Handlungsraumes entstehen auch neue Bildungsräume in der Lebenswelt von Kindern und Jugendlichen, die für die Planung von Erziehungs- und Bildungspartnerschaften eine große Rolle spielen, meist außerhalb der vorhandenen Institutionen. Subjektive Lebenswelten überschreiten dabei meist den sozialgeografischen Zusammenhang eines einzelnen Stadtteils und beziehen eine weitere Umwelt mit ein. Die Qualität der so entstehenden Räume als Bildungsräume ist sehr gut mit dem Begriff der *sozialräumlichen Aneignung* zu fassen, der in diesem Abschnitt kurz eingeführt wird.

Auf der Grundlage der skizzierten theoretischen Bausteine wird anschließend ein Blick auf das Gemeinwesen und den Stadtteil möglich, der ein breites Spektrum sehr unterschiedlicher Bildungsorte kennt und diese auch zum Thema der Entwicklung Lokaler Bildungslandschaften macht. Am Ende des Beitrags wird die stärkere Einbeziehung einer Aneignungsdimension als Gestaltung anregender Lern- und Lebensumgebungen, die auch ein Lernen außerhalb pädagogisch angeleiteter Angebots- und Unterrichtsformen erlauben, gefordert.

Breiter Bildungsbegriff als Grundlage

In einem breiten Spektrum zwischen formellen und informellen Bildungsprozessen sowie formalen und non-formalen Settings zeigt diese Skizze die Gleichrangigkeit unterschiedlicher Bildungsprozesse an unterschiedlichen Orten. Auch hier gibt es einen deutlichen Hinweis auf informelle Bildungsprozesse in non-formalen Settings, etwa die Aktivitäten im Jugendzentrum oder die in der Clique.

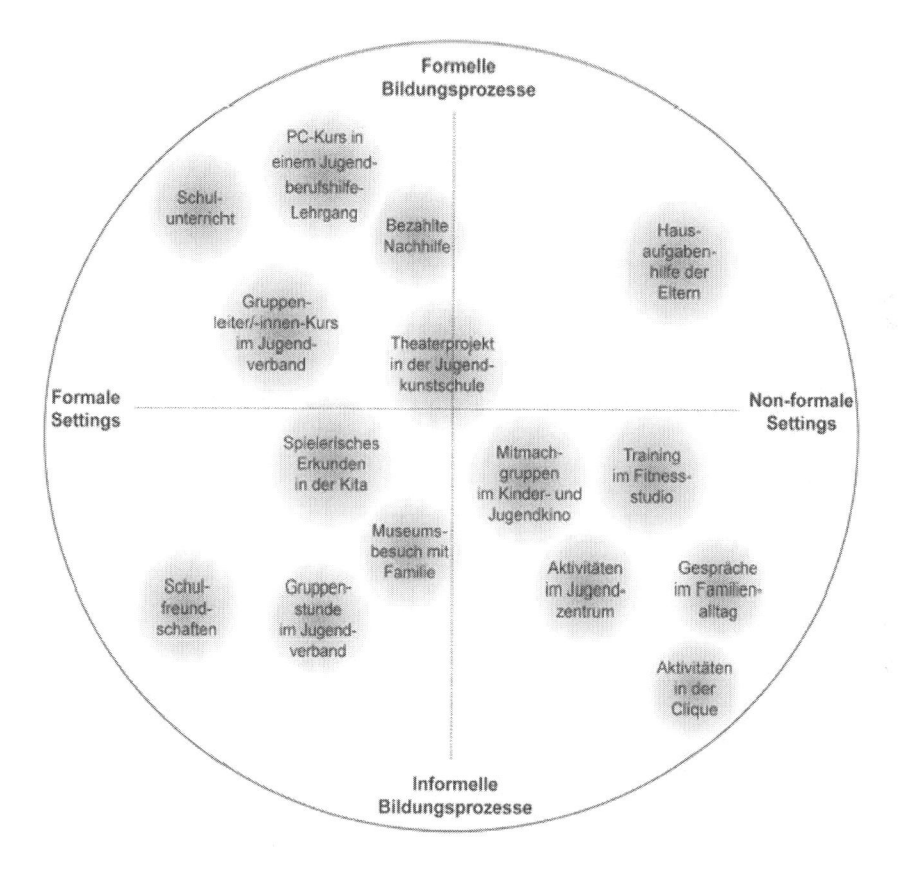

Abbildung 1: *Formelle/Informelle Bildungsprozesse, Formale/Non-formale Settings* (BMFSFJ: 12. Kinder- und Jugendbericht der Bundesregierung 2005, S. 130)

Für die Konzipierung von Erziehungs- und Bildungspartnerschaften ergeben sich aus einem solchen breiten Bildungsverständnis Konsequenzen auch im Sinne der Entwicklung einer Bildungslandschaft: Es geht um die Erweiterung des Verständnisses von Bildungsprozessen und Bildungsorten über die Orientierung an Institutionen hinaus, in Richtung der Einbeziehung informeller Bildungsprozesse an Bildungsorten im öffentlichen Raum, in nonformalen Settings etc. Die Anerkennung informeller Bildungsorte und die Einbeziehung informeller Bildungsprozesse besonders im öffentlichen Raum in die Entwicklung einer Bildungslandschaft könnte bedeuten, neben der Vernetzung und Kooperation der Bildungsinstitutionen vielfältige Gelegenheiten (Settings, s.u.) für informelle Bildungsprozesse zu schaffen (vgl. Deutscher Verein 2009, S.16 ff.).

Kinder und Jugendliche lernen und bilden sich also nicht nur in Institutionen oder in der Schule, sondern insbesondere auch in ihren jeweiligen Lebenswelten, Nahräumen, Dörfern, Stadtteilen und nicht zuletzt auch im öffentlichen Raum. Diese Orte der informellen Bildung prägen die intentionalen Bildungsprozesse wesentlich mit. Die Entwicklung sozialer Kompetenz im Umgang mit fremden Bezugspersonen in neuen Situationen, die Erweiterung des Handlungsraumes und damit des Verhaltensrepertoires fördern dabei u.a. die Fähigkeit für den Erwerb von Sprachkenntnissen und folglich auch Bildungsabschlüssen.

In die nähere Betrachtung gerät damit auch die alltägliche Lebensumwelt von Kindern und Jugendlichen, deren Bedeutung in der ökologischen Sozialisationsforschung (vgl. Bronfenbrenner 1989) schon in den 1970er und 1980er Jahren betont wurde. Aber auch die neuere Bildungsforschung versucht, alltägliche Lebenswelten und ihre Bildungswirkungen zu fassen; so spricht etwa Thomas Rauschenbach von der „Alltagsbildung" (Rauschenbach 2009), die als aktive Erschließung der Welt verstanden werden kann und sich insbesondere auf informelle Bildungsprozesse bezieht.

Den sozialökologischen Ansätzen folgend beschreibt Wolfgang Zacharias schon 1983 die Lebenswelt als Lernumwelt in einem zeiträumlichen Raster.

Zacharias unterscheidet in seiner Skizze pädagogisch veranstaltete Situationen und Milieus von natürlichen, funktionellen Situationen. Die Skizze zeigt eine bunte Mischung institutioneller Bildungsorte und – so wie man heute sagen würde – Orte der non-formalen und der informellen Bildung.

Aus heutiger Sicht könnte man die Skizze auch als eine Beschreibung einer *subjektiven Bildungslandschaft* verstehen, die ausgesprochen anregungsreiche, variable Bildungsorte und -räume im direkten Umfeld eines Kindes oder Jugendlichen bietet. Von der Eisdiele als Treffpunkt einer Clique über den Saxofonkurs in der Volkshochschule bis hin zur Spielaktion zeigt die Skizze ein breites Bild sehr unterschiedlicher Settings, in denen Bildung stattfinden kann.

Lebenswelten als Bildungswelten

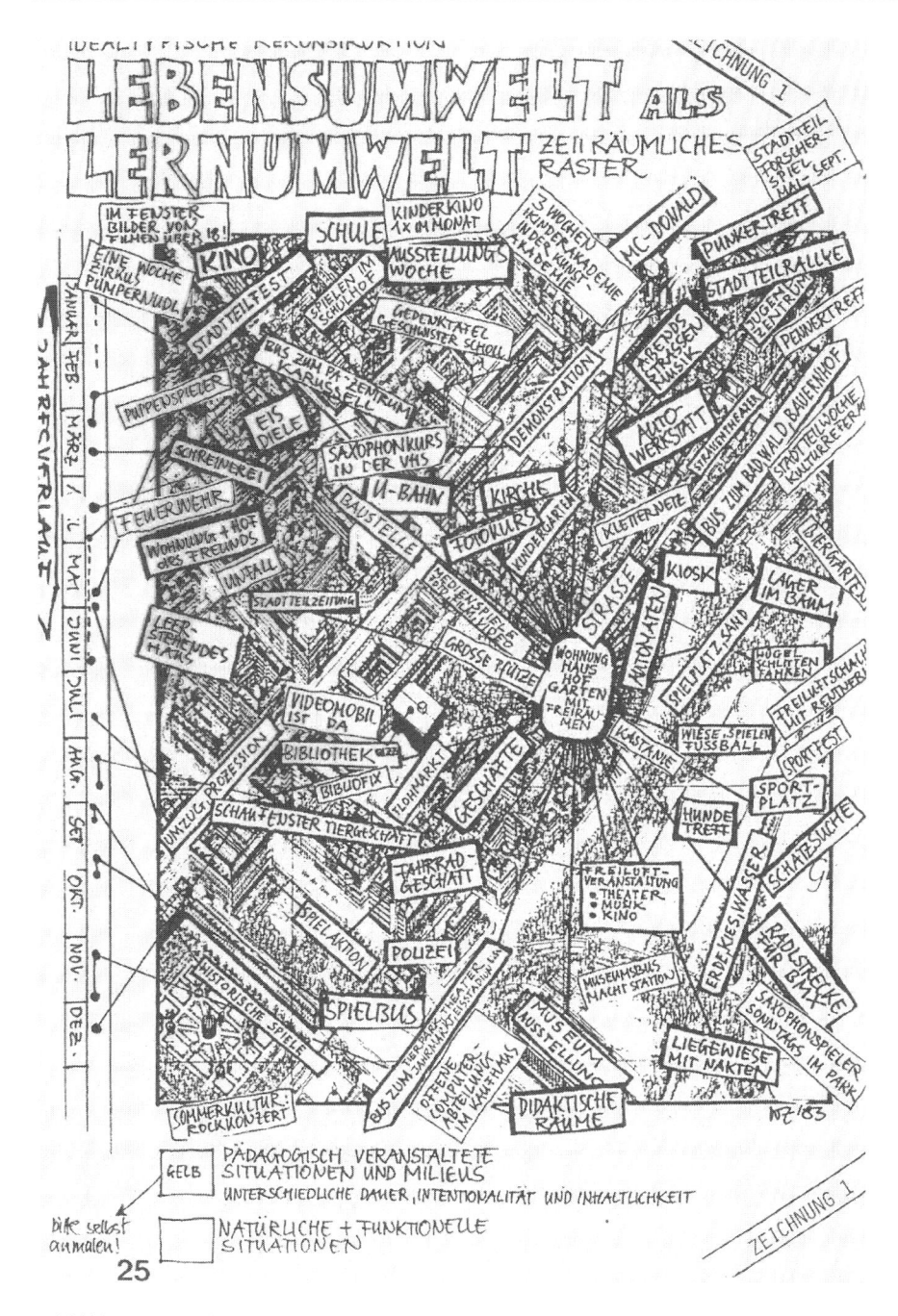

Abbildung 2: *Lebenswelt als Lernumwelt* (Pädagogische Aktion 1984, S. 25)

Subjektive Lebenswelten als Bildungsräume

Zum Verständnis gehören auch Vorstellungen über subjektive Lebenswelten, die nicht unbedingt identisch sind mit den sozial-geografischen Räumen.

Die sozialökologischen Modelle von Baacke (1984) und Zeiher (1983) beschreiben die sozialräumliche Entwicklung von Kindern und Jugendlichen in den Strukturen subjektiver Lebenswelten. Baacke ging es darum, „den Handlungs- und Erfahrungszusammenhang Heranwachsender – zunächst ohne weitere theoretische Prätentionen – zu ordnen nach vier expandierenden Zonen, die der Heranwachsende in bestimmter Reihenfolge betritt und die ihn ihrem räumlich-sozialisatorischen Potential aussetzen" (Baacke 1980, S. 499). In Anlehnung an Bronfenbrenner beschreibt Baacke *vier sozialökologische Zonen*, die im Laufe der Entwicklung von Kindern und Jugendlichen Bedeutungen erhalten. Neben dem ökologischen Zentrum der Familie ist der Nahraum – das Wohnumfeld – von besonderer Bedeutung für jüngere Kinder, aber auch für Jugendliche, die in ihrem Nahraum wesentliche Unterstützungsstrukturen finden. Die ökologischen Ausschnitte thematisieren Bereiche wie Kindertageseinrichtung und funktionsspezifische Zusammenhänge in Institutionen, die sich Kinder und Jugendliche im Rahmen ihrer Entwicklung aneignen müssen. Die ökologische Peripherie schließlich beschreibt aus dem Alltag herausgehobene Situationen und Räume, die gerade deshalb, weil sie nicht alltäglich sind, einen besonderen Einfluss auf die Entwicklung von Kindern und Jugendlichen haben (z.B. Freizeiten, Fahrten).

Vom ökologischen Zentrum über den ökologischen Nahraumausschnitt bis hin zur ökologischen Peripherie beinhalten diese Raumzonen unterschiedliche Erfahrungselemente, die sich Kinder und Jugendliche im Laufe ihrer Entwicklung erschließen. Dem ökologischen Sozialisationsmodell liegt die Grundannahme des sich im Laufe der Entwicklung vergrößernden Handlungsraumes zugrunde. Das Zonenmodell darf nicht zu statisch aufgefasst werden, d.h., die einzelnen Zonen werden nicht in einem ganz bestimmten Alter betreten, sondern es geht um ein dynamisches Modell, das verschiedene Bereiche der Lebenswelt von Kindern und Jugendlichen systematisch erfasst. Die einzelnen Zonen bieten verschiedene Erfahrungs- und Erlebnismöglichkeiten und stellen unterschiedliche Anforderungen an das Kind oder den Jugendlichen (vgl. dazu auch Krisch 2009).

Die Vorstellung einer Struktur des kindlichen und jugendlichen Lebensraumes als Zonenmodell von konzentrischen Kreisen, die nach und nach erobert werden, konnte nach Überlegungen von Zeiher so nicht aufrecht erhalten werden. Wohl bestätigte auch Zeiher die Bedeutung des *ökologischen Nahraums*. Für die Erweiterung des Handlungsraumes über diesen Nahraum hinaus jedoch entwarf Zeiher eine Theorie, die die Struktur des großstädtischen Lebensraumes von Kindern und Jugendlichen mit einem Inselmodell beschreibt: „Der Lebensraum ist nicht ein Segment der realen räumlichen Welt, sondern besteht aus einzelnen separaten Stücken, die wie Inseln verstreut in einem größer gewordenen Gesamtraum liegen, der als ganzer unbekannt oder zumindest bedeutungslos ist" (Zeiher 1983, S. 187). Die Wohninsel ist das ökologische Zentrum, von dem aus die anderen Inseln wie der Kindergarten, die Schule, das Kinderzimmer eines Freundes in einem anderen Stadtteil etc. aufgesucht werden. Die Entfernungen zwischen den Inseln werden mit dem Auto oder anderen Verkehrsmitteln zurückgelegt. Dabei verschwindet der Raum zwischen den Inseln und wird von den Kindern nicht wahrgenommen: „Im Extrem versinkt der ‚Zwischenraum' sogar, nämlich in Großstädten mit U-Bahnen, wo er zur Röhre wird, durch die man befördert wird, um anschließend auf einer anderen Insel wieder aufzutauchen" (Rolff 1985, S. 152). Die Erweiterung des Handlungsraumes vollzieht sich demnach nicht mehr in konzentrischen Kreisen, sondern entsprechend der Inselstruktur. „Die Aneignung der Rauminseln geschieht nicht in einer räumlichen Ordnung, etwa als allmähliches Erweitern des Nahraums, sondern unabhängig von der realen Lage der Inseln im Gesamtraum und unabhängig von ihrer Entfernung" (Zeiher 1983, S. 187).

Die sozialökologischen Modelle betonen besonders die Bedeutung des sozialen Nahraums für Kinder. Sozusagen im Sinne eines Resilienzfaktors schafft die Möglichkeit der gefahrlosen Nutzung des Wohnumfeldes Sicherheit und Aneignungsmöglichkeiten, die Kinder für ihre Entwicklung benötigen – insbesondere auch im motorischen Bereich. Kinder können in einem intakten Wohnumfeld relativ früh in Maßen selbstständig agieren und dadurch wichtige Entwicklungsschritte vollziehen. Im Gegensatz dazu steht eine frühe Verinselung der Lebenswelt in einem weniger intakten Wohnumfeld, wo Kinder und Eltern den öffentlichen Raum kaum nutzen (auch weil dieser als gefährlich erscheint), sondern längere Wege in Kauf nehmen, um bestimmte Erfahrungsräume und Orte gefahrlos zu erreichen. Diese frühzeitige Verinselung der Lebenswelt schafft für Kinder eine deutliche Abhängigkeit von ihren Eltern als ‚Transportmedium' und gewährt ihnen kaum eine selbstgestaltete Aneignung ihrer Räume.

Der Ertrag der sozialökologischen Modelle besteht vor allen Dingen darin, eine Verbindung zwischen subjektivem Raumerleben von Kindern und Jugendlichen und ihrer realen Umwelt in Form von Stadtteilen, Stadtbezirken etc. herzustellen: „Das Ziel der sozialräumlichen Verfahren ist es demnach, Verständnis dafür zu entwickeln, wie die Lebenswelten Jugendlicher in engem Bezug zu ihrem konkreten Stadtteil oder ihrer Region, zu ihren Treffpunkten, Orten und Institutionen stehen und welche Sinnzusammenhänge, Freiräume oder auch Barrieren Jugendliche in ihren Gesellungsräumen erkennen. Der Fokus des Erkenntnisinteresses richtet sich auf die Deutungen, Interpretationen, Handlungen und Tätigkeiten von Heranwachsenden im Prozess ihrer Aneignung von Räumen" (Krisch 2009). Die Schlussfolgerungen Krischs in Bezug auf das sozialräumliche Verhalten von Jugendlichen lassen sich durchaus auch auf die Situation von jüngeren Kindern übertragen, auch wenn diese noch nicht über selbstbestimmte Treffpunkte verfügen.

Die in den sozialökologischen Entwicklungsmodellen betonte Bedeutung der Erweiterung des Handlungsraumes für die Entwicklung von Kindern und Jugendlichen ist nachhaltig gefährdet, weil die Veränderungen der Strukturen dazu führen, dass eine eigenständige Aneignung und Erweiterung ihres Handlungsraumes für viele Jugendliche ausgesprochen eingeschränkt ist. Sie bleiben (trotz Führerschein und Auto) in ihrer Mobilität eingeschränkt, auf ihre Nahräume verwiesen, die ihnen aber keine Anregungen mehr geben können und sind zunehmend auf Kommunikation in virtuellen Räumen angewiesen. Hier bedarf es einerseits einer Stärkung des Nahraums, einer Erhöhung der Attraktivität des engeren Wohnumfeldes von Jugendlichen. Dies steht allerdings im Gegensatz zu den Erfahrungen der Verdrängung Jugendlicher aus dem öffentlichen Raum.

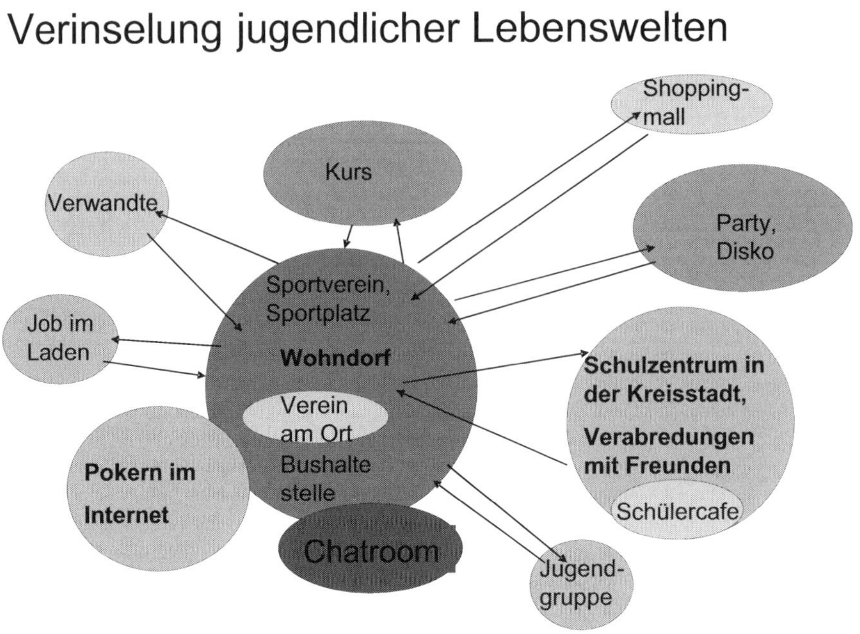

Verinselung jugendlicher Lebenswelten

Abbildung 3: *Verinselung jugendlicher Lebenswelten* (Deinet in Anlehnung an Helga Zeiher 1983)

Lokale Bildung als sozialräumliche Aneignung

Das Aneignungskonzept der kritischen Psychologie ist dafür geeignet, die Entwicklung von Kindern und Jugendlichen als aktive Erschließung ihrer Lebenswelt zu begreifen. Die Ursprünge des Aneignungskonzeptes gehen auf die sogenannte kulturhistorische Schule der sowjetischen Psychologie zurück, die vor allem mit dem Namen Leontjew verbunden ist. Die grundlegende Auffassung dieses Ansatzes besteht darin, die Entwicklung des Menschen als tätige Auseinandersetzung mit seiner Umwelt und als Aneignung der gegenständlichen und symbolischen Kultur zu verstehen. Die Umwelt präsentiert sich dem Menschen in wesentlichen Teilen als eine Welt, die bereits durch menschliche Tätigkeit geschaffen bzw. verändert wurde. In der materialistischen Aneignungstheorie von Leontjew (1973) wird der Begriff der *Gegenstandsbedeutung* in den Mittelpunkt gestellt. Genauso wie im Prozess der Vergegenständlichung Personen und Gegenstände durch das Ergebnis produktiver Arbeit miteinander verbunden sind, geht es im umgekehrten Prozess der Aneignung für das Kind oder den Jugendlichen darum, einen Gegenstand aus seiner ‚Gewordenheit' zu begreifen und sich die in den Gegenständen verkörperten menschlichen Eigenschaften und Fähigkeiten anzueignen.

Die räumliche Lebenswelt von Kindern und Jugendlichen besitzt in ihrer strukturellen und sozialen Qualität eine wichtige Bedeutung für deren individuelle und soziale Entwicklung. Das Konzept der Aneignung ist nicht nur geeignet, das sozialräumliche Verhalten von Kindern und Jugendlichen zu beschreiben. Es schlägt auch – anders als verbreitete Entwicklungstheorien, etwa von Erikson und Piaget, die sich auf die Identitätsbildung bzw. die moralische Entwicklung beziehen – eine Brücke zwischen der Entwicklung von Kindern und den Räumen, in denen sie leben. Der Raumsoziologin Martina Löw folgend, lernen Kinder und Jugendliche heute mit unterschiedlichen Raumvorstellungen umzugehen.

Der Aneignungsbegriff bezieht sich einerseits auf die tätige Auseinandersetzung des Individuums mit seiner Umwelt. Bezogen auf die Raumveränderungen meint der Begriff aber auch die Fähigkeit der Kinder und Jugendlichen, eigentätig Räume zu schaffen (Spacing) und die (verinselten) Räume ihrer Lebenswelt zu verbinden. Insofern schließt der Begriff der Aneignung gut an die von Löw besonders herausgehobene Bedeutung der Bewegung und der prozesshaften Konstituierung von Raum im Handlungsverlauf an. Diese ‚Tätigkeit' ist aber heute nicht mehr (nur) als gegenständlicher Aneignungsprozess in dem klassischen Sinne von Leontjew zu verwenden: Die von Kindern und Jugendlichen heute zu leistende Verbindung unterschiedlicher (auch virtueller und symbolischer) Räume kann in den Aneignungsbegriff als aktive prozesshafte Form eingebunden werden. Aneignung der Lebenswelt bedeutet heute, Räume zu schaffen und nicht nur sich vorhandene Räume gegenständlich anzueignen.

In der Konsequenz bedeutet also *Raumaneignung* für Kinder und Jugendliche nicht nur die Erschließung schon vorhandener und vorstrukturierter Räume, sondern im Sinne von Martina Löw auch die Schaffung eigener Räume als Platzierungspraxis (Spacing). Gerade der öffentliche Raum hat im Hinblick auf die hier dargestellten Prozesse eine wichtige Funktion als ‚Bühne' für Aneignungsprozesse außerhalb von Institutionen.

Gemeinwesen, Stadtteil – Bestandteile lokaler Bildungslandschaften

Viele Einrichtungen wie Kindergärten und Grundschulen liegen im Wohnumfeld der Familien und sind für die Kinder fußläufig zu erreichen. Diese stellen für die Kinder wichtige Bereiche ihres ökologischen Nahraums dar und sind auch Spiel- und Streifraum, insbesondere dann, wenn Außengelände und Spielplätze als Aneignungsräume zur Verfügung stehen. Je nach sozialräumlicher Situation gehört die Tageseinrichtung im etwas ländlicheren Raum auch schon zu den ökologischen Ausschnitten; ihr Besuch führt die Kinder aus ihrem Nahraum heraus, sie verlassen ihr enges Wohnumfeld und erobern sich mit dem Besuch ihrer Kindertageseinrichtung auch neue Räume. Die sozialökologischen Modelle, insbesondere das ökologische Zonenmodell von Baacke, betonen die Bedeutung des Nahraums wie etwa die Bedeutung der Wege zwischen Wohnung und Kindertagesstätte, die Nutzung von Spielflächen und Freiflächen etc.

Die Einbeziehung informeller Bildungsorte und informeller Bildungsprozesse besonders im öffentlichen Raum in die Entwicklung einer Bildungslandschaft könnte bedeuten, neben der Vernetzung und Kooperation der Institutionen vielfältige Gelegenheiten (Settings) für informelle Bildungsprozesse zu schaffen. Der Deutsche Verein bezieht in diesem Zusammenhang auch Aspekte der Stadtplanung mit ein und spricht von einer breiten Nutzung des kommunalen Raums: „Kommunale Bildungslandschaften sind nicht dazu da, den Alltag von Kindern und Jugendlichen curricular zu verplanen. Sie finden ihren gültigen Ausdruck vielmehr in einer umfassenden Nutzung und Gestaltung des kommunalen Raums als einer vielfältig vernetzten, anregenden Lern- und Lebensumgebung – auch für das ungeplante, in Alltagsvollzüge eingebundene informelle Lernen" (Deutscher Verein 2009, S. 16).

Auf der Grundlage eines dynamischen Raumbegriffes müssen Bildungslandschaften deshalb weiter gefasst werden und können sich nicht nur auf die Vernetzung von Bildungsinstitutionen beziehen. Die Einbeziehung weiterer Bildungsorte – insbesondere im öffentlichen Raum – und die Orte der informellen Bildung machen eine interdisziplinäre Sichtweise erforderlich, in der z.B. die Stadtplanung viel stärker ins Spiel kommt. Die Planung von Spielräumen, Spielplätzen, öffentlichen Räumen bis hin zur Umnutzung und Zwischennutzung von Räumen kann die Grundlage für die Entwicklung einer Bildungslandschaft sein, die vielgestaltig ist, vielfältige Settings unterscheidet und die Förderung formeller, non-formaler und informeller Bildungsprozesse zum Ziel hat.

Einbeziehung der Eltern als Herausforderung für Schule und Jugendhilfe

Im klassischen Schulsystem ist die Rolle von Eltern und Familie meist darauf begrenzt, die Reproduktion der Schülerrolle herzustellen, d.h. Ressourcen zur Unterstützung der Kinder und Jugendlichen zu erbringen, damit diese als SchülerInnen die Schule regelmäßig besuchen und bewältigen können. Genauso wie Kinder und Jugendliche in diesem Schulsystem auf ihre Rolle reduziert werden, werden auch Eltern und Familie im Wesentlichen nur in ihrer Unterstützungsfunktion für die Kinder und Jugendlichen gesehen.

Will und muss Schule stärker die soziale Welt der Kinder und Jugendlichen und damit auch ihrer Eltern ins schulische Leben hineinholen, müssen sich auch die Formen der Kooperation mit Eltern ändern und dabei können die Träger der Jugendhilfe, besonders aber die Schulsozialarbeit, eine wichtige Rolle spielen, denn sie haben traditionell und funktional einen anderen Zugang zu Eltern.

Eine veränderte Haltung gegenüber den Eltern ist ein wesentlicher Erfolgsfaktor für eine positive Gestaltung der angestrebten Erziehungspartnerschaft. Grundsätzlich muss es darum gehen, Eltern an allen Belangen des schulischen Lebens angemessen zu beteiligen. Als generelles Arbeitsprinzip und als fachliche Haltung ist dies die Grundlage eines notwendigen, veränderten Rollenverständnisses.

Auf dem Hintergrund der Konzentration der ‚traditionellen' Schule auf die Schülerrolle und die damit verbundene Funktionszuschreibung an Eltern waren und sind auch die ‚klassischen' Elternangebote sehr stark auf Unterricht oder Gestaltung von Schule bezogen, etwa Mitarbeit bei Schulfesten etc. Dass es für die aktive Mitarbeit der Eltern auch wichtig sein kann, diesen Räume an Schulen zu öffnen und damit auch dem Ort Schule neue Bedeutungen zu geben, ist erst seit einigen Jahren entdeckt worden.

Schule muss als Ort auch für Eltern in ganz anderer Weise erlebbar und gestaltbar sein, etwa in Form von Elterncafés, gemeinsamem Frühstück oder ähnlichen Angeboten, die auch Angebote von Jugendhilfe an Schule sein können, die niedrigschwellig und gruppenorientiert sind.

Themenabende für Eltern stellen eine Erweiterung der klassischen Elternarbeit dar, wenn sie ein Baustein eines breit gefächerten Angebotes sind (in Verbindung zu Einzelkontakten, Hausbesuchen etc.). Auch LehrerInnen haben Berührungsängste gegenüber Eltern, sodass es wichtig ist, Räume für gemeinsame Erfahrungen zu schaffen.

Für die Arbeit mit Eltern mit Migrationshintergrund werden spezielle Kompetenzen benötigt, entsprechendes Wissen und Fortbildung sind notwendig.

Literatur

Baacke, Dieter (1984): Die 6-12jährigen. Weinheim und Basel: Beltz
Bronfenbrenner, Urie (1989): Die Ökologie der menschlichen Entwicklung. Natürliche und geplante Experimente. Frankfurt am Main: Fischer
Bundesjugendkuratorium (2001): Zukunftsfähigkeit sichern! Für ein neues Verhältnis von Bildung und Jugendhilfe. Berlin: BMFSFJ
BMFSFJ (2005): Zwölfter Kinder und Jugendbericht: Bildung, Betreuung und Erziehung vor und neben der Schule. Berlin
Böhme, Jeannette (Hrsg) (2009): Schularchitektur im interdisziplinären Diskurs. Territorialisierungskrise und Gestaltungsperspektiven des schulischen Bildungsraums. Wiesbaden: Verlag für Sozialwissenschaften
Deinet, Ulrich/Krisch, Richard (2006): Der sozialräumliche Blick der Jugendarbeit. Methoden und Bausteine zur Konzeptentwicklung und Qualifizierung. Opladen: Leske und Budrich. Nachdruck: Wiesbaden: Verlag für Sozialwissenschaften
Deinet, Ulrich (2005) (Hrsg.): Sozialräumliche Jugendarbeit. Grundlagen, Methoden, Praxiskonzepte. 2., völlig überarb. Auflage. Wiesbaden: Verlag für Sozialwissenschaften
Deinet, Ulrich (2009) (Hrsg.): Methodenbuch Sozialraum. Wiesbaden: Verlag für Sozialwissenschaften
Deinet, Ulrich/Icking, Maria/Leifheit, Elisabeth/Dummann, Jörn (2010): Jugendarbeit zeigt Profil in der Kooperation mit Schule. Reihe: Soziale Arbeit und Sozialer Raum, Bd. 2. Opladen und Farmington Hills: Budrich
Deinet, Ulrich/Okroy, Heike/Dodt, Georg/Wüsthof, Angela (Hrsg.) (2009): Betreten erlaubt! Projekte gegen die Verdrängung Jugendlicher aus dem öffentlichen Raum. Reihe Soziale Arbeit und sozialer Raum, Bd. 1. Opladen und Farmington Hills: Budrich
Deinet, Ulrich/Reutlinger, Christian (Hrsg.) (2004): „Aneignung" als Bildungskonzept der Sozialpädagogik. Beiträge zur Pädagogik des Kindes- und Jugendalters in Zeiten entgrenzter Lernorte. Wiesbaden: Verlag für Sozialwissenschaften
Deutscher Städtetag (2007): Aachener Erklärung des Deutschen Städtetags anlässlich des Kongresses „Bildung in der Stadt" am 22./23.11.2007. http://www.staedtetag.de/imperia/md/content/veranstalt/2007/58.pdf (Download am 25.05.2011)
Deutscher Verein für öffentliche und private Fürsorge e.V. (2009): Empfehlungen des Deutschen Vereins zur Weiterentwicklung Kommunaler Bildungslandschaften. http://www.deutscher-verein.de/05-empfehlungen/2009/pdf/DV%2019-09.pdf (Download am 25.05.2011)
Holzkamp, Klaus (1973): Sinnliche Erkenntnis, Frankfurt am Main: Fischer
Krisch, Richard (2009): Sozialräumliche Methodik der Jugendarbeit. Aktivierende Zugänge und praxisleitende Verfahren. Weinheim und München: Juventa
Leontjew, Alexei Nikolajewitsch (1973): Probleme der Entwicklung des Psychischen. Frankfurt am Main: Fischer
Löw, Martina (2001): Raumsoziologie. Frankfurt am Main: Suhrkamp
Pädagogische Aktion (1984): Kulturpädagogisches Lesebuch. München
Preuss-Lausitz, Ulf et al. (1983): Kriegskinder, Konsumkinder, Krisenkinder. Berlin
Rauschenbach, Thomas (2009): Zukunftschance Bildung, Familie, Jugendhilfe und Schule in neuer Allianz. Weinheim und München: Juventa
Reutlinger, Christian (2009): Bildungslandschaften – raumtheoretisch betrachtet. In: Böhme (2009): S. 119-139
Reutlinger, Christian (2002): Unsichtbare Bewältigungskarten von Jugendlichen in gespaltenen Städten. Sozialpädagogik des Jugendraums aus sozialgeografischer Perspektive. Opladen: Leske und Budrich
Zeiher, Helga (1983): Die vielen Räume der Kinder. Zum Wandel räumlicher Lebensbedingungen seit 1945. In: Preuss-Lausitz et al. (1983): S. 176-194

Mario R. Fox

Erziehung und Gruppe – psychologische Aspekte

Vorweg: Dieser Aufsatz richtet sich vor allem an SozialarbeiterInnen und SozialpädagogInnen, denen er starke Argumente aus humanwissenschaftlichen Nachbardisziplinen für ihre Arbeit geben will. Obschon die Arbeit in Erziehung und Sozialarbeit zu den fundamentalen Aufgaben unserer Gesellschaft gehört, wird diese noch immer unterbewertet, was sich auch in Image und Bezahlung dieser Arbeit zeigt. Auch erlebe ich oft in der Fortbildung dieser Berufsgruppen, dass manche der hier Tätigen den Wert ihrer eigenen Arbeit eher unterschätzen und sich von Berufsgruppen, die sich in ihrem Marketing effektiver darstellen können, verunsichern lassen. Dass dieser Aufsatz zum Thema *Erziehung* ein sehr weites Feld absteckt, das vielerlei Denkanstöße auch aus anderen Humanwissenschaften geben möchte, hat also die Absicht, die SozialarbeiterInnen und SozialpädagogInnen in ihrem professionellen Selbstverständnis zu stärken. Dabei gehe ich davon aus, dass ich den ExpertInnen der *Erziehung* nicht auch noch weitere Praxisanweisungen zu geben habe – das wissen die besser als ich –, sondern ich möchte sie einladen, die existentielle Bedeutung ihrer Arbeit in einem übergeordneten humanwissenschaftlichen Kontext zu erkunden.

Warum Erziehung? Wozu? Was ist das überhaupt? Kann Erziehung gelingen?

Von Anfang an ist der Mensch nun mal ein Gruppentier – erst in der Gruppe ist er überlebensfähig. Als eigentliches ‚unfertiges Frühchen' (vgl. Welsch 2006/07) geboren, ist es für das Überleben des Menschen notwendig, dass ihm in der Gruppe Fürsorge und Erziehung gewährt werden; erst die sozialen Lernprozesse in der Erziehung machen den Menschen zu einem Lebewesen, das sich fortan – eigentlich schon seit circa 40 000 Jahren – mehr durch die kulturelle Evolution als durch die biologische weiterentwickelt und sich zu einem Lebewesen entwickeln kann, das sich gezielt und absichtsvoll kooperativ verhalten kann (vgl. Welsch 2006/07).

Kultur – *Kultur* meint hier stets das Zusammensein von Menschen, die soziale Umgebung, nicht lediglich kulturelle Eigenheiten wie Linksverkehr oder Essen mit Stäbchen – *Kultur* also und *Erziehung* bedingen sich wechselseitig. Erziehung wäre demnach das treibende Agens der menschlichen Soziogenese, was bedeutet, dass Erziehung die kulturelle, vor allem sprachliche Weitergabe von Informationen, Wissen und Fertigkeiten (Kulturtechniken) besorgt, die für das Zusammenleben in der jeweiligen sozialen Umgebung adaptiv sind. Diese wechselseitige, typisch menschliche, ja sogar den Menschen kennzeichnende kulturelle Evolution kann sich nur in der Gruppe ereignen, in der sich die jeweiligen Mitglieder als kommunikationsbereite und geistbegabte Akteure wahrnehmen, die gemeinsame Aufmerksamkeit entwickeln für gemeinsam als relevant bewertete Objekte, Phänomene, Zustände und Situationen (Tomasello 2002).

Das – also die Wahrnehmung und Legierung von Eigennutz und (!) Gemeinsinn – wäre die Grundlage für Kommunikation und Kultur, der Start für eine sich kooperativ verhaltende Gruppe. Und in diese müsste der aufwachsende Mensch kooperationsfähig hineinwachsen können; so hineinwachsen können, dass er die Entscheidungsmöglichkeit erwerben könnte, sich sozial verträglich zu verhalten. Da sich der Mensch nicht wie andere Tiere instinktgesteuert verhält, sondern lern- und entscheidungsabhängig sowie intentional – also auf etwas oder jemanden gerichtet oder sich als geistvolles Wesen auf andere beziehen können, denen ebenfalls Geist zugeschrieben wird –, wäre eine Grundvoraussetzung für verantwortungsbewusstes und auf andere bezogenes Handeln die Ausbildung einer ausgeglichenen Persönlichkeit mit hinreichendem Selbstwertgefühl und hinreichend sicherer Identität. Diese psychische Stabilität ist in der Regel nur durch sichere Bindungen in der Zeit des Hineinwachsens in die eigene Gruppe zu erwerben.

Das Hineinwachsen in eine Gruppe oder in eine Kultur wird als Sozialisationsprozess bezeichnet und meint das Erlernen und Verinnerlichen der jeweiligen kulturellen Werte, Regeln, Normen und Techniken. Diese Sozialisation vollzieht sich in sogenannten Sozialisationsinstanzen wie Familie, Kindergarten, Schule. Die primäre Sozialisation ereignet sich in der Familie und ermöglicht mit dem Spracherwerb auch den Aufbau eines Selbstkonzepts, einer Identität. Später werden die Gruppe der Peers, also der Gleichaltrigen, und die erweiterten Ausbildungszeiten an weiterführenden Schulen und Institutionen sowie an beruflichen Ausbildungsplätzen, dann die Interaktionen in der Berufswelt und in der ästhetischen und politischen Auseinandersetzung mit dem eigenen Kulturraum zu Instanzen, innerhalb derer sich die verzweigte und lebenslang andauernde Sozialisation oder Vergesellschaftung des Individuums als Wechselspiel zwischen Individuum und Gesellschaft permanent ereignet. Die Sozialisation als eine Form des lebenslangen sozialen Lernens vollzieht sich dabei auch nichtbewusst und informell, z.B. auch durch Medien, Suggestionen und ‚Zeitgeist'. Sozialisation ist ein von Geburt an lebenslänglicher Prozess der mehr und mehr diversifizierten, auch spezifizierten und komplexeren Anpassung an die eigene Kultur und Gesellschaft.

Erziehung wäre in Abgrenzung zur Sozialisation dann der *absichtsvoll* gesteuerte (Sozialisations-) Prozess, während dessen ein Heranwachsender lernt, in seine Gemeinschaft(en) als ein selbstständiges wie auch sozial-verträgliches und kooperationsfähiges Mitglied hineinzuwachsen, indem er in der Entwicklung seiner Persönlichkeit orientiert wird an den Werten, Normen, Regeln, Zielen, Überlieferungen, Techniken, Fertigkeiten und Fähigkeiten dieser Gemeinschaft. Erziehung wird im Gegensatz zu Sozialisation auch durch definierte Rollenzuschreibungen *Erzieher* und *Zögling*, *Lehrer* und *Schüler* sowie durch Altersgrenzen bestimmbar – so würde man die (tertiäre) Sozialisation eines Dreißigjährigen wohl kaum noch als Erziehungsprozess verstehen. Dagegen findet die Form der Erziehung, die man Unterricht nennt – Unterricht als ein gezieltes und pädagogisch geführtes Lernen von bewusst ausgewählten kulturabhängigen Fähigkeiten, Fertigkeiten und Wissensbeständen –, anfänglich zwar in den Sozialisationsinstanzen der verschiedenen Schulformen geregelt statt, kann aber auch während der gesamten Lebenszeit immer wieder selbstbestimmbar formell und informell stattfinden.

Oberstes Ziel aller Sozialisation, Erziehung und Unterrichtung sollte die permanente Entwicklung der eigenen *Bildung* sein, worunter die *Integration* von erworbenem Wissen und angeeigneten Fähigkeiten in die Persönlichkeitsentwicklung des Individuums zu verstehen wäre; Bildung ist immer auch Selbstbildung. Das entspräche übrigens auch dem Geist des gesetzlichen Bildungsauftrags an alle professionellen ErzieherInnen, PädagogInnen und LehrerInnen. Dieser auf die *Persönlichkeitsentwicklung* zentrierte Bildungsbegriff ist das Fundament unserer (abendländischen) Kultur; er ist nicht erst seit Kant und Humboldt so verstanden, sondern in dieser Interpretation schon fast 2500 Jahre alt. Bereits in der klassischen Periode der griechischen Antike gründete man Erziehung und Bildung auf die Werte des ‚Wahren, Guten und Schönen', die mit den Disziplinen der Logik, Ethik und Ästhetik anzustreben wären. Schon Sokrates verstand den Begriff der Bildung *(Paideia)* vor allem als die Entwicklung der eigenen Psyche, die in der Ausbildung ihrer *Arete*, also ihrer ‚Vortrefflichkeit' und ‚Tugendhaftigkeit', in der Ausbildung einer auch auf den Mitmenschen bezogenen Werthaltung, ihre ‚Vollendung' erführe. Sokrates war der Überzeugung, dass jeder unter gewissen Erziehungsbedingungen – die er dann als ‚Straßenpädagoge' in seinen ‚sokratisch' geführten Dialogen umsetzte – zu diesem für alle nützlichen Wissen um die ethischen Werte, sich gegenseitig zu achten und zu unterstützen, gelangen könnte; im Gegensatz dazu war seiner Meinung nach alles Faktenwissen nur vorläufiger Art. Auch heute noch wäre *Bildung* zu verstehen als ein *Prozess*, nicht als ein wie auch immer gearteter Bildungs*abschluss*, also als lebenslang zu erwerbendes Wissen – wie und wann sollte denn eine Persönlichkeitsentwicklung beendet sein? –, das sich aber erst in der klugen Anwendung und Hinwendung zum Mitmenschen als Bildung erweist.

Wissen ist eine notwendige, aber eben nicht hinreichende Bedingung für Bildung. Und notwendig wäre nach Sokrates sogar noch zusätzlich das Wissen, dass ich nichts (endgültig) wissen kann. Erst mit dieser Skepsis dem Wissen gegenüber bin ich ein weise Wissender, der gerade durch seine Skepsis sich – und andere (!) – auch schützt vor Totalitarismus, Fundamentalismus und repressiver Herrschaft. Mit dieser Skepsis verbietet sich eigentlich auch, den Bildungsbegriff verkommen zu lassen zu bloßem Faktenwissen oder gar zu je nach Laune der Herrschenden gefordertem wirtschaftlich verwertbaren Wissen. Das Christentum hat sehr viel später für seinen eigenen Bildungsbegriff wesentliche Anteile der antiken Auffassung von Bildung übernommen; vor allem in dessen Liebesbegriff geht der antike Begriff der Arete als ‚Vortrefflichkeit; Tugendhaftigkeit' ein – das Christentum hat diesen antiken Begriff dann ergänzt mit den Begriffen ‚Glaube' und ‚Hoffnung' und leider entkoppelt von dem sokratischen Wissen um die Skepsis gegenüber allem Wissen und dadurch neuen repressiven Herrschaftsformen Vorschub geleistet.

Das in Erziehung und Unterricht gelernte Wissen sollte sich also im Erleben und Verhalten der eigenen Person widerspiegeln – in ihrer weitgehenden Autonomie, Freiheit und Selbstverantwortlichkeit; in ihren Möglichkeiten der gesellschaftlichen Teilhabe; in ihren entwickelten Kompetenzen und Handlungsfähigkeiten; in ihrer Bereitschaft zur und Fähigkeit der herrschaftsfreien Kooperation; in ihrer Kritikfähigkeit gegenüber sich selbst und anderen, auch gegenüber Theorien und ideologischen Systemen; der intellektuell gebildete Mensch weiß um die Vorläufigkeit allen Wissens, Skepsis ist seine Grundhaltung und schützt ihn vor Aberglauben und Ideologie und macht ihn weniger leicht zum verführbaren Opfer. Der intellektuell Gebildete zeichnet sich aus durch seine Bereitschaft, Kommunikation ohne ideologische Abbruchkriterien zu führen. Bildung zeigt sich also in der *kritischen Selbst- und Weltaneignung* und vor allem: Bildung dient der Kooperation, also dem Nutzen sowohl für die eigene Person wie dem für die Gruppe, sie zielt letztlich auf die austarierte Lebensqualität aller Gruppenmitglieder. Gelungene Sozialisation, Erziehung und Unterrichtung erweisen sich also über die erworbene Empathie- und die damit zusammenhängende Kooperationsfähigkeit einer sich zu einer sozialen Reife hin entwickelnden Persönlichkeit. Neben der Erlangung von Funktionsfähigkeit und Selbständigkeit in der Lebensgestaltung, wäre vor allem das beziehungs- und kommunikationsfähige Gruppenmitglied Ziel einer auf Bildung ausgerichteten Erziehung. Oder: Das Ausmaß gelungener Sozialisation und Erziehung zeigt sich im Ausmaß der *Arbeits- und Liebesfähigkeit*.

Eine einfühlsame Beziehung, die auch das Wohlergehen des Anderen im Blick hat, kann aber nur gestalten, wer mit sich selbst auch fürsorglich umgehen kann: Wer im Verlaufe seiner eigenen Erziehung und Sozialisation eine hinreichende Selbstgewissheit und Selbstachtsamkeit entwickeln konnte, der wäre dann auch in der Lage, eine kooperative und auch für andere förderliche Beziehung anzubieten. Nur wer sich selbst auch in seiner Emotionalität spüren kann, ist fähig, sich auch in andere hineinzuversetzen und Mitgefühl zu entwickeln.

Sozialisation und Erziehung finden immer in Gruppen statt, und zwar in wechselseitiger Einflussnahme von Individuum und Gruppe. Die wesentlichen, die typisch menschlichen Formen der Sozialisation und Erziehung sind *Unterricht* und *Imitationslernen* – als eine differenziertere Form des Nachahmens, weil beim Imitationslernen noch hinzukäme, nicht nur die beobachtete Handlung nachzuahmen, sondern auch die beabsichtigte Wirkung nachzuvollziehen, also auch, was sich der andere dabei denkt. Bei der Imitation bezieht man sich also auch auf die mentale Qualität des anderen; oder: Beim Nachahmen ahmt man eine Aktion nach, beim Imitationslernen imitiert man einen geistbegabten Akteur.

Dabei spielt die *Sprache* die herausragende Rolle in Prozessen des sozialen Lernens. Die Sprache ist das zentrale Medium der Rationalität. Vor allem über die Sprache – neben z.B. Kunst und Mathematik – und die dadurch ermöglichte Bildung von Kategorien und Begriffen ist die Erlangung von Bewusstheit möglich und damit auch Selbstbewusstheit; diese durch Sprache erworbene Art der begrifflichen Bewusstheit geht über die ursprüngliche sensu-motorische Bewusstheit weit hinaus. Diese erweiterte Form der Bewusstheit wäre die Vorbedingung für die Wahrnehmung des Menschen als eines geistvollen Subjekts, also für die Ausgestaltung eines Selbstkonzepts, welches ja ohne Kategorien- und Begriffsbildungen nicht gelänge. Nur ein Mensch, der von sich selbst einen Selbstbegriff, eine Selbstbewusstheit hat, sich also als Subjekt und nicht bloßes Objekt denkt und erlebt, kann bewusst und zielorientiert handelnd Einfluss nehmen auf seine soziale Umwelt und damit auch auf seine eigene Sozialisation. Die wechselseitige bewusste Beeinflussung von *Gesellschaft* und *Individuum* während der Sozialisationsprozesse geschieht also über die durch Sprache ermöglichten Begriffsbildungen – erst wer Kategorien, Begriffe und Abstrakta bzw. Symbole für konkrete Phänomene entwickeln kann, kann handelnd in das eigene Leben und das der anderen eingreifen – sowie durch die Sprache ermöglichte Selbstwahrnehmung des Menschen als eines Subjekts.

Durch die nur dem Menschen zur Verfügung stehende Sprache und später durch die Schriftsprache kann die Enkulturation sich rapide schnell entwickeln und von Generation zu Generation weitergegeben werden, ohne dass alle Erfahrung – wie bei anderen Primaten – jedes Mal neu gelernt werden müsste. Erst die Sprache ermöglicht die Akkumulation von Wissen; Fortschritte in den Wissensbeständen bauen dann auf dem durch die Tradition und durch die Schriftsprache gesicherten, bereits vorhandenen Wissen auf; das bedeutet, dass sich der Mensch durch die Sprache eine geniale Möglichkeit geschaffen hat, das bereits erworbene und nützliche Wissen in nachfolgenden Generationen zu erhalten, nicht verloren gehen zu lassen (vgl. Tomasello 2006). Erst durch die Sprache lässt man sich auf den Geist des/der Anderen ein und formt dadurch auch permanent den eigenen; durch permanente

Kommunikation wechselt man von seinen eigenen Perspektiven stets auch auf die des Anderen, womit ein gemeinsames *Weltwissen* erst aufgebaut, weitergeformt und nachgehalten werden kann. Die durch Sprache gewährleistete kulturelle Weitergabe von Wissen führt zu einer wesentlich stärker beschleunigten Weiterentwicklung der menschlichen Spezies, als es biologische Informationsverarbeitungsprozesse je könnten (vgl. Tomasello 2006).

Die durch Sprache – also durch Kategorien- und Begriffsbildung – zu erlangende bewusste Wahrnehmung seiner eigenen Person gestaltet der Mensch zwar weichenstellend während seiner primären Sozialisation in der Familie, er kann diese Selbstwahrnehmung aber ein Leben lang erweitern, nötigenfalls korrigieren, ob informell im Freundeskreis und in der Partnerschaft oder formell in Schulen und Hochschulen oder in professionellen Unterstützungsangeboten beratender oder therapeutischer Institutionen wie öffentlichen Beratungsstellen, Jugendhilfe, Erwachsenenbildungseinrichtungen und psychotherapeutischen Versorgungsangeboten.

Menschen brauchen einander überlebensnotwendig; sie brauchen Unterstützung und Kooperation, um zurechtzukommen mit ihren Lebensbedingungen. Die gezielte, beabsichtigte und auf Vertrauen und Freude sich gründende Kooperation in der Gruppe scheint eine zentrale menschliche Anpassungsleistung zu sein (vgl. Tomasello 2006). In der Gruppe können die Mitglieder arbeitsteilig vorgehen, in der Gruppe können sie Aufgaben delegieren, sie können sich gegenseitig schützen und höchst flexibel auf sich ändernde Umweltbedingungen reagieren. Andere Primaten kooperieren zwar auch, aber ausschließlich um des eigenen Vorteils willen und nicht auf Grund prosozialer Motivationen; beim Menschen gibt es das Potenzial für gezielte Kooperation und nicht nur für bloße Konkurrenz.

Funktionen der Gruppe:

- Der Mensch kann sich in der Gruppe effektiver an Umweltbedingungen anpassen, als er es allein je könnte; in einer Gruppe von Individuen mit unterschiedlichen Fähigkeiten kann sich eine große Variabilität der Verhaltensweisen entwickeln, was die Anpassungsleistung der Gruppe effektiviert.
- Die Gruppe gibt den Individuen Schutz, Sicherheit und eine gute Überlebenschance.
- Die Gruppenleistung ist oft besser als die Leistung von Individuen.
- Die Verbindung einer Vielzahl von Gehirnen in einer Gruppe durch Empathie, Kooperation und Sprache ermöglicht erst den rasanten kulturellen und technischen Fortschritt der Menschheit sowie ihre kulturelle Evolution, die vor spätestens 40 000 Jahren die biologische Evolution überholt hat (vgl. Welsch 2006/07); diese kulturelle Evolution wurde dann durch die Erfindung der Schrift vor spätestens 4000 Jahren noch mal exponentiell beschleunigt.

Wodurch unterscheidet sich eine Gruppe von einem Schwarm oder von Masse?
Von Masse oder Menge unterscheidet sich die Gruppe durch kommunizierte:

- Strukturen von Beziehungen
- Ziele und Aufgabenstellungen
- Normen und Regeln
- intentionale Kommunikation
- Rollen

- wechselseitige Interaktionen
- wechselseitige Beeinflussungen von Individuum und Gruppe
- implizite Themen
- Einbettungen in größere Systeme (Gruppe wird erst als Subsystem zur Gruppe)
- Abgrenzungen gegen andere
- Gruppenidentität, Wir-Gefühl

Wodurch kennzeichnet sich die Verschiedenartigkeit von Gruppen?
- Gemeinsamkeit der Vorgeschichte, Herkunft, Zukunft, zeitliche Stabilität, Zeitdauer
- emotionale Verbundenheit, familiäre und freundschaftliche Bindungsstärke
- informelle und formale Rahmenbedingungen
- Freiwilligkeit der Zugehörigkeit
- Fluktuation und Verbindlichkeit
- Homogenität und Heterogenität
- Abgrenzung nach außen
- Kulturzugehörigkeit
- Gemeinsamkeit der Sprache, Schrift und anderer Symbole

Alle Beschreibungsmerkmale unterliegen ständigen Veränderungen, da sich in der Gruppe als dynamisches System die Individuen wechselseitig beeinflussen. Das spezifisch Menschliche einer Gruppe bestünde dann vor allem darin, dass diese wechselseitige Beeinflussung vornehmlich durch die Sprache geregelt wird. Die nur dem Menschen gegebene Form der Kommunikation in der Gruppe ist vor allem die Sprache.

Der Mensch kommt nicht nur biologisch, sondern vor allem psychosozial unfertig auf die Welt. Er wird zwar in seine Gruppe hineingeboren, aber seine Gruppenzugehörigkeit, die ihn erst überlebensfähig macht, erwirbt er über vielerlei soziale Lernvorgänge, insbesondere über das Imitationslernen und Unterrichtung. Und Erziehung wäre dann vor allem dieses: die planvolle Ermöglichung, in eine Gruppe psychosozial hineinzuwachsen; das Gewähren von sozialen Bedingungen der Kommunikation und Interaktion für die Integration der sich entwickelnden Persönlichkeit. Erziehung hätte gezielt Lernbedingungen für die Entwicklung der Person so bereitzuhalten, dass diese sich in der Interaktion mit anderen zu einer Persönlichkeit entwickelt, die selbst- und verantwortungsbewusst in der Gruppe kooperieren kann. Die Modi und die Resultate einer solchen Kooperation ergeben dann die jeweilige menschliche Kultur.

Erziehung wäre demnach das Insgesamt der *planvollen* Bedingungen des *sozialen Lernens*, die einer Person für deren Integration in der Gruppe angeboten würden. Zunächst einmal ist der Mensch kooperationswillig, er hat regelrecht Freude an Kommunikation und Kooperation (vgl. Tomasello 2006). Der Mensch wird zum Menschen, wenn er im anderen auch dessen kommunikative Absicht erkennt. Wenn die ihn umgebenden kulturellen Bedingungen diese Freude unterstützen, wird er gute Chancen haben, zu einem kooperationsfähigen Gruppenmitglied heranzuwachsen. Wenn sich berechtigter Eigennutz – wie sollte ein Lebewesen ohne Eigennutz existieren können? – und Gemeinwohl legieren könnten, wäre die Kooperation in der Gruppe gelungen, läge die sogenannte Win-win-Situation vor. Wenn der Mensch allerdings lernen sollte, dass seine grundsätzliche Kooperationsbereitschaft nicht erwidert und letztlich zu seinem Schaden führen würde, stellt er diese Kooperationsbereitschaft auch schnell ein und lernt, sich besser unter ausschließlicher Wahrung von Eigeninteressen – auch gegen die Bedürfnisse anderer gerichtet –, also egoistisch zu verhalten. Neben Förderungen kooperativen Verhaltens müsste also auch ein transparentes Regelwerk für Sanktionen bei kooperationsschädigendem Verhalten treten, die im Notfall dann auch konsequent angewendet werden müssten.

Da die Gruppe hinsichtlich ihrer Flexibilität und Variabilität von individuell ausgeprägten Fähigkeiten und Neigungen ihrer Mitglieder profitieren würde, wäre es für die Integration in Gruppen konstruktiv, die je eigenen Fähigkeiten und Neigungen der heranwachsenden Person gezielt zu fördern. Erziehung hätte dann neben der Sanktion unerwünschten, unkooperativen Verhaltens auch die Aufgabe, die Persönlichkeitsentwicklung nicht nur zu formen – was sie ja ohnehin stets tut –, sondern bewusst eine Entwicklung hin zu einer reifen Persönlichkeit zu ermöglichen, also die Persönlichkeit eben auch zu fördern, was nur in einer angstfreien, wertschätzenden, bestätigenden Lernkultur gelänge.

Erziehung (als spezifischer Teil der umfänglicheren *Sozialisation*, die als lebenslänglicher Prozess auch informelle, unabsichtliche und nichtbewusste Einflussnahmen auf die Persönlichkeitsentwicklung enthält) ermöglicht das gezielte Hineinwachsen in eine Gruppe durch die Übernahme der bewussten gruppeninternen Werte, Ziele, Moral, der kulturellen und ästhetischen Vorstellungen. In einer modernen, pluralistischen Gesellschaft wird es nicht zu dem vielfach beschworenen *Werteverlust* kommen, sondern zu einer *Vielzahl* von kulturell bedingen Werten und Verhaltensregeln. Die beschworenen Schwierigkeiten ergeben sich dann also nicht aus jenem unsinnigerweise beklagten Werteverlust, sondern aus der Herausforderung, sich für bestimmte Werte selbstverantwortlich statt fremdbestimmt und traditionsgeleitet zu entscheiden. Dabei wird es für die friedliche Koexistenz verschiedener Ethnien mit teilweise unterschiedlichen kulturellen Werthaltungen sehr darauf ankommen, dass sich deren Mitglieder dieser unterschiedlichen Ethnien auf gemeinsame kulturelle Leitlinien einigen können. Eine gemeinsame kulturelle Leitlinie oder ‚Leitkultur' muss notwendigerweise darin bestehen, die jeweilige demokratisch legitimierte Verfassung des gemeinsam bewohnten Staates in allen Vorgaben, also ohne Ausnahmen, zu respektieren. Und als für alle Staaten absolut verbindliche ‚Leitkultur' hätte die Einhaltung der deklarierten Menschenrechte zu gelten. In Deutschland ist der Kern der ‚Leitkultur' die Verfassung bzw. das Grundgesetz, keinesfalls aber etwa eine – oft beschworene – religiös oder anderswie begründete Ideologie. *Leitkultur* ist also nur als säkularer Begriff sinnvoll. Nur so hätte eine moderne, pluralistische Kultur eine Überlebenschance mit hinreichendem Interessensausgleich für alle Mitglieder.

Die Sozialisation als die Vergesellschaftung oder Enkulturation des Individuums, die ja auch nach den Erziehungsphasen fortwährend anhält, diversifiziert und verändert eventuell dann auch die schon während der Erziehung internalisierten kulturellen und ästhetischen Werte sowie die gesellschaftlichen Rollen- und Leistungserwartungen.

Erziehung und Sozialisation sind Grundvoraussetzungen vor allem für den Aufbau eines Selbstkonzepts, einer Identität, die dann auch die bewusste Einflussnahme auf eigene und gesellschaftliche Entwicklungen und Veränderungsprozesse ermöglichen kann. *Identität* bedeutet eine innere Gewissheit, dass Wahrnehmungen, Gedanken, Gefühle, Einstellungen auf ein konsistentes Konzept, das man *Ich* nennen mag, beziehbar sind. Das Selbst-Konzept ist das Insgesamt der Gedanken, Einstellungen, Interpretationen gegenüber der eigenen Person; es ist vornehmlich ein Kulturphänomen und also durch Sprache generiert.

Identität ist das fragile Resultat kultureller, sozialer Erfahrungen des sozialen Lernens. Soziale Reize und Erfahrungen werden im Prozess der Identitätsbildung zu einem bewusstseinsfähigen Konzept verarbeitet, das konsistente Interpretationen dessen beinhaltet, was man als Merkmale der eigenen Person bezeichnet und kommuniziert. Identität ist Selbst-Bewusstheit, eine Bewusstheit freilich, die immer nur eine – vorläufige – Konstruktion oder kognitive Wahrnehmungsleistung des eigenen Gehirns in der Kommunikation mit der sozialen Umwelt ist. Identität ist folglich eine Repräsentation, ist also entgegen unserer Anmutung nicht eine objektiv gegebene Wirklichkeit.

Identität ist ein selbstreflexives kognitives Konzept, das wir uns in der Verarbeitung sozialer Reize aneignen: Der Andere wird beobachtet, diese Beobachtung wird repräsentiert in Hirnarealen, in denen man die sogenannten *Spiegelneuronen* vermutet: Motorik des Anderen löst im motorischen Kortex des Beobachters ähnliche Aktivierungen aus wie beim Beobachteten; der Mensch nimmt den Anderen aber nicht nur als Handelnden wahr, sondern auch als jemanden, der mit *Geist* ausgestattet ist, der also auch mentale Zustände generiert, die sein Handeln motivieren. Dadurch wird möglich, sich in den Anderen, vor allem in seine Handlungsabsichten hineinzuversetzen und daraufhin eigene angemessene Handlungsstrategien zu entwickeln. Das Bild, das man sich vom Anderen dabei macht, dient dann auch als Motivierung, sich über die Differenzbildung zum Anderen ein Bild seiner selbst, ein Selbst-Bild zu konstruieren. Dabei werden auch die Wahrnehmungen des Anderen hinsichtlich des eigenen Selbst-Bildes verarbeitet; wenn uns der Andere wahrnimmt, ist das auch ein Angebot an uns, uns selbst wahrzunehmen (vgl. Wilkinson/Pickett 2009). Identität ist also in Interaktion mit dem Anderen entstanden. Bei etwaigen Trennungen von wesentlichen Bezugspartnern oder bei Entwertung der eigenen Person durch den wesentlichen Anderen ist unsere eigene Identität stets auch riskiert. Das Ich ist immer auch im Anderen, der Andere ist immer auch im Ich. Mein Geist verbindet sich mit dem Geist des Anderen. Diese Relationen werden auch über Sprache, über begriffliche Etikettierungen repräsentiert; in diesen Repräsentationen bleibt der Andere sogar auch bei Trennungen in uns und damit bleiben auch die Anteile unseres Selbst-Bildes, die in der Interaktion mit diesem Anderen gewonnen wurden (vgl. Wilkinson/Pickett 2009).

Die Identität ist in der Interaktion erworben durch den Prozess der Unterscheidung des Teils *Individuum* vom Ganzen *Gruppe*. Identität ist also einerseits Differenz zu anderen und andererseits Teil des Ganzen; diese Teilbereiche der Identität, also die *individuelle* und die *soziale* Identität, beeinflussen sich permanent wechselseitig. Identität als Bewusstheit seiner selbst ist überhaupt nur als Teilidentität erfahrbar, nämlich jeweils konstruiert in der jeweiligen sozialen Interaktion.

Hauptkriterien für die Konstruktion von Identität sind *Kontinuität* und *Konsistenz* bei der Informationsverarbeitung der eigenen biografischen Erfahrungen.

Was hat das mit Erziehung zu tun? Nun, in der Erziehung, in der Interaktion mit den Eltern – später dann mit LehrerInnen und Peers – findet ja genau diese Identitätsbildung statt. Hier entscheidet sich, ob diese Identität, dieses Selbst-Konzept, sich so entwickeln kann, dass ein integriertes Leben in den Gruppen, in denen sich die biografischen Erfahrungen ereignen, gedeihlich und konstruktiv für sich selbst wie für die anderen möglich wird. Voraussetzung für eine gelingende Persönlichkeitsentwicklung ist eine positive, wertschätzende und förderliche Bindung gegenüber den Trägern der sogenannten Sozialisationsinstanzen – also der Lebensbereiche, innerhalb derer sich die Prozesse des sozialen Lernens ereignen –, vornehmlich also gegenüber der Familie, den LehrerInnen und den Peers. Entscheidend und für das gesamte Leben weichenstellend ist die erfahrene Qualität der Bindung innerhalb der Familie, also während der primären Sozialisation. Als entscheidendes Kriterium gilt hier nach Erkenntnissen der sogenannten Bindungstheorie die erfahrene Sicherheit der Bindung zu den Eltern oder alternativen relevanten Bezugspersonen. Es geht dabei um die erlebte familiäre Geborgenheit, Stabilität, Sicherheit, um den erlebten Schutz und das hinreichende Versorgtsein. Es geht auch darum, wie viel Trost und Zuwendung man erfahren konnte in belastenden Situationen wie Trauer, Verlusten, Trennungen, wie viel Unterstützung, emotionale Nähe und Wärme, wie viel Solidarität. Oder im Gegenteil wie viel Zurückweisung, emotionale Vernachlässigung, Alleingelassenwerden, Ablehnung und Entwertungen der eigenen Person man erfahren musste. Wer während seiner primären Sozialisation nicht erfahren durfte, dass er auch in seinen ihm zunächst diffusen Emotionen und Bedürfnissen angenommen wurde, dass ihm dort nicht Beruhigung und Schutz angeboten wurde, der wird es in dramatisch vielen Fällen schwer haben, sich zu einer hinreichend sozial und emotional reifen Persönlichkeit zu entwickeln.

Die Bindungstheorie (nach Bowlby und Ainsworth und anderen) unterscheidet folgende Bindungsqualitäten, die jeweils unterschiedliche Risiko- oder Schutzfaktoren für die Persönlichkeitsentwicklung darstellen:

Bindungsqualitäten

1. sicher gebunden, vertrauensvoll
2. unsicher-distanziert (vermeidend) gebunden
3. unsicher-verstrickt (ambivalent) gebunden
4. unsicher-desorganisiert (verwirrt) gebunden

In *unsicheren Bindungen* stehen emotional vernachlässigte Kinder und Heranwachsende unter andauerndem Stress und dadurch unter einem höheren Risiko, durch nachhaltige maladaptive Einstellungen der Stressverarbeitung – vor allem hinsichtlich des (Hyper- oder Hypo-) Kortisolismus (Hellhammer et al. 1988) – stressbedingte Erkrankungen zu erleiden.

Die Bindungsqualitäten mitbedingen durch das jeweilige Ausmaß der psychosozialen Belastungen der Kindheit auch im Erwachsenenleben erheblich das Ausmaß von:

- psychischer und körperlicher Stabilität (Resilienz) und Gesundheit
- Krisen- und Stressbewältigungsfähigkeit, Verletzbarkeit (Vulnerabilität)
- Suchtmittelabhängigkeit, Suizidalität, Übergewicht, Narzismus, Aggressivität
- Persönlichkeit (-sstörungen), Affektverarbeitung, Gewaltbereitschaft
- Vorstellungen über und Modelle von Bindungen (Bindungsrepräsentationen)
- der eigenen Beziehungs- und Liebesfähigkeit
- der Sprachentwicklung
- Lernfähigkeit, kognitive Leistungsfähigkeit, soziale und emotionale Intelligenz

Erziehung und Sozialisation formen durch die Qualität der angebotenen Bindungen die Persönlichkeitsentwicklung vor allem in folgenden Bereichen:

- Bindungssicherheit, Beziehungsfähigkeit
- Kultur, Sprachfähigkeit, Lernfähigkeit
- Selbst- und Weltwahrnehmung
- Gruppenzugehörigkeit, Kooperationsfähigkeit
- Selbstsicherheit, Selbstwirksamkeit, Resilienz
- Stressbewältigungsfähigkeit
- Empathiefähigkeit, Mitgefühl, sozial-emotionale Intelligenz
- Vertrauen, Verlässlichkeit, Gewissenhaftigkeit
- Offenheit für neue Erfahrungen, Flexibilität
- Entspannungs-, Genuss- und Glücksfähigkeiten

Zu den genannten Wirkfaktoren der *sicheren Bindung* liegt neben den grundlegenden Forschungen von Bowlby und den bahnbrechenden Längsschnittstudien der Pionierin der Resilienzforschung Emmy Werner auch eine Fülle aktueller empirischer Evidenz vor (vgl. Brisch 2006; Brisch/Grossmann/Grossmann 2006; Egle 2004; Felitti 2002; Gloger-Tippelt 2001). Sozialpolitisch besonders relevant sind die Forschungsarbeiten zur Resilienz von Friedrich Lösel und seinem Team an der Universität Erlangen-Nürnberg (2004); sie entwickelten wichtige aus der Forschung abgeleitete und validierte Elterntrainingsprogramme (*EFFEKT®*, siehe auch das Praxisportrait im parallel erscheinenden Praxisbuch) zur Stärkung der sozialen Kompetenz und Erziehungsfähigkeit.

Persönlichkeit wird – bei aller genetisch bedingten Disposition – vornehmlich geformt durch die Prozesse des *sozialen Lernens*, durch die Qualität der Interaktionen mit den Sozialisationspartnern Familie, LehrerInnen, FreundInnen, wobei das jeweils erlebte Ausmaß der Bindungssicherheit erheblich mitbestimmt, wie frei und reich sich die Prozesse des sozialen Lernens und damit die Persönlichkeitsentwicklung gestalten können. Genetische Dispositionen ermöglichen zwar vieles, bestimmen aber erst im Zusammenspiel mit den sozialen Erfahrungen die Entwicklung des Persönlichkeitsprofils. Wenngleich Heranwachsende durch emotionale Vernachlässigung und Verwahrlosung in ihrer psychosozialen Entwicklung erheblich beeinträchtigt werden können und diese ‚psychobiologischen Wunden' nicht automatisch mit der Zeit ausheilen, so lassen sich doch durch sichere Bindungsangebote und korrigierende Erziehungsstile in anderen Sozialisationsinstanzen wie Kindergarten, Schule und Vereinen, notfalls auch in der Beratung und Psychotherapie sowie in der Kooperation mit der Jugendhilfe, die in der primären familiären Sozialisation gemachten unsicheren Bindungserfahrungen teilweise kompensieren. Ziel korrigierender Beziehungsangebote wäre auch, psychosozialen Beeinträchtigungen im Erwachsenenalter vorzubeugen. Solange man bei keinem Individuum konkret weiß, wie sehr es durch korrigierende Erfahrungen und gezielte Fördermaßnahmen psychosozial gesunden könnte, bleibt eine Haltung der ‚fidelen Resignation' rational nicht begründbar.

Welche Bedingungen der Kommunikation und Interaktion unterstützen nun eine Persönlichkeitsentwicklung? Welche Beziehungsqualitäten fördern die Neigungen und Fähigkeiten des Heranwachsenden? Wie könnte eine Beziehung gestaltet sein, wenn man eine sichere Bindung anbieten möchte? Welche Erziehungsstile ermöglichen ein angstfreies und selbstentdeckendes Lernklima?

Carl Rogers in den USA und Reinhard Tausch in Deutschland beschrieben die sogenannten *personenzentrierten Qualitäten* als die Haltungen in einer Beziehung, die die Persönlichkeitsentwicklung des Interaktionspartners fördern können. Wurden sie ursprünglich in der psychologischen Beratung und Psychotherapie beschrieben und untersucht als die Therapeutenvariablen, die die persönliche emotionale und kognitive Entwicklung als Voraussetzung für gewünschte Verhaltensänderungen in Gang setzen können, so erkannte man mit zunehmender Forschungsarbeit die grundsätzliche Bedeutung dieser personenzentrierten Qualitäten für die persönliche psychische (und in der Folge körperliche) Gesundheit auch in allgemeinen, nicht therapeutisch definierten Beziehungen, z.B. in Schule und Unterricht, in der Familie, in der Partnerschaft, in der Politik, in der Gemeinde, erst recht in beratungs- und moderationsorientierten Beziehungen.

Wie werden nun diese *personenzentrierten Haltungen*, die in zwischenmenschlichen Beziehungen die Persönlichkeitsentwicklung befördern können, durch die personenzentrierte Psychologie benannt und beschrieben? Was sind die Charakteristika einer Kommunikation und Interaktion, die eine gute Voraussetzung darstellen für die Entwicklung einer sicheren Bindung? Wie definiert sich die Morgengabe einer sicheren Bindung?

Durch vielerlei Forschungsarbeit gestützt (vgl. Tausch 1974) kristallisierten sich folgende Beziehungsqualitäten, die dezidiert zu beschreiben hier nicht der Platz wäre (vgl. Rogers 1973; Tausch 1974; Fox 1987), knapp benannt heraus:

Die personzentrierten Qualitäten der Beziehung (nach Rogers und Tausch)

- *Empathie:* einfühlsames Verstehen und Nachvollziehen der Befindlichkeit des anderen, Voraussetzung für Mitgefühl
- *Akzeptanz:* den anderen nicht verurteilen, sondern annehmen, respektieren, wertschätzen, Warmherzigkeit
- *Kongruenz:* Echtsein, Fassadenfreiheit, Authentizität, Natürlichkeit, Offenheit, Achtsamkeit, sich selbst achtsam spüren können
- *Kooperation:* fürsorgliche, fördernde Aktivitäten, Unterstützung, Fürsorge

Diese Haltungen und Aktivitäten, die dadurch gekennzeichnet sind, dass man neben der achtsamen Selbstwahrnehmung auch die Perspektive des Anderen einfühlsam und ohne Urteile einzunehmen imstande ist, sind nachprüfbar wirksam bei der Herstellung eines angstfreien und selbstentdeckenden Lernklimas, in dem dann die persönliche und fachliche Weiterentwicklung gelingen kann. Durch diese personenzentrierten Haltungen können sichere Bindungen gestaltet werden, in denen dann auch so manche beeinträchtigende Erfahrung in der primären Sozialisation korrigiert werden kann.

Abgeleitet aus den *personzentrierten Qualitäten* lassen sich auch allgemeine Erziehungsstile klassifizieren und beschreiben, je nach Ausprägung der Dimensionen *Wertschätzung* (entspricht weitgehend der Akzeptanz und Empathie) und *Kontrolle, Lenkung* (widerspricht weitgehend der nichtwertenden Haltung). Diese beiden Dimensionen Wertschätzung und Lenkung ergeben übereinandergelegt vier beschreibbare Beziehungsarten und Erziehungsstile, sozusagen vier Räume der Beziehung zwischen Interaktionspartnern. Diese Erziehungsstile haben je nach Klassifizierung sehr unterschiedliche Auswirkungen auf die psychosozialen Entwicklungsmöglichkeiten der Heranwachsenden. Diese vier ‚Beziehungsräume' beschreiben auch klassische Erziehungsstile und dienen somit auch als Analyseschema zur Bestimmung jeweils vorliegender Erziehungsstile (nach Diana Baumrind 1971 und Tausch/Tausch 1979).

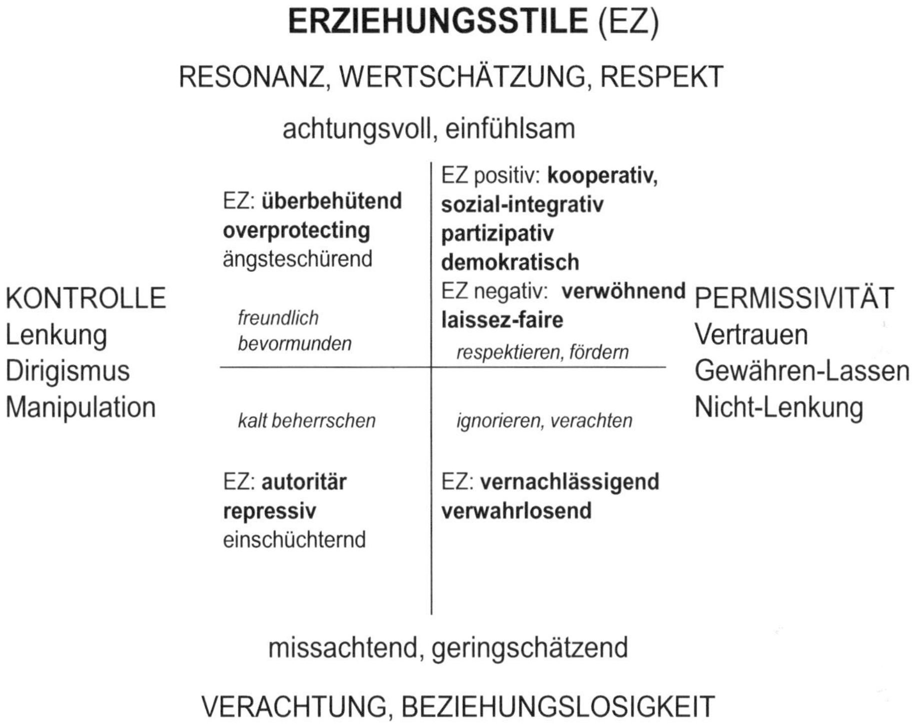

ERZIEHUNGSSTILE (EZ)

RESONANZ, WERTSCHÄTZUNG, RESPEKT

achtungsvoll, einfühlsam

	EZ: überbehütend overprotecting ängsteschürend	EZ positiv: **kooperativ, sozial-integrativ partizipativ demokratisch**	
KONTROLLE Lenkung Dirigismus Manipulation	*freundlich bevormunden*	EZ negativ: **verwöhnend laissez-faire** *respektieren, fördern*	**PERMISSIVITÄT** Vertrauen Gewähren-Lassen Nicht-Lenkung
	kalt beherrschen	*ignorieren, verachten*	
	EZ: **autoritär repressiv** einschüchternd	EZ: **vernachlässigend verwahrlosend**	

missachtend, geringschätzend

VERACHTUNG, BEZIEHUNGSLOSIGKEIT

Abbildung 1: *Vierfelder-Einteilung verbreiteter Erziehungsstile nach den zwei Dimensionen Wertschätzung und Kontrolle* (nach Baumrind 1971; Tausch/Tausch 1979)

Dieses Schema unterschiedlicher Erziehungsstile bildet natürlich nicht alle möglichen Interaktionsweisen in Erziehung und Sozialisation ab, kann aber als ein pragmatisches Analyseschema klassischer Be- und Erziehungsstile genutzt werden. Es beschreibt in Schlüsselwörtern die Charakteristika dieser Erziehungsstile (EZ). Es bedeutet auch nicht, dass in allen erzieherischen Situationen der *kooperative oder partizipative EZ* angezeigt wäre, aber stets dann, wenn die Persönlichkeitsentwicklung durch den Erwerb von eigenständigem Denken und selbsterkundendem Handeln gefördert werden soll. Es ist immer dann angezeigt, wenn eine Begegnung auf Augenhöhe, wenn eine symmetrische Beziehung gewollt ist. Und es ermöglicht vor allem die sicher gebundene Beziehung, die ja als Voraussetzung für die Herausbildung einer stabilen Identität, einer sozial-integrativen und psychisch stabilen Persönlichkeit beschrieben wurde.

Ein *kooperativer EZ* ist auch nicht gleichbedeutend damit, jedem Wunsch des Anderen unter Preisgabe eigener Positionen zu entsprechen – das wäre ein eher *verwöhnender EZ* und würde die Persönlichkeitsentwicklung des Anderen vor allem dort, wo es um Selbstständigkeit, Leistungsbereitschaft, Selbstdisziplin, Frustrationstoleranz, Bedürfnisaufschiebungsfähigkeit sowie um Empathie und Würdigung auch der Bedürfnisse und Vorstellungen des Anderen geht, blockieren. Ein verwöhnender EZ befördert in der Regel egozentrische, stets die Hilfestellung der Anderen einfordernde Menschen, ‚Prinzen und Prinzessinnen', die sich einfach nur toll finden, weil es sie gibt, ohne irgendeine kooperative oder prosoziale Handlungsbereitschaft.

Ein kooperativer EZ dagegen ist ein guter Nährboden für auch kritische Selbstauseinandersetzung und Auseinandersetzung mit anderen – bei Kooperation geht es ja auch stets um die Bedürfnisse des Anderen –, für Selbstbildung und dadurch auch Bildung, was wiederum psychische und körperliche Gesundheit befördert, psychische Ausgeglichenheit und Stabilität, die auch gegen Stressoren vielerlei Art gewappnet macht. Vielerlei empirische Untersuchungen bestätigen diese Auffassung immer wieder: Dieser kooperative oder sozialintegrative EZ bzw. die personenzentrierte Beziehung erweisen sich dabei als persönlichkeitsfördernd an vielerlei Orten der erzieherischen, pädagogischen und allgemein sozialisierenden Praxis: in der Familie (vgl. Brisch 2006; Brisch et al. 2006; Grossman/Grossmann 2003), in der Elternbefähigung und Prävention (vgl. Brisch 2003, Kursprogramme für werdende Eltern, z.B. SAFE: karl-heinz.brisch@med.uni-muenchen.de, oder das Projekt an der Universität Heidelberg: angelika_gregor@med.uni-heidelberg.de), in Schule und Unterricht (Tausch und Tausch, 1979), in der Partnerschaft (Fox 1987; Schuhmacher 2004).

Der *kooperative EZ* beschreibt nicht nur die in der persönlichkeitsfördernden Erziehung realisierten Haltungen und Beziehungsqualitäten, die für die psychische wie körperliche Gesundheit konstruktiv wären, sondern für jegliche Formen der Interaktion und Kommunikation, die selbstentdeckendes Lernen sowie einsichtsorientierte und intrinsisch motivierte Selbstverbesserung und Verhaltensänderung als Ziele hätten. So kommt dieser kooperativen und personenzentrierten Kommunikation und Interaktion auch in der Beratung, Prävention und in anderen Unterstützungsangeboten durch die Jugendhilfe zentrale Bedeutung zu. Auch wenn die sichere Bindung leider nicht allen Heranwachsenden im Elternhaus ermöglicht wird, so ließen sich doch einige psychische Wunden heilen, wenn in nachfolgenden professionell angebotenen Beziehungen der Jugendhilfe und Schule in personenzentrierter Qualität kooperative Interaktion und Kommunikation gepflegt würden. Da nicht jeder Heranwachsende das Glück einer sicheren Bindung erfahren kann, sind Elterntrainingsprogramme und professionelle Präventionsangebote an überlastete, erziehungsunfähige oder ignorante Eltern sinnvoll, die diesen den Weg in das Know-how einer sozialintegrativen Erziehung weisen könnten. Es ginge dann darum, den Heranwachsenden aus unsicheren familiären Bindungen eine korrigierende Nachsozialisation zu ermöglichen, die das Selbstwertgefühl und ihre psychische wie körperliche Gesundheit und Resilienz fördern könnte durch eben die Beziehungsangebote, wie sie die personenzentrierte Psychologie und die kooperative Pädagogik beschreiben. Hier wäre eine fundamental wichtige Arbeit zu leisten, z.B. in Form von Erziehungspartnerschaften von Eltern, Jugendhilfe und Schule (vgl. das *NIKO*-Projekt der Leuphana-Universität Lüneburg, Kontakt: http://www.

netzwerg-web.de). Da Sozialisation und Erziehung, Unterricht und Bildung stets durch soziales Lernen in Gruppen vonstatten gehen, wäre eine solche Vernetzung verschiedener Gruppen, wie sie die Erziehungspartnerschaften anstreben, eine große Chance für die, deren Lebensgestaltung und soziale Integration durch ungünstige Sozialisations- und Erziehungsbedingungen behindert wurden und werden. Durch bewusste und entschieden personenzentrierte und dadurch auf kooperative Partnerschaft angelegte Beziehungsgestaltung – wie sie u.a. in den Erziehungspartnerschaften und diversen Elterntrainingsprogrammen angeboten werden – könnte eine Nachsozialisation gelingen; könnte den Heranwachsenden ein Weg gewiesen werden, wie sie ihre Person zu einer psychisch stabilen und selbstbewussten Persönlichkeit entwickeln können. Es wäre damit auch eine Chance für die Gesamtgruppe, die man Gesellschaft nennen mag; eine evidenzbasierte Chance, dass sich die einzelnen Mitglieder dieser Gruppe mit einer stabilen Identität sozial-integrativ, selbstverantwortlich, authentisch und kooperativ erleben und verhalten können; eine Chance, die gerade in Deutschland weit verbreitete Abhängigkeit der Bildungsteilhabe von der sozialen Herkunft zu entkoppeln und dadurch die soziale Ungleichheit zu minimieren. Da Bildungserfolg auch die beruflichen Karrierechancen bedingt, wäre eine auch durch Erziehungspartnerschaften zu erzielende Chancengleichheit der Bildungsteilhabe – auch für Familien mit Migrationshintergrund – ein wesentlicher Beitrag zur Verbesserung der sozialen Gerechtigkeit; eine Chance für eine kulturelle Evolution und gesellschaftliche Weiterentwicklung.

Soziale Gerechtigkeit ist nicht nur Selbstweck, sondern hängt als übergeordneter Faktor eng zusammen mit einer Vielzahl von Kriterien für gesellschaftliche Wohlfahrt; so zeigen die aktuellen und m.E. wichtigsten Studien zu gesellschaftspolitischen Fragen von Wilkinson und Pickett (2009) überzeugend, dass soziale Gerechtigkeit, definiert als sozial verträgliche Einkommensverteilung, enge positive Zusammenhänge aufweist mit so vielerlei für das gesellschaftliche Wohlergehen verantwortlichen Faktoren wie psychische Gesundheit, Vertrauen, Bildung, Geschlechtergerechtigkeit, Drogenkonsum, Lebenserwartung, Säuglingssterblichkeit, Übergewicht, Schulleistungen, Teenager-Geburten, Kriminalitätsrate, Jugendgewalt, Gefängnisstrafen, Scheidungsrate und vielen anderen mehr. Insgesamt ließ sich zeigen, dass umso weniger gesundheitliche und soziale Probleme auftreten, desto mehr soziale Gerechtigkeit erfahren wird; und dass die allgemeine Lebenszufriedenheit für alle mit zunehmender sozialer Gerechtigkeit steigt, auch bei denen, die sowieso schon zu den wohlhabenden Menschen gehören. Wer also aus guten, selbst aus ökonomischen Gründen will, dass soziale Gerechtigkeit in der Gesellschaft steigen möge, müsste vor allem bei denjenigen kompensatorisch ansetzen, die nicht das Glück hatten, wohlbehütet aufwachsen zu können.

Als kurz gefasstes Fazit ergibt sich, dass es eine komplexe Wechselwirkung gibt zwischen den Qualitäten der Erziehung, Bildung, Persönlichkeitsentwicklung, Lebensbewältigung, Kooperation, sozialen Gerechtigkeit und gesellschaftlichen Wohlfahrt.

Literatur

Baumrind, Daniela (1971): Current Patterns of Parental Authority. Developmental Psychology Monograph. The American Psychological Association
Bowlby, John (1960): Attachement and loss. Vol. 1: Attachement. NewYork: Basic Books
Bowlby, John (1975): Bindung. Eine Analyse der Mutter-Kind-Beziehung. München: Kindler

Brisch, Karl Heinz (2006): Bindungsstörungen. Von der Bindungstheorie zur Therapie. 7. Auflage. Stuttgart: Klett-Cotta
Brisch, Karl Heinz/Grossmann, Klaus E./Grossmann, Karin/Köhler, Lotte (2006): Bindung und seelische Entwicklungswege. Grundlagen, Prävention und klinische Praxis. 2. Auflage. Stuttgart: Klett-Cotta
Grossmann, Klaus E./Grossmann, Karin (2003) (Hrsg.): Bindung und menschliche Entwicklung. John Bowlby, Mary Ainsworth und die Grundlagen der Bindungstheorie und -forschung. Stuttgart: Klett-Cotta
Egle, Ulrich Tiber et al. (2004) (Hrsg.): Sexueller Missbrauch, Misshandlung, Vernachlässigung. Erkennung, Therapie und Prävention der Folgen früher Stresserfahrungen. 3. Auflage. Stuttgart: Schattauer
Felitti, Vincent J. (2002): Belastungen in der Kindheit und Gesundheit im Erwachsenenalter: die Verwandlung von Gold in Blei. In: Zeitschrift für psychosomatische Medizin und Psychotherapie, 4/2002
Gloger-Tippelt, Gabriele (2001) (Hrsg.): Bindung im Erwachsenenalter. Bern: Huber
Schumacher, Jörg et al. (2004): Perzipiertes elterliches Erziehungsverhalten und partnerbezogene Bindungsmuster im Erwachsenenalter. In: Psychotherapie, Psychosomatik, Medizinische Psychologie, 3/4 2004
Fox, Mario (1987): Personzentrierte Qualitäten in der Partnerschaft. Eine empirische Untersuchung der Theorie zwischenmenschlicher Beziehung nach Carl Rogers. Frankfurt am Main: Peter Lang
Hellhammer, Dirk H./Kirschbaum, Clemens/Lehnert, Hendrik (1988): Zur Rolle der Hypophysen-Nebennierenrinden-Achse in Belastungssituationen. In: Homo, 39. S. 16-26
Lösel, Friedrich/Beelmann, Andreas/Stemmler, Mark/Jaursch, Stefanie (2004): Soziale Kompetenz für Kinder und Familien: Ergebnisse der Erlangen-Nürnberger Entwicklungs- und Präventionsstudie. Erlangen-Nürnberg: Institut für Psychologie
Opp, Günther/Fingerle, Michael (Hrsg.) (1999): Was Kinder stärkt – Erziehung zwischen Risiko und Resilienz. München und Basel: Reinhardt
Rogers, Carl R. (1972): Die nicht-direktive Beratung. Counseling and Psychotherapy. München: Kindler
Rogers, Carl R. (1973): Die klientenzentrierte Gesprächspsychotherapie. Client-centered Therapy. München: Kindler
Tausch, Reinhard (1974): Gesprächpsychotherapie. Göttingen: Hogrefe
Tausch, Reinhard/Tausch Anne-Marie (1979): Erziehungspsychologie. Begegnung von Person zu Person. Göttingen: Hogrefe
Werner, Emmy (1999): Entwicklung zwischen Risiko und Resilienz. In: Opp/Fingerle (1999): S. 20-31
Wilkinson, Richard/Pickett, Kate (2009): Gleichheit ist Glück. Warum gerechte Gesellschaften für alle besser sind. Berlin: Tolkemitt

Weiterführende Literatur aus der Anthropologie und Hirnforschung

Welsch, Wolfgang (2007): Anthropologie. Vorlesung an der Friedrich-Schiller-Universität Jena, WS 2006/07. Als CD bei: Auditorium Netzwerk
Tomasello, Michael (2006): Die kulturelle Entwicklung des menschlichen Denkens. Frankfurt am Main: Suhrkamp
Linke, Detlev (1994): Sprache und Gehirn. Freiburg: Hochschulverlag
Linke, Detlev (2002): Das Gehirn. München: Beck

Uta Meier-Gräwe

Familie – unverwüstlich und anpassungsfähig oder ein Auslaufmodell?

Kein Kind oder ein Kind? – Abschied von der bürgerlichen Normalitätsvorstellung von Familie

Chancen- und Konfliktpotenziale im Übergang zur Elternschaft und im alltäglichen Zusammenleben mit Kindern sind zu Beginn des 21. Jahrhunderts außerordentlich vielfältig: Während die einen mit dem Anspruch einer partnerschaftlichen Arbeitsteilung Eltern werden, zur ‚Professionalisierung' von Elternschaft tendieren und um verlässliche Alltagsarrangements zwischen Familie und einer qualifizierten Berufstätigkeit für beide Partner ringen, andere in traditionelle Geschlechterrollen ‚hineinschlittern' oder sich bewusst darauf einlassen, bedeutet die Familiengründung in bildungsfernen Milieus oft die Verstetigung von multidimensionalen Armutslagen, was ein gelingendes Aufwachsen von Kindern nachweislich erschwert, zumal nach Trennung oder Scheidung. Ein Bedarf an Unterstützung und Begleitung dieser Statuspassage besteht quer durch alle Bildungsgruppen und Lebensformen. Familienunterstützende Dienste sind gefordert, die vielfältigen Bedarfslagen von Eltern und ihren Kindern in einer kinderentwöhnten Gesellschaft sensibel zu identifizieren und im Verbund verschiedener lokaler Akteure passgenaue und *gendersensible Settings* für eine gelingende Elternschaft zu kreieren, die an den Ressourcen von Müttern und Vätern ansetzen und Fachressortdenken zwischen verschiedenen Professionen im familialen Umfeld konzeptionell wie faktisch überwindet.

Zunächst ist nicht zu übersehen, dass traditionelle, am Bild der ‚guten Mutter' orientierte Politikstile in Deutschland, die gut ausgebildeten Frauen mit Kindern den jahrelangen Ausstieg aus dem Erwerbsleben moralisch nahegelegt und strukturell abgesichert haben, durchaus folgenreich waren: Unter westdeutschen Frauen besteht im Vergleich mit den entsprechenden Alterskohorten aller anderen europäischen Länder das höchste Ausmaß an Kinderlosigkeit. Dabei gilt: Je besser die Ausbildung, umso ausgeprägter dieser Zusammenhang. Auch Entscheidungen für mehr als ein Kind fallen bei den sehr gut ausgebildeten Frauen immer seltener. Unterbrechungen der Erwerbsbiografie wirken sich nachteilig auf die aktuelle Lebenssituation, aber auch auf die beruflichen Wiedereinstiegschancen und die Alterssicherung aus. Lücken in der Erwerbsbiografie und die Annahme von prekären Beschäftigungsverhältnissen sind in der Regel gleichbedeutend mit Lücken in der Versicherungsbiografie (Klammer 2004, S. 3 f.). Während Männer entlang ihrer Erwerbsbiografie bislang ganz überwiegend in Vollzeit arbeiten, geht der Zuwachs der Erwerbsbeteiligung von westdeutschen Frauen wesentlich auf eine Zunahme von ungeschützten Beschäftigungsverhältnissen mit einer Wochenarbeitszeit von weniger als 20 Stunden zurück, wohingegen der Anteil der in Vollzeit erwerbstätigen Frauen seit 1991 stagniert. Zuzüglich der familienbedingten Unterbrechungen von Erwerbsarbeit ergeben sich daraus kumulative Nachteile für die Lebenserwerbseinkommen und Berufsbiografien von Frauen.

Vergleichende Studien haben darüber hinaus gezeigt, dass etwa in einer Großstadt wie Hamburg 43% der 40- bis 44-jährigen Hochschul- und Fachholschulabsolventinnen kinderlos sind gegenüber 27% bei der gleichen Bildungs- und Altersgruppe in Baden-Württemberg und sogar nur 13% in den neuen Bundesländern. Somit wird deutlich, dass insbesondere städtische Lebensformen und hohe Qualifikationen in Westdeutschland sehr ausgeprägt mit Kinderlosigkeit verbunden sind (vgl. BMFSFJ 2006, S. 177).

Einer aktuellen Studie zufolge haben drei Viertel der im akademischen Mittelbau Beschäftigten aller Universitäten des Bundeslandes Nordrhein-Westfalen keine Kinder. Im Zeitvergleich von 1994 und 2004 lag die Quote der kinderlosen Frauen an den Universitäten von Nordrhein-Westfalen konstant hoch bei ca. 78%. Demgegenüber erhöhte sich der Anteil der kinderlosen männlichen Akademiker in diesem Zeitraum von 67% auf 72%, also um 5 Prozentpunkte (Metz-Göckel et al. 2009, S.125). Die Entscheidung für Kinder fällt den jungen WissenschaftlerInnen offensichtlich noch sehr viel schwerer als ähnlich Qualifizierten außerhalb der Wissenschaft. Folglich erweisen sich die aktuellen Karrierebedingungen als nur äußerst schwer mit Elternschaft zu vereinbaren (ebd., S. 9). Ähnliche Entwicklungen werden inzwischen auch an Hochschulen in den neuen Bundesländern registriert (Expertise Metz-Göckel für den 1. Gleichstellungsbericht der Bundesregierung 2010).

Doch nicht nur Akademikerinnen, sondern auch sehr gut qualifizierte Männer verzichten immer häufiger auf Kinder. Das ist u.a. eine Konsequenz der Veränderungen auf dem Beziehungs- und Heiratsmarkt in Richtung einer bildungsbezogenen Homogenität (Blossfeld/Timm 1997): Während noch in den 1970er Jahren Männer überwiegend über höhere schulische und berufliche Abschlüsse verfügten als ihre jeweiligen Partnerinnen, begegnen sich Männer und Frauen – was ihre Bildungsabschlüsse angeht – heute zunehmend ‚auf gleicher Augenhöhe'; ein Arzt heiratet also nicht mehr eine Krankenschwester, sondern eher eine Ärztin. Damit stellt sich die Frage, wer nach der Geburt eines Kindes wie lange beruflich zurückstecken soll, in einer ganz anderen Tragweite. Die wenigen ‚neuen Väter', die sich an der Kinderbetreuung und bei der anfallenden Hausarbeit beteiligen, treffen in ihrem beruflichen Umfeld zusätzlich auf vielfältige mentale Vorurteile: Ihnen wird mangelnde Karriereorientierung und fehlende Leistungsbereitschaft unterstellt (Gesterkamp 2002, S. 103). Auch aus diesem Grund bleiben Kinderwünsche häufig auf der Strecke.

In der Zusammenschau der Ergebnisse zeigt sich, dass die längere Verweildauer im Bildungssystem und die verlängerte, jedoch begrenzte biologische Fertilitätsspanne insbesondere bei Frauen mit Hochschulabschluss dazu führt, die Geburt des ersten Kindes hinauszuschieben. In der Folge fallen berufliche Stabilisierung, Karriereaufbau und Familiengründung in dieselbe kurze Lebensspanne von ca. fünf bis sieben Jahren, der sogenannten ‚Rush Hour of Life'. Dabei wird aus einer temporär gewollten Kinderlosigkeit (Aufschub der Geburt) aufgrund zwischenzeitlicher Veränderungen häufig eine endgültige, ungewollte Kinderlosigkeit (Nave-Herz 1988).

Die Allensbachstudie „Das subjektive Zeitfenster für die Elternschaft" hat den Deutschen zudem bescheinigt, dass sie eine „Erst-Mal-Mentalität" dazu verleitet, zunächst ihre Ausbildung abzuschließen und berufliche Erfahrungen zu sammeln, ehe sie an eigene Kinder denken (Institut für Demoskopie Allensbach 2004). Über 90% der jungen deutschen Frauen und Männer vertreten diese Meinung. Oft raten Eltern ihren erwachsenen und in Ausbildung befindlichen Kindern dringend davon ab, vor einem gelungenen Berufseinstieg überhaupt an die Gründung einer Familie zu denken. Auch dadurch geraten Kinderwünsche besonders pflichtbewusster junger Frauen und Männer unbeabsichtigt in die Sackgasse der

Kinderlosigkeit oder aber sehr spät im Biografieverlauf werden dann allenfalls Einzelkinder geboren.

In der Lebensplanung soll die Reihenfolge eingehalten werden: erst Planungssicherheit und eine solide ökonomische Basis, dann Kind(er). Gerade diejenigen, die sich so etwas wie bewusste Elternschaft vorstellen und sehr genau um die Bedeutung von Bildung für ihre Kinder wissen, verpassen demnach über ihre Vorstellungen vom idealen Zeitpunkt für eine geglückte Elternschaft am Ende die Umsetzung ihres Lebensentwurfs mit Kind(ern). Dazu trägt auch die öffentliche Diskussion in unserer Gesellschaft wesentlich bei: Was Kinder heute alles brauchen, was Eltern alles falsch machen – solche Fragen werden gerade von jungen Erwachsenen mit einer hohen Bildung sehr ernst genommen. Es gibt eine wahre Flut pädagogischer Ratgeberliteratur. In der Fachöffentlichkeit wird dafür der Begriff einer zunehmenden *Professionalisierung von Elternschaft* verwendet. Wenn Kindergärtnerinnen nach der Veröffentlichung der PISA-Studie etwa von einer besorgten, auch in Vollzeit erwerbstätigen Mutter gefragt werden, wie wichtig es ist, dass man am Wochenende mit einem Vierjährigen ins Deutsche Museum nach München fährt, damit das Kind schon in dieser Zeit möglichst viel lernt, verweist das auf den enormen Druck, der auf jungen Eltern lastet.

Mit Blick auf den Anspruch, den junge Eltern mit einer guten Ausbildung darüber hinaus in Bezug auf ihre eigene berufliche Situation haben, baut sich der Kinderwunsch und seine Umsetzung zu einem ehrgeizigen Projekt auf, das in einer biografisch kurzen Lebensspanne umgesetzt werden soll. Angesichts dieser Überforderung ist ein Scheitern oft vorprogrammiert.

Hinzu kommt, dass Eltern in Deutschland das Projekt Kind vor allem als ihre Privatangelegenheit ansehen, für die sie ganz persönlich verantwortlich sind. Vielen AkademikerInnen fällt gar nicht ein zu fragen, warum es keine verlässlichen öffentlichen Betreuungsangebote mit einer guten Qualität gibt, sondern sie suchen gleich nach einer Tagesmutter oder geben ihren Beruf auf. Das hat damit zu tun, dass familienunterstützende Infrastrukturen für Kinder in Deutschland nach wie vor völlig unterentwickelt sind. Zudem gehen auch vermeintlich ‚moderne' und dynamische männliche Entscheidungsträger immer noch davon aus, dass eine Mutter mindestens in den ersten drei oder besser noch den ersten sechs Lebensjahren des Kindes die wichtigste Bezugsperson sei, die möglichst den ganzen Tag für das Kind präsent sein soll. Das ist eine Einstellung, die es in dieser Form in den skandinavischen Ländern oder in Frankreich gar nicht gibt und die sich mit dem Aufbau einer eigenständigen Erwerbsbiografie nicht verträgt.

Die Erfahrungen aus der eigenen Kindheit, aber auch die immer längere Verweildauer von bereits erwachsenen Kindern im Elternhaus (‚Hotel Mama') befördern solche Einstellungen. Gerade Söhne nutzen den damit verbundenen Rundum-Gratis-Service sehr gern und tun sich später oft schwer, eine gleichberechtigte Arbeitsteilung mit einer berufstätigen Partnerin zu praktizieren. Es ist in diesem Zusammenhang bezeichnend, dass Männer deutschlandweit dem Emanzipationsvorsprung der jungen Frauen deutlich hinterher hinken: So zeigt die aktuelle Männer-Studie der beiden großen Kirchen und des Bundesfamilienministeriums, dass der deutsche Mann traditioneller ist als gedacht: Vor allem in den jüngsten Altersgruppen driften die Vorstellungen über das Zusammenleben in der Familie auseinander: 41% moderne Frauen stehen lediglich 13% moderne Männer gegenüber – Beziehungskonflikte sind also vorprogrammiert. Fast ein Drittel der Männer denkt traditionell und sieht sich in der Rolle des Ernährers. Den Sinn ihres Lebens sehen sie in der Arbeit, wohingegen ihre Frauen für Kinder und Haushalt zuständig sein sollen. Sie akzeptieren heute zwar öfter als noch 1998, dass Frauen auch ‚hinzuverdienen', allerdings geht dieses Zugeständnis nicht mit der Bereitschaft einher, mehr Verantwortung für Haushalt und die generative Sorgearbeit zu übernehmen (Keller 2009, S. 2).

Die Bedeutung von vorgelebten Lebensmustern und Wertvorstellungen in der Herkunftsfamilie wirkt hier offensichtlich erheblich nach. Das zeigt auch ein Blick nach Ostdeutschland. Wer immer eine berufstätige Mutter hatte, nimmt zur Erwerbstätigkeit von Frauen eine andere Haltung ein. Aber auch moderne Männer stimmen heute bundesweit wieder deutlich häufiger als vor zehn Jahren dem Statement zu, dass der Sinn des Lebens im beruflichen Aufstieg liege und dass versage, wer den Aufstieg nicht schafft. Zugleich neigen moderne Männer – der Studie zufolge – zu einer Romantisierung der Paarbeziehung. Sie wünschen sich eine romantische Beziehung in der Ehe, einen beruflichen Aufstieg und viel Freizeit (ebd.). Auch hier sind Konflikte und die Fragilität von Paarbeziehungen vorgezeichnet; sie laufen Gefahr, an veränderten Realitäten und an den modernen Lebensvorstellungen der jungen Frauengeneration zu scheitern, an der Erwartung nämlich, dass sich beide ebenbürtig für Beruf und Familie engagieren.

Hinzu kommt ein evidenter Mangel an konstruktiven Konfliktlösungsstrategien. Das beeinflusst die Qualität der Partnerschaft negativ: Die gegenseitige Wertschätzung, gemeinsame Unternehmungen, Zärtlichkeit und Sexualität nehmen nach der Geburt eines Kindes ab, fast die Hälfte der Paarbeziehungen sind nach fünf Jahren auf dem Tiefpunkt angelangt (Fthenakis et al. 2002). Auch die engagierte Literaturredakteurin Iris Radisch beschreibt eindrücklich, dass sie, bei der Geburt ihres ersten Kindes 36 Jahre alt, die damit einhergehenden Veränderungen in ihrer Beziehung zu dem Kindesvater so nicht vorhergesehen hatte. Während sie mit ihrer kleinen Tochter berufsbedingt in einer anderen Stadt lebte und jedes Wochenende per Bahn zu dem langjährigen Lebenspartner anreiste, weigerte dieser sich nach einiger Zeit, die beiden zu empfangen: „Er habe eine anstrengende Arbeitswoche hinter sich und müsse sich am Wochenende ausruhen. Wie, fragte ich entsetzt zurück. Und meine anstrengende Arbeitswoche? Und nachts immer noch das regelmäßig weinende Kind? Wird da vielleicht anders gerechnet? Und ja, da war schon klar: Bei Müttern gehen die Rechnungen in der Tat anders" (Radisch 2007, S. 116).

Traditionelle wie moderne Männer scheinen sich vor allem in einem einig zu sein: Frauen gehören nicht wirklich in Führungspositionen, wenn sie Kinder haben. So gelangte Christiane Nüsslein-Volhard, Nobelpreisträgerin für Medizin, im Rückblick auf ihren beruflichen Werdegang in Westdeutschland zu der Einschätzung, dass gerade männliche Vorgesetzte und Kollegen fest an die Unvereinbarkeit von Mutterschaft und Wissenschaftskarriere glauben und die Widersprüchlichkeit ihres Denkens und Handelns gar nicht zu bemerken scheinen. Argumente wie „Die Frau gehört zu ihren Kindern" wechseln ab mit Statements wie „Die Wissenschaftlerin gehört ins Labor, wenn es sein muss auch am Samstag oder Sonntag". Dann wieder wird den Wissenschaftlerinnen ihre Kinderlosigkeit zum Vorwurf gemacht, weil sie nicht dafür sorgen, dass ihre Intelligenz weiterverbreitet wird: „Es sind dieselben Leute, die einmal so und einmal genau anders herum argumentieren" (Nüsslein-Volhard 2002).

Vor allem für Paare mit einer vergleichbar guten Ausbildung wird die Familiengründung aus den genannten Gründen offensichtlich zu einem prekären Drahtseilakt. Die bereits zitierte Studie über die konstatierte dramatische Kinderlosigkeit beim wissenschaftlichen Mittelbau bzw. dem ‚wissenschaftlichen Nachwuchs' an den Universitäten in Nordrhein-Westfalen dürfte keine Einzelerscheinung sein. Vielmehr ist davon auszugehen, dass es in anderen Bundesländern ähnliche Tendenzen gibt, was aber empirisch noch zu überprüfen wäre. Es handelt sich bei dieser Problematik mitnichten um ein Minderheitenproblem, denn die heutige Studierendenquote von 22% soll in den nächsten zehn Jahren auf 35 bis 40% angehoben werden.

Die gesellschaftlichen Auswirkungen dieser vermeintlich ‚privaten' Entscheidungen sind gravierend: Es bleiben immer öfter gerade diejenigen ohne Kinder, die von ihren Bildungsvoraussetzungen und Erwerbsperspektiven her potenziellen und mehrheitlich gewünschten Kindern bestmögliche Bedingungen des Aufwachsens bieten könnten. Zum Glück Eltern heißt in diesen Bildungsmilieus, bestenfalls noch ein Kind zu haben. Dieser Tatbestand kann aufgrund seiner schwerwiegenden Folgen für eine Gesellschaft, die im internationalen Wettbewerb keine anderen Ressourcen einbringen kann außer ihrem Humanvermögen, gar nicht ernst genug genommen werden.

Ein Land, das auf das kulturelle und soziale Kapital seiner aktiven Erwerbsbevölkerung angewiesen ist, muss also dafür sorgen, dass auch die bei studierenden jungen Frauen und Männern weit verbreiteten Lebensentwürfe realisierbar sind, nämlich Beruf und Kinder miteinander vereinbaren zu wollen. Das Beharren auf dem Ausstieg von qualifizierten Müttern aus dem Beruf erweist sich somit auch volkswirtschaftlich als kontraproduktiv. Vielmehr sind familienpolitische Instrumente wie das einkommensabhängige Elterngeld, das auch für Väter die Übernahme generativer Sorgearbeit selbstverständlich einplant, ebenso gefragt wie eine qualitativ gute und flexible Kinderbetreuung, aber auch familienfreundliche Arbeitszeitregelungen in Unternehmen. Denn familiale Lebensformen sind komplexe Systeme, die in alltäglicher wie in biografischer Perspektive nicht einfach gegeben sind, sondern in Auseinandersetzung mit inkorporierten Geschlechterrollen und gesellschaftlichen Rahmenbedingungen immer wieder neu hergestellt und arrangiert werden müssen (vgl. Jurczyk 2009, S. 39 f.).

Perspektiven

Mit dem geplanten Ausbau von Kindertagesbetreuungsangeboten ergibt sich die Chance, in den konkreten Erfahrungs- und Lernzusammenhängen von Kindern und Jugendlichen zu vermitteln, dass die Familienarbeit keineswegs selbstverständlich oder gar ‚naturgegeben' in den Zuständigkeitsbereich von Mädchen und Frauen fällt, sondern Aufgabe von Frauen und Männern ist. Bislang jedoch wird eine differenzierte Auseinandersetzung mit den tradierten Geschlechterrollenmustern in der Schule kaum geführt. Eher wird den Mädchen die Illusion vermittelt, ihnen stünden später alle Chancen offen, wenn sie (sehr) gute Schulabschlüsse erreichen. Demgegenüber gibt es bis heute eine erstaunliche Wahrnehmungsresistenz gegenüber der Bedeutung von generativer Haus- und Fürsorgearbeit, für deren Übernahme Frauen nach wie vor verantwortlich gemacht werden, sobald sie sich für Kinder entscheiden. Auch die daraus folgenden negativen Konsequenzen für ihre Berufsperspektive, ihr Lebenserwerbseinkommen und ihre Alterssicherung werden nicht konsequent thematisiert.

Jungen und junge Männer benötigen ihrerseits quer durch alle Bildungsgruppen vielfältige Erfahrungsfelder fürsorglicher Praxis, um ein breites Rollen- und Kompetenzrepertoire erwerben zu können. Denn Konflikt- und auch Gewalterfahrungen, die Frauen in Paarbeziehungen machen, kommen häufiger vor als allgemein vermutet und werden keineswegs nur von Männern mit fehlenden oder geringen Bildungsabschlüssen ausgeübt. 37% der Täter verfügten höchste Bildungs- und Ausbildungsabschlüsse und mehr als 60% der betroffenen Frauen haben mittlere und hohe Bildungsabschlüsse und üben einen qualifizierten Beruf aus (BMFSFJ 2009).

Außerdem induziert der immer noch weit verbreitete ‚Rückzug der Männer aus der Familie' zugunsten von Erwerbsarbeit und Karriere nicht nur Beziehungskonflikte in der Partnerschaft, sondern auch volkswirtschaftlich fatale Effekte: Als Erwachsene treffen Männer in den verschiedensten (Führungs-) Positionen von Wirtschaft, Wissenschaft und Politik vielfach Entscheidungen, die aufgrund der ihnen meist fehlenden Fürsorge- und Alltagskompetenzen bzw. wegen ihres Mangels an Wertschätzung diesen Aufgabenbereichen gegenüber nicht sachkundig und bedarfsgerecht ausfallen. Wir brauchen ein gesellschaftliches Leitbild, das Männer und Frauen für die Erwirtschaftung ihres Unterhalts durch eigene Erwerbsarbeit gleichermaßen verantwortlich macht wie für die entlang des Lebensverlaufs anfallenden Fürsorgeverpflichtungen gegenüber Kindern sowie kranken und pflegebedürftigen Familienmitgliedern. Demgegenüber erweist sich ein Festhalten am Leitbild des ‚global tiger' als kontraproduktiv: jenes hochmobile und zeitlich unbegrenzt für die Anforderungen des Arbeitsmarktes verfügbare Individuum, das keinerlei Zeit für Familie und die damit in Zusammenhang stehende Arbeit hat, ist als Zukunftsmodell eines vielseitig verantwortlichen Erwachsenendaseins untauglich.

Handfeste Anzeichen für einen neuen Familien- und Vaterschaftsdiskurs werden in jüngster Zeit von der Männerforschung ausgemacht. So untersucht Michael Meuser die vielfältigen Ambivalenzen involvierter Vaterschaft im Kontext lokaler und betrieblicher Strukturvorgaben, aber auch von mental verfestigten Einstellungen (Meuser 2009, S. 215 f.). Er hält es für durchaus bemerkenswert, dass ein Teil der wissenschaftlichen Väterforschung den Wandel der Vaterrolle nicht nur beschreibt und analysiert, sondern sich zudem für ein Verständnis von Vaterschaft im Sinne von *Fathering* engagiert. In der beginnenden Auflösung der für die bürgerliche Geschlechterordnung typischen Separierung von Arbeit und Leben können neue Geschlechterarrangements allerdings nur dann zur Entfaltung kommen, wenn nicht allein auf einen Bewusstseinswandel, sondern auf die Veränderung von Strukturen gesetzt wird, auf denen das tradierte Vaterschaftskonzept im Kern basiert (ebd., S. 228).

Das Leitbild eines erwerbstätigen Individuums, das im Lebensverlauf zugleich auch familiale Fürsorgeaufgaben zu übernehmen hat, kann folglich nur unter bestimmten Bedingungen durchgesetzt werden. Einerseits sollte eine Kontinuität in der Erwerbsbiografie für Frauen und Männer angestrebt werden, andererseits sollten aber auch Unterbrechungen der Erwerbsverläufe lebbar werden, um Erwerbsbiografien an Anforderungen z.B. für (Weiter-) Bildung oder Fürsorgeverpflichtungen im Sinne von *garantierten Optionalitäten* anzupassen. Das schließt die verstärkte Förderung von Übergängen aus Phasen der Familienarbeit, der Qualifizierung oder der Arbeitslosigkeit in die Erwerbsarbeit und umgekehrt ein. Darüber hinaus sind Wiedereinstiegshilfen nach Elternzeit- und Pflegeunterbrechungen erforderlich, aber auch Möglichkeiten des Wechsels zwischen Voll- und Teilzeit.

Schließlich steht eine Reorganisation des Beginns und des Endes von Erwerbsbiografien an: Sowohl der Eintritt in das Erwerbsleben als auch der Austritt daraus haben sich mehr und mehr zu eigenständigen Phasen entwickelt. Kürzere Schul- und Ausbildungszeiten könnten ebenso wie bessere Bedingungen der Vereinbarkeit von Ausbildung und Familiengründung zur Dekompression von Erwerbsbiografien beitragen, was angesichts der hohen Lebenserwartung und bei einer flexiblen Gestaltung der Ausstiegsphase machbar wäre. Nur so ließe sich die *Rush Hour of Life* – d.h. die Anforderung berufliches Engagement, Familiengründung und Fürsorgeaufgaben für Kinder bzw. für pflegebedürftige Angehörige im mittleren Lebensalter synchron bewältigen zu müssen – schrittweise auflösen. Nicht zuletzt deshalb plädiert der 7. Familienbericht der Bundesregierung für eine Neujustierung von Lebensläufen und für einen intelligenten, zielgruppenbezogenen Mix aus Zeit-, Infrastruktur- und monetärer Transferpolitik.

Literatur

Blossfeld, Hans Peter/Timm, Andreas (1997): Der Einfluss des Bildungssystems auf den Heiratsmarkt. Kölner Zeitschrift für Soziologie und Sozialpsychologie, 49, 3. S. 440-476

BMFSFJ – Bundesministerium für Familie, Senioren, Frauen und Jugend (2009): Gewalt trifft Frauen in allen gesellschaftlichen Schichten. Pressemitteilung vom 6. März 2009

BMFSFJ – Bundesministerium für Familie, Senioren, Frauen und Jugend (2006): Familie zwischen Flexibilität und Verlässlichkeit. Perspektiven für eine lebenslaufbezogene Familienpolitik. Siebter Familienbericht. Berlin: BMFSFJ

Fthenakis, Wassilios E./Kalicki, Bernhard/Peitz, Gabriele (2002): Paare werden Eltern. Die Ergebnisse der LBS-Familien-Studie. Opladen: Leske und Budrich

Gesterkamp, Thomas (2002): gutesleben.de. Die neue Balance von Arbeit und Liebe. Stuttgart: Klett-Cotta

Heitkötter et al. (Hrsg.) (2009): Zeit für Beziehungen? Zeit und Zeitpolitik für Familien. Opladen und Farmington Hills: Budrich

Institut für Demoskopie Allensbach (2004): Einflussfaktoren auf die Entwicklung der Geburtenrate. Studie im Auftrag der Landesregierung Baden-Württemberg. Allensbach am Bodensee

Jurczyk, Karin (2009): Familienzeit – knappe Zeit? In: Heitkötter et al. (2009): S. 37-66

Keller, Claudia (2009): Von der Rolle. Tagesspiegel, 19. März 2009. Berlin. S. 2

Klammer, Ute (2004): Arbeitszeit und soziale Sicherung im Lebensverlauf – Empirische Befunde und politischer Handlungsbedarf. Expertise für den 7. Familienbericht. Berlin: BMFSFJ

Kolbe, Wiebke (2006): Neue Väter – oder was? Vaterschaft und Vaterschaftspolitik in Schweden und der Bundesrepublik von den sechziger Jahren bis heute. Freiburger FrauenStudien 18. Freiburg: Zentrum für Anthropologie und Gender Studies. S. 145-178

Metz-Göckel, Sigrid/Möller, Christina/Auferkorte-Michaelis, Nicole (2009): Wissenschaft als Lebensform – Elternschaft unerwünscht? Kinderlosigkeit und Beschäftigungsverhältnisse des wissenschaftlichen Personals aller nordrhein-westfälischen Universitäten. Opladen und Farmington Hills: Budrich

Meuser, Michael (2009): Keine Zeit für die Familie? Ambivalenzen involvierter Vaterschaft. In: Heitkötter et al. (2009): S. 215-232

Nave-Herz, Rosemarie (1988): Kinderlose Ehen. Eine empirische Studie über die Lebenssituation kinderloser Ehepaare und die Gründe für ihre Kinderlosigkeit. Weinheim: Juventa

Nüsslein-Volhard, Christiane (2002): Mehr Frauen an die Forschungsfront. Die Zeit, 23.05.2002. Hamburg. S. 36

Radisch, Iris (2007): Die Schule der Frauen. Wie wir die Familie neu erfinden. München: Deutsche Verlags-Anstalt

Weinkopf, Claudia (2003): Förderung haushaltsbezogener Dienstleistungen. In: Vierteljahreshefte zur Wirtschaftsforschung 72. Berlin: DIW. S. 133-147

Siegfried Keil

Stärkung familialer Beziehungs- und Erziehungskompetenzen durch Förderung von Erziehungspartnerschaften

Positionen des Wissenschaftlichen Beirats für Familienfragen beim Bundesministerium für Familie, Senioren, Frauen und Jugend

Der Gedanke, die familialen Erziehungskompetenzen durch Förderung von Erziehungspartnerschaften anzustreben, hat sich in den Forschungsprojekten des Instituts für Sozialpädagogik der Pädagogischen Hochschule Ruhr/Universität Dortmund unter Leitung von Siegfried Keil und Rita Süssmuth in den 1970er Jahren entwickelt. Am stärksten herausgearbeitet wurde er in dem 1979 – 1981 durchgeführten Projekt *Qualifizierung von Erzieherinnen für Elternarbeit vom Elementarbereich aus*. Die mit diesem Projekt verbundenen Intentionen und Interessen zielten darauf ab, Erzieherinnen in der Zusammenarbeit mit Eltern zu unterstützen und Eltern die Chance zu geben, ihren familiären Alltag verstärkt in den Kindergarten einzubringen und die noch immer bestehende Fremdheit zwischen den beiden Lebenswelten und im Umgang miteinander zu verringern. Dazu gehört auch, dass Erzieherinnen ein Bild vom Familienalltag gewinnen und Eltern den Alltag im Kindergarten und der Kindertagesstätte kennenlernen. Insofern setzt das Projekt nicht bei den Defiziten von Eltern und/oder Erzieherinnen an, sondern bei den Bedürfnissen und Kompetenzen beider Gruppen. Entwickelt werden sollte „die interaktive Kompetenz für die Begegnung von Erzieherinnen und Eltern" (Keil/Süssmuth 1986, S. 14).

Als der Wissenschaftliche Beirat beim Bundesfamilienministerium mit seinem Gutachten „Familie und Beratung. Familienorientierte Beratung zwischen Vielfalt und Integration" (1993) die Reihe seiner sozialisationspolitischen Gutachten beginnt, geht es ihm zunächst um die Integration der unübersichtlich gewordenen vielfältigen Beratungsangebote. Doch in dem Gutachten „Kinder und ihre Kindheit in Deutschland" (1998) greift er die Idee seiner ursprünglich aus dem Dortmunder Institut für Sozialpädagogik stammenden Mitglieder unmittelbar auf, wenn er fordert:

„In allen außerfamilialen Sozialisationsbereichen ist die soziale Kompetenz der Fachkräfte über die einrichtungsspezifische Fachkompetenz hinaus zu fördern und zu stärken, um den Kindern neben der Aneignung der jeweils besonderen Bildungsinhalte und Fähigkeiten soziales Lernen zu ermöglichen. Um den Kindern wie deren Eltern als kompetente Bezugspersonen begegnen zu können, benötigen die Fachkräfte ein hinreichendes Wissen über die allgemeine Entwicklung von Kindern und spezielle Sozialisationsprobleme im familialen und außerfamilialen Kontext. Dieses ist eine wichtige Voraussetzung für die in allen Bereichen notwendige Zusammenarbeit zwischen den familialen und außerfamilialen Sozialisationsbereichen der Kinder" (Wiss. Beirat 1998, S. 254).

In seiner Reaktion auf die erste PISA-Studie kritisiert der Beirat die Engführung der öffentlichen Diskussion in Deutschland, die sich einseitig auf eine Reform des Schulwesens konzentriert und fordert erstmalig die Unterstützung und Förderung des Zusammenwirkens von Familien, Bildungsinstitutionen, Kinder- und Jugendhilfe:

„Zwischen den drei Gruppen von Beteiligten – Eltern, Erzieherinnen und Lehrer sowie Kinder und Jugendliche – sollte ein Netzwerk von Gespräch, und Unterstützung entstehen, das den Bildungsprozess der Kinder und Jugendlichen trägt, Fehlentwicklungen frühzeitig zu diagnostizieren erlaubt und gemeinsame Bemühungen um frühzeitige Lösungen von Problemen und Konflikten erleichtert. In diesem Netzwerk können Erfahrungen mit solchen

Vorhaben und in gemeinsam organisierten Projekten gesammelt und ausgewertet werden. Dieses soziale Netzwerk können die instrumentellen Anteile in der gegenseitigen Wahrnehmung von Familie und Erzieherinnen bzw. Lehrer verringern und persönliche Momente stärken. Dies ist nicht als ein Zurückdrehen des Rades funktionaler Ausdifferenzierung von Familie und Bildungssystem zu verstehen" (Wiss. Beirat 2002, S. 39 f.).

Eine stärkere Verzahnung von Elternhaus und Bildungsinstitutionen könnte auch der Gefahr entgegenwirken, dass vor allem Kinder aus Familien, denen immer noch eine eingeschränkte Wahrnehmung ihrer Sozialisationsaufgaben unterstellt wird, zusätzlich zu einer durch Armut erzeugten materiellen Deprivation einen Teufelskreis von Belastung, Versagen, Verweigerung und Ablehnung erfahren, wenn sie versuchen, sich als ‚normale' Familie darzustellen. Dadurch wird das Gefühl der Andersartigkeit aber oft noch weiter verstärkt. Wenn es zu derartigen Spannungen zwischen Bildungsinstitutionen und Familien kommt, fehlen in den Bildungsinstitutionen oft die Voraussetzungen, diese Probleme ohne Nachteile für Kinder oder Jugendliche zu überwinden. Eine aktive und dauerhafte Kooperation von pädagogischen Fachkräften und Eltern könnte hier eine außerordentlich wichtige Funktion übernehmen.

Zwölf Jahre nach seinem Gutachten „Familie und Beratung" (1993) hat der Wissenschaftliche Beirat beim Bundesministerium für Familie, Senioren, Frauen und Jugend sein Gutachten zur Stärkung familialer Beziehungs- und Erziehungskompetenzen vorgelegt. Das Plädoyer von damals galt vor allem der qualitativen Weiterentwicklung und dem quantitativen Ausbau einer integrierten familienorientierten Beratung. Die politische Umsetzung dieser Vorschläge stieß bereits damals auf die Hemmnisse der föderalen Struktur unseres Gemeinwesens, der unterschiedlichen rechtlichen Verankerung der einzelnen Erziehungsfelder und der abgestuften staatlichen bzw. kommunalen Verantwortung für die verschiedenen hier zur Partnerschaft aufgerufenen Bildungs- und Unterstützungssysteme. Während die Schwangerschaftskonfliktberatung und die Erziehungsberatung mit einem Rechtsanspruch der Ratsuchenden ausgestattet sind, gelten alle anderen Beratungs- und Bildungsangebote im Umfeld von Partnerschaft, Ehe und Familie als freiwillige Leistungen der öffentlichen Hand und können je nach Haushaltslage gewährt, gekürzt oder gestrichen werden.

Dem Beirat war durchaus bewusst, dass er mit seinem neuen Gutachten, das auf die Stärkung der elterlichen Beziehungs- und Erziehungskompetenzen und deren Unterstützung durch Jugendhilfe und Schule zielt, auf eine noch schwierigere Situation der öffentlichen Haushalte traf. Dennoch rief er um der Zukunftsfähigkeit unserer Gesellschaft willen alle in Staat und Gesellschaft Verantwortlichen dazu auf, alle familialen Unterstützungssysteme in gleicher Weise zu fördern und die *Erziehungspartnerschaften* zwischen Elternhaus, Jugendhilfe und Schule über alle Zuständigkeitsgrenzen hinaus zu ermöglichen.

Die in diesem Gutachten vorgetragenen Argumente für die Stärkung elterlicher Beziehungs- und Erziehungskompetenzen stützen sich auf eine Auffassung, nach der Erziehung junge Menschen darauf vorbereiten soll, ihr Leben eigenverantwortlich und selbständig, unter Berücksichtigung berechtigter Erwartungen anderer, aber auch in Mitverantwortung für das Wohl anderer und das Wohl des Gemeinwesens zu führen. Eine in diesem Sinne positive Entwicklung und der Aufbau der entsprechenden Urteils- und Handlungskompetenzen aufseiten von Kindern und Jugendlichen werden vor allem dann gefördert, wenn ihre Erziehung an dem Prinzip *Freiheit in Grenzen* (vgl. Schneewind 2002) orientiert ist.

„Mit dem Konzept ‚Freiheit in Grenzen' ist gemeint, dass Eltern unter Berücksichtigung der Individualität und des Entwicklungsstandes ihrer Kinder sowohl deren Bedürfnisse nach einem liebevollen, akzeptierenden und unterstützenden Verhalten beantworten als auch an ihre Kinder Forderungen stellen sowie klare Grenzen für unerwünschtes Verhalten setzen. Neben den Aspekten ‚Elterliche Wertschätzung' und ‚Fordern und Grenzensetzen' kennzeichnet das Prinzip ‚Freiheit in Grenzen' noch eine wichtige dritte Dimension. Es ist dies die ‚Gewährung und Förderung von Eigenständigkeit', die es Kindern und Jugendlichen – wiederum entsprechend ihrer Individualität und ihres jeweiligen Entwicklungsstandes – ermöglicht, Erfahrungen als Konsequenzen ihres eigenen Handelns zu machen und damit zu selbstverantwortlichen und eigenständigen Personen heranzuwachsen. Insbesondere der zuletzt genannte Aspekt macht deutlich, dass Kinder und Jugendliche entsprechend ihrer Eigenständigkeit und Selbstverantwortlichkeit grundsätzlich auch aktiv an der Mitgestaltung des Beziehungs- und Erziehungsverhältnisses zu ihren Eltern beteiligt sind, wodurch die erste und wichtigste Erziehungspartnerschaft – nämlich die zwischen Eltern und ihren Kindern – entsteht und die Idee vom ‚Verhandlungshaushalt' erst ihre täglich neu zu bestätigende Bedeutung erhält" (Wiss. Beirat 2005, S. 56).

Eltern müssen durch vielfältige Bemühungen, die auf eine Förderung und Stärkung ihrer Beziehungs- und Erziehungskompetenzen gerichtet sind, dafür sensibilisiert werden, eine liebevolle Beziehung zu ihren Kindern aktiv zu leben, ihre Kinder verlässlich zu unterstützen, Erwartungen und Forderungen an sie in angemessener Weise zu stellen, ihnen Normen und Regeln des Zusammenlebens zu vermitteln und ihnen die Grenzen zu verdeutlichen, an denen sie gegen diese Normen und Regeln verstoßen.

Im Hinblick auf eine Erziehung, die an diesen Zielsetzungen ausgerichtet ist, gibt es zum einen eine generelle Problematik, der sich viele – wenn nicht fast alle – Eltern und andere Erziehungspersonen in ihrem erzieherischen Tun gegenübersehen, und zum anderen gibt es besondere Erziehungsschwierigkeiten in nicht wenigen Familien, in denen die Beziehungen zwischen Eltern und Kindern belastet sind und Eltern, wie es scheint, vergeblich gegen Fehlentwicklungen ankämpfen oder in ihrem Bemühen, bei ihren Kindern eine positive Entwicklung zu befördern, resigniert aufgegeben haben.

Das Gutachten ist vor allem darauf ausgerichtet, Maßnahmen zu benennen und im einzelnen zu beschreiben, durch die Elternkompetenzen erworben oder verstärkt werden können – Kompetenzen, die das erzieherische Handeln von Eltern verbessern und damit die Qualität der Beziehungen zwischen Eltern und Kindern, in die dieses Handeln eingebettet ist, steigern. Mit dem Begriff der *Erziehungspartnerschaft* hat das Gutachten zugleich verdeutlicht, dass alle weiteren an der Erziehung von Kindern beteiligten Personen, insbesondere ErzieherInnen in Kindertagesstätten und LehrerInnen in Schulen, in die Konzeption des Prinzips *Freiheit in Grenzen* einbezogen werden müssen, denn ihr erzieherischer Beitrag prägt die Gesamtsituation mit.

Trotz dieser Konzentration auf das Erziehungsgeschehen im engeren Sinne ist dem Wissenschaftlichen Beirat für Familienfragen der Hinweis wichtig, dass auch die *sozioökonomischen Bedingungen*, unter denen Familien ihr Leben und ihre Beziehungen zueinander gestalten, die Leistungsfähigkeit von Familien und insbesondere die Erziehungstätigkeit von Eltern massiv beeinflussen. In direktem Bezug auf die Erziehungskompetenz von Eltern fasst der Wissenschaftliche Beirat für Familienfragen seine Argumentation – wie seit den 1990er Jahren regelmäßig (vgl. Gerlach 2011) – in Empfehlungen zusammen. Mit diesen Empfehlungen wendet er sich an die Verantwortlichen in den für Kinder und Familien zuständigen Ressorts auf Bundes- und Länderebene sowie in den Kommunen, aber auch an die Träger aller Einrichtungen, die am Erziehungsprozess der nachwachsenden Generation beteiligt sind, und die in diesen Einrichtungen tätigen Personen.

Die Angebote der Elternbildung sollten sich vor allem an junge Eltern richten, die dabei sind in ihre Rolle hineinzufinden, an zukünftige Eltern, die sich auf erwartbare Anforderungen vorbereiten wollen, und darüber hinaus an Eltern, die zu spezifischen Problemen der Erziehung ihrer Kinder Klärungs- und Beratungsbedarf haben. Diese Angebote sollten ihrer Art nach vielfältig und ihrer konkreten inhaltlichen Ausgestaltung nach plural sein. Folglich sollten viele Träger solche Bildungsprogramme anbieten, und zwar neben den bereits bestehenden Einrichtungen der Familienbildung auch andere Institutionen, die mit Eltern in Verbindung stehen und erzieherische Fragen aufgreifen können, wie etwa Kindergärten und Schulen.

Auch Massenmedien, das Fernsehen, Video-Materialien und Druckmedien sollten genutzt werden, um Eltern anzusprechen. Maßnahmen, die nach dem Muster von Faltblättern oder Werbe-Spots Erziehungsthemen anreißen, mögen für die Thematik sensibilisieren. Um wirkungsvolle Bildungsprozesse einzuleiten, bedarf es darüber hinaus einer interaktiven medialen Didaktik, für die es bereits überzeugende Vorbilder gibt. Da die Angebote der Familienbildung freiwillig bleiben müssen, sollten die Angebote dadurch attraktiv sein, dass sie Eltern aktiv einbeziehen, den Dialog fördern, an Alltagssituationen anknüpfen und mit den Eltern gemeinsam erarbeitete neuartige Erfahrungen und Problemlösungen ermöglichen und auswerten.

Der Wissenschaftliche Beirat für Familien weist darauf hin, dass professionelle Beratung und Unterstützung von Eltern in Erziehungsfragen allgemein oder bei bestehenden Erziehungsproblemen seit Jahren nicht mehr durch modische und widersprüchliche Meinungen belastet sein müssen. Vielmehr liegen inzwischen solide Forschungsergebnisse vor, die zeigen, von welchen Bedingungen jene Erziehungsprozesse, die eine positive Entwicklung von Kindern befördern, abhängen. Angesichts dieses Forschungsstandes ist es möglich und wichtig, Angebote, in denen Beziehungs- und Erziehungskompetenzen von Eltern gestärkt werden sollen, systematisch zu evaluieren. Dies sollte auch geschehen, damit diejenigen Eltern, die Beratung und Unterstützung suchen, abgesicherte Formen der Hilfe und Intervention erhalten.

Da Eltern schnell deutlich wird, dass sie nicht die einzigen Erzieher ihrer Kinder sind, sondern Erzieherinnen und Erzieher, Lehrerinnen und Lehrer in Kindertagesstätten und Schulen an der Erziehung der Kinder mitbeteiligt sind, ist die Erziehungspartnerschaft, d.h. ein kommunikatives Verhältnis der an der Erziehung der Kinder und Jugendlichen beteiligten Personen und Institutionen, unabdingbar. Diese Erziehungspartnerschaft setzt voraus, dass die Grundlagen gelingender Beziehungs- und Erziehungsprozesse nicht nur Eltern, sondern auch den anderen am Aufwachsen des Kindes Beteiligten bereits in der Ausbildung oder in der Fortbildung vermittelt werden. Der Wissenschaftliche Beirat für Familienfragen unterstreicht diese Forderung, weil Zweifel daran bestehen, ob diese Aufgabe der Erziehung, die persönliches Engagement verlangt, in der Ausbildung von ErzieherInnen und LehrerInnen den ihr gebührenden Raum einnimmt. Dies aber ist dringend erforderlich, damit andere an der Erziehung von Kindern beteiligte Personen den Eltern wirklich Partner sein können, aber auch, damit jene die Grundlagen und Handlungsprinzipien, die sich als förderlich für eine gute Entwicklung der Kinder erwiesen haben, in die Handlungsfelder übertragen werden, in denen sie das Leben und Lernen der Kinder und Jugendlichen verantwortlich gestalten.

„Erziehungskompetenz der Fachkräfte ist in den Einrichtungen für Kinder außerhalb der Familie wichtig, weil die dort Tätigen oft die Adressaten sind, an die sich Eltern werden, wenn sie sich Gedanken um ihr Erziehungsverhalten machen oder damit in Probleme geraten sind. Eine kompetente Einschätzung kindlicher Entwicklungsprobleme und Kompetenz zur Beratung von Eltern ist bei diesen Fachkräften auch deshalb erforderlich, weil sie in vielen Fällen die ersten sind, die beobachten können (oder könnten), wenn in der Entwicklung der Kinder, in ihrem Sozial- oder Lernverhalten oder in der Beziehung zu ihren Eltern Probleme sichtbar werden. Diese Fachkräfte müssen daher in der Lage sein, die richtigen Fragen zu stellen, die richtigen Schlussfolgerungen aus ihren Beobachtungen zu ziehen, ggfs. Rat anzubieten oder Schritte einzuleiten, durch die elterliche Kompetenzen gefördert werden können. Der Austausch über Fragen der Erziehung zwischen Eltern und Erzieherinnen und Erziehern sowie Eltern und Lehrerinnen und Lehrern könnte gute Gelegenheiten für eine besonders effektive Elternbildung schaffen" (Wiss. Beirat 2005, S. 128 f.).

Ein guter Weg, das Gespräch über Fragen und Probleme der Erziehung zu fördern, besteht darin, Eltern und – gemessen an Alter und Entwicklungsstand – auch Kindern nicht nur aus Gefälligkeit die Möglichkeit zu geben, ihre Meinung in Einrichtungen für Kinder zu sagen, sondern ihnen einen festen Platz in Prozessen der Entscheidungsfindung zu geben. Die Erziehungspartnerschaft verliert durch eine solche Partizipation den Charakter der Beliebigkeit und führt zu einer ernsthaften, sicher manchmal auch schwierigen Kooperation über drängende Fragen der Erziehung.

Der Wissenschaftliche Beirat für Familienfragen empfiehlt daher den weiteren Ausbau, vor allem aber die konkrete Ausgestaltung und Erfüllung der weithin bereits vorhandenen Beteiligungsregelungen und -gesetze für Eltern, Kinder und Jugendliche in den Einrichtungen, die das Leben und die Entwicklung der Kinder und Jugendlichen mitbestimmen. Der Beirat macht darauf aufmerksam, dass die angestrebte Öffnung dieser Einrichtungen für die Mitwirkung von Eltern und heranwachsenden jungen Menschen nicht eine Aufgabe ist, die ‚nebenher' – also ohne zusätzlichen Aufwand – zu bewältigen ist. Sie verlangt spezifische Fähigkeiten, die durch Kurse und Fortbildung gestützt werden können; sie verlangt aber auch Zeit, Aufmerksamkeit und Planung.

Beteiligung ist nicht als einseitige Einflussnahme von ‚außen' auf die Prozesse in Einrichtungen für Kinder und Jugendliche zu sehen, sondern als ein Schritt, der diese Einrichtungen in nach Rollen differenzierter Weise zu einer gemeinsamen Angelegenheit der für ihre Kinder primär verantwortlichen Eltern, der spezifisch für diese Kinder verantwortlichen Fachkräfte in den Einrichtungen sowie der ebenfalls als aktive Subjekte an ihrer Entwicklung mitwirkenden Kinder und Jugendlichen macht. Diese Prozesse führen im Falle ihres Gelingens alle Beteiligten dazu, bisherige Verhaltensmuster zu überdenken und auch zu ändern, wenn neue Sichtweisen in diesen Diskussionen auftreten. Erziehung bleibt dadurch nicht ein verborgener innerfamilialer Prozess, sondern wird zu einem gemeinsamen Thema, über das sich alle Beteiligten reflexiv um Klarheit bemühen.

„Ein Dilemma, auf das dieses Gutachten hinweist, besteht darin, dass diejenigen, die sich am dringendsten mit ihrem erzieherischen Handeln auseinandersetzen sollten, zumeist schlechte Voraussetzungen mitbringen, um ihr Verhalten selbstkritisch zu beleuchten, Probleme zu kommunizieren, Verantwortlichkeiten zu bestimmen sowie Verhaltensweisen zu revidieren. Diese Beobachtung widerlegt nicht die Programmatik der Partizipation, sie verweist aber darauf, dass nicht sämtliche Erziehungsprobleme im Zuge eines intensivierten Diskurses über Fragen des Aufwachsens in partizipativen Gremien – gleichsam als erwünschte Nebenwirkungen dieses Diskurses – zu lösen sind. Professionelle Erziehungshilfen, wie sie durch die Kinder- und Jugendhilfe angeboten werden, werden weiterhin für die Herstellung guter Bedingungen des Aufwachsens für alle Kinder und Jugendlichen unverzichtbar sein" (Wiss. Beirat 2005, S. 130 f.).

Es gibt Problemlagen, in denen Gespräche unter Eltern, Informationen in Kindergarten und Schule und Lektüre von Ratgeberliteratur nicht ausreichen, sondern in denen ExpertInnen im Rahmen der im KJHG vorgesehenen Hilfen zur Erziehung unterstützen und gegebenenfalls therapeutisch intervenieren müssen. Auch wenn Eltern für begrenzte oder gar unbestimmte Zeit nicht mehr die Hauptakteure im Erziehungsprozess ihrer Kinder sein sollten, so müssen ihre Beziehung zum Kind und ihre verminderten Beziehungs- und Erziehungskompetenzen gleichwohl Gegenstand von Hilfe bleiben, weil diese Beziehung ja letztlich ‚unaufkündbar' ist und eine mangelnde Fähigkeit oder Bereitschaft aufeinander zuzugehen und konstruktiv miteinander umzugehen leicht neuerliche Krisen und weitere Verletzungen erzeugen kann.

Zur Förderung der elterlicher Beziehungs- und Erziehungskompetenzen sollten sowohl Präventionsprogramme, die sich prinzipiell an alle Eltern richten, als auch selektive Programme, die auf Eltern mit geringem Kompetenzniveau abzielen, sowie Maßnahmen der indizierten Prävention und therapeutischen Intervention ausgebaut werden. Informationen über derartige Programme und ihre leichte Erreichbarkeit müssen gesichert sein. Dafür ist die Zusammenarbeit zwischen Kinder- und Jugendhilfe und Tageseinrichtungen für Kinder und Schulen entschieden zu verbessern.

„Es muss ein wichtiges Ziel auch massiv intervenierender Maßnahmen sein, die Beziehung zwischen Eltern und Kindern zu stützen, solange von dieser Beziehung ein Beitrag zur Entwicklung einer eigenverantwortlichen und gemeinschaftsfähigen Person erhofft werden kann. Die Trennung von Kindern von ihren Eltern und der Freiheitsentzug für Kinder, die ihr sich selbst und anderen schadendes Verhalten nicht zu kontrollieren vermögen, kann nur die ultima ratio sein. Der erzieherische Sinn solcher Schritte muss regelmäßig geprüft und die rechtlichen Implikationen müssen sorgfältig kontrolliert werden. Eltern muss in dieser Lage eine begleitende Hilfe zur Verfügung stehen. Es muss dafür gesorgt werden, dass es genügend Stellen gibt, von denen Eltern ebenso wie Kinder und Jugendliche erforderliche Information und Rat erhalten, wenn sie schwerwiegende Entscheidungen über Hilfemaßnahmen oder das Aufsuchen von Therapien treffen müssen; denn deren Wirksamkeit hängt in hohem Maße auch davon ab, dass die Betroffenen aufgeklärt zustimmen und aktiv mitarbeiten" (Wiss. Beirat 2005, S. 133).

Der Beirat wiederholt die immer wieder erhobene Forderung, dass die diversen Hilfen, die Eltern und Kindern bzw. Jugendlichen gegeben werden, effektiv koordiniert sein müssen. Eine personale Kontinuität der Hilfsmaßnahmen muss gewährleistet werden, um stützende Beziehungserfahrungen zu ermöglichen und zu sichern.

In der auf den PISA-Schock folgenden Diskussion um die Einführung der Ganztagsschule unterstreicht der Beirat schon mit dem Titel seines Gutachtens „Ganztagsschule – Eine Chance für Familien" (2006), dass die ganztägige Betreuung, Bildung und Erziehung in der Schule keine Gefährdung der Erziehung in der Familie bedeuten müsse, sondern sich zu einer Chance für die Familien entwickeln könnte. Das setze allerdings voraus, dass mit der Einführung der Ganztagsschule über das Verhältnis von Schule und Familie neu nachgedacht werde. Die Rechte und Interessen von Eltern an der Erziehung ihrer Kinder müssen durch den Aufbau von Bildungs- und Erziehungspartnerschaften zwischen Müttern und Vätern, Lehrerinnen und Lehrern, Erzieherinnen und Erziehern gestärkt werden.

Bildungs- und Erziehungspartnerschaften gründen auf der – oft erst zu schaffenden – Einsicht, dass Elternhaus und Schule mit Blick auf die Bildung, Erziehung und Sozialisation der Kinder gemeinsame Aufgaben haben und beide sich in der Erfüllung dieser Aufgaben wechselseitig unterstützen können und müssen. Der Begriff *Partnerschaft* verweist darauf, dass Familie und Schule nicht nur gleichberechtigt sind, sondern in einem Bündnis gleiche

Ziele verfolgen. Eine wesentliche Voraussetzung dafür ist aber auch, dass Eltern und LehrerInnen sich hinsichtlich der leitenden Bildungs-, Entwicklungs- und Erziehungsziele sowie hinsichtlich der Ausgestaltung des Erziehungsverhaltens verständigen und jeweils ein Erziehungsumfeld schaffen, welches sich bestimmten Leitlinien einer Freiheit in Grenzen verpflichtet sieht, wie der Beirat sie in seinem Gutachten zu den „Familialen Erziehungskompetenzen" ausgeführt hat (Wiss. Beirat 2005, S. 55 ff.).

Bei all dem muss es Raum für die besonderen Erfordernisse und Möglichkeiten der einzelnen Schulen vor Ort geben, der eine je spezifische Profilierung (in Bezug auf Bildungs- und Erziehungspartnerschaften) im konkreten sozialökologischen Nahraum gestattet. Schwerpunkte im bildungsbezogenen und erzieherischen Handeln der Schule zu vereinbaren ist eine Gemeinschaftsaufgabe, der sich Eltern und Schule zu stellen haben und darin liegt ein Teil der Schulentwicklung. Nicht zuletzt eröffnet die Ganztagsschule neue Möglichkeiten auch jene Eltern enger einzubinden, die der Schule und den Bildungsprozessen ihrer Kinder eher distanziert gegenüberstehen. Denn gerade die Ganztagsschule kann sich den Eltern gegenüber besser öffnen und sie gegebenenfalls in ihrem erzieherischen Handeln unterstützen. Bildungs- und Erziehungspartnerschaften sind ein außerordentlich wichtiges Instrument in der Förderung kindlicher Entwicklung im Allgemeinen und schulischer Leistungsfähigkeit im Besonderen. Zudem können sie dazu beitragen, die berufliche Zufriedenheit von LehrerInnen zu steigern sowie den Erziehungsalltag in den Familien zu erleichtern.

Die Ganztagsschule kann nach Überzeugung des Wissenschaftlichen Beirates für Familienfragen die an sie gestellten Erwartungen schließlich nur dann erfüllen, wenn sie räumlich und materiell angemessen ausgestattet und professionelles und gut ausgebildetes Personal ganztägig anwesend ist. Sie braucht daher LehrerInnen sowie ErzieherInnen, die sich in einer fächerübergreifenden Ausbildung hinreichende Kenntnisse über kindliche Entwicklung und Lernprozesse, über das soziale Miteinander von Kindern und Jugendlichen sowie über elterliche Beziehungs- und Erziehungskompetenzen im Kontext außer- und innerfamilialer Anforderungen und Ressourcen aneignen konnten. Nur wenn sie ein derartiges breites Wissen über erzieherisches Handeln und seine Wirkungen erworben haben, werden sie bereit und in der Lage sein, Erziehungs- und Bildungspartnerschaften zum Wohle der Heranwachsenden, der Familien und nicht zuletzt der Schule zielführend zu gestalten.

Auch in dem Kurzgutachten „Bildung, Betreuung und Erziehung für Kinder unter drei Jahren – elterliche und öffentliche Sorge in gemeinsamer Verantwortung" (2005) weist bereits der Titel auf das Leitbild des Beirats hin: Jede Verantwortung für das Aufwachsen von Kindern kann nur in gemeinsamer Sorge von Eltern und ErzieherInnen wahrgenommen werden. Dabei bedarf der Ausbau der Betreuungsangebote für Unter-Dreijährige spezifischer fachlicher Rahmenbedingungen, die bislang in den eher quantitativ ausgerichteten öffentlichen Diskussionen weitestgehend ausgeklammert bleiben. Angesichts der in den ersten Lebensjahren besonders stark ausgeprägten Lernfähigkeit und Verletzbarkeit der Kinder ist es entscheidend, dass in allen Betreuungsangeboten ein hohes Niveau der pädagogischen Qualität sichergestellt wird. Wenn dieser Ausbau auch zu einer besseren Balance von Familie und Beruf beitragen soll, dann ist es ebenfalls wichtig, dass die elterlichen Bedarfe in Hinblick auf die Qualität berücksichtigt werden, die nicht nur pädagogisch zu verorten sind. Dabei ist daran zu denken, dass sich Eltern z.B. Einrichtungen wünschen, die in der Nähe des Wohnortes oder des Arbeitsplatzes sind, deren Öffnungszeiten mit ihren Arbeitszeiten kompatibel sind, die eine Betreuung über die Ferienzeiten abdecken etc. Primär sind es flexible und gleichzeitig verlässliche Betreuungsarrangements, die Eltern benötigen, wenn sie Familie und Erwerbstätigkeit vereinbaren.

Zur nachhaltigen Sicherung einer hohen Qualität der Rahmenbedingungen des Aufwachsens aller Kinder plädiert der Beirat für einen die Familien integrierenden Ansatz. Er verbindet die bereits genannten Perspektiven der Kinder, der Eltern und des Sozialraums. Und er zielt auf eine neue und bessere Integration der öffentlichen und der elterlichen Sorge für Kinder, die geeignet ist, durch Stärkung des Informationsaustauschs zwischen Tageseinrichtung und Eltern, durch Ausweitung von Partizipationsspielräumen der Familien und durch tragfähige Kooperationsstrukturen in der Gestaltung der Erziehungspraxis das Wohl aller Kinder sowie eine angemessene Unterstützung und Anregung ihrer Entwicklungs- und Bildungsprozesse zu gewährleisten. Dabei geht es um die Praxis einer engen Erziehungspartnerschaft zwischen Tageseinrichtungen für Kinder bzw. Angeboten der Familientagesbetreuung und Eltern. Es geht aber auch um eine weitergehende Vernetzung der lokalen Dienstleistungen für Familien, wie sie beispielsweise in Familienzentren realisiert wird. Besondere Aufmerksamkeit verdienen in diesem Zusammenhang Angebote, die Eltern in ihrer Rolle als Betreuer und Erzieher der Kinder stärken, ihre Involviertheit in die pädagogische Arbeit sichern, und – direkt oder indirekt – zur Unterstützung der elterlichen Beziehungs- und Erziehungskompetenzen beitragen.

Literatur

Gerlach, Irene (2011): Wissenschaftliche Beratung für Familienpolitik: Blick zurück und nach vorne. In: Familienpolitische Informationen der EAF, 2011/1, S. 3. Berlin: Evangelische Aktionsgemeinschaft für Familienfragen

Keil, Siegfried/Süssmuth, Rita (1986): Qualifizierung von Erzieherinnen für Elternarbeit vom Elementarbereich aus. Schriftenreihe des BMJFFG, Bd. 191. Stuttgart, Berlin, Köln und Mainz: Kohlhammer

Krüsselberg, Hans-Günter/Reichmann, Hans (Hrsg.) (2002): Zukunftsperspektive Familie und Wirtschaft. Grafschaft: Vektor

Schneewind, Klaus A. (2002): Freiheit in Grenzen. In: Krüsselberg/Reichmann (2002): S. 213-262 u. 393-404

Wissenschaftlicher Beirat für Familienfragen beim BMFSFJ (1993): Familie und Beratung. Schriftenreihe des BMFuS, Band 16. Stuttgart: Kohlhammer

Wissenschaftlicher Beirat für Familienfragen beim BMFSFJ (1998): Kinder und ihre Kindheit in Deutschland: Eine Politik für Kinder im Kontext von Familienpolitik. Schriftenreihe des BMFSFJ, Band 154. Stuttgart: Kohlhammer

Wissenschaftlicher Beirat für Familienfragen beim BMFSFJ (2002): Die bildungspolitische Bedeutung der Familie – Folgerungen aus der Pisa-Studie. Schriftenreihe des BMFSFJ, Bd. 224. Stuttgart: Kohlhammer

Wissenschaftlicher Beirat für Familienfragen beim BMFSFJ (2005): Familiale Erziehungskompetenzen. Beziehungsklima und Erziehungsleistungen in der Familie als Problem und Aufgabe. Gutachten des Wissenschaftlichen Beirats für Familienfragen beim BMFSFJ. Weinheim und München: Juventa

Wissenschaftlicher Beirat für Familienfragen beim BMFSFJ (2005): Ganztagsschule. Eine Chance für Familien. Gutachten des Wissenschaftlichen Beirats für Familienfragen beim BMFSFJ. Wiesbaden: Verlag für Sozialwissenschaften

Wissenschaftlicher Beirat für Familienfragen beim BMFSFJ (2008): Bildung, Betreuung und Erziehung für Kinder unter drei Jahren. Ein Kurzgutachten, veröffentlicht Mai 2008. BMFSFJ

Klaus A. Schneewind

Erziehungsstile

Elterliche Beziehungs- und Erziehungskompetenzen

Entsprechend dem Artikel 6 des Grundgesetzes der Bundesrepublik Deutschland gilt für Eltern Folgendes: „Pflege und Erziehung der Kinder sind das natürliche Recht der Eltern und die zuvörderst ihnen obliegende Pflicht." Um ihrer elterlichen Erziehungspflicht Genüge zu leisten, bedarf es aufseiten der Eltern einer Reihe von Kompetenzen, wobei wenigstens vier Klassen von Kompetenzen unterschieden werden können (Schneewind, 2008). Es sind dies (a) *selbstbezogene Kompetenzen* (z.B. sich Wissen über die Entwicklung und den Umgang mit Kindern aneignen; zentrale Wertvorstellungen, eigene Bedürfnisse und Lebensziele sowie die Entwicklungsziele für ihre Kinder klären und zu Standards des eigenen Verhaltens machen; von dem Einfluss und der Wirksamkeit eigenen Handelns überzeugt sein; eigene Fehler eingestehen können, ohne sich davon entmutigen zu lassen), (b) *kindbezogene Kompetenzen* (z.B. auf physischem und psychischem Wege Zuneigung zeigen; empfänglich für offene oder verdeckte kindliche Bedürfnisse bzw. Nöte sein; kindliche Entwicklungspotenziale erkennen und zu ihrer Verwirklichung beitragen; kindliche Eigenständigkeit anerkennen und durch die Gewährung von Freiräumen für eigenes Handeln fördern; kindliche Kompetenzentwicklung fordern – im Sinne von Grenzen erweitern – und unangemessenes Verhalten verhindern – im Sinne von Grenzen setzen –; (c) *kontextbezogene Kompetenzen* (z.B. zusammen mit ihren Kindern Situationen aufsuchen oder gestalten, die für die Kinder entwicklungsförderlich sind; präventive Maßnahmen im Zusammenhang mit erwartbaren schwierigen Situationen ergreifen; positive kindliche Entwicklungsgelegenheiten ohne Beisein der Eltern arrangieren bzw. negative Entwicklungskontexte vermeiden oder entschärfen, Beziehungs- und Erziehungspartnerschaften gründen, die mit den eigenen Vorstellungen vereinbar sind); (d) *handlungsbezogene Kompetenzen* (z.B. Vertrauen in die eigene Handlungsfähigkeit haben; in Übereinstimmung mit eigenen Überzeugungen entschlossen, sicher und konsistent handeln; das eigene Handeln situationsangemessen dosieren; angekündigtes Handeln auch tatsächlich umsetzen; mutig und kreativ handeln; eigenes Handeln erfahrungsgeleitet ändern und an neue Gegebenheiten anpassen).

Handlungsbezogene Kompetenzen stellen die Schnittstelle zur tatsächlichen Umsetzung und damit auch Beobachtbarkeit situationsspezifischen Verhaltens von Eltern im Umgang mit ihren Kindern dar, die durch konkrete beziehungs- und erziehungsthematische Situationen ausgelöst worden sind. Anders ausgedrückt: An dieser Stelle zeigt sich, ob und inwieweit das Zusammenwirken von mehr oder minder stark ausgeprägten *Elternkompetenzen* in konkreten Situationen auch tatsächlich als *Performanz elterlichen Verhaltens* erkennbar wird. Auch wenn diese Kompetenzen, ohne über sie in jeder Situation nachdenken zu müssen, gewissermaßen ‚in Fleisch und Blut' übergegangen sind, können sie dennoch bewusst und damit – unter Berücksichtigung bestimmter Einschränkungen – einem selbst-initiierten Veränderungsprozess zugänglich gemacht werden. An dieser Stelle wird die Bedeutung von Elternbildungsangeboten erkennbar, wobei ein entsprechendes

Angebot jedoch so gestaltet sein sollte, dass es anschlussfähig an das jeweils bereits bestehende Kompetenzniveau der Eltern ist.

Elterliche Erziehungsstile

Eine hilfreiche Möglichkeit, die im vorangegangenen Abschnitt dargestellten Elternkompetenzen auf eine handhabbare Größenordnung zusammenzufassen, besteht darin, unterschiedliche Ausprägungen bestimmter Grunddimensionen des Elternverhaltens zur Erstellung einer Klassifikation typischer Formen des Elternverhaltens heranzuziehen. Maccoby und Martin (1983) haben hierzu ein Vierfelderschema entwickelt, das aus einer Verknüpfung unterschiedlicher Ausprägungsgrade zweier zentraler Dimensionen des Elternverhaltens, nämlich elterlicher *Zuwendung* und *elterlicher Forderung*, besteht.

Die aus dieser Verknüpfung resultierenden *Erziehungsstile* werden als *autoritär* (d.h. zurückweisend und stark Macht ausübend), *vernachlässigend* (d.h. zurückweisend und wenig Orientierung gebend), *permissiv* (d.h. akzeptierend und wenig fordernd) oder *autoritativ* (d.h. akzeptierend und klar strukturierend) beschrieben. Dabei hat sich gezeigt, dass vor allem Eltern, die einen *autoritativen Erziehungsstil* praktizieren, dazu beitragen, dass ihre Kinder sich zu emotional angepassten, eigenständigen, leistungsfähigen und sozial kompetenten Personen entwickeln (Baumrind 1971). Die Prozesse, die diese Erziehungseffekte begünstigen oder auch beeinträchtigen, sind in einer Reihe von Publikationen zusammenfassend dargestellt (z.B. Fuhrer 2007; Wissenschaftlicher Beirat für Familienfragen 2005), wobei freilich zu beachten ist, dass nicht nur Eltern ihre Kinder, sondern umgekehrt auch Kinder ihre Eltern beeinflussen.

Allerdings hat sich gezeigt, dass in einer dimensionalen Darstellung des Elternverhaltens die beiden Dimensionen *Zuwendung* und *Forderung* um eine dritte Dimension ergänzt werden müssen. Diese Dimension bezieht sich – wie Gray und Steinberg (1999) nachgewiesen haben – auf die elterliche *Gewährung von Eigenständigkeit*. Es ist dies ein Aspekt des Elternverhaltens, der vor allem für die Entwicklung der kindlichen Autonomie im Sinne einer selbstverantwortlichen Lebensgestaltung von erheblichem Belang ist. Dieser dreidimensionale Ansatz hat wesentlich zur Entwicklung des Erziehungskonzepts *Freiheit in Grenzen* beigetragen (Schneewind 2010, Schneewind/Böhmert 2009a, 2009b, 2010; siehe auch den Beitrag von Schneewind und Böhmert im parallel erscheinenden Praxisband), das im Folgenden kurz beschrieben werden soll.

Als Gegenmodelle zu dem Erziehungsprinzip *Freiheit in Grenzen* lassen sich zwei weitere Erziehungsprinzipien nennen, nämlich zum einen das Prinzip *Grenzen ohne Freiheit* (d.h. autoritäre bzw. autokratische Erziehung) und zum anderen das Prinzip *Freiheit ohne Grenzen* (d.h. antiautoritäre Erziehung). Genauer betrachtet besteht das Erziehungsprinzip *Freiheit ohne Grenzen* (oder antiautoritäre Erziehung) aus zwei Spielarten, die man als *elterliche Nachgiebigkeit* und *elterliche Unengagiertheit* bezeichnen kann. Elterliche Nachgiebigkeit ist dadurch gekennzeichnet, dass Eltern zwar auf die kindlichen Bedürfnisse eingehen und ihnen auch viel Eigenständigkeit gewähren, aber wenig von ihnen fordern. Dies entspricht im Prinzip einem *verwöhnenden Erziehungsstil* und wird in einer Reihe von Elternratgebern als Konsequenz einer Wohlstandskultur wie der unsrigen gesehen. Hingegen äußert sich elterliche Unengagiertheit darin, dass Eltern weder auf die Bedürfnisse ihrer Kinder eingehen, noch klare Erwartungen und Forderungen an sie richten und darüber hinaus sich nicht darum kümmern, was ihre Kinder eigentlich treiben und sie weitgehend sich selbst überlassen. Vor diesem Hintergrund wird auch von einem *vernachlässigenden* und zur Verwahrlosung führenden *Erziehungsstil* gesprochen.

Das Erziehungsprinzip *Grenzen ohne Freiheit* (oder autoritäre bzw. autokratische Erziehung) läuft darauf hinaus, dass Eltern einerseits nur wenig auf die physischen und psychischen Bedürfnisse ihrer Kinder eingehen, andererseits aber hohe Forderungen an sie stellen und deren Nichterfüllung mit strengen Sanktionen ahnden. Hinzu kommt, dass ihre Kinder in ihrer Eigenständigkeit stark eingeschränkt sind und wenige Möglichkeiten haben, selbst Entscheidungen zu treffen. Es ist dies u.a. der Nährboden für einen durch Gewalt in all ihren unterschiedlichen Spielarten geprägten Umgang mit den Kindern, der im Kontext eines restriktiven Beziehungsklimas stattfindet, das durch mangelnde Liebe und Wärme gekennzeichnet ist.

Von der autoritären Erziehung strikt zu unterscheiden ist das Konzept der *autoritativen Erziehung*, das im Kern identisch ist mit dem Erziehungskonzept *Freiheit in Grenzen*. Gemeint ist damit, dass Eltern die kindlichen Bedürfnisse nach einem liebevollen, akzeptierenden und unterstützenden Verhalten beantworten (erkennbar als *Elterliche Wertschätzung*), dabei aber auch Grenzen setzen sowie Erwartungen an ihre Kinder stellen bzw. ihnen Forderungen zumuten (in Kurzform: *Fordern und Grenzensetzen*), und schließlich ihren Kindern auch genügend Spielraum geben, um selbst Erfahrungen machen zu können (entspricht dem Prinzip *Gewährung und Fördern von Eigenständigkeit*). Für Eltern, die sich am Konzept *Freiheit in Grenzen* orientieren, bedeutet dies, dass sie eine Erziehungs*haltung* praktizieren, die sich aber auch in ihrem konkreten Erziehungs*verhalten* zu erkennen gibt.

Demzufolge äußert sich *Elterliche Wertschätzung* vor allem darin, dass Eltern die Einmaligkeit und Besonderheit ihrer Kinder anerkennen; ihre Kinder in allen Situationen respektvoll behandeln; ihre Kinder unterstützen und ihnen helfen, wenn immer sie das brauchen; sich freuen, mit ihnen zusammen zu sein und gemeinsame Aktivitäten genießen.

Fordern und Grenzensetzen bedeutet, dass Eltern ihren Kindern etwas zutrauen und Forderungen stellen, die ihre Entwicklung voranbringen; sie Konflikte mit ihren Kindern nicht scheuen, aber konstruktiv austragen; sie gegenüber ihren Kindern eigene Meinungen haben und diese überzeugend vertreten; sie klare, dem Entwicklungsstand ihrer Kinder angemessene Grenzen setzen und auf deren Einhaltung bestehen.

Gewährung und Fördern von Eigenständigkeit heißt für Eltern, dass sie ihre Kinder mit ihren Bedürfnissen und Ansichten ernstnehmen; sie prinzipiell gesprächs- und kompromissbereit sind; sie ihren Kindern ein Optimum an eigenen Entscheidungen ermöglichen und dadurch ihre Entscheidungsfähigkeit und Selbstverantwortlichkeit stärken; sie ihren Kindern Möglichkeiten eröffnen, um eigene Erfahrungen zu sammeln.

Inzwischen liegt eine große Zahl von Forschungsbefunden vor, wonach Kinder und Jugendliche, die in einem im Sinne des Konzepts *Freiheit in Grenzen* autoritativen Elternhaus aufwachsen, eine Reihe von Eigenschaften aufweisen, die in entwickelten Gesellschaften in hohem Maße als wünschenswert angesehen werden. Hierzu gehören Eigenschaften wie die Folgenden: Leistungsbereitschaft, schulische Kompetenz, Selbstvertrauen, Eigenständigkeit, psychosoziale Reife, Selbstkontrolle, Resistenz gegenüber deviantem Verhalten, moralisches Urteilsvermögen (zusammenfassend hierzu Fuhrer 2007; Steinberg/Silk 2002; Wissenschaftlicher Beirat für Familienfragen 2005). Im Übrigen lassen sich diese zumeist im anglo-amerikanischen Sprachraum ermittelten Befunde auch im Kulturvergleich bestätigen und haben auch im deutschsprachigen Raum Bestand. Hinzu kommt, dass – wie Längsschnittstudien unter Berücksichtigung unterschiedlicher Familienkontexte belegen – die positiven Effekte kindlicher Entwicklung vornehmlich auf die autoritative Haltung und die daraus abgeleiteten konkreten Verhaltensweisen der Eltern zurückzuführen sind und nicht etwa auf andere Einflussgrößen. Auch wenn die Kinder sich mit zunehmendem Alter mehr und mehr in Kontexten bewegen, die sie selbst wählen können (z.B. Gleichaltrigengruppen), geben die Eltern mit ihrem Erziehungsverhalten die Richtung für die weitere Selbstentwicklung ihrer Kinder vor.

Elterliche Erziehungsstile und außerfamiliale Kontexte

Eine wichtige Erkenntnis der Erziehungsstilforschung besteht darin, dass andere Erwachsene, mit denen die Kinder neben ihren Eltern in Berührung kommen (z.B. LehrerInnen, AusbilderInnen, Vorgesetzte) und die eine ähnliche autoritative Haltung an den Tag legen wie ihre Eltern, die positive Weiterentwicklung der Kinder zusätzlich unterstützen und festigen. In diesem Sinne ist das Konzept *Freiheit in Grenzen* nicht nur familienspezifisch anwendbar, sondern eignet sich auch als generelle Leitidee für andere Sozialisations- und Entwicklungskontexte innerhalb von Gesellschaften wie der unsrigen, die sich einem freiheitlich-demokratischen Werteprofil verpflichtet fühlen. Dabei gilt, dass in unserem Kulturbereich die Familie – in welcher strukturellen Ausformung auch immer – der primäre Beziehungs- und Erziehungs- und darüber hinaus auch Bildungskontext ist, in dem die Weichen für die Entwicklung der nachwachsenden Generation gestellt werden.

Als wichtiger Hinweis zu dem zuletzt genannten Punkt sei die Bedeutung der Qualität elterlicher Erziehung für die Schulleistungen ihrer Kinder genannt. In einer entsprechenden Studie von Steinberg und Koautoren (1992) konnte zunächst nachgewiesen werden, dass im Schnitt Eltern, die sich stärker um die schulischen Belange ihrer Kinder kümmern (z.B. indem sie Kontakt zu den LehrerInnen halten, sich über die Aktivitäten und Fortschritte ihrer Kinder informieren, ihre Hausaufgaben überwachen, ihnen Anregung und Ermutigung geben) dazu beitragen, dass ihre Kinder mit besseren Schulleistungen aufwarten. Dies klingt zunächst nach einem wenig aufregenden Ergebnis. Bei genauerem Hinsehen ergab sich jedoch, dass dieser Zusammenhang nur – und da in besonders starkem Ausmaß – bei Eltern mit einer autoritativen Erziehungshaltung, d.h. dem Zusammenwirken der drei Komponenten *elterliche Wertschätzung, Forderungen und Grenzensetzen* sowie *Gewährung und Fördern von Eigenständigkeit*, nachweisbar war. Hingegen ergab sich für die Kinder nichtautoritativer Eltern, auch wenn diese ein starkes Engagement für die schulischen Belange ihrer Kinder zu erkennen gaben, kein Effekt bezüglich einer besseren Schulleistung.

Dieses Ergebnis verdeutlicht auf eindrucksvolle Weise, dass es nicht auf die isolierte Äußerung bestimmter elterlicher Verhaltensweisen ankommt, sondern auf deren Einbettung in eine übergeordnete Erziehungs*haltung* – und zwar in eine solche, die dem *autoritativen Erziehungskonzept* entspricht. Zugleich macht dieser Befund auch deutlich, wie wichtig die besondere Qualität familialer Erziehung für den schulischen Erfolg der Kinder ist. Es ist dies ein Gedanke, der erst in jüngster Zeit auf der politischen Ebene in Betracht gezogen wird, obwohl es nahe liegt, dass das Fundament für die Schlüsselqualifikationen zu einer erfolgreichen und letztlich selbstbestimmten Schulkarriere in der Familie liegt. Dass dies tatsächlich der Fall ist – zumal wenn Eltern und LehrerInnen sich gleichermaßen an dem Prinzip *Freiheit in Grenzen* orientieren und in diesem Sinne zusammenarbeiten – zeigen die Ergebnisse, die im Rahmen von Sonderauswertungen der PISA-Daten zum Thema „passive" und „aktive" Schulen durchgeführt wurden (PISA-Konsortium Deutschland, 2005). Im Endeffekt kann dieses Argument über den schulischen Kontext hinaus auch auf die gesamtgesellschaftliche Situation erweitert werden. So hatte der am Humanvermögensansatz orientierte Fünfte Familienbericht (Bundesministerium für Familie und Senioren 1994, S. 27) mit Blick auf die Ökonomie unserer Gesellschaft die Grundthese formuliert: „Nur mit dem Sozialisationserfolg von Familie und Schule wird effiziente Wirtschaft möglich." Nach all dem bisher Gesagten ist der beste Garant für eben diesen Sozialisationserfolg die Orientierung an einem autoritativen Erziehungsstil.

Literatur

Baumrind, Diana (1971): Current patterns of parental authority. Developmental Psychology, 4. Pp. 1-101
Bornstein, Marc H. (Ed.) (2002): Handbook of parenting. Volume 1: Children and parenting. 2nd edition. Mahwah, NJ: Erlbaum
BMFSFJ – Bundesministerium für Familie, Senioren, Frauen und Jugend (Hrsg.) (1994): Fünfter Familienbericht. Familien und Familienpolitik im geeinten Deutschland – Zukunft des Humanvermögens. Bonn: Bundesdrucksache 12/7560
Cierpka; Manfred (Hrsg.) (2008): Möglichkeiten der Gewaltprävention. 2. Auflage. Göttingen: Vandenhoeck & Ruprecht
Fuhrer, Urs (2007): Erziehungskompetenz. Bern: Huber
Gray, Marjory R./Steinberg, Laurence (1999): Unpacking authoritative parenting: Reassessing a multidimensional construct. Journal of Marriage and the Family, 61. Pp. 574-587
Maccoby, Eleanor/Martin, John (1983): Socialization in the context of the family: Parent-child interaction. In: Mussen/Hetherington (1983): Pp. 1-102
Mussen, Paul H./Hetherington, E. Mavis (Eds.) (1983): Handbook of child psychology. 4. Auflage. New York: Wiley
PISA-Konsortium Deutschland (2005): PISA 2003: Ergebnisse des zweiten Ländervergleichs. Zusammenfassung (online: pisa@ipn.uni-kiel.de)
Schneewind, Klaus A. (2008b): „Freiheit in Grenzen" – Plädoyer für ein integratives Konzept zur Stärkung von Elternkompetenzen. In: Cierpka (2008): S. 177-205
Schneewind, Klaus A. (2010): Familienpsychologie. 3. Auflage. Stuttgart: Kohlhammer
Schneewind, Klaus A./Böhmert, Beate (2009a): Kinder im Grundschulalter kompetent erziehen. Der interaktive Elterncoach „Freiheit in Grenzen". 2. Auflage. Bern: Huber
Schneewind, Klaus A./Böhmert, Beate (2009b): Jugendliche kompetent erziehen. Der interaktive Elterncoach „Freiheit in Grenzen". Bern: Huber
Schneewind, Klaus A./Böhmert, Beate (2010): Kinder im Vorschulalter kompetent erziehen. Der interaktive Elterncoach „Freiheit in Grenzen". 2. Auflage. Bern: Huber
Steinberg, Laurence/Silk, Jennifer S. (2002): Parenting adolescents. In: Bornstein (2002): Pp. 103-133
Steinberg, Laurence a.o. (1992): Impact of parenting practices on adolescent school achievement: authoritative parenting, school involvement, and encouragement to succeed. Child Development, 63. Pp. 1266-1281
Wissenschaftlicher Beirat für Familienfragen (2005). Familiale Erziehungskompetenzen. Beziehungsklima und Erziehungsleistungen in der Familie als Problem und Aufgabe. Weinheim: Juventa

Das Verhältnis zwischen Eltern und den Bildungseinrichtungen bzw. der Jugendhilfe: rechtlich, politisch und ökonomisch

Klaus Jürgen Bönkost

Bildungsökonomische Aspekte

„Keine Gesellschaft kann blühen und glücklich sein, wenn die Mehrheit arm ist."
(Adam Smith)

Begriffliches

Zunächst: Was wird unter *Bildungsökonomie* verstanden? Wenn unter *Ökonomik* die Wissenschaft von der Ökonomie verstanden wird, dann kann zunächst festgestellt werden, dass das Erkenntnisobjekt der Ökonomik, eben die Ökonomie oder Wirtschaft, reflexiv in den Blick genommen werden soll. Es soll aber nicht ‚die' Ökonomie, sondern eine bestimmte, hier die Bildungsökonomie, aspekthaft reflexiv erschlossen werden. Die *Bildungsökonomik* als vermeintlich junge volkswirtschaftliche Disziplin, die sich Anfang der 1950er Jahre akademisch etablierte, wird meist im engen Zusammenhang mit der von Nobelpreisträger Gary Becker in die Diskussion eingeführten Metapher des Humankapitals diskutiert (Becker 2008). Heute ist sie auch zu einem disziplinären Zweig der Bildungsforschung geworden. Die wesentlichen erkenntnisleitenden Fragestellungen sind ...

1. zum einen unter einzelwirtschaftlichen Gesichtspunkten auf die ökonomisch rationale Gestaltung von Bildungsinstitutionen und individualistischen Lebensentwürfen und Lebensläufen gerichtet.
2. zum anderen unter gesamtwirtschaftlichen Gesichtspunkten auf die ökonomisch rationale Gestaltung des Bildungssystems unter den Bedingungen einer marktwirtschaftlich verfassten Wettbewerbswirtschaft gerichtet.

1. Arbeiten öffentliche oder private Bildungsinstitutionen produktiv und wirtschaftlich, privatwirtschaftlich betriebene gar rentabel? Hier hat sich in den letzten Jahren die Frage herausgeschält, ob Krippen- und Kindergartenkinder, SchülerInnen, Studierende und Erwachsene in der Fort- und Weiterbildungsphase KundInnen und die Bildungsinstitutionen Dienstleistungen anbietende Unternehmen sind – ja, ob in marktwirtschaftliche Strukturen eingebundene Bildung und Erziehung gar handelbare, verkauf- und kaufbare Waren geworden sind und so Anbieter und Nachfrager mit allen Marktrisiken rechnen müssen. Ökonomische Begriffe wie Ausgaben, Benchmarking, Controlling, Einnahmen, Gewinne, Kosten, Kostenrechnung, Liquiditäten, Management, Marketing, Marktanteile, Organisationsentwicklung, Preise, Produktivität, Qualitätssicherung, Rechnungswesen, Rentabilitäten, Werbung, Wettbewerbspositionen, Wirtschaftlichkeit usw. durchziehen die tägliche Arbeit in den Bildungsinstitutionen.

Auf individueller Ebene geht es vor allem um die strategische Ausrichtung des Bildungs- und Berufsverlaufs sowie insgesamt des Lebenslaufs unter den je spezifischen Bedingungen einer in globale Zusammenhänge eingebundenen Wettbewerbsgesellschaft und erwartete ‚Bildungsrenditen' – z.B. Kosten und Erträge einer Hochschulausbildung. Im Sinne der sogenannten *neuen Selbstständigkeit* sollen sich die Lernenden den dominanten ökonomischen Logiken/Rahmenbedingungen unterordnen und sich optimal selbst vermarkten, sich zur begehrten unverwechselbaren Marke oder zum begehrten *Produktionsfaktor Arbeit* machen.

Als spezifisch ökonomische Risikofaktoren, die den Bildungsverlauf und einen Schulabschluss gefährden können, gelten ein Familieneinkommen, das mehr als 40% unter dem Bevölkerungsdurchschnitt liegt, sowie Eltern, die arbeitslos sind und selbst nur einen sehr niedrigen oder gar keinen Schulabschluss haben. Arbeit und Arbeitslosigkeit, also das eigene oder elterliche Schicksal im Erwerbssystem, determiniert Bildungs- und Lernprozesse nachhaltig. Im Bildungsbericht für Deutschland 2010 wird analytisch konstatiert: „Fast jedes dritte Kind unter 18 Jahren wächst in sozialen, finanziellen oder/und kulturellen Risikolagen auf: Im Jahr 2008 lebten insgesamt gut 29% der 13,6 Millionen Kinder unter 18 Jahren in mindestens einer Risikolage. Darunter waren 1,1 Millionen Kinder, die bei Alleinerziehenden lebten, womit in dieser Lebensform fast jedes zweite Kind von einer Risikolage betroffen ist. In Familien mit Migrationshintergrund sind es 1,7 Millionen Kinder (42%). Seit 2000 nahezu gleichbleibend sind 3,5% der Kinder – mit deutlichen Unterschieden zwischen den Ländern – von allen drei Risikolagen gleichzeitig betroffen. Es ist zu befürchten, dass diese Kinder und Jugendlichen insgesamt ungünstigere Bildungschancen haben" (Autorengruppe Bildungsberichterstattung im Auftrag der Ständigen Konferenz der Kultusminister der Länder in der Bundesrepublik Deutschland und des BMBF 2010, S. 6). Hier wird deutlich, wie eng die ökonomische Situation eines jeden Menschen seine Bildungsbiografie determinieren kann.

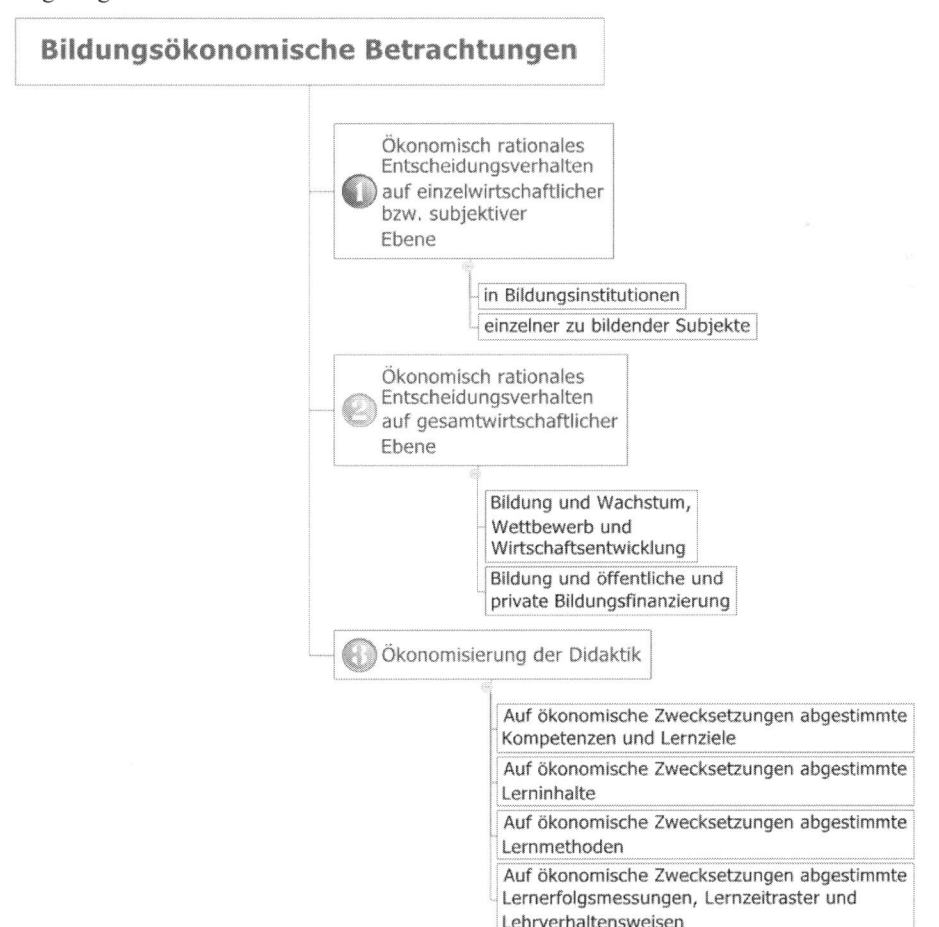

Bildungsökonomische Betrachtungen

1. Ökonomisch rationales Entscheidungsverhalten auf einzelwirtschaftlicher bzw. subjektiver Ebene
   - in Bildungsinstitutionen
   - einzelner zu bildender Subjekte

2. Ökonomisch rationales Entscheidungsverhalten auf gesamtwirtschaftlicher Ebene
   - Bildung und Wachstum, Wettbewerb und Wirtschaftsentwicklung
   - Bildung und öffentliche und private Bildungsfinanzierung

3. Ökonomisierung der Didaktik
   - Auf ökonomische Zwecksetzungen abgestimmte Kompetenzen und Lernziele
   - Auf ökonomische Zwecksetzungen abgestimmte Lerninhalte
   - Auf ökonomische Zwecksetzungen abgestimmte Lernmethoden
   - Auf ökonomische Zwecksetzungen abgestimmte Lernerfolgsmessungen, Lernzeitraster und Lehrverhaltensweisen

2. Diese ökonomische Rationalität findet ihren Erfolgsmaßstab in der beobachtbaren Wohlstandssteigerung einer Gesellschaft bzw. Volkswirtschaft. Bisher war das klassischerweise die Entwicklung des messbaren Bruttoinlandsproduktes. Der Glaube in diesen Wohlstandsindikator erodiert allerdings zunehmend. Von den BürgerInnen zunehmend als negativ empfundene gesundheitliche, soziale und umweltspezifische Rückwirkungen der Wirtschaftsentwicklung kommen auch den BildungspolitikerInnen und -wissenschaftlerInnen in den Blick. Im Rahmen der UN-Dekade Bildung für nachhaltige Entwicklung 2005 – 2014 sind dann auch in Deutschland mit dem Nationalen Aktionsplan Initiativen und Projekte initiiert worden, mit denen den globalen Bildungsherausforderungen begegnet werden soll (vgl. Deutsche UNESCO-Kommission e.V.). Dennoch, bildungsökonomische Betrachtungen auf der Makroebene sind vorwiegend auf den für die Weltmarktwettbewerbsfähigkeit bedeutsamen Arbeitsmarkt und die dort angebotenen und nachgefragten Kompetenzen, Qualifikationen und Anforderungen gerichtet. Dieter Hundt, Präsident der Bundesvereinigung der Deutschen Arbeitgeberverbände (BDA) erläuterte:

„Die Arbeitgeber engagieren sich seit langem aktiv in der Bildungspolitik. Schließlich sind die klugen Köpfe mit unser wichtigstes Kapital. Wir setzen uns für eine zielgerichtete und umfassende Verbesserung der Qualität in den Schulen und Hochschulen ein. Dabei erkenne ich ausdrücklich an, dass in Bund und Ländern, in vielen Schulen und Hochschulen Reformen mit diesem Ziel bereits gestartet oder schon in vollem Gange sind.
Wir unterstützen seitens der Wirtschaft die begonnenen Reformen und dringen auf weitere notwendige Schritte. Bei der Umsetzung der Reformkonzepte sind wir überzeugt, dass auch im Bildungsbereich die erfolgreichen Prinzipien der Marktwirtschaft funktionieren können: Wir setzen auf leistungsfähige Schulen und Hochschulen, die im Wettbewerb ihr individuelles Profil prägen und kontinuierlich ihre Qualität überprüfen und verbessern. Dafür ist die Selbstständigkeit der Bildungseinrichtungen in Finanz-, Personal- und Verwaltungsfragen ebenso eine Voraussetzung wie die konsequente Entbürokratisierung.
Unternehmerisches Handeln ist grundsätzlich auch Schulen und Hochschulen möglich. Anders wird unser Bildungssystem den Anforderungen der Zukunft nicht gerecht werden. Denn Schulen und Hochschulen haben in unserer heutigen komplexen und international ausgerichteten Wirtschaft und Gesellschaft eine zentrale Aufgabe" (Hundt 2005).

Im Bildungsbericht 2010 wird dieser Zusammenhang so formuliert:

„Eine Vielzahl von Studien macht deutlich, dass die Gesellschaft insgesamt von einer gut qualifizierten Bevölkerung profitiert. Zum einen wird an gesellschaftliche Investitionen in Bildung die Erwartung geknüpft, einen qualifikatorischen Beitrag zur Sicherung des Arbeitskräftebedarfs zu leisten und somit auch den technischen Fortschritt und das Wachstum der Volkswirtschaft zu unterstützen. Zum anderen sind mit gesellschaftlichen Investitionen in Bildung auch soziale Wirkungen verbunden wie beispielsweise die Stärkung des gesellschaftlichen Zusammenhalts, ein höheres zivilgesellschaftliches Engagement, ein besserer Gesundheitszustand der Bevölkerung und eine bessere Vorsorge für Kinder" (Autorengruppe Bildungsberichterstattung 2010, S. 193).

Arbeit wird warenförmig gehandelt und unterliegt deshalb auch sehr differenzierten Preis-, Mengen- und Qualitätsschwankungen. Hier setzen BildungspolitikerInnen und -wissenschaftlerInnen mit ihren Analysen, Modellen und Prognosen an. Der sogenannte Fachkräftemangel und unzureichende Vorbereitung der SchülerInnen vor allem aus prekären sozialen Milieus auf das Erwerbsleben sind exemplarischer Ausdruck dieser Betrachtungen. Die bildungs- und finanzpolitischen Aktivitäten des Staates münden in bildungsökonomische Betrachtungen der Staatsausgaben für Bildungszwecke ein. 2008 verkündeten die Vertreter der Bundes- und Länderregierungen:

- Die Ausgaben für Bildung und Forschung sollen bis zum Jahr 2015 auf 10% des Bruttoinlandsprodukts (BIP) steigen.
- Die Zahl der SchulabbrecherInnen soll halbiert werden.

Bildungsökonomische Aspekte 131

- Die Quote der jungen Menschen ohne abgeschlossene Ausbildung soll um die Hälfte reduziert werden.
- Mehr Menschen sollen ein Studium aufnehmen.
- Für 35% der Kinder, die jünger als drei Jahre sind, soll ein Krippenplatz bereitgestellt werden.

Wie so häufig wird darüber gestritten, wie gerechnet und was konkret einberechnet werden soll. Davon ist abhängig, ob das erreichte Ausgabenniveau als ausreichend oder als unzureichend bezeichnet werden muss. Knapp zwei Jahre nach dem Dresdner Bildungsgipfel zieht der Essener Bildungsforscher Klaus Klemm im Auftrag des DGB eine ernüchternde Bilanz:

„In drei von fünf Feldern geht der Ausbau nur schleppend voran bzw. sind Fortschritte nicht einmal in Ansätzen erkennbar (Krippenausbau, junge Menschen ohne abgeschlossene Ausbildung und ohne Schulabschluss). Bei der Bildungsfinanzierung haben sich Bund und Länder bisher vor allem auf eine Neuberechnung des Budgets geeinigt. Lediglich bei den Studienanfängern wurde die vereinbarte 40-Prozent-Quote schon erreicht" (Klemm 2010).

Was Klemm im Zusammenhang mit diesem vermeintlichen Fortschritt allerdings nicht erwähnt, sollte auch berücksichtigt werden. Nach Einschätzung beispielsweise des Präsidenten des Deutschen Hochschulverbandes ist die Forschung an Deutschlands Universitäten ...

„ohne die Einwerbung von Drittmitteln und erfolgreich begutachteten Anträgen nahezu unmöglich geworden. Das Verhältnis von angemessener Grundausstattung, Programmförderung und thematisch freier Förderung sei auf Grund der chronischen Unterfinanzierung der Hochschulen aus dem Lot geraten. Durch das modularisierte Bachelor- und Masterstudium sowie im internationalen Vergleich hohe Lehrdeputate würden Wissenschaftler an Deutschlands Universitäten zu Lehr- und Prüfungsautomaten degradiert. ... Um sich im Sinne der Empfehlung des Wissenschaftsrats vom Juli 2008 wie die Schweiz einer Relation von 40 Studierenden pro Universitätsprofessor zu nähern, müssten Bund und Länder bei gegenwärtig rund 1,45 Millionen Studierenden an den Universitäten in Deutschland ca. 10.000 zusätzliche Universitätsprofessuren einrichten. Das käme dem wissenschaftlichen Nachwuchs ebenso wie den Studierenden zugute" (O. V. 2011).

Schließlich wird aktuell darüber gestritten, wie viel Ökonomie in den Kernbereich (die Didaktik) der allgemein bildenden Schule gehört. Während die Einen die Position vertreten, die Schulen und der Unterricht müssten sich verstärkt dem wirtschaftlichen Umfeld öffnen und die Kompetenz von Unternehmen und Managern in die Schule holen, weisen andere den Primat ökonomischer Rationalität im Unterricht zurück und verweisen darauf, dass die Schulen, LehrerInnen und SchülerInnen nicht einseitig und linear für ‚die Wirtschaft' abgerichtet werden dürfen. Siehe z.B. die Auseinandersetzung um ein im Auftrag des Gemeinschaftsausschusses der deutschen gewerblichen Wirtschaft erstelltes Gutachten zur Frage der ökonomischen Bildung in der Schule und Lehrerausbildung (Retzmann et al. 2010; Famulla 2011 und Hedtke 2008). Unternehmen und Verbände sind nicht die einzigen Stakeholder für Bildungsinstitutionen und auch meist nicht die bedeutendsten.

Historisches

„Letztes Ziel allen Lernens muß sein, ein harmonisches Zusammenleben möglich zu machen."
(Hans van Ess im Vorwort zum Ziel der Vier Bücher, Die Lehren des Konfuzius, Wilhelm 2008)

Wegen der beobachtbaren Enthistorisierung sollen hier zwei historische Rückblicke erlaubt sein. Betrachtungen von Bildung, Lernen und Effizienz sowie ökonomischer Nützlichkeit werden seit Jahrhunderten angestellt. Von ‚der Wirtschaft' für die Schule lernen, das versuchte bereits vor über 350 Jahren der in den Bildungs- und Erziehungswissenschaften altbekannte und vielzitierte Pädagoge Joannes Amos Comenius zu propagieren. Comenius untersuchte die methodisch systematisch angelegte Arbeit in einer Werkstatt und propagierte die Anwendung der dort vorgefundenen Systematik auch bei der Arbeit in der Schule. In seinen 1657 formulierten Überlegungen zu einer didaktischen Maschine führte er bereits aus: „Was also sind jene Teile, die für die Didaktische Maschine benötigt werden? Was ist ihre Ordnung, was sind ihre Verbindungen? Siehe: In der mechanischen Struktur der Werkstatt muss notwendig beachtet werden:

1. der intendierte Zweck, welche Leistung die Maschine erbringen soll
2. Medien, die hinreichen, um diese Wirkung hervorzubringen
3. zuverlässige Verfahrensweisen, die Medien so auszugestalten und einzusetzen, dass wie von selbst die gewünschte Wirkung folgt

Also sind für die Didaktische Maschine zu finden:

1. fest fixierte Ziele
2. den zu erreichenden Zielen exakt angepasste Medien
3. zuverlässige Verfahrensweisen, die Medien so zu gebrauchen, dass es unmöglich ist, dass das Ziel nicht erreicht werden kann" (Comenius 1657)

Comenius entwickelte seine mechanische Methode, damit nach den gleichen Anforderungen gelernt wie gearbeitet werden konnte: (1) leicht (2) rasch und (3) solide. Unschwer ist hier zu erkennen, wie Beobachtungen in der Sphäre des Ökonomischen genutzt wurden, um die gefundenen Paradigmen in den Bereich der Bildung und Schule zu übertragen. Heute wird als ökonomisches Ausgangsaxiom das sogenannte ökonomische Prinzip in den Mittelpunkt aller ökonomischen Theoriebildung und ökonomischen Entscheidungen gestellt. Es zerfällt in das Minimum- und das Maximumprinzip. Im ersten Fall gilt es, einen gegebenen Zweck mit minimalen Mitteln und im zweiten Fall mit gegebenen Mitteln einen maximalen Zweck zu erzielen. Weitere differenziertere bildungsökonomische Reflexionen gibt es auch in der Geburtsurkunde der akademischen Wirtschaftswissenschaft, dem 1776 erschienenen Werk von Adam Smith.

Fortschritt – auch gesellschaftlicher, ökonomischer und sozialer – kann nach hier vertretener Auffassung nur vom Zweifel ausgehen. Doch: Wer an beobachteten Strukturen und Entwicklungen oder von bestimmten Interessen Vertretenem und Verteidigtem begründet Zweifel formuliert und diese Zweifel im Kollegenkreis oder gar öffentlich artikuliert, muss meist mit heftigen Reaktionen bis hin zu Beschimpfungen und Verleumdungen rechnen. Das lässt sich – abgeschwächt – im privaten genauso beobachten wie verstärkt im beruflichen oder gesellschaftlichen Umfeld erfahren. InstitutionenvertreterInnen (Behördenleiter, Gewerkschafter, kirchliche Würdenvertreter, Manager, Politiker, Unternehmer, Vereinsvorstände) werden sich hüten, öffentlich Zweifel an dem zu üben, was ‚ihre' Institution verfolgt. Die Gefahr, danach unangenehmen Repressionen ausgesetzt zu sein, weil man ‚das eigene Nest beschmutzt hat', wirkt bei vielen Menschen disziplinierend und fördert das ‚Duckmäusertum' und die innere ‚(Auf-)Kündigung' gegenüber dem Arbeitgeber (Principal) genauso wie sie beispielsweise die Bindungskraft gegenüber den Gewerkschaften, politischen Parteien und christlichen Religionsgemeinschaften schwächt.

Diesen Beobachtungen liegen meist ökonomische Zusammenhänge zugrunde. Der Arbeitsplatz soll nicht aufs Spiel gesetzt werden, der Umsatz, die guten Gewinne, die Mitgliederzahlen von Gewerkschaften, Kirchengemeinden, Parteien und Vereinen, die SchülerInnen- und StudentInnenzahlen sollen nicht (weiter) gefährdet werden. Unterschiedlich verteilte ökonomisch abgeleitete Macht diszipliniert, fördert individuelle und institutionelle Ängste und begünstigt vielfach beobachtbare Anpassungsprozesse bei den Betroffenen und die Negierung (selbst)kritischer Reflexionen. Woran wirke ich eigentlich mit, bei dem, was ich z.B. beruflich tue, privat als KonsumentIn nachfrage und konsumiere oder als BürgerIn politisch fördere?

Jenseits des generellen – genetisch übernommenen – menschlichen Betriebssystems (‚Vorprogramms') muss unser das Gehirn umschließende Kopf als die zentrale Steuerzentrale (Zentraleinheit) für alle unsere Verhaltensweisen betrachtet werden. Wer in menschlichen Gemeinschaften und Gesellschaften zur Verfolgung seiner Interessen Macht ausüben möchte, benötigt entweder Waffen und einen Unterdrückungsapparat oder – bei Negation offener Gewaltanwendung – subtile Zugänge zur menschlichen Steuerzentrale, dem menschlichen Gehirn. Die ‚Programmierung der Gehirne' setzt mit der Entwicklung des Kindes im Mutterleib ein und erfolgt mit zunehmender sozialer Intensität nach der Geburt in der vollständigen oder unvollständigen Familie unter prekären oder idealen ökonomischen und sozialen Lebensverhältnissen. Weitere außerfamiliäre gesellschaftliche Institutionen wie z.B. öffentliche oder private Krippen, Kindergärten, Schulen, Fachhochschulen und Universitäten modifizieren die begonnenen ‚Programme' und differenzieren sie aus – in die eine oder andere Richtung. Mit Programm-Updates werden neue Funktionen/Möglichkeiten bereitgestellt oder entdeckte Fehler beseitigt.

Der herrschende, also am weitesten verbreitete Algorithmus, dem die Programmierung der menschlichen Gehirne folgen soll, ist in gegenwärtigen marktwirtschaftlich verfassten Gesellschaften und Ökonomien die Ausrichtung am Wettbewerb. Alles wird einem favorisierten Funktionsprinzip menschlichen Zusammenlebens untergeordnet. Die Materialisierung des Wettbewerbprinzips findet sich auf den Märkten. Wo kein Markt, da kein Wettbewerb. Wozu nun Märkte und Wettbewerb? Den ökonomischen Grundgedanken formulierte Adam Smith, der schottische Moralphilosoph und Begründer der klassischen Volkswirtschaftslehre und von vielen als Prophet des Kapitalismus bezeichnet, in seinem 1776 veröffentlichten Werk „Wohlstand der Nationen". In seiner systematischen Untersuchung der ökonomischen Zusammenhänge in einer arbeitsteiligen Welt ging es Smith um die Frage, wie der Wohlstand einer Nation gefördert werden kann. Das war seine erkenntnisleitende Fragestellung. Sein Programmvorschlag war nicht nur die Abkehr vom Merkantilismus, die Propagierung der Arbeitsteilung und der metaphysische Verweis auf die Metapher der ‚unsichtbaren Hand Gottes', sondern auch die Aufforderung, dass sich die MarktteilnehmerInnen in ihrem Handeln moralisch leiten lassen.

Die ‚unsichtbare Hand' führt also letztlich alle Einzelinteressen zusammen. Und die *Eigenliebe* ist das tragende Fundament des Wirtschaftens, das die Wohlfahrt des Gemeinwesens fördert. Smiths berühmte Feststellung lautet: „Nicht vom Wohlwollen des Metzgers, Brauers und Bäckers erwarten wir das, was wir zum Essen brauchen, sondern davon, dass sie ihre eigenen Interessen wahrnehmen. Wir wenden uns nicht an ihre Menschen-, sondern an ihre Eigenliebe, und wir erwähnen nicht die eigenen Bedürfnisse, sondern sprechen von ihrem Vorteil" (Smith 1974, S. 17).

Das in *Eigenliebe* gründende Handeln der Menschen sei ein „ethisches Gefühl". Es sei der „Wunsch, der uns von Geburt an begleitet und uns niemals wieder verläßt, bis wir zu Grabe getragen werden" (ebd.). Dieses alle Menschen in gleicher Weise auszeichnende Verhalten wird nach Smith auf dreifache Weise in Schranken gehalten. In seinem grundlegenden Werk von 1776 kommt als vierte Begrenzung die ökonomische Konkurrenz hinzu.

Die Faktoren zur Begrenzung der Eigenliebe bei Adam Smith sind

1. *Das Mitgefühl oder Interesse für den anderen.* Die Sympathie ist laut Smith ebenfalls ein natürliches Gefühl, das egoistisches Handeln diszipliniert, indem es den Einzelnen davon abhält, einem anderen Menschen Unrecht zuzufügen, ihm etwas wegzunehmen oder vorzuenthalten, was ihm gehört. Ohne diesen Sinn für Gerechtigkeit ist nach Smiths Auffassung keine Gemeinschaft lebensfähig. Da dieses (Kontroll-)Empfinden für Gerechtigkeit allerdings meist nicht stark genug entwickelt sei, müsse eine zweite Begrenzung in das System eingebaut werden.
2. *Die freiwillige Anerkennung gemeinsamer Regeln der Ethik und Gerechtigkeit.* Die Menschen würden sie erfahrungsbasiert und vernunftbegabt herausfinden.
3. *Ein starker Staat.* Er solle – da die ersten beiden Begrenzungen nicht in jedem Falle ausreichen – mit Hilfe eines Systems positiver Gesetze die Regeln der Gerechtigkeit notfalls mit der Androhung von Sanktionen durchsetzen.
4. *Der Wettbewerb* soll verhindern, dass die wohlstandsförderlichen Marktmechanismen systematisch ausgehebelt werden.

Smith entwarf und begründete nun nicht nur ein auf die anonymen Marktkräfte setzendes Ordnungssystem, sondern analysierte gleichzeitig das Bildungsniveau und Sozialisationsbedingungen der Arbeiter sowie die Beziehungen zwischen den Arbeitern und Unternehmern.

Zusammenhänge zwischen den ökonomischen Arbeits- und Lebensbedingungen und der Entwicklung von Kindern beschreibt Smith anschaulich wie folgt:

„Der Unterschied in den Begabungen der einzelnen Menschen ist in Wirklichkeit weit geringer, als uns bewußt ist, und die verschiedensten Talente, welche erwachsene Menschen unterschiedlicher Berufe auszuzeichnen scheinen, sind meist mehr Folge als Ursache der Arbeitsteilung. So scheint zum Beispiel die Verschiedenheit zwischen zwei auffallend unähnlichen Berufen, einem Philosophen und einem gewöhnlichen Lastenträger, weniger aus Veranlagung als aus Lebensweise, Gewohnheit und Erziehung entstanden. Bei ihrer Geburt und in den ersten sechs oder acht Lebensjahren waren sie sich vielleicht ziemlich ähnlich, und weder Eltern noch Spielgefährten dürften einen auffallenden Unterschied bemerkt haben. In diesem Alter etwa oder bald danach hat man begonnen, sie sehr verschieden auszubilden und zu beschäftigen. Nunmehr kommen die unterschiedlichen Talente zum Vorschein, prägen sich nach und nach aus, bis schließlich der Philosoph in seiner Überheblichkeit kaum noch eine Ähnlichkeit mit dem Lastenträger zugeben wird. Ohne die Neigung oder Anlage zum Tauschen und Handeln müßte also jeder selbst für alle Dinge sorgen, die er zum Leben und zu seiner Annehmlichkeit haben möchte. Alle würden die gleichen Pflichten zu erfüllen und die gleiche Arbeit zu leisten haben, und es gäbe keine unterschiedlichen Berufe und Tätigkeiten, die allein Gelegenheit bieten können, daß sich Talente so verschieden entfalten" (Smith 1974, S. 18).

Hatte Comenius noch den Analogieschluss von der Werkstattmethode zur didaktischen Methode durch Beobachtung gezogen, lässt sich bei Smith erkennen, dass bildungsökonomische Überlegungen auch aufseiten der ökonomischen analytischen Theoriebildung eine jahrhundertelange Tradition haben.

Bildung benötigt Zeit und ist Voraussetzung zur Durchsetzung von Interessen. Fehlt das Erste, gelingt das Letzte kaum. Auch auf diesen bildungsökonomisch relevanten Zusammenhang machte Smith aufmerksam:

„Obwohl also das Schicksal des Arbeiters mit dem des Landes aufs engste verknüpft ist, ist er doch unfähig, dieses Interesse oder dessen Verbindung mit dem eigenen zu verstehen. Zum einen lassen ihm seine Lebensverhältnisse keine Zeit, sich um die nötige Information zu kümmern, zum anderen erlauben ihm Erziehung und Gewohnheit in der Regel nicht, sich ein Urteil darüber zu bilden, selbst wenn er vollkommen informiert wäre. In öffentlichen Beratungen wird daher seine Stimme kaum gehört und noch weniger beachtet ..." (Smith 1974, S. 212).

Mit großer sozialer Sensibilität äußert sich Smith auch an anderer Stelle zur Lage der unteren Schichten:

„Ist diese Verbesserung der Lebensumstände der unteren Schichten auch für die Gesellschaft als ganzes vorteilhaft oder nachteilig? Die Antwort scheint auf den ersten Blick äußerst einfach zu sein. Dienstboten, Tagelöhner und Arbeiter bilden die Masse der Bevölkerung eines jeden Landes, so daß man deren verbesserte Lebenslage wohl niemals als Nachteil für das Ganze betrachten kann. Und ganz sicher kann keine Nation blühen und gedeihen, dessen Bevölkerung weithin in Armut und Elend lebt. Es ist zudem nicht mehr als recht und billig, wenn diejenigen, die alle ernähren, kleiden und mit Wohnung versorgen, soviel vom Ertrag der eigenen Arbeit bekommen sollen, daß sie sich selbst richtig ernähren, ordentlich kleiden und anständig wohnen können" (Smith 1974, S. 68).

Smith erkennt auch, wie bedeutsam eine angemessene staatliche Finanzierung der Schulen und Hochschulen für die Gesellschaft insgesamt ist. Er beschreibt es so: „Doch dürfte es der Öffentlichkeit noch weit mehr nützen, wenn alle Schulen und Hochschulen besser für ihre erzieherischen Aufgaben eingerichtet wären, als es gegenwärtig in Europa weithin der Fall ist" (Smith 1974, S. 117). Angesichts der lediglich exemplarisch angeführten historischen Überlegungen kann festgehalten werden, dass bildungsökonomische Analysen und Programmentwürfe keineswegs neue Erscheinungen sind.

Aktuelles

Wer sich in Deutschland einen aktuellen Überblick über die bildungsökonomisch relevanten Strukturen und Entwicklungsdynamiken verschaffen möchte, kann zunächst einmal auf die öffentlichen Bildungsberichte zurückgreifen. Dabei kommen vor allem zwei Berichte in den Blick, zum einen der aktuelle Bildungsbericht „Bildung in Deutschland" (Autorengruppe Bildungsberichterstattung im Auftrag der Ständigen Konferenz der Kultusminister der Länder in der Bundesrepublik Deutschland und des Bundesministeriums für Bildung und Forschung 2010) und zum anderen der „Bildungsfinanzbericht 2010" (Statistisches Bundesamt 2010). Auf Einzelheiten kann wegen des Umfangs der Berichterstattung hier nicht eingegangen werden. Vielmehr sollen die interessierten LeserInnen hier lediglich auf das kritische Studium der jeweils aktuellen Berichte verwiesen sein.

Im Bericht „Bildung in Deutschland 2010" werden erstmals nicht nur aktuelle Entwicklungen und Konstellationen im deutschen Bildungswesen betrachtet, sondern auch Überlegungen zu den Perspektiven des Bildungswesens im demografischen Wandel angestellt. Unterschiedliche Projektionen zu den erwartbaren Entwicklungen und Gestaltungsperspektiven in Bildung und Arbeitsmarkt werden zusammengefasst und ihre Bedeutung für BildungsteilnehmerInnen, Personal- und Finanzbedarf im Bildungswesen evaluiert. Als ein wesentliches Ergebnis wird festgehalten:

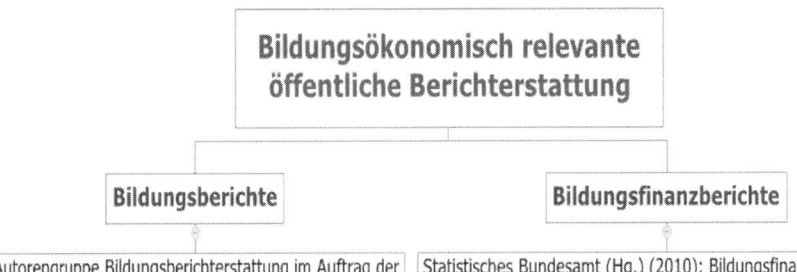

```
Bildungsökonomisch relevante
öffentliche Berichterstattung
        |
   ┌────┴────┐
Bildungsberichte   Bildungsfinanzberichte
```

Bildungsberichte: Autorengruppe Bildungsberichterstattung im Auftrag der Ständigen Konferenz der Kultusminister der Länder in der Bundesrepublik Deutschland und des Bundesministeriums für Bildung und Forschung (2010): Bildung in Deutschland 2010. Ein indikatorengestützter Bericht mit einer Analyse zu Perspektiven des Bildungswesens im demografischen Wandel. 3. Bildungsbericht. Bielefeld: W. Bertelsmann Verlag.

Bildungsfinanzberichte: Statistisches Bundesamt (Hg.) (2010): Bildungsfinanzbericht 2010. Im Auftrag des Bundesministeriums für Bildung und Forschung und der Ständigen Konferenz der Kultusminister der Länder in der Bundesrepublik Deutschland.

„Der demografische Wandel wird für das Bildungswesen weitreichende Auswirkungen haben: Die für Kindertageseinrichtungen, Schule, Berufsbildung und Hochschule relevante Altersgruppe der unter 30-Jährigen wird von 25,5 Millionen auf 21,3 Millionen im Jahr 2025 zurückgehen. Damit wird sich die Gesamtzahl der Bildungsteilnehmer (einschließlich Kindertagespflege), die sich 2008 auf insgesamt 16,7 Millionen belief, bis 2025 um 2,6 Millionen und damit um 15% verringern. Die Bevölkerung im Erwerbsalter wird 2025 von 54,1 Millionen um 10% auf 48,8 Millionen zurückgehen. Zugleich wird die Altersgruppe derjenigen, die 65 Jahre und älter sind, von 16,7 Millionen im Jahr 2008 auf 20,2 Millionen bzw. um 21% im Jahr 2025 anwachsen. Diese Veränderungen in der Altersstruktur der Bevölkerung werden sich in der gleichen Tendenz und teilweise noch verstärkt über 2025 hinaus fortsetzen. Sie beinhalten Herausforderungen und Chancen für das Bildungswesen ..." (Autorengruppe Bildungsberichterstattung 2010, S. 5).

Bildung in Deutschland 2010
- A Bildung im Spannungsfeld veränderter Rahmenbedingungen
- B Grundinformationen zu Bildung in Deutschland
- C Frühkindliche Bildung, Betreuung und Erziehung
- D Allgemeinbildende Schule und non-formale Lernwelten im Schulalter
- E Berufliche Ausbildung
- F Hochschule
- G Weiterbildung und Lernen im Erwachsenenalter
- H Perspektiven des Bildungswesens im demografischen Wandel
- I Wirkungen und Erträge von Bildung

Die aktuellen bildungsökonomischen Diskussionen haben sich qualitativ kaum weiterentwickelt als zu Zeiten des Pädagogen Comenius und des Ökonomen Smith. Trotz des Postulats einer Bildungsrepublik Deutschland ist das Bildungswesen chronisch unterfinanziert, die Lage breiter Bevölkerungskreise zunehmend prekär und die Bildungsinstitutionen geraten ständig stärker in den Prozess der Ökonomisierung ihrer Strukturen und inhaltlichen Bildungsarbeit. Erziehung und Bildung der jeweils nachwachsenden Generation sind ökonomisch nicht voraussetzungslos. Die finanziellen Voraussetzungen in den Familien und Bildungsinstitutionen, die Integration in das Erwerbssystem sowie die Ausgestaltung des staatlichen Unterstützungssystems einkommensschwacher Familien determinieren die Chancengerechtigkeit und letztlich die gesellschaftliche Entwicklung. Pflege und Erziehung der Kinder sind das natürliche Recht der Eltern und die zuvörderst ihnen obliegende Pflicht. Über ihre Betätigung wacht die staatliche Gemeinschaft. So formuliert es das Grundgesetz (GG) im Artikel 6 Abs. 2. In Artikel 20 GG wird die Bundesrepublik Deutschland als demokratischer und sozialer Bundesstaat bezeichnet. Damit ist klargestellt, dass die Bildungsökonomie zuallererst die soziale Situation der Familien und darin die der Kinder in den Blick nehmen muss. Die Arbeit in den Einrichtungen des institutionellen Bildungswesens, den Krippen, Kindergärten, Schulen und Hochschulen, gerät allerdings zunehmend unter das Diktat einzel- und gesamtwirtschaftlicher ökonomischer Interessen. Chronische Unterfinanzierung und vielfach von den Betroffenen auch auf den Straßen beklagter Personalmangel zeichnen nach wie vor den Alltag in einer der reichsten Nationen der Welt.

Als allgemein anerkannt gelten kann heute, dass die wirtschaftliche, gesellschaftliche und individuelle Entwicklung in erheblichem Umfang von der Leistungsfähigkeit des Bildungssystems beeinflusst wird. Für die Politik, Bildungsadministration und Wissenschaft ist die Beobachtung der Finanzausstattung des Bildungsbereichs von großer Bedeutung. Seit 1972 erarbeitete die Bund-Länder-Kommission für Bildungsplanung und Forschungsförderung (BLK) einen Bildungsfinanzbericht und stimmte ihn ab. Infolge der Föderalismusreform ist der Bildungsfinanzbericht ein Teil der Gemeinschaftsaufgabe von Bund und Ländern gemäß Art. 91 b Abs. 2 GG geworden. Seit 2008 erstellt nun das Statistische Bundesamt jährlich im Auftrag des Bundesministeriums für Bildung und Forschung und im Einvernehmen mit der Ständigen Konferenz der Kultusminister in der Bundesrepublik Deutschland den Bildungsfinanzbericht, im Jahr 2011 zum dritten Mal. „Im Bildungsfinanzbericht 2010 werden die wichtigsten verfügbaren Informationen zu den Bildungsausgaben zusammengefasst. Der Bildungsfinanzbericht ist Teil der Bildungsberichterstattung, die kontinuierlich datengestützte Informationen über Rahmenbedingungen, Input, Verläufe, Ergebnisse und Wirkungen von Bildungsprozessen bereitstellt" (Statistisches Bundesamt 2010, S. 8).

```
Bildungsfinanzbericht 2010
    ├── Budget für Bildung, Forschung und Wissenschaft
    │   in Deutschland im Überblick
    ├── Entwicklung der öffentlichen Bildungsausgaben
    ├── Öffentliche Bildungsausgaben nach Bildungsbereichen und Ländern
    └── Bildungsausgaben im internationalen Kontext
```

Der Bericht berücksichtigt neben den Ergebnissen der Finanzstatistik der öffentlichen Haushalte auch das Budget für Bildung, Forschung und Wissenschaft. Auch die von Unternehmen, privaten Haushalten, der Bundesagentur für Arbeit und dem Ausland finanzierten Bildungsausgaben sowie die Forschungsausgaben werden darin erfasst. Die öffentlichen Bildungsausgaben werden nach Bildungsbereichen und Ländern differenziert aufbereitet. International werden die Bildungsbudgets verglichen.

Welche Auswüchse übersteigertes Konkurrenzdenken der Eltern auf Kinder haben kann, materialisiert sich im angelsächsischen Begriff der sogenannten *Fast-Track-Kids*. Der Journalist Werle hat mit seinem Buch „Die Perfektionierer" (Werle 2010a) nachgezeichnet, wie ökonomisch orientierter Optimierungswahn den einen schadet und den anderen Profit bringt. „Chinesisch für Babys, Managerkurse für Kleinkinder, Yoga in der Krippe: Wenn Erziehungsunsicherheit von Eltern in Panik umschlägt, droht dem Nachwuchs eine Lern-Orgie. Dabei ist es fatal, dass simple Förderung zur Konkurrenz um Zukunftschancen eskaliert – von der vor allem Bildungskonzerne profitieren" (Werle 2010b). Individuelle und institutionelle Erziehungs- und Bildungspartnerschaften sind auf allen Ebenen stets kritisch daraufhin zu analysieren, welches Erziehungs- und Bildungsverständnis die Partner jeweils in die Partnerschaft einbringen. Am besten geschieht dies zu Beginn einer Partnerschaft, um belastende Streitigkeiten während der gemeinsamen partnerschaftlichen Arbeit zu vermeiden. Ökonomisch motivierte Interessen sollten transparent und offen ausgetauscht werden. In Erweiterung der konfuzianischen Überlegungen zum letzten Ziel allen Lernens, dem harmonischen Zusammenleben, kann abschließend ergänzt werden, dass Bildung ein *Menschenrecht* ist und keineswegs instrumentell auf ökonomische Zwecke reduziert werden sollte.

Literatur

Autorengruppe Bildungsberichterstattung im Auftrag der Ständigen Konferenz der Kultusminister der Länder in der Bundesrepublik Deutschland und des Bundesministeriums für Bildung und Forschung (2010): Bildung in Deutschland 2010. Ein indikatorengestützter Bericht mit einer Analyse zu Perspektiven des Bildungswesens im demografischen Wandel. 3. Bildungsbericht. Bielefeld: Bertelsmann (Online verfügbar unter http://www.bildungsbericht.de/daten2010/bb_2010.pdf)

Becker, Gary Stanley (2008): Human capital. A theoretical and empirical analysis, with special reference to education. 3. edition (reprint). Chicago, Ill.: The University of Chicago Press

Comenius, Joannes Amos (1657): Die didaktische Maschine. Lateinisch/deutsch, Übersetzung von Rupert Röder http://www.didactools.de/comenius/machdidk.htm (Download am 10.07.2011)

Deutsche UNESCO-Kommission e.V. (Hrsg.) (2008): Nationaler Aktionsplan für Deutschland. UN-Dekade Bildung für nachhaltige Entwicklung 2005 – 2014 http://www.zukunftsfaehiges-deutschland.de/fileadmin/zukunftsfaehigesdeutschland/PDFs/UN-Dekade_BNE_NAP_2008.pdf (Download am 10.07.2011)

Famulla, Gerd-E. (2011): Weil sich die Lebenswelt ökonomisiert ... Ökonomische Bildung aus Sicht der Wirtschaftsverbände. iböb Working paper, 2. Universität Bielefeld http://www.iboeb.org/uploads/media/famulla_oekon-bildung_wp2.pdf (Download am 16.07.2011)

Hedtke, Reinhold (2008): Wirtschaft in die Schule?! Ökonomische Bildung als politisches Projekt. In: Gesellschaft – Wirtschaft – Politik (GWP), 57 (4). S. 455-461

Hundt, Dieter (2005): Kluge Köpfe gesucht – Konzept für eine bessere Bildung. Hrsgg. v. Institut der deutschen Wirtschaft. Köln http://www.iwkoeln.de/Publikationen/Forum/tabid/138/articleid/18178/language/en-US/Default.aspx (Download am 10.07.2011)

Klemm, Klaus (2010): Bildungsgipfel-Bilanz. DGB-Studie zur Umsetzung der Ziele des Dresdner Bildungsgipfels. Hrsgg. v. Deutschen Gewerkschaftsbund, Bundesvorstand. Berlin www.dgb.de/presse/++co++9f38d2e272d3-11df-59ed-00188b4dc422 (Download am 10.07.2011)

O. V. (2011): Kempen: Freiheit der Wissenschaft ernstlich in Gefahr. http://www.forschung-und-lehre.de/wordpress/?p=7530#more-7530 (Download am 10.07.2011)

Retzmann, Thomas/Seeber, Günter/Remmele, Bernd/Jongebloed, Hans-Carl (2010): Ökonomische Bildung an allgemeinbildenden Schulen. Bildungsstandards. Standards für die Lehrerbildung. Im Auftrag vom Gemeinschaftsausschuss der deutschen gewerblichen Wirtschaft unter Vorsitz des ZDH (2009/2010). Essen, Lahr und Kiel. http://www.s-hb.de/~klaus.boenkost/pdf-docs/2010-Retzmann_ua_Gutachten.pdf (Download am 05.04.2011)

Smith, Adam (1974): Der Wohlstand der Nationen. Eine Untersuchung seiner Natur und seiner Ursachen. Neu aus dem Englischen übertragen von Horst Claus Recktenwald. München: Beck

Statistisches Bundesamt (Hrsg.) (2010): Bildungsfinanzbericht 2010. Im Auftrag des Bundesministeriums für Bildung und Forschung und der Ständigen Konferenz der Kultusminister der Länder in der Bundesrepublik Deutschland. http://www.destatis.de/jetspeed/portal/cms/Sites/destatis/Internet/DE/Content/Publikationen/Fachveroeffentlichungen/BildungForschungKultur/BildungKulturFinanzen/Bildungsfinanzbericht1023206107004,property=file.pdf (Download am 15.07.2011)

Werle, Klaus (2010a): Die Perfektionierer. Warum der Optimierungswahn uns schadet – und wer wirklich davon profitiert. Frankfurt am Main: Campus

Werle, Klaus (2010b): Die Perfektionierer, Teil 1 – Very Important Babys. Hrsgg. v. Manager Magazin http://www.manager-magazin.de/unternehmen/karriere/0,2828,693009,00.html (Download am 10.07.2011)

Wilhelm, Richard (2008): Die Lehren des Konfuzius. Die vier konfuzianischen Bücher – Chinesisch und Deutsch. Übersetzt und erläutert von Richard Wilhelm. Mit einem Vorwort von Hans van Ess. Frankfurt am Main: Zweitausendeins

Rolf Krüger/Christof Schmitt

Rechtliche Rahmenbedingungen des Verhältnisses von Eltern, Schule und Jugendhilfe

1. Vorbemerkungen

Neben den Eltern sind Schule und Jugendhilfe die gesellschaftlichen Orte, in denen Erziehung geschieht. Im Unterschied zu den Eltern, deren erzieherischer Auftrag schon im Grundgesetz naturrechtlich abgeleitet wird, bedürfen Schule und Jugendhilfe als Ausfluss staatlicher Tätigkeit einer besonderen rechtlichen Legitimation. Durch die Verfassung ist entschieden, dass diese Rechtsnormen für die Schule landesrechtlich bestimmt werden, die für die Jugendhilfe aber bundesrechtlich, wenn auch in Teilbereichen mit der Möglichkeit landesrechtlicher Ergänzungen.

Der Minderjährige selber ist, wie jeder Mensch, Grundrechtsträger. Allerdings kann er unmittelbar selber nur insoweit über seine Grundrechte verfügen, als er verständig damit umgehen kann. Ansonsten nehmen die Sorgeberechtigten – also im Regelfall die Eltern – für ihn die Grundrechte wahr (vgl. Lipp 2000, S. 29 ff.). Sie haben dies zum Wohle ihres Kindes zu tun. Für den Fall, dass sie dies nicht tun wollen oder können, hat der Staat – dies sind zunächst alle seine Institutionen – die Verpflichtung, die Sorgeberechtigten zu überwachen und ggf. auch in das Geschehen einzugreifen.

Wir werden nun die Rechtsverhältnisse zwischen Schule und Jugendhilfe, Schule und Eltern sowie Jugendhilfe und Eltern genauer beleuchten.

2. Der rechtliche Zusammenhang von Schule und Jugendhilfe

Die Jugendhilfe ist bundesrechtlich im Kern im SGB VIII normiert. Genau genommen gilt dies jedoch unmittelbar nur für die öffentliche Jugendhilfe. Träger der örtlichen öffentlichen Jugendhilfe sind die Landkreise und kreisfreien Städte, im Ausnahmefall auch kreisangehörige Gemeinden, die dies wollen und dafür eine Genehmigung des jeweiligen Bundeslandes erhalten haben. Wer überörtliche öffentliche Jugendhilfeträger sind, ist landesrechtlich geregelt. In unserem Zusammenhang spielt dies jedoch keine Rolle. Örtliche öffentliche Jugendhilfeträger haben zur Durchführung der Jugendhilfeaufgaben als Fachbehörde ein Jugendamt zu errichten.

Neben der öffentlichen Jugendhilfe gibt es die sogenannten freien Träger der Jugendhilfe. Häufig sind sie die unmittelbaren Leistungserbringer. Dies sind u.a. die Wohlfahrtsverbände, die Kirchen, die Jugendverbände, örtlich tätige freie Träger in unterschiedlichen Rechtsformen, wie z.B. Vereine und Stiftungen. In Teilbereichen der Jugendhilfe treten auch gewerbliche freie Träger auf, d.h. Träger, die Jugendhilfe mit einer Gewinnerzielungsabsicht betreiben. Sie haben i.d.R. die Rechtsform eines Einzelunternehmers oder einer GmbH (vgl. Krüger/Zimmermann 2009, S. 129 f.).

Die Normen des SGB VIII bezüglich der Zusammenarbeit von Schule und Jugendhilfe wirken – wie schon angedeutet – nur gegen die öffentliche Jugendhilfe, da nur sie Normadressat ist. Die Zusammenarbeit zwischen freiem Träger der Jugendhilfe und Schule kann deshalb nur privatrechtlich, also durch Vertrag zustande kommen.

Schaut man das Gesetz im Einzelnen an, so wird Schule im SGB VIII an vier Stellen erwähnt:

a) Wir finden im § 11 Abs. 3 Nr. 3 den Hinweis, dass zu dem Schwerpunkt der Jugendarbeit auch die schulbezogene Jugendarbeit gehört. Jugendarbeit ist einer der Leistungsbereiche der Jugendhilfe, allerdings ein Leistungsbereich ohne individual-rechtlichen Rechtsanspruch. Ob, und in welchem Umfang, schulbezogene Jugendarbeit stattfindet, ist deshalb im Kern eine kommunalpolitische Entscheidung (Münder 2006, § 11, Rz 32).

b) In § 13 Abs. 1 hat der Gesetzgeber geregelt, dass ein Teil der sogenannten Jugendsozialarbeit auch die schulische Förderung durch sozialpädagogische Hilfen im Rahmen der Jugendhilfe ist. Unter Jugendsozialarbeit versteht man das Angebot von besonderen Hilfen für junge Menschen, die sozial benachteiligt oder wegen individueller Beeinträchtigungen in höheren Maßen auf Unterstützung angewiesen sind. Rechtssystematisch handelt es sich um eine Leistung der Jugendhilfe. Münder geht davon aus, dass ein subjektiver Rechtsanspruch im Rahmen des Soll-Ermessens besteht (Müder 2006, § 13, Rz 21 ff.). Dies entspricht aber eher nicht der herrschenden Praxis. Hier wird i.d.R. davon ausgegangen, dass es – ähnlich wie bei der Jugendarbeit – eine kommunalpolitische Entscheidung ist, was im Bereich der Jugendsozialarbeit vor Ort stattfindet.

c) Im § 81 Nr. 1 SGB VIII wird die öffentliche Jugendhilfe zur Zusammenarbeit mit Schulen und Stellen der Schulverwaltung verpflichtet. Gemeint ist hier die institutionelle Zusammenarbeit, die z.B. zu einer sozialräumlichen Denkweise führen kann. Die Norm berechtigt nicht die einzelfallbezogenen Vorschriften des Sozialdatenschutzes zu missachten (Krüger 2009, S. 648).

d) Im Innenverhältnis bestehen die Jugendämter aus der Verwaltung des Jugendamtes und dem Jugendhilfeausschuss. Der Jugendhilfeausschuss hat weitgehende Befassungsrechte und Beschlussrechte in Angelegenheiten der Jugendhilfe im Rahmen der bereitgestellten Mittel. In den meisten Bundesländern ist er auch Widerspruchsausschuss, d.h. er entscheidet über das erste Rechtsmittel, wenn Betroffene sich gegen Entscheidungen der Verwaltung des Jugendamtes zur Wehr setzen. Der Jugendhilfeausschuss hat neben den stimmberechtigten Mitgliedern auch beratende Mitglieder, dies ist in § 71 Abs. 5 SGBVIII geregelt. Wer beratendes Mitglied sein kann, regelt das Landesrecht. Im AG SGB VIII Nds. ist z.B. im § 4 Abs.1 Nr. 4 bestimmt, dass hierzu auch immer eine Lehrkraft gehört. Sie wird von der Schulbehörde benannt. Über diese Person gibt es also eine Einflussmöglichkeit des Schulwesens auf die Ausgestaltung kommunaler Jugendhilfe.

Aufseiten des Schulwesens haben inzwischen die meisten Bundesländer in die jeweiligen Schulgesetze eine Zusammenarbeitsverpflichtung normiert. In Niedersachsen sind entsprechende Regelungen in § 25 Nds. Schulgesetz zu finden. Diese Norm entspricht weitgehend dem § 81 SGB VIII. Sie umfasst allerdings auch die freien Träger. Einzelne Bundesländer, wie z.B. Niedersachsen, haben zudem konkretisierende Erlasse zur Zusammenarbeit von Schule und Jugendhilfe verfügt, die die Schule im Innenverhältnis binden. Es liegt also eine institutionelle Zusammenarbeitverpflichtung vor. Bezüglich des einzelfallbezogenen Datentransfers gilt für die Schule dieselbe Grenze wie für die Jugendhilfe.

3. Der rechtliche Zusammenhang von Schule und Eltern

Das Verhältnis von Schule und Eltern ist im hohen Maße rechtlich determiniert. Nach Abs. 1 Art. 7 GG steht das gesamte Schulwesen unter der Aufsicht des Staates. Den Bundesländern fällt die Kulturhoheit zu, da gemäß der Art. 30 und 70 schulische Angelegenheiten in ihre alleinige Zuständigkeit fallen, und damit ihr Tätigwerden rechtlich legitimiert. Die Bundesländer haben bei der Ausgestaltung die allgemeinen rechtsstaatlichen demokratischen und sozialen Prinzipien des Grundgesetzes zu beachten, insbesondere die allgemeinen Grundrechte (Robbers 2005, Art. 7, Rz 4).

Aus dieser Landeszuständigkeit leiten sich unterschiedliche Rahmensetzungen und Ausgestaltungsregelungen im Schulwesen ab. Zur Veranschaulichung soll exemplarisch das Land Niedersachsen dienen. Die landesrechtliche Normierung erfolgt zunächst durch ein Schulgesetz, hier das Niedersächsische Schulgesetz (NSchG). Zentraler Bestandteil ist hierbei § 2 NSchG, der den Bildungs- und Erziehungsauftrag der Schule festlegt. Aus diesem Auftrag der Schule ergibt sich ein permanentes und natürliches Spannungsverhältnis zu dem im Art. 6 Abs. 2 GG formulierten Recht der Eltern auf Erziehung ihrer minderjährigen Kinder. Diese beiden Rechte stehen gleichgeordnet nebeneinander (Hemmrich 2000, Art. 7, Rz 52).

Besonders deutlich wird dieses Spannungsverhältnis in den §§ 63 ff. NSchG, die die Schulpflicht festlegen und konkretisieren. Sie beginnt in der Regel ab dem 6. Lebensjahr und dauert dann zwölf Jahre. In § 71 Abs. 1 NGSchG wird explizit auf die Pflicht der Erziehungsberechtigten abgestellt dafür zu sorgen, dass die SchülerInnen am Unterricht und an den sonstigen Veranstaltungen der Schule regelmäßig teilnehmen und die ihnen obliegenden Pflichten erfüllen. Die Erziehungsberechtigten – in der Regel die Eltern – haben sie dafür zweckentsprechend auszustatten und im Grundsatz auch die Übernahme der Kosten von Schulfahrten zu tragen, an denen die SchülerInnen teilnehmen.

Ein weiterer Bereich, der die Ausgestaltung des rechtlichen Verhältnisses zwischen Schule und Eltern determiniert, ist die Möglichkeit der Schule nach § 61 NSchG Erziehungsmittel bzw. Ordnungsmaßnahmen anzuwenden. Erziehungsmittel, zu denen beispielsweise zusätzliche Übungsaufgaben oder der Verweis aus dem Unterrichtsraum zählen, sind keine Verwaltungsakte. Sie können allenfalls durch eine Fachaufsichtsbeschwerde angefochten werden. Die Ordnungsmaßnahmen, beispielsweise Überweisung in eine Parallelklasse oder eine andere Schule, sind Verwaltungsakte und können formal mittels Widerspruch bzw. Klage seitens der Eltern angefochten werden (Woltering 1998, S. 207 ff.).

Das Schulgesetz umfasst neben Elternpflichten auch Elternrechte, z.B. was die Wahl der Schule bzw. Schulform betrifft. Diese Wahlmöglichkeit kann jedoch gem. § 63 NSchG durch die Festlegung von Schulbezirken eingeschränkt werden.

Darüber hinaus gibt es Mitwirkungsmöglichkeiten für die Eltern, die in den §§ 88 – 99 NSchG geregelt sind. Anders als bei der Entscheidung den Bildungsweg des eigenen Kindes zu bestimmen, die in den Bereich des individuellen Elternrechts fällt, handelt es sich hier um ein kollektives Elternrecht. Dieses bezieht sich auf die Gesamtheit der Eltern eines bestimmten Bereiches, einer Schulklasse oder der gesamten Schule (vgl. Hoegg 2007, S. 207 ff.). Vertretungsmöglichkeiten gibt es dabei im Rahmen von:

- Klassenelternschaften (§ 89)
- Schulelternschaften (§ 90)

- VertreterInnen im Schulvorstand, in Konferenzen und Ausschüssen (§ 88 Abs. 1 Nr. 3)
- Gemeinde- und Kreiselternräte (§ 97)
- Landeselternrat (§ 169)

Neben das Schulgesetz treten im Schulwesen noch eine Vielzahl von Erlassen des jeweiligen Kultusministeriums u.a. für die unterschiedlichen Schulformen, die die Rechte und Pflichten zwischen Eltern und Schule, z.B. bei der Schul- oder Schulformwahl oder den Mitwirkungsrechten, konkretisieren. Sie haben aber lediglich die rechtliche Qualität von kollektiven Dienstanweisungen an das Schulpersonal.

4. Der rechtliche Zusammenhang von Jugendhilfe und Eltern

Im Gegensatz zu Eltern und Schule ist Jugendhilfe im Grundgesetz nicht ausdrücklich genannt. Sie hat keinen eigenen unmittelbaren, d.h. aus der Verfassung ableitbaren Erziehungsauftrag. Sie ist allerdings einer der wesentlichen staatlichen Institutionen, die das Wächteramt aus Art. 6 GG wahrzunehmen hat. Im Jugendhilferecht konkretisiert sich diese Aufgabe einerseits darin, dass die öffentliche Jugendhilfe immer dann, wenn die Sicherung des Kindeswohls nicht anders zu gewährleisten ist, das Familiengericht einzuschalten hat.

In den Fällen, in denen dies noch nicht geboten ist, aber eine Trennung von Minderjährigen und Eltern entweder von den Minderjährigen verlangt wird oder auch ohne deren Verlangen geboten ist, hat das Jugendamt einen Minderjährigen in Obhut zu nehmen. Während der Inhobhutnahme übt das Jugendamt die insoweit notwendigen elterlichen Rechte aus (Münder 2006, § 42, Rz 32). Es handelt sich um eine öffentlich-rechtliche Regelung.

Viel häufiger ist das Rechtsverhältnis zwischen (Freier) Jugendhilfe und Eltern allerdings durch bürgerlich-rechtliche Verträge bestimmt. Immer wenn ein Jugendhilfeträger Erziehungsleistungen anbietet und diese in Anspruch genommen werden, entsteht ein Vertragsverhältnis. Grundsätzlich sind diese Verträge an keine bestimmte Form gebunden. Sie können also konkludent – also durch schlüssiges Verhalten –, mündlich oder auch schriftlich zustande kommen. Entweder handelt es sich bei diesen Leistungen ohnehin um Ansprüche, die den Personensorgeberechtigten selber zustehen, wie z.B. die Hilfe zur Erziehung nach § 27 SGB VIII, oder die Personensorgeberechtigten handeln in ihrer Funktion als gesetzliche Vertreter ihrer Kinder, wie z.B. im Bereich der Jugendarbeit nach § 12 SGBVIII. Ob der Anbieter öffentlicher Träger der Jugendhilfe ist – also das Jugendamt – oder ein freier Träger, ist für das Zustandekommen des Vertragsverhältnisses unerheblich.

Inhalt des Vertragsverhältnisses wird einerseits immer die jeweilige Leistung und andererseits – als sogenannte vertragliche Nebenpflicht – die jeweils gebotene Wahrnehmung der Rechte und Pflichten aus der Personensorge. Dies kann z.B. die konkrete Aufenthaltsbestimmung sein oder auch die Durchführung der gehörigen Aufsichtsführung. Der Jugendhilfeträger wird seine vertragliche Pflicht i.d.R. durch Arbeitsvertrag an seine Mitarbeiter weitergeben. Nachfolgendes Schaubild macht den Gesamtzusammenhang deutlich.

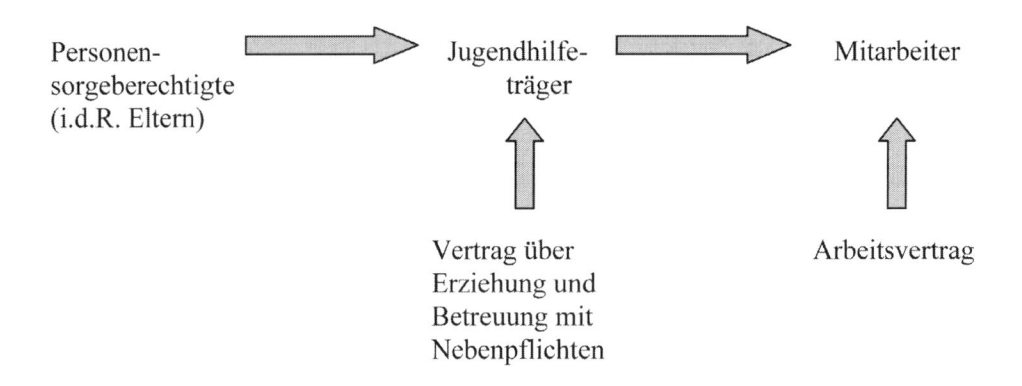

```
Personen-      ──►   Jugendhilfe-   ──►   Mitarbeiter
sorgeberechtigte      träger
(i.d.R. Eltern)
                       ▲                    ▲
                       │                    │
                 Vertrag über          Arbeitsvertrag
                 Erziehung und
                 Betreuung mit
                 Nebenpflichten
```

Bei der Gewährung von Leistungen der Jugendhilfe haben sowohl die Minderjährigen selber – nach § 8 SGB VIII – als auch die Sorgeberechtigten als Leistungsberechtigte Mitwirkungsrechte. Die Mitwirkungsrechte der Minderjährigen sind allerdings nur Beteiligungsrechte, die der Leistungsberechtigten dagegen Wunsch- und Wahlrechte. Bei den stationären Hilfen zur Erziehung gehen die Bestimmung des § 36 SGB VIII denen des § 5 SGB VIII vor. Dies ergibt sich daraus, dass diese spezieller sind (Krüger/Zimmermann 2006, S. 43 ff.).

5. Fazit

Vor dem Hintergrund anzustrebender oder auszubauender Erziehungspartnerschaften ist zunächst zu konstatieren, dass das Verhältnis der zentralen Akteure Eltern, Schule und Jugendhilfe im hohen Maße rechtlich determiniert ist. Die Rechtsvorgaben enthalten dabei weitgehende Rechte und Pflichten für alle Seiten, die nur zum Teil von der rechtlichen Grundidee partnerschaftlich angelegt sind bzw. ausgestaltet werden können.

Vergleichsweise gute Voraussetzungen auf rechtlicher Ebene für ein partnerschaftliches Verhältnis sind zwischen Schule und Jugendhilfe gegeben. Aber auch die rechtlichen Mitwirkungsmöglichkeiten der jeweiligen Akteure in den jeweils anderen Bereichen bilden zumindest einen Möglichkeitsrahmen für einen partnerschaftlichen Umgang. Dieser ist allerdings dann von den handelnden Personen vor Ort entsprechend auszugestalten.

Literatur

Hemmrich, Ufried (2000): Artikel 7. In: von Münch/Künig (2000)
Henschel et al. (Hrsg.) (2009): Jugendhilfe und Schule. Handbuch für eine gelingende Kooperation. 2. Auflage. Wiesbaden: VS-Verlag
Hoegg, Gunther (2007): Schulrecht. 2. Auflage. Weinheim und Basel: Beltz
Krüger, Rolf (2009): Probleme des Datentransfers zwischen Jugendhilfe und Schule. In: Henschel et al. (2009): S. 648-652
Krüger, Rolf/Zimmermann, Gerhard (2009: Struktur, Leistungen und andere Aufgaben der Jugendhilfe. In: Henschel et al. (2009): S. 125-151
Krüger, Rolf/Zimmermann, Gerhard (2006): Hilfen zur Erziehung – Rechtliche Strukturen und sozialarbeiterische Konzepte. Berlin: Pro Business
Lipp, Volker (2000): Freiheit und Fürsorge. Der Mensch als Rechtsproblem. Tübingen: Mohr Siebeck

Münder, Johannes et al. (2006): Frankfurter Kommentar zum SGB VIII: Kinder- und Jugendhilfe. 5. Auflage. Weinheim und München: Beltz
Robbers, Gerhard (2005): Artikel 7. In: von Mangold/Klein/Starck (2005)
von Mangold, Herbert/Klein, Friedrich/Starck, Christian (2005): Kommentar zum Grundgesetz. Band 1. 5. Auflage. München: Vahsen
von Münch, Ingo/Künig, Philip (2000): Grundgesetzkommentar. Band 1. 5. Auflage. München: Beck
Woltering, Herbert (1998): Niedersächsisches Schulgesetz.(NSchG). Handkommentar. 4. Auflage. Stuttgart, München u.a.: Boorberg

Susanne Soppart-Liese

Staatliche Bildungspolitik als sozialpolitische Steuerungspolitik

„Zu einem Ort des Lebens und Lernens gehören multiprofessionelles Personal und demokratische Strukturen, die es allen ermöglichen, sich einzubringen und teilzuhaben." (Landtag NRW 2011)

„Mit der Zukunftsfähigkeit unserer Kommunen steht auch die Gestaltungsfähigkeit und Akzeptanz von Politik insgesamt auf dem Prüfstand. Gleichberechtigte gesellschaftliche Teilhabe, die Wertschätzung bürgerschaftlichen Engagements und wirksame Mitwirkungsmöglichkeiten sind der Schlüssel, um die Menschen in den Städten und Gemeinden neu dafür zu begeistern hieran mitzuwirken." (Koalitionsvertrag 2010)

Wenn von Erziehungs- und Bildungspartnerschaft – als Titel des Handbuches – gesprochen wird, so müsste als erstes geklärt werden, von wem und zwischen wem eine solche ‚Partnerschaft' eigentlich konstituiert und getragen werden soll. Ist mit dem Begriff ‚Partnerschaft' nicht bereits ein eher unwahrscheinliches harmonisches Miteinander von beteiligten Personen unterstellt?

Bei den folgenden Ausführungen wird die pädagogisch-psychologische Ebene des Verhältnisses zwischen Eltern und Schule zugunsten einer politischen Betrachtungsweise verlassen. Dazu hat es sich zur Analyse von Politik als nützlich erwiesen, zu unterscheiden zwischen

- *Polity* als Form und institutionelle Verfasstheit der Politik
- *Policy* als Inhalt der Politik (Interessen und Ziele)
- *Politics* als dem Prozess der Willens- und Entscheidungsfindung in der Politik

Im Folgenden geht es um die Fragen der institutionellen Verfasstheit bestehender und – weiterführend – möglicher Strukturen für Partizipationsprozesse von Eltern in einem öffentlichen, und das heißt: demokratischen, Schulsystem.

Polity: Derzeitiger Stand der Elternmitwirkung in der Schule – Beispiel NRW

Auf der Ebene der Einzelschule ist mit dem 4. Schulrechtsänderungsgesetz vom 21.12.2010 in NRW die Drittelparität in der Schulkonferenz eingeführt worden. Damit ist im Bereich der Sek. I und II der Zustand wiederhergestellt worden, der vor den Änderungen der CDU/FDP-geführten Vorgängerregierung aus Gründen der Stärkung der Lehrerrolle, begründet durch ihre Fachkompetenz, ein besonderes Gewicht eingeräumt worden war (vgl. MSW 2006, 132 Seiten!).

Die langjährige, erst auf Stadt-, dann auf Landesebene tätige Vorsitzende diverser schulstufenbezogener Elternverbände (entsprechend der Kinderentwicklung von Grundschule bis Gymnasium) und schließlich des Bundeselternverbandes, ist nunmehr schulpolitische Sprecherin der SPD-Fraktion. Ihr langjähriges Engagement für eine demokratisch verfasste Elternvertretung auch auf Landesebene aus der Zeit des Vorsitzes im Grundschulverband ist am 17.12.2009 von diesem Landeselternrat in einer Stellungnahme erneut angefordert worden (vgl. Landeselternschaft 2009) und trifft sich inhaltlich mit einem Antrag der Fraktion der Grünen im Landtag NRW sechs Monate vorher vom 16.6.2009 (vgl. Landtag NRW 2009). Im Koalitionsvertrag der Landesregierung vom Juli 2010 werden die Mitwirkungsrechte aller Beteiligter in Bildung, Erziehung und Betreuung stärker akzentuiert:

„Wir werden Eltern- und Beschäftigtenvertretungen sowie die Landesvertretung der Kindertagespflege stärker in die Entwicklung landesweiter Regelungen zur Bildung, Erziehung und Betreuung von Kindern einbinden und die Erfahrungen der Praxis berücksichtigen." (Koalitionsvertrag 2010, S. 6)

Und speziell die Elternrechte sollen auf allen Stufen repräsentativ durch Elternvertretungen gestärkt werden:

„[...] die Rechte der Eltern stärken, indem wir eine demokratisch von den Kommunen bis zur Landesebene aufgebaute Landeselternvertretung schaffen. Sie kann und soll demokratisch legitimiert die Interessen der Eltern in die Gestaltung der Schulpolitik des Landes einbringen." (Koalitionsvertrag 2010, S. 7)

Die Umsetzung einer Koalitionsvereinbarung in praktische Politik kann dauern: Noch sehr vorsichtig spricht der zuständige Abteilungsleiter, Dr. Habek, aktuell von ‚Erwägungen', die Mitwirkung von Eltern neu zu regeln (Telefonat der Autorin mit Dr. Habek im Januar 2011). Weitere Aufschlüsse können eventuell aus den Veröffentlichungen, voraussichtlich im Sommer 2011, einer – neuen – Expertenkommission der Landesregierung gewonnen werden.

Derzeitig sind NRW und Bayern nach wie vor die einzigen Bundesländer, welche die Mitwirkung von Eltern ehrenamtlichen schulformbezogenen Vereinen – mit allen Nachteilen einer solchen Konstruktion, s.u. – zumuten (vgl. BER 2011). In allen anderen Bundesländern bestehen repräsentative Gremien von der Schul- bis zur Landesebene.

Im Folgenden werde ich einige zentrale Punkte einer modernen Staatlichkeit anhand der Bildungspolitik, bezogen auf die Elternmitwirkung, nachzeichnen.

Wie kann Schule als öffentliche Einrichtung gestaltet werden? Welche Rolle spielen Eltern?

Unter dem Schlagwort *New Public Management* wird staatliches Handeln als Dienstleistung für die Bürger, verstanden als Konsumenten, begriffen. Die Aufgabe staatlicher Bildungspolitik besteht in einer Aufsichtsfunktion über das Schulsystem. Sie umfasst Verfahrens-, Entscheidungs-, und Kontrollformen und bei Konflikten Regelungsformen. Die Durchsetzung dieser ‚Dienstleistungen' in einer Schule als öffentlicher Einrichtung ist auf die Mitwirkung der Bürger angewiesen. Damit wird die Handlungskoordinierung aller beteiligten Akteuren eine zentrale Frage.

In Bezug auf Eltern muss also nach ihrer Interessenvertretung gefragt werden: welche Voraussetzungen müssen gegeben sein, damit Eltern eine hinreichend einflussreiche Rolle bei der staatlichen Steuerung wahrnehmen können? Wenn Eltern als Teil der Schule angesehen werden, so folgt aus dem Demokratiegebot eine stimmberechtigte Teilhabe an Entscheidungen. Hierzu ist eine repräsentative pädagogische und politische Interessenvertretung als formelles Geflecht von Verfahrensregeln nötig.

Verbände und Vereine können als intermediäre Organisationen zwischen Staat und Markt vermitteln, sind jedoch im Fall der Schule, wo Eltern als Teil der Schule angesehen werden, nicht ausreichend legitimiert zu stimmberechtigter Teilhabe an Entscheidungen. Daraus folgt der derzeitige Zustand einer bloßen kommunikativen Funktion im Sinne einzelelterlicher Intervention statt einer repräsentativen im Sinne von Partizipation. Nur eine institutionelle Partizipation würde eine Demokratisierung einer öffentlichen Schule bedeuten.

Organisationsentwicklung in der Schule – Eltern als Unterstützungssystem?

Auch das staatliche Handeln befindet sich – wie das des Wirtschafts- und Gesellschaftssystems – unter Modernisierungsdruck. Die Durchsetzung von Reformen hat den (zusätzlichen) Sinn, Legitimierungen für die Sozialisationsprozesse der Schule zu liefern. Für das Personal bedeutet dies die Erwartung ständiger Veränderung. Dabei haben die nicht abreißenden Reformen im Schulsystem alle Formen von Veränderungsprozessen angenommen: makropolitische Bildungsreformen wie der Versuch der Etablierung von Bildungsprogrammen sind abgelöst worden von mikropolitischen Ansätzen wie Programmen der *Qualität von (Einzel-) Schule* als innere Schulreform. Die entscheidende Frage, wie Modernisierungen tatsächlich durchgesetzt werden können, ist angesichts der Komplexität des Gegenstandes Schule als ein Teilbereich staatlichen Handelns ein fortwährender Prozess, der auch unterschiedlichen ‚Moden' der Organisationsentwicklung unterworfen ist. Aktuell sind Selbstregulierungsprogramme mit Entscheidungsdezentralisierung(-stendenzen). In ihnen wird die staatliche Steuerung als ‚Verhandlung' angesehen, welche mit den beteiligten Akteuren stattfindet. Eltern werden in einem solchen Modell als eine Akteurgruppe begriffen, deren Funktionen vom Unterstützungssystem für Organisationsentwicklung von Schule bis zum Blockadesystem von Veränderungen reichen können.

Mit Hirschman kann argumentiert werden, dass Elternmitwirkung dann Wandlungsprozesse aussichtsreich unterstützen kann, wenn eine Konzentration auf tatsächlich politisch beschlossene Veränderungen stattfindet (vgl. Hirschman 1988). Sie kann dann als Wettbewerbssurrogat für administrativ gewünschte Veränderungen dienen. Notwendige Voraussetzung für eine derartig anspruchsvolle Elternmitwirkung sind: Interesse, Vertrauen, Qualifikation und Finanzierung.

Was ist der Gesellschaft die Schule wert? Familienbezogenheit des Bildungssystems

Betrachten wir nur den ersten Punkt: *Interesse*. Eltern haben ein vitales Interesse daran, dass ihre Kinder vom Bildungssystem maximal profitieren. Dies bedeutet u.a., dass Familien- und Bildungssystem nicht gegeneinander arbeiten, vielmehr eine Koordination beider Systeme stattfindet, insbesondere bezüglich der Inhalte von Bildung und Sozialisation.

Staatliches Handeln hat eine Schutz- und Ausgleichsfunktion (Wohlfahrts- und Sozialpolitik) gegenüber der Wirtschaft als Marktpolitik. In Bezug auf das staatlich verantwortete Schulsystem besteht die ‚Dienstleistung' des Staates demnach auch darin, die Familienbezogenheit des Bildungssystems herzustellen. Die zentrale Frage hier ist, wie ‚teuer' der Gesellschaft die Schule ist? Und damit behandelt die staatliche Steuerung ein familienpolitisches Verteilungsproblem.

Elternmitwirkung kann nur dann wirkungsmächtig sein, wenn sie eine institutionelle Mitwirkung an der Politikformulierung und -durchsetzung dieser familienpolitischen Verteilungsprobleme hat. Eine Reduzierung beispielsweise auf örtliche und regionale Familienbildungspolitik, subsidiäre Formen oder Selbsthilfe sind damit obsolet, weil sie die derzeitig strukturelle Benachteiligungen von Familien nicht aufheben können. (Münchhausen-Prinzip funktioniert auch hier nicht.)

Idealtypisches Modell Steuerungsstaat – Elternmitwirkung als Erweiterung des Zeit- und Sachhorizonts politischer Entscheidungen

Bildungs- und Sozialpolitik sind Voraussetzung für alle Modernisierungsprozesse. Sie können nur gelingen, wenn – im Gegensatz zu einem hierarchischen Top-down-Modell – staatliche Maßnahmen begründet werden und Zustimmung der Bürger hergestellt wird, anstatt dass mit bloßen Ge- und Verboten Abwehr- und Vermeidungsverhalten hervorrufen wird.

Wie kann die Handlungskoordination – und damit die Integration von Partialinteressen und -rationalitäten – gelingen? Beim Modell des Steuerungsstaates werden Verhandlungssysteme als komplexe Netzwerke im Gegensatz zu hierarchisch-autoritärer und marktförmiger Steuerung gedacht. Modifikationen, Sicherungen und Stabilisierungen werden durch ausgehandelte und konsensgebundene Steuerungsformen hergestellt. Solche Netzwerke sind auf zustimmende Akteure angewiesen, um überhaupt funktionieren zu können. Diese Zustimmung kann erreicht werden durch Mehrheitsprinzip, Beteiligungsquoten und diskursive Öffentlichkeit. Sie erlauben eine Verständigung und offensive Öffentlichkeit durch Vereinbarung. Statt Ge- und Verboten werden Methoden wie Kontextsteuerung, Anreiz- und Überzeugungsprogramme, Verhandlungssysteme, reflexives Recht etc. eingesetzt.

Elternmitwirkung könnte so Öffentlichkeit herstellen und zu einer Begrenzung staatlicher Eingriffe führen. (Siehe auch den Beitrag *Elternmitwirkung, Elternmitbestimmung, Elternbeirat* der Autorin im parallel erscheinenden Praxisband.)

Literatur

Bündnis 90/Die Grünen NRW/NRWSPD (2010): Nordrhein-Westfalen 2010 – 2015: Gemeinsam neue Wege gehen. Koalitionsvertrag Juli 2010 http://www.gruene-nrw.de/fileadmin/user_upload/landesverband/gruene-nrw/aktuelles/2010/koalitionsvertrag/Koalitionsvertrag_Rot-Gruen_NRW_2010-2015.pdf (abgerufen am 25.1. 2011) [zit. als: Koalitionsvertrag 2010]

BER – Bundeselternrat (2011): Ländervertretungen http://www.bundeselternrat.de/bundeselternrat/laendervertretungen.html (abgerufen am 25.1.2011)

DFV – Deutscher Familienverband (2010): Bildungshorizonte. Perspektiven für eine zukunftsfähige Bildungspolitik. Erarbeitet vom Bundesfachausschuss V. 3.5.2010. http://www.deutscher-familienverband.de/index.php?id=3396 (abgerufen am 3.2.2011)

Hirschman, Albert O. (1982, dt. 1988): Engagement und Enttäuschung. Über das Schwanken der Bürger zwischen Privatwohl und Gemeinwohl. Frankfurt am Main: Suhrkamp

Landeselternschaft der Grundschulen in NRW (2009): Stellungnahme zum Antrag der Fraktion Bündnis 90/Die Grünen „Elternmitwirkung stärken – Landeselternrat einführen". Drucksache 14/9423 vom 17.9.2009. http://landeselternschaft-nrw.de/wp/stellungnahmen/einfuehrung-eines-landeselternrates/ (abgerufen am 25.1. 2011)

Landtag Nordrhein-Westfalen (2009): Antrag der Fraktion Bündnis 90/Die Grünen „Elternmitwirkung stärken – Landeselternrat einführen". 14. Wahlperiode, Drucksache 14/9423, 16.06.2009. http://www.landtag.nrw.de/portal/WWW/dokumentenarchiv/Dokument/MMD14-9423.pdf (abgerufen am 25.1. 2011)

Landtag Nordrhein-Westfalen (2011): 5. Schulrechtsänderungsgesetz. Gesetzentwurf der Fraktion der SPD, Fraktion Bündnis 90/Die Grünen: Fünftes Gesetz zur Änderung des Schulgesetzes für das Land Nordrhein-Westfalen. 15. Wahlperiode, Drucksache 15/1061 vom 11.1.2011. http://www.gruene.landtag.nrw.de/cms/schule/rubrik/10/10365.schule_weiterbildung.html (abgerufen am 24.1. 2011)

MSW – Ministerium für Schule und Weiterbildung (2006): Neues Schulgesetz NRW. Sonderausgabe zum Amtsblatt des Ministeriums für Schule und Weiterbildung. Düsseldorf

Irene Gerlach/Siegfried Keil

Eckpunkte einer modernen Familienpolitik

Die Komplexität von Familienpolitik

Familienpolitik ist die Summe aller Handlungen und Maßnahmen, die im Rahmen einer feststehenden Verfahrens-, Kompetenz- und Rechtfertigungsordnung eines Staates normativ und/oder funktional begründbar die Situation von Familien im Hinblick auf eine als wünschenswert definierte Erfüllung von deren Teilfunktionen hin beeinflussen (vgl. Gerlach/Keil 2010, S. 52 f.).

Was als ‚wünschenswert' eingeordnet wird, leitet sich einerseits von der grundrechtlich garantierten Sicherheit ab, Familie als Lebensform wählen und leben zu können. Zentrale Quellen der Ableitung sind hier das Grundgesetz sowie die Verfassungsrechtsprechung, zunehmend aber auch das europäische Vertragswerk und die europäische Rechtsprechung. Andererseits verfolgt Familienpolitik das Ziel, Familie als gesellschaftliches Leistungssystem bei der Erfüllung ihrer Aufgaben zu unterstützen. Dabei sollte Familienpolitik auf der einen Seite die Realisierung der personalen Entwicklungsfähigkeit der Familienmitglieder unterstützen, die wiederum z.B. mit Blick auf Art. 3 und 6 des Grundgesetzes, aber auch auf das Sozialstaatsgebot grundgesetzlich formuliert ist. Hier geht es etwa um gleiche Teilhaberechte von Frauen und Männern, von Müttern und Vätern oder die frühe Förderung von Kindern vor dem Hintergrund des in Art. 3 GG zum Ausdruck gebrachten Ziels der Chancengleichheit. Andererseits ist aber auch die Sicherung bestimmter ‚Erträge' von Familie und Familienarbeit Ziel von Familienpolitik. Entsprechende Motive finden sich in einer bevölkerungspolitischen, emanzipatorischen, sozialpolitischen und familial-institutionellen Ausrichtung von Familienpolitik. Beispielhaft seien hier die Realisierung einer ausreichenden Zahl von Geburten, aber auch einer zufriedenstellenden Förderung aller Kinder durch Erziehung, Betreuung und Bildung – kurz einer erfolgreichen Humanvermögensbildung – genannt.

Vor dem Hintergrund der Teilfunktionen von Familienpolitik entsteht nicht zuletzt auch die Frage nach Formen der Verteilungsgerechtigkeit, in deren Zusammenhang Familienleistungen anerkannt werden (vgl. Wiss. Beirat 2001). Ein großer Teil dieses familienpolitischen Zielkatalogs ist in Deutschland durch die Verfassung und diese konkretisierend durch die Urteilssprechung des Bundesverfassungsgerichts vorgegeben. Familienpolitik setzt darüber hinaus inhaltliche Schwerpunkte gemäß empirisch festgestellter Problemlagen und/oder parteipolitischer Fokussierung der Exekutiven. In der 16. Legislaturperiode wurden so auf der Bundesebene ausdrücklich Ziele von Familienpolitik formuliert. Dazu gehörte die frühe Förderung von Kindern i.S. ihrer gedeihlichen Entwicklung durch Bildung, Betreuung und Erziehung (vgl. Wiss. Beirat 2008), die Sicherung der wirtschaftlichen Stabilität der Familien i.S.v. Erwerbseinkommen statt Transfereinkommen, die Armutsvermeidung, der Nachteilsausgleich zwischen Familientypen, eine Balance von Familie und Erwerbstätigkeit für Mütter und Väter sowie die Steigerung der Geburtenrate gemäß vorhandener Kinderwünsche und der Zusammenhalt der Generationen.

Familienpolitik kann so eingreifen in die ökonomischen Bedingungen, unter denen Leistungen von Familien erbracht werden, in die rechtlich-institutionelle Gestaltung von Familienverhältnissen, in die Gestaltung von Familienumwelten und schließlich in die Gestaltung von bzw. Kommunikation über Leitbilder von Familie und Familienleben (vgl. Gerlach 2010, S. 141). D.h. über Familienpolitik wird der Versuch der Steuerung sowohl des intern als auch extern wirksam werdenden Ertrages von Familie mithilfe unterschiedlicher Instrumente bei Geltung der Individual- und Gruppenrechte des GG unternommen. Dabei kann der Staat unter Nutzung seiner Hoheitsrechte einerseits mit dem Mittel von Ge- und Verboten arbeiten, andererseits kann er positive oder negative Anreize für bestimmte Verhaltensalternativen setzen, letzteres entweder über finanzielle oder strukturelle Anreize oder durch Überzeugung. Konkret lassen sich im Instrumentarium der Familienpolitik dementsprechend unterscheiden: Geld bzw. Infrastrukturleistungen, Recht sowie die Beeinflussung von Leitbildern über Kommunikation.

Im Zusammenhang der Reformüberlegungen zum Familienlastenausgleich ab 2006 wurden die Leistungen im Bundesfamilienministerium auf 184 Mrd. Euro geschätzt, wobei hier allerdings viele Leistungen wie z.B. Witwer- und Witwenrenten ohne direkten Bezug zur Familie (40 Mrd. Euro) einbezogen wurden oder solche, die nicht vom Staat, sondern von den Sozialversicherungsträgern erbracht werden (25 Mrd. Euro) (BMFSFJ 2006). Aus dem international vergleichenden familienwissenschaftlichen und -politischen Diskurs abgeleitet wurde die Gegenüberstellung von Geld- und Infrastrukturleistungen. Sie entstand aus der Erkenntnis, dass Deutschland trotz vergleichsweise hoher Geldleistungen eine geringe Geburtenrate aufweist, Staaten jedoch, die stärker in den Ausbau der Infrastruktur investieren, oft höhere Raten zeigen. Für die deutsche Diskussion ist diese Gegenüberstellung darum wenig hilfreich, weil Geld- und Infrastrukturleistungen hier aufgrund der föderalen Finanzierungsverantwortung nicht beliebig austauschbar sind.

Das Recht in seinen unterschiedlichen Ausprägungen vom Verfassungsrecht über das Bürgerliche Gesetzbuch bis hin zum Sozialgesetzbuch trägt in erheblicher Form zur Gestaltung von Familienleitbildern und Familienalltag bei. Familienpolitische ‚Wegmarken' sind hier z.B. im Verfassungsrecht mit der Aufnahme von Satz zwei in Abs. 2 von Art. 3 GG 1994 gesetzt worden, als ergänzt wurde: „Der Staat fördert die tatsächliche Durchsetzung der Gleichberechtigung von Frauen und Männern und wirkt auf die Beseitigung bestehender Nachteile hin". Die großen Reformen des Familienrechts in den 1970er Jahren trugen erheblich zu einer Neugestaltung des Ehegattenverhältnisses bei und ebenso zu einer solchen zwischen Eltern und Kindern. Sie wurden durch Reformen der 1990er Jahre noch einmal ergänzt. Gegenwärtig kommt insbesondere dem SGB für viele Bereiche der Familienpolitik eine große Bedeutung zu. Hier sei insbesondere das SGB VIII für die Gestaltung von Erziehung und Betreuung genannt, aber auch das SGB II mit Blick auf den Begriff der Bedarfsgemeinschaft oder das Sozialgeld für Kinder. Wesentliche Inhalte familienpolitischer Kommunikation sind derzeit Väter- und Mütterbilder sowie die Vereinbarkeit von Erwerbsleben und Familie.

Die Kompetenzordnung in der Familienpolitik schließlich bedenkt Bund, Länder und Kommunen als öffentliche Träger mit sehr unterschiedlichen Rechten und Pflichten. Dies hat sich insbesondere im Zusammenhang des Ausbaus der Kinderbetreuung in den letzten Jahren teilweise als sehr problematisch erwiesen. Im Rahmen des europäischen Mehrebenen-Systems ist unter den staatlichen Akteuren daneben die EU zu nennen, die einerseits im Zusammenhang ihrer Sozialpolitik zunehmend mit dem Instrument der Richtlinie Einfluss auf die Lebenssituation von Familien ausübt, andererseits aber spätestens mit der Verabschiedung der Charta der Grundrechte der EU im Rahmen der Regierungskonferenz von Nizza im Jahr 2000 in Art. 33 ausdrückliche Familienrechte und damit verbundene politische Aufgaben formuliert hat. Hinzu treten als familienpolitische Akteure Verbände der Wohlfahrtspflege, Familienverbände, Unternehmen und Tarifpartner, aber durch Selbst- und Gemeinschaftshilfe auch Familien.

Die klassischen Motive und Handlungsfelder

In der Familienforschung hat es sich auf der Basis konzeptioneller Vorarbeiten Franz-Xaver Kaufmanns eingebürgert, vier Motivgruppen von Familienpolitik zu identifizieren (genauer Gerlach 2010, S. 133 ff.), denen entsprechende Handlungsfelder gegenüberstehen. Danach betreiben Staaten Familienpolitik mit einem *bevölkerungspolitischen*, einem *sozialpolitischen*, einem *familial-institutionellen* sowie einem *emanzipatorischen* Motiv. Die Motive erfahren je nach aktueller Problemlage der Familien und ebenso der Gesellschaften eine unterschiedliche Gewichtung; in einer konzeptionell ausgewogenen Familienpolitik sollten sie jedoch alle ihren Stellenwert haben (genauer in Gerlach 2009, S. 43 ff.).

Das *bevölkerungspolitische Motiv* hat auch schon vor der Entstehung offizieller Familienpolitik zu Beginn des 20. Jahrhunderts eine herausragende Rolle im Rahmen staatlicher Ordnungspolitik gespielt, da bereits früh Zusammenhänge zwischen der wirtschaftlichen, politischen, militärischen und sogar moralischen Stärke eines Volkes und seinen Familien gesehen wurden. Bevölkerungspolitik hat Max Wingen als das bewusste, zielgerichtete und möglichst explizite Einwirken auf Entwicklung und Struktur der Bevölkerung definiert (1980, S. 46). Je nach gesellschaftlicher Situation kann die Reduzierung der Bevölkerung oder die Erzielung der so genannten Nettoreproduktionsrate von 1.0 mit der Konsequenz einer stabilen Bevölkerungszahl Ziel entsprechender politischer Maßnahmen sein, dazu müssten 2.1 Kinder pro Frau geboren werden. Die zusammengefasste Geburtenziffer bewegte sich jedoch in Deutschland insgesamt in den 1990er Jahren zwischen 1,3 und 1,4 Kindern pro Frau, was für das Jahr 2007 einen Ersatz der Müttergeneration, eine Nettoreproduktionsrate von 66%, ausmacht. Von einer Bestand erhaltenden Höhe der Geburtenzahlen ist Deutschland also weit entfernt. Dabei ist nicht nur die Zahl der geborenen Kinder von Bedeutung, sondern vor allem die Struktur des Bevölkerungsaufbaus, insbesondere das Verhältnis von junger, erwerbstätiger und nicht mehr erwerbstätiger Generation. Dieses Verhältnis entscheidet nicht nur über die Leistungsfähigkeit sozialer Sicherungssysteme, sondern auch über Waren-, Güter- und Finanzmärkte. Selbst das Bruttoinlandsprodukt stellt sich zu seinem wesentlichsten Teil als abhängige Variable von Bevölkerungsumfang, Bevölkerungsstruktur und in der Bevölkerung vorhandenem *Humanvermögen* dar.

Bedingt durch den hohen Stellenwert, den gerade die Bevölkerungspolitik während des Nationalsozialismus in Deutschland genossen hatte, war in der Bundesrepublik eine bevölkerungspolitische Diskussion für lange Zeit tabuisiert. In europäischen Nachbarstaaten wie z.B. Frankreich oder auch der DDR (trotz derselben Vorgeschichte) war dies ganz anders. Dieser selbst auferlegte Artikulations- und Steuerungsverzicht über lange Phasen der deutschen Familienpolitik stellt sich in seinen Resultaten heute als eines der zentralen Zukunftsprobleme unserer Gesellschaft dar. Wenn der Bevölkerungspolitik innerhalb der Familienpolitik vor allem vor dem Hintergrund der demografisch erzeugten Problemsituationen mit

Wirkung auf die sozialen Sicherungsstrukturen auch ein sehr hoher Stellenwert beigemessen werden muss, so darf dabei nicht übersehen werden, dass wir hier ein hochsensibles steuerungspolitisches Handlungsfeld ansprechen und es die Grenzen unmissverständlich zu benennen gilt, die einer aktiv gestaltenden Beeinflussung des generativen Verhaltens gesetzt sind. So verbieten sich sowohl jegliche Zwangsmaßnahmen als auch Verhaltensmanipulationen, die in der Folge eines nicht transparent gemachten Beeinflussungsprozesses geschehen.

Unter dem *sozialpolitischen Motiv* von Familienpolitik wird das Bemühen des Staates und anderer gesellschaftlicher Träger verstanden, soziale Disparitäten auszugleichen, die ihre Ursache im Familienstand bzw. in der Zahl der Kinder haben, die zu einer Familie gehören, oder in der Schichtzugehörigkeit der Familie begründet sind. So können wir einerseits davon ausgehen, dass sowohl die Daseinssicherung der Familie mit ihren Konsequenzen für die einzelnen Familienmitglieder als auch die sozialen Chancen der Kinder maßgeblich durch die Lebenslage der Familie bestimmt werden. Andererseits gilt aber auch, dass mit wachsender Zahl der Kinder die ökonomische Situation der Familie deutlich schlechter wird, und zwar in einem Ausmaß, das rechtfertigt Elternschaft – unter bestimmten Voraussetzungen – zu einem wesentlichen Armutsrisiko zu erklären, was durch bisher alle vorgelegten Armuts- und Reichtumsberichte (BMAS 2001, 2004, 2008) als auch z.B. durch den 11. Kinder- und Jugendbericht aus dem Jahr 2002 eindrücklich vor Augen geführt wurde. Zu den entsprechenden Voraussetzungen gehören insbesondere eine größere Kinderzahl sowie der Status des Alleinerziehens und ein Migrationshintergrund.

Das Bundesverfassungsgericht hat sich in einer Reihe von Urteilen bereits seit Mitte der 1980er Jahre mit Fragen der Familienbesteuerung und verstärkt seit 1991 mit dem Problem der Steuergerechtigkeit befasst. Aus der Systematik seiner Rechtsprechung lässt sich heute ableiten, dass die finanziellen Maßnahmen staatlicherseits in zwei Gruppen zu unterteilen sind. Zunächst gilt es unter der Zielsetzung der Verwirklichung einer *horizontalen Gerechtigkeit* im Rahmen der Besteuerung Steuerpflichtige mit gleicher wirtschaftlicher Leistungsfähigkeit auch gleich zu behandeln. Dies bedeutet, dass die (unvermeidbaren) Kosten für Kinder als Gründe einer geminderten Leistungsfähigkeit anerkannt und durch entsprechende Freibeträge von der Besteuerung ausgenommen werden müssen. In Stufen hat so die Urteilssprechung des Bundesverfassungsgerichtes dazu geführt, dass physisches Existenzminimum sowie Erziehungs- und Betreuungsbedarf für Kinder von der Besteuerung freigestellt wurden. Bei diesen Maßnahmen im Rahmen der Realisierung des Prinzips der horizontalen Gerechtigkeit in der Besteuerung handelt es sich allerdings noch nicht um familienpolitische Transferzahlungen des Staates, sondern lediglich um die Erstattung zuvor im Vergleich mit kinderlosen Bevölkerungsgruppen gleicher Einkommenshöhe zuviel gezahlter Steuern. Um wirkliche familienorientierte sozialpolitische Transfers auch im Sinne einer *vertikalen Gerechtigkeit* handelt es sich dort, wo nach der Herstellung steuerlicher Gleichbehandlung Umverteilungen stattfinden. Diese können sich auf Umverteilungen zwischen Eltern und Kinderlosen beschränken oder aber auch solche mit einbeziehen, die zu einer stärkeren Förderung einkommensschwacher Eltern und Kinder gegenüber einkommensstärkeren Eltern und Kindern führen. Hierunter fallen z.B. ein einkommensabhängiges Kindergeld oder der in Deutschland seit 2005 gezahlte Kinderzuschlag. Dabei darf unter einer sozialpolitisch ausgerichteten Familienpolitik nicht nur eine reine Einkommensumverteilungspolitik verstanden werden, vielmehr müssen Maßnahmen in das Verständnis einbezogen werden, die sich sowohl auf verbesserte Infrastruktureinrichtungen und Dienstleistungen speziell für Familien richten als auch auf die normative Unterstützung von Familienfunktionen (sozialer Wert der Familienarbeit, soziales Ansehen von Familien mit Kindern), die also eine in jeder Hinsicht familienfreundliche Gestaltung unserer Gesellschaft anstreben (vgl. Wiss. Beirat 2001).

Das *familieninstitutionelle Motiv* kann als dasjenige bezeichnet werden, in dessen Zusammenhang der Staat vor allem mit dem Mittel des Rechts und oft unterstützt durch gesellschaftliche Moralvorstellungen versucht, die Binnenstrukturierung der Familie und die Kennzeichnung ihrer Spezifik gegenüber anderen Formen der Lebensorganisation zu beeinflussen und unter Umständen verbindlich zu gestalten. Er möchte dabei Familie in einer bestimmten Form vorgeben und durchsetzen. Dabei muss für die Vergangenheit davon ausgegangen werden, dass das familieninstitutionelle Motiv bis weit in die 1970er Jahre primär die Stabilisierung einer Familienform, nämlich der ‚bürgerlichen Klein- oder Kernfamilie' unter patriarchalischer Leitung und geschlechtsorientierter Arbeitsteilung zum Ziel hatte. Dies gilt sowohl für die rechtliche Einführung der „Normfamilie" durch das Bürgerliche Gesetzbuch von 1900, es gilt aber auch für die spezielle Verankerung von Familienschutzrechten in der Weimarer Verfassung und schließlich auch für diejenige im Grundgesetz der Bundesrepublik Deutschland. Diese institutionelle Absicherung von Familie geschah sowohl nach dem Ersten Weltkrieg als auch mit dem Grundgesetz u.a. darum, weil diese durch die realen gesellschaftlichen Entwicklungen wie Nachkriegsarmut, Vertreibung, Unvollständigkeit und ideologische Gegenkulturen wie den Kommunismus bedroht schien.

Für die Gegenwart und vor allem die Zukunft der Familienpolitik muss dagegen eine Vielfalt von neuen oder wiederentdeckten Lebensformen beachtet und unterstützt werden, in deren Zusammenhang Kinder geboren und erzogen werden (z.B. nichteheliche Lebensgemeinschaften, Wohngemeinschaften zwischen älteren Menschen und jungen Familien, die nicht durch Verwandtschaft begründet sind, gleichgeschlechtliche Lebensgemeinschaften usw.). Seit Mitte der 1970er Jahre lässt sich in der vor allem mit dem Instrument des Rechts realisierten Familienpolitik eine eindeutige Tendenz zur Öffnung des Familienbegriffes nachzeichnen. Dieser Öffnungsprozess wurde mit der Reform des Ehe- und Scheidungsrechts 1977 eingeleitet, in deren Zusammenhang sich der Staat im Gegensatz zum Eltern-Kind-Verhältnis aus der Gestaltung des ehelichen Binnenraumes (Arbeitsteilung, Abschaffung des Schuldprinzips bei der Scheidung) zurückzog, wohingegen er sich in den 1990er Jahren unter die Wirkung gleichstellungspolitischer Interessen wieder ‚einmischte', wie an der Schaffung des Straftatbestandes „Vergewaltigung in der Ehe" sowie dem „Gewaltschutzgesetz" zu sehen ist, das gewalttätige Familienmitglieder aus der Familienwohnung weist. Vorangegangen war 1969 schon das „Nicht-Ehelichen-Gesetz", das nichteheliche weitgehend mit ehelichen Kindern gleichstellte. Öffnungen im Hinblick auf Alleinerziehende ergaben sich in der Folge des „Halbfamilienurteils" (BVerfGE 61, S. 319) mit der Einführung des steuerlichen Haushaltsfreibetrages für Alleinerziehende. Die Reform des Kindschaftsrechts mit Geltung ab 1. Juli 1998, die den Umgang geschiedener und nicht verheirateter Eltern mit ihren Kindern neu regelte und schließlich die Rechte ehelicher und nichtehelicher Kinder endgültig gleichstellte, markierte einen weiteren wichtigen Abschnitt im Hinblick auf die rechtliche Akzeptanz pluraler familialer Lebensformen, die schließlich auch mit dem Lebenspartnerschaftsgesetz ab 1. Juli 2001 anerkannt wurde. Die politischrechtliche Öffnung des Familienbegriffes ist als Reaktion des Staates auf kollektiv wirksam werdende Verhaltensänderungen zu verstehen, deren wichtigstes Kennzeichen die Aufgabe eines Standardlebensentwurfes ist, nach dem Elternschaft für fast alle Menschen eine selbstverständliche Station auf ihrem Lebensweg ist.

Das *emanzipatorische Motiv* der Familienpolitik stellt neben dem bevölkerungspolitischen die größte Herausforderung für die gegenwärtige und zukünftige Familienpolitik dar. Ihm liegt die Erkenntnis zugrunde, dass sich Familien im Zusammenhang existierender Herrschafts- und Machtstrukturen bilden und dass die wesentlichsten Machtgefälle diejenigen zwischen Männern und Frauen auf der einen und Eltern und Kindern auf der anderen Seite sind. Zwar kann heute davon ausgegangen werden, dass sich die rechtliche Situation von Frauen, aber auch von Kindern, erheblich gebessert hat. Für ihre Lebenssituationen gilt dies allerdings nicht durchgängig. Wichtig ist darüber hinaus, dass unter Aufrechterhaltung dieser Machtgefälle in der sozialen Alltagspraxis in den Familien insbesondere von Frauen Leistungen erbracht werden, die für andere gesellschaftliche Teilsysteme (Wirtschaftssystem, schulisches Sozialisationssystem, soziales Sicherungssystem) von Bedeutung sind. Diese Leistungen werden weder im Einzelfall angemessen honoriert, noch gehen sie in die volkswirtschaftliche Gesamtrechnung ein. Bei den sich gleichzeitig ergebenden Optionserweiterungen für weibliche Lebenswege verwundert es dann nicht, wenn Frauen in rationaler Abwägung der ihnen zur Verfügung stehenden Chancen und der jeweils zu erbringenden Kosten in den letzten Jahren in stark zunehmendem Maße auf Kinder verzichten. Emanzipation bedeutet neben der Befreiung aus machtgeladenen sozialen Rollenmustern auch eine selbstbewusste und der realen Lebenssituation entsprechende Neugestaltung sozialer Rollen. Für die weibliche(n) Rolle(n) sind in diesem Zusammenhang insbesondere heute Lebensentwürfe von Bedeutung, die erstens neben der Familien- auch die Berufsarbeit im Regelfall vorsehen und in denen zweitens Lebensgemeinschaften (Ehe, Familie, nichteheliche Gemeinschaften) bewusst und mehrheitlich aufgrund von Gefühlen und nicht mehr in dem Ausmaße wie noch vor einigen Generationen aus Gründen der sozialen Sicherheit eingegangen werden. Selbstverständlich kann eine solche Rollenneudefinition nicht im Bereich weiblicher Lebenszusammenhänge allein geschehen, sondern muss die Rolleninhalte von Männern und Kindern und deren Neubestimmung ebenso einschließen wie die strukturellen Voraussetzungen im Wirtschaftssystem oder in der sozialen Sicherung. Mit der zunehmenden Gültigkeit des ‚doppelten weiblichen Lebensentwurfs' stellt sich einerseits die Frage, in welcher Weise die bisher ‚weiblichen' Funktionen kompensiert werden können, andererseits durch welche infrastrukturellen, finanziellen, sozial- und arbeitsrechtlichen Mittel die Vereinbarung von Erwerbs- und Familienarbeit erleichtert werden kann. Vermittler für beides kann und muss Familienpolitik sein.

Das *emanzipatorische Motiv* von Familienpolitik kollidiert dabei – zumindest teilweise – mit den strukturellen Bedingungen der Entstehung und Entwicklung von Gleichstellungspolitik. Rhetorisch geboren aus dem Dualismus von Männlichkeit und Weiblichkeit, von Öffentlichkeit und Privatheit, von Konservativität und Progressivität, war Gleichstellungspolitik schwerpunktmäßig auf die Verwirklichung von Gleichheit zwischen den Geschlechtern – und das hieß männlichen und weiblichen Individuen – ausgerichtet. Die Einbindung in Familienverantwortung und Familienarbeit wurde dabei – oberflächlich betrachtet zutreffend – dem konservativen und Frauen benachteiligenden Modell von Lebensplanung zugeordnet, sodass sich Konturen einer Konfrontation von Frauen- und Familieninteressen zu ergeben schienen. Seit der rechtlichen Gleichstellung der Geschlechter steht aber im Zentrum der Realisierung von Gleichheit insbesondere die Frage, wie die Benachteiligung von Menschen, die Familienarbeit leisten, ausgeglichen oder besser: durch die Garantie der Vereinbarkeit erst gar nicht entstehen kann.

Die neuen Herausforderungen

Ein Rückblick auf die Familienpolitik der letzten Jahrzehnte im Verbund mit einer aktuellen Problemdiagnose lässt die Identifikation von fünf zentralen aktuellen und zukünftigen Aufgabenbereichen zu:

In einem ersten Handlungsfeld geht es um die finanzielle Anerkennung von Familienleistungen und die Reduzierung der Opportunitätskosten, das heißt um eine weitgehende Sozialisierung der Verzichtskosten, die Eltern leisten, um Kinder zu betreuen. Eine Aufgabe, die besonderer Sensibilität bedarf, gilt hier angesichts eines durchschnittlichen Anteils von einem Drittel Kinderloser in unserer Gesellschaft auch dem Ausgleich zwischen Eltern und Kinderlosen. Bezogen auf den Familienlastenausgleich gab es in den 1990er Jahren und zu Beginn des neuen Jahrtausends zahlreiche Urteile des Bundesverfassungsgerichts, die dem Gesetzgeber verbindliche Vorgaben für die Höhe sowie die Struktur von Leistungen bzw. steuerlichen Entlastungen für die Familie vorgaben. Der Charakter der fiskalischen Manövriermasse entsprechender Mittel, der lange Zeit bezeichnend für die deutsche Familienpolitik war, ist damit überwunden und es hat sich erstmalig die Chance ergeben, den Familienlastenausgleich systematisch, wirkungsorientiert und effizient im Hinblick auf seinen Mitteleinsatz zu gestalten.

Ungelöst ist nach wie vor der Familienlastenausgleich im Niedriglohnsektor. Weder die Forderungen aus dem Familienpolitischen Programm der Evangelischen Aktionsgemeinschaft (EAF) von 1969 nach einer Auszahlung der Abzüge von der Steuerschuld an diejenigen, die wegen zu geringer Einkünfte keine Steuern zahlen, noch die Vorschläge der Fachwelt aufgrund der Urteile des Bundesverfassungsgerichts der 1990er Jahre (vgl. Wiss. Beirat 1995) hinsichtlich einer existenzsichernden Entlastungszahlung, die mit beginnendem eigenem Einkommen abgeschmolzen werden kann, sind bis heute eingelöst. Gegenwärtig unternimmt die EAF einen neuen Anlauf zur Besserstellung der Familien mit geringem Einkommen. Dabei sollen Kinderfreibetrag und Kindergeld zukünftig in einem einheitlichen Kindergeld für alle in Höhe des verfassungsrechtlich gebotenen Entlastungsbetrages beim oberen Grenzsteuersatz zusammengeführt und auf diese Weise für Familien transparent und sozial gerechter werden – das wären z. Zt. etwa 262 Euro pro Kind bei einem Freibetrag von 7.008 Euro und einer Spitzenbelastung von 45%; bei einem Steuersatz von 42% wären es 245 Euro (vgl. Familienpol. Inf. 5/2010, S. 3). Damit wäre die Spreizwirkung der Entlastungen zwischen den Geringverdienern und den Spitzenverdienern überwunden. Da ein erhöhtes Kindergeld jedoch keine Wirkung bei Familien im SGB-II-Bezug entfaltet, müssen für diesen Personenkreis alle speziellen Leistungen beibehalten und weiterentwickelt werden, um auch diesen Kindern bessere Startchancen zu eröffnen; denn die von anderen Familienverbänden favorisierte Grundsicherung würde so viele Haushaltmittel binden, dass der gleichzeitig notwendige Ausbau der familienrelevanten Infrastruktur (s. u.) gefährdet wäre.

Die Gewährleistung von Vereinbarkeit zwischen Erwerbsleben und Elternschaft unter dem Primat der Wahlfreiheit ist ein zweiter wesentlicher Handlungsbereich. Hier handelt es sich – ableitbar aus der international vergleichenden Familienpolitikanalyse – um die zentrale Stellschraube für die Erfüllung vorhandener Kinderwünsche bei den Menschen, aber auch für die Realisierung der ökonomischen Voraussetzungen für die Familiengründung. Angesichts der vergleichsweise ausgeprägten Instabilität von Familien, des hohen Risikos von Trennung und Scheidung und nachfolgend Alleinerziehens für einen Elternteil bedeutet Vereinbarkeit aber auch Armutsvermeidung bei Familien. Die Bekämpfung von Familien- und Kinderarmut muss angesichts der wachsenden Anteile armer Kinder als wichtige familienpolitische Aufgabe eingeordnet werden. Und schließlich soll auch eine gesamtgesellschaftliche bzw. volkswirtschaftliche Perspektive hier nicht unterschlagen werden: Wir werden es in Deutschland in den nächsten Jahrzehnten mit einem Rückgang des Arbeitskräftepotenzials von 30% zu tun haben. Dabei wäre es nicht zu verantworten, gut ausgebildete Frauen auf die Familienarbeit zu beschränken.

Vor dem Hintergrund der Tatsache, dass zunehmend Defizite in der Erziehung von Kindern beobachtet werden können, muss eine weitere Zielsetzung aktueller und zukünftiger Familienpolitik die breite Unterstützung und Entwicklung von Elternkompetenz betreffen. Diese Forderung mag erstaunen, es gibt dennoch deutliche Hinweise darauf, dass Elternkompetenzen keine Selbstverständlichkeit besitzen, obwohl sie vielfach im öffentlichen Diskurs wie Quasiinstinkte behandelt werden. Wissen über Erziehungs-, Ernährungs- und Haushaltsfunktionen scheint in unserer Gesellschaft zumindest in Teilen verloren gegangen zu sein. Im Rahmen der PISA-Studien gaben darüber hinaus rund zwei Drittel der untersuchten Jugendlichen an, dass sich ihre Eltern nicht oder nur wenig für ihre schulischen Belange interessierten. Kinderbefragungen haben schon zur Mitte der 1990er Jahre gezeigt, dass viele Kinder sich zwar an ihre Eltern um Rat wenden, hilfreiche Gespräche oder Unterstützung aber doch vermissen (vgl. Wiss. Beirat 2005). Auch die World-Vision-Studie 2007 wies vergleichsweise hohe Anteile von Kindern aus, denen die Zuwendung ihrer Eltern nicht ausreichte. Auffällig hoch waren sie mit 28% bei Kindern, deren Eltern nicht erwerbstätig waren. Dabei entfaltet das Problem von Elternkompetenzen umso mehr Bedeutung, als Familienpolitik im Sinne der Unterstützung bei der Schaffung von Humanvermögen verstanden wird. Gut ausgebildete Kinder und Jugendliche mit Sozialkompetenz, die sie vornehmlich im Elternhaus erwerben können, bilden das Kapital unserer Gesellschaft.

Zusammenhängend mit den beiden letzten Handlungsfeldern und darüber hinaus veranlasst durch die bildungspolitische Diskussion ‚nach PISA' besteht die Notwendigkeit, Betreuung, Erziehung und Bildung in einer Gesamtkonzeption aufeinander abzustimmen (vgl. Wiss. Beirat 2008). Dies gilt nicht zuletzt mit Blick auf Kinder mit besonderem Förderungsbedarf. Bisher wird dies durch getrennte Kompetenzen von Bund, Ländern und Gemeinden verhindert. Z.B. ist es danach keineswegs selbstverständlich, dass auch frühkindliche Betreuung Teil von Bildung sein kann, und daher gibt es keine einheitlichen und verbindlichen Bildungskonzepte für die Kindertagesbetreuung. Mit dieser Forderung ist allerdings das ‚Herz der deutschen Staatsorganisation' getroffen: die föderale Kompetenzordnung. Erziehung obliegt – neben den Eltern – auch staatlichen Stellen auf kommunaler oder Landesebene, rechtlich ist sie durch Bundesgesetz, das SGB VIII, geregelt. Bei der Betreuung stehen die Kommunen nicht nur in der Gewährleistungsverantwortung, müssen also ein ausreichendes Betreuungsangebot vorhalten, sie sind gleichzeitig für die Finanzierung von Gebäuden und (eines Teils) des Personals zuständig. Mit der 2008 verabschiedeten Schaffung eines Rechtsanspruches auf einen Betreuungsplatz für ein Drittel aller Unter-Drei-Jährigen ab 2013 hat sich diese Situation noch einmal verschärft. Dies gilt ungeachtet der Tatsache, dass der Bund und die Länder 2007 und abschließend mit dem Kinderförderungsgesetz 2008 zusätzliche Finanzierungsformen gefunden haben, um das Angebot zu entwickeln, da es sich hier erstens um Formen der außergewöhnlichen Finanzierung handelt und der Bund keinerlei Möglichkeit hat, die Mittelverwendung auf ihre ursprünglichen Zwecke oder bezüglich einer anzustrebenden Qualitätssicherung hin zu kontrollieren. Bildung gehört schließlich in den Bereich der Länderkompetenz, obwohl vieles dafür spricht, dass auch der Betreuung von Kindern vor dem Schuleintritt zentrale Bildungsfunktionen zukommen. Darum erscheint eine Verbindung der drei Zuständigkeitsbereiche unverzichtbar.

Die Einbeziehung des Verhältnisses der Generationen zueinander und miteinander sowie der Blick auf die Generationenfolge resp. die Dehnung der Zeitperspektive in die Vergangenheit und vor allem in die Zukunft offenbart die Notwendigkeit, sich nicht nur am Wohlergehen der jetzt Lebenden zu orientieren. Das Wohlergehen der künftig lebenden Generationen muss gleichermaßen Richtschnur des (politischen) Handelns sein, was gleichbedeutend ist mit einer Ausrichtung des Handelns am Maßstab der Nachhaltigkeit. Mit Blick auf ökologische Fragen haben die meisten Menschen begriffen, dass wir schon heute die Natur für die nachfolgenden Generationen der Kinder, Enkel- und Urenkelkinder zu verbrauchen drohen (oder schon verbraucht haben). Ähnliches gilt für das Problem der Verschuldung. Auch hier zeigen Bestrebungen wie die zur Aufnahme der Schuldenbremse ins Grundgesetz oder die Novellierung des § 44 der Gemeinsamen Geschäftsordnung der Bundesministerien (GGO) zur Gesetzesfolgenabschätzung, dass langfristige Perspektiven Einzug in die Denkweisen der Entscheidungsträger erhalten. Allerdings lassen diese Regelungen teils umfangreiche Ausnahmen und Vermeidungsstrategien zu. So ist im Sinne der Schuldenbremse ein ausgeglichener Haushalt erst ab 2016 (Bund) bzw. ab 2020 (Länder) und auch dann nur in Zeiten, in denen weder Rezession noch Naturkatastrophen oder internationale Wirtschaftskrisen vorherrschen, verpflichtend. In Bezug auf die Gesetzesfolgenabschätzung führt die fehlende Institutionalisierung einer kontrollierenden Einrichtung dazu, dass keine „spürbare[n] Sanktionen für die Nichtbeachtung der Pflichten bestehen" (Prognos AG 2008, S. 6; siehe auch Ahrens 2010 sowie 2010a).

Auch wenn also bereits vereinzelte Maßnahmen in Richtung einer Nachhaltigkeit im Sinne ihres Fortführbarkeitsaspekts gehen, so ist doch zu beobachten, dass im familienpolitischen Diskurs das Thema Nachhaltigkeit zwar rege diskutiert wird. Untersuchungen haben allerdings verdeutlicht, dass diese Nachhaltigkeitsdebatte aus theoretischen Gesichtspunkten unterkonzeptualisiert ist. So zeigt eine Befragung relevanter familienpolitischer Akteure, dass ihr Verständnis bezogen auf die (sozialen, ökologischen, ökonomischen) Dimensionen sowie auf die normativen Kriterien (Systemerhalt, intra- und intergenerationelle Gerechtigkeit und Erhalt der Lebensqualität) von Nachhaltigkeit sehr heterogen ist. In Bezug auf den partizipativen Aspekt von Nachhaltigkeit sind sowohl für die Zusammenarbeit zwischen staatlichen als auch zwischen staatlichen und nicht-staatlichen Akteuren Entwicklungspotenziale aufgezeigt worden (vgl. Ahrens 2010 und 2010a).

Eine Chance der aktuellen Nachhaltigkeitsdebatte bezogen auf die Generationenperspektive besteht allerdings darin, dass die relevanten Akteure unter *Nachhaltigkeit* vor allem Aspekte fassen, die dem normativen Kriterium der intra- und intergenerationellen Gerechtigkeit zugeordnet werden können (vgl. Ahrens 2010, S. 12 f.). Auch wenn eine theoretische Fundierung bezogen auf weitere inhaltliche Aspekte von familienpolitischer Nachhaltigkeit also wünschenswert erscheint, so kann in Bezug auf die Generationenperspektive bereits auf ein vorhandenes Verständnis der relevanten Akteure zurückgegriffen werden.

Mit der Einbeziehung der Generationenperspektive wird deutlich werden, dass das Generationenverhältnis viel mehr umfasst als die ‚Addition' von drei oder vier Generationen. Vielmehr weist das Generationenverhältnis eigenständige Qualitäten – in positiver wie negativer Hinsicht – auf: Es kann eine Bereicherung für alle darstellen, wie es auch mit Problemen behaftet sein mag. Generationenpolitik ist insoweit nicht nur Familienpolitik, sondern auch Gesellschafts- und Sozialpolitik, als sie der engen Verflochtenheit und den vielfältigen Wechselwirkungen zwischen den Generationen innerhalb und außerhalb der Generationen Rechnung tragen und das Miteinander der Generationen auf allen Ebenen und in allen Kontexten initiieren, fördern und tragfähig machen soll (Wiss. Beirat 2011).

Literatur

Ahrens, Regina (2010): All that Glitters is not Gold – Sustainability Discourse in German Family Policy. Paper prepared for the 8th ESPAnet Conference 2010. Budapest. http://www.espanet2010.net/en/341.file/p_R.Ahrens_All%20that%20Glitters%20is%20not%20Gold.pdf (Download am 15.05.2011)

Ahrens, Regina (2010a): Sustainability in German Family Policy and Politics. In: German Policy Studies, 6 (3). TU Braunschweig. Pp. 195-229

BMAS – Bundesministerium für Arbeit und Sozialordnung (Hrsg.) (2001): Lebenslagen in Deutschland. Der 1. Armuts- und Reichtumsbericht der Bundesregierung. Berlin

BMAS – Bundesministerium für Arbeit und Sozialordnung (Hrsg.) (2005): Lebenslagen in Deutschland. Der 2. Armuts- und Reichtumsbericht. Berlin

BMAS – Bundesministerium für Arbeit und Sozialordnung (Hrsg.) (2008): Lebenslagen in Deutschland. Der 3. Armuts- und Reichtumsbericht der Bundesregierung. Berlin

Evangelische Aktionsgemeinschaft für Familienfragen e.V.: Familienpolitisches Programm der EAF. Bonn 1968, 1969, 1972, 1976, 1980, 1991 und 2001

Evangelische Aktionsgemeinschaft für Familienfragen e.V. (Hrsg.): Familienpolitische Informationen. Bonn bzw. Berlin seit 1971 (1962 – 1971, Die Familie fordert uns). erscheint z. Zt. 6mal jährlich

Gerlach, Irene (2004): Familienpolitik. 2. Auflage 2010. Wiesbaden: Verlag für Sozialwissenschaften

Gerlach, Irene (2009): Familie und Familienpolitik. Hrsgg. v. d. Bundeszentrale für politische Bildung. Informationen zur politischen Bildung, Heft 301. Bonn. S. 36-72

Gerlach, Irene/Keil, Siegfried (2010): Familienpolitik. In: Wiss. Beirat beim BMFSFJ (2010): S. 52-71

Lampert, Heinz (1996): Priorität für die Familie. Soziale Orientierung, Bd. 10. Berlin: Duncker und Humboldt

Prognos AG (2008). Der monetäre Teil der Gesetzesfolgenabschätzung. Internationale Ansätze im Vergleich. http://www.prognos.com/fileadmin/pdf/publikationsdatenbank/Prognos_Endbericht_Gesetzesfolgenabschaetzung.pdf (Download am 15.05.2011)

Rosenschon, Astrid (2006): Finanzpolitische Maßnahmen zugunsten von Familien – Eine Bestandsaufnahme für Deutschland. Kieler Arbeitspapier Nr. 1273. Kiel: Institut für Weltwirtschaft.

Wissenschaftlicher Beirat für Familienfragen beim BMJFG (1971): Zur Reform des Familienlastenausgleichs. Bonn

Wissenschaftlicher Beirat für Familienfragen beim BMJFG (1995): Zur Weiterentwicklung des Familienlastenausgleichs nach den Entscheidungen des Bundesverfassungsgerichts seit 1990: Stellungnahme vom 11. November 1994. Schriftenreihe des BMFSFJ, Bd. 104. Stuttgart, Berlin, Köln und Mainz

Wissenschaftlicher Beirat für Familienfragen beim BMJFG (2001): Gerechtigkeit für Familien. Zur Begründung und Weiterentwicklung des Familienlasten- und Familienleistungsausgleichs. Schriftenreihe des BMFSFJ, Bd. 202. Stuttgart, Berlin, Köln und Mainz

Wissenschaftlicher Beirat für Familienfragen beim BMJFG (2005): Stärkung familialer Beziehungs- und Erziehungskompetenzen. Weinheim und München: Juventa

Wissenschaftlicher Beirat für Familienfragen beim BMJFG (2006): Ganztagsschule – eine Chance für Familien. Wiesbaden: Verlag für Sozialwissenschaften

Wissenschaftlicher Beirat für Familienfragen beim BMJFG (2008): Bildung, Betreuung und Erziehung für Kinder unter drei Jahren – Elterliche und öffentlich Sorge in gemeinsamer Verantwortung. Kurzgutachten. Berlin

Wissenschaftlicher Beirat für Familienfragen beim BMJFG (2010): Familie Wissenschaft Politik. Ein Kompendium der Familienpolitik. Hrsgg. durch das BMFSFJ. Berlin

Wissenschaftlicher Beirat für Familienfragen beim BMJFG (2011): Generationenbeziehungen – Herausforderungen und Potenziale. Hrsgg. durch das BMFSFJ. Berlin (im Erscheinen)

Rolf Krüger

Kommunale Kinder-, Jugend- und Familienpolitik – Einflussmöglichkeiten von pädagogischen Fachkräften[1]

1. Einleitung

Industrieregionen produzieren bestimmte sozialarbeitsrelevante und schulische Bedürfnislagen; andere Handlungsnotwendigkeiten sind das Produkt von ländlichen Regionen. Wollte man die jeweiligen Übel an der Wurzel packen, so müsste politisch auf die Struktur der Region eingewirkt werden. Nun ist das politische Einwirken zwar nicht der zentrale gesellschaftliche Auftrag der pädagogischen Berufe, aber doch immerhin in bestimmten Bereichen in relativ engen Grenzen möglich. Es gibt keinen vernünftigen Grund, diese Möglichkeiten nicht zu nutzen. Die Professionen sind bei derartigen Vorhaben um den Preis des Erfolges gezwungen, Handlungsfelder zu überschreiten und soweit als möglich auch in Politikbereiche vorzudringen, die nicht mehr zum Ressort ‚Soziales' gerechnet werden. Es geht also z.B. auch um Wirtschaftsförderung, Verkehrs-, Bau- und Umweltpolitik.

Nun ist der mögliche politische Einfluss pädagogischer Berufe sicher ‚nur' systemimmanent. Er bewegt sich lediglich im Rahmen des gesamtgesellschaftlich Zugelassenen. Nach meinen Vorstellungen gehört hierzu allerdings auch das Beschreiten von Handlungswegen, die mit kalkulierten Regelverletzungen einhergehen. Es muss also eine strategische Abwägung zwischen angestrebtem Ziel und einzugehendem Risiko vorgenommen werden.

Will man dauerhaft das Konzept von Bildungs- und Erziehungspartnerschaften in einer Kommune implementieren, so bedeutet dies sicherlich ‚dicke Bretter zu bohren'. Es wird notwendig sein, auf die politische Entscheidungsfindung an vielen Orten einzuwirken. Durch wen, wo und wie dies erfolgen kann, soll in diesem Beitrag aufgezeigt werden.

2. Ziele, Felder und Akteure

Ziele sollten immer Ausgangspunkt jedes politischen Handelns sein. Dies gilt erst recht, wenn sich Fachleute politisch einmischen wollen. Die Ziele, die vertreten werden, können eigene der handelnden Subjekte sein; es können sich in den vertretenen Zielen aber auch die Interessen bestimmter Institutionen und/oder bestimmter KlientInnengruppen wiederfinden. Das Handeln in Stellvertreterfunktion bedarf allerdings immer einer besonderen Reflexion im Hinblick auf die Frage, ob nicht z.B. KlientInnengruppen letztlich instrumentalisiert werden. Bei manchen besonders sprachlosen KlientInnengruppen wird es auch nicht einfach sein, ihre Interessenlage zu ermitteln. Ziele sind zudem nicht statisch, sondern können sich während einer kommunalpolitischen Strategie aufgrund neuer Einsichten oder der Feststellung, dass sie von vornherein nicht angemessen waren, wandeln (vgl. Krüger 1991, S. 2 ff.). Dieser Wandlungsvorgang ist nicht zu verwechseln mit politischen Kompromissen, die bei Beibehaltung der eigenen Zielperspektive zur Gewinnung von Gremienmehrheiten eingegangen werden (müssen).

---

[1] Dieser Beitrag fußt in stark verkürzter und ergänzter Form auf dem Buch: Krüger, Rolf (2010): Kommunale Jugend- und Sozialpolitik. Grundlagen, Strukturen und Handlungsmethoden für die Sozialarbeit

Kommunale Kinder-, Jugend- und Sozialpolitik 163

Es kann nicht nur darum gehen, dass sich Fachkräfte nur mit den kommunalen Politikfeldern befassen, die ihnen sozusagen per Beruf ohnehin zugeschrieben werden, also z.B. SozialarbeiterInnen mit der Jugendhilfepolitik und Lehrkräfte mit der Schulpolitik.

Die Lebenswirklichkeiten der Menschen in einer Kommune lassen sich nicht einfach in Sektoren aufspalten. Wenn wirksam etwas an den Lebensbedingungen verändert werden soll, ist es notwendig, die herkömmlichen Handlungsbereiche in der Kommunalpolitik zu überschreiten. Es geht also um die Aneignung neuer Handlungsmöglichkeiten und gleichzeitig wird auf einen Perspektivenwandel der Fachdiskussion hingewiesen (vgl. Kreft/ Mielenz 1988, S. 488).

Interessenfelder pädagogische Fachkräfte in der Kommune

☐ = Interessenfelder der Sozialarbeit in der Kommune
☐ = Interessenfelder von Lehrkräften in der Kommune

Baupolitik

Sozialpolitik

Schulpolitik

Jugend(hilfe)politik

Kulturpolitik

usw.

In der kommunalen Jugend- und Sozialpolitik treten sehr unterschiedliche Akteure auf. Es kann sich dabei sowohl um hoch organisierte Institutionen, um Einzelpersonen oder nur lose verbundene Gruppierungen handeln. Die Interessen, die sie vertreten, können sowohl ‚nur' politisch sein, als auch wirtschaftlicher Natur, oder es handelt sich um Mischungen aus verschiedenen Interessenlagen.

Infrage kommen die politischen Parteien, die man jedoch nicht als homogene Blöcke betrachten sollte. Es gibt immer auch Fraktionierungen und AbweichlerInnen vom politischen Mainstream. Weiter treten als Akteure die freien Träger der Sozialarbeit auf. Auch dort ist genau darauf zu achten, ob die Geschäftsführungsebene gleiche Positionen vertritt wie die Vorstandsebene. Die Verwaltung der öffentlichen Träger vertritt nicht selten – mehr oder weniger offen – Positionen, die nicht mit der Meinung der Mehrheitsfraktionen im Stadtrat oder Kreistag identisch sind. Sowohl bei den öffentlichen Trägern, den freien Trägern und bei den Schulen kommen als eigenständige politische Akteure auch deren Personal- bzw. Betriebsräte in Betracht. Mit zunehmender Häufigkeit finden wir in der kommunalen Öffentlichkeit auch freie Interessenverbände, die sich politisch einmischen. Diese können entweder formelle Strukturen haben (wie z.B. die Gewerkschaften oder die Sozialverbände) oder eher informell organisiert sein (wie Selbsthilfegruppen Betroffener, Runde Tische oder Stadtteilkonferenzen).

Wichtiger kommunalpolitischer Akteur ist ebenfalls die Presse. Auch wenn es sehr häufig nur noch eine regionale Tageszeitung gibt, sollte nach den Aktivitäten einzelner RedakteurInnen geschaut werden, die sich gelegentlich in ihren Artikeln in Abweichung zur politischen Grundhaltung ihrer Zeitung äußern. Daneben ist die Einflussnahme von kostenlos verteilten Blättern nicht zu unterschätzen. Dies gilt auch für die alternativen Radiosender, die je nach Bundesland gemeinnützig oder kommerziell betrieben werden.

Die Gesamtszene ist sehr unübersichtlich. Aus diesem Grund erscheint es notwendig, vor der Entwicklung von politischen Handlungsstrategien zunächst eine Bestandsaufnahme der möglichen Akteure zu machen und diese in Hinblick auf ihre Grundhaltungen, Bündnisfähigkeit und Einflusstiefe einzuschätzen.

3. Orte der Einflussnahme

Es gibt drei Typen von Orten der Politikgestaltung im Rahmen kommunaler Jugend- und Sozialpolitik, an denen pädagogische Fachkräfte ein Interesse haben müssen:

1. organisatorische Orte der Politikgestaltung, an denen pädagogische Fachkräfte sozusagen ein verbrieftes Recht der Einmischung haben
2. Orte der Politikgestaltung, an denen zwar ein unmittelbares Interesse bestehen sollte, weil sie die Rahmenbedingungen und die Handlungsmöglichkeiten der Professionen wesentlich beeinflussen können, ohne ihnen jedoch eine formale Mitwirkungsmöglichkeit einzuräumen
3. Orte der Politikgestaltung, die zwar i.d.R. geringe Einflussmöglichkeiten eröffnen, die jedoch entweder selbst geschaffen werden können oder bei denen eine Mitwirkung im Rahmen allgemeiner staatsbürgerlicher Rechte (z.B. nach Art. 5, 8 und 9 GG) möglich ist.

1. Zur ersten Kategorie: Hier sind zunächst die Jugendhilfeausschüsse zu nennen. Sie sind so zusammengesetzt, dass über die Bestimmungen des § 71 SGB VIII in der Sozialarbeit tätige Personen Mitglied sein können. Nach Landesrecht können weitere beratende Mitglieder, auch aus dem Bereich der Sozialarbeit, aufgenommen werden. Jugendhilfeausschüsse haben nach den gesetzlichen Bestimmungen relativ weitgehende Kompetenzen. Sie sind nicht nur beratend tätig, sondern können im Rahmen der von der Vertretungskörperschaft

bereitgestellten Mittel, der von ihr erlassenen Satzung und der von ihr gefassten Beschlüsse über die Angelegenheiten der Jugendhilfe auch selbst beschließend tätig werden (§ 71 Abs. 3 SGB VIII).

Der reale Einfluss der meisten Ausschüsse entspricht nicht ihren gesetzlichen Möglichkeiten.

Weitere Orte der Politikgestaltung sind die Arbeitsgemeinschaften nach § 78 SGB VIII.

In die Jugendhilfeausschüsse können SozialarbeiterInnen sowohl als sogenannte geborene Mitglieder (JugendamtsleiterIn, nach Landesrecht auch LeiterIn der Abteilung Jugendarbeit), als stimmberechtigte Mitglieder (wenn sie als VertreterInnen von Wohlfahrtsverbänden oder Jugendverbänden oder als sachkundige BürgerInnen vom Kreistag bzw. Stadtrat gewählt werden.

Lehrkräfte können sich zunächst in den schuleigenen Gremien (z.B. Konferenz, Schulvorstand) engagieren. Darüber hinaus sehen die kommunalen Schulausschüsse, die allerdings nur eine beratende Funktion haben, Mitwirkungsmöglichkeiten vor. Nach Landesrecht sind auch regelmäßig Lehrkräfte beratende Mitglieder der Jugendhilfeausschüsse.

Die Zusammensetzung der Arbeitsgemeinschaften nach § 78 SGB VIII wird nicht gesetzlich geregelt. Sie unterliegt lediglich der Beschlussfassung der Jugendhilfeausschüsse.

2. In der zweiten Kategorie geht es weniger um Einflussnahme durch Mitgliedschaft als um Kontakte zu den Mitgliedern. Zunächst sind die Verwaltungsausschüsse der örtlichen Agenturen für Arbeit zu nennen. Dort kann ggf. ein Zugangsweg über die GewerkschaftsvertreterInnen in die Ausschüsse gefunden werden. Diese Gremien haben erheblichen Einfluss auf die Regulierung des zweiten Arbeitsmarktes – an vielen Orten durchaus auch von kommunaler Bedeutung – und die Maßnahmen für jugendliche Arbeitslose.

Je nach Landesrecht sind häufig bei den öffentlichen Institutionen der Erwachsenenbildung – wie z.B. Volkshochschulen – Beiräte gebildet worden, zu denen – wie bei den Verwaltungsausschüssen der Agenturen für Arbeit – eine Mitgliedschaft über die Gewerkschaften möglich ist. Diese Beiräte haben Bedeutung für die Sozialarbeit, weil sie auf die Programmgestaltung der Erwachsenenbildungsträger Einfluss nehmen können.

Zugänge zu den Vertreterversammlungen der Industrie- und Handels- oder Handwerkskammern gibt es für pädagogische Fachkräfte kaum. Da diese und ähnliche Einrichtungen jedoch eine erhebliche regionalpolitische Funktion haben, sind zumindest Kontakte zu ihnen hilfreich und anzustreben.

3. In der dritten Kategorie geht es um selbstgeschaffene Orte der Politikgestaltung. Dies können z.B. sogenannte ‚Runde Tische', Arbeitskreise oder auch Stadtteilversammlungen sein. Der Begriff des Runden Tisches stammt aus den früheren Versuchen, Probleme des Übergangs bei der Auflösung der DDR möglichst ohne Gewalt zu lösen. Der Begriff steht nun bildlich für eine gemeinsame, demokratische und partnerschaftliche Grundhaltung bei der Suche und der Organisation von Lösungen für Probleme. Arbeitskreise sind freiwillige Zusammenschlüsse von Interessierten. Es können sowohl interessierte Fachleute sein oder auch Laien, ggf. auch eine Mischung aus beiden Gruppen. Stadtteilversammlungen dienen der Vermittlung, Diskussion und Vorklärung von Problemen eines überschaubaren Ge-

meinwesens. Alle diese selbstgeschaffenen Orte der Politikgestaltung werden nur dann funktionieren, wenn Einzelne und kleine Gruppen zunächst initiativ werden und sich die jeweiligen Versammlungen ein Minimum an Struktur geben. So sollten Ergebnisse protokollarisch festgehalten werden. Es sollte geklärt werden, wer für ein Folgetreffen einlädt oder wer insgesamt die laufenden Geschäfte führt. Weiter sollte geklärt werden, wer welche Ergebnisse oder Forderungen an die politische Öffentlichkeit bringen darf.

Ergänzt werden alle genannten Orte durch die *allgemeine Öffentlichkeit*. Ihre Druckmöglichkeiten auf die Kommunalpolitik sollten nicht unterschätzt werden. Ratsmitglieder und Abgeordnete wollen gewählt und wiedergewählt werden. Politische Parteien werden i.d.R. nur BürgerInnen auf ihre Wahllisten setzen, die in der Öffentlichkeit wohlgelitten sind. Politische Positionen werden nur dann bekannt, wenn sie in der Öffentlichkeit gegen den Strich gebürstet werden. Soziale Probleme bedürfen der Skandalisierung, damit sie in den kommunalen Gremien aufgegriffen werden. Es stellt sich nun die Frage, wie die wenig organisierte, amorphe Öffentlichkeit erreicht werden kann. Wichtigstes Mittel ist sicher die regionale Presse einschließlich kommunaler Radiostationen. Hinzu kommen neuerdings die Möglichkeiten, die SMS-Botschaften und Mitteilungen in Chatrooms und Foren des Internets bieten. Genaueres zur Pressearbeit findet sich z.B. in einem Aufsatz von Nina Krüger auf Seite 467ff. in diesem Band (vgl. auch N. Krüger 2009, S. 629-635).

4. Mittel der politischen Einflussnahme

Im Wesentlichen stehen pädagogischen Fachkräften vier spezifische Mittel zur Verfügung, mit denen politischer Einfluss ausgeübt werden kann. Es sind die (Mit)Beratung und seltener die (Mit)Entscheidung, die (Mit)Planung sowie die Aktivierung der Öffentlichkeit.

In den Ausschüssen ist für alle Mitglieder die Möglichkeit vorgesehen, durch Beratung eines Sachverhalts politische Entscheidungsprozesse zu beeinflussen. Darüber hinaus werden häufig die Beratungsvorlagen durch Fachkräfte als MitarbeiterInnen erstellt. Schon auf dieser Ebene ist also Steuerung und Strukturierung möglich. Verwaltungshandeln ist niemals politisch neutral. Seltener wird Ausschussmitgliedern ein Entscheidungsrecht eingeräumt. Im Jugendhilfeausschuss ist dies jedoch der Fall. Dabei ist zu beachten, dass die betroffenen Mitglieder kein Stimmrecht bei Sachentscheidungen haben. Häufiger kommt es in der Sozialarbeit vor, dass KollegInnen im Verhältnis zum Leistungsberechtigten durch Verwaltungsakt Entscheidungen zu treffen haben. Auch hier gilt, was bereits über die Erstellung von Beratungsvorlagen gesagt wurde.

Einschlägige Rechtsvorschriften zur Mitplanung sind in den Sozialgesetzen, den Landesschulgesetzen und im Baugesetzbuch nachzulesen. NormadressatInnen des Baugesetzbuchs – jedenfalls im Hinblick auf die uns interessierende Frage – sind die Gemeinden. Hier wird deutlich, dass mit dieser sozialplanerischen Tätigkeit keineswegs in jedem Fall Fachleute aus dem pädagogischen Bereich befasst sein müssen.

Eine allgemeine Vorschrift zur Sozialplanung ist der § 17 Abs. 1 Ziff. 2 SGB I. Er verpflichtet die Sozialleistungsträger daraufhinzuwirken, dass die zur Ausführung von Sozialleistungen erforderlichen sozialen Dienste und Einrichtungen rechtzeitig zur Verfügung stehen. Leider hat der Einzelne kein einklagbares Recht darauf, dass diese Vorschrift beachtet wird. Ihre Nichtbeachtung kann nur auf dem Aufsichtswege angegriffen werden (vgl. Burdenski et al. 1981, § 17 Rz. 6, 13).

Da die Frage der Erforderlichkeit letztlich immer eine Frage politisch gesetzter Maßstäbe ist, ist das Ergebnis eines Planungsvorgangs selbst auf dem ohnehin schwachen Aufsichtsweg rechtlich kaum angreifbar. Es bleibt als einzige Möglichkeit allenfalls, das Nichttätigwerden zu rügen.

Hinweise auf die Planungsverpflichtung der Jugendhilfeträger finden sich im § 80 SGB VIII. An der Jugendhilfeplanung sind die freien Träger – auch soweit sie dem Jugendhilfeausschuss nicht angehören – frühzeitig zu beteiligen. Der Planungsprozess ist so zu gestalten, dass die Bedürfnisse und Interessen junger Menschen und ihrer Familien Berücksichtigung finden. Die Jugendhilfeplanung ist mit anderer kommunaler Planung sowie überörtlicher Planung abzustimmen.

Rechtliche Hinweise für die Schulstrukturplanung finden sich in den jeweiligen Landesschulgesetzen, so z.B. für Niedersachsen in § 106 Nds. Schulgesetz.

Der § 4 Baugesetzbuch (BauGB) verpflichtet die Gemeinden, die Träger öffentlicher Belange durch Abgabe einer Stellungnahme an der Aufstellung eines Bebauungsplans zu beteiligen. Träger öffentlicher Belange sind nach herrschender Rechtsauffassung organisatorisch selbstständige Stellen, die eine öffentlich-rechtliche Verwaltungstätigkeit ausüben. Dies sind u.a. auch die Jugendämter bezüglich der Angelegenheiten der Jugendhilfe und die Schulträger für Angelegenheiten der Schule. Die Regelung gilt auch bei Änderungen bestehender Bebauungspläne, soweit die Aufgabe der jeweiligen Träger öffentlicher Belange hiervon berührt wird. Für die Abgabe der Stellungnahme ist eine angemessene Frist einzuräumen, mindestens jedoch ein Zeitraum von einem Monat. Die bisherigen Regeln für die Verpflichtung, sogenannte Sozialpläne bei entsprechender Bauplanung mit zu entwickeln, wurden weitgehend inhaltsgleich in § 180 BauGB aufgenommen. Nach Abs. 1 Satz 2 hat die Gemeinde den von Planungen oder Sanierungsmaßnahmen Betroffenen bei ihren Bemühungen zur Vermeidung oder Milderung nachteiliger Auswirkungen zu helfen; ggf. sind auch individuelle Hilfen, z.B. bei der Wohnraumbeschaffung oder im Bereich der Jugend- und Familienhilfe, zu gewähren. Der Sozialplan bedarf der schriftlichen Form und ist nach herrschender Rechtsauffassung fortzuschreiben. Dies gilt besonders bei Sanierungsvorhaben.

Es ist kein Geheimnis, dass in einer parlamentarischen Demokratie die organisierte öffentliche Meinung politischen Druck auf die Entscheidungsträger in Kommunalparlamenten ausüben kann. Wesentlich ist die öffentliche Meinung als veröffentlichte Meinung. Orte der Veröffentlichung sind neben Versammlungen und der Straße insbesondere die Presse und andere Massenmedien.

Wenn pädagogische Fachkräfte die Aktivierung von Öffentlichkeit als Mittel der politischen Einflussnahme nutzen wollen, sind also folgende Einzelschritte notwendig:

- sachgerechte und wirksame Information der Öffentlichkeit
- Organisation der öffentlichen Meinung
- wirksame Veröffentlichung der öffentlichen Meinung

Es ist keineswegs immer notwendig, die gesamte Öffentlichkeit einzubeziehen. Häufig reichen wenige Leitfiguren oder Teilöffentlichkeiten aus, um eine wirksame Unterstützung zu erfahren. Bei allen Formen der Öffentlichkeitsarbeit sind zur eigenen arbeitsrechtlichen

Absicherung die Grenzen zu beachten, die sich aus dem Direktionsrecht des Arbeitgebers bzw. spezifischen Vorschriften der Tarifverträge ergeben. Es gibt jedoch in jeder dienstlichen Funktion auch die Möglichkeit als Privatperson Meinung öffentlich zu äußern oder Dritte dazu zu motivieren, die richtigen Fragen zu stellen.

Wenn man sich politisch für Ziele öffentlich einsetzt, so macht man sich immer dann, wenn diese Ziele nicht dem Mainstream folgen, persönlich angreifbar. Will man jedoch handlungsfähig werden und bleiben, ist der Weg in die Öffentlichkeit unausweichlich, denn nur so können letztlich Bündnispartner gefunden werden.

Also: Der Weg in die politische Öffentlichkeit ist häufig hart und unangenehm. Er muss aber trotzdem gegangen werden. Vor arbeits- bzw. dienstrechtlichen Konsequenzen sind zumindest die Mitglieder von öffentlichen Gremien als MandatsträgerInnen geschützt.

Literatur

Burdenski, Wolfhart et al. (1981): Gemeinschaftskommentar zum Sozialgesetzbuch, Allgemeiner Teil. 2. Auflage. Neuwied: Luchterhand

Henschel, Angelika et al. (2009): Jugendhilfe und Schule. Handbuch für eine gelingende Kooperation. 2. Auflage. Wiesbaden: Verlag für Sozialwissenschaften

Kreft, Dieter/Mielenz, Ingrid (1988a): Soziale Arbeit. In: Kreft/Mielenz (1988): S. 488 ff.

Kreft, Dieter/Mielenz, Ingrid (1988b): Wörterbuch Soziale Arbeit. Weinheim und Basel: Beltz

Krüger, Nina (2009): Öffentlichkeitsarbeit für soziale und pädagogische Berufe. In: Henschel et al. (2009): S. 629-635

Krüger, Rolf (1991): Strategisch-methodisches Handeln in der Sozialarbeit. In: Soziale Arbeit 1/1991. S. 2 ff.

Krüger, Rolf (2010): Kommunale Jugend- und Sozialpolitik. Grundlagen, Strukturen und Handlungsmethoden für die Sozialarbeit. Berlin: Lehmanns Media

Carsten Spies

Bürgergesellschaft/Zivilgesellschaft auf dem Hintergrund der kommunalen Kinder-, Jugend- und Familienpolitik

Die aktuelle Diskussion um Bedeutung und Stellenwert von Bildung, Erziehung und Betreuung innerhalb und außerhalb von Familie wird in vielen Kontexten geführt. Vereinbarkeit von Beruf und Familie, drohender Fachkräftemangel und der Anstieg der Kinderarmut sind Themen, die uns neben den Quantitätsaspekten endlich auch zu weitgehenden Qualitätsdiskussionen hinsichtlich der öffentlichen Kleinkinderziehung führen.

Eine gezielte institutionelle Förderung der Kinder außerhalb der Familie erfolgt erstmals, wenn das Kind eine Kindertageseinrichtung besucht. Im Vordergrund der Bildungsbemühungen im Bereich der frühkindlichen Bildung stehen der Erwerb grundlegender Kompetenzen sowie die Entwicklung und Stärkung persönlicher Ressourcen, die das Kind motivieren, Lebens- und Lernaufgaben aufzugreifen und zu bewältigen, verantwortungsbewusst am gesellschaftlichen Leben teilzuhaben und ein Leben lang zu lernen.

Für den Erfolg der frühkindlichen Bildung muss sichergestellt werden, dass ...

- die Rahmenbedingungen der frühkindlichen Bildung eine optimale Entwicklungsbegleitung aller Kinder ermöglichen
- ausreichende Ressourcen zur Verfügung gestellt werden, um Kinder mit besonderen Bedarfen zusätzlich zu unterstützen
- Fachkräfte Zeit haben, eine Bildungs- und Erziehungspartnerschaft mit den Eltern zu entwickeln
- die Höhe der Elternbeiträge begrenzt wird und das derzeit ungerechte und innovationsfeindliche Finanzierungssystem der Kindertagesstätten reformiert wird
- die notwendigen politischen Entscheidungen getroffen werden, um dem absehbaren Fachkräftemangel in den Kindertageseinrichtungen zu begegnen

Die Rahmenbedingungen für die frühkindliche Bildung, Erziehung und Betreuung von Kindern in Kindertageseinrichtungen müssen schnellstmöglich und verbindlich verbessert werden (vgl. Abkita 2011).

Zentrale Begriffe wie „Erziehungspartnerschaft" tauchen in den unterschiedlichsten Richtlinien und Bildungskonzepten auf. So heißt es im Kindertagesförderungsgesetz für Mecklenburg-Vorpommern (KiföG M-V):

„Das in den Kindertageseinrichtungen tätige pädagogische Personal und die Tagespflegepersonen haben mit den Personensorgeberechtigten zum Wohl der Kinder partnerschaftlich zusammenzuarbeiten. Die Personensorgeberechtigten sind von den Fachkräften in die Bildungsplanung der Kindertageseinrichtungen und deren Umsetzung einzubeziehen und sollen über bestehende Angebote der Familienbildung und -beratung informiert werden."

Weiter in § 1 Absatz 3:

„Die individuelle Förderung von Kindern erfolgt in Kindertageseinrichtungen und in Kindertagespflege auf der Grundlage einer verbindlichen Bildungskonzeption für Kinder von null bis zehn Jahren".

Dort heißt es:

„Durch Kooperation zum Wohle des Kindes übernehmen Eltern und pädagogische Fachkräfte gemeinsam Verantwortung für die Bildung und Erziehung der Kinder. Die Kontinuität zwischen öffentlicher und privater Förderung und die gegenseitige Achtung der wichtigsten Bezugspersonen des Kindes, unabhängig von deren ethnisch-kultureller Zugehörigkeit sowie deren sozialer und ökonomischer Lebenssituation, werden sich auf die Selbstachtung und Motivation des Kindes auswirken. Die Kooperation folgt dem gemeinsamen Ziel, optimale Bedingungen für die Förderung jedes einzelnen Kindes zu gestalten. Leitende Orientierung dabei ist, dass Probleme bei der Entwicklung der Kinder gar nicht erst entstehen (primäre Prävention). Eine Partnerschaft bietet den pädagogischen Fachkräften die Möglichkeit, die Eltern für einen gemeinsamen Prozess im Interesse des Kindes zu gewinnen, in den jeder seine Erfahrungen und Kompetenzen einbringen kann. Eine Partnerschaft bietet den Eltern die Möglichkeit, sich auch außerhalb des familiären Kontextes für die Bildungs-, Erziehungs- und Betreuungsbedingungen ihres Kindes zu interessieren und sich an deren Gestaltung zu beteiligen. Eine Partnerschaft bedeutet gleichzeitig eine Abkehr von einer einseitigen Helferbeziehung (z.B. ‚Elternarbeit') bzw. von einer Belehrungspädagogik, die Demütigung nach sich zieht" (MBWK MV 2011, S. E3).

Diese Erziehungspartnerschaft mit Leben zu füllen ist ein hoher Anspruch, der langfristig nur mit sehr gut ausgebildeten PädagogInnen in den Kindertageseinrichtungen und in der Kindertagespflege umgesetzt werden kann. Das erfordert konzentrierte Fortbildungen der ErzieherInnen. Es bedarf aber auch einer Reform der ErzieherInnenausbildung mit Blick auf die Herausforderungen der frühkindlichen Bildung.

Ungeklärt bleibt in diesem Zusammenhang die Rolle der direkten Beteiligung von Eltern und Kindern in diesen Prozessen. Zu prüfen wäre auch, inwieweit sich die Diskussion bereits auf die künftige Ausrichtung kommunaler Kinder-, Jugend- und Familienpolitik auswirkt.

In den zurückliegenden Jahren sind die Leistungen der Kommunen ständig angewachsen und mit ihnen die Ansprüche der BürgerInnen an Staat und Kommune. Standards, Rechts- und Verwaltungsnormen, Tarif- und Arbeitsrecht haben viele Leistungen unflexibel und uneffektiv gemacht (vgl. Vorstand der Bundes-SGK 2002). Unternehmensberater machten sich an die Arbeit, organisierten breit angelegte Reformprozesse in den Verwaltungen, führten die Ordnungskommunen hin zu öffentlichen Dienstleistungsunternehmen und definierten die BürgerInnen als Kunden. Dies manifestiert sich dann in der Folgezeit in vielen kommunalen Leitbildern, die oftmals in aufwendigen Prozessen erarbeitet werden und sich mit der zukunftsorientierten Ausrichtung des jeweiligen Gemeinwesens befassen. In einigen Leitbildern finden sich Hinweise zur Verbesserung der Bürgerorientierung. Man möchte den/die BürgerIn „freundlich, verbindlich und höflich als Kunden behandeln" (Stadt Buxtehude o. J.), zu seinen Wünschen und Kritiken befragen, kurze Wege ermöglichen und die Behördenabläufe den Lebenswelten der BürgerInnen weitgehend anpassen.

Dies unterstreicht die Versorgungs- und Dienstleistungsstruktur der kommunalen Verwaltung. Zu fragen wäre, ob diese – so modern daherkommende – Ausrichtung nicht die Initiative zur Selbsthilfe und Eigenverantwortung der BürgerInnen lähmt und Abhängigkeiten fördert.

Andere Leitbilder gehen auf das ehrenamtliche Engagement der BürgerInnen und ihre soziale Verantwortung ein, reduzieren sich dann aber auf die Kommunikation in der Bürgergesellschaft (vgl. z.B. Stadt Schwerin 2010). Bürgerschaftliches Engagement darf aber nicht einzig dem Zweck der Haushaltsentlastung verfallen, indem man im Gemeinwesen bezahlte Arbeit durch ehrenamtliche ersetzt. Es kann allenfalls zu einer Veränderung und zu einem Ablösungsprozess bei kommunalen Leistungen kommen, der von der Bürgerschaft ausgeht und von ihr gesteuert wird (Vorstand der Bundes-SGK 2002, S. 5).

Bei der Erarbeitung eines Entwicklungskonzepts der niedersächsischen Samtgemeinde Hanstedt in der Nordheide befasste sich ein Forum *Erziehung und Bildung* (2010) u.a. mit der Betreuungssituation der Kinder bis zum Schuleintritt. Auch wenn hier ein gewisses Beteiligungsansinnen erkennbar wird und man als BetrachterIn zunächst auch eine Qualitätsdiskussion erwartet, so entpuppt sich das dokumentierte Prozedere letztlich als strategische Umsetzungsoffensive der in der Pflicht stehenden Gemeinde zur fristgerechten Erfüllung des Rechtsanspruchs auf frühkindliche Förderung für alle Kinder ab vollendetem ersten Lebensjahr.

Dies waren zunächst einige Beispiele aus der kommunalen Verwaltungsebene. Was findet sich in kommunalpolitischen Programmen von Parteien?

In den kommunalpolitischen Programmen der demokratischen Parteien tauchen natürlich auch Aussagen zur Kinder- und Jugendhilfepolitik auf. Familienfreundlichkeit wird immer mehr als Standortfaktor entdeckt. Zur Familienfreundlichkeit gehört danach insbesondere die Vereinbarkeit von Beruf und Familie. Die in den Programmen geforderte Ausrichtung der Betreuungsangebote wird hier mehr nach organisatorischen Gesichtspunkten beschrieben. Es geht um das quantitative Platzangebot, mittlerweile erweitert um die Betreuungsangebote für die unter 3-jährigen Kinder. Es geht um Öffnungszeiten, um Betreuungsrandzeiten. Ein bedeutsamer Aspekt ist dabei sicherlich auch die finanzielle Entlastung der einkommensschwachen Bevölkerung zur Gewährleistung einer besseren Chancengleichheit für Kinder und Jugendliche. Es wird die Stärkung der Beteiligung von Kindern und Jugendlichen und sogar die dauerhafte Einrichtung von Kinderbeauftragten gefordert. Die Beteiligung der Menschen soll sich nicht darin erschöpfen, einmal alle fünf Jahre zur Wahl zu gehen. Man spricht von direkter Demokratie und führt als Beispiele EinwohnerInnenversammlungen, BürgerInnenbefragungen, BürgerInnenbegehren oder BürgerInnenentscheide an.

Die Bedeutung von Bildung in den Kindertageseinrichtungen oder in der Kindertagesbetreuung wird in fast allen kommunalpolitischen Aussagen mittlerweile regelmäßig benannt. Es geht aber darüber kaum hinaus – und man ist anscheinend von den eigenen Beteuerungen nicht immer überzeugt. So wird in einem Parteiprogramm einer Kommunalwahl in der Einleitung darauf hingewiesen, dass Bildung die Grundlage der Sicherung und Entwicklung gemeinsamen Wohlstandes sei, jeder junge Mensch in seiner individuellen Fähigkeit optimal gefördert werden muss und keiner auf der Strecke bleiben darf. Für die Umsetzung dieses Anspruches findet sich für den Bereich der öffentlichen Kleinkinderziehung dann aber lediglich folgende Aussage: „Wir setzen uns dafür ein (...), dass die Kindertagesstätten und die Tagesmütter den Kindern erste Elemente von Bildung kostengünstig vermitteln (…)" (CDU Schwerin 2009, S. 3). Aussagen zur inhaltlichen Umsetzung oder zu den Voraussetzungen dazu finden sich in den kommunalpolitischen Diskussionen nicht.

Gleichwohl haben in der Regel die Länder, Landkreise und kreisfreien Städte als örtliche und überörtliche Träger der öffentlichen Jugendhilfe für die Erfüllung der Aufgaben nach dem Kinder- und Jugendhilfegesetz, und dazu gehört auch die Förderung von Kindern in Tageseinrichtungen und in Kindertagespflege, die Gesamtverantwortung einschließlich der Planungsverantwortung. Sie sollen gewährleisten, dass die „erforderlichen und geeigneten

Einrichtungen, Dienste und Veranstaltungen den verschiedenen Grundrichtungen der Erziehung entsprechend rechtzeitig und ausreichend zur Verfügung stehen" (SGB VIII, Kinder- und Jugendhilfe, § 79). Daraus ergibt sich die zwingende Notwendigkeit für die Träger der Jugendhilfe, sich zuständigkeitshalber insbesondere mit folgenden Aspekten zu befassen:

Erziehungspartnerschaft und Anforderungen an die Kindertagesbetreuung

Eine frühkindliche Bildungsoffensive, verbunden mit der Entwicklung erfolgreicher Erziehungspartnerschaften, setzt zunächst die Verbesserung der Qualität der Kindertagesbetreuung voraus. Dazu gehört die Verbesserung der Qualität der pädagogischen Interaktion. Dabei sind die pädagogischen Konzepte, die Qualität der Teamarbeit, die Qualität der pädagogischen Reflexion, die Qualität der Elternarbeit und auch die Qualität der Kooperation und Vernetzung der Einrichtungen mit anderen Angeboten und Institutionen auf den Prüfstand zu stellen. Aber auch die Ausbildungsqualität, einschließlich der Möglichkeiten regelmäßiger Fort- und Weiterbildung der Fachkräfte, ist auf die künftigen Anforderungen auszurichten. Auch die Sicherung des künftigen Fachkräftebedarfs muss stärker in den Blick der kommunalen Entscheidungsträger rücken. Nach einer Prognose des Bundesfamilienministeriums werden vor allem auch durch den Ausbau der Kindertagesbetreuung für unter 3-jährige Kinder in den westlichen Bundesländern bis zum Jahr 2013 zusätzlich bis zu 40.000 ErzieherInnen benötigt. Zudem würden über den Bedarf an Vollzeitkräften hinaus weitere 25.000 Tagespflegepersonen gebraucht (BMFSFJ 2010).

Erziehungspartnerschaft und Familienbildung

Vor dem Hintergrund des umfassenden Bildungsauftrages der öffentlichen Betreuungseinrichtungen kann die Form der Erziehungspartnerschaft auch nicht ohne Verknüpfung mit den Möglichkeiten der Familienbildung entwickelt und umgesetzt werden. Zielgruppenspezifische Bildungs- und Trainingsangebote für Eltern sind ein wichtiger Baustein zur Unterstützung der elterlichen Erziehungskompetenz. Angebote der Eltern- und Familienbildung, beispielsweise das Elternkurskonzept *Starke Eltern – Starke Kinder* des Deutschen Kinderschutzbundes (siehe auch die ausführliche Projektvorstellung im Praxisbuch) sollten verbindlicher als Anspruch der Eltern und anderer Erziehungspersonen formuliert werden und als präventives Angebot flächendeckend zur Verfügung stehen – abhängig von Vorgaben einer kommunalen Haushaltssicherung. Das sich in Vorbereitung befindende Gesetz zur Stärkung eines aktiven Schutzes von Kindern und Jugendlichen (Bundeskinderschutzgesetz BKiSchG) sollte den Pflichtcharakter dieser präventiven Angebote eindeutig festlegen. Unabhängig davon müssen die Kommunen künftig der Familienbildung bei der Gestaltung eines familien- und kinderfreundlichen Gemeinwesens eine zentrale Bedeutung beimessen und auch dessen Finanzierung gewährleisten.

Erziehungspartnerschaft und Beteiligung

Funktionierende Erziehungspartnerschaft setzt meines Erachtens eine umfassende und frühzeitige Beteiligung aller Akteure voraus. Aus § 8 SGB VIII lässt sich für Kinder und Jugendliche nicht nur ein Anspruch auf Beteiligung an allen sie betreffenden Entscheidungen und Aufklärung ableiten, sondern begründet für die Träger der öffentlichen Jugendhilfe geradezu die Pflicht zur Beteiligung. Für Eltern ist dies gleichermaßen zu berücksichtigen. Dies setzt aber auch Fähigkeiten zur Beteiligung und zum bürgerschaftlichen Engagement sowie Bereitschaft zum ‚Beteiligt-Werden' voraus. Es verlangt zudem von Politik und Verwaltung eine neue Kultur der Anerkennung und Förderung des angestrebten Engagements der Eltern. Hier steht uns ein langwieriger Prozess hin zu einer künftigen, gut funktionierenden Beteiligungskultur bevor. Kinder und Jugendliche, die nie in die Gestaltung der sie betreffenden Angelegenheiten ernsthaft einbezogen worden sind, werden sich auch als Erwachsene im bürgerlichen Engagement weniger wiederfinden. Dies gilt im Übrigen nicht nur für das kommunale Gemeinwesen, sondern auch für eine Kinderschutzorganisation wie den Deutschen Kinderschutzbund, wie folgendes Beispiel zeigt.

Mit einem Beschluss aus 2008 über die Festsetzung der Mitgliedschaft für Kinder im DKSB hat der Verband einen formalen Schritt getan, um Kindern und Jugendlichen in Entscheidungs- und Willensbildungsprozessen in den Verband einzubinden. Kinder und Jugendliche werden bei der Entwicklung und Umsetzung von Verbandszielen und Kampagnen jedoch nach wie vor selten beteiligt. Sie finden sich auch nicht in den Verbandsgremien der Orts- und Kreisverbände wieder, wobei die klassische Gremienarbeit für Kinder und Jugendliche möglicherweise auch eher abschreckend als einladend wirkt. Die Strukturen des Verbandes bieten für Kinder und Jugendliche kaum Möglichkeiten für eine interessante, effektive und dauerhafte Beteiligung. Vorhandene projektbezogene Beteiligungsmodelle sind in der Regel nur kurzfristig angelegt. Es gibt scheinbar nur vereinzelte innerverbandliche Foren für Kinder und Jugendliche, bzw. es wird über diese Projekte nicht ausreichend informiert. In der Kinder- und Jugendhilfe, insbesondere in Bezug auf die kommunalen Gestaltungsprozesse, hat die Beteiligung von Kindern und Jugendlichen in den letzten Jahren hingegen eine immer größere Bedeutung gewonnen.

Das Nachwachsen einer jüngeren Generation im Verband kann nur über eine ernstgemeinte und früh ansetzende Beteiligung von Kindern und Jugendlichen gelingen. Wer als Kind an der Auseinandersetzung mit Kinderschutzproblematiken beteiligt wird, interessiert sich später auch als Erwachsener eher für die Mitarbeit in einer Kinderschutzorganisation. Der Verband muss künftig die Bedeutung der Beteiligung von Kindern und Jugendlichen bei allen seinen Aktivitäten noch stärker in den Blick nehmen. So sollten auf allen Verbandsebenen attraktive Beteiligungsforen und sonstige Mitwirkungsmöglichkeiten, z.B. die Einrichtung einer Kinderredaktion für die KSA oder regelmäßige Zukunftswerkstätten in den Orts- und Kreisverbänden, entwickelt und eingerichtet werden. Aber auch die verbandsexternen Beteiligungsmöglichkeiten für Kinder und Jugendliche im Gemeinwesen müssen in ein künftiges Partizipationskonzept des DKSB eingebunden werden. Dazu können Wettbewerbe zur kinderfreundlichen Kommune, die Betreuung von Mitwirkungsgremien durch den DKSB, im weitesten Sinne aber auch kommunale Kinderbeauftragte gehören. Letztere bezeichnet man als die 1. Stufe der Partizipation.

Erziehungspartnerschaft und Ehrenamt

Im Kontext der Diskussion um Erziehungspartnerschaften und Partizipation muss auch die künftige Bedeutung ehrenamtlicher Tätigkeiten junger Menschen im Rahmen von zeitlich befristeten Diensten einbezogen werden. Der Zivildienst wurde mit Wirkung zum 01.07.2011 in der bisherigen Form eingestellt. Zurück bleibt ein unübersichtliches Feld von zum Teil in Konkurrenz miteinander stehenden Freiwilligendiensten wie das Freiwillige Soziale Jahr, der Bundesfreiwilligendienst etc.; für Männer und Frauen, für junge Menschen, für alte Menschen. Die Kommunen sollten in Anbetracht dieses neuen ‚Freiwilligenzeitalters' nicht versäumen, jetzt mit den Verbänden gemeinwesenbezogene Konzepte zu entwickeln und verstärkt Angebote und Anreize schaffen, um jungen Menschen – sozusagen als ‚Steigbügelhalter' eines wachsenden bürgerschaftlichen Engagements – attraktive Einsatz- , Beteiligungs- und Erfahrungsmöglichkeiten in den verschiedensten kommunalen Betreuungs- und Bildungseinrichtungen der Kinder- und Jugendhilfe zu bieten.

Literatur

Abkita – Aktionsbündnis Kita Mecklenburg-Vorpommern (Hrsg.) (2011): Strategiepapier Aktion Kita 2016. Zukunft durch bessere Bildungs- und Lebenschancen ab Kita, März 2011. Schwerin

BMFSFJ (2010): Antwort auf eine kleine Anfrage der SPD-Bundestagsfraktion. Bundestagsdrucksache 17/714. Berlin

CDU Schwerin (2009): Programm zur Kommunalwahl 2009. Schwerin

Forum „Erziehung und Bildung" (2010): Entwicklungskonzept Samtgemeinde Hanstedt. Protokoll vom 08.04.2010. Hanstedt in der Nordheide

MBWK MV – Ministerium für Bildung, Wissenschaft und Kultur Mecklenburg-Vorpommern (2011): Bildungskonzeption für 0-10-jährige Kinder in Mecklenburg-Vorpommern. Zur Arbeit in Kindertageseinrichtungen und Kindertagespflege. Schwerin

Stadt Buxtehude (o. J.): Aktuelles Leitbild der Stadt Buxtehude. www.stadt-buxtehude.de (Download am 24.07.2011)

Stadt Schwerin (2010): Leitbild Schwerin 2020. Offen – innovativ – lebenswert. Schwerin

Vorstand der Bundes-SGK (2002): Diskussionspapier „Leitbild Bürgerkommune". Beschluss des Vorstandes der Bundes-SGK vom 13. Juni 2002. Berlin

Andreas Borchers

Qualitätskriterien der Kinder-, Jugend- und Familienfreundlichkeit

Qualität ist ursprünglich ein neutraler, nicht wertender Begriff. Er beschreibt die Art, wie etwas ist, und ist damit ein Gegenbegriff zur Quantität. In Bezug auf Kinder-, Jugend- und Familienfreundlichkeit reicht es aber nicht aus festzustellen, ob bzw. in welchem Grad sie vorhanden ist. Hier ist der Qualitätsbegriff positiv besetzt: Hier geht es immer auch darum, sie zu sichern und zu verbessern – mit dem Ziel, die Lebensqualität für Kinder, Jugendliche und Familien zu steigern.

Um Qualitätskriterien der Kinder-, Jugend- und Familienfreundlichkeit benennen zu können, ist es hilfreich, sich die verschiedenen Dimensionen zu vergegenwärtigen, die in der umfangreichen Qualitätsdiskussion der letzten Jahre und Jahrzehnte in vielen Bereichen des gesellschaftlichen und wirtschaftlichen Lebens entwickelt wurden. Dabei wird sehr schnell deutlich, dass Qualität nicht statisch zu denken ist, also beispielsweise nicht nur auf den Status quo bezogen werden kann. Qualität ist vielmehr zu entwickeln – sie entsteht in einem Prozess, der aus unterschiedlich vielen Schritten oder Stufen besteht.

Vor diesem Hintergrund können unterschiedliche *Dimensionen von Qualität* unterschieden werden:

Die *Strukturqualität* bezieht sich auf die Ausgangssituation und die bestehenden Voraussetzungen. Festzustellen sind z.B. Stärken und Schwächen, Anforderungen und Ressourcen (personell, materiell, räumlich). Je nach untersuchtem Bereich sind unterschiedliche Perspektiven einzunehmen.

Bei der Bestimmung von Kinder-, Jugend- und Familienfreundlichkeit auf kommunaler Ebene oder in einem Sozialraum beispielsweise ist auf möglichst kleinräumige Daten aus der Sozialberichterstattung zuzugreifen. Diese sind unerlässlich; gleichzeitig aber lässt sich damit die Ausgangssituation nur unzulänglich beschreiben, da sie über Anforderungen und Ressourcen zwangsläufig nur begrenzt Auskunft geben können. Die Grundfragen für diese Qualitätsdimension lauten: *Wie ist die Ausgangssituation und was wird gebraucht?*

Die *Prozessqualität* bezieht sich auf die Arbeitsschritte und Aktionen, die vorgenommen werden, um die vorgefundene Ausgangssituation zu verbessern. Hier geht es also um die Art der Umsetzung, die qualitativ unterschiedlich erfolgen kann. Eine wesentliche Dimension ist die *Effizienz*, mit der zur Zielerreichung vorgegangen wird.

Kinder-, Jugend- und Familienfreundlichkeit ist ein Thema für eine Vielzahl von unterschiedlichen AkteurInnen. Insofern ist in Bezug auf die Prozessqualität besonders bedeutsam auch die Frage, ob an alle potenziell Beteiligten gedacht wurde und ob sie optimal einbezogen werden. Hier kann zwischen einer Untersuchung der Einzelschritte bzw. von einzelnen Beteiligten und einer Gesamtanalyse unterschieden werden. Die Grundfrage für diese Qualitätsdimension lautet: *Wie werden die Umsetzungsschritte durchgeführt?*

Die *Ergebnisqualität* bezieht sich auf den zum Prozessende – oder gegebenenfalls zu einem definierten Zwischenstand – erreichten Erfolg. Dies kann z.B. anhand eines Vorher-Nachher-Vergleichs geschehen, bei dem an die Ergebnisse der Untersuchung der Strukturqualität angeknüpft wird. Ein wesentlicher Begriff in diesem Zusammenhang ist die *Effektivität,* die ja nicht nur quantitativ bzw. quantifizierend verstanden werden sollte, sondern in einem umfassenden Sinn analysiert werden kann: ‚Welche Effekte bzw. Auswirkungen sind zu beobachten, welche Veränderungen sind festzustellen?'

Gerade im Bereich der Kinder-, Jugend- und Familienfreundlichkeit können diese sich zum Teil allerdings einer einfachen Quantifizierung entziehen. Es stellt insofern eine besondere Herausforderung dar, geeignete Indikatoren dafür zu entwickeln. Allerdings können im Prozess auch Effekte auftreten, die nicht intendiert und absehbar waren (und für die entsprechend keine Ausgangssituation erhoben wurde). Diese sollten bei der Untersuchung der Ergebnisqualität deshalb aber nicht ausgeblendet werden. Die Grundfrage für diese Qualitätsdimension lautet: *Zu welchen Ergebnissen hat der Prozess geführt?*

Qualität ist allerdings nicht beschränkt auf einen linearen Prozess, der einen eindeutigen Beginn und ein festgelegtes Ende hat. Mit der Erreichung des am Anfang festgelegten Ziels – auch wenn die Festlegung eines solchen unabdingbar notwendig ist – kann Kinder-, Jugend- und Familienfreundlichkeit nicht endgültig hergestellt werden. Dies nicht nur deshalb, weil damit sehr unterschiedliche Themenfelder angesprochen sind, sondern auch, weil die Bedarfslagen, Anforderungen und Bedürfnisse der unterschiedlichen Generationen und Bevölkerungsgruppen einem kontinuierlichen Wandel unterliegen.

Insofern ist – anknüpfend an den Regelkreis des Qualitätsmanagements – die Weiterentwicklung von Kinder-, Jugend- und Familienfreundlichkeit nur als kontinuierlicher Prozesskreislauf denkbar. Erfahrungen aus dem Prozess und festgestellte Ergebnisse müssen in die weitere Planung und Steuerung einfließen, sodass im Ergebnis ein Regelkreis entsteht, der aus unterschiedlichen Schritten besteht. Ausgangspunkt ist die Qualitätsplanung mit der Ermittlung des Ist-Zustands, Festlegung der Rahmenbedingungen (Ressourcen, Beteiligte) und Erarbeitung der vorgesehenen Konzepte und Abläufe (einschließlich Zeitplanung). Die in dieser Planungsphase festgelegten Eckpunkte werden anschließend umgesetzt, wobei eine zentrale (Gesamt-)Steuerung dieses Prozesses unabdingbar ist. Zu einem vorher festgelegten Zeitpunkt muss der Prozess evaluiert werden, d.h. Prozess- und Ergebnisqualität müssen qualitativ und quantitativ ausgewertet werden. In diesem Zusammenhang ist auch zu prüfen, ob die Ausgangssituation hinreichend und richtig dargestellt wurde. Die Ergebnisse dieses Schrittes müssen in die weiteren Planungen einbezogen werden.

Kinder-, Jugend- und Familienfreundlichkeit lebt davon, dass sie es mit lebendigen sozialen Netzwerken zu tun hat. Während des gesamten Prozesses spielt deshalb Kommunikation eine besondere Rolle. Dies bezieht sich einerseits auf die Ergebnisse der Bestandsaufnahmen und Analysen. Darüber hinaus ist aber nicht zu vernachlässigen, dass die Menschen, auf die sich die Konzepte und Überlegungen richten, selbst aktiv werden können – und oft auch wollen. Der Wunsch mitzugestalten und sich selbst einzubringen ist eine wesentliche Ressource, die gerade in diesen lebensweltnahen Bereichen nicht vernachlässigt werden darf.

Ausrichtung an der Lebenssituation von Kindern, Jugendlichen und Familien

Qualitätskriterien haben mittlerweile Eingang in unterschiedliche Bereiche der Familienpolitik gefunden. So werden entsprechende Ideen und Methoden bei der Weiterentwicklung von Einrichtungen – z.B. der Familienbildung, der Familienzentren oder der Kinderbetreuung – angewandt. Auch die Entwicklung und Umsetzung von Qualitätssiegeln oder Auditierungsverfahren entsprechen in der Regel diesem Vorgehen. Im *Gütesiegel Familienzentrum Nordrhein-Westfalen* etwa werden Mindestanforderungen formuliert, die Einrichtungen erfüllen müssen; damit werden gleichzeitig Eckpunkte zur Weiterentwicklung benannt. Enthalten sind Indikatoren sowohl zur Struktur als auch zu Leistungsbereichen. Das *audit berufundfamilie* unterstützt das Unternehmen bei der Einführung von familienfreundlichen Personalmaßnahmen. In Österreich wurde das *Audit familienfreundliche Gemeinde* entwickelt, mit dem Städte und Gemeinden Schritte planen und umsetzen, um ihre Familienfreundlichkeit weiterzuentwickeln.

Um Qualitätskriterien der Kinder-, Jugend- und Familienfreundlichkeit bestimmen zu können, ist einerseits zu fragen, wie sich die Lebenssituation in dieser Perspektive heute darstellt. Komplementär dazu sind diese vor dem Hintergrund der Aufgaben der sozialen Einrichtungen und der kommunalen Sozialpolitik für Kinder, Jugendliche und Familien zu bewerten.

In diesem Beitrag wird Familie als generationenübergreifendes soziales Netzwerk gesehen, das unterschiedliche Familienformen und alle Generationen von Jung bis Alt umfasst. Es ist notwendig, die Vorstellung eines einseitig auf junge Familien mit minderjährigen Kindern fokussierten Familienbildes zu erweitern und alle, also auch die älteren Generationen, die im familialen Alltag zunehmend wichtiger werden, selbstverständlich mit einzubeziehen. Untersuchungen zu sozialen Netzwerken zeigen übereinstimmend eine hohe Bedeutung der ‚Großelterngeneration' für einen großen Teil der jungen Familien.

Für viele – aber nicht für alle. Qualität zeichnet sich aber auch dadurch aus, dass sie nicht vereinheitlicht und dadurch bestimmte Gruppen ausschließt. Nicht in allen Familien können die Großeltern einbezogen sein. So müssen die unterschiedlichen familialen Konstellationen, sozialen Ausgangslagen und zunehmend auch der mögliche Migrationshintergrund berücksichtigt werden. Denn Familienleben findet zunehmend in unterschiedlichen Familienformen statt. Die soziale Lage von Familien hat sich in den letzten Jahren und Jahrzehnten weiter ausdifferenziert, wozu auch ein zunehmender Anteil von Familien mit unterschiedlichem Migrationshintergrund – der sich nicht immer in der Nationalität, die im Reisepass steht, widerspiegelt – beigetragen hat.

Angesichts der breiten gesellschaftlichen Diskussion um Kinder und Familien scheinen Jugendliche gelegentlich nicht die Aufmerksamkeit zu erhalten, die notwendig ist. Gerade die Phase von Kindheit und Jugend ist eine Zeitspanne, in der sich die Anforderungen schnell ändern; Jugendliche sind also nicht per se bei der Betrachtung von Kindern und Familien mit enthalten, sondern sind darin als eigene Gruppe wahrzunehmen. Demografisch hat ihre Zahl abgenommen und ist weiter rückläufig. Jugendliche geraten dann wieder ins Bewusstsein, wenn es mit ihnen Konflikte gibt – die, wie sich herausstellen kann, daraus resultieren, dass ihre Situation, Ansprüche, Bedürfnisse nicht hinreichend berücksichtigt wurden.

Eckpunkte der Familienpolitik als Qualitätsmerkmale

Die Bestimmung von Qualität der Kinder-, Jugend- und Familienfreundlichkeit speist sich aus zwei unterschiedlichen Quellen: Einerseits aus Gesetzen, Bestimmungen und Regelungen sowie politischen Satzungen, andererseits aus den Anforderungen, die die Menschen selbst äußern – wenn sie denn Gelegenheit dazu bekommen. Sie aktiv einzubeziehen ist wiederum selbst ein wesentliches Qualitätsmerkmal.

Ausgangspunkt müssen die Familien und ihre Mitglieder selbst sein. Für ein gelingendes Familienleben benötigen sie, wie es der Siebte Familienbericht benennt, einen Mix aus Zeit, Geld und Infrastruktur. Sie brauchen dies, um ihre vielfältigen Leistungen erbringen zu können. Denn die familialen, alle Generationen umfassenden Netzwerke sind als Leistungsträger in der Gesellschaft wahrzunehmen, die vielfältige Aufgaben wahrnehmen, von der Kinderbetreuung und Bildung über Versorgung und Solidarität bis zu Pflege, um nur einige Bereiche zu nennen. Eine wesentliche Aufgabe zur Förderung der Netzwerke besteht vor diesem Hintergrund im Abbau struktureller Rücksichtslosigkeiten, die ihnen die Wahrnehmung der Aufgaben erschweren.

Eine wesentliche – wenn auch keineswegs die alleinige – Rolle dabei spielen die Kommunen. Denn gerade hier bestehen Möglichkeiten, das soziale Umfeld zu gestalten. Im Handbuch der örtlichen und regionalen Familienpolitik (IES 1996) sind Politikbereiche genannt, die zeigen, wie vielfältig die Anforderungen, aber auch Gestaltungsmöglichkeiten sind:

- Wohnverhältnisse
- Arbeitswelt
- Familienunterstützende Betreuungsangebote
- Gesundheitliche Förderung und Hilfen
- Kulturelle und soziale Familienarbeit
- Bildungswesen
- Beratung und Selbsthilfeförderung

Angesichts der gesellschaftlichen und sozialen Veränderungen sind die konkreten Handlungsansätze, -möglichkeiten und -anforderungen innerhalb der genannten Themenfelder heute zum Teil mit anderen Schwerpunkten zu bestimmen als 1996, als dieses formuliert wurde (z.B. Verstärkung von generationenübergreifenden sowie von integrationspolitischen Ansätzen). Die Vielfalt der genannten Themenfelder ist jedoch auch heute noch aktuell.

Eine Politik für Kinder, Jugendliche und Familien geht damit weit über einzelne Bereiche – z.B. Kinder- und Jugendhilfe oder Schulpolitik – hinaus. Sie ist vielmehr nur als Querschnittspolitik zu verstehen, an der eine Vielzahl unterschiedlicher und keineswegs nur politisch-institutioneller Institutionen und Akteure einen bedeutenden Anteil hat. Eine entsprechende Politik erfordert allerdings auch geklärte institutionelle Verantwortlichkeiten und eine aktive Gestaltung der Schnittstellen, die mit politischem Rückhalt und Nachdruck erfolgen muss, was nach wie vor eine besondere Herausforderung darstellt.

Mittlerweile wurden Verfahren entwickelt und erprobt, mit denen die räumliche und soziale Umwelt daraufhin geprüft werden kann, inwieweit sie den Bedürfnissen und Anforderungen von Kindern, Jugendlichen und Familien entspricht. Beispiele hierfür sind Kinder- und Familienfreundlichkeitsprüfungen und das *Audit familienfreundliche Gemeinde*; auch die Sozialberichterstattung kann hierzu wesentlich beitragen. In diesen Konzepten werden wesentliche Aspekte des eingangs dargestellten Konzepts zum Qualitätsmanagement aufgenommen. So werden z.B. neben Kriterien zur Analyse eines Stadtteils Verfahren festgelegt, Umsetzungsschritte geplant und Eckpunkte für eine Evaluation benannt. Eine wesentliche Rolle kommt dabei der Einbeziehung der dort jeweils lebenden Bevölkerung zu.

Kinder, Jugendliche und Familien als Experten in eigener Sache

Im Vorfeld der Erarbeitung des Berliner Familienberichts, der 2011 erschienen ist, wurden umfangreiche Beteiligungsmaßnahmen von Familien umgesetzt. Neben einem Online-Dialog, an dem sich alle Familien beteiligen konnten, wurden in sechs Berliner Bezirken Familienforen umgesetzt. Bei diesen wurde im Vorfeld sehr darauf geachtet, dass sich unterschiedliche Gruppen beteiligen, die sonst bei Beteiligungsverfahren nur schwer erreicht werden, so etwa Familien mit Migrationshintergrund, Familien in unterschiedlicher sozialer Lage (in sozial belasteten Quartieren) und in besonderen Lebenslagen (z.B. mit Angehörigen mit Behinderung) und nicht zuletzt auch Männer/Väter.

Eine Besonderheit dieses Beteiligungskonzepts der Familienforen bestand darin, dass die Themen nicht vorgegeben waren, sondern im Forum von den Beteiligten selbst gesammelt und festgelegt wurden. Die Ergebnisse geben insofern Aufschluss darüber, welche Themenbereiche den Familien selbst als vorrangig erscheinen. Sie können damit auch als Indikator und Maßstab dafür gelten, in welchen Bereichen Qualität in der Gestaltung der Lebensumwelt von Kindern, Jugendlichen und Familien besonders notwendig gesehen wird. Die Auswertung der Foren zeigt folgendes Bild:

- Der Themenbereich *Freizeit und sonstige Angebote für Familien und Kinder* wurde in allen Familienforen thematisiert. Dabei ging es sowohl um die Qualität als auch die inhaltliche Ausrichtung. Bemerkenswert ist, dass sich die Akzentuierung des Themas in den Sozialräumen unterscheidet. Bemängelt wird das Fehlen von (preiswerten) Angeboten insbesondere am Wochenende. Mehrfach werden bestimmte Angebotsformen als fehlend benannt, wie geschlechtsspezifische oder generationenübergreifende Angebote (z.B. Väter- und Jungenarbeit, Mädchentreff, Mehrgenerationenwohnen); dies vor allem in Bezirken mit hohem Statusindex. Ebenfalls wird mehrfach darauf hingewiesen, dass den Familien Teilhabemöglichkeiten fehlen: Familien wollen ‚selbst etwas auf den Weg bringen'. Auch sprechen die Anwesenden die Nutzung des öffentlichen Raums durch Kinder, Jugendliche und Familien an.
- In fast allen Foren spielt der Bereich *Bildung* eine wesentliche Rolle, der in unterschiedlichen Facetten thematisiert wird und unter den nicht nur Schule gefasst wird, sondern ebenso Kindertagesstätten als Bildungseinrichtungen angesprochen werden. Auffällig ist dabei, dass im Fokus der Äußerungen vor allem Fragen der Qualität stehen. Die TeilnehmerInnen stellen heraus, dass die Anzahl an Kindertagesstätten und Schulen ausreichend sei, es jedoch qualitative Mängel gibt (z.B. personelle Engpässe, fehlende interkulturelle Kompetenz der Lehrkräfte und ErzieherInnen). Zudem werden die unzureichende Kommunikation zwischen Eltern und Schulen, eine fehlende Begleitung des Übergangs von der Kita zur Schule und von der Schule in den Beruf sowie fehlende Nachhilfe für benachteiligte SchülerInnen als Probleme benannt. In den Äußerungen steht die Bildung der Kinder und Jugendlichen im Mittelpunkt; nur in einem Forum werden auch bessere Bildungsangebote für Erwachsene eingefordert, da-

mit diese ihre Kompetenzen für veränderte Arbeitsmarktanforderungen weiter entwickeln können.
- Eine gelungene *Informations- und Öffentlichkeitsarbeit* hat einen hohen Stellenwert, der oftmals unterschätzt wird. Vielfach sind die Anwesenden der Ansicht, dass es schwierig ist, sich einen Überblick über die lokal verfügbaren Angebote für Familien zu verschaffen. ‚Es gibt zwar viele Flyer, aber keinen Überblick, z.B. im Internet', so eine Aussage eines Vaters. Der Aufwand entsprechende Informationen zu recherchieren (z.B. ‚Was kann ich an einem freien Tag mit meinen Kindern unternehmen?'), wird als zu hoch beschrieben. Probleme im Zugang zu relevanten Informationen beschreiben Eltern auch im Hinblick auf spezifische Fragestellungen wie z.B. zu Gesundheitsthemen und zur Förderung von behinderten Kindern. Allerdings wird auch die Frage gestellt, inwieweit die Eltern selbst aktiv genug sind, sich die entsprechenden Informationen zu beschaffen.
- Das Thema *Armut* wird ebenfalls in fast allen Foren bei der Themensammlung explizit thematisiert. In Gebieten mit überdurchschnittlichem Anteil an Familien in prekären Lebenslagen stehen unterschiedliche Facetten von Armut im Mittelpunkt: Es wird betont, dass die soziale Lage und prekäre Beschäftigungsverhältnisse die Gründung einer Familie beeinträchtigen. Andernorts heben die Teilnehmenden hervor, dass die Bildungsvoraussetzungen der Kinder gering sind, sie keine Chance auf qualifizierte Abschlüsse haben und es ein großes Problem ist, dass es an ‚einfachen' Arbeitsplätzen mangelt. Oder es wird generell der hohe finanzielle Aufwand von Familien als wesentliches Problem benannt. In eher bessergestellten Quartieren wird demgegenüber eher verdeckte Armut als Problem benannt, was dazu führen kann, dass Familien, die vorübergehend in eine Armutslage geraten, unter Umständen zu einem Wohnungswechsel gezwungen sind, was sie jedoch aufgrund der Qualität der Quartiere und der besseren Bildungschancen ihrer Kinder sowie nicht zuletzt auch aufgrund ihrer Einbindung in die sozialen Netzwerke vermeiden wollen.

Die Ergebnisse zeigen, dass durch entsprechende Beteiligungsformen Familien sehr gut angesprochen werden können. Um tatsächlich zu einem differenzierten Bild zu gelangen, ist darauf zu achten, dass nicht nur Kritik geäußert werden kann, sondern der Blick ebenso auf Stärken und Ressourcen gerichtet wird. Dies geschieht nicht von allein, sondern setzt ein ausgefeiltes Moderationskonzept voraus. Entscheidend ist ferner, dass die Ergebnisse nicht im leeren Raum stehen bleiben dürfen. Es ist essentiell, dass bei derartigen Prozessen vorab festgelegt werden muss, was anschließend mit den Ergebnissen passieren soll – was aktiv im Beteiligungsprozess zu kommunizieren ist.

Schlussbemerkung

Qualitätskriterien der Kinder-, Jugend- und Familienfreundlichkeit müssen sich an den Lebenslagen und Anforderungen der jeweiligen Zielgruppen ausrichten. Wie in diesem Beitrag am Beispiel der Kommunalpolitik gezeigt, ist es möglich, konkrete Kriterien zu entwickeln und Handlungsfelder zu benennen. Wesentlich ist dabei aber auch, dass sie nicht nur ‚am Schreibtisch entstehen', sondern unter Einbeziehung der Kinder, Jugendlichen und Familien selbst. Diese sind nicht durchgängig als homogene Gruppe zu sehen, sondern die Familienmitglieder können durchaus in einzelnen Bereichen verschiedene Ansprüche haben und unterschiedliche Schwerpunkte setzen.

Die dargestellten Ergebnisse zeigen, dass Bildung für Familien einen sehr hohen Stellenwert hat. Bildungspolitik in ihren unterschiedlichen Facetten ist ein integraler Bestandteil einer Politik für Kinder, Jugendliche und Familien und wird von diesen auch so bewertet. Familien selbst sind die primäre Bildungsinstitution für Kinder und Jugendliche. Eltern haben großes Interesse an den Bildungsprozessen ihrer Kinder. Sie sind bereit, sich dafür zu engagieren und tun dies in vielfältiger Weise. Für eine gelingende Bildungs- und Erziehungspartnerschaft zwischen Kindertagesstätten und Schulen mit den Eltern ist diese Bereitschaft aktiv anzusprechen. Elternbildung kann in diesem Zusammenhang eine wesentliche Rolle spielen.

Qualitätsmanagement wird auch in und für Bildungs- und Betreuungseinrichtungen zunehmend als Möglichkeit erkannt sie bedarfsgerecht weiterzuentwickeln. Die eingangs dargestellten Schritte eines Qualitätsmanagements nützen ihnen selbst und machen nach außen ihren Anspruch und ihre Leistungen transparent. So können sie besser zu dem übergeordneten Ziel beitragen: einem Mehr an Lebensqualität.

Literatur

Berliner Beirat für Familienfragen (Hrsg.) (2011): Zusammenleben in Berlin. Der Familienbericht 2011. Zahlen, Fakten, Chancen und Risiken. Berlin

Borchers, Andreas/Heuwinkel, Dirk (1998): Familien- und Kinderfreundlichkeits-Prüfung in den Kommunen. Erfahrungen und Konzepte. Stuttgart: Kohlhammer

Borchers, Andreas/Kukat, Marit/Olejniczak, Claudia (2009): Familienforen in sechs Bezirken Berlins als Beitrag zur Beteiligung von Familien am 1. Familienbericht des Berliner Beirats für Familienfragen. Hannover: Institut für Entwicklungsplanung und Strukturforschung

BMFSFJ – Bundesministerium für Familie, Senioren, Frauen und Jugend (Hrsg.) (2006): Familie zwischen Flexibilität und Verlässlichkeit. Perspektiven für eine lebenslaufbezogene Familienpolitik. Siebter Familienbericht. Berlin

Hellmann, Michaela/Borchers, Andreas (2002): Familien- und Kinderfreundlichkeit. Prüfverfahren – Beteiligung – Verwaltungshandeln. Ein Praxisbuch für Kommunen. Stuttgart: Kohlhammer

IES – Institut für Entwicklungsplanung und Strukturforschung (1996): Handbuch der örtlichen und regionalen Familienpolitik. Stuttgart: Kohlhammer

MGFFI NRW – Ministerium für Generationen, Familie, Frauen und Integration des Landes Nordrhein-Westfalen (Hrsg.) (2010): Gütesiegel Familienzentrum Nordrhein-Westfalen. Düsseldorf

Schmidt, Nora (Hrsg.) (2006): Handbuch Kommunale Familienpolitik. Berlin: Deutscher Verein für öffentliche und private Fürsorge

Stadt Aachen (2010): Familienfreundliche Stadtplanung. Kriterien für Städtebau mit Zukunft. http://www.aachen.de/de/stadt_buerger/pdfs_stadtbuerger/pdf_gesellschaft/familienfreundliches_bauen.pdf (Download am 01.03.2011)

Sabine Kirk

Elternmitwirkung im schulrechtlichen Rahmen der Ländergesetzgebung

Elternmitwirkung ist im schulrechtlichen Rahmen bundeslandspezifisch durch Landesverfassungen und schulgesetzliche Vorgaben (Schulgesetz, Schulordnungsgesetz, Schulmitbestimmungsgesetz) sowie durch Erlasse und Verordnungen geregelt. Eine gemeinsame Grundlage für die Kooperation zwischen Elternhaus und Schule bildet das Grundgesetz. Artikel 6 Abs. 2 legt Erziehungsrecht und Erziehungspflicht der Eltern fest: „Pflege und Erziehung der Kinder sind das natürliche Recht der Eltern und die zuvörderst ihnen obliegende Pflicht. Über ihre Betätigung wacht die staatliche Gemeinschaft." Artikel 7 Abs. 1 zeigt die Aufgaben des Staates und damit auch der LehrerInnen auf: „Das gesamte Schulwesen steht unter der Aufsicht des Staates." Neben dem natürlichen Recht der Eltern und der „zuvörderst" ihnen obliegenden Erziehungspflicht gibt es somit einen staatlichen Erziehungsauftrag. Nach der Rechtsprechung des Bundesverfassungsgerichts ist der staatliche Erziehungsauftrag in der Schule dem elterlichen Erziehungsrecht nicht nach- sondern gleichgeordnet (BVerfGE 34, 165, 06.12.1972). Erziehung muss – so legt es Artikel 2 des Grundgesetzes fest – das Recht der freien Entfaltung der Persönlichkeit berücksichtigen. Damit sind Eltern zur Erziehung verpflichtet, sie dürfen diese Aufgabe nicht an LehrerInnen delegieren, andererseits müssen auch LehrerInnen erziehen – jedoch ohne das Erziehungsrecht der Eltern zu verletzen (vgl. Sacher 2008, S. 17 ff.). Diesen Ansprüchen können beide Seiten nur durch Kooperation im Sinne einer auf Erziehungskontinuität ausgerichteten Partnerschaft gerecht werden (vgl. Keck 2001). Im Schulgesetz des Landes Rheinland-Pfalz wird der gleichgestellte gemeinsame Erziehungsauftrag besonders hervorgehoben:

„Das Erziehungsrecht der Eltern und der staatliche Bildungs- und Erziehungsauftrag sind in der Schule einander gleichgeordnet. Die gemeinsame Erziehungsaufgabe verpflichtet zu vertrauensvollem und partnerschaftlichem Zusammenwirken, zu gegenseitiger Unterrichtung und Hilfe in allen für das Schulverhältnis bedeutsamen Fragen sowie zu Aufgeschlossenheit und Offenheit im Umgang miteinander (...)" (Rheinland-Pfalz SchulG § 2 (3)).

In den Verfassungen der einzelnen Bundesländer werden Grundlagen für die Ausgestaltung dieser Kooperation festgelegt. So wird in der Verfassung des Landes Hessen darauf verwiesen, dass die Erziehungsberechtigten das Recht haben, die Gestaltung des Unterrichtswesens mitzubestimmen (vgl. Art. 56 (6)). In der Verfassung des Freistaates Sachsen wird ausgeführt, dass Eltern und SchülerInnen das Recht haben, durch gewählte VertreterInnen an der Gestaltung des Lebens und der Arbeit der Schule mitzuwirken (vgl. Art. 103).

Die Kultusministerkonferenz hat sich mit der Umsetzung der Zusammenarbeit von Elternhaus und Schule in den einzelnen Ländern im Jahr 2003 auseinandergesetzt (Beschluss der KMK 04.12.2003).

Im Folgenden werden exemplarisch Regelungen einzelner Bundesländer dargestellt, um Unterschiede hervorzuheben und auf Besonderheiten aufmerksam zu machen.

Bildungs- und Erziehungsauftrag

Die Schulgesetze der einzelnen Länder enthalten – basierend auf dem Grundgesetz und den Länderverfassungen – eine Beschreibung des Bildungs- und Erziehungsauftrages. So wird der Bildungsauftrag im Niedersächsischen Schulgesetz (§ 2) eingeleitet:

> „Die Schule soll im Anschluss an die vorschulische Erziehung die Persönlichkeit der Schülerinnen und Schüler auf der Grundlage des Christentums, des europäischen Humanismus und der Ideen der liberalen, demokratischen und sozialen Freiheitsbewegungen weiterentwickeln. Erziehung und Unterricht müssen dem Grundgesetz für die Bundesrepublik Deutschland und der Niedersächsischen Verfassung entsprechen; die Schule hat die Wertvorstellungen zu vermitteln, die diesen Verfassungen zugrunde liegen (...)" (NschG §2 (1)).

Im weiteren Verlauf des Bildungsauftrages werden Fähigkeiten benannt, die vermittelt werden sollen. Damit werden Ziele schulischer Erziehung schulstufen- und schulformübergreifend benannt. Erlasse und Verordnungen einzelner Bundesländer enthalten darüber hinausgehend Vorgaben für einzelne Schulformen.

Erziehungsberechtigte

Grundlage für den Aufbau einer Erziehungspartnerschaft ist die Definition des Begriffs *Erziehungsberechtigte*, der zu unterscheiden ist von dem Begriff *Personensorgeberechtigte*. Im Rahmen der Neuregelung des Kindschaftsrechts im Jahre 1998, bei der festgelegt wurde, dass bei einer Trennung der Elternteile das gemeinsame Sorgerecht den Regelfall darstellt (vgl. BGB, § 1687), kommt dieser Unterscheidung eine besondere Bedeutung zu. Bundeslandspezifische Unterschiede werden im Folgenden deutlich.

Im Niedersächsischen Schulgesetz (§55) wird festgelegt:

> „Als erziehungsberechtigt gilt auch eine Person, die mit einem personensorgeberechtigten Elternteil verheiratet ist oder mit ihm in eheähnlicher Gemeinschaft zusammenlebt, wenn das Kind ständig im gemeinsamen Haushalt wohnt, (...) sofern die Personensorgeberechtigten der Schule den entsprechenden Sachverhalt mitgeteilt und dabei bestimmt haben, dass die andere Person als erziehungsberechtigt gelten soll" (NSchG § 55 (1)).

Im Schulgesetz für das Land Berlin wird Ähnliches ausgeführt:

> „Erziehungsberechtigt im Sinne dieses Gesetzes sind die für die Person der minderjährigen Schülerin oder des minderjährigen Schülers nach dem bürgerlichen Recht Sorgeberechtigten; sind beide Eltern sorgeberechtigt, wird vermutet, dass jeder Elternteil auch für den anderen handelt. Die Mitwirkungsrechte der Erziehungsberechtigten können anstelle der oder neben den Sorgeberechtigten diejenigen volljährigen Personen wahrnehmen, denen die Erziehung des Kindes mit Einverständnis der Personensorgeberechtigten anvertraut oder mit anvertraut ist; das Einverständnis ist der Schule auf Verlangen schriftlich nachzuweisen" (Berlin SchulG § 88 (4)).

Hervorzuheben ist dabei, dass jeweils beide Personensorgeberechtigte der Regelung zustimmen müssen.

Für das Land Saarland gilt Folgendes:

> „Erziehungsberechtigte im Sinne dieses Gesetzes sind
> a) die Eltern oder sonstige Personensorgeberechtigte,
> b) mit schriftlicher Zustimmung des allein sorgeberechtigten Elternteils Personen, die mit diesem verheiratet sind, eine eingetragene Lebenspartnerschaft führen oder in eheähnlicher Gemeinschaft zusammenleben, wenn das Kind ständig im gemeinsamen Haushalt wohnt (...)" (Saarland SchumG § 2 (3)).

Im Schulgesetz des Landes Bayern wird eingeschränkt:

„Erziehungsberechtigte bzw. Erziehungsberechtigter im Sinne dieses Gesetzes ist, wem nach dem bürgerlichen Recht die Sorge für die Person der minderjährigen Schülerin oder des minderjährigen Schülers obliegt. Pflegepersonen oder Heimerzieher, die nach den Bestimmungen des achten Buchs Sozialgesetzbuch zur Vertretung in der Ausübung der elterlichen Sorge berechtigt sind, stehen im Rahmen ihrer Vertretungsmacht den Erziehungsberechtigten gleich" (BAYEUG) Art. 74 (2)).

Partner nach einer erneuten Eheschließung oder Lebenspartner sind dementsprechend in diesem Bundesland nicht erziehungsberechtigt.

Die Ausübung der gemeinsamen Sorge bei getrennt lebenden Eltern ist im Bürgerlichen Gesetzbuch geregelt (§ 1687). Danach ist zu unterscheiden zwischen Angelegenheiten, die für das Kind von besonderer Bedeutung sind, und Angelegenheiten des täglichen Lebens. Im ersten Fall ist das Einvernehmen erforderlich, während im zweiten Fall die Entscheidungen von dem Elternteil getroffen werden, bei dem das Kind lebt (vgl. Meyer 2004, S. 42 f., Ritters 1998).

Rechte und Pflichten der Erziehungsberechtigten

Für Erziehungsberechtigte und Lehrkräfte ergibt sich bereits aus den entsprechenden Artikeln des Grundgesetzes die Verpflichtung zur Zusammenarbeit, die nur als gemeinsame Aufgabe wahrgenommen werden kann, wenn alle Beteiligten auch die Rechte der anderen anerkennen. Seitens der Elternrechte handelt es sich sowohl um individuell in Anspruch zu nehmendes als auch kollektiv ausgeübtes Recht durch Elternvertretung auf unterschiedlichen Ebenen und durch Mitwirkung in schulischen Gremien.

Die Schulgesetze enthalten detaillierte Vorgaben für das Anrecht auf Information und die Verpflichtung zur Mitwirkung. Folgende Beispiele verdeutlichen dieses:

„Die Eltern haben das Recht und die Pflicht, an der schulischen Erziehung mitzuwirken. Die gemeinsame Verantwortung der Eltern und der Schule für die Erziehung und Bildung der Jugend fordert eine vertrauensvolle Zusammenarbeit beider Erziehungsträger. Schule und Elternhaus unterstützen sich bei der Erziehung und Bildung der Jugend und pflegen ihre Erziehungsgemeinschaft" (Baden-Württemberg SchulG § 55 (1)).

Detaillierte Informationsrechte der Erziehungsberechtigten und damit auch entsprechende Verpflichtungen der Lehrkräfte sind im Niedersächsischen Schulgesetz festgeschrieben:

„Die Lehrkräfte haben Inhalt, Planung und Gestaltung des Unterrichts mit den Klassenelternschaften zu erörtern. Dies gilt vor allem für Unterrichtsfächer, durch die das Erziehungsrecht der Eltern in besonderer Weise berührt wird (...)" (NSchG § 96 (4)).

Ausführlicher wird dies im Schulgesetz für das Land Brandenburg dargestellt:

„Die Schülerinnen und Schüler und deren Eltern sind in allen grundsätzlichen Schulangelegenheiten zu informieren und zu beraten. Dazu gehören insbesondere:
1. der Aufbau und die Gliederung der Schule und der Bildungsgänge,
2. die Übergänge zwischen den Bildungsgängen und Schulstufen,
3. die Abschlüsse und Berechtigungen der Bildungsgänge in den Sekundarstufen I und II,
4. die Grundlagen der Planung und Gestaltung des Unterrichts, Grundzüge der Unterrichtsinhalte und Unterrichtsziele, Grundsätze der Leistungsbewertung, der Kurseinstufung und der Versetzung,
5. ihre Mitwirkungsmöglichkeiten in der Schule und in überschulischen Gremien sowie
6. die wesentlichen Ergebnisse der Evaluation (...), die Prüfungen, Vergleichsarbeiten und Testvorhaben" (BbgSchulG § 46 (1)).

Im Bremischen Schulgesetz wird das Informationsrecht der Erziehungsberechtigten ebenfalls angeführt. Darüber hinaus werden auch Verpflichtungen der Erziehungsberechtigten festgelegt:

„Die Erziehungsberechtigten, deren Kind eine öffentliche Schule besucht, sind verpflichtet,
1. bei der Erziehung und Bildung ihrer Kinder mit den Lehrerinnen und Lehrern zusammenzuarbeiten;
2. sich über grundsätzliche und aktuelle Schulfragen durch die Lehrerinnen und Lehrer informieren zu lassen;
3. bei der Gestaltung des Schullebens mitzuwirken;
4. die für die Erfüllung der Aufgaben der jeweiligen Schule und der zuständigen Schulbehörde erforderlichen Angaben zu machen" (BremSchulG § 60 (2)).

Deutlich wird daraus, dass mit bundeslandspezifischen Schwerpunktsetzungen im Rahmen der Kooperation Elternhaus und Schule LehrerInnen zur Information und Erziehungsberechtigte zur Mitwirkung verpflichtet sind.

Mitbestimmung in Gremien und Konferenzen

Gremien der Elternvertretung auf unterschiedlichen Ebenen sind der Klassen-, Schul-, Stadt- bzw. Kreis- und der Landeseltern(bei)rat. In den einzelnen Bundesländern tragen diese Gremien unterschiedliche Bezeichnungen. Zu ihren Aufgaben gehören Information, Diskussion, Beratung und teilweise auch Mitbestimmung bei inhaltlichen und schulorganisatorischen Angelegenheiten nach Maßgabe der jeweiligen Schulgesetze. Exemplarisch kann an dieser Stelle auf das Schulgesetz des Landes Sachsen-Anhalt verwiesen werden:

„Elternvertretungen sind unabhängige, von den Erziehungsberechtigten selbst gewählte bzw. gebildete Gremien, die die Erziehungsberechtigten über ihre Arbeit informieren und sie dafür interessieren, an der Verbesserung der inneren und äußeren Schulverhältnisse mitzuarbeiten, diesbezüglich Vorschläge und Anregungen der Erziehungsberechtigten aufnehmen, beraten und an die Schule und an den Schulträger herantragen sowie das Verständnis der Öffentlichkeit für die Unterrichts- und Erziehungsarbeit der Schule stärken" (SchulG LSA § 55 (1)).

Während sich Schulelternräte vorwiegend mit inhaltlichen Fragestellungen und Gestaltungen des Schullebens beschäftigen, liegt der Arbeitsschwerpunkt bei schulübergreifenden Gremien im schulorganisatorischen Bereich (z.B. Schulentwicklung, Unterrichtsversorgung, SchülerInnenbeförderung).

In allen Bundesländern nehmen ElternvertreterInnen stimmberechtigt oder beratend an Konferenzen teil. Hinzuweisen ist in diesem Zusammenhang auf Schulkonferenzen (Schulvorstände, Schulversammlungen), Gesamt- oder Lehrerkonferenzen sowie Teilkonferenzen (Fach-, Schulstufen-, Jahrgangs- und Klassenkonferenzen, Konferenzen für besondere Aufgabengebiete). Bezüglich der Aufgaben der Konferenzen sowie des Stimmenanteils der Elternvertretungen gibt es bundeslandspezifisch gravierende Unterschiede.

Hervorzuheben ist dabei z.B. der Schulvorstand im niedersächsischen Schulwesen. Im Grundschulbereich setzt sich dieser je zur Hälfte aus Lehrkräften und Erziehungsberechtigten, im Sekundarbereich zur Hälfte aus Lehrkräften und je zu einem Viertel aus VertreterInnen der Schüler- und Elternschaft zusammen. Der Schulvorstand entscheidet u.a. über die Verwendung von Haushaltsmitteln, die Zusammenarbeit mit anderen Schulen und die Ausgestaltung der Stundentafel (vgl. NSchG § 38a und b).

Voraussetzung für die verantwortungsbewusste stimmberechtigte Mitwirkung der Erziehungsberechtigten in Gremien und Konferenzen ist die umfassende Information. Kultusministerien und Landeselternvertretungen sowie der Bundeselternrat unterstützen diese

Mitwirkung durch Informationsschriften und ermöglichen so schulrechtliche Grundlagenkenntnisse für Eltern.

Verkehrsformen zwischen Elternhaus und Schule

Die Entwicklung einer Erziehungspartnerschaft zwischen LehrerInnen und Eltern kann durch eine Vielzahl von Kooperationsformen gefördert werden. Dazu gehören:

- Elternversammlungen auf Klassen-, Jahrgangs-, Schulstufen- oder Schulebene
- schriftliche Mitteilungen
- Sprechtage, Sprechstunden und Hausbesuche
- Hospitationen
- aktive Mitarbeit
- Erziehungsvereinbarungen (vgl. Keck/Kirk 2008, S. 209-213)

In den Schulgesetzen aller Bundesländer ist vorgeschrieben, dass die Durchführung von Elternversammlungen stets mit der Wahl von Vorsitzenden und VertreterInnen verbunden ist. Teilweise werden auch Mindestanforderungen für die Anzahl der Sitzungen pro Schuljahr vorgegeben.

Alle Schulgesetze enthalten ein Informationsrecht für Erziehungsberechtigte mit teilweise unterschiedlichen inhaltlichen Schwerpunktsetzungen. Vielfach wird der Informationsweg nicht vorgegeben, d.h. die Weitergabe kann sowohl im Rahmen von Versammlungen als auch auf schriftlichem Weg erfolgen.

Im Hamburger Schulgesetz wird dies wie folgt festgelegt:

„(...) Die Information soll frühestmöglich und in angemessenem Umfang erfolgen. Die Sorgeberechtigten werden zu Beginn des Schuljahres, in der Regel im Rahmen eines Elternabends, über den Bildungsplan, die schuleigene Stundentafel und das schulische Curriculum sowie die Kriterien der Leistungsbeurteilung informiert (...)" (HmbSG § 32 (1)).

Die Verpflichtung zu einer schriftlichen Information besteht weiterhin bei Gefährdung der Versetzung. Teilweise wird dieses in den Schulgesetzen der Länder, teilweise in Erlassen oder Verordnungen festgelegt.

„Ist die Versetzung einer Schülerin oder eines Schülers gefährdet, weil die Leistungen in einem Fach abweichend von den im letzten Zeugnis erteilten Noten nicht mehr ausreichen, so sind die Eltern schriftlich zu benachrichtigen. Auf etwaige besondere Folgen einer Nichtversetzung der Schülerin oder des Schülers ist hinzuweisen. (...)" (NRW-SchulG § 60 (4)).

Individuelle Informationen der Erziehungsberechtigten über die Lernentwicklungen ihrer Kinder müssen aufgrund schulgesetzlicher Vorgaben erfolgen, wobei Informationswege in der Regel an dieser Stelle nicht vorgegeben werden.

So wird im Niedersächsischen Schulgesetz festgelegt:

„Die Schule hat die Erziehungsberechtigten über die Bewertung von erbrachten Leistungen und andere wesentliche, deren Kinder betreffende Vorgänge in geeigneter Weise zu unterrichten" (NSchG § 55 (3)).

In Brandenburg gilt folgende Regelung:

„Die Schule soll die Schülerinnen und Schüler und deren Eltern individuell in angemessenem Umfang informieren und beraten, insbesondere über
- die Lernentwicklung, den Leistungsstand und das Arbeits- und Sozialverhalten,
- die Leistungsbewertung, Versetzung und Kurseinstufungen sowie
- die Maßnahmen bei Entwicklungsauffälligkeiten oder Lern- und Leistungsbeeinträchtigungen verschiedener Ursachen oder bei sonderpädagogischem Förderbedarf" (BbgSchulG § 46 (3)).

Derartige individuelle Beratungen sind nur in persönlichen Gesprächen im Rahmen von Sprechstunden, Sprechtagen oder Hausbesuchen möglich.

In Niedersachsen werden diese Verkehrsformen in Erlassen benannt. Exemplarisch wird auf den Erlass zur Arbeit in der Grundschule verwiesen:

„Zur Zusammenarbeit mit den Erziehungsberechtigten bietet die Schule im Rahmen ihrer Möglichkeiten neben Sprechstunden und Elternsprechtagen zusätzliche Sprechnachmittage, Hausbesuche, Elternabende, Elterninformationsbriefe, Hospitation der Erziehungsberechtigten im Unterricht sowie Teilnahme und Mitarbeit der Erziehungsberechtigten an besonderen Veranstaltungen der Klasse oder der Schule an" (Erl.: Die Arbeit in der Grundschule).

Für das an dieser Stelle angeführte Hospitationsrecht sowie die Möglichkeit zur Mitarbeit im Unterricht gibt es in einzelnen Schulgesetzen ebenfalls Regelungen, jedoch unterscheiden sich hier die Vorgaben der Bundesländer.

In Brandenburg wird das Recht zu einem Unterrichtsbesuch festgeschrieben:

„Die Eltern haben das Recht, unter Berücksichtigung der pädagogischen Situation der Klasse nach vorheriger Anmeldung bei der unterrichtenden Lehrkraft den Unterricht zu besuchen" (BbgSchulG § 46 (2)).

Die Möglichkeit zur Mitwirkung wird insbesondere im Schulgesetz von Rheinland-Pfalz hervorgehoben:

„(...) Die gemeinsame Erziehungsaufgabe verpflichtet zu vertrauensvollem und partnerschaftlichem Zusammenwirken, zu gegenseitiger Unterrichtung und Hilfe in allen für das Schulverhältnis bedeutsamen Fragen sowie zu Aufgeschlossenheit und Offenheit im Umgang miteinander. Im Rahmen ihrer Möglichkeiten unterstützen die Eltern die Schule; sie können schulische Vorhaben fördern und Aufgaben übernehmen" (Rheinland-Pfalz SchulG § 2 (3)).

Erziehungsvereinbarungen bzw. -verträge sind eine weitere Kooperationsform, auf die zunehmend im Rahmen schulrechtlicher Vorgaben eingegangen wird. In schriftlicher Form werden zwischen LehrerInnen, Eltern und altersabhängig auch SchülerInnen Rechte und Pflichten im Rahmen des Schullebens festgelegt (vgl. Keck/Kirk 2008, S. 209f.). Während Schulgesetze und Erlasse einseitig Vorschriften festlegen und die Sanktionen über Erziehungs- bzw. Ordnungsmaßnahmen regeln, kommen derartige Vereinbarungen nur durch Zustimmung aller Verhandlungspartner zustande. Zu unterscheiden ist zwischen Erziehungsvereinbarungen, die mit allen Erziehungsberechtigten einer Schule ausgehandelt werden, und individuellen Regelungen in Konfliktfällen.

Ein Hinweis auf schulspezifische Vereinbarungen ist im Schulgesetz des Landes Sachsen-Anhalt zu finden:

„Die Schulen können Eltern-Schüler-Vereinbarungen abschließen. Die Vereinbarungen sollen die jeweiligen Rechte und Pflichten der am Erziehungsprozess Beteiligten festschreiben und so zur Erreichung der Bildungs- und Erziehungsziele beitragen" (SchulG LSA § 24 (3)).

Individuelle Erziehungsvereinbarungen werden in der Regel in Verordnungen oder Erlassen geregelt. Ein Hinweis darauf ist im Bremischen Schulgesetz im Zusammenhang mit Ausführungen zu Ordnungsmaßnahmen zu finden (vgl. BremSchulG § 47 (2)).

Erziehungs- und Ordnungsmaßnahmen

Im Rahmen der Erziehungspartnerschaft stellen schulische Erziehungs- und Ordnungsmaßnahmen eine besondere Herausforderung dar. Anlässe für derartige Maßnahmen und Regelungen für unterschiedliche Arten werden bundeslandspezifisch in den Schulgesetzen angeführt. Teilweise wird dabei zwischen Erziehungsmitteln und Ordnungsmaßnahmen unterschieden. Die Spannbreite des Einwirkens reicht von Gesprächen über die Bearbeitung zusätzlicher Aufgaben bis zu einem vorübergehenden Ausschluss vom Unterricht oder einem Verweis von der Schule. Bei der Verhängung von Ordnungsmaßnahmen haben die Erziehungsberechtigten immer das Recht angehört zu werden. Besondere Formen der Einbeziehung der Eltern werden in den Schulgesetzen von Nordrhein-Westfalen und Bremen deutlich:

„Zu den erzieherischen Einwirkungen gehören insbesondere das erzieherische Gespräch, die Ermahnung, Gruppengespräche mit Schülerinnen, Schülern und Eltern, die mündliche oder schriftliche Missbilligung des Fehlverhaltens, der Ausschluss von der laufenden Unterrichtsstunde, die Nacharbeit unter Aufsicht nach vorheriger Benachrichtigung der Eltern (...). Bei wiederholtem Fehlverhalten soll eine schriftliche Information der Eltern erfolgen, damit die erzieherische Einwirkung der Schule vom Elternhaus unterstützt werden kann (...)" (NRW-SchulG § 53 (2)).

„Die Maßnahme nach Absatz 1 Nr. 6 [Überweisung in eine andere Schule] setzt voraus, dass ihr nach wiederholtem Fehlverhalten und Erteilung eines schriftlichen Verweises eine schriftliche individuelle Verhaltensvereinbarung zwischen der Schülerin oder dem Schüler, in der Primarstufe oder der Sekundarstufe I auch ihren oder seinen Erziehungsberechtigten, und der Schule vorausgegangen ist, in der die wechselseitigen Pflichten vereinbart werden (...)" (BremSchulG § 47 (2)).

Elternbildung

Um eine Erziehungspartnerschaft zwischen Elternhaus und Schule ‚auf Augenhöhe' zu gewährleisten und Erziehungsberechtigte in die Lage zu versetzen, verantwortungsbewusst bei Entscheidungen in schulischen Bereichen mitzubestimmen, ist eine Information und darüber hinaus eine Elternbildung erforderlich. Das Informationsrecht der Erziehungsberechtigten sowie die sich daraus ergebende Informationspflicht seitens der Schule bzw. der LehrerInnen wird in allen Schulgesetzen festgeschrieben. Im Bremischen Schulgesetz wird auf die Elternbildung eingegangen:

„Erziehungsberechtigten sollen durch Fortbildung die notwendigen Kenntnisse und Befähigungen für eine Mitarbeit in der Schule verschafft und gesichert werden" (BremSchulG § 60 (3)).

Kultusministerien der einzelnen Bundesländer, Landeselternräte sowie der Bundeselternrat stellen Informationsmaterial zur Verfügung, um Erziehungsberechtigten Einblicke in schulrechtliche Bestimmungen zu geben.

Literatur

Brune, Manfred et al. (2006): Eltern als (Vertrags-)Partner. Erfahrungen mit Erziehungsvereinbarungen in der Schule. In: Pädagogik, 58 (9). Seelze: Friedrich. S. 16-20

Jürgens, Eiko/Standop, Jutta (Hrsg.) (2008): Taschenbuch Grundschule Bd. 1: Grundschule als Institution. Baltmannsweiler: Schneider
Keck, Rudolf W./Kirk, Sabine (2008): Kooperation zwischen Elternhaus und Schule. In: Jürgens/Standop (2008): S. 204-215
Keck, Rudolf W. (2001): Eltern und Lehrer als Erziehungspartner in der Schule. In: Keck/Kirk (2001): S. 1-17
Keck, Rudolf W./Kirk, Sabine (Hrsg.) (2001): Erziehungspartnerschaft zwischen Elternhaus und Schule. Analysen – Erfahrungen – Perspektiven. Baltmannsweiler: Schneider
Meyer Johannes (2004): Schule als rechtlicher Raum. Hildesheim: Olms
Ritters, Inga (1999): Wem muss die Schule Auskunft geben? Die Rechte der Erziehungsberechtigten im Lichte des neuen Kindschaftsrechts. In: Schulverwaltungsblatt für Niedersachsen. H.6 (Nichtamtlicher Teil), S. 136-138
Sacher, Werner (2008): Elternarbeit: Gestaltungsmöglichkeiten und Grundlagen für alle Schularten. Bad Heilbrunn: Klinkhardt
Grundgesetz für die Bundesrepublik Deutschland – zuletzt geändert 21.7.2010
Bürgerliches Gesetzbuch in der Fassung der Bekanntmachung vom 2. Januar 2002 – zuletzt geändert 24.7.2010
Verfassung des Landes Hessen vom 01.12.1946 – zuletzt geändert 18.10.2002
Verfassung des Freistaates Sachsen vom 27.05.2002
Kultusministerkonferenz: Erziehung als Auftrag von Elternhaus und Schule – Informationen der Länder über die Zusammenarbeit von Eltern und Schule (Beschluss der Kultusministerkonferenz vom 04.12.2003)

Schulgesetze

Baden-Württemberg: Schulgesetz für Baden-Württemberg vom 01.08.1983 – zuletzt geändert 30.07.2009 (SchulG)
Bayern: Gesetz über das Erziehungs- und Unterrichtswesen vom 31.05.2000 – zuletzt geändert 23.07.2010 (BAYEUG)
Berlin: Schulgesetz für das Land Berlin vom 26.01.2004 – zuletzt geändert 28.06.2010 (SchulG)
Brandenburg: Brandenburgisches Schulgesetz vom 02.08.2002 – zuletzt geändert 07.07. 2009 (BbgSchulG)
Bremen: Bremisches Schulgesetz vom 28.06.2005 – zuletzt geändert 23.06.2009 (BremSchulG)
Hamburg: Hamburgisches Schulgesetz vom 16.04.1997 – zuletzt geändert 09.03.2010 (HmbSG)
Niedersachsen: Niedersächsisches Schulgesetz vom 03.03.1998 – zuletzt geändert 08.06. 2010 (NschG); Erlass: Die Arbeit in der Grundschule – RdErl. d . MK vom 03.02.2004
Nordrhein-Westfalen: Schulgesetz für das Land Nordrhein-Westfalen vom 15.02.2005 – zuletzt geändert 17.12 2009 (NRW-SchulG)
Rheinland-Pfalz: Schulgesetz vom 30.03.2004 – zuletzt geändert 09.07.2010 (SchulG)
Saarland: Gesetz über die Mitbestimmung und Mitwirkung im Schulwesen vom 21.08.1996 – zuletzt geändert 19.11.2008 (SchumG)
Sachsen-Anhalt: Schulgesetz des Landes Sachsen-Anhalt vom 11.08.2005 – zuletzt geändert 16.12.2009 (SchulG LSA)

Andreas Eylert

Elternmitbestimmung in der Kita: Rechtliche Rahmenbedingungen und institutionalisierte Formen

Mütter und Väter haben als (zumeist) Erziehungsberechtigte der Kinder das Recht und die Pflicht zur Gestaltung der Erziehungsprozesse ihrer Kinder (vgl. Art. 6 GG). Daraus lässt sich bereits das Anrecht auf Mitwirkung an den Entscheidungen in der Kindertagesstätte ableiten, dieses wurde aber in diversen Gesetzen und Regelungen ausdifferenziert.

Im Folgenden wird ein Überblick über die formalen Bedingungen der Elternmitwirkung gegeben und im Anschluss daran die praktischen Formen der Elternmitwirkung in der Kita dargestellt.

Formale Bedingungen der Elternmitwirkung in der Kita

Auf *Bundesebene* ist neben dem bereits erwähnten Art. 6 GG insbesondere das SGB VIII (Kinder- und Jugendhilfegesetz, KJHG) von Bedeutung für das elterliche Recht auf Mitwirkung in der Kita.

So ist in § 22 Abs. 3 des SGB VIII die Beteiligung der Erziehungsberechtigten an grundsätzlichen Angelegenheiten der Kita gesetzlich verankert. Es heißt dort:

„Bei der Wahrnehmung ihrer Aufgaben sollen die in den Einrichtungen tätigen Fachkräfte und anderen Mitarbeiter mit den Erziehungsberechtigten zum Wohl der Kinder zusammenarbeiten. Die Erziehungsberechtigten sind an den Entscheidungen in wesentlichen Angelegenheiten der Tageseinrichtung zu beteiligen."

Bereits in Absatz 2 des § 22 SGB VIII wird festgelegt, dass sich „das Leistungsangebot (…) pädagogisch und organisatorisch an den Bedürfnissen der Kinder und ihrer Familien orientieren" soll. Auch daraus lässt sich ein direkter Mitwirkungsanspruch ableiten, denn nur durch die Beteiligung der Kinder (!) und Eltern lassen sich deren jeweilige spezifische Bedürfnisse erheben.

Die Regelungen im KJHG auszudifferenzieren ist Aufgabe der Bundesländer. Daher finden sich in den *Gesetzen zur Kindertagesbetreuung* der Länder auch Regelungen zur Elternmitwirkung. Die folgende Übersicht zeigt die *Ausführungsgesetze zu Kindertageseinrichtungen der Bundesländer* (Stand 05.2011).

Bundesland	Titel des Ausführungsgesetzes zum KJHG für die Kita
Baden-Württemberg	Kindertagesbetreuungsgesetz – KiTaG
Bayern	Bayerische Kinderbildungs- und -betreuungsgesetz – BayKiBiG
Berlin	Kindertagesförderungsgesetz – KitaFöG
Brandenburg	Kindertagesstättengesetz – KitaG
Bremen	Bremisches Tageseinrichtungs- und Kindertagespflegegesetz – BremKTG
Hamburg	Hamburger Kinderbetreuungsgesetz – KibeG
Hessen	Hessisches Kinder- und Jugendhilfegesetzbuch – HKJGB
Mecklenburg-Vorpommern	Kindertagesförderungsgesetz – KiföG
Niedersachsen	Gesetz über Tageseinrichtungen für Kinder – KiTaG
Nordrhein-Westfalen	Kinderbildungsgesetz – KiBiz
Rheinland-Pfalz	Kindertagesstättengesetz Rheinland-Pfalz
Saarland	Saarländisches Kinderbetreuungs- und -bildungsgesetz – SKBBG
Sachsen-Anhalt	Kinderförderungsgesetz – KiFöG
Sachsen	Gesetz über Kindertageseinrichtungen – SächsKitaG
Schleswig-Holstein	Kindertagesstättengesetz – KiTaG
Thüringen	Thüringer Kindertageseinrichtungsgesetz – ThürKitaG -

Die in den Ausführungsgesetzen fest verankerten Mitwirkungsrechte der Eltern besitzen allerdings einen unterschiedlichen Abstraktionsgrad. In allen wird übereinstimmend festgelegt, dass die Kita vertrauensvoll mit den Eltern zusammenarbeiten und diese über wesentliche Entscheidungen informieren solle. Die tatsächlichen Mitwirkungsrechte der Eltern, die meist über stellvertretende Beteiligungsformen in Gestalt von Elternbeiräten umgesetzt werden, sind aber unterschiedlich stark geregelt.

So heißt es z.B. in § 1 Art. 14 Abs. 3 des Bayerischen Kinderbildungs- und -betreuungsgesetzes (BayKiBiG) relativ unverbindlich:

„Zur Förderung der besseren Zusammenarbeit von Eltern, pädagogischem Personal und Träger ist in jeder Kindertageseinrichtung ein Elternbeirat einzurichten. Soweit die Kindertageseinrichtung Kinder ab Vollendung des dritten Lebensjahres betreut, soll der Elternbeirat zudem die Zusammenarbeit mit der Grundschule unterstützen."

Ähnlich allgemein gehalten sind die gesetzlichen Vorgaben für die elterliche Mitwirkung im KiTaG Baden-Württemberg.

Im Vergleich dazu gibt es auch sehr stark ausdifferenzierte gesetzliche Regelungen auf Landesebene. So wird im §14 des Berliner Kindertagesförderungsgesetzes verbindlich festgelegt, dass ...

- die Gesamtheit der Eltern einer Kita-Gruppe (in kleinen Institutionen mit bis zu 45 Kindern die Eltern der Einrichtung gemeinsam) die *Elternversammlung* bilden
- diese Elternversammlung jährlich eine *Elternvertretung* und eine *Stellvertretung* wählt
- die VertreterInnen der Gruppen den *Elternausschuss* bilden
- bei Trägern mit mehreren Kitas ein Einrichtungsübergreifender *Elternbeirat* gewählt werden kann

- in Einrichtungen mit mehr als 45 Kindern ein *Kindertagesstättenausschuss* gebildet wird, der zu gleichen Teilen aus ElternvertreterInnen und MitarbeitervertreterInnen zusammengesetzt ist und „an den wichtigen, Eltern und Beschäftigte gleichermaßen betreffenden Angelegenheiten mitzuwirken hat" (§ 14 Abs. 6 Berliner KitaFöG)
- die Elternvertretungen das Recht haben, *Auskünfte* zu wesentlichen, die Kita betreffenden Themen zu verlangen und zudem (unaufgefordert!) vom Träger über die Gesamtheit der Kita betreffende Dinge unterrichtet werden müssen

Vergleichbar stark ausdifferenziert sind z.B. das Brandenburgische KitaG, das Hamburger KibeG, das KiföG Mecklenburg-Vorpommern, das Niedersächsische KitaG und das KiföG Sachsen-Anhalt. Noch weiter gehende Beteiligungsrechte haben Eltern in Schleswig-Holstein und Thüringen.

Zwischen diesen beiden Regelungsgeraden (sehr offen gehalten – stark vorstrukturiert) gibt es auch gesetzliche Ordnungen, die den Rahmen klar definieren, aber einen höheren Ausgestaltungsspielraum lassen. Darunter fällt z.B. das KitaG Rheinland-Pfalz, das KitaG des Saarlandes, das KitaG Sachsen und das Hessische Kinder- und Jugendhilfegesetzbuchs (HKJGB). In letzterem beispielsweise werden in § 27 die Elternbeteiligung, die mindestens jährlich einzuberufende Elternversammlung und die Bildung eines Elternbeirats festgelegt. Die Regelung der genauen Durchführung vor Ort wird aber dem jeweiligen Träger der Kitas übertragen.

Institutionalisierte Formen der Elternbeteiligung in der Kindertagesstätte

Wie rechtlich vorgeschrieben wird in den meisten Kindertageseinrichtungen *Elternbeteiligung* vor allem mit *Elternversammlungen* (meist in Form von *Elternabenden*) und *Elternbeiräten* assoziiert. Letztere werden wie per Gesetz gefordert gebildet und unterschiedlich stark durch die Fachkräfte der Einrichtung betreut/unterstützt. Dies hat immer auch mit den personellen und persönlichen Voraussetzungen auf Einrichtungsebene (sowohl der Eltern als auch der ErzieherInnen) zu tun.

a) Elternversammlungen in der Praxis

Elternversammlungen finden in der Kita-Praxis meist in Form von *Elternabenden* (gemeint sind hier alle Formen der klassischen Elternversammlung, auch wenn diese z.B. am späten Nachmittag veranstaltet werden) statt. Man kann hierbei je nach Grad der Strukturierung durch die pädagogischen MitarbeiterInnen der Kita unterscheiden in:

- stark vorstrukturierte
- wenig vorstrukturierte
- Mischformen

Stark strukturierte Elternabende werden durch das Kita-Team geplant und ein Termin, die Tagesordnung, der inhaltliche Ablauf usw. vorgegeben. Die Eltern der Einrichtung werden eingeladen und dann durch das pädagogische Team durch den Ablauf geführt. Eventuell werden durch das Team noch GastreferentInnen zu einzelnen Themen eingeladen. Durch die starke Strukturierung sind die Mitgestaltungsmöglichkeiten der Eltern gering.

Wenig vorstrukturierte Elternabende werden hauptsächlich durch die Eltern selbst geplant. Dies kann z.B. der Elternbeirat oder eine Gruppe engagierter Eltern sein, die eine Elternversammlung zu einem bestimmten Thema anbieten möchten. Häufig wird in der Praxis z.B. die Planung des Sommerfestes bzw. von Teilen davon delegiert. Die Planung der notwendigen Aufgaben erfolgt dann in einer Elternversammlung fast ohne Beteiligung der PädagogInnen. Durch die Förderung von Selbstorganisation können aber engagierte Eltern auch Veranstaltungen mit GastreferentInnen oder kreative Angebote planen und durchführen.

Bei *Mischformen* planen und gestalten die Eltern(beiratsmitglieder) gemeinsam mit den PädagogInnen die Elternversammlung und übernehmen je nach Thema/Inhalt einzelne Bereiche davon. Hierbei gilt es, eine ausgewogene Beteiligung der Elternschaft sicherzustellen und sie nicht in eine ‚Alibi-Nische' abzuschieben.

Da Elternversammlungen – je nach Ziel, Zielgruppe, Institution – sehr unterschiedlich ablaufen, sei an dieser Stelle eher auf allgemeine Dinge hingewiesen, die Berücksichtigung finden können (vgl. auch die Hinweise zu den heterogenen Zielgruppen und deren Bedürfnissen im Kapitel *Vielfalt als Chance – Elternschaft als heterogenes Gebilde. Einstellungen, Bedürfnisse und Zugänge* in diesem Band, S. 286 ff.).

- Welche Zielgruppe wird gewählt? Sind Einladung/Ansprache, Thema und Methode dieser angemessen?
- Wie wird die Einladung ausgesprochen? Gibt es z.B. neben der schriftlichen Einladung auch das direkte Gespräch, um die Eltern zur Teilnahme zu motivieren? Übernehmen andere Eltern eine ‚Kümmererfunktion' oder gibt es eine telefonische Erinnerung wenige Tage vor der Elternversammlung?
- Gehen aus der Einladung neben dem Thema auch der grobe Ablauf und die Zeitplanung (inklusive dem geplanten Ende) hervor, sodass sich die Eltern auf die Inhalte einstellen können? Ist die Ansprache motivierend für alle Elternteile und beide Geschlechter?
- Sind die Arbeitsformen so gewählt, dass sie dem Zeitpunkt und der – eventuell nach einem langen Arbeitstag reduzierten – Aufmerksamkeitsspanne der Eltern angemessen sind?
- Gibt es Eltern, die besondere Aufmerksamkeit benötigen, z.B. Eltern, die das erste Mal eine Elternversammlung besuchen, neu zugezogene Eltern oder Eltern mit Migrationshintergrund (und ggf. mit Verständigungsschwierigkeiten)? Wenn ja: Wer kümmert sich wie um diese Eltern?
- Gibt es Möglichkeiten die Elternversammlung so zu gestalten, dass verschiedene Sinnesebenen angesprochen werden? Können aktivierende, kreative oder spielerische Elemente einbezogen werden, sodass Herz, Hirn und Hand angesprochen werden? Hier bieten sich z.B. Kleingruppen, der Austausch mit den SitznachbarInnen in ‚Murmelgruppen', spielerische Elemente oder gemeinsames kreatives Tun an.
- Sind Methoden geplant, um die Zielerreichung des Elternabends zu überprüfen? Werden die Eltern z.B. im Anschluss nach ihrer Meinung gefragt und um Verbesserungsvorschläge gebeten?
- Wie werden die Themen/Inhalte der Elternversammlung festgehalten und den Eltern zur Verfügung gestellt, die nicht daran teilnehmen konnten? (vgl. Roth 2010, S. 158 ff.)

b) Individuelle Formen der Elternarbeit im Alltag

Neben den klassischen *Tür-und-Angel-Gesprächen* beim Bringen oder Abholen der Kinder (eine Möglichkeit der Zusammenarbeit mit Eltern, die weder unterbewertet noch geringgeschätzt werden sollte, bietet sie doch die Möglichkeit, Eltern individuell wahr- und ernst zu nehmen und so Vertrauen auf- und auszubauen) werden in Kindertagesstätten verschiedene weitere individualisierte Formen der Elternarbeit praktiziert. All diese bieten die Möglichkeit, Eltern persönlich wahrzunehmen und sie und ihre Wünsche aufzugreifen. Aktive Elternmitwirkung in der Kita fußt daher immer auf diesen individuellen, vertrauensbildenden Formen der Zusammenarbeit.

Unter anderem sind dies:

Zusammenarbeit mit Eltern vor dem Kita-Eintritt
Kindertagesstätten bieten in der Regel vor dem Eintritt eines Kindes in die Einrichtung ein ausführliches Aufnahmegespräch an. In diesem werden neben den wesentlichen Inhalten der Konzeption auch der Tagesablauf und weitere organisatorische Dinge besprochen. Hier bietet sich auch die erste Gelegenheit die Eltern nach ihren Anliegen, Vorstellungen und Ängsten zu fragen und so die Basis für eine vertrauensvolle Zusammenarbeit zu legen. In vielen Einrichtungen ist das Aufnahmegespräch mit der Hospitation von Eltern und Kind in der Einrichtung verbunden. Kinder und Eltern können so die zukünftige Gruppe, die dort tätigen ErzieherInnen und die dort herrschende Atmosphäre kennen lernen. In manchen Einrichtungen findet dieses Kennenlernen auch im Rahmen eines gemeinsamen Spielnachmittags (auch ‚Miniclub' genannt, vgl. Textor 2006, S. 37) für alle ‚neuen' Kinder statt. Dabei lernt sich der zukünftige Kita-Jahrgang kennen, allerdings in speziellem Rahmen und ohne die ‚alteingesessenen' Gruppenmitglieder zu erleben. Auch Hausbesuche der ErzieherInnen bei den zukünftigen Jungen und Mädchen und deren Eltern sowie Telefonkontakte zur Klärung weiterer Fragen werden praktiziert (vgl. ebd., S. 38).

Zusammenarbeit mit Eltern während der Kita-Zeit
Individuelle Formen der Zusammenarbeit mit Eltern während der Kita-Zeit ihrer Kinder bestehen neben den Tür-und-Angel-Gesprächen und der Möglichkeit zur Hospitation in den Kita-Gruppen vor allem in individuellen Elterngesprächen. Diese sollten immer auf der Dokumentation von Bildungsprozessen der Kinder, z.B. durch Beobachtungen, Portfolioverfahren usw., basieren (siehe hierzu auch den Beitrag von Birgit Schwarz *Beobachtung und Reflexion als zentrales Instrument der Erziehungs- und Bildungsbegleitung* in diesem Band auf S. 373). Die daraus abgeleiteten Entwicklungsgespräche sind essentieller Bestandteil der Zusammenarbeit von Eltern und Kindertagesstätte (und Teil des fachlichen Auftrags der PädagogInnen). Auf Basis der in der Kita gemachten Beobachtungen geht es in den Entwicklungsgesprächen vor allem um einen Austausch dazu und um einen Abgleich mit dem kindlichen Verhalten zuhause. Ziel ist es, dadurch z.B. Förderungsbedarfe, Entwicklungsverzögerungen oder Ursachen für abweichendes Sozialverhalten zu entdecken. Xenia Roth schreibt dazu:

„In den Entwicklungsgesprächen bringt die pädagogische Fachkraft ihre Beobachtungen ebenso ein wie die Eltern die ihrigen. Eine die Eltern motivierende Frage kann daher sein, ob sie das Kind in den Schilderungen der pädagogischen Fachkraft erkennen und ob sie ähnliche oder andere Erfahrungen bzw. Beobachtungen gemacht haben. In den Gesprächen wird oft deutlich, dass sich ein Kind in Familie und Tageseinrichtung unterschiedlich verhält. Auch die Perspektive der Erwachsenen kann eine unterschiedliche sein. Der gemeinsame Austausch und die

Erörterung der unterschiedlichen Perspektiven können gegenseitig befruchtend sein; das gemeinsame Verständnis für die gegenwärtige Situation wächst ebenso wie das für das jeweilige Gegenüber." (Roth 2010, S. 146).

Zusammenarbeit mit Eltern beim Übergang in die Schule
Vor Schuleintritt der Kinder bietet es sich an, rechtzeitig ein individuelles Elterngespräch zum Abschluss der Kindergartenzeit zu führen. In diesem kann man gemeinsam die Kita-Zeit Revue passieren lassen und anhand der Bildungsdokumentation (z.B. des Portfolio-ordners) die Entwicklungsschritte des Kindes gemeinsam nochmals beleuchten. Dabei kann auch die Zusammenarbeit zwischen Institution und Elternhaus reflektiert und ggf. können Verbesserungsvorschläge gesammelt werden.

In einigen Kindertagesstätten werden Teile des Gesprächs gemeinsam mit Eltern und Kind geführt, sodass das Mädchen/der Junge selbst bei der Betrachtung der Bildungsdokumentation einbezogen ist. In anderen Institutionen führen die ErzieherInnen zunächst ein Gespräch mit dem Kind alleine, um anhand von Portfolio, Fotos usw. die gemeinsame Zeit zu reflektieren. Die Ergebnisse dieses Gesprächs mit dem Kind sind dann Basis für das Elterngespräch.

c) Weitere Formen der Elternarbeit[1]

Weitere Formen der Elternarbeit, die fester Bestandteil des Kita-Alltags sein können, sind z.B.:

- regelmäßige Elternbefragungen
- offene Elternsprechstunden
- Elterncafé/Elterntreff
- Elternkurse/Elterntrainings
- Elterntreffpunkt, Elterngruppen, Elternstammtisch
- gemeinsame Feste und Feiern
- Eltern-Kind-Wochenenden
- Hausbesuche
- Elternbriefe/Kindergartenzeitung
- Dialog- und Kommunikationswände (z.B. Schwarzes Brett, Wochenplanaushänge, Fotowände, Wochenreflexionen)
- Homepage
- Elternbibliothek mit Fach-, Sach-, und Kinderbüchern
- kreative Angebote zum gemeinsamen Kochen oder Gestalten (z.B. ein Bastel-elternabend pro Halbjahr zum Advents-, Oster- oder Schultütenbasteln)
- Projekte mit Eltern, z.B. zur Raum- oder Gartengestaltung, zu Themen wie *Berufe der Eltern kennen lernen* oder *Interkulturelles Lernen* (vgl. dazu z.B. Textor 2006, S. 46-63 oder Roth 2010, S. 142-170)

---

1 Siehe auch die zahlreichen Praxisbeispiele, Beschreibungen von Elterntrainings und Themenvorschläge im parallel erscheinenden Praxisband

Auch diese Formen der Zusammenarbeit bieten die Möglichkeit zur aktiven Mitwirkung von Eltern bzw. bilden durch die Information der Elternschaft zu den wesentlichen Themen und Inhalten die Basis dafür.

Zusammenfassung

Die Kindertagesstätte hat den Auftrag, vertrauensvoll mit Eltern zusammenzuarbeiten und ihnen dazu Angebote zu machen. Diese können und sollten über klassische (und rechtlich vorgeschriebene) Formen wie Elternabende und Zusammenarbeit mit dem Elternbeirat hinausgehen.

Dadurch kann es gelingen, dass ...

- Eltern und ErzieherInnen bei der Förderung jedes einzelnen Kindes an einem Strang ziehen
- die elterliche Erziehungskompetenz gestärkt und unterstützt wird
- der pädagogische Alltag durch die Einbeziehung von Eltern bereichert wird
- der Zusammenhalt und die Unterstützung der Elternschaft untereinander gefördert wird
- die Mitbestimmung der Eltern gewährleistet wird (vgl. Roth 2010, S. 123)

Literatur

Roth, Xenia (2010): Handbuch Bildungs- und Erziehungspartnerschaft – Zusammenarbeit mit Eltern in der Kita. Freiburg im Breisgau: Herder

Textor, Martin R. (Hrsg.) (2006): Erziehungs- und Bildungspartnerschaft mit Eltern – Gemeinsam Verantwortung übernehmen. Freiburg im Breisgau: Herder

Hartmut Häger

Elternarbeit aus der Sicht der Schulaufsicht

Seit Anfang der 1990er Jahre zeichnet sich im Schulrecht der deutschen Bundesländer eine Hinwendung zur Selbständigkeit und erweiterten Verantwortung der Schulen[1] ab. Für den Paradigmenwechsel gibt es im Wesentlichen zwei Gründe. Einer ist die Erkenntnis, dass sich die schulischen Prozesse und Ergebnisse nicht durch kleinteilige Rechts- und Verwaltungsvorschriften zielführend beeinflussen lassen. Angestrebt werden staatlich gesetzte Standards, für deren Erreichung die Schule selbständig und eigenverantwortlich zu sorgen hat. Dazu unterzieht sie sich interner und externer Evaluation und bedient sich der Methoden eines umfassenden Qualitätsmanagements. Adressat der Rechenschaftslegung ist auf der Schulebene die Schulkonferenz oder der Schulvorstand. Die Schulaufsicht kommt eher beratend und unterstützend, weniger kontrollierend und sanktionierend ins Spiel. Als Steuerungsinstrument entwickelt die Schule ein Schulprogramm, das sie regelmäßig evaluiert und revidiert. Der andere Grund ist das fiskalische Ziel, durch die Verlagerung von Aufgaben auf die Schulebene, die mit dem Begriff *dezentrale Ressourcenverantwortung* umschrieben wird, die Schulbehörden erheblich zu ‚verschlanken'. Die traditionelle ortsnahe Schulaufsicht, die ‚untere Schulbehörde', wird in immer mehr Bundesländern mit der ‚oberen' verschmolzen, die ihrerseits mit erheblich weniger Personal auskommen muss. Zwar behält die Schulaufsicht ihre klassischen Aufgaben der Rechts-, Dienst- und Fachaufsicht, muss sich aber anstelle der früher verbreiteten Engführung der Schulen auf ‚Fernsteuerung' beschränken. (Eine Bestandsaufnahme bezogen auf das Jahr 2003 enthält Avenarius u.a. 2003.)

Diese Entwicklung wirkt sich zwangsläufig auf die Elternarbeit der Schulaufsicht aus. Wenn die „Zufriedenheit der Eltern", neben der von SchülerInnen und Lehrkräften, ein „Qualitätsmerkmal" und die „Einschätzung der Eltern" und die „Anzahl der Beschwerden" Qualitätsindikatoren sind (Nds. Kultusmin. 2006, S. 13), wenn die Eltern motiviert werden, aktiv bei der Gestaltung von Schule, Unterricht und Schulleben mitzuwirken (Nds. Kultusmin. 2006, S. 18) und wenn die Schule ihre Entwicklung in allen Qualitätsbereichen regelmäßig überprüft, bewertet und verbessert (Nds. Kultusmin. 2006, S. 25)[2], dann gibt es kaum Anlässe, die Schulaufsicht einzuschalten, zumal ElternvertreterInnen in der Schulkonferenz beziehungsweise im Schulvorstand eine gewichtige Rolle spielen.

Das weiter vorhandene Konfliktpotenzial ergibt sich aus dem Spannungsverhältnis, das in Art. 6 Abs. 2 GG seinen verfassungsrechtlichen Ausdruck findet. Er erklärt die Pflege und Erziehung der Kinder zum natürlichen Recht der Eltern, aber auch zur „zuvörderst ihnen obliegenden Pflicht". Die staatliche Gemeinschaft wacht über ihre Betätigung. Bezogen auf „das gesamte Schulwesen" führt Art. 7 Abs. 1 die „Aufsicht des Staates" ein. Im Einzelnen

---

1 Der Begriff *Schule* steht hier und im Weiteren für die allgemeinbildenden Schulen einschließlich der Förderschulen sowie für öffentliche Schulen. Auf Privatschulen wird sich der folgende Text mit entsprechenden Anpassungen übertragen lassen. Zugrundegelegt werden primär die Rechts- und Verwaltungsvorschriften für das niedersächsische Schulwesen, die in gleicher oder ähnlicher Weise auch in den anderen Bundesländern gelten.
2 Die Qualitätsmanagementverfahren ISO 9000:2000 und EFQM zeigen beispielhaft, wie Elterninformation, -beteiligung und -feedback für eine erfolgreiche Schulentwicklung genutzt werden können.

definieren – vor allem – die Schulgesetze der Länder sowie die daraus abgeleiteten Rechtsvorschriften die Rechte und Pflichten, über deren Auslegung und Anwendung durchaus Meinungsverschiedenheiten entstehen können. Für die Klärung dieser Differenzen sorgt die Schule regelmäßig selbst. Sollte ihr das nicht gelingen, können die Schulbehörden oder die (Verwaltungs-) Gerichte einbezogen werden.

Auch vor der Einführung des Konzepts der *Eigenverantwortlichen Schule*[3] waren Schulen – im Rahmen der staatlichen Verantwortung und der Rechts- und Verwaltungsvorschriften – selbständig in Planung, Durchführung und Auswertung des Unterrichts, in der Erziehung, in ihrer Organisation und Verwaltung (§ 32 NSchG). Auch damals war die Zusammenarbeit mit den Eltern vorrangig Aufgabe der Schulen, die gesetzlich geboten (z.B. § 96 NSchG) und in Erlassen geregelt[4] war. In den Rechts- und Verwaltungsvorschriften, die für die Schulaufsicht gelten, kam damals wie heute die *Elternarbeit* als eigenständige Aufgabe nicht mehr vor. In der „Dienstanweisung für Schulräte", die der Niedersächsische Kultusminister am 9. Juni 1964 erließ (SVBl 7/1964, S. 185), befasste sich noch ein ganzer Abschnitt mit den „Zuständigkeiten gegenüber Schülern und Erziehungsberechtigten". Ebenso wie in dem Aufgabenkatalog für die Schulaufsichtsämter vom April 1993 (vgl. Kieslich 1993, S. 3) waren darin aber vor allem Genehmigungs- und Feststellungsvorbehalte aufgeführt, die spätestens im Zuge der Schulverwaltungsreform 1997 den Schulleitungen übertragen wurden[5]. 1993 hob der Erlass die „Zusammenarbeit mit den Gemeinde- und Kreiselternräten" noch ausdrücklich hervor – eine Aufgabe, die nach dem Fortfall der Schulaufsichtsämter in dieser Unmittelbarkeit nicht mehr besteht.

Die rechtsstaatliche Konstruktion des Schulwesens und die grundgesetzlich geregelte staatliche Verantwortung über das Schulwesen lassen dennoch in vielfacher Weise Kontakte von Eltern und Schulaufsicht zu. In durchaus programmatischer Absicht hebt das Niedersächsische Schulgesetz vorrangig auf die Beratungs- und Unterstützungsfunktion der Schulbehörden ab (§ 120 a). Sie zielt zwar auf „die Schulen", umfasst damit aber auch die in ihr handelnden Personen und Gruppen. Erst danach folgen Bestimmungen zur Fachaufsicht (§ 121), die aber schon im ersten Satz eingeschränkt werden: „Die Fachaufsicht soll so gehandhabt werden, dass die Eigenverantwortlichkeit der Schule (§ 32) nicht beeinträchtigt wird" (§ 121 Abs. 1 Satz 1). Im Weiteren haben die Schulbehörden dafür zu sorgen, dass pädagogische Bewertungen oder Entscheidungen nicht gegen Rechts- und Verwaltungsvorschriften verstoßen, nicht von unrichtigen Voraussetzungen oder sachfremden Erwägungen ausgehen und nicht gegen allgemein anerkannte pädagogische Grundsätze oder Bewertungsmaßstäbe verstoßen (§ 121 Abs. 2 NSchG). Im Rahmen der Dienstaufsicht prüft die Schulbehörde, ob das Verhalten der Lehrkräfte mit den dienstrechtlichen Vorgaben des Angestellten- oder Beamtenrechts übereinstimmt. Schließlich übt die Schulbehörde auch die Rechtsaufsicht über die Schulen und die Schulträger aus.

In jedem dieser Aufsichtsbereiche sind Elterninteressen vielfältig berührt. Im konkreten Einzelfall ist die Schulaufsicht gut beraten, wenn sie der Schule bei der Problemlösung

---

[3] In Niedersachsen durch das Gesetz zur Einführung der Eigenverantwortlichen Schule vom 17.7.2006. Nds. GVBl.: S. 412. SVBl. 9/2006: S. 315-319
[4] Z.B. in: Die Arbeit in der Grundschule, Erl. d. MK v. 7.5.1981, Abschnitt 7. Für die anderen Schulformen enthalten die jeweiligen „Grundsatzerlasse" ähnliche Vorschriften.
[5] Eine Übersicht von 46 Aufgaben veröffentlichte die Geschäftsstelle Schulverwaltungsreform am 2.8.1996. Inzwischen wuchs die Liste weiter an.

nicht vorgreift, sondern sie darin unterstützt, mit den Beteiligten zu einem zufriedenstellenden Ergebnis zu kommen. Dazu kann die Rückverweisung der Eltern an die zuständige Lehrkraft oder an die Schulleitung beitragen, die aber mit ihnen abzustimmen ist, um nicht in den Verdacht des Abwimmelns zu geraten und dadurch die Konfrontation noch zu verstärken. Das kann aber auch in Form eines Gesprächs mit den Beteiligten geschehen, das von einer Schulaufsichtsbeamtin oder einem Schulaufsichtsbeamten moderiert wird. *Elternarbeit* der Schulaufsicht ist in diesen Fällen der Versuch, die den Schulen aufgetragene Zusammenarbeit mit den Erziehungsberechtigten wiederherzustellen. Glückt der Versuch, dann nehmen die Eltern die Schule als verantwortlich handelnde, Rechenschaft ablegende, fachlich und pädagogisch überzeugend argumentierende Institution wahr. Die Schule würde dabei anerkennen, dass sich die Eltern für das Wohl ihres Kindes engagieren und das Recht haben, Entscheidungen der Schule zu befragen und anzuzweifeln.

Während die Schule zu aktiver Elternarbeit aufgefordert ist, verhält sich die Schulaufsicht in jedem Fall reaktiv. Aktive Beiträge einzelner Schulaufsichtsbediensteter, z.B. im Rahmen der Qualifizierung von Elternräten oder ElternvertreterInnen in den Schulgremien, stehen dieser Aussage nicht entgegen: sie finden grundsätzlich in der außerdienstlichen Sphäre statt. Wenn sich einzelne Eltern, Elternvertretungen oder auch Elternverbände an die Schulaufsicht wenden, wollen sie informiert oder beraten werden, sich beschweren oder beteiligen. Das Recht, sich schriftlich mit Bitten oder Beschwerden an die zuständigen Stellen zu wenden, ist als Grundrecht abgesichert (als „Petitionsrecht" in Art. 17 GG). Dienstaufsichtsbeschwerden sind allen anderen Beschwerden rechtlich gleichgestellt.

Eine der wenigen Stellen im niedersächsischen Schulrecht, die ausdrücklich auf die Möglichkeit der Beschwerde verweist, findet sich im Erlass „Zeugnisse in den allgemeinbildenden Schulen"[6]. Die im Zusammenhang der Zeugnisse mit Verwaltungsaktcharakter (Versetzungs-, Abgangs- oder Abschlusszeugnisse) getroffene Aussage, dass die Eingabe als Beschwerde anzusehen und zu bescheiden ist, wenn sich im Einzelfall ergibt, dass ein förmlicher Rechtsbehelf unzulässig ist[7], lässt sich auch verallgemeinern. Beschwerden sind immer ernst zu nehmen, in angemessener Frist zu bearbeiten und gegebenenfalls mit Zwischenbescheiden zu beantworten. In Fällen, in denen die Schule nicht abhelfen kann, kann sie den Vorgang auch an die Schulbehörde oder den Schulträger abgeben.

Warum wenden sich Eltern an die Schulaufsicht?

Eine heute durchaus noch zeitgemäße Antwort enthält der 1963 erschienene dritte Band des damals in jeder Schule vorhandenen *Handbuchs für Lehrer*. Helmut Wiese, Leiter der *Schülerhilfe*, Schulbehörde der Freien und Hansestadt Hamburg: „Wenn Mißerfolge in der Schule auf eine Katastrophe zusteuern, genügt der freundliche Zuspruch nicht mehr, sondern hier werden Eltern von Problemkindern selber zu problematischen Mitmenschen. Sie fühlen sich selber getadelt, angegriffen, mißverstanden und reagieren entsprechend überempfindlich, werfen dem Berufserzieher Kunstfehler vor, graben längst bereinigte Vorwürfe wieder aus, leugnen die Fehler ihrer Kinder, obwohl darüber schon mehrfach gesprochen wurde, und drohen mit Staatsanwalt oder Bundespräsident. ... Auch der Schulrat kann

---

6   RdErl. d. MK v. 24.5.2004 -303-83203 (SVBl. 7/2004 S.305; ber. SVBl. 11/2004 S.505).
7   Ein ausdrücklicher Hinweis darauf findet sich im Erl. d. MK v. 22.3.1996 „Zeugnisse in den allgemein bildenden Schulen", Ziffer 2.2.1.

in diese Lage als Beschwerdestelle kommen. Nur hat er noch weniger Zeit für die Klärung, die viele Stunden kostet. Daher haben Schulverwaltungen, die pädagogische Lösungen für besser halten als juristische, hierfür Schulpsychologen eingestellt" (Wiese 1963). Die Anregung, die Schulpsychologie bei der Konfliktlösung hinzuziehen, kann zumindest für Niedersachsen weitgehend vernachlässigt werden, weil sie allenfalls dort zum Einsatz kommt, wo der Fall sich mit der systemischen Aufgabenstellung der Entwicklung, Beratung und Unterstützung von Schulen überschneidet. Weder die Anzahl der SchulpsychologInnen noch ihr Zeitbudget erlauben ihnen zeitaufwendige pädagogische Lösungen, um die es allerdings auch nur selten geht, wenn sich Eltern an die Schulaufsicht wenden. Im Folgenden sollen exemplarisch die wichtigsten Gründe dafür genannt werden.

a) Die Kommunikation mit den Beteiligten in der Schule ist gestört

Wenn Eltern Lehrkräfte und die Schulleitung als rechthaberisch erleben, wenn Gespräche verweigert oder dominant geführt werden, wenn Entscheidungen nicht begründet oder Begründungen nicht nachvollziehbar sind, wenn – allgemein – die Kommunikation in der Schule gestört ist, wenden sich Eltern an eine ‚höhere Stelle', um sich gegenüber der Schule zu behaupten. Die aus diesem Grund angesprochenen Themen sind sehr vielfältig. Beispiele:

- Elternräte fühlen sich von der Mitgestaltung des Schullebens und von Entscheidungen in der Schule ausgeschlossen.
- Eltern bleiben Zensuren, Erziehungsmittel oder Ordnungsmaßnahmen unverständlich.
- Lehrkräfte verweigern Eltern ausführliche Beratungsgespräche mit dem Hinweis auf eine zeitlich festliegende ‚Sprechstunde'.

Für Fragen dieser Art ist das jeweilige schulfachliche Dezernat der Schulbehörde zuständig, in Niedersachsen sind das beispielsweise die Dezernate 2 und 3 der Landesschulbehörde[8].

b) Eltern erhoffen sich öffentliches Interesse

Wenn Eltern, insbesondere Elternvertretungen, eine ‚höhere Stelle' zur Durchsetzung ihrer Interessen benutzen, ist dies oft nicht die ‚nächsthöhere Stelle', also (in Niedersachsen) die Landesschulbehörde. Gern speisen Eltern oder Elternvertretungen ihr Anliegen ‚von außen' über die Medien oder ‚von oben' in das Kultusministerium oder das Landesparlament. Von diesen Adressaten erwarten sie öffentliche Aufmerksamkeit und besonderen Nachdruck. Tatsächlich verweisen Landtag und Ministerium die Eingaben regelmäßig an die zuständige Stelle, aus ihrer Sicht also an die Landesschulbehörde, die ihrerseits prüft, ob eine dienst-, fach- oder rechtsaufsichtliche Frage vorliegt, um sie dann der betroffenen Lehrkraft, der Schule oder dem Schulträger zur Stellungnahme vorzulegen. Den Eltern wird dieser Zirkelschluss dadurch transparent, dass sie mit der Eingangsbestätigung eine Abgabenachricht erhalten, in der ihnen die Stelle benannt wird, von der sie in angemessener Zeit eine Antwort oder gegebenenfalls einen Zwischenbescheid erhalten. Bevorzugte Themen sind in diesem Fall:

---

8 RdErl. d. MK v. 24.5.2004 -303-83203 (SVBl. 7/2004 S.305; ber. SVBl. 11/2004 S.505).

- Die Unterrichtsversorgung der Schule erscheint den Eltern im Allgemeinen zu niedrig oder in bestimmten Fächern unzulänglich.
- Strukturelle Benachteiligungen (zum Beispiel Hochbegabte, die unterfordert werden oder Behinderte, für die es keine Integrationsklasse gibt) werden von den Eltern nicht hingenommen.
- Elternschaften setzen sich für die Weiterbeschäftigung von Vertretungslehrkräften ein.

Auch in diesen Fragen liegt die Zuständigkeit bei den schulfachlichen Dezernaten.

c) Eltern bezweifeln die fachliche Kompetenz einzelner Lehrkräfte oder der Schulleitung

Insbesondere im Zusammenhang mit ...

- der Zensurengebung
- der Berücksichtigung von Teilleistungen (mündliche, schriftliche, fachspezifische)
- der Unterrichtsplanung

... fordern Eltern bei der Schulbehörde im Konfliktfall eine fachaufsichtliche Intervention ein. Sofern es sich bei der Eingabe um eine Beschwerde handelt, liegt die Zuständigkeit beim schulfachlichen Dezernat. Haben die Eltern dagegen einen Widerspruch gegen einen Verwaltungsakt der Schule[9] eingelegt, übernimmt das Schulrechtsdezernat[10] die Federführung. In jedem Fall wird die Schule um eine ausführliche Darlegung des Sachverhalts und ihrer Entscheidungsgründe gebeten.

Bei der Leistungsbeurteilung bemängeln Eltern bisweilen die schlechte Dokumentation von mündlichen Leistungen und deren unqualifizierte Bewertung (,beteiligt sich zu wenig am Unterricht')[11]. Ebenso werden in diesem Zusammenhang die Übergewichtung des Schriftlichen[12] und die Untergewichtung fachspezifischer Leistungen beanstandet.

Probleme der Unterrichtsplanung entstehen z.B. bei einseitiger Schwerpunktsetzung aufgrund besonderer Vorlieben der Lehrkraft für bestimmte Themen (im Fachunterricht) oder für bestimmte Fächer (wenn im epochalisierten oder fächerübergreifenden Unterricht die nach den Rahmenrichtlinien vorgesehenen Anteile jedes Faches gewahrt werden sollten).

---

9 Verwaltungsakte sind in diesem Zusammenhang Entscheidungen der Schule über den weiteren Bildungsweg der Schülerin oder des Schülers, z. B. Versetzungs- oder Abschlusszeugnisse.
10 In Niedersachsen: Dezernat 6 der Landesschulbehörde
11 Die Form der Dokumentation ist in Niedersachsen im Zeugniserlass, Ziffer 3.2 festgelegt: „Beobachtungen und Leistungsfeststellungen, die für die Beratung von Schülerinnen und Schülern sowie ihrer Erziehungsberechtigten und für die Zeugniserteilung von Bedeutung sind, sollen regelmäßig aufgezeichnet werden. Dabei bleibt es der einzelnen Lehrkraft überlassen, ob sie die Aufzeichnungen in freier oder strukturierter Form vornehmen will. Es muss sichergestellt sein, dass die Bewertungen in den Zeugnissen in nachvollziehbarer Weise auf solche Aufzeichnungen gestützt werden können."
12 Die Rahmenrichtlinien legen häufig eine Grobaufteilung fest, z.B. „Neben der kontinuierlichen Beobachtung der Schülerinnen und Schüler im Lernprozess und ihrer individuellen Lernfortschritte, die in der Dokumentation der individuellen Lernentwicklung erfasst werden, sind die Ergebnisse schriftlicher, mündlicher und anderer spezifischer Lernkontrollen zur Leistungsfeststellung heranzuziehen." (Kerncurriculum für die Realschule Schuljahrgänge 5-10, S. 51).

d) Eltern bezweifeln die pädagogische Kompetenz einzelner Lehrkräfte oder der Schulleitung

Bei so begründeten Anfragen geht es weniger um das Vermittlungsgeschick der Lehrkraft oder um die didaktischen Entscheidungen, sondern um die zwischenmenschliche Beziehung zwischen SchülerIn und Lehrkraft oder der Schulleitung. Eltern beklagen in diesem Zusammenhang z.B., dass Lehrkräfte ...

- auf besonders schwierige Entwicklungsphasen oder besonders belastende Lebenssituationen keine Rücksicht nehmen
- Kinder ungerecht behandeln oder vor der Klasse bloßstellen
- das Kind nicht sachstrukturell oder lernpsychologisch angemessen fördern oder lernhemmende Bedingungen schaffen

Angesprochen wird bei diesen Themen ein unprofessionelles Verhaltensrepertoire von Lehrkräften und Schulen. Auf ‚auffälliges' SchülerInnenverhalten wird dann undifferenziert mit ‚Maßnahmen' reagiert, die der besonderen Situation nicht gerecht werden. Beschwerden dieser Art können in der Schule ein Nachdenken über pädagogische Alternativen bewirken (z.B. über Verhaltensvereinbarungen, Wiedergutmachungen, Initiierung konstruktiver Gruppenprozesse).

Ungerechtes und bloßstellendes Verhalten kann sich als unabsichtlich aber auch als bewusst eingesetzt herausstellen. Im ersten Fall handelt es sich dann ‚nur' um die mangelnde Bereitschaft oder die Unsicherheit zur gemeinsamen Aufarbeitung und Entschuldigung, im anderen Fall kann ein Persönlichkeitsdefizit der Lehrkraft vorliegen, das die Schulbehörde dienstaufsichtlich zu korrigieren hätte. Daran wäre das Personalrechtsdezernat[13] maßgeblich beteiligt, das schulfachliche Dezernat würde dabei mitwirken.

Lerndiagnostische und förderpädagogische Inkompetenzen decken oft Schwächen im pädagogischen Konzept der Schule auf. Wechselseitige Hospitationen oder Unterrichtsbesuche durch Fachobleute oder Schulleitungsmitglieder könnten zur Abhilfe beitragen, schulaufsichtliche Belehrungen weniger.

e) Eltern bezweifeln die rechtliche Kompetenz einzelner Lehrkräfte oder der Schulleitung

Wenn Eltern in der Schule nach der Begründung für eine Entscheidung fragen und mit allgemeinen Formulierungen abgefunden werden, erkundigen sie sich bei der Schulaufsicht nach der Rechtslage. Das geschieht gelegentlich zum Beispiel, wenn:

- die Schule die Teilung einer als zu groß empfundenen Klasse wegen entgegenstehender Verwaltungsvorschriften ablehnt
- die Schule es ablehnt, eine Schülerin aufzunehmen, obwohl ihre Freundinnen dorthin gehen, nur weil sie außerhalb des Schulbezirks wohnt
- die Schulleitung gegen ein Elternteil wegen ungebührlichen Verhaltens ein Hausverbot verhängt
- Eltern die Teilnahme am Unterricht ihres Kindes verweigert wird

---

13 In Niedersachsen: Dezernat 7 der Landesschulbehörde

Bei solchen Fragen handelt es sich oft nur scheinbar um reine Sachfragen. Oft spiegelt sich in ihnen eine gestörte Beziehung zwischen Eltern und Schule (Misstrauen, Machtkampf) wider. Geklärt werden sie in der rechtlichen Dimension von den zuständigen Rechtsdezernaten, in der Beziehungsdimension allerdings unmittelbar von dem für die Schule zuständigen schulfachlichen Dezernat, das in der Regel auch als erstes angesprochen wird.

f) Eltern bezweifeln die Angemessenheit und Reichweite der pädagogischen Freiheit der einzelnen Lehrkraft oder der Konferenz

Um den Begriff der *pädagogischen Freiheit* von dem Verdacht der Beliebigkeit und Willkür zu befreien, ersetzen ihn die neueren Schulgesetze durch *pädagogische Verantwortung*. Er leitet sich nicht aus der in Art. 5 Abs. 3 Grundgesetz garantierten Freiheit der Lehre ab, sondern aus der Anerkennung der Professionalität der Lehrkraft und aus der Besonderheit ihres pädagogischen Verhältnisses zu ihren SchülerInnen. Pädagogisches Handeln erfordert einen Freiraum, dessen Respektierung alle Schulgesetze den Konferenzen, der Schulleitung und der Schulaufsicht (als Fachaufsicht) auferlegen. Gleichwohl gewähren sie ihn den LehrerInnen nicht ungebunden, sondern begrenzen ihn mit Verweisen auf Rechts- und Verwaltungsvorschriften, Entscheidungen oder Beschlüsse der Organe der Schule, auf Anordnungen der Schulaufsicht sowie schließlich durch „allgemein anerkannte pädagogische Grundsätze oder Bewertungsmaßstäbe" (exemplarisch §§ 33, 50 und 121 NSchG. Zum Grundsätzlichen vgl. Wissmann 2002). Konflikte ergeben sich beispielsweise, wenn ...

- das eingeführte und von den Eltern gekaufte Schulbuch regelmäßig durch Arbeitsblätter ersetzt wird, die die Eltern über eine Kopierumlage zusätzlich bezahlen sollen
- Eltern meinen, im ‚Offenen Unterricht' oder mit der ‚nondirektiven Unterrichtsmethode' lerne ihr Kind nichts
- der dem Kind zugewiesene Sitzplatz als inakzeptabel angesehen wird
- Eltern das den SchülerInnen von der Lehrkraft angebotene ‚Du' als Anbiederung und autoritätsgefährdend ablehnen

g) Eltern wenden sich im Auftrag einzelner Lehrkräfte oder der Schulleitung an die Schulaufsicht

Wenn die Schulbediensteten sich ‚mit ihrem Latein am Ende' fühlen, weil Eltern trotz umfassender Darlegung des Sachverhaltes im Widerspruch verharren, verweisen sie die Eltern von sich aus an die Schulaufsicht, um ihre pädagogische Entscheidung oder rechtliche Erwägung bestätigt zu bekommen.

Schulleitungen wählen diese Taktik aber auch, um unbequeme Entscheidungen (z.B. zur Klassenbildung oder Unterrichtsverteilung), die eigentlich sie zu treffen hätten, von sich abzuwenden. Den Eltern suggerieren sie damit (fälschlicherweise), dass sie von höheren Weisungen abhängig sind und keinen Entscheidungsspielraum haben. Tatsächlich wären in diesen Fällen die Konferenzen oder der Schulvorstand zu beteiligen (§ 34, 35, 36 und 38a NSchG).

h) Eltern vermissen das Verständnis der Schule für die spezifische Lage ihrer Kinder

Die öffentliche Schule hat einen umfassenden Förderauftrag. Sie ist dem Toleranzgebot verpflichtet. Bevorzugungen und Benachteiligungen sind zu vermeiden. Konflikte entstehen, wenn der Schule für die Realisierung dieser Ansprüche nur unzureichende Ressourcen zur Verfügung stehen oder wenn die dem/der Einen zugestandene Toleranz von dem/der Anderen als Intoleranz wahrgenommen wird. Ressourcenkonflikte entstehen regelmäßig bei Fördermaßnahmen im Rahmen der Inklusion, für die Unterstützungspersonal nur mit wenigen Stunden zur Verfügung steht, oder im Rahmen der Umsetzung individueller Förderkonzepte, wenn zu wenig Zeit und Fachpersonal bereitgestellt werden kann. Toleranzkonflikte ergeben sich, wenn unterschiedliche Weltanschauungen im Klassenraum zusammentreffen. Das Kreuz als Wandschmuck, das Kopftuch der Mitschülerin oder die Ablehnung von Geburtstagsfeiern aus religiösen Gründen sind nur einige Beispiele für Fälle, mit denen sich Schulbehörden zu befassen hatten und haben.

Wie die Schulaufsicht ihre Elternarbeit für die Schulentwicklung nutzen kann

Das „Leitbild für die Schulaufsicht in Niedersachsen"[14] von 1998 beschrieb die Rolle der DezernentInnen im Wesentlichen als beratend und unterstützend. „Ihre Kommunikation und ihr Handeln sind geprägt von Wertschätzung und Vertrauen, aber auch von Konfliktfähigkeit und der Bereitschaft, Prozesse zu gestalten, um vorgegebene oder vereinbarte Aufgaben und Ziele erreichen zu können." – „Gemeinsam mit den Schulen sichern sie Qualitätsstandards, entwickeln diese weiter und evaluieren sie."[15] Inzwischen wurden diese Anforderungen (in Niedersachsen) gesetzlich normiert.[16]

Elternkontakte bieten der Schulbehörde die Chance, mit der Schule anlassbezogen ins Gespräch zu kommen. Dabei geht es nicht nur um das konkrete Vorkommnis, sondern vor allem um die Fehler- und Konfliktkultur der Schule und um ihre Bereitschaft, die Eltern als Träger eigener Interessen und Rechte anzuerkennen.

a) Transparenz und Berechenbarkeit herstellen

Wo Entscheidungen getroffen und Ermessensspielräume genutzt werden, besteht die Gefahr, dass wesentliche Aspekte unberücksichtigt bleiben. Wenn die Schulaufsicht, bei der eine Elternbeschwerde aufläuft, dies der Schule vorwurfsfrei vermittelt, eröffnet sie ihr zugleich die Chance, ihre Entscheidungsgründe neu zu überdenken und auch den Betroffenen überzeugend zu vermitteln. Eltern und Schule erfahren dabei auch, dass Widersprüche und Beschwerden keine aggressiven Äußerungen sein müssen. Sie zielen im Wesentlichen auf die Einbeziehung einer Schiedsinstanz, die streitige Sachverhalte zu klären hat. Wenn die Schulaufsicht diese Vermittlungsrolle spielen soll, muss sie den Beteiligten das Verfahren transparent machen, ihre Entscheidungskriterien darlegen und in ihren Handlungen verlässlich und berechenbar sein. Verwirrendes Führungsverhalten, das zunächst in getrennten

---

14 Leitbild für die Schulaufsicht in Niedersachsen, Erl. d. MK v. 24.2.1998, SVBl. 3/1998, S. 90
15 ebenda
16 Durch das „Artikelgesetz" wurden die Paragrafen 120a („Die Schulbehörden gewährleisten die Beratung und Unterstützung der Schulen."), und 123a (die Niedersächsische Schulinspektion für die externe Evaluation der Schulqualität) eingefügt.

Gesprächen den jeweiligen Konfliktparteien Recht gibt, um dann eine für beide nicht mehr verständliche Entscheidung zu treffen, ist das Gegenstück zu diesem Anspruch.

b) Betroffene zu Beteiligten machen

Eltern erwarten nicht selten, mit ihrer Beschwerde eine – ihnen Recht gebende – Machtdemonstration der Schulbehörde gegenüber der Schule auszulösen. Sie wünschen sich eine asymmetrische Konfliktlösung durch Anweisung ‚von oben'. Als Betroffene bleiben sie in diesem Verfahren unbeteiligt: für sie (ver)handelt die Schulbehörde. Das kann nicht im Sinne einer Schule sein, die ihre Konflikte selbständig und in eigener Verantwortung lösen muss. Die Schulaufsicht kann deshalb weder für die eine noch für die andere Seite stellvertretend tätig werden. Es muss ihr daran liegen, durch eine vermittelnde Form der Gesprächsführung die Betroffenen selbst eine akzeptable Lösung finden zu lassen.

c) Kommunikation herstellen, Teambildung fördern

Die Schulaufsicht darf der Verlockung nicht erliegen, der Schule die Streitschlichtung abzunehmen. Die selbständige Schule hat dafür eigene Strukturen zu schaffen. Dabei kann die Schulbehörde helfen. Wenn Eltern sich mit einzelnen Lehrkräften und der Schulleitung zerstritten haben, kann die Schulbehörde mit ihnen gemeinsam auf die Suche nach geeigneten VermittlerInnen in der Schule gehen. Auch in kleinen Schulen gibt es in der Eltern- oder Lehrerschaft Personen, die angesprochen werden können. Das Gefühl gemeinsamer Verantwortung und gegenseitiger Hilfe fördert überdies die Kommunikation und Teambildung in der Schule.

d) Spielräume erfahrbar machen

Häufig entstehen Konflikte, weil ängstliche Lehrkräfte und Schulleitungen sich an den Wortlaut von Vorschriften klammern und damit die pädagogische Dimension ihres Handelns vernachlässigen. Auch die Kehrseite kommt vor: Eltern bestehen auf der strikten Anwendung von Erlassen, während sich die Lehrkräfte auf ihre pädagogische Gestaltungsfreiheit berufen. Hier wird die Schulaufsicht gut daran tun, pädagogische Freiräume erfahrbar zu machen und darauf hinzuweisen, dass Rechtsvorschriften der Pädagogik dienstbar zu sein haben – allerdings nicht der pädagogischen Beliebigkeit.

e) Zum Zulassen ermutigen

Angst ist auch der Hauptgrund, wenn Eltern eine verantwortliche Mitwirkung im Schulgeschehen verwehrt wird. Eltern ihrerseits fühlen sich zu Handlangern degradiert, wenn sie beim Aufbauen von Spielstationen gefragt sind, aber nicht bei der Entscheidung oder Planung. Das Gleiche gilt, wenn Schulen ihre Konferenzen in ‚Lehrer-Fraktionssitzungen' vorbereiten, damit es in der Konferenz selbst keine unliebsamen Kontroversen oder überraschenden Entscheidungen gibt. Der Schulaufsicht sollte es gelingen, die Ursachen für die Verweigerungshaltung aufzuklären. Vielleicht bestehen sie in Unsicherheiten, Angst vor Machtverlust, dem Aufbrechen einer geschlossenen Kommunikation im Lehrerkollegium, dem mangelnden Zutrauen o.ä. Die überzeugendsten Gegenargumente liefert die Erfahrung. Aufgabe der Schulaufsicht könnte es sein, die ersten Schritte auf dem gemeinsamen Weg zu initiieren.

f) Wesentliches von Unwesentlichem, Anlass und Ursache unterscheiden

Häufig verengen die Konfliktparteien ihren Blick auf das, was ihnen oberflächlich als Konfliktgegenstand angeboten wird. Geht es vordergründig um die missratene Zeugniszensur, kann dahinter ein lang andauernder Beziehungskonflikt zwischen Lehrkraft, SchülerIn oder Eltern verborgen sein, der erst aus Anlass der Zeugniserteilung zum Ausbruch kam. Andere Konflikte offenbaren vorrangig die eigene Erziehungsschwäche und den Appell nach Hilfe, wobei ‚sachlich' vorgetragen wird, dass sich die Schule dem Kind gegenüber ungerecht verhalten hat. Wenn die Schule am Beispiel einer Konfliktmediation durch die Schulbehörde erfahren kann, wie Wesentliches von Unwesentlichem, Anlass und Ursache unterschieden werden können, wird sie in ihrer Selbständigkeit gestärkt.

g) Mittel und Methoden statt Maßnahmen

Mit Blick auf die selbständige Schule muss der Schulbehörde daran gelegen sein, Mittel und Methoden zur Konfliktlösung zu vermitteln, statt Maßnahmen anzuordnen. Zur Absicherung des Besprochenen bieten sich Zielvereinbarungen oder Kontrakte an, die von den Beteiligten unterschriftlich bestätigt und nach einer vereinbarten Frist überprüft werden.

h) Modell für lernende Organisation

Konfliktgespräche bieten immer eine Chance für eine *lernende Organisation*. Sie legen Schwachstellen frei und Fehlerquellen bloß. Andererseits kann das nochmalige Durchdenken eines angegriffenen Vorgangs auch die Gründlichkeit und Richtigkeit der Arbeit bestätigen. In jedem Fall bekommt das System Schule wichtige Rückmeldungen, die die weitere Entwicklung beeinflussen. Die Schulaufsicht darf der Schule diese Chance nicht verbauen, indem sie anstelle der Schule die Überprüfung vornimmt und die Konsequenzen verfügt. Elternbeschwerden an sich sind deshalb auch keine Qualitätsindikatoren. Die Qualität einer Schule erweist sich vor allem in der Art und Weise, wie sie Kritik und Konflikte für ihre eigene Weiterentwicklung zu nutzen versteht.

Literatur

Bottke, Wilfried (Hrsg.) (2002): Augsburger Rechtsstudien. Bd. 31. Baden-Baden: Nomos
Avenarius, Hermann et al. (2003): Die rechtlichen Regelungen in der Bundesrepublik Deutschland zur erweiterten Selbstständigkeit der Schule. Bildung in neuer Verfassung, Bd. 1. Berlin: BWV
Horney, Walter/Schultze, Walter (Hrsg.) (1963): Handbuch für Lehrer. Bd. 3: Die Erziehung in der Schule. Gütersloh: Bertelsmann
Kieslich, Rudolf (1993): Die Aufgaben der Schulaufsichtsämter als untere Schulbehörden. Luchterhand-Schulrechtssammlung. 61. Lieferung, K 51.2. Neuwied: Luchterhand
Kotter, Karl-Heinz (Hrsg.) (2004): Unsere Schule auf dem Weg in die Zukunft. Schulentwicklung nach dem EFQM-Modell (European Foundation for Quality Management). 2. Auflage. Wolnzach: Kastner
Temme, Klaus (2002): Qualitätsmanagement in der Schule. Neue Konzepte für Bildung und Ausbildung. Hannover: Schroedel
Niedersächsisches Kultusministerium (2006): Orientierungsrahmen Schulqualität in Niedersachsen. Hannover
Wiese, Helmut (1963): Eltern und Schulkonflikte ihrer Kinder. In: Horney/Schultze (1963): S. 597-605

Mario Tibussek

Lokale Bildungslandschaften – Bildungswege vor Ort gestalten

„Wir brauchen ein zuverlässiges Netz, das Kinder mit ihren Eltern trägt. (…) Ein Kinderleben lässt sich nicht in Schubladen aufteilen: hier die Erziehung im Elternhaus, da die Bildung in der Schule, dort die Freizeit im Verein und das Spiel mit den Freunden. Deshalb sollten Zuständigkeiten nicht zu Hindernissen werden – hier das Jugendamt, da das Schulamt, dort der freie Jugendhilfeträger. Es geht um Zusammenarbeit zum Wohl der Kinder." (aus der Rede von Bundespräsident Horst Köhler beim 13. Kinder- und Jugendhilfetag am 18. Juni 2008 in Essen; Bundesregierung 2008, S. 5 ff.)

Die Rede von „neuen Steuerungsformen" (Altrock, Uwe 2008, S. 641) in Netzwerken steht im Umfeld der Begriffstrias „Bildung, Erziehung und Betreuung" (BMFSFJ 2005) hoch im Kurs.[1] Die Konjunktur des Bildungslandschaftsbegriffs, in der Theorie ebenso wie in der Praxis, erklärt sich aus mehreren Entwicklungssträngen, die im ersten Jahrzehnt des neuen Millenniums zusammenliefen. Aus der einen Richtung kam der Weckruf in Form des PISA-Schocks. Die dramatisch schlechten Zeugnisse für das deutsche Bildungssystem hoben das Thema Bildung in der öffentlichen Aufmerksamkeit ganz nach oben. Aus verschiedenen Richtungen entwickelten sich diverse Debatten um Integration, Fachkräftemangel, Jugendkriminalität, demografischen Wandel oder die Umsetzung der UN-Behindertenrechtskommission an einem bestimmten Punkt ebenfalls im Thema Bildung. 2010 kam aus Karlsruhe mit dem Urteil des Bundesverfassungsgerichts zur Neuberechnung der Hartz-IV-Leistungen ein Signal, dass die Debatten in einer Art Hausaufgabe für Politik und Gesellschaft zusammenfasste: Wie kann der Staat dafür Sorge tragen, dass Kindern, unabhängig vom Bildungshintergrund und der finanziellen Situation ihrer Eltern, Bildungs- und Teilhabechancen gewährt werden? Die große Bedeutung des Themas Bildung im engeren Sinne und die Aufwachsbedingungen von Kindern und Jugendlichen im weiteren Sinne sorgten letzten Endes auch für eine Aufwertung von Bildung als Standortfaktor auf kommunaler Ebene.

Doch was genau versteckt sich hinter diesen Netzwerken, die sich Bildung auf die Fahnen geschrieben haben? Auf den ersten Blick eine erfrischende Beliebigkeit: sie heißen Bildungsregionen, Bildungsnetzwerke, Bildungslandschaften oder Lernlandschaften, sie sind lokal, regional, kommunal oder urban beschrieben oder wählen als räumlichen Zuschnitt gar einen Quadratkilometer. Mit zunehmender Verbreitung verlor der Begriff an Kontur,

---

1 Der 12. Kinder- und Jugendhilfebericht forderte schon 2005 „Kommunale Bildungslandschaften" (BMFSFJ 2005, S. 351), die Bundesregierung teilte daraufhin explizit diese Auffassung in einer eigenen Stellungnahme (vgl. Bundesregierung 2005), die kommunalen Spitzenverbände legten allesamt nach (vgl. u. a. Deutscher Landkreistag 2006; Deutscher Städtetag 2005, 2007), ebenso der Deutsche Verein (Deutscher Verein 2007). Auf Bundesebene führte das Deutsche Jugendinstitut im Auftrag zweier Bundesministerien Forschungsprogramme zum Thema durch und Stiftungen wie die Deutsche Kinder- und Jugendstiftung legten Modellprogramme auf, in denen Kommunen beim Aufbau lokaler Bildungslandschaften unterstützt werden. Das BMBF initiierte gemeinsam mit deutschen Stiftungen ein großes Förderprogramm, auf das sich fast die Hälfte aller deutschen kreisfreien Städte und Landkreise bewarb. Auf Landesseite sind außerdem Länder wie Schleswig-Holstein, Thüringen oder Baden-Württemberg inzwischen mit eigenen Programmen dabei, den Aufbau von Bildungslandschaften zu unterstützen.

sodass eine erneute Fokussierung nötig zu sein scheint. Bleckmann/Durdel definierten 2009 Bildungslandschaften mit einer Reihe von Qualitätsmerkmalen. Demnach seien lokale Bildungslandschaften „langfristige, professionell gestaltete, auf gemeinsames, planvolles Handeln abzielende, kommunalpolitisch gewollte Netzwerke zum Thema Bildung, die – ausgehend von der Perspektive des lernenden Subjekts – formale Bildungsorte und informelle Lebenswelten umfassen und sich auf einen definierten lokalen Raum beziehen" (Bleckmann/Durdel 2009, S. 12). Diese Qualitätsmerkmale der Bildungsnetzwerke werden im Folgenden aufgegriffen und erläutert:

Netzwerk zum Thema Bildung: Im Zentrum der neuen Steuerungslogik steht der Netzwerkgedanke. Bildungslandschaftsansätze reagieren auf einen bestehenden Widerspruch zwischen lebensweltlichen und kommunalen Strukturen. Der Lebenswelt als Erfahrungszusammenhang stehen durch Ressort- und Hierarchiegrenzen fragmentierte operative Inseln der steuernden Organisationsstrukturen in der lokalen Politik und Verwaltung gegenüber (vgl. Schubert 2008, S. 21). Bildungsnetzwerke setzen dieser *Verinselung* der Zuständigkeiten darum eine zielgerichtet integrative Strategie im Sinne eines kommunikativen und kooperativen Planungsmodells (vgl. Tibussek 2008, S. 9) entgegen.

Langfristigkeit: Eine Bildungslandschaft ist kein neues Projekt, das nach Ablauf versandet, sondern ein systemischer Ansatz zur Strukturreform. Eine Bildungslandschaft ist eine lernende Organisation und als solche dauerhaft.

Professionelle Gestaltung: Auf komplexe Herausforderungen kann es nur komplexe Antworten geben. Netzwerke sind hochkomplexe Konstrukte und ihre Steuerung bedarf einer professionellen Gestaltung. Im Diskurs der Bildungslandschaften ist deshalb die Dichte des Wortbestandteils *-management* besonders hoch: Bildungsmanagement, Projektmanagement, Netzwerkmanagement.

Gemeinsames planvolles Handeln: Bildungslandschaften werden aus der Governance-Perspektive gesteuert. Gemeint ist damit eine „Steuerungs- und Regelungsstruktur, die staatliche wie gesellschaftliche Akteure zusammenführt" (Benz 2001, S. 56). Der Governance-Perspektive liegt die Annahme zugrunde, dass „das Handeln vieler Akteure im Raum auch dann Wirkungszusammenhänge aufweist, wenn es nicht ausdrücklich aufeinander bezogen ist" (Tibussek 2009a, S. 203 f.). Hier wird deutlich, dass eine dialogorientierte Prozessgestaltung und Koordination im Sinne eines gemeinsamen planvollen Handelns dringend notwendig ist. Dem Regime-Ansatz ähnlich bringen institutionell eingebettete – öffentliche und private (vgl. Mossberger/Stoker 2001 und DiGaetano/Klemanski 1993) – Akteure ihre Ressourcen, Kompetenzen und Ziele in eine längerfristige Koalition ein, die ein Netzwerk konstituiert (vgl. Keating 1991 und Rhodes/Marsh 1992). Dabei gilt das Axiom der Partizipation in Bildungsprozessen: „Ohne die Lernenden und ihre aktive Rolle geht gar nichts" (BMFSFJ 2005, S. 341).

Kommunalpolitischer Wille: Demokratietheoretisch ist es quasi-axiomatisch, dass kommunales Handeln per kommunalpolitischem Willen legitimiert sein muss, und bedarf darum keiner weiteren Erläuterung, sondern wird nur der Vollständigkeit halber erwähnt (vgl. dazu auch Luthe 2009, S. 32).

Perspektive des lernenden Subjekts: Wenngleich Möglichkeiten der Partizipation von Kindern und Jugendlichen in der Gestaltung von Bildungslandschaften kognitiv und sozial begrenzt und paternalistische Aspekte in der Steuerung also unumgänglich sind (vgl. Bauman 1997, S. 125), so bleibt das oberste Ziel einer Bildungslandschaft die Entwicklungsförderung von Kindern und Jugendlichen. Für die Frage also, welche entwicklungsrelevanten Lebensbedürfnisse ein Kind oder Jugendlicher hat, braucht es die Perspektive des lernenden Subjekts.

Formale Bildungsorte und informelle Bildungswelten: ‚Bildung ist mehr als Schule' – was offenkundig auf der Hand zu liegen scheint, fehlt als Appell in keiner Publikation und keinem Vortrag zum Thema Bildungslandschaften. Zu beobachten ist allerdings eine „verbale Aufgeschlossenheit bei anhaltender Verhaltensstarre" (Beck 1986, S. 169). Überwiegend schulzentrierte Ansätze stehen nach wie vor dem erweiterten Bildungsverständnis, das sich in den letzten Jahren auf theoretischer und programmatischer Ebene durchgesetzt hat, entgegen. In diesen ist die Bildungslandschaft nicht mehr als eine Schule mit ihren Partnern, wobei die Partner nicht selten lediglich die Rolle von Dienstleistern einnehmen. Wenn jedoch, wie immer häufiger zu hören ist, Schule in der bestehenden Form Disparitäten eher verstärkt als ausgleicht, kann es nur im Interesse der Akteure einer Bildungslandschaft sein, den außerschulischen Bildungsakteuren eine gleichwertige Bedeutung im Netzwerk einzuräumen. In diesem Sinne ist Schule zwar ein durchaus wichtiger Akteur in der Bildungslandschaft, aber auch nur einer unter vielen weiteren.

Definierter lokaler Raum: Betont wird in diesem Kontext vor allem das Lokale. Bildung findet lokal, das heißt ‚vor Ort', statt (vgl. Dobischat 2007, S. 160) und so wird propagiert, die Bildungssteuerung von lokalen Akteuren verantworten zu lassen (vgl. u.a. Bos/Berkemeyer 2009, S. 24; Deutscher Landkreistag 2006; Deutscher Städtetag 2005, 2007). Auch der Raumbegriff muss in diesem Kontext näher definiert werden. Das Raumverständnis von Bildungslandschaften ist sowohl im Diskurs als auch in der Praxis noch stark am ‚Containerraum' (vgl. Einstein 1960, S. XIII) orientiert. In diesem Raumverständnis wird der lokale Raum rein territorial und systemisch ineinandergreifend definiert: Der kommunale Container umfasse demnach weitere kleinere Container wie Quartiere oder Stadtbezirke, sei selbst aber auch durch weitere größere Container umschlossen wie Bundesländer oder den nationalen Raumcontainer, also ganz wie eine Matrjoschka (vgl. Reutlinger 2008, S. 18). Es liegt auf der Hand, dass aus der Perspektive von Kindern und Jugendlichen dieses Raumverständnis keinen Sinn ergibt. Sie werden, als Ko-ProduzentInnen ihrer Bildungsprozesse (vgl. BMFSFJ 2002, 2005), ihr Handeln nicht an den räumlichen Zuschnitten von Zuständigkeiten ausrichten. Als Qualitätsmerkmal einer Bildungslandschaft sollte darum ein Raumverständnis gelten, dass sich „beobachterabhängig und kontingent" (Radtke/Stošić 2009, S. 38) auf Georg Simmels These der Wechselwirkung bezieht (vgl. Krisch 2008, S. 39 f.). Die Wechselwirkung aus Territorialität und sozialen Prozessen lässt Sozialraum erst entstehen, sodass der Raum folglich sowohl Produkt der gesellschaftlichen Praxis (vgl. u.a. Werlen 2005, S. 9 und Löw 2001, S. 172) als auch Produzent von gesellschaftlicher Realität ist (vgl. u.a. Bourdieu 1991; Läpple 1991, S.196 f. und Schroer 2006, S. 175 ff.). In der Bildungslandschaft gilt darum die Losung: „Vom Individuum aus denken, von der Verwaltung aus handeln!" (Tibussek 2009b, S. 107).

Neben diesen Qualitätsmerkmalen, die eine lokale Bildungslandschaft ausmachen, gibt es mehrere Bausteine, die als wesentlich für den Erfolg des Bildungslandschaftsansatzes betrachtet werden können – wohl wissend, dass es kein Patentrezept und keinen Masterplan für den Aufbau von Bildungslandschaften gibt (vgl. Luthe 2009, S. 29). Aus Modellprogrammen der Deutschen Kinder- und Jugendstiftung sind nachfolgend einige Lektionen auswahlsweise vorgestellt:

Die Vernetzung in Bildungslandschaften braucht einen konkreten Anlass. In einer Verwaltungsreform, in der lediglich die Organisationsstrukturen abgekoppelt von ihrem Ziel und Zweck in den Blick genommen werden, verkommt die Vernetzung zum Selbstzweck und führt darum in der Regel zum schnellen Scheitern der Vernetzung. Für beteiligte Netzwerkpartner ist die Vernetzung so aufwendig, dass sie sich grundsätzlich die Frage stellen werden, warum sie einem Netzwerk beitreten sollen. Sie werden dies nur machen, wenn der erhoffte Erfolg ihr Interesse als Stakeholder (Personen und Institutionen im Projektumfeld, die ein berechtigtes Interesse an dem Projekt haben) oder ihre Motivation, durch die Kooperation „die Erfolgswahrscheinlichkeit ihres Handelns zu erhöhen" (Weyer 1993, S. 6; vgl. auch Kulmer 2001, S. 115), so ausreichend bedient, dass „der Ertrag den zu erwartenden Mehraufwand rechtfertigt" (Tibussek 2009a, S. 209). Ein Ertrag ist nur dann zu erwarten, wenn das Netzwerk als „institutioneller Regelungsmechanismus" (Benz 2004, S. 20) etwas umsetzt. Als geeignete Anlässe bieten sich Projekte an, für die mehrere Partner aus unterschiedlichen Sektoren und Ressorts benötigt werden. Städte wie Weinheim und Weiterstadt haben sich im Programm *Lebenswelt Schule*[2] dem Übergang Kita – Grundschule gewidmet und dafür systematisch auch Eltern als BildungspartnerInnen sozialräumlich einbezogen. Im Bremer Bezirk Gröpelingen wird der Aufbau eines Quartierbildungszentrums als Aufhänger genutzt, die lokale Bildungslandschaft auf Quartiersebene aufzubauen, um über vertikale Vernetzung, also Ebenen übergreifend, in die städtischen Strukturen auszustrahlen.

Der Aufbau und Wachstumsprozess gelingt schrittweise. Die Diskrepanz zwischen der lokalen Realität und dem Fernziel einer funktionierenden Steuerung gemäß dem Bildungslandschaftsansatz verdeutlicht, wie außerordentlich schwierig und lang der Weg zum Ziel ist. Empfehlenswert ist daher ein sukzessiver Aufbau getreu der Arbeitsphilosophie des Straßenfegers Beppo (vgl. Ende 1973, S. 35 ff.). Diese Vorgehensweise in kleinschrittigen Prozesszyklen empfiehlt sich auch vor dem Hintergrund probater Partizipationsstrategien mit den Stakeholdergruppen ‚Kinder und Jugendliche' sowie ‚Eltern'. In dieser Gruppe ist zwangsläufig die Fluktuation hoch, sodass für die im jeweiligen Prozessabschnitt Beteiligten kurzfristige Erfolge sichtbar sein sollten. Diese Strategie hat insbesondere in der Anfangsphase einer Bildungslandschaft große Relevanz. Die Transaktionskosten des Netzwerks sind in dieser Phase so hoch, dass Zweifel am akzeptablen Kosten-Nutzen-Verhältnis aufkommen können (vgl. Schubert, Herbert 2008, S. 72).

In einer Bildungslandschaft wird nicht nur horizontal vernetzt, sondern auch vertikal. Innerhalb einer Bildungslandschaft kann das Netzwerk modellhaft in drei Ebenen gegliedert werden (vgl. Tibussek 2009a, S. 215 f.):

---

[2] *Lebenswelt Schule* ist ein gemeinsames Programm der Deutschen Kinder- und Jugendstiftung und der Jacobs Foundation. Mit dem Programm werden ausgewählte Modellkommunen dabei unterstützt, durch die Vernetzung von Bildungsangeboten verschiedener Akteure lokale Bildungslandschaften aufzubauen.

Lokale Bildungslandschaften – Bildungswege vor Ort gestalten

- Normative Ebene: Hier werden Leitziele konkretisiert und die generellen Zielrichtungen programmatisch festgelegt. Der Stadt- oder Gemeinderat sichert die dezentralen Strukturen normativ ab.
- Strategische Ebene: In den Fachbereichen der Kommunalverwaltung werden die Kategorien Input, Output und Outcome vereinbart.
- Operative Ebene: Auf dieser Ebene sind kleinräumige Handlungsnetze sowie die Produkt- und Ergebnisverantwortung angesiedelt.

Zu diesen Ebenen kommen Ebenen, die durch sozialräumliche Kategorien und Zuständigkeiten definiert sind, wie beispielsweise Bund, Länder, Landkreise und Gemeinden oder Städte und Quartiere.

Was für die horizontale Vernetzung gilt, kann für die vertikale Vernetzung nicht anders sein: Akteure kooperieren, wenn sie zusammen den Erfolg besser erreichen können. Eine kommunale Bildungslandschaft ohne sozialräumliche Bezüge kann nicht wirklich vom Individuum aus denken, und eine lokale Bildungslandschaft ohne vertikale Vernetzung in die Kommune und das Land kann nicht wirklich von der Verwaltung aus handeln, da sie sich an Rahmenbedingungen stößt, auf die sie keinen direkten Einfluss nehmen kann. Der Bildungslandschaftsdiskurs kann sich hier an Erfahrungen aus der internationalen Entwicklungszusammenarbeit orientieren, in dem schon seit einigen Jahren eine Mehr-Ebenen-Strategie befürwortet wird (vgl. Rauch 2003). Ähnlich verhält es sich auch innerhalb der Bildungslandschaft. Der Prozess gelingt in einer gut koordinierten Choreografie zwischen den Ebenen, so wie es in der Grafik 1 sichtbar wird, die den Prozessverlauf in Weiterstadt skizziert.

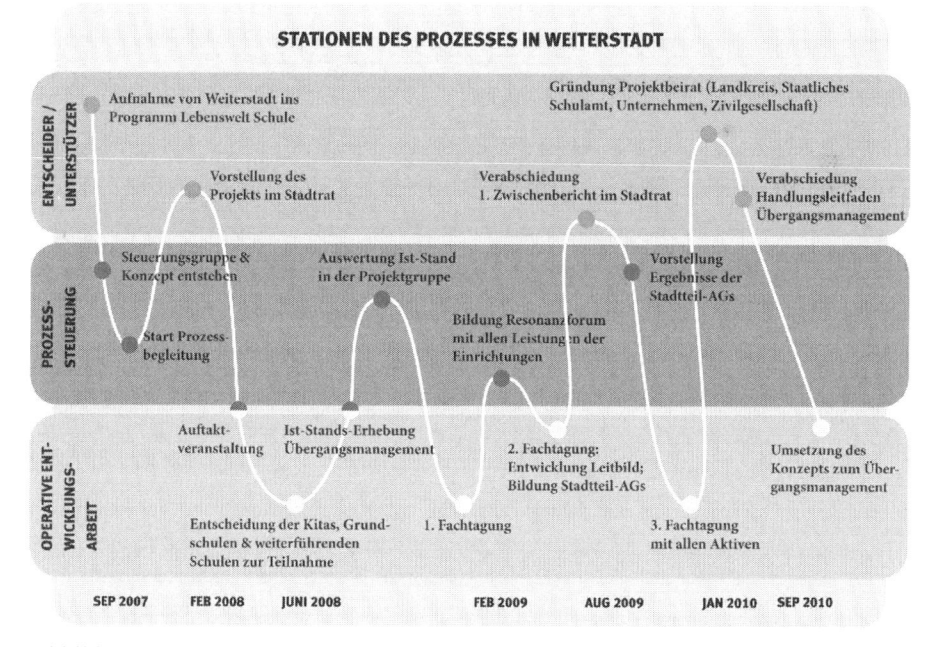

Abbildung 1: *Choreografie des Prozesses in Weiterstadt* (eigene Darstellung)

Transparenz vermeidet verklärte Netzwerkromantik. In den Anfangszeiten des Bildungslandschaftsdiskurses wurde immer wieder an die ‚Kooperation auf Augenhöhe' appelliert. Diese sollte jedoch nicht suggeriert werden, wenn sie de facto nicht existiert. Der Regelfall sind Machtungleichgewichte in Netzwerkstrukturen. Angemessene Kooperations- und vor allem Kommunikationsformen können diese zwar nicht nivellieren, die Kooperation selbst aber überhaupt erst ermöglichen. Voraussetzung dafür ist, die Machtungleichgewichte transparent zu machen.

Eltern nehmen als Bildungspartner in Bildungslandschaften verschiedenen Rollen ein. Eltern als BildungspartnerInnen sind nicht primär institutioneller Partner; im Vordergrund steht das Partikularinteresse einzelner Eltern an ihrem Kind. Zudem unterscheidet sich die Bildungspartnerschaft je nach Kontext. Liegt in der Kooperation mit Schule der Fokus auf (individuellen) Lernausgangsbedingungen, sind im Kontext der Sozialen Arbeit andere Themen prominent. Darüber hinaus hat in den letzten Jahren die Bedeutung von Elternbildung zugenommen, womit eine weitere Rolle im ganzheitlichen Ansatz der Bildungslandschaften ins Blickfeld rückt.

Dies ist nur eine kleine Auswahl an Aspekten, die beim Auf- und Ausbau lokaler Bildungslandschaften zu beachten sind. Eingangs wurde auf den großen Reigen der Ansätze hingewiesen. Jeder einzelne Ansatz trägt den Anspruch in sich, den richtigen Weg zu weisen; und so sehr auch jeder einzelne Ansatz seine Alleinstellungsmerkmale in den Vordergrund stellt: Sie alle eint, indem sie sich eindeutig zu Netzwerken und dauerhaften, systemischen Veränderungen bekennen, die Stellungnahme in diametraler Position zu den klassischen Ansätzen der Bildungssteuerung und zu der Jahrzehnte währenden ‚Projektitis' im Bildungsbereich.

Literatur

Adam, Heidemarie et al. (Hrsg.) (2001): Lernen im Netzwerk. Leipzig: Universitäts-Verlag
Altrock, Uwe (2008): Neue Steuerungsformen in der Bestandsentwicklung. Interessengeleitete Durchsetzung, integrative Begleitung oder kreative Gestaltung von Schrumpfungsprozessen? In: Schmitt/Selle (2008): S. 638-653
Bardmann, Theodor M. (Hrsg.) (1997): Zirkuläre Positionen. Konstruktivismus als praktische Theorie. Opladen: Westdeutscher Verlag
Bauman, Zygmunt (1997): Postmoderne als Chance der Moderne. Ein Gespräch mit Zygmunt Bauman. In: Bardmann (1997): S. 121-128
Beck, Ulrich (1986): Risikogesellschaft. Auf dem Weg in eine andere Moderne. Frankfurt am Main: Suhrkamp
Benz, Arthur (Hrsg.) (2004a): Governance – Regieren in komplexen Regelsystemen. Eine Einführung. Wiesbaden: Verlag für Sozialwissenschaften
Benz, Arthur (2004b): Governance – Modebegriff oder nützliches sozialwissenschaftliches Konzept? In: Benz (2004a): S. 11-28
Bleckmann, Peter/Durdel, Anja (Hrsg.) (2009a): Lokale Bildungslandschaften. Perspektiven für Ganztagsschulen und Kommunen. Wiesbaden: Verlag für Sozialwissenschaften
Bleckmann, Peter/Durdel, Anja (2009b): Einführung: Lokale Bildungslandschaften – die zweifache Öffnung. In: Bleckmann/Durdel (2009a): S. 11-16
BMFSFJ – Bundesministerium für Familie, Senioren, Frauen und Jugend (Hrsg.) (2002): Zukunftsfähigkeit sichern! – Für ein neues Verhältnis von Bildung und Jugendhilfe. Eine Streitschrift des Bundesjugendkuratoriums. Berlin
BMFSFJ – Bundesministerium für Familie, Senioren, Frauen und Jugend (Hrsg.) (2005): Zwölfter Kinder- und Jugendbericht. Bericht über die Lebenssituation junger Menschen und die Leistungen der Kinder- und Jugendhilfe in Deutschland. Berlin
Bourdieu, Pierre (1991): Physischer, sozialer und angeeigneter physischer Raum. In: Wentz (1991): S. 25-34

Bos, Wilfried/Berkemeyer, Nils (2009): Bildungslandschaften – Mehr als Reformrhetorik? In: Der Städtetag, H. 4. S. 23-25
Bundesregierung (2008): Was Kinder brauchen. Rede von Bundespräsident Horst Köhler beim 13. Kinder- und Jugendhilfetag am 18. Juni 2008 in Essen. Bulletin der Bundesregierung Nr. 67-1 vom 18. Juni 2008. http://www.bundesregierung.de/Content/DE/Bulletin/2008/06/Anlagen/67-1-bpr,property=publication File.pdf (Download am 07.07.2011)
Bundesverband für Wohnen und Stadtentwicklung e.V. (Hrsg.) (2006): Urbane Landschaften I. Lernlandschaften durch das Engagement von Stadt, Unternehmen (CSR) und Bürgerschaft. Berlin
Deutscher Bundestag (2005): Stellungnahme der Bundesregierung zum Zwölften Kinder- und Jugendbericht. Drucksache 15/6014. Berlin
Deutscher Landkreistag (2006): Diskussionsbeitrag. Kommunale Verantwortung für Schulen. Berlin
Deutscher Städtetag (2005): Die Zukunft liegt in den Städten. 33. ordentliche Hauptversammlung des Deutschen Städtetages in Berlin. Berlin
Deutscher Städtetag (2007): Aachener Erklärung anlässlich des Kongresses „Bildung in der Stadt" am 22./23. November 2007. http://www.staedtetag.de/imperia/md/content/veranstalt/2007/58.pdf (Download am 07.04.2009)
Deutscher Verein (2007): Diskussionspapier des Deutschen Vereins zum Aufbau Kommunaler Bildungslandschaften. Berlin. http://www.deutscher-verein.de/05-empfehlungen/empfehlungen_archiv/ empfehlungen2007/pdf/ Diskussionspapier_des_Deutschen_Vereins_zum_Aufbau_Kommunaler_ Bildungslandschaften.pdf (Download am 07.07.2011)
DiGaetano, Alan/Klemanski, John (1993): Urban regimes in comparative perspective: The politics of urban development in Britain. Urban Affairs Quarterly, 29/1. Pp. 54-83
Dobischat, Rolf (2007): Zur Bedeutung regional orientierter Bildungspolitik und -forschung. In: Solzbacher/Minderop (2007): S. 159-168
Einstein, Albert (1960): Vorwort. In: Jammer (1960): S. XII-XVII
Ende, Michael (1973): Momo. Stuttgart: Thienemanns
Häußermann, Hartmut et al. (Hrsg.) (1991): Stadt und Raum. Soziologische Analysen. Pfaffenweiler: Centaurus
Jammer, Max (Hrsg.) (1960): Das Problem des Raumes. Die Entwicklung der Raumtheorien. Darmstadt: Wissenschaftliche Buchgesellschaft
Keating, Michael (1991): Comparative Urban Politics. Power and the City in the United States, Canada, Britain and France. Aldershot: Edward Elgar
Krisch, Richard (2008): Sozialräumliche Methodik der Jugendarbeit. Weinheim und München: Juventa
Kulmer, Ulla (2001): Die Vielfalt der Fähigkeiten nutzen. Neue Möglichkeiten des Lernens in Netzwerken. In: Adam et al. (2001): S. 115-132
Läpple, Dieter (1991): Essay über den Raum. Für ein gesellschaftswissenschaftliches Raumkonzept. In: Häußermann et al. (1991): S. 157-207
Löw, Martina (2001): Raumsoziologie. Frankfurt am Main: Suhrkamp
Luthe, Ernst-Wilhelm (2009): Kommunale Bildungslandschaften. Rechtliche und organisatorische Grundlagen. Berlin: Erich Schmidt
Mossberger, Karen/Stoker, Gerry (2001): The evolution of urban regime theory: the challenge of conceptualization. In: Urban Affairs Review, 36/6. Pp. 810-835
Projekt „Netzwerke im Stadtteil" (Hrsg.) (2005): Grenzen des Sozialraums. Kritik eines Konzepts – Perspektiven für Soziale Arbeit. Wiesbaden: Verlag für Sozialwissenschaften
Radtke, Frank-Olaf/Stošić, Patricia (2009): Lokale Bildungsräume. Ansatzpunkte für eine integrative Schulentwicklung. In: Geographische Revue 1/2009
Rauch, Theo (2003): Bessere Rahmenbedingungen allein beseitigen Armut nicht! Eine theoriegeleitete Vier-Ebenen-Strategie für entwicklungspolitische Intervention. In: Geographica Helvetica, Band 58, Heft 1. S. 35-46
Reutlinger, Christian (2008): Raum und soziale Entwicklung. Kritische Reflexion und neue Perspektiven für den sozialpädagogischen Diskurs. Weinheim und München: Juventa
Rhodes, Roderick Arthur William/Marsh, David (1992): New directions in the study of policy networks. European Journal of Political Research, 21. Pp. 181-205
Schmitt, Gisela/Selle, Klaus (Hrsg.) (2008): Bestand? Perspektiven für das Wohnen in der Stadt. Detmold: Rohn
Schroer, Markus (2006): Räume, Orte, Grenzen. Auf dem Weg zu einer Soziologie des Raums. Frankfurt am Main: Suhrkamp
Schubert, Herbert (Hrsg.) (2008a): Netzwerkmanagement. Koordination von professionellen Vernetzungen – Grundlagen und Praxisbeispiele. München: DJI

Schubert, Herbert (2008b): Netzwerkkooperation – Organisation und Koordination von professionellen Vernetzungen. In: Schubert (2008a): S. 7-105
Solzbacher, Claudia/Minderop, Dorothea (Hrsg.) (2007): Bildungsnetzwerke und regionale Bildungslandschaften. Köln: Institut der deutschen Wirtschaft
Tibussek, Mario (2008): Bildung als Standortfaktor – Kommunale Bildungslandschaften als Beitrag zur nachhaltigen Regionalentwicklung. In: Ländlicher Raum (Zeitschrift der Agrarsozialen Gesellschaft e.V. Göttingen), Jg. 2008. Doppelausgabe Heft 3/4. S. 7-11
Tibussek, Mario (2009a): Netzwerkmanagement. Steuerung in Bildungslandschaften. In: Bleckmann/Durdel (2009a): S. 203-220
Tibussek, Mario (2009b): Wie lassen sich Sozialraumorientierung und Kommunalisierung in Bildungslandschaften miteinander vereinbaren? In: Bundesverband für Wohnen und Stadtentwicklung e.V. (2006): S. 106-108
Wentz, Martin (Hrsg.) (1991): Stadt-Räume. Frankfurt am Main und New York: Campus
Werlen, Benno (2005): Raus aus dem Container! Ein sozialgeographischer Blick auf die aktuelle (Sozial-)Raumdiskussion. In: Projekt „Netzwerke im Stadtteil" (2005): S. 15-35

Hans Günther Homfeldt

Kooperation der sozialen Dienste – Hemmnisse und Lösungshinweise

1. Kooperation zwischen den sozialen Diensten – viel diskutiert, aber nach wie vor prekär

Der Dreizehnte Kinder- und Jugendbericht von 2009 mit dem Titel „Mehr Chancen für gesundes Aufwachsen" offenbart eine Novität. Erstmals werden in einem Bericht die Gestaltung von Übergängen und Fragen der Kooperation zwischen der Kinder- und Jugendhilfe, der Behindertenhilfe und dem Gesundheitswesen reflektiert. Eine bessere Gestaltung von Übergängen ist allerdings nicht nur relevant für Gesundheitsförderung und gesundheitsbezogene Prävention, wie im Bericht sichtbar gemacht, sondern Gleiches gilt auch für andere Handlungs- und Aufgabenfelder, z.B. für die psychosoziale Unterstützung von Familien in belastenden Lebenslagen, für Frühe Hilfen und Frühförderung. Besonders prägend wird diese Notwendigkeit in Kinderschutzfällen. Maxime für eine Kooperation der sozialen Dienste ist im Dreizehnten Kinder- und Jugendbericht die Aussage, dass alle Kinder und Jugendlichen – ob hochbegabt, mit Migrationshintergrund oder behindert – in erster Linie Kinder und Jugendliche seien und sich die Leistungsangebote der sozialen Dienste an der Lebenslage orientieren sollten. Aus dieser Perspektive lassen sich dann fachgerecht entlang von Risiko- und Krisenbezügen zielgruppenspezifische Bedarfe herauskristallisieren (vgl. Dreizehnter Kinder- und Jugendbericht 2009, S. 12). Die Stellungnahme der Bundesregierung plädiert für eine inklusive Ausrichtung der Zusammenarbeit der sozialen Dienste und wendet sich dabei gegen eine weitere Aufsplittung von Verantwortlichkeiten aufgrund von Krisen- und Risikobezügen (vgl. allgemein zur Funktion sozialer Dienste und zur Relation von Lebenslagen- und Krisenbezug: Grunow 2011, S. 234).

Die ansteigenden Kooperationsbedarfe der sozialen Dienste sind eine Folge neu entstandener Problemlagen gesunden Aufwachsens (Stichwort *neue Morbidität*), aber auch die Folge eines sich weiter ausdifferenzierenden Erklärungswissens und Problembewusstseins und mit ihnen einhergehenden neuen spezifischen Problemlösungsangeboten. Dieser Ausdifferenzierungsprozess bringt auch eine weitere Aufmerksamkeit für endogene wie exogene Bedarfsweckungen (vgl. van Santen/Seckinger 2003, S. 14 f.), indem zum einen bei weiter gefassten Problemdefinitionen der Bedarf an Hilfe wächst und zum anderen unbearbeitete Probleme ins Blickfeld öffentlichen Interesses einer Problembewältigung gerückt werden. Da jedoch eine steigende Diversifikation von Unterstützungsangeboten in der Regel mit einer gleichermaßen wachsenden Unübersichtlichkeit für die NutzerInnen verbunden ist, entwickeln sich in logischer Folge neue Koordinierungsnotwendigkeiten, etwa in der Gestaltung von Übergängen und der Bearbeitung von Schnittstellenproblematiken. Damit wächst auch der Bedarf an Kooperation zwischen den sozialen Diensten. Entsprechend steigt der Erwartungsdruck für die sozialen Dienste, erfolgreich zu kooperieren (vgl. diesbezüglich zum „Mythos Kooperation": van Santen/Seckinger 2003, S. 21 f.).

Zum „Mythos Kooperation" zählen van Santen und Seckinger (2003, S. 25 ff.) auch die Tatsache des vielfältigen Gebrauchs des Ausdrucks Kooperation. Sie stellen fest (2003, S. 26): „Alle reden über Kooperation, in der festen Überzeugung zu wissen, was damit zum Ausdruck gebracht wird, aber jeder meint etwas anderes und manchmal bedeutet die Rede über Kooperation auch gar nichts". Erschwert ist eine eindeutige Bestimmung von Kooperation durch ihre Nähe zu den Begriffen Koordination und Vernetzung. Van Santen und Seckinger (2003, S. 29) verstehen „Kooperation als Verfahren (…), bei dem im Hinblick auf geteilte oder sich überschneidende Zielsetzungen durch Abstimmung der Beteiligten eine Optimierung von Handlungsabläufen oder eine Erhöhung der Handlungsfähigkeit bzw. Problemlösungskompetenz angestrebt wird".

Koordination als einer Variante von Kooperation gehe es vorrangig um die Optimierung von Organisationsabläufen, *Vernetzung* um die Schaffung und Unterstützung einer Struktur, die die Kooperation unterschiedlicher Personen bzw. Institutionen zu rahmen in der Lage ist.

Die Kinder- und Jugendhilfe als sozialer Dienst ohne „monopolisierbare Expertendomäne" (Müller 2002, S. 736) ist in vielfältiger Weise auf Kooperation und Vernetzungsaktivitäten ausgerichtet. Besonders markant zeigen sich diese im § 81 SGB VIII, in dem es um die Zusammenarbeit mit anderen Stellen und öffentlichen Einrichtungen geht, insbesondere Schulen und Stellen der Schulverwaltung, Einrichtungen und Stellen der beruflichen Aus- und Weiterbildung, Einrichtungen und Stellen des öffentlichen Gesundheitsdienstes, den Trägern der Bundesagentur für Arbeit usw. Hinzu kommt, dass sich die Handlungsfelder der Kinder- und Jugendhilfe, u.a. im Bereich von Gesundheitsförderung und gesundheitsbezogener Prävention, erheblich ausgeweitet haben. Immer wieder hat es gerade die Kinder- und Jugendhilfe mit Kindern und Jugendlichen mit speziellen Versorgungsbedarfen und den Eltern sowie anderen Familienangehörigen zu tun. Einrichtungen der Kinder- und Jugendhilfe z.B. sind mit der Erweiterung des Kinder- und Jugendhilfegesetzes um den § 35a umfassend für alle von seelischer Behinderung bedrohten Kinder und Jugendlichen zuständig und häufig mit ähnlichen AdressatInnen sowie ähnlichen Fragestellungen befasst wie die Kliniken. Nicht selten stößt die Kinder- und Jugendhilfe dabei an die Grenzen ihrer Hilfekapazität. Deshalb sind Kooperationen mit Schulen, mit der Behindertenhilfe und dem Gesundheitswesen im Bereich der Krisenkonstellationen in ihrer Arbeit naheliegend.

2. Formen der Kooperation

Als zentrale Form der Netzwerkaktivität vollzieht sich Kooperation in unterschiedlicher Weise (vgl. Bauer 2005, S. 11-54). Unterscheiden lassen sich u.a. *anlassbezogene, fall- und feldbezogene* sowie *anlassübergreifende Kooperation*. Kooperationen vollziehen sich in spezifischen Sozialräumen; außerdem geht es um bestimmte Themen und Akteure und schließlich um den Formalisierungsgrad sowie die Struktur der Akteursbeziehungen. Alle drei Dimensionen seien nicht als trennscharfe Abgrenzungskriterien zu verstehen, sie hingen vielmehr eng miteinander zusammen, so P. Bauer (2005, S. 16).

Einen etwas anderen Kooperationszuschnitt formuliert A. Trojan (2011). Er unterscheidet zwischen *vertikalen* und *horizontalen* Kooperationsstrukturen. Bei vertikalen Kooperationen sind die unterschiedlichen Politikebenen – von der internationalen bis zur lokalen und nachbarschaftlichen Ebene – miteinander verbunden. Dabei sind die Interessenvertreter der jeweiligen Ebenen bemüht, u.a. Konflikte auszutragen und Konsens aufzubauen. Bei horizontalen Kooperationen werden die verschiedenen Lebensbereiche (wie z.B. Selbsthilfegruppen, Bürgerinitiativen und Dienstleister vor Ort) verknüpft, z.B. in Form von Stadtteilkonferenzen oder verschiedener Aktionsbündnisse.

Ein wichtiges Kriterium für eine länger währende Kooperation zwischen unterschiedlichen sozialen Diensten ist der Nutzeneffekt für die professionell Tätigen des jeweiligen sozialen Dienstes. Dies ist zumeist eine zentrale Grundlage für die Zusammenarbeit zwischen verschiedenen Diensten; denn in aller Regel ist Kooperation durch einen erheblichen Mehraufwand an Zeit, Engagement und wechselseitiger Achtsamkeit im Umgang miteinander gekennzeichnet. Diese Dimension gerät bei den inzwischen beliebt gewordenen Kooperationsbeteuerungen häufig aus dem Blick. Der achtsame Umgang miteinander stellt sich z.B. nicht von selbst her, ist jedoch relevant in der Herstellung und Gestaltung von ‚Augenhöhe' in der Kooperation (etwa zwischen schulbezogener Jugendhilfe und Schule, im Bereich der Frühen Hilfen zwischen Jugendamt, Freiem Träger und Gesundheitsamt und grundsätzlich beim Zusammenwirken von Erziehung, Bildung und Betreuung). Augenhöhe realisiert sich z.B. durch eine gleichberechtigte, offene Kommunikation, indem Minderheitsmeinungen einbezogen werden und Beteiligte keinen Profilverlust erleiden.

3. Thematische Schnittfelder und Aufgabenverständnisse kooperierender sozialer Dienste

In diesem Beitrag geht es vorrangig um Kinder- und Jugendhilfe, Behindertenhilfe, Gesundheitswesen und Schule. Nach dem Verständnis der Ottawa-Charta der WHO von 1986 ist das Gesundheitswesen nicht allein in der Lage, für ein gesundes Aufwachsen der Kinder und Jugendlichen zu sorgen. Die Verantwortung liegt vielmehr in allen Politikfeldern, in Bildungseinrichtungen, der Kinder- und Jugendhilfe, der Behindertenhilfe wie auch in der Familie als Erbringerin sozialer Dienste (vgl. zur Familie als Erbringerin und Empfängerin sozialer Dienste Jurczyk/Thiessen 2011, S. 340). Gesundheitsförderung wie auch gesundheitsbezogene Prävention sind nicht zuletzt deshalb ein gemeinsames Aufgabenfeld aller sozialen Dienste.

Für das Zustandekommen von Kooperation der sozialen Dienste reicht die Existenz eines gemeinsamen thematischen Schnittfeldes wie z.B. Gesundheit – ihre Förderung und Prävention – nicht. Es müssen spezifische Anliegen, Anlässe mit Fall- oder Feldbezug, hinzukommen. Wichtig ist ferner die Klärung des professionellen Arbeitsverständnisses. Ist es eher ressourcenorientiert oder reparaturorientiert oder richtet es sich nach den Handlungsnotwendigkeiten in den jeweiligen Situationen? In der Zusammenarbeit zwischen Psychiatrie und Jugendhilfe beispielsweise sollten je nach fachlicher Orientierung Verhaltensauffälligkeiten oder belastende Lebenssituationen bewältigt werden (vgl. du Bois 2004, S. 421-427). Damit verbunden ist auch das Akteursverständnis. Werden Akteure in erster Linie als KlientInnen, als AdressatInnen, als NutzerInnen, als RollenträgerInnen oder aber trotz möglicher Beeinträchtigungen von ihrer Agency – ihren Handlungsmächtigkeiten – gesehen? Idealerweise dagegen würde zu den gemeinsamen Aufgabenverständnissen gehören, dass der junge Mensch im Mittelpunkt der verantwortlichen Teilsysteme steht (siehe Stellungnahme der Bundesregierung im Dreizehnten Kinder- und Jugendbericht 2009, S. 13), d.h. sich in der Kooperation die Bildungs-, Sozial- und Gesundheitsarbeit an der Lebenslage von Kindern und Jugendlichen ausrichten. Dies gilt ungeschmälert auch bei Kindern mit körperlichen und seelischen Handicaps und Kindern mit Migrationshintergrund. Erst so entsteht die Voraussetzung dafür, dass, wie es oft von Politikern in den Mund genommen wird, ‚kein Kind verloren geht'. Wie haben die sozialen Dienste mit Familien und Eltern zu kooperieren, damit ein solches Ziel auch umsetzbar ist?

Am ehesten realisierbar ist es, wenn Eltern, Kinder und Jugendliche als sinn- und sinnenhaft tätige Akteure in ihren Sozialräumen und in ihren biografischen Lebenshintergründen, knapp und bündig: auf der Basis ihrer jeweiligen Handlungsmächtigkeit bzw. Agency gesehen werden (vgl. Homfeldt/Schröer/Schweppe 2008). Agency wird dabei „über das Erleben von Handlungswirksamkeit und Selbstbestimmtheit in konkreten sozialen Handlungsbezügen einer Person bestimmt" (Grundmann 2008, S. 131). Als Konzept kann Agency eine Richtungsweisung liefern für eine akteursbezogene Befähigungs-, Bildungs- und Wohlfahrtspolitik. Im Bereich konkreter Kooperation zwischen den sozialen Diensten ist die zentrale Ausgangsfrage jeweils: Wie erleben und deuten Kinder und Jugendliche ihre Handlungsmächtigkeit, ihre Lebensverhältnisse und welche Handlungschancen und -perspektiven sehen sie für sich? Grundlegend zu bedenken ist dabei, dass sich Kinder und Jugendliche aus benachteiligten Bevölkerungsgruppen in der Regel als wesentlich weniger handlungsmächtig wahrnehmen im Vergleich mit Heranwachsenden aus privilegierten Milieus.

4. Kooperation von Kinder- und Jugendhilfe, Behindertenhilfe, Gesundheitswesen und inklusiver Schule

In der Kooperationspraxis ist erst einmal davon auszugehen, dass die sozialen Dienste untereinander (Kinder- und Jugendhilfe, Behindertenhilfe, Gesundheitswesen bzw. -hilfe und Schule) aufgrund ihrer jeweiligen Aufgabenverständnisse immer noch wenig voneinander wissen (vgl. Dreizehnter Kinder- und Jugendbericht, Kap. C) und dass es aufgrund unterschiedlicher Handlungslogiken erhebliche Kooperationshemmnisse untereinander gibt:

- z.B. in Gestalt überzogener Erwartungen aneinander und ungeklärter Rollenverteilungen untereinander
- in Gestalt unterschiedlicher theoretischer Hintergrundmodelle und Grundhaltungen
- in Form eines je eigenen Sprachcodes
- in unterschiedlichen Finanzierungssystemen und Institutionsstrukturen
- in immer noch fehlender Anerkennung des jeweils anderen sozialen Dienstes

Zwischen dem Bildungswesen, der Kinder- und Jugendhilfe, der Behindertenhilfe und dem Gesundheitswesen gibt es, bezogen auf die komplexen Bedarfs- und Risikolagen von Kindern und Jugendlichen, immer noch wenige Brücken. Es ist überdies auch keineswegs gesichert, dass innerhalb der Bereiche, in den einzelnen Handlungsfeldern, Kooperationen erfolgen. So stellt z.B. S. Stöbe-Blossey fest (2011, S. 374), eine Verknüpfung zwischen Kindertagesstätten und Hilfen zur Erziehung sei nicht selbstverständlich. Auf dem Hintergrund wachsender Problemkomplexität und der Überforderung einzelner Institutionen diese zu bewältigen werde aber nunmehr endlich die Strategie diskutiert und z.T. umgesetzt, Tageseinrichtungen für Kinder zu Zentren für Dienstleistungen ‚aus einer Hand' zu machen. Mit den Hilfen aus einer Hand solle auf die komplexen Bedürfnisse von Familien eingegangen werden. Immer wieder gefordert wird auch eine engere Kooperation zwischen stationärer Jugendhilfe und Kinder- und Jugendpsychiatrie/-psychotherapie. M. Schmid stellt dazu fest (2010, S. 58):

„Die Kooperation zwischen Kinder- und Jugendpsychiatrie und Jugendhilfe sollte auf breiter Ebene ausgebaut werden. Die Symptombelastung ist derart hoch, dass eigentlich jede vorausschauende, planende Heimeinrichtung um eine gute Kooperationsstruktur mit kinder- und jugendpsychiatrischen Institutionen bestrebt sein müsste."

Zum anderen existieren durchaus Kooperationen zwischen unterschiedlichen sozialen Diensten, die im Verlauf der zurückliegenden Jahrzehnte quasi selbstverständlich geworden sind. Jugendhilfe und Schule weisen in Gestalt der Schulsozialarbeit seit den 1960er Jahren eine gemeinsame wechselhafte Geschichte auf, in der sie sich auf der Basis unterschiedlicher Konzepte kennen und weitgehend akzeptieren gelernt haben. Außerdem haben Kooperationen zwischen Kinder- und Jugendhilfe und Ganztagsschule im zurückliegenden Jahrzehnt erheblich an Relevanz gewonnen (vgl. AGJ 2008). Allerdings tragen die inzwischen eingespielteren Kooperationsbezüge häufig die Handschrift engagierter Einzelpersonen oder Gruppen. Umfassendere Implementationen strukturell angelegter Kooperationsbezüge und -prozesse sind nach wie vor rar.

Neue Herausforderungen entstehen im Kontext einer inklusiven Schule, die den Anspruch auf eine ungeschmälerte gesellschaftliche Teilhabe aller Kinder und Jugendlichen umzusetzen hat. Inklusion umspannt Heterogenität im weitesten Sinne ohne kategorisierende Zuweisungen aufgrund unterschiedlich ausgeprägter Fähigkeiten. Inklusion ist damit auch kein spezielles Thema der Sonder- und Heilpädagogik; denn die Einschränkung von Entwicklungsmöglichkeiten aufgrund körperlicher und seelischer Einschränkungen ist nur eine Facette (Boban/Hinz 2008, S. 315). Mit der Umsetzung von Inklusion, die sich in den einzelnen Bundesländern unterschiedlich weit entwickelt hat, müsste eigentlich die Frage nach der Zusammenarbeit mit den familienrelevanten sozialen Diensten (Kinder- und Jugendhilfe, Behindertenhilfe, Gesundheitswesen) im Vordergrund stehen; denn realisierbar ist eine inklusive Schule nur im Kontext einer individuellen Hilfeplanung, die interprofessionell erstellt wird, und einer Aktivierung neuer inklusiver Potenziale im Gemeinwesen. Die Prämisse, alle Kinder und Jugendlichen seien erst einmal Kinder und Jugendliche und erst dann im Kontext ihrer spezifischen Risiken und Belastungen zu sehen, wirft die Frage nach den Kooperationsnotwendigkeiten der inklusiven Schule mit den anderen sozialen Diensten auf. Dies wird insbesondere deutlich an Kindern mit speziellen Versorgungsbedarfen, z.B. Kindern psychisch kranker und alkoholkranker Eltern, chronisch kranken Kindern, traumatisierten Kindern und Kindern mit seelischen und körperlichen Handicaps.

5. Kooperation bei Kindern und Jugendlichen mit speziellen Versorgungsbedarfen

Kooperationsnotwendigkeiten zwischen den familienrelevanten sozialen Diensten (Schule, Kinder- und Jugendhilfe, Behindertenhilfe, Gesundheitswesen bzw. Gesundheitshilfe) entstehen aus den wachsenden Risikokonstellationen des Aufwachsens. Das gilt zum einen ganz grundsätzlich, aber vor allem auch in Bezug auf die wachsende Zahl von Kindern und Jugendlichen, die nach den empirischen Daten der KIGGS-Studie des Robert-Koch-Instituts von 2007 in Verhältnissen leben, die einem gesunden Aufwachsen abträglich sind. Je für sich sind die sozialen Dienste und die Schule überfordert, schwer erreichbaren Kindern und Jugendlichen z.B. (vgl. Gahleitner 2010, S. 161-172) eine für ihre Entwicklung ausreichende Unterstützung zu geben. Für Familien in sozial benachteiligter Lebenslage (Alleinerziehende, von Arbeitslosigkeit betroffene Familien) mit einem chronisch kranken oder behinderten Kind wächst der Bedarf an komplexer interprofessioneller Unterstützung darüber hinaus noch einmal (vgl. Büker 2008, S. 282-300). Versorgungsleistungen für Kinder und Jugendliche mit speziellen Versorgungsbedarfen jedoch erfolgen in der Regel immer noch durch verschiedene Institutionen an verschiedenen Orten (vgl. Thyen 2010, S. 231) mit unterschiedlichen Herangehensweisen und Unklarheiten in den Zuständigkeiten. Die große Gruppe der Kinder und Jugendlichen mit chronischen Erkrankungen und drohenden seelischen Schäden bzw. mit Beeinträchtigungen seelischer wie körperlicher Ausprägung (vgl. Hölling/Schlack/Kurth 2010, S. 113 f.) dokumentiert die Notwendigkeit einer umfassenden sozialen Unterstützung.

5.1

Erst in den zurückliegenden Jahren hat sich die Datenlage zu chronischen Erkrankungen verbessert. Nach der KIGGS-Studie weisen 14% aller Kinder und Jugendlichen in Deutschland mit fortwährenden bzw. längerfristigen gesundheitlichen Einschränkungen und mit Verhaltens- und Entwicklungsstörungen einen speziellen Versorgungsbedarf auf (vgl. BMFSFJ 2009, S. 104).

5.2

Zunehmend stärker rückt die Gruppe der Kinder und Jugendlichen mit psychisch kranken und suchtkranken Eltern ins Blickfeld der Kinder- und Jugendhilfe wie auch der Gesundheitshilfe (vgl. Jungbauer 2010). Kinder aus belasteten Familien stehen selber mit einem sechsfach erhöhten Risiko in der Gefahr, Abhängigkeiten und psychische Auffälligkeiten zu entwickeln (vgl. Lexow/Wiese/Hahlweg 2008, S. 94). Neben der frühen Kindheit gilt besonders das Jugendalter als Phase einer erhöhten Risikoanfälligkeit. Für diese Gruppe der Kinder und Jugendlichen ist eine mit der Schule abgestimmte koordinierte Hilfeplanung von höchster Wichtigkeit. Bislang sind jedoch nach A. Lenz (2010, S. 712) „nahezu alle Hilfen für Kinder psychisch kranker und suchtkranker Eltern Projekte, die über Modellförderungen, kommunale Zuschüsse, Spenden und Eigenmittel der Träger finanziert werden. Dauerfinanzierte Regelangebote, die im psychosozialen Versorgungssystem verankert sind, bestehen bislang nur vereinzelt".

5.3

Die UN-Konvention über die Rechte von Menschen mit Behinderungen vom 13. 12. 2006, die einen wichtigen Schritt zur Stärkung der Menschenrechte behinderter Menschen darstellt und endlich auch seit März 2009 in Deutschland uneingeschränkt gilt, bildet eine erhebliche Herausforderung für die Kinder- und Jugendhilfe, die Behindertenhilfe, das Gesundheitswesen und die Schule. Nimmt nämlich das medizinisch-individuelle Modell von Behinderung vorrangig die persönliche Schädigung in den Blick, die durch sie die soziale Lage erklärt, wird durch das menschenrechtliche Modell von Behinderung der Achtungsanspruch aller Menschen in ihrer Verschiedenheit zugrundegelegt (vgl. Degener 2009, S. 273 f.). Realisierbar ist ein solcher Anspruch in der Schule unter Einbeziehung miteinander kooperierender sozialer Dienste.

5.4

„An Schnittstellen geht es um Geld und Definitionsmacht. Es vermag deshalb nicht zu verwundern, dass den gesetzlichen Ergebnissen regelmäßig harte Verhandlungen vorausgehen und so mancher Kompromiss die eine oder andere faule Stelle aufweist" (T. Meysen 2010, S. 21).

Dies trifft vor allem zu auf die Auseinandersetzung um eine „große Lösung" (vgl. dazu das eindeutig positive Statement der Bundesregierung im Dreizehnten Kinder- und Jugendbericht 2009, S. 14 f.). Die Kindeswohlmaxime ist auch für Kinder mit seelischen Behinderungen der generelle Maßstab mit den entsprechenden Herausforderungen einer auf Inklusion ausgerichteten Schule, die die Rahmenbedingungen für die Hilfe- und Unterstützungsbedarfe zu bedenken hat. J. M. Fegert (2010, S. 14) plädiert dafür, dass „Hilfen für ein Kind oder einen Jugendlichen so weit wie möglich aus einer Hand geleistet werden" und dass Hilfeleistungen bedarfsgerecht, zielgenau und zeitnah erbracht werden. Naheliegend kann dies dann nur die Schule selber erbringen. Dazu müsste sie jedoch – bezogen auf Kinder und Jugendliche mit speziellen Versorgungsbedarfen – zu einer Full-Service-Station werden, in der Kinder- und Jugendhilfe, Kinder- und Jugendpsychiatrie, der öffentliche Gesundheitsdienst, die Behindertenhilfe eingebunden sind und eng kooperieren (z.B. in der Entwicklung von Hilfe- und Bildungsplänen für die jeweiligen belasteten Kinder und Jugendlichen).

6. Kooperation von Kinder- und Jugendhilfe, Gesundheitshilfe und Schule – zur Notwendigkeit struktureller Verankerungen

Kinder und Jugendliche mit speziellen Versorgungsbedarfen sind für die Kinder- und Jugendhilfe, die Behindertenhilfe, das Gesundheitswesen und auch die Schule je für sich eine Überforderung. Für diese Gruppe von Heranwachsenden ist die Kooperation der Dienste unerlässlich. Damit sie allgemein, aber insbesondere für Kinder und Jugendliche mit speziellen Versorgungsbedarfen, zu einer nachhaltigen Ressource werden kann, ist sie strukturell zu sichern. Dies vollzieht sich je nach Ebene und Form der Kooperation durch schriftliche Vereinbarungen bis hin zu gesetzlichen Regelungen. Diese implizieren z.B.:

- eine rechtliche Verankerung in den SGBs
- eine partielle Zusammenführung der Finanztöpfe von Jugendhilfe, Behindertenhilfe, Gesundheitswesen und Schule
- eine abgestimmte Qualitätssicherung
- eine integrierte Berichterstattung auf kommunaler Ebene: Zusammenfügen einer Sozialbericht-, Gesundheitsbericht- und Bildungsberichterstattung
- eine kooperationsförderliche Gesamtpolitik auf den unterschiedlichen Politikebenen

Für eine fachgerechte Umsetzung von Kooperation bedarf es einer ausreichenden Finanzierung und fachlichen Kompetenz, die auch in Stellenausschreibungen als zentrale Aufgabe dokumentiert werden sollte (vgl. Fegert/Besier 2010, S. 1095). Dazu bedarf es von allen Professionen auch einer Verpflichtung auf die Vermittlung interdisziplinärer Wissensbestände in Aus- und Weiterbildung.

7. Umsetzung von Kooperation – ihre Grundvoraussetzungen

Strukturelle Verankerungen implizieren noch nicht die Umsetzung von Kooperation. Diese bedarf einer sorgfältigen Steuerung und handlungsbezogener Grundvoraussetzungen. So spricht Kh. Thimm folgende Gelingensbedingungen für Kooperationen zwischen Schulen und ihren Partnern im Kontext des Programms „Ganztägig lernen" an (2008, S. 812): Kooperationspartner müssten die Grenzen des eigenen Fachgebietes und der eigenen Kompetenzen wahrnehmen, aber auch klären, was sie können, einbringen wollen und brauchen. Es gehöre ferner dazu zu wissen, was die andere Seite leisten könne, gemeinsame Erfahrungsräume seien nötig. Kooperation beginne mit der Feststellung der Unterschiede als Voraussetzung, um das gemeinsame Dritte oder Vierte herauszufinden. Es seien gemeinsame Zeiten und Orte nötig, ebenso das sozial-emotionale Wohlbefinden. Schließlich müsste jede Seite von der Kooperation profitieren.

Aus der Perspektive des ASD des Jugendamtes nennt W. Tenhaken ähnliche Grundvoraussetzungen für jedwede Kooperation (2010, S. 95 f.). Er erwähnt neben den von Thimm genannten Facetten außerdem: Erkenntnisse und Ergebnisse müssten regelmäßig in die Einrichtung hineingetragen werden und die Kooperationspartner müssten sich um die „Herstellung einer doppelten Zielkongruenz" bemühen; Loyalitätskonflikte seien zu reflektieren und es müsste nach außen ein sichtbares Kooperationsprofil existieren.

Aus der Praxis eines Modellprojekts zur „Kooperation von Kinder- und Jugendpsychiatrie, Jugendhilfe und Schule" (2009) in der Region Berlin-Südwest seien abschließend noch zu den bereits erwähnten Handlungsempfehlungen von Thimm und Tenhaken aus dem Projektteam drei weitere hinzugefügt (2009, S. 44 f.):

- die Bereitstellung angemessener finanzieller, personeller und struktureller Ressourcen
- die Entwicklung von verbindlichen Standards für Übergänge und im Sinne von Partizipation die Stärkung der Handlungsbefähigung der Akteure
- den intensiven Einbezug der betroffenen Angehörigen und VertreterInnen des sozialen Umfeldes (Familie, Peers)

Literatur

AGJ – Arbeitsgemeinschaft für Kinder- und Jugendhilfe (Hrsg.) (2008): Kooperation von Jugendhilfe und Ganztagsschule. Berlin: Eigenverlag der AGJ
Bauer, Petra/Otto, Ullrich (Hrsg.) (2005): Mit Netzwerken professionell zusammenarbeiten. Band 2: Institutionelle Netzwerke in Steuerungs- und Kooperationsperspektive. Tübingen: dgvt
Bauer, Petra (2005): Institutionelle Netzwerke steuern und managen. Einführende Überlegungen. In: Bauer, Otto (2005): S. 11-54
Bauer, Ullrich/Büscher, Andreas (Hrsg.) (2008): Soziale Ungleichheit und Pflege. Wiesbaden: Verlag für Sozialwissenschaften
Bezirksamt Tempelhof-Schöneberg, Planungs- und Koordinierungsstelle Gesundheit (Hrsg.) (2008): Abschlussbericht des Modellprojekts: „Kooperation von Kinder- und Jugendpsychiatrie, Jugendhilfe und Schule" in der Region Berlin-Südwest. Berlin
Biewer, Gottfried/Luciak, Mikael/Schwinge, Mirella (Hrsg.) (2008): Begegnung und Differenz. Menschen – Länder – Kulturen. Beiträge zur Heil- und Sonderpädagogik. Bad Heilbrunn: Klinkhardt
BMFSFJ (2009): Dreizehnter Kinder- und Jugendbericht: Mehr Chancen für gesundes Aufwachsen. Berlin.
Boban, Ines/Hinz, Andreas (2008): Inclusive Education – Annäherungen an Praxisentwicklung und Diskurs in verschiedenen Kontexten. In: Biewer/Luciak/Schwinge (2008): S. 314-329

Büker, Christa (2008): Leben mit einem behinderten Kind: Betroffene Familien in sozial benachteiligter Lebenslage. In: Bauer/Büscher (2008): S. 282-300
Bundesgesundheitsblatt (Gesundheitsforschung/Gesundheitsschutz) (2007): Ergebnisses des Kinder- und Jugendgesundheitssurveys (KIGGS). Darmstadt
Bundeszentrale für gesundheitliche Aufklärung (Hrsg.) (2003): Leitbegriffe der Gesundheitsförderung. 4. erw. und überarb. Auflage. Schwabenheim: Fachverlag Peter Sabo
Coelen, Otto (Hrsg.) (2008): Grundbegriffe Ganztagsbildung. Wiesbaden: Verlag für Sozialwissenschaften
Collatz, Jürgen (Hrsg.) (2010): Familienmedizin in Deutschland. Lengerich: Pabst Science Publishers
Degener, Theresa (2009): Die neue UN-Behindertenrechtskonvention aus der Perspektive der Disability Studies, In: Behindertenpädagogik, 48.Jg., H. 3. Gießen: Psychosozial-Verlag. S. 263-283
du Bois, Reinmar (2004): Historische Trennlinien und Berührungspunkte zwischen Jugendhilfe und Kinder- und Jugendpsychiatrie. In: Fegert/Schrapper (2004): S. 421-427
Evers, Adalbert/Heinze, Rolf G./Olk, Thomas (Hrsg.) (2011): Handbuch Soziale Dienste. Wiesbaden: Verlag für Sozialwissenschaften
Fegert, Jörg M. (2010): Kinder und Jugendliche mit Behinderung. Über § 35a SGB VIII zur „großen Lösung". In: JAmt/ZKJ, 83. Jg./40. Jg. Gemeinsames Themenheft Juni 2010. Köln: Bundesanzeiger-Verlag. S. 13-15
Fegert, Jörg M./Besier, Tanja (2010): Psychisch belastete Kinder und Jugendliche an der Schnittstelle zwischen Kinder- und Jugendhilfe und Gesundheitssystem. In: Sachverständigenkommission 13. Kinder- und Jugendbericht (2010): S. 987-1110
Fegert, Jörg M./Schrapper, Christian (Hrsg.) (2004): Handbuch Jugendhilfe – Jugendpsychiatrie. Interdisziplinäre Kooperation. Weinheim und München: Juventa
Fegert, Jörg M./Ziegenhain, Ute/Goldbeck, Lutz (Hrsg.) (2010): Traumatisierte Kinder und Jugendliche in Deutschland. Weinheim und München: Juventa
Gahleitner, Silke Birgitta (2010): „Hard and hard to reach" – Jugendliche auf dem Weg in die Adoleszenz. In: Labonté-Roset/Hoefert/Cornel (2010): S. 160-172
Grundmann, Matthias (2008): Handlungsbefähigung – eine sozialisationstheoretische Perspektive. In: Otto/Ziegler (2008): S. 131-142
Grunow, Dieter (2011): Soziale Dienste als „Öffentliches Gut". In. Evers/Heinze/Olk (2011): S. 229-244
Hölling, Heike/Schlack, Robert/Kurth, Bärbel-Maria (2010): Kinder – Familien – Gesundheit. Fakten und Zahlen aus dem bundesweiten repräsentativen Kinder- und Jugendgesundheitssurvey (KIGGS). In: Collatz (2010): S. 97-131
Homfeldt, Hans Günther/Schröer, Wolfgang/Schweppe, Cornelia (Hrsg.) (2008): Vom Adressaten zum Akteur. Soziale Arbeit und Agency. Opladen und Farmington Hills: Budrich
ISS – Institut für Sozialarbeit und Sozialpädagogik e.V. (Hrsg.) (2010): Der Allgemeine Soziale Dienst. Aufgaben, Zielgruppen, Standards. München: Reinhardt
Jungbauer, Johannes (Hrsg.) (2010): Familien mit einem psychisch kranken Elternteil. Forschungsbefunde und Perspektiven für die Soziale Arbeit. Opladen und Farmington Hills: Budrich
Jurczyk, Karin/Thiessen, Barbara (2011): Familie und soziale Dienste. In: Evers/Heinze/Olk (2011): S. 333-352
Labonté-Roset, Christine/Hoefert, Hans-Wolfgang/Cornel, Heinz (Hrsg.) (2010): Hard to Reach. Schwer erreichbare Klienten in der Sozialen Arbeit. Berlin: Schibri
Lenz, Albert (2010): Riskante Lebensbedingungen von Kindern psychisch und suchtkranker Eltern – Stärkung ihrer Ressourcen durch Angebote der Jugendhilfe. In: Sachverständigenkommission 13. Kinder- und Jugendbericht (2010): S. 683- 752
Lenz, Albert/Jungbauer, Johannes (Hrsg.) (2008): Kinder und Partner psychisch kranker Menschen. Belastungen, Hilfebedarf, Interventionskonzepte. Tübingen: dgvt
Lexow, Anja/Wiese, Meike/Hahlweg, Kurt (2008): Kinder psychisch kranker Eltern: Ihre Chancen, im Rahmen einer ambulanten Psychotherapie der Eltern zu profitieren. In: Lenz/Jungbauer (2008): S. 91-112
Meysen, Thomas (2010): Kinder- und Jugendhilfe an allen Schnittstellen: zentrale Anlaufstelle, Ausfallbürge, Netzeknüpfer. In: JAmt/ZKJ (2010): S. 21-24
Müller, Burkhard (2002): Professionalisierung. In: Thole (2002): S. 725-744
Otto, Hans. U./Ziegler, Holger (Hrsg.) (2008): Capabilities – Handlungsbefähigung und Verwirklichungschancen in der Erziehungswissenschaft. Wiesbaden: Verlag für Sozialwissenschaften
Sachverständigenkommission 13. Kinder- und Jugendbericht (Hrsg.) (2010): Materialien 13. Kinder- und Jugendbericht. Mehr Chancen für gesundes Aufwachsen. München: Verlag Deutsches Jugendinstitut
Stöbe-Blossey, Sybille (2011): Soziale Dienste zur frühkindlichen Bildung und Betreuung. In: Evers/Heinze/Olk (2011): S. 369-388
Schmid, Marc (2010): Umgang mit traumatisierten Kindern und Jugendlichen in der stationären Jugendhilfe: „Traumasensibilität" und „Traumapädagogik". In: Fegert/Ziegenhain/Goldbeck (2010): S. 36-60

Tenhaken, Wolfgang (2010): Jugendhilfe und Dritte: (interinstitutionelle) Kooperation in der Arbeit des ASD. In: ISS (2010): S. 92-109

Thimm, Karlheinz (2008): Personelle Kooperation und Fortbildung. In: Coelen (2008): S. 809-819

Thole, Werner (Hrsg.) (2002): Grundriss Soziale Arbeit. Wiesbaden: Verlag für Sozialwissenschaften

Thyen, Ute (2010): Familienorientierte Versorgung in der Kinder- und Jugendmedizin. Auswirkung von chronischen Erkrankungen von Kindern und Jugendlichen auf das Familiensystem und Erfordernisse an die Gesundheitsversorgung. In: Collatz (2010): S. 218-237

Trojan, Alf (2003): Vermitteln und Vernetzen. In: Bundeszentrale für gesundheitliche Aufklärung (2003): S. 240-242

Van Santen, Eric/Seckinger, Mike (2003): Kooperation: Mythos und Realität einer Praxis. München: DJI

Rolf Krüger

Finanzierung von Elternarbeit

1. Vorbemerkungen

Elternarbeit kommt als Begriff in der Sprache des SBG VIII nur am Rande vor, dennoch ist sie Bestandteil einer ganzen Reihe von Leistungen der Jugendhilfe und kann deshalb aus deren Mitteln finanziert werden. Daneben werden auch die Möglichkeiten der Finanzierung aus sonstigen, d.h. nicht-öffentlichen Mitteln erörtert. Abschließend werden die in der Praxis vorfindbaren Versuche der Finanzumsteuerung von den Kosten der aufwendigeren Hilfen zu Erziehung – in denen i.d.R. auch Elternarbeit enthalten ist – zu der Finanzierung von Elternarbeit als Teil der allgemeinen Förderung der Erziehung in der Familie diskutiert.

2. Öffentliche Finanzierung

An dieser Stelle wird auf die beiden grundlegenden Formen der Elternarbeit nach dem SGB VIII eingegangen. Dies ist einerseits die Elternarbeit als Strukturaufgabe der Jugendhilfe und andererseits die Jugendhilfe als Nebenaufgabe anderer erzieherischen Leistungen.

2.1 Elternarbeit als eigenständige Aufgabe der Jugendhilfe

Aus dem § 16, Abs. 2, Nr. 1 SGBVIII ergibt sich zweifelsfrei, dass Familienbildung und damit Elternarbeit im Sinne von Bildungsangebot zu den Leistungen der Jugendhilfe gehört. Es handelt sich um eine Soll-Leistung, also um ein Regelangebot, das nur ausnahmsweise nicht vorzuhalten ist. Ein Verweis auf mangelnde Haushaltsmittel als Ausschlussargument des Angebots ist nicht zulässig. Eine Kostenbeteiligung durch Erhebung von Teilnahmebeiträgen ist nach § 90, Abs. 1, Nr. 2 SGB VIII grundsätzlich zulässig. Sie verbietet sich allerdings dann, wenn die ins Auge gefasste Zielgruppe nicht leistungsfähig ist. Da bei den Angeboten ausdrücklich auch solche Zielgruppen zu erfassen sind und die Leistungsnorm ausdrücklich Hinweis auf Familien in unterschiedlichsten Lebenslagen enthält, ist sehr häufig auf die Erhebung von Teilnahmebeiträgen zu verzichten.

Soweit nicht ergänzendes Länderrecht etwas anderes regelt, handelt es sich um eine Leistung ohne subjektiven Rechtsanspruch. Die Maßnahmen werden wegen des institutionellen Subsidiaritätsgebotes überwiegend von freien Trägern angeboten und zwar in der institutionellen Form der sogenannten Familienbildungsstätten. Andere Formen kommen zwar in der Praxis vor, haben sich aber bisher nicht flächendeckend durchsetzen können.

2.2 Elternarbeit als Nebenaufgabe anderer Jugendhilfeleistungen

Minderjährige haben Eltern. Es verwundert deshalb nicht, dass in den meisten Hilfen zur Erziehung Elternarbeit als Nebenaufgabe immer mehr oder wenig eindeutig genannt wird. So z.B. in den §§ 20 SGB VIII (Erziehungsberatung), 30 (Erziehungsbeistandschaft), 31 (Familienhilfe), 32 (Erziehung in einer Tagesgruppe), 33 (Vollzeitpflege) und 34 SGB VIII (Heimerziehung). Bei allen genannten Hilfeformen ist es, wenn die Maßnahme erfolgreich sein soll, unumgänglich auf die Eltern im Sinne von Elternarbeit pädagogisch einzuwirken.

Die konkreten Formen können dabei sehr unterschiedlich sein. Sie ergeben sich aus der Konzeption der Einrichtung und dem Hilfeplanungsergebnis des Einzelfalles.

Nach den Regeln des § 27 SGB VIII handelt es sich um eine Leistung mit subjektivem Rechtsanspruchscharakter. Eltern und ggf. auch Minderjährige selber können bei stationären Hilfen nach Maßgabe des § 90 SGB VIII an den Kosten beteiligt werden. Leistungsberechtigt sind die Personensorgeberechtigten. Zur Leistungserlangung bedarf es keines förmlichen Antrags. Die Leistungen können allerdings nicht mit Mitteln des Jugendhilferechts aufgezwungen werden. Möglich sind allerdings entsprechende Weisungen des Familiengerichts im Rahmen des § 1666 Abs. 3, Nr. 1 BGB. Die Hilfe wird wegen des institutionellen Subsidiaritätsgebots ebenfalls weitestgehend von freien Trägern durchgeführt.

Auch im Bereich des erzieherischen Jugendschutzes nach § 14, Abs. 2, Nr. 2 SGB VIII ist Elternarbeit vorgesehen. Es handelt sich um eine Leistung ohne subjektiven Rechtsanspruch. Die Maßnahmen werden in der Praxis trotz des auch hier bedeutsamen institutionellen Subsidiaritätsgebots sowohl von öffentlichen als auch von freien Trägern angeboten.

Ein weiterer wichtiger Bereich ist die Elternarbeit in Kindertageeinrichtungen. Bundesrechtlich ist die Rechtsquelle, wenn auch sehr allgemein, in § 22, Abs. 2 SGB VIII normiert. Wegen des Landesrechtsvorbehalts aus § 26 SGB VIII finden sich nähere Regelungen ggf. in den Landesausführungsgesetzen, so z.B. in § 2, Abs. 2 des Nds. KiTaG. Auf die Leistung besteht z.Z. nur ein subjektiver Rechtsanspruch, soweit das 3. Lebensjahr des Kindes vollendet ist. Nach der Regelung der Kinderfördergesetztes haben ab 2013 auch jüngere Kinder einen Rechtsanspruch.

Die Einrichtungen, die sowohl von öffentlichen als auch von freien Trägern vorgehalten werden, werden aus Mitteln der Länder, der örtlichen öffentlichen Jugendhilfeträger und Elternbeiträgen mischfinanziert.

2.3 Formen der Finanzierung

Grundsätzlich kommen für die Finanzierung von Elternarbeit drei Finanzierungsarten in Betracht:

- die Zuschussfinanzierung (bei allen Rechtsansprüchen der Elternarbeit ohne subjektiven Rechtsanspruch und bei Kindertagesstätten)
- die Finanzierung über das sogenannte sozialrechtliche Dreiecksverhältnis (bei allen Rechtsgründen der Elternarbeit subjektivem Rechtsanspruch, jedoch nicht bei Kindertagesstätten)
- die unmittelbare Finanzierung aus dem Haushaltsbudget des Jugendamtes (bei Durchführung der Maßnahme durch den öffentlichen Träger)

Nun zunächst zur Zuschussfinanzierung:

Unter der Zuschussfinanzierung versteht man die i.d.R. teilweise Deckung der Kosten einer Maßnahme eines freien Trägers durch Zuwendungen des öffentlichen Trägers. Wir unterscheiden dabei noch folgende Unterarten:

- *Anteilsfinanzierung:* Der Zuschuss beträgt eine bestimmen Anteil der zuwendungsfähigen Ausgaben des freien Trägers.

- *Fehlbedarfsfinanzierung:* Hier wird dem freien Träger der Betrag gewährt, den er nicht anders decken kann.
- *Festbetragsfinanzierung:* Dies bedeutet, dass für eine bestimmte Maßnahme ein fester Betrag zugewendet wird.
- *Vollfinanzierung:* Der Zuschussgeber übernimmt die tatsächlichen Kosten einer Maßnahme. Dies geschieht eher selten (vgl. Lütgen 1997, S. 147 ff.).

Rechtlich erfolgt die Zuschussvergabe durch Verwaltungsakt oder öffentlich-rechtlichen Vertrag (vgl. Krüger 2007, S. 52 f.). Der freie Träger muss i.d.R. nach Verbrauch des Zuschusses dessen Verwendung nachweisen.

Die Finanzierung über das sozialrechtliche Dreiecksverhältnis, die auch indirekte Vollfinanzierung genannt wird, deckt die vollen Kosten einer Jugendhilfemaßnahme ab. Rechtsanspruchsinhaber sind die jeweiligen KlientInnen der Sozialarbeit. Der Anspruch wird als Verwaltungsakt des Jugendamtes realisiert. Zwischen dem Klientel einerseits und dem freien Träger andererseits wird nach bürgerlichem Recht ein Leistungsvertrag geschlossen. Der freie Träger schließt mit dem öffentlichen Träger eine Leistungs-, Kosten- und Qualitätssicherungsvereinbarung als öffentlich-rechtlichen Vertrag ab.

Der freie Träger sollte bei dieser Finanzierungsform darauf achten, dass die Kosten der jeweiligen Elternarbeit sich entweder in der Kostenkalkulation der stationären Einrichtung oder im Umfang der Fachleistungsstundenzahl bei ambulanten Diensten widerspiegeln (vgl. Krüger 2007, S. 29).

Wenn öffentliche Träger Maßnahmen selber durchführen, die bei freien Trägern zuschussfinanziert wären, wird dieses Vorhaben direkt aus dem jeweiligen Haushaltsbudget finanziert. Zu berücksichtigen ist ggf. der Gleichheitsgrundsatz aus Art. 3 GG i.V. mit § 74 SGB VIII. Der Gleichheitsgrundsatz kommt auch zum Tragen, wenn gleiche Maßnahmen von öffentlichen und freien Trägern durchgeführt werden; dies bedeutet, dass die Maßnahmen des öffentlichen Jugendhilfeträgers nicht teurer sein dürfen als die der freien Träger (vgl. Krüger 2007, S. 35).

3. Finanzierung aus sonstigen Mitteln

Sind die Finanzmittel aus öffentlichen Quellen nicht zu erlangen oder zumindest nicht kostendeckend, bleibt die Möglichkeit nach nicht-öffentlichen Finanzquellen Ausschau zu halten.

Frei-gemeinnützige Träger haben das Recht der für den Spender steuerverkürzenden Spendenentgegennahme. Spenden sind sowohl ohne als auch mit Zweckbindung zulässig. Weitere Möglichkeiten ergeben sich aus dem Social-Sponsoring. Der Sponsor – i.d.R. ein Wirtschaftsunternehmen – erwartet gegen Zahlung eines Geldbetrages einen Werbeeffekt durch die Mitnutzung des positiven Images des gesponserten freien Trägers. Er kann die Kosten des Imagetransfers als Betriebsausgabe steuermindernd geltend machen. Natürlich eignet sich diese Finanzierungsform nur für Träger mit positivem Image. Umgekehrt kann ein mögliches negatives Image des Sponsors auf den Gesponserten zurückwirken. Bei dem gesponserten freien Träger entstehen durch Sponsoring Einnahmen aus wirtschaftlichem Geschäftsbetrieb, die grundsätzlich steuerpflichtig sind (vgl. Krüger 2007, S. 56).

Eine weitere Finanzquelle können Geldauflagen der Strafjustiz sein. Strafgerichte und Staatsanwaltschaften können Strafverfahren gegen Zahlung einer Geldauflage an eine gemeinnützige Organisation einstellen, dies ergibt sich aus §§ 45, 47 JGG und 153a Ab. 1 + 2 StPO (vgl. Krüger 1988, S. 69 ff.).

Bei vielen Stiftungen und bei großen Wohlfahrtsverbänden, wie z.B. der Aktion Mensch, besteht die Möglichkeit Anträge auf (Teil-) Finanzierung von Maßnahmen der Jugendhilfe zu stellen. Da sich die Förderprogramme häufiger ändern, empfiehlt es sich, notwendige Informationen aus dem Internet zu beziehen.

Das Grundproblem aller nicht-öffentlicher Finanzierung ist, dass Geldzuflüsse entweder nur punktuell oder aber für einen begrenzten Zeitraum zu erwarten sind. Teilweise sind Geldeingänge auch gar nicht planbar.

4. Die politische Zukunft?

Elternarbeit – insbesondere als eigenständige Aufgabe der Jugendhilfe – leidet an einer strukturellen Unterfinanzierung. Der zentrale Grund hierfür ist der mangelnde subjektive Rechtsanspruch. Bei allgemeinen knappen finanziellen Mitteln der Kommunen ist es nicht weiter verwunderlich, dass bei den Leistungen, die nicht individuell einklagbar sind, am ehesten gespart wird. Auch das häufig gebrauchte Argument, dass Ausgaben im Präventivbereich – und das ist unstrittig auch die Elternarbeit – spätere höhere Ausgaben im Interventionsbereich verhindern, ist empirisch zumindest kurzfristig kaum nachweisbar. Dennoch haben einige örtliche öffentliche Jugendhilfeträger Versuche unternommen, u.a. durch Ressourcenverlagerung Elternarbeit finanziell besser auszustatten (vgl. Kuhlmann/ Bartscher 2006; Holz u.a. 2005).

In der Stadt Hamm besteht das Ziel, 10% der Ausgaben, die für Hilfen zur Erziehung ausgegeben wurden, in den Bereich der Elternarbeit umzuleiten. Das Konzept von *Mo.Ki* (Monheim für Kinder) verfolgt eine ähnliche Strategie. In beiden Städten geht es parallel aber auch darum, alle Akteure miteinander zu vernetzen. Das Ganze bedarf einer zentralen Steuerung, die – wie es der § 79 SGB VIII verlangt – beim Jugendamt zu liegen hat.

Es soll nicht verschwiegen werden, dass solche Strategien dann nicht unproblematisch sind, wenn damit Druck auf die Gewährungspraxis der Hilfen zur Erziehung ausgeübt wird. Auch eine umfassende Entwicklung der Elternarbeit wird die individuellen Erziehungshilfen nicht überflüssig machen, sondern allenfalls die Fallzahlen einschränken. Aus diesem Grund darf die strukturelle Versorgung der Bevölkerung mit Erziehungsdienstleistungen nicht den subjektiven Rechtsanspruch auf individuelle Leistungen einschränken. Die Diskussionen über die sogenannten Sozialraumbudgets sind hier ein negatives Beispiel (vgl. Krüger/Zimmermann 2005, S. 246 ff.).

Literatur

Holz, Gerda et al. (2005): Armutsprävention vor Ort: „MoKi – Monheim für Kinder". Evaluationsergebnisse zum Modellprojekt der Arbeiterwohlfahrt Niederrhein und Stadt Monheim. www.monheim,de/moki/ bilanz/zusammenfassung_moki.pdf (eingesehen am 31.10.2010)

Krüger, Rolf (2007): Organisation und Finanzierung freier Träger der Sozialarbeit. 2. überarbeitete Auflage. Berlin: Lehmanns Media

Krüger, Rolf (1988): Geldauflagen der Strafjustiz als Finanzquelle freier Träger der Sozialarbeit. In: Der Sozialarbeiter 2,3/1988. Essen: Berufsverband der Sozialarbeiter und Sozialpädagogen e.V. S. 69 ff.

Krüger, Rolf/Zimmermann, Gerhard (2005): Gemeinwesenorientierung, Sozialräume, das Budget und der Verlust von Fortschrittlichkeit in der Jugendhilfe. In: Störch (2005): S. 248-258

Kuhlmann, Angelika/Bartscher, Matthias (2006): Präsentation Eltern-Schule Hamm. www.wuppertal.de/rathaus/onlinedienste/ris/www/pdf/00067319.pdf (eingesehen am 31. 10.2010)

Lütken, Ulf (1997): Organisation und Finanzierung freier Träger der Jugendhilfe. Neuwied: Luchterhand

Störch, Klas (Hrsg.) (2005): Soziale Arbeit in der Krise. Perspektiven fortschrittlicher Sozialarbeit. Hamburg: VSA

Nationaler und internationaler Forschungsstand Erziehungs- und Bildungspartnerschaft (Elternarbeit)

Werner Sacher

Erziehungs- und Bildungspartnerschaften in der Schule: zum Forschungsstand

PISA-Begleituntersuchungen zeigten, dass der Einfluss der Familien auf den Schulerfolg der Kinder reichlich doppelt so stark ist wie der von Schule, Lehrkräften und Unterricht zusammen (OECD 2001, S. 356 f.) – ein Ergebnis, zu dem übrigens die erziehungswissenschaftliche Forschung seit einem halben Jahrhundert immer und immer wieder gelangte (vgl. Krumm 1996, S. 257). Dieser Einfluss der Familien ist allerdings nicht ohne Weiteres identisch mit dem Effekt einer gut funktionierenden Erziehungs- und Bildungspartnerschaft zwischen Schule und Elternhaus. Vielmehr ist zu prüfen, ob und wie durch eine solche Partnerschaft dieses Potenzial mobilisiert werden kann und ob der für beide Seiten damit verbundene Zeit- und Kraftaufwand gerechtfertigt ist.

1. Fehlschlüsse und Fehlinterpretationen der Forschung

Eine erste Sichtung einschlägiger Forschungsarbeiten ergibt ein insgesamt verwirrendes Bild: Während eine Reihe von Studien erwartungsgemäß belegt, dass *Elternarbeit* (wie künftig abkürzend anstelle von *Erziehungs- und Bildungspartnerschaft zwischen Schule und Elternhaus* formuliert wird) durchaus die erhofften Erfolge hat, kommen andere zu dem Ergebnis, dass Kinder von Eltern, die besonders eng mit der Schule kooperieren, sogar schlechtere Leistungen und ungünstigeres Verhalten zeigen. Daneben gibt es auch Forschungen, die keinen Zusammenhang zwischen solcher Kooperation und der Leistungs- und Persönlichkeitsentwicklung der Kinder finden können.

Diese unbefriedigende Befundlage beruht zum Teil darauf, dass den verschiedenen Untersuchungen kein einheitliches Verständnis von Elternarbeit und ihren Erfolgskriterien zugrunde liegt. Teilweise gelten bereits häufige Kontakte zwischen Lehrkräften und Eltern als Erfolg, seltener darüber hinaus auch ein von den Partnern erfahrener Nutzen der Kontakte. Manchmal sieht man atmosphärische Verbesserungen des Verhältnisses zwischen Schule und Elternhaus als Erfolg an. Letztendlich aber können nur Lernerfolge und günstige Verhaltensentwicklungen der Kinder und Jugendlichen als valide Erfolgskriterien akzeptiert werden.

Zahlreiche Studien schließen aus besseren Schulleistungen von Kindern und Jugendlichen, deren Eltern enger mit der Schule kooperieren, auf den Erfolg von Elternarbeit. Ein solcher Schluss ist aber keineswegs zwingend: Es sind oft einfach die Mittel- und Oberschichteltern, welche besser kooperieren, und ebendiese Eltern haben zugleich wegen des reicheren kulturellen und sozialen Kapitals ihrer Familien oft auch leistungsfähigere Kinder – ohne dass dies der Kooperation zwischen ihren Eltern und Lehrkräften zu verdanken wäre. Andererseits meiden Eltern schwächerer SchülerInnen nicht selten den Kontakt mit der Schule und sind weniger zur Kooperation bereit, weil sie fürchten, mit unangenehmen Nachrichten oder gar mit Vorwürfen konfrontiert zu werden. Es kann also durchaus eine Verwechslung von Ursache und Wirkung sein zu behaupten, durch mangelnde Kooperation der Eltern mit der Schule käme es zu Leistungsdefiziten und durch intensive Zusammenarbeit zu Leistungssteigerungen der Kinder.

Auch das zunächst irritierende Ergebnis mancher Studien, enge Kooperation der Eltern mit der Schule führe sogar zu schlechteren Leistungen der Kinder, dürfte auf einem Fehlschluss beruhen: Häufig kooperieren Eltern nämlich erst, wenn ihre Kinder Probleme haben. Unter solchen Umständen wird man natürlich engere Kooperation oft auch zusammen mit schlechten Leistungen der Kinder finden.

Generell mit Vorsicht zu betrachten sind sogenannte korrelative Studien, die aus dem gemeinsamen Auftreten von Merkmalen auf kausale Zusammenhänge schließen. In der Regel sind Längsschnittuntersuchungen, vor allem Interventionsstudien mit experimentellen Designs, zuverlässiger. Die folgenden Ausführungen stützen sich jedenfalls auf Forschungsarbeiten, welche die skizzierten Fehlschlüsse und verkürzten Interpretationen vermeiden. Soweit nicht anders angegeben, liegen die aktuellen Meta-Analysen von Jeynes (2011) und meine eigenen Forschungen (Sacher 2004; Sacher 2005) zugrunde.

2. Effekte der Kooperation zwischen Schule und Elternhaus

2.1 Heim- und schulbasiertes Eltern-Engagement

Methodisch anspruchsvolle Untersuchungen kommen übereinstimmend zu dem Ergebnis, dass Engagement von Eltern für die Schule und Bildung ihrer Kinder auf allen Altersstufen Leistungsverbesserungen bewirkt, und zwar vor allem dann, wenn es in unmittelbarem Zusammenhang mit dem Lernen der Kinder steht.

Dabei kann die Kooperation zwischen Schule und Elternhaus sowohl in der Schule als auch zu Hause in den Familien stattfinden – als schulbasiertes oder heimbasiertes Engagement der Eltern für die Bildung ihrer Kinder, d.h.:

- entweder als Besuch von Sprechstunden, Sprechtagen, Elternabenden und sonstigen schulischen Veranstaltungen, als Hospitation im Unterricht, in der Form von Hilfeleistungen, welche Eltern in der Schule erbringen, und als Mitwirkung in Elterngremien
- oder als häusliche Unterstützung des Lernens durch unmittelbare Hilfen der Eltern, durch eine allgemeine schulunterstützende Einstellung und durch Bereitstellen einer lernförderlichen Umgebung in den Familien

Zahlreiche Untersuchungen (u.a. Trusty 1999; Izzo/Weissberg 1999; Cotton/Wikelund 2000; Fan/Chen 2001; Shumow/Miller 2001; Sheldon/Epstein 2005) und auch die jüngsten Meta-Analysen von Jeynes (2011) zeigten, dass heimbasiertes Engagement der Eltern effektiver ist als schulbasiertes – vor allem dann, wenn es von den Kindern und Jugendlichen auch deutlich wahrgenommen wird. (Keith/Keith 1993): Die von Eltern geäußerten Leistungserwartungen und ihre Zuversicht hinsichtlich der Leistungsentwicklung ihrer Kinder, das Ausmaß, in dem sie mit ihnen offene Gespräche über alle schulischen Belange und über das Leben generell führen, ein Erziehungsstil, der geprägt ist durch die Kombination von Liebe und wohlüberlegter Strukturierung des häuslichen und kindlichen Lebens, und gemeinsames Lesen der Eltern mit jüngeren Kindern trägt sehr viel mehr zum Bildungserfolg bei als Präsenz und Engagement der Eltern in der Schule. Hausaufgaben zu überwachen und zu unterstützen ist allerdings längst nicht so effektiv, wie meistens angenommen wird, teilweise sogar kontraproduktiv.

Schulbasiertes Engagement der Eltern wirkt sich zwar günstig auf Noten aus, nicht aber auf Ergebnisse standardisierter Leistungstests. D.h. schulbasiertes Engagement der Eltern verstärkt eher nur das Wohlwollen der Lehrkräfte, ohne viel zu einer wirklichen Leistungssteigerung beizutragen. Zudem lässt sich zeigen, dass die bescheidenen Effekte schulbasierten Engagements letztlich solche der Schichtzugehörigkeit und der Familienstruktur sind: Mittelschichteltern und Eltern vollständiger intakter Familien engagieren sich in der Regel stärker in der Schule ihrer Kinder und sind häufiger dort präsent als Unterschichteltern und Alleinerziehende.

2.2 Elternberatung und Elterntrainings

Die durch Elternengagement erzielbaren Leistungssteigerungen sind kräftiger, wenn Eltern eigens für die Unterstützung ihrer Kinder trainiert werden (Heymann/Earle 2000). In der verbreiteten Praxis der Elternarbeit suchen Lehrkräfte aber vor allem die Unterstützung der Eltern für die Schule zu gewinnen und sie sind weniger bemüht Eltern zu beraten oder gar zu trainieren. Dabei wünschen Eltern heutzutage in Gesprächen mit Lehrkräften durchaus auch eine häufigere Thematisierung pädagogischer und psychologischer Fragen. Bei Elterntrainings sind allerdings die zeitlichen Kapazitäten der Eltern zu beachten: Sehr extensive Trainings erzielten keine besseren Effekte als kurze, sich auf die Grundlagen beschränkende. Ferner sind Trainings und Beratungsgespräche nur dann effektiv, wenn die Eltern dabei wirklich als gleichwertige Partner behandelt werden (Cotton/Wikelund 2000).

2.3 Eltern-LehrerInnen-Kontakte

Eltern-LehrerInnen-Kontakte für sich allein sind vor allem deshalb wenig effektiv, weil sie häufig nur problemveranlasst aufgenommen werden, ansonsten aber eine abwartende Haltung sowohl bei Lehrkräften als auch bei Eltern verbreitet ist, die darin besteht darauf zu vertrauen, dass die jeweils andere Seite Information nachfragt und abholt, die sie benötigt, und dass sie Information zur Verfügung stellt und gibt, die sie für bedeutsam hält. Geboten wäre aber ein aktives Aufeinander-Zugehen und Einander-Versorgen mit relevanter Information. Zudem ist der Informationsaustausch zwischen Schule und Elternhaus oft nur ein ziemlich einseitiger – im Grunde lediglich ein Informationsfluss von der Schule zum Elternhaus: Während die schulische Seite mindestens auf Nachfrage recht ordentlich über die Leistungen und das Verhalten der Kinder im Unterricht informiert, wird von der Elternseite viel zu wenig Information über die häusliche Umgebung und das Kind angeboten und von den Lehrkräften erbeten. Beeinträchtigt wird die Effektivität von Kontakten auch dadurch, dass sie meistens auf Sprechstunden, Sprechtage und Elternabende beschränkt bleiben, die mit mäßiger, gewissermaßen ritualisierter Regelmäßigkeit frequentiert werden, während die effektiveren informellen Möglichkeiten spontaner Gespräche, von Telefonanrufen oder Briefen, E-Mails oder SMS sowohl von Lehrkräften als auch von Eltern sehr viel weniger genutzt werden.

2.4 Elternhilfe in der Schule

Dass Elternhilfe in der Schule kaum etwas für den Bildungserfolg austrägt, dürfte unseren Untersuchungen zufolge nicht zuletzt darauf zurückzuführen sein, dass sie überwiegend nur in peripheren Bereichen des schulischen Geschehens erbeten und geleistet wird – bei Schulfesten und Schulfeiern, bei Ausflügen und Klassenfahrten –, kaum aber in größerer Nähe zum ‚Kerngeschäft' – im Regelunterricht, im Nachhilfe- und Förderunterricht oder bei der schulischen Hausaufgabenbetreuung.

2.5 Elternmitbestimmung

Die Mitwirkung in Elterngremien ist weitgehend bedeutungslos für den Lernerfolg der Kinder, obwohl solche Elterngremien zweifellos ein Erfordernis partizipativer Demokratie sind. Viel wichtiger als die durch Elterngremien ausgeübte kollektive Mitbestimmung ist aber in diesem Zusammenhang die individuelle Mitbestimmung aller einzelnen Eltern – auch der mandatslosen. Während aber die kollektiven Mitbestimmungsrechte von Eltern an deutschen Schulen ziemlich weit gehen und im internationalen Vergleich geradezu als vorbildlich gelten können (vgl. Eurydice 1997), sind ihre individuellen Mitbestimmungsrechte sehr viel beschränkter. Sie beziehen sich hauptsächlich auf die Schulwahl für die Kinder, das Recht auf Auskunft über ihre Lernfortschritte und auf Informationen über die Schulorganisation, über Aufnahme- und Übertrittsverfahren und Lehrpläne sowie auf das Recht, Elternvertreterinnen und Elternvertreter zu wählen. Selbst die innerhalb des geltenden Rechtsrahmens bestehenden individuellen Mitbestimmungsmöglichkeiten werden nur unzureichend genutzt: Nur ein Viertel der Eltern von GrundschülerInnen und 10% der Eltern von SekundarschülerInnen werden mindestens gelegentlich von Lehrkräften um mündliche oder schriftliche Rückmeldungen gebeten. Nur wenige Lehrkräfte sind bereit, Eltern an der Gestaltung ihres Unterrichts zu beteiligen.

Auch wohlmeinende und sinnvolle Vorschläge werden leicht als unqualifiziertes ‚Hineinreden' abgetan. Fast 60% der Lehrkräfte wollen nicht, dass die Eltern ihnen Vorschläge zur Verbesserung der Schule machen, fast ein Drittel beachtet Vorschläge der Eltern nicht und die Hälfte wünscht nicht, dass Eltern ihnen helfen.

Dass auch die kollektive Mitbestimmung von Eltern an deutschen Schulen erhebliche strukturelle Defizite aufweist, sei nur der Vollständigkeit halber angeführt: Elternvertretungen sind häufig nicht repräsentativ für die Elternschaft, deren Mandat sie ausüben. Vor allem Eltern ‚bildungsferner' Schichten und MigrantInnen sind zu wenig in Elterngremien vertreten. Überdies haben Elternvertreter nur wenig Kontakt zu den Eltern, die sie eigentlich vertreten – nicht zuletzt weil sie sich infolge eines falschen Rollenverständnisses primär als Helfer und Unterstützer der Schule und der Schulleitung sehen und weniger als Repräsentanten der Elternschaft. Dementsprechend fördern auch erweiterte Mitwirkungsrechte der Elternvertreter nicht unbedingt das tatsächliche Elternengagement und kommen auch nicht den Leistungen und der Persönlichkeitsentwicklung der Kinder zugute (vgl. Sacher 2004).

2.6 Unterschiede der Sozialschicht und des kulturellen Hintergrundes

Unterschichteltern und Eltern mit Migrationshintergrund sind oft nur in geringem Maße davon überzeugt, etwas zum Schulerfolg ihrer Kinder beitragen zu können. Die Forschung zeigt aber, dass heimbasiertes Elternengagement (im oben dargelegten Sinne) in allen Bevölkerungsgruppen den Bildungserfolg verbessern kann. Nach den Meta-Analysen von Jeynes (2011) sind die Unterschiede der Effektivität von Elternengagement zwischen verschiedenen Bevölkerungsgruppen weitaus geringer als die zwischen Individuen aller Gruppen. Arbeit mit Eltern benachteiligter Gruppen ist dann erfolgreich, wenn es gelingt, ihnen in entsprechenden Trainings wieder Vertrauen in ihre Erziehungskompetenz und das Gefühl der Selbstwirksamkeit zu vermitteln *(Empowerment)*. Teilweise erzielten ihre Kinder dann sogar besonders große Leistungsverbesserungen. Der Neigung mancher Eltern dieser Gruppen, ihre Verantwortung weitgehend an die Schule zu delegieren, muss möglichst begegnet werden, da sie sich äußerst ungünstig auf den Schulerfolg der Kinder auswirkt (Montandon 1993).

2.7 Auswirkungen auf das Verhalten der SchülerInnen

Wenn Eltern und Lehrkräfte besser kooperieren, entwickeln die SchülerInnen positivere Einstellungen zur Schule und zu den einzelnen Fächern, sie folgen dem Unterricht motivierter und aufmerksamer, verbessern ihr Sozialverhalten, fertigen Hausaufgaben regelmäßiger und sorgfältiger und verwenden auch mehr Zeit auf sie. Die Beziehungen zwischen SchülerInnen und Lehrkräften und auch der SchülerInnen untereinander gestalten sich günstiger, es gibt weniger Unterrichtsstörungen, weniger Absenzen und weniger Gewalt- und Drogenprobleme, die SchülerInnen verbessern ihr Selbstkonzept und entwickeln positivere Zukunftsperspektiven. Auch hier sind die entsprechenden Erwartungen der Eltern entscheidend, wobei es wiederum darauf ankommt, dass diese Erwartungen durch die Kinder wahrgenommen werden.

Nach einer sich über zwei Jahrzehnte erstreckenden amerikanischen Längsschnittuntersuchung gestalten sich sogar die gesamten Biografien der SchülerInnen günstiger, wenn ihre Eltern sich bereits vom Vorschulalter an aktiv für die Bildung und die Schule ihrer Kinder engagieren: Die Kinder solcher Eltern erzielten zu 40% häufiger einen High-School-Abschluss, erlangten zu 35% häufiger eine Anstellung, waren im Alter von 19 Jahren zu 55% seltener auf Sozialhilfe angewiesen und zu 40% seltener inhaftiert (Henderson/Berla 1994, S. 115 f.). Nach Jeynes (2008) neigen Kinder von Eltern, die sich für ihre Bildung engagieren, später weniger zu Drogenmissbrauch und laufen weniger Gefahr, Opfer von Diskriminierung und Gewalt zu werden.

Wie unsere Forschungen im Rahmen des Modellprojekts *Vertrauen in Partnerschaft II* zeigten, schlagen die positiven Auswirkungen der Kooperation von Elternhaus und Schule auf den Bildungserfolg jedoch dann leicht ins Gegenteil um, wenn SchülerInnen – wie in Deutschland häufig – nicht in die Kooperation zwischen Schule und Elternhaus einbezogen werden und wenn Eltern und Lehrkräfte hauptsächlich erst bei anstehenden Problemen Kontakt aufnehmen. Unter solchen Umständen kann verstärkte Elternarbeit zunehmende Ablehnung der SchülerInnen auslösen, die dann durchaus in der Lage sind, eigentlich erfolgversprechende Maßnahmen der Elternarbeit ins Leere laufen zu lassen oder zu sabotieren. Diese Gefahr ist umso ernster einzuschätzen, als nach Edwards und Alldred (2000) viele Jungen, vor allem solche aus der Unterschicht, ohnehin darauf hinarbeiten, dass ihre Eltern möglichst in keine engere Beziehung zu ihren Lehrkräften treten, und ältere SchülerInnen der Kooperation zwischen Schule und Elternhaus zunehmend reserviert gegenüber stehen (siehe hierzu auch den Beitrag über *Schülerorientierte Elternarbeit* im parallel erscheinenden Praxisband).

2.8 Eltern-Engagement auf der Sekundarstufe

Das bedeutet nicht, dass Elternengagement auf der Sekundarstufe weniger effektiv sein muss. Die Meta-Analysen von Jeynes (2011) zeigen sogar, dass der Effekt von Elternengagement auf der Sekundarstufe größer ist als in der Grundschule. Und Eltern von SekundarschülerInnen engagieren sich auch nicht generell weniger für die Bildung ihrer Kinder – ihr Engagement ist nur weniger schulbasiert und infolgedessen weniger augenfällig (Australian Government 2006; Nyarko 2007). Sie sind aber z.B. auch in unserer Zeit noch die entscheidende Einflussgröße bei der Berufsorientierung und Berufswahl ihrer Kinder (vgl. u.a. Beinke 2002; Puhlmann 2005; Görtz-Brose/Hüser 2006). Es ist also völlig falsch, wenn in Sekundarschulen Elternarbeit oft nachrangiger behandelt wird.

2.9 Wirkungen auf das Verhalten der Eltern

Teilweise wurden infolge der Kooperation von Schule und Elternhaus positive Veränderungen im Selbstkonzept von Eltern beobachtet – nämlich dann, wenn es gelang ihnen die Überzeugung zu vermitteln, dass sie durch ihr Engagement für die Schule und für das Lernen ihrer Kinder wesentlich zu den Leistungen ihrer Kinder sowie zu einem günstigen Verhalten und positiven Einstellungen beitragen können. Unabdingbare Voraussetzung dafür ist aber, dass auch die schulische Seite davon ausgeht, dass Eltern ungeachtet ihres Einkommens, ihres Bildungsniveaus und ihres Beschäftigungsstatus (arbeitslos oder nicht) einen solchen Beitrag leisten können. Elternarbeit auf der Grundlage einer stillschweigenden ‚Defizithypothese', die bestimmten Eltern von vornherein nichts zutraut, ist kontraproduktiv.

Im Gefolge verstärkter Kooperation zwischen Schule und Elternhaus verbessern sich auch die Einstellungen von Eltern zur Schule: Eltern verstehen die Arbeit der Schule und der Lehrkräfte besser und unterstützen sie entschiedener, es entsteht ein bildungsfreundlicheres Klima in den Familien und eine günstigere Atmosphäre zwischen Schule und Elternhaus. Besonders günstig wirken sich individuelle Gesprächskontakte zwischen Eltern und Lehrkräften in Sprechstunden und bei informellen Kontakten aus – sofern dabei Regeln einer positiven Gesprächskultur beachtet werden und die Gespräche nicht ausschließlich problemveranlasst sind. Weniger effektiv sind in dieser Hinsicht kollektive Kontakte bei Elternabenden, Informationsveranstaltungen, Schulfesten und Elternstammtischen. D.h. die Atmosphäre wird seitens der Schule sehr viel stärker durch kontinuierliche und geduldige Pflege der Beziehung zu den einzelnen Eltern als durch das Organisieren weniger Begegnungen mit der gesamten Elternschaft der Schule, der Klassen und der Stufen geprägt. Positive Wirkungen auf die Atmosphäre hat auch das zumindest gelegentliche Einholen von Elternfeedback durch die Lehrkräfte, vor allem dann, wenn die gegebenen Rückmeldungen Grundlage für erst zu treffende Entscheidungen sind und aus ihnen ersichtlich Konsequenzen gezogen werden.

2.10 Wirkungen auf die Schulen und Lehrkräfte

Verstärkte Kooperation zwischen Schule und Elternhaus wirkt schließlich auch auf die Schule und auf die Lehrkräfte zurück: Henderson/Berla berichten in ihrer großen Forschungsübersicht, es komme zu einer Verbesserung der ‚Lehrermoral' (d.h. zu positiveren Haltungen und zu einer besseren Stimmung im Kollegium), zu höheren Erwartungen der

Lehrkräfte an die SchülerInnen, zu günstigeren Meinungen über ihre Eltern und Familien, zu positiveren Einschätzungen der Lehrkräfte durch die Eltern, zu mehr Unterstützung der Schule und der Lehrkräfte durch die Familien und zu einem verbesserten Image der Schule in der Region. Neuenschwander u.a. (2004) fanden, dass Lehrkräfte zwar zunächst Elternarbeit und Kooperation mit Eltern als Belastung empfanden, bei gelingender Kooperation aber eine Entlastung erfuhren und registrierten.

3. Erfolgreiche Organisation von Elternarbeit

3.1 Handlungsspielräume der Elternarbeit

Man kann vermuten, dass der Rechtsstatus (öffentliche oder private Schule) und die Organisationsmerkmale der Schulen[1] sowie die Besonderheiten der Eltern- und SchülerInnenklientel[2] die Möglichkeiten effektiver Elternarbeit weitgehend determinieren. Zweifellos bestehen in einer kleinen privaten Grundschule einer Vorstadt, die hauptsächlich von Kindern der gut situierten Mittelschicht besucht wird, günstigere Kooperationsmöglichkeiten als in einer Hauptschule im Brennpunktviertel einer Großstadt mit hohen Unterschicht- und Migrantenanteilen. Solche Überlegungen könnten zu der Annahme führen, dass alle entscheidenden Weichen für eine gelingende Erziehungs- und Bildungspartnerschaft durch den Rechtsstatus, die Organisationsmerkmale und die Eltern- und Schülerklientel einer Schule schon gestellt sind, sodass im ungünstigsten Falle für erfolgreiche Elternarbeit kein Handlungsspielraum mehr bleibt.

Mehrebenenanalysen der Daten unseres in den Jahren 2006/2007 (Sacher 2006a) durchgeführten Projektes *Vertrauen in Partnerschaft II* ergaben zwar einerseits, dass die Qualität der Beziehungen zwischen Schule und Elternhaus in der Tat signifikant von der Eltern- und SchülerInnenklientel abhängt (wobei der Einfluss der Schicht und des Bildungsniveaus jeweils größer ist als der des Migrationshintergrundes). Die Schularten, der öffentliche oder private Status und die organisatorischen Merkmale der Schule hingegen wirken sich nur auf dem Umweg über die dadurch bedingte unterschiedliche Klientel aus. Andererseits zeigte sich aber, dass Maßnahmen der Elternarbeit einen weitaus stärkeren Einfluss auf die Beziehung zwischen Schule und Elternhaus haben als diese Faktoren, wobei das Maßnahmenbündel *Informationsaustausch und Beziehungspflege*[3] noch einmal effektiver ist als das Maßnahmenbündel *Gesprächsangebote und Einblick in Unterricht*[4].

Besonders schwierig ist effektive Elternarbeit in Schulen mit einem hochdifferenzierten Fachlehrersystem. Offensichtlich ist es für Grundschullehrkräfte, die fast alle Fächer unterrichten, wesentlich einfacher, Erziehungspartnerschaften mit den Eltern der 25 Kinder ihrer Klasse zu organisieren als für Lehrkräfte an Realschulen oder Gymnasien, die im Lauf einer Woche in einer ganzen Reihe von Klassen leicht 200 und mehr Kinder unterrichten.

1　Schulart, Schulstufe, Schulgröße, Geschlecht, Dienstalter, Teilzeit- oder Vollzeittätigkeit der Lehrkräfte, geografische Lage der Schule, durchschnittliche Klassengrößen, Zahl der Klassen, in welchen die Lehrkräfte unterrichten
2　Alter der SchülerInnen, Schichtzugehörigkeit und Bildungsnähe bzw. -ferne, Herkunftskulturen und Migrationshintergrund
3　individuelle Briefe und Rundschreiben an Eltern, Anrufe, Ansprechen bei zufälligen Begegnungen, Elternstammtische, Einholen von Elternfeedbacks
4　Angebot flexibler Sprechzeiten, Einladungen zu Zweier- oder Dreiergesprächen zusammen mit dem Kind, Unterrichtshospitationen, Ausstellungen von SchülerInnenarbeiten

Ergebnisse unserer repräsentativen Untersuchung an 574 bayerischen Schulen zeigten jedoch, dass die aus solchen Bedingungen resultierenden Probleme recht gut zu bewältigen sind, wenn die KlassenleiterInnen ihre Funktion engagiert ausüben, d.h. wenn sie sowohl den Eltern ihrer SchülerInnen zumindest einen ungefähren Überblick über deren Leistungs- und Persönlichkeitsentwicklung geben können als auch für die Fachlehrkräfte die wichtigsten Informationen über ihre SchülerInnen, ihre Familien und ihre FreundInnen vorhalten.

Durch die Schularten, den privaten oder öffentlichen Status, die Organisation und die Klientel der Schule sind also keineswegs schon alle Weichen für ein besseres oder schlechteres Verhältnis zwischen Schule und Elternhaus gestellt. Vielmehr besteht immer ein beträchtlicher Handlungsspielraum für effektive Elternarbeit.

3.2 Erfolgreiche Konzepte von Elternarbeit

Angesichts dieses Befundes stellt sich die Frage, mit welchen Konzepten der für effektive Elternarbeit bestehende Handlungsspielraum am besten ausgeschöpft werden kann. Grundsätzlich gilt, dass nicht die Menge, sondern die Art und Weise der Elternarbeit entscheidend ist. Konzeptionslose Elternarbeit, der sowohl eine präzise Zielsetzung als auch ein klares Verständnis von den Aufgaben fehlt, ist in jedem Falle wenig aussichtsreich, mag sie auch mit noch so viel Krafteinsatz aller Beteiligten verbunden sein.

Die Effektivität eines Konzeptes hängt vor allem davon ab, in welchem Maße es Eltern dazu bewegt und befähigt, ihr heimbasiertes Engagement für die Bildung ihrer Kinder zu optimieren (Jeynes 2011).

Dabei sind zwei Schwierigkeiten zu überwinden:

Es ist gut möglich, dass die unauffälligeren Aktivitäten des heimbasierten Elternengagements schwerer zu initiieren sind als die augenfälligeren des schulbasierten Elternengagements. Erziehungsstil, Äußerung von Leistungserwartungen und die Kommunikation mit den Kindern und Jugendlichen sind ja weitaus komplexere Verhaltensweisen als etwa der regelmäßige Besuch von Elternabenden und Elternsprechtagen oder Hilfeleistungen bei Schulfesten.

Von der Schule initiiertes heimbasiertes Elternengagement ist wahrscheinlich nicht ohne Weiteres ebenso effektiv wie spontanes heimbasiertes Elternengagement. Auf jeden Fall muss ein erfolgreiches Elternarbeitskonzept es vermeiden, Eltern unter Druck zu setzen, sondern stattdessen bemüht sein, intrinsisch motiviertes Elternengagement zu erreichen.

Für die Überwindung beider Schwierigkeiten entscheidend ist die Entwicklung kreativer Maßnahmen der Elternarbeit, mit denen es gelingt, Eltern die fraglichen Kompetenzen zu vermitteln und ihre Eigeninitiative zu stimulieren.

3.3 Die Aufgaben der Elternarbeit

Die Aufgaben der Elternarbeit wurden 2008 von der US-amerikanischen National Parent Teacher Association unter Berücksichtigung der weltweiten Forschung differenziert beschrieben (National Parent Teacher Association 2008). Sie umfassen:

- *das Schaffen eines Klimas an der Schule, welches Eltern die Gewissheit gibt willkommen zu sein:* Alle Eltern – auch Migranten und Bildungsferne – sollen sich als Teil einer Schulgemeinschaft fühlen, die von wechselseitigem Respekt geprägt ist und niemanden ausgrenzt.
- *effektive Kommunikation:* Familien und Lehrkräfte sollten regelmäßig und auf vielfältigen Wegen Informationen über alle wichtigen Angelegenheiten in der Schule und in der häuslichen Umgebung des Kindes austauschen.
- *Lern- und Erziehungskooperation von Eltern und Lehrkräften:* Eltern und Lehrkräfte sollten sich gemeinsam um den Lernerfolg und eine gute Entwicklung der Kinder bemühen.
- *Eltern zu starken Fürsprechern für ihr Kind machen:* Sie darin bestärken und dazu befähigen, Fürsprecher ihrer eigenen und anderer Kinder zu sein, dafür zu sorgen, dass SchülerInnen gerecht behandelt werden und Zugang zu angemessenen Bildungswegen und Lernangeboten erhalten.
- *Macht mit Eltern teilen:* Schule und Elternhaus sollen gleichberechtigte Partner bei Entscheidungen sein, welche die Kinder und die Familien betreffen. Sie sollten einander über Grundsätze, Praktiken und Programme informieren und sie gemeinsam gestalten. Dabei geht es weniger um die sogenannte kollektive Elternmitbestimmung gewählter ElternvertreterInnen als um die individuelle Mitbestimmung aller Eltern, auch derjenigen ohne Mandat.
- *Zusammenarbeit mit Einrichtungen und Personen der Gemeinde und Region:* Eltern und Lehrkräfte sollten mit VertreterInnen und Einrichtungen der Gemeinde und Region zusammenarbeiten, um SchülerInnen, Familien und Lehrkräfte mit Lern- und Unterstützungsangeboten und mit Möglichkeiten der Teilnahme am öffentlichen Leben vertraut zu machen.

3.4 Die Gestaltung erfolgreicher Elternarbeit

Erfolgreich sind Konzepte der Elternarbeit, welche vielfältige Kommunikationswege und bidirektionale Kommunikation vorsehen, auch Maßnahmen der Elternbildung und des Elterntrainings enthalten, ausdrücklich alle Eltern einbeziehen und auch Strategien für schwer erreichbare Eltern enthalten, vielfältige Beteiligungsmöglichkeiten für Eltern in einem möglichst früh einsetzenden, gut organisierten, langfristigen Programm anbieten, das regelmäßig evaluiert wird – am besten vom Organisationsteam selbst – und vom gesamten Kollegium und insbesondere auch von der Schulleitung getragen wird. An der Entwicklung der Konzepte sollten unbedingt auch die Eltern und nach Möglichkeit auch die SchülerInnen beteiligt werden – nicht nur, um sie als Partner einzubeziehen, sondern deshalb, weil Lehrkräfte alleine leicht viele wichtige Aspekte übersehen.

Am effektivsten sind Konzepte, welche den Schwerpunkt auf die elterliche Unterstützung der häuslichen Lernprozesse der Kinder und Jugendlichen legen und die Eltern mit entsprechenden konkreten, wirklich handlungsanleitenden Informationen versorgen. Konzepte, die nur die Kontakte zwischen Schule und Elternhaus verbessern und Eltern hauptsächlich zu größerem Engagement in der Schule bewegen wollen, sind weniger erfolgreich.

4. Resümee

Elternarbeit lohnt durchaus den Aufwand, den sie von allen Beteiligten erfordert – allerdings nur, wenn ihr ein Konzept zugrunde liegt, das der Forschungslage Rechnung trägt. Konzeptionslose, impressionistische und erlebnispädagogische Elternarbeit, die ohne klares Bewusstsein Energie in puren, manchmal für alle Beteiligten durchaus lustvollen Aktionismus investiert, nützt niemandem. Kontraproduktiv ist ferner sowohl eine ‚kolonisierende' *Elternarbeit,* welche die Elternhäuser zu bloßen Außenstellen der Schule macht, als auch eine *parentokratische Elternarbeit*, welche den Eltern (dann meistens den Mittel- und Oberschichteltern) übergewichtigen Einfluss auf die Gestaltung von Schule und Unterricht einräumt. Das Bemühen um ein wirklich partnerschaftliches Verhältnis zwischen Schule und Elternhaus ist ein entscheidendes Erfolgskriterium effektiver Elternarbeit.

Die Elternarbeit an deutschen Schulen wird diesen Anforderungen größtenteils nicht gerecht. Es fehlt ihr an einem klaren Verständnis ihrer Aufgaben und an präzisen Zielsetzungen. Sie greift mehr oder weniger intuitiv an dem einen oder anderen Punkt an, ohne ein Bewusstsein vom Gesamtzusammenhang der Elternarbeit zu haben. Sie begnügt sich damit, durch gemeinschaftsfördernde Aktivitäten eine gute Stimmung zwischen Schule und Elternhaus zu schaffen, die lediglich die Voraussetzung für Aktivitäten sein kann, von denen vor allem die SchülerInnen profitieren müssen. Elternarbeit wird an deutschen Schulen im Allgemeinen mit verhaltenem Engagement betrieben. Vielfach kommt sie erst dann in Gang, wenn es Probleme gibt. Nicht selten ist sie auf Auseinandersetzungen über verstärkte oder schon zu weit gehende Mitwirkungsrechte der Eltern fixiert und in der Regel ist sie viel zu einseitig auf das Geschehen in der Schule und kaum auf die Unterstützung der Familien ausgerichtet. Sie konzentriert sich damit gerade nicht auf die Facetten des elterlichen Engagements, die für den Schulerfolg der Kinder am wichtigsten sind. Um wirklich effektiv zu sein, bedarf die Elternarbeit an deutschen Schulen dringend einer Neuorientierung.

Literatur

Australian Government/Department of Education, Science & Training (2006): Parent Partnerships. Parent Involvement in the Later Years of Schooling. Melbourne. http://www.sofweb.vic.edu.au/edulibrary/public/stratman/Policy/schoolgov/druged/ParentPartnerships.pdf (Download am 16.06.2011)

Bley, Nikolaus/Rullmann, Marit (Hrsg.) (2006): Übergang Schule und Beruf. Recklinghausen: Forschungsinstitut Arbeit, Bildung, Partizipation

Beinke, Lothar (2002): Familie und Berufswahl. Bad Honnef: Bock

Boethel, Martha (2003): Diversity and School, Family, and Community Connections. Southwest Educational Development Laboratory. Annual Synthesis 2003. Austin. http://www.sedl.org/connections/resources/diversity-synthesis.pdf (Download am 16.06.2011)

Cotton, Kathleen/Wikelund, Karen Reed (2000): Parent Involvement in Education. In: The Schooling Practices That Matter Most. http://www.nwrel.org/scpd/sirs/3/cu6.html (Download am 16.06.2011)

Edwards, Rosalind/Alldred, Pam (2000): A Typology of parental involvement in education centring on children and young people: negotiating familiarisation, institutionalisation and individualisation. In: British Journal of Sociology of Education, 21(3), 2000. Abingdon and Oxford: Taylor & Francis. Pp. 435-455

Eurydice/Education Information Network in the European Community (1997): Elternmitwirkung in den Bildungssystemen der Europäischen Union. Unter Einbeziehung der EFTA/EWR-Staaten. Brüssel: Europäische Informationsstelle von Eurydice

Fan, Xitao/Chen, Michael (2001): Parental Involvement and Students' Academic Achievement: A Meta-Analysis. In: Educational Psychology Review, 13, 1. Pp. 1-22. http://eric.ed.gov/ERICWebPortal/recordDetail?accno=ED430048 (Download am 16.06.2011)

Görtz-Brose, Karin/Hüser, Heinz (2006): Zum Einfluss von Eltern auf das Berufswahlverhalten von Jugendlichen. In: Bley/Rullmann (2006): S. 277-294

Harris, Alma/Goodall, Janet (2006): Parental Involvement in Education: An Overview of the Literature. University of Warwick. www.norfolklearningpartnership.com/Download_file.asp?id=269 (Download am 16.06.2011)

Harris, Alma/Goodall, Janet (2007): Engaging Parents in Raising Achievement. Do Parents Know They Matter? University of Warwick. http://www.dcsf.gov.uk/research/data/uploadfiles/DCSF-RW004.pdf (Download am 16.06.2011)

Henderson, Anne T./Berla, Nancy (Eds.) (1994): A New Generation of Evidence: The Family is Critical to Student Achievement. Washington D. C.: Center for Law and Education. http://www.chci.org/chciyouth/resources/pdf/NewWaveofEvidence.pdf (Download am 16.06.2011)

Henderson, Anne T./Mapp, Karen L. (2002): A New Wave Of Evidence: The Impact Of School, Family And Community Connections On Student Achievement. CL, Austin: National Center for Family and Community Connections with Schools. http://www.sedl.org/connections/resources/evidence.pdf (Download am 16.06.2011)

Henderson, Anne T. et al. (2007): Beyond the Bake Sale: The Essential Guide to Family/School Partnerships. New York: The New Press

Heymann, S. Jody/Earle, Alison (2000): Low-income parents: How do working conditions affect their opportunity to help school-age children at risk? In: American educational research journal, 37, 4. Washington, D. C.: AERA. Pp. 833-848

Izzo, Charles V./Weissberg, Roger P. (1999): A Longitudinal Assessment of Teacher Perceptions of Parent Involvement in Children's Education and School Performance. In: American Journal of Community Psychology, Vol. 27, No. 6. Heidelberg: Springer. Pp. 817-839

Jeynes, William H. (2008): Effects of parental involvement on experience of discrimination and bullying. In: Marriage & Family Review, 43, ¾. New York and London: Routledge: Pp. 255-268

Jeynes, William H. (2011): Parental Involvement and Academic Success. New York and London: Routledge

Keith, Patricia B./Keith, Timothy Z. (1993): Does Parental Involvement Influence the Academic Achievement of American Middle School Youth? In: Smit et al. (2005): Pp. 205-209

Krumm, Volker (1996): Schulleistung – auch eine Leistung der Eltern. Die heimliche und die offene Zusammenarbeit von Eltern und Lehrer und wie sie verbessert werden kann. In: Specht/Thonhauser (1996): S. 256-290

Montandon, Cléopâtre (1993): Parent-teacher relations in Genevian primary schools: the roots of misunderstanding. In: Smit et al. (2005): Pp. 59-66

National Parent Teacher Association/PTA (2008): National Standards for Family-School Partnerships Assessment Guide. Chicago. http://www.nyspta.org/pdfs/programs_services/BSP%20National_Standards.pdf (Download am 16.06.2011)

Neuenschwander, Markus P. et al. (2004): Forschung und Entwicklung. Eltern, Lehrpersonen und Schülerleistungen. Schlussbericht. Bern: Institut Lehrerinnen- und Lehrerbildung

Nyarko, Kingsley (2007): Parental Involvement: A Sine Qua Non in Adolescents' Educational Achievement. Dissertation Ludwig-Maximilians-Universität München

OECD – Organisation for Economic Cooperation and Development (2001): Lernen für das Leben. Erste Ergebnisse der internationalen Schulleistungsstudie PISA 2000. Paris: OECD

Puhlmann, Angelika (2005): Die Rolle der Eltern bei der Berufswahl ihrer Kinder. Berlin: Bundesinstitut für Berufsbildung. http://www.bibb.de/dokumente/pdf/a24_puhlmann_ElternBerufswahl.pdf (Download am 16.06.2011)

Sacher, Werner (2004): Elternarbeit in den bayerischen Schulen. Repräsentativ-Befragung zur Elternarbeit im Sommer 2004. SUN – Schulpädagogische Untersuchungen Nürnberg, Nr. 23. Nürnberg: Lehrstuhl für Schulpädagogik

Sacher, Werner (2005): Erfolgreiche und misslingende Elternarbeit. Ursachen und Handlungsmöglichkeiten. Erarbeitet auf der Grundlage der Repräsentativbefragung an bayerischen Schulen im Sommer 2004. SUN, Nr. 24. Nürnberg: Lehrstuhl für Schulpädagogik

Sacher, Werner (2006a): Elternhaus und Schule: Bedingungsfaktoren ihres Verhältnisses, aufgezeigt an der bayerischen Studie vom Sommer 2004. In: Bildung und Erziehung 59, H.3/Sept. 2006. Wien, Köln und Weimar: Böhlau. S. 302-322

Sacher, Werner (2006b): Einflüsse der Sozialschicht und des Migrationsstatus auf das Verhältnis zwischen Elternhaus und Schule. SUN, Nr. 26. Nürnberg: Lehrstuhl für Schulpädagogik

Sacher, Werner (2007a): Elternarbeit – lohnt der Aufwand? Eine kritische Analyse des internationalen Forschungsstandes. SUN, Nr. 27. Nürnberg: Lehrstuhl für Schulpädagogik

Sacher, Werner (2007b): Elternarbeit – vergeblicher Aufwand oder sinnvolle Investition? Zum Stand der internationalen Forschung. In: SchulVerwaltung, Ausgabe Baden-Württemberg 10/2007. S. 4 f.

Sacher, Werner (2008a): Elternarbeit. Gestaltungsmöglichkeiten und Grundlagen für alle Schularten. Bad Heilbrunn: Klinkhardt

Sacher, Werner (2008b): Schüler als vernachlässigte Partner der Elternarbeit. SUN, Nr. 29. Nürnberg: Lehrstuhl für Schulpädagogik

Sheldon, Steven D./Epstein, Joyce L. (2005): Involvement counts: Family and community partnerships and mathematics achievement. The Journal of Educational Research, 98(4). Auburn University. Pp. 196-206

Shumow, Lee/Miller, Joe D. (2001): Parents' At-Home and At-School Academic Involvement with Young Adolescents. In: Journal of Early Adolescence, 21(1). Auburn University. Pp. 68-91

Smit, Frederik et al.: (Eds.) (2005): Parental involvement in education. Nijmegen: Institute for Applied Social Sciences

Specht, Werner/Thonhauser, Josef (Hrsg.) (1996): Schulqualität. Innsbruck: Studienverlag

Trusty, Jerry (1999): Effects of Eighth-Grade Parental Involvement on Late Adolescents' Educational Experiences. In: Journal of Research and Development in Education, 32(4). Yorktown Heights: IBM. Pp. 224-233

Witjes, Winfried/Zimmermann, Peter (2000): Elternmitwirkung in der Schule – eine Bestandsaufnahme in fünf Bundesländern. Aus: Jahrbuch der Schulentwicklung (2000), Band 11. Weinheim und München: Juventa. S. 221-256

Manuela Westphal/Karin Kämpfe

Elternarbeit im Bereich Kita: empirische Forschungsergebnisse

Empirische Studien zur Elternarbeit im Kita-Bereich liegen insbesondere seit den 1990er Jahren vor. Während zunächst Studien Erkenntnisse zu allgemeinen Bedarfen und gegenseitige Einschätzungen von Eltern und pädagogischen Fachkräften zu identifizieren suchten sowie anhand von nationalen Ländervergleichen motiviert durch den deutschen Wiedervereinigungsprozess die historisch unterschiedlich gewachsenen Praktiken in Ost und West unter die Lupe nahmen, ist mit der Jahrtausendwende eine Phase der Umorientierung erkennbar. Nun werden insbesondere Konzepte und Ansätze von Elternarbeit in verschiedenen Kitas in Augenschein genommen. Gegenwärtig befasst sich der Forschungsbereich vor allem mit spezifischen Fragestellungen, die sich mit den besonderen Herausforderungen der Pluralisierung von Eltern- und Familienwelten befassen, beispielsweise zur Wirksamkeit von interkulturell ausgerichteter Elternarbeit, zu Elternbildungsprogrammen oder spezifischen Projekten. Von besonderem Belang für die Forschung über Elternarbeit sind die größeren quantitativ angelegten Studien von Fthenakis et al. (1995), Textor (1992), Dippelhofer-Stiem und Kahle (1995) sowie Honig, Joos und Schreiber (2004). Diese Studien sind ländervergleichend, länderspezifisch bzw. stadt- oder trägerspezifisch angelegt. Auf internationaler Ebene sind vor allem neuere komparativ angelegte Studien und Metaanalysen vorzufinden.

Elternarbeit in Kitas aus Sicht von ErzieherInnen und Eltern

Inhalte und Formen der Zusammenarbeit

Fthenakis et al. (1995) führten im Rahmen eines Ländervergleichs (Bayern, Brandenburg, Nordrhein-Westfalen) bei fast 300 Trägern eine Befragung zu Sichtweisen pädagogischer Fachkräfte aus Kindertageseinrichtungen sowie von Eltern in Bezug auf ihre Zusammenarbeit durch. Insgesamt herrscht bei allen Befragten überwiegend Konsens über relevante *Inhalte* der Zusammenarbeit. Wechselseitige Informationen über die Entwicklung und das Verhalten des Kindes werden von beiden Seiten als sehr bedeutsam angegeben. Die Möglichkeit, „bei Erziehungsfragen und -schwierigkeiten um Rat fragen" zu können, ist jedoch für die pädagogischen Fachkräfte wichtiger als für die Eltern. Die größten Diskrepanzen ergeben sich allerdings bei dem Punkt „die Einrichtung soll die Meinung der Eltern bei den wesentlichen Grundentscheidungen berücksichtigen", dem die Eltern seltener zugestimmt haben als das Fachpersonal. Nur wenige Eltern fordern dieses aktive Mitspracherecht offenbar in den 1990er Jahren überhaupt ein. Dies spiegelt sich auch in den benannten wichtigsten *Formen* der Zusammenarbeit wieder. Übereinstimmung herrscht in diesem Punkt in Bezug auf die Relevanz konventioneller Formen wie Elternabende, Tür-und-Angel-Gespräche, Elternbriefe, Sprechstunden und Feiern. Fachkräfte sehen den Elternbeirat jedoch als wichtiger an als die befragten Eltern. Textor (1998) verweist in einem Überblick über Kita-Studien auf eine weitere quantitative Studie (Minsel 1996), der zufolge sich Eltern in Bayern mehr Mitbestimmungsmöglichkeiten bei der Gestaltung des pädagogischen Konzepts, den Aufnahmekriterien sowie bei personellen Entscheidungen wünschen als ihnen offenbar zugestanden wurden. Mitbestimmungsrecht und Erwartungshaltungen in anderen Bereichen (z.B. Öffnungszeiten, größere Anschaffungen) erzielen hohe Zustimmung. Diskrepanz erzeugt das Thema Hausbesuche. Hier sehen Eltern einen geringeren Bedarf als pädagogische Fachkräfte.

Ergebnissen einer Befragung (Dippelhofer-Stiem/Kahle 1995; vgl. Kahle 1997) von 471 Erzieherinnen und Kinderpflegerinnen sowie 106 Eltern aus dem Raum der evangelischen Landeskirche Hannover zufolge verbinden die pädagogischen Fachkräfte Elternarbeit in erster Linie mit unterstützenden und beratenden Tätigkeiten und Inhalten. Demgegenüber bekräftigen die befragten Eltern eher den Wunsch nach Kooperation und direkter Einbindung in den Kindergartenalltag. Dieses Ergebnis deckt sich mit der Elternbefragung von ca. 270 Eltern in Bayern von Textor (1992). Auf die Frage nach Erwartungen an die Elternarbeit des Kindergartens sprechen sich die von ihm befragten Eltern primär für die Öffnung und Transparenz des Kindergartens sowie die Möglichkeit der aktiven Teilhabe aus. An zweiter Stelle rangiert der Wunsch nach praktischen Anregungen für das eigene erzieherische Verhalten (Empfehlen guter Bücher, Spiele etc.). An dritter Stelle wird die Elternbildung benannt. Der Bedarf nach Beratung erhält weniger Zustimmung. Vergleichsweise wenig gefragt waren Elternabende, reine Freizeitangebote sowie Elterngruppen und Hausbesuche.

Die Evaluationsstudie von Honig et al. (2004) zur pädagogischen Qualität von Kitas im Prozess einer Trägerreform im Bistum Trier erfasst Qualitätskriterien aus Sicht von ErzieherInnen und Eltern. Die hier erhobenen quantitativen Ergebnisse und qualitativen Erkenntnisse aus teilnehmender Beobachtung decken sich weitgehend mit den vorliegenden anderen Studien. Zustimmung von beiden Parteien erhalten die Aspekte „regelmäßige Information über Entwicklung des Kindes", „Wertschätzung der Mitarbeit", „Mitentscheidung bei wesentlichen Angelegenheiten". Darüber hinaus zeigt sich allerdings, dass die Punkte „regelmäßige Informationen über die Entwicklung des Kindes" und „Mitbestimmung der Eltern bei wichtigen Angelegenheiten" aus Elternsicht nicht bedarfsgerecht abgedeckt werden. Die ErzieherInnen schätzen diese Diskrepanz geringer ein (Schreiber 2004).

Aktive Teilhabe

Aus der bereits erwähnten Studie von Textor (1992) geht weiter hervor, dass eine Bereitschaft zum Engagement aufseiten der Eltern grundsätzlich gegeben sei, diese sich jedoch vorwiegend auf Einzelveranstaltungen und einfachere, konkrete Tätigkeiten beziehe, wie beispielsweise die Mitwirkung bei Renovierungs- und Gartenarbeiten oder bei der Reparatur von Spielzeug. Das aktive Engagement der Eltern ist im Verlauf eines Jahres erfasst worden. Am häufigsten haben Eltern demnach an den folgenden Angeboten teilgenommen: Tür-und-Angelgespräche, Elternbriefe/Kindergartenzeitschrift, Elternabende/Vorträge, St. Martin/Laternenzug und das Anmeldegespräch. Auch die Möglichkeit der Hospitation, ebenso wie aktivierende Maßnahmen wie Basteln, Wandern, die Teilnahme an Basaren oder Flohmärkten, sind angenommen worden. Insgesamt jedoch finden sich unter den Angeboten zur Teilhabe aus Sicht der Eltern vergleichsweise wenige Angebote, die Hilfe bei Erziehungsfragen oder Beratung bei Erziehungs- und Familienproblemen liefern.

Beziehung von Eltern und Fachkräften

Insgesamt wird das Verhältnis und die Kooperation zwischen ErzieherInnen und Eltern aus Sicht der Eltern als überwiegend positiv beschrieben (DJI 2005; Textor 1997; Fthenakis et al. 1995; Lachenmaier 1990). Eine Differenzierung nach Müttern und Vätern ergibt im Rahmen der Studie von Fthenakis et al. (1995, siehe hierzu auch Sturzbecher/Bredow 1998) das Ergebnis, dass sich Väter von den ErzieherInnen im Vergleich weniger einbezogen und in Erziehungsfragen ernst genommen fühlen.

Weiterhin geht aus dieser Studie hervor, dass drei Viertel der Eltern die pädagogischen Fachkräfte in Erziehungsfragen als kompetent bzw. sehr kompetent beurteilen und ihnen ein angemessenes erzieherisches Verhalten zuschreiben. Verhaltensweisen wie mangelndes Empathievermögen oder Vorurteile gegenüber Eltern werden den pädagogischen Fachkräften durch die Eltern hingegen kaum zugeschrieben. Etwaigen Hemmungen, Fragen und Probleme mit der Erzieherin/dem Erzieher zu besprechen, liegen aus Elternsicht folgende Ursachen zugrunde: Fremdheitsgefühl gegenüber der Erzieherin/dem Erzieher, Fehlen von günstigen Zeitpunkten, die Befürchtung, dass aus der Ansprache von Problemen negative Folgen für das Kind resultieren und/oder die ErzieherInnen sich in Familienangelegenheiten einmischen könnten (vgl. Sturzbecher/Bredow 1998).

Aufseiten der pädagogischen Fachkräfte berichtet jedoch nur ein geringer Teil befragter GruppenleiterInnen von besonders positiven Erfahrungen der Elternarbeit. Der überwiegende Teil der ErzieherInnen fühlt sich von den Eltern in seiner Arbeit zwar unterstützt und wertgeschätzt. Sie nehmen jedoch Elternarbeit in der Regel als zu arbeits- und zeitintensiv wahr. Sie kritisieren in diesem Zusammenhang auch die mangelnde Vorbereitung in der Ausbildung und fordern mehr Fortbildungen in diesem Bereich (vgl. Fthenakis et al. 1995; Kahle 1997). So wird insbesondere die fehlende Kompetenz bei der Gesprächsführung mit Eltern sowie bei der Einbindung von Eltern in die pädagogische Arbeit konstatiert (vgl. Sturzbecher/Bredow 1998; Fthenakis et al. 1995).

Barrieren in der Ansprache von Problemen und Fragen liegen gemäß der Befragung von Fthenakis et al. seitens der Eltern aus Sicht der Fachkräfte in erster Linie darin begründet, dass Eltern fürchten, die Erzieherin/der Erzieher mische sich in ihre Familienangelegenheiten ein. Weiterhin wird angeführt, Eltern ließen sich nicht gern pädagogisch belehren (Sturzbecher/Bredow 1998).

Die pädagogischen Fachkräfte sehen sich häufig aufgrund der Zusammenarbeit mit Eltern Belastungen und Überforderungen ausgesetzt, die auch zu Arbeitsunzufriedenheit führen (Textor 1998; Sturzbecher/Bredow 1998; Kahle 1997; Fthenakis et al. 1995). So beklagt in der Befragung von Dippelhofer-Stiem und Kahle jede zweite Erzieherin eine durch die Elternarbeit hervorgerufene Belastung, jede Dritte Hilflosigkeit in Bezug auf Probleme mit den Eltern. Die Belastung beruht jedoch nicht auf einem zu hohen Ausmaß, sondern auf Spannungen und Missverständnissen in der Kommunikation und Interaktion. Häufiger Kontakt wird im Gegenzug als hilfreich für mehr Sicherheit im Miteinander und förderlich für die Zusammenarbeit erachtet (vgl. Kahle 1997).

Dabei gilt offenbar ein systematischer Zusammenhang zwischen Selbst- und Fremdbild der Kita-MitarbeiterInnen. Positive oder negative Einschätzung der pädagogischen Qualifizierung der MitarbeiterInnen durch die Elternschaft stimmt gemäß der Evaluationsstudie von Honig et al. mit den Selbsteinschätzungen weitgehend überein (vgl. Krein 2004).

Nicht alle Eltern werden von den ErzieherInnen mit den konventionellen Formen und Inhalten der Elternarbeit erreicht. Nach Geschlecht differenziert zeigt sich, dass Mütter mehrheitlich angesprochen werden bzw. sich angesprochen fühlen, jedoch Väter kaum. Nach Fthenakis et al. (1995) gelingt den Fachkräften ein Zugang mit zunehmender Berufserfahrung besser, wohingegen die Betreuung großer und/oder (kulturell und sozial) heterogener Kindergruppen den Zugangserfolg eher mindert.

Mit neueren Erkenntnissen kann davon ausgegangen werden, dass „der Grund für die zum Teil mangelnde oder fehlende Beteiligung von bestimmten Elterngruppen nicht so sehr Zeitmangel, Desinteresse o.ä. ist, sondern durch lebensweltliche Differenzen verursacht werden, die sozial vulnerable Gruppen an der Teilnahme im Kitaalltag hindern" (Hartung et al. 2009, S. 32).

Interkulturelle Aspekte der Zusammenarbeit

Die von Honig u.a. (2004) durchgeführte Untersuchung geht bereits weiterführend der Frage nach, „inwiefern kulturelle Diversität zu einem Qualitätsmaßstab wird und für die Erwartungen, Vorstellungen und Urteile der Eltern und ErzieherInnen eine Rolle spielt" (Joos/Betz 2004, S. 76). Zunächst zeigen die Ergebnisse, dass Erwartungen und Urteile aller Eltern entsprechend der sozialen Lagen in Bezug auf die Gewichtung von Funktionen und Aufgaben der Kitas divergieren. Eltern mit Migrationshintergrund erwarten von der Institution Kita in stärkerem Maße als autochthone Eltern die Bildung und Vorbereitung ihrer Kinder auf den Schuleintritt. Eltern ohne Migrationshintergrund äußern einen stärkeren Wunsch nach festen Bezugspersonen sowie qualifizierten AnsprechpartnerInnen, betonen stärker den Aspekt des sozialen Lernens und der Eigenverantwortung der Kinder. Zugleich zeigen die Ergebnisse, dass dem Wunsch nach Informationen zur Entwicklung des Kindes, den Eltern mit und ohne Migrationshintergrund gleichermaßen äußern, durch die ErzieherInnen nicht in entsprechendem Maße nachgekommen wird. Die ErzieherInnen selbst räumen ein, mit zunehmender kultureller und sozialer Heterogenität der Gruppen dieser Anforderung in geringerem Maße entsprechen zu können. Weiter kommt die Studie zu dem Ergebnis, dass das Bewusstsein kultureller und sozialer Differenz beim pädagogischen Fachpersonal von der Komposition der Gruppe selbst abhängt. Die Auseinandersetzung mit Interkulturalität und Diversität spielen also scheinbar erst eine Rolle, wenn diese durch die Gruppenzusammensetzung ‚aktiviert' werden.

Insgesamt zeigt sich bei Eltern mit Migrationshintergrund eher eine fehlende Informiertheit zum Thema Kindergarten. So zeigen die empirischen Daten im Rahmen der Eltern- und Kindergartenbefragung aus dem Projekt *Erwerb von sprachlichen und kulturellen Kompetenzen von Migrantenkindern in der Vorschulzeit* von Becker (2010): „Türkische Eltern folgen den Gegebenheiten (des Sozialraums A. d. V.) tendenziell stärker und sind generell schlechter über das Thema Kindergarten informiert als deutsche Eltern, was dazu führt, dass sie im Durchschnitt häufiger stärker segregierte Kindergärten auswählen" (Becker 2010, S. 44). D.h. sie folgen bei der Kindergartenwahl eher wenig spezifischen Qualitäts-, Programm- und Zusammensetzungskriterien und entscheiden somit (passiv) für Kindergärten mit einem hohen Anteil an MigrantInnen.

Hartung et al. (2009) kommen in dem Forschungsprojekt Bielefelder Evaluation von Elternedukationsprogrammen ebenso zu dem Ergebnis, dass Eltern aus unterschiedlichen sozialen und kulturellen Gruppen mit der Kita ganz unterschiedliche Erwartungen und Zuständigkeitsbereiche verbinden. Sie zeigen auf, dass bei einem Vergleich von Eltern mit und ohne Migrationshintergrund die Unterschiede stärker entlang der sozialen als der kulturellen Komponente verlaufen. Eltern einer niedrigen Sozialschicht schreiben der Kita beispielsweise einen größeren Einfluss auf Bildung zu als sich selbst. In Bezug auf soziale Kompetenzen wird der Kita weitgehend unabhängig der sozialen Herkunft ein größerer sozialisatorischer Einfluss zugeschrieben. Interessant ist hierbei, dass Eltern mit Migrationshintergrund und aus unteren sozialen Schichten einen stärkeren Einfluss in der sozialisatorischen Leistung der Familie sehen, insbesondere in Bezug auf die Items Sozialverhalten und Respekt. Auch Hartung et al. schließen aus den Ergebnissen, dass die lebensweltlichen Differenzen in den Kitas noch nicht hinreichend Berücksichtigung finden und der Zugang zu einigen Eltern dadurch verwehrt bleibt (vgl. auch Rabe-Kleberg 2010).

In diesem Zusammenhang konnte jedoch auch eruiert werden, dass der Zugang zu sozial benachteiligten Eltern beispielsweise durch die Einbindung von Präventionsprogrammen in den Kitas erleichtert werden kann. Eine persönliche Ansprache im Gegensatz oder als Ergänzung zu schriftlichen Materialien erweist sich bei der Erreichbarkeit dieser Eltern als vielversprechend ebenso wie ein weitgehend informeller Charakter der Kursangebote.

Unterschiede in Ost und West

In Bezug auf die Wahrnehmung der Elternarbeit aus Eltern- und ErzieherInnensicht sind bemerkenswerte Differenzen zwischen den neuen und alten Bundesländern herausgestellt worden (vgl. Sturzbecher/Bredow 1998; Fthenakis 1995). So wird in den alten Bundesländern eine wesentlich intensivere Zusammenarbeit zwischen dem pädagogischen Fachpersonal und den Eltern (insbesondere auch mit den Vätern) konstatiert, u.a. gekennzeichnet durch mehr elterliche Bereitschaft zur Mitwirkung, eine bessere Einbindung der Eltern bei Konzeptionsfragen sowie geringeren Belastungserfahrungen aufseiten der ErzieherInnen. Diese Divergenzen sind vermutlich durch die in DDR-Zeiten wechselseitige Selbstverständlichkeit der intensiven Zusammenarbeit historisch gewachsen.

Konzepte und Ansätze in der Elternarbeit

Die Daten von Honig et al. (2004) legen dar, dass die von Eltern eher als negativ bewerteten Einrichtungen nur in Einzelfällen über eine pädagogische Konzeption verfügen, während dies bei positiv bewerteten bei jeder zweiten Einrichtung der Fall ist. Eine schriftlich ausgearbeitete Konzeption stellt demnach ein Qualitätsmerkmal dar und steht zudem in engem Zusammenhang mit einem qualitativ hochwertig bewertetem Fachpersonal (vgl. Krein 2004).

Studien konstatieren Ende der 1990er Jahre, dass eine Umorientierung hin zu stärker kooperativen Formen der Elternarbeit bestenfalls am Anfang steht, sodass trotz vermehrter konzeptioneller Einbindung in die Einrichtungen eine ernüchternde Bilanz ihrer praktischen Relevanz gezogen werden muss (vgl. Wolf et al. 1999; Kahle 1997). In einer externen Evaluationsstudie sind Kindertageseinrichtungen, die mit dem Situationsansatz arbeiten, mit Einrichtungen mit anderem Konzept in den neuen Bundesländern verglichen worden (Wolf et al. 1999; Becker 1999). In Bezug auf die Zusammenarbeit mit den Eltern konnten jedoch überraschenderweise kaum Unterschiede zwischen den Einrichtungstypen festgestellt werden. Der im Vorfeld unterstellte Beteiligungswille in Einrichtungen, die mit dem Situationsansatz arbeiten, fiel geringer aus als angenommen. „Das Bild der eigenverantwortlichen und aktiven Elternschaft, die die Kindereinrichtung tatkräftig unterstützt, muss aufgrund der vorliegenden Daten relativiert werden" (Becker 1999, S. 177). Als mögliche Gründe werden das Engagement und die Einstellung der ErzieherInnen sowie persönliche Hintergründe der Eltern, an bestimmten Aktionen teilzunehmen oder nicht, vermutet. Des Weiteren kann unterstellt werden, dass Kitas aus Sicht von ErzieherInnen sowie von Eltern vorrangig als Ort zur Betreuung, Förderung und Bildung der Kinder und nicht als Ort für Eltern gelte und auch daher der kooperativen und beteiligenden Elternarbeit Grenzen gesetzt sind.

In der Untersuchung von Ueffing (2007) wird das Augenmerk auf Bedingungen des Theorie-Praxis-Transfers am Beispiel ausgewählter interkultureller Praxisprojekte zur Kooperation mit Eltern bei kommunalen Trägern und Kindertageseinrichtungen in München gelegt. So verfolgt beispielsweise das Projekt *Kindergarten mal anders* das Ziel, insbesondere Mütter mithilfe einer sprachlichen Weiterbildung stärker in den Kita-Alltag einzubinden. Als ein direkt zu beobachtender Effekt der Sprachförderung stellt sich ein zunehmender Sprachkontakt der Mütter mit den Fachkräften in den Kitas dar. Zudem geben die Mütter an, sich in der Kommunikation mit den ErzieherInnen wohler und sicherer zu fühlen. Bei den Fachkräften zeigt sich, dass diese eher bereit sind etwaige Mehrbelastungen bedingt durch heterogene Bedarfslagen hinzunehmen, sofern eine Unterstützung vonseiten der Verwaltung und die Schaffung angemessener Rahmenbedingungen wahrgenommen werden. Ferner werden in der Analyse des Projektes *Kindergarten mal anders* die wichtige Funktion von Kitas im Gemeinwesen und ihr Integrationspotenzial insbesondere für Frauen mit geringen Möglichkeiten zur Kontaktaufnahme herausgearbeitet. Schließlich wird den Müttern eine hohe Motivation zur Teilnahme an Sprachangeboten zugeschrieben, sofern die Vereinbarung mit Familie/Ehemann umsetzbar ist. Ueffing resümiert mit Blick auf alle von ihr untersuchten Projekte: „Für den Ansatz der Pädagogik der Vielfalt konnten Möglichkeiten der positiven Bewältigung des Theorie-Praxis-Transfers durch Maßnahmen zur Personalentwicklung einerseits sowie der beruflichen Fort- und Weiterbildung des Fachpersonals und der Veränderung der erzieherischen Praxis aufgezeigt werden" (Ueffing 2007, S. 300).

Das Projekt *Kinderwelten* entwickelt und erprobt seit 2000 einen innovativen Handlungsansatz zur vorurteilsbewussten Qualitätsentwicklung in Kindertageseinrichtungen mit dem Ziel, den Erfordernissen der Einwanderungsgesellschaft Rechnung zu tragen. Inspiriert durch den US-amerikanischen Anti-Bias-Approach[1] verbindet das Konzept „eine differenzsensible pädagogische Arbeit mit Kindern und eine gezielte [diversitäts- und diskriminierungsbewusste] Organisationsentwicklung in Kindertageseinrichtungen" (Gomolla 2010, S. 6; vgl. auch Wagner 2008). Unter wissenschaftlicher Begleitung sind die Konzeption von

---

1 Das Grundanliegen des von Louise Derman-Sparks (1989, S. 3; zit. nach Gomolla 2010, S. 21) begründeten Anti-Bias-Approach wird von ihr folgendermaßen definiert: „[Anti-Bias is a]n active/activist approach to challenging prejudice, stereotyping, bias, and the ‚isms'. In a society in which institutional structures create and maintain sexism, racism and handicappism, it is not sufficient to be non-biased (and also highly unlikely), nor is it sufficient to be an observer. It is necessary for each individual to actively intervene, to challenge and counter the personal and institutional behaviors that perpetuate oppression."

Instrumenten zur Qualitätssicherung und die Ausbildung von pädagogischen Fachkräften in einzelnen Einrichtungen zu MultiplikatorInnen für vorurteilsbewusste Bildung entwickelt worden (vgl. Gomolla 2010). In der Schlussbefragung der beteiligten pädagogischen Fachkräfte zeigt sich deutlich eine wahrgenommene Verbesserung der Rahmenbedingungen für eine gelingende Zusammenarbeit zwischen Eltern und Kita-Personal. Vor allem hat das Projekt folgende Aspekte bewirkt: ein deutliches Bemühen um eine Kommunikation mit den Eltern auf dialogischer Grundlage; es verstärkt als Aufgabe anzusehen, auf Eltern zuzugehen und die Arbeit transparent zu machen; alle Eltern anzusprechen; Erweiterung des Methodenrepertoires, um unterschiedliche Familienkulturen kennenzulernen und respektvoll damit umgehen zu können; öfter mit Eltern ein Gespräch über Erziehungsvorstellungen initiieren; Verbesserung der Beteiligung von Eltern in der Kita (ebd.).

Eine von Lösel et al. (2006) durchgeführte Meta-Evaluation erfasst, beschreibt und wertet auf systematische Weise das Angebot und die Wirksamkeit familienbezogener (präventiver) Bildungsmaßnahmen u.a. im Kita-Bereich aus. Als besonders wirksam erweisen sich multimodale Bildungsansätze, die neben den Eltern auch die Kinder einbeziehen. Reine Elternbildungsprogramme wirken dagegen nur indirekt und damit vergleichsweise gering auf die Kinder, während zusätzliche Maßnahmen für Kinder den Effekt deutlich verstärken (vgl. auch Pietsch et al. 2010). Eine vom Ministerium für Generationen, Familie, Frauen und Integration des Landes Nordrhein-Westfalen (2007) beauftragte Forschungsgruppe brachte im Rahmen des Projektansatzes *Migration in der Familienbildung* allerdings zutage, dass migrationsspezifische Angebote der Familienbildung regional sehr ungleichmäßig verteilt sind und bislang noch als randständig betrachtet werden (vgl. hierzu auch Friedrich et al. 2009).

Internationale Vergleiche

Bei internationalen Vergleichen treffen unterschiedliche nationale und soziale Kontexte aufeinander, Begrifflichkeiten haben mitunter unterschiedliche Bedeutungen und Statistiken variieren. Pietsch, Ziesemer und Fröhlich-Gildhoff (2010) geben einen aussagekräftigen Überblick über international vergleichende Studien und Forschungsergebnisse zur Zusammenarbeit mit Eltern in Kindertageseinrichtungen. Sie beziehen sich neben komparativ angelegten Studien und Metaanalysen wie die EACEA-/Eurydice-Studie zur frühkindlichen Betreuung, Bildung und Erziehung in Europa (2009) sowie die OECD-Studie Starting Strong II: Early Childhood Education and Care (2006) auch auf länderspezifische Studien, Konzepte und Projekte.

Die EACEA-/Eurydice-Studie identifizierte beim Vergleich dreißig europäischer Staaten drei unterschiedliche Einrichtungsmodelle, die Leistungen für die frühkindliche Betreuung, Bildung und Erziehung (FBBE) erbringen. Demzufolge bewährt sich vor allem das kombinierte Modell für eine erfolgreiche Elternarbeit, bei dem neben dem Kind im Sinne einer Erziehungs- und Bildungspartnerschaft auch Eltern, Familien und lokale Gemeinschaften unterstützt werden. Es wird als erfolgreich gewertet auch „um die auf ethnische Ursachen zurückzuführende Benachteiligung in Bildung und Erziehung zu beseitigen" (EACEA/Eurydice 2009, S. 23). In Deutschland tritt dieses Modell etwa in Form von Familien- und Kompetenzzentren in Erscheinung. „Diese Programme vereinigen ein intensives frühzeitiges kindzentriertes Bildungsangebot an einer FBBE-Einrichtung, eine enge Zusammenarbeit mit den Eltern der Kinder, Elternbildungsangebote und aktive Elternarbeit, ein Programm, das Bildungsaktivitäten beinhaltet, die Kinder und Eltern zu Hause durchführen, sowie Maßnahmen im Bereich der Familienförderung", heißt es im Abschlussbericht (ebd.).

Insgesamt betrachtet kommt die EACEA-/Eurydice-Studie weiter zu dem Ergebnis, dass eine feste Verankerung partnerschaftlicher Zusammenarbeit von ErzieherInnen und Eltern bzw. Erziehungsberechtigten bislang nur in wenigen Ländern vollzogen wird. Ein verändertes Bewusstsein hat jedoch in vielen Ländern Einzug gehalten. Gemäß der oben erwähnten OECD-Studie Starting Strong II, die u.a. die Grade elterlichen Einbezugs und Mitwirkung in Kindertageseinrichtungen im europäischen und außereuropäischen Vergleich erfasst, nimmt Deutschland einen eher mittleren Grad an elterlicher Involviertheit ein (vgl. Pietsch et al. 2009).

Aus den gesichteten internationalen Studien, Projekten und Konzepten wurden von Pietsch et al. (ebd., S. 74 f.) erfolgversprechende Elemente von Elternarbeit erfasst, auf deren Basis sie einen Katalog an Elementen zusammenstellen, die auf verschiedenen Ebenen der Elternarbeit im Kitabereich angesiedelt sind:

Systemebene

- Bildungspläne, Partizipation als Grundprinzip
- Verankerung von Kompetenzen zur Zusammenarbeit mit Eltern in Richtlinien und Curricula der Aus- und Weiterbildung für Fachkräfte
- Familienzentren und frühzeitiger Zugang
- Strukturelle und institutionelle Kontinuität bei Übergängen

Institutionelle Ebene

- Integrierte Dienstleistungszentren (Familienzentren)
- Offenheit der Institution (Zugehörigkeitsgefühl vermitteln)
- Leitbild mit Zielsetzungen der Zusammenarbeit mit den Eltern
- hohes Maß an Flexibilität
- auch spezifische Angebote für alle Eltern öffnen, keine Diskriminierung
- Supervision für Fachkräfte

Haltung der pädagogischen Fachkräfte

- Wertschätzung und Anerkennung – Ressourcenorientierung
- Anbieten von Orientierung und konkreter Unterstützung
- permanente Reflexion des eigenen Handelns
- Zu-Gehen auf die Eltern, proaktives Handeln
- Fähigkeit, gezielte Programme zu realisieren und zu evaluieren

Ebene der Methoden

- keine ‚Allheilmittel'
- Tür-und-Angel-Gespräche, Hausbesuche
- konkrete Unterstützung

- systematisierter, regelmäßiger, gut vorbereiteter Austausch über das Kind und seinen Entwicklungsstand
- spezifische Programme
- Förderung von Literacy

Zielgruppenspezifik

- z.B. sozial benachteiligte Familien/schwer erreichbare Familien, Väter, Familien mit unterschiedlichem kulturellen und sozialem Hintergrund, Migrationsfamilien
- Abbau von spezifischen Zugangsbarrieren: Bekanntheit und Erreichbarkeit der Einrichtung
- Vertrauen, Ansetzen an konkreten Lebenssituationen, Transparenz des Vorgehens und der Ziele

Fazit

Insgesamt deuten die bislang vorliegenden empirischen Forschungsergebnisse darauf hin, dass die Zusammenarbeit von Eltern und Fachkräften insgesamt eher positiv bewertet wird, allerdings noch einer Weiterentwicklung bedarf. Es zeichnet sich bei der Gegenüberstellung der Erwartungen und der als wichtig erachteten Inhalte pädagogischer Fachkräfte und Eltern ein Missverhältnis ab, das auch den multifunktionalen und multiperspektivischen Raum der Bildungs- und Erziehungspartnerschaft sowie die asymmetrische Beziehung zwischen Eltern und Fachkräften wiederspiegelt. In einigen Aspekten decken sich die Forschungsergebnisse, in anderen widersprechen sie sich teilweise. Zum Teil liegt es in den Studien begründet, die aufgrund ihrer unterschiedlichen Designs bzw. regionalen Stichproben kaum vergleichbar sind. Ein deutliches Ergebnis über die Studien hinweg ist, dass offenbar Uneinigkeit in Bezug auf erwünschte Inhalte, Formen und Erwartungen zwischen Fachpersonal und Eltern herrscht, aber auch innerhalb der Eltern- und der Kindergruppen entlang sozialer und kultureller Divergenzen. Sowohl Ergebnisse nationaler als auch internationaler Studien weisen übereinstimmend darauf hin, dass die inhaltlich-pädagogische Arbeit mit den Kindern in Kombination mit einer systematischen Kooperation und Beteiligung der Eltern ein Qualitätskriterium für Kitas ist. Die Berücksichtigung, dass Eltern unterschiedliche Zugangs- und Kommunikationswege benötigen, beinhaltet jedoch für pädagogische Fachkräfte oft eine zusätzliche Belastung. Qualitativ hochwertige Inhalte und Formen der Zusammenarbeit und die Stärkung elterlicher und fachlicher Erziehungskompetenz erfordern aufseiten der pädagogischen Fachkräfte eine verbesserte und gezielte Qualifizierung in Aus-, Fort- und Weiterbildung sowie eine stützende Institution und Organisation. Hierzu ist die Forschungslage eindeutig. Nicht zuletzt besteht daher Erkenntnisbedarf in der Evaluation von Aus- und Weiterbildungsmaßnahmen in Bezug auf deren Wirksamkeit für die einzelnen TeilnehmerInnen und die Organisation als solche.

Der Pluralisierung und Heterogenität von Eltern- und Familienmodellen wird insgesamt in jüngsten Studien bereits Rechnung getragen. Lücken tun sich in Bezug auf den Aspekt der Erziehungs- und Bildungspartnerschaft auf. Der Begriff der Partnerschaft findet in der empirischen Forschung bisher keine Beachtung. Forschungsbedarf besteht daher im Besonderen darin, Elternarbeit unter dem Aspekt der wechselseitigen Partnerschaft empirisch zu beforschen und zwischen konzeptioneller Verankerung und praktischer Umsetzung zu bilanzieren. Bedarf besteht zudem in Wirksamkeitsstudien zu unterschiedlichen Formen von Elternarbeit mit komplexerer Perspektive. Darüber hinaus gilt es noch genauer zu ergründen, warum einige Eltern für eine Zusammenarbeit nicht erreicht werden. Best-Practice-Beispiele könnten ferner Erkenntnisse liefern, welche Faktoren zur Gewinnung schwer zu erreichender Eltern erfolgsversprechend sind. Forschungen zur Elternarbeit müssen sich auch aufgrund der sozialräumlichen Verankerung der Kitas stärker auf die Verbesserung der Qualität einzelner Einrichtungen beziehen. Auch wissen wir noch zu wenig über den Zusammenhang von Kindergartenwahl und Elternbeteiligung und -mitgestaltung sowie Erwartungen der Eltern bzw. bestimmter Elterngruppen an Erziehung, Bildung und Betreuung im vorschulischen Bereich und ihre Möglichkeiten der Durchsetzung ihrer Interessen. Dabei sind zudem die Perspektiven der Kinder selbst mit zu erfassen und nicht nur die der Eltern und pädagogischen Fachkräfte (Westphal 2009).

Insbesondere die Verschränkungen zwischen klassen-, geschlechts- und kulturspezifischer Ausrichtung von Kindergärten und vorschulischen Einrichtungen (vgl. Rabe-Kleberg 2010; Andresen 2008), der Inhalte, Formen und Praxis ihrer pädagogischen Angebote, stellen in ihren Wirkungen auf Elternarbeit und -beteiligung eine Forschungslücke dar. So konstatiert Rosken zum Forschungsstand über Diversity, dass „bisher in Deutschland keine Untersuchungen existieren, welche sich mit den Ursachen für den Umgang von Erzieherinnen mit Diversity im Elementarbereich beschäftigen" (2009, S. 111). Das gilt für Elternarbeit in kulturell und sozial heterogenen Kontexten ebenfalls, erste Ansätze aus dem Bereich der interkulturell reflektierenden Elternarbeit (z.B. Kinderweltenansatz) liegen bereits vor.

Literatur

Andresen, Sabine (2008): Kinder und soziale Ungleichheit. Ergebnisse der Kindheitsforschung zu dem Zusammenhang von Klasse und Geschlecht. In: Rendtorff/Prengel (2008): S. 35-48
Becker, Petra (1999): Eltern. In: Wolf/Becker/Conrad (1999): S. 163-177
EACEA/Eurydice (2009): Frühkindliche Betreuung, Bildung und Erziehung in Europa: ein Mittel zur Verringerung sozialer und kultureller Ungleichheiten. Brüssel: Eurydice
Friedrich, Lena/Siegert, Manuel/Schuller, Karin (2009): Working Paper 24 – Förderung der Bildungserfolge von Migranten: Effekte Familienorientierter Projekte. Nürnberg: Bundesamt für Migration und Flüchtlinge
Dippelhofer-Stiem, Barbara/Kahle, Irene (1995): Die Erzieherin im evangelischen Kindergarten. Empirische Analyse zum professionellen Selbstbild des pädagogischen Personals, zur Sicht der Kirche und zu den Erwartungen der Eltern. Bielefeld: Kleine
Dippelhofer-Stiem, Barbara/Wolf, Bernhard (Hrsg.) (1997): Ökologie des Kindergartens. Theoretische und empirische Befunde zu Sozialisations- und Entwicklungsbedingungen. Weinheim und München: Juventa
DJI – Deutsches Jugendinstitut (2005): DJI-Kinderbetreuungsstudie 2005. Erste Ergebnisse. München: DJI
Fthenakis, Wassilios/Nagel, Bernhard/Strätz, Rainer/Sturzbecher, Dietmar/Eirich, Hans/Mayr, Toni (1995): Neue Konzepte für Kindertageseinrichtungen: eine empirische Studie zur Situations- und Problemdefinition der beteiligten Interessengruppen. Endbericht, Band 1 – 3. München: Staatsinstitut für Frühpädagogik
Fürstenau, Sara/Gomolla, Mechtild (Hrsg.) (2009): Migration und schulischer Wandel: Elternbeteiligung. Wiesbaden: Verlag für Sozialwissenschaften
Gomolla, Mechtild (2010): Kinderwelten. Vorurteilsbewusste Bildung und Erziehung in Kindertageseinrichtungen. Bundesweites Disseminationsprojekt. Abschlussbericht über die zweite Erhebung im Frühjahr 2008 und zusammenfassende Beurteilung. Hamburg
Hartung, Susanne/Kluwe, Sabine/Sahrai, Diana (2009): Neue Wege in der Elternarbeit. Evaluation von Elternbildungsprogrammen und weiterführende Ergebnisse zur präventiven Elternarbeit. Kurzbericht des BMBF-geförderten Projekts: Bielefelder Evaluation von Elternedukationsprogrammen (BEEP). Bielefeld
Honig, Michael-Sebastian/Joos, Magdalena/Schreiber, Norbert (Hrsg.) (2004): Was ist ein guter Kindergarten? Theoretische und empirische Analysen zum Qualitätsbegriff in der Pädagogik. Weinheim und München: Juventa

Joos, Magdalena/Betz, Tanja (2004): Gleiche Qualität für alle? Ethnische Differenz als Determinante der Perspektivität von Qualitätsurteilen und -praktiken. In: Honig/Joos/Schreiber (2004): S. 69-118
Kahle, Irene (1997): Die Elternarbeit als Bindeglied zwischen familialer und institutioneller Ökologie. In: Dippelhofer-Stiem/Wolf (1997): S. 49-76
Krein, Andreas (2004): Elternzufriedenheit und Teamqualität. In: Honig/Joos/Schreiber (2004): S. 61-67
Krüger Heinz-Hermann et al. (Hrsg.) (2010): Bildungsungleichheit revisited. Bildung und soziale Ungleichheit vom Kindergarten bis zur Hochschule. Wiesbaden: Verlag für Sozialwissenschaften
Lachenmaier, Werner (1990): Öffnungszeiten von Kindergärten – eine Erhebung in drei bayrischen Regionen. Manuskript. München
Lösel, Friedrich/Schmucksteiner, Martin/Plankensteiner, Birgit/Weiss, Maren (2006): Bestandsaufnahme und Evaluation von Angeboten im Elternbildungsbereich. Abschlussbericht. Erlangen
MGFFI NRW – Ministerium für Generationen, Familie, Frauen und Integration des Landes Nordrhein-Westfalen (Hrsg.) (2007): Zuwanderung – eine Chance für die Familienbildung. Bestandsaufnahme und Empfehlungen zur Eltern- und Familienbildung in Nordrhein-Westfalen. Düsseldorf: MGFFI
Minsel, Beate (1996): Ergebnisse der Elternbefragung am Ende des Modellversuchs. München: DJI
OECD (Hrsg.) (2006): Starting Strong II: Early Childhood Education and Care. Paris: OECD
Pietsch, Stefanie/Ziesemer, Sonja/Fröhlich-Gildhoff, Klaus (2010): Zusammenarbeit mit Eltern in Kindertageseinrichtungen – Internationale Perspektiven. Ein Überblick: Studien und Forschungsergebnisse. München: DJI
Rabe-Kleberg Ursula (2010): Bildungsarmut von Anfang an? Über den Beitrag des Kindergartens im Prozess der Reproduktion sozialer Ungleichheit. In: Krüger et al. (2010): S. 45-54
Rendtorff, Barbara/Prengel, Annedore (Hrsg.): Kinder und ihr Geschlecht. Jahrbuch Frauen und Geschlechterforschung, 4. Opladen: Barbara Budrich
Rosken, Anne (2009): Diversity und Profession. Wiesbaden: VS Research
Schreiber, Norbert (2004): Qualität von was? Qualität wozu? Zur Perspektivität von Eltern- und Erzieherinnenurteilen. In: Honig/Joos/Schreiber (2004): S. 39-59
Schüttler-Janikulla, Klaus (Hrsg.) (1998): Handbuch für Erzieher/innen in Krippe, Kindergarten, Vorschule und Hort. München: mvg-Verlag
Sturzbecher, Dietmar (Hrsg.) (1998): Kindertagesbetreuung in Deutschland. Bilanzen und Perspektiven. Freiburg im Breisgau: Lambertus
Sturzbecher, Dietmar/Bredow, Corinna (1998): Das Zusammenwirken von Familie und Kita. Voraussetzungen und Erfahrungen aus der Perspektive von drei Bundesländern. In: Sturzbecher (1998): S. 193-233
Textor, Martin (1992): Familienunterstützende Maßnahmen im Kontext des Kindergartens. Abschlußbericht zu Projekt 24/89/1a/MT. München
Textor, Martin (1997): Intensivierung der Elternarbeit. Abschlußbericht zum Modellversuch in der Diözese Passau. München
Textor, Martin (1998): Befragungsergebnisse zur Elternarbeit. In: Schüttler-Janikulla (1998): S. 1-21
Ueffing, Claudia M. (2007): Pädagogik der frühen Kindheit im Kontext von Migration – Theoretische Grundlagen und erzieherische Praxis. Frankfurt am Main und London: IKO
Wagner, Petra (2008): Handbuch Kinderwelten. Vielfalt als Chance – Grundlagen einer vorurteilsbewussten Bildung und Erziehung. Freiburg im Breisgau: Herder
Westphal, Manuela (2009): Interkulturelle Kompetenzen als Konzept der Zusammenarbeit mit Eltern. In: Fürstenau/Gomolla (2009): S. 89-104
Wolf, Bernhard/Becker, Petra/Conrad, Susanna (Hrsg.) (1999) Der Situationsansatz in der Evaluation. Ergebnisse der Externen Empirischen Evaluation des Modellvorhabens „Kindersituationen". Landau: Verlag Empirische Pädagogik

Andreas Vossler

Erziehungs- und Familienberatung im Spiegel der Forschung

1. Erziehungs- und Familienberatung in Deutschland – der institutionelle Rahmen

Erziehungsberatung in seiner institutionalisierten Form kann in Deutschland mittlerweile auf eine über 100jährige Tradition zurückblicken. Die ersten Institutionen, die als Vorläufer der heutigen Erziehungs- und Familienberatungsstellen gelten können, wurden auf private Initiative von Medizinern (z.B. Fürstennheim, Seif) in deutschen Großstädten eingerichtet (z.B. 1903 heilpädagogische Beratungsstelle in Hamburg, 1906 „Medico-pädagogische Poliklinik für Kinderforschung, Erziehungsberatung und ärztliche erziehliche Behandlung" in Berlin). Von den heutigen Erziehungsberatungsstellen unterschieden sie sich u.a. dadurch, dass ihnen eine stark medizinisch orientierte Konzeption zugrunde lag und dort überwiegend neben- oder ehrenamtlich gearbeitet wurde (vgl. Presting 1991).

Erst in den Jahrzehnten nach dem zweiten Weltkrieg – zwischen Anfang der 1950er und Ende der 1970er Jahre – wurden Bemühungen unternommen, ein flächendeckendes Netz von Erziehungsberatungsstellen über das ganze Land zu spannen. Seit Beginn der 1980er Jahre stagniert der Ausbau dieses Beratungsstellennetzes jedoch. Dies bedeutet, dass mit der kontinuierlich steigenden Nachfrage nach Erziehungs- und Familienberatung in den letzten dreißig Jahren kein weiterer Ausbau der Beratungskapazitäten einherging (vgl. Menne 2008). Mancherorts wurden infolge von Kostendruck und Sparmaßnahmen sogar Stellen abgebaut (Menne/Schilling/Gollias 2006). Heute findet man in Deutschland rund 1100 Erziehungs- und Familienberatungsstellen. Nach dem Kinder- und Jugendhilfegesetz (KJHG) ist es ihre Aufgabe, als „Hilfe zur Erziehung" (§ 27 KJHG) „Kinder, Jugendliche, Eltern und andere Erziehungsberechtigte bei der Klärung und Bewältigung individueller und familienbezogener Probleme, bei der Lösung von Erziehungsfragen sowie bei Trennung und Scheidung zu unterstützen" (§ 28 KJHG). Die „Hilfen zur Erziehung" dienen dazu, Sorgeberechtigte in ihrer Erziehungsverantwortung zum Wohle der Kinder und Jugendlichen zu unterstützen. Dazu soll bei Bedarf unter Einbeziehung des engeren sozialen Umfeldes pädagogische und damit verbunden therapeutische Hilfen gewährt werden. Eltern und anderen Personensorgeberechtigten wird damit ein Rechtsanspruch auf Erziehungsberatung zugesprochen. Aber auch Kinder, Jugendliche und junge Erwachsene haben grundsätzlich die Möglichkeit, sich hilfesuchend an eine Beratungsstelle zu wenden.

Die als „Essentials" von Erziehungsberatung (Jacob 1999) bezeichneten allgemeinen Prinzipien der Beratungsarbeit liefern die Voraussetzung dafür, dass die Erziehungsberatung in der Praxis im Sinne einer „Verteilungsgerechtigkeit" (Specht 1993) auch tatsächlich allen Bevölkerungsschichten gleichermaßen offensteht. Damit sind die institutionellen Rahmenbedingungen gemeint, die im KJHG verbürgt sind: Neben der Fachrichtungs- und Methodenvielfalt in der Beratungsarbeit (Multidisziplinarität; § 28) zählen dazu die kostenfreie und freiwillige Inanspruchnahme der Beratung durch die KlientInnen (§§ 90 – 96) sowie der uneingeschränkte Schutz der personenbezogenen Daten (§§ 61 – 68). Der Zugang zur Beratung wird zudem dadurch erleichtert, dass die Beratungsstellen vor Ort in die alltäglichen Lebenswelten der Menschen institutionell eingebettet sind und Kontakte zu den umliegenden Schulen, Horten, Kindergärten, Heimen und anderen sozialen Einrichtungen pflegen (Hensen/Körner 2005). Die Fachkräfte in der Erziehungs- und Familienberatung verfügen häufig über eine oder mehrere therapeutische Zusatzqualifikationen. Das fachliche Handeln an den Beratungsstellen ist oft von familientherapeutischen Konzepten geprägt, mittlerweile hat jede zweite Fachkraft eine familientherapeutische oder systemische Ausbildung (vgl. Menne 2008).

2. Forschung und Evaluation in der Erziehungs- und Familienberatung

Erziehungs- und Familienberatung ist sicherlich eines der am häufigsten untersuchten und beforschten Arbeitsfelder der Kinder- und Jugendhilfe (Menne 2008). Maßgeblich angeregt durch die Qualitätssicherungsdebatten im Gesundheits- und Sozialbereich wurden in den letzten zwei Jahrzehnten zahlreiche Studien und Befragungen zur Qualität dieser Hilfe zur Erziehung und zu verschiedenen Aspekten von Beratungsbeziehung und -prozess durchgeführt. Eine genauere Analyse zeigt jedoch, dass es sich bei den meisten Untersuchungen um katamnestische Klientennachbefragungen handelt, die nicht ohne Weiteres Auskunft über die Wirksamkeit und Effizienz von Erziehungs- und Familienberatung geben können (vgl. Vossler 2006). Forschungsdesigns, die wissenschaftlichen Kriterien genügen und fundierte Aussagen über beratungsspezifische Effekte erlauben würden (Längsschnittstudien oder quasi-experimentelle Designs/Feldexperimente wie sie zu Child Guidance Clinics in den USA vorliegen, vgl. Fisher 1984), sind hierzulande weiter Mangelware. Diese Forschungslücke kann damit erklärt werden, dass sich Forschungsarbeiten in diesem Bereich mit einer Reihe von zum Teil schwer lösbaren, feldspezifischen methodischen Problemen und Herausforderungen konfrontiert sehen (vgl. Vossler 2001):

Heterogenität des Forschungsgegenstandes

Im Gegensatz zu den meisten Studien zur Psychotherapieforschung, die sich mit der standardisierten, schulspezifischen Therapie eines bestimmten Störungsbildes (z.B. Phobien) in einem einheitlichen Setting unter kontrollierten Kontextbedingungen befassen (experimentelles bzw. quasi-experimentelles Studiendesign), lässt sich die Beratungspraxis nicht einfach standardisieren bzw. kontrollieren. Die Problemlagen der ratsuchenden Eltern, Kinder und Jugendlichen sind oft heterogen und können nicht differentialdiagnostisch klassifiziert werden. Darüber hinaus wird während eines Beratungsprozesses häufig in wechselnden Settings (z.B. kindzentriertes Setting wechselt mit Familiensetting) mit verschiedenen Beratungstechniken schulenübergreifend beraten (Eklektizismus, vgl. Kaisen 1992; Hundsalz 1998), was die differenzierte Erfassung und Bewertung des Beratervorgehens zusätzlich erschwert.

Definition und Messung der Beratungserfolge

Je nach Bewertungskriterium (z.B. Symptomveränderung vs. KlientInnenzufriedenheit) kann der Erfolg bzw. das Ergebnis einer Beratung sehr unterschiedlich beurteilt werden. Die Outcome-Messung ist zudem abhängig vom Zeitpunkt der Erhebung (Katamnesedauer) und der jeweiligen Evaluationsperspektive (Problem der Multiperspektivität): Aus Kinder-, Eltern-, Träger- oder Umfeldsicht sind unterschiedliche Ergebnisbewertungen möglich und wahrscheinlich (vgl. Märtens/Petzold 1995; Vossler 2004).

Einfluss von Kontextvariablen und externen Faktoren

Verlauf und Ergebnis einer Beratung werden in starkem Maße von Kontextvariablen (z.B. institutionelle Rahmenbedingungen, Zugangsweg zur Beratung) und beratungsunabhängigen Einflussgrößen – wie Reifungs- bzw. Wachstumsprozesse der betroffenen Kinder oder Veränderungen in der Familie und in ihrem sozialen Umfeld – mitbestimmt. Dies erschwert differenzierte Aussagen darüber, ob und gegebenenfalls welche Veränderungen durch (welche) Beratungsaspekte ermöglicht wurden.

Diese Schwierigkeiten, aber auch ethische Bedenken und Aufwandsfragen, sind vermutlich dafür ausschlaggebend, dass in Deutschland bisher keine kontrollierte Studie zur Wirksamkeit der Erziehungs- und Familienberatung im Sinne ihrer *Efficacy* (Wirksamkeitsanalysen unter ‚Laborbedingungen', vgl. Heekerens 1998) vorliegt. Die einzige mir bekannte Untersuchung mit einem prospektiven, quasi-experimentellen Design in diesem Bereich ist die multizentrische *Jugendhilfe-Effekte-Studie* (JES-Studie, Schmidt 2000). Im Rahmen dieser Studie wurde Erziehungsberatung über einen fünfjährigen Zeitraum mit vier Messterminen (Ausgangs-, Verlaufs- und Abschlusserhebung, Katamnese nach einem Jahr) mit vier anderen Erziehungshilfen (gemäß §§ 28 – 34 KJHG) hinsichtlich Prozess- und Outcomevariablen verglichen. Die Aussagekraft der Untersuchung wird allerdings durch eine Reihe von methodischen Limitationen eingeschränkt. So ist z.B. ein Vergleich zwischen den verschiedenen Untersuchungsstichproben nur bedingt möglich, da sie mit sehr verschiedenen Voraussetzungen in die Studie eingehen (z.B. Kinder in der Heimerziehung gegenüber Kinder in der Erziehungsberatung). Darüber hinaus ist die kleine (n = 44, zur Katamnesemessung n = 23) und hochselektive Stichprobe zur Erziehungsberatung nicht repräsentativ, da nur über das Jugendamt im Rahmen eines Hilfeplans vermittelte Klientenfamilien (was in der Praxis den Ausnahmefall darstellt) mit psychosozial auffälligen Kindern (5 – 13 Jahre, keine Jugendliche) in die Studie einbezogen wurden. Infolge der nicht zufallsgesteuerten Einrichtungs- und Klientenauswahl sind zudem eher hochmotivierte Beratungsstellen und Klientenfamilien in der Stichprobe vertreten (vgl. Petermann/Schmidt 2000).

Alle anderen Untersuchungen, die in den letzten zwanzig bis dreißig Jahren in der Erziehungs- und Familienberatung durchgeführt wurden, lassen sich methodisch gesehen in drei Kategorien einteilen:

a) Einrichtungsinterne Nachbefragungen (unveröffentlicht)

Vielerorts wurden und werden im Rahmen interner Evaluationsbemühungen KlientInnen nach Ende der Beratung zur Qualität der erhaltenen Hilfe befragt. Diese Nachbefragungen werden in der Regel von den Einrichtungen selbst konzipiert und durchgeführt und sind meist nicht öffentlich zugänglich. Eine Übersicht mit Beispielen für unveröffentlichte Nachbefragungen findet sich beispielsweise bei Oetker-Funk (1998).

b) Katamnestische Nachbefragungen

Die meisten veröffentlichten Untersuchungen sind als katamnestische Nachbefragungen angelegt. Sie beschränken sich darauf, KlientInnen (meist ausschließlich die Eltern) nach Beratungsende retrospektiv per ad hoc entwickeltem Fragebogen nach dem Beratungsverlauf, ihrer Zufriedenheit mit der erhaltenen Hilfe und erlebten Veränderungen zu befragen.

Die Größe der nur bei einigen Katamnesen per Zufallsfaktor ausgewählten Stichproben variierte – bei einem Fragebogenrücklauf zwischen 21% und 65% (Mittelwert: 47%) – zwischen 31 und 560 KlientInnen (Mittelwert: n = 150). Der Katamnesezeitraum differiert zwischen einer Befragung bis zu drei Jahre nach der erhaltenen Beratung (Vossler 2003) und Rückmeldungen direkt nach Beratungsende (Reissmann/Jacob 2007; Nitsch 1997) bzw. schon nach dem Erstgespräch (Frey 1991). Einige der Studien wurden als Selbstevaluation realisiert (Frey 1991; Jakob 1996; Lang et al. 1997; Lenz 1994; Zürn et al. 1990), andere als externe oder Fremdevaluation durch Dritte (Kaisen 1992, 1996; Naumann/Beck 1994; Menne 2008; Meyle 1998; Sakofski/Kämmerer 1986; Schulz/Schmidt 2003).

Kritisch angemerkt werden muss, dass katamnestische Nachbefragungen streng genommen keine kausalen Aussagen darüber erlauben, ob beratungsspezifische Wirkfaktoren für die ermittelten Veränderungen und Effekte verantwortlich sind. Mit den retrospektiv erhobenen Veränderungseinschätzungen wird eher Klientenzufriedenheit als tatsächliche Veränderung durch die Beratung abgebildet. Bei den eingesetzten Erhebungsverfahren handelt es sich in der Regel um selbstentwickelte Fragebögen, die häufig nur Teilaspekte des Beratungsgeschehens abdecken und den Einfluss von Kontextfaktoren weitestgehend ausklammern.

c) Qualitative Interviewstudien

Eine Reihe von qualitativen Studien zur Erziehungs- und Familienberatung zielte auf eine vertiefte Analyse von Einzelfällen zur Identifizierung zugrundeliegender Erfahrungsmuster. Der damit einhergehende erhöhte Zeit- und Arbeitsaufwand bedingt die geringere Stichprobengröße bei diesen Untersuchungen, die zwischen 2 (Franck 1984) und 100 Klientenfällen (Lenz 2001) variiert (Mittelwert: n = 27). Zur Befragung der zumeist nach inhaltlichen Kriterien ausgewählten Eltern und Kinder wurden in diesen Untersuchungen meist halbstandardisierte bzw. leitfadengestützte Interviewverfahren verwendet, deren Fokus auf dem erlebten Beratungsgeschehen (Zugang zur Beratung, Beratungsprozess, Beratungsauswirkungen: Lenz 1990, 2001; Straus et al. 1988; Vossler 2003) und den darin identifizierbaren ‚Schlüsselprozessen' lag. Dementsprechend fand die Befragung in der Regel ‚prozessnah' bereits während der laufenden Beratung (z.B. Kühnl/Schelhas 2009) oder kurz nach Beratungsende statt (Kühnl/Mayr 2004).

Angesichts der kleinen Stichproben und möglicher Selektionsprozesse bei der Auswahl der untersuchten KlientInnen (keine Angaben zu Auswahlkriterien bei Franck 1984; Auswahl nach Beratervorschlägen bei Lenz 2001; Straus et al. 1988) stellt sich bei diesen qualitativen Studien die Frage, inwieweit die ermittelten Befundmuster generalisierbar sind.

3. Zentrale Forschungsergebnisse im Überblick

Im Bereich der Erziehungs- und Familienberatung ist es noch viel weniger möglich und sinnvoll als z.B. in der Psychotherapieforschung, objektive Kriterien für eine erfolgreiche Beratung (z.B. Veränderungsindices) zu definieren. Die Bewertung des Beratungserfolges bleibt eine Frage der Perspektive bzw. der jeweils angelegten Erfolgskriterien. Es scheint daher wenig sinnvoll, den Erfolg dieser Hilfe ausschließlich an der Verbesserung der Anmeldeproblematik zu messen (vgl. Reissmann/Jakob 2007). Die meisten Studien erheben weitere Erfolgskriterien wie die Zufriedenheit der KlientInnen mit der erhaltenen Beratung oder die subjektiv erlebte Belastung durch die Problemsituation (vgl. Menne 2008)

a) Wahrgenommene Veränderungen im Zuge der Beratung

In den erwähnten katamnestischen Nachbefragungen berichten die befragten Eltern in der Regel von zumindest teilweise oder vollständig verbesserten Problemlagen. Dabei umfasst das subjektive Veränderungserleben nicht nur die ‚Symptomatik' des angemeldeten Kindes. Die in den Untersuchungen befragten KlientInnen beschreiben vielmehr Verbesserungen in verschiedenen Veränderungsbereichen:

- *Verbesserung der Anmeldesymptomatik:* Durchschnittlich geben (auf der Basis der Angaben aus insgesamt zwölf Katamnesen) 68% der KlientInnen teilweise oder vollständige Symptombesserungen an.
- *Emotionale Entlastung:* Emotionale Entlastungs- und Unterstützungseffekte durch die Beratungsgespräche werden von den KlientInnen noch etwas häufiger berichtet (durchschnittlich 81% über fünf Studien).
- *Veränderte Problemsicht:* Insbesondere in den qualitativen Interviewstudien zeigt sich, dass durch die Beratung relativ häufig Einstellungen und Sichtweisen gegenüber beratungsrelevanten Problembereichen bei den KlientInnen modifiziert werden. So gibt beispielsweise Lenz (1994) an, dass 75% der Befragten berichten, „sie hätten jetzt mehr verstanden, dass die kindlichen Probleme mit ihnen und ihrer Beziehung zueinander zusammenhingen" (S. 309).
- *Verbesserte familiale Beziehungen bzw. Familienklima:* Aus Sicht der Eltern beeinflusst die Beratung auch das Familienleben (Umgang mit Konflikten, Kommunikation, Atmosphäre). Immerhin berichten durchschnittlich 64% der KlientInnen (über sieben Studien) über positive Veränderungen in diesem Bereich.

Weniger positiv wird der Transfer der erfahrenen Beratungshilfen auf die alltägliche Lebenswelt der KlientInnen – im Sinne einer Förderung der Selbsthilfekräfte – beurteilt. In einigen katamnestischen Nachbefragungen geben die KlientInnen an, Anregungen zur selbstständigen Lösung ihrer Probleme erhalten zu haben (70% bei Naumann/Beck 1994) und diese im Alltag auch umsetzen zu können (56% bei Meyle 1998). Qualitative Analysen zeigen, dass der Umfang tatsächlicher Transferleistungen geringer einzuschätzen ist (Straus et al. 1988, S. 395).

b) Zufriedenheit mit der Beratung

Wird nach der generellen Zufriedenheit mit der erhaltenen Hilfe gefragt, konnten durch die Bank in allen Studien außerordentlich hohe Zufriedenheitswerte ermittelt werden. So ergibt sich über die zwölf katamnestischen Nachbefragungen, in denen allgemeine Zufriedenheitsurteile erhoben wurden, eine deutliche Mehrheit der Eltern (zwischen 61% und 95%), die angeben mit der Beratung überwiegend oder vollständig zufrieden zu sein (im Durchschnitt 80%). Der große Anteil der Eltern, die eine Beratungsstelle wieder aufsuchen oder weiterempfehlen würden (zwischen 80% und 90% über alle Studien), spiegelt ebenfalls eine hohe Beratungszufriedenheit wider.

Innerhalb einzelner Studien (z.B. Straus et al. 1988: 9 – 20 Prozentpunkte Unterschied), aber auch über alle Untersuchungen hinweg, zeigt sich das für die Erziehungs- und Familienberatung typische *Diskrepanzphänomen* (Vossler 2006): Die Zufriedenheitswerte fallen im Durchschnitt um 13 Prozentpunkte höher aus als der Grad der konkreten Verhaltens-

oder Symptomänderungen (81% vs. 68%). Eltern zeigen sich in der Praxis also auch dann mit der Beratung insgesamt zufrieden, wenn sich ihre Probleme nur teilweise oder gar nicht gebessert haben. Dies könnte zum einen Ausdruck einer veränderten Problemsicht sein, die gemeinsam mit dem/der BeraterIn im Verlauf der Beratung erarbeitet wurde: Im Hinblick auf ‚Problemlagen', die einer Veränderung letztlich nicht zugänglich sind (z.B. Persönlichkeitsanteile des Kindes), konnten unrealistische Erwartungen und Zielsetzungen abgebaut und die Eltern im Umgang mit der Situation gestärkt werden. Zum anderen lässt die Vielschichtigkeit der von den Eltern berichteten Beratungsauswirkungen darauf schließen, dass das Gesamturteil ‚Zufriedenheit' aus unterschiedlichen Erlebnisfacetten gespeist wird: Außer einer Symptomveränderung kann dazu beispielsweise eine bessere familiale Kommunikation, das Gefühl, nicht der/die Einzige mit diesem Problem zu sein (Entlastungseffekt), das Erlebnis eines offenen Gesprächs im Rahmen einer vertrauensvollen und wertschätzenden Beratungsbeziehung oder auch das Gefühl, mit der Aufnahme der Beratung etwas zur Lösung der Problemlagen getan bzw. versucht zu haben, beitragen.

Es gibt allerdings Hinweise darauf, dass diese sehr hohen Zufriedenheitswerte zumindest teilweise auf methodische Faktoren zurückzuführen sind und daher nicht unreflektiert generalisiert werden sollten. Hohe Zufriedenheitseinschätzungen sind nicht nur typisch für Nachbefragungen zur Erziehungs- und Familienberatung, sie zeigen sich stereotyp bei Nutzerbefragungen in allen Bereichen der psychosozialen Versorgung. Sie scheinen vor allem bei Klientenbefragungen mit Fragebogenverfahren aufzutreten (vgl. McLeod 2000), während sich KlientInnen in offenen, qualitativen Interviews augenscheinlich kritischer gegenüber der erhaltenen Hilfe äußern. Analog hierzu werden bei offenen Fragebogenfragen eher kritische Wertungen zur Beratung geäußert als bei geschlossenen Items (vgl. Vossler 2003). Die zum Teil nur geringen Rücklaufquoten bei den katamnestischen Nachbefragungen lassen zudem die Vermutung zu, dass sich vorrangig zufriedene und weit weniger unzufriedene KlientInnen an den Befragungen beteiligen. Lebow (1983) sowie Frank und Fiegenbaum (1994) konnten im psychotherapeutischen Kontext einen linearen Zusammenhang zwischen einer geringen Behandlungszufriedenheit und der fehlenden Motivation an einer Nachbefragung teilzunehmen belegen. Selektionseffekte könnten auch bei der Auswahl der Katamnesestichproben aufgetreten sein: Unzufriedene Eltern, welche die Beratung nach wenigen Sitzungen abbrechen, sind aufgrund der häufig verwendeten Einschlusskriterien (meist mindestens drei Sitzungen) oft nicht in den Studien vertreten.

Nur in zwei Untersuchungen wurden Abbruchquoten ermittelt: In der JES-Studie wurden 19% aller untersuchten Erziehungsberatungsprozesse (n = 44) vorzeitig und unplanmäßig beendet (Schmidt 2000). Hintergrund für die sechs Beratungsabbrüche (12%) bei Straus et al. (1988) ist die Enttäuschung der KlientInnen über die Veränderungsmöglichkeiten im Rahmen dieser Hilfeform. Wenn in den anderen Studien Unzufriedenheiten benannt werden, betreffen sie ebenfalls die fehlende Wirksamkeit (z.B. Nitsch 1997: 20% der Befragten), die unzureichende Alltagsnähe der Beratung (z.B. Naumann/Beck 1994: 19%), die zeitlichen Beratungsbedingungen und die enttäuschten Erwartungen bezüglich konkreter Tipps und Ratschläge (z.B. Lenz 1994: 34%).

c) Differentielle Ergebnisse zu Beratungsprozess und -methoden

Nur wenige Studien zur Erziehungs- und Familienberatung sind so angelegt, dass sie differentielle Analysen zum Zusammenhang zwischen Beratungserfolg aus Klientensicht (Problemverbesserung oder Zufriedenheitswerte) und verschiedenen Merkmalen des Beratungsgeschehens (wie Beratungsanlass und -dauer, methodisches Vorgehen in der Beratung, Klientenmerkmale) erlauben.

Zur Frage, ob Erziehungs- und Familienberatung je nach *Beratungsanlass* unterschiedliches Veränderungspotenzial haben kann, liegen teilweise widersprüchliche Ergebnisse vor. In der Untersuchung von Lenz (1994) geben die KlientInnen bei Lern- und Leistungsproblemen deutlich geringere Veränderungswerte nach der Beratung an als bei emotionalen Störungen, psychosomatischen Beschwerden und familiären Beziehungsproblemen. Menne (2008) ermittelte dagegen überdurchschnittliche Verbesserungswerte für Schwierigkeiten mit Leistungsanforderungen und emotionalen Problemen, unterdurchschnittlich starke Problemveränderungen bei der Arbeit an familialen Beziehungsstrukturen (Familienberatung).

Angesichts des in der Praxis häufig vorherrschenden eklektizistischen Methodeneinsatzes in der Erziehungs- und Familienberatung erscheint eine differenzierte Erfassung und Bewertung des *Beratervorgehens* als besonders schwierig. Entsprechende Versuche in den Nachbefragungen von Sakofski und Kämmerer (1986) und Vossler (2003) erbringen keine Überlegenheit – gemessen am Beratungserfolg – einer bestimmten Beratungsmethode oder einer spezifischen Therapieschulenorientierung in der Beratung. Auch die für den benachbarten Bereich der Ehe-, Familien- und Lebensberatung bundesweit unter Einbezug von 234 beratenen Paaren durchgeführte Evaluationsstudie von Klann und Hahlweg (1994) erbrachte keine Korrelation zwischen Outcome-Maßen und Berufsausbildung oder therapeutischer Schwerpunktsetzung der 84 untersuchten BeraterInnen.

Im Hinblick auf die *Beratungsdauer* sprechen die Ergebnisse der JES-Studie dafür, dass sich wesentliche Veränderungen „nicht nur im ersten, sondern auch im zweiten Abschnitt" (Schmidt et al. 2000, S. 210) des Hilfsprozesses abspielen. Die katamnestischen Nachbefragungen zeichnen hierzu ein widersprüchliches Bild: Während sich bei Naumann und Beck (1994) keine Beziehung zwischen der Beratungsdauer und dem Erfolg der Hilfe zeigt, zeigt sich in anderen Studien (Menne 2008; Sakofski/Kämmerer 1986; Vossler 2003) ein signifikant positiver Zusammenhang zwischen beiden Variablen (je höher die Stundenzahl, desto höher die Erfolgseinschätzung bzw. Beratungszufriedenheit). Menne (2008) kommt auf der Grundlage seiner differentiellen Analysen zum Schluss, „dass mit kürzeren Beratungsprozessen die Wahrscheinlichkeit steigt, dass eine Veränderung nicht in dem erforderlichen Masse eintritt" (S. 275). Diese Befunde lassen sich jedoch angesichts der retrospektiven Natur der Befragungen auch mit Bemühungen der KlientInnen, kognitive Dissonanz zu reduzieren, erklären: Je größer die Investitionen (Beratungsdauer), desto größer das Bedürfnis, die Beratung im Nachhinein als effektiv (Beratungserfolg) erscheinen zu lassen.

Bezüglich des *Alters* der KlientInnen weisen Fälle mit ‚jungen' Klientenmüttern (33 Jahre und jünger, n = 34) bei Vossler (2003) im Durchschnitt die meisten positiven Veränderungen nach Beratungsende auf, während in der Gruppe mit den ältesten Müttern (40 Jahre und älter, n = 23) die wenigsten Verbesserungen und meisten Verschlechterungen der Problemlagen berichtet wurden (Korrelation zwischen Alter der Mutter und positiven Veränderungseffekten: r = -.28; keine Korrelation mit Alter des Kindes oder des Vaters). In eine ähnliche Richtung weist ein Ergebnis bei Menne (2008), wonach die Eltern häufiger positive Veränderungen berichten, wenn das Kind noch jünger als drei Jahre ist. Der Autor erklärt dieses Ergebnismuster damit, dass „familiale Interaktionsmuster ebenso wie deren reaktive Verarbeitung durch das Kind selbst" in diesem Alter „offenbar noch nicht auf Dauer gestellt und leichter durch eine Intervention Dritter zu beeinflussen" (S. 284) ist.

d) Kinder und Jugendliche in der Erziehungs- und Familienberatung

Die Perspektive der Kinder und Jugendlichen als ‚eigentliche HauptadressatInnen' der Hilfe wurde in der Forschung und Evaluation zur Erziehungs- und Familienberatung nur selten thematisiert. Aus den katamnestischen Elternbefragungen gibt es Hinweise darauf, dass Kinder einer Beratung weniger häufig zustimmen (Zürn et al. 1990) und sich zu einem größeren Prozentsatz vom Berater nicht angenommen bzw. respektiert fühlen (Lang et al. 1997) als ihre Eltern. Erst in den letzten zehn Jahren haben einzelne qualitative Arbeiten die Situation von Kindern bzw. Jugendlichen in der Beratung gezielt unter die Lupe genommen.

Kinder

Lenz (2001) untersuchte die Beratung an Erziehungsberatungsstellen aus der Perspektive von 100 Kindern im Alter von 6 – 13 Jahren mithilfe semistrukturierter, qualitativer Interviews. Die Beratung fand in den meisten Fällen (54% der Kinder) in einem kindzentrierten Setting (kindertherapeutische Einzel- und Gruppenarbeit) statt, weniger häufig im Familiensetting (18%) oder in gemischten Settingformen (28%). Die Ergebnisse der Studie zeigen, dass sich die hohen Zufriedenheitswerte und Veränderungsraten aus den Elternbefragungen nicht ohne Weiteres auf Kinder übertragen lassen. So berichtete ‚nur' knapp die Hälfte (46%) der Kinder über Veränderungen im persönlichen Bereich, ein Drittel (32%) sprach von einem Wandel auf der familialen Ebene. Das Ausmaß der Beratungszufriedenheit liegt mit einem Anteil von 62% der Kinder, die insgesamt mit der Beratung zufrieden waren, ebenfalls niedriger als die berichteten durchschnittlichen Werte bei Elternbefragungen. Die geringere Zufriedenheit der Kinder kann damit erklärt werden, dass sie ihr Zufriedenheitsurteil stärker an tatsächlich erlebten Problemverbesserungen orientieren. Sie profitieren vermutlich weniger als ihre Eltern von ‚Dialog- oder Veröffentlichungseffekten' oder kognitiven Problemklärungen, solange sich an der zumeist von ihnen getragenen, belastenden ‚Symptomatik' direkt nichts ändert. Den Beratungsprozess selbst bewerten dennoch rund zwei Drittel der Kinder positiv. Allerdings beziehen sich die positiven Einschätzungen fast ausschließlich auf die aktiven Mitwirkungs- und Gestaltungsmöglichkeiten im kindzentrierten Setting. Deutlich kritischer wird die Beratung im Familiensetting bewertet. Die Mehrheit der Kinder (78%), die über negative oder ambivalente Erfahrungen im Familiensetting berichten, beklagt vor allem, dass ihre Grenzen und Autonomiebedürfnisse nicht genügend berücksichtigt wurden. Sie erlebten die Erwachsenen als dominierend oder kontrollierend hinsichtlich inhaltlicher Themen und Verhaltensweisen und sehen sich selbst häufig in einer Zuhörer- bzw. Zuschauerrolle.

Kühnl und Schelhas (2009) erfassten mit einer qualitativen Studie (semistrukturierte Interviews) die Sicht von vier Kindern, die über ein Schuljahr hinweg einmal wöchentlich spieltherapeutische Spielstunden (kindzentriertes Eins-zu-eins-Setting) in einem Beratungszentrum besucht hatten. Wie schon bei Lenz (2001) zeigte sich auch hier, dass die Kinder sich nur unzureichend in die Aushandlungs- und Problemdefinitionsprozesse zu Beratungsbeginn eingebunden sahen. Im Einzelkontakt mit der/dem BeraterIn fühlten sie sich jedoch mit ihren Anliegen und Problemen akzeptiert und angenommen und genossen den Freiraum in der Spielstunde selbst bestimmen zu können, was gemacht und thematisiert wird.

Jugendliche

Vossler (2003) befragte 17 Jugendliche im Alter zwischen 13 und 22 Jahren mittels qualitativer Leitfadeninterviews zweieinhalb bis vier Jahre nach der erhaltenen Hilfe. Dabei bestätigte sich das für die Praxis der Erziehungsberatung ‚bekannte' Ergebnismuster (Hundsalz 2004, S. 30), wonach Jugendliche der Beratung anfänglich mehr oder weniger ablehnend gegenüberstehen. Viele der befragten Jugendlichen sahen sich und ihre Bedürfnisse bei den Entscheidungsprozessen, die zum Aufsuchen der Beratungsstelle führten, zu wenig berücksichtigt. Während die Beratung im Einzelsetting, mit einer Ausnahme, von allen Jugendlichen uneingeschränkt positiv bewertet wurde, erfuhren Sitzungen im Familiensetting ambivalente Urteile: Die Jugendlichen schätzten Familiensitzungen, an denen sie als gleichwertige GesprächspartnerInnen teilhaben und die unter Vermittlung des/der BeraterIn ‚faire' Klärungs- und Aushandlungsprozesse ermöglichten. Sie fühlten sich dagegen fremd in der erwachsenendominierten ‚Beratungskultur' und sahen ihre Bedürfnisse zu wenig berücksichtigt, wenn sie nicht ausreichend in die Gespräche integriert und über Vorgehen und Zielsetzung der Sitzungen informiert wurden.

Auch erwachsene KlientInnen scheinen eine Beratung im Familiensetting skeptischer zu bewerten als die Einzelberatung mit dem Kind oder Jugendlichen (Menne 2008; Vossler 2003). Verantwortlich für die negativeren Bewertungen für diese Beratungsform durch Kinder/Jugendliche und Eltern könnte u.a. sein, dass die Beratungsbeziehung in diesem Kontext weniger wirksam wird, da die/der BeraterIn die Aufmerksamkeit und empathische Zuwendung auf mehrere Personen zu verteilen hat (vgl. Straus et al. 1988).

4. Fazit und Ausblick

Verglichen mit anderen Bereichen in der Kinder- und Jugendhilfe ist die Fülle an Forschungs- und Evaluationsstudien, die in der Erziehungs- und Familienberatung durchgeführt wurden, sicherlich beeindruckend. Allerdings lassen die methodische Qualität der Studien und ihre Aussagekraft häufig zu wünschen übrig. Heekerens (1998) kritisierte bereits vor über zehn Jahren die von vielen katamnestischen Nachbefragungen geprägte Monokultur in der Forschung zur Erziehungs- und Familienberatung in Deutschland. Er forderte stattdessen, auch auf dem Feld der Erziehungsberatung verstärkt Studien mit (quasi-)experimentellen Versuchsplänen (‚klinische Feldforschung') durchzuführen, da „Ergebnisse aus (Quasi-)Experimenten wesentlich nüchternere und realistischere Einschätzungen der Wirksamkeit von Beratung und Therapie darstellen als Katamnese-Resultate" (S. 593).

Diese Forderung ist auch heute noch aktuell, obwohl die seither durchgeführten qualitativen Untersuchungen sicherlich neue, vertiefende Erkenntnisse geliefert haben, insbesondere im Hinblick auf die unzureichende Partizipation von Kindern und Jugendlichen in der Beratung und die skeptischeren Bewertungen für Familiengespräche. Die meisten quantitativen Studien reproduzieren dagegen die hauptsächlich retrospektiv ermittelten Ergebnisse, wonach Ratsuchende überwiegend ein hohes Maß an Zufriedenheit mit der erhaltenen Beratung zeigen, obwohl sich ihre Probleme nicht immer in gleicher Weise verbessert haben.

Die folgenden Forschungssätze könnten dabei helfen, das Forschungswissen zur Erziehungs- und Familienberatung zu erweitern und sowohl methodisch fundiertere als auch beratungsrelevante Erkenntnisse zur Wirksamkeit dieser Hilfeform zu gewinnen:

- Quasi-experimentelle Designs und Längsschnittstudien erlauben fundierte Aussagen über den Beratungsprozess und die Veränderungen, die durch die Beratung bewirkt werden (beratungsspezifische Effekte). Mit der Berechnung von Effektstärken kann ihre klinische Relevanz bestimmt werden.
- In einigen Untersuchungen (Strauss et al. 1988; Kaisen 1992; Vossler 2004) wurde deutlich, dass eine Erziehungs- und Familienberatung von BeraterInnen und KlientInnen sehr unterschiedlich erlebt und beurteilt werden kann (Problem der Multiperspektivität, Märtens/Pätzold 1995). Zukünftige Studien sollten daher darum bemüht sein, die Perspektiven der unterschiedlichen Beteiligten abzubilden und miteinander zu vergleichen.
- Durch 100-Prozent-Katamnesen mit Nachfragen bei Antwortverweigerern können mögliche Selektionseffekte zweifelsfrei vermieden und auch Unzufriedene in die Analysen einbezogen werden.
- Mit Befragungen von Beratungsabbrechern, wie sie z.B. von Kühnl und Mayr (2004) vorgelegt wurden, können wichtige Hinweise zur Vermeidung von ungünstigen Beratungsverläufen gewonnen werden.

Ungeachtet dessen, wie methodisch anspruchsvoll künftige Forschungsarbeiten angelegt sein mögen – es bleibt zu fragen, wie sich ihre Ergebnisse mit der bei PolitikerInnen und EntscheidungsträgerInnen vorherrschenden Spar- und Ökonomisierungslogik vereinbaren lassen. Bei Kürzungen und Einschnitten in den Angeboten der institutionellen Erziehungs- und Familienberatung wurde nämlich bisher kaum Rücksicht darauf genommen, ob und welche Wirksamkeits- und Leistungsnachweise vorliegen.

Um hier Gehör zu finden, muss die Forschung zur Erziehungs- und Familienberatung zukünftig möglicherweise noch stärker auf die ökonomische Dimension bezogen werden, z.B. durch Kosten-Nutzen-Analysen, die das Einsparpotenzial von ambulanten Hilfen gegenüber Leistungen im stationären Setting (z.B. Heimunterbringung) herausstellen können. So kann noch deutlicher gemacht werden, dass eine Erziehungs- und Familienberatung im Rahmen des Kinder und Jugendhilfegesetz (KJHG) in Bezug auf die Anwendungen pro betreuter Familie die kostengünstigste aller Hilfen zur Erziehung ist und Einschnitte in diesem Bereich Folgekosten verursachen, die später teuer zu stehen kommen.

Literatur

Cremer, Hubert/Hundsalz, Andreas/Menne, Klaus (Hrsg) (1994): Jahrbuch für Erziehungsberatung. Band 1. Weinheim: Juventa

Fisher, Stuart G. (1984): Time-limited brief therapy with families. A one-year follow-up study. Family Process, 23. Pp. 102-106

Frank, Monika/Fiegenbaum, Wolfgang (1994): Therapieerfolgsmessung in der psychotherapeutischen Praxis. In: Zeitschrift für Klinische Psychologie, 23. S. 268-275

Franck, Ruth (1984): Eine Ein-Jahres-Katamnese an einer psychologsichen Erziehungsberatungsstelle: Zwei Einzelfallstudien. In: Psychologie in Erziehung und Unterricht, 31. S. 205-241

Frey, Vera (1991): Befürchtungen und Erwartungen von Klienten einer Erziehungsberatungsstelle vor und nach dem Erstgespräch. In: Kontext, 20. S. 62-82

Heekerens, Hans-Peter (1998): Evaluation von Erziehungsberatung: Forschungsstand und Hinweise zu künftiger Forschung. In: Praxis der Kinderpsychologie und Kinderpsychiatrie, 47. S. 589-606

Hensen, Gregor/Körner, Wilhelm (2005): Erziehungsberatung – eine Standortbestimmung der Position von Psychotherapie in der Jugendhilfe. In: Psychotherapeutenjournal, 4. S. 227-235

Hundsalz, Andreas (2004): Aufschlussreiche Ergebnisse. In: Informationen für Erziehungsberatungsstellen, Heft 1. S. 29-30

Hundsalz, Andreas (1998): Beratung, Psychotherapie oder psychologische Beratung. Zum Profil therapeutischer Arbeit in der Erziehungsberatung. In: Praxis der Kinderpsychologie und Kinderpsychiatrie, 47. S. 157-173

Hundsalz, Andreas/Menne, Klaus (Hrsg.) (2004): Jahrbuch für Erziehungsberatung. Band 5. Weinheim: Juventa

Jacob, André (1999): Dimensionen der Erziehungsberatung. In: Marschner (1999): S. 90-103

Jakob, Bernhard (1996): Katamnestische Untersuchungen zur Wirksamkeit von Erziehungsberatung. In: Menne/Cremer/Hundsalz (1996): S. 261-273

Kaisen, Ralf (1992): Erwartungen an die Erziehungsberatung. Inhalte und Auswirkungen der Wünsche und Vermutungen von Klienten und Beratern. Münster: Waxmann

Kaisen, Ralf (1996): Erwartungen an die Erziehungsberatung. In: Menne/Cremer/Hundsalz (1996): S. 241-273

Klann, Notker/Hahlweg, Kurt (1994): Beratungsbegleitende Forschung – Evaluation von Vorgehensweisen in der Ehe-, Familien- und Lebensberatung und ihre spezifischen Auswirkungen. Schriftenreihe des BMFSFJ. Band 48.1. Stuttgart: Kohlhammer

Körner, Wilhelm/Hörmann, Georg (Hrsg.) (1998): Handbuch der Erziehungsberatung. Band 1. Göttingen: Verlag für Psychologie

Kühnl, Bernhard/Mayr, Christine (2004): Die, die nicht mehr kommen. Über Abbrecher in der Erziehungsberatung. In: Hundsalz/Menne (2004): S. 241-255

Kühnl, Bernhard/Schelhas, Ines (2009). Spielstunden und Spieltherapie im SOS-Beratungszentrum aus Sicht der Kinder. Beratung Aktuell. Zeitschrift für Theorie und Praxis in der Beratung, 10. S. 3-15

Lang, Gebhard/Herath-Schugsties, Ilse/Kilius, Harald (1997): Erwartungen werden erfüllt. Erziehungsberatung in München: Ergebnisse einer Erhebung des Verbundes Münchner Erziehungsberatungsstellen. In: Informationen für Erziehungsberatungsstellen, Heft 4. S. 18-20

Lebow, Jay L. (1983): Research assessing consumer statisfaction with mental health treatment: A review of findings. In: Evaluation and Program Planning, 6. Pp. 211-236

Lenz, Albert (1990): Ländlicher Alltag und familiäre Probleme. Eine qualitative Studie über Bewältigungsstrategien bei Erziehungs- und Familienproblemen auf dem Land. München: Profil

Lenz, Albert (1994): Die Wirksamkeit von Erziehungsberatung aus der Sicht der Eltern. In: Jugendwohl, 75. S. 303-312

Lenz, Albert (2001): Partizipation von Kindern in Beratung und Therapie. Entwicklungen, Befunde und Handlungsperspektiven. Weinheim: Juventa

Märtens, Michael/Petzold, Hilarion (1995): Psychotherapieforschung und kinderpsychotherapeutische Praxis. In: Praxis der Kinderpsychologie und Kinderpsychiatrie, 44. S. 302-321

Marschner, Lutz (Hrsg.) (1999): Beratung im Wandel. Eine Veröffentlichung der bke. Mainz: Matthias-Grünwald-Verlag

McLeod, John (2000): Qualitative outcome research in psychotherapy. Issues and methods. Paper presented at the Annual Conference of the Society for Psychotherapy Research. 23rd June 2000. Chicago

Menne, Klaus (2008). Differentielle Evaluation in der Erziehungs- und Familienberatung. In: Scheurer-Englisch/Hundsalz/Menne (2008): S. 265-284

Menne, Klaus/Hundsalz, Andreas (Hrsg) (2006): Jahrbuch für Erziehungsberatung. Band 6. Weinheim: Juventa

Menne, Klaus/Schilling, Matthias/Golias, Edelgard (2006): Steigender Bedarf und höhere Effizienz in der Erziehungsberatung. In: Menne/Hundsalz (2006): S. 257-277

Menne, Klaus/Cremer, Hubert/Hundsalz, Andreas (Hrsg.) (1996): Jahrbuch für Erziehungsberatung. Band 2. Weinheim: Juventa

Meyle, S. (1998): Erziehungsberatung auf dem „Prüfstand". Die Effektivität der Beratungsarbeit aus der Perspektive der Klienten. In: Körner/Hörmann (1998): S. 389-399

Naumann, Kerstin/Beck, Manfred (1994): Effekte von Erziehungsberatung. Eine katamnestische Studie. In: Cremer/Hundsalz/Menne (1994: S. 253-270

Nitsch, Roman (1997): Beratung im Urteil der Klienten – Ergebnisse katamnestischer Befragungen. In: Jugendwohl, 78. S. 356-371

Petermann, Franz/Schmidt, Martin H. (2000): Jugendhilfe-Effekte. Einführung in den Themenschwerpunkt. Editorial. In: Kindheit und Entwicklung, 9. S. 197-201

Presting, Gunter (Hrsg.) (1991a): Erziehungs- und Familienberatung. Untersuchungen zu Entwicklung, Inanspruchnahme und Perspektiven. Weinheim: Juventa

Presting, Gunter (1991b): Zur Geschichte institutioneller Erziehungsberatung nach dem Zweiten Weltkrieg. Entwicklung struktureller Bedingungen und Arbeitsweisen. In: Presting (1991): S. 9-47

Reissmann, Anne/Jacob, André (2007): Evaluation – und immer noch kein Ende. Was verstehen Ratsuchende unter Erfolg und Zufriedenheit? Informationen für Erziehungsberatungsstellen, Heft 3. S. 10-15

Sakofski, Astrid/Kämmerer, Annette (1986): Evaluation von Erziehungsberatung. Katamnestische Untersuchung zum Therapieerfolg. In: Zeitschrift für Klinische Psychologie, 15. S. 321-332

Scheurer-Englisch, Hermann/Hundsalz, Andreas/Menne, Klaus (Hrsg.) (2008): Jahrbuch für Erziehungsberatung. Band 7. Weinheim: Juventa

Schmidt, Martin H. (2000): Neues für die Jugendhilfe? Ergebnisse der Jugendhilfe-Effekte-Studie. Freiburg im Breisgau: Deutscher Caritasverband e.V. und Bundesverband Katholischer Einrichtungen und Dienste der Erziehungshilfen e.V.

Schmidt, Martin H./Schneider, Karsten/Hohm, Erika/Pickartz, Andrea et al. (2000): Effekte, Verlauf und Erfolgsbedingungen unterschiedlicher erzieherischer Hilfen. In: Kindheit und Entwicklung, 9. S. 202-211

Schulz, Wolfgang/Schmidt, Angela (2004): Inanspruchnahme und Wirksamkeit von Kurzberatung in der Erziehungsberatung. In: Praxis der Kinderpsychologie und Kinderpsychiatrie, 53. S. 406-418

Specht, Friedrich (1993): Zu den Regeln des fachlichen Könnens in der psychosozialen Beratung von Kindern, Jugendlichen und Eltern. In: Praxis der Kinderpsychologie und Kinderpsychiatrie, 42. S. 113-124

Straus, Florian/Höfer, Renate/Gmür, Wolfgang (1988): Familie und Beratung. Zur Integration professioneller Hilfe in den Familienalltag. Ergebnisse einer qualitativen Befragung von Klienten. München: Profil

Vossler, Andreas (2001): Der Fragebogen zur Erziehungs- und Familienberatung. Entwicklung eines Evaluationsverfahrens. In: Diagnostica, 47. S. 122-131

Vossler, Andreas (2003): Perspektiven der Erziehungsberatung. Kompetenzförderung aus der Sicht von Jugendlichen, Eltern und Beratern. Tübingen: dgvt

Vossler, Andreas (2004): Eine Erziehungsberatung kann man so, so oder auch so sehen …! Die Ergebnisse einer multiperspektivischen und multimodalen Evaluationsstudie. In: Hundsalz/Menne (2004): S. 257-274

Vossler, Andreas (2006): Evaluation von Erziehungs- und Familienberatung in Deutschland: Ergebnisse und Anregungen für die zukünftige Praxis. In: Hundsalz/Menne (2006): S. 207-224

Zürn, H./Bosselmann, R./Arendt, G./Liebl-Wachsmuth, W. (1990): Wie ging's denn weiter? – Ergebnisse und Erkenntnisse aus der Nachbefragung eines Klientenjahrganges. In: Praxis der Kinderpsychologie und Kinderpsychiatrie, 39. S. 185-190

Friedrich Lösel/Daniela Runkel

Empirische Forschungsergebnisse im Bereich Elternbildung und Elterntraining

Seit einigen Jahren hat Familienbildung in Deutschland eine lange nicht gekannte Hochkonjunktur (Rollik 2007). Das trifft insbesondere auf das Thema Elternbildung zu. „Elternbildung ist inzwischen neben der klassischen Familienbildung (...) schon seit einiger Zeit ein großer, ziemlich unübersichtlicher, teilweise kommerzialisierter Markt der Möglichkeiten geworden" (Tschöpe-Scheffler 2006, S. 9). Dies könnte u.a. aus einer Verunsicherung vieler Eltern resultieren. In einer Studie zur Familienbildung gaben zum Beispiel 11,8% der befragten Eltern an, immer oder häufig in Erziehungsfragen unsicher zu sein, wohingegen der Anteil derer, die sich nie unsicher sind, bei lediglich 7,4% lag (Mühling/Smolka 2007).

Eine einheitliche Begriffsbestimmung von *Familien-* bzw. *Elternbildung* existiert nicht. Lösel, Schmucker, Plankensteiner und Weiss (2006, S. 18) definieren Familienbildung beispielsweise „als Bildungsarbeit zu familienrelevanten Themen, die Kompetenzen für das private Alltagsleben vermittelt". Rupp, Mengel und Smolka (2010, S. 54) weisen darauf hin, dass bei vielen Definitionen „zwar von Familienbildung gesprochen wird, es den Autor(inn)en häufig aber letztendlich primär um Elternbildung geht". Auch Tan (2011) und Minsel (2010) betonen, dass im Alltag die Begriffe Familien- und Elternbildung annähernd synonym gebraucht werden. Ebenso stellt Papastefanou (2006) heraus, dass eine eindeutige Abgrenzung beider Begriffe schwer fällt. Textor (2007) sieht Elternbildung als einen Teilbereich der Familienbildung und grenzt sie von Ehevorbereitung, Ehebildung und Familienbildung im engeren Sinne ab. Ziel der Elternbildung ist es, die Familie als Erziehungsinstanz zu stärken, indem die Eltern bei der Schaffung eines entwicklungsförderlichen Sozialisationsumfeldes für ihre Kinder unterstützt werden (vgl. Textor 2007).

Textor (2007) unterscheidet drei Formen der Familienbildung: die *institutionelle*, die *informelle* und die *mediale*. Unter institutioneller Familienbildung werden alle Angebote subsumiert, die innerhalb einer Institution (z.B. Familienbildungsstätten, Bildungswerke, Kindertagesstätten, Beratungsstellen etc.) angeboten werden. Informelle Familienbildung umfasst niedrigschwellige Angebote, die nicht professionell angeleitet werden. Darunter fallen beispielsweise Selbstinitiativen, die sich in Mütterzentren, Eltern-Kind-Treffs, Begegnungs- oder Kulturzentren organisieren. Unter dem Begriff mediale Familienbildung werden jegliche Formen von Bildungsangeboten zusammengefasst, mittels derer Wissen durch Fernsehen, Internet, Rundfunk, Bücher, Zeitschriften, Elternbriefe etc. vermittelt wird. Minsel (2010) grenzt zusätzlich *funktionelle* Elternbildung ab, der sie eine politische Zielsetzung zuschreibt. Durch sie sollen die Eltern „zur Mitarbeit und Mitbestimmung in der Betreuungseinrichtung ihrer Kinder herangezogen werden" (S. 865).

Bestandsaufnahmen zu Angeboten der Familien- und Elternbildung in Deutschland

Das Angebot der Familien- bzw. Elternbildung in Deutschland wurde in verschiedenen Bestandsaufnahmen evaluiert, teilweise auf Länderebene und teilweise bundesweit.

Zum Beispiel wertete John (2003) die Angaben von insgesamt 152 Einrichtungen aus Baden-Württemberg aus. Bei mehr als der Hälfte der teilnehmenden Einrichtungen handelte es sich um Bildungseinrichtungen (54%). Die übrigen 46% verteilten sich zu gleichen Teilen auf Institutionen, Organisationen bzw. Vereine und Privat- und Selbsthilfeinitiativen. In Bezug auf die Struktur des Angebots zeigt sich, dass innerhalb der Maßnahmen der Familienbildung eine außerordentliche Themenvielfalt vorzufinden ist. Am häufigsten werden Veranstaltungen zu Themen aus dem Bereich Pädagogik, Erziehung und Entwicklungspsychologie angeboten, gefolgt von Gesundheitsbildung. An dritter Stelle finden sich Angebote aus dem Kontext textiles, kreatives und musisches Gestalten. Eltern-Kind-Gruppen rangieren hingegen erst auf dem vierten Platz. Dennoch weist die Autorin auf den hohen Stellenwert der Gruppen hin, für die – bezogen auf die letzten fünf Jahre – die stärksten Zuwächse verzeichnet werden konnten. Der Schwerpunkt der Angebote richtet sich an Eltern mit Kleinkindern. Junge Frauen mit Kindern im Säuglings- bis Schulalter sind die Hauptnutzerinnen der Angebote der Familienbildung.

Das Institut für Familienforschung der Universität Bamberg (ifb; Rupp et al. 2010) startete im Jahr 2008 in Bayern eine landesweite Online-Umfrage zu Angeboten der Familienbildung. In die Auswertungen gingen die Daten von 425 Einrichtungen und Anbietern ein, wobei Kindertagesstätten mit insgesamt 192 Einrichtungen die zahlenmäßig größte Gruppe stellten. Darüber hinaus waren unter den Teilnehmern z.B. Beratungsstellen, Mütter- bzw. Familienzentren, Einrichtungen der Erwachsenenbildung, sonstige kommunale und kirchliche Einrichtungen, Jugendämter und Frühförderstellen vertreten. Die Bestandsaufnahme zeigte für Bayern ein insgesamt recht vielfältiges Angebot der Familienbildung. Am häufigsten finden sich unter den Angeboten Eltern-Kind-Gruppen, gefolgt von Angeboten zur Förderung der Erziehungskompetenz sowie zur Förderung der kindlichen Entwicklung oder allgemeine Angebote aus dem Bereich Gesundheit. Hinsichtlich ihrer Zielsetzung geben zwei Drittel der Einrichtungen an, dass die Förderung der Erziehungskompetenz eines der wichtigsten Ziele des familienbildenden Angebots ist. Des Weiteren zeigen die Daten, dass sich die Maßnahmen – wie schon bei John (2003) zu beobachten – zum Großteil an junge Familien mit Kindern im Säuglings- bis Schulalter richten. Bezüglich der gewählten Form der Eltern- bzw. Familienbildungsangebote dominieren neben Informations- und Beratungsangeboten Gruppen und Kurse.

Neben den Einrichtungen und Anbietern der Familienbildung befragte das ifb im Jahr 2002 (Smolka 2002) bzw. 2006 (Mühling/Smolka 2007) auch 1000 Mütter und Väter aus Bayern telefonisch zu Angeboten der Familienbildung. Die Auswertungen der Elternbefragung zeigen, dass der überwiegende Teil der Familien die Angebote der Familienbildung nutzt, wobei sich der Anteil der NutzerInnen von 63,5% im Jahr 2002 auf 74,6% im Jahr 2006 erhöhte. Allerdings sind – sowohl 2002 als auch 2006 – 10% der Befragten entsprechende Angebote gänzlich unbekannt. Bei den ‚HauptnutzerInnen' der Angebote der Familien- bzw. Elternbildung handelt es sich um Frauen in der Elternzeit, Väter nutzen die Angebote hingegen wesentlich seltener. Des Weiteren finden sich unter den TeilnehmerInnen überproportional viele Personen aus der Mittelschicht, während der Anteil aus sozial schwächeren bzw. bildungsferneren Schichten vor allem bei institutionellen Angeboten eher gering ist. Am häufigsten werden Geburtsvorbereitungskurse und Mutter-Kind- bzw. Eltern-Kind-Gruppen besucht. Insgesamt zeigt sich, dass Familien- bzw. Elternbildung sehr vielfältig, passgenau und bedarfsgerecht sein muss, um verschiedene Gruppen erreichen zu können (Mühling/Smolka 2007; Rupp et al. 2010; Smolka 2002).

Lösel et al. (2006) führten bundesweit eine repräsentative Bestandsaufnahme von Angeboten im Elternbildungsbereich durch. Hierzu wurden 2083 Einrichtungen, die Veranstaltungen zur Eltern- uns Familienbildung anbieten (z.B. Familienbildungsstätten, Beratungseinrichtungen, selbsthilfeorientierte Vereine etc.), schriftlich befragt. Die Auswertungen ergaben, dass in Deutschland hochgerechnet pro Jahr ca. 190.000 präventive Angebote der Elternbildung stattfinden, wobei das Gros der Veranstaltungen von den Familienbildungsstätten angeboten wird. Die Angebotsformen reichen von Geburtsvorbereitungskursen über Mutter-Kind-Gruppen bis hin zu Erziehungskursen, offenen Treffs, Vorträgen etc. Der Schwerpunkt der familienbezogenen Präventionsangebote liegt jedoch bei den Eltern-Kind-Gruppen, denen rund die Hälfte der Angebote zuzurechnen sind. Hinsichtlich der TeilnehmerInnen zeigt sich, dass sich das Angebot vor allem an junge Familien richtet und überwiegend Frauen erreicht werden. Der Anteil der teilnehmenden Männer liegt – obwohl insgesamt eine Zunahme zu verzeichnen ist – nur bei 17%. Die Mehrzahl der TeilnehmerInnen stammt aus mittleren und höheren sozialen Schichten, wohingegen nur etwa 15% der teilnehmenden Personen der Unterschicht angehören. Ein Viertel des Gesamtangebots richtet sich an Familien mit besonderen Belastungen, wie beispielsweise Scheidung oder Arbeitslosigkeit. In Bezug auf die Gestaltung der Maßnahmen ist festzustellen, dass die Angebote überwiegend relativ wenig vorstrukturiert und eher frei gestaltet werden, selbst wenn ein Kursmanual zugrunde liegt. Wirkungsevaluationen der Angebote der Familienbildung sind eher die Ausnahme. So wurde lediglich für 6,7% der Maßnahmen angegeben, dass eine Evaluation durchgeführt wurde.

Um die Wirksamkeit der Angebote der Familienbildung abschätzen zu können, führten Lösel et al. (2006) zusätzlich zur Bestandsaufnahme eine Metaanalyse kontrollierter Evaluationsstudien aus Deutschland durch. Auch hier wurde der bestehende Mangel an systematischen Evaluationsstudien deutlich. Von ca. 2800 erfassten Literaturstellen erfüllten lediglich 27 Studien die methodisch erforderlichen Kriterien (u.a. Kontrollgruppendesign). 21 der Studien bezogen sich auf Erziehungskurse, die übrigen sechs Studien auf die Geburtsvor- bzw. -nachbereitung. Der Großteil der evaluierten Maßnahmen war nach lerntheoretischen Prinzipien konzipiert. Insgesamt ergab die Metaanalyse moderat positive Effekte. Für die elternbezogenen Maße (z.B. Erziehungseinstellung, selbstberichtetes Erziehungsverhalten) zeigte sich ein deutlicherer mittlerer Effekt ($d = .44$) als für die kindbezogenen Maße ($d = .26$). Die Effekte blieben auch in der Follow-up-Messung bestehen, verringerten sich jedoch. Zusätzlich durchgeführte Moderatoranalysen machen deutlich, dass methodische Merkmale der Studien Einfluss auf deren Effekte haben. Demnach geht eine geringere methodische Qualität der Studie (keine äquivalente Kontrollgruppe) mit höheren Effekten einher. Gleiches gilt für die Stichprobengröße (je kleiner, desto größer die Effekte). Weiter zeigt sich, dass gezielte Maßnahmen höhere Effekte erzielen als universelle. Zudem erweist es sich als günstig, wenn die Programme relativ intensiv, stark übungsorientiert und durch Programmvorgaben strukturiert sind. Da die meisten geeigneten Studien manualisierte Elternkurse betreffen, ermöglicht auch diese Metaanalyse keine empirisch fundierten Aussagen zu offenen Angeboten wie z.B. Eltern-Kind-Gruppen (Lösel et al. 2006).

Programme zur Elternbildung: Elterntrainings

Der Großteil der eltern- und familienzentrierten Programme wurde zur Prävention und Behandlung externalisierender Störungen entwickelt, wohingegen Maßnahmen zur Vorbeugung internalisierender Probleme vergleichsweise rar sind (Beelmann 2007; Weiss/Röhrle/Ronhausen 2007). Die vorhandenen Kurse haben verschiedene theoretische Ausrichtungen. So finden sich Programme, die auf psychoanalytische (z.B. Winnicot 1969), humanistische (z.B. Gordon 1974) oder behaviorale (z.B. Patterson 1982) Ansätze zurückgehen (vgl. Beelmann/Lösel 2004). Unabhängig von der theoretischen Ausrichtung ist allen elternzentrierten Programmen gemein, dass sie in erster Linie darauf abzielen, den Eltern Erziehungskompetenzen zu vermitteln, wodurch das Kind in seiner Entwicklung gefördert werden soll. Gleichzeitig sollen dysfunktionale Erziehungsmuster (z.B. Zwangsinteraktionen) abgebaut werden. Beelmann und Lösel (2007) fassen folgende weitere Ziele zusammen:

- Erlernen eines konsistenten Erziehungsstils (positives Verhalten konsequent verstärken; negativem/aggressivem Verhalten konsequent Grenzen setzen)
- Effektives Problemmanagement in schwierigen Erziehungssituationen
- Einsatz effektiver Strategien zur Einhaltung grundlegender sozialer Regeln
- Vorbildfunktion bei sozialen Konflikten
- Anleitung zum Lernen sozialer Regeln
- Stärkung der Beaufsichtigungsfunktion insbesondere bei jüngeren Kindern
- Stärkung der Unterstützungsfunktion bei sozialen Problemen der Kinder
- Verbesserung der Eltern-Kinder-Interaktion durch Vermeidung emotional negativer Interaktionen
- Aufbau positiver Interaktionen

Im Folgenden wird eine Auswahl internationaler und nationaler Elterntrainings vorgestellt.

Beispiele verschiedener Elterntrainings und ihrer Evaluation

Gordon-Familientraining (Family Effectiveness Training, FET)

Bei dem *Family Effectiveness Training* handelt es sich um eine erweiterte Form des *Parent Effectiveness Training (PET)*, das in Deutschland besser unter dem Namen *Gordon-Elterntraining* bekannt ist. Das Konzept des Programms basiert auf der humanistischen Psychologie und dem personenzentrierten Ansatz von Carl Rogers. Das Training richtet sich in erster Linie an Eltern, es wird jedoch empfohlen, dass Kinder ab dem 13. Lebensjahr miteinbezogen werden sollten. Das *FET* wird entweder als Gruppentraining (6 – 16 TeilnehmerInnen) oder in Form eines Selbststudiums durchgeführt. Kerninhalte des Kurses sind Ich-Botschaften, aktives Zuhören, gemeinsames Regelaufstellen; Methoden zur Lösung von Konflikten, bei der weder Kinder noch Eltern verlieren; Erkennen und Vermeiden von Kommunikationssperren; effektive Beratung als konstruktive Methode mit Wertkonflikten umzugehen. Die Inhalte werden bei der Variante Gruppentraining entweder in Form von sechs wöchentlichen Sitzungen à drei Stunden oder im Rahmen zweier Wochenendseminare vermittelt (vgl. Breuer 2006). Cedar und Levant (1990) führten eine Metaanalyse durch, in der sie 26 Studien zum *Gordon-Elterntraining* integrierten. Es zeigte sich ein mittlerer Effekt von d = .33. Hinsichtlich elternorientierter Maße wurden etwas höhere

Effekte ermittelt, wobei dies in erster Linie für das Wissen der Eltern über die Kursinhalte gilt (Wissensabfrage/Kurswissen: d = 1.01; Erziehungseinstellung: d = .37; Elternverhalten: d = .41). Müller, Hager und Heise (2001) bescheinigen dem *Gordon-Elterntraining* eine wesentlich höhere Wirksamkeit (d = 1.58). Dies ist jedoch dadurch begründet, dass in die Analysen nur Ergebnisse eingingen, die signifikante Verbesserungen zeigten, wohingegen schwächere oder negative Effekte ausgeschlossen wurden.

Incredible Years

Bei dem von Webster-Stratton und Kollegen entwickelten Programm *Incredible Years* handelt es sich um eine multimodale Maßnahme, die sowohl bei Eltern als auch Kindern und LehrerInnen ansetzt. Es wird sowohl als gezielte Präventions- als auch als Therapiemaßnahme bei Kindern im Alter von zwei bis zehn Jahren durchgeführt. Das Elterntraining besteht aus drei videogestützten Programmen, die inhaltlich aufeinander aufbauen. Die Komponente BASIC besteht aus 26 Sitzungen und dient der Förderung der Erziehungskompetenz. Mittels des Moduls ADVANCE werden anschließend in 14 Einheiten interpersonelle Kompetenzen aufgebaut. Bei der Komponente SCHOOL handelt es sich um ein Training zum Aufbau kognitiver Kompetenzen, das aus vier bis sechs Sitzungen besteht. Mehrere kontrollierte Evaluationsstudien ergaben kurz- und mittelfristig positive Effekte auf das kindliche Sozialverhalten im familiären und schulischen Kontext. Auch das Elternverhalten (z.B. Erziehungskompetenz, Eltern-Kind-Interaktion) wurde positiv beeinflusst (Webster-Stratton 2005; Webster-Stratton et al. 2001). Analysen zur klinischen Signifikanz der Maßnahmen zeigten, dass die Kombination des Elterntrainings mit dem *Dina-Dinosaurier-Kinderprogramm* die dauerhaftesten Effekte auf das Kindverhalten hatten (Webster-Stratton 2000).

Entwicklungs-Förderung in Familien: Eltern- und Kinder-Training (EFFEKT)

Das Programm *EFFEKT* (siehe auch das Praxisportrait im ergänzenden Praxisband) setzt sich aus einem sozial-kognitiven Kinder- und einem verhaltenstherapeutisch ausgerichteten Elterntraining zusammen. Beide Teilprogramme können sowohl einzeln als auch in Kombination durchgeführt werden. Das Elterntraining (Beelmann/Lösel 2004) richtet sich an Eltern von Kindern im Alter von drei bis zehn Jahren. Es baut auf dem *Curriculum for Parents with Challenging Children* auf, das am Oregon Social Learning Center entwickelt wurde (Dishion/Patterson 1996; Fisher et al. 1997). Der Elternkurs zielt darauf ab, die elterliche Erziehungskompetenz mittels konkreter Hilfen und Tipps zu stärken und somit das Erziehungsverhalten der TeilnehmerInnen zu fördern. Des Weiteren soll die Eltern-Kind-Beziehung verbessert und kindlichen Verhaltensschwierigkeiten vorgebeugt werden. Über einen Zeitraum von fünf Wochen finden fünf Sitzungen statt, die zwischen 90 und 120 Minuten dauern. Das Training wird von ein bis zwei TrainerInnen mit einer Gruppe von zehn bis 15 Teilnehmern durchgeführt. Inhaltlich setzt sich der Kurs aus fünf aufeinander aufbauenden Themenkomplexen zusammen: Grundregeln einer positiven Erziehung, Spielregeln in der Familie, Grenzen setzen und schwierige Erziehungssituationen, Überforderung in der Erziehung und soziale Beziehungen der Familie. Bei der Vermittlung der Kursinhalte kommen vielfältige Methoden zum Einsatz wie z.B. Kurzvorträge (Wissensvermittlung), Kleingruppenarbeit, Gruppendiskussionen mit Erfahrungsaustausch, Rollenspiele, strukturierte Arbeitsmaterialien und Übungen für zu Hause. In kontrollierten Wirksamkeitsüberprüfungen zeigte das Elterntraining sowohl kurzfristige als auch langfristige positive Effekte (Lösel/Beelmann/Stemmler/Jaursch 2006; Lösel/Stemmler/Jaursch/ Beelmann 2009). Dies gilt sowohl für das Erziehungsverhalten als auch für Verhaltenseinschätzungen durch die ErzieherInnen und Zeugnisbeurteilungen durch die LehrerInnen. Auch nach ca. fünf Jahren ergaben sich noch positive Effekte des Elterntrainings in den selbstberichteten Problemen der Kinder, aber nicht in der Elternwahrnehmung (Lösel 2010). Auch bei diesem Programm deutet sich an, dass die Kombination von Eltern- und Kindertraining am erfolgversprechendsten ist. Dies gilt ebenso für Adaptionen für Familien mit Migrationshintergrund (Runkel 2009) und emotional besonders belastete Familien (Kötter et al. 2011).

Positive Parenting Program (Triple P)

Das Programm *Triple P* (siehe auch das Praxisportrait im Praxisbuch) wurde ursprünglich von Matthew Sanders in Australien entwickelt (Sanders 1999) und wird inzwischen in zahlreichen Ländern, darunter auch Deutschland (vgl. Kuschel/Hahlweg 2005) eingesetzt. Das Programm ist ein präventives Programm zur Förderung der elterlichen Erziehungskompetenz und richtet sich an Eltern von Kindern aller Altersstufen. Es basiert auf folgenden theoretischen Grundlagen: Modell zur Eltern-Kind-Interaktion, verhaltensanalytische Modelle, operante Lernprinzipien, Erwerb sozialer Kompetenzen, Problemlöse- und verbale Fertigkeiten, sozial-kognitive Lerntheorie und Forschungsergebnisse zu Risiko- und Schutzfaktoren. Bei *Triple P* handelt es sich um ein Konzept, das fünf Interventionsstufen umfasst, die sich hinsichtlich ihrer Intensität von Ebene zu Ebene steigern: Stufe 1: universelle Information über Erziehung, Stufe 2: Kurzberatung bei spezifischen Erziehungsproblemen, Stufe 3: Kurzberatung und aktives Training, Stufe 4: intensives Elterntraining, Stufe 5: erweiterte Intervention auf Familienebene. Somit kann die Intervention an die jeweiligen Bedürfnisse der Eltern angepasst werden. Der *Triple-P*-Elternkurs (Stufe 4) setzt sich aus vier zweistündigen Gruppentreffen sowie vier individuellen Telefonkontakten nach Abschluss des Trainings zusammen (Dirscherl/Obermann/Hahlweg 2006; Kuschel/Hahlweg 2005). Die Wirksamkeit von *Triple P* wurde in verschiedenen Studien evaluiert. Nowak und Heinrichs (2008) untersuchten in einer Metaanalyse die Wirksamkeit von *Triple P* und ermittelten nach der Auswertung von 55 Studien einen durchschnittlichen Effekt von d = .35 für kindliches Verhalten und d = .38 für elterliches Verhalten. In Bezug auf die Wirksamkeit des Elterntrainings (Stufe 4) in Deutschland (Heinrichs et al. 2006) zeigten sich für das Erziehungsverhalten niedrige bis mittlere Effekte, die auch ein Jahr nach Beendigung des Kurses in abgeschwächter Form bestehen blieben. Hinsichtlich kindlicher Verhaltensstörungen bestätigten sich ebenfalls positive Trainingseffekte. Diese fielen jedoch geringer aus als die elternbezogenen Effekte.

STEP (Systematic Training for Effective parenting)

Das universelle Training basiert auf Konzepten der Individualpsychologie nach Alfred Adler und Rudolf Dreikurs und wurde von Dinkmeyer und Kollegen entwickelt. *STEP* zielt darauf ab, die Erziehungskompetenz der Eltern zu stärken und sie darin zu bestärken, eine liebevoll-konsequente und respektvolle Erziehung zu praktizieren. Neben einem Kurs für Eltern von Kindern aller Altersgruppen gibt es in Abhängigkeit vom Alter der Kinder drei weitere Kursversionen (die ersten sechs Jahre, ab sechs Jahren und für Eltern von Teenagern). Sechs bis zwölf TeilnehmerInnen werden in zehn wöchentlichen Sitzungen (à 2 – 2,5 Stunden) angeleitet. Die Inhalte des Trainings werden mithilfe eines Elternhandbuches und entsprechenden Videos vermittelt. Thematisch gliedert sich *STEP* in sieben Kerninhalte: 1.Wir lernen uns und unsere Kinder besser verstehen. 2. Unsere persönlichen Wertvorstellungen, Überzeugungen und Gefühle. 3. Wir ermutigen unsere Kinder und uns selbst. 4. Wir hören unseren Kindern zu und reden mit ihnen. 5. Wir helfen unseren Kindern zu kooperieren. 6. Sinnvolle Disziplin. 7. Was machen wir, wenn ...? *STEP* wurde unter der Leitung von Klaus Hurrelmann an der Universität Bielefeld evaluiert. Die Posttest-Auswertungen zeigen, dass das Training einen signifikanten positiven Effekt auf das Kompetenzgefühl der Eltern hat. Auf der Ebene des elterliche Erziehungsverhaltens lassen sich signifikante trainingsbedingte Verbesserungen für die Skalen Weitschweifigkeit und Überreagieren ausmachen. Für die Skala Nachgiebigkeit findet hingegen keine statistisch bedeutsame Verbesserung der Trainingsgruppe im Vergleich zur Kontrollgruppe statt. Aufgrund der geringen Stichprobengröße weisen Marzik und Kluwe (2007) darauf hin, dass die Ergebnisse nur bedingt als repräsentativ anzusehen sind (Kühn/Petcov 2006; Marzinzik/Kluwe 2007).

Starke Eltern – Starke Kinder

Das von Paula Honkanen-Schobert entwickelte Konzept des universellen Elternkurses *Starke Eltern – Starke Kinder* (siehe auch das Praxisportrait im parallel erscheinenden Praxisband) basiert auf der Arbeit des finnischen Kinderschutzbundes. Den theoretischen Hintergrund des Trainings bilden neben systemtheoretischen und kommunikationstheoretischen Ansätzen Inhalte unterschiedlicher familientherapeutischer Schulen sowie Elemente aus der Individualpsychologie, der Verhaltenstherapie, der Gesprächstherapie und der humanistischen Psychologie. Das Gruppentraining (max. 16 TeilnehmerInnen) richtet sich an die Eltern von Kindern jeden Alters und besteht aus zehn bis zwölf Sitzungen à zwei bis drei Stunden. Im Rahmen des Kurses wird den Eltern in fünf aufeinander aufbauenden Stufen ein anleitendes Erziehungsmodell vermittelt. Jede einzelne Stufe umfasst dabei spezielle Ziele, Methoden, Fragestellungen und Mottos. Im Einzelnen lauten die Ziele: klare Werte, klare Identität, Stärkung des Selbstvertrauens, Klarheit in der Kommunikation und Fähigkeit zur Problemlösung und Verhandlungskompetenz (Honkanen-Schobert 2006). Rauer (2009) berichtet in seiner Wirkungsanalyse zu *Starke Eltern – Starke Kinder* im Posttest bei fünf von zwölf Erziehungsskalen eine (tendenziell) signifikante Verbesserung. Dabei handelt es sich um die Skalen inkonsistentes Elternverhalten, positives Elternverhalten, Unzufriedenheit mit der Elternrolle sowie Unterstützung (tendenziell) und Selbstwirksamkeit (tendenziell). Im Follow-up bleiben die Effekte jedoch lediglich für die Skala Unzufriedenheit tendenziell bestehen. Tendenziell signifikante Effekte ergeben sich im Posttest auch hinsichtlich des kindlichen Verhaltens.

Das Prager-Eltern-Kind-Programm

Das *Prager-Eltern-Kind-Programm PEKiP* (siehe auch hier die ausführliche Projektvorstellung im Praxisbuch) beginnt zwischen der vierten und sechsten Lebenswoche des Kindes und dauert bis zum Ende des ersten Lebensjahres. In wöchentlichen Gruppentreffen à 90 Minuten werden den Eltern und Kindern Spiel-, Bewegungs- und Sinnesanregungen gegeben, die auf den Entwicklungsstand des Kindes abgestimmt sind. Ziel des Programms ist es, die Eltern-Kind-Beziehung zu stärken und zu festigen; die Eltern dabei zu unterstützen die Entwicklung ihres Kindes wahrzunehmen, zu begleiten und zu fördern und ihm Kontakte zu Gleichaltrigen zu ermöglichen. Gleichzeitig zielt der Kurs darauf ab, den Erfahrungsaustausch zwischen den Eltern zu ermöglichen und neue Kontakte zu knüpfen. Zur Wirksamkeitsanalyse von *PEKiP* liegen verschiedene (unkontrollierte) empirische Studien und Einzelfallanalysen vor, wodurch keine eindeutigen Schlussfolgerungen gezogen werden können. In einer unkontrollierten Studie in Bezug auf angemessenes Elternverhalten (Kubani 1997, zit. nach Höltershinken/Scherer 2004) zeigte sich mittels Verhaltensbeobachtungen, dass das Training signifikant positive Effekte auf das Verhalten der Mütter hat.

Wirksamkeit von Elterntrainings

Einzelne Wirkungsevaluationen sollten nicht zu sehr generalisiert werden, da oft in anderen Kontexten oder Ländern nicht die gleichen Ergebnisse auftreten. Es ist deshalb wichtig, durch systematische Überblicksarbeiten und Metaanalysen allgemeinere Befunde herauszuarbeiten. Der Großteil dieser Analysen bezieht sich jedoch überwiegend auf Arbeiten aus dem anglo-amerikanischen Raum (Beelmann 2008; Beelmann/Bogner 2005; Farrington/ Welsh 2003; Lundahl/Risser/Lovejoy 2006; Maughan et al. 2005; Nowak/Heinrichs 2008; Piquero et al. 2008; Serketich/Dumas 1996). In Deutschland steigt die Zahl kontrollierter Evaluationen in den letzten Jahren zwar an, ist aber immer noch gering. Insgesamt zeigt sich, dass es sich bei Elterntrainings um eine wirksame Intervention handelt. Dies gilt sowohl für eltern- als auch für kindorientierte Erfolgsmaße. Allerdings variiert die Höhe der ermittelten durchschnittlichen Effekte zum Teil beträchtlich, wie die folgende Darstellung einschlägiger Metaanalysen zeigt.

Serketich und Dumas (1996) berichten in ihrer Metaanalyse von einem mittleren Effekt von $d = .44$ für elternbezogene Maße und $d = .86$ für kindorientierte Maße. In die Analysen gingen insgesamt 26 kontrollierte Studien zu behavioralen Elterntrainings für Eltern von dissozialen Kindern ein.

Farrington und Welsh (2003) integrierten in ihre Analyse 40 Studien zu familienbezogener Prävention delinquenten und antisozialen Verhaltens und ermittelten einen durchschnittlichen Effekt von $d = .22$. Unter den verschiedenen Interventionstypen erzielten die Elterntrainings in klinischen Kontexten bzw. als indizierte Prävention mit $d = .40$ einen stärkeren Effekt.

In der Metaanalyse von Lundahl et al. (2006), in die insgesamt 63 Wirksamkeitsstudien zu Elterntrainings eingingen, ergab sich für das elterliche Erziehungsverhalten ein durchschnittlicher Effekt von $d = .47$ und für das kindliche Sozialverhalten von $d = .42$.

Piquero et al. (2008) schlossen in ihre Metaanalyse nur randomisierte Studien ein. Die durchschnittliche Wirksamkeit über alle 53 Studien lag bei $d = .46$. Allerdings handelte es sich zumeist nur um kurzfristige Follow-up-Zeiträume.

Beelmann und Bogner (2005) integrierten 75 kontrollierte Wirksamkeitsstudien zu Elterntrainings zur Prävention dissozialen Verhaltens. Über alle Studien hinweg zeigte sich in der Messung unmittelbar nach dem Training ein durchschnittlicher Effekt von $d = .64$. Mittelfristig (2 – 12 Monate nach dem Training) lag die Effektstärke bei $d = .61$ und langfristig (Follow-up von mehr als einem Jahr) bei $d = .29$.

In die Metaanalyse von Layzer, Goodson, Bernstein und Price (2001) wurden 665 Studien aufgenommen, die die Wirkung von insgesamt 260 *Family-supporting*-Programmen untersuchten. Beinahe alle Maßnahmen zielten u.a. darauf ab, die elterliche Erziehungskompetenz zu stärken. Insgesamt wurde bezüglich des Erziehungsverhaltens ein mittlerer Effekt von d = .26 und für das Erziehungswissen bzw. Einstellungen zur Erziehung von d = .23 ermittelt. In Hinblick auf kindliche Erfolgsmaße lagen die Effekte bei d = .29 (kognitive Fähigkeiten) bzw. d = .22 (soziale und emotionale Entwicklung).

Die erwähnten Diskrepanzen bezüglich der mittleren Effekte können nicht allein aus der Art der in die Analysen einbezogenen Trainings resultieren. Vielmehr haben zahlreiche Variablen einen moderierenden Einfluss auf die Ergebnisse.

Wichtig sind z.B. methodische Merkmale der Studien. So ergaben sich bei Piquero et al. (2008) höhere Effekte in älteren Untersuchungen. Gleiches zeigte sich für methodisch weniger hochwertige Studien (Beelmann 2008; Beelmann/Bogner 2005). Auch die Stichprobengröße hat einen moderierenden Effekt. Kleinere Studien erbringen im Durchschnitt stärkere Effekte als große (Beelmann 2008; Beelmann/Bogner 2005; Piquero et al. 2008; Serketich/Dumas 1996). Dies kann an einer besseren Programmimplementierung liegen, aber auch an der selektiven Publikation signifikanter Befunde. Ein weiterer methodischer Moderator ist das gewählte Erfolgsmaß. Proximale Erfolgskriterien, die sich direkt auf die in den Maßnahmen thematisierten Inhalte beziehen, erbringen im Mittel höhere Effektstärken als distale Indikatoren des alltäglichen Problemverhaltens (Lösel 2008; Lundahl et al. 2006). Auch der Zeitpunkt der Wirkungsevaluation spielt eine Rolle. Insgesamt sprechen die Ergebnisse dafür, dass die kurzfristigen Effekte größer sind als diejenigen in Follow-up-Erhebungen. Dies gilt insbesondere dann, wenn die Zeitspanne zwischen Training und Follow-up-Messung mehr als zwölf Monate beträgt (Beelmann 2008; Beelmann/Bogner 2005; Lundahl 2006). Allerdings wurde in vielen Studien lediglich eine kurzfristige oder Postmessung durchgeführt, sodass keine zuverlässigen Aussagen über die längerfristige Wirkung möglich sind.

Neben methodischen Merkmalen sind Charakteristika der Maßnahme und des Präventionsansatzes relevant. Universelle Elternprogramme zeigen geringere Effektstärken als gezielte Maßnahmen bzw. indizierte Prävention (Beelmann 2008; Beelmann/Bogner 2005). Dies ist insofern plausibel, als bei universeller Prävention auch viele Familien einbezogen werden, die das Programm nicht sehr nötig haben. Eine unerwartete Tendenz zeigt sich hinsichtlich der Intensität der Programme. Kürzere Trainings – mit einem Umfang von bis zu fünf Sitzungen – scheinen wirksamer zu sein als zeitlich intensivere Kurse (Beelmann/Bogner 2005; Maughan et al. 2005). Die AutorInnen weisen jedoch darauf hin, dass dieser moderierende Effekt möglicherweise aus den Implementierungsproblemen längerer Maßnahmen resultieren könnte. Die Praxis zeigt, dass bei Programmen mit einem höheren Stundenpensum nicht immer alle Einheiten besucht oder die Interventionen vorzeitig abgebrochen werden.

Auch Charakteristika der TeilnehmerInnen bzw. der Zielgruppe haben einen moderierenden Einfluss auf die Effekte der Maßnahmen. Nach Lundahl et al. (2006) werden z.B. bei TeilnehmerInnen aus sozial benachteiligten Gruppen (insbesondere bei Gruppentrainings) geringere Trainingseffekte erzielt. Dies gilt sowohl in Bezug auf das Verhalten des Kindes als auch für das elterliche Erziehungsverhalten. Der Grad der Auffälligkeit des Kindes vor

Trainingsbeginn moderiert ebenfalls die Effekte. Demnach profitieren Kinder, die vorher als auffälliger eingeschätzt wurden, stärker von den Elterntrainings. Dies gilt allerdings nur für kindbezogene Erfolgsmaße; für das Erziehungsverhalten bestätigt sich dieser Befund nicht. Gleiches zeigt sich für die Variable *Alleinerziehend*, wobei für Kinder Alleinerziehender geringere Effekte erzielt werden (Lundahl et al. 2006). Hinsichtlich des Alters der Kinder sind die Ergebnisse der Metaanalysen uneinheitlich. Zum Teil deuten sie auf stärkere Effekte bei älteren Kindern hin (Maughan et al. 2005; Serketich/Dumas 1996); zum Teil gibt es bei Vorschulkindern höhere und zeitlich stabilere Wirkungen (Beelmann/Bogner 2005; Lundahl et al. 2006).

Folgerungen und Ausblick

Die dargestellten Befunde zeigen, dass Maßnahmen der Elternbildung und des Elterntrainings durchaus erwünschte Wirkungen zeigen. Es mangelt aber im deutschen Sprachraum noch deutlich an gut kontrollierten und langfristigen Evaluationsstudien mit ‚harten' Kriterien aus dem Alltag. Nach den internationalen Metaanalysen tragen vielfältige Faktoren und nicht nur der Programminhalt dazu bei, die erwünschten Veränderungen in der Erziehung zu erzielen. Deshalb ist bei der Generalisierung einzelner Befunde Vorsicht geboten. Positive Effekte einzelner Studien in anderen Kulturen sind keine Garantie dafür, dass sich hierzulande Ähnliches ergibt. Neben einem systematischen Ausbau der Wirkungsevaluation sind auch mehr Implementierungs- und Prozessforschung erforderlich. Dazu gehört z.B. auch die Frage, wie vermehrt jene Familien zur Teilnahme gewonnen werden können, die aus bildungsfernen Kontexten kommen und/oder einen Migrationshintergrund haben. Auch lokale und nationale Ansätze zur Qualitätssicherung sollten gestärkt werden, z.B. durch unbürokratische Programmakkreditierung. Auch wenn die Stärkung der Evidenzbasis für Eltern- und Familienbildung statt momentaner Kürzungen mehr finanzielle Mittel erfordert, sind solche Investitionen gut angelegt. Denn die Kosten bei einer langfristigen und schweren Fehlentwicklung eines Kindes können weit über eine Million Euro betragen (vgl. z.B. Cohen/Piquero 2009).

Literatur

Beelmann, Andreas (2007): Elternberatung und Elterntraining. In: Linderkamp/Grünke (2007): S. 298-311
Beelmann, Andreas (2008): The effects of parent training programs in the prevention and treatment of antisocial behavior in childhood and adolescence. An international comprehensive meta-analysis. Paper presented at the 18th Congress of the European Association of Psychology and Law. Maastricht, Netherlands, July 2008
Beelmann, Andreas/Bogner, Jessica (2005): Effektivität von Elterntrainingsprogrammen. Eine Meta-Analyse zur Prävention und Behandlung dissozialer Verhaltensstörungen bei Kindern und Jugendlichen. Beitrag auf der Präventionskonferenz Juni 2005 in Köln
Beelmann, Andreas/Lösel, Friedrich (2004): Elterntraining zur Förderung der Erziehungskompetenz. Universität Erlangen-Nürnberg: Institut für Psychologie
Beelmann, Andreas/Lösel, Friedrich (2007): Prävention von externalisierendem Problemverhalten. In: Röhrle (2007): S. 551-588
Breuer, Karlpeter (2006): Thomas Gordon´s Familiy Effectiveness Training. In: Tschöpe-Scheffler (2006): S. 25-39
Cedar, Bruce/Levant, Ronald F. (1990): A meta-analysis of the effects of parent effectiveness training. American Journal of Family Therapy, 18. Pp. 373-384
Cierpka, Manfred (Hrsg.) (2005): Möglichkeiten der Gewaltprävention. Göttingen: Vandenhoeck & Ruprecht
Cohen, Mark A./Piquero, Alex R. (2009): New evidence on the monetary value of saving a high risk youth. Journal of Quantitative Criminology, 25. Pp. 25-49

Dirscherl, Thomas/Obermann, Dorothee/Hahlweg, Kurt (2006): Liebend gern erziehen – Prävention mit Triple P. In: Tschöpe-Scheffler (2006): S. 51-66
Dishion, Thomas J./Patterson, Scot G. (1996): Preventive parenting with love, encouragement and limits. The preschool years. Eugene, OR: Castalia
Ecarius, Jutta (Hrsg.) (2007): Handbuch Familie. Wiesbaden: Verlag für Sozialwissenschaften
Farrington, David P./Welsh, Brandon C. (2003): Family based prevention of offending: A metaanalysis. The Australian and New Zealand Journal of Criminology, 36. Pp. 127-151
Fisher, Philip A./Ramsay, Elisabeth/Antoine, Karla et al. (1997): Success in parenting: A curriculum for parents with challenging children. Eugene: Oregon Social Learning Center
Fried, Lilian/Roux, Susanna (Hrsg.) (2006): Pädagogik der frühen Kindheit. Weinheim: Beltz
Heinrichs, Nina/Hahlweg, Kurt/Bertram, Heike et al. (2006): Die langfristige Wirksamkeit eines Elterntrainings zur universellen Prävention kindlicher Verhaltensstörungen: Ergebnisse aus Sicht der Mütter und Väter. Zeitschrift für Klinische Psychologie und Psychotherapie: Forschung und Praxis, 35. S. 82-96
Höltershinken, Dieter/Scherer, Gertrud (Hrsg.) (2004): PEKIP. Das Prager-Eltern-Kind-Programm. Theoretische Grundlagen, Ursprung und Weiterentwicklung. Bochum: Projekt Verlag
Honkanen-Schoberth, Paula (2006): Starke Eltern – starke Kinder. Elternkurse des deutschen Kinderschutzbundes – mehr Freude, weniger Stress mit den Kindern. In: Tschöpe-Scheffler (2006): S. 41-49
John, Birgit (2003): Familienbildung in Baden-Württemberg. Stuttgart: Sozialministerium Württemberg.
Kötter, Charlotte/Stemmler, Mark/Lösel, Friedrich et al. (2011): Mittelfristige Effekte des Präventionsprogramms EFFEKT-E für emotional belastete Mütter und ihre Kinder unter besonderer Berücksichtigung psychosozialer Risikofaktoren. Zeitschrift für Gesundheitspsychologie (im Druck)
Kuschel, Annett/Hahlweg, Kurt (2005): Gewaltprävention – Allianz von Eltern, Kindergarten und Schule. In: Cierpka (2005): S. 153-172
Kühn, Trudi/Petcov, Roxana (2006): STEP – Das Elterntraining: Erziehungskompetenz stärken – Verantwortungsbereitschaft fördern. In: Tschöpe-Scheffler (2006): S. 67-83
Layzer, Jean I./Goodson, Barbara D./Bernstein, Lawrence/Price, Christofer (2001): National evaluation of familiy support programs. Volume A: The meta-Analysis. Final Report. Cambridge, MA: Abt Associates Inc.
Linderkamp, Friedrich/Grünke, Matthias (Hrsg.) (2007): Lern- und Verhaltensstörungen. Genese – Diagnostik – Intervention. Weinheim: Beltz
Lösel, Friedrich (2010): Prävention von Verhaltensproblemen in der Kindheit: Langzeitergebnisse der Erlangen-Nürnberger Studie. Vortrag auf dem 47. Kongress der Deutschen Gesellschaft für Psychologie, September 2010, Bremen
Lösel, Friedrich/Beelmann, Andreas/Stemmler, Mark/Jaursch, Stefanie (2006): Prävention von Problemen des Sozialverhaltens im Vorschulalter: Evaluation des Eltern- und Kindertrainings EFFEKT. Zeitschrift für Klinische Psychologie und Psychotherapie, 35. 127-139
Lösel, Friedrich/Schmucker, Martin/Plankensteiner, Birgit/Weiss, Mareen (2006): Bestandsaufnahme und Evaluation von Angeboten im Elternbildungsbereich. Berlin: Bundesministerium für Familie, Senioren, Frauen und Jugend
Lösel, Friedrich/Stemmler, Mark/Jaursch, Stefanie/Beelmann, Andreas (2009): Universal prevention of antisocial development: Short- and long-term effects of a child- and parent-oriented program. Monatsschrift für Kriminologie und Strafrechtsreform, 92. 289-308
Lundahl, Brad/Risser, Heather J./Lovejoy, Christine (2006): A meta-analysis of parent training: Moderators and follow-up effects. Clinical Psychology Review, 26. Pp. 86-104
Marschke, Britta/Brinkmann, Heinz Ulrich (Hrsg.) (2011): Handbuch Migrationsarbeit. Wiesbaden: Verlag für Sozialwissenschaften
Marzinzik, Kordula/Kluwe, Sabine (2007): Evaluation des STEP-Elterntrainings – Abschlussbericht der wissenschaftlichen Begleitforschung für den Zeitraum März 2005 bis Dezember 2006. Universität Bielefeld
Maughan, Denita R./Christiansen, Elizabeth/Jenson, William R. et al. (2005): Behavioral Parent Training as a Treatment for Externalizing Behaviors and Disruptive Behavior Disorders: A Meta-Analysis. School Psychology Review, 34. Pp. 267-286
Minsel, Beate (2010): Eltern- und Familienbildung. In: Tippelt/von Hippel (2010): S. 865-872
Mühling, Tanja/Smolka, Adelheid (2007): Wie informieren sich bayerische Eltern über erziehungs- und familienbezogene Themen? Ergebnisse der ifb-Elternbefragung zur Familien-bildung 2006. Bamberg: ifb
Müller, Christoph Thomas/, Hager, Willi/Heise, Elke (2001): Zur Effektivität des Gordon-Eltern-Trainings (PET): Eine Meta-Evaluation. Gruppendynamik, 32(3). S. 339-364
Nowak, Christoph/Heinrichs, Nina (2008): A comprehensive meta-analysis of Triple P-Positive Parenting Program using hierarchical linear modeling: Effectiveness and moderating variables. Clinical Child and Family Psychology Review, 11. Pp. 114-144

Papastefanou, Christiane (2006): Familienbildung. In: Fried/Roux (2006): S. 334-345
Piquero, Alex R./Farrington, David P./Welsh, Brandon C. et al. (2008): Effects of early family parent training programs on antisocial behaviour and deliquency. Stockholm: Swedish Council for Crime Prevention
Rauer, Wulf (2009): Starke Eltern – Starke Kinder®: Wirkungsanalysen bei Eltern und ihren Kindern in Verknüpfung mit Prozessanalysen in den Kursen – eine bundesweite Studie. Würzburg: Ergon
Röhrle, Bernd (Hrsg.) (2007): Prävention und Gesundheitsförderung, Bd. 3: Kinder und Jugendliche. Tübingen: Deutsche Gesellschaft für Verhaltenstherapie
Rollik, Heribert (2007): Die Rolle der Familienbildung in Deutschland. Vom Rückblick zum Ausblick. Beitrag auf der Fachtagung „Familienbildung Luxusgut oder Kernbereich präventiver Jugendhilfe" im Mai 2007 in Halle
Runkel, Daniela (2009): EFFEKT-Interkulturell. Implementierung und Evaluation eines präventiven Kinder- und Elterntrainings an Grundschulen mit einem hohen Anteil von Schülern mit Migrationshintergrund. Unveröffentlichte Dissertation. Friedrich-Alexander-Universität Erlangen-Nürnberg
Rupp, Marina/Mengel, Melanie/Smolka, Adelheid (2010): Handbuch zur Familienbildung im Rahmen der Kinder- und Jugendhilfe in Bayern. Bamberg: ifb
Sanders, Matt R. (1999): Triple P-Positive Parenting Program: Towards an empirically validated multilevel parenting and family support strategy for the prevention of behavior and emotional problems in children. Clinical Child and Family Psychology Review, 2. Pp. 71-90
Serketich, Wendy J./Dumas, Jean E. (1996): The effectiveness of behavioral parent training to modify antisocial behavior in children: A meta-analysis. Behavior Therapy, 27. Pp. 171-186
Smolka, Adelheid (2002): Beratungsbedarf und Informationsstrategien im Erziehungsalltag. Ergebnisse der Elternbefragung in Nürnberg zum Thema Familienbildung im Rahmen der Kampagne Erziehung. Bamberg: ifb
Tan, Dursun (2011): Elternbildung. In: Marschke/Brinkmann (2011): S. 169-178
Textor, Martin R. (2007): Familienbildung. In: Ecarius (2007): S. 366-386
Tippelt, Rudolf/von Hippel, Aiga (Hrsg.) (2010): Handbuch Erwachsenenbildung/Weiterbildung. Wiesbaden: Verlag für Sozialwissenschaften
Tschöpe-Scheffler, Sigrid (Hrsg.) (2006): Konzepte der Elternbildung – eine kritische Übersicht. Opladen: Budrich
Webster-Stratton, Carolyn (2000): The Incredible Years Training Series. OJJDP Bulletin June: 1-23
Webster-Stratton, Carolyn (2005): The Incredible Years: A Training Series for the Prevention and Treatment of Conduct Problems in Young Children. Psychosocial treatments for child and adolescent disorders: Empirically based strategies for clinical practice. 2nd edition. Pp. 507-555. Washington: American Psychological Association
Weiss, Sarah/Röhrle, Bernd/Ronshausen, Dominique (2007): Elterntraining als präventive Maßnahme. In: Röhrle (2007): S. 173-228

Akteure im kommunalen Netzwerk: die Elternarbeiter in den Institutionen, Kooperationspartner, Stakeholder und Netzwerke

Rolf Krüger/Nina Krüger

Kooperationspartner, Netzwerke, Stakeholder im Bereich der Elternarbeit

1. Vorbemerkungen

Will man Elternarbeit in Einrichtungen implementieren, so benötigt man in der Regel die inhaltliche Unterstützung von zumindest grundsätzlich gleich Gesonnenen und meist auch zusätzliche Ressourcen. Letztere müssen entweder zusätzlich gewährt werden oder durch Umwandlung vorhandener Mittel anderer Bereiche entstehen. Soll dies erreicht werden, geht das nicht ohne auf die kommunale Jugendpolitik Einfluss zu nehmen. Dies wird nur möglich sein, wenn einerseits die notwendigen Kenntnisse über die entsprechenden Strukturen und Handlungsmethoden vorhanden sind und andererseits Bündnispartner gefunden werden (vgl. Krüger 2010). Mit Kooperationspartnern, Netzwerkakteuren und Stakeholdern als Bündnispartner beschäftigt sich dieser Beitrag.

2. Akteure

Die Planung und Durchführung von Elternarbeit findet in Einrichtungen statt, die im Wesentlichen kommunal verortet sind. Wenn man sich also mit vorhandenen und/oder zu schaffenden Kooperationspartnern, Netzwerken und Stakeholdern dieser Bereiche befasst, dann sind diese im Kern in der Kommune zu finden. Alle drei Aktionsbereiche sind in der kommunalpolitischen Szene nicht tatsächlich trennscharf feststellbar. Es handelt sich vielmehr um Felder mit sehr großen Schnittmengen. Zu den Kooperationspartnern gehören u.a. Kindertagesstätten, Schulen, Familienbildungsstätten, Jugendamt, Volkhochschulen und (sonstige) freie Träger der Jugendhilfe.

Alle genannten Akteure sind auch Netzwerkpartner. Hinzu kommen dann noch KommunalpolitikerInnen, ElternvertreterInnen aus Kita und Schule sowie Elternverbände. Es handelt sich in unserem Zusammenhang um ein sogenanntes sekundäres Netzwerk, in dem sich (halb)öffentliche Institutionen organisieren, um gemeinsame Interessen besser zur Geltung zu bringen (vgl. Bullinger/Nowak 1998, S. 83).

Stakeholder sind alle Netzwerkpartner, ergänzt durch die regionale Presse, die Gewerkschaften, eventuell auch Arbeitgebervertretungen und die Kirchen. Nachfolgendes Schaubild soll den Gesamtzusammenhang deutlich machen.

```
                        Stakeholder
        ┌─────────────────────────────────────────────┐
        │              Netzwerke                      │
        │      ┌──────────────────────────┐           │
        │      │   Kooperationspartner:   │           │
        │      │     Kitas, Schulen,      │           │
        │Kommunal-  Familienbildungsstätten   Eltern-  │
   Presse│politik                           vertreter │ Kirche
        │      │ Jugendamt, Volkshochschule, │         │
        │      │   (sonstige) freie Träger der │       │
        │      └──────────────────────────┘           │
        │              Elternverbände                 │
        │        Gewerkschaften, Arbeitgeberverbände  │
        └─────────────────────────────────────────────┘
```

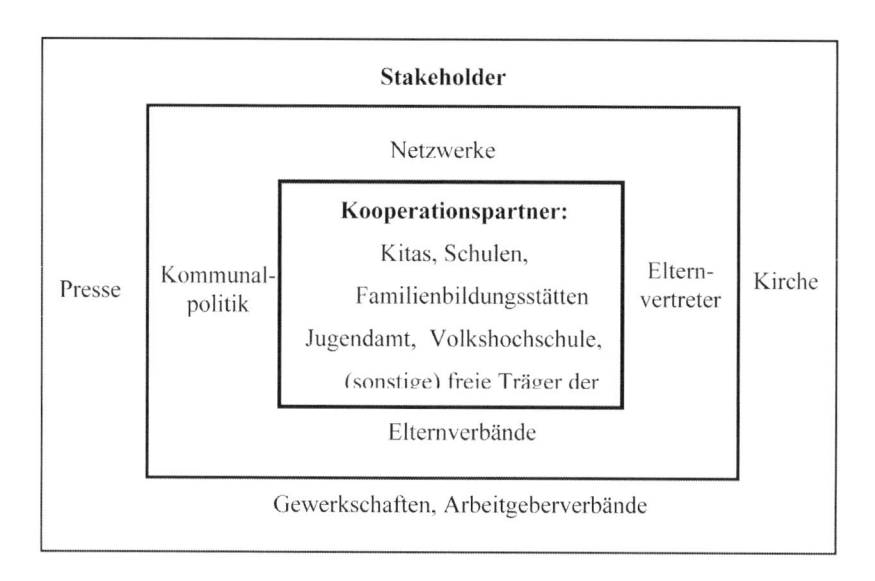

3. Aktionsmöglichkeiten

An dieser Stelle soll an drei Beispielen erläutert werden, welche Handlungsmöglichkeiten in Zusammenarbeit oder zumindest durch mehr Berücksichtigung der unterschiedlichen kommunalen Akteure denkbar sind. Dies ergibt natürlich nur Sinn, wenn zuvor Ziele benannt werden und diese soweit konkret sind, dass eine Operationalisierung möglich ist.

Als Beispiele werden ausgewählte Formen der Netzwerkarbeit, Pressearbeit und Lobbyarbeit dargestellt.

Zur Erreichung konkreter Ziele wird es i.d.R. notwendig sein, diese und weitere Aktionsmöglichkeiten zu einer Handlungsstrategie zu verknüpfen (Krüger 1991, S. 2 ff.).

3.1 Ausgewählte Formen der Netzwerkarbeit

Netzwerke werden dann sinnvoll organisiert, wenn sich potenzielle Bündnispartner mit (teilweise) gleichen oder ähnlichen Zielen zusammenschließen, um Kräfte zu bündeln, um die jeweils eigenen Möglichkeiten zu erweitern. Probleme können sich ergeben, wenn sich herausstellt, dass die vermutete Zielidentität nur sehr rudimentär vorfindbar ist oder vermeintliche Partner in Wirklichkeit Konkurrenten sind. Netzwerke mit einer Ansammlung von eher schwachen Partnern können zielgerichtete Arbeit durchaus auch verlangsamen oder gar zum Scheitern bringen.

Mögliche Formen der Arbeit können z.B. Netzwerkkonferenzen, Netzwerkforen, Netzwerkinternetplattformen und Netzwerkaktionen sein.

Unter *Netzwerkkonferenzen* wird das organisierte Zusammentreffen von VertreterInnen der Netzwerkpartner verstanden. Organisiert bedeutet in diesem Zusammenhang:

- Es gibt eine Einladung und eine Sitzungsleitung.
- Es wird eine Tagesordnung abgearbeitet.

- Es wird ein Protokoll geführt, in dem zumindest der Gesprächsgegenstand, Verabredungen, Verantwortlichkeiten und Termine festgehalten werden.

Netzwerkforen sind thematisch bestimmte oder problembezogene öffentliche oder zumindest teilöffentliche gemeinsame Veranstaltungen der Netzwerkpartner, die zuvor in Netzwerkkonferenzen beschlossen werden. Es empfiehlt sich auch hier konkrete Verantwortlichkeiten zu benennen.

Netzwerkinternetplattformen ermöglichen den ungefilterten Zugang zur Öffentlichkeit. Daneben bieten sie die Möglichkeit, auch nicht-öffentliche Bereiche einzurichten. Internetplattformen bedürfen der andauernden Pflege. Sie funktionieren deshalb nur, wenn konkrete Verantwortliche hierfür benannt werden.

Über die Netzwerkforen hinaus sind – ggf. eingebunden in eine größere Netzwerkstrategie – auch einzelne *Netzwerkaktionen* denkbar. Solche Aktionen dienen dazu, die Öffentlichkeit möglichst spektakulär auf Problemlagen aufmerksam zu machen. Dies wird i.d.R. nur gelingen, wenn diese Aktionen über die üblichen Formen des öffentlichen Auftritts hinausgehen. D.h., statt auf Infostände und Flugblätter zu setzen, werden z.B. Texte an Hauswände projiziert, Theateraufführungen auf der Straße inszeniert oder PassantInnen im Rahmen einer vorgetäuschten (,gefakten') Fernsehaufzeichnung interviewt. Es geht darum, übliche Wahrnehmungsgewohnheiten zu durchbrechen und so Aufmerksamkeit auf sich zu lenken.

3.2 Pressearbeit

Soziale Arbeit ist ohne Kommunikation und Austausch undenkbar. Dies gilt im besonderen Maße auch für Sozialarbeit als Netzwerkarbeit. Die Verständigung zwischen KlientIn, SozialarbeiterIn, Träger und Öffentlichkeit sollte deshalb u.a. auf einer systematischen Öffentlichkeitsarbeit basieren, die neben interner Verständigung und fachlicher Vernetzung auch dazu dient, öffentliche Aufmerksamkeit zu inszenieren (vgl. Puhl 2005, S. 616):

„Als gesellschaftliche wie personale Kommunikationsagentur ist Soziale Arbeit in ihrer eigenen Normativität herausgefordert, sich bezüglich ihres Gegenstandes und ihrer Problemlösungskompetenz an sozialpolitischen Thematisierungen zu beteiligen und, noch wichtiger, einen öffentlichen Diskurs, falls es ihn nicht schon gibt, medial zu inszenieren und so die Debatte zu eröffnen" (Puhl 2003, S. 10 f.).

Ein wesentlicher Bestandteil der Öffentlichkeitsarbeit ist die Pressearbeit, die als aktive Strategie verstanden werden sollte. Statt passiv auf Medienanfragen zu warten, sollte ein dauerhafter Austausch mit der Presse und dem Rundfunk existieren, um selbst Themen zu setzen und zu steuern. Die Medien sind im Kontext der Kommunikationsplanung als entscheidender Verstärker und Beschleuniger zu verstehen, der Kernthemen und spezielle Anliegen der Sozialen Arbeit für eine breite Öffentlichkeit nachvollziehbar macht und auf die politische Agenda bringen kann (vgl. Schürmann 2004, S. 204).

Pressearbeit bietet also weitreichende Chancen, die allerdings von vielen SozialarbeiterInnen unterschätzt und deshalb häufig vertan werden. Oft wird zudem das Gesamtmetier der Öffentlichkeitsarbeit im Bereich Sozialer Arbeit nicht ausreichend beherrscht. Es fehlt u.a. am Verständnis medialer Abläufe sowie an Umsetzungskompetenz (vgl. Puhl 2003, S. 179). Auf dieser Basis entstehen Missverständnisse und Unsicherheiten, die im Folgenden zumindest in Ansätzen eingeordnet und entkräftet werden sollen.

Kontaktaufnahme

Nicht nur ÖffentlichkeitsarbeiterInnen, auch JournalistInnen sind auf Netzwerke angewiesen. Die Scheu vor einer direkten Kontaktaufnahme ist deshalb unbegründet. Im Vorfeld ist eine Medienbeobachtung sinnvoll: Wer berichtet wo über was? Auf dieser Basis können gezielt Namen, E-Mail-Adressen und Telefonnummern ermittelt und in einen Presseverteiler aufgenommen werden. Auch ein Anruf in der Redaktion mit der Bitte um ein informelles Kennenlernen und einen ersten Austausch ist nicht unüblich. Kontaktbörsen sind auch Podiumsdiskussionen, Veranstaltungen usw., bei denen sich JournalistInnen, z.B. auch für die eigene Berichterstattung, aufhalten (vgl. Schürmann 2004, S. 212 f.).

Das mediale Interesse an sozialen Themen

Soziale Themen ‚verkaufen' sich – d.h. sie sind für die Medien attraktiv. Allerdings oft in einem anderen Sinn als von der Sozialen Arbeit gewünscht: Über (Kinder-) Armut, Verwahrlosung oder Verschuldung wird in der Regel berichtet, weil es sich um spektakuläre Negativereignisse handelt. Es geht selten um die Einbettung in einen gesellschaftlichen Kontext, Ursachenforschung oder Lösungsansätze. Trotzdem gilt: Themen der Sozialen Arbeit können es ohne Probleme in die Medien schaffen. Die Akteure müssen sich aber systematisch und im Interesse ihrer KlientInnen vor unseriöser Berichterstattung schützen (vgl. ebd., S. 210).

Steuerungsmöglichkeiten

Eine Kontrollgarantie gegenüber den Medien gibt es nicht. Es kann jedoch hilfreich sein, sich einen festen redaktionellen Ansprechpartner aufzubauen, den man regelmäßig mit Themen und Informationen versorgt und der im Gegenzug seine Texte/Beiträge (zumindest in Auszügen) gegenlesen lässt. Entscheidend ist auch die eigene Präsentation. Wer sachliche, klischeefreie Pressemitteilungen verfasst, die dem Aufbau eines journalistischen Berichtes ähneln, hat gute Chance, dass dieser Text mit wenigen Änderungen in das jeweilige Medium übernommen wird.

3.3 Lobbyarbeit

Es ist heute weitgehend unbestritten, dass die Durchsetzung von Interessen als legitimes Mittel des demokratischen Willensbildungsprozesses anzusehen ist (vgl. von Alemann/ Eckert 2006, S. 3). Hierzu dient u.a. Lobbyarbeit. Interessen können sich z.B. in Verbänden organisieren. Mindestens genauso häufig finden wir Bürgerinitiativen, Netzwerkbündnisse oder ‚Runde Tische'. Interessen sind erst dann handhabbar, wenn sie in Ziele umformuliert werden. Diese Ziele sind soweit zu konkretisieren, dass aus ihnen Handlungen abgeleitet werden können (vgl. Prenzel 2007, S. 34). In unserem Zusammenhang ist Hauptadressat der Interessenartikulation das jeweilige Kommunalparlament und die Fachverwaltung der Kommunen, das ist in der Regel das Jugendamt.

Daneben kann es auch hilfreich sein, die allgemeine Öffentlichkeit für ein Thema zu sensibilisieren. Die Mittel der Lobbyarbeit sind:

Information und Kommunikation

Hierzu gehören Werbe- und Info-Kampagnen in allen denkbaren Presseorganen und anderen (realen) Orten der Öffentlichkeit.

Unerheblich ist dabei, ob die Öffentlichkeit unentgeltlich oder entgeltlich, z.B. durch Anzeigenkampagnen, erreicht wird (vgl. von Alemann/Eckert 2006, S. 7). Weiter geht es darum, Beziehungsnetzwerke aufzubauen und zu pflegen. Illegitim können solche Strategien werden, wenn Ziele und Urheberschaft verschlüsselt/verschleiert sind.

Personelle Durchdringung

Hierbei geht es darum, eine personelle Identität oder zumindest eine größtmögliche Nähe zwischen den InteressenvertreterInnen einerseits und den EntscheidungsträgerInnen in Kommunalpolitik und Kommunalverwaltung herzustellen. Durch die besondere Bedeutung des Jugendhilfeausschusses als Teil des Jugendamtes ergeben sich für Lobbyarbeit im Feld der Jugendhilfe besondere Möglichkeiten. Verstärkt werden diese außerdem noch durch die spezifische Zusammensetzung der Gremien (KommunalpolitikerInnen, VerbandsvertreterInnen und sonstige InteressenvertreterInnen).

Der Jugendhilfeausschuss ist Entscheidungsort und Lobby in Personalunion.

Vom ‚Kuhhandel' bis zur politischen Pression

Nicht selten werden Interessen in der Kommunalpolitik durch ‚Kuhhändel' transportiert. Im Wege der Lobbyarbeit wird mit anderen InteressenvertreterInnen dergestalt verhandelt, dass die jeweils anderen Interessen mit vertreten werden. Es handelt sich also um ein kurzlebiges Bündnis, das nicht durch gemeinsame Ziele entstanden ist. Das Motto dieser Bündnisse ist lediglich: Wir unterstützen euch, wenn ihr uns unterstützt.

Politische Pression ist ein unfreundliches Mittel der Lobbyarbeit. Sie funktioniert besonders gut kurz vor Neuwahlen. Letztlich wird einem politischen Entscheidungsträger angedroht, die WahlbürgerInnen gegen seine Neuwahl zu mobilisieren. Etwa indem dem KommunalpolitikerInnen Kinder- und Familienunfreundlichkeit vorgeworfen und ggf. nachgewiesen wird.

Grassroots Campaigning

Unter Grassroots Campaigning wird die Aktivierung und Organisation von Menschen verstanden, die sich auf unterschiedliche Art und Weise für ein bestimmtes Thema – in unserem Zusammenhang also z.B. den Ausbau von Elternbeteiligung, Elternbildung und Elternberatung – einsetzen. Ziel ist dabei immer, die politischen EntscheidungsträgerInnen durch die organisierte und veröffentlichte Meinung vieler Menschen unter Druck zu setzen.

Mithilfe neuer Medien wie Internet und Mobiltelefon sind die Informationsweitergabe und die schnelle Organisation von Aktionen erheblich vereinfacht worden (vgl. Voss 2010, S. 28 f.).

4. Grenzen

Die Möglichkeit der Zusammenarbeit mit Kooperationspartnern in Netzwerken wird sicherlich begrenzt durch die Summe der gemeinsamen Interessen. Neben Gemeinsamkeiten gibt es immer auch Trennendes. Dies sind im Kern, wie schon vorab erwähnt, Konkurrenzsituationen. In Netzwerken arbeiten z.B. verschiedene freie Träger zusammen. Wird von der Kommune Geld für ein Förderprogramm bereitgestellt, aus dem nur einer der Träger finanziert werden kann, wird kein Träger auf die Mittel freiwillig verzichten wollen und die Basis für eine Kooperation wird wesentlich geschmälert. Aus Bündnispartnern werden Konkurrenten.

Eine weitere Grenze der Zusammenarbeit kann sich aus politisch-ideologischen Unterschieden ergeben. Gerade die Sichtweisen auf Familien sind stark durch unterschiedliche Werthaltungen geprägt. Im Bereich der Lobbyarbeit und der Pressearbeit können Handlungsgrenzen auch rechtlich bestimmt sein. Dies gilt z.B. für Regelungen des Presserechtes (Bekanntgabe des presserechtlich Verantwortlichen) oder für Vorschriften des Ordnungsrechtes (Straßenaktionen, öffentliche Versammlungen).

Literatur

Bullinger, Herman/Nowak, Jürgen (1998): Soziale Netzwerkarbeit. Eine Einführung. Freiburg im Breisgau: Lambertus

Kreft, Dieter/Mielenz, Ingrid (Hrsg.) (2005): Wörterbuch Soziale Arbeit. Aufgaben, Praxisfelder, Begriffe und Methoden der Sozialarbeit und Sozialpädagogik. Weinheim und München: Juventa

Krüger, Rolf (2010): Kommunale Jugend und Sozialpolitik. Grundlagen, Strukturen und Handlungsmethoden für die Sozialarbeit. Berlin: Lehmanns Media

Krüger, Rolf (1991): Strategisch-methodisches Handeln in der Sozialarbeit. In: Der Sozialarbeiter 1/91. S. 2 ff.

Prenzel, Thorben (2007): Handbuch Lobbyarbeit Konkret. Schwalbach

Puhl, Ria (2005): Öffentlichkeitsarbeit. In: Kreft/Mielenz (2005): S. 616-620

Puhl, Ria (2003): Klappern gehört zum Handwerk. Funktion und Perspektive von Öffentlichkeitsarbeit in der Sozialen Arbeit. Weinheim und München: Juventa

Schürmann, Ewald (2004): Öffentlichkeitsarbeit für soziale Organisationen. Praxishandbuch für Strategien und Aktionen. Weinheim und München: Juventa

Von Alemann, Ulrich/Eckert, Florian (2006): Lobbyismus als Schattenpolitik. In: Aus Politik und Zeitgeschichte, 15-16/2006. S. 3-10

Voss, Kathrin (2010): Grassroots Campaigning und Chancen durch neue Medien. In: Aus Politik und Zeitgeschichte, 19/2010. S. 28-31

Andreas Eylert

Vielfalt als Chance – Elternschaft als heterogenes Gebilde
Einstellungen, Bedürfnisse und Zugänge

Eltern in Kindertagesstätten und Schulen verbindet oft nur eines: Sie sind Väter und Mütter von Mädchen und Jungen, die dieselbe pädagogische Institution besuchen. Auch wenn sich einige Eltern untereinander eventuell noch aus der Nachbarschaft, der Kirchengemeinde, dem Sportverein oder beruflichen Zusammenhängen kennen – alle gemeinsam verbindet nur der Umstand, ein oder mehrere Kinder im selben Alter zu haben. Ansonsten bilden Eltern die gesellschaftliche und kulturelle Vielfalt ab: von der Teenagermutter bis zum ‚späten Vater', von der Patchworkfamilie über Alleinerziehende bis hin zur ‚klassischen Familie', von Arbeitssuchenden bis zu durch den Beruf überlasteten Personen, mit und ohne Migrationserfahrung. Eltern und Familien bringen unterschiedlichste Hintergründe, Lebensvorstellungen, Ziele und kulturelle Einflüsse mit in die Zusammenarbeit mit pädagogischen Institutionen.

Die 2008 von der Konrad-Adenauer-Stiftung in Auftrag gegebene Studie *Eltern unter Druck* (vgl. Henry-Huthmacher/Borchard 2008) zeigt repräsentativ diese Heterogenität auf und systematisiert elterliche Erziehungsziele und -stile, Rollenbilder und Lebensweisen nach den von Sinus Sociovision entwickelten *Sinus Milieus®*. Die Studie macht deutlich, wie unterschiedlich die Bedürfnisse von Eltern sind, aber auch wie fließend teilweise die Übergänge zwischen den Milieus sein können. Daher stellt die Studie kein Rezept dar, um Eltern in Schubladen zu stecken nach dem Motto: ‚Wenn ich Eltern in diesem Milieu verorte, dann muss ich folgende zehn Schritte gehen, um ihnen gerecht zu werden'. Sie gibt aber wichtige Anhaltspunkte, um sich mit elterlichen Lebenswelten auseinanderzusetzen und gibt Hinweise zu Themen, Bedürfnissen und Fragen der unterschiedlichen Gruppen.

Sinus Sociovision hat im Rahmen der Studie zunächst sieben *Sinus Milieus®* identifiziert, in denen signifikante Anteile von Familien mit Kindern unter 18 Jahren vertreten sind[1].

Anschließend wurden 100 ausführliche Interviews (50 mit Müttern und 50 mit Vätern) und 502 Telefoninterviews geführt. Auf Basis dieser Erhebungen wurde die Heterogenität von elterlichen Einstellungen zu Erziehungskonzepten, Mutter- und Vaterbild, Erziehungsstilen und vorherrschenden Problemen im Familienalltag deutlich. Die Studie kann so als Anregung dienen, auch wenn die befragte Stichprobe und die zusammengefassten Ergebnisse sicher nicht jedem individuellen Familienleben gerecht werden können. Durch die Auswertung der Befragung wird aber deutlich, wie unterschiedlich die – jeweils durch die PädagogInnen zu akzeptierenden – Erziehungsvorstellungen und Familienbilder sind. Und wie unterschiedliche Wünsche in Bezug auf die Unterstützung von Eltern und Familien an die Gesellschaft bestehen.

---

[1] Eine nähere Beschreibung der einzelnen *Sinus Milieus®* findet sich z.B. auf der Webseite von Sinus Sociovision: www.sinus-institut.de. Dabei ist zu beachten, dass die Milieus und ihre Bezeichnungen regelmäßig aktualisiert werden und daher inzwischen andere sind als zum Zeitpunkt der Erstellung der Studie *Eltern unter Druck*.

Vielfalt als Chance

Zentrale Erkenntnisse der Studie waren unter anderem:

- Elternschaft ist nur noch eine Option von vielen.
- Elternschaft ist komplex (die Politik und Öffentlichkeit kann nicht nur eine Maßnahme ergreifen, um Eltern gerecht zu werden – manchen fehlt es an Zeit, anderen an Geld, anderen an Betreuungsmöglichkeiten …).
- Eltern sind unter Druck – 82% der Befragten fühlen sich mindestens gelegentlich im Erziehungsalltag gestresst.
- Der Schulabschluss der Kinder wird für die Eltern immer früher immer wichtiger (97% geben an, diesen „eher wichtig" bzw. „sehr wichtig" zu finden).
- Unter Eltern herrscht Verunsicherung durch eine zunehmende Pluralität der Leitbilder (eine ‚gute Mutter'/ein ‚guter Vater' muss vielfältige Rollen abdecken) (vgl. Henry-Huthmacher/Borchard 2008, S. 31-37).

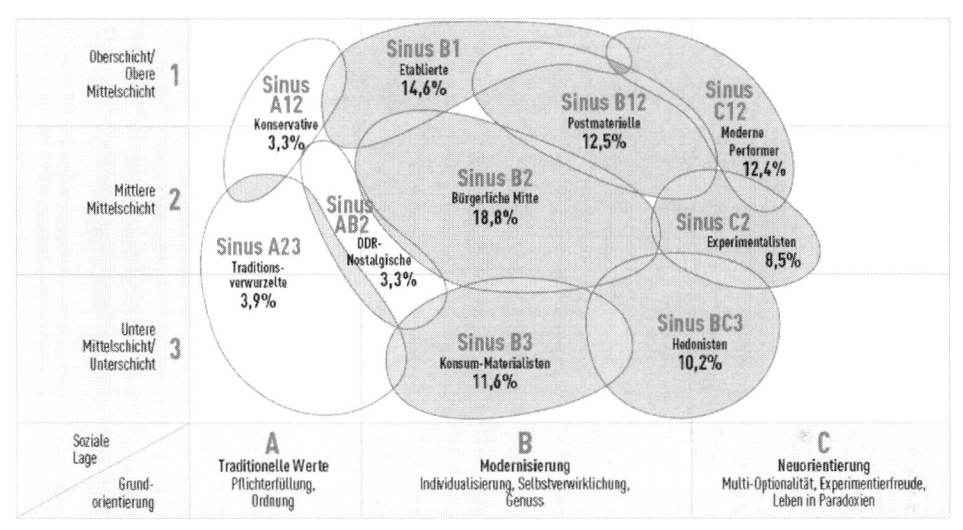

Abbildung 1: *Eltern mit Kindern unter 18 Jahren in den Sinus Milieus® 2007* (Grafik aus Henry-Huthmacher/Borchard 2008, S. 31)

Einstellungen und Bedürfnisse verschiedener Elterngruppen

Die folgenden Übersichten greifen einzelne Erkenntnisse aus der Studie *Eltern unter Druck* auf und sollen dazu dienen, die Vielfalt elterlicher Lebenswelten zu verdeutlichen. Dabei haben die Übersichten keinen Anspruch auf Vollständigkeit. Bei Interesse am Thema sei die Lektüre der gesamten Studie ausdrücklich empfohlen.

Bezeichnung des *Sinus Milieus*®: **Bürgerliche Mitte** (15% der Gesamtbevölkerung, 18,8% bezogen auf Elternschaft)	
Kennzeichen	Häufig Familien mit beiden Elternteilen und mehreren Kindern. Meist ein volles Haushaltseinkommen (i.d.R. durch den Vater). Vereine und Förderung (Musikschule, Jugendgruppen der Kirchen, Nachhilfe usw.) spielen eine große Rolle und müssen organisiert und finanziert werden. Bodenständiger, ‚realistischer' Lebensstil.
Mutterbild	Mutter als ‚allzuständige Beschützerin und Förderin'. Viele traditionelle Aufgaben werden übernommen, die Mutter als ‚Full-Service-Kraft', die auch eigene Freiräume opfert, um die Kinder zu fördern.
Vaterbild	Vater als ‚Feierabend-Papa', als Hauptenährer der Familie, der abends und am Wochenende die Kinder als weicher, verständnisvoller ‚Spiel- und Begleitpapa' unterstützt.
Probleme, die geäußert werden	Frühkindliche Fördermaßnahmen sind unabdingbar für eine gute Entwicklung – aber es herrscht eine unübersichtliche Angebotsvielfalt und die Förderung ist nicht immer finanzierbar. Kindern sollte nicht durch frühe Selektion Druck gemacht werden (Schule) – andererseits herrscht das Gefühl, besonders früh und intensiv fördern zu müssen, da die Durchlässigkeit ‚nach oben' immer schwerer wird (Kinder müssen früh ihre Chancen nutzen und bestmögliche Bildung erhalten).

(vgl. Henry-Huthmacher/Borchard 2008, S. 140-160)

Bezeichnung des *Sinus Milieus*®: **Konsum-Materialisten** (12% der Gesamtbevölkerung, 11,6% bezogen auf Elternschaft)	
Kennzeichen	Häufig prekäre finanzielle Lage (hoher Anteil an ‚Hartz 4'), die durch Konsum verdeckt wird. Ziel ist es, dazuzugehören und als ‚normaler Durchschnittsbürger' wahrgenommen zu werden. Oft Traum vom besonderen Leben und plötzlichen Chancen (‚Superstar', Model-Karriere, Lottogewinn usw.) bei Eltern und Kindern. Hoher Anteil an geschiedenen/getrennt lebenden Paaren. Große Sehnsucht nach der ‚heilen Welt' und einem sorgenfreien Leben.
Mutterbild	Mutter als ‚Versorgungs- und Kuschel-Mutti' – traditionelles Rollenverständnis; Erziehung und Organisation des Familienalltags liegen bei der Mutter. Zudem starkes Bedürfnis nach Verwöhnen des Kindes (Geschenke, ‚Kuscheln' ...).
Vaterbild	Vater als ‚Geldverdiener und Chef' – hierarchisches Paarverhältnis. Vater hält sich aus der Erziehung weitgehend heraus, demonstriert gelegentlich seine Autorität und will durch Leistungserwartung und Strenge die Kinder auf den ‚Kampf' im Leben vorbereiten.
Probleme, die geäußert werden	Familienleben als Spannungsfeld zwischen Alltagsmühe und mentaler Flucht (häufig auch bei Alleinerziehenden, die regelmäßig aus dem Alltag ‚ausbrechen' müssen). Erziehung ist schwierig (wird meist gleichgesetzt mit ‚Bestrafung nicht gewollten Verhaltens'). Irritation durch neue Rollenbilder von außen, die das traditionelle Rollen- und Familienbild infrage stellen.

(vgl. Henry-Huthmacher/Borchard 2008, S. 161-181)

Bezeichnung des *Sinus Milieus*®:	
Experimentalisten (9% der Gesamtbevölkerung, 8,5% bezogen auf Elternschaft)	
Kennzeichen	Junges Milieu, Altersschwerpunkt unter 30 Jahre. Viele Single-Haushalte, milieubezogen höchste Anteile an Alleinerziehenden. Gehobenes Bildungsniveau, vielfach noch in Ausbildung. Auf der Suche nach vielfältigen Erfahrungen (auch Fun- und Extremsport, Individualismus als Programm). Rollen/Zwänge und ‚lebenslange Festlegungen' werden abgelehnt. Widersprüchlichkeit als Lebensform – Spiel mit Rollen/Szenen/Kulturen/Welten
Mutterbild	Mutter als ‚begeisterte, sich selbst entdeckende Mutter' – Leben mit dem Kind als eine neue Entdeckungs- und Selbsterfahrungsmöglichkeit (‚Ich entdecke mich selbst durch den kindlichen, unverstellten Blick'). Intuitives, ‚chaotisch' wirkendes, situatives Erziehungsverhalten – dabei stets bestrebt, das Kind ernst zu nehmen und seine Meinung anzuhören.
Vaterbild	Vater als ‚Entdecker fremder Welten' – Kind soll Freiraum bekommen und Perspektiven erproben. Väter wollen es dabei nicht ‚betüddeln', lehnen moralisches und regelfixiertes Verhalten ab (Gefahr: Halt und Grenzen fehlen).
Probleme, die geäußert werden	Nicht ausreichendes Angebot an Sportvereinen, Kunst- und Musikschulen u.ä., es fehlen aber auch preiswerte Angebote zum Besuch von Vergnügungsparks oder interessante und intakte Kinderspielplätze. Adäquate, ausreichende Betreuungsangebote für Kinder fehlen (insb. mit entsprechenden fördernden Konzepten). Gesellschaftspolitischer Stellenwert und Wertschätzung von Familie muss sich ändern.

(vgl. Henry-Huthmacher/Borchard 2008, S. 182-201)

Bezeichnung des *Sinus Milieus*®:	
Hedonisten (11% der Gesamtbevölkerung, 10,2% bezogen auf Elternschaft)	
Kennzeichen	Altersschwerpunkt der Eltern liegt bei unter 30 Jahren, häufig sehr junge Familien in Trennung/Scheidung, Eltern oft noch in der Ausbildung. Eltern suchen nach Spaß/Unterhaltung und Abgrenzung von ihren eigenen Eltern (‚Spießer') durch lockere Erziehungsmethoden und die Haltung ‚Unsere Familie als Freundeskreis'. Andererseits Traum vom ‚heilen' Leben, geregelten Einkommen. Oft Flucht in Gegenwelten (z.B. PC, Rollenspiele, Subkulturen) und aggressive Abgrenzung nach oben (‚die Bonzen') und unten (‚die Ausländer', ‚die Sozialschmarotzer').
Mutterbild	Mutter als ‚große Schwester' und ‚etwas andere Mutter' – häufig eher inkonsequenter Erziehungsstil, Muttersein bedeutet: dem Kind keine Fesseln anzulegen, es als ‚Freundin' zu begleiten.
Vaterbild	Vater als ‚der große Bruder: Spiel und Spaßvater' – wird durch Mitspielen selbst wieder zum Kind, genießt mit ihm ungehemmt Spaß zu haben, geht aber auch eigene Wege, wenn es ihm zu viel/zu eng wird.
Probleme, die geäußert werden	Wie kann ich meine Freiheiten behalten und trotzdem eine gute Mutter/ein guter Vater sein? Geregelter Familienalltag (insb. Anforderungen von außen – Kind, eigene Eltern, Freunde, Umfeld, Schule der Kinder ...) wird von den Eltern als überfordernd erlebt. ‚Erziehung' ist etwas Rückständiges – das Zusammenleben soll aus dem Bauch heraus gesteuert werden. Dies wird dann allerdings oft als anstrengende Auseinandersetzung und täglich/situativ als neuer Prozess erlebt.

(vgl. Henry-Huthmacher/Borchard 2008, S. 202-223)

Bezeichnung des *Sinus Milieus*®:	
Etablierte (10% der Gesamtbevölkerung, 14,6% bezogen auf Elternschaft)	
Kennzeichen	Häufig Familien mit doppeltem Einkommen in höherem bis höchstem Niveau, oft beide Elternteile mit akademischer Bildung. Altersgruppe sehr breit, Schwerpunkt 35 – 64 Jahre. Meist 3- oder 4-Personen-Haushalte. Ausgeprägtes Statusdenken, repräsentativer Konsum, intensive Teilnahme am gesellschaftlichen und politischen Leben. Einerseits modernes Leistungsdenken, andererseits traditionsverwurzelt.
Mutterbild	Mutter als ‚Erziehungs-Managerin', kümmert sich mit liebevollem und professionellem Weitblick um die Entwicklung und frühe Förderung der Kinder. Durch Einbeziehung Dritter (Delegation an Profis) sollen die Kinder optimale Startchancen im ‚Wettbewerb' haben. Mutter nimmt sich Freiräume für eigene Interessen.
Vaterbild	Vater als ‚Familienvorstand und überlegter Weichensteller', der die Kinder mit Verständnis und ‚sanfter Strenge' begleitet und bei zentralen Entscheidungen das letzte Wort hat (im Einvernehmen darüber mit der Mutter!).
Probleme, die geäußert werden	Keine spezifischen Probleme – Familien geben an, ihre Erziehungsarbeit selbst in die Hand zu nehmen. Forderung von Unterstützung sozial schwächer gestellter Kinder/Familien.

(vgl. Henry-Huthmacher/Borchard 2008, S. 76-93)

Bezeichnung des *Sinus Milieus*®:	
Postmaterielle (10% der Gesamtbevölkerung, 12,5% bezogen auf Elternschaft)	
Kennzeichen	Häufig Familien mit doppeltem Einkommen in mittlerem bis höherem Niveau, oft beide Elternteile mit akademischer Bildung. Altersgruppe sehr breit, Schwerpunkt 30 – 50 Jahre. Meist 4-Personen-Haushalte. Grundhaltung: weltoffen, tolerant, Bildung als humanistische Tugend, Verantwortungsethik vs. Pflege der Lebenskunst. Beruflichen und familiären Herausforderungen selbstbewusst entgegen tretend, eigene Freiräume schaffend.
Mutterbild	Mutter als ‚Lebensphasen-Begleiterin', möchte ‚sie selbst bleiben' und das Kind einen wichtigen Teil seines Lebens begleiten. Dabei soll es selbst seinen Platz finden und selbstbestimmt glücklich sein.
Vaterbild	Vater als ‚partizipierender Erzieher', der bei allen Themen gemeinsam mit seiner Lebensgefährtin gleichgestellt zuständig ist. Diese Gleichberechtigung vorzuleben ist auch wichtiges Erziehungsziel für beide Eltern.
Probleme, die geäußert werden	Wenig familienfreundliche Umwelt und Arbeitswelt – mangelnde Anerkennung von Familien und Kindern. Neue Rollen werden in der Gesellschaft noch immer nicht anerkannt. Mangelnde Kinderbetreuungsmöglichkeiten – mehr Kitas als Orte des sozialen Miteinanders.

(vgl. Henry-Huthmacher/Borchard 2008, S. 94-120)

Bezeichnung des *Sinus Milieus*®:	
Moderne Performer (10% der Gesamtbevölkerung, 12,4% bezogen auf Elternschaft)	
Kennzeichen	Hohes Bildungsniveau, viele Studierende, hoher Anteil kleinerer Selbständiger und Freiberufler, hohes Niveau des Haushaltsnettoeinkommens, Altersschwerpunkt unter 30 Jahren. Leistungsehrgeiz verbunden mit dem Streben nach Selbstverwirklichung. Ideal einer Verbindung von materiellem Erfolg und lustvollem Leben – Aufhebung der traditionellen Widersprüche (Pflicht vs. Genuss, Beruf vs. Privatleben usw.).
Mutterbild	Mutter als ‚Profi-Mama', Muttersein wird professionell organisiert und selbstbewusst ausgelebt. Die Mutter hat sich bewusst für das ‚Projekt Kind' entschieden und ‚managt' dieses entsprechend. Informiert sich fokussiert, z.B. bei konkreten Fragen, ansonsten setzt sie eine eigene intuitive Vorstellung von Erziehung um.
Vaterbild	Auch die Väterrolle ist ‚projektorientiert': Wochentags wird der Karriere nachgegangen (‚Telefon-Papa'), am Wochenende ist er der liebevoll-professionelle ‚Part-Time-Event-Papa'.
Probleme, die geäußert werden	Wenig familienfreundliche Umwelt und Arbeitswelt – mangelnde Anerkennung von Familien und Kindern. Mangelnde Kinderbetreuungsmöglichkeiten – mehr Kitas als Orte des sozialen Miteinanders.

(vgl. Henry-Huthmacher/Borchard 2008, S. 121-139)

Je nachdem, welchem *Sinus Milieu*® die Eltern zugeordnet werden, ergeben sich also unterschiedliche Forderungen an Politik und Gesellschaft. Es gibt Eltern, die sich mehr Unterstützung bei der Bewältigung des Familienalltags wünschen, andere verbitten sich jede öffentliche Einmischung. In manchen Familien wird eine größere Anerkennung der Familie als ‚Keimzelle der Gesellschaft' gewünscht und auf Maßnahmen zur Verbesserung der Vereinbarkeit von Familie und Beruf gedrängt. Andere Eltern beschäftigen grundlegende finanzielle oder pädagogische Fragen, die sie durch Politik und Gesellschaft gelöst sehen wollen.

Zusammenfassend lässt sich festhalten:

Eltern sind eine sehr inhomogene Gruppe mit milieuspezifischen Forderungen, Wünschen und Bedürfnissen, an die sozialpädagogische Leistungen und familienpolitische Strategien anknüpfen müssen, wenn sie die jeweiligen Eltern erreichen wollen. Dabei ist es wichtig zu wissen, welche Elterngruppen erreicht werden sollen und welche Themen diese beschäftigen, da ansonsten an der Zielgruppe vorbei agiert wird.

Zugänge zu Eltern: Themen, Orte, Anlässe und organisatorische Bedingungen, um Eltern zu erreichen

Wie bereits dargelegt, verbindet Eltern in pädagogischen Institutionen oft vor allem eines: Sie sind Väter und Mütter von Mädchen und Jungen, die dieselbe Kindertagesstätte/Schule o.ä. besuchen. Ansonsten spielt sich ihr Leben meist in unterschiedlichen Milieus ab, die sich meist auch noch von dem der PädagogInnen unterscheiden. Will man möglichst viele Eltern erreichen, gilt es also Zugänge zu finden, die für die Zielgruppe bedeutend sind oder aber jene gezielt anzusprechen, die bisher nicht erreicht werden.

Dabei bietet es sich an, die Eignung von Themen, Orten und organisatorischen Bedingungen genauer zu beleuchten.

Zugang über Themen[2]

Um Eltern zu erreichen, bieten sich natürlich Themen an, die alle ansprechen, die also mit den Kindern oder dem ‚Eltern-Sein' zu tun haben. Außer den ‚Klassikern' zu kita- bzw. schulspezifischen Fragestellungen (Vorstellung der Institution und der Abläufe, Planung von gemeinsamen Veranstaltungen, Basteln für Weihnachten/Ostern/St. Martin …, Übergänge Kita – Schule oder Grundschule – Sekundarstufe usw.) gibt es eine Vielzahl weiterer attraktiver Themen (siehe hierzu auch die zahlreichen Praxisbeispiele, Beschreibungen von Elterntrainings und Themenvorschläge im parallel erscheinenden Praxisband):

- *Kinder zeigen den Eltern ihren Alltag, ihre Spiele usw.*: Eltern-Kind-Spielenachmittag in der Kita, Fotoaktion mit selbst ‚geknipsten' Bildern in der Schule
- *Aufführungen/Angebote von Kindern für die Eltern*: z.B. Theateraufführung, Kinder kochen für Eltern, Zirkusprojekt
- *Umgang mit Medien*: TV-Konsum, Eltern schauen gemeinsam Kinderprogramm und sprechen darüber, PC-/LAN-Partys für Eltern, um Computerspiele zu kennen und einordnen zu können, Internet/Facebook usw. – was macht mein Kind im Internet …
- *Elternschule*: Durchführung eines Elterntrainings oder einer Reihe von thematischen Elternabenden, z.B. zu Fragen wie
  – Wie viele Grenzen braucht mein Kind?
  – ADHS und Co. – kann mein Kind sich richtig konzentrieren?
  – Welche Förderung ist sinnvoll für mein Kind?
  – Wie viel Taschengeld in welchem Alter? u.ä.
- *Biografiearbeit*: Eltern (und separat auch die Kinder) erarbeiten gemeinsam eine Schul- oder Stadtteilchronik (Geschichten aus dem Stadtteil, so leben wir im Kirchenviertel u.ä.) mit eigenen Beiträgen. In Kleingruppen werden dazu Texte erarbeitet oder Filme gedreht.
- VertreterInnen aus Behörden kommen in die Einrichtung und stellen Unterstützungsangebote vor oder bieten Sprechzeiten direkt in der Kita/der Schule an.
- *Geschlechtsspezifische Angebote*: z.B. Frauencafé oder Männerclub – aber auch Möglichkeit bieten, die klassischen Rollen zu verlassen (z.B. Handwerken für Frauen und Kochen/Backen für Männer)
- *Elternbörse*: Eltern unterstützen sich gegenseitig heutzutage weniger aus eigener Initiative heraus, weil häufig weniger intensive nachbarschaftliche Beziehungen bestehen. Mithilfe von Beistand durch die Institution können sie bei der Vernetzung und Organisation ihres familiären Alltags unterstützt werden (z.B.: Fahrgemeinschaftsbörse für Fahrten zur Kita bzw. Schule und zurück, Ferien-/Wochenendbetreuung gemeinsam organisieren, Kleider-/Spielzeug-/Büchertauschbörse, Tiersitting im Urlaub …

---

2   Danke an die Teilnehmenden des Kurses „Moderator/innen für Elternbeteiligung" im Thüringischen Saalfeld 2011 für ihre Anregungen und erprobten Praxisbeispiele.

Praxisbeispiel:
In einer Kindertagesstätte einer mehrgruppigen niedersächsischen Einrichtung hörten die Erzieherinnen immer wieder von alleinerziehenden Eltern, die nicht wussten, was sie am Wochenende mit ihren Kindern unternehmen sollen. „Unter der Woche ist immer was los, den Samstag kriegen wir auch noch 'rum, aber der Sonntag, der Sonntag ist der schlimmste. Ich möchte mich ja auch niemandem aufdrängen. Viele meiner Freunde sind Pärchen oder Familien, die sonntags schon was vorhaben, da möchte ich nicht dauernd anrufen und fragen, ob wir nicht vorbeikommen können", so ein Vater, der seine beiden Söhne allein erzieht. Gemeinsam mit dem Elternbeirat richteten die Erzieherinnen einen großen Wandkalender im Eingangsbereich ein, auf dem Eltern ihre Wünsche nach gemeinsamen Unternehmungen eintragen konnten. Das Konzept wurde in allen Gruppen der Kita auf den Elternabenden vorgestellt und sehr gut angenommen. Daraus entstand neben lockeren Verabredungen zum gemeinsamen Besuch des Rummelplatzes oder des Freibades auch der so genannte *Sonntagstreff*, bei dem sich an jedem ersten Sonntag im Monat Eltern der Einrichtung zum Kaffee treffen, während die Kinder gemeinsam spielen. Inzwischen dürfen die Eltern dafür mit Genehmigung der Gemeinde sogar die Räumlichkeiten und den Garten der Kindertageseinrichtung benutzen.

Zugang über Orte

Praxisbeispiel:
Eine Lehrerin, die 2011 an einem Kurs für „Moderator/innen für Elternbeteiligung" im Thüringischen Saalfeld teilnahm, berichtete von folgender Erfahrung: Viele Eltern ihrer Klasse taten sich schwer, als Erwachsene wieder die Schule zu betreten. Nicht alle Erwachsenen haben schließlich nur gute Erinnerungen an die Schulzeit. Zudem haben Eltern die Sorge, die Schule bestelle sie nur zum Elternabend, um negative Dinge über das Kind zu vermitteln und damit die Eltern zu kritisieren und zu ermahnen. Im Lehrerkollegium entstand die Idee eines *Klassenelternabends* außerhalb der Schulräumlichkeiten. Die Klassenlehrerin lud also die Eltern an einem Abend ein, zum Elternabend in das örtliche Bowling-Center zu kommen. Nach der Weitergabe von Informationen zur Klasse und dem Austausch über anstehende Themen blieb ausreichend Zeit die beiden gemieteten Bowlingbahnen ausgiebig zu nutzen. Die beteiligten Lehrerinnen zogen ein überaus positives Fazit: Die vielen Eltern vertraute, ungezwungene Atmosphäre der Bowlingbahn und das bereits durch die Einladung vermittelte klare Signal, dass es neben der Bearbeitung schulischer Themen auch um Geselligkeit und Spaß geht, sorgten dafür, dass über 20 Eltern an diesem Abend teilnahmen. Auch für die Lehrerinnen war es entlastend, einmal die eigene Rolle verlassen zu können und den Eltern beim Bowling eine andere Seite von sich zeigen zu können. Diese offenbarten dadurch selbst ebenfalls mehr von sich und öffneten sich für Gespräche. Diese Atmosphäre ließ sich über den Bowling-Elternabend hinaus erhalten und führte dazu, dass die Eltern von sich aus weiter das Gespräch mit den Lehrerinnen suchten, oft im Alltag und ‚zwischen Tür und Angel'. Außerdem entstand die Idee, mindestens einen Elternabend pro Jahr außerhalb der Schulräumlichkeiten durchzuführen, z.B. auf einem Grillplatz, im Lokal, auf dem Minigolf-Platz usw.

Das Praxisbeispiel verdeutlicht ein häufig geschildertes Phänomen: Väter und Mütter tun sich oftmals schwer, die Schule aufzusuchen. Dahinter können z.B. eigene negative Erfahrungen, die Sorge vor negativer Kritik am eigenen Erziehungsverhalten oder auch die Einstellung, die Schule sei Sache der Lehrkraft, stehen. In Kindertagesstätten gibt es weniger negative Vorerfahrungen, aber ebensolche Hemmschwellen (z.B. weil die Kita als Institution nicht wertgeschätzt wird, die Elternmitarbeit in der Kita nicht für notwendig erachtet wird o.ä.).

Es kann daher zielführend sein, den Eltern auch Angebote außerhalb der Räumlichkeiten der Institution zu machen, z.B.:

- Elternabend in der Dorfkneipe, dem (Kirchen-)Gemeindezentrum, dem Stadtteiltreff, der Bowlingbahn, der Sportbar (z.B. mit anschließendem ‚Publik Viewing' zu Zeiten der Fußball-WM bzw. -EM) usw.
- Eltern-Kind-Picknick/-Radtour/-Kanutour/-Wanderung o.ä.
- Aktionen für Mutter und Kind/Vater und Kind, z.B. gemeinsame Planung eines Vater-Kind-Wochenendes, das dann von den Eltern selbst durchgeführt wird
- Hausbesuche durch die Pädagogin/den Pädagogen
- Elterngarten: Eltern bewirtschaften ein Stück des Schulgartens oder gestalten einen Teil des Kita-Außengeländes

Ebenso ist es natürlich möglich, zusätzliche Angebote zu machen, um die Hemmschwellen vor der Kita/Schule abzubauen. Beispielsweise Schul- und Kita-Feste, Elterncafés, Hospitationsmöglichkeiten, Eltern-Kind-Nachmittage usw. In solchem Rahmen, der weniger offiziell angelegt ist und bei dem auch ‚elternarbeitsferne' Väter und Mütter angstfrei teilnehmen können ohne Sorge zu haben etwas nicht zu verstehen, können ungezwungenere Kontakte geknüpft und Ängste abgebaut werden.

Zugang über organisatorische Bedingungen, z.B. Zeiten, Beteiligung, Einladung

Oftmals hindern bereits die Zeiten die berufstätigen Eltern an einer Teilnahme am Elternabend. Einigen fällt es schwer, sich nach einem anstrengenden Tag am Abend noch mal ‚aufzuraffen', anderen fehlt es an Kinderbetreuungsmöglichkeiten usw.

In vielen Einrichtungen, vor allem im vorschulischen Bereich, finden daher Elternabende eher in Form von *Elternnachmittagen* statt. Diese beginnen oft im Anschluss an die Kita-Zeiten um 16.30 Uhr oder 17.00 Uhr, wenn die Eltern sowieso in die Einrichtung kommen müssten, um ihre Kinder abzuholen. Den Eltern wird qualifizierte Kinderbetreuung in einer der Nachbargruppen angeboten, sodass sie die Kinder gut aufgehoben wissen. Zudem können sie ihren normalen Tagesrhythmus aufrechterhalten und müssen nicht zusätzlich abends zur Kita kommen. In vielen Kindertagesstätten wird diese Form der Elternarbeit gut angenommen. Ähnliche Chancen bieten Ganztagsschulen.

Projekte, wie sie beispielsweise an Schulen in Nürnberg praktiziert werden, bilden ältere SchülerInnen im Bereich der Kinderbetreuung fort. Diese übernehmen anschließend während der Elternabende die Aufsicht über die jüngeren Mädchen und Jungen. Neben einem Taschengeld bekommen die älteren SchülerInnen vor allem eine qualifizierte Bescheinigung über ihr soziales Engagement, die sie ihren Bewerbungsunterlagen beilegen können.

Häufig ist das Ambiente auf Veranstaltungen für Eltern wenig einladend. Wenn es – evtl. sogar von den Kindern zubereitetes – Essen und/oder Getränke gibt, spricht sich das rasch unter den Eltern herum. Je nach Anlass und gewähltem Zeitpunkt kann zu Beginn der Veranstaltung auch ein Eltern-Kind-Frühstück, -Kaffeetrinken o.ä. stehen. Ein guter zusätzlicher Nebeneffekt ist, dass auch die Kinder ihre Mütter und Väter motivieren am Elternangebot teilzunehmen und dort z.B. „den Kuchen zu probieren, den ich gebacken habe".

Eltern erhalten Entscheidungsmöglichkeiten, z.B. durch eine Elternjury/‚Elternbank'. Über einen Teil des Etats können Eltern mitentscheiden und erhalten eine Art ‚Eltern-Haushalt'. Mit dem Geld können sie Aktionen veranstalten, Gegenstände für die Einrichtung kaufen o.ä.

Weitere Entscheidungsmöglichkeiten für Eltern bestehen z.B. im Rahmen von Beteiligungsprozessen wie den so genannten ‚Aushandlungsrunden', bei denen SchülerInnen, LehrerInnen und Eltern gemeinsam und gleichberechtigt über die Belange der Schule entscheiden.

Einladungen für Elternabende u.ä. werden oft wenig beachtet, wenn sie nicht mit einer persönlichen Ansprache der Eltern verbunden sind. Es hat sich gezeigt, dass bereits die Anrede „Liebe Eltern" weniger motivierend ist als „Liebe Mütter, liebe Väter" oder personifizierte Briefe. In Zeiten, in denen Computer in Kita und Lehrerzimmer längst Normalität sind, ist es ein Leichtes mit der Serienbrieffunktion gängiger Textverarbeitungsprogramme ohne zusätzlichen Arbeitsaufwand persönliche Anreden wie „Liebe Frau Mustermann, Lieber Herr Mustermann" zu verwenden.

Insbesondere in hedonistischen Milieus wie dem der *Konsum-Materialisten* oder der *Hedonisten* (vgl. S. 288 und 289) bietet sich eine zusätzliche Einladung durch das persönliche Gespräch, z.B. am Telefon, ‚zwischen Tür und Angel' oder durch Verstärkung von Eltern zu Eltern an. In diesen Milieus besteht meist auch die Bereitschaft zur Weitergabe persönlicher Daten, sodass eine Telefonkette möglich ist.

Praxisbeispiel:
Eine Studentin berichtete von einer Hamburger Grundschule, in der die Elternbeiratsmitglieder die Idee einer *Telefonkette* hatten. In einer Liste haben sich all die Eltern eingetragen, die als ‚Kümmerer' wichtige Informationen weitergeben und andere Eltern über anstehende Termine telefonisch informieren wollen. Diese Eltern werden von den beiden Elternbeiratsmitgliedern angerufen und sind jeweils für 2 – 3 weitere Eltern verantwortlich. So ist sichergestellt, dass wichtige Informationen, z.B. zu Schulausfällen, Elternabenden oder Klassenausflügen, wirklich alle Eltern erreichen. Und es entstehen nebenbei neue Kontakte zwischen den ‚Kümmerern' und den Eltern, für die diese zuständig sind.

Zusammenfassung

Themen, Anlässe und Orte von Angeboten für Eltern müssen sich (auch) an deren Bedürfnissen orientieren. Dabei muss es für die PädagogInnen darum gehen, die Wünsche, Probleme und Herausforderungen, die Mütter und Väter beschäftigen, ernst zu nehmen und aufzugreifen. Elternarbeit kann daher nicht ‚nach Schema F' funktionieren und Angebote im Zweijahresrhythmus wiederholt werden. Die in den pädagogischen Einrichtungen Tätigen müssen vielmehr die aktuellen Themen der Zielgruppe wahrnehmen und kreativ umsetzen. Dabei gilt es für PädagogInnen häufig auch, die Kenntnisse des eigenen Herkunftsmilieus zu verlassen und neue Formen der Zusammenarbeit mit Eltern zu entwickeln, die der Zielgruppe der Institution gerecht werden.

Literatur

Bartscher, Matthias/Boßhammer, Herbert/Kreter, Gabriela/Schröder, Birgit (2010): Bildungs- und Erziehungspartnerschaft – Rahmenkonzeption für die konstruktive Zusammenarbeit mit Eltern in Ganzstagsschulen. Münster: Institut für Soziale Arbeit. Das Heft ist auch online verfügbar unter: http://www.ganztaegig-lernen.de/media/Aktuell/GanzTag_Heft_18.pdf (letzter Download am 01.08.2011)

Henry-Huthmacher, Christine/Borchard, Michael (Hrsg.) (2008): Eltern unter Druck – Selbstverständnisse, Befindlichkeiten und Bedürfnisse von Eltern in verschiedenen Lebenswelten. Stuttgart: Lucius & Lucius

Werner Sacher

Schule: Elternarbeit mit schwer erreichbaren Eltern

Es ist eine allgemein beklagte Tatsache, dass gerade jene Eltern den Kontaktbemühungen von Lehrkräften, AusbilderInnen und sonstigen Fachkräften am wenigsten zugänglich sind, mit denen am dringendsten kooperiert werden müsste. Dazu steht in merkwürdigem Widerspruch, dass es in Deutschland – anders als in manchen anderen Staaten – so gut wie keine Fachdiskussion über solche schwer erreichbaren Eltern gibt: Eine Recherche mit Google erbringt für Deutschland gerade einmal drei Fundstellen pro Million EinwohnerInnen für den Begriff *schwer erreichbare Eltern*, in den USA jedoch 252 Fundstellen für das Begriffspendant *hard to reach parents* und in Großbritannien gar 1348. Ein stärkeres Indiz für die deutsche Hilflosigkeit im Umgang mit der Problematik der schwer erreichbaren Eltern ist kaum vorstellbar.

1. Gefahren des Begriffes Schwererreichbarkeit

Diese Hilflosigkeit zeigt sich schon in dem völlig diffusen Verständnis von *Schwererreichbarkeit*. Hinter ‚schwer erreichbaren' Eltern können sich – genau besehen – völlig unterschiedliche Gruppen verbergen:

- Eltern bestimmter sozialer Gruppen, vor allem:
    - ‚bildungsferne' Eltern
    - ‚bildungsferne' Eltern
    - aber auch ‚bildungsnahe' Eltern, die glauben, bei der Gestaltung des Bildungsweges für ihre Kinder auf Rat und Unterstützung der Lehrkräfte nicht angewiesen zu sein
    - MigrantInnen und andere Minderheiten

- Eltern in schwierigen Familiensituationen:
    - Eltern, die in konflikthaften und gescheiterten Beziehungen leben
    - alleinerziehende Eltern
    - Eltern, die in Arbeitslosigkeit, an und unter der Armutsgrenze leben
    - Eltern, welche Drogen-, Alkohol- oder Gewaltprobleme haben

- anderweitig stark beanspruchte Eltern, welche nicht die Zeit und Kraft aufbringen, Kontakte zur Schule ihrer Kinder zu unterhalten, z.B.
    - durch Arbeit und Beruf stark geforderte Eltern
    - Eltern, welche kranke, ältere oder behinderte Familienmitglieder versorgen müssen
    - frustrierte, resignierende, verunsicherte, verärgerte oder feindselige Eltern, die schlechte Erfahrungen mit der Schule und mit der Gesellschaft gemacht haben

Die *schwer erreichbaren Eltern* als homogene Gruppe gibt es schlechterdings nicht. Der viel zu pauschale Begriff der *Schwererreichbarkeit* verhindert eine differenzierte Sicht auf die konkrete Problemlage. Er weist letztlich diesen Eltern die ‚Schuld' am fehlenden Kontakt zu, grenzt sie eher noch stärker aus, lenkt davon ab, nach den jeweiligen Kontaktbarrieren zu suchen und spielt die Verantwortung der Professionals auch für diese Eltern und ihre Kinder herunter. Eine erste und die vielleicht wichtigste Maßnahme im Umgang mit ‚schwer erreichbaren' Eltern besteht darin, sich Klarheit darüber zu verschaffen, um welche Eltern es sich im konkreten Fall handelt. Erst dann können Strategien erwogen werden, mit ihnen in Kontakt zu kommen.

2. Ursachen von Schwererreichbarkeit

Die Ursachen von *Schwererreichbarkeit* sind ebenso vielfältig wie die Gruppen, die sich hinter diesem Etikett verbergen. Eine differenzierte Typologie erarbeiteten die englischen Forscher Harris und Goodall (2007):

Am häufigsten (in Großbritannien in 30% der Fälle) ist ‚Schwererreichbarkeit' darauf zurückzuführen, dass Eltern *schlechte Erfahrungen* mit der Schule und anderen Organisationen der Gesellschaft und des öffentlichen Lebens gemacht haben – seien es schlechte Erfahrungen in der eigenen Schul- und Ausbildungszeit oder aktuelle Erfahrungen mit der Schule des Kindes.

Oft (in 18% der Fälle) ist ‚Schwererreichbarkeit' auch in *praktischen Kontakthindernissen* begründet – in Zeitmangel, Verpflichtungen am Arbeitsplatz, zu betreuenden Kleinkindern, fehlenden Fahrmöglichkeiten usw.

Nicht selten (in 15% der Fälle) haben Eltern den Eindruck, den *Ansprüchen der Schule und Organisation an ihre Kompetenzen nicht genügen zu können*. Das betrifft etwa Kenntnisse und Fertigkeiten hinsichtlich der Unterrichtsfächer, hinsichtlich Lerntechniken und Lernstrategien, sozialer Kompetenzen im Kontakt mit Lehr- und Fachkräften und anderen Eltern (Man glaubt bestimmte Umgangsformen nicht zu beherrschen!) sowie kommunikativer Kompetenzen (Beherrschung der Landessprache, der Hochsprache, des Amtsdeutsch und der pädagogischen Fachsprache, sich vor einem Publikum äußern usw.)

Teilweise (zu 13%) ist ‚Schwererreichbarkeit' auch im *Verhalten von Lehr- und Fachkräften* begründet – in allzu überlegenem, distanziertem oder dominantem Auftreten, in missionarischem Gehabe, in offenbarem Desinteresse an den Familien (Beschränkung des Gesprächs auf Schul- und Lernfragen), in Schuldzuweisungen an die Eltern, in der Unsitte, Kontakte nur bei aktuellen Problemen der Kinder zu suchen.

Manchmal (in 9% der Fälle) ist ‚Schwererreichbarkeit' der Eltern auch auf *reservierte und ablehnende Einstellungen der Kinder und Jugendlichen* zurückzuführen – sei es, weil die SchülerInnen ihre ‚Intimsphäre' in der Schule gewahrt wissen oder Leistungs- und Verhaltensprobleme verbergen wollen oder sich aus irgendwelchen Gründen ihrer Eltern schämen. Besonders bei älteren SchülerInnen und Unterschichtkindern finden sich solche Einstellungen häufiger (Edwards/Alldred 2000, S. 450).

Teilweise (in 7% der Fälle) sind auch *Merkmale der Schule bzw. Organisation* ausschlaggebend – die Mittelschichtorientierung des gesamten Betriebes und der Elternarbeitskonzepte, eine Elternarbeit, die allzu einseitig auf Bedürfnisse der Schule und Organisation fokussiert ist und Bedürfnisse der Familien übergeht, einseitiges Betonen schulbasierten Elternengagements (das sich durch Präsenz der Eltern bei schulischen Veranstaltungen und Nutzung schulischer Kontaktangebote zeigen soll) gegenüber heimbasiertem Elternengagement (welches die zuhause gegebene Unterstützung der Schule und des Lernens betrifft), Desinformation, die sowohl durch Informationsflut als auch durch einen Mangel an relevanter Information entstehen kann, starre, in der Kernarbeitszeit der Eltern liegende Sprechstundenzeiten, ein hochdifferenziertes Fachlehrersystem mit zahlreichen AnsprechpartnerInnen für die Eltern und eine unübersichtliche Verflechtung von Zuständigkeiten in der Schule oder Organisation.

Seltener (in 7% der Fälle) liegt auch ein ausgesprochenes *Desinteresse der Eltern* an der Schule oder Organisation vor. Dieses muss allerdings nicht immer gleichbedeutend sein mit Desinteresse am Lernen der Kinder. Manchmal wird auch vorschnell Desinteresse der Eltern an schulbasiertem Engagement mit Desinteresse an heimbasiertem Engagement gleichgesetzt.

Gelegentlich (in 1% der Fälle) haben Eltern auch den Eindruck, dass *die Schule bzw. die Organisation nicht wirklich an Kontakten interessiert* ist. Ein solcher Eindruck kann entstehen durch unzureichende Mitbestimmungsmöglichkeiten für Eltern, durch Zweifel, Klagen, Bedenken und Ängste des Kollegiums, sich intensiv um die Eltern zu bemühen, durch halbherzige und wenige nachdrückliche Einladungen über unpersönliche Serienbriefe, durch leere Floskeln und allgemeine Redensarten statt durch persönliche Ansprache, Anrufe, handschriftliche Einladungen mit präzisen Terminvorschlägen und Ortsangaben.

3. Prinzipien und Strategien der Arbeit mit *schwer erreichbaren Eltern*

Am Beginn der Arbeit mit ‚schwer erreichbaren' Eltern muss die differenzierte Analyse der Zusammensetzung dieser Gruppe und ihrer Kontaktbarrieren stehen. Erst darauf abgestimmt kann man geeignete Zielsetzungen formulieren, Strategien und Maßnahmen erwägen. In den meisten Fällen erweist es sich als unumgänglich, differenzierende Elternarbeit (siehe hierzu auch den Artikel im parallel erscheinenden Praxisband) zu organisieren. *Ein Universalrezept für die Einbindung ‚schwer erreichbarer' Eltern gibt es nicht!*

3.1 Prinzipien

Mehr noch als Elternarbeit ohnehin immer muss Arbeit mit schwer erreichbaren Eltern auf gleicher Augenhöhe betrieben werden, d.h. in einer offenen, respektvollen und akzeptierenden Haltung gegenüber den Eltern. Jeder Anschein von Etikettierung, Stigmatisierung und Geringschätzung bestimmter Gruppen ist zu vermeiden.

‚Schwer erreichbare' Eltern und Eltern generell sind zugänglicher, wenn sie erleben, dass die Professionals nicht nur darauf aus sind, Eltern zu bewegen, den *Vorgaben und Erwartungen der Schule bzw. Organisation* zu entsprechen, sondern sich auch bemühen, etwas über die *Bedürfnisse und Möglichkeiten der Familien* zu erfahren.

Entscheidend ist, dass Elternarbeit klar erkennbar ein hochrangiges Anliegen der Leitung und des gesamten Kollegiums ist.

Unverzichtbar ist schließlich auch die Einbeziehung der SchülerInnen in die Kontakte und Kooperationsbemühungen (siehe hierzu auch den Artikel über *Schülerorientierte Elternarbeit* im Praxisband). In jedem Fall bedarf es eines langen Atems, ausgegrenzte und sich ausgrenzende Eltern für die Kooperation mit der Schule bzw. Organisation zu gewinnen.

3.2 Strategien

Elternarbeit, welche auch ‚schwer erreichbare' Eltern einbinden und zur Kooperation bewegen will, muss klar, nachdrücklich und erkennbar ernsthaft betrieben werden. Das beginnt bei einer freundlichen Atmosphäre in der Schule bzw. Organisation, in der sich alle Eltern willkommen fühlen können. Es setzt sich fort über Kontaktangebote, die wirklich für alle Eltern zugänglich und wahrnehmbar sind, über Pflege auch informeller Kontakte durch Gespräche bei zufälligen Begegnungen, Telefongespräche, individuelle Briefe, E-Mails und SMS, über die präzise Benennung der angestrebten Zielsetzungen und der Erwartungen an die Eltern bis hin zu konkreten angebotenen Hilfestellungen und vorgeschlagenen Maßnahmen für die Förderung der Kinder und Jugendlichen. Es ist aussichtsreicher, das Schwergewicht auf den Aufbau und die Pflege individueller Kontakte mit einzelnen Eltern oder allenfalls kleinen Gruppen zu legen als auf kollektive Kontakte (Elternabende, Informationsveranstaltungen, Schulfeiern etc.), auch wenn diese natürlich keineswegs vernachlässigt werden dürfen. Die Benutzung der Alltagssprache und die weitgehende Vermeidung der Fachsprache und des Amtsdeutsch sollten selbstverständlich sein.

Lehr- und Fachkräfte, welche in Kontakt mit ‚schwer erreichbaren' Eltern kommen wollen, müssen die Initiative ergreifen und aktiv auf sie zugehen, d.h. sie müssen *aufsuchende Elternarbeit* betreiben.

Das kann geschehen durch persönliche Ansprache der Eltern, durch Anrufe bei ihnen, durch an sie gerichtete individuelle Briefe, E-Mails, SMS, durch Präsenz an Plätzen (Kirchen, Moscheen, Nachbarschaftszentren, Restaurants, Cafés etc.) und bei Veranstaltungen (Kulturveranstaltungen, Sportveranstaltungen, Straßenfesten etc.) in ihrem Stadtteil, wo man auf sie trifft und mit ihnen ins Gespräch kommen kann. Manche Lehr- und Fachkräfte haben gute Erfahrungen damit gemacht, Sprechstunden an neutralen Orten im Stadtteil der Eltern anzubieten. Eine in Deutschland wenig praktizierte, aber sehr effektive Form des Aufsuchens ist natürlich der Hausbesuch. Erfolgreich ist oft aber auch schon eine an der Schwelle zur Wohnung ausgesprochene oder übergebene Einladung. Mit aufsuchender Elternarbeit verlassen die Professionals gewissermaßen ihr eigenes Revier und betreten das Terrain der Eltern. Damit wird ein Kontakt auf gleicher Augenhöhe sehr erleichtert.

Erfolgreiche Arbeit mit ‚schwer erreichbaren' Eltern begnügt sich nicht damit, sie zu informieren, sondern zielt auf ihr aktives Engagement. Solche aktivierende Elternarbeit zeigt ihnen, was sie ganz konkret tun können, um die Ausbildung und Entwicklung ihrer Kinder zu unterstützen. Sie zeigt Fördermöglichkeiten auf, die auch für weniger gut situierte Familien realisierbar sind – die Bereitstellung einer strukturierten und geordneten häuslichen Umgebung, in der sich die Kinder geborgen fühlen können, intellektuelle Anregung ohne Druck (durch Pflege einer Lese-, Schreib- und Gesprächskultur in der Familie und durch Vorleben der Wertschätzung von Lernen und Bildung), durch Zeigen von Interesse an den Lernfortschritten der Kinder und durch hohe, wenn auch nicht übertriebene Erwartungen hinsichtlich ihrer Lernanstrengungen.

Alle Eltern können Wesentliches zur Ausbildungsreife ihrer Kinder beitragen durch Unterstützung sogenannter *Softskills* wie Durchhaltevermögen und Frustrationstoleranz, Konfliktfähigkeit, Kritikfähigkeit, Selbständigkeit, Sorgfalt, Zuverlässigkeit, Verantwortungsbewusstsein und Lern- und Leistungsbereitschaft. Die Bundesagentur für Arbeit hat dazu sehr konkrete Verhaltensweisen beschrieben, die trainiert werden können (vgl. Bundesagentur 2006).

Arbeit mit ‚schwer erreichbaren' Eltern ist familienzentriert und bezieht nach Möglichkeit über die Sorge- und Erziehungsberechtigten hinaus *weitere Partner* ein. Dies können Großeltern, ältere Geschwister, weitere Familienmitglieder, Nachbarn und Freunde sein, die unter Umständen – aus welchen Gründen auch immer – eher bereit und in der Lage sind, mit der Schule bzw. der Organisation zusammenzuarbeiten. Um in Kontakt mit ihnen zu kommen, sollte man sie zu Gesprächen und Veranstaltungen mit einladen, Projekte mit ganzen Familien und gemeinsame Exkursionen durchführen. Vor allen Dingen darf Arbeit mit ‚schwer erreichbaren' Eltern nicht versäumen, die SchülerInnen für die Kontakte und Kooperation mit dem Elternhaus zu gewinnen (vgl. dazu im einzelnen Sacher 2008b und 2009).

Familienzentrierte Elternarbeit ist auch daran erkennbar, dass die Professionals Interesse an den Familien und ihren Bedürfnissen und Problemen (Herkunft, Wohnung, Arbeit, Krankheit usw.) zeigen und nicht nur einseitig Ansprüche und Erwartungen der Schule und Organisation an sie artikulieren. Lehr- und Fachkräfte, die sich um ‚schwer erreichbare' Eltern bemühen, tun gut daran, sich mit anderen Professionals und Institutionen zu vernetzen und die ‚schwer erreichbaren' Eltern in Netzwerke einzubinden.

Bei der Arbeit mit MigrantInnen empfiehlt es sich, nach Möglichkeit mit Lehr- und Fachkräften zusammenzuarbeiten, die selbst Migrationshintergrund haben. Bewährt hat sich die Kooperation mit Einrichtungen der Erziehungshilfe, Sozialhilfe, Jugendfürsorge und Jugendhilfe, mit Arztpraxen, Wohlfahrtsverbänden, Arbeitsagenturen, Wirtschaftsverbänden, kirchlichen Einrichtungen, Kulturvereinen, Sportvereinen, Jugendgruppen usw. Insbesondere wenn es sich bei den ‚schwer erreichbaren' Eltern um solche in komplexen Problemlagen (Arbeitslosigkeit, Armut, Krankheit, Drogen- und Gewaltprobleme) handelt, ist es wenig aussichtsreich, ja geradezu zynisch, sie nur auf die Schul- und Ausbildungsprobleme ihrer Kinder anzusprechen. Will man andere Aspekte der Problemlagen aber nicht einfach ausblenden, bedarf es der Kooperation mit dafür zuständigen und kompetenten PartnerInnen.

Vernetzte Elternarbeit ist aber auch Elternarbeit, welche Eltern ihrerseits in Helfernetzwerke, Nachbarschaftsnetzwerke, Stadtteilnetzwerke etc. einzubinden sucht und auf diese Weise Peer-to-peer-Kontakte unter Eltern fördert, indem sie informelle Treffen unter Eltern (Elterntreffs, Erzählcafés usw.) organisiert und ElternbetreuerInnen, Aktiveltern, BildungslotsInnen, ElternmentorInnen, ‚parent liaisons', ‚home school worker' – oder wie auch immer solche freiwilligen HelferInnen aus der Elternschaft heißen mögen – gewinnt und ausbildet. Die Grundidee ist stets, dass viele Eltern eher bereit sind, die Schule bzw. Organisation für eine begrenzte Zeit bei konkreten Aufgaben zu unterstützen, als sich für ein Elternvertretungsgremium (Elternbeirat, Klassenelternsprecher, Schulforum etc.) zur Verfügung zu stellen.

In diesem Sinne besteht eine Erfolg versprechende indirekte Strategie der Elternarbeit mit ‚schwer erreichbaren' Eltern darin, die Kommunikation und Kooperation innerhalb der Elternschaft zu verbessern, Initiativen der Elternschaft zu unterstützen und zu organisieren und Eltern Verantwortung für andere Eltern zu übertragen.

Eine Strategie, welche sich insbesondere bei Eltern und Familien in schwierigen Lebenslagen empfiehlt, ist *lösungsorientierte Elternarbeit*. (Die nachstehenden Ausführungen folgen größtenteils Sacher 2008a, S. 246 ff.)

Lösungsorientierte Elternarbeit vermeidet es, Eltern zu verbessern, bloßzustellen und zu belehren. Sie ist stattdessen bestrebt sie zu stärken, zu ermutigen und anzuregen, nach Ressourcen in ihrer Familie zu suchen und diese zu nutzen. So soll schließlich erreicht werden, dass Eltern wieder Vertrauen in ihre Fähigkeit fassen, Wesentliches zum Schulerfolg und zur Ausbildung ihrer Kinder beitragen zu können und Kontakt- und Kooperationsangebote der Schule bzw. Organisation annehmen.

Der dem Konzept der lösungsorientierten Elternarbeit zugrunde liegende Ansatz geht davon aus, dass es nicht immer nötig und oft auch nicht möglich ist, erst die Gründe für menschliches Verhalten zu kennen, um es zu ändern. Das Verhalten des Menschen ist in erheblichem Maße auch durch die Ziele bedingt, die er verfolgt. Lösungsorientierte Elternarbeit ist deshalb nicht auf die Ursachen des geringen Elternengagements und der geringen Entwicklungs- und Lernfortschritte der Kinder fokussiert, sondern auf das konstruktive Lösen von Problemen zusammen mit den Beteiligten.

Dazu regt sie erstens Denkprozesse an: Sie entwickelt zusammen mit den Beteiligten Vorstellungen des gewünschten Zustandes mit möglichst konkreten Details. Indem auf diese Weise der Blick von zurückliegenden Versäumnissen und aktuellen Problemen auf die Zukunft umgelenkt wird, soll die Eigenaktivität und die Vorstellungskraft der Beteiligten angeregt und ihr Gespür für Lösungen entwickelt werden.

Zweitens versucht lösungsorientierte Elternarbeit Wahrnehmungsveränderungen herbeizuführen. Gewöhnlich lassen sich auch schon in der augenblicklichen Situation oder in der Vergangenheit Ansätze des gewünschten Zustandes finden, an die man anknüpfen kann. Es gab und gibt in aller Regel Zeiten und Gelegenheiten, zu denen man den Wunschvorstellungen näher war bzw. ist. Indem man zu ergründen versucht, unter welchen Bedingungen dies der Fall ist bzw. war, wird der Blick auf die aktuelle Situation positiv verändert und sie erscheint nicht mehr völlig aussichtslos.

Im Anschluss daran werden – drittens – eigene Handlungen angeregt, d.h. Verhaltensweisen gesucht, entdeckt und weiterentwickelt, die zu einer Annäherung an den gewünschten Zustand führen könnten. Die Beteiligten bemerken auf diese Weise, dass sie keineswegs ohnmächtig sind, sie erfahren Selbstwirksamkeit und schöpfen Selbstvertrauen.

Das führt schließlich – viertens – zur Entwicklung neuer Handlungsressourcen: Die Beteiligten wenden die erworbene Problemlösefähigkeit schließlich auf andere Probleme und andere Lebensbereiche an, was ihr Selbstbewusstsein weiter stärkt und zu ihrem *Empowerment* beiträgt.

Literatur

Barrett, Helen (2008): 'Hard to Reach' Families: Engagement in the Voluntary and Community Sector. London: Family and Parenting Institute

Bundesagentur für Arbeit (2006): Nationaler Pakt für Ausbildung und Fachkräftenachwuchs – Kriterienkatalog für Ausbildungsreife. Nürnberg. http://www.bibb.de/dokumente/pdf/a21_PaktfAusb-Kriterienkatalog-AusbReife.pdf (Download am 16.06.2011)

Carpentier, Vincent/Lall, Marie (2005): Review of successful parental involvement practice for 'hard to reach' parents. London, Institution of Education, University of London.http://publications.dcsf.gov.uk/eOrderingDownload/HARDTOREACH-REVIEW.pdf (Download am 16.06.2011)

Edwards, Rosalind/Alldred, Pam (2000): A Typology of parental involvement in education centring on children and young people: negotiating familiarisation, institutionalisation and individualisation. British Journal of Sociology of Education, 21(3), 2000. Pp. 435-455

Feiler, Anthony (2010): Engaging ‚Hard to Reach' Parents. Teacher-Parent Collaboration to Promote Children`s Learning. Chichester: John Wiley & Sons

Great Britain Research Development and Statistics Directorate (2003): Delivering services to hard to reach families in On Track areas: definition, consultation and needs assessment. London: Home Office Research, Development and Statistics Directorate

Harris, Alma/Goodall, Janet (2007): Engaging Parents in Raising Achievement. Do Parents Know They Matter? University of Warwick. http://www.dcsf.gov.uk/research/data/uploadfiles/DCSF-RW004.pdf (Download am 16.06.2011)

Lueder, Don (1993): With open arms: working with hard-to-reach-parents. In: Smit/van Esch/Walberg (1993): S. 157-165

McShane, Jo (2007): Who are the parents who evade all forms of contact from schools and why do they choose to exist at the fringes of their child's education? http://www.teachingexpertise.com/articles/engaging-hard-to-reach-parents-2657 (Download am 16.06.2011)

Sacher, Werner (2004): Elternarbeit in den bayerischen Schulen. Repräsentativ-Befragung zur Elternarbeit im Sommer 2004. SUN – Schulpädagogische Untersuchungen Nürnberg, Nr. 23. Nürnberg: Lehrstuhl für Schulpädagogik

Sacher, Werner (2005): Erfolgreiche und misslingende Elternarbeit. Ursachen und Handlungsmöglichkeiten. Erarbeitet auf der Grundlage der Repräsentativbefragung an bayerischen Schulen im Sommer 2004. SUN – Schulpädagogische Untersuchungen Nürnberg, Nr. 24. Nürnberg: Lehrstuhl für Schulpädagogik

Sacher, Werner (2008a): Elternarbeit. Gestaltungsmöglichkeiten und Grundlagen für alle Schularten. Bad Heilbrunn: Klinkhardt

Sacher, Werner (2008b): Schülerorientierte Elternarbeit – eine überfällige Korrektur. In: Schulleitung heute 2008. Teil 1: Heft 2, S. 4-6. Teil 2: Heft 18, S. 2-5. Teil 3: Heft 20, S. 2-4

Sacher, Werner (2009): Elternarbeit schülerorientiert. Grundlagen und Praxismodelle. Für die Jahrgänge 1 bis 4. Berlin: Cornelsen

Smit, Frederik/Esch, Will van/Walberg, Herbert W. (Eds.) (1993): Parental involvement in education. Nijmegen: Instituut voor Toegepaste Sociale Wetenschappen

White-Clark, Renee/Decker, Larry E. (1996): The Hard to Reach Parent: Old Challenges, New Insights. Boca Raton, FL: National Community Education. http://www.smallschoolsproject.org/PDFS/hard_to_reach.pdf (Download am 16.06.2011)

Christiane Solf

Ehrenamtliche Erziehungs- und Bildungspartnerschaften mit Kindern, Jugendlichen und ihren Eltern

Sich bürgerschaftlich zu engagieren bedeutet, Verantwortung für die Gesellschaft zu übernehmen. Die drängenden Probleme unserer Zeit – demografischer Wandel, gesellschaftliche Integration, faire Chancen in der Bildung oder Umwelt-, Natur- und Klimaschutz (vgl. BMFSFJ 2010b, S. 3) können, so die Enquete-Kommission des Deutschen Bundestages „Zukunft des Bürgerschaftlichen Engagements" nur durch die Mitarbeit, Teilhabe aktiver verantwortungsbewusster BürgerInnen angegangen werden, die die demokratischen und sozialen Strukturen mit-formen, mit-verändern, mit-tragen. Innerhalb der fachlichen Diskussion wird häufig differenziert und gerade das Bürgerschaftliche Engagement in besonderem Maße als einflussnehmend auf gesellschaftliche demokratische Strukturen wahrgenommen, der Begriff *Ehrenamt* wird dagegen häufig zur ‚ehrenamtlichen Hilfe' degradiert.

In diesem Beitrag wird *ehrenamtliches, freiwilliges und bürgerschaftliches Engagement* inhaltlich gleichgesetzt: Bürgerschaftliches Engagement, Ehrenamt oder freiwilliges Engagement bedeutet, sich unentgeltlich und freiwillig ohne rechtsverbindliche Vereinbarung in öffentlichem Rahmen für das Gemeinwohl zu engagieren, also ein Handeln von BürgerInnen, die sich aus Einsicht in gesellschaftliche Mitverantwortung individuell oder im Rahmen von Gruppenaktivitäten sozial bzw. politisch einmischen und dadurch mitgestalten und verändern. Ob Engagement aus Solidarität und Verantwortungsbewusstsein für das Gemeinwohl oder auch aus egoistischer Motivation – das heute weit verbreitete eher individualisierte Engagement mit den Motiven Spaß, Anerkennung, sinnvolle Freizeitgestaltung und soziales Eingebundensein (vgl. BMFSFJ 2010, S. 26) – heraus wahrgenommen wird, seine Bedeutung ist unbestritten. Das jeweilige gesellschaftsverändernde Potenzial kann nur am konkreten Engagement identifiziert werden.

Die Menschen engagieren sich in den verschiedensten Bereichen: Persönliche Hilfeleistungen, Durchführung von Hilfsprojekten, Organisation von Veranstaltungen, Beratung, Pädagogische Betreuung, Interessenvertretung und Mitsprache, Öffentlichkeitsarbeit, Verwaltungstätigkeiten, Praktische Arbeiten, Vernetzungsarbeiten und Mittelbeschaffung (BMFSFJ 2010a, S. 214). Diese Engagementfelder werden bei der Unterstützung verschiedener Zielgruppen relevant. So werden Kinder, Jugendliche und Familien z.B. direkt in ihrem Lebensalltag ehrenamtlich begleitet, (u.a. Hausaufgabenbetreuung, Vorlese- oder Singpatenschaften, Familienunterstützung in prekären Lebenslagen oder nach der Geburt eines Kindes), oder aber es wird sich für die Verbesserung der Lebensverhältnisse von Familien eingesetzt (u.a. durch Mitwirkung bei der Realisierung familiengerechter Stadtquartiere, Förderung nachbarschaftlicher Solidarität, in der Interessenvertretung wie Elternbeirat, Fördervereine von Kitas oder Schulen).

Bürgerschaftliches Engagement im Bereich *Familien, Kinder und Jugendliche* spielt eine bedeutende Rolle. In der Bundesrepublik existiert ein heterogenes, lebendiges Feld: Etwa 49% des gesamten freiwilligen Engagements richtet sich an Familien und ältere Menschen.

Dieser Wert bezieht sämtliche Tätigkeitsfelder und alle familiennahen Zielgruppen des Engagements, d.h. Familien, Kinder/Jugendliche und SeniorInnen, ein.

Ca. 40% des Engagements richtet sich ausschließlich an Familien und Kinder und Jugendliche. Die Engagementbereiche Schule und Kindergarten sowie Jugendarbeit bzw. Erwachsenenbildung weisen einen sehr hohen Familienbezug auf. Bezogen auf die beiden Zielgruppen (Kinder/Jugendliche und Familie) beträgt der Anteil familienorientierten Engagements in Schule und Kindergarten 95,3% und bei Jugendarbeit bzw. Erwachsenenbildung 69,4%. Fast ein Fünftel der Engagierten ist im Bereich Sport und Bewegung tätig. Fast jeder Zweite richtet sein Engagement speziell an Kinder und Jugendliche und ihre Familien (vgl. BMFSFJ 2009, S. 98).

Es ist zu diskutieren, ob bürgerschaftlich, freiwillig und ehrenamtlich Engagierte eine Rolle in der Diskussion um gelingende Bildungs- und Erziehungspartnerschaft spielen sollten, wie diese Rolle aussehen kann – im Sinne einer besonderen durch professionelle Tätigkeiten nicht zu erreichenden Qualität ehrenamtlichen Engagements – und welche Möglichkeiten und Grenzen einer Bildungs- und Erziehungspartnerschaft zwischen Engagierten und Eltern gesetzt sind. Ein Überblick über ehrenamtliches Engagement im Themenbereich Bildungs- und Erziehungspartnerschaft soll anhand der Angebote und Projekte eines Freien Trägers beispielhaft beleuchtet werden.

Eine Erziehungs- und Bildungspartnerschaft wird als Zusammenarbeit zwischen den Institutionen Schule bzw. Kindertagesstätte/Hort und Eltern mit dem Ziel einer optimalen Entwicklungsförderung des Kindes aufgefasst. Durch den Begriff wird die gemeinsame Verantwortung für die Erziehung und Bildung der Kinder betont. Eltern und PädagogInnen verfolgen gemeinsam vereinbarte Ziele und kooperieren bei deren Umsetzung. Als Partner sind sie gleichwertig und gleichberechtigt. Beteiligte Akteure sind in der Regel LehrerInnen bzw. ErzieherInnen und Eltern. An der Bildung und Erziehung bzw. Sozialisation, verstanden als Gesamtheit der gesellschaftlichen Einflüsse auf die Persönlichkeitsentwicklung eines Menschen (vgl. Tillmann 1993, S. 9), wirken auf der Mikroebene – in den Bereichen Schule, Kita, Hort bzw. Ganztagsbetreuung, Freizeit, Sozialraum, Familie – aber noch weitere Akteure mit, viele davon ehrenamtlich.

Die Bundesregierung räumt dem ehrenamtlichen Engagement für und mit Kindern, Jugendlichen und Familien u.a. im Hinblick auf den Kinderschutz eine bedeutende Rolle ein:

„Die Geburt eines Kindes stellt jede Familie vor neue Herausforderungen (…). Doch wenn das Familiensystem ohnehin belastet ist, kann die neue Situation auch zur Überforderung führen. Belastungen können dann zum Risiko und zur konkreten Gefährdung für das Kind werden, vernachlässigt oder misshandelt zu werden. Alltagspraktische Unterstützung durch ehrenamtlich Engagierte kann Familien nach der Geburt wirksam unter die Arme greifen" (BMFSFJ 2010b, S. 15).

Eine Bildungs- und Erziehungspartnerschaft kann auch zwischen Eltern und ehrenamtlich an der Erziehung und Bildung beteiligten Akteuren bestehen, die eingebunden in die Sozialisationsinstitutionen Schule und Kita oder engagiert in Projekten zur Förderung von Kindern, Jugendlichen und Familien oder aber in eigenständigen Projekten und Initiativen Unterstützung leisten. Diese ehrenamtliche Unterstützung kann sich potenziell auf alle relevanten kinder-, jugend- und familienbezogenen Themen richten und Ereignisse im Lebenszyklus einer Familie aufgreifen, die für Familien häufig auch eine spezielle Belastung mit sich bringen, wie die Geburt eines Kindes, die Kindergartenzeit, die Vereinbarkeit von Familie und Beruf, Ein-Elternschaft, Arbeitslosigkeit der Eltern, Schuleintritt und Schulkarriere, Berufswahl und soziale Belastungen. Dies trifft nicht nur auf Familien zu, die ohnehin im Fokus staatlicher Unterstützung stehen, auch Familien, die über genügend Ressourcen verfügen, um ihren Alltag gelingend zu gestalten, bedürfen in besonderen Situationen besonderer Aufmerksamkeit.

Ehrenamtliche Bildungs- und Erziehungspartnerschaft: eine ‚echte' Partnerschaft

Die Arbeit freiwillig Engagierter hat eine eigene Qualität: Es steht hierbei nicht die Professionalität, sondern die intrinsische Motivation für die Tätigkeit im Vordergrund, die das Arbeitsfeld, die Auswahl der Zielgruppe, die Dauer und Intensität der Zusammenarbeit ebenso betrifft wie die Qualität der Beziehung. In der Regel besteht die Bildungs- und Erziehungspartnerschaft zwischen professionellen mit der Erziehung und Bildung betrauten Personen und Eltern. Auch wenn Partnerschaftlichkeit und damit Gleichwertigkeit postuliert wird, befinden sich die AkteurInnen in der Regel in einem ExpertInnen-LaiInnen-Verhältnis, welches die Eltern durch den den Fachkräften zugewiesenen Kompetenz- und Wissensvorsprung eher in einer weniger aktiven Rolle bei der Gestaltung von Bildungsangeboten belässt oder in einem Verhältnis DienstleisterIn-KundIn, das Eltern von Erziehungsaufgaben – zumindest für die Betreuungszeit in Schule, Kita und Hort – entlasten soll. Im Bereich Hilfen zur Erziehung kommt dem strukturellen Machtüberhang zugunsten der Fachkräfte (vgl. Solf/Wittke 2007, S. 123), der sich aus dem doppelten Mandat von Hilfe und Kontrolle ergibt, gar ein Einfluss zu, der partnerschaftliches, d.h. gleichberechtigtes Miteinander von pädagogischen Fachkräften und Eltern verhindert. Um fundierte Hilfe innerhalb einer nicht-hierarchischen Beziehung anbieten zu können, wurden spezielle Ehrenamtsprojekte entwickelt:

„Von der Erfahrung ausgehend, dass allgemeine Schwellenängste Familien abhalten, sich beizeiten (professionelle) Hilfe zur Entlastung und Unterstützung zu holen wurde (…) im Würzburger Kinderschutzbund die Idee (…) der Laienfamilienhilfe entwickelt" (Fischer-Martin 2002, S. 169).

Es gibt darüber hinaus weitere Gründe für Menschen mit Unterstützungsbedarf, sich gerade an Ehrenamtliche zu wenden:

- Ehrenamtliche Mitarbeit kann die institutionellen Angebote nicht ersetzen, sie erweitert aber das Angebot dort, wo noch keine staatlichen Angebote bereitgestellt werden, aber dennoch ein Bedarf festgestellt wird, besonders zur Entlastung der Eltern. Der Würzburger Kinderschutzbund entwickelte z.B. das Angebot der ehrenamtlichen Betreuungshilfe für kranke Kinder, da das bestehende Angebot an Familienpflegerinnen und Tagespflegefamilien den hohen Bedarf nicht decken konnte (vgl. ebd., S. 170).
- Die meisten ehrenamtlich getragenen *Bildungs- und Erziehungspartnerschaften* sind allen Menschen zugänglich: Es bestehen in der Regel wenig Hindernisse in Form von Vorbedingungen z.B. hinsichtlich Schwere der Notlage, finanzieller Situation, Zugehörigkeit zu einer Zielgruppe, Wohnort etc. Grundlage der Zusammenarbeit ist in der Regel eine Übereinstimmung von Hilfebedarf auf der einen Seite und Unterstützungsmöglichkeiten auf der anderen Seite.
- Ehrenamtlich Engagierte können bei entsprechender fachlicher Qualifizierung und fachlicher und emotionaler Beratung und Begleitung eine kompetente Unterstützung leisten.

- Ehrenamtlich Engagierte bringen ganz eigene Fähigkeiten, Fertigkeiten, Erfahrungen, Kompetenzen und Qualifikationen ein, die Vielfalt in das Angebotsspektrum einer Einrichtung bringen können. Für die Bereiche Kita oder Schule können auf diese Weise außergewöhnliche Angebote wie z.B. Singpatenschaften oder wissenschaftliche Experimente realisiert werden, die das Bildungsangebot bereichern. Da diese Ehrenämter häufig von älteren Menschen wahrgenommen werden, erleben Kinder gleichzeitig, wie die verschiedenen Generationen voneinander lernen und miteinander das Alltagsleben gewinnbringend gestalten können.
- Ehrenamtliche verfügen über eine hohe Motivation und bringen vielfältige persönliche Lebenserfahrungen mit in eine Einrichtung oder in eine Familie. Auch wenn sie fachlich geschult werden, ist es für die Zusammenarbeit wichtig, dass eine persönliche ‚nichtprofessionelle' Beziehung im Sinne einer Alltagsbeziehung besteht, wie z.B. im ‚Großelterndienst':

„Oma und Opa sein zu dürfen, ist Freude und Berufung des Alters. Oma und Opa zu haben, ist ein Geschenk für Kinder", sagt die Leiterin des Großelterndienstes, Roswitha Winterstein. „Wenn eigene Enkel nicht vorhanden oder schon erwachsen sind, die eigenen Großeltern in der Ferne oder schon ‚im Himmel' wohnen, bringt sie die ‚verwaisten' Senioren und Eltern zusammen" (Staiger 2004).

- Ehrenamtliche haben einen jeweils spezifischen kulturellen Hintergrund. Gerade in Zusammenarbeit mit bestimmten Zielgruppen können sie sich aufgrund eigener Erfahrungen sehr gut in die Lebenssituation der unterstützten Menschen einfühlen und sie genießen aufgrund des privaten Charakters der Beziehung deren Vertrauen, z.B. arbeiten ehrenamtliche MigrantInnen in Projekten wie *Integrationslotsen*, *Stadtteilmütter*, *Großer Bruder – kleine Schwester*, *Junge Vorbilder* u.v.m. mit jungen MigrantInnen erfolgreich zusammen.
- Die Bereitschaft, eigene Zeit und Erfahrung quasi zu verschenken, überzeugt viele Unterstützte von der ehrlichen Bereitschaft ihnen zu helfen. Sie fühlen sich dadurch auf besondere Weise wertgeschätzt. In der Regel haben Ehrenamtliche nur wenige Unterstützte, die sie begleiten und sind in der Lage, sich auf die Bedürfnisse der unterstützten Menschen auch zeitlich einzustellen.
- Ehrenamtliche verfügen häufig über nützliche Kontakte und persönliche Verbindungen. Dies erweist sich z.B. in Ehrenamtsprojekten wie JobPaten, Joblinge und anderen Mentoringprojekten als sinnvoll, in denen Jugendliche am Übergang Schule – Beruf bei der Berufswahl, im Bewerbungsverfahren, bei der Vorbereitung auf ein Vorstellungsgespräch und häufig auch beim familiären Umgang mit diesem Thema unterstützt werden.

Die zahlreichen Mentoringprojekte, die auf der Idee basieren, dass ein junger, unerfahrener und ein älterer Mensch mit mehr Erfahrungen eine förderliche Beziehung eingehen, wie z.B. *Big Brothers Big Sisters Deutschland*, zeigen beispielhaft die qualitative Besonderheit ehrenamtlicher Bildungs- und Erziehungspartnerschaften:

„Das Erfolgsgeheimnis des Tandem-Prinzips liegt auf der Beziehungsebene. Der Mentor tadelt und urteilt nicht. Er ist eher Beschützer als Erzieher. Mit seinem Vorsprung an Wissen und Erfahrung steht er seinem Mentee als Freund und Ratgeber zur Seite. Er bringt neue Perspektiven in das Leben des Kindes, zu denen es sonst vielleicht keinen Zugang gefunden hätte. Auch der Mentor profitiert von dieser (…) Freundschaft, [von Reifungsprozessen], von denen er beruflich und privat profitieren kann" (Ramm 2009, S. 8).

Die genannten Faktoren wie freundschaftliche Beziehung, Unterlassung von Bewertung und Verurteilung, Gegenseitigkeit sowie Freiwilligkeit, intrinsische Motivation und Bedürfnisorientierung sind nicht nur in der ehrenamtlichen Partnerschaft mit Kindern und Jugendlichen wirksam, sondern ebenso in der Partnerschaft mit Eltern und ganzen Familien oder indirekt bei der Mitarbeit in Einrichtungen für Kinder, Jugendliche und Familien als Ergänzung und Erweiterung hauptamtlicher Arbeit.

Ehrenamtlich getragene Bildungs- und Erziehungspartnerschaften am Beispiel eines Berliner Stadtteilzentrums

Bürgerschaftliches, freiwilliges und ehrenamtliches Engagement findet häufig innerhalb gemeinnütziger Organisationen – z.B. Stadtteilzentren – statt. Diese stellen in der Regel eine Struktur zur Verfügung, die das Engagement optimal begleiten soll: Diese *Ehrenamtskultur* soll Qualität sichern, Motivation erhalten und die Menschen dabei unterstützen ihre Potenziale und Kompetenzen zu entdecken, sich auszuprobieren, in Gemeinschaft mit anderen neue Ideen zu entwickeln, Lösungen für aktuelle Problemlagen zu finden und gemeinsam insbesondere das nachbarschaftliche Zusammenleben gewinnbringend zu gestalten. Die Ehrenamtskultur umfasst die Gewinnung von Engagierten, ihre Qualifizierung und fachliche bzw. emotionale Begleitung, eine differenzierte Dankes- und Anerkennungskultur, Angebote zur Regeneration, Sicherheitsaspekte sowie Transparenz der Arbeit durch Öffentlichkeitsarbeit. Diese differenzierte Begleitung Ehrenamtlicher ist dann besonders wichtig, wenn sie vor der Aufgabe stehen, Menschen in Belastungssituationen hilfreich zur Seite zu stehen. Qualifizierungsangebote, Angebote des Erfahrungsaustausches und der Supervision, wie sie auch Hauptamtlichen zur Verfügung stehen, statten die Ehrenamtlichen mit den nötigen Kompetenzen aus, bereiten sie auf ihre Tätigkeit vor bzw. erleichtern es, Erfahrungen zu reflektieren und sich auf ein häufig neues Tätigkeits- und Erfahrungsfeld einzustellen. Diese intensive Unterstützung soll auch dem Wohl der Menschen dienen, die ehrenamtlich begleitet werden. Die Qualifizierung zielt daher insbesondere auf ein Verständnis für die Entwicklung von Kindern und Jugendlichen und für die Bedürfnisse und Herausforderungen von Eltern in teilweise belastenden Lebenssituationen mit Hilfe von Wissensvermittlung, Entlastungsangeboten, Unterstützung bei der Bewusstseinsentwicklung und der umfänglichen Nutzung der eigenen und sozialen Ressourcen.

Stadtteilzentren wie das Nachbarschaftsheim Schöneberg e.V. in Berlin fördern die nachbarschaftliche Solidarität und unterstützen ehrenamtliches Engagement auf vielfältige Weise: Sie haben die Funktion, den Menschen aus der Nachbarschaft – aber auch darüber hinaus – die Teilhabe am gesellschaftlichen Leben zu ermöglichen und diese zu fördern. Nachbarschaftsheime und -häuser halten vielfältige Angebote und Räumlichkeiten für alle Generationen bereit und sollen für alle leicht erreichbar sein. Ehrenamtliches Engagement spielt in allen Nachbarschaftshäusern bzw. Stadtteilzentren eine wichtige Rolle, ermöglichen sie doch den BürgerInnen aus dem Kiez, Stadtteil und Bezirk, dadurch an der Gestaltung der Gesellschaft und des eigenen Lebensumfeldes mitzuwirken. Am Beispiel des Nachbarschaftsheims Schöneberg e.V. in Berlin, welches die Beteiligung engagierter BürgerInnen in allen seinen Einrichtungen, Projekten und Angeboten fördert, sollen einige Möglichkeiten ehrenamtlicher Bildungs- und Erziehungspartnerschaften aufgezeigt werden (vgl. Nachbarschaftsheim Schöneberg 2011):

Im Arbeitsfeld *Familienbildung* des Nachbarschaftsheims Schöneberg e.V. wird auf Prävention gesetzt: Hauptamtliche und ehrenamtliche MitarbeiterInnen gestalten ein vielfältiges Kurs-, Informations- und Beratungsangebot, welches nicht nur die kindliche Entwicklung positiv beeinflussen soll, sondern auch Kontakte der Eltern untereinander unterstützt. Ehrenamtliche unterstützen die Gruppenleitungen bei der Beratung der NutzerInnen, als Verbindung von professioneller Arbeit und alltagspraktischer Begleitung oder leiten Kurse selbstständig. Sie stehen als AnsprechpartnerInnen zur Verfügung und können auf der Grundlage beruflicher und privater Erfahrungen alltagspraktische Hinweise geben. Auch durch ehrenamtliche Mitarbeit in Organisation und Öffentlichkeitsarbeit werden Familien indirekt unterstützt.

Im Arbeitsfeld *Familienpflege* werden durch das bundesweit verbreitete Projekt *Wellcome – Praktische Unterstützung nach der Geburt eines Kindes* (siehe auch das Praxisportrait im parallel erscheinenden Praxisbuch) Familien beim Hineinwachsen in die neue Familienphase durch erfahrene Mütter begleitet. Vielfach fehlen Familien- oder Nachbarschaftszusammenhänge, die Eltern in der ersten Zeit nach der Geburt zur Seite stehen. *Wellcome* ermöglicht Eltern, die sich hilfsbedürftig fühlen (z.B. bei Erschöpfung nach schwieriger Geburt), die unter besonderen Belastungen leiden (wenn Mehrlinge geboren wurden) oder deren Kind zu früh auf die Welt gekommen ist und die keine medizinische Indikation haben (welche bezahlte Hilfe ermöglichen würde), Zuwendung und Entlastung zu erfahren. Die Ehrenamtlichen beraten auf der Grundlage eigener Erfahrungen und erfolgter Qualifizierung, greifen den Eltern ganz praktisch unter die Arme und kümmern sich um das Neugeborene und die Geschwisterkinder, je nach Bedarf der Familie (vgl. www.wellcome-online.de 2011).

Im Arbeitsfeld *Selbsthilfe* engagieren sich Menschen aus persönlicher Betroffenheit für sich und andere in gleicher Lebenssituation. Eine Gruppe alleinerziehender Mütter und Väter trifft sich z.B. regelmäßig im Nachbarschaftsheim Schöneberg. Ihre Kinder werden gleichzeitig von einer ehrenamtlichen Mitarbeiterin betreut.

Im Arbeitsfeld *Migration* unterstützen Studierende der Berliner Universitäten als *Schülerpaten* Jugendliche mit arabischem Migrationshintergrund bei den Hausaufgaben oder geben Nachhilfe. Sie gehen in die Familien hinein, wodurch das gegenseitige Verstehen befördert wird.

JobPaten unterstützen Jugendliche in der Übergangssituation zwischen Schule und Beruf. Die PatInnen stehen meist selbst noch im Berufsleben und unterstützen durch berufsspezifisches Wissen ebenso wie durch praktische Hilfe bei der Bewerbung oder durch emotionale Unterstützung in einer schwierigen Lebensphase. Die Eltern der Mentees erfahren wiederum Entlastung und nehmen das ehrenamtliche Engagement als Angebot außerhalb von JobCenter oder Jugendamt gerne wahr.

Im Arbeitsfeld *Kinder und Jugend*, also in den Kindertagesstätten und Ganztagsbetreuungen sowie der Schulsozialarbeit und den Kinder- und Jugend-Freizeitangeboten des Nachbarschaftsheims Schöneberg bieten Ehrenamtliche die unterschiedlichsten Leistungen an: Sie arbeiten im Gruppendienst mit, übernehmen Lese- oder Singpatenschaften, begleiten auf Ausflügen, helfen bei den Hausaufgaben oder geben Nachhilfe, sind im Bereich der elterlichen Interessenvertretung aktiv (ElternvertreterInnen) oder im Förderverein und bieten eigenständig Arbeitsgemeinschaften für Kinder an, je nach eigenen Kompetenzen der

Ehrenamtlichen und Interessen der Kinder, wie z.B. Schach, Kochen, Englisch oder Musik. Hierbei sind sie zwar nicht direkt mit den Eltern im Kontakt, sie sind aber dennoch Teil der Bildungs- und Erziehungspartnerschaft von PädagogInnen und Eltern.

Ehrenamtliche *rechtliche Beratung* im Bereich Familienrecht oder bei finanziellen Problemen ermöglicht einen niedrigschwelligen Zugang zu relevanten Informationen und zu direkter Hilfe. Menschen, die sich an offizielle Institutionen zu wenden scheuen, können hier erste Schritte in Richtung eigenverantwortlicher Verbesserung der eigenen Lebenssituation gehen.

Ehrenamtliche engagieren sich auf vielfältige Weise für Kinder, Jugendliche und ihre Familien. Es erscheint dringend notwendig, sie in die Diskussion um Bildungs- und Erziehungspartnerschaften als feste bestehende Größe einzubeziehen. Für die Ehrenamtlichen selbst steht der Nutzen ihres Engagements außer Frage, denn Engagement fördert den Menschen fachlich und sozial, seine Teamfähigkeit, seine Kommunikationsfähigkeit, sein Selbstbewusstsein, aber auch demokratische Kompetenzen wie Durchsetzungsfähigkeit, Partizipations- und Kompromissbereitschaft (vgl. Jähnert 2010, S. 394). Es bedarf aber wissenschaftlicher Nachweise u.a. zur Wirkung ehrenamtlichen Engagements im Bereich der Bildungs- und Erziehungspartnerschaften, um dessen Nutzen für die Zielgruppe in Abgrenzung zur hauptamtlichen Arbeit zu verdeutlichen, zielgerichtet Kooperationen von Haupt- und Ehrenamt herzustellen und die Relevanz ehrenamtlichen Engagements für die Erziehung und Bildung von Kindern und Jugendlichen gemeinsam mit den Eltern sichtbar zu machen.

Literatur

BMFSFJ (2009): Bericht zur Lage und zu den Perspektiven des bürgerschaftlichen Engagements in Deutschland. Berlin
BMFSFJ (2010a): Hauptbericht des Freiwilligensurveys 2009. München: Infratest
BMFSF (2010b): Nationale Engagementstrategie. www.aktive-buergerschaft.de/fp_files/Studien Berichte/bg_bmfsfj_NationaleEngagementstrategie2010-10-06.pdf (Download am 06.10.2010)
Fischer-Martin, Patricia (2002): Hilfe für Kinder – Freiwillige im Kinderschutzbund. In: Rosenkranz/Weber (2002): S. 169-180
Jähnert, Hannes (2010): Freiwilligenarbeit über das Internet. In: Soziale Arbeit, Jg. 2010, Heft 10. S. 392-399
Nachbarschaftsheim Schöneberg e.V. (2011). Berlin. www.nbhs.de (Download am 15.01.2011)
Ramm, Beate (2009): Das Tandem-Prinzip. Mentoring für Kinder und Jugendliche. Hamburg: edition Körber-Stiftung
Rosenkranz, Doris/Weber, Angelika (2002): Freiwilligenarbeit. Einführung in das Management von Ehrenamtlichen in der Sozialen Arbeit. Weinheim und München: Juventa
Solf, Christiane/Wittke, Verena (2007): Elternbeteiligung in Tagesgruppen. Frankfurt am Main: IGFH-Eigenverlag
Staiger, Jan (2004): Großelterndienst vermittelt rüstige Senioren zur Kinderbetreuung. www.lichtblick99.de /ticker662_04.html (Download am 15.01.2011)
Tillmann, Klaus-Jürgen (1993): Sozialisationstheorien. Reinbek bei Hamburg: Rowohlt
Wellcome (2011): www.wellcome-online.de (Download am 22.02.2011)

Adelheid Smolka

Der Orientierungs-, Informations- und Bildungsbedarf von Eltern

„Es ist die Familie, die entscheidende Voraussetzungen für den Erfolg von Lern- und Bildungsprozessen der nachwachsenden Generation schafft", konstatierte der Wissenschaftliche Beirat für Familienfragen vor einigen Jahren (Wissenschaftlicher Beirat 2005, S. 5). Und sie tut dies nicht nur über die soziale Herkunft der Eltern, sondern auch durch die im Familienalltag stattfindenden Kommunikations- und Vermittlungsprozesse. Dabei sind Eltern heute stark gefordert, denn die gesellschaftliche Norm der „verantworteten Elternschaft" (Schneider 2002, S. 10) zusammen mit dem Gebot der optimalen Förderung aller kindlichen Fähigkeiten (vgl. Beck-Gernsheim 1990, S. 168) macht das Erziehungshandeln schwieriger und bürdet den Eltern mehr Verantwortung für die Entwicklung ihrer Kinder auf. Während an ihre Leistungen als Erziehende also außerordentlich hohe Erwartungen gestellt werden, wird auf die Belange von Eltern seitens der Gesellschaft nur wenig Rücksicht genommen (vgl. Schneider 2002, S. 10).

Auch der Frage, welchen Orientierungs-, Informations- und Bildungsbedarf Eltern im Erziehungsalltag haben, wurde lange Zeit wenig Aufmerksamkeit geschenkt. Das *Staatsinstitut für Familienforschung an der Universität Bamberg (ifb)* hat im Rahmen seines Forschungsschwerpunkts Familienbildung im Auftrag des Bayerischen Staatsministeriums für Arbeit und Sozialordnung, Familie und Frauen in den Jahren 2002 und 2006 zwei repräsentative Querschnittsbefragungen zu diesem Thema durchgeführt. Dabei wurden 1.013 bzw. 1.287 Mütter und Väter in Bayern mit mindestens einem minderjährigen Kind im Haushalt telefonisch befragt; ergänzend gaben jeweils rund 40 Mütter und Väter in einem persönlichen Gespräch Auskunft über ihre Vorstellungen. Ziel der ersten Befragung war es Informationen darüber zu erhalten, wie Eltern ihren Erziehungsalltag erleben, inwieweit sie Unsicherheit in der Erziehung empfinden und welche Wünsche und Bedürfnisse sie hinsichtlich informierender und bildender Angebote haben. Die zweite Studie sollte zum einen – im Vergleich zur ersten Erhebung – mögliche Veränderungen im Bedarf an und in der Nutzung von Familienbildung identifizieren und zum anderen das Themenspektrum vertiefen. Im Folgenden werden einige Ergebnisse dieser Untersuchungen vorgestellt.

Eltern als wichtigste Erziehungsinstanz

Zunächst belegen die Ergebnisse beider Erhebungen, dass Eltern die an sie gerichteten Erwartungen deutlich wahrnehmen und sich selbst als wichtigste Erziehungsinstanz sehen: Jeweils über 80% der Befragten stufen den elterlichen Einfluss als sehr groß ein, wobei der Anteil sogar leicht zugenommen hat. Den erzieherischen Einfluss anderer Instanzen wie Kindergarten, Schule oder Freundeskreis halten Eltern für weit weniger relevant als ihren eigenen. Nur jeweils etwa 20% der Befragten bezeichneten 2006 den Einfluss von Kindergarten bzw. Schule auf die Erziehung als sehr groß, hinsichtlich des Freundeskreises gab knapp ein Drittel diese Beurteilung ab. Die Einschätzungen variieren allerdings stark mit dem Alter der Kinder: Je älter die Kinder werden, desto mehr schwindet in der elterlichen

Wahrnehmung der eigene Einfluss. So schätzen beispielsweise von den Befragten, deren jüngstes Kind zwischen 14 und 18 Jahre alt ist, zwar noch rund drei Viertel den eigenen erzieherischen Einfluss als sehr groß ein, aber fast die Hälfte nimmt nun daneben auch einen starken Einfluss des Freundeskreises wahr.

Unsicherheit in Erziehungsfragen

Die Befragungen offenbaren aber auch eine wachsende Unsicherheit von Eltern in Erziehungsfragen. Gaben 2002 nur 5% der Befragten an, dass sie sich in der Erziehung ihres Nachwuchses häufig oder immer unsicher fühlen, lag dieser Anteil 2006 mit 12% mehr als doppelt so hoch (vgl. Abb. 1). Der Anteil derjenigen Mütter und Väter, die von sich sagen, nie unsicher zu sein, halbierte sich in der gleichen Zeit fast von 13 auf 7%. Die Anteile derjenigen Eltern, die angeben, selten bzw. manchmal unsicher zu sein, liegen fast unverändert bei 35 bzw. 46%.

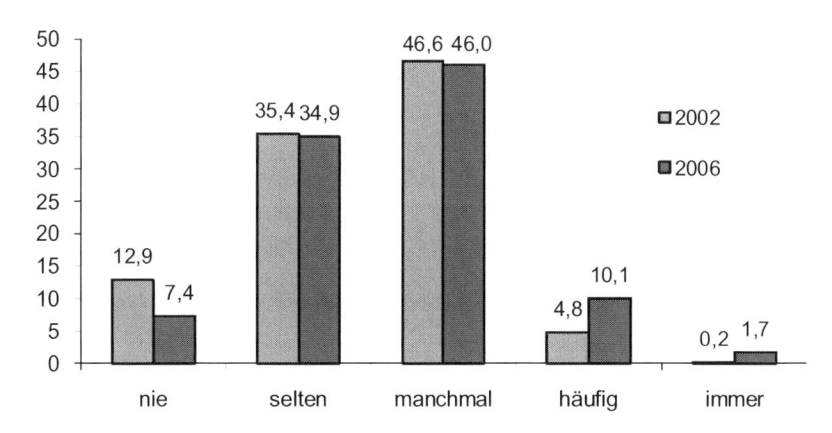

Abbildung 1: *Unsicherheit in Erziehungsfragen 2002 und 2006 (in %)*
Quelle: ifb-Elternbefragungen zur Familienbildung 2002 und 2006

Interessanterweise zeigt sich hinsichtlich der Unsicherheit in der Erziehung ein deutlicher Unterschied zwischen den Geschlechtern: Während 2006 jeder zweite befragte Vater angab, nie oder nur selten unsicher in Erziehungsfragen zu sein, behaupten dies nur 40% der befragten Mütter von sich. Wenig überraschend ist dagegen der Befund, dass die Unsicherheit beim ersten Kind besonders groß zu sein scheint. So berichtet eine Mutter von ihren Erfahrungen in dieser Zeit:

„Also ich war damals 33 Jahre, als ich mein erstes Kind bekommen habe und ich hatte keine Vorstellung davon, was ein Säugling nicht kann. Ich hatte überhaupt keine Vorstellung davon, dass ein Säugling einen 24 Stunden rund um die Uhr fordert. Ich hatte das typische Klischee: Man bekommt ein Kind, Mutti sieht gut aus, Kind liegt schlafend neben dran und alles geht von alleine. Ich bin damals wirklich aufgewacht – das ist doch etwas mehr: Da gehört dazu, dass man bereit ist, eine Aufgabe zu übernehmen, dass man bereit ist, 24 Stunden für das Kind da zu sein, Verantwortung, sich zu kümmern, da zu sein." (*ifb*-Elternbefragung 2006: Mutter, 40 J., zwei Kinder)

Die Mehrheit der Eltern – einige vielleicht auch aufgrund der eigenen Erlebnisse – hält eine Vorbereitung auf Elternschaft für grundsätzlich sinnvoll.

Bevorzugte AnsprechpartnerInnen

Für viele Eltern ist es wichtig, sich über Erziehungsfragen mit anderen auszutauschen, gerade in Situationen, in denen sie sich unsicher sind oder konkrete Fragen auftauchen. Dabei artikulieren sie klare Vorstellungen hinsichtlich der von ihnen bevorzugten Gesprächspartnerinnen: Wenn Eltern über Familien- oder Erziehungsfragen sprechen möchten oder einen Rat benötigen, wenden sie sich in erster Linie an Personen aus ihrem sozialen Nahbereich (Mühling/Smolka 2007, S. 32). Offenbar ist es vielen Eltern wichtig, Erziehungsprobleme nicht sofort nach außen zu tragen, denn der Partner/die Partnerin (67%) und Verwandte (55%) sind in diesem Zusammenhang die wichtigsten GesprächspartnerInnen. Auch der Freundeskreis stellt eine wichtige Ressource für Informationen in Erziehungsfragen dar: Mehr als die Hälfte der Eltern (57%) würde sich an eine Freundin/einen Freund wenden, um ein Erziehungsproblem anzusprechen oder entsprechende Unterstützung zu bekommen und finden diese Möglichkeit sehr hilfreich, wie folgende Aussage illustriert:

„Ich habe einfach wirklich viel gefragt. Ich kenne ja einige, deren drittes Kind so alt ist wie mein erstes, und da, also, frage ich auch viel. Ich glaube, ich muss vieles einfach einmal aussprechen, darüber geredet haben. Also ich finde das schon sehr wertvoll, den persönlichen Kontakt, und auch von Müttern, wo ich weiß, die sind so auf meiner Linie ungefähr, auf meiner Wellenlänge." (*ifb*-Elternbefragung 2006: Mutter, 36 J., drei Kinder)

Außerhalb des privaten Umfelds haben Lehrkräfte und ErzieherInnen eine große Bedeutung als GesprächspartnerInnen bei Erziehungsfragen. 40% der Befragten nannten sie 2002 in diesem Zusammenhang, 2006 wurden sie sogar von 46% der Eltern genannt. Zurückgegangen ist dagegen die Neigung, bei Erziehungsproblemen ärztlichen Rat einzuholen: Wurden (Kinder-)Ärzte und (Kinder-)Ärztinnen im Jahr 2002 noch von fast jedem dritten Elternteil als potenzielle AnsprechpartnerInnen benannt, lag dieser Anteil 2006 nur noch bei einem Viertel. Stattdessen wenden sich Eltern nun verstärkt an therapeutische Fachleute: 14% der Eltern gaben 2006 diese als bevorzugte GesprächspartnerInnen bei Erziehungsfragen an, 2002 waren es nur 9%. Wichtiger geworden sind in diesem Zusammenhang auch das Jugendamt und Mütter- bzw. Familienzentren.

Unterschiede hinsichtlich der Frage, an wen man sich bei Erziehungsfragen wendet, zeigen sich zwischen den Geschlechtern: So nennen beispielsweise Frauen insgesamt mehr AnsprechpartnerInnen als Männer. Mütter sprechen häufiger mit FreundInnen, Bekannten und Verwandten über Erziehung als Väter und tauschen sich auch mehr mit Lehrkräften, ErzieherInnen und ÄrztInnen aus. Auch geben Frauen häufiger Beratungsstellen und Mütter- bzw. Familienzentren als Anlaufstellen an. Männer scheinen beim Austausch über Erziehungsthemen dagegen stärker auf ihre Partnerinnen fixiert zu sein.

Aber auch die Familienform wirkt sich auf die Präferenzen hinsichtlich der GesprächspartnerInnen aus: Für Alleinerziehende beispielsweise nehmen Freunde und Freundinnen, aber auch ArbeitskollegInnen als Ratgebende einen höheren Stellenwert ein als bei Eltern, die in einer Partnerschaft leben. Auffallend ist, dass Alleinerziehende etwas weniger oft Lehrkräfte, ErzieherInnen und KinderärztInnen als Anlaufstellen nennen als Befragte aus Paarfamilien, dafür aber überdurchschnittlich häufig TherapeutInnen, Beratungsstellen und das Jugendamt um Unterstützung bitten. Die beschriebenen Präferenzmuster belegen die Notwendigkeit differenzierter und ressourcenorientierter Konzepte in der Arbeit mit Eltern (vgl. Rupp/Smolka 2006).

Zentrale Themenbereiche

Um den Orientierungs- und Bildungsbedarf der Eltern auch inhaltlich beschreiben zu können, wurde in den ifb-Elternbefragungen auch erhoben, zu welchen Themenbereichen Informationen bzw. Angebote gewünscht werden. Bei dieser offenen Frage blieb es jedem/jeder Befragten selbst überlassen, welche und wie viele Themenbereiche er/sie nennen wollte. In der Untersuchung 2006 machten 43% der Befragten entsprechende Angaben, im Durchschnitt wurden etwa 1,5 Themenbereiche genannt. Zu den Themengebieten, welche am häufigsten erwähnt wurden, zählen Schule, Konkrete Erziehungsfragen und Erziehungsziele, Jugendliche/Pubertät, Ausbildung/berufliche Zukunft und Allgemein mehr Informationen und Beratung zu Familie. Väter nennen dabei wesentlich weniger Themen als Mütter. Und während Mütter ihre Aufmerksamkeit mehr auf die soziale und psychische Entwicklung ihrer Kinder richten, wünschen Väter sich eher Informationen zur formalen Bildung und zu den Zukunftsperspektiven ihrer Kinder. In Tab. 1 sind die genannten Themen differenziert nach Geschlecht aufgelistet. Die Prozentanteile beziehen sich dabei nur auf diejenigen Befragten, die bei dieser Frage eine Angabe gemacht haben.

Themenbereiche, zu denen sich Eltern Informationen wünschen	Männer (in %)	Frauen (in %)	Gesamt (in %)
Schule	40,1	34,5	35,7
Konkrete Erziehungsfragen/Erziehungsziele	17,0	21,9	20,9
Jugendliche/Pubertät	11,3	17,6	16,4
Ausbildung/berufliche Zukunft	14,2	6,5	8,0
Allgemein mehr Infos und Beratung zu Familie	8,5	7,0	7,3
Sucht/Drogen	5,7	5,9	5,8
Förderung	9,4	4,3	5,5
Gesundheit	4,7	4,7	4,7
Altersgerechte Entwicklung von Kindern	0,9	5,2	4,4
Betreuung	4,7	3,8	4,0
Kindergarten	3,8	3,4	3,5
Freunde/Freundinnen	3,8	3,2	3,3
Sexualität/Aufklärung	0,9	3,6	3,1

Tabelle 1: *Die wichtigsten genannten Themenbereiche, zu denen sich Eltern Informationen wünschen, nach Geschlecht der Befragten (offene Frage)*
Quelle: ifb-Elternbefragung zur Familienbildung 2006

Auffällig ist neben den geschlechtsspezifischen Differenzen auch die Tatsache, dass umso mehr Themen genannt werden, je höher das Bildungsniveau ist. Eltern mit höherer Bildung fällt es offenbar leichter, ihren Informationsbedarf konkret zu benennen. Auch das Alter der Kinder beeinflusst die Themenrelevanz: Eltern kleiner Kinder wünschen sich tendenziell eher Informationen zu altersgerechter Entwicklung, zu Förderung und Gesundheitsthemen sowie zu Fragen der Betreuung, während fast die Hälfte der Eltern mit Kindern im Alter ab 10 Jahren einen Informationsbedarf zum Thema Schule anmeldet. Eltern, deren Kinder 14 Jahre und älter sind, interessieren – wenn sie einen Bedarf artikulieren – vor allem Informationen zur Pubertät und zu Fragen der Ausbildung bzw. der beruflichen Zukunft ihrer Kinder. 43% der Eltern mit Kindern ab 14 Jahren geben allerdings an, keinerlei erziehungsbezogenen Informationsbedarf zu haben (Mühling/Smolka 2007, S. 61).

Formen, Zugangswege und Orte

Für den Erfolg von informierenden und bildenden Angeboten und Elternprogrammen sind nicht nur die Passgenauigkeit von Themen und Inhalten ausschlaggebend, sondern auch geeignete Formen und Zugangswege. Auch hierzu äußern Eltern differenzierte Wünsche. Wie die Daten aus dem Jahr 2006 zeigen, erscheint ihnen in diesem Zusammenhang vordringlich, dass sie Informationen nur dann bekommen, wenn sie diese explizit wünschen: 86% stimmen dieser Aussage zu. Von drei Vierteln der Befragten wird als wichtiges Kriterium angesehen, dass die Angebote und deren Inhalte auf das Alter der Kinder und auf die somit in den Familien aktuell anstehenden Fragen zugeschnitten sind. Eine persönliche Beratung trifft bei 70% der befragten Eltern auf Zustimmung, während anonyme, beispielsweise gedruckte, Informationen von knapp der Hälfte der Eltern (46%) geschätzt werden. Regelmäßige Informationen zu Familien- und Erziehungsfragen möchten nur rund ein Drittel der Eltern bekommen, die übrigen lehnen diese Form ab. Keinen Informationsbedarf bei sich selbst sehen immerhin 29% der Eltern; die Betreffenden haben überwiegend ältere Kinder, ferner sind die unteren Bildungsschichten in dieser Elterngruppe leicht überrepräsentiert. Angesichts der heutigen Informationsflut scheinen Eltern es zu schätzen, eher wenige, ausgewählte Hilfestellungen zu erhalten, die jedoch wirklich für ihren aktuellen Bedarf passen.

In welcher Form Informationen über Erziehungsfragen dabei gewünscht werden, hängt vor allem davon ab, in welchem Alter die Kinder der Befragten sind: Während Eltern mit Kleinkindern überdurchschnittlich häufig regelmäßige und auf das Alter des Kindes zugeschnittene Informationen erhalten möchten – und diese dann auch gerne nutzen (Walter et al. 2000), zeichnet sich die Gruppe der Befragten, deren jüngstes Kind bereits im Teenageralter ist, dadurch aus, dass sie laut eigener Einschätzung relativ häufig gar keine Informationen zu Familien- und Erziehungsfragen benötigen und ansonsten diese nur auf Aufforderung bekommen möchten.

Möchte man Eltern alltagsnah ansprechen, ist es wichtig zu wissen, an welchen Orten sie sich üblicherweise aufhalten und wo sie sich informierende und bildende Angebote wünschen würden (Mühling/Smolka 2007, S. 62 ff.). Die Daten zeigen, dass sich unter den von Eltern häufig aufgesuchten Orten vor allem Schulen, Kindergärten, Kinderarztpraxen, Bibliotheken und Räume von Kirchengemeinden finden. Dabei halten sich Mütter an fast allen abgefragten Orten häufiger auf als Väter; einzige Ausnahme hiervon sind Ämter, welche von 14% der Männer und von 7% der Frauen häufig aufgesucht werden. Die untere Bildungsschicht gibt bei den meisten abgefragten Orten und Einrichtungen seltenere Aufenthalte an als die übrigen Eltern. Die Häufigkeit des Besuchs bestimmter Einrichtungen und Orte hängt zudem stark mit der Familien-, aber auch mit der lokalen Infrastruktur zusammen: Eltern mit Babys und Kleinstkindern halten sich häufig in Kinderkrippen auf, während z.B. Alleinerziehende öfter als Ehepaare Mütterzentren und Horte aufsuchen. Familienbildungsstätten ziehen überdurchschnittlich viele höher gebildete Eltern an, wohingegen Treffpunkte für Familien mit Migrationshintergrund fast ausschließlich von den Zielgruppen der betreffenden Einrichtungen besucht werden. Aus diesem Grund ist es sinnvoll, die Nennungen der Orte, an denen sich Eltern mehr Informationen und Beratung wünschen, nicht nur auf alle Eltern zu beziehen, sondern auch beschränkt auf die Besuchergruppen der jeweiligen Orte (vgl. Tab. 2). Denn während beispielsweise nur 2% aller befragten Eltern angeben, dass sie sich mehr familienbildende Angebote an Treffpunkten für ausländische Familien wünschen, kann sich fast die Hälfte derjenigen Eltern, die sich in solchen Einrichtungen tatsächlich aufhalten, dort mehr Angebote vorstellen. Und neben den Kinderbetreuungseinrichtungen gehören insbesondere die Schule sowie Kinderarztpraxen zu den Orten, an denen Eltern sich nicht nur häufiger aufhalten, sondern an denen sie sich auch explizit mehr Angebote der Bildung und Beratung wünschen. So schlägt eine Mutter vor:

„Günstig wäre, wenn die Schulen bessere Ansprechpartner wären. Das habe ich auch schon oft gehört. Dass da wenigstens eine Person ein, zwei Mal in der Woche da ist, zu der man als Eltern hingehen kann als neutrale Person, weil zur Lehrerin gehen ist für mich keine wirklich neutrale Person. Da denke ich immer, oh, das gelangt meinem Kind zum Nachteil oder Vorteil, wie auch immer. Einfach so eine neutrale Person, die man ansprechen kann, wenn es 'mal Probleme gibt – also sei es verhaltenstechnisch oder jeglicher Art." (*ifb*-Elternbefragung 2006: Mutter, 36 J., zwei Kinder)

Bezüglich aufsuchender Angebote sind die Eltern unterschiedlicher Meinung: Während die Hälfte der Eltern Gehstrukturen – in bestimmten Situationen und bei spezifischen Zielgruppen – als hilfreich ansieht, hält die andere Hälfte davon wenig. Diese Eltern bevorzugen klassische Kommstrukturen und machen sich lieber selbst auf den Weg zu einem Vortrag oder zu einer Veranstaltung. Manche von ihnen sehen auch keinen entsprechenden Bedarf oder befürchten, bei einem Gespräch in den eigenen vier Wänden zu viel von sich preiszugeben oder gar ‚durchleuchtet' zu werden (vgl. Mühling/Smolka 2007, S. 65 f.).

Orte (Rangliste)	in % aller Eltern	in % der Eltern, die sich dort (häufig oder selten) aufhalten
Schule	30,2	43,7
Praxis eines Kinderarztes/einer Kinderärztin	23,9	32,4
Ämter der Stadt oder Gemeinde	21,8	31,0
Bibliothek	18,8	27,0
Räume der Pfarr- oder Kirchengemeinde	15,0	24,3
Kindergarten	13,2	35,4
Einrichtungen der beruflichen Bildung	13,1	36,9
Nachbarschafts- oder Stadtteilzentrum	6,8	37,2
Familienbildungsstätte	6,5	36,4
Mütter- oder Familienzentrum	4,5	34,7
Familienferienstätte	3,7	25,8
Kinderkrippe	3,5	40,2
Kurse, Veranstaltungen und Treffpunkte für ausländische Familien	2,3	46,9
Hort	2,3	28,0

Tabelle 2: *Orte, an denen sich Eltern mehr Informations- und Beratungsangebote wünschen*
Quelle: ifb-Elternbefragung zur Familienbildung 2006

Schließlich haben die Elternbefragungen auch gezeigt, dass nur wenige Eltern bereit wären, für die Nutzung von Angeboten der Eltern- und Familienbildung weite Wege auf sich zu nehmen. Dabei spielen die lokalen Gelegenheitsstrukturen und regionale Unterschiede selbstverständlich eine große Rolle für die Bewertung infrastruktureller und zeitlicher Restriktionen. Darüber hinaus hängt die Bereitschaft zu einer aufwendigeren Anfahrt aber auch davon ab, ob es sich um eine einmalige Veranstaltung oder um einen Kurs mit mehreren Terminen handelt, oder auch davon, ob eine gravierende Problemsituation vorliegt.

Fazit

Familie ist ein äußerst bedeutsamer Bildungsort – und zwar nicht nur als Hintergrund für die formale Bildungsbiografie, sondern auch als Ort, an welchem grundlegende alltagsbezogene Kompetenzen auf spezielle Weise vermittelt werden (vgl. Smolka/Rupp 2007). Aufgrund der steigenden Unsicherheit in Erziehungsfragen ist es daher unerlässlich, die Bedürfnisse und Wünsche von Müttern und Vätern nach Orientierung und Unterstützung wahrzunehmen und bei der Konzeption von beratenden und bildenden Angeboten zu berücksichtigen. Wie die Befragungen des *ifb* belegen, sind die Vorstellungen von Eltern sehr differenziert und erfordern ein breites und vielfältiges Angebotsspektrum. Dabei ist es grundsätzlich wichtig, dass Eltern sich in ihrer jeweiligen Situation und in ihrem aktuellen Anliegen ernst genommen fühlen, dass ihre Erziehungsleistung prinzipiell anerkannt wird und dass sie als Erwachsene mit ihren Fähigkeiten und Ressourcen Wertschätzung erfahren. Eltern wünschen sich passgenaue Angebote, die sich am Alter ihrer Kinder und an der kindlichen Entwicklung orientieren. Gleichzeitig schätzen sie die Freiheit, über den Zeitpunkt der Nutzung oder Teilnahme selbst zu entscheiden. Angebote und Programme sollten als ressourcenorientierte Möglichkeiten der Unterstützung präsentiert werden und an der Lebenswelt der Zielgruppe ansetzen. Dies ist auch in räumlicher Hinsicht zu verstehen, da Eltern alltags- und wohnortnahe Angebote favorisieren. In deren Planung und Konzeption müssen neben den Wünschen und Bedürfnissen der Erziehenden auch ihre Vorbehalte einbezogen werden. Und schließlich wollen Eltern seriös und fundiert informiert und beraten werden. Dementsprechend müssen fachlich hochwertige Konzepte entwickelt werden, welche die Autonomie von Eltern respektieren.

Literatur

Bauer, Petra/Brunner, Ewald J. (Hrsg.) (2006): Elternpädagogik. Von der Elternarbeit zur Erziehungspartnerschaft. Freiburg: Lambertus
Beck, Ulrich/Beck-Gernsheim, Elisabeth (1990): Das ganz normale Chaos der Liebe. Frankfurt am Main: Suhrkamp
Beck-Gernsheim, Elisabeth (1990): Alles aus Liebe zum Kind. In: Beck/Beck-Gernsheim (1990): S. 135-183
Harring, Marius/Rohlfs, Carsten/Palentien, Christian (Hrsg.) (2007): Perspektiven der Bildung. Kinder und Jugendliche in formellen, nicht-formellen und informellen Bildungsprozessen. Wiesbaden: Verlag für Sozialwissenschaften
Meyer, Thomas (2002): Moderne Elternschaft – neue Erwartungen, neue Ansprüche. In: Aus Politik und Zeitgeschichte, B 22-23/2002. S. 40-46
Mühling, Tanja/Smolka, Adelheid (2007): Wie informieren sich bayerische Eltern über erziehungs- und familienbezogene Themen? Ergebnisse der ifb-Elternbefragung zur Familienbildung 2006. Bamberg: ifb-Materialien 5-2007
Rupp, Marina/Smolka, Adelheid (2006): Empowerment statt Pädagogisierung – Die Bedeutung niedrigschwelliger Konzepte für die Familienbildung. In: Bauer/Brunner (2006): S. 193-214

Schneider, Norbert F./Matthias-Bleck, Heike (Hrsg.) (2002): Elternschaft heute. Gesellschaftliche Rahmenbedingungen und individuelle Gestaltungsaufgaben. Opladen: Leske und Budrich

Schneider, Norbert F. (2002): Elternschaft heute. In: Schneider/Matthias-Bleck (2002): S. 9-22

Smolka, Adelheid (2002): Beratungsbedarf und Informationsstrategien im Erziehungsalltag. Ergebnisse einer Elternbefragung. Bamberg: ifb-Materialien 5-2002

Smolka, Adelheid/Rupp, Marina (2007): Die Familie als Ort der Vermittlung von Alltags- und Daseinskompetenzen. In: Harring/Rohlfs/Palentien (2007): S. 219-236

Walter, Wolfgang/Bierschock, Kurt P./Oberndorfer, Rotraut/Schmitt, Christian/Smolka, Adelheid (2000): Familienbildung als präventives Angebot. Einrichtungen, Ansätze, Weiterentwicklung. Bamberg: ifb-Materialien 5-2000

Wissenschaftlicher Beirat für Familienfragen (2005): Familiale Erziehungskompetenzen. Beziehungsklima und Erziehungsleistungen in der Familie als Problem und Aufgabe. Weinheim und München: Juventa

Ausgewählte Eltern-Zielgruppen: Einstellungen, Bedürfnisse, Interessenlagen und Zugänge, Schwierigkeiten

Christoph Grote

Zusammen wachsen – Väter in Erziehungspartnerschaften

Das Vater-Sein erfreut sich in den letzten Jahren einer gesteigerten Aufmerksamkeit, nicht erst seit der Einführung des erweiterten Elterngeldes und der so genannten Partnermonate. Auch die Väter selbst sind auf der Suche nach den Möglichkeiten und neuen Wegen in ihrem Vater-Sein – und das schon seit mehreren Jahren. Die Zahlen der elternzeitnehmenden Väter variiert von Bundesland zu Bundesland, jedoch ist festzustellen, dass die Statistiken der 1990er Jahre, die die Zahlen der kinderversorgenden Väter noch in Promillegrößen angaben, heute selbstverständlich Prozentzahlen messen. Diese liegen im zweistelligen Bereich (laut Statistischem Bundesamt waren 2009 17,3% der Väter Elterngeldbezieher). Das heißt, dass Väter sich in die Begegnung und Beziehung zu ihren Mädchen und Jungen begeben. Wieso ist das so?

Hintergründe

Zuerst ist sicherlich das durch die Frauenbewegung veränderte Weiblichkeitsbild und die damit verbundene erweiterte Erwerbstätigkeit der Mütter zu nennen. Frauen wollen in den Beruf, wählen für sich den Weg der Erwerbsbiografie als Ausdruck von Selbständigkeit und Verwirklichung. Der Trend aus der allein zuständigen Familienarbeit heraus in andere Felder schafft Versorgungs- und Zuständigkeitsfragen für den häuslichen Bereich. Neben der Entwicklung bei den Frauen sind es aber auch die Fragen der Männer an ihre Rolle als Vater und ein damit verbundenes erweitertes Männlichkeitsbild, das die Väter bewegt neue Perspektiven einzunehmen. Es reicht eben vielen Vätern nicht mehr, die Erwerbsrolle für die Familie einzunehmen. (Ausspruch eines Vater dazu beim Väterabend: „Mir ist es wichtig, kein Vater zu sein, der nur die Kohle zu Hause abliefert und auch am Wochenende fast nie da ist …".) Väter wollen Beteiligung am Familiengeschehen, wollen da sein, Verantwortung in Bezug auf die Kinder übernehmen und damit Wertigkeiten in ihrem Leben neu definieren. Stellvertretend sind hier die Männer zu nennen, die bei der Geburt ihres Kindes dabei sein wollen, und den Chef und die Arbeitsstelle auf den plötzlichen Ausfall für Tage durch die anstehende Geburt vorbereiten oder die Väter, die sich für den Geburtstag der Kinder einen Tag Urlaub nehmen. Das heißt, Männer als Väter machen sich auf den Weg und sind auf dem Weg. Sie sind interessiert, ansprechbar und neugierig. Sie wollen sich gezielt mit Fragen der Erziehung auseinandersetzen und in das Leben ihrer Kinder eintauchen. Zugegeben, es sind nicht alle, aber doch schon der überwiegende Teil.

Bei allem neuen Aufbruch ist aber auch eine Verunsicherung der Väter zu erleben. So wie ihre Väter ihr Vater-Sein gelebt haben, wollen sie es selbst nicht verwirklichen und im Miteinander in der Partnerschaft ist das auch nicht durchsetzbar. Aber wie geht es dann? Väter sind auf der Suche nach neuen Modellen, nach neuen Arrangements, die die verschiedenen Ansprüche aus sich selbst und aus der Partnerschaft heraus kombinieren. In dieser Phase geraten die Väter unter Druck, weil neue Verantwortungsbereiche mit den Partnerinnen definiert werden wollen oder sie sich am Arbeitsplatz mit Sprüchen von Kollegen konfrontiert sehen (‚Hast du keine Frau zuhause?'). Auch gegenüber sich selbst und im Verwirklichen eigener Interessen und Bedürfnisse kommen sie nicht recht weiter. Dabei spielt die Anerkennung und Wertschätzung sowohl gesellschaftlich wie persönlich eine große Rolle.

Dazu wird die Geschlechtlichkeit (das Mann-Sein) als Bedeutung im Groß-Werden der Kinder diskutiert und neue Untersuchungen gehen auf die Einflussfaktoren ein. Erste (Bundes-)Programme wie z.B. *Mehr Männer in Kitas* (2011 – 2013) setzen auch im professionellen beruflichen Rahmen auf die gezielte Auseinandersetzung mit dem Thema Männlichkeit und wollen z.B. die Erhöhung des Männeranteils im Elementarbereich erreichen. Männer und somit auch Väter werden als Modelle für gelebte Männlichkeit gesucht.

Alles in allem ist aber festzuhalten, dass die Möglichkeiten und Chancen Väter zu begeistern und zu bewegen sich zu beteiligen, selten größer waren als heute. Das Vaterbild ist im Wandel und die Männer sind auf der Suche nach tragfähigen Lebensmodellen, nach neuen Betätigungsfeldern in der Welt ihrer Kinder und nach einer veränderten Justierung der Work-Life-Balance.

Die Bedeutung der Beziehung von Vätern zu ihren Kinder und umgekehrt

Kinder brauchen den Vater nach der ersten innigen und bindungsaufbauenden Phase der ersten Monate als einen liebenden Ankerpunkt neben der Mutter. Hier haben die Kinder einen Anlaufpunkt, der sie in die Verselbständigung führt und ihr Leben aus dem dualen Beziehungsfeld zur Mutter hin in eine Triangulität führt. Damit werden die Erfahrungs- und Lernchancen des Kindes erweitert und das kindliche Selbstwertgefühl wird durch die andere (männliche) Ansprache gestärkt. Daneben bietet der Vater in der Geschlechtsidentitätsbildung das Modell des leb- und nahbaren Mann-Seins an, welches den Mädchen und Jungen Erfahrungsräume z.B. im Nähe- und Distanzverhalten zum Gleich- bzw. Gegengeschlecht liefert.

Dafür ist es sinnvoll, dass der Vater alleinige Zeit mit den Kindern verbringt, um ihnen unmittelbar in allen Lebenssituationen zu begegnen. Sei es beim Trösten, in Momenten des Traurig-Seins oder des Verletzt-Seins, sei es das Konsequent-Sein beim Einkaufen am Ort der Süßigkeiten oder sei es der Augenblick, in dem die Kinder den Rhythmus bestimmen und Vater und Kind im Spiel versinken.

Aber nicht nur die Kinder brauchen die Väter, auch die Väter sind angewiesen auf ihre Töchter und Söhne. Väter sind nicht als Väter geboren. Im Gegenüber und Miteinander zu den Kindern entwickeln die Väter ihr Vater-Sein fort. Jede Begegnung vergrößert ihre Möglichkeit sich selber Fragen zu stellen, sich in der Beziehung neu zu orientieren und Entscheidungen anders zu treffen. Kinder zwingen die Väter auch in die Auseinandersetzung mit dem eigenen Mann-Sein, weil Kinder sich, je älter sie werden, eben auch auf der geschlechtlichen Ebene positionieren und spüren wollen.

Väter – eine neue Zielgruppe?

Dies alles bedeutet, Väter (und Männer) werden und sind in etlichen Bereichen schon eine neue und relevante Bezugsgruppe für Erziehungsfragen und allgemein für Fragen im Umgang mit den eigenen und anderen Kindern.

Es lässt sich beschreiben, dass das Phänomen Vater-Werden und das Vater-Sein eine neue Aufwertung und Beachtung findet. Dies ist an sich aber noch nicht der Schritt, Väter in die

Erziehungspartnerschaft zu bekommen. Um das zu erreichen, braucht es eine wertschätzende Haltung des Personals und der Institution für die noch so kleinen Schritte, die die Väter tun und sich somit auf einem für sie neuen und unbekannten Terrain bewegen. Hilfreich ist der Blick, der die Anknüpfungspunkte zu den Vätern sieht und sich damit den Ressourcen der Männer hinwendet – im Gegensatz zu der altbekannten Wahrnehmung, die anmahnt, wann sie denn nicht da waren oder die Kinder nicht beachtet haben. Dieser Blick will die anderen Herangehensweisen, die anderen Wertmaßstäbe und die anderen Wahrnehmungen von Kindern erkennen und verstehen ohne sie gleich zu werten. Es entsteht ein Spannungsfeld der Vielfalt, was manchmal auch Unsicherheiten mit sich bringt, jedoch in unterschiedlichen Lebenssituationen bereichert, weil andere Handlungsoptionen sich eröffnen. Diese Haltung stellt sich als eine noch größere Herausforderung dar, wenn verschiedene andere Lebenswirklichkeiten (Kultur, Religion, Klasse, Bildungshintergrund, Beeinträchtigung usw.) mit ins Spiel kommen. Hier den Blick auf das Verbindende und nicht auf das Trennende zu richten ist der entscheidende Richtungswechsel. Bei allen Hindernissen und Missverständnissen in diesem Prozess kann auf das Eine vertraut werden: Die gemeinsame Sorge um das Kind ist das verbindende Element und immer wieder der Anknüpfungspunkt zum Gespräch zwischen den Mitarbeitenden und Vätern.

Die Erfahrung zeigt, dass Väter, gerade solche aus bildungsnahen Bevölkerungsschichten, auf Einladungen reagieren oder Veranstaltungen, die eigens für sie konzipiert sind, annehmen. Vorträge zu Erziehungsfragen (Themen wie Selbstbehauptung und Gewaltprävention, Sexualpädagogische Fragestellungen, Medienkonsum etc.) werden ebenso von Vätern besucht. Sie bringen sich ein, fragen nach und verändern damit sicherlich die Kultur auf Elternabenden. Und wenn sie ein gewollter Teil der (Eltern-) Arbeit sein sollen, ist es unumgänglich, die Lebensperspektiven und Lebensweltorientierungen der Väter wertzuschätzen und sie zu integrieren. Das bringt neue Dynamiken und Bewegung für die Arbeit in den Kindertagesstätten und Schulen mit sich.

Eine weitere Möglichkeit ist den Vätern eigene ‚(Frei-)Räume' für sich zu ermöglichen, z.B. den Väterabend in der Schule, den Aktionstag in der Kindertagesstätte oder den Baustellentag im Hort. Alle Formen werden von Männern genutzt und es wachsen aus diesen Begegnungen neue Verbindungen zu den Institutionen und Einrichtungen, die von Kindern und Jugendlichen besucht werden. Dabei entsteht für die Väter eine neue gefühlte Sicherheit im Bewegen in der Einrichtung sowie ein stärkerer Kontakt zwischen dem Personal und den Vätern. Nicht zuletzt wachsen Kontakte zwischen einzelnen Vätern, die sich so anders kennen lernen, neue Bezüge oder gar Freundschaften untereinander entstehen lassen und sich in ihrer Rolle als Väter neu orientieren können.

Väter übernehmen über ihre Kinder aber auch mehr und mehr intensive Kontakte zu den Einrichtungen der Kinder. So berichtet die Internetseite väterzeit.de aus einer Umfrage von über fünfhundert Beteiligten zum Thema Eingewöhnung, dass über 10% der Väter die alleinige Eingewöhnung des Kindes übernommen hätten (Team Väterzeit 2011).

Durch den Ansatz, Väter in die Arbeit der Schulen und Kindertageseinrichtungen zu holen, ist eine Dynamik nicht aus dem Blick zu verlieren: Durch die Väter kommt verstärkt eine Geschlechterdynamik in die Interaktion der beteiligten Menschen. Die Väter treffen überwiegend auf weibliches Personal. Dies hat Einfluss auf die Kommunikation und die Handlungsweisen und kann Unsicherheiten auf beiden Seiten mit sich bringen. Manches, was vorher ungezwungen gesagt und getan wurde, gerade im Nähe-Distanz-Verhalten, muss neu beobachtet und definiert werden. Grenzen im gegenseitigen Umgang erfahren neue Dimensionen und brauchen in der Folge mitunter entschiedene Klarheit und auch Abgrenzung. Hier ist das Gespräch im eigenen Team und die Reflexion von Situationen ein wesentlicher Schritt, um Wahrnehmungen auszutauschen und veränderte Handlungsschritte einzuleiten. Dies wird nicht die Bereicherung schmälern, die durch die männliche Lebensperspektive und -erfahrung in den Alltag mit hineingeholt wird.

Wie können Väter angesprochen werden?

Ganz praktische einfache Schritte können die Einbindung und den Kontakt der Mitarbeitenden aus den Schulen und Kindertagesstätten zu den Vätern anregen und stabilisieren:

- *Väter direkt ansprechen*
  Männer können mit direkter Kommunikation gut leben; sie fühlen sich ernst genommen und möchten an vielen Punkten nicht in größere Beziehungsdebatten einsteigen, sondern erleben das direkte Fragen nach Mitarbeit als angemessen. So kann die eindeutige Einladung zu Hospitationen, Elternabenden oder der Beteiligung an Aktionen die passenden ‚väterfreundlichen Signale' aussenden.
- *Elternbriefe mit ‚Liebe Mütter und liebe Väter' beginnen*
  Anstelle der häufig genutzten und sicherlich auch oft sinnvollen Formulierung ‚Liebe Eltern' ist in manchen Gesprächen mit Vätern deutlich geworden, dass sie sich mehr und intensiver angesprochen fühlen, wenn sie als Väter direkt erwähnt werden. Hier können dann die inneren Delegationen (‚Dafür bin ich nicht zuständig'; ‚Erziehungssache ist Frauensache' oder ‚Meine Frau weiß da auch mehr') nicht mehr so leicht zum Tragen kommen. Als Vater bin ich direkt gefragt, wenn ich den Brief der Einrichtung lese, und muss mich als Vater aus meiner Position entscheiden. Erfahrungsgemäß zeigt die neue Ansprache Wirkung.
- *Zeitstrukturen wählen, die Väter bedienen können*
  Väter sind häufiger stark eingebunden in eine Erwerbsarbeit, die zeitliche Verpflichtungen mit sich bringt. Angebote für Väter sind dementsprechend im (ausgedehnten) Wochenplan zu integrieren, z.B. die Väterbegegnung am Freitagabend oder die (Spiel-) Aktion am Wochenende. Projekte, die einmalig durchgeführt werden oder einen begrenzten Zeitraum umreißen, sind besser zu realisieren als verpflichtende Langzeit-Aufgaben. Dies erfordert von den Einrichtungen eine Neuausrichtung in der Aufgaben- und Arbeitszeitgestaltung und auch eine Flexibilität der Mitarbeitenden, die sich darauf einlassen müssen.
- *Väter über Aufgaben und Stärken ansprechen*
  Wenn Männer in ihrem Können oder in ihrem Wissen gefragt sind, verspüren sie die notwendige Sicherheit sich im noch unsicheres Terrain der Kinderbetreuung oder der Schule zu bewegen. Das kann die Mitwirkung an Projekten (z.B. das Anknüpfen an die handwerklichen und technischen Interessen sowie Kompetenzen – Drachenbau, Schulhofrenovierung und -gestaltung), bei Exkursionen (Kennenlernen von Arbeitsstätten und -welten von Vätern) oder in Arbeitsgemeinschaften (Nutzen von Hobbys und Freizeitaktivitäten) erreichen. Der erste Schritt auf die Männer zu gewinnt sie noch mehr, wenn sie erleben, dass ihnen Verantwortung gegeben wird und sie gebraucht werden.

- *Thematische Elternabende*
  Offene Informationsabende, Vorträge und auch Diskussionsveranstaltungen zu übergreifenden Themen wie *Wie erleichter ich meinem Kind den Schuleinstieg?*, *Hausaufgaben und die Rolle des Vaters/der Mutter* oder auch mehr aus ihrer Lebenswelt kommende Themen wie *Erwerbsarbeit und Vaterschaft – zwei miteinander zu vereinbarende Welten* können bei Vätern ein unkompliziertes Interesse wecken.
- *'Andere Väter nutzen' oder 'Väter brauchen Väter'*
  Väter können den neuen Weg in die Einrichtungen der Kinder eher und schneller gehen, wenn sie von anderen Vätern mitgenommen werden. Deshalb sind die schon gewonnenen Väter hervorragende Multiplikatoren, weitere Väter zu interessieren und zu begeistern. Denn ein Gewinn für die Väter stellt immer wieder der Austausch mit den anderen Männern dar. Männer stellen sich ähnliche Fragen und kommen aus ähnlichen Lebenswelten. Andere Männer können so das gesuchte Vorbild in Fragen von z.B. Work-Life-Balance oder Erziehungsthemen sein. Gerade im Feld der Arbeit mit verschiedenen Kulturen hat sich die Ansprache durch einen anderen Mann als erster Zugang bewährt.

Abschließende Gedanken – eine Ermutigung

Es sind an vielen Orten und in vielen Einrichtungen schon eine Menge an positiven Erfahrungen gemacht worden, die nicht alle aufgezählt werden können. Deshalb ist der fragende Blick in die Nachbareinrichtung der erste Schritt, um sich zu informieren, was gelingen kann. Wenn Neues angefangen wird, ist es wichtig, sich zu erlauben auch mit wenigen Vätern zu beginnen, obwohl die Erwartungen andere waren – und nicht beim ersten Scheitern das Projekt der Väterarbeit aufzugeben. Manchmal braucht es zwei Anläufe, um Gelingendes auf die Beine zu stellen.

So bleibt festzuhalten: Der Weg beginnt immer mit dem Anfangen und dem Loslegen. Sicherlich wird es in den Begegnungen mit Vätern Irritationen geben, es werden sich Fragen auftun, die man sich noch nicht gestellt hat und manchmal braucht es auch die Gelassenheit des Augenblicks, Entwicklungen laufen zu lassen. Die Erfahrung zeigt: Der Mut zu Neuem wird durch das frisch geweckte Interesse und Engagement der Väter belohnt.

Literatur

Altan, Melahat/Foitzik, Andreas/Goltz, Jutta (2009): Eine Frage der Haltung. Eltern(bildungs)arbeit in der Migrationsgesellschaft. Eine praxisorientierte Reflexionshilfe. Hrsgg. v. d. Aktion Jugendschutz Baden-Württemberg. Stuttgart

Boldt, Uli/Herschelmann, Michael/Grote, Christoph (2006): Väterarbeit in der Grundschule. In: Die Grundschulzeitschrift – Thema: Jungen, Heft Mai 2006. Seelze: Friedrich-Verlag

Cremers, Michael/Krabel, Jens (2010): Männliche Fachkräfte in Kindertagesstätten. Hrsgg. v. BMFSFJ. Berlin

Ev. Arbeitsgemeinschaft für Familienfragen Westfalen-Lippe (Hrsg.) (2009): Tolle Sachen mit den Vätern. Impulse und Ideen für Kitas. Münster

Mitsch, Bernd (2011): Jungen in der Kita. Hrsgg. v. Kompetenzzentrum geschlechtergerechte Kinder- und Jugendhilfe Sachsen-Anhalt e.V. Magdeburg

Rauw, Regina et al. (Hrsg.) (2001): Perspektiven geschlechtsbezogener Pädagogik. Opladen: Leske und Budrich

Rohrmann, Tim/Thoma, Peter (1998): Jungen in Kindertagesstätten – ein Handbuch zur geschlechtsbezogenen Pädagogik. Freiburg im Breisgau: Lambertus

Rohrmann, Tim (2008): Zwei Welten? Geschlechtertrennung in der Kindheit. Opladen und Farmington Hills: Budrich Uni-Press

Schnack, Dieter/Gersterkamp, Thomas (1996): Hauptsache Arbeit. Männer zwischen Beruf und Familie. Reinbek: Rowohlt
Stadtwerke Bielefeld (o. J.): Mit Vätern rechnen. Berufliche Entwicklung mit Familie vereinbaren. Gleichstellungsstelle. Bielefeld
Team Väterzeit (2011): Eingewöhnung im Kindergarten. Wie klappt es am besten?. www.väter-zeit.de/vaeter-kinder-kindergarten/umfrage-zur-eingewoehnung-kita.php (Download am 19.07.2011)
Verlinden, Martin (2004): Väterarbeit in NRW. Bestandsaufnahme und Perspektiven. Hrsgg. v. Sozialpädagogischen Institut NRW. Köln

Cengiz Deniz

Perspektiven für die Elternarbeit mit migrantischen Familien

Einführung

Bei allem Disput, der die Diskussion über eine bessere Integration von MigrantenInnen in die deutsche Gesellschaft seit Jahren begleitet, herrscht in einem Punkt doch Einigkeit: Der Weg zu einem besseren Miteinander führt über die Bildung. Hier sind gerade auch die Eltern gefragt, denn sie können ihre Kinder ermutigen und unterstützen. Die Begleitstudien zu PISA haben belegt, dass die Förderung durch die Eltern sowie das kulturelle Kapital der Familien entscheidend zu besseren Schulleistungen der Kinder beitragen (OECD 2001, S. 29 ff.). Die Elternarbeit ist dabei ein wichtiges Instrument, dessen Potenziale bisher aber noch nicht ausreichend genutzt werden. Sie ist zu oft auf die Bedürfnisse deutscher Mittelschichtfamilien ausgerichtet. Nach Sacher besteht das Ziel der Elternarbeit darin, den Lern- und Schulerfolg sowie die Entwicklung der Kinder zu optimieren. So muss Elternarbeit sich an Bedarfen orientieren und bei der Zielgruppe ankommen (vgl. Sacher 2009, S. 9). Das Ziel der Elternarbeit bleibt für alle Eltern gleich. Um die Migrantenfamilien gezielter mit einzubeziehen, muss die Elternarbeit in diesem Kontext besser als bisher auf deren speziellen Hintergrund eingehen und ressourcenorientiert handeln.

Hinzu kommt in diesem Zusammenhang noch, dass das Verhältnis von PädagogInnen und Eltern nicht immer frei von Spannungen ist. Auch hier kann die Elternarbeit einen wichtigen Beitrag zum Wohle der Kinder und Jugendlichen leisten. Sie zielt vor allen Dingen darauf ab, eine partnerschaftliche Kooperation zwischen Eltern und Schule herzustellen. Diesbezügliche Erfahrungen haben belegt, dass wenn die Ressourcen der Eltern gestärkt und mobilisiert werden, die Schulerfolge der Kinder entsprechend steigen. Die SchülerInnen erzielen bessere Leistungen, sie machen höhere Abschlüsse, können Konflikte sachlicher lösen, nehmen häufiger ein Studium auf. Das verlangt von beiden Seiten, dass sie sich füreinander öffnen und sich über ihre jeweiligen Vorstellungen zur Erziehung der Kinder austauschen. Im Idealfall profitieren Eltern und LehrerInnen, vor allen Dingen aber die Kinder von einem solchen Dialog. Die Realität sieht in vielen Fällen leider anders aus – LehrerInnen und Eltern stehen sich als Gegner gegenüber, der Dialog kommt nicht in Gang oder ist von Missverständnissen geprägt. Es gibt eine ganze Reihe von Gründen, warum die Elternarbeit hinter den Erwartungen zurückbleibt oder sogar komplett scheitern kann.

Dialog auf Augenhöhe

Eine erste typische Hürde für die Elternarbeit mit MigrantInnen sind mangelnde Sprachkenntnisse. Wer die deutsche Sprache nicht oder nur schlecht beherrscht, ist auch mit einem Dialog zu sensiblen Erziehungsthemen überfordert, bei dem es auf Zwischentöne und feine Nuancen ankommt. In solchen Fällen sind Missverständnisse fast schon vorprogrammiert. Hinzu kommt in vielen Fällen ein falscher Respekt vor der Institution Schule, der oft noch durch das Verhalten der LehrerInnen verstärkt wird. Werden die Eltern zur Schule zitiert, so kommen sie dort häufig schon mit einem schlechten Gewissen und verängstigt an. Sitzen sie dann auch noch vor der Lehrkraft in der Schulbank, so ist es kaum verwunderlich, dass sich die Eltern selbst wieder in ihre Schulzeit zurückversetzt fühlen. Unter diesen Bedingungen ist ein Dialog auf Augenhöhe kaum noch zu erwarten – und die Elternarbeit häufig zum Scheitern verurteilt.

Studien wie der Familienbericht der Bundesregierung kommen außerdem zu dem Schluss, dass Eltern migrantischer Herkunft häufig mit den Anforderungen des hiesigen Schulsystems überfordert sind (Familien ausländischer Herkunft, Sechster Familienbericht 2000, S. 185). Gerade die Bildungseinstellungen von MigrantInnen der Zuwanderergeneration sind noch sehr stark von ihren Erfahrungen aus dem Herkunftsland geprägt. Daraus resultieren unklare Vorstellungen über Aufgaben und Möglichkeiten des deutschen Bildungssystems. Der gute Wille seine Kinder so gut wie möglich zu unterstützen reicht daher in vielen Fällen nicht aus – insbesondere dann, wenn das notwendige kulturelle und materielle Kapital nicht vorhanden ist.

Das hat auch Auswirkungen auf die Rolle der LehrerInnen. Sie müssen sich gezielter Zeit für die migrantischen Eltern nehmen, ohne sie aber gleich mit zu betreuen. Auch wenn die MigrantInnen in bestimmten Punkten Defizite aufweisen, sind sie doch gleichwertige PartnerInnen im Erziehungsprozess, die über intuitive und reflexive Kompetenzen verfügen. Die Elternarbeit muss daher darauf ausgerichtet sein, die Kompetenzen der Eltern zu stärken und gleichzeitig ihre Defizite zu kompensieren. Wenn dies gelingt, profitieren letztendlich alle Beteiligten: Die Familien werden besser in die Gesellschaft integriert, die Kinder sind erfolgreicher in der Schule und das Lernklima verbessert sich deutlich.

Eltern einbinden und in die Pflicht nehmen

Es führt kein Weg daran vorbei, dass die Eltern mitverantwortlich sind für die Entwicklung, Erziehung und Bildung ihrer Kinder. Kindergärten und Schulen allein können diese Aufgabe nicht bewältigen. Die LehrerInnen sind aber in der Pflicht, wenn es darum geht, Eltern zu motivieren und mobilisieren, die ihrer Erziehungsaufgabe nicht nachkommen. Dabei ist Fingerspitzengefühl und Fachkompetenz gefragt, denn keine Familie ist wie die andere. Die Eltern müssen individuell dort abgeholt werden, wo sie stehen.

Studien aus England zeigen, dass Eltern sich vor allen Dingen dann zu einer aktiven Mitarbeit motivieren lassen, wenn die Institutionen sich als Treffpunkt im Gemeinwesen mit speziellen Angeboten zur Elternbildung definieren (vgl. Petry 1990, S. 53 ff). Das ist leicht gesagt – aber wie lässt sich dieser Anspruch mit Leben füllen? Grundsätzlich ist es erforderlich, möglichst frühzeitig in Kontakt mit den Eltern zu treten und sie in den schulischen Alltag einzubinden. Ein gängiges Mittel dazu ist die projektgebundene Elternarbeit. Im Rahmen solcher Projekte eröffnet sich die Möglichkeit, den Eltern gleich vom ersten Schultag an Angebote zu machen – Einzelgespräche, Elternabende, thematische Gesprächskreise. Solche Angebote schaffen ein kooperatives Klima und senken die Hemmschwelle. Wo Eltern und LehrerInnen unverkrampft miteinander reden, fällt es leichter Erziehungsschwierigkeiten zur Sprache zu bringen, denn die Lehrkraft erscheint nun weniger als eine autoritäre Instanz, sondern als Partner bei der Erziehung der Kinder. Sie kann mit ihrem entwicklungspsychologischen und pädagogischen Fachwissen ein wichtiger Ratgeber für die Eltern in schwierigen Situationen sein und sie in Sonderfällen auch auf andere Fachdienste oder Hilfestellen hinweisen.

Zehn Punkte für eine erfolgreiche Elternarbeit mit MigrantInnen

Der folgende knappe Überblick zeigt ohne Anspruch auf Vollständigkeit, was konkret zu beachten ist, wenn sich eine Schule erfolgreich als Treffpunkt und Anlaufstelle von Eltern und LehrerInnen etablieren soll.

Erstens: Ziele formulieren

In der Wirtschaft ist es für Unternehmen üblich eine klare Philosophie zu entwickeln, die als grundsätzliche Richtschnur für alle Entscheidungen dient. Auch Schulen brauchen einen solchen Katalog von Überzeugungen und Zielen. Hier bietet sich auch schon die erste Gelegenheit zum Austausch mit den Eltern. Dieser ist denkbar im Rahmen eines Elternabends, bei dem die unterschiedlichen Erwartungen gesammelt und diskutiert werden. Besonders wichtig ist die Meinung der Eltern, die sich bisher nicht am Schulleben beteiligt haben. Gerade die Gründe für ihre Verweigerung sollten mit in die Diskussion einfließen.

Zweitens: Sonderbehandlung beenden

Jede noch so gut gemeinte Sonderbehandlung von Eltern mit Migrationshintergrund erhöht die Hemmschwelle und schafft neue Probleme. Erst die Heraushebung verwandelt das allgemeine gesellschaftliche Problem zum Ausländerthema, sie zieht einen tiefen Graben zwischen der Mehrheitsgesellschaft und *denen. Die*, das sind die schwierigen Fälle, *die können sich nicht integrieren, die* interessieren sich nicht für ihre Kinder. Es liegt auf der Hand, dass auf dieser Grundlage keine gleichberechtigte Partnerschaft möglich ist. PädagogInnen sind auch Menschen, und damit nicht immun gegen die psychologischen und sozialen Mechanismen, die eine solche Sonderbehandlung fördern. Sie sollten allerdings in der Lage sein, diese Mechanismen professionell zu hinterfragen und ihnen gezielt entgegenzuwirken.

Drittens: Erhöhung des Anteils multikulturellen Personals

Die multikulturelle Gesellschaft ist in den deutschen Lehrerzimmern noch immer nicht angekommen. Der Lehrkörper spiegelt die ethnische Zusammensetzung Deutschlands kaum wieder, denn es gibt viel zu wenig LehrerInnen mit Migrationshintergrund. Natürlich wird kein Problem allein dadurch gelöst, dass an einer Schule mehr Lehrkräfte aus dem ehemaligen Jugoslawien oder der Türkei unterrichten. Trotzdem ist es wichtig, verstärkt solche LehrerInnen an die Schulen zu bringen, denn sie können sich besser in die Lage der SchülerInnen hineinversetzen und ihren besonderen kulturellen Hintergrund verstehen. Sie kennen die Vorurteile, Klischees und Pauschalisierungen, mit denen die SchülerInnen tagtäglich konfrontiert werden – und zwar nicht in der grauen Theorie des Pädagogikseminars, sondern aus eigener Erfahrung. Dadurch haben sie einen besseren Zugang zu ihren SchülerInnen. Und zusätzlich sind diese LehrerInnen auch der beste Beweis dafür, dass auch MigrantInnen in Deutschland Karriere machen können.

Viertens: Eintrittsbarrieren abbauen

Es gibt eine ganze Reihe von Hindernissen, die MigrantInnen den Zugang zu Schulen oder Kitas erschweren. Dazu tragen sowohl rechtliche als auch psychische, soziale und kulturelle Barrieren bei. So kommen viele türkische Familien beispielsweise überhaupt nicht auf den Gedanken, ihr Kind auf eine besonders fortschrittliche Schule zu schicken, weil sie ihnen elitär erscheint oder weil sie sich unter den überwiegend deutschen Eltern fremd und unsicher fühlen. Als Folge sammeln sich die ausländischen Schüler in bestimmten Einrichtungen, deren Ruf sich dadurch verschlechtert. So vertieft sich der Graben quer durch die Gesellschaft. Die Schulen, Kitas und Kindergärten müssen daher alles daransetzen, die Eintrittsbarrieren so niedrig wie möglich zu halten, ausländische Familien gezielt anzusprechen und zu unterstützen.

Fünftens: Bessere Vernetzung

Dabei spielt auch eine gute Vernetzung der Einrichtung mit anderen Institutionen, mit den Vereinen, Kinder-, Jugend- und Senioreneinrichtungen im Sozialraum, eine wichtige Rolle. Wenn eine Schule hier Präsenz zeigt und sich aktiv in das öffentliche Leben einbringt, eröffnen sich vielfältige neue Kontaktchancen mit den Familien im direkten Umfeld. Übrigens fordert auch das SGB VIII ein solches Engagement, doch vielerorts wird dem nicht konsequent entsprochen.

Sechstens: Öffnung zum sozialen Umfeld

Konkret kann eine solche Vernetzung beispielsweise erreicht werden, indem die Schule Leistungen anbietet, die über ihre Kernaufgaben hinausgehen. Denkbar sind Sprachkurse für die Eltern oder die Präsenz auf Stadtteilfesten. Solche Angebote können die Hemmschwelle für Eltern absenken und den Dialog fördern. In einer ungezwungenen Atmosphäre ist es leichter, miteinander ins Gespräch zu kommen und über Probleme und Chancen zu reden.

Siebtens: Partizipation der MigrantInnen fördern

Was für die LehrerInnen und Schulen gilt, gilt genauso auch für zivilgesellschaftliche Gremien: MigrantInnen sind hier deutlich unterrepräsentiert. Doch auch hier sorgen vor allem psychologische und soziale Exklusionsmechanismen dafür, dass die Deutschen als Eltern- oder SchulsprecherInnen weitgehend unter sich bleiben. Daher ist es auch an dieser Stelle erforderlich, die Eintrittsbarrieren gezielt abzusenken und so den MigrantInnen den Einstieg zu erleichtern. Im schlechtesten Fall führt dies dazu, dass ein ‚Quotenmigrant' in die Gremienarbeit gedrängt wird, um das schlechte Gewissen zu beruhigen. Erforderlich ist aber ein Dialog auf Augenhöhe. MigrantInnen werden sich nur dann dauerhaft engagieren, wenn sie sich mit ihren Sichtweisen und Problemen auch ernstgenommen fühlen. Das erfordert vor allen Dingen transparente und nachvollziehbare Entscheidungswege und -strukturen in den Gremien.

Achtens: Curriculum anpassen

Höhne u.a. (2000) haben in ihren Schulbuchanalysen festgestellt, dass unsere Lehrpläne und Schulbücher nicht mit den gesellschaftlichen Veränderungen Schritt halten. So finden sich in vielen Schulbüchern Vorbehalte gegen migrantische Familien. Die Lehrpläne bieten zu wenig Anknüpfungspunkte an die reale Lebenswelt der SchülerInnen. Natürlich sind die Schulen nicht in der Lage, die Lehrpläne eigenmächtig an die aktuellen Realitäten anzupassen. Dennoch sind LehrerInnen und Eltern auch auf diesem Gebiet nicht zur Untätigkeit verurteilt. Die Lehrkräfte können den ‚heimlichen Lehrplan', der den Unterrichtsalltag bestimmt, kritisch beleuchten und besser auf die Anforderungen der multikulturellen Gesellschaft ausrichten. Die Schulbücherei kann mit Literatur aus unterschiedlichen Ländern ergänzt werden. Das sind alles kleine Beiträge, die aber klare Signale in Richtung der MigrantInnen senden und in ihrer Gesamtheit eine große Wirkung erzielen können.

Neuntens: Interkulturelle Fortbildung fördern

Die multikulturelle Gesellschaft stellt also besondere Anforderungen an PädagogInnen. Sie müssen sich mit Kindern, Jugendlichen und Eltern aus unterschiedlichen Kulturkreisen auseinandersetzen und daraus resultierende Konflikte souverän moderieren. Das erfordert eine besondere Sensibilität und ein entsprechendes Hintergrundwissen – Fähigkeiten, die sich im Rahmen einer entsprechenden Weiterqualifikation anzueignen sind. Die deutschen Bildungseinrichtungen müssen ihrem Personal die entsprechenden Möglichkeiten zur Verfügung stellen. Außerdem sind Beratungsstellen notwendig, die den PädagogInnen in schwierigen Situationen weiterhelfen. Die Integrationserfolge in und neben dem Unterricht müssen zudem im Rahmen einer Supervision kontinuierlich begleitet werden.

Zehntens: Regelmäßiges Controlling einsetzen

Der gute Wille allein reicht nicht. Wer das Zusammenleben von Deutschen und MigrantInnen in Schulen und Kitas nachhaltig verbessern will, muss auch prüfen, ob die ergriffenen Maßnahmen tatsächlich zu den gewünschten Effekten führen. In der Wirtschaft ist es Gang und Gäbe, durch ein regelmäßiges Controlling Kosten und Nutzen von Investitionen zu vergleichen und so die Effizienz des Unternehmens zu erhöhen. Das Bildungssystem kann hier von der Wirtschaft lernen. Entsprechend angepasste Controllinginstrumente können systematisch ermitteln, ob die AdressatInnen der Integrationsbemühungen tatsächlich erreicht werden. Mehr noch – sie helfen auch bei der Identifizierung der Personengruppen und Strukturen, die dem Erfolg im Wege stehen.

Weitere Vorschläge: Beide Seiten sind gefordert

Die zehn hier aufgeführten Punkte sind essentiell für eine erfolgreiche Elternarbeit. Jenseits dieser Forderungen ist die Verbesserung der Zusammenarbeit mit migrantischen Eltern aber nur dann möglich, wenn beide Seiten bereit sind aufeinander zuzugehen und die eigenen Einstellungen zu hinterfragen, gegebenenfalls auch anzupassen. Auch das wird allerdings nur unter den entsprechenden Rahmenbedingungen passieren. Auf einer ganz grundsätzlichen Ebene geht es hier zunächst einmal darum, einen allgemeinen Konsens darüber zu erreichen, dass alle Beteiligten nur das Beste für die Kinder wollen.

Konkret brauchen wir spezielle Sprachkurse für Eltern, insbesondere auch für die Väter, als festen Bestandteil der schulischen Praxis. Einige Berliner Schulen haben damit sehr gute Erfahrungen gemacht[1]. Diese sind zu ergänzen durch regelmäßige Hausbesuche und themengebundene Elterngespräche. Wenn es die Umstände erfordern, sollten diese Gespräche auch in der Muttersprache der Eltern geführt werden. Zudem lassen sich viele Probleme und Missverständnisse schon vor ihrer Entstehung ausräumen, wenn die Eltern sich frühzeitig in präventiven Gesprächsrunden treffen und dort miteinander über ihre Wünsche und

---

1 www.wilhelm-hauff-grundschule.de Projekt Elternarbeit; www.nao.be.schule.de Projekt Ottos Lernwerkstatt

Sorgen reden. Dabei können auch ehemalige SchülerInnen helfen, die als MentorInnen und VermittlerInnen aktiv werden können.

Und schließlich sind engagierte Eltern besonders wichtige MultiplikatorInnen, denn sie können besser als das pädagogische Personal andere Eltern dazu bewegen, sich in Zukunft einzubringen, etwa in Form von Vorlesestunden, Wochenendseminaren oder auch Betriebsbesichtigungen, um den Kindern unterschiedliche berufliche Perspektiven aufzuzeigen.

Natürlich sind die vielfältigen hier gemachten Vorschläge kein Allheilmittel, denn dazu sind die Problemlagen vor Ort zu vielfältig und zu individuell. Aber sie sind dennoch ein Grundkatalog, an dem sich die konkrete Ausgestaltung der Angebote und die Ansprache der betroffenen Familien orientieren kann. Die in diesem Artikel gegebenen Anregungen sind vor allen Dingen als Anstoß für eine intensive Diskussion zwischen den Schulen und den Familien gedacht, aus der ganz eigenständige und kreative Lösungen entstehen können, von denen dann die Gesellschaft in ihrer Gesamtheit profitiert.

Literatur

Auernheimer, Georg (Hrsg.) (2001): Migration als Herausforderung für pädagogische Institutionen. Opladen: Leske und Budrich

Auernheimer, Georg (2001): Pädagogische und soziale Institutionen im Zeichen der Migration. In: Auernheimer (2001): S. 9-18

Bauer, Petra/Brunner, Ewald Johannes (2006): Elternpädagogik. Von der Elternarbeit zur Erziehungspartnerschaft. Freiburg: Lambertus

Sechster Familienbericht (2000): Familien ausländischer Herkunft in Deutschland. Leistungen – Belastungen – Herausforderungen. Drucksache 14/4357. Berlin

Höhne, Thomas/Kunz, Thomas/Radtke, Frank-Olaf (2000): 'Wir' und 'sie' – Bilder von Fremden im Schulbuch. In: Forschung Frankfurt, Wissenschaftsmagazin, Heft 2/2000. S. 16-25. Frankfurt am Main: Johann-Wolfgang-Goethe-Universität

Korte, Jochen (2004): Mit den Eltern an einem Strang ziehen. Mehr Schulerfolg durch gezielte Elternarbeit. Eine Antwort auf die PISA-Studie. Donauwörth: Auer

OECD – Organisation for Economic Cooperation and Development (2001): Lernen für das Leben. Erste Ergebnisse der internationalen Schulleistungsstudie PISA 2000. Paris

Petry, Christian (1990): Community Education – den Teufelskreis des Helfens unterbrechen. In: gemeinsam, Heft Nr. 17. Essen: GWA

Sacher, Werner (2004): Elternarbeit in den bayerischen Schulen. Repräsentativ-Befragung zur Elternarbeit. Nürnberg: Lehrstuhl für Schulpädagogik

Sacher, Werner (2009): Elternarbeit schülerorientiert. Grundlagen und Praxismodelle. Für die Jahrgänge 1 – 4. Berlin: Cornelsen

Senatsverwaltung für Schule, Jugend und Sport (Hrsg.) (2001): Handreichung für Lehrkräfte an Berliner Schulen. Interkulturelle Bildung und Erziehung. Berlin

Schlösser, Elke (2004): Zusammenarbeit mit Eltern. Informationen und Methoden zur Kooperation mit deutschen und zugewanderten Eltern in Kindergarten, Grundschulen und Familienbildung. Münster: Ökotopia

Thiersch, Renate (2006): Familie und Kindertageseinrichtungen. In: Bauer/Brunner (2006): S. 80-106

Angelika Henschel

Zwischen Überforderung und Anspruch – Bildungs- und Erziehungspartnerschaften mit Ein-Eltern-Familien

Veränderte gesellschaftliche Bedingungen, die sich u.a. in einer Zunahme von Individualisierung und in der Pluralisierung von Lebensstilen ausdrücken, nehmen in Globalisierungs- und Krisenzeiten auch Einfluss auf die Institution Familie und die alltägliche Gestaltung von Familienleben. So stellt sich Familie heute weniger denn je als einheitliche und ausschließlich traditionell orientierte Institution dar, die bestimmte Funktionen und einheitliche Werte und Normen an die nachwachsende Generation vermittelt, sondern sie zeichnet sich eher durch eine Vielfalt und Uneinheitlichkeit aus.

Das bürgerliche Ideal von der Familie als privatem Ort, als Hort des Vertrauens, der Liebe, Behütung und des Schutzes, so wurde spätestens mit der Thematisierung von häuslicher Gewalt seit Ende der 1970er Jahre deutlich, bröckelt zunehmend. Dauerhafte eheliche Lebensgemeinschaften, verbunden mit einer strikten Arbeitsteilung zwischen den Geschlechtern, die für Frauen und Männer mit traditionellen Geschlechtsrollenzuweisungen einhergingen, stellen heute keine Selbstverständlichkeit mehr dar. Auch der Autoritätsanspruch des Mannes und Familienoberhauptes, der sich aus der Arbeitsteilung der Geschlechter, also aus der Unterteilung von produktiver und reproduktiver Tätigkeit ableitete, blieb zwar noch bis in die Mitte des 20. Jahrhunderts dominant, erlebte seitdem jedoch einen tiefgreifenden Wandel.

Lebens- und Familienformen sind heute durch einen kontinuierlichen Wandel gekennzeichnet, und Patchwork-Familien bilden heute keine Seltenheit mehr, auch wenn der überwiegende Teil der minderjährigen Kinder noch immer bei den verheirateten leiblichen Eltern aufwächst (vgl. Statistisches Bundesamt 2007, S. 4 f.). Auch eine Zunahme an Regenbogenfamilien lässt sich verzeichnen sowie ein Anwachsen von nicht-ehelichen Lebensgemeinschaften, in denen Kinder aufwachsen (vgl. ebenda). Wenn bis heute Familie[1] in Deutschland vom überwiegenden Teil der Bevölkerung als wichtigster Lebensbereich angesehen wird (vgl. BMFSFJ 2009) und die traditionelle Familienform noch immer überwiegt – 74% der in Deutschland lebenden Familien zeichnen sich durch Eheschließung aus – (vgl. BMFSFJ 2009, S. 30), so ist dennoch festzustellen, dass sich sowohl Familienbilder in der Bevölkerung wie auch der Familienbegriff in den Wissenschaften gewandelt haben und traditionelle Familienformen insgesamt im Abnehmen begriffen sind (vgl. BMFSFJ 2009, S. 29).

Dass sich diese familiäre Vielfalt und die gewachsenen gesellschaftlichen Ansprüche an Familienleben heute nicht immer einfach gestalten lassen, zeigen Untersuchungen wie z.B.

---

1 Der Begriff der *Familie* entspricht hier demjenigen des Statistischen Bundesamtes, wie er seit 2005 benutzt wird. Hierunter sind *Eltern-Kind-Gemeinschaften* unterschiedlichster Zusammensetzung zu verstehen. Zum Beispiel Ehepaare oder nichteheliche Lebensgemeinschaften mit Kindern, aber auch alleinerziehende Mütter oder Väter. Es kann sich hier um die Sorge für leibliche, Stief-, Pflege- oder Adoptivkinder handeln oder aber um Ein-Eltern-Familien, in denen Kinder von Beginn an beim partnerlosen Elternteil bzw. nach einer Trennung vom Partner aufwachsen (vgl. Informationen zur politischen Bildung Nr.301/2008, S.5).

die Studie „Eltern unter Druck" (2008). Ein funktionierender Familienalltag stellt sich nicht mehr ohne Weiteres automatisch ein, sondern muss immer wieder aufs Neue im Sinne von ‚Doing Family' hergestellt werden (vgl. Schier/Jurczyk 2007), wie Familienforschungsergebnisse zeigen (vgl. Allensbach 2008; Wiss. Beirat für Familienfragen 2005; World Vision Deutschland e.V. 2008; Bertelsmann Stiftung 2008 etc.). Die mit heutiger Elternschaft einhergehenden Belastungen sind durch einen gesamtgesellschaftlichen Wandel, durch ökonomische Interessen und zunehmende Anforderungen hinsichtlich Flexibilität und Mobilität von ArbeitnehmerInnen ebenso geprägt wie durch politische und demografische Veränderungen, die sich auf Familien in unterschiedlichen sozialen Milieus different auswirken.

Da Elternschaft für Männer und Frauen bis heute mit unterschiedlichen Verantwortlichkeiten und Familienrollen als Mutter oder Vater einhergeht, Frauen sich auch heute noch überwiegend der Betreuung und Erziehung der Kinder widmen, während sich Vaterschaft für Männer primär durch außerfamiliale berufliche Aktivitäten als Familienernährer auszeichnet, überrascht es auch nicht, dass sich die Arbeitsteilung innerhalb der Familie weiterhin traditionell gestalten kann[2]. So geht mit der Geburt des ersten Kindes häufig eine Traditionalisierung der Paarbeziehung einher, die auch bewirken kann, dass ein vor der Familiengründung bestehendes partnerschaftliches Verhältnis aufgegeben wird. Nicht selten kommt es zu einseitigen Belastungen im Haushalt und in den Fürsorgebeziehungen aufseiten der Frauen und dies selbst dann, wenn die Frauen einer eigenen Erwerbstätigkeit nachgehen.

Doch auch wenn sich gesellschaftliche Rahmenbedingungen geändert haben und dazu führen, dass patriarchale Familienformen, Einstellungen und Werte hinsichtlich der Institution Familie brüchig werden und zunehmende Scheidungszahlen zu verzeichnen sind, bedarf es dennoch weiterhin einer Institution und Organisationsform, die die Verantwortung für die gesellschaftliche Reproduktion und die Sozialisation der nachwachsenden Generation übernimmt. Da Eltern einen wichtigen Beitrag zur Bildung und Erziehung ihrer Kinder leisten, bedürfen insbesondere die Familien besonderer Unterstützungsangebote, die z.B. aufgrund der Tatsache des Alleinerziehens mit spezifischen Problemen belastet sind. Bildungs- und Erziehungspartnerschaften zwischen Ein-Eltern-Familien, Jugendhilfe und Schule können hier einen Beitrag zur Entlastung dieser Familien leisten und die Kinder in ihrem Bildungsverlauf zusätzlich unterstützen.

Lebenslagen allein erziehender Eltern

In der Bundesrepublik leben laut Statistischem Bundesamt annähernd 1,6 Millionen Alleinerziehende (vgl. Mikrozensus 2007; Statistisches Bundesamt 2009, S. 29), wobei der Anteil der Ein-Eltern-Familien in den neuen Bundesländern (26%) um 9% höher als in den alten Bundesländern (17%) lag (vgl. BMFSFJ 2009, S. 87). Insgesamt stellen Alleinerziehende damit einen Anteil an allen Familien von 18%. Annähernd jede fünfte Familie gilt als Ein-

---

2 So verweist Meuser in Anlehnung an das BMBFSFJ (2003, S. 114) darauf, dass „der Anteil der Männer, die 36 Stunden und mehr arbeiten, (...) bei Männern ohne Kind 56 Prozent beträgt (Umstellg. d. Verfass.), er steigt auf 75 Prozent bei denen, die ein Kind haben, und auf 82 Prozent bei Vätern mit zwei und mehr Kindern" (Meuser 2009, S. 216).

Eltern-Familie, wobei der überwiegende Anteil der Alleinerziehenden (90%) weiblich[3] (vgl. BMFSFJ 2009, S. 29, 87) ist. „Jede/jeder Zweite ist zwischen 35 und 45 Jahren alt. Fast jede/jeder Dritte ist unter 35 Jahren" (BMFSFJ 2009, S. 87). In diesen Familien leben 2,18 Millionen minderjährige Kinder, was jedem sechsten Kind in Deutschland entspricht (vg. BMFSFJ 2009, S. 87). Die Mehrheit der Alleinerziehenden war vor der Scheidung oder Trennung verheiratet, 42% von ihnen sind geschieden, 17% leben getrennt bzw. sind noch verheiratet, wobei jede zweite Trennung vor dem dritten Lebensjahr des Kindes erfolgte (vgl. BMFSFJ 2009, S. 88). 5% sind aufgrund einer Verwitwung alleinerziehend.

Dennoch kann diese Familien- und Lebensform nicht als dauerhafte verstanden werden, da sich ein Drittel der Alleinerziehenden nach weniger als drei Jahren wieder in einer Beziehung oder Hausgemeinschaft befindet (vgl. BMFSFJ 2009, S. 29). Viele von ihnen sind nicht nur einmal alleinerziehend (vgl. BMBFSFJ 2009, S. 88). So leben z.B. in den alten Bundesländern alleine 12% zum zweiten oder dritten Mal in Ein-Eltern-Familien, in den neuen Bundesländern sind es sogar 37% (vgl. BMFSFJ 2009, S. 88). Das Leben ohne eine Partnerin oder ohne einen Partner entspricht lediglich bei 14% den eigenen Wunschvorstellungen, wohingegen sich 83% eine Partnerschaft wünschen. Als explizit unzufrieden mit ihrer Situation erleben sich ein Fünftel der Alleinerziehenden.

Wie bei herkömmlichen Familien auch, so handelt es sich bei der Personengruppe der Alleinerziehenden ebenfalls nicht um eine homogene. Allerdings zeichnen sich diese Familien durch spezifische Bedarfe aus, müssen sie doch ihre Kinder ohne Unterstützung eines Partners erziehen und sind in der Regel alleine für den Lebensunterhalt ihrer Kinder verantwortlich. Häufig erleben die Alleinerziehenden vor allem die Trennungszeit als schwierig und schmerzhaft. Emotionen wie Zukunftsängste, Trauer und Scham, aber auch der Verlust des Vaters für das Kind, korrespondieren mitunter mit Schuldgefühlen oder aber Wut auf den Partner. Auch ein nicht unerheblicher Teil der Frauen, die die Trennung initiiert haben, erlebt darüber hinaus Gewalt durch den Expartner (vgl. Schröttle 2004).

Die hiermit verbundenen physischen, psychischen und materiellen Probleme sowie konfliktbeladene Trennungs- bzw. Sorge- und Umgangsregelungen vermögen auch Belastungen zu beinhalten, die zu Gesundheitsbeeinträchtigungen führen können. So geben alleinerziehende Mütter zu 24,7% an, unter psychischen Erkrankungen zu leiden. Hingegen nennen verheiratete Frauen diese Erkrankungen nur zu rund 11%. 54,4% der alleinerziehenden berufstätigen Mütter fühlen sich abgeschlagen und matt, und beinahe jede fünfte (18,5%) Alleinerziehende wurde wegen Depressionen von einem Arzt behandelt. Rund 55% der Befragten sind oft gereizt, mehr als 52% grübeln über ihre Probleme und 48,1% berichten über innere Unruhe. Fast jede dritte Alleinerziehende (30,4%) schläft schlecht, und auch die Anzahl der Raucherinnen liegt bei Alleinerziehenden fast doppelt so hoch (45,8% im Vergleich zu 23,6% der Kontrollgruppe) (vgl. DAK 2001; Europäische Agentur für Sicherheit und Gesundheitsschutz am Arbeitsplatz 2006; Bundesanstalt für Arbeitsschutz und Arbeitsmedizin 2005).

Obwohl sich alleinerziehende Mütter in ihrem Bildungsstand und von ihrer beruflichen Ausbildung nicht wesentlich von Müttern in Paarbeziehungen unterscheiden, zwei Drittel der erwerbslosen Alleinerziehenden gerne einer Erwerbstätigkeit nachgehen würden und

---

3 In der Folge wird in diesem Artikel deshalb auch überwiegend von alleinerziehenden Müttern gesprochen.

sich diese Personengruppe durch eine hohe Leistungsbereitschaft auszeichnet, haben sie große Probleme, einer Berufstätigkeit nachzugehen, da es bis heute an verlässlichen und flexiblen Kinderbetreuungsmöglichkeiten fehlt (vgl. BMFSFJ 2009, S. 89 f.). Deshalb stellt sich ein erhöhtes Armutsrisiko als zusätzliches Problem dieser Familien dar[4]. So erhalten mehr als 40% der Alleinerziehenden Leistungen nach dem SGB II und mit rund 660.000 stellen sie die Hälfte der Bedarfsgemeinschaften mit Kindern. Das bedeutet auch, dass die Hälfte aller Kinder im SGB-II-Bezug in Ein-Eltern-Familien (1 Mio.) lebt (vgl. BMFSFJ 2009, S. 90). Insbesondere Alleinerziehende mit mehreren Kindern sowie mit Kindern unter drei Jahren gelten als besonders armutsgefährdet, sodass insgesamt 800.000 Kinder von Alleinerziehenden mit einem Armutsrisiko aufwachsen (vgl. BMFSFJ 2009, S. 91).

Ein-Eltern-Familien sind aufgrund ihrer spezifischen Lebenslage und Bedarfe besonders auf funktionierende soziale Netzwerke angewiesen, die dann u.a. die mangelnden institutionellen Kinderbetreuungsmöglichkeiten kompensieren müssen. Insbesondere für erwerbstätige alleinerziehende Mütter sind diese Verwandtschafts- oder Freundschaftsnetzwerke von hoher Bedeutung, wobei Alleinerziehende aus unteren sozialen Milieus häufig auf einen geringeren sozialen Rückhalt zurückgreifen können (vgl. BMFSFJ 2009, S. 96). Eine dauerhafte Erwerbstätigkeit wird diesen Müttern deshalb besonders erschwert.

Bildungs- und Erziehungspartnerschaften zum Wohle des Kindes und zur Unterstützung Alleinerziehender

Nicht nur alleinerziehende Mütter weisen erhöhte Gesundheitsrisiken auf, sondern auch die Kinder, die bei nur einem Elternteil aufwachsen. So lassen sich auch hier Untersuchungen finden, die auf erhöhte psychiatrische Erkrankungen hinweisen, wie auch auf eine erhöhte Anzahl von Suiziden und Suizidversuchen und einen erhöhten Substanzmittelmissbrauch wie Alkohol-, Nikotin-, Tablettenabusus. Aber auch ein Anstieg von Unfällen, Verletzungen und Verhaltensauffälligkeiten sind bei Kindern, die in Ein-Eltern-Familien aufwachsen, verzeichnet worden (vgl. Centre for Epidemiology, National Board of Health and Welfare, 2003, S.289-295; Gloger-Tippelt/König 2003, S. 126-147).

Da auch die Schulleistungen der Kinder von der Familien- und Unterstützungsstruktur abhängig sind und vor allem durch die elterliche Erziehung, ihre vertrauensvollen und wertschätzenden Beziehungen geprägt sind (vgl. Bartscher 2010, S. 9), kommt dem Alleinerziehen auch hinsichtlich des Schulerfolgs hohe Bedeutung zu. Denn nicht immer gelingt es den Alleinerziehenden aufgrund der zahlreichen Belastungen, ihre Kinder angemessen auf ihrem Bildungsweg zu begleiten. Insbesondere dann, wenn einer Erwerbstätigkeit nachgegangen wird, erweist sich „Familienzeit als knappe Zeit" (vgl. Jurczyk 2009, S. 37-66) und vor allem Alleinerziehende klagen deshalb häufig (56%) über Zeitmangel und Zeitstress (vgl. BMFSFJ 2009, S. 13).

Hier können die Erziehungs- und Bildungspartnerschaften ansetzen, um die spezifischen Defizite und Benachteiligungen der Alleinerziehenden und ihrer Kinder auszugleichen. Deshalb sind Erziehungs- und Bildungspartnerschaften, in denen das Kind im Mittelpunkt steht, zwischen den verschiedenen sozialen Akteuren von besonderer Bedeutung. Können

---

4 Dies gilt nicht unbedingt für alleinerziehende Väter, da sie aufgrund häufigerer Erwerbstätigkeit seltener in schwierigen ökonomischen Verhältnissen leben und im Gegensatz zu alleinerziehenden Müttern oft nur ein Kind in höherem Lebensalter zu versorgen haben (vgl. Meier-Gräwe/Kahle 2009, S. 93).

sie doch ermöglichen, dass den in diesen Familien aufwachsenden Kindern, die zudem von erhöhter Armut und häufig auch mangelnder Bildungsteilhabe betroffen sind, angemessene Unterstützungs- und Förderungsangebote zur Verfügung gestellt werden. Die Zusammenarbeit von Kindertageseinrichtungen, der Schule und anderen Akteuren der Jugendhilfe mit den alleinerziehenden Müttern und Vätern gilt es auch deshalb weiterzuentwickeln, um die intergenerationelle Weitergabe von Armut zu unterbinden. Politik und Soziale Arbeit sind hier gefordert, vernetzt und gemeinsam mit den Ein-Eltern-Familien und zum Wohl der Kinder Partnerschaften auf Augenhöhe zu initiieren, die tragfähig, vertrauensvoll und nachhaltig sind.

Diese Partnerschaften benötigen neben der gegenseitigen Wahrnehmung, Wertschätzung und Anerkennung der jeweiligen erzieherischen Kompetenz der an dem Aufwachsen der Kinder beteiligten unterschiedlichen Sozialisationsinstanzen aber auch Zeit. Doch dieses wichtige Gut, über das insbesondere Alleinerziehende nur sehr begrenzt verfügen, wie Untersuchungen zeigen (vgl. BMBFSFJ 2009), erschwert mitunter einen partnerschaftlichen, gleichberechtigten Umgang der am Bildungs- und Erziehungsprozess der Kinder und Jugendlichen Beteiligten. Insbesondere dann, wenn alleinerziehende Mütter neben der alleinigen Sorge für ihre Kinder auch noch einer Erwerbstätigkeit nachgehen und auf weitere familiäre oder soziale Netzwerkunterstützung verzichten müssen.

Deshalb wird auch deutlich, dass Erziehungs- und Bildungspartnerschaften zwischen Jugendhilfe und Schule nicht nur der persönlichen Bereitschaft der an diesem Prozess Beteiligten bedürfen, sondern dass auch erleichternde strukturelle Rahmenbedingungen gefunden werden müssen, um dem vorhandenen mangelnden Zeitkontingent zu begegnen. Für Alleinerziehende sind im Sinne gelungener Bildungs- und Erziehungspartnerschaften also nicht nur qualitativ hochwertige pädagogische Angebote von großer Bedeutung, sondern insbesondere strukturelle Veränderungen sind dringend erwünscht und werden von ihnen erwartet. Hierzu zählen z.B. die flächendeckende Einführung von Ganztagsschulen ebenso wie veränderte Öffnungszeiten und verbesserte pädagogische Angebote in der Kindertagesbetreuung. Aber auch eine Zunahme von Familienfreundlichkeit sowie Arbeitszeitflexibilisierungsmodelle in den Betrieben könnten Maßnahmen bilden, die zur Entlastung und zur besonderen Förderung von Ein-Eltern-Familien einen Beitrag leisten könnten. Zukünftige Bildungs- und Erziehungspartnerschaftsmodelle sollten deshalb ihr Augenmerk auch auf strukturelle Veränderungspotenziale sowie auf erweiterte Partnerschaftsmodelle fokussieren, um auch den Ein-Eltern-Familien und ihren Kindern angemessene Unterstützung und Förderung zuteil werden zu lassen.

Literatur

Allensbach-Familienmonitor (2008): Berlin: BMBFSFJ

Bartscher, Matthias et al (2010): Bildungs- und Erziehungspartnerschaft. Rahmenkonzeption für die konstruktive Zusammenarbeit mit Eltern in Ganztagsschulen. Der GanzTag in NRW. Beiträge zur Qualitätsentwicklung. Heft 18, Institut für soziale Arbeit e. V. Münster. Broschüre

Bertelsmann Stiftung (Hrsg.) 2008): Null Bock auf Familie? Der schwierige Weg junger Männer in die Vaterschaft. Gütersloh: Bertelsmann

Borchard, Michael/Henry-Huthmacher, Christine/Merkle, Tanja M. A./Wippermann, Carsten/Hoffmann, Elisabeth (2008): Eltern unter Druck. Selbstverständnisse, Befindlichkeiten und Bedürfnisse von Eltern in verschiedenen Lebenswelten. Eine sozialwissenschaftliche Untersuchung von Sinus-Sociovision im Auftrag der Konrad-Adenauer-Stiftung e.V. Berlin: Lucius

Bundesanstalt für Arbeitsschutz und Arbeitsmedizin (Hrsg.) (2005): Datenbank Tödliche Unfälle – nach Unfallursachen. Dortmund

BMFSFJ – Bundesministerium für Familie, Senioren, Frauen und Jugend (Hrsg.) (2003): Die Familie im Spiegel der amtlichen Statistik. Bonn

BMFSFJ – Bundesministerium für Familie, Senioren, Frauen und Jugend (2009): Familienreport 2009. Leistungen, Wirkungen, Trends. Berlin. Broschüre

BMFSFJ – Bundesministerium für Familie, Senioren, Frauen und Jugend (2009): Einstellungen und Lebensbedingungen von Familien 2009. Monitor Familienforschung. Beiträge aus Forschung, Statistik und Familienpolitik. Berlin. Broschüre

Bundeszentrale für politische Bildung (2008): Familie und Familienpolitik. In: Information zur politischen Bildung, Heft 301/4.Quartal 2008. Bonn

Centre for Epidemiology, National Board of Health and Welfare (2003). In: The Lancet, Vol. 361, January 25, 2003. Stockholm, Sweden. P. 289-295

DAK Gesundheitsdaten (2001): DAK Presseserver 7.5.2009

Europäische Agentur für Sicherheit und Gesundheitsschutz am Arbeitsplatz (Hrsg.) (2006). Geschlechtsspezifische Aspekte der Sicherheit und des Gesundheitsschutzes bei der Arbeit. Eine Zusammenfassende Darstellung. Luxemburg

Fegert, Jörg M./Ziegenhain, Ute (Hrsg.) (2003): Hilfen für Alleinerziehende. Weinheim: Beltz

Gloger-Tippelt, Gabriele/König, Lilith. (2003): Die Einelternfamilie aus der Perspektive von Kindern. Entwicklungspsychologisch relevante Befunde unter besonderer Berücksichtigung der Bindungsforschung. In: Fegert/Ziegenhain (2003): S. 126-147

Heitkötter, Martina et al (Hrsg.) (2009): Zeit für Beziehungen? Zeit und Zeitpolitik für Familien. Opladen und Farmington Hills: Barbara Budrich Verlag

Jurczyk, Karin (2009): Familienzeit – knappe Zeit? Rhetorik und Realitäten. In: Heitkötter et al. (2009): S. 37-66

Meier-Gräwe, Uta/Kahle, Irene (2009): Balance zwischen Beruf und Familie – Zeitsituation von Alleinerziehenden. In: Heitkötter, Martina et al. (2009): S. 91-110

Meuser, Michael (2009): Keine Zeit für die Familie? Ambivalenzen involvierter Vaterschaft. In: Heitkötter et al. (2009): S. 215-231

Schier, Michaela/Jurczyk, Karin (2007): Familie als Herstellungsleistung in Zeiten der Entgrenzung. In: Aus Politik und Zeitgeschichte, 34. S. 10-16

Schröttle, Monika/Müller, Ursula (2004): Lebenssituation, Sicherheit und Gesundheit von Frauen in Deutschland. Eine repräsentative Untersuchung zu Gewalt gegen Frauen in Deutschland. Studie im Auftrag des BMFSFJ. Berlin

Statistisches Bundesamt (Hrsg.) (2007): Haushalte und Familien. Ergebnisse des Mikrozensus 2007. In Informationen zur politischen Bildung, Nr. 301/2008. Wiesbaden

Wissenschaftlicher Beirat für Familienfragen (2005): Familiale Erziehungskompetenzen – Beziehungsklima und Erziehungsleistungen in der Familie als Problem und Aufgabe. Weinheim und München: Juventa

World Vision Deutschland e.V. (Hrsg.) (2007): Kinder in Deutschland. Frankfurt am Main: Fischer Taschenbuch-Verlag

Cengiz Deniz

Väterarbeit mit migrantischen Vätern – eine Praxisreflexion

Einleitung

Migrantische Väter[1] machen sich intensive Gedanken über die Bildung, Ausbildung, Entwicklung bzw. über die Zukunft ihrer Kinder und gestalten damit deren Integration. Zu dieser Einschätzung kommt der Autor erstens im Anschluss an seine etwa 10-jährige berufliche Tätigkeit in der interkulturellen Erziehungs- und Familienberatung und zweitens durch die Anleitung von verschiedenen Vätergruppen, an denen insbesondere türkischmigrantische Väter teilgenommen haben. Dieser Beitrag gibt insofern intensive Beobachtungen und vielerlei kontroverse Diskussionen mit Vätern wieder.

Im Anschluss an eine wissenschaftliche Explikation über Väter-Männer-Forschung im Allgemeinen und deren überschaubare Relevanz für die türkischstämmigen Väter im Kontext des zeitlichen Wandels erfolgt die Reflexion der sozialarbeiterischen Praxis mit türkischen Vätern.

Stand der wissenschaftlichen Forschung

Unterbreitet man Vätern in diesem Kontext (vgl. FAS 2010) Bildungsangebote, wie sie ihre Kinder fördern können, zögern sie anfangs diese Angebote wahrzunehmen, sofern sie in ihrem Sozialisationsprozess auf solche Erfahrungen nicht zurückblicken können (vgl. MutterKind 2010). Ihnen sind solche Angebote nicht vertraut, denn für die Erziehung der Kinder sind die Mütter verantwortlich (gewesen). Schließlich verbringen diese in der Regel mehr Zeit mit den Kindern als die Väter[2]. Auch die Fachdienste der Sozialen Arbeit haben bislang nur vereinzelte Angebote gezielt Vätern unterbreitet. Hingegen liest man in den Programmheften solcher Einrichtungen sehr oft Titel von Bildungsangeboten wie z.B. ‚Frühstück für Frauen/Mütter', ‚Mutter-Kind-Kurs' oder ‚Frauengesprächskreis'. Es ist natürlich positiv, dass es diese Kurse für Mütter gibt. Im Sinne einer geschlechtsbewussten Erziehung und Bildung ist aber darüber nachzudenken, wie Väter in diese Bildungsprozesse einbezogen werden können.

Bereits 1999 wurde auf diesen Bedarf zwar eingehend hingewiesen (Falkenburg 1999, S. 58 f., 107 ff.), aber die Ergebnisse heutiger Bestandsaufnahmen lassen kaum Fortschritte erkennen. Es sind vereinzelte Projekte zu finden, die aber nicht systematisch nach neustem Stand der Erwachsenenbildung strukturiert sind.

Auch der bislang umfangreichste Bericht über MigrantInnen in Deutschland, der Sechste Familienbericht aus dem Jahre 2000, erhält keinen einzigen Hinweis auf die Relevanz der Väter in der Erziehung bzw. auf deren spezifische Leistungen und Belastungen. Das Familienprojekt existiert ohne Väter. Sie werden aus diesem Diskurs verbannt und dadurch er-

---

[1] Es kann nicht allgemein von Vätern gesprochen werden. Die Ausführungen dieses Beitrages beziehen sich auf die Väter, die eher einen niedrigen sozialen Status aufweisen. Für differenzierte Beschreibung bezüglich Männlichkeit/Vaterschaft vgl. Connell, R. 1999; Brandes 2002, S. 135.
[2] Dies betrifft allerdings nicht nur die türkischen Väter.

folgt keine Kommunikation. Insofern sehen entsprechende Fachdienste keinen Bedarf, um speziell für Väter Bildungsangebote vorzusehen. Meine bisherigen Erfahrungen zeigen aber, dass der Bedarf der Väter an bildungsorientierten Vätergruppen teilzunehmen sehr hoch ist. Es gilt, diesen Bedarf zu bedienen.

Brandes hat auf eine gezielte ethnisch differenzierte Männerforschung hingewiesen und kritisiert, dass „die Erforschung ethnischer und nationaler Unterschiede von Männlichkeit weiterhin eine Leerstelle in der deutschen Forschung" (Brandes 2002, S. 25) darstellt. Die Berücksichtigung dieser Kriterien würde viele Aspekte, die sich durch die Migration vollzogen haben, transparent machen. Die soziale Lebenslage der Väter, die biografischen Brüche, die mehrfache Exklusion (am Arbeitsplatz, schlechte Deutschkenntnisse etc.) wären wichtige Kriterien, die im Rahmen einer fundierten Studie herausgefunden werden könnten.

Im Rahmen ihrer ethnisch vergleichenden empirischen Studie hat Westphal wichtige Aspekte identifiziert und kommt zu folgender Schlussfolgerung.

„Vaterschaft:

- beinhaltet materielle und soziale Versorgung
- ist sozialer und biologischer Lebenssinn
- beansprucht Autorität und weist gesellschaftliche Position zu
- bedeutet Lebensveränderung und ist im wesentlichen Übergang in den Erwachsenenstatus
- erfordert individuelle Verzichtleistungen
- erhöht die Selbstkontrolle/-reflexion
- verspricht emotionale Bindung (Liebe)
- bedeutet in der Gegenwart Beteiligung an der Erziehung" (Westphal 2000, S. 135)

Bei dieser Studie handelt es sich um eine der wichtigsten Publikationen über migrantische Väter der ersten Generation, da diese direkt interviewt wurden. Migrantisch türkische Väter wurden also als Experten befragt.

Spohn stellt die relevantesten Forschungsstudien in Zusammenhang mit türkischen Männern/Vätern in ihrer Studie vor, kommt zu dem Ergebnis, dass „erstaunlich wenig über ‚den türkischen Mann' bekannt" (Spohn 2002, S. 113) ist und schlussfolgert, dass es Ansätze gibt, die sich empirisch mit der Thematik befassen[3].

Prömper et al. (2010) stellen in einem Sammelband wichtige Ergebnisse der migrantischen Väter-/Männerforschung vor. Tunc stellt in seinem Beitrag fest: „Es mehren sich die Hinweise darauf, dass auf männlicher Seite langsam Prozesse in Richtung von mehr Gleichstellung und Geschlechterdemokratie in Gang kommen. Die Forschungslage über Männer und Väter verbessert sich zusehends" (Tunc 2010, S. 19). Er kommt zu der Schlussfolgerung, dass sich diese positive Aufmerksamkeit in Wissenschaft und Öffentlichkeit auf Mehrheitsdeutsche beschränkt und gegenüber Menschen mit Migrationshintergrund fehlt. Denn vielfach werden männliche Migranten unterschiedslos als schwierig oder sehr pro-

---

[3] Auf diese Ansätze wird hier nicht eingegangen, sondern auf die Studie verwiesen.

blematisch dargestellt (vgl. Tunc 2010, S. 19). Zudem macht er auf den Forschungsbedarf hinsichtlich der zweiten Generation aufmerksam (Tunc 2010, S. 20).

Die bisherigen Erfahrungen in der Praxis der Sozialen Arbeit haben gezeigt, dass Väter sich auf Fragen der Erziehung ihrer Kinder einlassen. Leicht überspitzt kann gesagt werden: Die Väter haben darauf gewartet, aber sie haben sich nicht zu Wort gemeldet – in Unkenntnis der Tatsache, dass es eine pädagogische Unterstützung für Väter geben kann. Bisher haben Väter diesbezüglich meistens kein offenes Ohr gefunden. Auf diesen Bedarf macht Toprak aufmerksam und bezieht sich auf seine direkte Arbeit mit männlichen Jugendlichen im Strafvollzug (Toprak 2010, S. 73 ff.).

Auch institutionelle Angebote finden bei den Vätern große Resonanz. Gündüzkanat (2010, S. 125 ff.) beschreibt seine praktischen Beratungsdienste mit türkischen Vätern. Auch Ayvaz präsentiert einen innovativen pragmatischen Ansatz offener Jugendarbeit (Ayvaz 2010, S. 133 ff.). Bei diesen Angeboten handelt es sich durchweg um erfolgreiche Konzepte dafür, wie man Zugang zu türkischen Männern/Vätern finden kann. Gleichwohl geht es in der Praxis der Sozialen Arbeit darum, zielgruppenfokussierte Angebote zunächst zu entwickeln und prozessorientiert zu evaluieren, um den entsprechenden Bedarf zu bedienen.

Praxis der Väterarbeit

Für die eigene Praxis hat der Autor gezielt die Formulierung gewählt: *Rolle der Väter in Erziehung und Bildung*. Damit konnte eine hohe Aufmerksamkeit seitens der Väter und der Multiplikatoren erreicht werden.

Die Ergebnisse der bisherigen Arbeit insbesondere mit türkisch-migrantischen Vätern werden hier themenorientiert besprochen. Nach einer Versuchsphase wurden die folgenden Fragenkomplexe konzipiert und in der Arbeit mit Vätern ausführlich behandelt. Für die Väter war diese strukturierte Vorgehensweise sehr hilfreich. Damit konnten sie die Komplexität der Erziehung und Bildung erfahren, aber auch vielerlei Antworten und Anregungen bekommen. Auch nicht so stark strukturierte Angebote, d.h. offene Treffen bei Tee, Kaffee und Keksen stoßen auf beachtliche Resonanz sowohl bei Vätern als auch bei Müttern. Diese können ihre Männer häufig motivieren, an der Vätergruppe teilzunehmen.

Themen der Arbeit in der Vätergruppe

1. Erziehe ich mein Kind richtig? Was ist eine richtige Erziehung?

Migrantische Väter sind an einer guten Bildung und Erziehung für ihre Kinder interessiert – aber wie können sie dieses Interesse artikulieren und ihre Kinder wirklich unterstützen?

Es gibt natürlich keine pauschale Antwort auf die Frage, was eine gute Erziehung ist. Es gibt aber die Möglichkeit, diesen Themenkomplex mit migrantischen Vätern zu bearbeiten. Dabei gilt es, alle Phasen ihrer eigenen biografischen Erfahrungen in die Gruppenarbeit einzubeziehen. Dies ist gleich bei der Ansprache der Väter zu bedenken. Den Vätern sind solche Angebote in der Regel nicht bekannt, nach einiger gemeinsamer Arbeit zeigen sie allerdings großes Interesse für diesen Themenbereich. Sie werden sensibler und beginnen ihre bisherige Erziehungswerte und Verhaltensmuster zu hinterfragen. In der Vätergruppe erzählen sie häufig von den Erlebnissen und Erfahrungen mit ihren eigenen Vätern: Erfahrungen, die sie gestärkt haben, aber auch Erfahrungen, die sie belastet haben. Durch diesen

Austausch werden sie selbstsicherer und gehen bewusster und sensibler mit den Anforderungen ihrer Rolle des Vater-Seins um.

2. Welche Werte vermittle ich meinem Kind?

Die Einstellungen zu dieser Frage hängen sehr von der Vorbildung, vom beruflichen Status und von der sozialen Herkunft der jeweiligen Väter ab. Auch migrantische Väter sind demnach kein ‚einheitliches Männervolk'. In der praktischen Väterarbeit hat es sich bewährt, zunächst einmal die herkunftsspezifischen Werte in den Mittelpunkt der Gespräche zu stellen. Traditionen, Religion, Respekt, Herkunftssprache, Umgang mit der Nachbarschaft und gegenseitige Hilfe sind hier nur einige häufig genannte Stichworte. Eine Vertiefung der Diskussion über Werte – bzw. wie diese gelebt und weitergegeben werden können – entsteht in vielen Fällen dann, wenn die Gespräche mit konkreten Beispielen aus dem Alltag bereichert werden.

Angeführt werden überwiegend Beispiele aus dem beruflichen, dem schulischen und dem nachbarschaftlichen Umfeld. So wurde z.B. einmal in einer Sitzung die hohe Fluktuation in einem Hochhaus thematisiert, in dem einige Väter dieser Gruppe wohnten. Nacheinander waren dort die deutschen Bewohnerfamilien ausgezogen und immer mehr nicht-deutsche Familien aus unterschiedlichen Kulturkreisen hinzugekommen. Bewährte Kontakte, die in den letzten Jahren geknüpft worden waren, mussten aufgegeben werden. Die Väter und ihre Familien standen nun vor der zusätzlichen Herausforderung, mit unterschiedlichen Wertvorstellungen in der Nachbarschaft umzugehen. Entsprechend wurde die Kommunalpolitik, aber auch die Belegungspolitik der Wohnungsgesellschaften, kritisiert und Möglichkeiten sich kennen zu lernen eingefordert. Das Zurückgehen der deutschen Bevölkerung aus diesem Hochhaus wurde mit der schlechten Infrastruktur im Wohnviertel bzw. im Haus selbst erklärt, z.B. waren viele Wohnungen vom Schimmel befallen. Die Väter fühlen sich und ihre Kinder aufgrund der unzureichenden sozialen und mobilen Infrastruktur unterversorgt.

Solche – manchmal recht intensiven – Gespräche und Diskussionen fördern und bedingen die Auseinandersetzung mit den eigenen Wertvorstellungen. Ist dieser Schritt erst einmal vollzogen, dann gewinnt die Entwicklung der herkunftsspezifischen Werte in der Migration eine zentrale Bedeutung. Der Umgang mit den eigenen Werten erhält eine andere Dimension. Die Väter können z.B. erkennen, dass die Werte, die sie ihren Kindern vermitteln wollen, sich auch an ihren bisherigen persönlichen Inklusions- bzw. Exklusionserfahrungen orientiert haben. Eine statische Wertevermittlung wird hinterfragt und es entstehen im Gespräch neue Formen des Umgangs mit den Werten in Deutschland.

Die Relevanz dieser wichtigen persönlichen Entwicklung zeigt sich auch im Hinblick auf die Anforderungen des Bildungswesens in Deutschland. Das Bildungssystem bleibt dann nicht mehr etwas Abstraktes wie bisher, sondern kann besser durchschaut und genutzt werden. Väter berichten, wie sie Kontakt mit den Lehrkräften ihrer Kinder aufnehmen und von da an den schulischen Werdegang ihrer Kinder viel besser begleiten konnten. Dieser bildungsspezifische Aspekt wird allerdings unterschiedlich bewertet. Das dreigliedrige deutsche Bildungssystem und die institutionelle Diskriminierung in den Bildungseinrichtungen werden sehr kontrovers diskutiert.

Das Engagement und die Mündigkeit der Väter ist an diesen Darstellungen abzulesen. Voraussetzung hierfür ist aber, dass sie zuvor ihre persönlichen vielfältigen Erfahrungen berichten konnten und sich dabei ernst genommen fühlten. Diese erlebte Wertschätzung ist in vielen Fällen der Türöffner für die Väter, um noch intensiver über Werte nachzudenken und diese offen zu diskutieren.

3. Was für ein Vater bin ich eigentlich? Was heißt es, Vater zu sein?

Ein Vater erklärte: „Erst seitdem ich von diesem Angebot über Väterarbeit erfahren habe, habe ich mich gefragt: ‚Was bin ich eigentlich für ein Vater?', zuvor habe ich mich damit nie befasst." – Es ist wichtig den Vätern eine Gelegenheit zu bieten, über ihr tägliches Handeln, nämlich als Vater zu agieren, nachzudenken und ihre Gedanken äußern zu können. Sie haben damit die Möglichkeit bekommen, ihre Rolle bewusster zu reflektieren und Konsequenzen aus ihrem Handeln abzuleiten.

4. Wie gehe ich mit meinen Kindern um?

Viele Väter blieben bei dieser Frage stumm. Auf der einen Seite hat es damit zu tun, dass die Frage sehr allgemein gestellt ist, auf der anderen Seite aber zögerten die Väter sehr, diese Frage zu beantworten. Denn damit hätten sie ihr Verhalten offenbart. Ich vermute, dass mancher Vater mit seinem eigenen Verhalten gegenüber seinen Kindern im Grunde selbst nicht einverstanden ist, aber auch keine Alternative kennt. In vertrauten Einzelgesprächen haben sich die Väter dann dazu bekannt, mit ihrem eigenen Verhalten gegenüber ihren Kindern nicht zufrieden zu sein. „Ich bin kein guter Vater", sagte ein Mitglied der Gruppe wörtlich – mit der Begründung, er wisse zu wenig, wie er seine zwei Söhne im Alter von 12 und 16 Jahren unterstützen könne. Auf das Alter des ältesten Sohnes verweisend fügte er hinzu: „Und insbesondere seit 16 Jahren habe ich mir keine Gedanken gemacht und keine Hilfe gesucht, wie ich meine Wissenslücken schließen kann." Es geht nicht darum, diese Aussage zu verallgemeinern, sondern authentische Hilferufe hervorzuheben, diese zu erkennen und sie zu bedienen. Dass Väter sich insgesamt Gedanken über den Umgang mit ihren Kindern machen, kann mit diesem Bespiel belegt werden. Auch der Bedarf nach Wissenserwerb wird deutlich.

5. Welche Rolle spielt Gewalt in der Erziehung? Warum wird Gewalt in der Erziehung angewandt? Gibt es Alternativen dazu?

In einem Beratungsgespräch schlug ein Vater heftig auf den Tisch und forderte seine Tochter auf, nach Hause zurückzukommen, andernfalls – so sagte er wörtlich – „bringe ich dich um." Die 17-jährige Tochter hatte sich an das Jugendamt gewandt mit dem Anliegen, nicht mehr zu Hause wohnen zu wollen, weil dort ihre Freiheiten eingeschränkt würden. Seit einer Woche wohnte sie bereits in einem Mädchenwohnheim des Jugendamtes. Dieser Vater hat seine Tochter nicht umgebracht. Stattdessen saß er drei Wochen später in der Beratungssitzung und weinte wie ein kleiner Junge. „Was soll ich machen, wenn sie nicht nach Hause kommt, dann wird sie drogenabhängig, gerät auf die schiefe Bahn, dann kann ich ihr gar nicht mehr helfen. Ich habe ihr Gewalt angedroht, damit sie nach Hause kommt. Ich weiß nicht, wie ich sonst mit ihr reden oder sie überzeugen kann." Offenbar hat der Vater schließlich doch eine alternative Kommunikation entwickeln können. Denn die Tochter ist nach einigen Wochen in die elterliche Wohnung zurückgekehrt und ein halbes Jahr später hat sie im Frisörladen ihres Vaters eine Ausbildung begonnen.

Das Beispiel zeigt, wie manche Väter an ihre Grenzen gelangen und dann aggressiv oder auch gewalttätig werden können, weil ihnen keine anderen Erziehungsmethoden vertraut sind. Väterarbeit kann aus solchen exemplarischen Beispielen Konzepte entwickeln und so Väter gezielt fördern, damit sie eine gewaltfreie Erziehung ihrer Kinder umsetzen können. Leider ist die allgemeine Praxis der Väterarbeit davon heute noch weit entfernt.

Fehlendes Wissen über Handlungsalternativen in der Erziehung und die damit einhergehenden Unsicherheiten bilden also eine häufige Ursache dafür, weshalb Väter Gewalt anwenden bzw. androhen, wenn auch sicher nicht die einzige. Präventive Väterarbeit kann in vielen Fällen problemlösend wirken und eine heilende Wirkung entfalten. Dies setzt aber Kenntnisse über die Zielgruppe voraus, mit der man es konkret zu tun hat (siehe auch die Fußnote auf Seite 338). Fachkräften wird im Übrigen auch ein hoher Grad von (Selbst-)Reflexion abverlangt in Bezug auf den Umgang mit zunächst gewaltbereit wirkenden migrantischen Vätern.

6. Wer kann mich bei der Erziehung unterstützen? Welche Aufgaben hat das Jugendamt?

Die hier angesprochenen Väter haben erfahrungsgemäß häufig eine nicht zu unterschätzende Angst vor Kontakten mit dem Jugendamt. Sie übersehen, dass diese Instanz auch Vätern eine große Stütze sein könnte. In den Vätergruppen wird diese Scheu vor dem Jugendamt immer wieder vorsichtig geäußert. Auch dies ist ein Punkt, der durch Unwissen und Unsicherheiten gekennzeichnet ist. Das Bild mancher Väter vom Jugendamt besteht vor allem darin, die Behörde habe „gegen schlechte Väter" vorzugehen. „Wenn ich nichts falsch mache", sagte ein Vater, „dann brauche ich vor dem Jugendamt keine Angst zu haben." Er ergänzte: „Aber wenn ich etwas nicht weiß, dann muss das Jugendamt mir helfen". Doch wo sind die Jugendämter, die auf diesen Bedarf konstruktiv reagieren? Die Gefahr ist groß, dass behördliche Vorgehensweisen die vorhandenen Vorbehalte und Ängste noch verfestigen.

Eine Zielsetzung der Vätergruppe besteht darin, ihnen die Aufgaben von Ämtern und Behörden und den verschiedenen Einrichtungen zu vermitteln – so auch die Aufgaben und Pflichten des Jugendamtes. Ein Vater, der mit anderen betroffenen Familien das Jugendamt anzeigen wollte und eine große Demonstration gegen das Jugendamt organisieren wollte, hat davon Abstand genommen, nachdem er über die Aufgaben des Jugendamtes informiert worden war. Am Ende des Gespräches sagte er: „Wenn man mich vorher aufgeklärt hätte, hätte ich meine Energie anders verwendet." Zwei seiner Kinder (10 und 11 Jahre alt) wurden in einem Heim untergebracht, da eines der Kinder eine Beule an der Stirn aufwies. Es wurde Gewalt gegen die Kinder vermutet. Die Kinder wurden von der Schule direkt ins Heim gebracht und danach die Eltern darüber informiert. Allerdings wurden die Kinder zwei Monate später, auch bedingt durch Fortschritte in der Erziehungsberatung, aus dem Kinderheim wieder nach Hause entlassen. Stattdessen wurde eine Familienhilfemaßnahme eingerichtet, der die Eltern wohlwollend zugestimmt haben.

7. Was steht im Kinder- und Jugendhilfegesetz?

In der Arbeit mit Vätern ist das SGB VIII eine große Hilfe. Auf diesen Gesetzestext wird immer wieder verwiesen. Die Väter werden über ihre Rechte und Pflichten, aber auch über die Rechte und Pflichten des Jugendamtes informiert. Ein Exemplar des SGB VIII wurde einigen Vätern mitgegeben. Nach dieser Sitzung haben sie sogar Verständnis über Maßnahmen wie die Inobhutnahme des Jugendamtes geäußert.

Sie erfahren aber auch, dass sie Hilfe vom Jugendamt anfordern können, wenn sie mit der Erziehung ihrer Kinder nicht zurechtkommen. Sie werden motiviert, zum Jugendamt zu gehen, dort ihre Probleme zu schildern, damit das Jugendamt davon Kenntnis nimmt und sie Hilfe erfahren können. In Rollenspielen wird demonstriert, wie schwer es für das Jugendamt ist Hilfe zu leisten, wenn es vom Hilfebedarf der Familien nichts erfährt. Natürlich ist die Angst vor dem Jugendamt damit nicht völlig verschwunden, aber das Jugendamt wird als eine helfende Behörde wahrgenommen. Nun wäre es sehr wünschenswert, dass mit dem Jugendamt auch wirklich kooperierende, positive Erfahrungen gemacht werden.

Zusammenfassung

Im Rahmen dieses Beitrages wurde zunächst auf die wissenschaftlichen Studien in Bezug auf Väter-/Männerforschung insbesondere unter dem spezifischen Migrationsaspekt eingegangen. Es konnte festgestellt werden, dass ein hoher Forschungsbedarf zu diesem Themenkomplex besteht. Hauptsächlicher Gegenstand des Beitrages ist jedoch die geschlechtsbewusste Praxis in der Sozialen Arbeit in Bezug auf Bildung und Erziehung mit migrantisch-türkischen Vätern. Dazu wurden einige Praxisbeispiele mit unterschiedlichen männlichen Zielgruppen skizziert.

Literatur

Ayvaz, Hawacaan (2010): Kommt und seht, wie Jugendarbeit geht! Ein Praxisbericht. In: Prömper (2010): S. 133-144

Brandes, Holger (2002): Der männliche Habitus. Männerforschung und Männerpolitik. Bd. 2. Opladen: Leske und Budrich

Connell, Robert W. (1999): Der gemachte Mann. Konstruktion und Krise von Männlichkeiten. Gesellschaft und Geschlecht. Bd. 8. Opladen: Leske und Budrich

Gündüzkanat, Kahraman (2010): Interkulturelle Erziehungs- und Familienberatung. In: Prömper (2010): S. 125-132

Deutscher Bundestag, Sechster Familienbericht (2000): Familien ausländischer Herkunft in Deutschland. Leistungen – Belastungen – Herausforderungen und Stellungnahme der Bundesregierung. Berlin

Falkenburg, Manfred (1999): Männerarbeit. Ansätze, Motive und Zugangsschwellen. Stuttgart: Ibidem

FAS – Frankfurter Allgemeine Sonntagzeitung (2011): Vater sein. 16.01.2011

Herwartz-Emden, Leonie (Hrsg.) (2000): Einwandererfamilien. Geschlechterverhältnisse, Erziehung und Akkulturation. IMIS-Schriften, Band 9. Osnabrück: Selbstverlag

MutterKind. Bildungsstiftung für Mutter und Kind. Istanbul. http://www.acev.org (Zugriff am 20.11.2010)

Prömper, Hans et al. (2010): Was macht Migration mit Männlichkeit. Opladen und Farmington Hills: Verlag Barbara Budrich

Scherr, Albert (2002): Männer als Adressatengruppe und Berufsgruppe in der Sozialen Arbeit. In: Thole (2002): S. 379-386

Spohn, Margret (2002): Türkische Männer in Deutschland. Familie und Identität. Migranten der ersten Generation erzählen ihre Geschichte. Bielefeld: Waxmann

Thole, Werner (Hrsg.) (2002): Grundriss Soziale Arbeit. Ein einführendes Handbuch. Opladen: Leske und Budrich

Toprak, Ahmet (2010): Männlichkeitskonzepte türkischer Jugendlicher und ihre Bedeutung für die Soziale Arbeit mit Straffälligen. In: Prömper (2010): S. 73-90

Tunc, Michael (2010): Männlichkeit in der Migrationsgesellschaft. Fragen, Probleme, Herausforderungen. In: Prömper (2010): S. 19-36

Westphal, Manuela (2000): Vaterschaft und Erziehung. In: Herwartz-Emden (2000): S. 121-204

Angelika Henschel

Erziehungs- und Bildungspartnerschaften[1] – ein Thema für die Frauenhausarbeit?

Chancen und Herausforderungen in der Arbeit mit von häuslicher Gewalt betroffenen Müttern und ihren Kindern

Das Problem der *Männergewalt gegenüber Frauen* als Ausdruck spezifischer Geschlechterverhältnisse gilt nach mehr als 30jähriger öffentlicher Thematisierung durch die neue Frauenbewegung und Frauenhausbewegung nicht mehr als Tabuthema. Als Menschenrechtsverletzung und nicht länger als Privatsache oder persönliches Beziehungsproblem wird häusliche Gewalt[2] mittlerweile anerkannt und geahndet. Bundes- und Landesaktionspläne (vgl. BMFSFJ 1999, 2007) wurden zur Bekämpfung von Gewalt im häuslichen Bereich aufgelegt und eine veränderte Gesetzgebung trägt dazu bei, dass sich der Umgang mit dieser Problematik aufseiten aller im sozialen System tätigen AkteurInnen verändert und verbessert hat[3].

Seit Ende der 1990er Jahre wurden die fachlichen Diskurse um das Ausmaß, die Erscheinungsformen, die Folgen, die Präventions- und Interventionsmaßnahmen bei häuslicher Gewalt dahingehend erweitert, dass zunehmend die von dieser Gewalt ebenfalls mit betroffenen Kinder in den Blick gerieten (vgl. Henschel 1993, 2002). Die Mädchen und Jungen, die die Gewalt – zumeist die des eigenen Vaters oder des Lebenspartners gegenüber der Mutter – miterleben müssen, können in der Folge von massiven Schädigungen betroffen sein, weshalb spezifische Schutz- und Unterstützungsmöglichkeiten erforderlich sind.

Ich möchte deshalb einerseits die mit der Gewalt verbundenen Risiken und potenziellen Entwicklungsbeeinträchtigungen der Mädchen und Jungen aufzeigen, um andererseits zu

---

1 Unter Bildungs- und Erziehungspartnerschaft wird hier die Zusammenarbeit von Eltern, in diesem Fall explizit von Müttern, den Frauenhausmitarbeiterinnen, den Einrichtungen der Jugendhilfe sowie der Schule verstanden. Ziel der Partnerschaft ist es u.a., in eine enge Kooperation, die durch eine gleichberechtigte, auf ‚Augenhöhe' gestaltete Beziehung gekennzeichnet sein sollte, zu treten, um die Entwicklung und Förderung der Mädchen und Jungen, die von häuslicher Gewalt betroffen sind, zu unterstützen.

2 Der Begriff der *häuslichen Gewalt* knüpft am englischsprachigen Begriff *domestic violence* an und wird vom Berliner Interventionsprojekt gegen häusliche Gewalt (BIG) als unterschiedliche Form von Gewalt (physische, psychische, sexuelle etc.) definiert, die zwischen erwachsenen Menschen stattfindet, die in engen Beziehungen zueinander stehen oder gestanden haben (Eheleute, PartnerInnen, Verwandte), wobei die Gewalt überwiegend von Männern gegenüber Frauen ausgeübt wird. *Häusliche Gewalt* ist somit von *Kindesmisshandlung* zu unterscheiden. Als spezifischer Ausdruck hegemonialer Männlichkeit (vgl. Connel 1997) stellt sie ein gesellschaftlich strukturelles Problem dar, mit dem innerhalb der Familie immer auch die Kinder konfrontiert sind.

3 Das *Gesetz zur Verbesserung des zivilrechtlichen Schutzes bei Gewalttaten und Nachstellungen sowie zur Erleichterung der Überlassung der Ehewohnung bei Trennung*, kurz *Gewaltschutzgesetz* genannt, das seit dem 1.1.2002 in Kraft ist, und die in zahlreichen Bundesländern daraufhin veränderten Polizeigesetze machen deutlich, dass sich nunmehr auch der Staat stärker für die Opfer häuslicher Gewalt verantwortlich fühlt. Darüber hinaus wurde im September 2004 erstmalig für die Bundesrepublik eine repräsentative Studie vorgelegt, die das Ausmaß von Gewalt gegenüber Frauen, anhand von Befragungen von 10.000 Frauen im Alter von 16 bis 85 Jahren, deutlich macht (vgl. Schröttle/Müller 2004). Die gewonnenen Daten geben zudem erste Hinweise auf die Betroffenheit von Kindern.

verdeutlichen, welche Chancen und Herausforderungen mit systematisch angelegten Erziehungs- und Bildungspartnerschaften zwischen Frauenhausmitarbeiterinnen und den von männlicher Gewalt betroffenen Müttern und ihren Kindern (neben weiteren interinstitutionellen Kooperationen) verbunden sein können. Erziehungs- und Bildungspartnerschaften vermögen im Sinne von Prävention und Intervention auch einen Beitrag zu leisten, den Kreislauf der intergenerationellen Weitergabe von Gewalt zu durchbrechen. Chancen, die sich aus einer engen Zusammenarbeit mit den von Misshandlung betroffenen Frauen hinsichtlich deren Verbesserung von Erziehungskompetenz und durch die spezifische Förderung ihrer Kinder ergeben können, aber auch die Grenzen, die mit einer engen Kooperation einherzugehen vermögen – insbesondere dann, wenn Kindeswohlgefährdung zu befürchten ist – werden aufgezeigt und kritisch diskutiert. Am Beispiel des autonomen Frauenhauses Lübeck soll darüber hinaus verdeutlicht werden, wie sich durch positiv gestaltete Erziehungs- und Bildungspartnerschaften, die zudem auf Partizipation und Empowerment setzen, ein Beitrag zur Gewaltprävention geleistet werden kann und Mädchen und Jungen in ihrer Entwicklung gefördert und unterstützt werden können.

Häusliche Gewalt als Risikofaktor in der Entwicklung von Mädchen und Jungen

Kindern und Jugendlichen fällt es in der Regel schwer, über die Gewalt, die der Mutter widerfahren ist, die sie selbst beobachtet und gehört haben, oder aber von der sie selbst unmittelbar betroffen waren, zu sprechen. Der Abwertung der eigenen Mutter durch den Vater (oder Partner der Mutter) und den mittelbar erlebten körperlichen, seelischen oder sexuellen Misshandlungen – die sich je länger Frauen in diesen gewalttätigen Beziehungen verbleiben noch im Ausmaß und in ihrer Häufigkeit potenzieren können – sind die Mädchen und Jungen oft schutzlos ausgeliefert. Aufgewachsen in einer Atmosphäre, die durch Gewalt, Angst und Unterdrückung gekennzeichnet ist, fühlen sie sich häufig hilflos, ohnmächtig oder aber schuldig, weil es ihnen nicht gelang, der väterlichen Gewalt Einhalt zu gebieten, oder gar weil sie sich selbst als Auslöser für die Gewalthandlungen der Männer verstehen. Die eigenen Gefühle von Angst, Hilflosigkeit, Ohnmacht und Mitleid, die die Kinder in Situationen von Partnergewalt empfinden, können in der Folge nachhaltige Entwicklungsbeeinträchtigungen bewirken, wie vor allem internationale Untersuchungen belegen (vgl. Kindler 2006, S. 36-53).

Folgen dieser Gewalterfahrungen, denen Mädchen und Jungen mitunter über Jahre ausgesetzt sind, können emotionale Probleme, Verhaltensauffälligkeiten, starke Unruhe und Aggressivität oder aber überhöhte Ängstlichkeit und Niedergeschlagenheit sowie behandlungsbedürftige Beeinträchtigungen bis hin zu schweren Traumata sein (vgl. Köckeritz 2002; Strasser 2001). Aber auch andere körperliche und kognitive Entwicklungsverzögerungen, mangelnde Konzentrationsfähigkeit und Lernbereitschaft, die in der Folge Schulversagen bedingen können und somit ein zusätzliches Entwicklungsrisiko darstellen, werden in Untersuchungen beschrieben (vgl. ebd.). Anpassungsstörungen, psychosomatische Symptome, aber auch mangelnde Beziehungsfähigkeit können bewirken, dass Kinder und Jugendliche, die unter solch erschwerten Bedingungen aufwachsen, spezifisches Risikoverhalten entwickeln. Mangelnde Empathie- und Konfliktfähigkeit, die wiederum eigene Gewalttätigkeit zu begünstigen vermögen, können Auswirkungen erlebter Partnergewalt darstellen (vgl. Enzmann/Wetzels 2001). Mitunter gehen darüber hinaus weitere Belastungsfaktoren mit häuslicher Gewalt einher, die die Jungen und Mädchen zusätzlich beeinträchtigen. Zu nennen ist hier z.B. die Suchtmittelabhängigkeit eines Elternteils oder aber selbst erlebte Misshandlungen, denn diese sind häufig an Partnergewalt gekoppelt.

Häusliche Gewalt, die als Stressor in vielfältiger Weise Einfluss auf die gesamte Familiendynamik nimmt, zur elterlichen Erziehungsüberforderung, mangelnder Fürsorge und Bindungsunfähigkeit bis hin zur Kindesvernachlässigung führen kann, vermag Beeinträchtigungen in Entwicklungsbereichen von Mädchen und Jungen zu bewirken, mit denen diese in unterschiedlicher, wiederum geschlechtsspezifischer Weise umzugehen lernen (vgl. Enzmann 2002). So weisen Pfeiffer und Wetzels z.B. darauf hin: „Mädchen werden nicht nur selbst Opfer, sondern identifizieren sich zusätzlich mit der Opferrolle ihrer misshandelten Mutter. Jungen aber werden zwar selber Opfer, identifizieren sich aber mit dem Täter, dem gewalttätigen Vater" (Pfeiffer/Wetzels 2000, S. 46-47).

Das Geschlecht bildet also eine zentrale Kategorie, an der Differenzen bezüglich der Thematik Gewalt festgestellt werden können. So sind Jungen tendenziell gewalttätiger, üben häufiger physische Gewalt aus und billigen eher gewalttätiges Verhalten als Mädchen, wie zahlreiche Untersuchungen belegen (vgl. Schubarth 2000). Zugleich treten sie nicht nur gehäuft als Täter in Erscheinung, sondern sind auch, bis auf sexuelle Gewaltdelikte, überproportional häufig Opfer von Gewalt (vgl. Enzmann 2002). Mädchen stellen nicht generell das ‚friedfertigere Geschlecht' dar, denn die Gewaltkriminalität von Mädchen unterliegt Steigerungsraten. Allerdings ist es notwendig, sich mit den geschlechtsspezifischen Verarbeitungsmustern von Aggressionen auseinanderzusetzen, die Folge häuslicher Gewalterfahrungen sein können. Erziehungs- und Bildungspartnerschaften können Gewaltprävention und Intervention dienen, wobei es notwendig ist, auch hier die unterschiedlichen Verarbeitungsformen von Mädchen und Jungen zu berücksichtigen, wenn sie Sozialisationsdefizite ausgleichen, Kinder und Jugendliche in ihrer Entwicklung fördern bzw. unterstützen und die intergenerationelle Weitergabe von Gewalt verhindern wollen (vgl. Henschel 2006).

Frauenhäuser als vorübergehender Lebensort für Mütter und ihre Kinder

Frauenhäuser, die es seit 1976 in der Bundesrepublik Deutschland gibt, sind in erster Linie als vorübergehende Schutzräume für misshandelte Frauen konzipiert worden, auch wenn sich bald zeigte, dass viele Mütter mit ihren Kindern vor der Männergewalt in diese Häuser flüchten mussten. Jährlich suchen ca. 45.000 Frauen mit und ohne Kinder Schutz, Unterkunft, Beratung und Unterstützung in annähernd 400 deutschen Frauenhäusern. Mädchen und Jungen, die mit ihren Müttern in Frauenhäuser fliehen, um dort Schutz und Unterstützung zu erhalten, entkommen somit häufig erstmalig der familiären Isolation und Gewalt. Sie erleben, dass auch andere Kinder und Jugendliche ähnliche Erfahrungen machen mussten und erkennen, dass ihre mit den häuslichen Gewalterfahrungen verbundenen Probleme ernst genommen werden. Mädchen und Jungen erhalten hier die Möglichkeit, über ihre mitunter traumatischen Erfahrungen zu sprechen und erleben, dass sie in der neuen Umgebung keine Angst mehr zu haben brauchen. Sie können zur Ruhe kommen und in Gesprächen und im Spiel in der Regel erfahren, dass trotz der mit der Trennung vom bisherigen Lebensort verbundenen Verluste (FreundInnen, Spielzeug, Haustiere etc.) allmählich ihre Gefühle von Ohnmacht und Hilflosigkeit durch positive Empfindungen abgelöst werden. Ebenso wie ihre Mütter haben auch diese Kinder ein eigenständiges Recht darauf, vor physischer, psychischer, sexualisierter Gewalt und Vernachlässigung geschützt zu werden oder anders formuliert: Frauenhäuser sind somit zugleich auch Kinderhäuser.

Neue Formen von Bildungs- und Erziehungspartnerschaften durch Frauenhausaufenthalte

Mädchen und Jungen, die die Misshandlung ihrer Mütter miterleben, bilden in der Regel Entwicklungsbeeinträchtigungen aus und tragen (geschlechts)spezifische Entwicklungsrisiken. Hierdurch ergeben sich für Frauenhausmitarbeiterinnen wie für die Jugendhilfe und die Schule Handlungsverpflichtungen, auf die die betroffenen Institutionen in spezifischer Weise reagieren und im Sinne von Erziehungs- und Bildungspartnerschaften mit unterschiedlichen Kooperationsangeboten reagieren. Durch die Flucht und den Einzug in ein Frauenhaus erhalten die von Gewalt betroffenen oder bedrohten Frauen und ihre Kinder häufig erstmalig spezifische Unterstützungsmöglichkeiten, die ihnen neue Wege und Gewaltfreiheit ermöglichen können.

Beratung, Begleitung und Hilfestellung bei der akuten Krisenbewältigung, bei gesundheitlichen und materiellen Problemen, Behördengängen und in Erziehungsfragen bilden neben Schutz und Sicherheit u.a. zentrale Aufgaben von Frauenhäusern und den dort tätigen Mitarbeiterinnen. So erfahren die Frauen und ihre Kinder hier mitunter erstmalig eine kontinuierliche, weiterführende Unterstützung, die im Sinne von Erziehungs- und Bildungspartnerschaften, sofern diese im pädagogischen Konzept des Frauenhauses mitgedacht, strukturell verankert und professionell umgesetzt werden, den von Gewalt betroffenen Müttern und ihren Kindern neue Entwicklungsmöglichkeiten zu eröffnen vermögen. Die Anerkennung der Lebens- und Problemlagen der misshandelten Frauen sowie die Berücksichtigung der individuellen Bedürfnisse, Interessen und Rechte der Mädchen und Jungen in der Frauenhausarbeit eröffnen und bedingen innerhalb des begrenzten ‚Sozialraums Frauenhaus' spezifische Zugänge, Beratungs- und Unterstützungsmöglichkeiten. Diejenigen Frauen, die mit ihren Kindern über einen längeren Zeitraum im Frauenhaus verbleiben, haben dabei die Möglichkeit längerfristiger und kontinuierlicher Unterstützung[4].

Die Verschränkung von Frauen- und Kinderperspektiven, wie sie sich im Mikrokosmos Frauenhaus darstellt, ermöglicht nicht nur, einen kritischen Blick auf Generationen- und Geschlechterverhältnisse zu werfen, sondern erfordert auch, diese durch spezifische Formen der Zusammenarbeit zwischen Frauenhausmitarbeiterinnen, Müttern und ihren Kindern zu gestalten. Ressourcenorientierung statt Festschreibung eines Opferstatus, Selbstbestimmung, Autonomie und Partizipation bilden häufig die Arbeitsprinzipien, die die Grundlage für eine vertrauensvolle, wertschätzende und anerkennende Form von Erziehungs- und Bildungspartnerschaften innerhalb des Frauenhauses darstellen können (vgl. Henschel; Abassi; Kock/Stegen in frauen helfen frauen e.V. Lübeck 2000). Diese Partnerschaften sind ebenso getragen durch die Berücksichtigung kindlicher Bedürfnisse und Interessen, durch die Selbstwertstärkung der Kinder und den Versuch, bisherige Sozialisationsdefizite auszu-

---

4 Die Aufenthaltsdauer in Frauenhäusern hängt u.a. davon ab, ob im Rahmen der Finanzierung der Arbeit spezifische Aufenthaltsbegrenzungen für die Frauenhausbewohnerinnen festgeschrieben wurden und/oder sich in der Region des Frauenhauses bezahlbarer Wohnraum (auch für Frauen mit mehreren Kindern) befindet. Darüber hinaus wird die Aufenthaltsdauer auch davon beeinflusst, ob sich die Frau mit ihren Kindern im Frauenhaus von Mitbewohnerinnen und Frauenhausmitarbeiterinnen angenommen, gut begleitet und unterstützt fühlt, ob das Frauenhaus genügend Rückzugsmöglichkeiten zur Regeneration bietet, sich als sicherer Schutzort erweist oder aber, ob sich die Frau für eine dauerhafte Trennung vom Misshandler entscheidet und sich für diese psychisch schon in der Lage sieht, oder aber, ob sie zügig zu ihrem Partner zurückkehren möchte. Aus diesen Gründen kann ein Frauenhausaufenthalt z.B. lediglich für eine Nacht oder aber bis zu mehreren Monaten stattfinden.

gleichen. Durch spezifische Partizipationserfahrungen innerhalb der Frauenhausarbeit, die an den Möglichkeiten der Mütter und ihrer Kinder anknüpfen, wird darüber hinaus der Versuch unternommen, eigenständige Frauen- und Kinderrechte anzuerkennen und wertzuschätzen sowie veränderte Beziehungs- und Konfliktlösungsmuster zu befördern. Wie sich konkret Chancen und Grenzen von Bildungs- und Erziehungspartnerschaften im Rahmen von Frauenhausaufenthalten darstellen können, soll anhand des Beispiels des autonomen Frauenhauses Lübeck veranschaulicht werden.

Chancen von Bildungs- und Erziehungspartnerschaften am Beispiel des autonomen Frauenhauses Lübeck[5]

Die an der Lebenswelt der Frauen und Kinder orientierte pädagogische Arbeit im Frauenhaus, die auf Selbstorganisation und autonome Lebensführung der misshandelten Mütter und ihrer Kinder abzielt, ist durch einen partnerschaftlichen, vertrauensvollen und wertschätzenden Umgang sowie durch fachliche Beratungs- und Unterstützungsangebote geprägt. Ziel ist es u.a., sowohl die Mütter in ihren Erziehungskompetenzen zu stärken, als auch die Mädchen und Jungen in ihrer persönlichen, sozialen und schulischen Entwicklung zu unterstützen und zu fördern.

So erhalten die im Frauenhaus lebenden Mütter durch Gruppenangebote Gelegenheit, sich untereinander auszutauschen sowie mittels Unterstützung durch die Mitarbeiterinnen regelmäßig mit Erziehungsfragen und Erziehungsproblemen auseinanderzusetzen, neue Einstellungen und Verhaltensweisen zu erlernen, sich über unterschiedliche Erziehungsstile und ihre Auswirkungen auf die kindliche Entwicklung zu informieren und ihr eigenes Erziehungsverhalten zu reflektieren. Ein veränderter Umgang mit Belastungen und Herausforderungen in der Erziehung, aber auch die Aufarbeitung der erlebten und mitunter an die Kinder weitergegebene Gewalt sowie ein veränderbares Konfliktverhalten bilden Themen der regelmäßigen Gruppensitzungen. Die im Frauenhaus lebenden Frauen erhalten aber auch Unterstützung bei den schulischen Problemen ihrer Kinder, bei Schwierigkeiten mit dem Jugendamt oder den Familiengerichten hinsichtlich der Sorgerechts- und Umgangsregelungen. Insbesondere die Hilfestellung im Umgang mit Behörden, mit Einrichtungen der frühkindlichen oder schulischen Bildung wird vor allem von den Frauenhausbewohnerinnen mit Migrationshintergrund besonders geschätzt, da sie häufig der deutschen Sprache nur unzureichend mächtig und mit dem Jugendhilfe- und Schulsystem in Deutschland nicht vertraut sind. Diese unterstützenden Erziehungs- und Bildungspartnerschaften, die von den Frauenhausbewohnerinnen in dieser Form häufig erstmalig erlebt werden, beinhalten darüber hinaus auch die pädagogische Arbeit mit den Mädchen und Jungen selbst.

---

5 Das autonome Frauenhaus Lübeck, das aus der Frauenbewegung gegründet und vom Verein *frauen helfen frauen e.V.* 1978 eröffnet wurde, versteht sich auch heute noch als Einrichtung, die nicht nur professionelle Sozialarbeit vorhält, sondern nach wie vor politisch in der Frauenbewegung und Anti-Gewalt-Arbeit engagiert ist. Das Frauenhaus bietet für insgesamt 40 Frauen und Kinder Schutz, Sicherheit, Beratung und Unterstützung. Die Finanzierung erfolgt über Landesmittel, Leistungen der Stadt sowie Spenden und Mitgliedsbeiträge. Darüber hinaus bietet der Trägerverein *frauen helfen frauen e.V.* kontinuierlich seit dem Jahr 2005 über die ARGE Lübeck finanzierte Bildungsangebote für Frauen „mit multiplen Vermittlungshemmnissen" – insbesondere für Frauen mit Gewalterfahrungen (vgl. Henschel 2006a; 2008) – sowie im Rahmen des SGB VIII finanzierte Maßnahmen der Hilfen zur Erziehung, wie z.B. Sozialpädagogische Familienhilfe oder Erziehungsbeistandschaften an.

Die im Haus lebenden Mädchen und Jungen erfahren durch das Zusammenleben mit anderen Kindern, die ähnliche Situationen und parallele Erfahrungen von häuslicher Gewalt gemacht haben, dass sie nicht alleine sind mit ihren Problemen, und dass nicht nur andere Kinder, sondern auch andere Mütter und Mitarbeiterinnen ihre erlittenen Erfahrungen nachvollziehen können und sie unterstützen. Aber auch ihre kindlichen Stärken, subjektiven Identitätsentwürfe, Bedürfnisse und Interessen sowie ihre kulturell und ethnisch geprägten Erfahrungen werden im Frauenhaus anerkannt und im Rahmen der pädagogischen Arbeit werden die Mädchen und Jungen in ihrer persönlichen und schulischen Entwicklung unterstützt und gefördert. Hilfestellung bei den Hausaufgaben gehört deshalb ebenso zum pädagogischen Konzept wie die Heranführung an Freizeitangebote, wie z.B. Sportvereine und Musikschulen, aber auch die Weitervermittlung an spezifische Unterstützungsinstitutionen (z.B. KinderpsychotherapeutInnen, SprachheilpädagogInnen etc.) wird von den Mitarbeiterinnen in Kooperation mit den Müttern bewerkstelligt. Hierbei kommt der gleichberechtigten und auf Augenhöhe stattfindenden Kooperation zwischen Frauenhausmitarbeiterinnen und den von Misshandlung betroffenen Müttern hohe Bedeutung zu. Mütter wie Kinder werden als ExpertInnen der eigenen Lebensgestaltung verstanden und soziale und psychologische Ressourcen werden in hierarchiearmen Interaktionen, die das Verhältnis zwischen Frauenhausmitarbeiterinnen den Frauenhausbewohnerinnen und ihren Kindern kennzeichnen, aktiviert. Diese Form von Erziehungs- und Bildungspartnerschaft, die Frauen und Kinder einerseits nicht überfordern darf, andererseits aber auch durch eine professionelle Hilfestellung und Unterstützung gekennzeichnet sein muss, bietet Frauen wie Kindern im Frauenhaus die Chance, tragfähige und vertrauensvolle Beziehungen entstehen zu lassen und somit persönliches Wachstum und Zukunftsentwürfe, die frei von Gewalt sind, eher für sich zu entdecken.

Aber auch ein weiterer Aspekt der hier beschriebenen spezifischen Partnerschaft sollte beachtet werden, da die enge Zusammenarbeit zwischen den von Misshandlung betroffenen Müttern, ihren Kindern und den pädagogischen Fachkräften im Frauenhaus weitere Optionen eröffnet. Die Rede ist hier von der Notwendigkeit einer verbesserten Kooperation zwischen Frauenhäusern, freien Trägern der Jugendhilfe, Jugendämtern und Schule, aber auch Kinderschutzeinrichtungen, Kinderärzten etc., um vorhandene Ressourcen zu bündeln, neue Unterstützungsnetzwerke für die von häuslicher Gewalt immer mitbetroffenen Mädchen und Jungen zu ermöglichen und um im Sinne von Prävention Gewaltkreisläufe zu durchbrechen. Solcherart verstandene Bildungs- und Erziehungspartnerschaften ermöglichen Mädchen und Jungen, die häusliche Gewalterfahrungen haben, ein eigenständiges Recht auf qualifizierte und angemessene Unterstützung im Sinne des Kindeswohls und des Kinderschutzes.

Fazit

Erziehungs- und Bildungspartnerschaften werden insbesondere seit den zahlreichen Schulleistungsuntersuchungen (PISA etc.) häufig lediglich im Zusammenhang mit der Kooperation von Familie, Jugendhilfe und Schule diskutiert, um die Unterstützung von Familien und die Förderung vor allem derjenigen Kinder zu verbessern, die aufgrund ihres sozialen Milieuhintergrundes von Exklusionsprozessen betroffen sind. Spezifische Kooperationsangebote im Kontext der Frauenhausarbeit, die durch eine vertrauensvolle Zusammenarbeit zwischen Müttern und Fachkräften im Sinne der Förderung und Unterstützung der von häuslicher Gewalt immer mitbetroffenen Kinder geprägt sind, bieten darüber hinaus besondere Chancen. Sie ermöglichen einerseits die Verbesserung der Vernetzung unterschiedlicher sozialer Organisationen und Akteure, und sie können interinstitutionelle Kooperationen begünstigen. Diese besonderen Formen der Zusammenarbeit werden in sozialen und pädagogischen Prozessen entwickelt, unterliegen Veränderungsprozessen und sie bedürfen fachlicher Expertise, die u.a. dadurch gekennzeichnet ist, dass sie um die Entwicklungsrisiken der von häuslicher Gewalt mit betroffenen Mädchen und Jungen weiß.

Aufklärung, Abbau von Vorurteilen und die Bereitschaft zu Einstellungsveränderungen bei den Mitarbeitenden aller Institutionen bilden eine notwendige Bedingung für eine verbesserte Kooperation und Partnerschaft im Sinne der Mädchen und Jungen. Erziehungs- und Bildungspartnerschaften sowie die Kinderschutzarbeit müsste sich also stärker mit den sozialen und gesellschaftlichen Geschlechterverhältnissen sowie ihren Einflussfaktoren auf häusliche Gewalt auseinandersetzen, um die gewonnenen Erkenntnisse in das berufliche Handeln integrieren zu können sowie interinstitutionelle Kooperationen zu erleichtern. Erziehungs- und Bildungspartnerschaften vermögen auch einen Beitrag zu leisten, der die intergenerationelle Weitergabe und damit den Kreislauf der Gewalt zu durchbrechen vermag.

Literatur

Abassi, Nassrin et al. (2000): Zwischen Kinderspiel und Kunststück. Erinnerungsstücke, Gedankengänge und Fragestellungen von Frauen des Autonomen Frauenhauses Lübeck, die gemeinsam ein Kongressforum vorbereiteten. In: frauen helfen frauen e.V. Lübeck (2000): S. 115-126

Arbeitsgemeinschaft Evangelischer Frauenhäuser, Diakonisches Werk der Evangelischen Kirche in Deutschland e.V. (Hrsg.) (2002): Kinderleben im Frauenhaus. Konzepte – Perspektiven. Broschüre. Stuttgart

Bassarak, Herbert/Eibeck, Bernhard (Hrsg.) (2006): Niemanden zurücklassen – Integration durch Schulsozialarbeit an Ganztagsschulen. Darmstadt: SpitzerDruck

BMFSFJ – Bundesministerium für Familie, Senioren, Frauen und Jugend (1999): Aktionsplan der Bundesregierung zur Bekämpfung von Gewalt gegen Frauen. Bonn

BMFSFJ – Bundesministerium für Familie, Senioren, Frauen und Jugend (2007): Aktionsplan II der Bundesregierung zur Bekämpfung von Gewalt gegen Frauen. Bonn

Connell, Robert W. (1997): Der gemachte Mann: Konstruktion und Krise von Männlichkeiten. Opladen: Leske und Budrich

Enzmann, Dirk/Wetzels, Peter (2001). Das Ausmaß häuslicher Gewalt und die Bedeutung innerfamiliärer Gewalt für das Sozialverhalten von jungen Menschen aus kriminologischer Sicht. In: Familie, Partnerschaft und Recht, 7/2001. S. 246-251

Enzmann, Dirk (2002): Ausmaß, Erscheinungsformen und Ursachen jugendlicher Gewaltdelinquenz. In: Gause/Schlottau (2000): S. 7-35

frauen helfen frauen e.V. Lübeck (Hrsg.) (2000): Bei aller Liebe ... Gewalt im Geschlechterverhältnis. Bielefeld: Kleine Verlag

Gause, Detlev/Schlottau, Heike (Hrsg.) (2002): Jugendgewalt ist männlich. Orientierungen, Bd. 3. Hamburg: EB-Verlag

Henschel, Angelika (1993): Geschlechtsspezifische Sozialisation. Zur Bedeutung von Angst und Aggression in der Entwicklung der Geschlechtsidentität. Eine Studie im Frauenhaus. Mainz: Grünewald

Henschel, Angelika (2000): Was will die Frau? – Empowerment in der Bildungs- und Gruppenarbeit mit Frauenhausbewohnerinnen. In: frauen helfen frauen e.V. Lübeck (2000): S. 101-114

Henschel, Angelika (2002): Pädagogische Arbeit mit Kindern im Frauenhaus. In: Sozial Extra, 4/2002. S. 30 ff.

Henschel, Angelika (Hrsg.) (2003): „Manchmal tut es weh, darüber zu reden ...". Kinder als Opfer häuslicher Gewalt – Ergebnisse eines Theorie-Praxis-Seminares. Broschüre. Lüneburg

Henschel, Angelika (2006): Geschlechtsbewusste Gewaltprävention – Ein Baustein in der gemeinsamen Fortbildung von Lehrkräften und Fachkräften aus der Sozialen Arbeit. In: Bassarak/Eibeck (2006): S. 201-207

Henschel, Angelika (2006a): Hartz IV für von Misshandlung betroffene Frauen. Armutsfalle oder neue Zugangschance zum Arbeitsmarkt. In: Sozialmagazin, Heft 4. S. 12-23

Henschel, Angelika (2008): Mit Hartz IV zum „Aufbruch" ins Erwerbsleben? – Unterstützungsangebote für von Misshandlung betroffene Frauen. In Zeitschrift für Frauenforschung und Geschlechterstudien, Heft 1. S. 102-113

Kindler, Heinz (2006): Partnergewalt und Beeinträchtigungen kindlicher Entwicklung: Ein Forschungsüberblick. In: Kavemann/Kreyssig (2006): S. 36-53

Kavemann, Barbara/Kreyssig, Ulrike (Hrsg.) (2006): Handbuch Kinder und häusliche Gewalt. Wiesbaden: VS-Verlag

Kock, Anke/Stegen, Heidrun (2000): „Privatsache". Wie Jugendliche ihren Aufenthalt im Autonomen Frauenhaus Lübeck erlebten, schildern, reflektieren und interpretieren. In: frauen helfen frauen e.V. Lübeck (2000): S. 186-225

Köckeritz, Christine (2002): Lebensumstände, Entwicklungen und Erfahrungen von Kindern aus Gewaltkontexten. In: Arbeitsgemeinschaft Evangelischer Frauenhäuser, Diakonisches Werk der Evangelischen Kirche in Deutschland e.V. (2002): S. 5 ff.

Pfeiffer, Christian/Wetzels, Peter (2000): Gewalt. In: Emma. November/Dezember 2000, Heft Nr. 6. S. 46-47

Schröttle, Monika/Müller, Ursula (2004): Lebenssituation, Sicherheit und Gesundheit von Frauen in Deutschland. Eine repräsentative Untersuchung zu Gewalt gegen Frauen in Deutschland. Studie im Auftrag des Bundesministeriums für Familie, Senioren, Frauen und Jugend. Berlin

Schubarth, Wilfried (2000): Gewaltprävention in Schule und Jugendhilfe – Theoretische Grundlagen, Empirische Ergebnisse, Praxismodelle. Neuwied: Luchterhand

Strasser, Philomena (2001): Kinder legen Zeugnis ab. Gewalt gegen Frauen als Trauma für Kinder. Innsbruck und Wien: Studienverlag

Uta Meier-Gräwe

Bildungsarmut – und kein Ende in Sicht?

Bestandsaufnahme

Zu einer nüchternen Bilanz der Bedingungen von Elternschaft in Deutschland gehört das Eingeständnis, dass der lange Jahre ideologisch gehegte und strukturell untermauerte westdeutsche Müttermythos, wonach es für Kinder das Beste sei, wenn die eigene Mutter eine Rundum-Betreuung über viele Jahre übernimmt, dazu geführt hat, dass in keinem anderen Land die soziale Herkunft einen derart starken Einfluss auf die Bildungs- und Lebenschancen der Kinder aufweist wie in Deutschland.

‚Weltmeister in sozialer Selektion' – ein wenig rühmlicher Titel, der so gar nicht zu dem Selbstverständnis der deutschen Gesellschaft passt, die das Prinzip von sozialer Gerechtigkeit als weitgehend verwirklicht ansieht. Die in den vergangenen Jahrzehnten mit deutscher Gründlichkeit betriebene *Privatisierung der Kinderfrage* und eine auf Homogenisierung von Lerngruppen fixierte Schulpolitik haben uns aber noch weitere Probleme beschert. Seit Jahren nimmt der Anteil von Kindern in Deutschland stetig zu, deren Eltern beide – nach einer schwierigen Schullaufbahn – ohne beruflichen Abschluss geblieben sind. Das sind denkbar ungünstige häusliche Voraussetzungen, um Kindern jene Anregung und Unterstützung zu geben, die sie für ein gedeihliches Aufwachsen brauchen. Kinder- und Familienarmut zeigt sich dabei nicht nur am begrenzten Haushaltsbudget, sondern auch in Form von beengten Wohnverhältnissen, Schulfrust, gesundheitlichen Beeinträchtigungen und einer mangelnden gesellschaftlichen Teilhabe.

Diese Entwicklungen werden durch das bestehende Bildungssystem in Deutschland weder für deutsche Kinder aus der *neuen Unterschicht* noch für Migrantenkinder abgemildert. Ende 2004 lebten rund 1,12 Millionen Minderjährige von Hilfen zum Lebensunterhalt (Sozialhilfe). Das entspricht 7,5% aller Mädchen und Jungen unter 18 Jahren in Deutschland. Nichtdeutsche Kinder sind dabei mehr als doppelt so häufig betroffen: (6,5% deutsch vs. 16,1% nicht-deutsch). Die Quote der von relativer Einkommensarmut betroffenen Mädchen und Jungen lag gemäß EU-Definition je nach Operationalisierung zwischen 13 und 19% (Statistisches Bundesamt 2006, S. 35 f.). Mitte 2006 bezogen fast 1,9 Millionen der unter 15-Jährigen Sozialgeld (Bundesagentur für Arbeit 2006). 2009 wird bereits von drei Millionen armutsgefährdeten Kindern ausgegangen. Während sich in nahezu allen anderen EU-Staaten die Schulleistungen von Zuwandererkindern mit Dauer des Aufenthalts ihrer Familien verbessern, werden sie in Deutschland deutlich schlechter. Die Privatisierung der Kinderfrage und der ausgeprägte westdeutsche Müttermythos haben – pointiert gesagt – gerade für Kinder aus benachteiligten Herkunftsverhältnissen oftmals ein *Zuviel an Familie* und ein *Zuwenig an kindgerechten und familienergänzenden Betreuungs-, Bildungs- und Förderangeboten* hervorgebracht. Diese Entwicklung erweist sich aber nicht nur individuell für die Kinder aus benachteiligten Milieus als problematisch, weil erfolgreiche Bildungs- und Lebenschancen verhindert werden. Sie stellt zugleich eine latente Belastung für die bundesdeutsche Gesellschaft insgesamt dar, weil in alternden Gesellschaften eine insgesamt kleiner werdende Zahl von Menschen im erwerbsfähigen Alter eine größer werdende Gruppe von hilfs- und transferabhängigen Menschen mittragen muss.

In die Bildung der künftigen Erwerbsbevölkerung zu investieren ist somit eine essenzielle Zukunftsfrage, die durchaus auch ökonomische Relevanz besitzt. Sowohl unter Gerechtigkeitsaspekten als auch mit Blick auf die Zukunftssicherung der bundesdeutschen Gesellschaft und ihre Positionierung im internationalen Standortwettbewerb ist es demnach geradezu fahrlässig, wenn mehr als 20% der nachwachsenden Generation bildungsarm bleiben, funktionalen Analphabetismus aufweisen und in der Folge selbst wieder auf staatliche Transferzahlungen zurückgreifen müssen. In anderen Ländern wurden diese Zusammenhänge längst erkannt und der Bildungsarmut von Kindern entschieden der Kampf angesagt (vgl. Esping-Andersen 2003).

Auch wenn in den letzten Jahren hierzulande familien- und bildungspolitisch viel in Bewegung gekommen ist, gibt es längst noch nicht unter allen kommunalen und schulischen AkteurInnen einen breiten Konsens darüber, dass es sich z.B. bei Ganztagsbetreuungsangeboten um Lebens- und Lernorte handelt, die für Kinder und Jugendliche und ihre Sozialisation originäre und/oder kompensatorische Funktionen übernehmen (müssen). Wie notwendig das allerdings wäre, zeigen die Ergebnisse einer vom Bundesverband der Arbeiterwohlfahrt in Auftrag gegebenen Studie „Gute Kindheit – Schlechte Kindheit": So hatten im Jahre 2000 rund 43% aller Kinder mit einer Mehrfachbenachteiligung außerhalb des Kindergartens keinerlei Frühförderung erfahren. Dies macht deutlich, dass es um die „öffentliche Verantwortung für das Aufwachsen von Kindern" hierzulande nicht gut bestellt ist (Holz et al. 2005).

Differenzierte und vernetzte Hilfen zur Armutsprävention im Sozialraum als grundlegender Beitrag zu mehr Bildungsgerechtigkeit für benachteiligte Kinder

Kinder, die unter Bedingungen von Armut oder prekärem Wohlstand aufwachsen, brauchen vielfältige Bildungsangebote und Anregung jenseits ihrer Herkunftsfamilie. Sie benötigen Bildungsinstitutionen, die sie viel früher als bisher individuell und ganzheitlich fördern sowie Unterschiede beim Erwerb von Bildung abbauen. Eine zukunftsorientierte lokale Bildungspolitik muss sich dem Grundsatz *Bildung von Anfang an* verpflichtet fühlen. Es braucht eine frühe Förderung aller Kinder, eine kostenlose verpflichtende Vorschule von hoher Qualität und mit zumindest fachhochschulqualifizierten ErzieherInnen, welche die Lernfähigkeit der Kinder mit stimmigen und überprüften pädagogischen Konzepten unterstützen. Hier liegt einer der Schlüssel für die wirksame Förderung von Kindern aus benachteiligten Herkunftsverhältnissen, vorausgesetzt, Eltern und Kinder werden durch diverse Angebote der aufsuchenden und anleitenden Familienhilfe und -beratung bereits nach der Geburt von Kindern unterstützt und durch passgenaue Angebote entlastet.

Das Grundschulsystem und die Sekundarstufen sollten zusätzlich auf ein ganztägiges Modell der Gemeinschaftsschulen umgestellt werden, in dem die Kinder wie in den meisten europäischen Ländern mit guten Bildungsresultaten nach ihren individuellen Begabungen gefördert werden. Es geht um Schulstrukturen, die differenzierte Angebote mit vielen Wahlmöglichkeiten, kleine Klassen und einheitlich hohe Bildungsstandards für alle Begabungsstufen offerieren. Zwecks Ausbildung von sozialer Kompetenz ist es schließlich erforderlich, die Abschottung unterschiedlicher Milieus und Lebenslagen zu überwinden, anstatt sie bereits am Ende der Grundschulzeit zu besiegeln.

Bereits in den 1970er Jahren gab es in der fachpolitischen Diskussion eine wissenschaftlich-konzeptionell begründete Präferenz für Ansätze der psychosozialen Prävention bei Kindern. Beratung und Hilfe sollte in einer entsprechenden Infrastruktur professionell sichergestellt werden. Auf diese Weise war intendiert, Krisen und Konflikte im Vorfeld einer Problemeskalation zu bearbeiten, sodass die Trennung von Kind und Eltern bzw. von seinem sozialen Umfeld vermieden werden konnte. In der Konsequenz kam es zum Ausbau von Frühförderzentren und gemeinwesenorientierten Beratungsstellen, die konzeptionell neueste Erkenntnisse der Entwicklungspsychologie und Pädagogik aufnahmen und dezidiert den Zielen von Prävention und Kooperation folgten.

Kontrastiert man den fachpolitisch hohen Stellenwert von präventiven Arbeitsformen mit der heutigen Situation, so fällt eine erhebliche Diskrepanz zwischen Anspruch und sozialer Beratungs- und Hilfepraxis auf. Zwar gehören präventive Ansätze nach wie vor in das Repertoire sozialpädagogischer und psychologischer Dienste als Option. Ihr faktischer Bedeutungsgehalt ist jedoch gegenüber kurativ-interventionistischen Arbeitsformen marginal. Diese Randständigkeit von Prävention steht vor dem Hintergrund des tiefgreifenden Strukturwandels von Kindheit und Familie in einem auffälligen Gegensatz zu den Bedarfslagen; etwa in den Kindertagesstätten. Zahlreiche Umfragen unter Erzieherinnen haben gezeigt, dass die Belastung des Kita-Alltags durch verhaltensauffällige Kinder inzwischen von den Befragten als das größte Problem in ihrem Berufsleben beklagt wird. Der Bedarf an praktischer und präventiver Unterstützung ist in den Kitas offensichtlich so groß, dass Erzieherinnen vielfach das Gefühl haben, weder ihrem pädagogischen Basisauftrag noch den betroffenen Kindern gerecht werden zu können. Diese Diskrepanz verstärkt sich im Grundschulalter der Kinder und läuft in der chronisch unterfinanzierten und bildungspolitisch vernachlässigten Schulform der Hauptschule offensichtlich immer öfter aus dem Ruder.

Folglich braucht es eine präventiv angelegte und sozialräumlich orientierte Kooperation zwischen sozialpädagogischen, sozialpsychologischen, aber auch familienbezogenen gesundheitlichen und hauswirtschaftlichen Diensten, um Kinder und ihre Eltern so früh wie möglich zu erreichen und beim Aufwachsen zu begleiten. Es geht dabei weniger um die Etablierung neuer Dienste und Hilfsangebote als vielmehr um ihre verstärkte passgenaue Ausrichtung an den veränderten Lebens- und Problemlagen von Kindern und ihrem häuslichen Umfeld sowie um eine strukturell bessere Vernetzung und Abstimmung der bestehenden Infrastrukturen vor Ort. Die Möglichkeiten für kooperative und interdisziplinäre Ansätze im Sozialraum werden bislang allerdings nur unzureichend erschlossen. Es überwiegt noch immer ein Herangehen, bei dem Kindertagesstätte, Schule, Familienbildung und Jugendhilfe ihre je ‚eigene' Perspektive von (Armuts-)Prävention oder Bildungsgerechtigkeit entwickeln.

Auch die seit 1997 vom Institut für Sozialarbeit und Sozialpädagogik längsschnittlich erforschten Lebenslagen und Zukunftschancen von (armen) Kindern bestätigen eindrucksvoll, dass sich Armut von frühester Kindheit an zeigt und in langfristigen Wirkungen manifestiert. Arme Kinder sind nachweislich beeinträchtigt, was ihre materielle Situation, ihre soziale Integration und ihre Bildungschancen betrifft. Diese ebenfalls durch PISA und jüngst in PISA-E belegte Erkenntnis zeigt sich keineswegs erst bei den Fünfzehnjährigen, sondern bereits bei den sechsjährigen Kindern. Im Zeitverlauf betrachtet ist diese Entwicklung das Resultat eines Sozialisationsprozesses, der schon im Kindergartenalter – so die Langzeitstudie – erkennbar wird und sich in der Grundschulzeit massiv verstärkt (Holz et al. 2005). Dieser Prozess kumuliert dann durch die soziale Selektion im dreigliedrigen Schulsystem weiter: Auf diese Weise produziert die bundesdeutsche Gesellschaft in zunehmendem Maße „Kellerkinder" (Klaus Klemm), die ohne oder mit abgewertetem Hauptschulabschluss auf den Arbeitsmarkt treten und dort zunehmend ohne Chance auf eine existenzsichernde Berufsperspektive sind.

Der Vergleich mit den Entwicklungschancen nicht armer Kinder zeigt gleichwohl, dass Beeinträchtigungen und Auffälligkeiten von Kindern frühzeitig und dauerhaft vermeidbar sind. Vielfältige Projekte und Modellversuche, wie sie vor Ort erprobt werden, um arme Kinder und ihre Eltern zu begleiten und wirkungsvoll zu unterstützen, gilt es in die Regelpraxis zu übertragen und durch adäquate politische Rahmenbedingungen auf allen föderativen Ebenen zu flankieren.

Kooperatives und interdisziplinäres Arbeiten als erklärtes Ziel einer stärkeren öffentlichen und professionellen Verantwortlichkeit für Kinder und deren Eltern meint in diesem Zusammenhang mehr als die Abstimmung der Zusammenarbeit verschiedener Dienste unter Beibehaltung einer selbst definierten Zuständigkeit und auch mehr als die Regelung von Schnittstellen und Zuständigkeiten. Es geht ebenso um die gegenseitige Anerkennung der Vielfältigkeit und Wertschätzung der je anderen Fachlichkeit und zwar ‚auf gleicher Augenhöhe' und um die gemeinsame eindeutige Klärung der zu bearbeitenden Problematik. An die Stelle des Abarbeitens von Vorgaben hätte die Entwicklung von bedarfs- und passgenauen Konzepten zu treten bei Berücksichtigung der jeweiligen Kontextbedingungen vor Ort. Zugleich ist es erforderlich, Erfolgsbewertungen und Qualifizierungsmaßnahmen gemeinsam vorzunehmen.

Obwohl es in der Fachöffentlichkeit einen breiten Konsens über die Notwendigkeit zur Kooperation zwischen verschiedenen Diensten gibt, scheitert diese Bestrebung in der Realität sehr oft an versäultem Verwaltungshandeln, einer ressortgebundenen Finanzierung von Projekten oder auch schon an der Befürchtung, das eigene Profil oder gar die Existenzberechtigung zu verlieren. Deshalb ist es dringend erforderlich, einen Verständigungs- und Kooperationsprozess entlang der Leitfrage zu entwickeln, wie Kindern und ihren Eltern in benachteiligten Lebenslagen eine bestmögliche und individuelle Unterstützung im Sozialraum gewährt werden kann. Dieser Prozess erfordert klare und verbindliche Regeln der Kooperation zwischen allen Beteiligten mit dem Ziel, ein integriertes Gesamtkonzept der kurzen Wege zu entwickeln, in dem die vor Ort bestehenden Angebote bedarfsorientiert aufeinander bezogen und keinesfalls konkurrierende Angebote vorgehalten werden.

Ein soziokulturelles Existenzminimum für arme Kinder und ihre Familien ist als Einzelmaßnahme keinesfalls hinreichend. Vielmehr sind lebenslaufbegleitende Maßnahmen einer sensiblen Kinder- und Jugendarbeit von der gezielten Frühförderung über eine verlässliche Begleitung und Unterstützung dieser Kinder in der Schulzeit bis hin zu einem gelingenden Ausbildungsabschluss vonnöten (Meier et al. 2003). Für ihre Eltern sind – neben großen Anstrengungen ihrer Reintegration in den Arbeitsmarkt – vielfältige vernetzte Formen von aufsuchender und anleitender hauswirtschaftlicher, sozialpädagogischer und sozialpsychologischer Familienhilfe und Familienbildung notwendig, um Alltagskompetenzen zu vermitteln, Familienbeziehungen zu stabilisieren oder ein „Entgleiten von Zeitstrukturen" zu verhindern (Meier-Gräwe 2007). Hingegen sind zusätzliche monetäre Transfers insbesondere für jene Familienhaushalte keine Lösung, die schon über mehrere Generationen in Armutslagen leben, weil sich dadurch an der Problemstruktur des Familienalltags und dem Ausgabeverhalten der Eltern schlicht nichts ändert. Gleichwohl gibt es andere Familien, wo es an finanziellen Ressourcen fehlt. Dazu gehören insbesondere alleinerziehende Mütter, die den Alltag mit Kindern überdurchschnittlich häufig mit einem vergleichsweise niedrigen bedarfsgewichteten Haushaltseinkommen bewältigen müssen (vgl. Eggen 2006).

Perspektiven

Die Lebensqualität von Kindern und Eltern quer durch alle Bildungsgruppen hängt perspektivisch ganz entscheidend von einem flexiblen und vielfältigen Angebot an passgenauen familienunterstützenden Diensten und einer bedarfsorientierten Qualifizierung des Personals mit hoher Schnittstellenkompetenz ab (Weinkopf 2003, S. 135 f.). Der Ausbau einer solchen familienergänzenden Infrastruktur hätte zumindest drei positive Wirkungen: Zum einen würde dadurch die Entscheidung für ein Leben mit Kindern für AkademikerInnen leichter und die vielfach beklagte Zeitnot im Alltag ließe sich abbauen (siehe auch den Artikel *Familie* auf S. 107 ff.). Zum zweiten böte sie Kindern und Eltern aus benachteiligten Familien vielfältige Unterstützung im Sinne einer systematischen Armutsprävention und würde dadurch Folgekosten in Milliardenhöhe vermeiden. Drittens schließlich könnten auf diesem Wege in den Kommunen rationalisierungsresistente Beschäftigungschancen für unterschiedliche Qualifikations- und Berufsgruppen entstehen, die nicht ausgelagert werden könnten und zum Aufbau von Bildungskapital beitragen würden.

Literatur

Bundesagentur für Arbeit (Hrsg.) (2006): Grundsicherung für Arbeitssuchende. Entwicklung bis Juli 2006. Nürnberg: BfA

BMFSFJ – Bundesministerium für Familie, Senioren, Frauen und Jugend (2009): Gewalt trifft Frauen in allen gesellschaftlichen Schichten. Pressemitteilung vom 6. März 2009

Eggen, Bernd, 2006: Zur ökonomischen Situation von Familien. Wem gehört die Familie der Zukunft? Expertisen zum 7. Familienbericht der Bundesregierung. Opladen: Budrich. S. 457-484

Esping-Andersen, Gøsta, 2003: Aus reichen Kindern werden reiche Eltern. Frankfurter Rundschau, 20.12.2003. S. 7

Holz, Gerda et al. (2005): Zukunftschancen für Kinder. Wirkung von Armut bis zum Ende der Grundschulzeit. Endbericht der 3. AWO-ISS-Studie im Auftrag der Arbeiterwohlfahrt Bundesverband e.V. Berlin und Bonn: AWO

Meier, Uta/Preusse, Heide/Sunnus, Eva Maria (2003): Steckbriefe von Armut. Haushalte in prekären Lebenslagen. Wiesbaden: Westdeutscher Verlag

Meier-Gräwe, Uta (2007): Jedes Kind zählt. Armutsprävention – eine strategisch unterschätzte Zukunftsaufgabe in Deutschland. Universitas 3. S. 247-255

Statistisches Bundesamt (Hrsg.) (2006): Kinder in der Sozialhilfe 2004. Wiesbaden

Weinkopf, Claudia (2003): Förderung haushaltsbezogener Dienstleistungen. In: Vierteljahreshefte zur Wirtschaftsforschung, 72. S. 133-147

Themen, Problemstellungen und Ziele von Erziehungs- und Bildungspartnerschaften

Wilfried Griebel

Übergänge zwischen Familie und Bildungssystem im Lichte des Transitionsansatzes – Übergänge I – III und die Rolle der Eltern

Einleitung

Aus bildungspolitischer Sicht wird eine engere Kohäsion des deutschen segmentierten Bildungssystems zugunsten eines effektiveren Bildungserfolges wünschenswert und ebenfalls aus politischer Sicht wird die Partizipation von Eltern angemahnt.

Die internationale Forschung zu Übergängen zwischen einzelnen Stufen der nationalen Bildungssysteme folgt einerseits anthropologisch-soziologischen Theorieansätzen und andererseits entwicklungspsychologischen Ansätzen (vgl. Griebel 2011a). Aus beiden Ansätzen sind Impulse wirksam geworden für die Pädagogik sowohl hinsichtlich der Formulierung und Passung von Curricula für den Elementar- und den Primarbereich als auch für die Ausbildung und die Fort- und Weiterbildung von Fach- und Lehrkräften. Sehr wichtig sind zudem die Konsequenzen für eine verbesserte Zusammenarbeit der Bildungseinrichtungen untereinander und mit den Eltern.

Das entwicklungspsychologische Transitionsmodell

Zur Formulierung des *Transitionsmodells* haben mehrere theoretische Stränge beigetragen (vgl. Griebel 2011a; Griebel/Niesel 2011).

(1) Der ökopsychologische Ansatz von Uri Bronfenbrenner betont, dass Entwicklung in der Auseinandersetzung mit der sozialen Umgebung stattfindet. Der Einzelne entwickelt sich innerhalb von sozialen Systemen wie Familie, dann Kindergarten und Schule, und die Systeme beeinflussen sich gegenseitig.

(2) Die Stressforschung erklärt Belastungsreaktionen auf Veränderungen im Lebenslauf. Danach sind Überlastungsreaktionen vermeidbar, wenn Veränderungen im Lebensumfeld des Kindes gering gehalten, wenn sie vorhersehbar und kontrollierbar gestaltet werden. Zudem ist die motivationale Ebene – Bedrohung oder Herausforderung – in Bezug auf bevorstehende Veränderungen einzubeziehen.

(3) Veränderungen im Lebensumfeld von Kindern und Erwachsenen lassen sich in der Entwicklung über die Lebensspanne als kritische Lebensereignisse betrachten. Risikofaktoren können das Gelingen gefährden, Schutzfaktoren es begünstigen.

(4) Entwicklung im Erwachsenenalter ist von Lernprozessen, Veränderungen von Einstellungen und Handeln sowie deren Reflexion gekennzeichnet.

(5) Lern- und Entwicklungsprozesse werden in der Interaktion des Einzelnen mit seiner sozialen Umgebung als soziale Konstruktionen verstanden.

Transition wird auf Lebensereignisse bezogen, die Bewältigung von Veränderungen auf mehreren Ebenen erfordern und in der Auseinandersetzung des Einzelnen und seines sozialen Systems mit gesellschaftlichen Anforderungen Entwicklung stimulieren. Sie finden als bedeutsame biografische Erfahrungen in der Identitätsentwicklung ihren Niederschlag.

Übergänge bringen Veränderungen auf der individuellen, der interaktionalen und der kontextuellen Ebene mit sich. Es ist nicht das Lebensereignis als solches, das es zu einer Transition werden lässt, sondern im entwicklungspsychologischen Sinne dessen Verarbeitung und Bewältigung. Das in Deutschland aus der Familienentwicklungspsychologie stammende und weiter formulierte *Transitionsmodell* nimmt die Perspektive und die Entwicklung sowohl der Kinder als auch der Eltern in den Blick. Angebote für die Eltern und die Zusammenarbeit mit ihnen gewinnen aus dieser Sicht einen größeren Stellenwert als im Rahmen anderer theoretischer Konzepte.

I. Der Übergang in die Tageseinrichtung für Kinder bis drei Jahre – Krippe

Der erste Übergang von der *Familie* in die *vorschulische Bildungseinrichtung* ist zweifellos markant. Abhängig vom Alter des Kindes und vom Typ der Bildungseinrichtung kann es um die Aufnahme und Eingewöhnung eines Kindes bis zum Alter von drei Jahren in die Krippe, eines Kindes im Alter von drei oder mehr Jahren in den Kindergarten oder des Kindes in eine Gruppe mit erweiterter Altersmischung gehen. Theorie und Forschung zum Wechsel von der Familie in die Einrichtung ist im Überblick bei Griebel und Niesel (2011; vgl. Griebel 2008) behandelt. Der pädagogischen Gestaltung des Übergangs von der Familie in die Bildungseinrichtung für Kinder bis zu drei Jahren gilt in der Qualitätsdebatte besondere Aufmerksamkeit (vgl. StMAS/IFP 2010; Becker-Stoll et al. 2009).

An theoretischen Grundlagen für die Frage des frühen Übergangs von der Familie in die Bildungseinrichtungen haben an Bedeutung gewonnen: das Konzept der Entwicklungsaufgaben und der Kompetenzen, die Temperamentstheorie und vor allem die Bindungstheorie, die Ansätze aus der Verhaltensforschung, aus der Psychoanalyse und der Stresstheorie integriert; aktuell ist die Selbstbestimmungstheorie nach Deci und Ryan hinzugekommen (vgl. Griebel/Niesel 2011). Im Ergebnis ist eine entwicklungsangemessene pädagogische Arbeit gefordert. Das *Berliner Eingewöhnungsmodell* nach Laewen und Hédervári basiert auf der Bindungstheorie und gestaltet die Eingewöhnungssituation als Beziehungsdreieck zwischen Kind, einer vertrauten Bezugsperson und der Fachkraft mit langsam steigenden Zeiten der Anwesenheit in der Einrichtung ohne Gegenwart der Bezugsperson. Kuno Beller hat diesen Ansatz im *Münchner Modell* erweitert, auf Stressreduzierung für alle Beteiligten ausgerichtet, dabei das Kind als aktiven Bewältiger fokussiert und die Bedeutung der Kindergruppe hervorgehoben (vgl. Becker-Stoll et al. 2009; Griebel/Niesel 2011).

Nach dem *Transitionsmodell* (Griebel/Niesel 2011) verständigen sich alle Beteiligten darüber, was der Eintritt des Kindes in die Tageseinrichtung bedeutet, und ko-konstruieren damit diesen Übergang, in den die Kompetenz aller Beteiligten eingeht. Kinder und auch ihre Eltern werden in Entwicklung gesehen und Entwicklungsaufgaben auf den Ebenen des Einzelnen, der Beziehungen und der Lebensumwelten wurden für den Übergang in die erste Einrichtung außerhalb der (jungen) Familie formuliert (vgl. Griebel/Niesel 2011; Griebel et al. 2010). Die Transition ist abgeschlossen, wenn das Kind und seine Eltern sich wohlfühlen und Nutzen aus der pädagogisch gestalteten Lebensumwelt ziehen, der als Lernen und Entwicklung erkennbar ist. Die Eltern bleiben die ExpertInnen für ihr Kind.

II. Übergang in die Schule

Unabhängig davon, wie unterschiedlich vor-schulische Einrichtungen international organisiert sind, wird der Eintritt des Kindes in das formale Schulsystem jeweils als bedeutender Entwicklungsabschnitt für das einzelne Kind angesehen. Die Art und Weise der Bewältigung der entsprechenden Entwicklungsaufgaben macht den Übergang zum Schulkind aus:

- *Auf der Ebene des Einzelnen* beinhaltet die Veränderung der Identität einen Statuswechsel zum Schulkind, starke Emotionen wie Ängste und Vorfreude müssen bewältigt und neue Kompetenzen erworben werden.
- *Auf der Ebene der Beziehungen* müssen neue Beziehungen in der Schule zu LehrerIn und den anderen Kindern aufgenommen, die Veränderung bzw. den Verlust bestehender Beziehungen hinsichtlich Erzieherin und FreundInnen im Kindergarten verkraftet werden; zudem wird ein Rollenzuwachs als Schulkind erfahren: Was wird von einem Schulkind erwartet und was passiert, wenn diese Erwartungen nicht erfüllt werden?
- *Auf der Ebene der Lebensumwelten* muss das Pendeln zwischen Familie und Schule im Tagesablauf in Einklang gebracht werden; eine Auseinandersetzung mit einem neuen Lehrplan steht an; evtl. müssen weitere familiale Übergänge wie Aufnahme oder Verlust von Erwerbstätigkeit eines Elternteils, Geburt eines Geschwisters, Trennung der Eltern zeitnah bewältigt werden.

Nach dem *Transitionsmodell* zeigen sich aus der Perspektive der Eltern diese Anforderungen, Diskontinuitäten zu bewältigen, analog. Auch sie werden Mutter oder Vater eines Schulkindes – bei einem Verlust an Kontrolle über ihr Kind. Sie sind starken Emotionen und Erwartungen an ihre (unklare) Rolle ausgesetzt, entwickeln neue Kompetenzen, regulieren wichtige Beziehungen und müssen Familie, Schule und Erwerbstätigkeit aufeinander abstimmen (vgl. Griebel 2010). Eine Reihe von emotionsregulierenden und problemlösenden Bewältigungsstrategien wurde bei Eltern – auch im Austausch mit ihren Kindern – gefunden, die Ansatz für eine zielführende Kommunikation und Partizipation bei der Zusammenarbeit im Sinne einer Erziehungs- und Bildungspartnerschaft sein können (Griebel/Niesel 2011). Das wird besonders wichtig bei der Ko-Konstruktion dessen, was unter Schulfähigkeit als Ausdruck der Kompetenz des sozialen Systems des Kindes verstanden wird (vgl. Griebel/Niesel 2011).

III. Der Übergang in die weiterführende Schule

In den deutschen Bundesländern sind mehrere Typen weiterführender Schulen nach der Grundschule vorgesehen, neben denen die Gesamtschule existiert. Die Abschlüsse haben unterschiedliches gesellschaftliches Prestige, mit der Hochschulreife an der Spitze. Im Hinblick auf den hessischen Bildungsplan für Kinder von Geburt bis 10 Jahren wurden für den Übergang in die weiterführende Schule die spezifisch gelagerten Entwicklungsaufgaben für Kinder und Eltern ausgeführt (vgl. Griebel/Berwanger 2007; Griebel 2011b).

- *Auf der Ebene des Individuums* ist die Optimierung des akademischen und sozialen Selbstkonzepts gefordert, neben Basiskompetenzen (wie Kommunikations- und Kooperationsfähigkeit) und spezifischen Kompetenzen (wie Leseleistung), zudem Motivation als Herausforderung und Anstrengungsbereitschaft sowie Erfolgsorientierung und

schließlich die Einstellung auf den Übergang zum Schulkind in einem Typ der weiterführenden Schule und seine Bewältigung (z.B. als Zugehörigkeitsgefühl).
- *Auf der Ebene der Beziehungen* sind teilweise Veränderungen in den Familienbeziehungen (z.B. Leistungsdruck) zu bewältigen, Veränderungen in Beziehungen in der Grundschule auszuhalten, d.h. Freundschaftsnetze auch über Konkurrenzdruck aufrechtzuerhalten, Abschiede von Beziehungen in der Grundschule (z.B. von der Klassenlehrerin) zu verarbeiten, in der neuen Schule sich am Aufbau einer Gemeinschaft von Lernenden beteiligen und unter den Lehrkräften Bezugspersonen zu finden, sich auf eine neue Rolle mit veränderten Erwartungen (z.B. Selbstständigkeit, Lernformen) einstellen, sich an Informationssuche und Entscheidung über die Schulwahl mit Eltern und Lehrkräften beteiligen.
- *Auf der Ebene der Lebensumwelten* steht eine Umstellung auf veränderte Rahmenbedingungen an wie größere Schulen mit mehr, weniger persönlich gestalteten Unterrichtsräumen, auf eine größere Fächerdifferenzierung mit Fachlehrkräften, auf mehr Bedeutung von Leistungsüberprüfung und auf veränderte Didaktik und Bildungsziele (vgl. Griebel/Niesel 2011).

Für die Eltern, die einerseits ihr Kind in diesem Übergang unterstützen, andererseits selber sich auf mit dem Schulübertritt einhergehende Veränderungen in ihrem Leben einstellen, veranschaulichen die Entwicklungsaufgaben die Komplexität der Anforderungen. Sich über die Bedeutung des Übergangs ko-konstruktiv zu verständigen, erfordert dann seitens der Lehrkräfte der Grundschule und der weiterführenden Schule(n) Kommunikation und Kooperation unter Beteiligung der Eltern und Kinder. Auch hier erweist sich die Kompetenz, den Übergang in eine weiterführende Schule erfolgreich zu bewältigen, als Kompetenz nicht eines Kindes alleine, sondern des sozialen Systems aus Bildungseinrichtungen und Familie.

Zusammenfassung

Der *Transitionsansatz* ist geeignet, die Prozesse des Übergangs für das Kind und seine Eltern abzubilden, wenn es in die Einrichtung kommt und wenn es von der Kindertagesstätte in die Schule bzw. in eine weiterführende Schule wechselt. Konsequenzen für pädagogisches Handeln ergeben sich für die Unterstützung des Kindes ebenso wie für die Zusammenarbeit der Bildungseinrichtungen untereinander und vor allem für die Kommunikation mit den Eltern und ihre Beteiligung bei der Gestaltung des Übergangs; darüber hinaus allerdings auch mit den Trägern der Bildungseinrichtungen und der Politik (vgl. Bertelsmann 2007). Diese Aufgabenstellung wird für und mit Kindern und ihren Familien aus sprachlich-kulturellen Minderheiten, die einen wachsenden Anteil in den Bildungseinrichtungen stellen, komplexer. Zur Vorbereitung von Fach- und Lehrkräften entwickelt das EU-Comeniusprojekt *Transition und Mehrsprachigkeit* (Laufzeit: 2009 – 2012) ein Curriculum (www.tram-project.eu).

Literatur

Amrehn, Irma/Schmitt, Rudi (Hrsg.) (2011): Übergänge gestalten. Donauwörth: Auer
Bayerisches Staatsministerium für Arbeit und Sozialordnung, Familie und Frauen/Staatsinstitut für Frühpädagogik (2010): Bildung, Erziehung und Betreuung von Kindern in den ersten drei Lebensjahren. Handreichung zum

Bayerischen Bildungs- und Erziehungsplan für Kinder in Tageseinrichtungen bis zur Einschulung. Weimar: das netz

Becker-Stoll, Fabienne et al. (Hrsg.) (2010): Bildungsqualität für Kinder in den ersten drei Jahren. Berlin: Cornelsen Scriptor

Becker-Stoll, Fabienne/Niesel, Renate/Wertfein, Monika (2009): Handbuch Kinder in den ersten drei Lebensjahren. Freiburg: Herder

Bertelsmann Stiftung (Hrsg.) (2007): Von der Kita in die Schule. Handlungsempfehlungen an Politik, Träger und Einrichtungen. Gütersloh: Bertelsmann Stiftung

Diller, Angelika/Leu, Hans Rudolf/Rauschenbach, Thomas (Hrsg.) (2010): Wie viel Schule verträgt der Kindergarten? Annäherung zweier Lebenswelten. München: DJI

Griebel, Wilfried (2008): Der Übergang zur Familie mit Kindergartenkind: Theorie und Empirie. In: Thole et al. (2008): S. 241-251

Griebel, Wilfried (2010): Eltern im Übergang vom Kindergarten zur Grundschule. In: Diller/Leu/Rauschenbach (2010): S. 111-129

Griebel, Wilfried (2011a): Allgemeine Übergangstheorien und Transitionsansätze. In: Manning-Chlechowitz/Oehlmann/Sitter (2011): S. 5-19

Griebel, Wilfried (2011b): Vom Wesen der Transition. In: Amrehn/Schmitt (2011): S. 4-11

Griebel, Wilfried/Berwanger, Dagmar (2007): Der Übergang von der Grundschule in weiterführende Schulen im Lichte des Transitionsansatzes. Schulverwaltung NRW, 18 (1), S. 19-20. Schulverwaltung BY, 30, 2, 2007, S. 40-41

Griebel, Wilfried/Niesel, Renate (2011): Übergänge verstehen und begleiten. Transitionen in der Bildungslaufbahn von Kindern. Berlin: Cornelsen Scriptor

Griebel, Wilfried/Hartmann, Renate/Thomsen, Patrizia (2010): Gelingende Praxis der Eingewöhnung in die Kinderkrippe – eine Entwicklung auch für die Eltern. In: Becker-Stoll et al. (2010): S. 170-179

Manning-Chlechowitz, Yvonne/Oehlmann, Sylvia/Sitter, Miriam (Hrsg.) (2011): Frühpädagogische Übergangsforschung. Von der Kindertagesstätte in die Grundschule. Weinheim: Juventa

StMAS/IFP: siehe: Bayerisches Staatsministerium

Thole, Werner/Rossbach, Hans-Günther/Fölling-Albers, Maria/Tippelt, Rudolf (Hrsg.) (2008): Bildung und Kindheit. Pädagogik der Frühen Kindheit in Wissenschaft und Lehre. Opladen: Barbara Budrich

Hermann Rademacker

Transition IV: Übergang Schule – Beruf

1. Daten zum Übergangsgeschehen

Seit zwanzig Jahren bleiben in Deutschland etwa 15% eines Altersjahrgangs der nachwachsenden Generation ohne eine Ausbildung in einem anerkannten Ausbildungsberuf. Dies ist der niedrigste Wert in der Geschichte des beruflichen Bildungswesens. Ähnliches gilt für die Quote der Schulentlassenen ohne Schulabschluss, die heute mit einem Anteil von unter 8% ebenfalls ein historisches Minimum erreicht hat. Der Wandel der Arbeit mit seinen Folgen für die Qualifikationsstruktur im Beschäftigungssystem aber verwandelt diese historischen Bestmarken zu Indikatoren für eine schwerwiegende Krise im Übergang von der Schule in Beschäftigung. Eine abgeschlossene Berufsausbildung ist heute zum Mindeststandard für den Zugang zu Erwerbsarbeit geworden. Ein fehlender Schulabschluss mindert die Chancen auf den Zugang zu einer Ausbildung drastisch und bedeutet damit ein erhebliches Risiko, diesen Mindeststandard zu erreichen.

Diejenigen ohne eine Ausbildung in einem anerkannten Ausbildungsberuf trugen zwar immer schon ein erhöhtes Risiko der Arbeitslosigkeit. Seit Mitte der 1970er Jahre aber hat sich die Arbeitslosenquote für diese Gruppe von etwa 6% weit überproportional auf 26% im Jahr 2005 erhöht; bis 2009 war sie dann im Zuge eines allgemeinen Absinkens der Arbeitslosenquote auf 22% gefallen. Die Entwicklung seit Mitte der 1970er Jahre aber zeigt, dass die Arbeitslosenquote dieser Gruppe in jeder Krise des Arbeitsmarktes weit überproportional ansteigt und dieser Anstieg in Erholungsphasen des Arbeitsmarktes nur teilweise wieder abgebaut wird (vgl. Reinberg/Hummel 2007; Institut für Arbeitsmarkt- und Berufsforschung 2011).

Dieser Wandel bewirkte einen erheblichen Handlungsdruck im Ausbildungssystem, der vor etwa dreißig Jahren zur Etablierung dessen führte, was wir heute als *Übergangssystem*[1] bezeichnen (das BVJ entstand ab 1979 in den westlichen Bundesländern, das Benachteiligtenprogramm der Bundesregierung wurde 1980 eingerichtet und 1988 im Arbeitsförderungsgesetz abgesichert).

Vor allem in diesem neuen Sektor des Ausbildungssystems wurden die Diskrepanzen zwischen Angebot und Nachfrage auf dem Ausbildungsmarkt kompensiert und diejenigen Jugendlichen aufgenommen, die keine Ausbildung in den Regelstrukturen des Dualen Systems und im Schulberufssystem (Ausbildung zu einem anerkannten Berufsabschluss in beruflichen Schulen) fanden. Dieses Übergangssystem schloss jedoch nicht die Lücke zwischen Angebot und Nachfrage auf dem Ausbildungsmarkt, sondern zielt bis heute mit seinen berufsvorbereitenden Maßnahmen und nicht zu einem Berufsabschluss führenden berufsschulischen Bildungsgängen auf die Eingliederung der betroffenen Jugendlichen in das weitgehend marktabhängige System der Regelstrukturen der beruflichen Bildung – und ist damit nur für einen Teil der betroffenen jungen Menschen erfolgreich (in Westdeutschland

---

[1] In diesem Text wird durchgängig die Begrifflichkeit des nationalen Bildungsberichts für die Sektoren der beruflichen Ausbildung übernommen; diese sind das *Duale System*, das *Schulberufssystem* und das *Übergangssystem*.

gelang 28%, in Ostdeutschland 10% der TeilnehmerInnen ein solcher Übergang), für andere (knapp 19%) brachte es mit der Aneinanderreihung von Warteschleifen die Fortsetzung einer oft schon in der Schule begonnenen Scheiternskarriere (vgl. Beicht/Ulrich 2008).

Nach der Verteilung der Neuzugänge – und das sind angesichts eines AltbewerberInnenanteils von 52% noch im Jahr 2008 deutlich mehr Jugendliche als die allgemeinbildenden Schulen verlassen – liegt das *Duale System* (zwischen 2005 und 2008 stieg sein Anteil von 42,8% auf 47,9%) an der Spitze, dicht gefolgt vom *Übergangssystem* (sein Anteil sank zwischen 2005 und 2008 von 39,9% auf 34,1%), während die Anteile des *Schulberufssystems* immer deutlich unter 20% lagen (2008 bei 18,1%) (Autorengruppe Bildungsberichterstattung 2010, S. 96-99). Zusammen mit der Tatsache, dass dieser Sektor des Ausbildungssystems für junge Menschen mit höchstens einem Hauptschulabschluss nur sehr begrenzt zugänglich ist (s.u.), bedeutet dies insbesondere, dass das Schulberufssystem, für das allein die Bundesländer zuständig sind, in der Vergangenheit zur Bewältigung der Engpässe auf dem Ausbildungsmarkt kaum beigetragen hat. Hamburg hat jüngst als erstes Bundesland beschlossen, diesen Sektor für alle marktbenachteiligten Jugendlichen – also insbesondere für HauptschülerInnen – zu öffnen, die eine Ausbildung wünschen und über die Voraussetzungen dafür verfügen, aber keinen betrieblichen Ausbildungsplatz gefunden haben. Diese Jugendlichen erhalten dann auch hier eine Ausbildung nach dem Berufsbildungsgesetz bzw. der Handwerksordnung, die den betrieblichen Teil der dualen Ausbildung regeln.

Die Verteilung der Neuzugänge auf die Sektoren des beruflichen Ausbildungssystems zeigt deutliche Unterschiede nach dem erreichten Schulabschluss und der Staatsangehörigkeit: 2008 wechselten deutlich mehr als drei Viertel (deutsche 75,6%, ausländische 87,9%) der Jugendlichen ohne Schulabschluss und über die Hälfte der Jugendlichen mit nur einem Hauptschulabschluss (48,0% bzw. 66,6%) in das Übergangssystem. Das Schulberufssystem ist für Jugendliche ohne Schulabschluss kaum zugänglich (0,6% bzw. 0,4%). Hier finden sich vor allem Jugendliche mit mittlerem Abschluss (27,7% bzw. 27,4%) sowie mit Fachhochschul- oder Hochschulreife (26,7% bzw. 27,6%) und dies dann mit bemerkenswert geringen Unterschieden zwischen Deutschen und Ausländern. Inwieweit diese Verteilung den Wünschen und Interessen der jungen Menschen entspricht, ist kaum untersucht. Für diejenigen jungen Menschen jedoch, die mit einem Hauptschulabschluss im Schulberufssystem Aufnahme finden (9,1% bzw. 5,7 %), zeigen sich – und dies könnte beispielhaft sein – erhebliche „Divergenzen zwischen biografischer und institutioneller Übergangsplanung" (Niemeyer 2010), denn ihnen geht es oft weniger um die Berufsausbildung als um einen weiterführenden Bildungsabschluss, um ihre Optionen für eine Berufswahl zu erweitern. In einer Welt, in der sich allein die Arbeitslosenquote akademisch Qualifizierter seit Jahrzehnten mit Werten um die 4% in der Nähe der Vollbeschäftigung bewegt (vgl. Institut für Arbeitsmarkt- und Berufsforschung 2011), wird man dieses Streben junger Menschen respektieren – und die Herausforderung für die beruflichen Schulen damit umzugehen, akzeptieren müssen.

2. Berufsausbildung – Mindeststandard für den Zugang zum Beschäftigungssystem

Wenn in diesem Beitrag vor allem der Übergang von der Schule in das Duale System der betrieblichen Ausbildungen im Blick ist, so hat dies seinen Grund nicht nur in der großen Bedeutung dieses Sektors der beruflichen Ausbildung in Deutschland, sondern auch darin, dass – wie die beschriebene Entwicklung zeigt – eine Ausbildung in einem anerkannten

Ausbildungsberuf heute zum Mindeststandard für den Zugang zum Beschäftigungssystem geworden ist. Das Nichterreichen dieses Standards ist mit erheblichen Risiken nicht nur von Arbeitslosigkeit, sondern in Verbindung damit auch von Armut und sozialer Randständigkeit verbunden.

Der Zugang zu einem Ausbildungsplatz ist damit eine der entscheidenden Voraussetzungen für einen gelingenden Berufsstart. Dazu bedarf es eines auswahlfähigen Angebotes an betrieblichen und schulischen Ausbildungsplätzen und – soweit es betriebliche Ausbildungen betrifft – der Bereitschaft der Betriebe, junge Menschen, die für eine Ausbildung geeignet sind, auch auszubilden. Die Eignung für eine Ausbildung zeigt sich aber nicht schon darin, dass ein junger Mensch einen Ausbildungs- oder Studienplatz bekommt – dagegen sprechen die hohen Abbrecherquoten in einer Reihe von Berufsausbildungen. Ebenso wenig aber zeigt sich die Nicht-Eignung für eine Ausbildung darin, dass ein junger Mensch keinen Ausbildungsplatz findet, etwa weil Betriebe verbreitet Bewerbungen, denen das Zeugnis einer Hauptschule beiliegt, nicht berücksichtigen. Das Hamburger Hauptschulmodell zeigt, dass der Anteil junger Menschen mit einem Hauptschulabschluss, denen ein direkter Übergang in eine nicht geförderte betriebliche Ausbildung gelingt, erheblich gesteigert werden kann, wenn Betriebe wieder dazu bereit sind sie auszubilden. In Hamburg konnte dieser Anteil, der direkt im Anschluss an die Schule eine nicht geförderte betriebliche Ausbildung aufnimmt, von knapp 7% auf knapp 20% nahezu verdreifacht werden (vgl. Arbeitsstiftung Hamburg).

Solche Entwicklungen machen deutlich, dass mangelnde ‚Ausbildungsreife' das Scheitern junger Menschen beim Zugang zu Ausbildungsplätzen nicht hinreichend erklärt. Mag auch der „Kriterienkatalog zur Ausbildungsreife", der im Rahmen des Nationalen Pakts für Ausbildung und Fachkräftenachwuchs erarbeitet und im Jahr 2006 vorgelegt wurde (vgl. Bundesagentur für Arbeit 2009) eine durchaus sinnvolle und zweckmäßige Sammlung von Kompetenzbeschreibungen bieten, die als Voraussetzung für die Aufnahme einer Ausbildung in hohem Maße wünschenswert sind, so ist doch die Umsetzung dieses Kriterienkatalogs im Auswahlverhalten der Ausbildungsbetriebe keineswegs gesichert. Darüber hinaus bleibt die Frage, ob nicht einige dieser Kompetenzen auch im Kontext einer Ausbildung selbst erworben werden können, also betriebliche oder schulische Ausbildungen nicht stärker darauf ausgerichtet werden könnten, junge Menschen dort abzuholen, wo sie am Ende ihrer Schulzeit bezüglich der Entwicklung dieser Kompetenzen jeweils stehen. Darüber hinaus schließlich stellt sich die Frage, ob die Entwicklung dieser Kompetenzen durch eine Zusammenarbeit zwischen Schulen und Betrieben, die auch ein wesentliches Element des Hamburger Hauptschulmodells bildet (s.o.), nicht bereits während der Schulzeit wirksamer unterstützt werden könnte.

3. Das Übergangssystem – Reparatur für ‚Entgleisungen' im Übergang

Die öffentliche Debatte zum Übergang Schule – Beruf, aber auch die Fragestellungen zahlreicher Untersuchungen zum Thema wie auch die Zielsetzungen einer Vielfalt von Unterstützungsangeboten für junge Menschen sowohl in allgemeinbildenden Schulen als auch im Anschluss daran sind überwiegend durch eine enge Fokussierung auf den gelingenden Übergang in eine betriebliche Ausbildung gekennzeichnet. Am Ende der Schulzeit soll nach Möglichkeit eine Berufswahlentscheidung stehen und der Zugang zu einem entsprechenden Ausbildungsplatz erreicht werden. Gelingt dies nicht, wird die große Mehrheit der betroffenen jungen Menschen den vielfältigen Maßnahmen so genannter berufsvorbereitender Angebote des Übergangssystems zugewiesen, ohne dass hinreichend geklärt ist, ob sie über die individuellen Voraussetzungen für eine Ausbildung verfügen oder nicht. Diese Maßnahmen zielen auf die Eingliederung der jungen Menschen in die Regelstrukturen der beruflichen Bildung und damit auf die Reparatur einer Entgleisung von der Normalbiografie des Übergangs, die im Anschluss an den Schulbesuch passierte.

Angesichts des andauernden Wandels der Arbeit erscheint es zunehmend als fragwürdig, ob das Muster der Normalbiografie, in dem auf den Schulabschluss die Aufnahme einer betrieblichen Ausbildung und daran anschließend langfristige Berufstätigkeit im Ausbildungsberuf – traditionell im Ausbildungsbetrieb – folgte, immer noch als Maßstab für die Konzipierung und Bewertung des Übergangsgeschehens geeignet ist. Denn die Voraussetzungen für diese Normalbiografie des Übergangs sind heute sehr weitgehend erodiert. Eingeleitet wurde diese Erosion mit dem Ende des Zusammenhangs von Massenproduktion und Massenbeschäftigung, die auch die durch traditionelle Industriearbeit geprägten sozialen Milieus betraf, wie sie bis in die 1960er Jahre hinein große Regionen der westlichen Industriegesellschaften prägten. Neben der technologischen Entwicklung mit der Folge einer enormen Steigerung der Produktivität und der wachsenden Bedeutung internet-basierter Kommunikation, die zugleich eine wesentliche Bedingung der Globalisierung ist, haben darüber hinaus Veränderungen der Arbeitsorganisation wesentlich zu diesem fortschreitenden Wandel der Arbeit und seinen sozialen Folgen beigetragen.

Das wichtigste Ergebnis dieser Entwicklung ist die Tatsache, dass heute ‚soziale Vererbung', also die Übernahme und Adaptation von Lebensentwürfen, beruflichen Orientierungen und Verhaltensmustern von den das Aufwachsen der jungen Menschen begleitenden Erwachsenen in den jeweiligen sozialen Milieus keine hinreichend tragfähige Grundlage mehr für die Entwicklung beruflicher Vorstellungen und ihrer Umsetzung im Übergang in Ausbildung und Arbeit ist.

Die traditionelle Form sozialer Vererbung, die insbesondere in den durch traditionelle Industriearbeit geprägten Regionen eine erhebliche Bedeutung hatte, muss also durch einen bewusst gestalteten und erlebten Bildungsprozess abgelöst werden. Das bedeutet, dass alle heute aufwachsenden jungen Menschen vor der Herausforderung stehen, ihre beruflichen Orientierungen als wesentlichen Bestandteil ihres eigenen Lebensentwurfs individuell und bezogen auf die jeweilige Entwicklung im Beschäftigungssystem zu gestalten. Berufliche Orientierung ist damit nicht nur ein wesentliches Element der Persönlichkeit und ihrer Entwicklung, sondern damit zugleich eine konstitutive Komponente allgemeiner Bildung geworden (vgl. Famulla 2008; Rademacker 2002, 2010).

Auch wenn der Prozess der sozialen Vererbung für diese Bildungsentwicklung nicht mehr hinreichend tragfähig ist, so bedeutet dies nicht, dass die Lebenswelten und damit insbesondere die durch die Familien und ihre Ressourcen sozialen und kulturellen Kapitals geprägten Erfahrungs- und Erlebnismöglichkeiten junger Menschen, die Anregungen und Herausforderungen, die sie in ihrem außerschulischen Alltag erfahren, für die Entwicklung ihrer beruflichen Orientierungen bedeutungslos wären. Im Gegenteil: Die sozialen Herkunftsbedingungen, die die schulische Kompetenzentwicklung so offensichtlich grundlegend beeinflussen, wie es die PISA-Studien zeigen, sind offensichtlich auch für die Entwicklung der Kompetenzen, die für die Bewältigung der Herausforderungen des Übergangs entscheidend sind, von erheblicher Bedeutung. Darauf verweist insbesondere auch die Untersuchung zur Ausbildungslosigkeit des Bundesinstituts für Berufsbildung: „Die Kinder von Eltern, die beide sowohl über einen Schul- als auch über einen Berufsabschluss verfügen, sind nicht nur erfolgreicher in der Schule, sondern sie bleiben auch seltener ungelernt" (Beicht/Ulrich 2008, S. 4). Die AutorInnen der Studie führen das u.a. darauf zurück, dass eine qualifizierte elterliche Berufstätigkeit die Chance für einen Berufsabschluss unter anderem dadurch verbessert, dass deren Einbindungen in betriebliche Netzwerke einerseits Zugangswege zu Ausbildungsplätzen erschließen, andererseits auch die Unterstützungsmöglichkeiten während des Ausbildungsverlaufs erweitern. Ebenso wichtig aber dürfte sein, dass diese jungen Menschen in sozialen Beziehungen aufwachsen, in denen sie Erwachsene erleben, die ihre Identität und ihr Selbstwertgefühl wesentlich aus der Arbeit und der Anerkennung, die sie daraus beziehen, definieren und gewinnen.

4. Die Kompetenz zur beruflichen Orientierung

Berufliche Orientierung meint die Kompetenz, ...

- eigene berufliche Interessen und Wünsche auf die kennzeichnenden Merkmale, insbesondere Tätigkeiten und Arbeitsbedingungen in den für die eigene Person infrage kommende Berufen zu beziehen
- die Anforderungen für den Zugang zu diesen Berufen (besonders Zertifikate, Bildungs- und Ausbildungsgänge, Ausbildungsdauer, Kosten) zu kennen
- deren Bewältigung und Erfüllung auf die eigenen Handlungsmöglichkeiten, die eigene Handlungsbereitschaft (z.B. Mobilität) und die verfügbaren Ressourcen zu beziehen

Berufliche Orientierung in diesem Sinne zielt auf das eigenverantwortliche Handeln der Person und nicht allein und schon gar nicht ausschließlich auf ihre gelingende Platzierung in den Strukturen der beruflichen Bildung. Vielmehr sollte es darum gehen, für diese erste Weichenstellung im Übergang Schule – Beruf wesentliche Elemente einer für das gesamte Erwerbsleben notwendigen und weiterzuentwickelnden Kompetenz zur Gestaltung der eigenen Berufsbiografie verfügbar zu machen. Die Ressourcen in Gestalt kulturellen und sozialen Kapitals für die Ausbildung solcher Kompetenzen sind in den außerschulischen Lebenswelten junger Menschen sehr ungleich verteilt. Die Kopplung zwischen sozialer Herkunft und der Qualität des Berufseinstiegs dürften ähnlich eng sein, wie sie für die schulische Leistungsentwicklung durch die PISA-Studien belegt sind. Ähnlich wie versucht wird, diese Unterschiede durch den Ausbau vorschulischer Bildung und von Ganztagsangeboten auszugleichen, bedarf es auch hier erheblicher Anstrengungen, einen solchen Ausgleich im Hinblick auf die Entwicklung beruflicher Orientierungen zu schaffen. Dabei muss es darum gehen, jungen Menschen die Gelegenheit zu bieten, die Arbeitswelt zu erkunden, sie interessierende Arbeitsbereiche und Aktivitäten zu entdecken, ihre arbeitsweltbezogenen Interessen zu entwickeln und auszudifferenzieren und sich nach Möglichkeit interessenbezogen an Anforderungen der Arbeitswelt zu erproben. Nur so können sie in Erfahrung bringen, welche Herausforderungen sie in der Arbeitswelt erwarten und welche Kompetenzen zu ihrer Bewältigung erforderlich und gefordert sind; nur so können sie Bezüge zu eigenen Interessen erkennen und möglicherweise neue Interessen entdecken. Derartige Zugänge zur Arbeitswelt bieten darüber hinaus die Gelegenheit zu erleben, was es bedeutet, unter den sozialen wie auch technisch-organisatorischen Bedingungen betrieblicher Arbeit einen produktiven Beitrag geleistet zu haben. Unter diesen Bedingungen wird der Wert des eigenen Beitrags im Gesamtzusammenhang der Arbeit wahrnehmbar und einschätzbar, und – wenn er denn gelungen ist – soziale Anerkennung erfahrbar. Für die Entwicklung dieser Kompetenzen brauchen junge Menschen Unterstützung, Anregungen und Hilfe, insbesondere auch GesprächspartnerInnen, mit denen sie eigene und fremde Arbeitswelterfahrungen und Arbeitsweltdeutungen austauschen und reflektieren können. Wo sie diese in ihrem außerschulischen sozialen Umfeld nicht finden, sind die öffentlichen Bildungsakteure, also insbesondere Schule, Jugendhilfe (Jugendarbeit, Schulsozialarbeit, Jugendberufshilfe) und Arbeitsagentur (bes. Berufsberatung, Berufseinstiegsbegleitung) gefordert, solche GesprächspartnerInnen anzubieten oder zu vermitteln.

Gegenüber solchen Prozessen der Entwicklung und Erprobung arbeitsweltbezogener Interessen und Kompetenzen erscheinen Instrumente wie Eignungstests und Kompetenzfeststellungsverfahren ambivalent. Sie können zur Förderung beruflicher Orientierungen hilfreich sein, wenn ihre Ergebnisse zur kritischen Reflexion eigener Kompetenzen und Fähigkeiten genutzt werden; sie sind problematisch, wenn ihre Ergebnisse mit ihrer scheinbaren Objektivität eher entmündigend wirken. Ähnliches gilt für die Beratung durch Eltern, LehrerInnen oder auch die Berufsberatung der Arbeitsagentur. Wo die Empfehlungen dieser Akteure zur Berufswahl nicht an einen jungen Menschen adressiert sind, der aufgrund eigener Erfahrung zu einer kritischen Bewertung solcher Empfehlungen und damit zum eigenverantwortlichen Umgang mit ihnen in der Lage ist und dabei unterstützt wird, ist zu befürchten, dass sie eher entmündigen und damit kontraproduktiv wirken denn dass sie geeignet wären, die Kompetenz zur beruflichen Orientierung auf der Grundlage einer nicht zuletzt in diesem Prozess zu entwickelnden Eigenverantwortlichkeit des jungen Menschen zu fördern.

5. Berufsorientierung und Mündigkeit

Ein Beispiel dafür, was die gezielte Unterstützung beruflicher Orientierungskompetenz durch Schule im beschriebenen Sinne bewirken kann, zeigte sich in der ersten Phase des Berliner Teilprojekts zum Programm *Schule – Wirtschaft/Arbeitsleben*, in der insgesamt sechs Schulen, nämlich zwei Gesamtschulen, zwei Realschulen und zwei Hauptschulen beteiligt waren. Ziel des Projekts war eine Schulentwicklung, in der Berufsorientierung zum Schwerpunkt des Schulprogramms in der Sekundarstufe I (in Berlin die Klassenstufen 7 – 10) wird. Der Umstand, dass in der Anfangsphase in den beiden beteiligten mehrzügigen Gesamtschulen nur jeweils ein Zug in das Vorhaben einbezogen war, bot die Gelegenheit, die nicht beteiligten Züge dieser Gesamtschulen als Kontrollgruppe in die Untersuchung einzubeziehen. In einer Befragung unmittelbar vor Verlassen der Schule wurden die SchülerInnen zu ihren Wünschen und Planungen für die Zeit im Anschluss an die Schule befragt. Die Gruppe der Befragten, die zu diesem Zeitpunkt sicher wussten, dass sie im Anschluss an die Schule in eine berufliche Ausbildung übergehen würden und auch bereits einen Ausbildungsvertrag oder die Zusage einer Schule für eine berufsschulische Ausbildung hatten, also definitiv eine Berufswahlentscheidung getroffen hatten und sicher sein konnten, diese auch im Anschluss an die Schule umzusetzen, wurden gefragt, wie sie zu ihrer Berufswahl gekommen sind. Dabei zeigten sich interessante Unterschiede zwischen der Untersuchungsgruppe und der Kontrollgruppe, die in der folgenden Tabelle dargestellt sind.

Übergang Schule – Beruf

„Wie bist du auf diesen Beruf gekommen?"

Erklärungen:
UG = Untersuchungsgruppe, KG = Kontrollgruppe
GS = Gesamtschule, RS = Realschule, HS = Hauptschule
BIZ = Berufsinformationszentrum

	UG gesamt		KG gesamt		UG nur GS		UG nur RS		UG nur HS	
	n	%	n	%	n	%	n	%	n	%
allein	66	38,4	37	46,8	13	44,8	37	37,4	16	36,4
LehrerIn	3	1,7	3	3,8	1	3,4	1	1,0	1	2,3
Eltern und Verwandte	35	**20,3**	20	**25,3**	5	**17,2**	22	**22,2**	8	**18,2**
FreundInnen und Bekannte	15	8,7	9	11,4	3	10,3	7	7,1	5	11,4
Berufsberatg.	3	1,7	2	2,5	0	0,0	2	2,0	1	2,3
BIZ	8	4,7	1	1,3	0	0,0	6	6,1	2	4,5
Erfahrung im Betrieb	42	**24,4**	7	**8,9**	7	**24,1**	24	**24,2**	11	**25,0**
Summe	172	100,0	79	100,0	29	100,0	99	100,0	44	100,0

Quelle: Rademacker/Thomas (2003): Berufliche Orientierungen am Ende der Schulzeit. (Bericht für die Senatsverwaltung für Bildung, Berlin)

Befragungen dieser Art ergeben immer Hinweise auf einen hohen Einfluss der Eltern, aber auch von FreundInnen und Bekannten auf die getroffenen Berufswahlentscheidungen, während der Einfluss von LehrerInnen und Berufsberatung durchgängig gering bleibt. Ein hoher Anteil der Befragten legt auch Wert darauf mitzuteilen, dass sie ihre Berufswahl ‚allein' getroffen hätten, was sicher auch als Hinweis darauf gewertet werden darf, wie wichtig ihnen eine eigenverantwortliche Entscheidung in diesem Zusammenhang ist. Im Vergleich der Ergebnisse für die Untersuchungsgruppe und die Kontrollgruppe zeigt sich der auffälligste Unterschied jedoch in der Bedeutung der Erfahrung im Betrieb, also des Praktikums, für die Berufswahl der Jugendlichen. In der Untersuchungsgruppe ist dieser Anteil mit 24,4% fast dreimal so hoch wie in der Kontrollgruppe mit 8,9%. Alle Fremdeinflüsse dagegen, sowohl der der Eltern als auch der der FreundInnen und Bekannten, aber auch der der

Berufsberatung und der Lehrkräfte, sinken deutlich wie auch der Anteil derjenigen, die ‚allein' darauf gekommen sind. Bemerkenswerterweise steigt, wenn auch geringfügig, der Einfluss des Berufsinformationszentrums – einer Einrichtung, die keine Ratschläge erteilt, sondern Informationen bereitstellt und voraussetzt, dass die jungen Menschen Fragen stellen. Die Bilanz des Vergleichs von Untersuchungsgruppe und Kontrollgruppe lautet: in der Kontrollgruppe wissen die jungen Menschen offensichtlich besser, wie sie zu ihren beruflichen Orientierungen gekommen sind.

Bemerkenswert ist, dass sich diese Tendenz auch in den einzelnen Schularten in nahezu gleichen Relationen abbildet – ein Ergebnis, dass aber angesichts der niedrigen Fallzahlen äußerst vorsichtig zu werten ist. Für die Einschätzung des Ergebnisses allerdings ist es wichtig zu wissen, dass die beteiligten Schulen durchaus eigene, deutlich unterschiedliche Konzepte zur Berufsorientierung entwickelt haben, denen allein gemeinsam war, dieses Thema zu einem Schwerpunkt des Schulprogramms zu machen. Eine Ausweitung von Betriebspraktika gab es nur in den Hauptschulen, hier wurden im letzten Schuljahr mindestens für die Dauer eines Schulhalbjahres Praktika an jeweils einem Tag pro Woche durchgeführt. Ansonsten war das einzige gemeinsame Kennzeichen der schulischen Konzepte, dass Berufsorientierung als Querschnittsaufgabe verstanden wurde und in allen Schulfächern versucht wurde, entsprechende Arbeitsweltbezüge zu entwickeln und zu bearbeiten. Der Erfolg der Projektarbeit scheint also vor allem darin zu bestehen, die Eigenverantwortlichkeit junger Menschen für ihr übergangsbezogenes Handeln zu stärken. LehrerInnen, Eltern und Berufsberatung, die angesichts solcher Daten feststellen, dass ihr jeweiliger Einfluss auf die Entscheidungen der jungen Menschen geringer ausfällt, haben keinen Anlass ihre Wirksamkeit für gering zu halten, wenn sie dazu beigetragen haben, dass junge Menschen in der Lage sind, aufgrund eigener Erfahrungen in der Auseinandersetzung mit Anforderungen der Arbeitswelt eigenverantwortliche Entscheidungen zu treffen.

Literatur

Arbeitsstiftung Hamburg: Das Hamburger Hauptschulmodell. http://www.arbeitsstiftung.de/media/Download-PDF/10-08-16-hhs-3-seiten-papier-final.pdf?FE_SID=6088ba203b032a072690450dc06ebc54 (letzter Download am 8.7.2011)
Autorengruppe Bildungsberichterstattung (2010): Bildung in Deutschland 2010. Bielefeld: Bertelsmann
Beicht, Ursula/Ulrich, Joachim Gerd (2008): Welche Jugendlichen bleiben ohne Berufsausbildung? In: BIBB-Report, 6/2008. S. 1-15
Famulla, Gerd (2008): Berufsorientierung im Strukturwandel von Arbeitsmarkt und Beruf. In: Famulla, Gerd et al.. (Hrsg.) (2008): Berufsorientierung als Prozess. Persönlichkeit fördern, Schule entwickeln, Übergang sichern. Hohengehren: Schneider
Institut für Arbeitsmarkt- und Berufsforschung (2011): Pressemitteilung vom 10.2.2011
Niemeyer, Beatrix (2010): Abschluss- oder Anschlussorientierung? In: Krekel/Lex (2010): S. 143-156
Krekel, Elisabeth M./Lex, Tilly (2010): Neue Jugend, neue Ausbildung? Bielefeld: Bertelsmann
Rademacker, Hermann (2002): Schule vor neuen Herausforderungen. Orientierung für Übergänge in eine sich wandelnde Arbeitswelt. In: Schudy (2002): S. 51-68
Rademacker, Hermann (2010): Berufsorientierung – eine konstitutive Komponente allgemeiner Bildung. In: Berufliche Bildung Hamburg 2/2010. S. 12-13
Rademacker, Hermann/Thomas, Helga (2003): Berufliche Orientierungen am Ende der Schulzeit. Bericht für die Senatsverwaltung für Bildung. Berlin
Reinberg, Alexander/Hummel, Markus (2007): Der Trend bleibt. Geringqualifizierte sind häufiger arbeitslos. IAB-Kurzbericht 18/2007. Nürnberg
Schudy, Jörg (Hrsg.) (2002): Berufsorientierung in der Schule. Grundlagen und Praxisbeispiele. Bad Heilbrunn: Klinkhardt

Birgit Schwarz

Beobachtung und Reflexion als zentrales Instrument der Erziehungs- und Bildungsbegleitung in der Kindertagesstätte

Beobachtung und Bildungsdokumentation haben in zahlreiche deutsche Bildungspläne[1] Einzug gehalten und gehören zu zentralen Inhalten von Ausbildungsplänen der pädagogischen Fachkräfte. So wird z.B. im Orientierungsplan für Bildung und Erziehung im Elementarbereich niedersächsischer Tageseinrichtungen für Kinder erklärt: „Die Beobachtung ist in jedem Fall eine zentrale Aufgabe der pädagogischen Fachkräfte und ein unerlässliches Instrument der Bildungsbegleitung von Kindern" (Niedersächsisches Kultusministerium 2005, S. 39).

Schon 2007 wurde von Daniela Kobelt Neuhaus eruiert, dass es keinen Bildungsplan gibt,

> „der nicht Beobachtung und Dokumentation als elementare Grundlagen qualitätsvoller Pädagogik sehen würde. (...) Häufig wird betont, dass Beobachtung und Dokumentationen auch für die Zusammenarbeit mit Eltern eine wichtige Grundlage sind und Kinder in die Erkenntnisse über sie mit einbezogen werden sollen" (Kobelt Neuhaus 2007, S. 40).

Beobachtung und Dokumentation in Bildungsprozessen sind spätestens seit Janusz Korczak eine bekannte Praxis im pädagogischen Handeln. Korczak nimmt durch das Tagebuchschreiben Distanz zu den Situationen und Begegnungen mit den Kindern ein. Trotz seiner naturwissenschaftlichen Prägung gelingt es dem Pädagogen, das kindliche Verhalten nicht allein nach bestehenden Maßstäben einzuordnen. Vielmehr meint Korczak:

> „Man darf das Kind nicht geringschätzen. Es weiß mehr über sich selbst als ich über das Kind. Es befasst sich mit sich selber in allen Stunden des Wachseins. Ich kann es nur erraten. Deshalb ist es ein Irrtum, wenn ich versuche, seinen Nutzen und seine Mängel einzuschätzen" (Korczak 1990, S. 30).

Die Beobachtung und Reflexion in der pädagogischen Praxis hat also auf den ersten Blick zwei Dimensionen:

Die erste Dimension von Beobachtung hat einen engen Bezug zum Erziehungsbegriff, wenn wir nach unseren persönlichen Weltvorstellungen, pädagogischen Idealen und Maßstäben der Entwicklungspsychologie das Verhalten von Kindern zu beschreiben und zu verändern versuchen. Die Intention dabei ist es, ein möglichst objektives Bild kindlichen Verhaltens nachzuzeichnen, nachdem wir Hypothesen prüfen und in vorbereiteten Kategorien systematisch und diagnostisch messen. Die Bestandserhebung des Entwicklungsstandes von Kindern hilft dabei mögliche Entwicklungsverzögerungen, Entwicklungsstörungen, besondere Fähigkeiten und Fertigkeiten von Kindern zu erkennen und daraufhin Handlungsoptionen für die bestmögliche Entwicklungsbegleitung zu entwickeln. Hilfsmittel dafür sind beispielsweise Beobachtungsbögen, Entwicklungstabellen, Einschätzungsskalen usw.

---

[1] In diesem Artikel werden die länderspezifisch unterschiedlichen Bezeichnungen der Bildungs- und Erziehungskonzepte als Bildungspläne benannt.

Die zweite Dimension von Beobachtung und Reflexion bezieht sich auf den Bildungsbegriff, bei dem die Prozesse der Selbsterkenntnis und Weltaneignung der Kinder im Mittelpunkt stehen. Das heißt, es geht um Handlungsräume und Handlungsmöglichkeiten von Kindern, die hermeneutisch in einem ständigen Verstehensprozess erschlossen werden. Dabei geht es um eine Beschreibung kindlichen Verhaltens ohne Beurteilung und Zielgerichtetheit, bei der die Interessen des Kindes, seine persönlichen Erklärungen und Fragen im Mittelpunkt stehen. Die BeobachterIn taucht dabei in die Lebenswelt des anderen Menschen ein und nähert sich seinem besonderen Weltverstehen. Hilfsmittel dafür sind Lern- und Bildungsgeschichten, Portfolio, Alltagsbeobachtungen usw.

Je nach länderspezifischem Bildungsplan, pädagogischer Konzeption der Einrichtung, ErzieherIn-Kind-Beziehung, Haltung der pädagogischen Fachkraft, können die Ziele von Beobachtung sehr unterschiedlich sein. Wenn Beobachtung und Reflexion als zentrales Instrument der Bildungs- und Erziehungsbegleitung von Kindern verstanden wird, zielt sie auf einen Verstehensprozess der kindlichen Lebenswelt hin. Das heißt, bei der Beobachtung und Reflexion steht der Verstehensprozess im Mittelpunkt. Ziel ist es, in die Lebenswelt von Kindern einzutauchen und ihre Positionen und Handlungen zu verstehen. Beobachtung und Reflexion führen zu einer Erkenntnis. Diese Erkenntnis kann als Ziel der Beobachtung im Sinne einer Perspektiverweiterung für sich stehen. Sie kann aber auch neue Fragen aufwerfen, die das Verstehen von Neuem beginnen lässt, oder sie führt zu Handeln, das den Bildungs- und Entwicklungsprozess der Kinder ändern, verbessern und/oder unterstützen will.

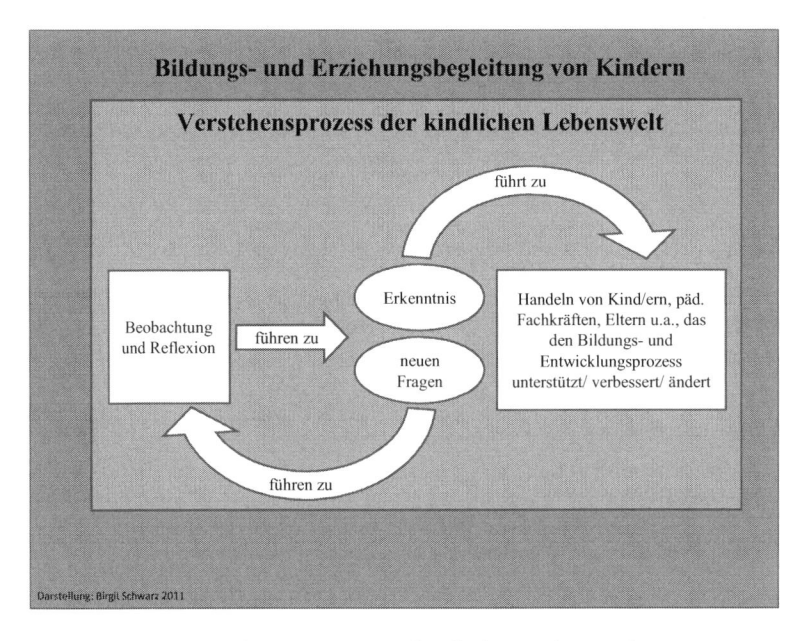

Abbildung 1: *Verstehensprozess der kindlichen Lebenswelt*

Mit dieser Haltung ist es unabdingbar, den Verstehensprozess bestmöglich zu gestalten. Wie gelingt das? Es wäre an dieser Stelle völlig vermessen, sich selbst als BeobachterIn als die einzig wahre Erkenntnisquelle zu definieren. Probleme wie Ansprüche rein objektiver

Beobachtung, sich selbst erfüllende Prophezeiungen, Fehlinterpretationen usw. können ähnlich wie in Forschungssituationen am besten durch die Vielfalt der Methoden und die Vielfalt der ForscherInnen gelöst werden.

Meiner Erfahrung nach ist dies nur dann möglich, wenn die ErzieherIn dabei in echtem partizipativen Dialog mit dem Kind steht, in kollegiale Reflexion und Beratung tritt und in engem partnerschaftlichen Austausch mit den Eltern steht. Im besten Falle gehören zur Reflexion über kindliche Bildungsprozesse auch weitere Angehörige der Lebenswelt und des Sozialraumes der Kinder wie z.B. ErgotherapeutInnen, LogopädInnen, Großeltern, Vereinstätige usw. Ich plädiere hier für die Vielfalt, wie es auch Cornelia Becker tut, wenn sie schreibt:

„Die Wahrnehmungs- und Aufnahmekapazität der Beobachterinnen trägt dazu bei, dass möglichst viele Perspektiven gesehen und reflektiert werden können. Denn genau um diese Vielfalt geht es, wenn der Einblick in Lernprozesse des Kindes geschehen soll. Und genau diese Vielfalt sollte unser Erkenntnisinteresse sein, wenn es darum geht, mit Kindern auf die Bildungsreise zu gehen" (Becker 2007, S. 48).

Schlussendlich ist das erste Ziel der Beobachtung – in welcher Form auch immer – ein reflexiver Verstehensprozess. Dieser Prozess verlangt von den pädagogischen Fachkräften eine besondere Fähigkeit, die ich mit Hannah Arendts Definition von *Urteilsfähigkeit des Menschen* benennen möchte, die es dem Menschen erlaubt, einen Standpunkt in der Welt einzunehmen, der nicht der eigene ist (vgl. Arendt 1998).

Welches methodische Vorgehen dafür gewählt wird, hängt vor allem von den Zielen, den persönlichen Vorlieben der Beobachtenden, den personellen und zeitlichen Ressourcen und – in zunehmendem Maß – von institutionellen und politischen Vorgaben ab.

Methoden der Beobachtung in der Kindertagesstätte

Für die Beobachtung und Bildungsdokumentation wurden in den vergangenen Jahren unterschiedliche Methoden entwickelt und erprobt, die unterschiedlichen Zielen bzw. Schwerpunkten dienen. Die Bildungspläne benennen häufig gezielt bestimmte Methoden der Beobachtung und Bildungsdokumentation. Im Folgenden sollen einige der gängigsten Verfahren kurz skizziert werden. Diese eignen sich durchgängig für die Zusammenarbeit mit Eltern im Rahmen von Bildungs- und Erziehungspartnerschaften. Verschiedene Verwendungszusammenhänge werden im dritten Teil dieses Beitrags dargestellt.

a) Entwicklungsbögen/Beobachtungsbögen

Entwicklungsbögen gehören in vielen Kindertagesstätten zum festen Bestandteil der Bildungs- und Entwicklungsdokumentation. Dabei werden anhand eines festen Rasters, meist in tabellarischer Form, verschiedene Bereiche der kindlichen Entwicklung erhoben. Schwerpunkte dabei sind in der Regel:

- Körpermotorik
- Feinmotorik
- kognitive Entwicklung
- Sprachentwicklung
- sozioemotionale Entwicklung

Als Grundlage wurden anhand von entwicklungspsychologischen und medizinischen Erkenntnissen Raster mit Entwicklungsschritten erstellt, anhand derer die PädagogInnen die altersentsprechende Entwicklung der Kinder überprüfen und signifikante Abweichungen feststellen können. Eine der bekanntesten Sammlungen von aufeinander aufbauenden Entwicklungsbögen sind die *Grenzsteine der Entwicklung*. Diese sind in einigen Bundesländern inzwischen vorgeschriebener Bestandteil der Arbeit in Kindertagesstätten und dienen so als ‚Frühwarnsystem' auch gegen Verwahrlosung und Kindesmisshandlung. Ähnliche Verfahren sind z.B. der *Münsteraner Entwicklungsbogen (MEB)*, der *Gelsenkirchener Entwicklungsbogen* und andere.

Weitere *Beobachtungsbögen* beziehen sich auf einzelne Entwicklungsbereiche, z.B. den psychomotorischen Stand der Kinder (vgl. z.B. Kiphard 2006).

b) Entwicklungsberichte

Entwicklungsberichte dienen der zusammenfassenden Darstellung verschiedener Beobachtungen über einen längeren Zeitraum. Diese werden in pädagogischen Einrichtungen häufig im Team gemeinsam erstellt, um so verschiedene Sichtweisen auf die einzelnen Kinder zu verbinden und sich über deren Entwicklungsstand auszutauschen.

In vielen Einrichtungen werden die Entwicklungsberichte thematisch vorstrukturiert und dann als Fließtext ausgearbeitet. Themen sind beispielsweise:

- Emotionale Entwicklung
- Soziales Lernen/Sozialkompetenzen
- Kognitive Fähigkeiten
- Grob- und Feinmotorik
- Sprache und Sprechen
- Mathematisches Verständnis
- Konzentrations- und Merkfähigkeit
- Selbstständigkeit/Selbstsicherheit

In vielen frühpädagogischen Institutionen werden diese ausführlichen Entwicklungsberichte halbjährlich für jedes Kind erstellt und anschließend mit den Eltern (selten auch mit dem Kind) besprochen.

c) Portfolio-Konzepte

In *Portfolios* wird möglichst vieles von dem gesammelt, was die kindliche Entwicklung widerspiegelt, also z.B. Beobachtungen der Fachkräfte, Fotos aus dem Kindergartenalltag, ausgefüllte Kopiervorlagen (z.B. Übungen mit den angehenden ‚Schulkindern' o.ä.) sowie Zeichnungen, Erzählungen und Gedanken der Kinder. Auch besondere Erlebnisse, Zitate oder Spielanlässe des Kindes werden festgehalten. In einzelnen Kindertagesstätten werden zudem Kommentare der Kinder, ihrer Eltern und der ErzieherInnen zu den im Portfolio festgehaltenen Bildungsbeobachtungen mit aufgenommen.

Die Portfolios stellen damit eine sehr umfassende Sammlung konkreter Beispiele für die Entwicklungsfortschritte der Kinder dar und werden daher auch als *Bildungstagebuch* bezeichnet. In den meisten Einrichtungen werden die Portfolios für jedes Kind in einem separaten Ordner gesammelt und dem Kind und seinen Eltern am Ende der Kindergartenzeit übergeben.

Für weitere Informationen zum Portfolio-Konzept siehe z.B. die praxisorientierten Anleitungen von Bostelmann 2007 oder Groot-Wilken 2008.

d) Bildungs- und Lerngeschichten

Das Konzept der *Bildungs- und Lerngeschichten* beruht auf dem in Neuseeland entwickelten Verfahren der *Learning Stories*. Dabei werden Beobachtungen, die anhand von Beobachtungsbögen und -rastern erhoben wurden, durch *Lerngeschichten* ergänzt. ErzieherInnen halten in diesen als individuelle Geschichte verfassten Bildungsdokumentationen ihre Sicht auf einzelne beobachtete Situationen fest. Diese werden in der Geschichte möglichst detailgetreu – aber in Erzählform – wiedergegeben. Die *Bildungs- und Lerngeschichten* werden mit dem betreffenden Kind, seinen Eltern und im Team besprochen und dienen so gemeinsam mit weiteren Beobachtungen (teilweise auch Videoaufzeichnungen, Fotodokumentationen usw.) zur Beurteilung des kindlichen Entwicklungsstandes, seiner Wünsche, Vorlieben und Förderbedarfe.

In einem Projekt des Deutschen Jugendinstituts wurden dazu die in Neuseeland durch Margaret Carr entwickelten *Lerndispositionen* auf Deutschland übertragen. Diese stellen wichtige Lernmotivationen von Kindern dar und sollen Grundlage der Auswertung der Beobachtungen und Bildungs- und Lerngeschichten sein. Unterschieden werden folgende Lerndispositionen:

- interessiert sein
- engagiert sein
- standhalten bei Herausforderungen und Schwierigkeiten
- sich ausdrücken und mitteilen
- an der Lerngemeinschaft mitwirken und Verantwortung übernehmen
  (vgl. Leu et al. 2007)

Wie kann ich Beobachtung und Dokumentation in der Bildungs- und Erziehungspartnerschaft nutzen?

Die Zusammenarbeit mit Eltern im Rahmen von Bildungs- und Erziehungspartnerschaften lebt vor allem von einer transparenten und vertrauensvollen Zusammenarbeit. Hierzu kann der Austausch über das kindliche Verhalten und seinen Entwicklungsstand, der anhand von Beobachtungen und Bildungsdokumentationen verdeutlicht wird, einen wesentlichen Beitrag leisten. Elterngespräche über das Kind und seine Interessen, Stärken und Bedürfnisse verdeutlichen Müttern und Vätern, dass ihr Kind in seiner Ganzheit wahr- und ernstgenommen wird.

Durch eine enge Abstimmung von Familie und FrühpädagogInnen über die kindliche Entwicklung, das kindliche Verhalten in Kita und Familie sowie das pädagogische Handeln kann zudem ein *Frühwarnsystem* entstehen, das kindliche Entwicklungsverzögerung oder Verwahrlosungstendenzen aufdeckt. Durch den partnerschaftlichen Austausch über das kindliche Verhalten und das daraus resultierende Vertrauen können Eltern angeregt werden, sich mit Erziehungsfragen oder bei Erziehungsproblemen an die ErzieherInnen zu wenden.

Anhand der Beobachtungen und dem Austausch darüber kann so Beziehungsarbeit mit den Eltern geleistet werden und diese auch stärker für die pädagogische Institution interessiert werden – meist über das eigene Kind und sein Ergehen hinaus.

Die Beobachtung und Dokumentation von Bildungsprozessen hilft zudem dabei, Transparenz der Bildungstätigkeit und der pädagogischen Arbeit in der Kindertagesstätte herzustellen. So wird den Eltern im Austausch über die kindliche Entwicklung auch der Stellenwert der Kindertagesstätte an dieser verdeutlicht. Dies kann zu einer stärkeren Anerkennung der FrühpädagogInnen und ihrer Arbeit führen.

Im partnerschaftlichen Austausch von Kindern, Eltern und ErzieherInnen über die beobachteten und dokumentierten Bildungsprozesse spiegelt sich ein hohes Maß an Wertschätzung dem Kind und seiner Familie gegenüber. Die Eltern werden dabei als ExpertInnen für ihr Kind geachtet und der Verstehensprozess wird bestmöglich erweitert. Der professionelle Austausch im Rahmen der Erziehungs- und Bildungspartnerschaft ermöglicht schlussendlich eine bestmögliche Erziehungs- und Bildungsbegleitung von Kindern.

Literatur

Arendt, Hannah (1998): Das Urteilen. Texte zu Kants Politischer Philosophie. München und Zürich: Piper
Becker, Cornelia (2007): Kein Wissen ohne Beobachtung. Beobachtung als Forschungsinstrument. In: Lipp-Peetz (2007): S. 44-48
Bostelmann, Antje (Hrsg.) (2007a): Das Portfoliokonzept für Kita und Kindergarten. Mühlheim an der Ruhr: Verlag an der Ruhr
Bostelmann, Antje (Hrsg.) (2007b): So gelingen Portfolios in Kita und Kindergarten. Beispielseiten und Vorlagen. Mühlheim an der Ruhr: Verlag an der Ruhr
Groot-Wilken, Bernd (2008): Portfolioarbeit leicht gemacht. Leitfaden zur systematischen Dokumentation von Bildungsverläufen in Tageseinrichtungen. Berlin, Düsseldorf und Mannheim: Cornelsen
Kiphard, Ernst J. (2006): Wie weit ist ein Kind entwickelt? Eine Anleitung zur Entwicklungsüberprüfung. Dortmund: Verlag Modernes Lernen
Kobelt Neuhaus, Daniela (2007): Wenn Ressourcenorientierung draufsteht, muss sie auch drin sein! Beobachten und Dokumentieren als Auftrag in den Bildungsplänen. In: Lipp-Peetz (2007): S. 19-43
Korczak, Janusz (1990): Das Kind neben dir. Gedanken eines polnischen Pädagogen. Berlin: Volk und Wissen
Leu, Hans Rudolf et al. (2007): Bildungs- und Lerngeschichten. Bildungsprozesse in früher Kindheit beobachten, dokumentieren und unterstützen. Weimar und Berlin: das netz
Lipp-Peetz, Christine (Hrsg.) (2007): Praxis Beobachtung. Auf dem Weg zu individuellen Bildungs- und Erziehungsplänen. Berlin, Düsseldorf und Mannheim: Cornelsen
Niedersächsisches Kultusministerium (Hrsg.) (2005): Orientierungsplan für Bildung und Erziehung im Elementarbereich niedersächsischer Tageseinrichtungen für Kinder. Langenhagen: Schlütersche Druck. http://www.mk.niedersachsen.de/live/live.php?navigation_id=25428&article_id=86998&_psmand=8 (Download am 27.02.2011)

Sabine Kirk

Schlüsselthemen der Elternarbeit in der Schule

Ziel der Zusammenarbeit zwischen Elternhaus und Schule ist eine Kooperation auf ‚Augenhöhe'. Das Grundgesetz legt das Recht auf freie Entfaltung der Persönlichkeit (Art. 2) fest und gibt sowohl Eltern (Art. 6) als auch LehrerInnen (Art. 7) einen Erziehungsauftrag. Gleichberechtigte Zusammenarbeit setzt voraus, dass die Bedürfnisse, Wünsche und Interessen aller Beteiligten berücksichtigt werden.

Veränderungen der Kindheit, die ihren Ursprung im außerschulischen Bereich haben, das Schulleben jedoch beeinflussen, führen zu ‚neuen' Interessen und Fragen der Elternschaft.

Bundeslandspezifisch haben Erziehungsberechtigte Mitwirkungsrechte und dementsprechend auch Mitwirkungsverantwortung im Rahmen von Klassen- und Schulelternräten, Konferenzen, Schulversammlungen oder Schulvorständen (vgl. hierzu den Artikel *Elternmitwirkung im schulrechtlichen Rahmen der Ländergesetzgebung* in diesem Band, S. 182 ff.). Sie benötigen dafür Kenntnisse, um sich verantwortungsbewusst in Entscheidungsprozesse einbringen zu können. Vielfach ist dafür ein Informations- und Diskussionsangebot seitens der Schule sowie ggf. ein Hinweis auf Weiterbildungsangebote anderer Institutionen erforderlich.

Wünschenswert für einen gemeinsam gestalteten Erziehungsprozess ist eine Verzahnung der schulischen und außerschulischen Lebenswelt. Aus einem daraus resultierenden Angebot der aktiven Elternmitwirkung ergeben sich weitere Themen für die Zusammenarbeit.

Zu schulformübergreifend häufig nachgefragten Themen gehören neben der Leistungsbeurteilung auch Hausaufgaben, Nachhilfeunterricht und schulinterne Fördermaßnahmen, Übergänge im Rahmen der Schullaufbahngestaltung sowie die Medienerziehung (vgl. Sacher 2004).

Leistungsbeurteilung

Leistungsbeurteilung ist oftmals ein Konfliktbereich zwischen Elternhaus und Schule (vgl. Kirk 2001, S. 79). Fragen zu den Schulleistungen ihrer Kinder nehmen einen Schwerpunkt bei individuellen Kontakten zwischen Elternhaus und Schule ein. Als Basis für Einzelgespräche sollten Erziehungsberechtigte vorab über fächerübergreifende und fachspezifische Leistungsanforderungen informiert werden. Vielfach wird seitens der Eltern das Augenmerk einseitig auf abfragbares Wissen und Vergleich der Leistungsstände gelegt. Sowohl die Leistungsvielfalt als auch unterschiedliche Funktionen der Leistungsbeurteilung werden in Diskussionen oftmals nicht einbezogen und Leistungsbenotungen anstelle anderer Beurteilungsformen bevorzugt (vgl. Winter 2004, Bohl/Bach-Blattner 2010). Die Bedeutung der Förderung des selbstständigen Lernens, der Selbstreflexion des eigenen Lernprozesses und der Entwicklung von Handlungskompetenzen muss aufgezeigt werden. Erziehungsberechtigte können nur dann einen Einblick in die Leistungsvielfalt nehmen, wenn Beobachtungen nachvollziehbar dokumentiert und ihnen Dokumentationsformen vorgestellt werden.

Leistungsbeurteilungen dienen allen Beteiligten – also LehrerInnen, Eltern und SchülerInnen als Rückmeldung und ggf. auch als Grundlage für weitere Fördermaßnahmen. Da nicht nur Lernstände erfasst, sondern Lernentwicklungen einbezogen werden, ist ein Austausch über schulische und außerschulische Einflussfaktoren erforderlich und gibt Eltern die Chance, in den Beurteilungsprozess involviert zu werden. Dementsprechend sollten Informationen der Klassenelternschaft – möglicherweise unterstützt durch Erfahrungsberichte im Rahmen von Unterrichtshospitationen – Grundlage für individuelle Beratungsgespräche bilden.

Hausaufgaben

Hausaufgaben stellen ein Bindeglied, aber auch oftmals ein Konfliktfeld zwischen Elternhaus und Schule dar (vgl. Rudolph 2001). Im Rahmen jahrzehntelanger Diskussionen wurde die Effektivität von Hausaufgaben hinterfragt, es wurden Pro- und Contra-Argumente gesammelt und Forderungen für Elternhaus und Schule formuliert.

Lipowsky weist auf empirische Befunde hin, die die Wirksamkeit von Hausaufgaben belegen, die Stärke der Effekte ist von LehrerInnen, Eltern und den SchülerInnen selbst abhängig (Lipowsky 2007, S. 8). Er fordert u.a. seitens der SchülerInnen Regelmäßigkeit und Sorgfalt, seitens der LehrerInnen eher kürzere Bearbeitungszeit, inhaltliche Rückmeldungen sowie Integration in den Unterrichtsprozess, seitens der Eltern Förderung der Selbstständigkeit und emotionale Unterstützung (Lipowsky 2007, S. 9). Ahlring kritisiert klassische Hausaufgaben und fordert offenere Angebote auf der Grundlage neuer Unterrichtsformen (Ahlring 2006). Sofern eine Integration von Bearbeitungsphasen nicht im Rahmen eines Ganztagsschulangebotes möglich ist, sollten mit allen Beteiligten Rahmenbedingungen für häusliche Lernzeit ggf. auch individuell abgesprochen werden. Dazu gehören die Förderung der Selbstständigkeit, die Akzeptanz von Fehlern, der Schutz vor Überforderung, der Umgang mit fehlenden Bearbeitungen und Fördermöglichkeiten bei Bearbeitungsproblemen. Deutlich werden muss, dass Eltern keine Benachteiligung ihrer Kinder aufgrund außerschulischer Einflussfaktoren befürchten müssen. Die Vielfalt von Hausaufgaben kann Erziehungsberechtigten durch eine Präsentation von Arbeitsergebnissen vorgestellt werden. So können kurzfristige nachbereitende Übungsaufgaben, vorbereitende Rechercheaufgaben, langfristig erarbeitete Themenpräsentationen sowie individuell bearbeitete und für alle gemeinsam gestellte Aufgaben nebeneinander gestellt werden.

Nachhilfeunterricht

Außerschulische Lernbegleitung in Form von privat erteiltem Einzelunterricht oder durch kommerzielle Nachhilfeinstitute angebotener Gruppenunterricht hat in den letzten Jahrzehnten eine zunehmende Bedeutung erfahren. Gründe dafür hat Rudolph im Rahmen einer empirischen Untersuchung ermittelt. Dabei werden sowohl Hausaufgabenprobleme, zu geringe Übungsphasen im Unterricht und zu wenig Unterstützungsmöglichkeiten im Elternhaus genannt (Rudolph 2002, S. 95 f.). Da diese Möglichkeiten aufgrund der Kosten nicht allen Erziehungsberechtigten zur Verfügung stehen, erhöht die Inanspruchnahme die Chancenungleichheit. Weiterhin führt dieser Unterricht insbesondere bei langfristiger Teilnahme zu einer zusätzlichen zeitlichen Belastung für SchülerInnen. Fehlende Absprachen zwischen Schule und NachhilfelehrerIn wirken sich zudem auf den Fördererfolg negativ aus. Im Rahmen der Kooperation Elternhaus und Schule sollte daher ein Austausch über die Gründe für die Inanspruchnahme von außerschulischer Lernbegleitung klassenspezifisch und individuell erfolgen. Informationen über in den Unterricht integrierte Übungsphasen und schulintern angebotene Fördermaßnahmen können Ängste der Erziehungsberechtigten abbauen. Einblicke in eine Hausaufgabenpraxis mit differenzierten Aufgabenstellungen, bei denen Eltern nicht als ‚Hilfslehrer' herangezogen werden, sondern Möglichkeiten erhalten Beobachtungen bei der Hausaufgabenbearbeitung in ein Beratungsgespräch einzubringen, reduzieren die Problematik weiterhin. Sofern Nachhilfeunterricht von Erziehungsberechtigten aufgrund temporärer Probleme z.B. durch Krankheit oder Schulwechsel gewünscht wird, ist es hilfreich, Kriterien für die Auswahl zu besprechen und eine Zusammenarbeit mit NachhilfelehrerInnen auf der Basis eines gemeinsam erarbeiteten Förderplanes anzuregen.

Schulinterne Fördermaßnahmen

Individuelle Lernförderung ist insbesondere durch nationale und internationale Schulleistungsstudien, durch bundeslandspezifische zentrale Abschlussprüfungen und Vergleichsarbeiten in den Blick der Öffentlichkeit geraten. LehrerInnen müssen teilweise aufgrund schulrechtlicher Vorgaben ihre Förderplanung schriftlich dokumentieren. Dieses dient zum einen als Grundlage für Beratungsgespräche und unterstützt die Qualitätsprüfung (vgl. Dhaouadi 2008, S. 151 f.). Eine effektive Förderung setzt, wie Linser, Paradies und Greving anhand einzelner Bausteine für eine Förderplanung aufzeigen, eine Kooperation aller Beteiligten, also FachlehrerInnen, KlassenlehrerIn, Erziehungsberechtigten und SchülerInnen voraus (vgl. Linser u.a. 2007, S. 39). Eltern fordern schulinterne Fördermaßnahmen vielfach aufgrund ‚schlechter' Noten oder Problemen bei der Hausaufgabenbearbeitung ein. Im Rahmen der Kooperation muss die Bedeutung der individuellen Förderung für alle SchülerInnen herausgestellt werden und deutlich werden, dass ein gegenseitiger Austausch über Lernentwicklungen und -beeinflussungen Grundlage für Fördererfolg ist. Dokumentationsformen müssen der Klassenelternschaft vorgestellt und individuelle Zielsetzungen in Einzelgesprächen erarbeitet werden. Erfolgsüberprüfungen und ggf. Planungsveränderungen sind feste Bestandteile dieses Kooperationsprozesses.

Übergänge im Rahmen der Schullaufbahngestaltung

Übergänge im Rahmen der Schulbesuchszeit bilden immer wieder Anlässe zur Kooperation zwischen Elternhaus und Schule. Während die Regelfälle, die Versetzung oder das Aufrücken in den nächsthöheren Jahrgang vielfach ohne Kontaktaufnahme ablaufen, erfordern die Klassenwiederholung aufgrund nicht ausreichender Leistungen oder das Überspringen eines Schuljahrgangs aufgrund herausragender Leistungen rechtzeitige Beratungsgespräche im Verlauf des Schuljahres. Initiativen dazu müssen ggf. von Klassen- und FachlehrerInnen ausgehen. Für Schulstufenübergänge werden bundeslandspezifisch Mindestanforderungen für Information und Kooperation festgelegt. Schulformübergänge innerhalb einer Schulstufe sind im Wesentlichen dadurch begründet, dass Lernentwicklungen nicht der Schullaufbahnprognose bzw. Schullaufbahnentscheidungen der Erziehungsberechtigten nicht der Prognose entsprachen. Um Aufstiegschancen zu erhöhen oder Rückstufungen zu einem erfolgreichen Neuanfang zu gestalten, sind individuelle Fördermaßnahmen unerlässlich. Bei einer Erweiterung des Fächerkanons infolge eines Aufstiegs können ggf. unterstützende außerschulische Fördermaßnahmen kurzzeitig sinnvoll sein.

Insbesondere bei Übergangsentscheidungen, die auf Antrag oder durch Entscheidung der Erziehungsberechtigten erfolgen (freiwillige Wiederholung, Überspringen, Schulstufenwechsel, Schulformwechsel als Aufstieg), müssen Eltern über die Konsequenzen für die Schullaufbahn und auf unterschiedliche Möglichkeiten zum Erwerb von Schulabschlüssen hingewiesen werden. An dieser Stelle ist ein schulisches Informationsangebot über die Vielfalt der Abschlussmöglichkeiten innerhalb des Schulsystems erforderlich. Zahlreiche Untersuchungen belegen herkunftsbedingte Einflüsse auf Übergangsentscheidungen (vgl. Kirk 2008, S. 337 f.). Mögliche Einflussfaktoren sind z.B. der sozioökonomische Status, ein Migrationshintergrund oder Bildungsabschlüsse der Eltern. Um Benachteiligungen zu verringern und Brüche in der Schullaufbahn zu verhindern, ist eine intensive Kooperation zwischen Elternhaus und Schule erforderlich. Die Erziehungspartnerschaft sollte gerade in diesem Bereich durch die Einbeziehung einer Vielfalt von Kooperationsmöglichkeiten unterstützt werden.

Medienerziehung

Medienerziehung ist entsprechend schulrechtlicher Vorgaben der einzelnen Bundesländer eine fächer- und schulstufenübergreifende Aufgabe der LehrerInnen. Zu verstehen ist darunter die beabsichtigte Hilfe zum Erwerb der Medienkompetenz (vgl. Kron 2008, S. 234). Medienkompetenz umfasst dabei sowohl die selbstbestimmte verantwortungsbewusste Nutzung und Gestaltung als auch die sachgerechte und kritische Reflexion (vgl. Korinek 2008, S. 276). Gerade im Bereich der Nutzung des Internets müssen dabei sowohl Informationsmöglichkeiten aufgezeigt, aber auch Gefahren verdeutlicht werden. Während in der Schule vielfach die Befähigung zum Umgang mit den Medien im Vordergrund steht, erfolgt die Nutzung zu einem großen Anteil im außerschulischen Bereich. Für die Kooperation zwischen Elternhaus und Schule stellt dies eine Herausforderung dar. LehrerInnen müssen für Erziehungsberechtigte Informationen anbieten, die diese in die Lage versetzen die Medienerziehung zu unterstützen und die häusliche Mediennutzung kritisch zu reflektieren. Eltern müssen das für sie individuelle erforderliche Informationsangebot wahrnehmen und Rückmeldungen über die Nutzung im Elternhaus geben.

Freizeitgestaltung

Veränderungen der Kindheit haben in den letzten Jahrzehnten insbesondere auch zu Veränderungen im Freizeitverhalten der SchülerInnen geführt, die von Erziehungsberechtigten teilweise begrüßt, aber auch immer wieder beklagt werden. Institutionalisierte Freizeitangebote entlasten einige Eltern von Planungsaufgaben, sind aber oftmals mit Kosten und Transportproblemen verbunden. Einseitige häusliche Mediennutzung führt zwar zu einer Beschäftigung, wahrgenommen werden jedoch auch Gefahren durch die Mediennutzung und den damit verbundenen Bewegungsmangel. Keck weist in diesem Zusammenhang hin auf „Freizeit als gemeinsame Erziehungsaufgabe" (Keck 2001). Im Sinne einer Erziehungskontinuität zwischen Elternhaus und Schule ist eine Verzahnung schulischer und außerschulischer Lebenswelt anzustreben. Voraussetzung dafür ist eine Abstimmung über Zielsetzungen, Interessen sowie regionale schulische oder außerschulische Angebote. Neben Gefahren einseitiger Schwerpunktsetzungen sollten Möglichkeiten der Einbeziehung in den Unterricht aufgezeigt werden. Gerade in diesem Themenbereich können sich Eltern als ExpertInnen in die Erziehungspartnerschaft einbringen und gemeinsam mit LehrerInnen Informationen über Freizeitgestaltungsmöglichkeiten zusammentragen und zur vielfältigen Gestaltung anregen.

Literatur

Ahlring, Ingrid (2006): Wider die klassischen Hausaufgaben. In: Praxis Schule 5-10 17, Heft 1. S. 14-17
Arnold, Karl-Heinz/Graumann, Olga/Rakhkochkine, Anatoli (2008): Handbuch Förderung. Grundlagen, Bereiche und Methoden der individuellen Förderung von Schülern. Weinheim: Beltz
Bohl, Thorsten et al. (2010): Handbuch Schulentwicklung. Bad Heilbrunn: Klinkhardt
Bohl, Thorsten/Bach-Blattner, Tanja (2010): Neue Formen der Leistungsbewertung. In: Bohl et al. (2010): S. 376-379
Dhaouadi, Yvonne (2008): Förderplanung und Förderpläne. In: Arnold/Graumann/Rakhkochkine (2008): S. 150-159
Jürgens, Eiko/Standop, Jutta (Hrsg.) (2008): Taschenbuch Grundschule. Band 3: Grundlegung von Bildung. Baltmannsweiler: Schneider
Keck, Rudolf W./Kirk, Sabine (Hrsg.) (2001): Erziehungspartnerschaft zwischen Elternhaus und Schule. Analysen – Erfahrungen – Perspektiven. Baltmannsweiler: Schneider
Keck, Rudolf W. (2001): Freizeit als gemeinsame Erziehungsaufgabe. In: Keck/Kirk (2001): S. 125-132
Kirk, Sabine (2008): Förderung von Klassen-, Schulstufen- und Schulformübergängen. In: Arnold/Graumann/Rakhkochkine (2008): S. 331-340
Kirk, Sabine: Leistungsbeurteilung – ein Konfliktbereich zwischen Elternhaus und Schule. In: Keck/Kirk (2001): S. 79-81
Korinek, Walter (2008): Mediengestützter Unterricht zwischen Tradition und Umwälzung. In: Jürgens/Standop (2008): S. 273-284
Kron, Friedrich W. (2008): Grundwissen Didaktik. 5. Auflage. München und Basel: Ernst Reinhard
Lipowsky, Frank (2007): Hausaufgaben: auf die Qualität kommt es an! Ein Überblick über den Forschungsstand. In: Lernende Schule 10, Heft 39. S. 7-9
Paradies, Liane/Linser, Hans Jürgen/Greving, Johannes (2007): Diagnostizieren, Fordern und Fördern. Berlin: Cornelsen Scriptor
Rudolph, Margitta (2001): Hausaufgaben als familiales und schulisches Problemfeld. In: Keck/Kirk (2001): S. 82-90
Rudolph, Margitta (2002): Nachhilfe – gekaufte Bildung? Empirische Untersuchung zur Kritik der außerschulischen Lernbegleitung. Bad Heilbrunn: Klinkhardt
Sacher, Werner (2004): Elternarbeit in den bayerischen Schulen. Schulpädagogische Untersuchungen Nürnberg (SUN), Nr. 23. Nürnberg
Winter, Felix (2004): Leistungsbewertung. Eine neue Kultur braucht einen anderen Umgang mit den Schülerleistungen. Baltmannsweiler: Schneider

Margitta Rudolph

Außerschulische Lernbegleitung

Im Lernfeld Schule bündeln sich gesellschaftliche Kräfte und Probleme.

Einerseits steigen die Anforderungen in Schule und Beruf, anderseits sind die Bedingungen, unter denen Lehren und Lernen stattfindet, oftmals suboptimal. Das führt dazu, dass die Nachfrage an zusätzlichen Lehr- und Lernangeboten groß ist und die Schullandschaft sich zunehmend mehr zugunsten privater Schulen verändert.

Die am Lehren und Lernen beteiligten Personen reagieren unterschiedlich auf den Anforderungs- und Zeitstress. Eltern und SchülerInnen erhoffen sich in der Regel Hilfe durch eine außerschulische Lernbegleitung.

Nachhilfe ist keine neue Erfindung, ihre Wurzeln lassen sich bis ins 15. Jahrhundert nachweisen und waren immer eng verbunden mit der Problematik der Hausaufgaben, deren Erteilung bis zum heutigen Tag in einer kritischen Diskussion steht.

Doch der Nachhilfeunterricht hat in den letzten 25 Jahren eine qualitative und quantitative Veränderung erfahren. Sprach man im herkömmlichen Sinn von Nachhilfeunterricht, so war damit eine auf privater Ebene in Einzelunterricht erteilte Zusatzförderung gemeint. SchülerInnen, StudentInnen oder LehrerInnen erteilten am Nachmittag eine Ergänzungs- bzw. Übungsstunde zum Schulunterricht, um Wissenslücken zu schließen oder Unverstandenes aufzuarbeiten. In der Regel haben diese PrivaterteilerInnen 1 – 2, in Ausnahmefällen auch 3 SchülerInnen pro Woche getrennt voneinander unterrichtet.

In den letzten zwei Jahrzehnten änderte sich die Situation dahingehend, dass die Nachhilfe als Ware erkannt wurde, die sich gut verkaufen lässt. Es begann sich ab 1974 ein Markt zu etablieren, der Unterricht als ‚Massenware' verkauft. Innerhalb weniger Jahre konnten verschiedenste Institute im kommerziellen Sektor Fuß fassen und zu einem Wirtschaftsfaktor expandieren.

Etwa 50% aller SchülerInnen kommen mit Nachhilfeunterricht in ihrer Schullaufbahn in Berührung, derzeit suchen sich ca. 20 – 25% aller SchülerInnen außerschulische Lernunterstützung in Form von Nachhilfeunterricht (vgl. 15. Shell-Jugendstudie 2006, Institut der Deutschen Wirtschaft 2005). Nachhilfeunterricht gehört heute für viele Kinder und Jugendliche zum Alltag. In absoluten Zahlen ausgedrückt heißt das: „Knapp 1,1 Millionen Schülerinnen und Schüler nehmen jährlich in Deutschland Nachhilfe in Anspruch" (Klemm/Klemm 2010, S. 4).

Die Hauptabnehmerklientel von Nachhilfestunden in Instituten lässt sich in folgende Hierarchisierung bringen: GymnasiastInnen vor RealschülerInnen, vor GrundschülerInnen, gefolgt von Gesamt- und BerufsschülerInnen.

„Besonders alarmierend ist die hohe Inanspruchnahme von Nachhilfe bereits in der Primarstufe. Am Ende der Grundschulzeit – wenn es um die Empfehlung für die weiterführende Schule und damit um eine entscheidende Weichenstellung im deutschen Schulsystem geht – wird Nachhilfeunterricht ein zentrales Thema für viele Schülerinnen und Schüler. Eine Sonderauswertung der IGLU-Studie aus dem Jahr 2006 hat ergeben, dass im Durchschnitt der Bundesländer 14,8 Prozent der Viertklässler Nachhilfe im Fach Deutsch erhalten. Dabei gibt es zwischen den Bundesländern deutliche Unterschiede. Während in Baden-Württemberg 18,5 Prozent der Viertklässler Nachhilfe in Deutsch bekommen, sind es in Mecklenburg- Vorpommern nur 8,8 Prozent" (Klemm/Klemm 2010, S. 4).

Mit Namen wie ‚Schularbeitsgemeinschaft', ‚Studienkreis', ‚Arbeitsgemeinschaft schulischer Aushilfe' oder ‚Schülerhilfe' wird Eltern und SchülerInnen eine Zusammenarbeit mit öffentlichen Schulen suggeriert.

Einige Kennziffern zum aktuellen Nachhilfemarkt:

- In Deutschland gibt es ca. 4.000 Nachhilfeschulen. Der Marktanteil institutioneller Nachhilfe liegt bei ca. 30%. Der Rest verteilt sich größtenteils auf LehrerInnen, StudentInnen und SchülerInnen (vgl. Institut für Jugendforschung 2003).
- Der größte Nachhilfebedarf besteht im Sekundarbereich I (Klassen 7 – 10). 44% der 15- bis 17-Jährigen haben Nachhilfeerfahrung (vgl. Hurrelmann 2006).
- 60% der SchülerInnen nehmen Nachhilfe, weil sie Leistungsschwierigkeiten haben oder gefährdet sind (vgl. Synovate-Studie 2007).
- In den Abschlussklassen nehmen 96% der SchülerInnen Nachhilfeunterricht ohne gefährdet zu sein, sondern nur um einen möglichst guten Abschluss zu erhalten (vgl. Kramer/Werner, Familiäre Nachhilfe und bezahlter Nachhilfeunterricht, 1998).
- Gründe für Nachhilfeunterricht: Defizite im Schulsystem, Lage auf dem Ausbildungs- und Arbeitsmarkt, eltern- und schülerbezogene Gründe.
- Die durchschnittliche Verweildauer liegt bei einem Dreivierteljahr und länger.
- Allein die Schülerhilfe bindet über 70.000 SchülerInnen sämtlicher Altersstufen an rund 1.000 Standorten in Deutschland und Österreich.

Nachhilfe ist ein Phänomen, das sich rasant ausweitet – eine Wachstumsbranche in Krisenzeiten (Kraus 2006, S. 15), über die nicht gern gesprochen und wenig geforscht wird. Das Geschäft ist lukrativ. Neu ist, dass Schulbuchverlage eine ‚Schülerhilfe' mit ‚Lerncamps' anbieten (Lernen & Urlaub), dass der Studienkreis über den Deutschen Sportbund wirbt und Sonderangebote beim Kaffeeröster Tchibo anpreist.

1. Nachhilfeunterricht

Nachhilfeunterricht (NH) ist eine den Schulunterricht ergänzende Form des Übens und Wiederholens, dient der Aufarbeitung von Wissenslücken und des Erlernens von Arbeitstechniken. Er ist in allen Altersstufen und Schulformen vorzufinden und erhöht sich speziell vor und nach Übergangssituationen. NH dient dem Zweck der Leistungsverbesserung von SchülerInnen und wird bei Privatpersonen oder außerschulischen Institutionen (freie Träger, kommerzielle Anbieter) – in Abgrenzung zu schulisch installierten Silentien oder Förderangeboten – nachgefragt und bezahlt. Er fokussiert primär auf die Bearbeitung von Hausaufgaben und unterstützt die Vorbereitung auf schulische Leistungstests (vgl. Rudolph 2002, S. 20 ff.). Begründungen liegen neben schulischen Defizitlagen in gesellschaftlichen und wirtschaftlichen Veränderungen wie ...

- der Pluralisierung von Familienformen, zunehmender Doppelberufstätigkeit, Alleinerziehendenproblematik etc., die auch eine neue Betreuungsfunktion beanspruchen

- der Selektion des Arbeitsmarktes mit höher werdenden Qualifikationsansprüchen bei rückgängigen Ausbildungs- und Arbeitsplatzangeboten (Wettbewerbsvorteile verschaffen)

2. Empirische Untersuchungsergebnisse

Defizitlagen im Schulsystem (große Klassen, fehlende Übungsphasen bei einem 45-Minuten-Stundentakt, Unterrichtsausfall, fehlende Förderstunden etc.) verschärfen die Problematik. Die am häufigsten nachgefragten Fächer für Nachhilfe sind Mathematik, Englisch und Deutsch. Nachfrage-Maxima liegen an sensiblen Schnittstellen (Wechsel zu weiterführenden Schulen oder Schulabschlüsse). Inhaltlich gestützt wird das Nahhilfesystem besonders durch die hohe Abfrage reproduktiven Wissens in der Schule (Hausaufgaben, Leistungstests), die überwiegend auf kognitive Kriterien der Leistungsmessung im gängigen Notensystem rekurrieren. Ca. jede(r) fünfte SchülerIn bekommt Nachhilfe und nahezu 50% aller SchülerInnen sind in ihrer Schullaufbahn mit Nachhilfe in Berührung gekommen.

Ein Hauptmotiv für die Inanspruchnahme von Nachhilfe stellt die Hausaufgabenproblematik dar: mangelnde Absprachen zu Umfang, Anspruchsniveau und Überprüfung unter den KollegInnen einer Klasse, Auslagerung von relevanten Unterrichtselementen in einen pädagogisch unbetreuten Raum, hoher reproduktiver Charakter der Hausaufgaben, geringe Würdigung der angefertigten Hausaufgaben, Fehleinschätzungen bei Lehrenden bzgl. der selbstständigen Bearbeitung durch die SchülerInnen.

Damit wird die ‚Entlastungsthese' des Unterrichts für die SchülerInnen zur Zusatzbelastung. Entsprechende Erlasse der Bundesländer, die organisatorische und zeitliche Rahmenbedingungen sowie die Bewertung der Hausaufgaben regeln, haben den problematischen schulpraktischen Umgang mit den Hausaufgaben kaum zu ändern vermocht.

Unterricht, Hausaufgaben und Nachhilfe führen zu durchschnittlich 42 Unterrichtsstunden (ohne Wegstrecken) für die SchülerInnen.

3. Gründe für die Nachfrage nach außerschulischer Lernbegleitung (Rudolph, 2002)

Aus familiärer Sicht:

- Die Wahl einer zu anspruchsvollen Schulart folgt oft zu hohen Elternerwartungen.
- Die Mittelschichten sind die stärkste Nachfragegruppe, da sie sich von Nachhilfe Startvorteile für ihre Kinder auf dem Arbeitsmarkt versprechen.
- Drei Viertel aller befragten Familien haben nur ein oder zwei Kinder, sodass häufig eine Entscheidung für eine Doppelberufstätigkeit fällt – mit entsprechend fehlender Betreuungszeit.
- Kinder Alleinerziehender stellen ein Fünftel der Nachhilfeklientel dar.
- Jedes dritte Kind in Nachhilfeinstitutionen ist nicht bzgl. der Versetzung oder des Erreichens eines Schulabschlusses gefährdet.

Aus unterrichtlicher Sicht:

- 79,8% der LehrerInnen beklagen zu große Klassen und übervolle Lehrpläne, die es ihnen unmöglich machen, die Unterrichtsziele im Rahmen der zur Verfügung stehende Zeit zu schaffen.
- 33,7% der LehrerInnen und 90% der Nachhilfelehrenden weisen auf eine zu schnelle Lernstoffbearbeitung hin, die zu wenig Zeit zum Üben und Wiederholen in der Schule lässt.
- 96,4% der LehrerInnen koordinieren ihre Hausaufgabenstellung nicht mit KollegInnen.
- 97,6% der LehrerInnen schätzen falsch ein, ob die von ihnen gestellten Hausaufgaben von den SchülerInnen selbstständig lösbar sind.
- 68,9% der LehrerInnen differenzieren bei Hausaufgaben nicht in der Aufgabenstellung.
- In den Bereichen der Hausaufgabenpraxis und Notenvergabe liegen die Hauptursachen des erhöhten Nachhilfebedarfs.

Aus bildungspolitischer Sicht:

- HauptschülerInnen (6,9%) und Ganztags-/GesamtschülerInnen (9,3%) sind im Gegensatz zu GymnasiastInnen (36%) und RealschülerInnen (30%) im Nachhilfebereich unterrepräsentiert.
- Schullaufbahnempfehlungen werden durch Nachhilfe eindeutig verfälscht und damit SchülerInnenströme verändert – das Prinzip der Chancengleichheit wird unterminiert.

4. Nachhilfe im internationalen Vergleich

Die Anteile der SchülerInnen, die außerhalb der Schule regelmäßig Ergänzungsunterricht oder Nachhilfeunterricht erhalten, sind in der internationalen Unterschiedlichkeit sehr auffällig – nahezu bedeutungslos in Skandinavien, besonders hoch in England und Frankreich, am höchsten in Deutschland.

	Ergänzungsunterricht	Nachhilfeunterricht	insgesamt
Kanada	3,3	8,0	11,3
Finnland	0,5	1,9	2,4
Frankreich	8,6	10,9	19,5
Schweden	1,3	2,0	3,3
England	6,3	9,5	15,8
Niederlande*	k. A.	5,4	5,4
Deutschland	3,0	**14,1**	17,1

* Die Beteiligungsquote ist zu niedrig, um die Vergleichbarkeit der Werte zu gewährleisten (PISA 2000, 2001, S. 14. In: BMBF 2003, S. 91).

Tabelle 1: *Anteil der SchülerInnen mit regelmäßigem Unterricht außerhalb der Schule (15-Jährige der PISA-Stichprobe, in Prozent)*

5. NachhilfelehrerInnen und Nachhilfeeinrichtungen

Die ökonomisch ausgerichteten Nachhilfeunternehmen arbeiten überwiegend in Franchise-Systemen, d.h. die Muttergesellschaft übernimmt Werbung, vergibt einheitliche Telefonnummern, führt Marktanalysen durch etc. gegen eine prozentuale Abgabe der Einzelfilialen. Auf die Anstellung und Qualifikation der Lehrenden kann seitens der Muttergesellschaft kein Einfluss genommen werden. Wer dort arbeitet und wie er/sie arbeitet, ist von Institut zu Institut unterschiedlich und liegt im Verantwortungsbereich der örtlichen Leitung, die zwar ggf. betriebswirtschaftlich geschult ist, aber keine pädagogische Qualifikation aufweisen muss.

Die Lehrenden rekrutieren sich zu großen Teilen aus dem Pool der Studierenden und ReferendarInnen und weisen nicht die gleiche Qualität auf wie LehrerInnen an Schulen. Andere Lehrende haben keinerlei pädagogische Ausbildung. Eine hohe Fluktuation des Lehrpersonals (vorwiegend aufgrund des Ausbildungsstatus) bedeutet, dass sich die SchülerInnen häufig auf neue Lehrpersonen einstellen müssen. Es gibt keine einheitliche Lehrmethode, die Übungsformen sind abhängig von dem Ausbildungsstand der Lehrenden.

Fachhomogenität bzw. Schülerhomogenität stellen die beiden dominanten Organisationsprinzipien dar: Bei Fachhomogenität werden alle SchülerInnen gleichzeitig z.B. in Mathematik unterrichtet, die Gruppe weist dann unterschiedliche Alters- bzw. Klassenstufen auf. Schülerhomogen heißt, die Kinder befinden sich in einem ähnlichen Alter, müssen aber von der Lehrperson in verschiedenen Fächern gleichzeitig unterrichtet werden. Will der/die Lehrende also eine individuelle Betreuung anbieten, muss er/sie die 90 zur Verfügung stehenden Minuten auf 5 – 7 SchülerInnen (Minigruppe) verteilen (max. 18 Min. je Kind) und mit fünf verschiedenen Unterrichtsvorbereitungen aufwarten.

Ein didaktisch-methodischer Ablauf der Unterrichtszeit kann nicht geplant werden, da die SchülerInnen wechselnde Problemstellungen einbringen, sodass sich der Unterricht i.d.R. auf die Bearbeitung der aktuellen Hausaufgaben, Üben für Klassenarbeiten (ein Kind, die übrigen erhalten Stillarbeit) und nicht verstandene Inhalte ausrichtet.

Die Hauptarbeitszeit im Nachhilfebereich liegt zwischen 15 und 17 Uhr, einem aus lernpsychologischer Sicht ungünstigem Zeitpunkt, in dem Aufnahme- und Leistungsvermögen eingeschränkt sind.

6. Was leisten die kommerziellen Einrichtungen?

Folgende Argumente sprechen für eine gute Arbeit der Nachhilfeinstitute:

- Kleingruppenarbeit fördert die Schülerzentriertheit und Möglichkeiten der Binnendifferenzierung.
- Eltern (Anmeldung) und SchülerInnen (Unterricht) kommen freiwillig.
- Fragen der Disziplin spielen kaum eine Rolle, in der Kleingruppe entfallen Bewährungsproben wie im Klassenverband.
- Aufgrund ähnlicher Erfahrungen mit Lernschwierigkeiten kann das Selbstwertgefühl der Einzelnen gestärkt werden.
- Es erfolgt regelmäßige Hilfe bei der Bearbeitung der Hausaufgaben zur Steigerung der Schulleistung.

- Sonderfälle werden an den schulpsychologischen Dienst verwiesen.

Damit genießen die Institute im Vergleich zu den öffentlichen Schulen ohne Zweifel Vorteile.

7. Konsequenzen für die Schule

Schlussfolgernd muss festgestellt werden, dass die Nachhilfeinstitute als kommerzielle ‚Nebenschulen' oder als ‚Privatschulsektor' helfen, das Prinzip der Chancengleichheit zu unterhöhlen und damit an den Grundfesten unseres Bildungssystems rütteln.

Die individuelle Förderung eines jeden einzelnen Kindes in allen seinen Lernmöglichkeiten muss das leitende Prinzip der Schularbeit in unserer Gesellschaft sein. Die Schule leistet dies anscheinend nur unzulänglich oder an einem Teil ihrer Klientel gar nicht.

Eine neue Brisanz erhalten diese Feststellungen vor dem Hintergrund der demografischen Entwicklung. Bei rückläufigen Schülerzahlen und prognostiziertem Fachkräftemangel kann es sich eine Volkswirtschaft nicht leisten, zu viele Kinder und Jugendliche ungenügend zu fördern.

Notwendige Konsequenzen sind:

- eine inklusive Pädagogik, die Kinder mit und ohne Benachteiligungen (sozialer, kulturelle, sprachlicher, physisch und psychischer Art) fordert und fördert
- der Einsatz von Lehrkräften, die entsprechend ausgebildet sind und dieses Prinzip verinnerlicht haben
- eine intensivere Zusammenarbeit mit Eltern
- ein Ganztagsschulsystem, das diese Möglichkeiten für die Kinder und Jugendlichen anbietet (möglicherweise finanziert durch nur einen Bruchteil des Geldes, den Eltern bereit sind an Nachhilfeinstitute zu zahlen)
- freiwillige innerschulische Übungsangebote oder Hausaufgabenhilfe an Nachmittagen
- die Integration von Übungs- und Wiederholungsphasen in den Unterricht

Die Betonung der Bedeutung von professioneller Einstellung und Kompetenz von Lehrkräften ist wichtig, aber ein Blick auf die unzureichende Unterrichtsversorgung der Schulen verdeutlicht, dass es an wesentlichen Rahmenbedingungen für eine sachgerechte und situationsangemessene Reaktion fehlt. Solange es an den nötigen Lehrerstunden mangelt und eine ausreichende Unterrichtsversorgung nicht gewährleistet werden kann, ist zunächst einmal die Schulpolitik in der Pflicht. Und sie ist besonders dann in der Pflicht, wenn sie sich einlässt auf regionale, nationale und internationale Wettbewerbssituationen mithilfe von Vergleichsstudien, die angeblich Qualität von Schule messen sollen.

8. Konsequenzen/Möglichkeiten für die Eltern

Eltern sollten ihre Möglichkeiten über die schulische Elternvertretung/Schulvorstand verstärkt und intensiver nutzen. Dazu gehört die Forderung (z.B. im Zuge von Schulprogrammbildung der Einzelschulen) nach einer Hausaufgabenbetreuung bzw. vermehrten Fördermaßnahmen in den Schulen ebenso wie die Einforderung von geregelten Unterrichtsstunden, die keineswegs den hohen Stundenausfall aufweisen dürfen wie es zurzeit der Fall ist.

Wenn Nachhilfeunterricht abgefragt werden soll, wären folgende Überlegungen anzustellen:

1. Nachhilfe als kurzfristige Maßnahme: Wie lange und wie oft soll mein Kind davon Gebrauch machen?
2. Belastung der Kinder: Ist mein Kind zeitlich und inhaltlich überfordert?
3. Kooperation mit der Schule: Habe ich die notwendigen Gespräche mit den Fachlehrenden an der Schule geführt? Habe ich die Diagnosefähigkeit der Lehrenden bei der Entscheidung mit einbezogen? Konnte ich Inhalte spezifizieren lassen, die nach Meinung des Lehrenden den eventuellen Nachhilfeunterricht bestimmen sollten?
4. Auswahl von Nachhilfe-Erteilenden: Habe ich überprüft, ob der Nachhilfeunterricht eine reine Hausaufgabenbetreuung oder eine fundierte bzw. nachholende Bearbeitung des Lernstoffes bietet? Kann der Nachhilfeanbieter eine Lernstandsdiagnose stellen? Was benötigt mein Kind?
5. Kosten: Ist eine Einzelstunde bei einem Privatanbieter (Einzelförderung) finanziell preisgünstiger als zwei Schulstunden in einem Nachhilfeinstitut mit 4 bis 5 anderen Kindern gleichzeitig?
6. Kooperation: Überprüfen, ob der Nachhilfelehrkraft in Kontakt mit der Schule bzw. der/dem FachlehrerIn steht. Die Kooperationsbereitschaft gegenüber den Eltern sollte gegeben sein und sich dabei nicht nur auf die Begleichung der Kosten reduzieren, sondern inhaltliche fundierte Beratung anbieten.

Literatur

BMBF (2003): Vertiefender Vergleich der Schulsysteme ausgewählter PISA-Staaten. Bonn
Dohmen, Dieter/Erbes, Annegret/Fuchs, Kathrin/Günzel, Juliane (2008): Was wissen wir über Nachhilfe? Berlin: FIBS im Auftrag des BMBF
Hurrelmann/Albert (2006): 15. Shell Jugendstudie – Jugend 2006. Steigende Nutzung von Nachhilfeunterricht: Frankfurt am Main: Fischer
Jürgens, Eiko/Diemann, Marius (2007): Wirksamkeit und Nachhaltigkeit von Nachhilfeunterricht – am Beispiel des Studienkreises. Frankfurt am Main: Verlag Peter Lang
Klemm, Klaus/Klemm, Annemarie (2010): Ausgaben für Nachhilfe – teurer und unfairer Ausgleich für fehlende individuelle Förderung. Gütersloh: Bertelsmann
Klein, Helmut E./Institut der deutschen Wirtschaft (IW) (2005): Direkte Kosten mangelnder Ausbildungsreife in Deutschland. Köln: IW
Kramer, Wolfgang/Werner, Dirk (1998): Familiäre Nachhilfe und bezahlter Nachhilfeunterricht. Ergebnisse einer Elternbefragung in NRW. Köln: Deutscher Instituts-Verlag
Kraus, Mario H. (2006): Ein zweites Schulsystem? In: Kommunikation & Seminar 15 (2). S.15-20
Rudolph, Margitta (2002): Zur Kritik der außerschulischen Lernbegleitung. Empirische Erhebung bei Eltern, LehrerInnen und Nachhilfeinstituten. Bad Heilbrunn: Klinkhardt
Shell Deutschland Holding (Hrsg.) (2006): Jugend 2006. Eine pragmatische Generation unter Druck. 15. Shell Jugendstudie. Frankfurt am Main
Synovate Kids + Teens/Bundesverband Nachhilfe- und Nachmittagsschulen e.V. (2007): Mit Nachhilfe kommt man weiter – Fakten zur Nachhilfesituation in Deutschland. München

Andrea Bargsten

Ziele von Erziehungs- und Bildungspartnerschaften

Die aktuellen Befunde der Wissenschaft insbesondere der Bildungs-, Hirn- und Bindungsforschung zeigen auf, wie bedeutsam die Familie für die Bildung und Entwicklung der Kinder ist. Diese Erkenntnisse haben zur Folge, dass die Bildungs- und Familienpolitik ihren Fokus verstärkt auf die Familie als primäre Sozialisationsinstanz sowie auf die Kindertagesstätten und Schulen als Institutionen außerhalb der Familie richtet. Die Bedingungen für die Erziehung werden für die Familien jedoch immer schwieriger. Sie müssen sich vielfältigen Herausforderungen stellen und viele Eltern fühlen sich in ihrer Erziehungsfunktion unsicher oder überfordert. Aus diesem Grund wird die Unterstützung der Eltern bei der Erziehung ihrer Kinder und der Bewältigung des Familienalltags seitens der Sozialpädagogik immer wichtiger.

Erziehungs- und Bildungspartnerschaften sollen hier eine Brücke zwischen den gesellschaftlichen und familiären Veränderungen und den sozialpädagogischen Einrichtungen zur Unterstützung der Familie schlagen. Dies aufgreifend führen die Bildungs- und Orientierungspläne der Bundesländer die Umsetzung von Erziehungs- und Bildungspartnerschaften als eines ihrer zentralen Ziele an und fordern eine feste Verankerung dieser in den Konzepten der Tagesstätten. Auch in den Schulgesetzen der Bundesländer wird eine enge partnerschaftliche Zusammenarbeit der Schulen und Lehrkräfte mit den Erziehungsberechtigten gefordert. Aber was bedeutet dieses zentrale Ziel für die Einrichtungen konkret und was soll mit diesen Partnerschaften erreicht werden?

Wird die Idee der Erziehungs- und Bildungspartnerschaften weiter ausdifferenziert, ergeben sich verschiedene Teilziele, die für die Einrichtungen und somit für die Fachkräfte, Eltern sowie Kinder von hoher Relevanz sind.

Teilziele von Erziehungs- und Bildungspartnerschaften

Das wichtigste gemeinsame Ziel von Eltern und Fachkräften ist in einer Erziehungs- und Bildungspartnerschaft die *Förderung und das Wohl des einzelnen Kindes*. Durch den Bedeutungszuwachs der Familie als erste Bildungs- und Erziehungsinstanz wird die Aufgabe der Bildung und Erziehung nicht mehr allein auf den Schultern der Fachkräfte getragen, sondern die Eltern werden mit ins Boot geholt. Hierfür sind zunehmend neue Formen zur Einbeziehung der Eltern in den Alltag und die pädagogische Arbeit entwickelt worden, z.B. Eingewöhnungsphasen, Entwicklungsgespräche, gemeinsame Bildungsdokumentation etc. (vgl. Thiersch 2007, S. 30 f.).

Um dieses zu realisieren muss eine *wechselseitige Öffnung* der beteiligten AkteurInnen und Institutionen realisiert werden. Die Partner müssen sich Zeit nehmen für einen Austausch über das Kind, den Alltag in der Einrichtung sowie in der Familie, über Probleme, pädagogische Hintergründe etc. Dadurch wird die Transparenz der unterschiedlichen Lebenswelten sowie das Verständnis für die Lebenszusammenhänge und die Problemsichten der jeweils anderen gesteigert (vgl. Textor 2006, S. 16; 2009a, S. 10 f.). Zu dieser wechselseitigen Öffnung gehört zudem die gemeinsame Abstimmung von privater und öffentlicher

Erziehung bzw. Bildung. Durch den Austausch über Erziehungs- und Bildungsziele sowie Bemühungen der unterschiedlichen AkteurInnen kann ein gemeinsames Erziehungs- bzw. Bildungskonzept erstellt werden, in dem die unterschiedlichen Rollen von Eltern und Fachkräften abgegrenzt werden. Durch diese Rollenverteilung und -klärung können sich die einzelnen AkteurInnen gegenseitig in ihren Aufgaben unterstützen (vgl. Textor 2009a, S. 10 f.; Textor 2009b, S. 22).

Die gemeinsame Abstimmung und das gemeinsam erarbeitete Erziehungskonzept führen zu dem dritten Teilziel von Erziehungs- und Bildungspartnerschaften: der *Stärkung von Elternkompetenzen*. Durch die enge Zusammenarbeit mit den Fachkräften gewinnen die Eltern eine Vorstellung von der Entwicklung ihres Kindes, erhalten eine Anleitung für die Beobachtung ihres Kindes und bekommen einen Einblick in die pädagogische Arbeit in der Einrichtung. Die Elternkompetenzen werden zudem durch thematische Elternabende, Elternbildungsmaßnahmen wie z.B. Erziehungskurse sowie durch Besprechung von Erziehungsfragen ‚zwischen Tür und Angel' und einen gegenseitigen Austausch der Eltern im Elterncafé gefördert. Auch die Beratung und Unterstützung der Eltern bei Familienproblemen und die evtl. sinnvolle Weitervermittlung an psychosoziale Dienste kann die Eltern in ihrer Erziehungskompetenz stärken (vgl. Thiersch 2007, S. 30 f.; Textor 2009a, S. 11 ff.). Zur Erreichung dieses Teilzieles ist die Kindertagesstätte besonders geeignet. Sie kann die Eltern durch ihre hohe Frequentierung besser erreichen als andere pädagogische Einrichtungen (ca. 95% aller Kinder in Deutschland besuchen eine Kindertagesstätte) (vgl. Thiersch 2007, S. 30 f.).

Zur Stärkung der Elternkompetenz zählt auch die psychische Stabilisierung der Eltern. Viele Eltern, insbesondere Alleinerziehende, Eltern mit Migrationshintergrund und sozial benachteiligte Eltern, leben in Isolation und sind auf der Suche nach sozialen Kontakten. Aus diesem Grund soll der Gesprächs- und Erfahrungsaustausch zwischen Eltern intensiviert und wechselseitige Unterstützung und Netzwerkbildung ermöglicht sowie Beziehungen und gemeinsame Aktivitäten initiiert werden (vgl. Textor 2009a, S. 13). Zudem sollen Erziehungs- und Bildungspartnerschaften zur Integration von sozial benachteiligten Familien und Migrantenfamilien beitragen. Viele dieser Familien haben Misstrauen gegenüber Behörden und Institutionen, welches abgebaut werden muss. Überdies sind vielen Fachkräften durch fehlende Kontakte, Sprachbarrieren etc. die Bedürfnisse dieser Eltern oft unbekannt. Aus diesem Grund ist es wichtig, dass sozialpädagogische Institutionen einen Beitrag zur interkulturellen Verständigung leisten (Textor 2009a: 14 f.).

Weitere Ziele von Erziehungs- und Bildungspartnerschaften sind die *Mitgestaltung und Mitbestimmung der Eltern in den Einrichtungen*. Die Erfüllung dieser Teilziele hat eine positive Wirkung auf alle Beteiligten: auf die Kinder, die Eltern sowie auf die Fachkräfte. Die Kinder haben die Möglichkeit in Kontakt mit anderen Erwachsenen zu kommen, die Eltern gewinnen oft an Selbstvertrauen und die Fachkräfte werden durch die Mitarbeit der Eltern bei ihrer täglichen Arbeit entlastet. Dieses setzt jedoch voraus, dass Eltern nicht nur, wie es oft noch der Fall ist, Mitgestaltungsmöglichkeiten bei Festen und Feiern gewährt werden, sondern, dass die Mitgestaltungsrechte nach dem SGB VII und den Schulgesetzen ernst genommen werden und Eltern die Möglichkeit haben, sich partizipativ in den pädagogischen Alltag der Einrichtung mit ihren Fähigkeiten einzubringen. Dieses kann durch ernst genommene Mitbestimmungsmöglichkeiten zu einer ‚wirklich gelebten' Partizipation der Eltern in den Einrichtungen führen. Eine gelungene Mitbestimmung der Eltern gestaltet die institutionellen Grenzen für die Eltern durchlässiger und lässt die Einrichtung zu einem Lebensort für Eltern, Kinder und Fachkräfte werden. Zudem können sie einen Beitrag zur Demokratisierung der Gesellschaft leisten (Textor 2009a, S. 12 f.; Thiersch 2007, S. 30 f.).

Letzteres führt zu einem weiteren Teilziel der Erziehungs- und Bildungspartnerschaften: der *Integration der Institutionen in das Gemeinwesen*. Durch die Ergänzung des Angebotes der Einrichtung um Familienselbsthilfeangebote, Treffmöglichkeiten, Freizeitveranstaltungen etc., was möglicherweise im Aufbau eines Stadtteilzentrums mündet, kann die Einrichtung Kontakt zu ihrem Umfeld bekommen und somit einen Beitrag zur Nachbarschaftshilfe leisten, die Solidarität mit Schwachen und Isolierten fördern und das Verantwortungsbewusstsein der BewohnerInnen stärken (vgl. Textor 2009a, S. 15).

Die genannten Teilziele verdeutlichen, dass Erziehungs- und Bildungspartnerschaften mehr sind als reine ‚Elternarbeit'. Dabei ist der gute Kontakt zu den Eltern nur die eine Dimension, die durch Elternbildung, Unterstützung der Eltern, Netzwerkarbeit, Kooperation und Sozialraumorientierung ergänzt wird. Im Mittelpunkt dieser vielfältigen Bemühungen stehen jedoch immer die Förderung und das Wohlergehen des Kindes.

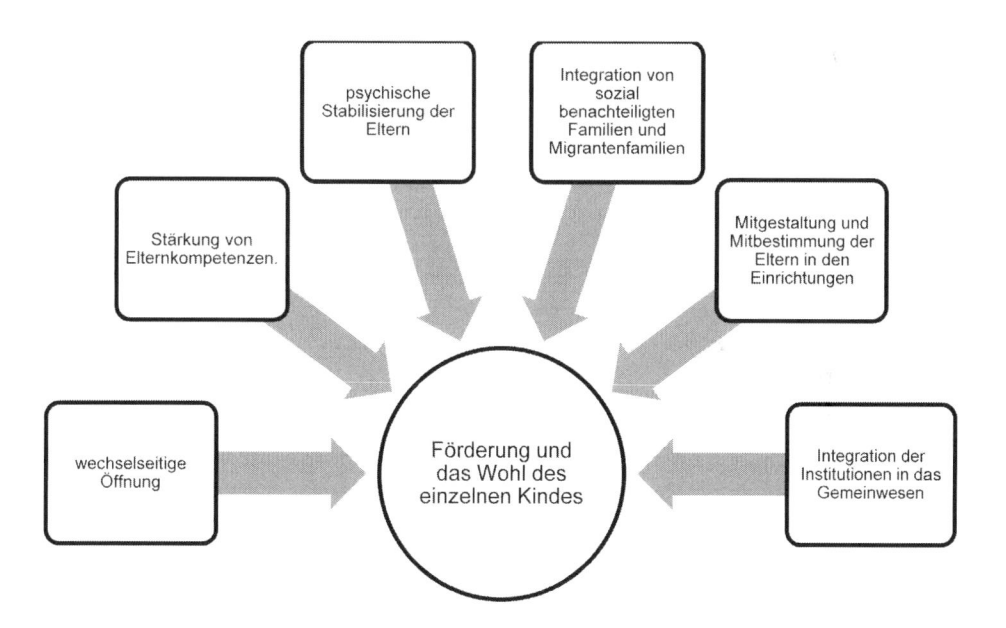

Abbildung 1: *Ziele von Erziehungs- und Bildungspartnerschaften*

Implikationen bzw. Schlussfolgerungen für die Institutionen

Die Vielschichtigkeit der Teilziele verdeutlicht, dass die Umsetzung einer ‚gelungenen' Partnerschaft zwischen Eltern und Fachkräften nicht einfach ist. Damit sie erleichtert wird, müssen in den Einrichtungen bestimmte Grundvoraussetzungen geschaffen werden:

Transparenz

Zur Ermöglichung der Ziele muss primär der Alltag der Einrichtung transparent gestaltet sein. Dies hilft allen Beteiligten sich klar zu orientieren. Somit gehören zu den wichtigsten Aufgaben der Einrichtung das Herstellen von Transparenz über die pädagogische Arbeit, die Aufklärung über Beteiligungsmöglichkeiten, der regelmäßige gegenseitige Austausch von Informationen, die Beratung durch Elterngespräche, das Entwickeln von Absprachen sowie das Einräumen von Hospitations- und Mitwirkungsmöglichkeiten.

Kommunikationsstrukturen

Um den Bildungs- und Erziehungsprozess des Kindes gemeinsam zu gestalten und den Entwicklungsprozess der Kinder zu fördern, muss ein regelmäßiger und gleichwertiger Austausch zwischen den Eltern und den Fachkräften ermöglicht werden. Textor (2009b, S. 20) sieht in den persönlichen Gesprächen das Kernstück von Erziehungs- und Bildungspartnerschaften.

Vernetzung

Die sozialpädagogischen Einrichtungen sollten weiter mit anderen Einrichtungen kooperieren und gemeinsam für gute strukturelle Rahmenbedingungen im Gemeinwesen tätig werden, wobei hier die Kooperation von Kindertagesstätte und Grundschule ein wichtiger Faktor ist. Sie soll auf gleicher Augenhöhe und auf Dauer angelegt sein. Dies betrifft vor allem die gemeinsame Gestaltung des Übergangs der Kinder. Beide Institutionen sind aufgefordert, gemeinsame Strukturen und Verfahren zu schaffen, die dem Kind einen angstfreien und freudigen Eintritt in die Schule ermöglichen (vgl. Niedersächsisches Kultusministerium 2005, S. 46 f.; siehe die Bildungs- bzw. Orientierungspläne für Kindertagesstätten der Bundesländer).

Haltung

Um die Grundvoraussetzungen der Transparenz, Kommunikation und der Vernetzung der Einrichtungen realisieren zu können, sehen viele ExpertInnen eine vertrauensvolle und wertschätzende Haltung allen Eltern gegenüber als eine obligatorische Notwendigkeit (z.B: Hebenstreit 2008, S. 120; Thiersch 2007, S. 32 ff., Whalley et al. 2008). Diese Grundhaltung stellt für Wiezorek (2006), Thiersch (2006; 2007) und Hebenstreit (2008) die Achtung der Eltern in ihrem Erziehungsbemühen und der universelle Respekt vor ihnen dar. Eltern soll mit Anerkennung begegnet und ihre Kompetenz anerkannt werden, d.h. die Fachkräfte müssen anderen Erziehungsvorstellungen gegenüber Toleranz üben und die Eltern als Ressource für die Entwicklung des Kindes sowie für die Gestaltung des Alltags der Einrichtung sehen (Thiersch 2006, S. 88 f.).

„In dieser grundlegenden achtungsvollen Haltung liegt also eine Zurückhaltung begründet, familiale Erziehungsvorstellungen oder familial hochbesetzte Werte einfach herabzuwürdigen, zu missbilligen: Es geht im pädagogischen Elternbezug (…) nicht um die Abwertung, sondern um die Auseinandersetzung mit Fähigkeiten, Eigenschaften und Verhaltensweisen und den ihnen innewohnenden Werten" (Wiezorek 2006, S. 57).

Eine hilfreiche Unterstützung, um diese Haltung anzunehmen, ist für Klein

„(…) das Wissen, dass auch Eltern Experten sind, von denen sich professionelle Fachkräfte Hilfe und Unterstützung holen können, und die systemische Sichtweise, die verständlich macht, warum es Kindern gut geht, wenn es der ganzen Familie gut geht und umgekehrt, und dass zum besseren Verständnis der Familiensituation eben die Kompetenz der Eltern benötigt wird" (Klein 1998, S. 20 f.).

Um sich in die Eltern hineinzuversetzen und sie in einer konkurrenten Beziehung zu verstehen und zu akzeptieren, müssen die Fachkräfte Empathie mitbringen bzw. erlernen. Dabei hat Akzeptanz nichts zu tun mit ‚Klein-Beigeben' oder gar mit Verlieren, sondern ist ein anderes Wort für unbedingte Wertschätzung, welche beides zulässt: Übereinstimmung und zugleich Nichtübereinstimmung, Kooperation und Konkurrenz (Klein 1998, S. 24).

„Du bist gut so, wie du bist. Du musst nicht so sein, wie ich dich gerne haben will. Du machst, denkst und fühlst manches anders, als es mir gefällt oder wie ich es tun würde. Das sage ich dir auch, aber du musst dich deshalb nicht nach mir richten ... Ich akzeptiere dich, auch wenn du andere Lösungen findest als ich" (Klein 1992, S. 122).

Literatur

Aktion Jugendschutz, Landesarbeitsstelle Baden-Württemberg (Hrsg.) (2004): Von wegen Privatsache – Erziehungspartnerschaft zwischen Familie und Gesellschaft. Stuttgart
Bauer, Petra/Brunner, Ewald Johannes (Hrsg.) (2006): Elternpädagogik. Von der Elternarbeit zur Erziehungspartnerschaft. Freiburg im Breisgau: Lambertus
Hartmann, Susanne et al. (Hrsg.) (2007): Gemeinsam für das Kind. Erziehungspartnerschaften und Elternbildung im Kindergarten. Weimar und Berlin: Verlag das Netz
Hebenstreit, Sigurd (2008): Bildung im Elementarbereich. Die Bildungspläne der Bundesländer der Bundesrepublik Deutschland. Bericht über mein Forschungssemester im WS 2006/07 für das Kuratorium der Ev. FH R-W-L. Evangelische Fachhochschule Rheinland-Westfalen-Lippe
Klein, Lothar (1998): Neue Wege in der Elternarbeit: Erziehungspartnerschaft. In: Kindergarten heute, Nr. 3/1998. S. 18-25
Klein, Irene (1992): Gruppenleiten ohne Angst. Ein Handbuch für Gruppenleiter. München: Pfeiffer
Textor, Martin R. (Hrsg.) (2006): Erziehungs- und Bildungspartnerschaft mit Eltern. Gemeinsam Verantwortung übernehmen. Freiburg im Breisgau: Herder
Textor, Martin R. (2009a): Elternarbeit im Kindergarten. Ziele, Formen, Methoden. Norderstedt: Books on Demand
Textor, Martin R. (2009b): Bildungs- und Erziehungspartnerschaften in der Schule. Gründe, Ziele, Formen. Norderstedt: Books on Demand
Thiersch, Renate (2004): Kindererziehung als gemeinsames Projekt von Eltern und Kindertageseinrichtungen. In: Aktion Jugendschutz, Landesarbeitsstelle Baden Württemberg (2004): S. 77-88
Thiersch, Renate (2006): Familie und Kindertageseinrichtungen. In: Bauer/Brunner (2006): S. 80-106
Thiersch, Renate (2007): Elternbildung und Erziehungspartnerschaften. In: Hartmann et al. (2007): S. 23-42
Whalley, Margy/Pen Green Centre Team (2008): Eltern als Experten ihrer Kinder. Das „Early Excellence"- Modell in Kinder- und Familienzentren. Berlin: Dohrmann
Wiezorek, Chrsitine (2006): Elternpädagogik jenseits der Pädagogisierung – Überlegungen zum pädagogischen Elternbezug aus anerkennungstheoretischer Perspektive. In Bauer/Brunner (2006): S. 42-60

Arbeitsformen/Methodenmuster

Waldemar Stange

Überblick zu den Arbeitsformen: Methoden-Muster
Grundformen der Gestaltung von *Erziehungs- und Bildungspartnerschaften* (‚Mezo-Methoden') – der Werkzeugkasten

Im Schlussaufsatz dieses Buches werden die formalen Strukturelemente einer *Gesamtstrategie für Elternarbeit als Erziehungs- und Bildungspartnerschaften* beschrieben (siehe dort Abschnitt 2, S. 521). Dazu gehören, neben den *Akteuren,* die *Anlässe (Indikationen),* die *Zugänge,* die *Orte,* die *Themen,* die *Ziele* und die *Methoden* der Elternarbeit. Diese Strukturelemente stehen in einem Interdependenz-Verhältnis, sie beeinflussen sich gegenseitig. Jedes dieser Strukturelemente bildet eine Rahmenbedingung und Voraussetzung für das Gesamtprofil einer der jeweiligen Situation angemessenen Methode. Die Wahl einer ‚maßgeschneiderten' Methode hängt also im Einzelnen ab von den folgenden – als Hintergrundfolie und Bedingung jeweils immer mitzudenkenden – Strukturelementen.

Anlässe (Indikationen) für Elternarbeit

Wichtig: Es gibt keinen *falschen* Anlass, sondern nur eine Differenzierung nach *Indikation* usw., die Folgen für die zu wählende Form der Elternarbeit und Elternpartizipation hat. Typische Anlässe sind:

- Phasenübergänge: Transitionen (Familie – Kita, Kita – Schule, weiterführende Schule, Eintritt in den Beruf usw.)
- besondere Interessen, Bedürfnisse
- Probleme, Schwierigkeiten, insbesondere Erziehungsprobleme

Dreieck der Interessenslagen: Erhoffter Gewinn, Nutzen, z.B. bei:

- Eltern:
  – optimale Entwicklung ihrer Kinder
  – Zukunftssicherung
  – Vermeidung von Problemen
- Bildungseinrichtungen:
  – Optimierung der Arbeit
  – Vermeidung von Problemen
- Jugendhilfe und andere soziale Dienste:
  – Optimierung der Arbeit
  – Reduzierung von Problemen
  – Kosteneinsparung
  – Sicherung von Arbeitsplätzen durch qualitätsvolle Arbeit

Überblick zu den Arbeitsformen: Methoden-Muster

Durchführende: ElternarbeiterInnen in Schule und Jugendhilfe (Laien und Professionelle):

- ErzieherInnen in Kitas
- LehrerInnen
- MitarbeiterInnen in der sozialpädagogischen Familienhilfe
- Stadtteilmütter (geschulte Migrantinnen)

Zielgruppen: Eltern und Kinder

- Einteilungen (z.B. nach Diversity-Gesichtspunkten: Geschlecht, Kultur, Nationalität usw.), z.B.
  - MigrantInnen
  - Alleinerziehende
  - Paare
  - Mütter
  - Väter

Kooperationspartner, Stakeholder, Netzwerke

- Wohlfahrtsverbände vor Ort
- Beratungsstellen
- KinderärztInnen
- Jugendamt
- Gesundheitsamt
- Schulen
- Kitas

Zugänge zu Maßnahmen der Elternarbeit

- Sozialraumkontakte, Bekannte, Nachbarschaft, Vereine
- Werbung
- Erziehungsberatungsstelle
- Eigeninitiative
- Jugendhilfemaßnahmen
- Familiengerichtliche Auflagen
- Schule
- Kindertagestätte
- ÄrztInnen
- usw.

Arbeitsfelder: Orte der Elternarbeit, Einrichtungen usw.

- Geburtsvorbereitung, Familienhebammen
- KinderärztInnen
- Krippen
- Kindertagesstätten

- Hort
- Grundschulen
- Sekundarschulen
- Familienbildungsstätten, Volkshochschulen usw.
- Internet/Neue Medien
- Elternarbeit in der Therapie

Themen (am Beispiel Schule)

- Kooperation und Koordination bei Schulübergängen (Kindergarten/Grundschule – Grundschule/Sekundarbereich I)
- Leistungsbeurteilung – ein Konfliktbereich zwischen Elternhaus und Schule
- Hausaufgaben als familiales und schulisches Problemfeld (Kritik und Reformansätze)
- Nachhilfe – die Lösungsstrategie bei Lernproblemen? (Bestandsaufnahme – Kritik – Konsequenzen)
- Veränderte Lebenswelt – veränderte Kindheit – veränderte Schule? Schule in der Erziehungskontinuität (Problembereiche zwischen Elternhaus und Schule)
- Schulwege und Schulhof – Gefahrenquellen für Schülerunfälle (Unfallvorkommen als Herausforderung)
- Gewalt in der Grundschule – die ‚neue Angst' der Eltern (Problemdiskussion und Interventionsmaßnahmen)
- Ausländerkinder in der Grundschule – eine Anforderung an die Erziehungspartnerschaft (Probleme und Chancen)
- Freizeit als gemeinsame Erziehungsaufgabe (Freizeitkonzepte und ihre Vermittlungsformen)
- Gestaltung gemeinsamer Aufgaben zwischen Kita und Grundschule, Sekundarstufe I und Grundschule usw.: Transitionen
- Zusammenarbeit in der Entwicklungsförderung der eigenen Kinder
- Zusammenarbeit in Fragen des Kinderschutzes
- Zusammenarbeit für eine entwicklungsfördernde Lernumgebung in der Schule (vgl. Kirk 2001, S. 79 ff. und Bartscher et al. 2010, S. 44)

Die Differenzierung der Themen und Angebote kann in der Schule zudem nach den verschiedenen Phasen der schulischen Entwicklung geordnet werden (vgl. Bartscher et al. 2010, S. 47). Die spezifischen Angebote für Eltern und die Formen der Zusammenarbeit verändern sich *mit dem Alter* der SchülerInnen vom Eintritt in die Grundschule bis zum Übergang in Ausbildung und Beruf. In den verschiedenen *schulischen Phasen* stehen also verschiedene typische Themen, Inhalte und Fragen an. Die Erziehungs- und Bildungspartnerschaft entwickelt sich aus Sicht der Eltern vom *ersten Kontakt* zu einer Schule bis hin zur *Ablösung* aus dieser Schule.

Ziele

Erziehungs- und Bildungspartnerschaften verfolgen ganz unterschiedliche Ziele. Bargsten hat in diesem Band einen systematischen Überblick gegeben (siehe S. 391 ff.), z.B. zu Zielen wie *Förderung, Wohl des einzelnen Kindes, wechselseitige Öffnung der beteiligten*

Akteure, Stärkung von Elternkompetenzen, Mitbestimmung der Eltern in den Einrichtungen usw.

Methoden

Dem Strukturelement der *Methoden* widmet sich nun etwas ausführlicher das komplette folgende Teilkapitel. Das ist auf den ersten Blick eine einfache Aufgabe – findet sich doch in der Fachliteratur eine Vielfalt an Methodenratgebern für die Elternarbeit, z.B. in Kindertagesstätten oder in Schulen. Auf den zweiten Blick wird jedoch deutlich, dass diese Vielfalt einhergeht mit Unstrukturiertheit. Die Methoden werden häufig einfach nur nach zufälligen Erfahrungen und Notwendigkeiten ‚geordnet'. Sie werden dabei in aller Regel nicht aus ihrem jeweils spezifischen Kontext gelöst: Sie beziehen sich also nur auf eine bestimmte Altersgruppe oder eine bestimmte Institution wie die Krippe, den Kindergarten, die Grundschule oder die Sekundarschule. Sie werden entweder nur für einen interkulturellen Hintergrund oder nur für eine bestimmte Zielgruppe (Väter, alleinerziehende Mütter, MigrantInnen usw.) beschrieben. Sie beziehen sich sowohl auf freie Elterngruppen und Initiativen als auch auf Familienbildungsstätten, auf freie wie öffentliche Träger. Sie beziehen sich ggf. nur auf bestimmte Zielgruppen oder bestimmte Eltern-Milieus oder auf bestimmte Fachbereiche wie den Gesundheitsbereich oder die Sprachförderung usw.

Diese Kontextgebundenheit der Methoden erschwert Systematik, Methodenplanung und Orientierung. Deshalb lohnt es sich, aus dem Wust der Methodenvorschläge verallgemeinerbare Grundformen zu extrahieren, die in *allen* Altersstufen, Institutionen und Milieus Verwendung finden können. Bei der konkreten Planung von Angeboten der Elternarbeit als Erziehungs- und Bildungspartnerschaft nutzt man diese verallgemeinerten Grundformen, indem man sie kreativ ausfüllt, in unterschiedlicher Gewichtung kombiniert und erst jetzt kontextgebunden und situativ interpretiert. Diese Kombinationen verfestigen sich dann zu jenen typischen und markanten *Programm-Mustern* der Elternarbeit für klar umrissene Zielgruppen, Altersstufen und Zielsetzungen, wie wir sie in einem Gesamtüberblick im ergänzenden Praxisbuch[1] zu diesem ersten Band vorstellen.

Die meisten der in der Fachliteratur zu findenden Systematisierungsvorschläge sind nicht sehr tragfähig. So auch der von Bernitzke/Schlegel vorgetragene Versuch der Unterscheidung nach *elternunterstützende Formen, einzelfallbezogenen Formen, gruppenbezogenen Formen* und *einrichtungsbezogenen Formen,* die nicht wirklich trennscharf sind und gegenseitig Unterformen bilden (Bernitzke/Schlegel 2004). Deswegen wird hier ein eigener Systematisierungsvorschlag unterbreitet, der in der folgenden Grafik zusammenfließt:

1. Information
2. Kontaktpflege (Eltern untereinander, Eltern und MitarbeiterInnen)
3. Abstimmung, Koordination, Austausch (Absprache gemeinsamer Aktivitäten, Austausch von Erfahrungen oder zum Bildungsstand der Kinder)
4. Beratung
5. Coaching
6. Materielle Hilfen

---

[1] Stange/Henschel/Krüger/Schmitt (Hrsg.) (2011): Erziehungs- und Bildungspartnerschaften – Praxisbuch: Elternarbeit als Netzwerkaufgabe. Wiesbaden: Verlag für Sozialwissenschaften

7. Erziehungskompetenz-Training für Eltern
8. Partizipation und Verhandlung i.e.S. (Entscheidungen usw.)
9. Elternmitarbeit in der Einrichtung
10. Elternselbstorganisation, -hilfe, -verwaltung
11. Netzwerkarbeit
12. Öffentlichkeitsarbeit

Alle diese Formen finden in pädagogischen Kontexten statt. Sie müssen trennscharf gehalten werden von den Formen der Arbeit mit Eltern in der Therapie. Unterhalb der Ebene dieser Grundformen gibt es eine Vielfalt von kleineren, direkt auf sie bezogenen *Mikro-Methoden* und *Techniken* (konkreten Arbeitsformen innerhalb der *Mezo-Methoden*).

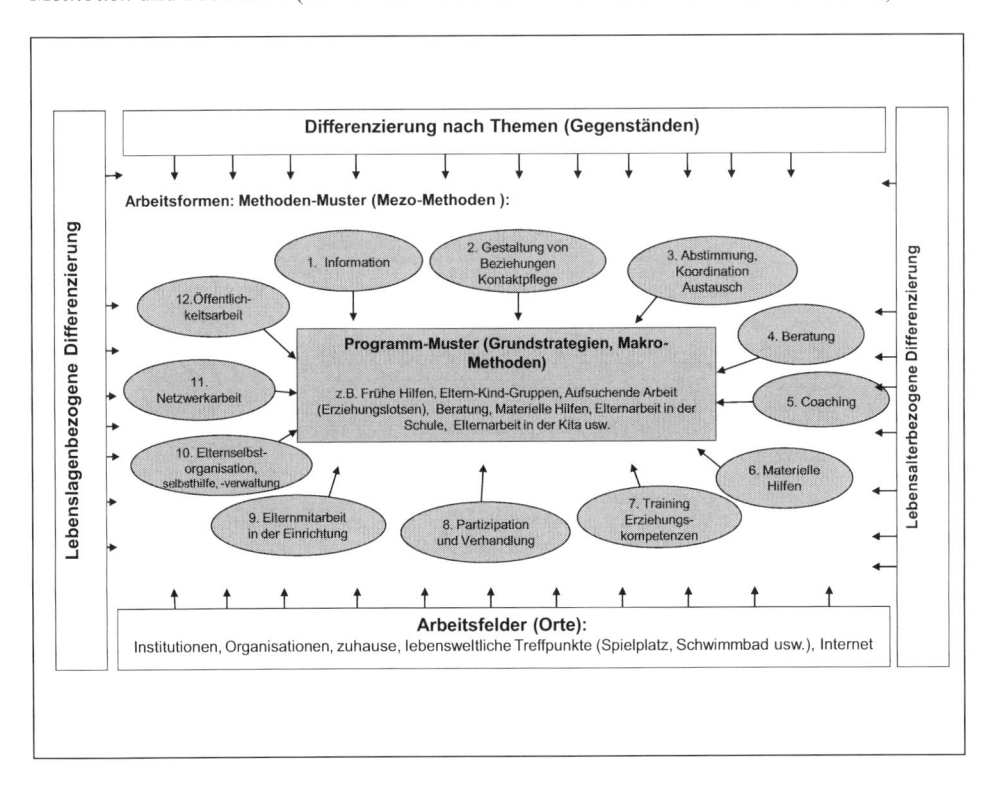

Abbildung 1: *Arbeitsformen (Mezo-Methoden) und Programm-Muster*

Unter diese verallgemeinernde Struktur können nachträglich die konventionellen Methodenkataloge subsumiert werden. Ein Beispiel für einen solchen revidierten Methodenkatalog sei hier anhand der Methodensammlung von Wienerl für den Bereich der Schule demonstriert (vgl. zum Folgenden Wienerl 2004, Bearb. U. Erg. u. WS):

1. Information

- Individuelle Elternbriefe (Einzelbriefe)
- Infostände zur Schuleinschreibung
- Die Grundschule X stellt sich vor: Unser Schulvideo
- Unsere Schulchronik
- Informationsbrief
- Elternpost *Die Brieftaube* (durch die Eltern selber)
- Elternhospitation während eines Unterrichtsvormittags für Eltern angehender Schulanfänger
- Elternbörse Schulanfang (Informationen durch Eltern)
- *Willkommen! – Hos geldiniz! – Welcome!* (Aktionen zur Schuleinschreibung)
- *Was macht ihr gerade so?* – die Monatsausstellung im Klassenzimmer
- *Wir über uns*: eine Broschüre zum Schulprofil
- Die öffentliche Sprechstunde als ‚Hearing'

2. Kontaktpflege (Eltern untereinander, Eltern und Mitarbeiter)

- Telefonkontakt
- Elternmitarbeit in der Einrichtung usw.
- Elterntreffpunkte und Elterngruppen
- Treffpunkt Schule: externe Events zur Bereicherung der Schulkultur
- Feste – Feiern – Aktionen
- Kennenlern-Fest, Begrüßungsfest
- Angehende ‚Neu'-Eltern treffen ‚Alte Hasen'
- Elterncafé
- Aufenthaltsräume für Eltern
- Elternzimmer als Treffpunkt für Eltern
- Café ‚Erste Klasse'
- ‚First Class' – Elternfrühstück
- Unsere Klasse(n)-Eltern: Ehrung
- Schaffung von Elternzimmern als Treffpunkt für Eltern
- Eltern-(Erst-)Kontakt-Bogen
- Vorstellungs-Wand: ‚Mein persönlicher Steckbrief'
- Unser Kennenlern-Fest

3. Abstimmung – Koordination – Austausch (Absprache gemeinsamer Aktivitäten, Austausch von Erfahrungen und zum Bildungsstand der Kinder)

- Eltern-Sprechstunden
  - Einladung zur individuellen Sprechstunde
  - „Frau X am Telefon"/„Die mobile Sprechstunde"
  - Elternsprechtag
- Hausbesuche, Elternbesuche
  - Checklisten
- Tür-und-Angel-Gespräche

- Erziehungsverträge u.ä.:
  - Schulfamilien-Vertrag, Erziehungsverträge, Hausaufgaben-Vertrag usw.
- Elternabend
  - Elternbriefe zum Elternabend, Einladungen
  - Räumliche Bedingungen gestalten
  - Systematische Planung (besondere Themenvorschläge, Einstieg, Hauptteil, Ausstieg)
  - Evaluationsbögen zum Elternabend
  - Kennenlernen, z.B. Vorstellungswand: ‚Mein persönlicher Steckbrief'
  - Checklisten zur Diskussionsleitung auf Veranstaltungen
- Die öffentliche Sprechstunde als „Hearing

4. Beratung

- Therapie wird ausgeklammert (ggf. Weitervermittlung)
- *OKTOPUS* (Ohne Kummer Top Unterstützung sofort): Eltern-Telefon durch geschulte LaienberaterInnen, z.B. ‚Erste Hilfe' für neue Grundschuleltern
- Elterngespräche
- Weitervermittlung von Beratungsangeboten der psychosozialen Dienste (Kontakte)
- Schullaufbahnberatung
- Lernen und Entwicklungsberatung
- Beratung im Übergang von der Schule in den Beruf

5. Coaching

- Elterncoaching
  - Elterncoaching nach Haim Omer
  - *Marte-Meo*-Methode in Familien (Video-Feedback)
- Hausaufgaben-Coaching

6. Materielle Hilfen

- Soziales und bürgerschaftliches Engagement von Eltern im Gemeinwesen
  - *Tauschring* (Eltern können Fähigkeiten und Materialien ‚im Tausch' anbieten)
  - AG *Helping Hands* (mobile Hilfe durch Elterngruppe)
  - *Ein Herz für ...* („Nachbarschaftshilfe")
  - Projekt *Social Sponsoring* – Mitmachen erwünscht
  - Wir erstellen eine Karte der Hilfsbereitschaft (Soziales Engagement und Nachbarschaftshilfe)

7. Erziehungskompetenz-Training (Eltern)

- Gründung einer Elternschule in der Schule
- Forum *Film in der Schule*
- Elterntrainings: *FuN, FAST, Triple P, Step, Starke Eltern-Starke Kinder* usw.

- Elterntraining als *Home-based-Training* (Schulung der Eltern für die Unterstützung des häuslichen Lernens – nicht als Hausaufgaben-Kontrolle – sondern Bezug auf Lernhaltung, Motivation, Interesse)
- Peer-Education (z.B. Stadtteilmütter)
- *Das rote Sofa*: Podiumsdiskussion
- Elternforum – durch elterliche Multiplikatoren
- Eltern-Seminar: *Wir machen uns schlau!*
- Das Eltern-Diplom
- Workshop Schulanfang: *Aller Anfang ist (nicht) schwer!*
- Elternbörse Schulanfang: *Was aber mache ich, wenn ...?* (Angebot im Familien-Center der Schule durch andere Schülereltern und ModeratorInnen)

8. Partizipation und Verhandlung: Elternbeteiligung, Mitbestimmung, Partizipation (Entscheidungen)

- Mitarbeit von Eltern in Gremien auf Klassen-, Schul-, kommunaler und Landesebene
  – z.B. Stadtelternrat (Schule, Kindertagesstätten)
  – im Rahmen trägerspezifischer Mitbestimmungsformen (per Satzung)
- Eltern und LehrerInnen gemeinsam in Gremien
- Echte Mitbestimmungsrechte in Gremien
- Offenes Treffen der Gremienvertreter und Multiplikatoren

9. Elternmitarbeit in der Einrichtung

- *ELMU*: Elternmitarbeit im Unterricht
- Eltern als außerschulische Experten
- Eltern als Multiplikatoren
- *Nachwuchs gesucht* – Elternwerbung
- Eltern in der Lehrerfortbildung
- Schülerfirma mit Eltern
- Beteiligung von Eltern bei der Schulprogrammentwicklung
- Freiwillige Arbeitsgemeinschaften (Hobby, Beruf ...)
- Lernzirkel und Lernnachmittage mit Eltern
- Gestaltung von Lesenachmittagen und ähnlichen Veranstaltungen durch Eltern
- Projektwoche: Eltern entwickeln und leiten Angebote
- Musik-, Kunst- oder Theaterdarbietungen unter Leitung oder Mithilfe von Eltern
- Elterliche Angebote im Rahmen des Programms *Orientierung in Berufsfeldern*
- Cafeteria, in der Eltern Pausenbeköstigung oder einen Mittagstisch anbieten
- Gründung von Fördervereinen durch Eltern
- Eltern als Multiplikatoren (Moderatoren)
- Schülerfirmen mit Eltern

10. Elternselbstorganisation, -hilfe, -verwaltung

- Elterninitiativen
- Gründung von Fördervereinen durch Eltern
- *Männersache* (Vätertreff)
- *Ladies Only* (Müttertreff)
- Tauschring *Erste Klasse* (Eltern können Fähigkeiten im „Tausch" anbieten)
- Eltern-Forum (Elterntalk, Peer-Education durch Eltern)
- Nachwuchs gesucht! *Eltern-AG* der Klassen stellt sich vor

11. Netzwerkarbeit

- Mitarbeit in den Gremien Lokaler Bildungslandschaften
- Teilnahme an den Arbeitsgemeinschaften nach § 78 SGB VIII im Sozialraum
- Kooperation von Kindertagesstätten und Grundschulen (gemeinsame Projekte, Besuche, Gestaltung von Übergängen
- Gemeinsame Sitzungen mit dem Jugendamt (Kooperation von Schule und Jugendhilfe)
- Teilnahme an der Sozialraumkonferenz
- Mitarbeit im Bündnis für Familie
- Beteiligung kriminalpräventiven Rat

12. Öffentlichkeitsarbeit

- Schul-Homepage
- Schulzeitung
- Feiern und Feste
- Projekte im Sozialraum
- Bürgerschaftliches Engagement von Schülern in der Kommune
- Produktionen für den offenen Kanal
- Öffentliche Theateraufführungen

Wie unterscheiden sich nun diese typischen zwölf verallgemeinerten Arbeitsformen (*Mezo-Methoden*) von den sog. *Programm-Mustern* (auch *strategischen Mustern*)? Programm-Muster sind immer ganz spezifische Kombinationen dieser zwölf Methodentypen für ganz konkrete Zielgruppen und Verwendungssituationen. Die Profile der Elternarbeit bzw. der Erziehungs- und Bildungspartnerschaften in solchen kombinierten Praxismodellen lassen sich relativ gut ordnen:

1. Am sinnvollsten ist zunächst einmal eine zielgruppenorientierte Unterteilung der Programme nach dem *Lebensalter* der Kinder (z.B. Schwangerschaft oder 1. Lebensjahr).

2. Ergänzend drückt dann oft *ein einzelnes* Methoden-Muster dem Programm den Stempel auf (z.B. Betreuung und Versorgung über Eltern-Kind-Gruppen, Beratungsansätze oder Konzentration auf das Kerngeschäft der Elternarbeit wie Abstimmung von Erziehungszielen und -methoden oder Koordination und Verhandlung). Aber in vielen Fällen gibt es noch

Ergänzungen durch andere Methodenmuster und Schwerpunkte, d.h. eine Vielfalt von Kombinationen, Mixturen und Integrationen.

3. Manchmal dominiert das *Thema* (z.B. Gesundheit, Kinderschutz, Kindeswohlgefährdung), teilweise aber auch der *Ort* (z.B. aufsuchende Arbeit: Hausbesuchsprogramme).

4. Gebündelt wird das jeweilige Programm-Muster durch die steuernden *Zielsetzungen*, in denen auch die Orientierung an bestimmten Zielgruppen durchschlägt *(Lebenslagenorientierung)*.

Beispiele für Programm-Muster der Elternarbeit als Erziehungs- und Bildungspartnerschaft (typische Praxisprofile mit jeweils besonderem Schwerpunkt)

1. Programme für die frühkindliche Bildung, Betreuung und Erziehung (Altersgruppe 0 – 3)

- Schwangerschaftsbegleitung, Geburtsvorbereitung, Begrüßungsprogramme
- Beratung (Schwangerschaftsberatung; Jugendamtsberatung, Gesundheitsamt, niedergelassene ÄrztInnen, Pro Familia: Familienplanung)
- Frühe Hilfen (einschl. früher Kinderschutz, Kindeswohlgefährdung)
- Materielle Hilfen (Erstausstattung für das Kind, Mehrbedarf bei Schwangerschaft, Stiftung Mutter und Kind)
- Elternkurse für das 1. – 3. Lebensjahr, z.B. *PEKiP*
- Aufsuchende Familienhilfen, z.B. *Opstapje*
- Eltern-Kind-Gruppen
- Elternkurs: *Das Baby verstehen*
- *DELFI*-Kurse
- *Wellcome*
- Familienhebammen
- *FuN-Baby* (PräPäd-Institut)

2. Programme für die Altersgruppe 4 – 6

- Programme *in* der Kita, z.B. Elternabende
- Programme - auch *neben* der Kita
  – z.B. *HIPPY*
  – *Rucksack Kita* (Stadtteilmütter I)
  – *Der Rote Faden*

3. Programme für den Bereich Schule

- Programme *in* der Schule, z.B. Elternabende
- Programme –auch *neben* der Schule
  – z.B. *Rucksack Grundschule* (Stadtteilmütter II)
  – *FAST – Families and Schools Together*
  – *Familienfreundliche Schule* im Bündnis für Familie Nürnberg
  – *FuN – Familie und Nachbarschaft*, PräPäd-Institut

4. Altersgruppenübergreifende Programme

4.1 Fokus: Medienorientierte Elternarbeit

- Elternbriefe vom Arbeitskreis Neue Erziehung
- Internet: Online-Beratung für Eltern
- Elternratgeber
- DVD *Freiheit in Grenzen – Stärkung der Erziehungskompetenzen*

4.2 Fokus: Elternarbeit in weiteren Bereichen des SGB VIII (insb. in den Hilfen zur Erziehung - etwa der Sozialen Gruppenarbeit usw.)

- Elternarbeit im Rahmen der Hilfen zur Erziehung
- Elternarbeit in der Heimerziehung
- Elternarbeit in der Tagesgruppe
- AWO-Elternwerkstatt

4.3 Aufsuchende Hilfen (außer *Opstapje, HIPPY* und *Rucksack*)

- *Erziehungslotsen* (in Niedersachsen)
- *Familienbesucherinnen*
- *Guter Start ins Kinderleben*
- *Marte Meo* (Video-Home-Training)

4.4 Beratung – altersgruppenübergreifend

- Familienrechtliche Beratung
- Sozialberatung, Schuldnerberatung
- Erziehungsberatung (funktionell, institutionell)

4.5 Materielle Unterstützung außerhalb der gesetzlichen Ansprüche

- z.B. Tafeln
- Umsonst-Läden
- Kleider- und Möbel-Pools

4.6 Elternkurse, Trainings von Erziehungskompetenzen (institutionsungebunden)

- *Triple P* – Positive Parenting Program
- *TAFF* – Training, Anleitung, Förderung von und für Familien
- *Starke Eltern – Starke Kinder*
- Das *EFFEKT*-Elterntraining
- *FiF* – Familie in Form

4.7 Familienbildung als institutionelles Angebot der Jugendhilfe (Familienbildungsstätten usw.)

- Familienbildungsstätte von freien Trägern (wie z.B. dem Diakonischen Werk)
- *MoFa* – Mobile Familienbildung der AWO

- Jenaer Elternschule *Gemeinsam stark!*
- *Die Kampagne Erziehung* in Nürnberg

4.8 Partizipation (übergreifend)

- Elternorganisationen und -verbände
- Landeselternvertretungen
- Bundeselternrat
- Schule und Elternvertretung
- Kindertagestätte und Elternvertretung

5.10 Gesamtkonzepte mit vertiefter Netzwerkarbeit

- *Mo.Ki* – Monheim für Kinder
- *Familienzentren* Hannover
- *Primäre Prävention durch Familienbildung* in Potsdam
- Der Hort im Blick
- *Elternschule Hamm*

Literatur

Armbruster, Meinrad (2006): Eltern-AG. Das Empowerment-Programm für mehr Elternkompetenz in Problemfamilien. Heidelberg: Auer
Bartscher, Matthias/Boßhammer, Herbert/Kreter, Gabriela/Schröder, Birgit (2010): Bildungs- und Erziehungspartnerschaft. Rahmenkonzeption für die konstruktive Zusammenarbeit mit Eltern in Ganztagsschulen. In: Der GanzTag in NRW. Beiträge zur Qualitätsentwicklung 2010, Heft 18
Bauer, Petra/Brunner, Ewald Johannes (Hrsg.) (2006): Elternpädagogik. Von der Elternarbeit zur Erziehungspartnerschaft. Freiburg im Breisgau: Lambertus
Bernitzke, Fred/Schlegel, Peter (2004): Das Handbuch der Elternarbeit. Troisdorf: Bildungsverlag EINS
Böhmert, Beate/Schneewind, Klaus A. (Hrsg.) (2008): Kinder im Grundschulalter kompetent erziehen. Der interaktive Elterncoach ‚Freiheit in Grenzen'. Bern: Huber
Brinkmöller, Beate (2005): Triple P und Starke Eltern – starke Kinder. Zwei Elternkurse im Vergleich. Norderstedt: Books on Demand
Deutscher Familienverband (Hrsg.) (1999): Handbuch Elternbildung. Band 1: Wenn aus Partnern Eltern werden. Opladen: Leske und Budrich
Deutscher Familienverband (Hrsg.) (1999): Handbuch Elternbildung. Band 2: Wissenswertes im zweiten bis vierten Lebensjahr des Kindes. Opladen: Leske und Budrich
Dinkmeyer, Don Jr. und Sr./McKay, Gary D. (2006): Step – das Elternbuch. Die ersten 6 Jahre. Weinheim: Beltz
Dinkmeyer, Don Jr. und Sr./McKay, Gary D. (2006): Step – das Elternbuch. Kinder ab 6 Jahre. Weinheim: Beltz
Duell, Barbara/Mandac, Inge Maria (2003): Konflikttraining mit Eltern. Mülheim: Verlag an der Ruhr
Dusolt, Hans (2001): Elternarbeit. Ein Leitfaden für den Vor- und Grundschulbereich. Weinheim: Beltz
Dusolt, Hans (2008): Elternarbeit als Erziehungspartnerschaft. Ein Leitfaden für den Vor- und Grundschulbereich. Weinheim: Beltz
Erickson, Martha Farrell /Edeland, Byron (2006): Die Stärkung der Eltern-Kind-Beziehung. Stuttgart: Verlag für Sozialwissenschaften
Frie, Petra (2006): Wie Eltern Schule mitgestalten können. Ein Handbuch für Lehrer und Eltern. Mülheim: Verlag an der Ruhr
Hahne, Jutta (2007): Selbstwertgefühl in der Erziehung stärken. Welche Möglichkeiten bieten Elternkurse? Marburg: Tectum
Homfeldt, Hans Günther/Schulze-Krüdener (2007): Elternarbeit in der Heimerziehung. München und Basel: Reinhardt

Honkanen-Schoberth, Paula (2003): Starke Kinder brauchen starke Eltern. Der Elternkurs des Deutschen Kinderschutzbundes. Freiburg im Breisgau: Urania

Horst, Christof/Kulla, Christine/Maaß-Keibel, Erika et al. (2005): Der Elternkurs: Kess erziehen. Wege zu einem entspannten und liebevollen Erziehungsstil. Das 5-Schritte-Programm. München: Knaur

Institut für Sozialarbeit und Sozialpädagogik e.V (2007): Familien stärken? In Elternkompetenzen investieren! Abschlussbericht zum Projekt TAFF (Training, Anleitung, Förderung von und für Familien) der AWO Niederrhein e.V. Frankfurt am Main

Keck, Rudolf W./Kirk, Sabine (Hrsg.) (2001): Erziehungspartnerschaft zwischen Elternhaus und Schule. Analysen, Erfahrungen, Perspektiven. Baltmannsweiler: Schneider Hohengehren

Kirk, Sabine (2001): Verkehrsformen zwischen Elternhaus und Schule. In: Keck/Kirk (2001): S. 27 ff.

Kohn, Martin (2007): Gemeinsam erziehen. Leitfaden für die Zusammenarbeit von Lehrern und Eltern. Stuttgart und Leipzig: Klett

Korte, Jochen (2008): Erziehungspartnerschaft Eltern-Schule. Von der Elternarbeit zur Elternpädagogik. Weinheim: Beltz

Lühning, Elke/Ringeisen-Tannhof, Petra (2003): Erziehungskurse für Eltern. Das Kursleiter-Programm Fit for Kids. Weinheim: Juventa

PAG – Institut für Psychologie AG (Hrsg.) (2003): Das Triple P Elternarbeitsbuch. Der Ratgeber zur positiven Erziehung mit praktischen Übungen. Münster: Verlag für Psychotherapie

Schlösser, Elke (2004): Zusammenarbeit mit Eltern, interkulturell. Münster: Ökotopia

Schopp, Johannes (2006): Eltern Stärken. Dialogische Elternseminare. Ein Leitfaden für die Praxis. Opladen: Barbara Budrich

Soppart-Liese, Susanne (1998): Reform der Schule und elterliche Mitwirkung. Frankfurt am Main: Lang

Textor, Martin R. (2009): Bildungs- und Erziehungspartnerschaft in der Schule. Gründe, Ziele, Formen. Norderstedt: Books on Demand

Textor, Martin R. (2006): Erziehungs- und Bildungspartnerschaft mit Eltern. Gemeinsam Verantwortung übernehmen. Freiburg im Breisgau: Herder

Textor, Martin R. (2005): Elternarbeit im Kindergarten. Ziele, Formen, Methoden. Norderstedt: Books on Demand

Tschöpe-Scheffler, Sigrid (Hrsg.) (2006): Konzepte der Elternbildung. Eine kritische Übersicht. Opladen: Barbara Budrich

Von Schlippe, Arist/Grabbe, Michael (Hrsg.) (2007): Werkstattbuch Elterncoaching. Elterliche Präsenz und gewaltloser Widerstand in der Praxis. Göttingen: Vandenhoeck und Ruprecht

Wahl, Klaus/Hees, Katja (Hrsg.) (2006): Helfen Super Nanny und Co? Ratlose Eltern – Herausforderung für Elternbildung. Weinheim und Basel: Beltz

Wienerl, Irmintraud (Hrsg.) (2004): Erfolgreiche Elternarbeit. 168 Praxistipps für die Grundschule. München, Düsseldorf und Stuttgart: Oldenbourg Schulbuchverlag

Woll, Rita (2008): Partner für das Kind. Erziehungspartnerschaften zwischen Eltern, Kindergarten und Schule. Göttingen: Vandenhoeck und Ruprecht

Heinz-Roland Möhle

1. Methoden-Muster: Information

Elternarbeit als Erziehungs- und Bildungspartnerschaften kann nur gelingen, wenn zwischen den Eltern und den (Bildungs-) Institutionen ein hohes Maß an Transparenz praktiziert und gelebt wird. Dies setzt voraus, dass alle relevanten Informationen zwischen Einrichtung und Eltern zielgerichtet, zügig und unverfälscht auf eine selbstverständliche und unaufgeregte Art permanent fließen. Bei den Inhalten kann es sich – im Alltag sicher der häufigste Fall – um organisatorische Belange handeln, um Mitteilungen über besondere Ereignisse, Veranstaltungen und Zeitplanungen, aber auch um Trägerinformationen und das Bekanntmachen bevorstehender Veränderungen. Nicht zuletzt sind es auch pädagogische und curriculare Informationen oder auch Anregungen, die offen und zeitnah ausgetauscht werden müssen.

Aus der Sicht der einzelnen Eltern, Mütter und Väter geht es häufig auch um Informationen über das eigene Kind, über Entwicklungsfortschritte, besondere Leistungen, besondere Erlebnisse. Dabei spielen nicht nur Sachinformationen eine Rolle, sondern ebenso auch Meinungen, Bewertungen und Einschätzungen – und dies nicht nur als Einbahnstraße, sondern in beiden Richtungen (z.B. ‚Ihr Sohn scheint mir in letzter Zeit im Unterricht sehr unkonzentriert zu sein' ebenso wie ‚Ich glaube, Sie überziehen das Maß an Hausaufgaben in letzter Zeit ein wenig'). Es gehört auch zur angestrebten Zuverlässigkeit des Informationsflusses, sich rechtzeitig über derlei Einschätzungen auszutauschen.

Transparente Informationen sind gut geeignete Strategien, um Missverständnisse und unnötige bzw. unechte Konfliktlagen zu verhindern. Informationen sind die Basis für partnerschaftliche Kommunikation auf gleicher Augenhöhe. Diese schlichte Tatsache, aus der Organisationsforschung seit langem bekannt, wird gleichwohl in der Praxis häufig ignoriert oder nicht ernst genug genommen.

Bernitzke und Schlegel beschreiben einige Unterformen innerhalb des Methoden-Musters Information, durch die sich die vielfältigen Möglichkeiten des Informationsflusses recht übersichtlich sortieren lassen (nach Bernitzke/Schlegel 2004, S. 256 ff.).

Schriftliche Kurzmitteilung/Elternbrief

Informationen, die in schriftlicher Form von Kita oder Schule zu den Eltern gelangen, werden von Bernitzke und Schlegel (2004, S. 256) in *Kurzmitteilung* und *Elternbrief* unterschieden.

Schriftliche Kurzmitteilungen können z.B. Merkblätter, Übersichten, Informationstabellen, Kurznotizen oder auch Kopien etwa von Zeitungsartikeln o.ä. sein. Meistens erhalten Eltern bereits bei der Aufnahme ihres Kindes in die Einrichtung kurz gefasste Informationspapiere, die erste Informationen über den Tagesverlauf bzw. Stundenpläne, über Kostenbeiträge, über besondere geplante Aktivitäten (Besichtigungen, Feste, Wandertage o.ä.) oder auch zum Konzept der Einrichtung enthalten. Es ist LehrerInnen und ErzieherInnen zu empfehlen, auf diese Möglichkeit der schriftlichen Kurzinformation nicht nur zu Anfang, sondern auch in den Phasen zwischen Elternabenden bzw. Gesprächsterminen immer wieder zurückzugreifen, um einen guten Kontakt aufrechtzuerhalten.

Bernitzke und Schlegel weisen auch auf *Informationshefte* hin, in die „Erzieher/innen wichtige oder aktuelle Vermerke eintragen" können (ebd.). In Hamburger Gesamtschulen haben sich in den letzten Jahren sogenannte *Persönliche Schülerkalender* etabliert. Diese mit zahlreichen Rubriken (z.B. Aktivitäten, Krankmeldungen, ‚Das fand ich gut, das nicht so gut') und Wochenplänen versehenen Mappen sind für Eintragungen des Kindes, der Eltern und der Lehrkraft vorgesehen und können den Informationsaustausch erheblich erleichtern – vorausgesetzt, alle Beteiligten schauen auch wirklich regelmäßig hinein und nutzen diese Möglichkeit aktiv. Die *Persönlichen Schülerkalender* haben sich auch deshalb bewährt, weil sie ein hohes Maß an positiver Verbindlichkeit mit sich bringen und eine unsichere und mitunter lästige ‚Zettelwirtschaft' vermeiden. Die SchülerInnen können diese Mappen auch als eine Art persönliches Tagebuch – zu Themen, die für sie nicht ‚zu geheim' sind – nutzen.

Gleichgültig, in welcher Form die schriftlichen Kurzmitteilungen ausgetauscht werden: Durch sie lassen sich auch anstehende Elterngesprächstage oder auch nur die nächsten ‚Tür- und-Angel-Gespräche' sinnvoll vorbereiten, gerade auch hinsichtlich des momentanen Entwicklungsstands des einzelnen Kindes. Die Eltern können im Vorwege darauf vorbereitet werden, was sie ‚beim offiziellen Termin' bzw. beim persönlichen Gespräch erwarten wird, Angstschwellen lassen sich senken und auch auf unbequeme Thematiken (z.B. gefährdete Versetzung, beobachtete Verhaltensauffälligkeiten) kann schon einmal behutsam eingestimmt werden.

Wenn sich ein wichtiger akuter Anlass aufdrängt oder ganz besondere Inhalte anliegen, bietet sich der *Elternbrief* an. Auf jahreszeitliche Anlässe (z.B. Sommer, Weihnachtsfeier), auf wichtige Fragen der Organisation (z.B. Zeugnisse, Klassenreise), auf Besonderheiten (z.B. die Anwesenheit von AustauschschülerInnen), aber auch auf pädagogische Themen (z.B. sozialer Umgang der SchülerInnen untereinander, Ernährung) lässt sich durch einen Elternbrief – mit persönlicher Ansprache: ‚Liebe Mütter, liebe Väter!' – hinweisen. Auch bei eher ernsten Anlässen und Themen sollte beachtet werden: Ein solcher Brief kann durchaus locker gestaltet, eher leicht verständlich und übersichtlich gehalten sein – die Eltern sollen ihn gern lesen, vielleicht sogar schmunzelnd. Bernitzke und Schlegel geben den Hinweis: „Dies gelingt oft umso besser, wenn pädagogische Fragen witzig oder pointiert angerissen werden" (2004, S. 257).

Aushänge, Schwarzes Brett, Fotowände, Ausstellungen und Videoaufnahmen

Weitere Möglichkeiten, um für Transparenz und Austausch zu sorgen, sind regelmäßige *Aushänge* und das bekannte *Schwarze Brett* an bestimmten Orten, die den Eltern natürlich bekannt gemacht werden müssen. Das Schwarze Brett kann neben aktuellen Informationen natürlich auch Einladungen, Spendenaufrufe, Hinweise auf mittelfristige Vorhaben usw. enthalten. Sinnvoll ist es, einen Teil des Brettes bzw. Aushangs auch durch die Eltern selbst oder durch den Elternbeirat gestalten zu lassen. Zusätzlich können Hinweise auf weitere familienunterstützende Dienste, Beratungsstellen, Herstellung von Kontaktmöglichkeiten usw. ihren Platz auf den Aushängen finden.

1. Methoden-Muster: Information

Textor verweist auf die Möglichkeit des Aushängens von Wochenplänen und -berichten (2006, S. 58 f.). Auch gelegentliche Fotowände, Ausstellungen und Videoaufnahmen können einen guten Einblick in die pädagogischer Arbeit der Einrichtung bieten und den gegenseitigen Kontakt verbessern helfen. Eltern sind häufig sehr angetan davon, wenn ihnen gelegentlich kurze Bildsequenzen – heute mit (Handy-) Kameras recht unaufwändig herzustellen – von Festen, Ausflügen oder Klassenfahrten präsentiert werden.

Elterninformation per Internet, Website der Einrichtung

Der Datenaustausch, die Kommunikation mit den Eltern wird durch das Internet erheblich vereinfacht. Das Marketing der Einrichtung (Vorstellung des Dienstleistungsangebotes), transparente Informationen zu Räumlichkeiten, Personal, Betreuungszeiten, pädagogischem Konzept usw. lassen sich perfekt über eine Homepage der Einrichtung transparent und zugänglich machen. Manche Schulen versenden per E-Mail regelmäßige (z.B. monatlich oder 14-täglich) Web-Zeitungen, die über Aktuelles rund um die Einrichtung informieren. Der E-Mail-Verkehr erlaubt einen schnellen Austausch zwischen Eltern und den Fachkräften der Einrichtung (vgl. Bernitzke/Schlegel 2004, S. 256 f. und Textor 2006, S. 59), kann aber bei wichtigen Anlässen oder Themen ein persönliches Gespräch nicht ersetzen.

Elternbibliothek, Informationsbroschüren, Elternzeitschriften

Eine *Elternbibliothek* kann einen niedrigschwelligen Zugang der Eltern zu Erziehungsratgebern, Spielebüchern, Fördermaterialien, Erziehungsvideos, Informationen zu theoretischen Hintergründen usw. ermöglichen. Hier öffnet sich eine sehr einfache, indirekte Form der Unterstützung von Erziehungskompetenzen von Familien. Die Elternbibliothek kann auch Bestandteil eines Elterncafés oder einer Elternsitzecke sein und auf einfache Art und Weise Leitbild und Philosophie der Einrichtung transportieren. Zudem können *Informationsbroschüren* (etwa zur pädagogischen Konzeption oder ein Sozialer Wegweiser mit Kontakten z.B. zu psychosozialen Diensten) hier ihren Platz haben (vgl. Bernitzke/Schlegel 2004, S. 258).

Eine ähnliche Funktion kann eine regelmäßig erscheinende *Elternzeitschrift* der Einrichtung erfüllen. Wenn auch der Herstellungsprozess aufwändig ist und technisches Knowhow sowie Kosten erfordert, kann sich dieser Prozess lohnen – besonders dann, wenn auch hier eine Kooperation gelingt und die Zeitschrift gemeinsam mit Eltern, die gegebenenfalls ihre speziellen Kompetenzen einbringen können, gestaltet wird. Gelegentlich kann diese Elternzeitschrift ähnliche Funktionen wie der Elternbrief übernehmen. Die Stärken dürften allerdings weniger in aktuellen (schnelllebigen) Informationen liegen, sondern es eröffnen sich Möglichkeiten bedeutsame Themenbereiche auch langfristiger zu verfolgen und in einen anspruchsvolleren Diskurs einzutreten. Gerade die Auseinandersetzung mit Erziehungsproblemen, anderen Themenschwerpunkten und mit pädagogischen Grundsatzfragen ist auf dieser Ebene leichter möglich (vgl. Bernitzke/Schlegel 2004, S. 259).

Weitere Methoden des Musters *Information* – am Beispiel der Schule

Die folgende Auflistung weiterer bewährter und auch ungewöhnlicher Möglichkeiten und Formen eines gelingenden Informationsflusses mit Eltern ist z.T. zusammengestellt aus den Schilderungen von Wienerl (2004).

- Einzelbriefe (individuelle Elternbriefe)
- Eltern-(Erst-)Kontakt-Bogen
- Infostände zur Schuleinschreibung
- Schulchronik: Unsere Schule erzählt ihre Geschichte(n)
- Unsere Grundschule stellt sich vor: das Schulvideo
- Elternpost *Die Brieftaube* (durch die Eltern selbst)
- Leitbild der Schule in mehreren Sprachen
- Broschüre zum Schulprofil (z.B. *Wir über uns*)
- Kommunikationsangebote auf der Schul-Website
- Monats-Chat im Netz (zu Themen wie Sprachen, Naturwissenschaft, Hausaufgaben, Pausengestaltung u.a.m.)
- Infoabende/Infonachmittage (z.B. für Eltern angehender Erstklässler)
- Pädagogische Schulführung (z.B. durch vorbereitete SchülerInnen)
- angeleitete Hospitation während eines Unterrichtsvormittags für Eltern
- Elternbörse (Informationen durch Eltern für Eltern)
- Monats-Ausstellung im Klassenzimmer (z.B. *Was macht Ihr denn so?*)
- öffentliche Sprechstunden als Hearing

Literatur

Bernitzke, Fred/Schlegel, Peter (2004): Das Handbuch der Elternarbeit. Troisdorf: Bildungsverlag EINS

Textor, Martin R. (Hrsg.) (2006): Erziehungs- und Bildungspartnerschaft mit Eltern. Gemeinsam Verantwortung übernehmen. Freiburg im Breisgau: Herder

Wienerl, Irmintraud (Hrsg.) (2004): Erfolgreiche Elternarbeit. 168 Praxistipps für die Grundschule. München, Düsseldorf und Stuttgart: Oldenbourg Schulverlag

Heinz-Roland Möhle

2. Methoden-Muster:
Gestaltung von Beziehungen, Kontaktpflege, Klima

Für gelingende Erziehungs- und Bildungspartnerschaften gilt, dass die Gestaltung der Beziehungen der Eltern untereinander sowie zwischen den pädagogischen Fachkräften und den Eltern nicht einfach als zufälliges Abfallprodukt der alltäglichen Elternarbeit betrachtet werden darf. Diese Kontakte sollten bewusst und zielgerichtet gestaltet und auch methodisch begleitet werden. Wertschätzende Beziehungen stellen eine wichtige Hintergrundfolie für alle anderen methodischen Interventionen dar, sind das grundlegende Element für ein positives, partnerschaftliches Gesamt-Klima in einer Einrichtung (wie auch für die Kooperation zwischen verschiedenen Institutionen), können nicht zuletzt auch ein wichtiger Schlüssel für entstehendes Engagement und besondere Motivation aller Beteiligten sein.

Wie kann nun der Aufbau wertschätzender Beziehungen, eine systematische Kontaktpflege und das Entstehen eines positiven Kommunikationsklimas gefördert werden? Wie so häufig in der sozialen bzw. pädagogischen Arbeit ist ein Patentrezept in weiter Ferne – aber man kann Fehler vermeiden, von denen der vermutlich größte ist: selbst wenig Engagement zu zeigen und so zwangsläufig Desinteresse zu signalisieren. Die folgenden Abschnitte wollen in diesem Sinne einige Hinweise geben und dazu beitragen, die Fehler der Passivität zu vermeiden.

Feste und Feiern

Eine einfache und in aller Regel effektive Methode, das Gesamtklima für die weitere gemeinsame Zukunft nachhaltig zu verbessern, ist die gemeinsame Gestaltung von Festen und Feierlichkeiten. Hier bestehen gute Möglichkeiten des gegenseitigen Kennenlernens, der Herstellung eines Wir-Gefühls und auch der Einbeziehung von Eltern, die an anderen Angeboten eher selten teilnehmen oder durch andere Interventionen der Elternarbeit schwer erreicht werden können. Schulfeste und Kita-Feiern strukturieren häufig den Jahresablauf einer Einrichtung. Sie sind auch eine ausgezeichnete Möglichkeit für die Einrichtung, sich gegenüber der Nachbarschaft und dem Gemeinwesen zu öffnen, die eigene Arbeitsweise und das Konzept transparent zu machen und ein positives öffentliches Image herzustellen (vgl. Textor 2006, S. 53 f.).

Als Anlass ein solches Eltern-Fest zu veranstalten kann auch schon der Wunsch genügen, sich gegenseitig besser kennen lernen zu wollen. Schulen setzen z.B. ein ‚1.-Klasse-Frühstück' mit den Eltern an, Kindertageseinrichtungen eine kleine Feier zur Begrüßung der neu hinzugekommenen Eltern und Kinder. Wienerl (2004) verweist außerdem auf die Möglichkeit externer Veranstaltungen zur Belebung der Schulkultur.

Gleichgültig, ob ein solches ‚kleines Event' nun innerhalb oder außerhalb der Einrichtung angesetzt wird: Wenn es gelingt viele Eltern zur Teilnahme zu animieren und auch in die Vorbereitungen einzubinden, stellt dies für die Fachkräfte nicht nur eine Arbeitsentlastung dar. Das direkte Involviertsein erhöht bei vielen Eltern merklich die Identifikation mit der

Einrichtung und erhöht die Bereitschaft, sich weiterhin – regelmäßig oder auch nur punktuell – zu engagieren.

Alltägliche Kommunikation

Während bei besonderen Anlässen wie z.B. den Feiern wirksame Impulse gesetzt werden können, gilt es auch im gewöhnlichen Einrichtungsalltag die Kontakte wertschätzend zu pflegen. Gute Gelegenheiten hierfür können sich für die Fachkräfte durch Tür-und-Angel-Gespräche, Telefonkontakte, Gespräche vor dem Schwarzen Brett, Begegnungen im Elterncafé und durch Plaudereien in der Eltern-Sitzecke ergeben. Auch diese alltäglichen Kontakte können sich sehr positiv auf die Gestaltung der Beziehungen im Rahmen von Erziehungs- und Bildungspartnerschaften auswirken.

Für die pädagogischen MitarbeiterInnen bedeutet diese ‚normale' Kontaktpflege sicherlich insofern eine gewisse Herausforderung, als der eigene beste Weg zu wertschätzenden Beziehungen individuell erst einmal herausgefunden werden will. Elterngruppen in ihrer jeweils aktuellen Zusammensetzung haben immer ihre ganz eigenen Facetten und Auffälligkeiten; und dies gilt ohnehin für die einzelnen Personen. Nur ein Beispiel: Auf manche eher zurückhaltende oder sogar ängstliche Eltern müssen mehrere Schritte hin gemacht werden und sorgsam der Kontakt gesucht werden, während andere Eltern Fachkräfte gern ‚mit Beschlag belegen' und auch einmal eine ‚wohlwollende Abgrenzung' gefragt ist, damit andere Mütter und Väter nicht zu kurz kommen. Auch die eigenen Ressourcen sind – vor allem in besonders arbeitsintensiven, ‚stressigen' Phasen – realistisch zu prüfen und sich die Frage zu stellen: ‚Wie viel aufrichtigen Elternkontakt kann ich momentan wirklich leisten?' Denn ernst gemeinte Partnerschaften leben auch von der Authentizität und ein bloßes ‚Abspulen' des eigenen Kommunikations-Anspruchs wegen ist sicher kontraproduktiv. Bei engem Zeitkorsett ist es häufig sinnvoller und ehrlicher, dies auch offen zu signalisieren und die Elternkontakte kürzer zu halten, um sich dafür an anderen, günstigeren Tagen umso intensiver um sie zu bemühen.

Zur Verbesserung bzw. Aufrechterhaltung eines positiven Kommunikationsklimas gehört es auch, den Eltern ‚unter sich' gute Kontaktmöglichkeiten zu verschaffen. Das erwähnte Elterncafé – meist auf Eigeninitiative von Müttern oder Vätern entstanden – hat sich in vielen Einrichtungen bewährt. Zumindest Aufenthaltsräume mit angenehmer Atmosphäre sollte es für die Eltern auf jeden Fall geben. Um die Kontakte der Eltern untereinander zu intensivieren, sind mitunter kleine Impulse seitens der Einrichtung bzw. der Fachkräfte sinnvoll. Wienerl (2004) regt an, alle Eltern einer Klasse bzw. Gruppe zu kleinen persönlichen Steckbriefen zu animieren, die dann präsentiert bzw. aufgehängt werden können. Eine weitere Möglichkeit sind Elterngruppen zu einem bestimmten Motto, z.B. ‚Alte Hasen treffen Neu-Eltern'.

Wochenendfreizeit und Eltern-Kind-Wochenende

Fast immer tut es den gegenseitigen Beziehungen sehr gut, gelegentlich den gewohnten (räumlichen) Rahmen zu verlassen und an einem neuen, ‚neutralen' Ort gemeinsam etwas Zeit zu verbringen. Dies umso mehr, wenn ein (nicht zu einengendes) vorher ausgearbeitetes Programm dafür sorgt, dass keine Langeweile aufkommt, dass Fachkräfte, Mütter, Väter und Kinder zwanglos miteinander ins Gespräch kommen und in Interaktion treten.

Solche gemeinsamen *Wochenendfreizeiten* bedeuten sicherlich einen gewissen Aufwand an Organisation und Vorbereitung, der jedoch für die angestrebte Partnerschaft zum Wohle der Kinder und Jugendlichen sehr häufig gewinnbringend ist.

Für Freizeiten, die vor allem den Kontakten der Eltern untereinander dienlich sein sollen, steht der Begriff *Eltern-Kind-Wochenende*. Familien, die sich sonst nur innerhalb des üblichen institutionellen Rahmens (Schule, Kita, Vereine usw.) eher zufällig und sporadisch begegnen, treffen sich zwanglos in einem Tagungshaus, spielen gemeinsam, reden über pädagogische und andere Fragen, tauschen sich über die Entwicklung ihrer Kinder und Erziehungsziele aus, gestalten auch einmal ihre Freizeit gemeinsam und kommen sich in direkter Kommunikation näher. Das Eltern-Kind-Wochenende wird in der Regel in Kooperation mit dem Elternbeirat geplant (vgl. Dusolt 2001, S. 58). Zu empfehlen ist, dieses Wochenende so zu strukturieren, dass Eltern und Kinder einen Teil der Zeit gemeinsam verbringen und in anderen Phasen getrennte Eltern- und Kindergruppen organisiert werden. Diese Aufteilung stellt sicher, das einerseits die Kinder beachtet werden und gute (neue) Kontakte auch zu ihnen aufgebaut werden können und andererseits Mütter und Väter den Austausch auch einmal ungestört unter sich pflegen können.

Bearbeitung von Problemen und Kommunikationsstörungen

Negative Einstellungen, Vorurteile, Vorbehalte aufgrund früherer negativer Erfahrungen u.ä. aufseiten der Eltern oder der MitarbeiterInnen der Einrichtung können die positive Gestaltung von Beziehungen empfindlich stören. Bei Eltern gibt es zudem mitunter diffuse Ängste und Unsicherheiten (Türschwellen-Ängste) gegenüber Institutionen, außerdem können Elternkonkurrenzen und Abgrenzungsversuche verschiedener Elternmilieus untereinander auftreten.

Störungen der Kommunikation bzw. eines guten Kontakts ergeben sich auch aufgrund unterschiedlicher Auffassungen zwischen Eltern und Fachkräften, durch Problemsituationen und Konflikte mit eskalierender Tendenz. Aus Sicht von MitarbeiterInnen stören häufig einzelne ‚schwierige' Mütter oder Väter das Miteinander; aus Elternsicht wird gelegentlich der unprofessionelle Umgang mit Beschwerden (wenn z.B. Kritik als persönlicher Angriff interpretiert wird) als Stolperstein empfunden. Solche und andere Umstände drücken das allgemeine Klima und können einer wertschätzenden Erziehungspartnerschaft massiv im Wege stehen. Wo liegt in solchen Fällen der Ausweg?

Hier ist in erster Linie die professionelle Seite gefragt, die über Beratungskompetenzen verfügen muss und in der Lage sein sollte, das entsprechende Instrumentarium bei Bedarf einzusetzen. Viele sich anbahnende Konflikte und Eintrübungen der Beziehung lassen sich mit ‚wachsamen Antennen' jedoch rechtzeitig erahnen und durch offene alltägliche Kontaktpflege (z.B. in Tür-und-Angel-Gesprächen oder durch Kontaktaufnahme im Elterncafé) frühzeitig entschärfen. Dies gilt auch für die Bereitschaft und Offenheit gegenüber der Vermittlung konkreter Hilfsangebote, z.B. das Herstellen von Kontakten zu anderen familienunterstützenden Diensten.

Literatur

Dusolt, Hans (2001): Elternarbeit. Ein Leitfaden für den Vor- und Grundschulbereich. Weinheim: Beltz
Textor, Martin R. (Hrsg.) (2006): Erziehungs- und Bildungspartnerschaft mit Eltern. Gemeinsam Verantwortung übernehmen. Freiburg im Breisgau: Herder
Wienerl, Irmintraud (Hrsg.) (2004): Erfolgreiche Elternarbeit. 168 Praxistipps für die Grundschule. München, Düsseldorf und Stuttgart: Oldenbourg Schulverlag

Heinz-Roland Möhle

3. Methoden-Muster:
Austausch, Koordination, Abstimmung

Dieses bewusst gestaltete Methoden-Muster trifft den Kern dessen, was Erziehungs- und Bildungspartnerschaften ausmacht. Unterschiedliche Partner mit unterschiedlichen Interessenlagen, aus unterschiedlichen Erziehungs-Sphären, mit möglicherweise unterschiedlichen Auffassungen über Ziele, Inhalte und Methoden des Lernens und der Erziehung – also mit unterschiedlichem Bildungs- und Erziehungsverständnis – müssen ihre Positionen abgleichen, gegenseitig erkennen und verstehen, diese koordinieren und dann zum Wohle der Kinder und Jugendlichen kooperieren. Auch wenn die Einstellungen der jeweils anderen Seite nicht hundertprozentig geteilt werden, erfordert es ‚die gemeinsame Sache' letztlich doch, an einem Strang zu ziehen und gemeinsam zu agieren. In einzelnen Fällen wird dies nicht zufriedenstellend gelingen können, in der Regel jedoch wird der ehrlich gemeinte Versuch des Austausches und der Koordination mit Eltern zu einer tragfähigen, gemeinsam getragenen Linie führen.

Dieser Austausch, diese Abstimmung und Koordination stellen einen Aushandlungsprozess dar, in dem sich die Partner auf gleicher Augenhöhe begegnen müssen. Auf beiden Seiten muss die Offenheit und die Bereitschaft vorhanden sein, in gewisser Weise Teile der eigenen Positionen zu überdenken. Dies ist sicherlich nicht immer leicht, insbesondere wenn sich die professionelle pädagogische Seite gegenüber den Eltern faktisch in einer stärkeren Position befindet (und – wie in der Schule als Vertreter des Staates – sie in ihrem Elternrecht relativiert). Der entscheidende Punkt ist, dass die jeweilige Position erkennbar und nachvollziehbar gemacht werden muss.

Eine zweite Grundvoraussetzung ist der Einsatz von Instrumenten für den eigentlichen Aushandlungsprozess. Für beide Zielsetzungen gibt es eine Reihe bewährter Verfahren, die bei professionellem und effektivem Management die Abstimmung und Koordination sehr erleichtern. Solche Verfahren des Austausches mit dem Ziel der Transparenz und des Verständlichmachens von Positionen bzw. des Aushandelns sind z.B.:

- alle Formen von Elterngesprächen
- im Kindertagesstättenbereich: alle Entwicklungsgespräche – mit den Hilfsinstrumenten der Dokumentation der Bildungs- und Erziehungsprozesse des Kindes, Entwicklungstagebuch, Portfolio-Methode, Marte-Meo-Elemente (ein System des Videofeedbacks aus den Niederlanden, siehe hierzu den Beitrag von Inge Nowak im parallel erscheinenden Praxisbuch)
- Gestaltung von Konfliktgesprächen, Beschwerdemanagement (Elternbeschwerden, Konflikte zwischen Eltern und Fachkräften)
- Hospitation in Kindergruppen oder Schulklassen
- Elternsprechstunde
- Elternnachmittage
- Elternabende

- thematische Gesprächskreise für Eltern
- Hausbesuche
- Erziehungsverträge
- Partizipationsverfahren und Mitbestimmung in den Einrichtungen
- Kooperation mit dem Elternbeirat
- Elternmitarbeit in Einrichtungen
- gemeinsame Fortbildungen von Eltern und MitarbeiterInnen
- gemeinsame Projekte

Weitere Methoden und Anregungen

Die folgende Liste (z.T. nach Anregungen von Wienerl 2004) möchte weitere Ideen und Ansätze für eine verbesserte Kultur von Absprachen, Austausch und Koordination liefern.

Im Alltag:

- Elternsprechtag
- Hausbesuche, Elternbesuche
- Checklisten
- Tür-und-Angel-Gespräche
- Schule und Eltern als Erziehungspartner: Erziehungsziele gemeinsam festlegen, Regeln, Verträge
- der Schulfamilien-Vertrag
- Hausaufgaben-Vertrag
- Frage- und Wunschbogen
- Männersache (Vätertreff)
- Ladies Only (Müttertreff)
- ganz alltägliche Stunden der offenen Tür

Bei Problemsituationen:

- Angst als Problem beim LehrerIn-Eltern-Gespräch
- Türschwellen-Angst bei Eltern thematisieren
- Umgang mit Elternkonkurrenz und ihren Folgen
- Umgang mit eskalierenden Gesprächen, Konfliktsituationen und unangenehmen Nachrichten einüben
- Umgang mit schwierigen Eltern im Kollegengespräch ansprechen
- Familien-Briefkasten einführen
- Elternbefragung (ohne Material)
- Wochenpläne und –berichte vorstellen
- das Klassen-Logbuch: Dokumentation aktueller Unterrichtsziele und -vorgaben
- Evaluationsbögen führen
- Checklisten zur Diskussionsleitung auf Veranstaltungen
- die öffentliche Sprechstunde als Hearing
- Schnupper-Workshop Gruppenarbeit, Methodenlehre für Eltern
- die mobile Sprechstunde (zusätzliches, flexibles Angebot)

- Brennpunkt des Monats (aktuelle, dringende Thematiken)
- Telefonnetzwerk (für Rundrufe)
- Das rote Sofa: Podiumsdiskusion (Diskussion zu aktuellen Erziehungsfragen)
- „Ich freue mich auf Sie!" – Einladung zur individuellen Sprechstunde

Literatur

Bernitzke, Fred/Schlegel, Peter (2004): Das Handbuch der Elternarbeit. Troisdorf: Bildungsverlag EINS

Roth, Xenia (2010): Handbuch Bildungs- und Erziehungspartnerschaft. Zusammenarbeit mit Eltern in der Kita. Freiburg im Breisgau: Herder

Textor, Martin R. (Hrsg.) (2006): Erziehungs- und Bildungspartnerschaft mit Eltern. Gemeinsam Verantwortung übernehmen. Freiburg im Breisgau: Herder

Wienerl, Irmintraud (Hrsg.) (2004): Erfolgreiche Elternarbeit. 168 Praxistipps für die Grundschule. München, Düsseldorf und Stuttgart: Oldenbourg Schulverlag

Kristine Langhorst

4. Methoden-Muster: Beratung

Beratung[1] gewinnt in vielen sozialen Arbeitsfeldern zunehmend an Bedeutung, bspw. in der Jugend- und Familienhilfe, der Schulsozialpädagogik, der Schuldnerberatung usw. (vgl. Nestmann/Engel/Sickendiek 2007, S. 34).

Nach Sickendiek/Engel/Nestmann gehören zu einem Beratungsprozess immer mindestens ein(e) BeraterIn und ein(e) Ratsuchende(r), zwischen denen sowohl eine verbale als auch eine nonverbale Kommunikation stattfinden. Der/die BeraterIn trägt mit seinen/ihren Kenntnissen und Fähigkeiten dazu bei, dass der/die Ratsuchende einen eigenverantwortlichen Lösungsweg für die problematische Situation entwickeln kann (vgl. Sickendiek/Engel/Nestmann 2002, S. 13).

Beratung kommt nicht ausschließlich zwischen einer professionellen und einer dafür nicht ausgebildeten Person vor. Die sogenannte ‚Alltagsberatung' erfolgt im täglichen Umgang miteinander, z.B. zwischen FreundInnen, in der Familie oder zwischen KollegInnen. Diese Form der Beratung wird als nicht-professionell bezeichnet. Sie spielt eine zentrale Rolle im menschlichen Miteinander. Beratung dient dazu sich auszutauschen, Rat einzuholen, Situationen aus einer anderen Sichtweise zu betrachten und sich gegenseitig zu unterstützen (vgl. Thiersch 2007, S. 116).

Neben der nicht-professionellen Beratung existiert die professionelle Beratung, die sich von der nicht-professionellen Beratung abgrenzt. Sie zeichnet sich dadurch aus, dass der/die Beratende Methoden, Settings und theoretische Erkenntnisse anwendet und in den Beratungsprozess mit einfließen lässt, wie bspw. die Beratung im Jugendamt.

Eine andere Form der professionellen Beratung ist die informelle professionelle Beratung, die bspw. spontan während einer Autofahrt auf einer Jugendfreizeit stattfinden kann (vgl. Nestmann/Engel/Sickendiek 2007, S. 34; Thiersch 2007, S. 115, 118).

Der/die Beratende unterstützt die Ratsuchenden sowohl in lebenspraktischen als auch in psychosozialen Notlagen, einen eigenen Lösungsweg für sich zu erarbeiten sowie die problematische Situation zu bewältigen. Dabei wird ganzheitlich auf kognitiver, emotionaler und praktischer Ebene mit dem zu Beratenden gearbeitet (vgl. Sickendiek/Engel/Nestmann 2002, S. 13). „Beratung kann vorbeugend, intervenierend oder rehabilitativ ausgerichtet sein" (Langhorst/Schwill 2011, S. 49).

Der Beratungsprozess passt sich der aktuellen Lebenssituation sowie der sozialen, politischen und wirtschaftlichen Situation der Gesellschaft, in der die/der Ratsuchende lebt, an. Viele Menschen haben Probleme mit der schnellen Modernisierung, Pluralisierung und Individualisierung zurechtzukommen und ihren Platz in der Gesellschaft zu finden. Immer

---

1 Die genannten Methoden sind ausschließlich als Hilfsmittel zu verstehen und sollten jeweils individuell auf die Ratsuchenden, auf deren jeweilige Lebenssituation und an die Beratungsumgebung angepasst werden.

4. Methoden-Muster: Beratung

höher werdende Erwartungen im Berufs- und Privatleben überfordern sie. Um diesen Menschen Orientierung zu vermitteln, bedarf es sowohl der professionellen, der nicht-professionellen als auch der informellen Beratung. Aufgrund der schnelllebigen und undurchsichtigen Prozesse in der Gesellschaft wird die Erwartung an eine transparente und professionelle Beratung, die sich durch Partizipation und Verhandlungsspielraum auszeichnet, immer größer (vgl. Nestmann/Engel/Sickendiek 2007, S. 34; Thiersch 2007, S. 116).

In Anlehnung an Thiersch formulierte Galuske folgende drei Merkmale der allgemeinen Beratung:

1. Es existieren zwei klar definierte Rollen. Der/die BeraterIn bietet Unterstützung, der/die Ratsuchende nimmt die Unterstützung und Hilfestellung an und geht gestärkt aus dem Beratungsprozess heraus.
2. Die Medien der Kommunikation sind die Verbalität und die Interaktion der Gesprächspartner miteinander.
3. Das zu lösende Problem ist nur so komplex, dass der/die Ratsuchende die Veränderung gemeinsam mit dem Berater erarbeiten und Lösungsideen eigenständig umsetzen kann (vgl. Galuske 2009, S. 169)

Rahmenbedingungen

Die Rahmenbedingungen einer Beratung sind vielfältig. Beratung kann explizit für eine bestimmte Zielgruppe angeboten werden, wie z.B. die Beratung des Allgemeinen Sozialen Dienstes im Jugendamt, die sich ausschließlich an Eltern und ihre Kinder richtet. Öffentliche und freie Träger können ihre Beratung aber auch auf spezielle Themengebiete konzentrieren, z.B. die Schuldnerberatung, die Migrationsberatung oder die Familien- und Erziehungsberatung (vgl. Krüger/Langhorst/Schwill 2009).

Bei diesen Beratungsformen geht jedoch ein wichtiger Aspekt der Beratung verloren: Der Ansatz der Ganzheitlichkeit, der für die Lösung unterschiedlicher Problematiken nötig wäre. Denn häufig handelt es sich um Multiproblemfamilien bzw. Personen mit mehreren Problemlagen, wie z.B. ein drogenabhängiger Mensch, der durch seine Sucht nicht mehr in der Lage ist, seine Kinder angemessen zu versorgen und seine Finanzen zu kontrollieren (vgl. Langhorst/Schwill 2011, S. 61).

Zu beachten ist, dass Beratung nicht immer auf Freiwilligkeit beruht. Die Beratung im Jugendamt, die von öffentlichen Trägern angeboten wird, kann bei Kindeswohlgefährdung auch in einem Zwangskontext stehen. Die Beratung und die Hilfsangebote sind dann nicht mehr freiwillig, sondern können als Auflagen formuliert werden. JugendamtsmitarbeiterInnen haben z.B. die Möglichkeit – ggf. mithilfe des Familiengerichtes – die Auflage zu erteilen, dass Eltern sich an eine Drogenberatungsstelle wenden müssen, damit sie wieder in die Lage versetzt werden ihre elterliche Sorge angemessen ausüben zu können.

Institutionen wie z.B. die Job-Center bieten Beratung an und sind gleichzeitig die bewilligende Stelle für Geld- oder Sachmittel. Diese Form der Zusammenlegung von Beratungs- und Entscheidungsstelle ist zu hinterfragen.

Neben den genannten Beratungsangeboten gibt es noch die Selbsthilfegruppen und Internetportale, die keinerlei Zwangskontext beinhalten. Diese Beratungen sind sehr niedrigschwellig und häufig an den Bedürfnissen der Ratsuchenden orientiert (vgl. Langhorst/ Schwill 2011, S. 64).

Wie funktioniert Beratung? Von welchen Personengruppen wird Beratung in Anspruch genommen?

Eine gelungene Beratung kann nur dann erfolgen, wenn eine angenehme Atmosphäre durch den/die BeraterIn geschaffen wird, die es dem/der Ratsuchenden ermöglicht, sich wohl zu fühlen und die Probleme offen zu benennen. Eine angenehme Atmosphäre kann bspw. schon durch eine persönliche Begrüßung und eine bequeme Sitzmöglichkeit geschaffen werden. Die Beziehung zwischen dem/der BeraterIn und dem/der Ratsuchenden sollte von Anfang an deutlich und unmissverständlich benannt werden, damit z.B. ein aktives Zuhören des Beratenden vom Ratsuchenden nicht als Freundschaft empfunden wird. Zudem ist es sinnvoll, zu Beginn des Beratungsprozesses die Ziele des/der Ratsuchenden zu klären und zu verbalisieren (vgl. Ansen 2006, S. 107 ff., 116; Belardi/Akgün/Gregor 2005, S. 55).

Bei Beratungsgesprächen ist zu berücksichtigen, dass die Norm- und Wertevorstellungen des/der Beratenden und des/der Ratsuchenden nicht immer identisch sein müssen und somit im Gespräch in besonderem Maße zu berücksichtigen sind. Außerdem sollte darauf geachtet werden, dass der/die BeraterIn, abhängig von dem/der Ratsuchenden, seine Gesprächshaltung und Ausdrucksweise anpasst, z.B. ist es nicht sinnvoll viele Fremdwörter zu benutzen, wenn der Ratsuchende die deutsche Sprache nicht ausreichend beherrscht oder aus anderen Gründen Verständnisschwierigkeiten hat (vgl. Belardi/Akgün/Gregor 2005, S. 57).

Die Gesprächshaltung der/des BeraterIn sollte durch Fachwissen, Engagement, Empathie, Kongruenz und in Gesprächssituationen mit Dritten ggf. von Durchsetzungsvermögen geprägt sein (vgl. Krüger o. J.).

Aufbau einer Beratung

Die Beratung hat in der Regel zwei Anteile: zum einen den psychosozialen Anteil, der beinhaltet, dass Ratsuchende ihre Schwierigkeiten benennen und sich somit ein wenig von ihrer Last befreien können, zum anderen den sachlich klärenden Anteil, der beinhaltet, dass der/die Beratende die Problemlagen und sachlichen Inhalte erkennt und strukturiert. In der professionellen Beratung spielt der sachlich klärende Anteil eine größere Rolle als der psychosoziale Anteil (vgl. Ansen 2006, S. 128; Arbeiterwohlfahrt Bundesverband 1991, S. 12).

Ein(e) BeraterIn sollte methodisch sowohl direktiv als auch nicht-direktiv arbeiten (vgl. Belardi/Akgün/Gregor 2005, S. 63). Dabei versteht man unter *direktiv*, dass die Themenlenkung größtenteils vom Berater und nicht vom Ratsuchenden ausgeht. Dieses bedeutet aber nicht, dass der/die Beratende Einfluss auf die Entscheidungen der Ratsuchenden nimmt (vgl. Belardi/Akgün/Gregor 2005, S. 78). *Nicht-direktiv* arbeiten meint, dass die/der BeraterIn die Ratsuchenden mit ihren Stärken und Schwächen akzeptiert und dabei unterstützt selbständig zu bleiben bzw. wieder zu werden. Die Themenwahl geht dann ausschließlich von den Ratsuchenden aus. Es sollte bei der Wahl der Beratung immer auf die Ressourcen der KlientInnen geachtet werden, um sie bestmöglich zu fördern, sie aber nicht zu überfordern. Vorteile der direktiven Elemente in der Beratung sind, dass der/die BeraterIn die Kernprobleme mit dem/der Ratsuchenden herausarbeitet, der/die Betroffene aber eigenständige daraus resultierende Entscheidungen trifft. Vorteile der nicht-direktiven Elemente sind, dass die/der Ratsuchende in die Lage versetzt wird, die Kernprobleme selbstständig zu benennen und zu lösen, das gibt ihm das Selbstvertrauen, das Leben wieder autonom zu gestalten (vgl. Rogers 1976, S. 89 f., 119).

In der Beratung geht es also idealerweise darum, Ratsuchende durch für sie neue Informationen und das Erkennbarmachen ihrer Möglichkeiten in die Lage zu versetzen, ihre Probleme zu erkennen, zu strukturieren und Lösungen für sie zu finden (vgl. Langhorst/Schwill 2011, S. 210 f.).

Bei einem Beratungsgespräch gibt es *zwei Arten der Informationsübermittlung* sowohl für den/die BeraterIn als auch für die Ratsuchenden: zum einen die *verbale* und zum anderen die *nonverbale Kommunikation* (vgl. Krüger o.J.). Dem/der Beratenden kommt die Aufgabe zu, beide Arten zu erkennen und an geeigneter Stelle in das Gespräch mit aufzunehmen (vgl. Belardi/Akgün/Gregor 2005, S. 65).

Um eine gelungene Beratung durchführen zu können, ist es sinnvoll in bestimmten Beratungsphasen unterschiedliche Frageformen zu verwenden. Folgende Frageformen sind denkbar:

- *geschlossene Fragen für konkrete Antworten,* bspw. „Möchten Sie diese Woche noch einen neuen Termin vereinbaren?"
- *offene Fragen für ausführliche Antworten,* bspw. „Wie empfinden Sie Ihre aktuelle Familiensituation?"
- *reflektierende Fragen für Stellungnahmen,* bspw. „Wie können Sie sich erklären, dass Sie immer wieder in Streit mit Ihrer Familie geraten?"
- *ressourcenorientierte Fragen für das Lenken auf die Fähigkeiten,* bspw. „Wie ist es Ihnen gelungen, bis jetzt noch nicht ausfallend in den Gesprächen mit ihrer Familie zu werden?"
- *bilanzierende Fragen für den erreichten Zustand,* bspw. „Welche Fortschritte haben Sie bis jetzt schon in den Gesprächen mit ihrer Familie erreicht?" (vgl. Ansen 2006, S. 145)

Grundhaltung

Die Grundhaltung der/des Beratenden beeinflusst den Beratungserfolg. Empowerment ist ein möglicher Ansatz. Unter Empowerment wird folgende Grundhaltung verstanden: Ein wichtiger Bestandteil einer Beratung ist es, als BeraterIn ressourcenorientiert zu arbeiten und dem/der Ratsuchenden keine Lösung an die Hand zu geben, sondern ihn/sie bei der Erarbeitung eigener Lösungswege zu unterstützen und ihn/sie auf dem Weg dahin zu begleiten. Grundvoraussetzung dafür, einen eigenen Lösungsansatz entwickeln zu können, ist es, Selbstvertrauen und Selbstbewusstsein zu haben, die eigenen Stärken zu kennen und sie benennen zu können (vgl. Keupp 2005, S. 234 f.). Bei vielen Ratsuchenden ist diese Voraussetzung häufig nur rudimentär gegeben, d.h. die/der BeraterIn muss zu Beginn eines Beratungsprozesses mit der/dem Ratsuchenden deren/dessen verdeckte Stärken und Fähigkeiten herausarbeiten und ihr/ihm Mut machen sich für ihre/seine Interessen einzusetzen. Die genannten Voraussetzungen sind besonders zu beachten, damit der/die Ratsuchende nach einer gewissen Zeit eine professionelle Beratung nicht mehr benötigt und es wieder schafft, eigenverantwortlich und selbstbestimmt ohne fremde Hilfe zu leben (vgl. Wendt 2005, S. 217; Keupp 2005, S. 234 f.). Kurz gesagt: Die Aufgabe eines/einer Beratenden ist es, Hilfe zur Selbsthilfe zu leisten.

Neben der eigenständigen Entwicklung einer Lösung sind die Netzwerke, in der eine Person lebt, nicht außer Acht zu lassen. Sie bieten wichtige Ressourcen, auf die Ratsuchende immer wieder zurückgreifen und Unterstützung erhalten können, auch wenn die professionelle Beratung beendet wurde (vgl. Keupp 2005, S. 234 f.).

Neben der Aufgabe ressourcenorientiert zu arbeiten hat die/der BeraterIn auch die Funktion eines Netzwerkers, d.h. eventuell mehrere vorhandene Hilfen zu vernetzen und zielführend zu kombinieren. Es geht in der Beratung demnach auch um Unterstützungsmanagement (vgl. Wendt 2005, S. 217 f.).

Personengruppen

Viele verschiedene Personengruppen nehmen im Verlauf ihres Lebens sozialarbeiterische Beratungsangebote in Anspruch. So vielfältig wie die Menschen sind auch die Arten der Beratungsangebote, die sich auf bestimmte Lebensalter oder Lebenslagen spezialisiert haben. Es gibt spezifische Beratungsangebote in Jugendberatungshäusern, Erziehungs- und Familienberatungsstellen, Jugendämtern, Drogenberatungsstellen usw.

Personen, die Beratung in Anspruch nehmen, treten mit sehr unterschiedlichen Anliegen an den/die BeraterIn heran. Diese werden sowohl durch ihr Alter als auch durch ihre Lebenssituation bestimmt. Beratung muss sowohl einer/einem Jugendlichen in einem persönlichen Konflikt als auch Eltern bei Erziehungsschwierigkeiten oder einer/einem Alleinerziehenden mit multiplen Problemen zur Verfügung stehen.

Die Kunst des Beraters ist es, eine dem/der Ratsuchenden entsprechende Beratung anzubieten; dazu gehört, dass der/die BeraterIn die richtige Beratungsform und Beratungsumgebung sowie einen geeigneten Beratungszeitpunkt wählt. Hilfreich dabei können folgende Fragestellungen sein:

- Unter welchen Gegebenheiten ist es beispielsweise sinnvoll Einzelgespräche oder Gruppenangebote anzubieten?
- Sollte die Beratung zentral (in einer Einrichtung) oder durch einen Hausbesuch bei den Ratsuchenden in ihrer gewohnten Umgebung stattfinden?
- Wird die beabsichtigte Zielgruppe der Beratungsstelle durch die ausgewählten Sprechzeiten tatsächlich erreicht?

BeraterInnen sollten die Ratsuchenden möglichst ganzheitlich betrachten und ihnen ganzheitliche Hilfen anbieten bzw. sie an andere Stellen weitervermitteln oder besser noch, sie im Bedarfsfall zu anderen Beratungsangeboten begleiten.

Ziele einer Beratung

Die Beratung soll Ratsuchenden die Möglichkeit bieten sich Rat zu holen bzw. sie dabei zu unterstützen, Lösungen für ihre persönlichen und/oder existenziellen Probleme zu entwickeln. Mithilfe der Beratung werden die Schwierigkeiten des/der Ratsuchenden aufgedeckt, geordnet und besprochen. Die Sortierung der Anliegen ist unerlässlich, da zu Beginn der Beratung die schwerwiegendsten Probleme, wie z.B. die Existenzsicherung, gelöst werden müssen. Erst dann sollten andere Schwierigkeiten angegangen werden (vgl. Ansen 2006, S. 44; Langhorst/Schwill 2011, S. 54).

Das allgemeine Ziel einer Beratung ist, dass bestehende Schwierigkeiten verringert und daraus resultierende negative Folgen möglichst verhindert werden und der Entstehung neuer Probleme vorgebeugt wird – so kann eine Verbesserung der Lebensbedingungen des/der Ratsuchenden erreicht werden (vgl. Ansen 2006, S. 31 ff., 47).

Literatur

Ansen, Harald (2006): Soziale Beratung bei Armut. München: Reinhardt
Arbeiterwohlfahrt (AWO) Bundesverband e.V. (Hrsg.) (1991): Praxisheft 25. Sozialberatung. 2. Auflage. Bonn
Belardi, Nando/Akgün, Lale/Gregor, Brigitte et al. (2005): Beratung. Eine sozialpädagogische Einführung. 4. Auflage. Weinheim und München: Juventa
Galuske, Michael (2009): Methoden der Sozialen Arbeit. Eine Einführung. 8. Auflage. Weinheim und München: Juventa
Kreft, Dieter/Mielenz, Ingrid (Hrsg.) (2005): Wörterbuch Soziale Arbeit. Aufgaben, Praxisfelder, Begriffe und Methoden der Sozialarbeit und Sozialpädagogik. 5. Auflage. Weinheim und München: Juventa
Keupp, Heiner (2005): Empowerment. In: Kreft/Mielenz (2005): S. 234-235
Krüger, Rolf (Hrsg.) (2011): Sozialberatung. Werkbuch für Studium und Berufspraxis. Wiesbaden: Verlag für Sozialwissenschaften
Krüger, Rolf (o. J.): Anmerkung zur Gesprächsführung in der Sozialarbeit. Unveröffentlichtes Seminarskript. Lüneburg
Krüger, Rolf/Langhorst, Kristine/Schwill, Meike (2009): Einige Anmerkungen zur Sozialberatung. In: Rundbrief der Gilde Soziale Arbeit (GISA) 1/2010. Lüneburg. S. 32-38
Langhorst, Kristine/Schwill, Meike (2011): Was ist Sozialberatung? In: Krüger (2011): S. 47-57
Langhorst, Kristine/Schwill, Meike (2011): Wer macht Sozialberatung? In: Krüger (2011): S. 57-66
Langhorst, Kristine/Schwill, Meike (2011): Fragen der Gesprächsführung in der Sozialberatung. In: Krüger (2011): S. 210-217
Nestmann, Frank/Engel, Frank/Sickendick, Ursel (Hrsg.) (2007a): Das Handbuch der Beratung. Band 1: Disziplinen und Zugänge. 2. Auflage. Tübingen: Dvgt
Nestmann, Frank/Engel, Frank/Sickendick, Ursel (2007b): „Beratung" – Ein Selbstverständnis in Bewegung. In: Nestmann/Engel/Sickendick (2007a): S. 33-44
Rogers, Carl R. (1976): Die nicht-direktive Beratung. Counseling and Psychotherapy. 2. Auflage. München: Kindler
Sickendiek, Ursel/Engel, Frank/Nestmann, Frank (2002): Beratung. Eine Einführung in sozialpädagogische und psychosoziale Beratungsansätze. 2. Auflage. Weinheim und München: Juventa
Thiersch, Hans (2007): Sozialarbeit/Sozialpädagogik und Beratung. In: Nestmann/Engel/Sickendick (2007a): S. 115-124
Wendt, Wolf Rainer (2005): Einzelfallhilfe. In: Kreft/Mielenz (2005): S. 215-218

Kristin Hartmann

5. Methoden-Muster: Coaching

Das Konzept des Elterncoachings gibt es nicht. Denn genau so, wie Familien sich voneinander unterscheiden, unterscheiden sich die Coachingkonzepte, die diesen Familien helfen können. Elterncoaching bezeichnet also eher Modelle, bei denen es je nach Fragestellung der Eltern zu einer Vereinbarung kommt, die die Grundlage der gemeinsamen Arbeit bildet. Beim Coaching handelt es sich weder um therapeutische Maßnahmen noch um Beratung im ursprünglichen Sinne. Der Begriff bezeichnet vielmehr eine Methode der zielgerichteten und handlungsorientierten Zusammenarbeit mit Eltern innerhalb dieser Therapie-, Beratungs- oder sonstigen Settings, wie z.B. der Sozialpädagogischen Familienhilfe. Auch wenn sich das Elterncoaching des systemischen Ansatzes bedient, handelt es sich hierbei nicht um eine familientherapeutische Maßnahme.

Der Begriff des *Coachings* stammt ursprünglich aus dem sportlichen und dem unternehmerischen Kontext und bedeutet so viel wie ‚Personen bei der Umsetzung ihres Jobs so zu unterstützen, dass sie diesen gut machen' (vgl. Omer/von Schlippe, S. 20). Das Elterncoaching soll also Eltern dabei unterstützen, ihre Aufgaben innerhalb der Familie gut zu erfüllen. Es handelt sich beim Elterncoaching um „eine begrenzte, partnerschaftliche und anliegenorientierte Begleitung und Unterstützung" (Omer/von Schlippe, S. 6).

Die Haltung, die hinter dem Ansatz des Elterncoachings steht bzw. stehen sollte, ist: den Eltern nicht den richtigen Weg aufzeigen zu wollen, sondern sie ihren eigenen Weg erarbeiten und finden zu lassen und – frei von Beschuldigungen – die Eltern dabei zu unterstützen, ihre elterliche Präsenz zu stärken, ohne dass diese hierbei physische oder psychische Gewalt anwenden (vgl. Omer/von Schlippe, S. 24 f.).

Was alle unterschiedlichen Modelle des Elterncoachings gemeinsam haben, ist das Thema der elterlichen Präsenz. Der Ansatz des Elterncoachings geht davon aus, dass die elterliche Präsenz der Schlüssel zur Lösung von familiären Schwierigkeiten ist.

Anders als bei Elterntrainings, bei denen oft ein bestimmtes, vorgegebenes Thema mit der Gesamtgruppe bearbeitet wird und Verhalten trainiert wird, ohne dass eine solche Situation in der Familie stattgefunden hat oder dort von Bedeutung ist, orientiert sich der Coachingprozess an einzelnen Fragestellungen, Bedürfnissen, Anliegen und konkreten Situationen einer Familie. Elterncoaching arbeitet im Gegensatz zu den meisten Elterntrainings also kontinuierlich am Einzelfall. Die Familie wird bei der Erreichung ihres selbstformulierten Ziels begleitet und unterstützt.

Das Elterncoaching beginnt im Hier und Jetzt, also an dem Punkt, an dem die Familie gerade steht. Aus dem Ist-Zustand werden neue Ansätze entwickelt, die das Zusammenleben mit den Kindern nachhaltig verbessern sollen, wobei die Eltern im Mittelpunkt des Prozesses stehen (vgl. Kutik 2011).

Der Begriff des Elterncoachings wird vor allem mit Arist von Schlippe und Haim Omer in Verbindung gebracht, die diese Methode einsetzen, um die elterliche Präsenz in der familiären Beziehung zu stärken und die einen gewaltlosen Umgang mit Kindern zum Ziel haben. Dies soll unter anderem durch die Erhöhung der Anzahl an möglichen Handlungsoptionen der Eltern geschehen (vgl. von Schlippe 2005, S. 12).

Das Elterncoaching unterstützt die Eltern dabei, ihre Rolle als Eltern (wieder) wahrnehmen zu können und arbeitet dabei zielorientiert und situativ, ganz am Bedarf der Eltern orientiert. Während des Prozesses bleibt die Verantwortung für Entscheidungen und auch für den Lernprozess bei den Eltern (vgl. Kutik 2011). Ein Elterncoach kann also nur so viel für die bzw. mit den Eltern erreichen, wie diese zulassen. Elterncoaching richtet sich demnach vor allem an Eltern, die „mitwirken wollen, das Familienklima positiv zu verändern und die lernen wollen, Auseinandersetzungen mit den Kindern konstruktiv zu lösen" (Kutik 2011).

Durch das Elterncoaching sollen drei Ebenen (wieder) hergestellt werden, die die elterliche Präsenz beeinflussen:

1. *Handlungsebene:* (wieder) handlungsfähig sein; Anzahl der Handlungsoptionen erhöhen
2. *Überzeugungsebene:* vom eigenen Handeln überzeugt sein; überzeugt und überzeugend handeln
3. *Systemische Ebene:* sich Unterstützung holen können; nicht allein sein (vgl. Lemme 2007, S. 214)

Das Elterncoaching setzt also am Einzelfall an und folgt einer klaren Fragestellung der Eltern. Den Eltern wird weder vorwurfsvoll begegnet noch werden ihnen ‚richtige' Handlungsoptionen vorgegeben. Es handelt sich bei diesem Ansatz also um eine sehr partizipative Methode, die von einer wertschätzenden Haltung geprägt ist.

Literatur

Kutik, Christiane (2011): Gelassener erziehen durch Elterncoaching. http://www.kreativ-erziehen.de/eltern/elterncoaching.htm (Download am 10.07.2011)

Lemme, Martin (2007): Familie Aufmerksam. Ein integriertes Modell für Elterncoaching, Gruppen- und Einzeltherapie bei Kindern mit der Diagnose AD(H)S unter Einbeziehung des Konzeptes der elterlichen Präsenz. In: von Schlippe/Grabbe (2007)

Omer, Haim/von Schlippe, Arist (2006): Coaching für Eltern von Kindern mit Verhaltensproblemen. Elterliche Präsenz als systemisches Konzept. Göttingen: Vandenhoeck und Ruprecht

von Schlippe, Arist (2005): Einführungsvortrag zum Kongress *Coaching für Eltern*. Von der Familientherapie zum systemischen Elterncoaching. http://www.geb-konstanz.de/downloads/elternarbeit/elternschaft/6.Einfuehrungsvortrag.pdf (Download am 10.07.2011)

von Schlippe, Arist/Grabbe, Michael (Hrsg.) (2007): Werkstattbuch Elterncoaching. Elterliche Präsenz und gewaltloser Widerstand in der Praxis. Göttingen: Vandenhoeck und Ruprecht

Heike Görtemaker

6. Methoden-Muster:
Direkte materielle Unterstützung – Hilfen außerhalb der gesetzlichen Ansprüche

Bedürftige Menschen haben die Möglichkeit, die Angebote verschiedener sozialer Einrichtungen zu nutzen (siehe auch das Praxisporträt der Autorin *Die Tafeln* im parallel erscheinenden Praxisbuch). Diese stellen für bedürftige Menschen ein vielfältiges Angebot u.a. an Kleidung, Küchengeräten oder Möbeln (kostenlos oder besonders kostengünstig) zur Verfügung. So vielfältig wie die Warenpalette sind auch diese Einrichtungen, was eine genaue Analyse erschwert. Trotzdem wird in diesem Artikel auf die einzelnen ergänzenden Hilfeleistungseinrichtungen genauer eingegangen. Es werden wirtschaftliche und soziale Institutionen vorgestellt sowie Kaufmöglichkeiten, die sich für den Kunden daraus erschließen. Der *Secondhandführer* der Stadt München soll als Beispiel dienen.

Die Stadt München hat für ihre EinwohnerInnen und das Umland einen *Secondhandführer* erstellt. Dieser enthält Tipps und klärt darüber auf, welche Dinge beim Einkauf von gebrauchten Waren zu beachten sind. Es sind auch eine Stadtteilkarte und eine Umlandkarte enthalten. Innerhalb dieses Wegweisers wird ein Überblick über die verschiedensten Gebrauchtwarenangebote geschaffen. Es werden Namen, Adressen, Telefonnummern, E-Mail-Adressen und Öffnungszeiten genannt. Zudem werden zu den einzelnen Läden Angaben über das Warensortiment gemacht. Ersichtlich ist auch, welche Einrichtungen gemeinnützig organisiert sind und welche als Wirtschaftsunternehmen geführt werden. Das Heft enthält alles, das der suchende Kunde braucht, um das für sich passende Angebot im ‚Second-Hand-Dschungel' zu finden.

Da das Buch 104 Seiten umfasst, ist es nicht möglich alle Angebote aus dem Secondhandführer zu benennen, dieses würde zu umfangreich und unübersichtlich werden. Somit werden die Angebote in der nachfolgenden Tabelle nach Oberthemen gegliedert und an einem Beispiel verdeutlicht. Dieses hat den Sinn, einen Überblick über das Warenangebot und die einzelnen Warenhäuser zu erlangen und ein Gefühl für die Vielfältigkeit der Angebotsmenge zu bekommen. Auch eine Trennung der Anbieter ist sinnvoll, da verschiedene Waren nicht von gemeinnützigen Organisationsformen zur Verfügung gestellt werden, sondern von wirtschaftlich orientierten Geschäftsinhabern.

Tabelle 1: *Übersicht über verschiedene Einkaufsmöglichkeiten* (eigene Darstellung in Anlehnung an Abfall- und Wirtschaftsbetrieb München 2009, S. 6 ff.)

Organisationsform	Anbieter	Angebot
Fundgruben	Wohlfahrtsverband	Geschirr, Kleidung, Bücher, sonstiger Hausrat aller Art
Flohmärkte und Sammelbörsen	Eingetragener Verein	Kinder- und Jugendbörse, Kleidung, Spielzeug, Babyausstattung, Sportartikel etc.
Bekleidung und Textilien	Eingetragener Verein	Kinder- und Babybekleidung, Schuhe, Sportartikel, Bücher, Erwachsenenbekleidung etc.
Einrichtung, Möbel, Wohnaccessoires	Wohlfahrtsverband	Möbel, Geschirr, Kleidung, Bücher, Hausrat aller Art
Musikinstrumente	GmbH	Noten und Musikinstrumente
Mutter und Kind	Eingetragener Verein	Kinderbekleidung, Frauen- und Umstandsmode, Spielwaren etc.
Freizeit und Sport	wirtschaftlich	Alles zum Thema Sport
Technik, Büro, Kommunikation	wirtschaftlich	Handys und Zubehör
Technik, Fotografie, Film und Video	wirtschaftlich	Kameras und Zubehör
Technik und Haushalt	wirtschaftlich	Waschmaschinen, Spülmaschinen, Trockner, E-Herd
Unterhaltungselektronik, HiFi und TV	Gemeinnützige GmbH	Unterhaltungselektronik
Sonstiges	Internet oder Abfallwirtschaftsbetrieb	Verschenk- und Tauschbörse/Möbel, Hausrat, Spielsachen etc.

Diese Tabelle verdeutlicht, wie vielfältig das Angebot auf diesem Sektor ist, auch wenn es nur ein Einblick in das regionale Angebot für München und das Umland darstellt. Zudem variiert das Angebot innerhalb Deutschlands und ist abhängig von Größe und Einwohnerzahl des Ortes bzw. der Stadt. Hierzu ein Vergleich: In Rostock existieren insgesamt nur neun Angebote, welches einem Handzettel der Stadt entnommen werden kann. Es gibt eine Möbelbörse, drei Sozialkaufhäuser und fünf Umsonstläden. Bei einem Umsonstladen kann die Abgabe der Artikel limitiert sein (vgl. Hansestadt Rostock 2011).

Im Secondhandführer von München waren keine Umsonstläden zu finden. Demzufolge sind regionale Unterschiede nicht auszuschließen und müssen mit einkalkuliert werden. Wie schon aus der obigen Auflistung deutlich wird, reicht das Gebrauchtwarenangebot von Kleidung über Möbel bis zur Brille. Der gesamte Non-Food-Bereich ist abgedeckt.

Zudem gibt es auch einzelne Dienstleistungsunternehmen, die vergünstigt Reparaturen u.a. für EmpfängerInnen von ALG II anbieten (vgl. Reparaturprofi Berlin 2011).

Bei Tafeln können bedürftige Menschen zusätzliche Lebensmittel ‚erwerben' (vgl. Görtemaker 2010, S. 33 ff. und das entsprechende Kapitel im Praxisband). Aus diesem Grund soll dieses Thema hier nur kurz angeschnitten und auf anderweitige Organisationsformen eingegangen werden, die z.B. Waren von Tafeln erhalten und diese an ihre Kunden weitergeben. Denn auch diese Einrichtungen bieten ihren Kunden ein zusätzliches materielles Hilfsangebot.

In Deutschland gibt es Tafeln, welche sich ausschließlich auf das Verteilen von Lebensmitteln konzentrieren. Dies sind die sogenannten Speditionstafeln (Liefertafeln). Sie beliefern mit ihren Nahrungsmitteln soziale Einrichtungen (externe Ausgabestellen), die rein rechtlich nicht mit der Tafel im Zusammenhang stehen (vgl. Görtemaker 2010, S. 34 f.). Dieses soll am Beispiel der Hamburger Tafel verdeutlicht werden. Der Verein hat eine Liste für seine Kunden erstellt, auf der die sozialen Einrichtungen vermerkt sind, die Waren erhalten und verteilen. Diese Einrichtungen geben die erhaltenen Lebensmittel entweder weiter oder bereiten sie für ihr Klientel zu. Das Angebot reicht von einem offenen Frühstück bis hin zu Kaffee und Kuchen. Es existieren Einrichtungen für Erwachsene und Kinder. Auch Stadtteilzentren werden beliefert (vgl. Hamburger Tafel 2011), die darüber hinaus ein kostenloses Freizeitangebot für Kinder und Jugendliche zur Verfügung stellen. Hierzu gehören beispielsweise Angebote für Schwimmen, Grillen, Koch- und Tanzkurse (vgl. Stadtteilprojekt Sonnenland 2011). Somit ist es auch lohnenswert, sich in den umliegenden Stadtteil- oder Jugendzentren über günstige Freizeitangebote zu informieren. Auch Angebote für Erwachsene sind nicht ausgeschlossen.

Zusätzlich gibt es in Deutschland Medikamenten-Tafeln, bei denen Bedürftige nicht verschreibungspflichtige Medikamente zum halben Preis erwerben können (vgl. Ärztezeitung 2011). Während es bei den Medikamenten-Tafeln so aussieht, als gehörten sie zur Tafelbewegung, gibt es in Deutschland auch noch andere Einrichtungen wie z.B. die Tiertafeln. Diese gehören nicht dem Bundesverband der Tafeln an und haben es sich zur Aufgabe gemacht, vier bis fünf Tage ausreichende Futterspenden für Haustiere an bedürftige Besitzer zu verteilen (vgl. Tiertafel Deutschland e.V. 2011, S. 3).

Auch in verschiedenen Bibliotheken haben Menschen, die Leistungen nach dem SGB II oder SGB XII erhalten, und deren Gleichgestellte die Möglichkeit ermäßigte Beiträge zu zahlen (vgl. Bücherhallen Hamburg 2011).

Ebenfalls werden VHS-Kurse für EmpfängerInnen von Sozialleistungen und Menschen mit niedrigen Einkommen vergünstigt angeboten. Hier erhalten diese u.a. einen Rabatt von 25% (vgl. Hamburger Volkshochschule, S. 214 f.). Manche Kommunen bieten Vergünstigungen für z.B. Zoobesuche an. In München, Köln und Berlin gibt es Sozialpässe, mit denen vergünstigte Eintrittspreise in Schwimmbädern, Theatern oder Museen zu bekommen sind. Partiell bieten auch externe Unternehmen Rabatte und es können mitunter in Berlin ermäßigte Eintrittskarten für Fußballspiele erworben werden. Auch ermäßigte Bahn- und Busfahrten (Sozialtickets) können in einigen Städten in Anspruch genommen werden. Doch beklagen bei diesem Angebot Arbeitsloseninitiativen, dass diese noch zu teuer und kaum bezahlbar seien. Vereinzelte Strom- und Telefonkonzerne ermöglichen bedürftigen Kunden Sondertarife.

Es ist dennoch sinnvoll, die verschiedenen Angebote zu vergleichen und zu überprüfen, ob das speziell zugeschnittene preisreduzierte Angebot wirklich kostengünstiger ist (vgl. Schmidt 2009). Ferner existieren auch einige Verlage, die für SozialgeldempfängerInnen ermäßigte Zeitungsabonnements anbieten. Die Preise orientieren sich dann an SchülerInnen- oder StudentInnen-Abonnements. Bei der Finanzierung von Klassenreisen springt häufig der zuständige Schulverein unbürokratisch und diskret ein (vgl. Stern.de 2009).

Abschließend lässt sich sagen, dass es innerhalb Deutschlands vielfältige Möglichkeiten gibt, auch mit wenig Geld unterschiedlichste Dinge zu erwerben. Ein Preisvergleich ist dabei unbedingt empfehlenswert. Beim Kauf von Secondhandwaren sollten Kunden auf Qualität und Zustand achten. Vergünstigte Dienstleistungsangebote sollten ebenfalls mit anderen nicht reduzierten Angeboten verglichen werden. Es sollte eine bewusste Auseinandersetzung im Sozialraum stattfinden, wo was zu welchem Preis günstig besorgt werden kann.

Auch spezielle Angebote für Kinder, wie z.B. Hausaufgabenhilfe oder Musikkurse, werden von sozialen Einrichtungen angeboten. Deshalb brauchen Kinder, deren Eltern nicht viel Geld zur Verfügung steht, nicht auf eine gute Schulbildung zu verzichten. Auch für Erwachsene besteht eine breite Angebotspalette.

Informieren können sich Erwachsene bei den umliegenden sozialen Einrichtungen, auf deren Homepages, persönlich oder per Telefon. Sie können MitarbeiterInnen oder NutzerInnen der anliegenden Tafeln befragen; auch diese haben in den meisten Fällen eine gut geführte Homepage oder sind telefonisch zu erreichen. Durch die Arbeit in der Tafel kennen sich die MitarbeiterInnen meistens gut mit dem umliegenden Angebot aus. Auch Städte bieten mittlerweile Auskunft zu diesem Thema an und haben Hinweise auf ihrer Homepage und Faltblätter oder Broschüren entwickelt. Zu berücksichtigen ist jedoch immer der regionale Unterschied und das dementsprechende Angebot. Hilfsbedürftige Menschen kommen nicht darum herum, sich in ihrem Sozialraum über Möglichkeiten zu informieren. Dieses ist auch Aufgabe der zuständigen Sozialarbeit im jeweiligen Ort. SozialarbeiterInnen/SozialpädagogInnen sollten für ihre Einrichtung oder Beratungsstelle Flyer einholen, auslegen oder – wenn nicht vorhanden – entwickeln.

Literatur

Abfall- und Wirtschaftsbetrieb München (2009): Secondhandführer für München und Umland. Mit über 600 Adressen und vielen Tipps. München. http://www.awm-muenchen.de/fileadmin/PDF-Dokumente/privatkunde/br_secon.pdf (Download am 15.1.2011)

Ärztezeitung.de (2011): Medikamenten-Tafeln machen Arzneien bezahlbar. http://www.aerztezeitung.de/politik_gesellschaft/arzneimittelpolitik/article/587790/medikamenten-tafel-macht-arzneien-bezahlbar.html (Download am 21.1.2011)

Bücherhallen Hamburg (2011): Gebühren. http://www.buecherhallen.de/go/id/qm/ (Download am 22.1.2011)

Hamburger Tafel e.V. (2011): Anlaufstellen und Einrichtungen. http://www.hamburger-tafel.de/index.php?sid=11 (Download am 11.1.2011)

Hamburger Volkshochschule (2011): Regionalprogramm Januar-September 11. Attraktive Angebote gibt ganz in ihrer Nähe. Viel Spaß und Erfolg mit den Kursen Ihrer Wahl! Hamburg

Hansestadt Rostock (2011): Zu Schade für den Müll. Abfallvermeidung durch Weiterverwertung. Tipps für Anbieter und Suchende. http://www.rostock.travel/sixcms/media.php/144/Zu%20schade%20f%FCr%20den%20M%FCll.pdf (Download am 12.1.2011)

Reparaturprofi Berlin (2011): http://www.reparaturprofi-berlin.de/(Download am 15.1.2011)

Schmidt, Wiebke (2009): Diese Rabatte bekommen Hartz 4 Empfänger. http://www.welt.de/finanzen/verbraucher/article3029706/Diese-Rabatte-bekommen-Hartz-IV-Empfaenger.html (Download am 23.1.2011)

Stadtteilprojekt Sonnenland (2011): http://sonnenland-hamburg.de/viewpage.php?page_id=3 (Download am 27.1.2011)

Stern.de (2009): Hier bekommen Arbeitslose Ermäßigungen. http://www.stern.de/wirtschaft/arbeit-karriere/arbeit/verguenstigungen-hier-bekommen-arbeitslose-ermaessigungen-1502290.html (Download am 19.1.2011)

Tiertafel Deutschland e.V. (2011): Satzung Tiertafel Deutschland e.V. http://www.tiertafel.de/images/Satzung_Tiertafel.pdf (Download am 21.1.2011)

Andrea Bargsten

7. Methoden-Muster:
Training von Erziehungskompetenzen

Der heutigen Elterngeneration wird eine hohe Unsicherheit und Orientierungslosigkeit in Erziehungsfragen, in einigen Fällen sogar eine Überforderung mit ihrer Erziehungsfunktion zugeschrieben (siehe Nave-Herz 2007; Gascke 2001; Gerster/Nürnberger 2002; Winterhoff 2008). Um hier Abhilfe zu schaffen, fordert u.a. der Wissenschaftliche Beirat für Familienfragen eine Stärkung der elterlichen Erziehungs- und Beziehungskompetenz, die sich laut dem Beirat aus vier Kompetenzklassen zusammensetzt (Wiss. Beirat 2005, S. 51 ff.; siehe auch den Artikel von K. A. Schneewind in diesem Band auf Seite 122 ff. in diesem Band):

- Selbstbezogene Kompetenzen
- Kindbezogene Kompetenzen
- Kontextbezogene Kompetenzen
- Handlungsbezogene Kompetenzen

Das Zusammenspiel dieser Beziehungs- und Erziehungskompetenzen läuft in den meisten Fällen unbewusst ab und viele Eltern greifen bei Erziehungsfragen auf ein „evolutionär entwickeltes nicht-reflektives Verhaltensprogramm" (Wiss. Beirat 2005, S. 53) zurück. Dies bedeutet jedoch nicht, dass alle Eltern gleichermaßen mit diesem intuitiven Verhaltensprogramm ausgestattet sind und ebenso wenig, dass dieses Programm nicht auch über selbstreflexive Prozesse veränderbar ist (vgl. Wiss. Beirat 2005, S. 53). So resümiert der Wissenschaftliche Beirat (2005, S. 16): „Erziehungskompetenzen sind prinzipiell lernbar".

Um auf die unterschiedliche Kompetenz-Ausstattung von Eltern einzugehen, werden von unterschiedlichsten Institutionen verschiedene Methoden und Arbeitsformen zur Stärkung der Erziehungs- und Beziehungskompetenz angeboten. Zum einen können sich Eltern, die eigentlich mit einem ‚guten' Verhaltensprogramm ausgestattet sind, jedoch Wissensfragen zu bestimmten Erziehungsthemen haben, mittels Ratgebern oder Eltern-Websites gezielt informieren und weiterbilden. Zum anderen können sie sich in einem gegenseitigen Austausch mit anderen Eltern oder mit Fachkräften Rat holen.

Neben diesen niedrigschwelligen Formen der reinen Informationsgewinnung werden zudem Methoden angeboten, die Eltern bei schwierigeren Problemen unterstützen sollen. Hierzu gehören spezifische einzelfallbasierte Formen der Beratung und des Coachings. Bei der Beratung oder im Coaching werden die Eltern lösungs- und zielorientiert von Fachkräften beraten und begleitet. Insbesondere das Coaching findet vorwiegend im persönlichen Umfeld statt und dient der Förderung der Selbstreflexion sowie der Verbesserung der Wahrnehmung, des Erlebens und des Verhaltens. Außerdem können Eltern durch Trainings zur Stärkung der Erziehungs- und Beziehungskompetenzen unterstützt werden. Im Gegensatz zum Coaching sollen in Trainings allgemeine Prozesse angestoßen werden, die eine verändernde Entwicklung hervorrufen und somit das Erziehungsverhalten der Eltern positiv beeinflussen. Sie werden in der Regel von professionell ausgebildeten TrainerInnen durchgeführt und finden größtenteils in Gruppen statt. Um auf das unterschiedliche Lernverhalten von Eltern und den variierenden Unterstützungsbedarf einzugehen, wurden verschieden aufgebaute Trainings für unterschiedliche Zielgruppen und unterschiedliche Bedürfnisse der Eltern konzipiert. Neben universellen Trainings, die sich an alle Eltern richten, werden selektive Trainings, die für bestimmt Risikogruppen gedacht sind – unabhängig davon, ob schon Symptome erkennbar sind –, sowie indizierte Trainings für Familien, in denen sich bereits Erziehungsprobleme etabliert haben, angeboten (vgl. Minsel 2010, S. 868; Walper 2007, S. 29; siehe auch den Artikel von Bargsten und Seewald im parallel erscheinenden Praxisbuch).

Die Konzepte, die hinter den einzelnen Trainings von Beziehungs- und Erziehungskompetenzen stehen, sind sehr unterschiedlich gelagert. Am häufigsten vertreten sind standardisierte Konzepte mit klarer Programmstruktur, gefolgt von Settings der Gruppenarbeit bis hin zu partizipativen Ansätzen für Eltern in der Kindertagesstätte, der Schule oder der Stadtteilarbeit, in denen u.a. besondere Zielgruppen angesprochen werden (vgl. Tschöpe-Scheffler 2006, S. 15). Welche erzieherischen Maßnahmen und Grundhaltungen in den einzelnen Trainings vermittelt werden, hängt stark von dem theoretischen Hintergrund der Konzepte ab. Die in Deutschland bekanntesten Trainings zur Stärkung der Erziehungskompetenz haben einen lerntheoretischen, humanistischen, bindungstheoretischen oder emotionstheoretischen Hintergrund. Die meisten Trainings sind jedoch nicht auf einer dieser Theorien aufgebaut, sondern sind in ihrer Theoriebasis eklektisch (vgl. Tschöpe-Scheffler/Wirtz 2008, S. 165).

Bei der Frage, welcher Erziehungsstil die Entwicklung der Kinder am besten fördert, sind sich die Trainings weitestgehend einig. Sie legen mehrheitlich einen autoritativen oder demokratischen Erziehungsstil zugrunde, womit sie den aktuellen psychologischen und erziehungswissenschaftlichen Forschungsbefunden Rechnung tragen (siehe auch den Beitrag von Schneewind, S. 122 ff.).

Trotz der unterschiedlichen Basis sind die Inhalte der verschiedenen Trainings zur Stärkung der Erziehungskompetenz größtenteils ähnlich. Den TeilnehmerInnen werden im Austausch mit anderen Eltern die eigenen Erziehungsziele und -einstellungen erläutert, außerdem wird Wissen über erzieherische Maßnahmen und deren Zusammenhang mit kindlichem Verhalten vermittelt. Zudem bieten die meisten Trainings die Möglichkeit, verschiedene Maßnahmen bzw. Methoden praktisch einzuüben. Neben der Wissensvermittlung und Einübung von Handlungsalternativen werden biografische Erfahrungen mit Erziehung und ihre Auswirkungen auf das eigene Erziehungsverhalten thematisiert. Als Vermittlungsmethoden hierfür finden besonders Kurzvorträge der TrainerInnen, Diskussionen, Gruppengespräche, Erfahrungsaustausch, Rollenspiele, Home-based Trainings, Modellierung sowie Beobachtungen und Protokollierungen kindlichen Verhaltens Anwendung (vgl. Minsel 2010, S. 867 f.).

Hiermit tragen die Trainings Erkenntnissen aus der Wissenschaft Rechnung. So kommt Tschöpe-Scheffler (2006) nach einer kritischen Auseinandersetzung mit verschiedenen Konzepten der Elternbildung zu dem Schluss, dass Eltern zum Erlernen und Verändern von Erziehungs- und Beziehungskompetenzen die Möglichkeiten zur Selbstreflexion, zur Überprüfung bisheriger Erziehungskonzepte und Auseinandersetzung mit dem eigenen Erleben sowie zur Selbsterkenntnis gegeben werden muss. Zudem benötigen Eltern die Möglichkeit neu bzw. umzulernen, neue Erfahrungen im Erziehungsalltag machen zu können und dies am besten durch praktische Übungen. Die Eltern brauchen zudem eine Orientierung an Vorbildern, die Möglichkeit zur Entwicklung eines Problembewusstseins und die Motivation zur Veränderung (vgl. Tschöpe-Scheffler 2006, S. 289 ff.).

Die Wirksamkeit von Trainings zur Stärkung von Erziehungs- und Beziehungskompetenzen betrachtend zeigen die wichtigsten Ergebnisse der Evaluationsforschung, dass Programme, die mit jenen Eltern arbeiten, die bereits Probleme haben, eine höhere Effektstärke aufweisen als Programme, die universell alle Eltern ansprechen (Lösel et al. 2006, S. 129-132). Außerdem wirkt sich die Einbeziehung von Verhaltensübungen positiv auf die Effektstärke aus (Heinrichs et al. 2007, S. 148 f.). Die Eltern-Kind-Interaktion profitiert allgemein mehr von Programmen, die frühzeitig ansetzen, über professionelles Personal verfügen, Gruppenarbeit anbieten statt nur Hausbesuche durchzuführen und die gegenseitige Unterstützung der Eltern fördern. Zudem wurde in einer Meta-Analyse von Layzer et al. (2001) deutlich, dass Angebote, die Kinder einbeziehen und ein kombiniertes Vorgehen bevorzugen, die besten Effekte erzielen. (Zu weiteren Befunden: siehe den Artikel von Bargsten und Seewald in dem dieses Buch ergänzenden Praxisband).

Literatur

Diller, Angelika/Heitkötter, Martina/Rauschenbach, Thomas (Hrsg.) (2008): Familie im Zentrum. Kinderfördernde und elternunterstützende Einrichtungen – aktuelle Entwicklungslinien und Herausforderungen. München: DJI

Fuhrer, Urs (2007): Erziehungskompetenzen. Was Eltern und Familie stark macht. Bern: Huber

Gaschke, Susanne (2001): Die Erziehungskatastrophe. Kinder brauchen starke Eltern. Stuttgart und München: Deutsche Verlags-Anstalt

Gerster, Petra/Nürnberger, Christian (2002): Der Erziehungsnotstand. Wie wir die Zukunft unserer Kinder retten. Berlin: Rowohlt

Heinrichs, Nina/Behrmann, Lars/Härtel, Sabine/Nowak, Christoph (2007): Kinder richtig erziehen – aber wie? Eine Auseinandersetzung mit bekannten Erziehungsratgebern Göttingen: Vandenhoeck und Ruprecht

Layzer, Jean I./Goodson, Barbara D./Bernstein, Lawrence/Price, Cristofer (2001): National evaluation of family support programs. Final Report, Volume A: The meta-analysis. Cambridge, MA: ABT

Lösel, Friedrich/Schmucker, Martin/Blankensteiner, Birgit/Weiss, Maren (2006): Bestandsaufnahme und Evaluation von Angeboten im Elternbildungsbereich – Abschlussbericht. Erlangen: Institut für Psychologie

Minsel, Beate (2010): Eltern- und Familienbildung. In: Tippelt (2010): S. 865-872

Nave-Herz, Rosemarie (2007): Familie heute. Wandel der Familienstrukturen und Folgen für die Erziehung. Darmstadt: Primus

Tippelt, Rudolf (Hrsg.) (2010): Handbuch Erwachsenenbildung/Weiterbildung. Opladen: Leske und Budrich

Tschöpe-Scheffler, Sigrid (2006): Konzepte der Elternbildung – eine kritische Übersicht. Opladen: Budrich

Tschöpe-Scheffler, Sigrid/Wirtz, Wolfgang (2008): Familienbildung. Institutionelle Entwicklungslinien und Herausforderungen. In: Diller et al. (2008): S. 157-179

Wahl, Klaus/Hees, Katja (Hrsg.) (2007): Helfen Super Nanny und Co? Ratlose Eltern – Herausforderung für Elternbildung. Mannheim: Cornelsen Scriptor

Walper, Sabine (2007): Was die Wissenschaft über Erziehung weiß. In: Wahl/Hees (2007): S. 22-31

Winterhoff, Michael (2008): Warum unsere Kinder Tyrannen werden. Oder: Die Abschaffung der Kindheit. Gütersloh: Gütersloher Verlagshaus

Wissenschaftlicher Beirat für Familienfragen (2005): Familiale Erziehungskompetenzen. Beziehungsklima und Erziehungsleistungen in der Familie als Problem und Aufgabe. Weinheim und München: Juventa

Waldemar Stange

8. Methoden-Muster:
Partizipation und Verhandlung – Elternbeteiligung und -mitbestimmung

Einleitung

Aspekte der Partizipation wurden bereits in den Beiträgen von Sabine Kirk (*Elternmitwirkung im schulrechtlichen Rahmen der Ländergesetzgebung*), Hartmut Häger (*Elternarbeit aus Sicht der Schulaufsicht*) und von Andreas Eylert (*Elternbestimmung im Bereich der Kita*) im dritten Kapitel dieses Buches behandelt. Das Methodenmuster *Partizipation und Verhandlung* muss trennscharf gehalten werden von zwei anderen Methodenmustern, die diese Arbeitsform an ihren Rändern berührt bzw. die sich mit ihnen teilweise überschneidet: die *Elternmitarbeit in Schule und Kita – pädagogische Angebote durch Eltern* und die *Elternselbstorganisation, -selbsthilfe, -verwaltung*, welche Andreas Eylert in den nächsten beiden Beiträgen dieses Kapitels darstellt. Gerade die *Elternmitarbeit* in der Einrichtung darf nicht mit der Partizipation im engeren Sinne verwechselt werden. Zwar arbeiten die Eltern in den Einrichtungen der Kinder und Jugendlichen möglicherweise intensiv mit, dies geschieht im Allgemeinen aber doch eher im Sinne einer freiwilligen ‚*Dienstleistung*' unter klarer Leitung und Steuerung durch die Einrichtung. Dieses Engagement kann sich sehr positiv auf das gesamte Klima der Einrichtung und die Kommunikation der ErziehungspartnerInnen auswirken, ist aber im engeren Sinne keine *Mitbestimmung und Verhandlung*, sondern ein Methodenmuster eigener Art. Auch die Elternselbstorganisation, -selbsthilfe und -verwaltung ist zwar ein sehr demokratischer Akt und hoch motivierend, stellt aber im Kern ebenfalls kein Aushandlungsproblem bzw. Entscheidungsproblem zwischen unterschiedlichen Gruppen und Interessenlagen dar, sondern die interne Selbstverwaltung einer der Gruppen durch sich selbst.

Was also ist unter *Partizipation und Verhandlung* in einem verallgemeinerten Sinne (also gültig über alle Lebensalter, Zielgruppen, Einrichtungen und Sozialräume hinweg) zu verstehen? Viele Begriffsbestimmungen versuchen sich z.B. über den Wortstamm dem Gegenstand zu nähern:

„Partizipation wird in drei Sprachen, Französisch, Englisch und Deutsch, gleichermaßen verwendet und geht auf die lateinischen Wörter ‚pars, partis' und ‚capere', zu deutsch ‚Teil' und ‚nehmen, fassen' zurück. Die einfachste Übersetzung ist also Teilnahme oder Beteiligung. Sehr wahrscheinlich werden aber die Wörter ‚Teilnahme' und ‚Beteiligung' als weniger aktiv empfunden als Partizipation. Man kann an einem Konzert als Zuschauer teilnehmen und an einer Veranstaltung beteiligt sein, beides ohne im Sinne der Gleichberechtigung zu partizipieren" (Oser/Ullrich/Biedermann 2000, S. 13).

Die AutorInnen meinen, dass Partizipation „in der Regel mit einer Form der Beteiligung an Entscheidungsprozessen" (ebd.) gleichzusetzen ist und fügen ergänzend hinzu:

„Es ist aber notwendig, allgemeine (soziale) Partizipation von politischer Partizipation zu unterscheiden. Diese hat zu tun mit Öffentlichkeit, politischem Mut, Macht, Unparteilichkeit bei Entscheidungen u.ä. (…). Beteiligung an Entscheidungen ist im alltäglichen sozialen wie im politischen Leben möglich. In der sozialwissenschaftlichen Literatur wurde Partizipation jedoch überwiegend als politische Partizipation konzeptualisiert" (Oser/Ullrich/Biedermann 2000, S. 4).

Schnurr definiert Partizipation als „Teilnahme oder Teilhabe" und ein „konstitutives Merkmal demokratischer bzw. republikanischer Gesellschafts- und Staatsformen" (2001, S. 1330). Zwar konzentriert er sich zunächst auf die „Teilnahme bzw. Beteiligung der Bürgerinnen und Bürger an politischen Beratungen und Entscheidungen", nennt aber auch die „Teilhabe an den Politikresultaten, etwa im Sinne einer Partizipation an Freiheit, gesellschaftlicher Macht, Reichtum, Wohlstand und Sicherheit" (ebd.). Er nimmt eine weitere Differenzierung vor, indem er eine *demokratietheoretische* von der *dienstleistungstheoretischen* Betrachtung unterscheidet.

Die *dienstleistungstheoretische* Sichtweise meint „den Sachverhalt bzw. das Ziel einer Beteiligung und Mitwirkung der Nutzer (Klienten) bei der Wahl und Erbringung sozialarbeiterischer/sozialpädagogischer Dienste, Programme und Leistungen" (ebd.). Selbstverständlich ist diese Art der Betrachtung als Modell für die Modernisierung der Jugendhilfe von hoher Bedeutsamkeit. Auch die „Revision der klassischen Klientenrolle" mit einer „Perspektive, die den Klienten aus seinem Objektstatus entlässt und ihm eine aktive oder die Subjektrolle zuerkennt (Nutzer, Bürger, Kind, Konsument)" sowie die „Neubestimmung des Verhältnisses zwischen Empfängern und Erbringern von Diensten" (Schnurr 2001, S. 1332) kann im Partizipationsdiskurs nur mit Sympathie betrachtet werden. Sicher kann die Tatsache, dass soziale Dienstleistungen dem *Uno-Actu-Prinzip* folgen (also Konsumtion und Produktion zusammenfließen lassen) nicht unbeachtet bleiben. Dennoch soll im Folgenden dieser Strukturierungs- und Begründungsstrang nicht weiter verfolgt werden. Die Beteiligung von Kindern, Jugendlichen und Eltern sollte nicht überwiegend mit marktähnlichen Organisations- und Steuerungsmodellen oder der Definition von KonsumentInnenrollen auch auf der Ebene der kommunalen Kinder-, Jugend- und Elternbeteiligung gefördert werden. Das bedeutet zwar nicht, dass man das Angebot der Kommune für diese Gruppen im öffentlichen Raum (z.B. Wohnumfeldgestaltung, Spielleitplanung, Elternschulen usw.) bzw. in öffentlichen Einrichtungen (z.B. Elternarbeit in Kitas, Schulen, Jugendzentren, Kultureinrichtungen usw.) nicht auch unter Dienstleistungsgesichtspunkten sehen könnte. Dennoch wird Partizipation hier eher als eine demokratietheoretische und bürgerrechtliche Angelegenheit, im Kern auch als *entwicklungspsychologische* und *pädagogische* Aufgabe statt als Marktereignis gesehen. Beteiligung muss auf dem Hintergrund der Grundrechte interpretiert werden, deren Träger nicht nur die Eltern, sondern auch jedes Kind von Geburt an ist. Diese sind im Sinne der UN-Konvention über die Rechte des Kindes ein *Menschenrecht* (siehe dort z.B. die Artikel 12 und 13).

Auf der Ebene der *Themen* und *Gegenstände* der Beteiligung greifen Oser/Ullrich/Biedermann den bereits erwähnten Unterschied von *sozialer* und *politischer* Beteiligung nochmals auf (2000, S. 4). Die AutorInnen ordnen diesen Zusammenhang wie folgt: „Erstens meint Partizipation Beteiligung an politischen Prozessen. In diesem Fall geht es um Entscheidungen, die

   a) Öffentlichkeitscharakter haben
   b) Beteiligung an Macht bedeuten
   c) über die kleine sichtbare Bezugsgruppe hinaus Wirkung zeigen und
   d) der Kontroverse und des Mutes, für das Rechte einzustehen, bedürfen

Hier ist der Aspekt des gelebten Dissens wichtig (...). Zweitens kann Partizipation eine Integration in soziale oder berufliche Entscheidungsprozesse im Alltag bedeuten. Im Jugendalter sind hier jegliche Art familialer und peergruppenähnlicher Entscheidungen gemeint, die auf losen sowie auf Übereinstimmung und Konsens beruhenden Verfahren basieren. Ob und wie eine Verbindung zwischen diesen beiden Bereichen besteht, ist eine ungelöste Frage, die einer empirischen Erhellung bedarf" (Oser/Ullrich/Biedermann 2000, S. 13 f.).

Der Auftrag

In sämtlichen Schulgesetzen gibt es klare Partizipationsaufträge. So wird z.B. im Schulgesetz NRW das Recht der Eltern sichergestellt, die Einrichtung von Schulformen zu beeinflussen (§§ 27, 28 Schulgesetz NRW), die Schulentwicklungsplanung einer Kommune zu beeinflussen (§ 80 Schulgesetz NRW) und die Schulpolitik der Landesregierung über entsprechende Elternorganisationen (§§ 52, 77 Schulgesetz NRW) mitzugestalten.

Auch im Kinder- und Jugendhilfebereich ist die Beteiligung von Eltern zwingend vorgeschrieben. So ist in § 22 Abs. 3 des SGB VIII die Beteiligung der Erziehungsberechtigten an grundsätzlichen Angelegenheiten der Kindertagesstätte verankert. Es heißt dort:

„Bei der Wahrnehmung ihrer Aufgaben sollen die in den Einrichtungen tätigen Fachkräfte und anderen Mitarbeiter mit den Erziehungsberechtigten zum Wohl der Kinder zusammenarbeiten. Die Erziehungsberechtigten sind an den Entscheidungen in wesentlichen Angelegenheiten der Tageseinrichtung zu beteiligen."

Formen- und Strukturanalyse der Praxis: Systematisierung von Partizipation

Wer sich – insbesondere unter Praxisgesichtspunkten – mit der Partizipation von Eltern auseinandersetzen will, muss mindestens die folgenden Strukturelemente und Kategorien im Auge behalten. Sie stehen in einem klaren logischen Verhältnis zueinander, das gleichzeitig die Entwicklungsschritte (und die dabei jeweils zu beantwortenden Prüffragen) beim Aufbau von Partizipationsmodellen abbildet. Das soll durch die folgende verallgemeinernde Grafik ausgedrückt werden, die generelle Gültigkeit beansprucht und prinzipiell auch für die Entwicklung von Partizipationsmodellen im Rahmen von Erziehungs- und Bildungspartnerschaften gilt:

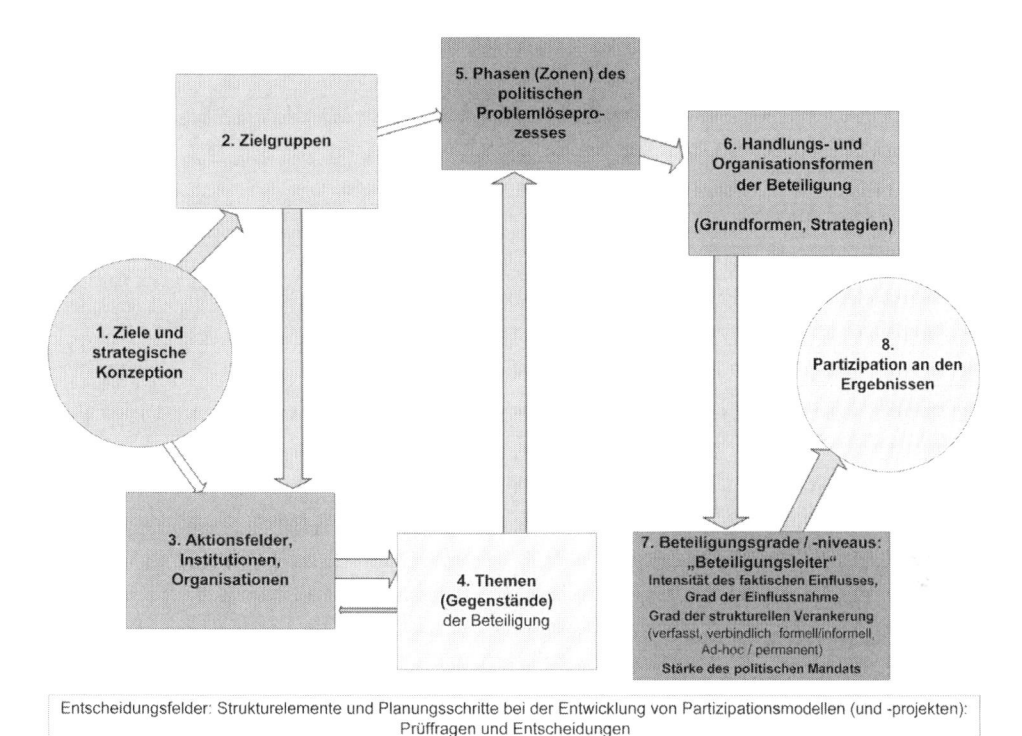

8. Methoden-Muster: Partizipation und Verhandlung

Abbildung 1: Strukturelemente und Kategorien der Partizipation

Strukturelemente 1 – 4

a) Ziele und strategische Konzeption

Das *Leitbild* und die *Ziele* von Erziehungs- und Bildungspartnerschaften sollten nicht nur in den Gesamtkonzeptionen für eine Lokale Bildungslandschaft oder einen Sozialraum, sondern auch explizit besondere Hinweise für die Partizipation aller AkteurInnen, insbesondere aber der Eltern, Kinder und Jugendlichen enthalten.

Reichweiten-Differenzierung: Die folgenden drei Strukturelemente sind verbunden mit einer Klärung der *Reichweite* von Partizipation (bezogen auf Zielgruppen, Aktionsfelder bzw. Orte und Themen).

b) Zielgruppen

Dies ist das gesamte Spektrum der AkteurInnen und Betroffenen der Beteiligung. Erziehungs- und Bildungspartnerschaften differenzieren sich immer entlang der unterschiedlichen Elternmilieus aus (siehe den Beitrag von Eylert *Vielfalt als Chance* in diesem Band, S. 286 ff.). Das hat bei der Planung von Partizipationsmodellen Folgen, weil in ihnen immer besondere Maßnahmen getroffen werden, die die Zugänglichkeit und Niedrigschwelligkeit für sonst schwer erreichbare Eltern erleichtern.

Hier ist eine Klärung der *Zielgruppen-Reichweite* vorzunehmen: Zielgruppenbegrenzung oder Offenheit (keine Begrenzung), z.B.:

1. *Betroffenenpartizipation* vs. *Popularpartizipation* (Öffentlichkeitspartizipation)
2. *Altersgruppenbegrenzung* (für Eltern bestimmter Altersgruppen von Kindern und Jugendlichen)
3. Begrenzung auf besondere *soziale Gruppierungen* (z.B. Eltern von Jungen oder Mädchen, MigrantInnen, Väter, TeilnehmerInnen von bestimmten HzE-Maßnahmen)

c) Aktionsfelder der Beteiligung

Hier geht es um die *Orte*, an denen Partizipation erfolgt. Dabei kommt es darauf an, dass nicht nur die formelle Partizipation in der einzelnen Einrichtung Partizipationschancen eröffnen muss, sondern auch – im Sinne des sozial-ökologischen Lern- und Entwicklungsansatzes – die erweiterten Lern- und Handlungsorte im Umfeld einer Einrichtung, d.h. im Sozialraum, vorhanden sein müssen. Dies bedeutet, dass die Partizipationschancen in allen dort vorhandenen Gremien und Netzwerken für alle AkteurInnen und insbesondere Eltern geöffnet werden müssen. Es benötigt zudem eine klare Regelung, für welche Sozialräume bzw. Teil-Sozialräume und Einrichtungen ein bestimmtes Partizipationsrecht für eine Zielgruppe gelten soll oder eben nicht (z.B. aus Gründen der mangelnden Betroffenheit).

d) Themen der Beteiligung (Gegenstände)

Es muss klar geregelt sein, für welche Themen Partizipationsrechte gelten und für welche nicht. Dass hier Einschränkungen vorgenommen werden, ist in vielen Fällen sinnvoll (z.B., wenn Eltern einer bestimmten Schulklasse nicht über die Themen einer anderen mitbestimmen sollen). Dies muss nur transparent und legitimierbar sein.

Strukturelement 5: Die fünf Phasen des sozialen und politischen Problemlöseprozesses

1. Problemdefinition und Zielbestimmung
2. Beteiligung bei der Ideen- und Vorschlagsentwicklung
3. Beteiligung bei Entscheidungen
4. Beteiligung bei der Planung
5. Umsetzung – Engagement und Verantwortungsübernahme (Mitwirkung an der Umsetzung von Lösungen und Entscheidungen in kooperativen Projekten: aktives, veränderndes Handeln, Gestaltung der Lebenswelt, freiwilliges Engagement, Recht und Pflicht auf Übernahme von Verantwortung)

Diese Phasen (Dimensionen) greifen das Phänomen auf, dass Beteiligung sich vielfach reduziert auf den Bereich der Partizipation an Entscheidungen. Dabei wird unterschlagen, dass die *gesamte* Palette der sozialen oder politischen Problembearbeitungsschritte von der Problemdefinition, der Ideen- und Vorschlagsentwicklung, der Entscheidung, bis zum Bereich der Umsetzung wichtig sein kann.

Das bedeutet für die Partizipation im Bereich der Erziehungs- und Bildungspartnerschaft, dass z.B. Eltern bei der Entwicklung eines Schulprogramms nicht nur bei der Leitbildentwicklung (Zielbestimmung) und bei der Ideen- und Vorschlagentwicklung beteiligt sein sollten, sondern auf jeden Fall auch in der Entscheidungsphase (was durch die gesetzlich vorgegebenen Mitbestimmungsregelungen in Schulen – zumindest für die Eltern in den zentralen Schulgremien – im allgemeinen sichergestellt ist, aber unter Partizipationsgesichtspunkten und unter Einbeziehung deliberativer Veranstaltungsformen wie der Zukunftskonferenz, des Open Space usw. noch erweitert werden könnte). Bei der konkreten Umsetzung des Schulprogramms in der Planung und Realisierung von Projekten ist der Einfluss der Eltern dagegen häufig viel zu gering. Gerade aber das Übertragen von Verantwortung und die Verantwortungsübernahme könnten hier zu einer fundamentalen Verbesserung der sachlichen Ergebnisse und des gesamten Schulklimas beitragen.

Strukturelement 6: Handlungs- und Organisationsformen (Grundformen, Strategien)

Strategien sind die großen methodischen Basiskonzepte und Grundrichtungen. Im Bereich der Partizipation von Eltern gibt es sechs solcher Strategien, also Grundformen, die den Charakter sog. Makro-Methoden haben:

1. Stellvertretende Formen

Im kommunalen Raum existieren diverse Stellvertretende Formen der Interessenswahrnehmung von Kindern und Jugendlichen, indem nämlich ihre Interessenvertretung auf Kinderbeauftragte, Kinderanwälte und Kinderbüros delegiert wird. Auch für Eltern gibt es diverse Institutionen, an die sie ihre Interessenvertretung delegieren. Das sind nicht die gesetzlich vorgeschrieben formellen Mitbestimmungsgremien, sondern eher Lobby- und Elternverbände, GutachterInnen, ParteienvertreterInnen, Ombudspersonen usw.

2. Punktuelle Partizipation – die sog. kleinen Formen

Viele der ‚kleinen' Formen der Beteiligung – wie Sprechstunden, Elternsprechtage, Chats auf der Internetseite der Kita oder Schule – sollten nicht unterschätzt werden und können Eltern durchaus einen gewissen Einfluss eröffnen.

3. Aushandlung und Alltagsbeteiligung

Hier haben Eltern realen Einfluss im Status eines Mitwirkungsrechtes, ohne dass aber echte Entscheidungsrechte gegeben sind. Mütter und Väter können mitreden und ihre Vorschläge einbringen. Es gibt unterschiedliche Formen der Aushandlung:

a) *formell:* Beauftragung durch Beschluss oder Nutzung eher formalisierter, nichtalltäglicher Methoden (wie Konsens-Workshopmethode, Deliberationsforum, Zukunftswerkstatt, Zukunftskonferenzen usw.)

b) *informell/Alltagspartizipation:* alltägliche Formen der Beteiligung im Alltags-Setting, die eher offenen und dialogischen Prozessstrukturen folgen: Gesprächsformen, Tür-und-Angel-Gespräche, spontane Telefonate, Kontakte im Elterncafé oder in der Elternbibliothek

4. Offene Versammlungsformen

Vollversammlungen von Eltern, offene Foren usw., die allen ohne Einschränkung zugänglich sind, können so etwas wie basisdemokratische Problemlösungen und Entscheidungen erzeugen.

5. Die klassischen repräsentativen Formen

Alle auf gesetzlicher oder satzungsmäßiger Grundlage des Trägers gebildeten formellen Gremien wie der Elternbeirat, die Schulkonferenz, der Kita-Beirat usw. haben bei der Interessenwahrnehmung im Rahmen von Erziehungs- und Bildungspartnerschaften einen zentralen Stellenwert.

6. Projektansatz der Partizipation

Die Beteiligung von Eltern, Kindern und Jugendlichen an konkreten Projektvorhaben einer Kita, einer Schule, eines Vereins oder einer Initiativgruppe im Sozialraum ist sicher eine der motivierendsten und das gesamte Klima nachhaltig prägenden Erfahrungen. Hier können *Selbstwirksamkeit* erfahren sowie *bürgerschaftliches* und *zivilgesellschaftliches Engagement* erprobt werden, was auf das sozial-ökologische Lernfeld des Gemeinwesens tiefgehende Wirkungen entfaltet.

Als weitere Ebene müssten eigentlich noch die *Methoden* und *Techniken* der Partizipation dargestellt werden: die ganz konkreten operativen Formen, in denen Beteiligungsprozesse organisiert werden. Diese können nicht nur als Unterkategorie der großen Strategien (Grundformen bzw. *Makro-Methoden*) verstanden werden, sondern auch als *Mikro-Methoden* (‚Techniken') und *Mezo-Methoden* (‚komplexe Methoden'). Dazu sind im Überblicksartikel zu diesem Kapitel (S. 402 ff.) eine Reihe von Hinweisen zu finden.

Strukturelement 7: Beteiligungsgrade/Partizipationsniveaus

Dieses Strukturelement ist im Rahmen einer intensiven Auseinandersetzung mit kommunalverfassungsrechtlichen Regelungen (also auf einer Ebene, auf der es starke Überschneidungen mit der sozialräumlichen, sozialökologischen und lebensweltlichen Perspektive gibt, die für Erziehungspartnerschaften von besonderer Relevanz ist) abgeleitet wurden. Ergänzt wurden sie noch durch die Auseinandersetzung mit dem *Deliberations-Diskurs* (vgl. z.B. Sliwka/Frank 2007, S. 60 ff., auch Eikel 2007, 17 f.), aus dem sich die Kategorie des sog. *Aushandlungsrechts* und der Alltagspartizipation ergab.

Bei der Planung von Partizipationsmodellen im Rahmen von Erziehungs- und Bildungspartnerschaften muss immer geprüft werden, welchen *Grad der Intensität* der Beteiligung bzw. der Intensität der Einflussnahme für die jeweilige Einrichtung, die Zielgruppe bzw. das Thema sinnvoll ist. Hier geht es um die Sicherstellung eines zielorientierten, fachlich angemessenen Partizipationsniveaus.

Beteiligungsgrade (Niveaus, Intensitäten, Grade der Einflussnahme): die *Beteiligungsleiter*

Von den ‚echten' Formen der Partizipation müssen zunächst eine Reihe von Fehlformen der Beteiligung unterschieden werden, die in der Praxis durchaus eine gewisse Rolle spielen und gelegentlich an der Oberfläche mit demokratischen Weihen versehen werden, obwohl sie das Fehlen wirklicher Mitbestimmung verschleiern:

Fremdbestimmung

Hier dominieren fremddefinierte Inhalte und Arbeitsformen, Manipulation der Betroffenen, die dabei – mit voller Absicht – keine Kenntnis der Ziele haben, z.B. wenn auf dem Elternabend oder in einer Elternversammlung Themen ‚abgenickt' werden (sollen) ohne umfassende Information und inhaltliche Mitspracheöglichkeiten.

Dekoration

Kennzeichnend ist hier das Mitwirken an einer Veranstaltung ohne Kenntnis der Hintergründe, z.B. bei Festen und Veranstaltungen, die von der Kita, der Schule oder dem Verein organisiert werden und bei denen Eltern und Kinder nur die imagefördernde Zugabe für die Öffentlichkeit bilden.

Alibi-Teilnahme

Bei dieser Fehlform geht es um die Teilnahme an Veranstaltungen und Sitzungen, ohne Kenntnis und ohne Stimme, z.B. wenn Eltern als Zuhörende in eine Besprechung eingeladen werden, aber weder den Vorlauf noch die Hintergründe kennen und auch nicht mit abstimmen dürfen.

Die *‚echten' Beteiligungsrechte* lassen sich durch folgende, sich langsam steigernde Stufen darstellen:

1. Teilhabe

1.1 Einfache Teilnahme (schlichtes Dabeisein ohne Einfluss; real, aber oberflächlich integriert sein): Hier erfolgt noch eine einfache Teilnahme, d.h. eine gewisse ‚sporadische' und anteilige Beteiligung (‚Engagement'), wenn z.B. Eltern bei Festen/Ausflügen unterstützen, aber in die ausführliche Planung noch nicht involviert sind.

1.2 Zugewiesen, aber gut informiert: Auf dieser Niveaustufe gibt es zwar eine Dominanz der Fachkräfte bei der Themenwahl und der Vorbereitung, aber eine sehr gute Informierung der Eltern, die alles verstehen und Bescheid wissen, z.B. wenn ein Elternabend zur ausführlichen Information über die Planungen des Kita-Jahres oder das Programm eines Vereins mit anschließender intensiver Aussprache durchgeführt werden.

1.3 Sporadische Beteiligung (nur punktuell und unsystematisch): Diese Stufe wird erreicht, wenn Eltern im Einzelfall durchaus intensiv beteiligt werden und z.B. Einfluss auf Einzelaktionen haben, teilweise umfänglich daran teilnehmen, die Gesamtzahl der Aktivitäten aber alles in allem nur einen punktuellen, nicht systematischen Charakter hat, also nicht-institutionalisiert erfolgt, ohne formelle Regelungen, aber eben durchaus mit aktuellem Einfluss (z.B. durch Aktionen, Öffentlichkeitsarbeit u.ä.). Diese Form ist jedoch schon deutlich aktiver als 1.2.

1.4 Öffentlichkeit aller Prozesse: Die Transparenz aller Prozesse bei Entscheidungen durch Öffentlichkeit aller Sitzungen, Orientierung am Prinzip der Schriftlichkeit und der Dokumentation ist auch dann eine nicht unbedeutende Steigerung des Partizipationsgrades, wenn die Betroffenen an den Entscheidungen selber nicht beteiligt sind.

1.5 Informationsrecht: Einfluss auf einen Prozess lässt sich auch dadurch gewinnen, dass man als Elterngruppe ein rechtlich verbrieftes, gezieltes *Informationsrecht* zu bestimmten Fragen hat (z.B. über den Haushalt der Kita, der Schule, des Vereins) auch in eigener Angelegenheit oder zu weiteren Themen (etwa über Personalentscheidungen, Änderung der Gruppengrößen usw.).

2. Beauftragung und Anwaltschaft: Rechte delegiert an Stellvertreter

Diese Niveaustufe ist im Wesentlichen identisch mit der Grundstrategie *Stellvertretende Formen* (siehe oben). Im kommunalen Raum gibt es diverse Möglichkeiten für die stellvertretende Wahrnehmung der Interessen von Eltern durch diverse Institutionen, an die Eltern ihre Vertretung delegieren: Lobby- und Elternverbände, GutachterInnen, politische Parteien, Ombudspersonen usw. Der direkte Einfluss ist dadurch auf den ersten Blick sicher ein wenig reduziert, dennoch kann sich hier eine sehr wirkungsvolle Form des ‚Sich-Einmischens' ergeben.

3. Mitwirkung

3.1 Anhörungsrecht: Eltern können bei der Entwicklung von Lösungen zunächst einmal dadurch Einfluss gewinnen, dass sie ein rechtlich fixiertes Anhörungsrecht erhalten bei Angelegenheiten, die nicht nur die Einrichtung, sondern auch ihre Position als Eltern und VertreterInnen ihrer Kinder betreffen. Das kann im Einzelfall die bevorstehende Entscheidung durchaus in eine bestimmte Richtung bringen oder verändern.

3.2 Initiativrecht: Die Einflussnahme von Eltern im Sinne von *verstärkter Mitwirkung* wird auch dadurch sichergestellt, dass die Einrichtung, die Organisation, der Verein, die Sozialraumgremien oder die Kommune sich mit einem Thema oder Problem befassen müssen, wenn Eltern dies beantragen.

3.3 Aushandlungsrecht: Realer Einfluss bei der Zielfindung und Problemlösung, aber nicht bei der Entscheidung und Planung bzw. Umsetzung:

- *informell:* im Alltags-Setting (abgesichert über professionelle Haltung der Fachkräfte)
- *formell:* durch Methodik oder durch Satzung bzw. Beauftragung durch Beschluss

Ein Aushandlungsrecht (sei es nun informell oder formell über Beschluss bzw. Satzung) ist sicher kein Entscheidungsrecht, kann aber durchaus eine erhebliche reale Einflussnahme – insb. bei der Zielfindung bzw. der Ideen- und Lösungsfindung, wenn auch nicht bei der Entscheidung, Planung und Umsetzung selbst – bedeuten, z.B. wenn in einem Elternforum, einem Elterndialog, einer Elternbefragung usw. zu aktuellen Problemen oder Projekt- und Maßnahmenentwicklungen Ergebnisse beeinflusst werden (selbst wenn die eigentliche Entscheidung über die Umsetzung nach der Auswertung durch das Gemeindeparlament, die Schulkonferenz oder das Kita-Team fällt).

3.4 Mitwirkung bei der Planung und Umsetzung von Entscheidungen und Maßnahmen: Weil häufig nach bereits getroffenen Entscheidungen auf der *Umsetzungsebene* noch erheb-

8. Methoden-Muster: Partizipation und Verhandlung

liche Veränderungen, ‚Verwässerungen' oder Verfälschungen der ursprünglichen Lösungen erfolgen, muss es neben der Aushandlung auch noch diese zusätzliche, komplementäre Intensitätsstufe der Beteiligung geben.

3.5 Einspruchs- und Beschwerderechte: Wie ernst die Partizipation von Eltern im Rahmen von Erziehungs- und Bildungspartnerschaften gemeint ist, erkennt man am besten, wenn es Konflikte gibt, wenn etwas nicht funktioniert, wenn Einsprüche und Beschwerden notwendig werden. Sofern hier verbriefte Rechte vorliegen und ein geregeltes Verfahren fixiert ist, erhöht dies natürlich die partizipative Einflussnahme auf Lösungen, Entscheidungen und Maßnahmen. Diese *Einspruchs- und Beschwerderechte* können gesetzlich verankert sein über die Schulgesetze oder Erlasse, das KiTaG, die einzelne Satzung einer Kita oder eines Trägers sowie durch Dokumente unterhalb dieses rechtlichen Niveaus wie den Orientierungsplänen (z.B. den Niedersächsische Orientierungsplan für Bildung und Erziehung).

4. Mitbestimmung durch Entscheidungsrechte (insb. in Gremien: Repräsentative Mitbestimmung)

Diese Niveaustufe der Partizipation wird von vielen als die ‚echte' Beteiligung angesehen. Durch gemeinsame, demokratische Entscheidungen (selbst wenn die ursprüngliche Idee von den Fachkräften kommen sollte) werden Lösungen und Maßnahmen fixiert. Im schulischen Bereich geht es z.B. um die Arbeit in der Klassenpflegschaft, der Schulpflegschaft und der Schulkonferenz. So wird im Schulgesetz NRW ein breiter Rahmen geschaffen, in den Eltern sich einbringen und mitgestalten können, etwa im Hinblick auf die Schulentwicklungsplanung einer Kommune (§ 80 Schulgesetz NRW).

Dies betrifft aber auch die Elternbeteiligung im Kita-Rat, im Elternbeirat usw., in denen gemeinsame Ideen entwickelt und darüber gleichberechtigt und endgültig befunden wird. Ein Beispiel ist in § 10 KiTaG des Landes Niedersachsen (Elternvertretung und Beirat der Kindertagesstätten) beschrieben. Dort heißt es:

„Die Erziehungsberechtigten der Kinder in einer Gruppe wählen aus ihrer Mitte eine Gruppensprecherin oder einen Gruppensprecher sowie deren Vertretung. Das Wahlverfahren regelt der Beirat. Die Gruppensprecherinnen und Gruppensprecher bilden einen Elternrat. Die erste Wahl in einer Kindertagesstätte veranstaltet der Träger.
Die Elternräte in einer Gemeinde können einen gemeinsamen Elternrat bilden (Gemeinde- oder Stadtelternrat für Kindertagesstätten). Diese Elternräte und andere Zusammenschlüsse von Elternvertretungen können gebildet werden, wenn sich mindestens die Hälfte der Elternräte aus dem vertretenen Gebiet beteiligt. An Kreiselternräten müssen sich mindestens die Gemeindeelternräte aus der Hälfte der kreisangehörigen Gemeinden beteiligen. Die Gemeinden und die örtlichen Träger sollen den Elternräten vor wichtigen Entscheidungen rechtzeitig Gelegenheit zur Stellungnahme geben.
Die Gruppensprecherinnen und Gruppensprecher sowie die Vertreter der Fach- und Betreuungskräfte und des Trägers, deren Zahl der Träger bestimmt, bilden den Beirat der Kindertagesstätte. Der Träger kann vorsehen, dass die Aufgaben eines Beirats von einem anderen Gremium wahrgenommen werden, wenn in diesem eine den vorstehenden Bestimmungen entsprechende Vertretung mit entscheidet.
Wichtige Entscheidungen des Trägers und der Leitung erfolgen im Benehmen mit dem Beirat. Das gilt insbesondere für die Aufstellung und Änderung der Konzeption für die pädagogische Arbeit, die Einrichtung neuer und die Schließung bestehender Gruppen oder Betreuungsangebote, die Festlegung der Gruppengrößen und Grundsätze für die Aufnahme von Kindern, die Öffnungs- und Betreuungszeiten.
Der Beirat kann Vorschläge zu den in Satz 2 genannten Angelegenheiten sowie zur Verwendung der Haushaltsmittel und zur Regelung der Elternbeiträge in der Kindertagesstätte machen."

Auch unterhalb der harten gesetzlichen Ebene gibt es viele Dokumente mit Einfluss, in denen die Mitentscheidungsrechte der Eltern den Fokus genommen werden. So heißt es im Niedersächsischen Orientierungsplan:

„Eltern nehmen ihre Mitwirkungsrechte im Elternrat und im Beirat der Kindertagesstätte wahr. Hierzu werden die Eltern durch Offenheit des Trägers und der Einrichtung für Kritik und Wünsche ermutigt. Nur in der deutlich spürbaren Atmosphäre einer offenen „Beschwerdekultur" gelingt es Eltern und der Einrichtung, sich in ihrem jeweiligen Anliegen ernst zu nehmen und zugleich ihren gemeinsamen Handlungsspielraum sowie die Grenzen der Kindertagesstättenarbeit zu erkennen" (Niedersächsischen Kultusministerium 2005, S. 44).

Die Gremien mit Entscheidungsrechten stellen sicherlich den *Kern der Partizipationsrechte* von Eltern im Rahmen von Erziehungs- und Bildungspartnerschaften dar. Es lohnt sich im konkreten Fall also immer zu fragen: Wird der Elternbeirat bei wichtigen Entscheidungen einbezogen? Will er das auch? Finden sich Eltern bereit für die Mitwirkung im Elternbeirat? Welche Eltern sind das?

5. Selbstbestimmung – Basisdemokratische Entscheidungsrechte (direkte Demokratie)

5.1 Direkte Demokratie in Versammlungen: Alle Formen von Vollversammlungen eröffnen Betroffenen die große Chance, direkt über ihre Angelegenheiten mitzuentscheiden (also ohne den Umweg über repräsentative Delegation). Das erhöht sicher die Akzeptanz von Lösungen und Maßnahmen. Allerdings ist diese Form für viele operative Entscheidungen in größeren Einheiten nicht immer geeignet, sondern eher für Grundsatzfragen (z.B. in der Jahreshauptversammlung). Deshalb sind viele Gesetze und Satzungen in der Zuerkennung von Rechten für Vollversammlungen hier vorsichtig und konzentrieren sich auf die Beteiligung in Grundsatzfragen. Für die permanente, alltägliche Entscheidungsfindung ist diese Form eher in kleineren Einheiten, Elterninitiativen, Aktions- und Projektgruppen von Eltern geeignet.

5.2 Selbstbestimmung und Selbstverwaltung in eigenen Projekten: In vielen kleineren Elterninitiativen und Vereinen ist die klassische Selbstverwaltung durchaus durchführbar. Sie erhöht die Akzeptanz von Lösungen und schafft die für langfristige und nachhaltige Motivation so wichtige Selbstwirksamkeitserfahrung. Die Initiative für Vorhaben und alle Entscheidungen in Eltern-Projekten werden im Falle der Selbstverwaltung und Selbstbestimmung durch die Eltern selber getroffen, was i.d.R. aufgrund der eigenen Interessenslage und Betroffenheit zu akzeptablen Lösungen führt. Eine Unterstützung und Förderung durch Fachkräfte ist dennoch möglich. Neben der Durchführung eigener Projekte und Veranstaltungen gibt es viele Beispiele dafür, dass Eltern z.B. selbständig Elternstammtische durchführen, gemeinsam einen Teil des Geländes planen und gestalten, den Schulhof umgestalten oder ein Kita- bzw. Schulfest planen und durchführen. Auch wenn dieses Partizipationsniveau im Allgemeinen den Elterninitiativen, Kinderläden, Eltern-Trägervereinen (bei von Elternvereinen getragenen Kitas) usw. zugeschrieben wird, trifft das Merkmal der völligen Entscheidungsfreiheit und Selbstorganisation auch bei Projekten und Angeboten der Eltern innerhalb konventioneller Einrichtungen zu.

Die Kernfrage

Eine entscheidende Prüf-Frage bei allen Partizipationsmodellen und konkreten Maßnahmen im Rahmen von Erziehungs- und Bildungspartnerschaften in Bezug auf das Beteiligungsniveau ist immer: Welcher Grad der Einflussnahme soll möglich sein? Was soll ausgeschlossen werden? Die Auseinandersetzung mit der Frage des *Partizipationsniveaus* betrifft aber nicht nur die *Intensität* des faktischen Einflusses (den *Grad der Einflussnahme* über kommunikative und materielle Wirkungen) und den weiter oben beschrieben *Umfang* und die *Reichweite* in den Entscheidungsfeldern bzw. Strukturelementen 1 – 7, sondern immer auch so entscheidende Kriterien wie:

1. den *Grad der strukturellen Verankerung* durch Beschluss, Satzung usw.
2. die Frage, ob das Partizipationsmodell *verfasst* oder *nicht verfasst* ist
3. die Frage, ob das Modell *verbindlich* oder *unverbindlich* konzipiert ist
4. die Frage, ob es *formellen* oder *informellen* Charakter hat
5. die Frage, ob es sich um *Ad-hoc-Partizipation* oder um *permanente* Partizipation handelt

Die entscheidende Frage ist immer, ob *Auftrag* und *Stärke des politischen Mandates* auch wirklich glaubwürdig und ausreichend sind, weil hiervon letztlich alle Realisierungschancen abhängig sind.

Abschlussbemerkung

Bei der Entwicklung von Partizipationsmodellen im Rahmen von Erziehungs- und Bildungspartnerschaften – sei es für einzelne Einrichtungen und Organisationen, sei es für kleine oder große Sozialräume, sei es für eher präventive Bemühungen oder für die Beteiligung in lokalen Bildungslandschaften – ist ein Punkt, der im obigen *Strukturmodell der Partizipationselemente* (S. 441) und Planungsphasen zum Schluss genannt wird (wegen der mehrfach angemahnten Selbstwirksamkeitserfahrungen im Beteiligungsprozess), besonders wichtig: die *Beteiligung an den Ergebnissen*.

Nur wenn man Ergebnisse seines partizipativen Handelns auch selber erfahren kann, nur wenn die Beteiligung in diesem Sinne auch Wirkung hat, wird sich auf Dauer so etwas wie eine *nachhaltige Beteiligungskultur* im Rahmen von Erziehungs- und Bildungspartnerschaften herausbilden.

Das gesamte Leben im Nahraum, im Sozialraum (mit seinen Einrichtungen, Organisationen und AkteurInnen) muss von den Leitideen *Mitbestimmung und Mitverantwortung* geprägt sein. Wir brauchen eine Beteiligungskultur. Wir brauchen Alltagsdemokratie! Im Nahraum bieten unsere pädagogischen Einrichtungen besondere Chancen, Selbstwirksamkeit und Demokratie zu erlernen (vgl. Dieter Tiemann 1996).

Lokale Erfahrungen und Alltagsdemokratie als Regelfall bilden auch beim Thema Erziehungs- und Bildungspartnerschaften die positive Grundlage für die Auseinandersetzung mit der ‚großen' Politik. Die Förderung von Vertrauen in die demokratischen Institutionen, der Glaube an die eigenen Einflussmöglichkeiten und die Veränderbarkeit der eigenen Lebensbedingungen, die Übernahme von Verantwortung für das eigene Gemeinwesen sind für eine sozial und politisch verstandene Elternrolle ein wirklich progressives und innovatives Agens. Die Regelung der gemeinsamen Angelegenheiten im öffentlichen Kontext – und nichts anderes ist Politik – ist für Eltern im Netzwerk von Erziehungs- und Bildungspartnerschaften dann nicht etwas Fernes und persönlich Unbedeutendes, sondern etwas nah

Erfahrenes *(Nahraumdemokratie)*. Die Förderung von sozialer und politischer Phantasie und Neugier für mehr *Partnerschaft* wird dann zur Selbstverständlichkeit.

Literatur

Bertelsmann Stiftung/Fatke, Reinhard/Niklowitz, Matthias/Schwarz, Jürg/Strothotte, Uta/Stutz, Melanie (2004): Kinder- und Jugendpartizipation in Deutschland. Ergebnisse einer Strukturdatenerhebung in 564 Städten und Gemeinden. Gütersloh

Bertelsmann Stiftung (Hrsg.) (2005): Kinder- und Jugendpartizipation in Deutschland. Gütersloh

Biedermann, Horst/Oser, Fritz (2006): Partizipation und Identität. Junge Menschen zwischen Gefügigkeit und Mitverantwortung. In: Quesel/Oser (2006): S. 95-136

Eikel, Angelika (2007): Demokratische Partizipation in der Schule. In: Eikel, Angelika/de Haan, Gerhard (Hrsg.) (2007), S. 7-39

Eikel, Angelika/de Haan, Gerhard (Hrsg.) (2007): Demokratische Partizipation in der Schule ermöglichen, fördern, umsetzen. Schwalbach im Taunus: Wochenschau-Verlag

Habermas, Jürgen (1992): Drei normative Modelle der Demokratie. Zum Begriff deliberativer Politik. in: Herfried Münkler (Hrsg.), Die Chancen der Freiheit. Grundprobleme der Demokratie, Für Iring Fetscher zum 70. Geburtstag. München

Niedersächsisches Kultusministerium (2005): Empfehlungen des niedersächsischen Orientierungsplans für Bildung und Erziehung. Hannover

Oser, Fritz/Ullrich, Manuela/Biedermann, Horst (2000): Partizipationserfahrungen und individuelle Kompetenzen. Literaturbericht und Vorschläge für eine empirische Untersuchung im Rahmen des Projekts „Education à la Citoyenneté Democratique (ECD)". Fribourg: Europarats, Departement Erziehungswissenschaften der Universität Fribourg

Otto, Hans-Uwe/Thiersch, Hans (Hrsg.) (2001): Handbuch Sozialarbeit – Sozialpädagogik. Neuwied und Kriftel: Luchterhand

Quesel, Carsten/Oser, Fritz (Hrsg.) (2006): Die Mühen der Freiheit. Probleme und Chancen der Partizipation von Kindern und Jugendlichen. Zürich und Chur: Rüegger

Schneider, Helmut/Stange, Waldemar/Roth, Roland (2009): Kinder ohne Einfluss? Eine Studie des ZDF zur Beteiligung von Kindern in Familie, Schule und Wohnort. www.unternehmen.zdf.de/fileamin/files/Dowload_Dokumente/DD_Das_ZDF/Veranstaltungsdokumente/kann_darf_will/Partizipationsstudie_final_101109.Pdf (Download am 25.08.2011)

Schmidt, Manfred G. (2000): Demokratietheorien. Opladen: Leske und Budrich

Schnurr, Stefan (2001): Partizipation. In: Otto/Thiersch (2001): S. 1330-1345

Sliwka, Anne/Frank, Susanne (2007): Das Deliberationsforum als neue Form des Lernens über kontroverse Fragen. In: Eikel/de Haan (2007): S. 60-74

Stange, Waldemar (2008): Partizipation von Kindern und Jugendlichen im kommunalen Raum I. Grundlagen. Münster: Monsenstein und Vannerdat

Stange, Waldemar/Meinhold-Henschel, Sigrid/Schack, Stephan (2008): Mitwirkung (er)leben. Handbuch zur Durchführung von Beteiligungsprojekten mit Kindern und Jugendlichen, Gütersloh: Bertelsmann Stiftung

Sturzbecher, Dietmar/Großmann, Heidrun (Hrsg.) (2003): Soziale Partizipation im Vor- und Grundschulalter. München: Reinhardt

Tiemann, Dieter (1996): Alltagsdemokratie und Kinderfreundlichkeit. Plädoyer für eine partizipatorische Kinder- und Jugendpolitik. In: Unsere Jugend, 9/1996. S. 3 ff.

Andreas Eylert

9. Methoden-Muster:
Elternmitarbeit in der Einrichtung – pädagogische Angebote durch/mit Eltern

Eltern sollen pädagogische Angebote in den Bildungseinrichtungen durchführen? Können die das überhaupt? Und ist das rechtlich erlaubt? Und kämpfen nicht insb. die FrühpädagogInnen für die Anerkennung ihrer Profession und ihrer Tätigkeit, die eben nicht ‚auch von jeder guten Mutter' geleistet werden kann, wie mancherorts noch immer behauptet wird, wenn Personalknappheit und hoher Krankenstand die Kreativität so manches Kämmerers anheizen? (vgl. zur Entwicklung des ErzieherInnenberufs z.B. Amthor 2003 und Metzinger 1993).

Um solche ‚konkurrierenden' Formen pädagogischen Handelns geht es nicht, wenn im Folgenden von *Elternmitarbeit* die Rede ist, sondern um die Ergänzung/Erweiterung des pädagogischen Angebots durch die aktive Einbindung von elterlichen Ressourcen.

Dabei geht es um Mitarbeit der Eltern und nicht um die Übernahme der pädagogischen (Gesamt-)Verantwortung in der Gruppe (die rechtlich auch nicht ohne Weiteres möglich wäre). Sind die organisatorischen Rahmenbedingungen geklärt (z.B. KollegInnen, Gesamtelternschaft und Träger informiert und einverstanden, ggf. rechtliche Fragestellungen geklärt und schriftlich fixiert usw.) und interessierte Eltern gefunden, steht der pädagogischen Institution ein Schatz an Erfahrungen und Ressourcen zur Verfügung, der es wert ist entdeckt und genutzt zu werden.

Durch die Einbindung von Eltern werden dabei nicht nur der Alltag und die Bildungsangebote für die Jungen und Mädchen bereichert, sonder auch die Mütter und Väter bekommen viel zurück: Durch die aktive Mitarbeit im (pädagogischen) Alltag erhalten sie Wertschätzung und Anerkennung, Aufmerksamkeit der eigenen und der ‚fremden' Kinder und das Gefühl etwas Sinnvolles mit den Minderjährigen getan zu haben.

„Komm, wir spielen Mutter, Vater, Kind!" **– Kinder bringen ihre Eltern- und Rollenbilder in die Institution mit**

Nicht nur im gleichnamigen Rollenspiel, das sich ungebrochener Beliebtheit vor allem bei Vorschulkindern erfreut, bringen die Kinder ihre Bilder von ‚Mutter, Vater, Kind' mit in die Bildungsinstitutionen. Und nicht immer gehen sie damit so kreativ um wie Line und Daniel im Bilderbuch selben Namens. Denn dort ist der Vater „aus Spaß arbeitslos und macht zu Hause alles ganz toll", während die Mutter auf Büffeljagd geht (Boie/Knorr 1994, S. 17).

Durch das Übernehmen fremder bzw. eigener (kindlicher) Rollen im Spiel, im Gespräch und im Austausch mit Anderen entwickeln die Kinder also ihre eigene Sicht auf die Welt und auf ihre Rolle als Junge/Mädchen darin.

Die Einbeziehung von Eltern in den Alltag von Kindertagesstätte und Schule kann die Kinder dabei unterstützen, diese Rollenfindung zu bewältigen. Durch das Angebot unterschiedlicher Rollenvorbilder erhalten die Mädchen und Jungen zudem verschiedene Identifikations- und Abgrenzungsmöglichkeiten.

Dabei geht es zunächst gar nicht um die Durchführung von (pädagogischen) Angeboten durch Eltern, sondern um die pure Anwesenheit weiterer erwachsener (Bezugs-)Personen, die sich und ihr Handeln in den Alltag einbringen.

Wenn ein Vater im Kindergarten hospitiert oder eine Mutter den Schulausflug begleitet, erleben die Kinder eine erwachsene Person ‚hautnah', können diese beobachten und befragen. Insbesondere für jüngere Kinder vor Beginn der Pubertät ist es ein besonders tolles Erlebnis, wenn die eigene Mama/der eigene Papa so aktiv in der Institution mitwirkt und dadurch Interesse für das Kind und seinen Alltag zeigt. Der hospitierende Vater/die ausflugbegleitende Mutter machen so zwar noch kein eigenes Angebot, bieten sich aber als Person und GesprächspartnerIn an (ob sie wollen oder nicht werden die Kinder sie schnell ‚in Beschlag' nehmen).

„Was arbeitet dein Papa?" – **Kinder interessieren sich für die Erwachsenenwelt**

Einen guten und häufig praktizierten Ansatzpunkt für Mitarbeit von Eltern im pädagogischen Alltag bietet die Berufswelt. Kinder interessieren sich für das, was ihre Eltern tun, während sie in Kindertagesstätte und Schule sind. Dieses Interesse entweder allgemein, z.B. im Rahmen des Lehrplans, oder situationsbezogen (z.B.: Kita-Kinder beobachten bei einem Spaziergang einen Polizei- und Abschleppeinsatz nach einem Verkehrsunfall, anschließend wird ein Vater in einer Autowerkstatt besucht und eine Mutter, die Polizistin ist, kommt mit ihrem Streifenwagen in die Kindertagesstätte) aufzugreifen kann eine große Bereicherung für die Schaffung von Bildungsanlässen sein.

Dabei bieten sich all jene Berufe/Berufsfelder an, die es den Kindern ermöglichen aktiv Teilbereiche der Erwachsenenwelt zu verstehen. Je älter die Kinder sind, umso komplexer können dabei auch die durch die Eltern vorgestellten Berufe sein. Es muss also nicht immer der klassische Besuch beim Bäcker sein, auch wenn manche Berufe sicher bereits im Vorfeld ausscheiden. (Welches Kind – bzw. auch welcher Erwachsene – versteht das Tun eines Börsenmaklers oder möchte gerne die Tätigkeit in einem Schlachthof näher kennen lernen …).

Wichtig ist in jedem Fall, dass der Impuls auch von den Eltern ausgeht bzw. von diesen gerne aufgegriffen wird. Denn es geht ja darum, dass Mütter und Väter den Kindern aktiv ihren Beruf näher bringen (und nicht, dass die PädagogInnen z.B. den Ausflug zum Förster mittels mehrerer Bücher vorbereiten und dann während des Zusammenseins mit ihm in Form eines Frage-Antwort-Spiels dieses Wissen abfragen). Es bietet sich daher meist an, die Veranstaltungen mit den Eltern gemeinsam vorzubesprechen, um z.B. zu klären, ob diese in der Lage sind, ihr berufliches Tun kind- und altersgerecht zu vermitteln und den Kindern anschauliche Beispiele zeigen können.

Weitere Anregungen:

- Oft kann es reizvoll sein, auch jene Eltern anzusprechen, die zunächst ihren Beruf nicht so spannend/interessant finden. Es müssen also nicht immer Handwerksberufe o.ä. sein.
- Warum soll nicht eine Kindergruppe eine Politesse begleiten, einem Restaurantfachmann bei den Vorbereitungen für den abendlichen Ansturm helfen oder in einem Büro den Kopierer und das Faxgerät ausprobieren? Das wertet nicht nur das elterliche Tun auf, sondern führt zu einem heterogeneren Bild und zu einem besseren Verständnis untereinander.
- Sprechen Sie gezielt auch Väter und Mütter mit Migrationshintergrund an. Diese haben evtl. zunächst Hemmungen sich einzubringen, können den Kindern aber – neben dem Miteinander der Kulturen – evtl. andere Sichtweisen vermitteln.

Praxisbeispiel:
In einem schwäbischen ‚Kinderhaus' war die aus Polen stammende Mutter eines Kita-Kindes als Raumpflegerin beschäftigt. Im Rahmen des Projektes *Wer will fleißige Eltern sehen?* durften die Kinder an einem Tag länger in der Einrichtung bleiben, der Mutter bei der Arbeit zusehen und sie unterstützen. Neben dem Verständnis für die umfangreiche Arbeit der ‚Putzfrau' (die bis dahin von manchen Kindern wenig geschätzt wurde) und einem Streifzug durch alle Räume der Einrichtung (den Putzraum und den Heizungskeller kannten die Kinder bis dahin nicht) bekamen die Mädchen und Jungen auch ein Gespür dafür, dass ihr Handeln für andere Folgen hat. So kam es z.B. in den Tagen danach immer wieder zu Diskussionen über die Müllvermeidung, den Sinn von Hausschuhen oder die Sauberkeit auf den Toiletten, denn: „Wenn wir nicht ordentlich spülen, dann muss das die Frau K. wegwischen."

„Hier lerne ich ganz andere Seiten von mir kennen." – **Eltern bringen ihre Kompetenzen in die Institutionen ein**

Neben den beruflichen Fähigkeiten haben Väter und Mütter (und Omas, Opas, sonstige Freiwillige …) noch viele andere Kompetenzen, die sie in Schule und Kita einbringen können. Viele Hobbys, die Eltern in ihrer Freizeit pflegen, können auch den Unterricht oder den Kindergartentag bereichern. Oftmals sind Eltern gerne bereit (bei Hobbys noch stärker als im beruflichen Alltag) sich als ExpertInnen in die pädagogische Institution einzubringen. Ob Kochen oder Backen mit einer Kleingruppe, die Durchführung einer Modelleisenbahn-AG, die Anleitung der Kinder in der Fahrradwerkstatt oder beim Kanufahren am Schulausflug – die Möglichkeiten sind schier unbegrenzt. Bei genauer Nachfrage entdecken sicher viele Eltern bei sich ein Talent, dass sie einbringen können. Nicht selten sind PädagogInnen überrascht, wenn sie Eltern dann ‚in Aktion' erleben, denn für das Hobby entscheidet man sich ja meistens freiwillig und ist ‚mit Herzblut' dabei. Dieses überträgt sich dann auch auf die Unterstützung im pädagogischen Alltag. Und hätten Sie gedacht, dass in dem stillen Herrn Meier ein Imker steckt, der den Kindern geduldig und ausführlich das Leben der Honigbienen näher bringt, ihnen die Angst vor ihnen nimmt und zum Abschluss eines spannenden Vormittags Honig mit der Gruppe schleudert?

Praxisbeispiel:

In der Grundschule *Paniersplatz* in Nürnberg bieten Eltern jedes Schuljahr offene Arbeitsgemeinschaften für die SchülerInnen an. Diese *Eltern-ExpertInnen-Kurse* finden an fünf Vormittagen (jeweils ein Vormittag je Monat im zweiten Schulhalbjahr) statt und werden durch eine Ausschreibung beworben. Die SchülerInnen der dritten und vierten Klassen nehmen an dem Angebot teil und präsentieren i.d.R. am Ende des Schuljahres ihre Ergebnisse. Themen der von den Eltern eigenständig verantworteten Angebote waren z.B.:

- Theaterwerkstatt
- Kochen
- Historie Nürnbergs
- Schachclub
- Bilderbuchgestaltung
- diverse Sportangebote
- usw.

Die Eltern werden in einem Vorbereitungstreffen mit ihren Aufgaben vertraut gemacht und auch bei auftretenden Fragen durch LehrerInnen unterstützt. In der Regel führen sie ihre Angebote aber gänzlich selbständig durch. Räume und Materialien stellt im Normalfall die Schule.

Näheres siehe: http://bff2-nbg.de/ideenfundus/index.html (Download: 03.08.2011, 13.30 Uhr)

„Ich wäre im Spiel die Mama und du, du wärst im Spiel das Kind." – Abenteuer ‚verkehrte Welt'

Zum Abschluss noch ein eventuell zunächst seltsam anmutender Vorschlag, der aber viele spannende Chancen in Bezug auf Eltern(mit)arbeit und das Rollenlernen in Schule und insb. Kindertagesstätte bietet: Wieso nicht einen Eltern-Kind-Nachmittag als *Verkehrte-Welt-Nachmittag* durchführen? Laden Sie doch alle Eltern und (die größeren) Kinder in die Institution ein, um für einen Nachmittag die Rollen zu tauschen. Die Kinder übernehmen die Rollen der Erwachsenen (inkl. Aufsicht und Spiel- und Bastelanleitung, die Vorbereitung des Nachmittagsimbisses usw.), die Eltern und ErzieherInnen dürfen ‚als Kinder' toben und spielen.

Dieser – natürlich nicht ganz ernst gemeinte – Rollentausch bringt vor allem den Kindern viel Spaß und den Erwachsenen oft ganz neue Erkenntnisse darüber, wie die Mädchen und Jungen sie sehen. Außerdem haben viele Eltern nach der Überwindung der ersten Hemmungen tatsächlich Spaß am Sandburgenbauen, Lego-Spielen oder Bilderbücher-Anschauen.

Es muss ja nicht enden wie im sehr empfehlenswerten Bilderbuch *Es waren einmal eine Mama und ein Papa*, in dem sich die Kinder von ihrem anstrengenden Rollentausch zu Hause zwischendurch im Kindergarten ‚erholen' müssen, um abends nach mehreren Ermahnungen der Eltern (und der kindlichen Fürsorge für Vater und Mutter durch Unterstützung beim Zähneputzen, Ohrenwaschen, Fußnägelschneiden, Schlafanzuganziehen, dem Singen hübscher Lieder und Vorlesen schöner Geschichten und dem sowieso schon obligatorischen ‚Glas Wasser ans Bett') dann doch ihre Rollen aufzugeben und das Ganze in einer riesigen Kissenschlacht enden zu lassen (vgl. Widerberg 1988).

Literatur

Amthor, Ralph Christian (2003): Die Geschichte der Berufsausbildung in der Sozialen Arbeit. Auf der Suche nach Professionalisierung und Identität. Weinheim und München: Juventa

Boie, Kirsten/Knorr, Peter (1994): Mutter, Vater, Kind. Hamburg: Friedrich Oettinger

Metzinger, Adalbert (1993): Zur Geschichte der Erzieherausbildung: Quellen –Konzeptionen – Impulse – Innovationen. : Reihe 11, Pädagogik, Bd. 540. Frankfurt am Main, Berlin, Bern, New York, Paris und Wien: Europäische Hochschulschriften

Widerberg, Siv (1988): Es waren einmal eine Mama und ein Papa. Hamburg: Friedrich Oettinger

Andreas Eylert

10. Methoden-Muster:
Elternselbstorganisation und -selbstverwaltung
– „Können die das schaffen? – Ja, die schaffen das!"

Kitas in elterlicher Selbstverwaltung

Wenn von Selbstverwaltung durch Eltern die Rede ist, denkt man meist an Trägervereine von Kindertagesstätten. Quantitativ stellt diese Form der Elternselbstorganisation die größte dar. Laut der *Bundesarbeitsgemeinschaft Elterninitiativen e.V.* gibt es aktuell ca. 7.500 Elterninitiativen, überwiegend im frühkindlichen Bereich, in denen ca. 200.000 Kinder betreut werden (vgl. BAGE 2011).

Die Entwicklung von Elterninitiativen geht zurück bis zur so genannten ‚68er-Bewegung', in deren Folge insb. ab 1970 in Westdeutschland zahlreiche Elterninitiativen entstanden, um eigene Kindertageseinrichtungen als Gegenpol zu der als autoritär empfundenen Pädagogik der damaligen Kindertagesstätten zu bieten. Diese Einrichtungen, die zunächst oft in leerstehenden Ladenlokalen untergebracht waren und daher als *Kinderläden* überregionale Bekanntheit erlangten, wurden basisdemokratisch von Eltern verwaltet und boten ihnen und den dort tätigen PädagogInnen die Möglichkeit zur Erprobung antiautoritärer Konzepte.

Nachdem die Kinderläden der antiautoritären Bewegung meist in städtischen und universitären Milieus entstanden, wurden in den 1970er und 1980er Jahren zunehmend auch Elterninitiativen in ländlichen Regionen gebildet. Hier war meist weniger die Pädagogikkritik, sondern der dortige Mangel an Kindertagesplätzen ausschlaggebend (vgl. ebd.).

Nach der Wende entstanden auch auf dem Gebiet der ehemaligen DDR Elterninitiativen, insb. um durch Eigeninitiative und besondere Konzepte von Schließung bedrohte Krippen und Kindergärten zu erhalten, aber auch um nach dem Ende des DDR-Regimes freie Konzepte der Kindertagesbetreuung zu entwickeln.

Alle Kitas in Elternselbstverwaltung eint der Wunsch nach einer größeren Einflussnahme und Beteiligung der Eltern. Dies wird im überwiegenden Teil auch durch die Trägerstrukturen der Elternini-Kitas deutlich. Meist handelt es sich dabei um eingetragene Vereine, die von den Eltern gegründet wurden und in denen Kita-Eltern Mitglied werden können. Ein gewählter Vorstand kümmert sich dann – meist ehrenamtlich – um die Verwaltung, Abrechnung der Gebühren, die Öffentlichkeitsarbeit und das Personalmanagement. Da diese Arbeit sehr umfangreich sein kann und gelegentlich auch Konfliktpotenzial birgt (z.B. wenn Kita-Eltern in ihrer Funktion als Vereinsvorstand Konfliktgespräche mit den ErzieherInnen führen müssen und dadurch befürchten, dass die vertrauensvolle Elternarbeit beschädigt wird), gibt es in vielen deutschen Städten auch Dachorganisationen, die einen Teil dieser Arbeiten übernehmen (vgl. ebd.).

Die stärkere Mitwirkung der Eltern in der Kita schlägt sich meist auch ganz praktisch nieder. In vielen Elterninitiativen müssen sich die Eltern der Kita-Kinder verpflichten, eine gewisse Anzahl an Mindeststunden für die Einrichtung zu leisten. Solche ‚Elterndienste' können z.B. durch Gartenarbeit, Putzen, Kochen, Begleitung von Ausflügen usw. (je nach

Regelung in der jeweiligen Einrichtung) abgeleistet werden. In manchen Institutionen ist man inzwischen – da sich manche Eltern von dieser intensiven Mitarbeit eher abschrecken lassen – zu Kombinationslösungen übergegangen, bei denen sich die Eltern durch einen zusätzlichen Beitrag von den Elternstunden (bzw. meist einem Teil davon) ‚freikaufen' können.

Nachdem das Hauptanliegen der Elterninitiativen zunächst war, kein pädagogisches Konzept zu verwirklichen (da dieses ja Bestandteil der als autoritär empfundenen Gesellschaft war), sondern den Kindern möglichst viel Freiraum und Entfaltungsmöglichkeiten zu geben, haben viele der aktuellen Elterninitiativen sehr ausdifferenzierte pädagogische Konzepte. Neben Einrichtungen, die erprobte Ansätze übernehmen (z.B. aus der Montessori- oder Reggio-Pädagogik oder dem Situationsansatz) gibt es auch Einrichtungen, die mit eigenen pädagogischen Konzepten experimentieren oder spezifische Schwerpunkte setzen, z.B. durch wald-, natur- oder musikpädagogische Konzepte oder bilinguale Erziehung.

Schulen in Trägerschaft durch Eltern

Neben den durch Eltern getragenen Kindertagesstätten gibt es inzwischen auch zahlreiche Schulen in Trägerschaft von Elternvereinen. Diese berufen sich auf das in Art. 7 Abs. 4 Satz 1 GG gewährte *Grundrecht der Privatschulfreiheit*.

Viele davon haben sich im *Bundesverband freier Alternativschulen* (BFAS) zusammengeschlossen. In diesem sind derzeit (Februar 2011) bundesweit 86 freie Alternativschulen und 11 Initiativen organisiert, die von ca. 5.700 SchülerInnen besucht werden. Diese Schulen, die als Ganztagsschulen organisiert sind, bieten meist Primar- und Sekundarstufe oder sind reine Grundschulen (vgl. Weiß 2011, S. 30).

Neben den im BFAS zusammengeschlossenen freien Alternativschulen, die die Selbstverwaltung als eines ihrer wesentlichen Prinzipien festgeschrieben haben, sind auch unter den freien Schulen in der *Bundesarbeitsgemeinschaft freier Schulen* (AGFS) solche mit starker oder ausschließlicher Elternselbstorganisation vertreten, z.B. freie Waldorf- oder Montessorischulen, die häufig auch durch Trägervereine von Eltern organisiert sind.

Unter den freien Schulen finden sich aber auch solche in anderer Trägerschaft, z.B. der Kirchen, die durch die jeweiligen Trägereinrichtungen organisiert werden und in denen Eltern nicht oder kaum in die konzeptionellen und organisatorischen Abläufe integriert sind.

Die meisten *freien Schulen* (auch: *Privatschulen*), so auch die in Trägerschaft durch Elterninitiativen, sind sogenannte *Ersatzschulen*. Sie unterliegen staatlicher Aufsicht und müssen durch die Schulbehörden genehmigt werden. An ihnen kann die allgemeine Schulpflicht erfüllt und anerkannte Schulabschlüsse erlangt werden. Im Gegenzug erhalten die Ersatzschulen eine staatliche Förderung als Beitrag zu den Schulkosten. Weitere Finanzmittel werden meist durch Elternbeiträge, aber auch durch Schulfördervereine, Stiftungen oder auch die Durchführung kultureller/geselliger Veranstaltungen erwirtschaftet (vgl. Weiß 2011).

In privaten *Ergänzungsschulen* kann die allgemeine Schulpflicht in der Regel nicht erfüllt werden. Daher führen diese eher ein Nischendasein bzw. sind im Bereich der beruflichen Bildung aktiv (z.B. freie Schauspiel- oder Dolmetscherschulen). Elterliche Selbstorganisation spielt hierbei nahezu keine Rolle, höchstens in dem Fall, dass vorübergehend mit Duldung der Schulbehörde zunächst eine Ergänzungsschule gegründet wird, um diese möglichst schnell in eine Ersatzschule zu überführen. In solchen Fällen können die SchülerInnen für diese Zeit von der allgemeinen Schulpflicht befreit werden.

In vielen der freien Schulen sind auch Kindertagesstätten angesiedelt, sodass ein Übergang von der selbstverwalteten Kita in die selbstverwaltete Schule möglich ist. Zahlreiche Schulen entstanden auch als Folgeprojekt nach einer Kitagründung. Um den Kindern im Anschluss an die Kindergartenzeit eine Schule mit ähnlichem Konzept bieten zu können, wurden durch engagierte Eltern entsprechende freie Schulen gegründet.

Einen Boom erlebten die freien Schulen in den letzten zehn Jahren in den neuen Bundesländern (einschließlich Berlin), wo die Zahl der SchülerInnen an privaten allgemeinbildenden Schulen sich von 2000 bis 2008 nahezu verdoppelte (2000: 46.695 SchülerInnen, 2008: 91.039 SchülerInnen), während sie in den alten Bundesländern fast konstant blieb (vgl. Weiß 2011, S. 61). Besonders großen Anteil daran haben die Grundschulen, die 2008 in den neuen Bundesländern (einschließlich Berlin) 30.204 SchülerInnen besuchten (2000: 9.157). Es ist daher anzunehmen, dass infolge der hohen Anzahl an Jungen und Mädchen in freien Schulen der Primarstufe noch weitere Schulgründungen bzw. der Ausbau bestehender Schulen im Sekundarbereich in den neuen Bundesländern folgen werden.

Weitere Formen der Selbstorganisation von Eltern

Neben der Gründung von Trägervereinen für Kindertagesstätten oder Schulen gibt es weitere praktizierte Formen der Selbstorganisation von Eltern. Diese dienen oft der Selbsthilfe und sollen der Abhilfe eines erlebten Mangels dienen.

Dazu zählen z.B. Selbsthilfegruppen von Eltern (z.B. bei chronischer Erkrankung der Kinder oder Eltern/eines Elternteils, belastenden sozialen Situationen in der Familie wie der Tod eines Kindes oder als Zusammenschluss von Menschen in derselben Lebenslage, z.B. Alleinerziehende), die vor allem dem Austausch von Betroffenen untereinander dienen.

Sie bieten dabei durch die Niedrigschwelligkeit und den meist geringen Grad an Verpflichtung eine gute Organisationsform auch für jene Eltern, die sich lediglich kurzfristig binden wollen um Hilfe, Unterstützung oder Austausch in einer akuten Situation zu finden.

Häufig finden die Eltern im Austausch mit anderen Betroffenen Halt und auch Anerkennung ihrer Situation und ihres Erfahrungswissens. Dies führt zu (psychischer) Entlastung. Dieser Nutzen von Selbsthilfegruppen ist inzwischen so anerkannt, dass nach § 20c des SGB V eine Förderung durch die Krankenkassen erfolgen kann. Auch Kommunen, Länder und Stiftungen unterstützen Selbsthilfegruppen z.B. durch das Zur-Verfügung-Stellen von Räumlichkeiten oder die Förderung von Landes- und Bundesarbeitsgemeinschaften der Selbsthilfegruppen.

Auch Fördervereine (z.B. zur Förderung von Schulen, Kindertagesstätten, (Sport-)Vereinen usw.) oder Elternstammtische gehören zu den weiteren Formen von elterlicher Selbstverwaltung. Diese werden meist durch Eltern selbst gegründet, können aber auch durch Anregung und mit Unterstützung von PädagogInnen aus Schule und Kita entstehen und dann in alleinige elterliche Verantwortung übergeben werden.

Literatur

BAGE – Bundesarbeitsgemeinschaft Elterninitiativen e.V. (2011): Elterninitiativen. http://www.bage.de/ (Download am 13.08.2011)

Borchert, Manfred (Hrsg.) (2003): Freie Alternativschulen in Deutschland: 45 Schulporträts. Norderstedt: Books on Demand

Weiß, Manfred (2011): Allgemeinbildende Privatschulen in Deutschland – Bereicherung oder Gefährdung des öffentlichen Schulwesens? Bonn: Bonner Universitäts-Buchdruckerei (Copyright by Friedrich-Ebert-Stiftung)

Christof Schmitt

11. Methoden-Muster: Netzwerkarbeit

Der Kontext für Erziehungs- und Bildungspartnerschaften ist durch unterschiedliche Zuständigkeiten auf Bundes-, Landes- und Kommunalebene geprägt. Hinzu kommen verschiedene ministerielle bzw. sektorale Zuständigkeiten auf gleicher Ebene, dazu regional mitunter ein buntes Feld unterschiedlicher freier Träger sowie Initiativen und sonstiger Zusammenschlüsse. Diese Segmentiertheit der Zuständigkeiten und Unterstützungsangebote aus der Perspektive des Entwicklungsverlaufs von Kindern und Jugendlichen ist in hohem Maße rechtlich normiert. Sie hat sicherlich Vorteile, aber unbestritten auch zahlreiche Nachteile. Die wechselnde Zuständigkeit bei den Übergängen zwischen den Erziehungs- und Bildungsinstanzen schafft neben den systemimmanenten Umbrüchen vor allem auch das Risiko der Verschiebung frühzeitiger Unterstützung bzw. das der Delegation von Verantwortung. Schließlich machen sich in der Regel Unterstützungsanbote bzw. deren Fehlen im größeren Ausmaß erst später – bei einem anderen Bildungs- und Erziehungsakteur – bemerkbar, bedeuten aber jetzt einen höheren (finanziellen) Aufwand. Zudem lässt sich im Ergebnis der heterogenen Zuständigkeiten häufig beobachten, dass unabgestimmte Parallelstrukturen gleicher bzw. ähnlicher Angebote existieren, während an anderen Stellen diese sozialräumlich fehlen oder inhaltlich andere gefordert sind.

Parallel dazu lässt sich allgemein eine Ausdifferenzierung von Unterstützungsangeboten im sozialen Sektor beobachten. Dies kann als wachsende fachliche Spezialisierung durchaus begrüßt werden. Gleichzeitig steigt aber auch das Risiko, dass spezialisierte, aber isolierte Angebote einzelner Träger vor dem Hintergrund immer komplexer werdender multidimensionaler Unterstützungsbedarfe zu kurz greifen.

Da realistischerweise in absehbarer Zeit zumindest nicht mit einer grundlegenden Änderung der Rahmenbedingungen zu rechnen ist, bedarf es einer Herangehensweise, um innerhalb dieses skizzierten Kontextes handlungsfähig zu bleiben – der *Netzwerkarbeit*. Im Fokus von Netzwerkarbeit stehen dabei zunächst nicht möglicherweise zu erzielende Synergieeffekte. „Netzwerkarbeit ist vielmehr einerseits Reaktion auf komplexer werdende Problemlagen bei den Klienten(-gruppen), andererseits Folge politisch gesetzter Rahmenbedingungen" (Groß et al. 2005, S. 3).

Definitorische Eingrenzung

Für eine erfolgreiche Netzwerkarbeit – auch bei Erziehungs- und Bildungspartnerschaften – bedarf es eines gemeinsamen handlungsleitenden Verständnisses. Hier ist es zunächst wenig hilfreich, dass Netzwerkarbeit sich in Theorie und Praxis als bunt schillernder Begriff präsentiert. Ein zentraler Unterschied liegt bereits darin, was als Ausgangspunkt eines Netzwerkes gewählt wird.

Im Bereich der Sozialen Arbeit wird häufig dann von *(sozialer) Netzwerkarbeit* gesprochen, wenn das Ego, das Individuum, im Zentrum steht (vgl. Bullinger/Nowak 1998, S. 67). Eine

Klassifizierung unterscheidet hier zwischen primären oder mikrosozialen, sekundären oder makrosozialen und tertiären oder mesosozialen Netzwerken. Das *primäre Netzwerk* ist ein lokal-gemeinschaftliches Netzwerk, zu dem die Bereichsnetzwerke Familie, Verwandtschaft, Nachbarschaft und FreundInnen zählen. Hierfür existieren zahlreiche Verfahren und Techniken für die praktische Arbeit sowie ein großes Instrumentarium an Analysemöglichkeiten (vgl. Bullinger/Nowak 1998 und Stegbauer 2010). Bei den *sekundären Netzwerken* handelt es sich um markwirtschaftliche oder öffentliche institutionelle Netzwerke, wie beispielsweise Kindergarten, Schule oder Betrieb. Die *tertiären Netzwerke* sind als vermittelnde Instanz zwischen oder als Alternative zu primären und sekundären Netzwerken aus der Perspektive des jeweiligen Individuums anzusiedeln. Hierzu zählen u.a. Selbsthilfegruppen und die freien Träger (vgl. Bullinger/Nowak 1998, S. 70 ff.).

Eine andere Typisierung stellt nicht ein bestimmtes Individuum, sondern die Institution ins Zentrum des Netzwerkes, so beispielsweise im Wirtschaftssektor, größtenteils in der Schule, aber zunehmend auch im sozialen Bereich. In einigen Veröffentlichungen wird deshalb auch von *institutioneller Netzwerkarbeit* gesprochen.

Für gelingende Bildungs- und Erziehungspartnerschaften bietet weder der Typus der sozialen noch der institutionellen Netzwerkarbeit einen handlungsleitenden Fokus. Einerseits geht es im Kern nicht um eine einzelfallorientierte Hilfe mit Techniken der sozialen Netzwerkarbeit, sondern um die Schaffung eines Rahmens für die Arbeit mit vielen Individuen, die einen gleichen oder ähnlichen Unterstützungsbedarf haben. Andererseits birgt eine enge Auslegung der institutionellen Netzwerkarbeit auch das Risiko, die Eltern, Ehrenamtliche, Selbsthilfegruppen etc. – also primäre und tertiäre Netzwerke – mit ihren Ressourcen und Zugangsmöglichkeiten aus dem Blick zu verlieren. Gerade diejenigen, bei denen der Unterstützungsbedarf am höchsten angesehen wird, bleiben nach Angaben von den Fachkräften in der Praxis häufig den Angeboten fern. Hier bedarf es teilweise neuer Herangehensweisen und Angebote, um den Zugang zu diesen Zielgruppen zu erschließen. Ein erster Schritt kann dabei sein, ein neues, erweitertes Verständnis des Netzwerkes zu entwickeln.

Demnach umfasst bzw. könnte ein Netzwerk umfassen „(…) das Zusammenwirken der unterschiedlichsten exekutiven, legislativen und gesellschaftlichen Institutionen und Gruppen bei der Entstehung und Durchführung einer bestimmten Politik. Vertreten sind in einem Netzwerk öffentliche und private Akteure, wobei unter Akteuren Individuen, Gruppen, Institutionen oder Organisationen verstanden werden können" (Sänger/Bennewitz 2001, S. 78).

Welche konkreten Akteure (Fach- und Machtpromotende) in einem solchen Netzwerk sinnvollerweise zusammenwirken sollten, ist in hohem Maße themenabhängig und zudem regional verschieden. Aus diesem Grunde soll im Zusammenhang mit Bildungs- und Erziehungspartnerschaften für eine themenbezogene Netzwerkarbeit plädiert werden, die sozialräumlich verankert, bedarfsgerecht und systematisch anzulegen ist. Damit wird schon in der Bezeichnung deutlich, dass zunächst das gemeinsame Thema im Zentrum der Netzwerkarbeit steht bzw. stehen sollte, also keine individuellen oder institutionellen Besonderheiten.

So gesehen kann Netzwerkarbeit definiert werden als „eine Methode, mittels derer die Zusammenarbeit und Ressourcenauslastung verschiedener Akteure gesteuert wird. (…) Sie …

- wird fallunabhängig, an den Bedarfen und Ressourcen des Sozialraums orientiert geplant
- ist eine langfristige, gemeinsame Vorbereitung und Planung mit einer gemeinsamen Zielsetzung unterschiedlicher lokaler Akteure
- ist die stärker institutionalisierte, strategisch angelegte Zusammenarbeit verschiedener Partner/innen" (AWO Bundesverband 2004, S. 19)

Grundlagen der Mitarbeit

Die beschriebe Widersprüchlichkeit und Unschärfe des Netzwerkbegriffs kann auf den ersten Blick für die Werbung zur Mitarbeit in einem Netzwerk durchaus Vorteile haben. „Der *Netzwerkbegriff* (...) ist in besonderer Weise als ‚Omnibus-Begriff' zu charakterisieren. Gerade weil er zumeist unscharf gefasst wird, lädt er nahezu jeden und jede ein, ‚aufzuspringen'. Nicht zuletzt hierin liegt vermutlich ein Geheimnis seines Erfolges" (Howaldt et al. 2001, S. 9).

Sich unter einem gemeinsamen Thema zu sammeln, um gemeinsam ‚etwas Gutes zu tun', ist eine notwendige aber nicht hinreichende Bedingung für eine langfristige und erfolgreiche Netzwerkarbeit. So liefert Sydow eine weitere Differenzierung von Netzwerktypen, indem er u.a. zwischen *hierarchischen und heterarchischen Netzwerken* unterscheidet. Ein regionales Netzwerk, wie das zu Erziehungs- und Bildungspartnerschaften, wäre demnach als heterarchisch zu bezeichnen. Laut Definition sind hier die Netzwerkbeteiligten durch vielschichtige Beziehungen verbunden, aber nicht direkt hierarchisch zuordenbar und damit frei am Netzwerk mitzuwirken oder nicht (vgl. Sydow 1999, S. 287).

Zentral ist also, welches Interesse ein Akteur hat oder haben könnte, sich im Netzwerk zu engagieren. Der erste Schritt der Netzwerkvorbereitung ist daher zunächst einerseits die Eigenmotivation der Person bzw. des Trägers an der Netzwerkarbeit sowie andererseits die Notwendigkeit der Netzwerkarbeit abzuklären (vgl. Groß 2006, S. 61). Die Motive können durchaus verschieden sein. Fehlen diese bzw. ergibt sich nach der Prüfung der Notwendigkeit, dass die Netzwerkarbeit bei der bestehenden Problematik nicht zielführend oder mit höher bewerteten Nachteilen verbunden wäre, ist dies keine gute Basis für eine Mitarbeit.

Es kann auch sein, dass das Anliegen an sich bzw. der geplante Kreis der Beteiligten nicht ausreichend motiviert. Bei der Besetzung des Netzwerkes ist beispielsweise darauf zu achten, dass die Akteure nicht nur etwas von der Mitarbeit haben, sondern auch einen wesentlichen Beitrag leisten können, damit eine Win-win-Situation herstellbar ist (vgl. ebd., S. 61). Man kann alles Mögliche miteinander vernetzen, das muss aber nicht immer sinnvoll sein. Vernetzung ist daher weder an sich grundsätzlich gut noch in jedem Fall mit einer legitimierbaren positiven Zweck-Mittel-Relation versehen (vgl. van Santen/Seckinger 2003, S. 336).

Ein zentraler Prüf- und Meilenstein zur Netzwerkarbeit ist in dem Zusammenhang die Formulierung gemeinsamer *Netzwerkziele*, z.B. im Rahmen einer Netzwerk-Konferenz zum Auftakt. „In (sozialräumlichen) Netzwerken arbeiten Träger zusammen, die unterschiedliche Leitbilder und damit korrespondierende Werthaltungen, politische oder religiöse Werthaltungen verfolgen. Sie benötigen deshalb klare, von den Netzwerkpartnern gemeinsam erarbeitete und dann als allgemeinverbindlich akzeptierte Zielsetzungen zur Herstellung einer ‚Corporate Identity' des Netzwerkes" (Groß 2006, S. 61).

Darüber hinaus ist es sinnvoll, sich bereits zu Beginn der Zusammenarbeit über zentrale potenzielle Konfliktpunkte zu verständigen, da nicht nur Zielkonflikte die spätere themenbezogene Netzwerkarbeit bremsen können. Auch auf der Ebene der Strategien und der Aufgabenverteilung kommt es häufig zu Schwierigkeiten. Ein weiterer Punkt sind Ressourcenkonflikte. Neben der Aufstellung der im Netzwerk vorhanden Ressourcen ist auch die Frage der Zugriffsmöglichkeiten abzustimmen.

Diese Punkte sind zeitintensiv und sollten verfahrens- und mediengestützt – z.B. mittels Metaplan-Moderation – bearbeitet werden. Wenn realisierbar ist es sinnvoll, diesen Prozess durch Dritte moderieren zu lassen (vgl. Endres 2001, S. 105). Je größere Klarheit und Transparenz über die Erwartungen der verschiedenen Akteure bestehen, und je besser ein Einvernehmen herzustellen ist, desto stabiler ist die Basis für die spätere Zusammenarbeit.

Je nach Konstellation und Situation kann ein Herunterbrechen von Zielen und detaillierten Absprachen zu Beginn der Netzwerkarbeit schwierig sein. Eine Lösung könnte sein, Absprachen befristet, z.B. für ein Jahr, zu treffen, um sich dann erfahrungsbasiert über eine Fortführung bzw. Anpassung der Vereinbarungen abzustimmen. Eine alternative Möglichkeit besteht in der vorgeschalteten gemeinsamen Entwicklung, Durchführung und Auswertung (kleinerer) Projekte der potenziellen Netzwerkakteure. Hier können im Idealfall erste gemeinsame Erfolge erreicht werden, die Vorurteile abbauen und Vertrauen sowie positive Erwartungen an die zukünftige Netzwerkarbeit wachsen lassen.

Dies ist umso wichtiger, da, wenn man das Netzwerk im fortgeschrittenem Stadium als neuen Akteur mit erweiterten Ressourcen und Handlungsmöglichkeiten etablieren möchte, dies im Gegenzug die Bereitschaft bedeutet, die eigene Trägerautonomie einzuschränken (vgl. Bullinger/Nowak 1998, S. 151). Diese Bereitschaft ist in den seltensten Fällen zu Beginn vorhanden. Wie auch die Genese des Netzwerkes selbst ist dies ein Prozess, der einer Entwicklungszeit sowie realisierbarer und sich im Anspruch steigernder Meilensteine bedarf.

Über die besprochenen Punkte hinaus ist es daher häufig weniger sinnvoll, auf bessere Rahmenbedingungen zu warten, um gegebenenfalls noch vorhandene Unsicherheiten zu reduzieren. (Sinnvolle) Innovationen kommen oftmals nicht zustande, weil beste Rahmenbedingungen dafür vorliegen, sondern weil das ‚Weiter so!' aufgrund von Druck nicht mehr durchhaltbar bzw. sinnvoll ist (vgl. Bender/Hirsch-Kreinsen 2001, S. 30).

Management von Netzwerken

Da lokale Netzwerke dem heterarchischen Typus zuzuordnen sind, kommen auf das Management gesteigerte Herausforderungen zu. Zum einen kann Netzwerkarbeit nicht ‚angeordnet', sondern in der Regel nur über inhaltliche Überzeugung und Selbstverpflichtung realisiert werden. Darüber hinaus trifft man im Rahmen der Netzwerkarbeit, wie skizziert, auf zahlreiche unterschiedliche Interessenlagen und Erwartungen, die es abzustimmen gilt. Nicht ohne Grund geht es bei der Netzwerkarbeit, bei der häufig ein Weg zwischen Konkurrenz und Zusammenarbeit zu finden ist, um das „Management dieser Spannungsverhältnisse" (Lerch et al. 2010, S. 187).

Das Management umfasst mindestens vier Funkionen bzw. Aufgabenfelder: Selektion, Allokation, Regulierung und Evaluation (vgl. ebd., S. 294 ff.). Zur *Selektion* zählt die schon beschriebene Auswahl bzw. Eingrenzung geeigneter Akteure. Unter *Allokation* fällt, wie noch zu skizzieren, der Aufgabenkomplex der Bestimmung und Verteilung der vom Netzwerk und den einzelnen Akteuren wahrzunehmenden Aufgaben und einzusetzenden Ressourcen. Unter *Regulierung* sind alle Aufgaben zu subsumieren, die sich auf (Spiel-)Regeln innerhalb der Netzwerkarbeit beziehen. Die *Evaluation* schließlich beinhaltet sowohl die Bewertung der Beiträge der einzelnen Netzwerkakteure, die Qualität der entwickelten Netzwerkbeziehung als auch die durch die gemeinsame Netzwerkarbeit erzielten Effekte (vgl. Sydow 2001, S. 89 f.).

Welche Netzwerkorganisation und -struktur für die Wahrnehmung dieser Aufgaben sinnvollerweise zu wählen ist, kann nur in Abhängigkeit zu den realen Verhältnissen und Möglichkeiten vor Ort entschieden werden.

Eine separate Stelle, die das Management übernimmt, ist – wenn überhaupt – häufig nur über eine bestimmte Laufzeit im Rahmen von Projekten finanzierbar. Ist dies möglich, besteht der Vorteil in der klaren Funktion und entsprechenden zeitlichen Ressourcen. Es existiert jedoch das Risiko, dass diese Aufgabe zu einer Überforderung der einzelnen Person und einer Isolierung aufgrund der herausgehobenen Funktion zu anderen Netzwerkakteuren führen kann. Falls die Förderung dann aufhört, besteht die Gefahr, dass das Netzwerk ohne Koordination die Arbeit einstellt.

Häufig ist diese Form ohnehin nicht möglich, sodass eine Verteilung der Managementaufgaben auf mehrere Schultern zu erfolgen hat. Dies muss – nach Selektion der Netzwerkakteure – nicht automatisch die schlechtere organisatorische Variante sein. Die Aufgaben können so geschnitten werden, dass sie neben dem Tagesgeschäft für die einzelnen Akteure noch zu bewältigen sind. Eine Spezialisierung mit Vertretungsregelungen ist ebenso möglich wie ein rotierendes System, welches Abwechslung und ein Verständnis für alle zu steuernden Netzwerkprozesse bringt. Ein personeller Ausfall kann zudem im Ernstfall besser abgefangen werden.

Hilfreich – gerade bei der Mitwirkung vieler Akteure – ist es, eine Steuerungsgruppe einzusetzen. Deren Aufgabe ist es dann, die konkrete Netzwerkarbeit zu sichern sowie ein fachliches und ökonomisches Netzwerk-Controlling zu gewährleisten (vgl. Groß 2006, S. 60). Gerade, wenn es eine Trennung zwischen Steuerungsgruppe und Gesamtnetzwerk gibt, ist im Rahmen der Allokation festzulegen, welches Mandat erstere erhält – z.B. eigenständig Entscheidungen treffen oder festlegen, wie der Informationsfluss des Netzwerkes sichergestellt wird.

Die Klärung umfasst auch die Rollen der anderen Netzwerkbeteiligten, die miteinander abzustimmen sind. So bedarf es für eine funktionierende Netzwerkteilnahme klarer Kompetenzzuschreibungen für die Innen- und Außenvertretung. Wichtig für die gemeinsame Arbeit ist eine verlässliche und kontinuierliche personelle Ausstattung, die z.B. durch partielle Freistellung abgesichert werden könnte. Dies ist jeweils trägerintern abzuklären (vgl. Groß et al. 2005, S. 21).

Unterschiedliche Stadien von Netzwerkarbeit

Die konkret anzugehenden Arbeitsschritte sind in Abhängigkeit der Ausgangsbedingung bzw. des Stadiums der Netzwerkarbeit zu sehen. Im Fokus stehen dabei in der Regel der Aufbau bzw. die Initiierung und die Erweiterung eines bestehenden Netzwerkes (vgl. Groß 2006, S. 60).

Der Aufbau erfolgt in zwei Schritten. In der Anschubphase sind drei Elemente von besonderer Bedeutung: der *Impuls für den Netzwerkaufbau*, der von unterschiedlichen Akteuren kommen kann, die *institutionelle Absicherung* der notwendigen Ressourcen für die Netzwerkarbeit, die die Abklärung der Eigenmotivation und Notwendigkeit der Netzwerkarbeit beinhaltet, und die (informelle) *Abstimmungsarbeit* bei potenziellen Unterstützern und Netzwerkträgern (vgl. Fischer/Höbel 2003, S. 133). In der anschließenden Gründungsphase werden gemeinsam Ziele, Strategien, einzubringende Ressourcen, aber auch Regeln zum Umgang miteinander, Kommunikations- und Informationsformate sowie die Vernetzungsstruktur an sich abgestimmt.

Die sinnvolle Erweiterung eines Netzwerkes kann ebenfalls Herausforderungen bieten, zumal, wenn es unterschiedliche Vorstellungen unter den bisherigen Akteuren gibt, um wen der Kreis zu erweitern ist. Eine Expansion ist häufig auch mit der Überprüfung bisher eingespielter Routinen, Absprachen und Verteilungen bei den Ressourcen und Aufgaben verbunden, die gegebenenfalls anzupassen sind. Damit können möglicherweise auch Veränderungen in der Bewertung der Kosten-Nutzen-Relation bezüglich der Netzwerkarbeit einzelner Akteure einhergehen.

Über die Initiierung und Erweiterung von Netzwerken hinaus gibt es aber auch noch weitere Stadien der Netzwerkarbeit. Noch problematischer ist es beispielsweise, wenn eine eigentlich fachlich gebotene qualitative und/oder quantitative Sanierung größeren Ausmaßes eines bereits bestehenden Netzwerkes ansteht. Diese kann von einer thematischen Neuausrichtung bis zur zahlenmäßigen Verkleinerung des Netzwerkes als einer Variante der Selektionsfunktion reichen. Helfen kann in diesem schwierigen Prozess, der im Extremfall beim Scheitern zur Auflösung des Netzwerkes oder zur weitgehend wirkungslosen Weiterführung führen kann, wenn im Vorfeld gemeinsame überprüfbare Qualitätskriterien erarbeitet wurden, an denen man sich im Rahmen der (Selbst-)Evaluation misst. In jedem Fall ist der Prozess durch eine gute interne Kommunikation zu flankieren.

Was meist weniger Beachtung findet, ist der ‚normale Erhalt' des Netzwerkes. Gerade wenn keine größeren Probleme anliegen, besteht die Herausforderung, dass die Arbeit nicht zwischen anderen Zeit und Aufmerksamkeit absorbierenden Aufgaben untergeht, sondern parallel zielorientiert weiterläuft, dass gemeinsame Erfolge sichtbar gemacht und die Netzwerkakteure zur weiteren Mitarbeit motiviert werden. Ein zentraler Baustein bei der Netzwerkarbeit von Erziehungs- und Bildungspartnerschaften besteht auch hier in deren Evaluation. Erst die damit verbundene systematische stetige Überprüfung, Anpassung und Weiterentwicklung des gemeinsamen Handelns an sich verändernde Bedarfslagen und Rahmenbedingungen schafft letztendlich die Grundlage für eine wirkungsorientierte nachhaltige Netzwerkarbeit.

Literatur

AWO Bundesverband (Hrsg.) (2004): Qualitätsentwicklung für lokale Netzwerkarbeit. Eine Arbeitshilfe für die Praxis. Bonn

Bender, Gerd/Hirsch-Kreinsen, Hartmut (2001): Innovation in „transdisziplinären" Technologiefeldern. In: Howaldt/Kopp/Martens (2001): S. 29-46

Endres, Egon (2001): Erfolgsfaktoren des Managements von Netzwerken. In: Howaldt/Kopp/Martens (2001): S. 103-120

Fischer, Veronika/Höbel, Regina (2003): Netzwerkaufbau und -organisation. In: Fischer/Eichener/Nell (2003): S. 133-156

Fischer, Veronika/Eichener, Volker/Nell, Karin (2003): Netzwerke – ein neuer Typ bürgerschaftlichen Engagements. Zur Theorie und Praxis der sozialen Netzwerkarbeit mit Älteren. Schwalbach im Taunus: Wochenschau-Verlag

Groß, Dirk (2006): Determinanten erfolgreicher Netzwerkarbeit. In: Univation GmbH (2006): S. 57-66

Groß, Dirk/Holz, Gerda/Boeckh, Jürgen (2005): Qualitätsentwicklung für lokale Netzwerkarbeit. Ein Evaluationskonzept und Analyseraster zur Netzwerkentwicklung. Frankfurt am Main: ISS-Eigenverlag

Howaldt, Jürgen/Kopp, Ralf/Martens, Helmut (2001): Kooperationsverbünde und regionale Modernisierung. Theorie und Praxis der Netzwerkarbeit. Wiesbaden: Betriebswirtschaftlicher Verlag

Lerch, Frank/Sydow, Jörg/Wilhelm, Miriam (2010): Wenn Wettbewerber zu Kooperationspartnern (gemacht) werden. Einsichten aus zwei Netzwerken in einem Cluster optischer Technologien. In: Sydow (2010): S. 187-235

Sänger, Ralf/Bennewitz, Heiko (2001): Von der Last zur Lust zur Zusammenarbeit – Handlungsempfehlungen zum Aufbau von Netzwerken gegen Jugendarbeitslosigkeit. Lokale und Regionale Netzwerke zur sozialen und beruflichen Integration Jugendlicher. Aktuelle Beiträge aus Theorie und Praxis, im Rahmen der Modellversuchsreihe „Innovative Konzepte in der Ausbildungsvorbereitung benachteiligter Jugendlicher" erarbeitet. Projekt INKA II. Offenbach: Institut für Berufliche Bildung, Arbeitsmarkt- und Sozialpolitik

Stegbauer, Christian (Hrsg.) (2010): Netzwerkanalyse und Netzwerktheorie. Ein neues Paradigma in den Sozialwissenschaften. 2. Auflage. Wiesbaden: Verlag für Sozialwissenschaften

Sydow, Jörg (Hrsg.) (2010): Management von Netzwerkorganisationen. Beiträge aus der „Managementforschung". 5. Auflage. Wiesbaden: Gabler

Sydow, Jörg (2001): Management von Unternehmensnetzwerken. Auf dem Weg zu einer reflexiven Netzwerkentwicklung? In: Howald et al. (2001): S. 79-102

Sydow, Jörg (Hrsg) (1999a): Management von Netzwerkorganisationen – zum Stand der Forschung. In: Sydow (1999b): S. 281-314

Sydow, Jörg (Hrsg.) (1999b): Management von Netzwerkorganisationen. Wiesbaden: Gabler

Univation GmbH (Hrsg.) (2006): Evaluation von Netzwerkprogrammen – Entwicklungsperspektiven einer Evaluationskultur. Möglichkeiten und Grenzen der Evaluation von Netzwerken. Köln: Univation Institut für Evaluation

Van Santen, Eric/Seckinger, Mike (2003): Kooperation: Mythos und Realität einer Praxis. Eine empirische Studie zur interinstitutionellen Zusammenarbeit am Beispiel der Kinder- und Jugendhilfe. München: DJI

Nina Krüger

12. Methoden-Muster: Presse- und Öffentlichkeitsarbeit

1. Vorbemerkungen

Soziale Themen haben gute Chancen, in den Medien präsent zu sein. Viele Möglichkeiten werden allerdings verschenkt – und damit auch die Option, die Soziale Arbeit politisch und gesellschaftlich zu positionieren. Warum Öffentlichkeitsarbeit notwendig ist und wie sie gelingen kann wird in diesem Beitrag skizziert. Dabei wird vor allem auf eine ihrer wichtigste Formen, die Pressearbeit, eingegangen.

2. Warum Öffentlichkeitsarbeit?

Öffentlichkeitsarbeit läuft meistens nebenbei – und zwar bei fast 70% der sozialen Einrichtungen (Puhl 2003, S. 143). Sie haben in der Regel weder die Zeit noch das Geld, systematische Eigen-PR zu betreiben. Ein weiteres Problem ist die Gratwanderung zwischen der öffentlichen Thematisierung sozialer Missstände und dem Schutz des eigenen Klientels vor Stigmatisierung (vgl. ebd., S. 54 f.).

Trotzdem ist Öffentlichkeitsarbeit auch im sozialen Bereich möglich und notwendig. Sie ist elementar, um einem breiten Publikum zu zeigen, dass die eigene Arbeit wichtig ist. So können Geldgeber, Sponsoren und Spender gewonnen und Einfluss auf die kommunale Sozialpolitik ausgeübt werden. Durch Öffentlichkeitsarbeit ist es möglich, Multiplikatoren für die eigenen Interessen zu gewinnen und Informationen innerhalb der eigenen Institution oder innerhalb von Vernetzungszusammenhängen weiterzugeben.

3. Was ist Öffentlichkeitsarbeit?

Öffentlichkeitsarbeit ist „das Instrument, um mit Öffentlichkeit(en) in Kontakt, Kommunikation und Austausch zu treten. (…) Generell ist Öffentlichkeitsarbeit Kommunikationsarbeit, die alle Formen mündlicher, schriftlicher und visueller Kommunikationsvermittlung umfasst" (Puhl 2005, S. 616).

Wichtig für das Verständnis ist, dass *Öffentlichkeitsarbeit* und *Public Relations* (PR) Synonyme sind (Fröhlich 2008a, S. 95). Eine Tatsache, die SozialarbeiterInnen oft nicht bewusst ist: Sie setzen PR mit Werbung und betriebswirtschaftlichen Marketingkonzepten gleich, die sie aus Prinzip ablehnen (vgl. Luthe 1995, S. 25 f.). Hier schwingt die Angst mit, sich und die eigene Tätigkeit zu verkaufen.

Doch Öffentlichkeitsarbeit ist mehr als Werbung. Sie kann auf verschiedenen Ebenen stattfinden. Zum Bereich der internen PR gehören zum Beispiel die Mitarbeiterzeitung, das Schwarze Brett, Schaukästen oder ein Betriebsfest. Externe Öffentlichkeitsarbeit kann sich auf Aktionen wie Demonstrationen, Unterschriftensammlungen oder Konzerte beziehen. Bezahlte Werbung in Form von Anzeigen oder Radiospots fällt genauso in den Bereich der externen PR wie Pressearbeit (die sich nicht auf Printprodukte beschränkt und auch Rundfunk- und Online-Medien einschließt). Da Pressearbeit eine zentrale Stellung im Rahmen der Öffentlichkeitsarbeit einnimmt, soll im Folgenden näher darauf eingegangen werden.

4. Die Partner: Zusammenarbeit mit den Redaktionen

Wer beeinflusst eigentlich wen? Infiltrieren die ÖffentlichkeitsarbeiterInnen die Medien oder bestimmen Presse und Rundfunk die Rahmenbedingungen der Zusammenarbeit? Die Medien sind auf Informationen angewiesen – also auch auf die Kommunikationsbereitschaft des PR-Apparates. Gleichzeitig können PR-PraktikerInnen ihre Kommunikationsziele nur mit Hilfe der Medien erreichen. Die beiden Systeme ermöglichen sich also gegenseitig und sind voneinander abhängig (vgl. Bentele/Liebert/Seeling 1997). Dessen sollten sich auch ÖffentlichkeitsarbeiterInnen bewusst sein: Ihre Beziehung zu den Medien sollte auf Augenhöhe angesiedelt sein. Presse und Rundfunk sind Partner, keine Gegner. Um ein gleichberechtigtes Verhältnis entstehen zu lassen, sind grundlegende Kenntnisse über die Funktions- und Arbeitsweise der Medien entscheidend, die im Folgenden skizziert werden.

4.1 Redaktionsformen und -organisation

Pressearbeit hat generell keine Beschränkungen: Sie kann sich z.B. an Zeitungen (Tageszeitungen, Wochenzeitungen, Anzeigenblätter, Stadt- oder Alternativzeitungen), Zeitschriften (Nachrichtenmagazine, Publikumszeitschriften, Special-Interest-Zeitschriften), den Rundfunk (öffentlich-rechtliches und privates Fernsehen und Radio) sowie an Nachrichten- und Informationsseiten im Internet richten.

Kleine und mittelgroße Träger und Einrichtungen haben in der Regel bei Lokal- und Regionalzeitungen die besten Veröffentlichungschancen. Das gilt auch für regionale und lokale Radio- und Fernsehstationen.

Ressorts

In klassischen Redaktionen wird die Themenfülle, die Medien täglich zu bewältigen haben, zwischen verschiedenen Ressorts aufgeteilt. Typische Tageszeitungsressorts sind Politik, Wirtschaft, Kultur, Sport und Lokales. Sind Themen auf den ersten Blick nicht eindeutig einem Bereich zuzuordnen, wird in Redaktionskonferenzen, die oft mehrmals täglich stattfinden, entschieden, wer das Thema bearbeitet. Im Zuge von Wandlungsprozessen brechen immer mehr Redaktionen das Ressortprinzip auf und arbeiten an sogenannten Newsdesks. Hier laufen alle Themen zentral ein, werden gewichtet und an ‚schreibende' RedakteurInnen weitergegeben.

Beim Rundfunk wird von Redaktionen, Abteilungen, Teams oder Bereichen gesprochen. Die Aufteilung der Themenbearbeitung wird primär von der Größe und Organisationsform des Rundfunkveranstalters bestimmt. Bei privaten Sendern sind die einzelnen Bereiche oft weniger scharf voneinander getrennt – hier existieren viele verschiedene Organisationsuster nebeneinander.

Ansprechpartner

Redaktionen sind in den meisten Fällen hierarchisch organisiert. Am Beispiel einer Zeitung soll kurz umrissen werden, was das bedeutet: An der Spitze eines Verlagshauses steht der oder die VerlegerIn, der/die die Richtung des Blattes vorgibt – in der Regel ist er/sie nicht ins journalistische Tagesgeschäft involviert. Anders ist das bei der Chefredaktion, die die Zeitung nach außen vertritt und für die Organisation der Redaktion verantwortlich ist. Sie entscheidet letztendlich, was am nächsten Tag in der Zeitung stehen darf.

Vorausgesetzt, es handelt sich um eine klassische Redaktion mit Ressortprinzip, verfügt jeder Bereich über RessortleiterInnen. Diese verteilen u.a. die zu bearbeitenden Themen und redigieren fertige Beiträge. Sie haben eine Mittlerfunktion zwischen Chefetage und Redaktion. Wer eine erste Kontaktaufnahme starten oder eine Pressemitteilung versenden möchte, ist bei der Ressortleitung richtig. In der Regel ist die Lokalredaktion hier der beste Ansprechpartner. Doch je nach Themenspektrum kann die Nachricht auch für die Politik-, Kultur- oder Sportabteilung interessant sein.

Unter der Ressortleitung arbeitet eine unterschiedliche Anzahl an RedakteurInnen. Diese haben innerhalb der Ressorts häufig spezielle Schwerpunktthemen und können entscheiden, über was in ihrem Bereich berichtet wird. Für die Pressearbeit ist es sinnvoll zu ermitteln, wer für den eigenen Themenkreis zuständig sein könnte (z.B. Schule). Diese MitarbeiterInnen sind in der Regel offen für Anregungen und Themenvorschläge. Sie können zu festen AnsprechpartnerInnen werden.

Für die Öffentlichkeitsarbeit interessant sind auch Freie MitarbeiterInnen. Manche sind nebenberuflich in der Redaktion, andere hauptberuflich journalistisch tätig und haben mehrere Arbeitgeber. Sie werden in der Regel pro Zeile, Beitrag oder nach festen monatlichen Pauschalen bezahlt. Sogenannte Freie sind offen für neue Themen und Impulse, die sie der Redaktion anbieten können. Da es unter den Freien MitarbeiterInnen allerdings eine hohe Fluktuation gibt, kann es schwierig sein, sie als dauerhaften Kontakt zu etablieren.

Themen

Ob über Nachrichtenagenturen, Pressemitteilungen oder Informanten: Redaktionen erhalten täglich Hunderte von Informationen. JournalistInnen kommt dabei die Rolle des Schleusenwärters zu. Sie bestimmen, welche Themen es in die Medien schaffen. Natürlich spielen dabei auch subjektive Interessen eine Rolle, die wiederum Auswirkungen auf die Auslegung der sogenannten Nachrichtenfaktoren haben. Galtung und Ruge entwickelten 1965 eine Theorie, mit der der Nachrichtenwert eines Ereignisses bestimmt werden kann. Im Folgenden wird eine Auswahl der insgesamt zwölf Faktoren vorgestellt (zitiert nach Schulz 2003, S. 357):

- *Schwellenfaktor:* Ein Ereignis muss einen bestimmten Schwellenwert der Aufmerksamkeit überschreiten, damit es überhaupt registriert wird. Eine Pressemitteilung, die mit dem Satz ‚Wie jedes Jahr seit 1993 veranstalten wir wieder unser Sommerfest' beginnt, hat also keine besonders guten Veröffentlichungschancen.
- *Bedeutsamkeit:* Ein Ereignis, das viele Menschen betrifft und Tragweite hat, wird von Journalisten eher gewählt. Wenn z.B. die Kita-Gebühren in Hamburg massiv steigen, wird das fast alle Eltern mit kleinen Kindern interessieren.
- *Überraschung:* Unvorhergesehene, seltene und kuriose Themen werden schnell zur Nachricht. Zum Beispiel: Um die Situation in Gefängnissen besser nachvollziehen zu können, lebt ein CDU-Abgeordneter eine Woche im Jugendknast.

- *Bezug auf Elite-Person:* Spielen prominente oder einflussreiche Personen eine Rolle, wird es das Thema schneller in die Medien schaffen. Wer also den Bürgermeister zu einem Tag der offenen Tür einlädt, hat bessere Chancen, dass auch die Presse erscheint.
- *Personalisierung:* Je stärker das Handeln und das Schicksal von Personen dargestellt werden, desto eher wird ein Ereignis zur Nachricht. So könnte das Thema Abschiebung am Beispiel einer gut integrierten Familie in Form eines Portraits skizziert werden.
- *Negativismus:* Je negativer ein Ereignis ist, je mehr es auf Konflikte und Kontroversen eingeht, desto stärker wird es von den Medien beachtet. Eine Schülerdemonstration gegen Kürzungen des Schuletats mit Sitzblockaden vor dem Rathaus und einem aufgebrachten Bürgermeister hat also gute Veröffentlichungschancen.

Diese Faktoren können aktiv für die eigene Medienarbeit genutzt werden.

Zeitplanung

Sie fangen spät an und sind lange da: JournalistInnen haben oft Abendtermine, dafür startet ein regulärer Redaktionstag erst zwischen 9 und 10 Uhr. Der Tag ist durch Konferenzen strukturiert, die häufig um 10, gegen 13 Uhr und am frühen Abend (zwischen 17 und 18 Uhr) stattfinden. Während der Konferenzen wird es ebenso schwierig jemanden zu erreichen wie in Stressphasen kurz vor Abgabe der Texte bzw. Beiträge. Das ist in der Regel gegen Abend. Ein günstiger Zeitpunkt für Anrufe und andere Kontaktversuche ist der späte Vormittag.

5. Ablauf und Organisation der Pressearbeit

Natürlich besteht Pressearbeit nicht nur darin, in regelmäßigen Abständen Pressemitteilungen an einen E-Mail-Verteiler zu schicken. Pressearbeit ist Netzwerkarbeit – es geht um Beziehungsaufbau und -pflege. In der Sozialen Arbeit ist dafür allerdings oft wenig Zeit. Umso wichtiger ist es, dass zumindest die Standards sitzen. Den Rahmen bildet dabei am Anfang der Presseverteiler, am Ende die systematische Nachsorge und Kontrolle.

Ein Presseverteiler sollte den Namen des Mediums, die Vor- und Nachnamen der redaktionellen Ansprechpartner, ihre Telefon- und Faxnummern, E-Mail-Adressen sowie einen Vertreter beinhalten. Die Daten können teilweise über das Impressum ermittelt werden, oft ist allerdings ein Anruf in der Redaktion sinnvoll. Es ist wichtig, den Presseverteiler regelmäßig zu aktualisieren. Über ihn können gezielt einzelne Ansprechpartner ermittelt sowie schnell Pressemitteilungen per E-Mail verschickt werden.

Um die Effizienz der eigenen Arbeit zu kontrollieren, sollte nach jedem Kontakt mit den Medien (direkt oder in Form einer Pressemitteilung) ein Erfolgscheck stattfinden: Kam es zu einer Veröffentlichung? Wenn ja, sollten die publizierten Artikel oder Beiträge gesammelt werden. Auch eine Rückmeldung an die Redaktion ist denkbar – sowohl in Form von Kritik als auch Lob. Die Beiträge sollten in regelmäßigen Abständen (z.B. alle sechs Monate) mit Quellenangaben kopiert und an alle MitarbeiterInnen in Form eines Pressespiegels verteilt werden.

5.1 Die Pressemitteilung

Zwischen diesen Schritten liegt ein entscheidender: die Pressemitteilung. Damit diese es möglichst unverändert in die Medien schafft, orientiert sich der Aufbau an der journalistischen Darstellungsform des Berichts.

Formal

Generell sollte eine Pressemitteilung nicht länger als einenhalb DIN-A4-Seiten sein und mit dem Logo und der Adresse der jeweiligen Institution versehen werden.

Inhaltlich

Die wichtigsten Informationen stehen bei einer Pressemitteilung am Anfang:

- In einer *Headline* steht die Kernaussage – manchmal reichen auch Schlagworte.
- In einem *Leadsatz* oder *Leadabsatz* wird anschließend die Gesamtaussage wiedergegeben. Hier geht es um Kürze und Prägnanz. Dieser Teil kann auch fett gedruckt werden.
- Im *Mittelteil* werden notwendige Erklärungen und Ergänzungen geliefert.
- Am *Schluss* ist Raum für Zusatzinformationen, die für das Verständnis der Pressemitteilung nicht unbedingt notwendig sind, wie z.B. die Größe und MitarbeiterInnenzahl einer Organisation.
- Abschließend sollte noch einmal ein/e AnsprechpartnerIn genannt werden – mit Telefon- oder sogar Handynummer, E-Mail-Adresse und Bürozeiten.

Es ist entscheidend, dass eine Pressemitteilung die journalistischen W-Fragen beantwortet (Wer hat was, wann, wie und warum getan?). Meinungen sollten als Zitate gekennzeichnet werden. Dabei ist immer der Vor- und Nachname sowie die Funktion anzugeben.

Sprachlich

Wichtig ist auch der Sprachstil: Kurze, unkomplizierte Sätze und das Vermeiden von Fremdwörtern oder Abkürzungen ohne vorherige Erklärung erhöhen die Verständlichkeit.

5.2 Die Pressekonferenz

Bei größeren Ereignissen reicht eine Pressemitteilung nicht immer aus. Um eine Gruppe von Journalisten verschiedener Medien umfassend zu informieren, ist eine Pressekonferenz (PK) sinnvoll. Mögliche Gründe können die Eröffnung einer Einrichtung, der Abschluss einer Tagung oder die Darstellung der eigenen Position im Zuge eines Konfliktes sein.

Die Vorbereitung beginnt mit der Terminwahl – denn sie ist für den Erfolg der PK entscheidend. Der beste Zeitpunkt ist der späte Vormittag, da dann die Chance am größten ist, dass das Thema am nächsten Tag in der Zeitung steht. Wichtig ist auch, dass es keine Konkurrenzveranstaltungen gibt.

Anschließend müssen die Rahmenbedingungen geklärt werden: Wo soll die Pressekonferenz stattfinden? Gibt es dort Stühle, Tische und einen Ruheraum für spätere Einzelinterviews? Können die ReferentInnen für alle gut sichtbar, z.B. auf einem Podium, positioniert werden? Sollen die Gäste nur Getränke oder auch Snacks bekommen?

Die Einladungen sollten ein bis zwei Wochen vor der Veranstaltung an die Redaktionen geschickt werden – oft ist es sinnvoll, einen Tag vorher noch einmal anzurufen, an den Termin zu erinnern und zu fragen, wer kommen wird. Im Vorfeld sollte zudem eine Anwesenheitsliste für Journalisten angefertigt werden, die bei der PK herumgegeben wird.

Für einen reibungslosen Ablauf kann zudem eine Beschilderung zum Raum der Pressekonferenz sinnvoll sein. Um spätere Verwechselungen zu vermeiden, sollten die VertreterInnen des Hauses Namensschilder tragen. Auf dem Podium sind zusätzliche, gut lesbare Hinweise auf Name und Funktion wichtig.

Während der PK sollte es – je nach Thema – einige präzise und nicht zu langatmige Statements geben. Die Anzahl der Redner muss überschaubar bleiben, ein Moderator kann der Veranstaltung zusätzlich Struktur geben. Anschließend haben die JournalistInnen die Möglichkeit Fragen zu stellen, wofür ausreichend Zeit eingeplant werden sollte. Interviews, auch für einzelne MedienvertreterInnen, können im Anschluss gegeben werden.

Ein wesentliches Element der Pressekonferenz ist die Pressemappe. Sie wird an alle anwesenden Journalisten ausgeteilt und bei Bedarf an verhinderte RedakteurInnen verschickt. Sie enthält noch einmal die Einladung zur PK, einen Programmablauf, eine Liste der RednerInnen (mit Vor- und Nachname, Titel und Funktion) sowie die Reden und Statements im genauen Wortlaut (mit dem Zusatz „Es gilt das gesprochene Wort"). Sinnvoll ist es auch, schon eine die Veranstaltung zusammenfassende Pressemitteilung beizulegen. Themenbezogene Fotos und ein – wenn vorhanden – aktueller Pressespiegel runden die Pressemappe ab.

Nach der Veranstaltung steht die Nachbereitung an: Sind alle eingeladenen MedienvertreterInnen erschienen? Wurden alle Fragen ausreichend beantwortet? Sind technische, organisatorische oder sonstige Probleme aufgetreten? Wurden neue Kontakte geknüpft? (Wenn ja, sollten sie gleich in den Presseverteiler übertragen werden.)

Abschließend sollte die folgende Berichterstattung analysiert werden: Wurde überhaupt berichtet? Entspricht die Darstellung den Vorstellungen? Die Beiträge werden gesammelt und dem Pressespiegel zugeführt.

6. Zusammenfassung

Trotz Arbeitsbelastung und der Angst, sich und seine Sache zu verkaufen: Presse- und Öffentlichkeitsarbeit in der Sozialen Arbeit ist möglich und wichtig. Wer sich an einfache Standards hält und ein Grundverständnis der medialen Welt besitzt, kann zumindest ein entscheidendes Minimum an Publizität erreichen und halten.

Literatur

Bentele, Günter/Haller, Michael (1997): Aktuelle Entstehung von Öffentlichkeit. Akteure – Strukturen – Veränderungen. Konstanz: UVK Medien

Bentele, Günter/Liebert, Tobias/Seeling, Stefan (1997): Von der Determination zur Intereffikation. Ein integriertes Modell zum Verhältnis von Public Relations und Journalismus. In: Bentele/Haller (1997): S. 225-250

Bentele, Günter/Fröhlich, Romy/Szyszka, Peter (2008): Handbuch der Public Relations. Wissenschaftliche Grundlagen und berufliches Handeln. Mit Lexikon. 2. Auflage. Wiesbaden: VS-Verlag

Fröhlich, Romy (2008): Die Problematik der PR-Definition(en). In: Bentele/Fröhlich/Szyszka (2008): S. 95-109

Kreft, Dieter/Mielenz, Ingrid (Hrsg.) (2005): Wörterbuch Soziale Arbeit. Aufgaben, Praxisfelder, Begriffe und Methoden der Sozialarbeit und Sozialpädagogik. Weinheim und München: Juventa

Luthe, Detlef (1995): Öffentlichkeitsarbeit für Nonprofit-Organisationen. Eine Arbeitshilfe. 2. Auflage. Augsburg: Maro

Noelle-Neumann, Elisabeth/Schulz, Winfried/Wilke, Jürgen (2003): Fischer Lexikon Publizistik Massenkommunikation. 2. Auflage. Frankfurt am Main: Fischer

Puhl, Ria (2005): Öffentlichkeitsarbeit. In: Kreft/Mielenz (2005): S. 616-620

Puhl, Ria (2003): Klappern gehört zum Handwerk. Funktion und Perspektive von Öffentlichkeitsarbeit in der Sozialen Arbeit. Weinheim und München: Juventa

Schulz, Winfried (2003): Nachricht. In: Noelle-Neumann/Schulz/Wilke (2003): S. 328-362

Transferbedingungen für Konzepte von
Erziehungs- und Bildungspartnerschaften

Waldemar Stange

Qualitätskriterien und -indikatoren für Erziehungs- und Bildungspartnerschaften – ein Praxisinstrument

Die Entwicklung von Qualitätskriterien ist im Zusammenhang mit der *Qualitätssteuerung* und der *Evaluation* sehr wichtig. Dies ist kein einfacher Prozess, der durch fachlich eindeutig vorgegebene Verfahrensschritte abschließend definiert ist. Diese Tatsache führte in zwei Forschungs-und Entwicklungsprojekten an der Leuphana-Universität Lüneburg im Transferbereich zum Thema *Erziehungs- und Bildungspartnerschaften in der Schule bzw. in Kindertagesstätten* dazu, sich für einen dialogischen Prozess zu entscheiden, an dem das Hochschulteam – einschließlich Studierenden – und mehrere Ausbildungsgruppen aus dem Fortbildungsteil der genannten Projekte beteiligt waren. In diesem dialogischen Prozess wurden nach einer Literatur- und Material-Recherche verschiedene Entwürfe für Kriterienkataloge diskutiert und mehrfach überarbeitet. Zu den Kriterienkatalogen wurden geeignete Indikatoren gesucht – ein Prozess, der gut funktioniert hat, weil die TeilnehmerInnen aussagekräftige Indikatoren kannten, die auf dem Hintergrund ihrer Praxiserfahrungen (alle arbeiteten in Projekten zu kommunalen Erziehungs- und Bildungspartnerschaften) formuliert wurden. Das Verfahren selbst war eine mehrfach durchlaufene, moderierte Spirale nach dem sog. *Metaplanverfahren* in parallelen Kleingruppen, also in einem visualisierten partizipativen Prozess. Daraus hat sich nach diversen Revisionen folgender Entwicklungsprozess herauskristallisiert, den wir inzwischen standardisiert anwenden.

Wir gehen in interaktiven Kleingruppenarbeiten (mit moderiertem partizipativem Visualisierungsprozess per Metaplan) in der folgenden Reihenfolge vor und sammeln nacheinander:

A. Erste grobe und intuitive Zielsammlung

- spontane offene Sammlung von Zielen
- die in verschiedenen Grobkonzepten oder in Projektanträgen *Elternarbeit* auf einfachem Niveau gesammelten Ziele (Projektziele)
- Zielbeschreibungen aus der Fachliteratur

Die Ziele in dieser Phase werden noch nicht in das unter B. beschriebene Posterformular übertragen, sondern auf leeren Metaplan-Tafeln (auf weißen Moderationskarten) gesammelt. Sie sind in diesem intuitiven Stadium meistens sogenannte *Mittlerziele*.

B. Bearbeitung und Ordnung der obigen Ziele-Sammlung (ggf. auch spontane Ergänzungen)

Zugrunde gelegt wird im Schritt B.3 das dort dokumentierte Poster-Formular, das Spalten mit folgenden Kategorien enthält:

1. Leitziele (Outcome als Wirkung von Maßnahmen)
2. Mittlerziele (Outcome als Wirkung von Maßnahmen)

3. Handlungsziele (als Wirkung von Maßnahmen, nur als exemplarische Auswahl)
4. Output (Programme und Maßnahmen)
5. Kriterienbildung aus den Zielen (insbesondere aus den Mittlerzielen)
6. Indikatorensammlung zu den Kriterien
7. Bestimmung der Messinstrumente
8. ggf. Festlegung der Qualitätsstandards (Formulierung fakultativ)

B.1 Überprüfung

Sind die Ziele – entsprechend den Regeln für eine gute Zielformulierung – richtig formuliert und sind die Aussagen klar und eindeutig? Dabei helfen folgende Prüf-Fragen:

- Was ist genau gemeint, was nicht? Was ist der eigentliche Kern des Ziels? Das ist vor allem der Blick auf die darin versteckten Kriterien (= Maßstäbe für Erfolg, noch als allgemeine Begriffe).
- Es ist darauf zu achten, dass nur ein Ziel und nicht mehrere Ziele im betreffenden Satz stecken oder dass das Ziel i.d.R. nicht gleichzeitig für verschiedene Zielgruppen gelten kann (z.B. für Eltern *und* Kinder).
- Es ist darauf zu achten, dass in den Zielformulierungen (zu den Spalten Nr. 1, 2, 3 des Poster-Formulars, die der Liste unter B. entsprechen) nicht auch schon *Maßnahmen* (Outputs) beschrieben werden, sondern nur *Outcomes* = Wirkungen von Maßnahmen!

Hinweis: Prinzipiell müssen bei der Gesamtplanung und -steuerung von Projekten bzw. der Evaluation von Projekten unter Nr. 4 des Posterformulars auch die *Outputs* (Maßnahmen) berücksichtigt werden. Diese Outputs (ggf. später auch mal als Output-Ziele bzw. Produkt-Ziele des Projektmanagement-Prozesses interpretierbar) sind aber nicht die entscheidenden. Der Hauptfokus sollte immer darauf liegen: *Warum* machen wir dieses Programm (Projekt, Maßnahme) überhaupt? Was soll letztendlich bei den Adressaten der Maßnahmen ‚rauskommen'?

B.2 Veränderung oder Neuformulierung des Ziels, Ziel-Präzisierung (i.d.R. als Mittlerziel) – falls erforderlich

B.3 Übertragung der fertig bearbeiteten Ziele jeweils gleich in die Spalten 1. – 3. des Posterformulars

Arbeitsauftrag für die Kleingruppenarbeit (moderierter partizipativer Visualisierungsprozess mit Metaplan):

- Nach der ersten spontanen und vorläufigen Zielesammlung unter A. (weiße Karten) nun Einordnung der Karten: in 1. – 3. neu einordnen, ggf. umformulieren (farbig)
- 5. – 7. = Wirkungen des Outputs messen: Kriterien, Indikatoren, Messinstrumente
- Zwischen den Spalten hin- und her wechseln (spiralförmiger Prozess)!

Das im Folgenden dargestellte Posterformular besteht aus zwei Tafeln (Postern). In das Formular werden Metaplan-Karten gesteckt. Dabei ist das Poster leer und enthält natürlich nicht die hier noch mitdokumentierten Kommentare.

1. Leitziele (Outcome)	2. Mittlerziele (Outcome)	3. Handlungsziele (exemplarisch)	4. Output
Welche Leitziele fassen die Mittlerziele zusammen? Welche zusammenfassenden, übergeordneten ‚großen' Ziele sollen erreicht werden?	In der Regel mit dieser Spalte anfangen!	Welche inhaltlich und zeitlich engeren Ziele konkretisieren die Mittlerziele? Einzel-Verhalten/ -Einstellung, immer konkret messbar und beobachtbar	Möglicherweise geeignete Programme und Maßnahmen zum Erreichen der Outcome-Ziele
Sonderfall: vorab bereits feststehende/genannte Ziele	Ggf. auch aus einem Leitziel Mittlerziele ableiten. Dann fragen: Welche groben zusammenfassenden Fähigkeiten- und Fertigkeiten-Gruppen sollen erreicht werden?	Konkretisierung der Mittlerziele: erst einmal nur *inhaltliche* Operationalisierung (Eingrenzung)	
Sind ggf. einige der Ziele aus der ursprünglichen, intuitiven Sammlung bereits Leitziele? Dann hier einordnen!	Wesentlich mehr Mittlerziele als Leitziele	Achtung: Die Zielerreichung muss beobachtbar sein. Wie drückt sich die erstrebte Fähigkeit/Fertigkeit im Einzelnen konkret aus? Woran kann man die Zielerreichung genau erkennen? (Hinweis auf Indikatoren)	Zu jedem Mittlerziel eine oder mehrere Maßnahmen. Jede Maßnahme verfolgt ein oder mehrere Mittlerziele. Eines oder mehrere Ziele zu einer Maßnahme.
Gibt es ggf. weitere wichtige Leitziele?	Zeithorizont i.d.R. kürzer als bei den Leitzielen	Messoperationen, und -methoden dazu im 7. Schritt angeben.	Einzelne, in sich geschlossene Angebote und größere Maßnahmen: bilden häufig zunächst eher Mittlerziele ab.
Aber: Anzahl klein halten! (1 – 4)	Sind konkreter, fassen aber immer noch mehrere Handlungen/Aktionen/Fähigkeiten verallgemeinert zusammen	Nachträgliche Systematisierung und Ordnung des gesamten Zielkatalogs	Die groben Maßnahme-Listen lassen sich i.d.R. besser aus Mittler- als aus Handlungszielen ableiten (oft zu kleinteilig).
Höchster Verallgemeinerungs- und Abstraktions-Grad – bezogen auf das betrachtete System	Orientieren sich an den Leitzielen und bilden sie vereinfacht ab.	Orientieren sich an Mittlerzielen, bilden sie vereinfacht ab (und indirekt auch die Leitziele), aber auch am Output orientiert.	
	Sind zeitlich enger angelegt als die Leitziele	Ggf. ein Ziel durch mehrere Maßnahmen abgebildet	
		Die Anzahl einschränken: Nur wenige Handlungsziele, die Mittlerziele exemplarisch besonders gut repräsentieren. Diese Auswahl lässt sich oft erst sinnvoll nach Kenntnis des Outputs treffen.	

Tabelle 1: *Posterformular 1*

5. Kriterien	6. Indikatoren	7. Messinstrumente	8. ggf. Qualitätsstandards (Formulierung fakultativ)
Kriterien, die in den Mittlerzielen stecken, rausziehen	Konkretisierung: Operationalisierung	Entwicklung von Messinstrumenten für die Indikatoren (Evaluationsmethoden)	Angabe von Normen für den gewünschten Grad der Zielerreichung
Welche verallgemeinerbaren Kriterien (Dimensionen) für den unterschiedlichen Grad der Ziel-Erreichung stecken in den Mittler- und Leitzielen?	Konkretisierung zu Indikatoren (unter Bezug auf die Handlungsziele)		Mindestwerte, Durchschnittswerte, Mittelwerte, Höchstwerte
Verallgemeinernde Formulierung	Woran kann man genau erkennen, dass das Ziel erreicht wurde?		

Tabelle 2: *Posterformular 2*

Der Output leitet sich aus den Mittler- und Handlungszielen ab – meistens erst einmal aus den Mittlerzielen (grobe Maßnahme). Outputs auf Handlungszielniveau folgen im Projektmanagement oft erst bei den detaillierten Arbeitspaketen, mit denen das spätere Produkt bzw. Programm (nicht die Prozess-Arbeitspakte des Projektmanagements) beschrieben wird.

Im Übrigen: Handlungsziele lassen sich manchmal nicht allein aus den Mittlerzielen direkt ableiten. Oft hilft dabei der Blick auf die konkrete Output-Maßnahme. Auch der Indikator (Woran kann man erkennen, dass …?) erschließt sich oft besser, wenn man sich eine konkrete Maßnahme vorstellt.

In diesen mit spiralförmigen Wiederholungen arbeitenden Prozessen mehrerer paralleler Kleingruppen zu mehrfachen Zeitpunkten und in diversen Praxiserprobungen wurden nun folgende *Kriterien für gelingende Erziehungs- und Bildungspartnerschaften* festgelegt:

I Wertschätzung elterlicher Erziehungskompetenz
Eltern bekommen Entlastung sowie Unterstützung und ihnen wird Wertschätzung entgegengebracht.

II Gemeinsame pädagogische Verantwortung
Zum Wohle des Kindes wird von Eltern und pädagogischen Fachkräften gemeinsam Verantwortung für die Bildung und Erziehung der Kinder übernommen.

III Mitwirkung der Eltern
Aufgrund einer verstärkten Mitwirkung erhalten die Eltern die Möglichkeit, sich auch außerhalb des familiären Kontextes für die Bildungs-, Erziehungs- und Betreuungsbedingungen ihres Kindes zu interessieren und sich an deren Gestaltung zu beteiligen.

IV Wechselseitige Offenheit und Transparenz
Eltern werden in das Geschehen in der Einrichtung (in den Einrichtungen) eingebunden. Das schließt die Offenheit und Transparenz über dem Alltag des Kindes ein.

V Partnerschaftliche Stärkung der Kompetenzen
Die Partnerschaft bietet den pädagogischen Fachkräften die Möglichkeit, die Eltern für die Gestaltung eines gemeinsamen Prozesses im Interesse des Kindes zu gewinnen, in den jeder der Partner seine Erfahrungen und Kompetenzen einbringen kann.

VI Zielführende Planung, Durchführung und Evaluation der Angebote
Um Familien in ihrer Erziehungskompetenz zu stärken bzw. zu unterstützen, findet eine gelingende Planung und Durchführung der Angebote statt. Dabei entwickeln Jugendhilfeträger und Schule zielgruppengemäße sozialpädagogische Angebote im Sinne von Bildungs- und Erziehungspartnerschaften, u.a. mit aufsuchendem Handlungsansatz.

VII. Professionalität der Fachkräfte
Eine gelingende Planung und Durchführung von Angeboten zur Erziehungs- und Bildungspartnerschaft bedarf spezifischer Kenntnisse und Fähigkeiten auf Seiten der Fachkräfte und ProzessmoderatorInnen.

VIII. KlientInnenorientierte Ausrichtung der Angebote
Eine gelingende Ausrichtung der Angebote erreicht insbesondere Familien, die einen besonderen Beratungs- und Unterstützungsbedarf haben (schwierige Familienkonstellationen, Alleinerziehende, *belastete* Familien mit Migrationshintergrund etc.).

Nach der Festlegung wurden die Kriterien mit vorläufigen Indikatoren versehen und erprobt, sodass sich folgendes, noch nicht endgültiges Instrument ergab. Dieses Instrument wird zurzeit erprobt einerseits als *Dialog-Instrument* zur Stimulierung einer reflexiven Auseinandersetzung mit der Qualität der Programme und Maßnahmen von der eigenen Einrichtung aus (*Qualitätsdebatte, Qualitätssteuerung*) und auch als einfaches *Selbstevaluationsinstrument*. Die Perspektive zum eigenen Sozialraum und zur vollständigen Erfassung der Vernetzung und umfassenden Betrachtung lokaler Bildungslandschaften wird nur angerissen. Es gibt noch einen analogen Selbstevaluationsfragebogen zur vertiefenden Betrachtung des Bereichs *Vernetzung* in diesem Themenfeld. Das Instrument erfasst einerseits den Ist-Zustand und stellt anderseits Handlungsbedarf fest. Ergebnis des Qualitätsdialogs anhand des Instrumentes sollen unmittelbare Veränderungen und Verbesserungen sein. Es handelt sich also sowohl um ein selbstevaluatives als auch um ein handlungsorientiertes Instrument.

Instrument zur Selbstevaluation von Erziehungs- und Bildungspartnerschaften von Schule, Jugendhilfe und Familie (vorläufige Version)

Anleitung:

Ist-Analyse: Bitte beurteilen Sie auf einer Skala von 0 bis 5, in welchem Maße die einzelnen Punkte bereits zutreffen.

0	1	2	3	4	5

← trifft gar nicht zu – trifft völlig zu →

Handlungsbedarf: Bewerten Sie den Handlungsbedarf der Einrichtungen in Bezug auf die unterschiedlichen Qualitätsanforderungen. Berücksichtigen Sie dabei auch die Bedeutsamkeit, die die verschiedenen Qualitätsanforderungen für die betreffenden Einrichtungen haben.
Anhand der Bewertung der einzelnen Indikatoren können Sie dann eine Prioritätenliste entwickeln und beschließen, an welchem Thema die Einrichtung zunächst arbeiten soll.

0	1	2	3	4	5

← hat z.Zt. keine Bedeutung – sollte sofort bearbeitet werden →

Qualitätskriterien und -indikatoren für Erziehungs- und Bildungspartnerschaften

I *Wertschätzung elterlicher Erziehungskompetenz* Eltern bekommen Entlastung sowie Unterstützung und ihnen wird Wertschätzung entgegengebracht.			
Nr.	Indikatoren	Ist-Analyse	Handlungsbedarf
1.	Die Bildungs- und Erziehungskompetenz wird gegenseitig ressourcenorientiert betrachtet.		
2.	Die Sichtweise auf das Kind wird gegenseitig respektiert und mitgeteilt.		
3.	Allen Kindern wird eine positive Grundhaltung gegenüber ihren Familien erlebbar gemacht.		
4.	Die Informationen an die Eltern sind verständlich formuliert, sachlich fundiert und aktuell.		
	Summe		
	Durchschnitt der Werte		

II *Gemeinsame pädagogische Verantwortung* Zum Wohle der Kinder wird von Eltern und pädagogischen Fachkräften gemeinsam Verantwortung für die Bildung und Erziehung der Kinder übernommen.			
Nr.	Indikatoren	Ist-Analyse	Handlungsbedarf
1.	Die gemeinsame Verantwortung für die Bildung und Erziehung des Kindes steht im Zentrum der Beziehungen.		
2.	Zeitliche und räumliche Ressourcen für intensive Gespräche werden geplant und eingeräumt..		
3.	Vertrauen wird aufgebaut.		
4.	Wünsche und Bedürfnisse einzelner Eltern werden beachtet, ohne die Bedürfnisse anderer Eltern außer Acht zu lassen.		
5.	Ein regelmäßiger Austausch über die Gestaltung des Alltags und über die Entwicklung des Kindes findet statt.		
6.	Bei Schwierigkeiten wird ein ‚Neuanfang' angestrebt.		
	Summe		
	Durchschnitt der Werte		

III *Mitwirkung der Eltern*			
Aufgrund einer verstärkten Mitwirkung erhalten die Eltern die Möglichkeit, sich auch außerhalb des familiären Kontextes für die Bildungs- Erziehungs- und Betreuungsbedingungen ihres Kindes zu interessieren und sich an deren Gestaltung zu beteiligen.			
Nr.	Indikatoren	*Ist-Analyse*	*Handlungsbedarf*
1.	Gesetzliche Regelungen zur Beteiligung werden eingehalten.		
2.	Eltern haben freien Zutritt zu den Gruppen und Räumen der pädagogischen Einrichtungen.		
3.	Beobachtungen der Eltern werden aufgenommen.		
4.	Eltern werden in die Erarbeitung bzw. Fortschreibung der pädagogischen Konzeption oder des Schulprogramms einbezogen.		
5.	Eltern kennen die Möglichkeiten der Mitwirkung und der Mitbestimmung.		
	Summe		
	Durchschnitt der Werte		

IV *Wechselseitige Offenheit und Transparenz*			
Eltern werden in das Geschehen in der Einrichtung (in den Einrichtungen) eingebunden. Das schließt die Offenheit und Transparenz über den Alltag des Kindes ein.			
Nr.	Indikatoren	*Ist-Analyse*	*Handlungsbedarf*
1.	Es besteht gegenseitige Kommunikationsbereitschaft.		
2.	Die Partner tauschen sich über Bildungs- und Erziehungsvorstellungen aus.		
3.	Die Partner akzeptieren die unterschiedlichen Bildungs- und Erziehungsvorstellungen, finden einen Konsens und lösen Konflikte fair.		
4.	Schriftliche Steuerungsinstrumente wie das Leitbild, die pädagogische Konzeption oder das Schulprogramm der Einrichtung stehen den Eltern zur Verfügung.		
	Summe		
	Durchschnitt der Werte		

Qualitätskriterien und -indikatoren für Erziehungs- und Bildungspartnerschaften

V Partnerschaftliche Stärkung der Kompetenzen
Die Partnerschaft bietet den päd. Fachkräften die Möglichkeit, die Eltern für die Gestaltung eines gemeinsamen Prozesses im Interesse des Kindes zu gewinnen, in den jeder der Partner seine Erfahrungen und Kompetenzen einbringen kann.

Nr.	Indikatoren	Ist-Analyse	Handlungsbedarf
1.	Es gibt Möglichkeiten des Austausches der Eltern untereinander.		
2.	Bildungsangebote für pädagogische Fachkräfte/Tagespflegepersonen, LehrerInnen und Eltern sind vorhanden.		
3.	Gemeinsame Erfahrungen in unterschiedlichen Handlungsfeldern werden genutzt.		
4.	Fachpersonal und Eltern unterstützen und ergänzen sich wechselseitig.		
5.	Die Eltern werden in ihrer Autonomie gestärkt.		
6.	Die Kompetenzen der Eltern werden einbezogen.		
	Summe		
	Durchschnitt der Werte		

VI Zielführende Planung, Durchführung und Evaluation der Angebote
Um Familien in ihrer Erziehungskompetenz zu stärken bzw. zu unterstützen findet eine gelingende Planung und Durchführung der Angebote statt. Dabei entwickeln Jugendhilfeträger, die Schule, die Kita usw. zielgruppengemäße sozialpädagogische Angebote als Bildungs- und Erziehungspartnerschaften, u.a. mit aufsuchendem Handlungsansatz.

Nr.	Indikatoren	Ist-Analyse	Handlungsbedarf
1.	Es gibt Beschlüsse zur Umsetzung von Erziehungs- und Bildungspartnerschaften in den zuständigen Organisationen und Gremien.		
2.	Die beteiligten Einrichtungen haben eine für ihre Situation spezifische Konzeption erstellt und umgesetzt.		
3.	Qualitätsstandards sind entwickelt und vereinbart.		
4.	Standardisierte Evaluationsverfahren sind entwickelt und werden angewendet.		
5.	Die Praxisprozesse werden auf der Basis vereinbarter und evaluierbarer Standards geplant und umgesetzt.		
	Summe		
	Durchschnitt der Werte		

VII *Professionalität der Fachkräfte*
Eine gelingende Planung und Durchführung von Angeboten zur Bildungs- und Erziehungspartnerschaft bedarf spezifischer Kenntnisse und Fähigkeiten aufseiten der Fachkräfte und ProzessmoderatorInnen.

Nr.	Indikatoren	*Ist-Analyse*	*Handlungsbedarf*
1.	Die Fachkräfte kennen die theoretischen und praktisch-methodischen Grundlagen der Erziehungspartnerschaft.		
2.	Sie beherrschen und realisieren ein ganzheitliches, methodisches Kooperationskonzept, das Eltern unterschiedlicher sozialer und kultureller Herkunft Nutzungsmöglichkeiten bietet.		
3.	Sie beherrschen die Anwendung einfacher, standardisierter Evaluationsverfahren (Selbstevaluation).		
4.	Die Fachkräfte arbeiten mit AkteurInnen außerhalb ihrer Einrichtung und insbesondere mit schulischen (oder umgekehrt mit jugendhilfespezifischen) BildungsakteurInnen vernetzt zusammen und entwickeln und führen gemeinsam Kooperationsprojekte durch.		
5.	Sie unterstützen die externen PartnerInnen in gemeinsamen Beteiligungsprojekten durch Zeitinvestitionen und Übernahme von Aufgaben.		
6.	Die beteiligten Fachkräfte und andere AkteurInnen unterstützen die kontinuierliche und nachhaltige Verankerung effektiver Kooperationsstrukturen.		
	Summe		
	Durchschnitt der Werte		

VIII *KlientInnenorientierte Ausrichtung der Angebote*			
\multicolumn{4}{l}{Eine gelingende Ausrichtung der Angebote erreicht insbesondere Familien, die einen besonderen Beratungs- und Unterstützungsbedarf haben (schwierige Familienkonstellationen, Alleinerziehende, belastete Familien, mit Migrationshintergrund etc.).}			
Nr.	Indikatoren	Ist-Analyse	Handlungsbedarf
1.	Es wird den Familien Hilfe zur Bewältigung der Erziehungsaufgaben bereit gestellt.		
2.	Die Hilfe für Familien hat zum Ziel, Verständnis für junge Menschen in ihren spezifischen Entwicklungsphasen zu entwickeln.		
3.	Kenntnisse für angemessene Erziehungsformen werden vermittelt.		
4.	Familien werden bei der Bewältigung der erzieherischen Aufgaben im Alltag unterstützt.		
	Summe		
	Durchschnitt der Werte		

Der Charakter eines Dialog-Instrumentes verbietet es, Normwerte und Standardisierungen bezüglich der einzelnen Qualitätskriterien und Indikatoren festzulegen. Es ist Aufgabe der Teams vor Ort, die ihr spezifisches Konzept für Erziehungs- und Bildungspartnerschaften und ihre jeweils besonderen Ausgangslagen und Rahmenbedingungen kennen, die Bedeutung der Durchschnittswerte zu interpretieren und zu bewerten.

Es gibt in diesem Themenfeld zudem einen analogen Selbstevaluationsfragebogen zur vertiefenden Betrachtung des Bereichs *Vernetzung*.

Literatur

AG Bildungspartnerschaft: Bildungs- und Erziehungspartnerschaft mit den Eltern. www.bildung-mv.de (Download am 22.11.2009)

Richtlinien über die Gewährleistung von Zuwendungen zur Förderung von Niedersächsischen Kooperations- und Bildungsprojekten an schulischen Standorten (NiKo) (2007)

Stange, Waldemar/Henschel, Angelika/Krüger, Rolf/Schmitt, Christof (2009): Antrag „Erziehungs- und Bildungspartnerschaften als Aufgabe von Kindertagesstätten". Unveröffentlichtes Papier. Lüneburg

Rolf Krüger/Angelika Henschel/Christof Schmitt/Andreas Eylert

Grenzen von Erziehungs- und Bildungspartnerschaften

Aus mehreren Blickwinkeln haben die AutorInnen in den vorangegangenen Artikeln die Chancen dar- und herausgestellt, die sich mit dem ernsthaften Knüpfen von Erziehungs- und Bildungspartnerschaften zwischen Elternhaus, Schule, Kindertageseinrichtung und Jugendhilfe zum Wohle der Kinder und Jugendlichen ergeben. Dies gilt ebenso für den parallel erscheinenden Praxisband, in dem die Vorteile und Möglichkeiten dieser Partnerschaften durch gut funktionierende Beispiele aus der Praxis eindrucksvoll dokumentiert werden.

Gleichwohl können auch gutgemeinte Versuche des Aufbaus von Erziehungs- und Bildungspartnerschaften unter gewissen Umständen an unüberbrückbare Grenzen stoßen. Im Fokus stehen die eigentlichen Zielgruppen, nämlich die Kinder und Jugendlichen. Folgerichtig muss die *Gefährdung des Kindeswohls* durch die Erziehungsberechtigten dieser angestrebten Partnerschaft im Wege stehen. Die rechtlichen Grundlagen in diesem Kontext werden in Abschnitt 1. dargelegt. Ergänzend folgt in Abschnitt 2. die besondere Situation derjenigen Mädchen und Jungen, die aufgrund von *häuslicher Gewalt* eine Zeitlang in Frauenhäusern Zuflucht nehmen müssen, was Erziehungspartnerschaften vor ganz besondere Herausforderungen stellt. Eine weitere Grenze bedeutet die Schulpflicht (3.), die ein sinnvolles Miteinander von Elternhaus und Lehr- bzw. Fachkräften durchaus erschweren kann. Abschnitt 4. richtet den Blick auf die Grenzen, die aus Datenschutzbestimmungen resultieren können. Ein Beitrag über die möglichen Schwierigkeiten von Erziehungs- und Bildungspartnerschaften im Kita-Bereich rundet dieses Kapitel ab.

1. Kindeswohlgefährdung

Erziehungspartnerschaften haben u.a. rechtliche Grenzen. Mit diesem Beitrag soll untersucht werden, inwieweit eine Gefährdung des Kindeswohls durch Eltern ein partnerschaftliches Verhältnis zwischen ihnen und professionellen PädagogInnen unmöglich macht. In solchen Grenzsituationen sind pädagogische MitarbeiterInnen des Staates gehalten, zum Wohl des Kindes auch gegen die Eltern zu entscheiden. Darüber hinaus können KollegInnen unabhängig von ihren Anstellungsverhältnissen bei staatlichen Organisationen oder bei freien Trägern wegen einer möglichen Garantenstellung im Sinne von § 13 StGB bestraft werden, wenn sie nicht ihre Garantenpflichten hinreichend wahrnehmen. Was im Einzelnen zu der Garantenpflicht gehört, soll später erläutert werden.

Was ist Kindeswohlgefährdung?

Soll geklärt werden, was Kindeswohlgefährdung ist, muss zunächst klar sein, was wir unter Kindeswohl verstehen wollen. Der unbestimmte Rechtbegriff ist allgemeines Leitbild der elterlichen Sorge. Er ist auszulegen mithilfe von Erkenntnissen aus Sozialarbeit, Psychologie, Pädagogik und Soziologie. Letztlich geht es darum, was Kinder für ihre Entwicklung brauchen und welche Bedingungen erforderlich sind, damit sich ein Kind seinem Alter entsprechend positiv entwickeln kann (vgl. Pinkvoß 2004, S. 22). Die Voraussetzungen für eine solche positive Entwicklung sind u.a.:

Bedingungen für das soziale und emotionale Wohl:

- eine positive emotionale Beziehung zwischen Eltern und Kind
- unterstützendes, akzeptierendes Geschwistersystem
- verlässliche Sicherheit, Geborgenheit und Schaffung von *Urvertrauen*
- Schutz und Aufsicht
- offene Kommunikation und konstruktiver Umgang mit Konflikten
- Verständnis, Trost und Anteilnahme zeigen
- Kontakt mit anderen Kindern/Erwachsenen zulassen und fördern
- Setzen von Wertmaßstäben und Vorbildfunktion der Eltern
- altersangemessene Mitbestimmung gewähren und Achtung der kindlichen Autonomiebedürfnisse

Bedingungen für das geistige Wohl:

- Schaffung eines anregenden Umfeldes
- Förderung und Unterstützung
- Spielmöglichkeiten und Anregungen zum Spiel
- Stabilität und Orientierung durch geordnete Abläufe, funktionale Regeln
- verbale Ansprache
- Wahl einer angemessenen Schule und Unterstützung beim Lernen
- Unterstützung bei der Berufswahl

Bedingungen für das körperliche Wohl:

- ausreichend gute Ernährung
- ausreichende körperliche Pflege
- ausreichende witterungs-, alters- und geschlechtsangemessene Kleidung
- ausreichende medizinische Versorgung
- körperliche Unversehrtheit
- geschützter Raum in der Wohnung, Platz zum Spielen, Möglichkeiten für Rückzug und Schlaf
- Bewegungs- und Spielmöglichkeiten außerhalb der Wohnung (in Anlehnung an Pinkvoß 2009, S. 25 und Seithe 2007, S. 89 ff.)

Sind nun eine Reihe der dargelegten Bedingungen bei einem Kind nicht gegeben, weil die Eltern entweder durch aktives Handeln (Missbrauch der elterlichen Sorge) oder durch dauerhafte Unterlassung des notwendigen Handelns (Vernachlässigung) oder durch schlichtes Unvermögen (unverschuldetes Elternversagen) oder durch das Nicht-Unterbinden von gefährdendem Verhalten Dritter, für diese Voraussetzungen sorgen, so spricht man von einer Kindeswohlgefährdung.

Wie erkennt man eine Kindeswohlgefährdung?

Da Kindeswohlgefährdung meist kein unmittelbar und häufig auch nicht eindeutig beobachtbarer Sachverhalt ist, bedarf die Situation einer umfassenderen Aufklärung und einer fachlich reflektierten Bewertung (vgl. Schone 2007, S. 111 f.). Folgende Kriterien können Hinweise auf eine mögliche Kindeswohlgefährdung geben.

Äußere Erscheinung des Kindes oder Jugendlichen:

- massive Verletzung
- starke Unterernährung
- Fehlen jeder Körperhygiene
- witterungsunangemessene oder völlig verdreckte Kleidung

Verhalten des Kindes oder Jugendlichen:

- altersuntypische Verhaltensweisen
- Kind/Jugendliche(r) wirkt berauscht oder benommen
- Kind/Jugendliche(r) wirkt wiederholt apathisch oder stark verängstigt
- Kind/Jugendliche(r) hält sich an jugendgefährdenden Orten auf
- Kind/Jugendliche(r) hält sich zu unangemessenen Zeiten ohne Erziehungsperson in der Öffentlichkeit auf
- Schulverweigerung/Schwänzen
- wiederholte oder schwer gewalttätige und/oder sexuelle Übergriffe gegen andere Personen
- Kind/Jugendliche(r) begeht gehäuft Straftaten

Ernst zu nehmende Äußerungen:

- Äußerungen, die auf Misshandlungen, sexuellen Missbrauch oder Vernachlässigung hinweisen

Verhalten der Erziehungsperson:

- unzureichende und unzulässige Nahrungsversorgung und Hygiene
- massive und/oder häufige körperliche Gewalt gegenüber dem Kind/Jugendlichen
- Beschimpfen, Erniedrigen, Verängstigen des Kindes/Jugendlichen, dauerhaft fehlende oder gezielt verweigerte Beziehungs- und Bindungsangebote
- übermäßige Einschränkung der Autonomie
- Isolierung des Kindes/Jugendlichen
- Gewährung des unbeschränkten Zugangs zu gewaltverherrlichenden oder pornografischen Medien
- Kleinkind wird häufig oder über einen längeren Zeitraum unbeaufsichtigt oder in Obhut offensichtlich ungeeigneter Personen gelassen.
- Kind/Jugendliche(r) wird zur Begehung von Straftaten oder anderen verwerflichen Taten angehalten.

Familiäre Situation und Wohnsituation:

- (hoch) konflikthafte Trennung
- Partnerschaftsgewalt
- Obdachlosigkeit
- wiederholt unbekannter Aufenthalt der Familie
- extrem beengter Wohnraum
- Vermüllung und Verdreckung der Wohnung
- Wohnung weist Spuren von Gewaltanwendungen auf
- Nichtbeseitigung von Gefahrenquellen im Haushalt
- Fehlen eines geeigneten Schlafplatzes für das Kind/Jugendlichen
- Fehlen jeglichen Spielzeugs

Persönliche Situation der Erziehungspersonen:

- Drogen- oder Medikamentenmissbrauch
- Psychische Erkrankung
- stark verwirrtes Erscheinungsbild (vgl. Pinkvoß 2009, S. 32 ff. unter Bezugnahme auf Münder 2006, § 8a, Rz. 11)

Das Wächteramt des Staates

Das Grundgesetz geht im Art. 6, Abs. 2 von einem naturrechtlichen Recht und entsprechender Pflicht der Eltern aus, sich um die Pflege und Erziehung ihrer Kinder zu kümmern. Allerdings mit dem Zusatz, dass die staatliche Gemeinschaft über die Betätigung der Eltern zu wachen hat. Man nennt diesen Umstand das *Wächteramt des Staates*. Wichtig ist in diesem Zusammenhang der Hinweis, dass dieses Wächteramt jede staatliche Tätigkeit und Organisation trifft, also z.B. Schule, Polizei, Gesundheitsverwaltung, die Job-Center usw. (vgl. Mangold et al. 2005, Art. 6, Rdnr. 240). Die öffentliche Jugendhilfe und die Familiengerichte haben in diesem Zusammenhang eine Sonderstellung. Der § 8a SGB VIII regelt diese Sonderstellung. Er umfasst sowohl die o.a. Grundgesetznorm als auch die Programmnorm aus § 1, Abs. 2, Satz 2, Nr. 3 SGB VIII und konkretisiert die Zusammenarbeitsverpflichtung mit dem Familiengericht aus § 50 SGB VIII (vgl. Pinkvoß 2009, S. 38).

Das Jugendamt soll immer dann, wenn mit Hilfe und Unterstützung Eltern befähigt werden können eine drohende Kindeswohlgefährdung abzuwenden, entsprechende Hilfe anbieten. Ist dies aber nicht mehr möglich, so hat das Jugendamt das Familiengericht anzurufen. In akuten Notsituationen kann die öffentliche Jugendhilfe Minderjährige auch zunächst zu ihrem Schutz in Obhut nehmen. Verlangen die Eltern jedoch die Herausgabe des/der Minderjährigen, muss das Jugendamt eine Entscheidung des Gerichts herbeiführen.

Es wird deutlich, dass das Familiengericht die weitere staatliche Institution ist, die eine besondere Stellung bei der Wahrnehmung des staatlichen Wächteramtes einnimmt. Nur das Familiengericht kann im Rahmen der §§ 1666 und 1666a in die elterliche Sorge eingreifen. Das Gericht wird von Amtswegen oder auf Antrag tätig. Anträge stellen bzw. Rechtsmittel einlegen können u.a. das Jugendamt und der mindestens 14jährige Minderjährige (§ 9, Abs. 1, bzw. § 60 FamFG). Das Antragsrecht des Jugendamtes ergibt sich daraus, dass im gleichen Schriftsatz ein Antrag nach § 162, Abs. 2 FamFG gestellt werden kann. Das Beschwerderecht des Jugendamtes, auch wenn es nicht förmlich am Verfahren beteiligt war, ergibt sich aus § 162, Abs. 3 FamFG. Die Möglichkeit, das Gericht von einer Kindeswohlgefährdung zu informieren und damit ein Tätigwerden des Gerichts von Amtswegen zu erreichen, hat jedermann. Das Gericht hat eine Reihe von Möglichkeiten; so kann es z.B. Gebote an die Eltern aussprechen öffentliche Hilfe in Anspruch zu nehmen, es kann Erklärungen der Sorgeberechtigten ersetzen, es kann Dritten und Eltern den Umgang mit dem/der Minderjährigen verbieten, und es kann den Eltern die elterliche Sorge ganz oder teilweise entziehen (Palandt 2011, § 1666, Rdnr. 38 ff.).

Maßstab aller Entscheidungen ist das Kindeswohl. Gegen alle Entscheidungen gibt es die Möglichkeit Rechtsmittel einzulegen. Hierzu sind die Eltern, der/die mindestens 14jährige Minderjährige und das Jugendamt berechtigt (Schulte-Brunner/Weinrich 2010, § 163, Rdnr. 10; § 172, Rdnr. 10). Ist der/dem Minderjährigen in dem Verfahren ein Verfahrensbeistand beigeordnet worden, so kann auch dieser Rechtsmittel einlegen. Derjenige, der das Gericht zum Tätigwerden angeregt hat, ist im Regelfall vom Gericht über die getroffenen Maßnahmen in Kenntnis zu setzen. Um einem Missverständnis vorzubeugen: Das Jugendamt ist in dem Fall, dass es sich mit einem Antrag an das Familiengericht nicht durchsetzen kann, nicht von seiner Verantwortung befreit. Ist es weiterhin der Auffassung, dass eine Kindeswohlgefährdung vorliegt, wäre es verpflichtet Rechtsmittel einzulegen.

Die strafrechtliche Dimension

Nach § 13 StGB macht sich derjenige strafbar, der eine sogenannte *Garantenstellung* innehat und im Rahmen seiner Möglichkeiten nicht dafür sorgt, dass eine Straftat eines Dritten bezogen auf das Rechtsgut, dass er zu beschützen oder zu sichern hat, eintritt. Es ist inzwischen unbestritten, dass MitarbeiterInnen öffentlicher Jugendhilfe regelmäßig diese Garantenstellung haben (Bringewat 1997, S. 56). Sie ergibt sich klar aus dem § 1, Abs. 1+3, Ziff. 3+2 SGB VIII. Bei MitarbeiterInnen freier Träger ergibt sie sich letztlich aus der tatsächlichen Schutzübernahme (Bringewat 2000, S. 95). Sind an einem konkreten Fallgeschehen sowohl der öffentliche als auch ein freier Träger beteiligt, bestehen die Garantenstellungen beider nebeneinander, wenn auch mit unterschiedlichen konkreten Garantenpflichten (ebd., S. 43).

Die jeweilige Garantenstellung endet immer erst, wenn alle Möglichkeiten der Vereitelung einer strafbaren Handlung zum Schaden z.B. eines zu beschützenden Kindes ausgenutzt wurden (vgl. Bringewat 1997, S. 33). Hierzu zwei Fallbeispiele:

a) Die Mitarbeiterin eines freien Trägers stellt eine Kindeswohlgefährdung fest und teilt dies dem zuständigen Jugendamt mit. Sie geht davon aus, dass das Jugendamt die notwendigen Schritte einleiten wird. Nach einigen Wochen stellt sie fest, dass die Kindeswohlgefährdung weiter andauert, das Jugendamt jedoch untätig geblieben ist. Sie unternimmt keine weiteren Schritte.
Die Kollegin hätte weiter handeln können und deshalb auch müssen, da eine Mitteilung als Anregung an das Familiengericht möglich gewesen wäre und das Familiengericht dazu im Wege der Amtsermittlung weiter tätig geworden wäre.

b) Ein Sozialarbeiter des Allgemeinen Sozialdienstes eines Jugendamtes stellt wegen einer nicht anders zu behebenden Kindeswohlgefährdung beim Familiengericht einen Antrag auf Entzug der Personensorge. Der Antrag wird vom Gericht abgelehnt. Obwohl die Kindeswohlgefährdung tatsächlich weiter andauert, glaubt der Sozialarbeiter alles Notwendige getan zu haben. Er hätte jedoch gegen die Entscheidung der ersten Instanz das Rechtsmittel der Beschwerde einlegen können, d.h. er hat nicht alles getan, was ihm möglich gewesen wäre.

Fazit

Eine Kindeswohlgefährdung stellt eine offensichtliche rechtliche Grenze von Erziehungspartnerschaften zwischen Eltern und professionellen PädagogInnen dar. Alle MitarbeiterInnen im staatlichen Bereich haben das Wächteramt des Staates in diesen Fällen zu realisieren. Im Bereich der Jugendhilfe ist dies sicher allgemein bekannt. Die Verpflichtung gilt aber auch z.B. für LehrerInnen an öffentlichen Schulen. Für alle pädagogischen Fachkräfte, die eine strafrechtliche Garantenstellung innehaben, gilt, dass sie selber bestraft werden können wie der eigentliche Täter, wenn sie ihre Garantenpflicht nicht wahrnehmen.

2. Häusliche Gewalt als Grenze von Erziehungs- und Bildungspartnerschaften im Frauenhaus

Eine besondere Form der Kindeswohlgefährdung kann bei häuslicher Gewalt vorliegen, auf die im Folgenden der Fokus gerichtet werden soll. Im Abschnitt *Ausgewählte Eltern-Zielgruppen* wurden auf den Seiten 345 ff. die Chancen und Herausforderungen dargestellt, welche die Perspektive vertrauensvoller, gelingender Erziehungs- und Bildungspartnerschaften für die Zielgruppe der in Frauenhäusern lebenden Frauen und ihren Kindern sowie für die Frauenhaus-Mitarbeiterinnen zu bieten hat. In diesem Abschnitt soll nun ergänzend diskutiert werden, wann und warum diese Partnerschaften im Spannungsfeld (weiterhin drohender) häuslicher Gewalt an ihre Grenzen stoßen oder sogar verunmöglicht werden.

Unterschiedliches Wissen sowie differente Einstellungen, aus denen heraus Frauenhausmitarbeiterinnen bzw. Beschäftigte des Jugendamtes, Lehrkräfte etc. im Sinne des Kinderschutzes und Kindeswohls agieren, erschweren mitunter interinstitutionelle Kooperationen, die für die Mütter und ihre Kinder neue Perspektiven und angemessene Unterstützung bewirken könnten. Erziehungs- und Bildungspartnerschaften, wie sie sich z.B. im autonomen Frauenhaus Lübeck zwischen den von Gewalt betroffenen Müttern, ihren Kindern und den Mitarbeiterinnen entwickelt haben, könnten hier im Sinne der Kinder eine wichtige Vermittlungsfunktion übernehmen. Denn obwohl die Aufgaben der Jugendhilfe im SGB VIII gesetzlich geregelt sind, also für die MitarbeiterInnen in den Jugendämtern bzw. beim ASD im Sinne des *staatlichen Wächteramtes* die Verpflichtung besteht, Kindeswohlgefährdungen präventiv zu begegnen, Sozialisationsbedingungen von Mädchen und Jungen zu verbessern, sie in ihrem Aufwachsen und in ihrer Entwicklung zu fördern, geschieht dies vonseiten der öffentlichen Träger bei der Problematik *häusliche Gewalt* bisher nur unzureichend.

Staatliche Stellen sind oft nur dann mit der Thematik *häusliche Gewalt* konfrontiert, wenn es aufgrund eines Polizeieinsatzes zur Benachrichtigung des Jugendamtes gekommen ist, bzw. sofern Familien bereits Leistungen nach dem KJHG in Anspruch nehmen und von SozialarbeiterInnen betreut und unterstützt werden. So führt häufig erst die Flucht ins Frauenhaus die misshandelten Frauen und ihre Kinder zum Erstkontakt mit dem Jugendamt aufgrund der anstehenden Sorgerechts- bzw. Umgangsrechtsregelungen. JugendamtsmitarbeiterInnen fühlen sich in der Regel jedoch so lange nicht für das Wohl der von der Gewalt ebenfalls mitbetroffenen Kinder und Jugendlichen zuständig, solange sich Frau und Kinder im Frauenhaus aufhalten. Obwohl Kindeswohlgefährdungen durch das Jugendamt mittels entsprechender Maßnahmen und Interventionen abgewendet werden müssen, werden z.B. die im Gesetz vorgesehenen Möglichkeiten (z.B. Hilfen zur Erziehung, Soziale Gruppenarbeit, Erziehungsbeistandschaft etc.) häufig erst dann den von Partnergewalt betroffenen Müttern als Unterstützungsangebote offeriert, wenn diese aus dem Frauenhaus ausgezogen sind. Der Rechtsanspruch auf sozialpädagogische Leistungen, den Erziehungsberechtigte und ihre Kinder haben, um Sozialisationsdefizite auszugleichen bzw. die Entwicklung der Mädchen und Jungen, die häusliche Gewalt erleben mussten, zu fördern, wird häufig mit der Begründung verweigert, dass die Frauen ja Unterstützung durch die Frauenhausmitarbeiterinnen einholen könnten und die Finanzlage der Kommune eine weitere Unterstützung nicht zulasse. So erweisen sich also mitunter der parteiliche Arbeitsansatz und die spezifische Ausgestaltung der Erziehungspartnerschaft von Frauenhausmitarbeiterin und Bewohnerin als Hemmnis für eine interinstitutionelle Zusammenarbeit, wodurch die Berücksichtigung und Unterstützung kindlicher Bedürfnisse und Interessen erschwert werden kann.

Aber die im Frauenhaus eingegangene partnerschaftliche Kooperation zwischen den Bewohnerinnen und den Mitarbeiterinnen kann auch dann empfindliche Störung erfahren, wenn sich die Frau entscheidet, mit den Kindern zum gewalttätigen Partner zurückzukehren; wenn sich also die Entwicklungsproblematiken der Kinder, die mit der Erfahrung von häuslicher Gewalt einhergehen können, zu verschärfen drohen und Kindeswohlgefährdung zu befürchten ist (siehe auch den Beitrag über Frauenhausarbeit auf S. 345). Bereits entwickelte Erziehungs- und Bildungspartnerschaften können hierdurch an ihre Grenzen geraten und mitunter bewirken, dass in der Folge zahlreicher Gespräche mit den betroffenen Müttern dennoch die Einschaltung des Jugendamtes erforderlich wird. Auch im Zusammenhang mit der Überforderung des allein Erziehens nach dem Auszug aus dem Frauenhaus oder aber, wenn die Mütter selbst gegenüber ihren Kindern gewalttätig werden, kann es hilfreich sein, zusätzliche Angebote über das SGB VIII (z.B. SPFH) zu initiieren, die mitunter ebenfalls zu Beziehungsabbrüchen zwischen Frauenhausmitarbeiterin und Bewohnerin führen können.

Fazit

Vertrauensvolle, durch Wertschätzung und Respekt vor dem Anderen geprägte Erziehungs- und Bildungspartnerschaften zwischen Frauenhausbewohnerinnen und Frauenhausmitarbeiterinnen ermöglichen neue Optionen für Mütter und ihre Kinder, die Gewalt erfahren haben. Allerdings erfahren diese Partnerschaften dort ihre Grenzen, wo das Wohl der Kinder gefährdet wird. Insbesondere unter dem Aspekt des Kindeswohls und des Kinderschutzes müssen deshalb Gesellschaft, Schule und öffentliche bzw. freie Träger der Jugendhilfe sowie die entsprechenden juristischen Instanzen durch gemeinsame Anstrengungen und Kooperationen dazu beitragen, dass Maßnahmen entwickelt werden, die Sicherheit, Unterstützung und Förderung für die Mädchen und Jungen bedeuten.

3. Schulpflicht als Grenze von Erziehungs- und Bildungspartnerschaften

Eine weitere Grenze bei Erziehungs- und Bildungspartnerschaften bildet die Schulpflicht. Die Kulturhoheit fällt gemäß der Artikel 30 und 70 des Grundgesetztes den Bundesländern zu. Diese haben in eigener Zuständigkeit Schulgesetze erlassen. Auch wenn diese z.T. im Detail recht unterschiedlich ausgestaltet sind, ist ein zentrales gemeinsames Merkmal die im Gesetz verankerte Schulpflicht. Darüber hinaus ist die Schulpflicht in einzelnen Landesverfassungen verankert, hat damit also sogar Verfassungsrang.

Schulpflicht bedeutet, dass ab einem bestimmten Alter für eine bestimmte Dauer die Pflicht besteht die Schule zu besuchen. Damit korrespondiert, dass die Erziehungsberechtigten, in der Regel die Eltern, verpflichtet sind dafür zu sorgen, dass die SchülerInnen am Unterricht und an den sonstigen Veranstaltungen der Schule regelmäßig teilnehmen und die ihnen obliegenden Pflichten erfüllen.

Die Schulpflicht – nicht das Recht auf Bildung – wird dabei nicht von allen Eltern geteilt und umgesetzt. In den Medien sind von Zeit zu Zeit immer wieder Einzelfälle von Eltern zu finden, die versuchen ihre Kinder vom Besuch der Schule zu befreien, um sie beispielsweise selbst zu unterrichten. Dies endet regelmäßig mit Bußgeldverfahren, da diese Möglichkeit rechtlich nicht gegeben ist. Herrschende Meinung ist, dass die allgemeine Schulpflicht und die sich daraus ergebenden weiteren Pflichten in zulässiger Weise das in Art. 6 Abs. 2 Satz 1 GG gewährleistete elterliche Bestimmungsrecht über die Erziehung des Kindes einschränken (vgl. Woltering 1998, § 63, Rz 1).

Festzuhalten ist damit zunächst, dass von einem partnerschaftlichen Verhältnis in punkto Schulpflicht nicht gesprochen werden kann, da eine Wahl, ob Eltern ihre Kinder zur Schule schicken, nicht gegeben ist. Bezogen auf den Begriff der Partnerschaft ist dieser Zustand am ehesten mit einer nicht ganz freiwilligen Beziehung zu vergleichen. In dem Augenblick, in dem ein Kind ein bestimmtes Alter erreicht, kommt es dazu, dass Eltern und Schule in Kontakt treten (müssen). Ob sich daraus ‚Zuneigung' entwickelt, ist damit allerdings noch nicht gesagt.

Die Eltern können – auch hier unterscheiden sich teilweise die Schulgesetze im Detail – vom Grundsatz her beeinflussen bzw. entscheiden, welche Schule (regional, Schultyp, Schulart etc.) ihr Kind besuchen soll, wobei dies ggf. beispielsweise durch Schulbezirke eingeschränkt wird. Damit liegt bei den Eltern aber ‚nur' die Entscheidung, *mit wem* die ‚Beziehung' eingegangen wird, nicht *ob*.

Aber auch unterhalb der allgemeinen Schulpflicht ergeben sich rechtliche Spannungsverhältnisse. So ist in den jeweiligen Schulgesetzen der Bildungs- und Erziehungsauftrag der Schule festlegt und konkretisiert. Aus diesem Auftrag der Schule ergibt sich ein permanentes und natürliches Spannungsverhältnis zu dem im Art. 6 Abs. 2 Grundgesetz formulierten Recht der Eltern auf Erziehung ihrer minderjährigen Kinder. Diese beiden Rechte stehen gleichgeordnet nebeneinander (vgl. Hemmrich 2000, Art. 7, Rz 52).

Auch wenn Spannungsverhältnisse durchaus auch Bestandteile von Partnerschaften sein können, so unterscheiden sich diese in diesem Fall in ihrer rechtlichen Determinierung. Das wird insbesondere deutlich mit Blick auf die verschiedenen Kataloge in den Schulgesetzen zu Erziehungsmitteln und Ordnungsmaßnahmen. Auf diese kann das Fachpersonal der Schulen im konfliktreichen Umgang mit SchülerInnen zurückgreifen. Auf der anderen Seite stehen die Personensorgeberechtigten, die gegen beide Sanktionsformen formlose bzw. förmliche Rechtsmittel einlegen können (vgl. Woltering 1998, S. 207 ff.). Ob, in welchem Umfang sowie in welcher Art und Weise Schule von diesen Gebrauch macht, ist ein zentraler Punkt bei der Ausgestaltung des Verhältnisses zwischen Eltern und Schule.

Gleiches gilt auch für den Bereich der formellen und informellen Mitwirkungsmöglichkeiten von Eltern in der Schule. Das Recht schafft allenfalls Rahmenbedingungen und Möglichkeitsräume. Diese können durch eine partnerschaftsähnliche Anlegung des konkreten Miteinanders von Eltern und Schule ausgestaltet werden – oder auch nicht. Dennoch kann auch diese nicht darüber hinwegtäuschen, dass es hier im Grundsatz um unterschiedliche Rollen und Aufgaben geht. So ist z.B. klar definiert, wer die Noten erteilt. Den Eltern steht auch hier nur die Möglichkeit zu, gegen die Beurteilung Rechtsmittel einzulegen.

Auffällig ist, dass beim Punkt Schulpflicht die (tertiäre) Sozialisationsinstanz Jugendhilfe nicht direkt Teil des Spannungsverhältnisses von Eltern und Schule ist, wenn man einmal von den speziellen Angeboten der Jugendhilfe absieht, in denen Jugendliche die Möglichkeit erhalten ihre Schulpflicht außerhalb der Schule zu erfüllen. Allerdings hat auch die Kinder- und Jugendhilfe einen allgemeinen Bildungsauftrag, auch wenn diese Bildung nicht formaler Art ist (vgl. Münder et al. 2009, S. 55).

In der Jugendhilfe beschäftigte Fachkräfte haben je nach Arbeitsfeld in Bezug auf die Schulpflicht und die nachgeordneten Pflichten im engeren Sinne allenfalls indirekte Beratungs- und Unterstützungsfunktionen im Rahmen der Arbeit mit Familien (z.B. in der Familienhilfe) oder mit den Jugendlichen selbst (z.B. in der Erziehungsbeistandschaft) bzw. in der Schule (z.B. in der Schulsozialarbeit). Da eine gelingende Schulkarriere aber einen zentralen Schutzfaktor in der Entwicklung von Kindern und Jugendlichen darstellt, ist die Mitwirkung der Jugendhilfe an dieser dennoch von zentraler Bedeutung – gerade weil eine zusätzliche (externe) Unterstützung in Ermangelung von wichtigen Ressourcen in bestimmten Erziehungskonstellationen bei den Eltern – aber teilweise auch von bestimmten Möglichkeiten in der Institution Schule – eine positive Bildungskarriere erst möglich macht.

Fazit

Erreicht ein Kind in Deutschland ein bestimmtes Alter, so kommt es – so könnte man negativ überspitzt formulieren – zu einer ‚Zwangsheirat' zwischen Eltern und Schule auf Zeit. Diese Beziehung ist in hohem Maße rechtlich determiniert und entspricht von ihrem Charakter her im Punkt Schulpflicht nicht einem partnerschaftlichen Verhältnis auf Augenhöhe.

Gerade weil sie aber nicht freiwillig oder zufällig zustande kommt, erwächst aus dieser Konstellation die zu beantwortende Frage, wie man diese Beziehung im Sinne der Kinder und Jugendlichen gemeinsam sinnvoll ausgestaltet, ohne sich gegenseitig das Leben (zu) schwer zu machen. Dies ist u.a. deshalb eine Herausforderung, weil in der konkreten Situation z.T. Eltern mit negativen Schulerfahrungen, die teilweise schon aus gescheiterten eigenen Bildungskarrieren stammen und verhärtet sind, auf Lehrkräfte mit ebenfalls möglicherweise negativen Erfahrungen im Umgang mit ‚schwierigen' Kindern und Eltern treffen.

Innerhalb, aber insbesondere auch unterhalb der rechtlichen Rahmenbedingungen gibt es dennoch in der Art der gegenseitigen Begegnung und Zusammenarbeit durchaus auch Möglichkeiten, dass Verständnis, Wertschätzung und im übertragenen Sinne ‚Zuneigung' trotz unterschiedlicher Rollen in der Beziehung zwischen Eltern und Schule im Sinne der Kinder und Jugendlichen wachsen können. Jugendhilfe kann dabei manchmal als ‚Familientherapeutin' sowie Unterstützungsinstanz mit eigenen Möglichkeiten und Funktionen für das Gelingen der Bildungs- und Entwicklungsprozesse von Kindern und Jugendlichen zur Seite stehen.

4. Datenschutzbestimmungen als Grenzen von Erziehungspartnerschaften

Erziehungs- und Bildungspartnerschaften leben von der Zusammenarbeit von Jugendhilfe, Schule und Eltern mit dem Ziel, das jeweilige Kind bestmöglich zu fördern. Eine solche Zusammenarbeit macht i.d.R. den Austausch personenbezogener Informationen notwendig. Entgegen landläufiger Vorstellungen ist dieser Informationsaustausch jedoch nur zulässig, wenn bestimmte Bedingungen erfüllt sind. Allgemein gilt der Grundsatz, dass eine Weitergabe von personenbezogenen Daten immer verboten ist – es sei denn, es liegt eine ausdrückliche Erlaubnis vor. Im Kern ist ein Datentransfer nur zulässig, wenn ...

- die Betroffenen einwilligen und zwar schriftlich und konkret, d.h. bezogen auf den jeweiligen zu übermittelnden Sachverhalt
- es eine spezifische Norm gibt, die den Datentransfer erlaubt
- ein rechtfertigender Notstand im Sinne des § 34 StGB vorliegt.

Wichtig in unserem Zusammenhang sind noch folgende Hinweise:

- Betroffene, die in einen Datentransfer einzuwilligen haben, können auch Minderjährige selber sein. Soweit sie verständig mit dem Grundrecht auf informationelle Selbstbestimmung umgehen können, werden sie insoweit nicht von ihren Personensorgeberechtigten vertreten. Dies ergibt sich aus dem Prinzip der sogenannten relativen Grundrechtmündigkeit.
- Alle Vorschriften des Datenschutzes sind außer Acht zu lassen, wenn ein Fall des rechtfertigenden Notstandes vorliegt. Dies bedeutet, dass eine Verletzung der Datenschutzregelungen dann ohne Folgen ist, wenn nur dadurch eine Gefahr für Leben, Leib, Freiheit, Ehre, Eigentum oder ein anderes Rechtsgut abgewendet werden kann. Typisches Beispiel für diesen Fall ist die Datenweitergabe ohne Einwilligung der Betroffenen bei einer nicht anders abwendbaren Kindeswohlgefährdung (vgl. Krüger 2009, S. 652).

5. Erziehungs- und Bildungspartnerschaften in der Kita: Kritische Anmerkungen zum Versuch einer ‚Partnerschaft ungleicher Partner'

Neben den auf den vorangegangenen Seiten bereits geschilderten Grenzen der Erziehungs- und Bildungspartnerschaften bestehen weitere Faktoren, die es notwendig machen insbesondere den Begriff der *Partnerschaft* kritisch zu hinterfragen.[1]

---

[1] Die dargestellten Ausführungen beruhen auf Gesprächen mit berufserfahrenen FrühpädagogInnen im Rahmen der Entwicklung und Durchführung eines Weiterbildungsprogramms zum Thema „Erziehungs- und Bildungspartnerschaften als Aufgabe von Kindertagesstätten". Diese Fortbildung wurde 2009/2010 gemeinsam mit ErzieherInnen geplant und 2010/2011 in zwei Durchgängen erprobt. Näheres zu dieser durch das *Niedersächsische Institut für frühkindliche Bildung und Entwicklung (NIFBE)* geförderten Weiterbildung unter

Denn der „Begriff ‚Partnerschaft' impliziert, dass Familie, Kindertageseinrichtung und Schule gleichberechtigt sind, ein ‚Bündnis' geschlossen haben, ähnliche Ziele verfolgen und miteinander kooperieren. Sie haben die Bedeutung der jeweils anderen Lebenswelt für das Kind erkannt und teilen die Verantwortung für die Förderung der kindlichen Entwicklung" (Textor 2011).

Dieser wünschenswerten gleichberechtigten Kooperation unter ‚PartnerInnen' sind im Alltag enge Grenzen gesetzt, die teilweise zunächst unüberwindbar scheinen und die Kooperation auf einer Augenhöhe erschweren.

Die folgenden Thesen sollen diese Themen kurz zusammenfassen:

a) *Durch die Strukturbedingungen von Kitas ist keine Partnerschaft auf Augenhöhe möglich.*

ErzieherInnen sind an Verträge, gesetzliche Vorgaben, die in Bildungsplänen der Länder formulierten Empfehlungen usw. gebunden. Von den PädagogInnen wird dabei erwartet, dass sie einerseits das individuelle Kind, andererseits aber immer auch die Gesamtgruppe, die Elternschaft, die Interessen der Institution und des Trägers sowie des Sozialraums/Gemeinwesens (kurz-, mittel- und langfristig) im Blick haben. Bei den Eltern stehen dagegen – berechtigterweise – vor allem ihre individuellen, aktuellen Bedürfnisse im Mittelpunkt.

Durch dieses Ungleichgewicht der Blickwinkel und Möglichkeiten werden die Spielräume für individuelle Aushandlungsprozesse, die einzelne Familien, Eltern und Kinder in den Mittelpunkt rücken, stark eingeengt.

Die zunehmende Reglementierung durch die in Bildungsplänen empfohlenen Lernziele führt zudem bei vielen ErzieherInnen zu dem Gefühl, sehr viele unterschiedliche Themen in vergleichsweise kurzer Zeit und – bedingt durch die altersübergreifende Arbeit in Kitas – mit Kindern aus unterschiedlichen Alters- und Entwicklungsstufen gleichzeitig behandeln zu müssen. Dies lasse kaum Raum für individuelles Eingehen auf Familien oder die ausführliche Behandlung weiterer, zusätzlicher Themen auf Wunsch der Eltern.

b) *Durch die Steigerung des Ausbildungsniveaus der FrühpädagogInnen entstehen zusätzliche Barrieren zwischen Fachkräften und Eltern.*

Die – aus bildungs- und berufspolitischer Sicht wünschenswerte – Anhebung der fachlichen Standards in der Aus- und Weiterbildung von FrühpädagogInnen und in den Bildungsplänen für den Kindergarten führt zu einer theoriegeleiteteren Kommunikation der ErzieherInnen (vgl. z.B. die Anhebung der Zugangsvoraussetzungen zur Fachschulausbildung, die Veränderung der Lernfelder der ErzieherInnenausbildung in den vergangenen Jahren, die Akademisierungsbestrebungen und die damit verbundene Einrichtung von grundständigen und weiterbildenden Studiengängen für FrühpädagogInnen).

---

www.leuphana.de/ netzwerg. Die am Beispiel der Kita dargestellte Kritik lässt sich in vielen Punkten sicher auch auf die Schule übertragen.

Die Übertragung theoretischer, erziehungswissenschaftlicher Positionen in pädagogische Handlungen und eine ‚gemeinsame Sprache' stellt für viele ErzieherInnen eine Herausforderung dar. Themen wie die Gestaltung frühkindlicher Bildungsprozesse, entwicklungspsychologische Ansätze oder Fragen der sozialemotionalen Entwicklung haben aus Sicht der FrühpädagogInnen zunächst einen geringen Bezug zum Alltag der Eltern. Beide Seiten bewegen auf den ersten Blick unterschiedliche Fragen. Da es nur schwer gelingt, eine einheitliche Sprachebene zu finden, kann es zu einer zunehmenden Distanz zwischen den pädagogischen Gesprächsthemen der Eltern und jenen der FrühpädagogInnen kommen.

Durch die Akademisierungsbemühungen steigt zudem die Barriere zwischen den (studierten) Fachkräften und den Eltern zusätzlich. Mütter und Väter fühlen sich zunehmend als Laien, die inhaltlich den FrühpädagogInnen nicht folgen können. So entsteht eine Diskrepanz, die eine ‚Partnerschaft auf Augenhöhe' verhindert und eher zum Gegenteil führt: Eltern erwarten von den gut ausgebildeten Fachkräften verstärkt die Lösung ihrer Erziehungsprobleme. Frei nach dem Motto: ‚Die haben das doch gelernt – wir nicht.'

ErzieherInnen fühlen sich zugleich auch weniger verstanden und sich und ihre Arbeit weniger wertgeschätzt.

Statt einer *Erziehungspartnerschaft* wäre daher zunächst das (Wieder-)Finden einer gemeinsamen Sprache nötig, die zur Verständigung beiträgt und so eine Partnerschaft auf Augenhöhe befördern könnte.

c) In Anlehnung an den Slogan ‚Das Private ist politisch' könnte man zugespitzt formulieren: *‚Die Politik will das Private'*.

Über die öffentlichen, staatlich kontrollierten Bildungsinstitutionen hat der Staat bereits einen großen Einfluss auf die Kinder. Durch eine immer stärker werdende Einbeziehung (und damit auch Kontrolle) von Eltern und Familien versucht der Staat nun – unter dem Motto ‚Kein Kind darf verloren gehen' – seinen Einflussbereich weiter auszudehnen.

Die stärkere Reglementierung von Bildungsprozessen bereits im frühkindlichen Bereich, die Forderung nach einer (noch) stärkeren Gemeinwesenorientierung von Kita und Schulen (z.B. durch die Einrichtung von Familienzentren nach dem Modell der angelsächsischen *Early Excellence Center*) und die Fokussierung von Elterntrainings und Elternberatung dienen einerseits der niedrigschwelligen Förderung von Kindern und Familien, die ohne staatliche Unterstützung mit der Erziehungsaufgabe überfordert wären und damit der Prävention. Durch die öffentliche und politische Aufmerksamkeit wächst aber ebenso der Druck auf all jene Familien sich in staatliche Institutionen einzubringen, die auch selbständig ihren Erziehungs- und Familienalltag gestalten könnten oder durch ein familiäres Netzwerk dabei unterstützt werden.

Dabei wird durch die Politik und die Wirtschaft[2] unverhohlen auf den demografischen Wandel und den dadurch drohenden Fachkräftemangel verwiesen.

---

2 So veranstalteten z.B. die *Bundesvereinigung der Deutschen Arbeitgeberverbände – BDA*, die *Konrad Adenauer Stiftung* und die *Robert Bosch Stiftung* bereits am 20.09.2006 unter der Schirmherrschaft von Bundeskanzlerin Angela Merkel einen *Kindergipfel* unter dem Motto „Kinder bilden ! Deutschlands Zukunft". Nam-

Deutschland benötige, um diesem zu begegnen, gut ausgebildeten Nachwuchs und es dürfe beim Wandel zur Wissensgesellschaft kein Kind verloren geben.
Diese Ökonomisierung, Gleichschaltung und Kontrolle von Bildung durch den Staat – unter dem Deckmantel der ‚Partnerschaft' – bedarf zumindest der kritischen Beobachtung und Reflexion.

d) *Erziehungspartnerschaft: Neuer Wein in alten Schläuchen?*

Im Gespräch mit berufserfahrenen FrühpädagogInnen wird immer wieder deutlich, dass eine Vielzahl der jetzt diskutierten Ansätze bereits praktiziert wird bzw. wurde. Unter den Bezeichnungen *Elternarbeit, Elternmitarbeit* oder *Elterninitiative* fänden bereits viele Methoden Anwendung, die jetzt unter dem Begriff der *Erziehungspartnerschaft* zusammengefasst werden. Auch die wertschätzende Haltung gegenüber Eltern und deren Bedürfnissen sei bereits seit Jahrzehnten stark ausgeprägt, da in der frühen Bildung von jeher eine engere Kommunikation mit Eltern und Familien gepflegt werde. Daher handle es sich nach Meinung der ErzieherInnen beim Konzept der Bildungs- und Erziehungspartnerschaften eigentlich um eine Zusammenfassung bereits vielfach praktizierter Ansätze unter einem neuen Namen. Dieser diene lediglich der politischen Profilierung und lasse eine Einbeziehung und Würdigung der historisch gewachsenen Zusammenarbeit mit Eltern in Kita und Schule vermissen.

Die vorstehend erläuterte Kritik insbesondere am Begriff der Erziehungs*partnerschaft* bedarf der weiteren differenzierten Begleitung durch die Praxis, die Wissenschaft und die Öffentlichkeit. Zum jetzigen Zeitpunkt, an dem das Konzept der Erziehungs- und Bildungspartnerschaften noch nicht vollständig ausdifferenziert und erst ansatzweise in die pädagogische Praxis implementiert ist, müssten diese Anregungen eine kritische Auseinandersetzung mit dem Konstrukt zur Folge haben.

Literatur

Bringewat, Peter (1997): Tod eines Kindes. Baden-Baden: Nomos
Bringewat, Peter (2000): Sozialpädagogische Familienhilfe und strafrechtliche Risiken. Stuttgart, Berlin und Köln: Kohlhammer
Hemmrich, Ulfried (2000): Grundgesetz Artikel 7. In: von Münch/Kunig (2000): Art. 7
Henschel, Angelika et al. (Hrsg.) (2009): Jugendhilfe und Schule. Handbuch für eine gelingende Kooperation. 2. Auflage. Wiesbaden: Verlag für Sozialwissenschaften
Jordan, Erwin (Hrsg.) (2007): Kindeswohlgefährdung. Rechtliche Neuregelungen und Konsequenzen für den Schutzauftrag der Kinder- und Jugendhilfe. 2. Auflage. Weinheim und München: Juventa
Krüger, Rolf (2009): Probleme des Datentransfers zwischen Jugendhilfe und Schule. In: Henschel et al. (2009): S. 648-652
Mangold, Hermann von et al. (2005): Kommentar zum Grundgesetz. 5. Auflage. München: Vahlen
Münder, Johannes et al. (Hrsg.) (2006): Frankfurter Kommentar zum SGB VIII: Kinder- und Jugendhilfe. 5. Auflage. Weinheim und München: Votum
Münder, Johannes et al. (Hrsg.) (2009): Frankfurter Kommentar zum SGB VIII: Kinder- und Jugendhilfe. 6. Auflage. Baden-Baden: Nomos

---

hafte VertreterInnen aus der Politik, der Arbeitgeberverbände und der Wissenschaft plädierten dabei gemeinsam für eine Ausweitung frühkindlicher Bildungsbemühungen, insbesondere mit Blick auf den demografischen Wandel und vor dem Hintergrund eines drohenden Fachkräftemangels.

Pinkvoß, Frauke (2009): Kindeswohlgefährdung: Rechtliche Grundlagen und Orientierung für Jugendhilfe, Schule und Gesundheitswesen. Berlin: Lehmanns Media
Palandt, Otto et al. (2011): Bürgerliches Gesetzbuch. 70. Auflage. München: Beck
Schone, Reinhold (2007): Die Sicherung des Kindeswohls im Spannungsfeld von Prävention und Schutzauftrag. In: Jordan (2007): S. 111-128
Schulte-Bunert, Kai/Weinrich, Gerd (2010): Fam FG Kommentar. 2. Auflage. Köln: Luchterhand
Seithe, Mechthild (2001): Praxisfeld: Hilfen zur Erziehung. Fachlichkeit zwischen Lebensweltorientierung und Kindeswohl. Opladen: Leske und Budrich
Textor, Martin R. (2011): Elternarbeit in Kindertagesstätte und Schule. http://www.elternarbeit.info/index.html (letzter Download: 25.04.2011, 16.47 Uhr)
von Münch, Ingo/Kunig, Philip (2000): Grundgesetzkommentar, Band 1. 5. Auflage. München: Beck
Woltering, Herbert (1998): Niedersächsisches Schulgesetz. (NSchG): Handkommentar, 4. Auflage. Stuttgart u.a.: Boorberg

Thomas Dirscherl/Ronja Born

Elternkompetenzen und seelische Gesundheit von Kindern fördern – säulenübergreifend, multidisziplinär und evidenzbasiert

Einleitung

Psychische Auffälligkeiten und Störungen bei Kindern und Jugendlichen stellen in Deutschland ein ernstzunehmendes Problem dar, das nicht nur den Gesundheitsbereich betrifft. Die Angaben zu Prävalenzraten unterliegen einer gewissen Schwankung, weisen aber insgesamt doch deutlich auf ca. ein Fünftel betroffener Kinder und Jugendlicher in der Gesamtbevölkerung hin (Ravens-Sieberer et al. 2007). Um darauf effektiv reagieren zu können und die Prävalenz- und Inzidenzraten psychischer Störungen bei Kindern und Jugendlichen zu senken, bedarf es eines multidisziplinären und Säulen übergreifenden Präventionsansatzes, der Elternkompetenzen stärkt und dabei den strukturellen und gesellschaftlichen Voraussetzungen gerecht wird.

Familien mit Kindern kommen im Laufe der Jahre, in denen ihre Kinder heranwachsen, mit verschiedenen Unterstützungssystemen in Berührung. Zu den wichtigsten Säulen zählen in Deutschland das Gesundheitssystem, der Erziehungs- und Bildungsbereich, die Kinder- und Jugendhilfe und die Eingliederungshilfe und Rehabilitation, auch Behindertenhilfe genannt. In allen diesen Bereichen, in denen Eltern (auch) Rat und Hilfe zur Erziehung ihrer Kinder suchen, gibt es Bemühungen, sie möglichst gut zu unterstützen. Um sowohl die fachliche Kompetenz der jeweiligen AnsprechpartnerInnen als auch die individuellen Ressourcen der Familien bestmöglich zu nutzen, ist eine Kooperation dieser Säulen notwendig. Strukturelle Vernetzungen der teilweise hochspezialisierten Systeme über die Grenzen der Fachbereiche hinweg sind ebenso wie ein gemeinsames Verständnis wichtiger Erklärungs- und Veränderungskonzepte sowie eine gemeinsame Sprache notwendige Voraussetzungen für das Gelingen dieser Kooperation.

Die Senkung der Inzidenz- und Prävalenzraten psychischer Störungen bei Kindern und Jugendlichen ist darüber hinaus eine Herausforderung, die sich auf Populationsebene stellt. Nicht nur einzelnen bereits betroffenen Kindern soll geholfen werden, sondern insgesamt soll die Anzahl neu auftretender und bereits bestehender seelischer Störungen reduziert werden. Wie kann ein solches Ziel sinnvoll verfolgt und vielleicht auch erreicht werden? Hinweise darauf bietet das *RE-AIM*-Modell. Das *RE-AIM*-Modell liefert instruktive Antworten auf die Frage, welche Aspekte es zu beachten gilt, um eine Maßnahme mit möglichst großem Nutzen umzusetzen. Im Folgenden wird dieses Modell am Beispiel des Präventionssystems *Triple P – Positives Erziehungsprogramm* erläutert.

Was ist *RE-AIM*?

RE-AIM ist ein Modell, das auf die Wichtigkeit bestimmter Elemente für die erfolgreiche Anpassung und Umsetzung effektiver (evidenzbasierter) Interventionen hinweist. Es beschreibt fünf Schritte, die nötig sind, um Erkenntnisse aus Forschung und Entwicklung in die Praxis umzusetzen:

- die *Reichweite* (Reach)
- die *Effektivität* (Effectiveness)
- die *Annahme* (Adoption)
- die *Implementierung* (Implementation)
- die *Aufrechterhaltung* (Maintenance) einer Intervention

Um Effekte in der Gesamtbevölkerung (oder einer anderen Zielpopulation wie z.B. einem Stadtteil oder einem Regierungsbezirk) zu erzielen, ist jeder einzelne Schritt notwendig. Im Sinne einer multiplikativen Verknüpfung – ist einer der Faktoren gleich Null, ist auch das Ergebnis gleich Null – führt das Fehlen eines dieser Faktoren zu einer gravierenden Beeinträchtigung des Gesamtergebnisses.

Was ist *Triple P*?

Ein Ansatz, der diese Umsetzungsprinzipien berücksichtigt, ist das aus Australien stammende *Triple P – Positive Parenting Program* (Positives Erziehungsprogramm, siehe auch das Praxisportrait über das Gruppentraining *Triple P* im parallel erscheinenden Praxisband). Ursprünglich von der Frage ausgehend, wie sich die Prävalenz- und Inzidenzraten emotionaler und verhaltensbezogener Störungen bei Kindern und Jugendlichen senken und psychische Gesundheit fördern lassen, wurde im Laufe 25-jähriger internationaler Forschung ein Präventionsprogramm entwickelt, das Angebote unterschiedlicher *Intensität* (niedrigschwellig bis intensiv) und *Modalität* (Angebote für einzelne Familien, Gruppenangebote und Selbsthilfematerialien) zur Stärkung der elterlichen Beziehungs- und Erziehungskompetenz bereithält und Anwendung in zwanzig Ländern und diversen fachlichen Kontexten findet. Inhaltliche Grundlagen des Programms sind u.a. die kognitive soziale Lerntheorie, Erkenntnisse der entwicklungspsychologischen Forschung zum Erwerb sozialer Kompetenzen und zu Risiko- und Schutzfaktoren sowie Erkenntnisse aus der Public-Health-Forschung.

Reach – Reichweite

Die Reichweite einer Intervention beschreibt die Menge und die Repräsentativität der Personen, die bereit sind daran teilzunehmen. Um Elternkompetenzen zu stärken und so die Häufigkeit psychischer Störungen bei Kindern und Jugendlichen zu senken, ist es notwendig möglichst viele Familien zu erreichen. *Triple P* wendet sich daher an alle Eltern – unabhängig von gesellschaftlichen, familienbezogenen oder sonstigen Aspekten. Da Familien sich in vielerlei Hinsicht voneinander unterscheiden, kann dies nur gelingen, wenn die individuellen Bedürfnisse und Lebensumstände der einzelnen Familien ausreichend berücksichtigt werden können. Dazu dienen bei *Triple P* aufeinander abgestimmte Angebote, die sich mithilfe eines Mehrebenenmodells systematisch darstellen lassen. Für Fachkräfte aller Säulen stehen Fortbildungen zur Verfügung, die ihnen dabei helfen, Familien vor ihrem jeweiligen fachlichen Hintergrund und in ihrem Arbeitskontext wirksame Unterstützung anzubieten.

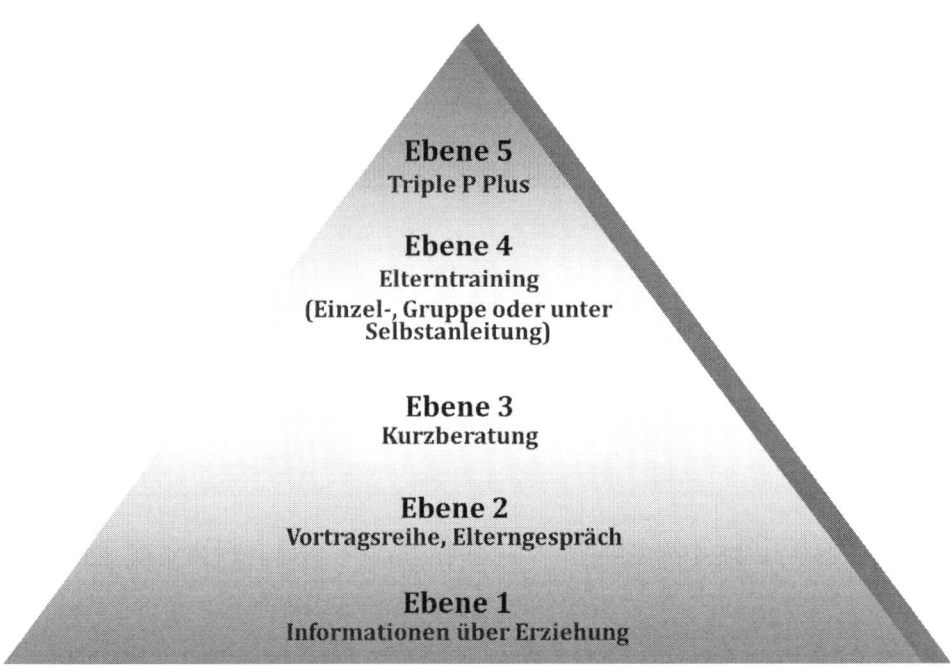

Ebene 5
Triple P Plus

Ebene 4
Elterntraining
(Einzel-, Gruppe oder unter Selbstanleitung)

Ebene 3
Kurzberatung

Ebene 2
Vortragsreihe, Elterngespräch

Ebene 1
Informationen über Erziehung

So finden sich auf *Ebene 1* dieses Ansatzes im Sinne universeller Prävention allgemeine Informationen zur Entstigmatisierung von Beratungs- und Hilfsangeboten und zur Umsetzung einer positiven Erziehung, z.B. in Form von Pressebeiträgen, Internetseiten oder Broschüren. Die Angebote auf *Ebene 2* richten sich im Sinne selektiver Prävention an Eltern, die sich über Erziehung informieren und positive Wege kennenlernen möchten, um die Entwicklung ihrer Kinder zu fördern. Die *Triple-P*-Kurzberatung auf *Ebene 3* wurde (ebenfalls zur selektiven Prävention) für Eltern konzipiert, die Fragen zum Verhalten oder zur Entwicklung ihrer Kinder haben und einzelne Erziehungsfertigkeiten aktiv erlernen wollen. Auf *Ebene 4* findet sich das *Triple-P*-Training für Eltern, welches sowohl zur selektiven als auch zur indizierten Prävention eingesetzt werden kann.

Für Eltern, die nach Teilnahme an einem Ebene-4-Angebot zusätzlich erziehungsrelevante Belastungen oder Partnerschaftskonflikte bewältigen oder die Übung der Erziehungsfertigkeiten vertiefen wollen, gibt es auf *Ebene 5* mit *Triple P Plus* ein weiteres Angebot der indizierten Prävention, welches sich mithilfe einzelner Bausteine individuell an die Wünsche und Bedürfnisse der Eltern anpassen lässt. Um darüber hinaus sowohl Eltern von Teenagern als auch Eltern von Kindern mit Entwicklungsauffälligkeiten oder Behinderungen besser zu erreichen und ihren speziellen Bedürfnissen gerecht zu werden, wurden die Programmvarianten *Stepping Stones Triple P* und *Teen Triple P* entwickelt. Zahlreiche weitere Angebote befinden sich in Entwicklung oder werden derzeit evaluiert.

Neben passgenauen Angeboten unterschiedlicher Intensität und Modalität für verschiedene Zielgruppen bedarf es als weiterer Voraussetzung dafür, eine große Reichweite auf Elternebene entfalten zu können, angemessener Mechanismen zur Förderung der Akzeptanz und zur Minimierung von Widerständen. Bei *Triple P* wird dies auf der Grundlage des Selbstregulationsprinzips umgesetzt. Eltern wählen aus einem breiten Repertoire positiver Erziehungsfertigkeiten diejenigen aus, die für ihre Familiensituation am besten passen. Mithilfe von systematischer Selbstbeobachtung sowie der Formulierung und Überprüfung eigener Ziele übernehmen die Eltern selbst die Verantwortung für den gewünschten Veränderungsprozess und lernen, ihre Ressourcen optimal zu nutzen.

Dass Triple P dabei in der Lage ist, Eltern mit unterschiedlicher Herkunft, sozialem Status und verschiedenen Bildungswegen anzusprechen, zeigen vielfältige Praxiserfahrungen wie auch Forschungsergebnisse. So zeigte eine Studie der Universität Braunschweig, dass Eltern unterschiedlicher Bildungs- und Einkommensschichten sich bezüglich der – jeweils durchgängig sehr hohen – Teilnahmerate und Zufriedenheit mit dem *Triple-P*-Elterntraining nicht unterscheiden (vgl. Heinrichs et al. 2006).

Efficacy – Effektivität

Nach den Standards der Gesellschaft für Präventionsforschung (Society für Prevention Research, SPR) lässt sich die Evidenz, die Präventionsprogramme aufweisen, in die drei aufeinander aufbauenden Kategorien *Efficacy, Effectiveness* und *Dissemination* einteilen (vgl. Flay et al. 2005).

Efficacy bedeutet, dass einer Intervention in mindestens zwei Studien in repräsentativen Stichproben und unter Verwendung psychometrischer Messverfahren sowie statistischer Analysen positive Effekte nachgewiesen werden können. Zur Kategorie der *Effectiveness* gehören Interventionen, die darüber hinaus Manuale und Trainingsmöglichkeiten beinhalten und sich auch unter realen Bedingungen als wirksam erwiesen haben. Als geeignet zur *Dissemination* schließlich gelten diejenigen Interventionen, die außerdem Möglichkeiten der breitflächigen Anwendung, verlässlichen Kostenplanung und kontinuierlichen Evaluation bieten. Die Kategorien bilden den Weg einer Intervention vom Versuchsstadium zur Anwendung in einzelnen realen Stichproben und schließlich einer ganzen Population ab.

Die Erfüllung aller drei Kriterien ist notwendig, um eine Intervention verantwortlich in die Breite tragen zu dürfen. Auf allen drei Ebenen existiert Evidenz zu *Triple P*, das u.a. von der *World Health Organization* (WHO 2009) und dem *United Nations Office on Drugs and Crime* (2010) als eines der wirksamsten Erziehungsprogramme herausgestellt wird. Insgesamt belegen rund 140 internationale Studien (darunter zahlreiche, die unabhängig von den Programmentwicklern durchgeführt wurden) und vier Metaanalysen, dass *Triple P* sowohl kindliches Problemverhalten als auch dysfunktionale Erziehungsfertigkeiten der Eltern und das Stressniveau innerhalb der Familie reduziert. Zudem wird das elterliche Kompetenzgefühl – das Selbstvertrauen, die Aufgaben der Elternschaft gut erfüllen zu können – gesteigert. Auch auf Populationsebene ließen sich positive Auswirkungen zeigen. So konnte z.B. die Arbeitsgruppe um Ron Prinz et al. (2007, 2009) in den USA Zusammenhänge zwischen der breiten Einführung von *Triple P*-Angeboten und zwei Jahre später erfassten positiven Effekten in drei für den Kinderschutz relevanten Variablen aufzeigen: nachgewiesene Fälle von Kindesmisshandlung, Heimplatzierungen und durch Misshandlung begründete Klinikaufenthalte von Kindern. Ein ähnliches Projekt ist im Mai 2010 – in wesentlich kleinerem Maßstab – in Paderborn gestartet: Als Modellregion für Erziehung führt die Stadt unter dem Projekttitel *FAMOS – Familien optimal stärken* die drei Programme *Triple P*, *EFFEKT* und *PEP* ein und evaluiert in Kooperation mit der Universität Bielefeld die populationsbezogenen Effekte ihrer Implementierung.

Adoption – Annahme

Während die Reichweite von *Triple P* sich auf die Familien bezieht, welche die Beratungs- oder Trainingsangebote nutzen, bedeutet die *Annahme* des Programms die Anzahl von Fachkräften, welche an einer Fortbildung teilnehmen und die Angebote für die Eltern bereitstellen. Elternbildung und -beratung findet an zahlreichen Stellen in den unterschiedlichen Säulen, mit denen Familien in Berührung kommen, statt. Dies stellt besondere Anforderungen an Präventionsprogramme und erfordert gleichzeitig die Fähigkeit zur Kooperation zwischen unterschiedlichen Säulen und Professionen. Grafik 3 zeigt zur Veranschaulichung der Vielzahl relevanter Bereiche eine vereinfachte Übersicht zu den Kontexten, in denen *Triple P* derzeit Anwendung findet.

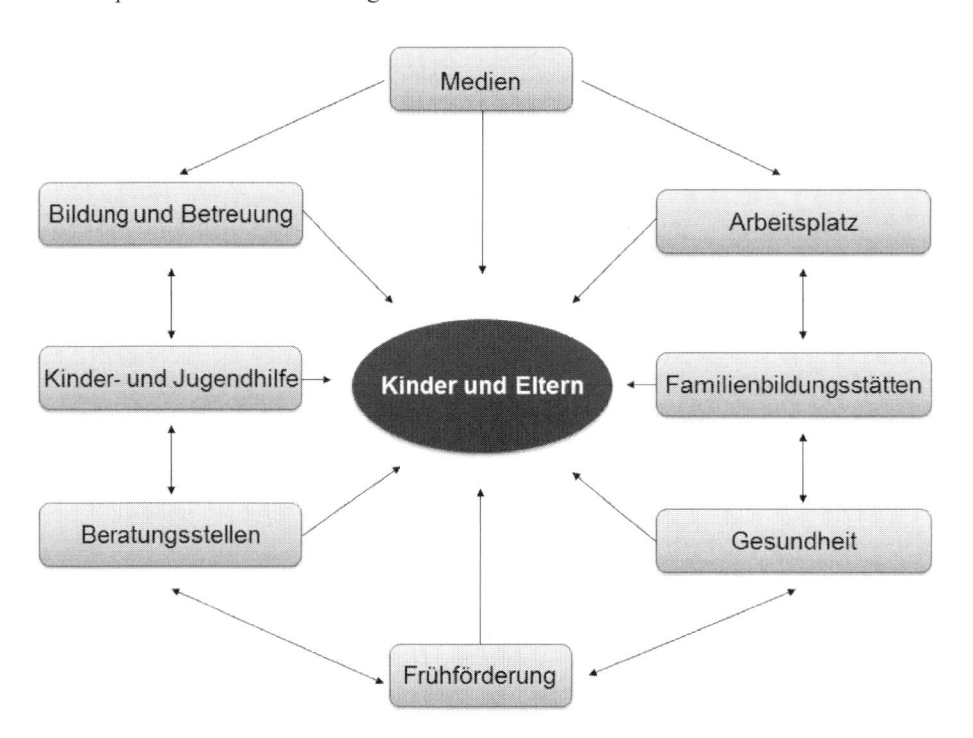

Die Kooperation zwischen den verschiedenen Säulen kann nur gelingen, wenn es neben einer strukturellen Vernetzung und der Vereinbarung klarer Zuständigkeiten auch gelingt, zu einem gemeinsamen Verständnis wichtiger Konzepte und einer gemeinsamen Sprache zu finden. In den *Triple-P*-Fortbildungen lernen Fachkräfte aus dem Erziehungs- und Bildungsbereich, dem Gesundheitssystem, der Kinder- und Jugendhilfe und der Behindertenhilfe auf einer gemeinsamen Grundlage Möglichkeiten kennen, Eltern in der positiven Erziehung ihrer Kinder wirkungsvoll zu unterstützen. Gleichzeitig bietet sich durch die im Mehrebenenmodell veranschaulichte Vielfalt der Intensitäten und Modalitäten die Chance, jede Fachkraft in dem Elternangebot zu schulen, das am besten in ihren Arbeitskontext passt. So mag für eine Erzieherin, die von Eltern beim Abholen der Kinder auf einzelne Erziehungsaufgaben wie das morgendliche Aufstehen angesprochen wird, die Fortbildung zum Elterngespräch oder zur Kurzberatung am sinnvollsten sein, während ein Mitarbeiter des Jugendamtes oder eines freien Trägers im Rahmen der sozialpädagogischen Familienhilfe eher das *Triple-P*-Einzeltraining oder *Triple P Plus* anwenden wollen wird. Im Idealfall kann auf dieser Grundlage die gebotene Vielfalt mit der gleichzeitig notwendigen Konsistenz der Angebote für Familien verbunden werden.

Implementation – Implementierung

Bei der Umsetzung von *Triple-P*-Angeboten haben sich drei Aspekte als besonders bedeutsam erwiesen:

die Unterstützung der Fachkräfte durch ihre Organisation und Vorgesetzten

- die Selbstwirksamkeitserwartungen der Fachkräfte
- ein ausgewogenes Verhältnis zwischen Manual-treue und Flexibilität (vgl. Sanders/Turner 2005; Mazzucchelli/Sanders 2010)

Ein wichtiger Aspekt in der Dissemination evidenzbasierter Ansätze ist daher, für interessierte Institutionen und Führungskräfte im Vorfeld ihrer Entscheidung für eine Fortbildung, aber auch während und nach einer Fortbildung hilfreiche Informationen bereitzustellen und Unterstützung anzubieten, damit diese einen für die Implementierung der Angebote passenden Rahmen bereitstellen können.

Um die Selbstwirksamkeitserwartungen der Fachkräfte zu fördern, spielt beim gesamten *Triple-P*-Ansatz das Prinzip der Selbstregulation eine zentrale Rolle. Alle Angebote bauen auf den bestehenden Stärken und Fertigkeiten der Lernenden auf. Sie ermutigen zu selbstständigem Problemlösen und unterstützen die Zuschreibung der Erfolge auf die eigene Person. So lernt man sich als (selbst-)wirksam Handelnder zu begreifen und kann die Überzeugung entwickeln, auch zukünftige Aufgaben und Schwierigkeiten unabhängig von fremder Hilfe zu meistern. Dies fördert die aktive Implementierung neu erlernter Konzepte.

Die Implementierung eines manualisierten Programms stellt Fachkräfte häufig vor die Frage, wie sich die Strukturiertheit des Programms flexibel auf ihren Arbeitsalltag übertragen lässt, ohne dabei wesentliche, wirksame Bestandteile zu verlieren. Im Rahmen von *Triple P* werden Manualtreue und Flexibilität nicht als widersprüchliche Merkmale, sondern als sich ergänzende Qualitätsaspekte betrachtet, die sich durch verschiedene Merkmale des Programms und der Fortbildung beide gleichzeitig fördern lassen, z.B. indem wichtige Kernpunkte und Prinzipien der Elternberatung herausgearbeitet werden und gemeinsam erörtert wird, wie diese auf der Grundlage der jeweiligen Fachkompetenz effektiv umgesetzt werden können (vgl. Mazzucchelli/Sanders 2010).

Maintenance – Aufrechterhaltung (und Qualitätssicherung)

Um ein evidenzbasiertes Präventionsprogramm langfristig und effektiv als Kernelement in den beruflichen Kontext integrieren zu können, ist die Möglichkeit und Bereitschaft zu permanentem Lernen im Sinne einer reflektierten Praxis wesentlich. Die Rückkoppelungsschleife aus regelmäßigem, systematischem Einholen von Rückmeldung zu den Wirkungen und Nebenwirkungen der eigenen Arbeit, sorgfältiger Reflexion dieser Daten sowie Umsetzung der daraus gezogenen Schlussfolgerungen in alltägliches Handeln ist essentiell, um Qualität zu sichern, sich weiter zu entwickeln und dabei gesund zu bleiben. Die Installation dieses Rückkoppelungsprozesses ist nicht nur für die beteiligten Fachkräfte und Institutionen wichtig, sondern ebenso für diejenigen, die an der Entwicklung, Weiterentwicklung und Verbreitung des Programms beteiligt sind.

In *Triple P* fortgebildete Fachkräfte und ihre Institutionen können von der *Triple-P-*Zentrale in jeder Phase ihrer Tätigkeit Unterstützung erhalten: Von der Beratung bei der Auswahl der passenden Fortbildung über Workshops zur Vorbereitung auf die Akkreditierung bis hin zu themenspezifischen Praxistagen, individueller Beratung und Supervision bei der Umsetzung. Auch der Austausch in umgekehrter Richtung wird aktiv gesucht und gefördert. Sowohl die Fortbildungen als auch die Elternangebote werden mithilfe von Fragebögen und persönlicher Rückmeldung evaluiert. Diese Informationen können wiederum in mehrere Rückmeldeschleifen einfließen: Zum einen erhalten die Fachkräfte Feedback von den Eltern, welches nicht nur die Möglichkeit der persönlichen und beruflichen Weiterentwicklung bietet, sondern auch Argumentationshilfen z.B. zur kontinuierlichen Finanzierung der Angebote liefert. Zum anderen werden die Angaben von Fachleuten in anonymisierter Form zum internationalen Vergleich und zur Qualitätssicherung durch die Universität Queensland, Australien, verwendet. Aktuelle Forschungsergebnisse werden an interessierte Fachkräfte z.B. in Form von Fachbeiträgen in Zeitschriften, Newslettern oder jährlich stattfindenden, internationalen Konferenzen weitergegeben.

So kann sich vor dem Hintergrund des *RE-AIM*-Modells ein lebendiges, reflektierendes und permanent lernendes System entwickeln, das über die verschiedenen Säulen hinweg Praxis und Forschung miteinander in Verbindung bringt und das Etablieren funktionierender Erziehungs- und Bildungspartnerschaften erleichtert.

Fazit

Um die seelische Gesundheit von Kindern und Jugendlichen zu fördern und die Prävalenz- und Inzidenzraten psychischer Störungen nachhaltig zu senken, ist eine säulenübergreifende Zusammenarbeit der verschiedenen Fachdisziplinen zur Stärkung von Elternkompetenzen unabdingbar. Einen hilfreichen konzeptionellen Rahmen dafür liefert das *RE-AIM-*Modell, an dem sich das Präventionssystem *Triple P* orientiert. *Triple P* bietet einen ressourcen- und handlungsorientierten, Säulen übergreifenden Ansatz, um Eltern im Rahmen des jeweils relevanten Hilfesystems mit theoretisch und empirisch fundierten Methoden individuell zu unterstützen.

Internetadressen: www.re-aim.org, www.triplep.de, www.famos-paderborn.de

Literatur

Flay, Brian R. et al. (2005): Standards of Evidence: Criteria for Efficacy, Effectiveness and Dissemination. In: Prevention Science, Vol.6, No.3. Pp. 151-175

Heinrichs, Nina et al. (2006): Triple P aus Sicht der Eltern. In: Kindheit und Entwicklung, 15. S. 19-26

Nowak, Christoph/Heinrichs, Nina (2008): A Comprehensive Meta-Analysis of Triple P-Positive Parenting Program Using Hierarchical Linear Modeling: Effectiveness and Moderating Variables. In: Clin Child Fam Psychol Rev. Springer

Mazzucchelli, Trevor G./Sanders, Matthew R. (2010): Facilitating Practitioner Flexibility Within an Empirically Supported Intervention: Lessons From a System of Parenting Support. In: Clinical psychology: Science and Practice, 17. Pp. 238-252

Prinz, Ronald J. et al. (2009): Population-Based Prevention of Child Maltreatment: The U.S. Triple P System Population Trial. In: Prevention Science. Springer

Prinz, Ronald J./Sanders, Matthew R. (2007). Adopting a population-level approach to parenting and family support interventions. In: Clinical Psychology Review. Vol. 27, Issue 6, July 2007. Pp. 739-749

Ravens-Sieberer, Ulrike et al. (2007): Psychische Gesundheit von Kindern und Jugendlichen in Deutschland. Ergebnisse aus der BELLA-Studie im Kinder- und Jugendgesundheitssurvey (KiGGS). Bundesgesundheitsblatt – Gesundheitsforschung – Gesundheitsschutz. Volume 50, Numbers 5-6. Pp. 871-878

Sanders, Matthew R./Turner, Karen M. T. (2005): Reflections on the challenges of effective dissemination of behavioural family intervention: Our experience with the Triple P-Positive Parenting Program. Child and Adolescent Mental Health, 10. Pp. 158-169

United Nations Office on Drugs and Crime (2010): Compilation of Evidence-Based Family Skills Training Programmes. http://www.unodc.org/docs/youthnet/Compilation/10-50018_Ebook.pdf (Download am 20.01.2011)

World Health Organization (2009): Violence Prevention: The Evidence. http://whqlibdoc.who.int/publications/2009/9789241597821_eng.pdf (Download am 13.01.2011)

World Health Organization (2004): Prevention of Mental Disorders. Effective Interventions and Policy Options. http://www.who.int/mental_health/evidence/en/prevention_of_mental_disorders_sr.pdf (Download am 13.01. 2011)

Andreas Eylert

(Selbst-)Evaluation im Rahmen von Erziehungs- und Bildungspartnerschaften

Um zu überprüfen, ob die von Erziehungs- und Bildungspartnerschaften angestrebten Zielsetzungen erreicht wurden, bieten sich Instrumente der Evaluation an. Nur durch eine Reflexion über die eingesetzten Ressourcen und die erzielten Erfolge lässt sich überprüfen, ob die z.B. in Bildungsplänen oder Einrichtungskonzeptionen vorgegebenen oder durch partizipative Methoden im Team oder in der Einrichtung erarbeiteten Ziele der Kooperation erreicht wurden.

Übersicht: Elemente der Evaluation

„Evaluation ist die systematische, datenbasierte Beschreibung und Bewertung spezifizierter Programme, Projekte und Maßnahmen anhand von Kriterien, die explizit auf einen Sachverhalt bezogen sind" (Windau/Meinhold-Henschel 2006, S. 2; unter Bezugnahme auf Kromrey 2001, S. 105 ff.).

Evaluation als ein „Werkzeug der systematischen Informationsgewinnung" und der „Diagnose und Bewertung, (…) Planung, Steuerung und Verbesserung von Prozessen" ist dabei Teil eines „ganzheitlichen Qualitätsmanagements" und eine Möglichkeit, „Qualität und Transparenz" des Handelns zu erhöhen: „Durch die Evaluation von Programmen und Projekten wird die Qualität des Handelns überprüft, optimiert und gesichert" (Windau/Meinhold-Henschel 2006, S. 2).

Evaluation kann dabei verschiedene Funktionen erfüllen:

- *Kontrolle:* Bilanzierung der eigenen Arbeit
- *Aufklärung:* Erweiterung der Wahrnehmung im Hinblick auf die Dimension der eigenen und kollektiven Arbeit, sie zielt auf die rationale Auseinandersetzung mit der Arbeit
- *Qualifizierung:* Entwicklung von Perspektiven der Umstrukturierung im Arbeitsprozess, Erhöhung fachlicher Kompetenz zur Änderung von Konzeptionen
- *Innovation:* Dort, wo Änderungsbedarf besteht, können neue Handlungsmuster entwickelt, erprobt und umgesetzt werden (vgl. Morgenstern et al. 2004, S.134).

Im Rahmen von Evaluationsprozessen wird untersucht, mit welchem *Input* (Ressourceneinsatz, z.B. Personal, Geld, Partner, Material, aber auch Zeit etc.) welcher *Output* (Aktionen/Aktivitäten und Ergebnisse) und welcher *Outcome* (Veränderungen bei den Beteiligten) erreicht werden und welche *Systemwirkungen (Impact)* z.B. in der Gesellschaft, der Institution, dem sozialen Umfeld etc. damit erzielt werden. Dabei können schwerpunktmäßig der Kontext, die Strukturen, abgelaufene Prozesse und das Ergebnis untersucht werden.

Die Evaluation prüft also den *Weg vom Input zum Impact* unter der Fragestellung der Zielerreichung. Dabei geht es immer um die Frage, ob die gesetzten Ziele in der gewünschten Zeit erreicht wurden und ob der Mitteleinsatz dafür gerechtfertigt war. Der zweite Blickwinkel für Evaluationen ist der auf evtl. nicht geplante Elemente des Vorhabens. Im Rahmen von Evaluationen lassen sich so auch Effekte messen, die zu Projektbeginn noch nicht eingeplant waren (z.B. durch Äußerungen der Beteiligten, die Dinge benennen, wie ‚Wir sind als Elternschaft jetzt zusammengewachsen' oder ‚Ich habe durch den Kontakt zu anderen Eltern neue Freundschaften geknüpft' o.ä., die sich zunächst vielleicht auf Erfahrungen einzelner Beteiligter beziehen, aber möglicherweise doch wichtige Effekte des Projekts kennzeichnen können).

Im Folgenden werden zunächst verschiedene Formen der Evaluation benannt und abschließend die notwendigen Schritte zur Durchführung von Evaluationsprozessen überblickartig erläutert.

Fremd- vs. Selbstevaluation

Es werden drei Formen der Evaluation unterschieden:

a) die *Fremdevaluation* (gelegentlich mit Evaluationsforschung gleichgesetzt)
b) die *interne Evaluation*
c) die *Selbstevaluation*, die im Folgenden am stärksten thematisiert wird, da sie im Bereich der pädagogischen Arbeit die häufigste Form darstellt

Um Status, Sinn und Nutzen der *Selbstevaluation* besser einschätzen zu können, werden zunächst kurze Begriffsdefinitionen vorgenommen.

Fremdevaluation

Fremdevaluation – gelegentlich mit Evaluationsforschung gleichgesetzt – „beinhaltet die systematische Anwendung empirischer Forschungsmethoden zur Bewertung des Konzeptes, des Untersuchungsplanes, der Implementierung und der Wirksamkeit sozialer Interventionsprogramme" (Bortz 2002, S. 102).

Als Fremdevaluationen werden die Verfahren und Maßnahmen zur Prüfung und Bewertung eines Gegenstandes bezeichnet, die von Externen durchgeführt werden. D.h. Institutionen oder Personen außerhalb des Untersuchungsfeldes (z.B. Wissenschaftler) führen die Evaluation durch (vgl. Schratz et al. 2000, S. 89). Allerdings gilt auch hier die pragmatische Feststellung, dass auch Fremdevaluationen in der Praxis von Programmen, Projekten und Maßnahmen selten wissenschaftliche Forschung im engeren Sinne darstellen. Vielmehr ist Evaluation in den allermeisten Fällen „auf die unmittelbare Nützlichkeit ausgerichtet. Es geht nicht primär um eine wissenschaftliche Begleitforschung. Vielmehr steht (…) bei der Projekt- und Programmevaluation ein starker Praxisbezug im Vordergrund" (Windau/ Meinhold-Henschel 2006, S. 2 f.)

Interne Evaluation

Bei der internen Evaluation übernimmt eine Mitarbeiterin/ein Mitarbeiter oder ein Team aus der eigenen Organisation (z.B. aus einer anderen Abteilung, einem anderen Arbeitsbereich), die Aufgabe der Evaluation. Diese Person(en) können diese Aufgabe als ihre Haupttätigkeit ausüben, dies aber auch für ein spezielles Projekt übernehmen und ansonsten andere Aufgaben innehaben. Im sozialen Bereich wird die zweite Variante immer wieder genutzt und dann ähnlich wie eine kollegiale Beratung eingesetzt (erfahrene KollegInnen aus anderen Bereichen begleiten, unterstützen und evaluieren einzelne Projekte).

Vorteile dieser Methode sind sicher die kurzen Kommunikationswege und die geringeren Kosten im Vergleich zur Fremdevaluation. Ein großer Nachteil liegt in der mangelnden Distanz und teilweise auch Akzeptanz einer Evaluation durch die eigene Organisation (vgl. z.B. Beywl/Schepp-Winter 2000, S. 31).

Selbstevaluation (auch ‚Eigenevaluation')

Als Selbstevaluation werden Verfahren bezeichnet, bei denen die die Praxis gestaltenden Fachleute identisch sind mit den EvaluatorInnen (z.B. ErzieherInnen führen selbst in ihrer Einrichtung Befragungen zur Zufriedenheit mit Angeboten durch).

Ziel ist es, durch eine systematische schriftliche Sammlung sowie durch Aus- und Bewertung von Daten aus der eigenen Praxis eine rationale und fundierte Grundlage für die Planung und/oder Optimierung der Arbeit und ihrer Prozesse zu bekommen. Zudem zielt Selbstevaluation immer auf die fachliche Qualifizierung der Beteiligten. „Selbstevaluationen haben das Ziel, die eigene Arbeit zu optimieren und die fachliche Weiterqualifizierung zu fördern" (von Spiegel 2000, S. 32).

Im Gegensatz etwa zur Evaluationsforschung geht es hier also weniger um den Einsatz anspruchsvollster empirischer Forschungsmethoden und die Einhaltung von deren Richtlinien, sondern vielmehr um eine einfache Anwendung in der Praxis. Selbstevaluation dient nicht der Kontrolle oder Bewertung von Akteuren (z.B. Mitarbeiterinnen und Mitarbeitern), sondern soll detaillierte Informationen über Zusammenhänge von Prozessen und Ergebnissen der eigenen Praxis liefern. Zudem können Verfahren der Selbstevaluation eine höhere Akzeptanz erfahren als Methoden der Fremdevaluation, da alle Akteure selbst an der Evaluation beteiligt sind.

Zusammenfassend kann man sagen, dass die Selbstevaluation der eigenen Praxis folgende Vorteile bietet (vgl. von Spiegel 2000, S. 39):

- Fachkräfte (z.B. FrühpädagogInnen, LehrerInnen …) nehmen ihr Klientel (Kinder, Eltern, an der Erziehungs- und Bildungspartnerschaft Beteiligte) genau in den Blick und können deren Bedürfnisse und Interessen besser erkunden.
- Die Fachkräfte erhalten schnelle Rückmeldung darüber, ob ihr Handeln angemessen ist.
- Die Selbstreflexion der Fachkräfte wird gefördert. So können Beteiligte eine forschende, experimentierende Haltung trainieren, die zur professionellen Distanz beiträgt.

Ein Nachteil von Selbstevaluation ist allerdings, dass es durch die fehlende Distanz zum Untersuchungsgegenstand zur Ausblendung von kritischen Fragen kommen kann. Eine wissenschaftliche Begleitung kann an dieser Stelle gerade aufgrund der Distanz zum Untersuchungsgegenstand den kritischen Blick einbringen, der unter den Beteiligten nicht gegeben ist. Eine umfassendere Fremdevaluation, die in gewissen zeitlichen Abständen wiederholt wird (z.B. alle 2 – 3 Jahre) ist also, neben der Selbstevaluation, sinnvoll (vgl. von Spiegel 2000, S. 41).

Präformative, formative und summative Evaluation

Nachdem zwischen Fremd- und Selbstevaluation unterschieden wurde, soll auf eine weitere Differenzierung hingewiesen werden: Die präformative, die formative und die summative Evaluation.

Diese Evaluationsformen orientieren sich an der zeitlichen Dimension und an den einzelnen Projektphasen. In ihnen werden das erste Konzept eines Projekts, der Projektverlauf und das Projektergebnis untersucht.

Präformative Evaluation begleitet auf rein reflexiver Basis das Konzept eines Projekts und bewertet dieses. Die präformative Phase der Evaluation kommt ohne praktische Erprobungsschritte – d.h. ohne prospektiv orientierte empirische Schritte – aus. Die präformative Phase schließt mit einem ersten vorläufigen Programmentwurf ab.

Formative Evaluation ist eine Form begleitender Bewertung, d.h. die Evaluation hat unmittelbar Wirkung auf den Programmverlauf und gestaltet diesen durch die gewonnenen Erkenntnisse mit. Auf der Grundlage von Ergebnissen können so der Qualitätsentwicklungsprozess optimiert und Kriterien sowie Maßnahmen korrigiert und überarbeitet werden. In der formativen Phase wird also das im Rahmen der präformativen Phase entwickelte Konzept erprobt und gleichzeitig bewertet. Ziel dabei ist es, rechtzeitig Schwachstellen des Projekts aufzudecken und das Projekt flexibel an den Verlauf anzupassen, um so die eigene Arbeit *im Prozess* zu verbessern.

Summative Evaluation bezeichnet die am Ende eines Projekts durchgeführte Bewertung – sozusagen ein Endgutachten.

Es ist dabei teilweise üblich und sinnvoll, die summative Evaluation in zwei Phasen zu unterteilen. In jene Phase, in der das fertige Programm überprüft wird (erste summative Phase = Überprüfungsphase) und in die Phase der Routineapplikation (zweite summative Phase = Routinephase) (vgl. Uhl 1997, S. 4).

Man kann also zusammenfassend festhalten, dass Evaluation bezogen auf den Zeitverlauf verschiedene Funktionen hat (vgl. Windau/Meinhold-Henschel 2006, S. 3):

- *Zu Beginn:* Präzisere Zielvereinbarungen, Nutzung bereits vorhandener Evaluationen für das Projektdesign
- *Während der Laufzeit des Projektes:* Dokumentation von Fortschritten, Erkenntnisse für eine mögliche Nachsteuerung.
- *In der Abschlussphase:* Bilanzierung (tatsächliche Wirkungen, fördernde und hindernde Faktoren, Effizienz: Aufwand und Nutzen, Evaluation als Beitrag zur verbesserten Legitimierung von Projektergebnissen, Lernen aus Erfolgen und Fehlern, Empfehlungen, Entscheidungen, Planung der Weiterarbeit)

Im Folgenden wird ein Ablaufschema für Selbstevaluationen vorgestellt[1]. Die dort genannten Schritte haben den Charakter von Leitlinien. Selbstverständlich können sie für die eigene Praxis, je nach Situation, modifiziert oder in ihrer Reihenfolge geändert werden.

Wichtig ist es zunächst einmal, jeden Schritt der Evaluation schriftlich zu dokumentieren. Diese Arbeitsweise erhöht die Transparenz, macht die Evaluation nachvollziehbar und verbessert so ihre Qualität. Außerdem können Konflikte und Unstimmigkeiten innerhalb des Evaluationsteams durch begleitende Dokumentation und Reflexion minimiert werden.

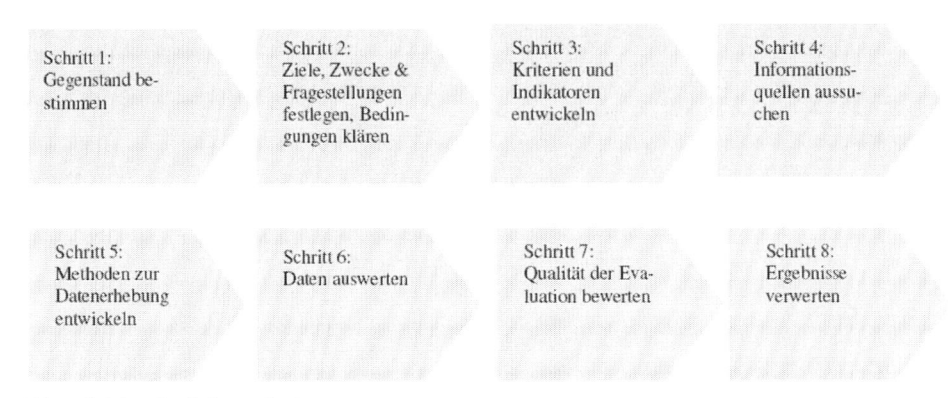

Schritt 1: Gegenstand bestimmen	Schritt 2: Ziele, Zwecke & Fragestellungen festlegen, Bedingungen klären	Schritt 3: Kriterien und Indikatoren entwickeln	Schritt 4: Informationsquellen aussuchen
Schritt 5: Methoden zur Datenerhebung entwickeln	Schritt 6: Daten auswerten	Schritt 7: Qualität der Evaluation bewerten	Schritt 8: Ergebnisse verwerten

Abb. 1: Schritte der Selbstevaluation

Schritt 1: Bestimmung des Gegenstandes der Evaluation

Zunächst einmal geht es um die Bestimmung des Gegenstandes und des Umfanges (der Reichweite) der Evaluation: Was soll evaluiert werden?

Um das Untersuchungsfeld und den Aufwand überschaubar zu halten, entscheidet man sich für einen begrenzten Bereich des Feldes (z.B. eine Einrichtung oder einen Teil davon, ein einzelnes Partizipationsprojekt, ein Teilprojekt, ein Programm, eine Abteilung oder auch darin enthaltene Teilbereiche, z.B. einen Prozess, eine Methode), der untersucht werden soll. Diesen legt man dann verbindlich fest.

Folgende Aspekte sind in dieser Phase von großer Bedeutung:

- genau beschreiben, womit man sich befassen will
- klare und eindeutige Begriffe verwenden
- auf Trennschärfe, d.h. genaue und eindeutige Abgrenzung gegenüber anderen Themen und Phänomenen achten
- wenn möglich, schon hier viele Betroffene in die Definition mit einbeziehen.
- Je breiter der Gegenstand ist, desto aufwendiger ist auch das Evaluationsprojekt. D.h., wenn nur geringe Ressourcen zur Verfügung stehen und wenig Erfahrung in der

---

[1] Die Schritte sind dem Konzept von König (vgl. König 2000) entlehnt. Andere Konzepte (z.B. von von Spiegel oder das Schema des Qualitätsmanagements von Liebald 1998, S. 77 f.) sind ähnlich aufgebaut und wurden in diesen Ablauf integriert. Das Schema kann selbstverständlich auch als Verfahren zur Aufstellung eines Evaluationsplanes gelesen werden.

Selbstevaluation vorhanden ist, sollte erst einmal ein kleiner, abgegrenzter Evaluationsgegenstand untersucht werden

Schritt 2: Ziele, Zwecke und Fragestellungen der Evaluation festlegen, Bedingungen klären

Insbesondere *das Warum*, der Zweck der Evaluation muss nun geklärt werden. Die Hauptfrage hierbei ist: Welchen Nutzen soll die Evaluation bringen und welche Ziele sollen durch sie erreicht werden? Es geht aber auch darum festzustellen, welche Möglichkeiten es zum Umgang mit Zielkonflikten gibt und wem die Evaluation und ihre Ergebnisse wann und warum etwas nützen könnten.

Mögliche Ziele und Zwecke (Effekte für die eigene Arbeit), die mit Evaluation verbunden sein können:

- *Erfolgskontrolle:* ‚Erwartung – Erfolg – Kontrolle', aktive leistungsbezogene Selbstkontrolle
- *Aufklärung:* Aufklärung des eigenen Alltags, Strukturierung der Unübersichtlichkeit und Komplexität alltäglicher Aufgabenstellungen
- *Qualifizierung:* Durch systematische Reflexion der Arbeit kann die eigene Fachlichkeit optimiert werden.
- *Legitimation:* Nachweis von Qualität und Effizienz der eigenen Arbeit
- *Innovation:* kontinuierliche Verbesserung der eigenen Arbeit

Außerdem werden in diesem Schritt die Voraussetzungen und Bedingungen geklärt, wie die Frage nach dem nötigen Budget, den personellen Voraussetzungen, den zur Verfügung stehenden Mitteln und Kenntnissen usw. Wichtig ist auch die Beantwortung der Frage nach möglicher Unterstützung von außen. Eine (wissenschaftliche) Begleitung und externe Beratung kann bei Problemen, bei der Auswahl von Erhebungsmethoden, bei der Auswertung von Daten oder auch beim Umgang mit den Ergebnissen hilfreich sein.

Das Interesse für ein Evaluationsvorhaben drückt sich am Anfang meist in einer einfachen Zwecksetzung aus. Beispielsweise:
‚Wir wollen darüber entscheiden, ob ...'
‚Wir wollen uns vergewissern, ob das Elterncafé derzeit den Wünschen der Eltern entspricht.'
‚Wir wollen klären, wie die Kooperation mit Eltern noch besser werden kann.'

Schritt 3: Kriterien und Indikatoren entwickeln

In diesem Schritt werden Kriterien festgelegt, anhand derer der in Schritt 1 festgelegte Gegenstand überprüft wird. Folgende Aspekte sind in dieser Phase von großer Bedeutung[2]:

- Welche Maßstäbe der Beurteilung des Untersuchungsgegenstandes und für die Bewertung von Ergebnissen werden bei der Evaluation angelegt?
- Wie können Bewertungskriterien entwickelt werden?
- Wie kann ein Gegenstand messbar gemacht werden?

---

[2] Ergänzt werden könnte noch die Beachtung der Gütekriterien (Validität, Reliabilität, Repräsentativität).

- Wie findet man Indikatoren, die etwas über den Gegenstand aussagen können?

Die *Operationalisierung* und *Indikatorenbildung* ist die Voraussetzung für die systematische Sammlung und Auswertung von Informationen über den Evaluationsgegenstand. Zuvor festgelegte Kriterien werden in erfassbare Indikatoren zerlegt. Anhand der Indikatoren können dann Ergebnisse bewertet werden. Je größer die Zahl der Indikatoren ist, desto eher hat man die Gewähr, dass Ungenauigkeiten, Verzerrungen und andere Messfehler bei einzelnen Indikatoren sich nicht negativ auf das Gesamtergebnis auswirken.

Kriterien beschreiben dabei also die festgelegten Ziele der Evaluation, den zu überprüfenden Projektgegenstand. *Indikatoren* dienen dazu, diese zu konkretisieren und dadurch zu messen, in wieweit das Kriterium erfüllt ist.

Schritt 4: Informationsquellen aussuchen

Die zentrale Frage für diesen Schritt lautet: Wer oder was kann uns Informationen über den Evaluationsgegenstand liefern? Es stellt sich also die Frage, welche Datenquellen für die Sammlung von Informationen über die ausgewählten Indikatoren geeignet sind (z.B. Dokumente, Sichtweisen von TeilnehmerInnen, andere ExpertInnen etc.). Je größer die Anzahl der Sichtweisen und Blickwinkel ist, aus denen auf den zu messenden Gegenstand geschaut wird, desto vollständiger ist das Bild, das man über diesen erhält. Dadurch kann die Gefahr von Verzerrungen oder fehlerhaften Informationen minimiert werden.

Durch diese multiperspektivische Herangehensweise entsteht allerdings auch ein nicht unerheblicher Mehraufwand. Es muss also geprüft werden ob eine Stichprobe evtl. ausreichend ist.

Probleme, die in dieser Phase auftreten können, ergeben sich durch Störeffekte in der Praxis (im Rahmen von Elternarbeit z.B. durch gruppendynamische Effekte und dadurch auftretende Informationsverzerrung) oder durch die fehlende Zugänglichkeit zu Informationen (wenn sich beispielsweise einzelne Teilnehmende nicht für Auswertungsgespräche zur Verfügung stellen).

Schritt 5: Methoden zur Datenerhebung entwickeln

Während dieser Phase werden die Instrumente entwickelt, die die notwendigen Informationen zur Beschreibung und Bewertung des Untersuchungsgegenstandes liefern können. Die Auswahl der Erhebungsmethode hängt von den zu beantwortenden Fragen und den verfügbaren Zeitressourcen ab. Zu bevorzugen sind solche Methoden, die sich gut in den Alltag des Partizipationsprojektes integrieren lassen. Bevor ein neues Instrument zur Evaluation entwickelt wird, sollte man auf bereits bestehende zurückgreifen. Diese Instrumente haben den Vorteil, dass sie in der Praxis bereits getestet wurden und sich dort bewährt haben. Außerdem spart dies eine Menge an Mühe und Zeitaufwand.

Der Auswahl von Methoden kommt eine Schlüsselrolle im Prozess zu, da die Methode dazu dient, Informationen zu sammeln und zu systematisieren. Nicht zuletzt geht von ihr auch immer eine Motivation zur Teilnahme aus, die nicht unterschätzt werden darf. Hier gilt es also sowohl dem pädagogischen als auch dem wissenschaftlichen Anspruch gerecht zu werden.

Um zu klären, ob ein neues Instrument zur Evaluation entwickelt bzw. eingesetzt werden sollte, kann folgende Checkliste hilfreich sein:

- Zuerst sollte geprüft werden, ob es möglich ist auf vorliegende Dokumente, Statistiken, Seminarauswertungen, Aussagen, aber auch auf Zeitungsberichte usw. usf. zurückzugreifen. Erst dann sollten ‚frische Daten' erzeugt werden (z.B. durch Befragungen, Gesprächsprotokolle, Erhebungen usw.).
- Fragebögen, Beobachtungen, Tests u.ä. sollte man sparsam konzipieren, sodass kein Datenüberschuss (= Blindleistung) entsteht. Es gilt auch hier der Ansatz: So wenig wie möglich – aber so viel wie nötig.
- Bei Einschätzungsfragen sollte die Möglichkeit bestehen nicht ausschließlich die Positiv-/Negativ-Bewertung, sondern auch die Wichtigkeit des Kriteriums anzugeben. Sollten dazu noch keine Daten vorliegen, ist hier Handlungsbedarf gegeben.
- Vorhandene und auch neu entwickelte Instrumente sollten vor dem Einsatz in der Praxis mehrfach kritisch diskutiert und getestet werden (keine Erhebung ohne bestandenen Pretest!). Es gilt, die Verfahren immer so anzulegen und zu terminieren, dass die Befragten schnell Rückmeldungen über die Ergebnisse bekommen.

Im Folgenden werden einige Methoden aufgelistet, die sich für die Evaluation, insbesondere in Partizipationsprozessen mit Kindern, Jugendlichen und Erwachsenen (wie sie auch in Erziehungs- und Bildungspartnerschaften angestrebt werden), bewährt haben. Beschreibungen dazu finden sich z.B. in der Methodendatenbank des Deutschen Kinderhilfswerks unter http://www.kinderpolitik.de.

Mögliche Methoden können sein:
1. Auswertungsbögen für einzelne Angebote/Leistungen
2. Evaluationsraster für Projekte
3. Methoden zur Veranstaltungs- und Seminarauswertung, z.B.
   a. Ein-Punkt-Befragung
   b. Stimmungsbarometer
   c. Mehrfach-Karten-Befragung
   d. Ampelfeedback
   e. Programmkritik
4. Fragebögen
5. (Leitfaden-) Interviews
6. Beobachtungsbögen
7. Feedbackbögen

Während dieses Teilschrittes der Selbstevaluation werden die Daten anhand der zuvor festgelegten Instrumente erst gesammelt und anschließend ausgewertet. Bei dokumentierenden und protokollierenden Verfahren ist es z.B. möglich, die Erhebung von Daten in alltägliche Routinevorgänge zu integrieren.

Im Rahmen der in den Alltag integrierten Selbstevaluation haben sich daher kurze, systematisierte und wiederkehrende Evaluationsinstrumente bewährt, wie beispielsweise ein *Blitzlicht* (das protokolliert werden muss!), eine *Metaplan-Kartenfrage*, ein *Evaluationsbogen* oder eine *Befragung per Auswertungsmatrix*.

Ritualisierte Methoden, die fester und wiederkehrender Bestandteil des Alltags sind, führen dazu, dass mit der Zeit eine hohe Akzeptanz und Verbindlichkeit entsteht und sich in der Einrichtung eine ‚rückmeldefreundliche' Atmosphäre (Feedback-Kultur) entwickelt.

Schritt 6: Daten auswerten

Nach der Datenerhebung müssen die gewonnenen Informationen geordnet, zusammengefasst und dadurch interpretierbar und bewertbar gemacht werden. Wichtig ist es, der Evaluation auch Konsequenzen folgen zu lassen. Dafür müssen die Rückmeldungen bewertet und interpretiert werden, um anschließend Schlussfolgerungen daraus ziehen zu können.

Nach der Auswertung der Ergebnisse sollten diese auch in die Sachberichte und Projektdokumentationen einfließen. Einerseits wird den TeilnehmerInnen, aber auch den Auftraggebern so verdeutlicht, welche Ergebnisse die Evaluation produzierte. Andererseits entsteht durch die Veröffentlichung auch eine Selbstverpflichtung zur Umsetzung der Ergebnisse, die ansonsten evtl. in Vergessenheit geraten würden.

Eine ausführliche Beschreibung separater Evaluationsberichte findet sich z.B. bei Beywl/ Schepp-Winter (2000, ab S. 83).

Schritt 7: Qualität der Selbstevaluation bewerten

Hier stellt sich die Frage nach der Qualität der Selbstevaluation und damit auch der Verwertbarkeit der gewonnenen Ergebnisse.

Prüfsteine zur Metaevaluation liefern beispielsweise die DeGEval (Deutsche Gesellschaft für Evaluation) oder die Qualitätskriterien von Roland Roth (2006), die Anhaltspunkte für die Selbstvergewisserung liefern können.[3]

Schritt 8: Kommunikation und Verwertung der Ergebnisse

An dieser Stelle sollen die gewonnenen Ergebnisse verwertet und als Grundlage für die Verbesserung oder Verstetigung der eigenen Praxis geltend gemacht werden.

Ergebnisse einer Evaluation verwerten heißt zweierlei:

    a) Ergebnisse unter allen Betroffenen und Beteiligten bekannt machen (TeilnehmerInnen, Öffentlichkeit, eigenes Team, Auftraggeber usw.)
    b) Konsequenzen aus den Ergebnissen für die Praxis, in der sie entstanden sind, anregen und auf den Weg bringen. Die eigene Tätigkeit wird also ggf. modifiziert bzw. als besonders gelungen einzustufende Bestandteile der Projekte werden beibehalten.

---

[3] Weitere Informationen zu Gütekriterien und Aufbau von Evaluationsvorhaben z.B. unter http://www.degeval.de oder im „Handbuch der Evaluationsstandards" (Sanders, J. R. 2000).

Literatur

Beywl, Wolfgang/Schepp-Winter, Ellen (2000): Zielgeführte Evaluation von Programmen – ein Leitfaden. Materialen zur Qualitätssicherung in der Kinder- und Jugendhilfe, QS 29. Herausgegeben vom BMFSFJ. Berlin

Bortz, Jürgen/Döring, Nicola (2002): Forschungsmethoden und Evaluation für Human- und Sozialwissenschaftler. 3. überarb. Auflage. Berlin: Springer

Deutsche Gesellschaft für Evaluation (Hrsg.) (2002): Standards für Evaluation. Köln: Deutsche Gesellschaft für Evaluation

Deutsche Gesellschaft für Evaluation (Hrsg.) (2004): Empfehlungen zur Anwendung der Standards für Evaluation im Handlungsfeld der Selbstevaluation. Alfter: Deutsche Gesellschaft für Evaluation

König, Joachim (2000): Einführung in die Selbstevaluation. Ein Leitfaden zur Bewertung der Praxis sozialer Arbeit. Freiburg im Breisgau: Lambertus

Kromrey, Helmut (2001): Evaluation – ein vielschichtiges Konzept. Begriff und Methodik von Evaluierung und Evaluationsforschung. Empfehlungen für die Praxis, in: Sozialwissenschaften und Berufspraxis, 24. Jg. 2/2001

Liebald, Christiane/Bundesvereinigung Kulturelle Jugendbildung e.V. Kulturprojekt (1998): Leitfaden für Selbstevaluation und Qualitätssicherung, QS 19. Herausgegeben vom BMFSFJ. Berlin

Morgenstern, Ines/Mannheim-Runkel, Monika/Michelfeit, Claudia/Schmidt-Hood, Gerlinde (2004): Qualität in der offenen Kinder- und Jugendarbeit. Norderstedt: Books on Demand

Roth, Roland (2006): Checkliste mit Qualitätsmaßstäben für projekt- und maßnahmenorientierte Beteiligungsangebote. Unveröffentlichtes Papier. Gütersloh: Bertelsmann-Stiftung

Sanders, James R. (Hrsg.) (2000): Handbuch der Evaluationsstandards. Die Standards des „Joint Committee on Standards for Educational Evaluation". 2. Auflage. Opladen: Leske und Budrich

Schratz, Michael/Iby, Manfred/Radnitzky, Edwin (2000): Qualitätsentwicklung. Verfahren, Methoden, Instrumente. Weinheim und Basel: Beltz

Spiegel, Hiltrud von (2000): Perspektiven der Selbstevaluation. In: Evaluation der sozialpädagogischen Praxis. Materialen zur Qualitätssicherung in der Kinder- und Jugendhilfe. QS 11. Herausgegeben vom BMFSFJ. Berlin

Uhl, Alfred (1997): Probleme bei der Evaluation von Präventionsprogrammen im Suchtbereich. In: Wiener Zeitschrift für Suchtforschung, Jg. 20, 1997, Nr.3/4. S. 93-109

Windau, Bettina/Meinhold-Henschel, Sigrid (2006): Evaluation in Stiftungen. Gegenwärtiger Stand und Empfehlungen für die Praxis. In: Stiftung & Sponsoring 5/2006

Waldemar Stange

Elternarbeit als Netzwerkaufgabe

– ein Gesamtkonzept für Erziehungs- und Bildungspartnerschaften als Bestandteil kommunaler Präventions- und Bildungsketten

1. Einleitung

Die folgenden Ausführungen greifen die Argumente aus den vorangegangenen Beiträgen und insbesondere aus dem einführenden Aufsatz (Begründung, Begriffsbildung) dieses Buches auf und bündeln sie in einem *Gesamtkonzept für Erziehungs- und Bildungspartnerschaften* als Teil von *Kommunalen Präventions- und Bildungsketten*.

Dabei sind einige Prinzipien der Zusammenarbeit mit Eltern zu berücksichtigen:

- Elternarbeit als Erziehungs- und Bildungspartnerschaft muss differenziert werden: geschlechtlich (Gender Mainstreaming), lebensalterbezogen, lebenslagenbezogen (im Hinblick auf markante sozialstatistische Merkmale: Einkommen, Armut, Wohnen, Migration, Milieu, Bildungspartizipation usw.)
- Sie muss sozialräumlich konzipiert werden (Regionalisierung, Dezentralisierung, Sozialraum- und Lebensweltorientierung, Stadtteilorientierung).
- Das *ganze* System ist einzubeziehen in eine *Gesamtstrategie* bzw. ein *Gesamtkonzept* (integriertes Handlungskonzept).
- Vernetzungsarbeit muss im Fokus stehen. Es geht um Erziehungs- und Bildungspartnerschaften in *kommunalen Netzwerken* des Sozialraums.
- Es muss saubere und klare *Indikationen* für differenzierte Strategien, Formen und Methoden für ebenso differenzierte Aufgaben der Gestaltung von Partnerschaften geben.
- Leichte *Zugänglichkeit* und *Niedrigschwelligkeit* müssen an allen Stellen des Systems sichergestellt werden.
- Defizite müssen erkannt und behoben werden. Dominieren muss jedoch das positive Prinzip von Bildung und Erziehung auf dem Hintergrund von *Ressourcenorientierung*.
- Partnerschaften können ohne das Prinzip *Freiwilligkeit* nicht funktionieren.
- *Eltern- und Kinder-Partizipation* muss in allen Bereichen sichergestellt werden.
- Das Prinzip *Haltung* (transparente, geteilte Werte, Vertrauen, Beziehungsaufbau) muss sich wie ein roter Faden durch alle Kooperationsformen ziehen.
- *Wertschätzung und Anerkennung* müssen die kommunale Kultur der Kooperation auch im Alltag kennzeichnen (vielfältige Formen der Anerkennungskultur im Sinne von Honneths anerkennungstheoretischem Ansatz).
- In der Elternarbeit geht es in letzter Instanz immer um die *Kinder und Jugendlichen*. Jede Strategie, jede Methode, jedes Programmmuster der Praxis muss sich vor diesem Grundsatz legitimeren!

Die Ansprüche an ein kommunales Gesamtsystem für Erziehungs- und Bildungspartnerschaften sind hoch. Kann dieser Anspruch in der Praxis aufrechterhalten werden?

Einfache Fundamentalforderungen nach einem weiteren großen kommunalen Projekt und damit verbundene Belastungen sind sicher nicht zielführend. Eine Weiterentwicklung in diesem Bereich muss mittelfristige Entlastungen (auch finanzielle) durch kreatives und intelligentes Nutzen ganzheitlicher Erkenntnisse und integrierter Handlungsstrategien erbringen! Im Übrigen gilt: Die Akteure eines Gesamtkonzeptes müssen zwar alles kennen und verstehen, aber nicht alles selbst machen. Hier kommt es darauf an, eine gezielte Auswahl zu treffen und das Richtige und Wichtige zu tun. Es geht um maßgeschneiderte Konzepte, die den lokalen Bedingungen optimal angepasst sind. Es geht um Konzentration und Profilbildung! Gerade das Kooperieren, das Bilden von Netzwerken, das Bündeln von Ressourcen und deren gegenseitige intelligente Nutzung können hier entlasten. So, wie auf der Ebene der Kinder und Jugendlichen auf lange Sicht die Orientierung am sozialökologischen Lernbegriff das Lernen und die Entwicklung effektiver fördert, weil Vielfalt und Einheit des formellen, des non-formalen und des informellen Lernens schließlich wirkungsvoller und nachhaltiger sind, so gilt dies analog für kommunale Gesamtkonzepte und die sie umsetzenden Akteure.

2. Eckpunkte und Strukturelemente einer Gesamtstrategie bzw. eines Gesamtkonzeptes für Erziehungs- und Bildungspartnerschaften

Eine Gesamtstrategie muss den im Einleitungsaufsatz dieses Buches skizzierten wissenschaftlich erhärteten Zusammenhang aus der Präventionsforschung berücksichtigen, dass ganz unterschiedlichen jugendlichen Problemverhaltensweisen (z.B. Gewalt, Delinquenz, Schulabbruch, problematischer Drogen- und Alkoholgebrauch sowie frühe Schwangerschaften) keineswegs völlig unterschiedliche Risikofaktoren zugrunde liegen, sondern dieselben 19 (wenn auch in variierender Kombination) immer wieder gefundenen Faktoren. Bedeutsam ist auch, dass nicht allein einfaches ‚Weglassen', Vermeiden und Bekämpfen dieser *19 universellen Risikofaktoren*, sondern vor allem die aktive Förderung von und die Konzentration auf eine ebenso begrenzte Anzahl *universeller Schutzfaktoren* die genannten Problemverhaltensweisen sehr wirkungsvoll bekämpfen können[1] (vgl. Landespräventionsrat Niedersachsen 2009, S. 4, 9)

Hingewiesen wurde auch darauf, dass diese Schutzfaktoren immer dann aufseiten der Kinder und Jugendlichen wirken, „wenn sie sich mit ihrer Familie, der Schule und der Nachbarschaft bzw. dem Gebiet, in dem sie leben, stark verbunden fühlten" (Landespräventionsrat Niedersachsen 2009, S. 4).

Kinder, Jugendliche und Eltern müssen „Chancen bekommen, einen sinnvollen Beitrag dazu zu leisten", Erziehung und Bildung und die zentralen *universellen Schutzfaktoren*[2] *(Präventionsfaktoren)* auf dem Hintergrund einer gemeinwesenorientierten und kommunalen Sichtweise aktiv mitgestalten und fördern zu können. Neben allem anderen, was Bildung noch ausmacht, gehören diese Schutzfaktoren verstärkt in den Blick. Diese Fokus-

---

[1] Genannt worden waren neben der Beseitigung äußerer Risikofaktoren und sozialpolitischer Interventionen vor allem pädagogische Aufgaben , z.B. die Vermittlung „gesunder Auffassungen" und „klarer Verhaltensnormen", die Entwicklung von „Fähigkeiten", das Erhalten von „Anerkennung", der Aufbau von „persönlichen und strukturellen Bindungen (…) zu Familien, Schulen, Nachbarschaften und Peer-Gruppen" (Landespräventionsrat Niedersachsen 2009, S. 9).

[2] Siehe dazu auch die erweiterte Liste von Schutzfaktoren, die die Resilienzforschung erbracht hat, in der Fußnote Nr. 13 des Einleitungsaufsatzes in diesem Band auf S. 26)

sierung auf die unspezifische, universelle Prävention ist auch deshalb sinnvoll, weil „Verhaltensprobleme (…) sich nicht zurückdrängen lassen, wenn nur ein Risikofaktor in einem Bereich in Angriff genommen wird" und „weil die Wahrscheinlichkeit der Entwicklung eines Problemverhaltens mit der Anzahl der Risikofaktoren, denen ein Kind ausgesetzt ist, steigt" und auch, weil „dieselben Risikofaktoren (…) zu unterschiedlichen Problemverhaltensweisen" führen, weil sich „die Beeinflussung einiger Risikofaktoren auf alle fünf Problemverhalten auswirkt" und schließlich sogar auch deshalb, weil die durch die Forschung herausgearbeiteten Risikofaktoren „in den verschiedenen ethnischen Gruppen und Kulturen dieselben Auswirkungen" haben, wenn auch das *Ausmaß*, aber eben nicht die „Art der Wirkung der Risikofaktoren unterschiedlich sein kann" (ebd.).

Welche *Strukturelemente* muss nun eine Gesamtstrategie berücksichtigen?

- Zu berücksichtigen ist die Gesamtheit der verschiedenen *Planungsebenen*, die im Einleitungsaufsatz (siehe Stange in diesem Band, S. 35, Abbildung Nr. 3) dargelegt wurden.
- Das Gleiche gilt für alle *Teilsysteme*, die dort skizziert wurden: die rechtlichen, finanziellen, institutionellen und organisatorischen Unterstützungssysteme des deutschen Sozialsystems (siehe Abbildung Nr. 2 auf S. 34).
- Eine Gesamtstrategie sollte *alle* relevanten Gruppen erfassen, das Konzept gleichzeitig aber auch *zielgruppendifferenziert* akzentuieren.
- Sie muss *alle Lebensalter* berücksichtigen, aber auch *lebensalterdifferenzierte* Schwerpunkte setzen.
- Sie muss einerseits *alle Lebenslagen* im Blick haben, andererseits *lebenslagendifferenziert* fokussieren (Milieus, sozialstatistische Besonderheiten der Zielgruppen).
- Sie muss dabei unterschiedliche *Ausgangslagen* berücksichtigen: sowohl differenzierte *Anlässe (Indikationen)* als auch unterschiedliche *Interessenlagen* im Vieleck der Interessen (persönlicher Nutzen bzw. Gewinn).
- Sie muss die Vielfalt der *Akteure* (Elternarbeiter, Eltern und Kinder, Kooperationspartner und Stakeholder) erfassen.
- Die unterschiedlichen *Zugänge und Orte (Aktionsfelder)* müssen berücksichtigt werden.
- *Methoden- und Themen-Differenzierung* muss ermöglicht werden.
- Querliegende *Prozessdimensionen* (Information und Kommunikation, Partizipation, ‚heimlicher Lehrplan') sind zu beachten,
- Die gewünschten Effekte einer solchen umfassenden Gesamtstrategie müssen sich widerspiegeln in klar definierten *Ziel-Systemen* auf den verschiedenen Ebenen.

Elternarbeit als Netzwerkaufgabe

```
┌─────────────────────────────────────────────────────────────────────────┐
│ 1. Die Planungsebenen von Erziehungs- und Bildungspartnerschaften (S. 34)│
├─────────────────────────────────────────────────────────────────────────┤
│              2. Teilsysteme des deutschen Sozialsystems (S. 35)          │
│ rechtliche, finanzielle, institutionelle und organisatorische Unter-    │
│ stützungssysteme (öffentliche, freie u. kommerzielle Träger (auch       │
│ Selbstorganisation von Eltern: Elternselbsthilfe, Elterninitiativen)    │
└─────────────────────────────────────────────────────────────────────────┘
```

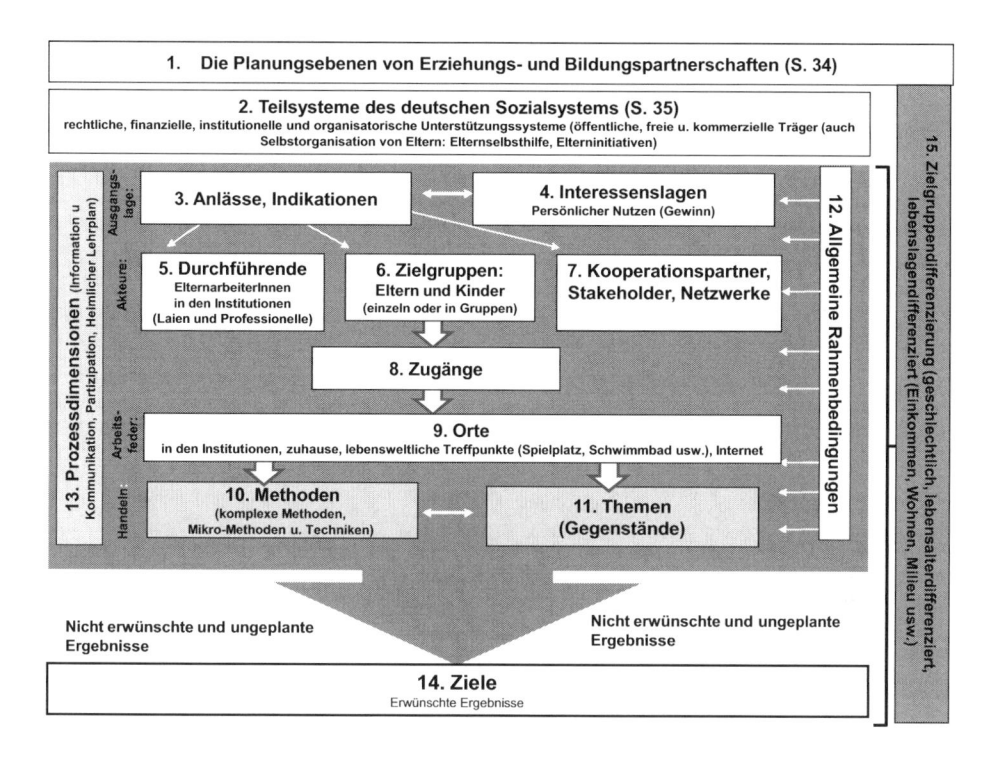

Abbildung 1: *Strukturelemente eines Gesamtkonzeptes für Erziehungs- und Bildungspartnerschaften*

Die Grafik stellt zunächst einmal eine formale Struktur dar. Die hier systematisierten Strukturelemente und Kategorien müssen in jeder Gesamtstrategie erscheinen und jeweils spezifisch (d.h. orientiert an den je besonders ausgerichteten Zielen, fachlichen Profilen und Ausgangslagen) gefüllt werden. Es ist damit also nicht per se ein inhaltliches Profil vorgegeben. Sicher ist zunächst einmal nur, dass im Hinblick auf die im Einleitungsartikel dieses Bandes genannten drei Planungsebenen (siehe S. 34) berücksichtigt werden muss, auf welcher jener Ebenen ein Konzept jeweils entwickelt wird. Außerdem müssen möglichst *alle* erwähnten kommunalen Teilsysteme (Unterstützungssysteme) Berücksichtigung finden. Allerdings sind sie in ihrem jeweiligen Stellenwert bzw. ihrer unterschiedlichen Gewichtung (Schwerpunktsetzung) zu kennzeichnen. Unter geeigneten Rahmenbedingungen und Ausgangslagen kann es sinnvoll sein, innerhalb der Gesamtstrategie auch einen institutionellen Handlungsschwerpunkt zu setzen und von einem solchen *Kristallisationspunkt* aus die Gesamtstrategie zu entfalten (im frühkindlichen Bereich z.B. über Kindertagesstätten als Familienzentren bzw. über den ASD für die frühen Hilfen oder im Schulbereich um eine ‚Community-School' herum).

Es drängen sich nun *drei zentrale Säulen* einer Gesamtstrategie zwingend auf:

1. Der Kernbereich der *Kinder- und Jugendhilfe* als erste große Säule der Erziehungs- und Bildungspartnerschaft in Präventions- und Bildungsketten (insb. für alle frühen

und präventiven Hilfen vom ASD und der Bezirkssozialarbeit aus (hier noch ausgenommen: Kindertagesstätten und Schulen)
2. *Kindertagesstätten* als zweite Säule der Erziehungs- und Bildungspartnerschaft in Präventions- und Bildungsketten (rechtlich zwar auch als Teil der Kinder- und Jugendhilfe, aber doch mit einer gewissen Eigenständigkeit und Bildungsspezialisierung)
3. *Schulen* als dritte große Säule der Erziehungs- und Bildungspartnerschaft in Präventions- und Bildungsketten

Allen drei Teilsystemen ist gemeinsam, dass sie große, rechtlich und finanziell besonders abgegrenzte und abgesicherte Systeme sind. Kindertagesstätten und Schulen haben außerdem noch den großen Vorzug, dass im Prinzip jedes Kind sie durchläuft.

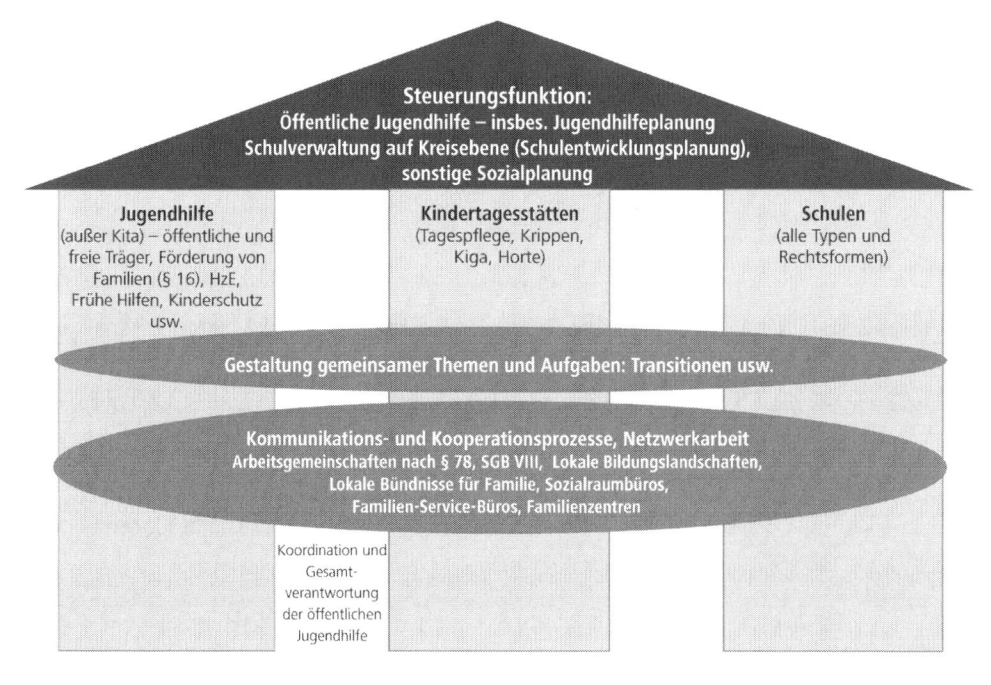

Steuerungsfunktion:
Öffentliche Jugendhilfe – insbes. Jugendhilfeplanung
Schulverwaltung auf Kreisebene (Schulentwicklungsplanung), sonstige Sozialplanung

Jugendhilfe	Kindertagesstätten	Schulen
(außer Kita) – öffentliche und freie Träger, Förderung von Familien (§ 16), HzE, Frühe Hilfen, Kinderschutz usw.	(Tagespflege, Krippen, Kiga, Horte)	(alle Typen und Rechtsformen)

Gestaltung gemeinsamer Themen und Aufgaben: Transitionen usw.

Kommunikations- und Kooperationsprozesse, Netzwerkarbeit
Arbeitsgemeinschaften nach § 78, SGB VIII, Lokale Bildungslandschaften, Lokale Bündnisse für Familie, Sozialraumbüros, Familien-Service-Büros, Familienzentren

Koordination und Gesamtverantwortung der öffentlichen Jugendhilfe

Abbildung 2: *Die drei Säulen einer Gesamtstrategie für Erziehungs- und Bildungspartnerschaften*

3. Der jeweils spezifische Stellenwert dieser drei Schwerpunktbereiche innerhalb eines Gesamtkonzeptes

1. Die Kinder- und Jugendhilfe als erste Säule der Erziehungs- und Bildungspartnerschaft in kommunalen Präventions- und Bildungsketten

Die Gestaltung von Erziehungs- und Bildungspartnerschaften gewinnt oft gerade dann besondere Bedeutung, wenn in der Entwicklung von Kindern und Jugendlichen massive Störungen eintreten und die Probleme nicht mehr aus eigener Kraft der Familie zu lösen sind. Hier stellt die *Kinder- und Jugendhilfe* besondere Leistungen und Instrumente für prekäre Lebenslagen zur Verfügung. Zwar ist die Kinder- und Jugendhilfe formell für *alle* Kinder zuständig, dennoch hat sie einen besonderen Fokus auf Erziehung und Bildung in Familien in besonderen Belastungssituationen – bis hin zur Kindeswohlgefährdung. Sie hat deshalb innerhalb eines großen Gesamtkonzeptes für Bildungs- und Präventionsketten eine erhebliche Bedeutung.

Hier erfolgen rechtzeitige und früheste Interventionen in Familien – wie sie vorbildlich z.B. im *'Dormagener Qualitätskatalog der Kinder und Jugendhilfe'* geregelt sind (Jugendamt der Stadt Dormagen 2011, S. 101 ff., 111 ff., 39 ff.) oder in den diversen *Netzwerken frühe Hilfen* an verschiedenen Orten in Deutschland. Es handelt sich hier um komplementäre Spezialität einer wichtigen Säule, die durch intensive Kooperation mit den Eltern und Familien für viele Kinder und Jugendliche die Teilhabe auch an den Programmen der anderen Säulen eines Gesamtkonzeptes erst ermöglicht.

2. Kindertagesstätten als zweite Säule der Erziehungs- und Bildungspartnerschaft in kommunalen Präventions- und Bildungsketten

Der herausgehobene und spezifische Stellenwert der Kita innerhalb eines Gesamtkonzeptes beruht auf einer Reihe von strategischen Vorteilen, über die der *Kindertagesstätten-Bereich* verfügt. Elternarbeit und Eltern-Kooperation im Allgemeinen und das Zusammenwirken von Elternschaft und anderen Erziehungsinstanzen im Besonderen sind – im Vergleich zur Mitwirkung in Schulen – im Kita-Bereich um vieles leichter, z.B. durch ...

- die relativ starke Machtposition der Eltern aufgrund der Freiwilligkeit im Vertragsverhältnis
- verstärkte Möglichkeiten der Selbstorganisation
- die Möglichkeit der relativ frühen und rechtzeitigen Intervention und Förderung (Frühwarnsystem), d.h. Einflussnahme dann, wenn noch gute Veränderungsmöglichkeiten bestehen
- die Alltags- und Lebensweltorientierung von Kindertagesstätten, die sich in der Niedrigschwelligkeit der Zugänge und der Wohnortnähe äußern (Sozialraumorientierung: der Einzugsbereich und Radius einer Kita oder Tagespflegestelle ist i.d.R. wesentlich kleiner als der einer Schule)

3. Schulen als dritte große Säule der Erziehungs- und Bildungspartnerschaft in Kommunalen Präventions- und Bildungsketten

Der Stellenwert der Schule innerhalb eines Gesamtkonzeptes erschließt sich aufgrund folgender Spezifika: Zwar setzen die Einflussmöglichkeiten der Schule deutlich später ein als in der Kindertagesstätte – zu einem Zeitpunkt, an dem sich Zeitfenster für bestimmte Basiskompetenzen bereits teilweise geschlossen haben. Dies bedeutet natürlich nicht, dass Erziehungs-und Bildungseinflüsse in der Schulzeit nicht mehr in ausreichendem Maße möglich wären. Sie sind nur anderer Art, aber ähnlich bedeutsam (wenn man den Gesamterwerb von Bildung und Kompetenzen für Lebens-, Studier- und Berufsfähigkeit betrachtet). Und: Schule erreicht *alle* Kinder und Jugendlichen – und dies über viel mehr Jahre als die Kindertagesstätte.

Die Kooperation mit den Eltern mag in dieser Säule vielfach schwach ausgebildet sein – sie muss es aber nicht. Es liegen hier keine prinzipiellen Grenzen vor, zumal das Gesamt-Zeitfenster, das für die Kooperation zur Verfügung steht, sehr groß ist. Es muss allerdings das ganz besondere Profil von Erziehungs- und Bildungspartnerschaften für diese Säule herausgearbeitet werden.

Eines ist klar: Es gibt keine ‚beste' Strategie, die sich nur auf eines der Teilsysteme bzw. eine der Säulen konzentriert. *Jeder* einzelne dieser Ansatzpunkte bleibt wichtig und wirkt komplementär. Jeder ist unverzichtbarer Teil eines Gesamtkonzeptes. Alle Teilelemente haben eigene Aufgaben – wenn auch nicht jede dieser Instanzen die *übergeordnete Steuerungsfunktion* übernehmen kann (dazu später mehr). Jede einzelne der Instanzen (Säulen) kann sich aber durchaus mit einem eigenen *Teil-Konzept* positionieren. Eine Fokussierung auf die eigene Säule bleibt dann sinnvoll, wenn die Kooperationsmöglichkeiten und Vernetzungschancen mit den anderen Säulen und weiteren Partnern konsequent sowohl konzeptionell als auch im Handeln berücksichtigt werden. Diesem Punkt widmet sich der nächste Abschnitt.

4. Netzwerkarbeit im Rahmen eines Gesamtkonzeptes für Erziehungs- und Bildungspartnerschaften

Jede der drei zentralen Säulen kann als ein *erster Zugang* für eine Erziehungs- und Bildungspartnerschaft genutzt werden (über Teilangebote der Säule – z.B. HzE-Maßnahmen, Elterncafé, Elternabend, Kurs der Familienbildungsstätte, Elterninitiative, Elterngespräch im Tagespflegebereich). Aber immer gilt: Die einzelnen Instanzen müssen ihre Arbeit aufeinander beziehen, die Übergänge (Transitionen) zwischen ihnen gemeinsam gestalten (etwa von der Tagespflege zur Kita oder von der Eltern-Kind-Gruppe zur Krippe, von der Familienbildungsstätte zur Krippe, von der Kita zur Grundschule, von der Sekundarschule zum Beruf usw.) und die jeweils besonderen Ressourcen gegenseitig nutzen.

Die folgenden Ausführungen beruhen auf den Grundaussagen des Einleitungsaufsatzes dieses Bandes, z.B. Im Hinblick auf das Verhältnis von Prävention und Intervention einerseits und Bildung und Erziehung andererseits, sowie auf die dort getätigten Hinweise zur *Resilienz-Forschung* und zum *sozial-ökologischen Lern- und Entwicklungsbegriff*. Dort ist auch die Vielfältigkeit und Widersprüchlichkeit des zugrundeliegenden, derzeit noch zersplitterten und unkoordinierten Gesamtsystems dargelegt worden. Insbesondere ist dort im Abschnitt 5. (S. 30 ff.) konstatiert worden, dass die Vielfalt der Akteure und Teilsysteme eine Reihe von negativen Auswirkungen habe, wie z.B. mangelnde Koordination, Parallelstrukturen, Intransparenz, fehlende Gesamtsteuerung usw.

Im Abschnitt 2 des vorliegenden Beitrags (S. 519 ff.) wurde dafür plädiert, dass eine Konzentration auf drei zentrale Säulen erfolgen sollte, die aber *zielgruppendifferenziert (lebensalter-* und *lebenslagendifferenziert)* konzipiert sein und sich dabei netzwerkartig gegenüber vielfältigen Kooperationen[3] öffnen sollten.

---

3 Dies verdeutlicht im Übrigen, dass das naheliegende Missverständnis, hier würde möglicherweise dem kritikwürdigen Säulen-Denken im deutschen Sozial- und Bildungssystem das Wort geredet, gegenstandslos ist. Die Säulen bilden ja nur Teilsysteme, Schwerpunkte und Kristallisationskerne ab, von denen aus die Initiative zu umfangreich vernetzten Strategien ausgeht.

Gute Kooperationsmöglichkeiten bestehen in der Kita im Bereich Erziehungs- und Bildungspartnerschaften z.B. bei der Kooperation mit den Angeboten der Jugendhilfe: Vermittlung von Kontakten und Maßnahmen, Angebote der Erziehungsberatungsstelle (Sprechstunden, Diagnostik, Beratung) in Kindergärten[4], Durchführung von Familienbildung und Elternbildungskursen oder Schulung von Elterntrainern (§ 16 SGB VIII). Ein zentraler Kooperationspartner ist selbstverständlich auch die Schule – insbesondere beim Übergang von der Kita zur Grundschule. Bei Kindertagesstätten, die sich zu *Familienzentren* (Nachbarschaftszentren usw.) entwickelt haben, gibt es häufig noch viel weitergehende (wenn auch nur stundenweise) Angebote wie z.B.:

- Sozialberatung, Schuldnerberatung (Sprechstunden in pädagogischen Einrichtungen)
- Familienrechtliche Beratung, Beratungsangebote bei Trennung und Scheidung (Jugendamt, Beratungseinrichtungen)
- Einspeisung der Leistungen und Angebote aus anderen Systemen in die Netzwerke – wie z.B. vom Jobcenter oder vom Gesundheitswesen (Schwangerschaftsvorbereitung, Baby-Kurse, kinderärztliche Untersuchungen usw.)

Auch die *Schule* kann eine Vielfalt an Kooperationsmöglichkeiten wahrnehmen. Über die gemeinsame Gestaltung von Transitionen (Kita – Schule, Schulformen untereinander, Schule – Beruf usw.) hinaus existiert auch hier z.B. die Möglichkeit, Angebote der Erziehungsberatungsstellen (Sprechstunde, Diagnostik, Beratung) in die Schule zu integrieren, die Durchführung von Elternbildungskursen (§ 16 SGB VIII) in Zusammenarbeit mit den Familienbildungsstätten und insbesondere die gesamte Palette von Kooperationsmöglichkeiten und Instrumenten, die im großen gesellschaftlichen Diskurs zur Kooperation von Schule und Jugendhilfe in den letzten Jahren erarbeitet wurden (vgl. dazu Henschel et al. 2008)

Im Schulbereich gibt es deshalb inzwischen vielfältige Öffnungen zu Kooperationspartnern. Die moderne Auffassung z.B. von Lokalen Bildungslandschaften und – erweitert – auch von Präventions- und Bildungsketten, geht von einer *Koproduktion* von Leistungen aus, die sich als „staatlich-kommunal-private Verantwortungsgemeinschaft" versteht (Müller 2011, S. 13).

Für die *Jugendhilfe* ist in § 81 SGB VIII die „Zusammenarbeit mit anderen Stellen und öffentlichen Einrichtungen" zwingend vorgeschrieben:

„Die Träger der öffentlichen Jugendhilfe haben mit anderen Stellen und öffentlichen Einrichtungen, deren Tätigkeit sich auf die Lebenssituation junger Menschen und ihrer Familien auswirkt, insbesondere mit
1. Schulen und Stellen der Schulverwaltung,
2. Einrichtungen und Stellen der beruflichen Aus- und Weiterbildung,
3. Einrichtungen und Stellen des öffentlichen Gesundheitsdienstes und sonstigen Einrichtungen des Gesundheitsdienstes,
4. den Stellen der Bundesanstalt für Arbeit,

---

4 Ein sehr schönes Beispiel ist das AWO-Projekt *ERIK*. Hier wurden eine Reihe imposanter Angebotsbausteine für Eltern und ErzieherInnen entwickelt. Bausteine für Eltern: Kinderkarten, Sprechstunde, Diagnostik, Erziehungsberatung, Elternabend, Elterngruppe, Elterntelefon. Bausteine für ErzieherInnen: Fachberatung, Coaching, Fallsupervision, Teamgespräche, Teamsupervision, Fortbildung, Helpline. Für jede Kindertagesstätte gab es ein(e) AnsprechpartnerIn aus der Erziehungsberatungsstelle. Bei Eltern wie ErzieherInnen bestand ein hoher Bedarf an erziehungsberaterischer Hilfestellung (vgl. ERIK – Erziehungshilfe, Rat und Information im Kindergarten 2001).

5. den Trägern anderer Sozialleistungen,
6. der Gewerbeaufsicht,
7. den Polizei- und Ordnungsbehörden,
8. den Justizvollzugsbehörden und
9. Einrichtungen der Ausbildung für Fachkräfte, der Weiterbildung und der Forschung im Rahmen ihrer Aufgaben und Befugnisse zusammenzuarbeiten."

Der jeweils besondere Beitrag der drei großen Säulen und Teilsysteme zum großen Ganzen von Prävention und Intervention, von Bildung und Erziehung muss bei diesem Prozess der Öffnung zwar deutlich erkennbar bleiben, im Kern geht es aber doch um eine Erweiterung des rein einrichtungsbezogenen, z.B. rein elementarpädagogischen oder rein schulpädagogischen, Blicks durch den systemischen, ganzheitlichen Blick. Es geht um die *umfassende Vernetzung* sämtlicher Hilfe- und Unterstützungssysteme, um *ganzheitliche Hilfen aus einer Hand*. Und es geht um eine systematische Gemeinwesenorientierung, den sozialräumlichen Ansatz bei der Kooperation von Bildung und Prävention. Es geht um integrierte Handlungskonzepte, um eine Kultur der Kooperation statt Konkurrenz zwischen allen familien- und kindbegleitenden Diensten ‚vor Ort' (vgl. Meier-Gräwe 2006, S. 24 ff., 27 ff.). Dieser Grundsatz der *Hilfen aus einer Hand* müsste eigentlich durch die Tatsache der großen Vielfalt real existierender, wenn auch unkoordinierter Angebote – wie im Einleitungsaufsatz (S. 31 ff.) skizziert – erleichtert werden. Wir haben ja bereits alles, was wir brauchen! Wir müssen auch nicht zusätzliche Kosten verursachen, können im Gegenteil Kosten sparen. Wir müssen ‚lediglich' intelligente Netzwerkstrukturen und Gesamtkonzepte aufbauen und steuern, die sich zu einer *Kommunalen Bildungs- und Präventionskette von 0 – 18* (27) verdichten!

Die effektive Organisation von Netzwerkarbeit, d.h. das *Netzwerkmanagement* beruht auch beim Thema Erziehungs-und Bildungspartnerschaften auf den Ergebnissen des entsprechenden fachlichen und theoretischen Diskurses zur Netzwerkarbeit im Allgemeinen. Das kann hier nicht im Einzelnen nachgezeichnet werden. Dazu wird auf den Beitrag von Christof Schmitt zur *Netzwerkarbeit* in diesem Band verwiesen (S. 460 ff.). Deutlich ist aber, dass es sich bei den Netzwerken im Bereich Erziehungs-und Bildungspartnerschaften um eine eigentümliche Mischung von sog. *primären Netzwerken* (sozialräumlichen Einheiten wie Familie, Verwandtschaft, Nachbarschaft, Freunden) und *tertiären Netzwerken* (z.B. Selbsthilfegruppen, freie Träger, Initiativen) einerseits und *sekundären Netzwerken* (marktwirtschaftlichen oder öffentlichen institutionellen Netzwerken der Kindergärten, Schulen, Betriebe) andererseits handelt. Diese Mischung führt dazu, dass dann – im Sinne des sozial-ökologischen Lern- und Entwicklungsansatzes – auch primäre NetzwerkteilnehmerInnen wie Eltern und tertiäre wie Einrichtungen, Ehrenamtliche und auch zivilgesellschaftliche Gruppen *als Partner* der sekundären Netzwerke im großen Gesamt-Netzwerk einen angemessenen Stellenwert erhalten. Klar ist, dass es sich um sogenannte *themenbezogene Netzwerkarbeit* handelt (also keine *allgemeine* permanente Kooperation fester Partner zur Gesamtpalette der ständig anfallenden Themen) und eine Netzwerkarbeit, die über einzelfallorientierte Hilfe hinausgeht und eher den Rahmen für die Kooperation vieler verschiedener Individuen und Akteure zur Verfügung stellt, in dem jedoch *alle* Beteiligten einen relevanten Beitrag leisten können und sich in einer *Win-win-Situation* befinden (vgl. Schmitt in diesem Band, S. 462 ff.). Deutlich wird auch, dass es sich um eine Mischung aus sog. *hierarchischem* und *heterarchischem* Netzwerk handelt, weil sowohl öffentliche Verwaltung (Jugendamt, Schulen, Kreisverwaltung usw.) als auch viele nicht in formelle Hierarchien eingebundene freie Träger und Akteure dabei sind. Dies definiert natürlich besondere Anforderungen an die Koordination und Steuerung durch das Netzwerkmanagement, weshalb hier auch besondere Ressourcen und Kompetenzen zur Verfügung stehen müssen.

Eine umfassende lokale Präventionsstrategie im Sinne einer Präventions- und Bildungskette sollte nach Hawkins/Catano mindestens folgende Elemente enthalten:

- „eine gemeinsame Definition des Problems
- eine verbindende Vision des angestrebten Wandels
- eine vollständige Reihe von Präventionsprogrammen, welche die gesamte Entwicklung von Kindern und Jugendlichen erfassen (Präventionskette)
- ein hohes Maß an Koordination und Kooperation unter Professionellen aus sozialen Diensten und Einrichtungen sowie beteiligten Bewohnern
- Fähigkeit zur Mobilisierung von persönlichen und finanziellen Ressourcen" (Hawkins/Catano 1992, zit. nach Groeger-Roth 2010, S. 4)

Groeger-Roth weist darauf hin, dass unterschiedliche Sozialräume, Stadtteile und Gemeinden ganz verschiedene *Profile* bezüglich der relevanten Risiko- und Schutzfaktoren aufweisen und damit auch ganz unterschiedliche Schwerpunktsetzungen in den Handlungsstrategien erfordern. Es gehe darum, „eine lokal maßgeschneiderte" Strategie mit einem „lokalen Profil der Risiko- und Schutzfaktoren" zu konzipieren („*Gebietsprofile*"). Allerdings müsse im Sozialraum in den lokalen Netzwerken und Bündnissen über die Gewichtung immer ein *Konsens* hergestellt werden (*Priorisierung*). Dann müsste auf der Basis des so identifizierten Bedarfs (*Lücken*) ein *strategischer Stadtteil-Plan* entwickelt werden (das dürfte dem entsprechen, was wir in den diversen Förderprogrammen des Bundes bzw. des Familienministeriums als *Lokalen Aktionsplan* oder in der Sozialraum-Debatte als *Kommunalen Jugendplan* oder als *Sozialräumliche Jugendhilfeplanung* kennen), der als zentrales Steuerungselement natürlich klare *Zielbeschreibungen* enthalten müsste. Der lokale Aktionsplan müsse aber möglichst auf bestehenden Strukturen, Programmen, Angeboten, Teams usw. – also auf vorhandenen Ressourcen – aufbauen und kontinuierlich im Sinne eines „strategischen Monitoring" evaluiert werden. All dieses dürfte die für umfassende, langfristig angelegte Gesamtkonzepte so wichtige Ermöglichung von Selbstwirksamkeitserfahrungen und Identifikation („local ownership") der Akteure erleichtern (vgl. Groeger-Roth 2010, S. 4 f.).

Bestandteile eines Gesamtkonzeptes sollten auch ein *Qualifizierungs-Konzept* mit Trainingsmodulen, Handbüchern, Checklisten und Materialien zur Selbstevaluation sein – ein Ansatz, mit dem *NetzwerG*, die Herausgebergruppe dieses Buches, im Rahmen des *PRINT*-Programms und des *NiKo*-Programms des niedersächsischen Sozialministerium in den letzten zehn Jahren ebenfalls exzellente Erfahrungen gemacht hat (vgl. Groeger-Roth 2010, S. 7 ff.).

Die Programme und Maßnahmen müssen Teil eines Gesamtkonzeptes einer *kommunalen Präventions- und Bildungskette* sein. Eine solche Gesamtstrategie würde ihren Fokus im Modell von Schmitt (in diesem Band, S. 41) überwiegend auf der Präventionsebene der *systembezogenen Prävention* (der Kindertageseinrichtungen, Schulen, Jugendzentren, Familien des Stadtraums, des Wohnumfeldes und der Nachbarschaft usw. – also als Angebot für viele gleichzeitig) haben, wenn auch die *personenbezogene* Ebene, die ja immer ein wenig in der Gefahr steht, einzelne zu stigmatisieren, wichtig bleibt.

Bliebe noch der schwierige Komplex der *Koordination* solcher Gesamtkonzepte und Netzwerkstrukturen. Wer soll dies alles steuern?

5. Koordination und Gesamtverantwortung: Netzwerksteuerung im Rahmen eines Gesamtkonzeptes für Erziehungs- und Bildungspartnerschaften

Bündnisse und Netzwerke auf lokaler Ebene, um die es hier geht, treten in ganz unterschiedlichen Formen in Erscheinung. Das Verhältnis der unterschiedlichen, zum Teil fragmentierten und manchmal sogar zusammenhangslos nebeneinander stehenden Angebotsstrukturen lässt sich recht gut anhand der folgenden unterschiedlichen Qualitäten ordnen, die man auch als Niveaus und Entwicklungsstufen interpretieren darf (vgl. zum folgenden: Müller 2011, S. 61 ff.):

1. Koexistenz: Die Planung verschiedener Präventions- und Bildungsangebote erfolgt separat und nebeneinander.

2. Koordination: Ohne Veränderung der grundlegenden Strukturen und Hierarchien erfolgen eine verbindliche Ordnung, ein Abgleich von Aktivitäten, ein Austausch von Informationen, gemeinsame Terminabsprachen. Damit ist ein gewisser Grad an Optimierungsdruck und Verbindlichkeit verbunden.

3. Kooperation: Hier erfolgt die Zusammenarbeit sehr unterschiedlicher selbstständiger Partner in Form von gleichberechtigter Kommunikation und Verhandlung. Die Absprachen erfolgen im Konsens. Die Steuerung des Gesamtprozesses, die Überwachung der gemeinsamen Aktivitäten und Vereinbarungen erfolgt direkt durch die beteiligten Partner selbst.

4. Netzwerke: Dies sind Zusammenschlüsse, Bündnisse, Allianzen usw., die von gemeinsamen Zielen kooperativ gesteuert werden, dabei über eigene partizipative Steuerungsinstrumente verfügen – flexible, aber doch planvolle –, die gleichwohl offen und situativ vorgehen. Es handelt sich hier um eine neue Kultur der Kommunikation und Zusammenarbeit mit koproduktiven Interaktions- und Kommunikationsverbünden auf gleicher Augenhöhe und ohne Hierarchien. Die Vorteile von Netzwerken sind: die Orientierung an den gemeinsamen Zielen, die systematische Bündelung von Ressourcen und der Kompetenzen im Netzwerk, die Innovationsorientierung und der Nutzen für die beteiligten Partner.

Viele der sich vorschnell als ‚Netzwerk' definierenden Zusammenschlüsse haben diesen Status überhaupt nicht und liegen nur auf der Ebene 1 oder 2.

Planung und Steuerung solcher Zusammenschlüsse in Richtung auf ein höheres Niveau sind jedoch objektiv schwer zu realisieren. Kompliziert sind sie z.B. durch zwei schwer in den Griff zu bekommende Struktureigenschaften: Einerseits haben wir in diesem Bereich immer die Doppelstruktur zwischen Verwaltung und Politik (Ausschüsse, Kreistag bzw. Stadtrat). Andererseits haben sich an vielen Stellen ergänzende und vermittelnde Zwischenstrukturen gebildet, die manchmal zwar durch politischen Beschluss oder Dienstanweisung der Verwaltungsleitung rechtlich aufgewertet werden, gleichwohl aber über keine harte rechtliche Substanz und Evidenz verfügen. Dabei muss man noch nicht einmal an das ausufernde Gutachten-Wesen denken, sondern an die vielen Beteiligungsinstrumente, Vernetzungsgremien und öffentlichen Veranstaltungsformate, die in den letzten Jahren in schöner Regelmäßigkeit entstanden sind: Lokale Bündnisse für Familie, Sozialraumbüros, Familien-Service-Büros, Familienzentren, Bildungsbüros, Regionale, Kommunale oder Lokale Bildungslandschaften, Bildungsnetzwerke, Kriminalpräventive Räte, Netzwerke Frühe Hilfen, Netzwerke Leseförderung, *NeFF* – Netzwerk für Familien, Lokale Aktionspläne und interkommunale Koordinierungsausschüsse in den Förderprogrammen des Bundesfamilienministerium (z.B. bei *Toleranz fördern – Kompetenz stärken*), Steuerungsgruppen für einzelne kommunale Projekte und Vorhaben usw. usf. Dabei sind die Planungs- und Steuerungsinstrumente, die es in der Welt der freien Träger und Verbände gibt, noch gar nicht mitgedacht.

Auch die Einordnung diverser *Familienbüros, Familien-Servicebüros* usw., die man problemlos als Teil des Jugendamtes betreiben kann, ist gelegentlich problematisch. Und weshalb neben bereits bestehenden *Sozialraum-Konferenzen* und *Stadtteil-Konferenzen* neue Gremien gebildet werden, ist meistens ebenso unklar.

Das Problem dieser real existierenden Netzwerke ist es, dass hier häufig Zusammenschlüsse und Bündnisse gebildet werden, die aufgrund von Problemdruck, öffentlicher Diskussion und vielleicht auch aufgrund von naivem Lösungsoptimismus versuchen, neue Organisationsstrukturen aufzubauen, ohne sich an den bereits vorhandenen Strukturen zu orientieren bzw. diese zu nutzen.

Wir haben etwa im Bereich der Kinder- und Jugendhilfe bereits geeignete Strukturen und Instrumente wie z.B. die Jugendhilfeplanung, den Jugendhilfeausschuss, die Arbeitsgemeinschaften nach § 78 SGB VIII usw. Es bleibt unerfindlich, wieso z.B. die erwähnten *Lokalen Bündnisse für Familie* oder die *Netzwerke Frühe Hilfen* nicht als Arbeitsgemeinschaft nach § 78 SGB VIII laufen – und deshalb mit gutem Recht von der öffentlichen Jugendhilfe entsprechende Steuerungsressourcen abfordern könnten (Gesamtverantwortung der öffentlichen Jugendhilfe nach § 79 SGB VIII).

Auch auf der Schulseite gibt es genügend funktionsfähige Basis-Strukturen: auf Kreisebene die *Schul-Dezernate* (Schulverwaltungsamt), die *Schulausschüsse* des Kreistages, die *Sport- und Kulturdezernate* und ihre entsprechenden Ausschüsse; auf Gemeindeebene die *Schulausschüsse*, die *Jugend- und Sportausschüsse, Sozialausschüsse*. Das gesteigerte Bewusstsein für die Notwendigkeit von Gesamtkonzepten hat hier in den letzten Jahren sicher auch für Bewegung gesorgt, z.B. wenn gemeinsame Ausschüsse für Schule und Jugend gebildet werden.

Vielfach hat es auf Kreisebene (bzw. gesamtstädtisch bei kreisfreien Städten) auch ressortübergreifende Arbeitsgruppen gegeben (insb. für Schule, Jugendhilfe, Sport und Kultur – aber auch erweitert um benachbarte, für Querschnittsaufgaben teilweise relevante Dezernate und Referate wie z.B. Stadtplanung, Verkehrsplanung, Bauamt, Umwelt, Soziales, Jobcenter).

Manchmal hat es neue ‚Querschnittsreferate' oder ganz neue Fachbereiche mit eigenen Budgets (z.B. die Zusammenführung der Schuldezernate mit den Jugendämtern in gemeinsamen Fachbereichen) gegeben. Zu nennen sind auch die an manchen Stellen entstandenen *Bildungsbüros*, die entweder in der Kreisverwaltung im Schulverwaltungsamt oder häufig auch eine Ebene darunter auf gemeindlich-kommunaler Ebene eingeordnet werden (Pflege der Netzwerke, der Teil-Projekte, Koordination der Gremien, Moderation der Prozesse und Veranstaltungen vor Ort usw.)⁵. Solche Einheiten werden aber häufig dominiert von einem einzigen Sachgebiet (hier der Schule) und haben faktisch weder inhaltlich noch personell die anderen Bereiche (z.B. die Jugendhilfe) ernsthaft integriert.

Im Fazit bleibt es alles in allem erstaunlich, dass im schulischen Sektor die vorhandenen Strukturen noch nicht auf wirklich breiter Basis viel stärker mit dezernats- und referatsübergreifenden Arbeitsgruppen, Steuerungsgruppen (einschl. echter Kooperation mit der Jugendhilfe) und Konzepten *Kommunaler bzw. Lokaler Bildungslandschaften* gearbeitet wird. Im Jugendhilfebereich bleibt es zudem erstaunlich, dass – wie bereits erwähnt – rechtlich und gesetzlich vorgegebene Instrumente wie z.B. die *Arbeitsgemeinschaften nach § 78 SGB VIII* gar nicht zur Lösung der anstehenden Probleme genutzt werden. Ähnliche Gedanken gehen einem durch den Kopf, wenn man über den häufig zu konstatierenden Bedeutungsverlust der mit § 80 SGB VIII doch als zentral und wichtig herausgehobenen *Jugendhilfeplanung* nachdenkt.

Ein wirklich intelligentes und effektives System, das die vorhandenen politischen und verwaltungsmäßigen Strukturen in beiden relevanten Steuerungsbereichen mit geeigneten Netzwerksystemen verbindet, scheint also nicht sehr weit verbreitet. Und selbst wenn bereits ein höher entwickeltes Bewusstsein vorhanden ist: Nicht jedes Gesamtkonzept einer umfassenden Präventions- und Bildungskette, nicht jedes als Plan fixierte Programm, nicht jede Art von Netzwerk bzw. nicht jedes Lokale Bündnis wird gut implementiert und gut durchgeführt.

Effektivität und Effizienz, also gutes Funktionieren, hängen von den folgenden Faktoren ab, die man auch als zu beachtende *Prinzipien* lesen kann:

1. Ein Gesamtkonzept, das alle Teilsysteme integriert, muss normative Vorgaben machen und zielgesteuert sein - von den *Leitzielen (Leitbild)* bis zu den *Mittler- und Handlungszielen* der konkreten Projekte auf sozialräumlicher Ebene. Tibussek fasst in seinem Beitrag in diesem Buch (vgl. S. 210 f.) die drei Ebenen zusammen:

- „*Normative Ebene:* Hier werden Leitziele konkretisiert und die generellen Zielrichtungen programmatisch festgelegt. Der Stadt- oder Gemeinderat sichert die dezentralen Strukturen normativ ab.
- *Strategische Ebene:* In den Fachbereichen der Kommunalverwaltung werden die Kategorien Input, Output und Outcome vereinbart.
- *Operative Ebene:* Auf dieser Ebene sind kleinräumige Handlungsnetze sowie die Produkt- und Ergebnisverantwortung angesiedelt."⁶

---

5   Im Rahmen des Projektes *Selbstständige Schule* sind diverse Elemente der Steuerung für diesen Netzwerktyp entwickelt worden (vgl. Müller 2011, S. 51):
   - *Regionale Steuergruppen* zur Verbindung zwischen Projektleitung und Projektschulen
   - hauptamtlich besetzte *Projektbüros bzw. regionale Bildungsbüros* (Servicestellen und operative Einheiten)
   - *Regionale Entwicklungsfonds* mit Mitteln für jede Projektschule
   - *Regionale Fortbildungskonzepte*
   - *Regionale Qualitätsentwicklung und -sicherung* (Evaluation, Unterstützungsbedarf)
6   Müller nennt die „Notwendigkeit eines komplementären Zusammenwirkens aller kommunaler Steuerungsebenen" und beschreibt diese Ebenen ebenfalls – wenn auch etwas anders akzentuiert:

2. Ein Gesamtkonzept der Bündnisse, Kooperationsverbünde und Netzwerke muss *lebensphasenstrukturierend*, d.h. entlang der Biografie von Kindern und Jugendlichen gedacht werden, also alle Lebensphasen abbilden. Dabei kann es durchaus zu einzelphasenorientierten *Schwerpunkt-Netzwerken* kommen (z.B. inhaltlich erweiterten und als Arbeitsgemeinschaft nach § 78 SGB VIII organisierten *Netzwerken Frühe Hilfe*, die dann aber nicht einfach defizitorientiert auf dem Niveau von sekundärer und tertiärer Prävention, sondern stärker allgemeinpräventiv arbeiten müssten). Sie können dabei auch die Form von *institutionellen Knotenpunkten* von Netzwerken annehmen, wie etwa Kindertagesstätten als *Familienzentren* (z.B. mit angegliederten, vom Jugendamt koordinierten Netzwerkbüros) und damit starke und kraftvolle *strategische Netzwerke*[7] darstellen. Aber auch solche Schwerpunkt-Netzwerke müssen sich sinnvoll und transparent in ein kommunales Gesamtkonzept einordnen.

3. Das Netzwerk bzw. das lokale Bündnis muss ein *starkes politisches und öffentliches Mandat* haben. Wenn die politische Kommune oder die Verwaltung nicht in ausreichendem Maße dahinter stehen, wird es trotz vieler sonst sehr engagierter Akteure zu Reibungsverlusten und einer geringen Erfolgsquote kommen.

4. Die in diesen Projekten üblichen und sinnvollen Gremien wie Steuerungsgruppen, ressortübergreifende Arbeitsgruppen usw. bleiben ebenfalls wirkungslos, sofern in ihnen nicht die *relevanten* Personen vertreten sind, die echten Einfluss auf den Prozess haben (EntscheiderInnen, aber auch wichtige InformationsträgerInnen oder bedeutende InteressenvertreterInnen) bzw. einzelne Mitglieder solcher Gremien nicht von der Sinnhaftigkeit des Projektes überzeugt sind (vielleicht sogar gegen ihren Willen dorthin dirigiert worden sind).

5. Auch alle anderen Netzwerke und Organisationsformen von Bündnissen müssen sämtliche *relevanten Akteure und Organisationen* umfassen, einschließlich wichtiger Sozialraum-Schlüsselpersonen.

---

1. „Auf der *normativen Verantwortungsebene* (Politik und Gremien) erfolgen demnach die programmatische Festlegung der Zielrichtungen im Leitbild sowie die normative Absicherung der dezentralen Strukturen der Netzwerkarbeit." Hierzu gehören z.B. der Rat und der Jugendhilfeausschuss.
2. „Auf der *strategischen Verantwortungsebene* (Fachbereiche der Kommunalverwaltung) werden die verwaltungsinterne Öffnung und Vernetzung gestärkt, Zielsetzung, Prozesse und Produkte definiert sowie Bereitstellung von Informationen und Ressourcen gewährleistet." Von hier aus werden nicht zuletzt Informationen und Ressourcen bereitgestellt und die Netzwerkorganisationen aufgebaut.
3. „Auf der *operativen Verantwortungsebene* (Akteure verschiedener Ressorts vor Ort) sei der Aufbau zielorientierter Handlungsnetze um die jeweiligen Bildungseinrichtung herum zentral. Ihr obliege die Produkt- und Ergebnisverantwortung." Auf dieser Ebene erfolgen die konkrete Koordination, das Schnittstellenmanagement und die Sicherung der Prozess- und Ergebnisqualität (Müller 2011, S. 60 f., Hervorhebungen WS).

7 *Strategisch* organisierte Netzwerke haben gegenüber *projektorientierten Netzwerken* und *partnerschaftlich organisierten dauerhaften Netzwerken* einen etwas anderen, von der ursprünglichen Netzwerkidee nur vordergründig abweichenden Charakter: Ein Akteur übernimmt größere Verantwortung oder verfügt über mehr Ressourcen (wie eben ein vom Jugendamt ‚gesponsertes' Netzwerkbüro in einem Kindertagesstätten-Familienzentrum. Wegen der deutlichen Einsicht, dass gemeinsames Agieren mehr Vor- als Nachteile bringt und dass der Nutzen für alle ganz klar nachweisbar ist, entwickelt sich überhaupt kein Problem daraus, dass in *strategisch organisierten Netzwerken* dominierende Akteure verstärkt bestimmte Aufgaben und Funktionen übernehmen, aber eben auch eine große Koordinationsressource sind (vgl. Schack 2007, S. 261 ff.).

6. Die Mitglieder des jeweiligen Netzwerks müssen überzeugt davon sein, dass das Gesamtkonzept ihnen einen Nutzen und wirkliche Veränderungen bringt (Win-win-Situation). Das in manchen kommunalen Bündnissen oder Arbeitsgemeinschaften nach § 78 SGB VIII gelegentlich zu beobachtende unverbindliche Kommunizieren ohne Konsequenzen („Schön, dass wir mal darüber geredet haben!") führt zu sicherem Siechtum und reduziert die Bereitschaft an weiteren solcher AGs und Gremien teilzunehmen.

7. Eine unzureichende *Stakeholder-Analyse* (siehe dazu den Beitrag von Krüger/Krüger auf S. 280 ff.) kann versteckte Widerstände und Konflikte möglicherweise übersehen oder unterschätzen.

8. Es ist absolut erforderlich, dass auch in Netzwerken mit flachen Hierarchien eine *effektive Steuerung* erfolgt. Hierfür müssen sogar gesonderte Ressourcen zur Verfügung stehen (Netzwerkmanagement, Netzwerkbüros usw.). Ein gutes Beispiel hierfür ist die bereits erwähnte Lösung in Monheim, bei der in Verantwortung des Jugendamtes eine Mitarbeiterin über ein niedrigschwellig zugängliches Netzwerkbüro in der Kindertagesstätte des betroffenen Stadtteils verfügt.

9. Es ist von erheblichem Vorteil, wenn das Netzwerkmanagement über zu verteilende *Ressourcen* verfügt. Die Gesamtverantwortung und Gesamtsteuerungsfunktion, die für den Jugendhilfe-Teil rechtlich (§ 79 SGB VIII) beim öffentlichen Jugendhilfeträger – sprich dem Jugendamt – liegt, funktioniert natürlich erheblich besser, wenn über das Netzwerkmanagement auch Ressourcen verteilt werden und die Kooperationspartner davon profitieren. Auch hier ist Monheim wieder ein gutes Beispiel.

10. Die effektive und motivierende Arbeit eines Netzwerks hängt sehr stark von der *Transparenz aller Prozesse* ab (Informationsfluss, Einflussmöglichkeiten, Kommunikation auf Augenhöhe, effektive und offene Kooperationsformen, die auch faktische Machtungleichgewichte ausgleichen können).

11. Viele Programme leiden unter mangelnder *Umsetzungs-Treue*. Sie werden unvollständig oder reduziert („Verflachung") implementiert und realisiert.

12. Die erforderlichen *Rahmenbedingungen* und Ressourcen müssen zur Verfügung gestellt werden.

13. Wenn die Implementation des Programms nicht mit *Qualifizierung* und Schulung verbunden wird, die für Umsetzungstreue und langfristig tragende Motivation der Teams sorgen kann, erfolgt i.d.R. langfristig ein langsamer, aber sicherer Abstieg.

14. Es ist sauber zu klären, auf welcher der prinzipiell möglichen sozialräumlichen Ebenen gedacht und gehandelt wird. Sozialräumliche Kategorien und Zuständigkeiten werden grundsätzlich zunächst einmal definiert über Bund, Länder, Landkreise und Gemeinden oder Städte und Quartiere. In dem hier anstehenden Diskussionszusammenhang von Erziehungs- und Bildungspartnerschaften in Präventions-und Bildungsketten ist primär von der Kreisebene (bzw. der Ebene der kreisfreien Stadt) auszugehen, die interagieren muss mit kleinräumigen Sozialräumen auf der Ebene darunter. Dabei bleibt es schwierig, sinnvolle Einheiten zu bilden. Ganze Stadtteile in großen Städten können zu groß sein. Sie müssen weiter untergliedert werden durch *Quartiere* und *Kiez-Bezirke*, wenn wirklich ernst zu nehmende, alltagsnahe, lebensweltliche Sozialraumkonzepte realisiert werden sollen. Un-

terhalb der Kreisstruktur könnten größere Samtgemeinden bzw. Einheitsgemeinden, Ämter oder auch deren Einzelgemeinden Sozialräume bilden. Entscheidend dürfen hier nicht nur politische und verwaltungsmäßige Grenzen sein. Das funktioniert beispielsweise im ländlichen Raum schon deshalb nicht, weil die Schulbezirke von Sekundarschulen viel zu groß sind. Hier sollten pragmatische Gesichtspunkte leitend sein (etwa ausreichende Fallzahlen bei bestimmten Aufgaben in der Jugendhilfe).[8]

15. Die Besonderheiten jedes Sozialraumes (Gebietsprofil) müssen bei jedem Gesamtkonzept Grundlage der Planung sein. Wenn die besonderen ‚Knackpunkte' eines Sozialraums oder einer Zielgruppe (Schwerpunktprobleme, Motivierbarkeit, Niedrigschwelligkeit, Zugänglichkeit usw.) oder die Angemessenheit einer Methode falsch eingeschätzt werden, kann es zu Rückschlägen und Frustrationen kommen.

16. Die besondere *Rolle der Eltern* in Präventions-und Bildungsketten muss transparent und offen gehandhabt werden. Die Tatsache, dass auch von Elternseite her die Kooperation nicht immer als vielfältige, gruppenbezogene Erziehungs- und Bildungspartnerschaft gesehen wird, sondern nur auf das eigene Kind bezogene Partikularinteressen verfolgt werden und manchmal sogar in Konkurrenz zu anderen Eltern gegangen wird, kann zum Problem werden. Es muss versucht werden, die Einsicht zu vermitteln, dass es im Interesse *aller* Kinder in Präventions- und Bildungsketten um sozialökologische Entwicklung mit vielen Lernpartnern geht und auch nicht nur um formelle Bildung, sondern auch um non-formales und informelles Lernen.

17. Es besteht die zwingende Notwendigkeit eines partei-, institutionen-, organisationen-, verbände- und sozialraumübergreifenden *Konsenses*, um das ‚Ganzheitliche' und das ‚Gesamt' im Konzept auch wirklich nachhaltig tragfähig zu halten.

Zusammenfassung zur Gesamtsteuerung

Was ist das Fazit? Was bleibt zu tun? Zunächst einmal wird man – wie dargelegt – schauen müssen, inwieweit die mit einem gewissen formalen und organisatorischem Mandat versehenen Instrumente (wie eben die der Arbeitsgemeinschaften nach § 78 – die ja zusammen mit dem Kooperationsauftrag aus § 81 SGB VIII gelesen werden müssen – oder die Jugendhilfeplanung nach § 80 SGB VIII) wieder mit einem stärkeren politischen Mandat versehen und ggf. mit einigen der oben erwähnten neueren Vernetzungsgremien und -formate kreativ verbunden werden könnten. Sie haben ja teilweise wegen des großen Problemdrucks und mithilfe sehr engagierter Akteure teilweise durchaus funktioniert. Aber man sollte nicht unbedingt ständig neue Organisationsformen und Gremien in die Welt setzen

---

8 Tibussek ergänzt: „Was für die *horizontale* Vernetzung gilt, kann für die *vertikale* Vernetzung nicht anders sein: Akteure kooperieren, wenn sie zusammen den Erfolg besser erreichen können. Eine Kommunale Bildungslandschaft bzw. eine Präventions- und Bildungskette ohne sozial-räumliche Bezüge kann nicht wirklich vom Individuum aus denken, und eine lokale Bildungslandschaft ohne vertikale Vernetzung in die Kommune und das Land kann nicht wirklich von der Verwaltung aus handeln, da sie sich an Rahmenbedingungen stößt, auf die sie keinen direkten Einfluss nehmen kann. Der Bildungslandschaftsdiskurs kann sich hier an Erfahrungen aus der internationalen Entwicklungszusammenarbeit orientieren, in der schon seit einigen Jahren eine Mehr-Ebenen-Strategie befürwortet wird (...) Ähnlich verhält es sich auch innerhalb der Bildungslandschaft. Der Prozess gelingt in einer gut koordinierten Choreographie zwischen den Ebenen" (Tibussek, in diesem Band, S. 211).

und unkoordiniert nebeneinander arbeiten. Spezialisierte Initiativen für bestimmte Themen oder Sozialräume können durchaus sinnvoll sein. Sie müssen sich nur in ein Gesamtkonzept einordnen, das sich an den vorhandenen funktionsfähigen gesetzlichen und politischen Strukturen orientiert.

Herausgehobene Steuerungsfunktionen sollten dagegen einerseits die *Öffentliche Jugendhilfe* (einschließlich der Jugendhilfeplanung) und andererseits die *Schulverwaltung* auf Kreisebene (einschließlich der Schulentwicklungsplanung) übernehmen. Beide verfügen über rechtlich klare Zuständigkeiten und Befugnisse, die nicht gegenseitig ersetzbar sind. Und: Beide Bereiche verfügen über einen normierten Kooperationsauftrag!

Die *Jugendhilfe* ist für alle Leistungen und Angebote für Kinder und Jugendliche (bis 27 Jahren) und Familien bzw. Eltern von der Geburt ihrer Kinder an zuständig. Sie ist auch für die Kindertagesstätten zuständig. Und damit ist sie auch für die sich in letzter Zeit stark entwickelnden Vernetzungsinstitutionen des Musters *Familienzentrum* zuständig, die somit leicht in ein Gesamtsystem integriert werden können. Im Bereich der vorgeburtlichen Betreuung von Müttern bzw. Eltern kooperiert sie mit dem Gesundheitswesen, im Bereich der personenbezogenen Dienstleistungen für behinderte Kinder (SGB XII) kooperiert sie mit der Sozialhilfe. Auch im Hinblick auf die Angebote für Kinder und Familien, die von zivilgesellschaftlichen Initiativen und Gruppen erbracht werden, bietet sich die Jugendhilfe als Koordinationsinstanz an.

Da es inhaltlich naheliegt und auch viele der genannten Leistungen gesetzlich vom System der Jugendhilfe erbracht werden müssen, liegt es auf der Hand, die Koordinations- und Steuerungsfunktion für diesen Komplex der *Öffentlichen Jugendhilfe* zu übertragen. Im Übrigen greifen hier auch die gesetzlichen Vorschriften zur *Gesamtverantwortung*, die eindeutig bei der Jugendhilfe liegt (§ 79 Gesamtverantwortung, § 80 Jugendhilfeplanung, § 85 Zuständigkeit der Öffentlichen Träger, § 80 Jugendhilfeausschuss).

Die Steuerung der Vielfalt der aufeinander bezogenen Leistungen und Angebote funktioniert nach allen bisherigen Erfahrungen nur mit *zusätzlichen Ressourcen* für die Koordination und Steuerung. Als Lösung bietet sich hier an: Die Gesamtsteuerung und Koordination könnte durch eine *Regiestelle* bzw. ein zentrales Gesamt-Netzwerkmanagement im Jugendamt liegen. Dies ist eigentlich die natürliche Aufgabe der *Jugendhilfeplanung*. Sie müsste sozusagen ‚wiederbelebt' werden. Ihr schleichender Bedeutungsverlust, der in den letzten Jahren leider an vielen Stellen zu beobachten war, müsste beendet werden. Es muss eine deutliche Aufwertung erfolgen, auch eine Rollenerweiterung von der reinen Datensammlungsfunktion, viel zu ‚flacher' Planungsfunktion mit viel zu schwachem politischem Mandat hin zu *echter Gesamt-Steuerungsfunktion* mit erweiterter echter *Netzwerk-Management-Funktion* auf Kreisebene (bzw. gesamtstädtischer Ebene).

Unverzichtbar sind auf jeden Fall zusätzliche *dezentralisierte* Netzwerkbüros des Jugendamtes *auf sozialräumlicher Ebene* (und *nicht* delegiert an freie Träger, die ja eindeutig nicht die Gesamtverantwortung nach § 79 SGB VIII tragen). Diese müssen immer mit eigenen räumlichen und personellen Ressourcen niedrigschwellig, d.h. räumlich außerhalb des Jugendamtes und mit einem hohen Grad an Selbstständigkeit und Kompetenzen im operativen Bereich versehen werden. Es muss natürlich eine enge Kooperation mit der Jugendhilfeplanung bzw. der sonstigen Sozialplanung geben, d.h. mit der oberen Planungsebene

(Regiestelle/zentrales Netzwerkmanagement). Ein Beispiel für ein sozialräumliches Netzwerkmanagement aus der Stadt Monheim am Rhein wird weiter unten gegeben.

Die *Schulverwaltung* auf Kreisebene (einschließlich der Schulentwicklungsplanung) ist zuständig für die Sicherstellung eines ausreichenden schulischen Gesamtangebotes – i.d.R. für die Sekundarschulen (Haupt-, Real-, Gesamt- und Berufsschulen, Gymnasien). Für die Grundschulen ist i.d.R. die einzelne Gemeinde zuständig. Die Schulträger sind im Übrigen auch für den Schulbau, für den Bau von Sportanlagen und das nicht-pädagogische Personal zuständig, das Land für die Lehrkräfte (Gesetzgebung, Richtlinien und Curricula). Das bedeutet nun, dass bei der Entwicklung von geeigneten Koordinations- und Steuerungsinstrumenten ein *starkes rechtliches und politisches Mandat* für die Gesamtsteuerung nur herstellbar ist, indem die *zentrale* Steuerungsfunktion in der Zuständigkeit der Kreisverwaltung (bzw. bei kreisfreien Städten der Stadtverwaltung) in Form der Schulverwaltung (Schulentwicklungsplanung, Schulausschusses des Kreistages) verbleibt und nicht auf nachgeordnete Vernetzungsgremien übertragen wird. Die Instrumente zur Organisation Lokaler Bildungslandschaften, z.B. *Bildungsbüros*, sollten sich hier unterordnen und auf sozialräumlicher Ebene operative Koordinationsfunktionen übernehmen.

An dieser Stelle ist ein wichtiger Hinweis erforderlich. Wir haben bisher in diesem Buch auf der Ebene der *integrierten Handlungskonzepte* für die Konzentration auf *drei* Säulen plädiert, für die *Steuerungsebene* – und dies ist eine ganz andere Ebene – ist aber eine abweichende Empfehlung gegeben worden und auch sinnvoll. Da der Kita-Bereich rechtlich in den Bereich des SGB VIII (Jugendamt) gehört und hier auch einheitliche Gremien (Jugendhilfeausschuss und Unterausschüsse) und eine gemeinsame Leitung der Verwaltung bestehen, ist es sinnvoller, die Steuerung *in einer Hand* zu bündeln und nicht von drei, sondern nur von *zwei* Steuerungsschwerpunkten auszugehen.

Für das Thema Erziehungs- und Bildungspartnerschaften können die Steuerungsinstrumente, die es in den Bereichen Gesundheitswesen, Sozialhilfe, aber auch in den Ressorts für Stadtplanung, Kultur, Verkehr und auch im Bauamt und in der Arbeitsverwaltung gibt, wegen ihrer geringeren Bedeutung (Umfang, Einfluss, Finanzen, Personal) im allerersten Schritt zunächst einmal vernachlässigt werden. Diese Bereiche müssen in den jeweiligen Vernetzungsgremien wahrnehmbar vertreten sein, aber eben keine Steuerungsfunktion übernehmen.

Beide Steuerungsschwerpunkte können sich – schon allein aus rechtlichen Gründen – nicht gegenseitig ersetzen oder vertreten. Sie müssen aber kontinuierlich – orientiert an einem *gemeinsamen* übergreifenden Gesamtkonzept – eng kooperieren. Die dabei gewählten Kooperationsformen und Vernetzungsinstrumente (ressortübergreifende Arbeitsgruppen, Steuerungsgruppen usw.) sind mit einem starken politischen und rechtlichen Mandat (Beschlüsse, Satzungen, personellen Zuordnungen) auszustatten. Auf dieser Ebene können dann auch die gerade oben erwähnten weiteren Ressorts integriert werden. Hierfür gibt es inzwischen hervorragende Beispiele aus der politischen und verwaltungsmäßigen Praxis, etwa bei der Umgestaltung von Schulen zu Ganztagsschulen (z.B. Landkreis Saarlouis). Dabei werden ja nicht nur im engeren pädagogischen Bereich, sondern auch im baulichen, im sportlichen, im Freizeit- und Kulturbereich, im Jugendhilfebereich und vor allem in den traditionellen Verantwortungszonen von Vereinen und Familien ganz neue Anforderungen erzeugt. Hier ist das gesamte sozialökologische Lernumfeld, die gesamte Struktur aller Partnerschaften für Erziehung, Bildung und Prävention völlig neu zu sortieren!

Die beiden folgenden Grafiken fassen die Steuerungsstruktur der beiden zentralen Steuerungsschwerpunkte verallgemeinernd zusammen. Sie weisen auch die Schnittstellen auf, an denen die beiden großen Systeme gemeinsam steuern und handeln.

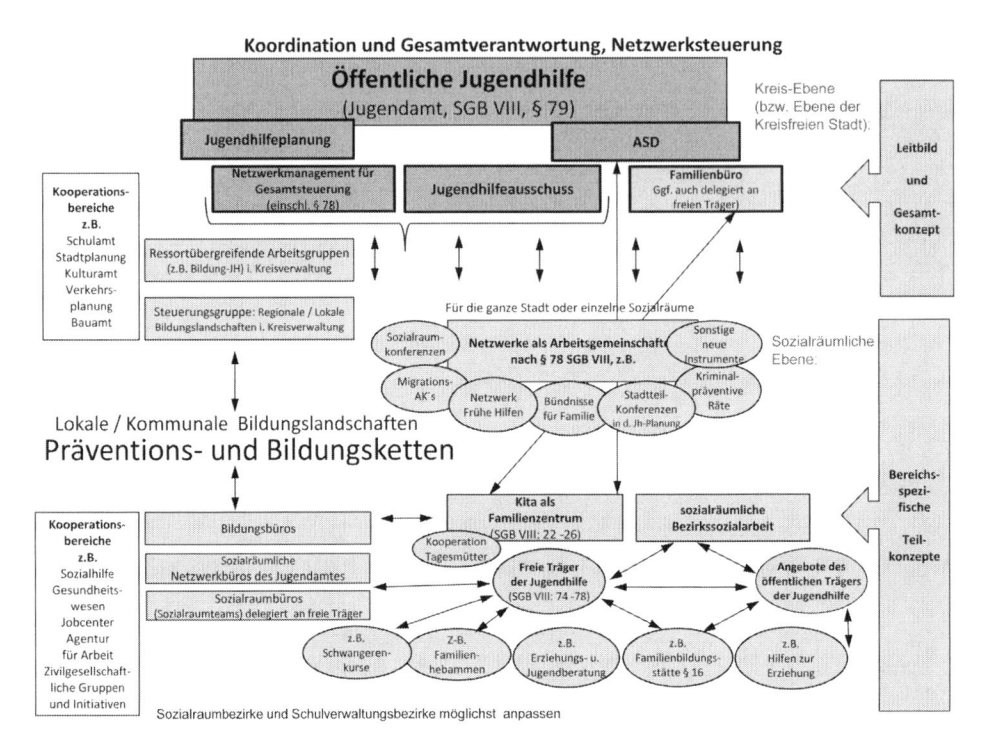

Abbildung 3: *Übersicht: Koordination und Gesamtverantwortung, Bereich Jugendhilfe*

Elternarbeit als Netzwerkaufgabe 537

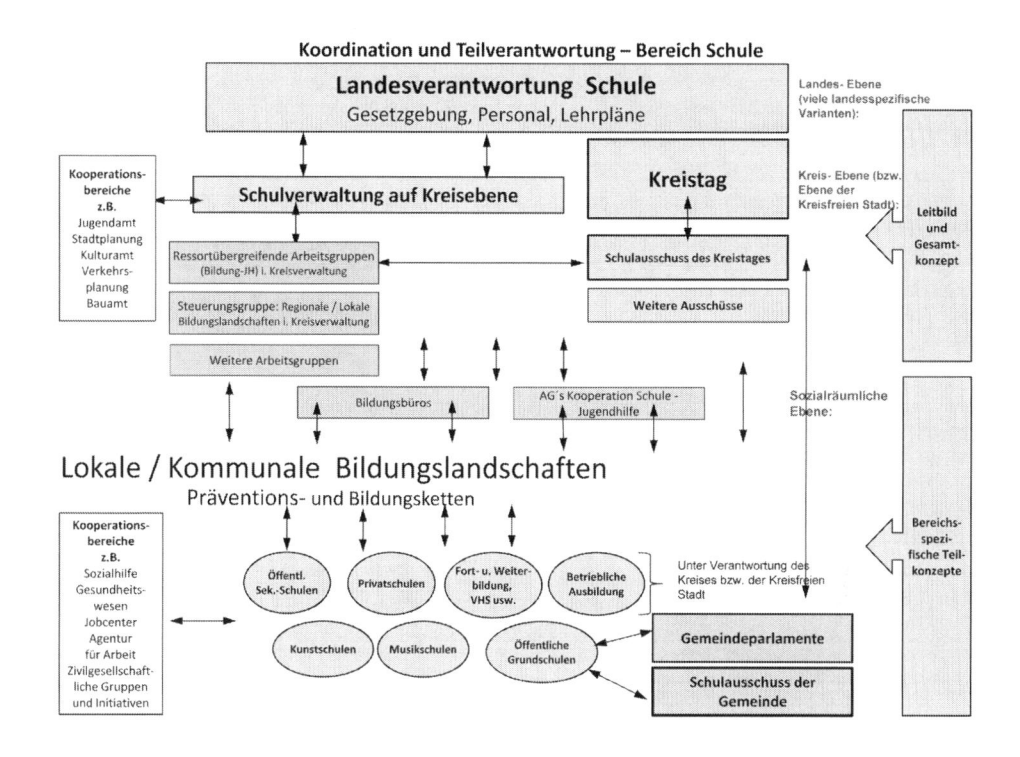

Abbildung 4: *Übersicht: Koordination und Teilverantwortung, Bereich Schule*

6. Exkurs: Familienzentren als Early-Excellence-Centres – ein Beispiel für Netzwerkarbeit und Koordination unterhalb der Gesamtsteuerung

Familienzentren (auch Eltern-Kind-Zentren, Häuser für Kinder, Häuser für Familien und Kinder, Mütterzentren, Early-Excellence-Centres, Familienzentren mit Early-Excellence-Ansatz usw.) stellen eine erweiterte konzeptionelle Sichtweise auf die Trias *Eltern – Kinder – Institution* dar. Der familienergänzende Auftrag wird dabei neu ausbuchstabiert und an veränderte Lebenslagen von Kindern und Eltern angepasst. Damit verbunden sind ein veränderter Blick auf Eltern, der verstärkt von der Normalfamilie zu differenzierten Lebenslagen geht, auf die Öffnung zum Sozialraum und zur Kooperation mit anderen Institutionen und schließlich auch auf die Öffnung der Einrichtung für andere, nicht angemeldete Familien (vgl. Diller 2006, S. 5 ff., 7 ff., 11 ff., 17). *Familienzentren* sollen Kindertageseinrichtungen neue Möglichkeiten der Weiterentwicklung eröffnen und den Familien umfassende Unterstützungen anbieten, dabei Angebote verschiedener lokaler Träger bündeln und insbesondere die bisher zum Teil voneinander getrennten Bereiche der vorschulischen Erziehung und Bildung und der anderen bestehenden Angebote der Familienunterstützung zusammenführen (vgl. Ministerium für Generationen, Familie, Frauen und Integration 2009, S. 7). Sie dienen der passgenauen Unterstützung für Kinder und Eltern. Da sie über die notwendige Nähe zu Kindern und Familien verfügen, können Kindertageseinrichtungen als Familienzentren zu *Knotenpunkten eines familienunterstützenden Netzwerkes in den Kommunen* werden. Sie sind in besonderer Weise geeignet, Risikosituationen, Störungen der Entwicklung und Unterstützungsbedarfe frühzeitig wahrzunehmen und darauf angemessen zu reagieren, d.h. Sprachdefizite früher festzustellen und durch eine individuelle Förderung systematisch ausgleichen, Stärken und Schwächen der Kinder früher zu erkennen, Eltern in Fragen der Erziehung, Bildung, Gesundheit usw. Beratung anzubieten, Eltern in ihrer Erziehungskompetenz zu stärken, Eltern bei der Überwindung von Alltagskonflikten zu unterstützen – letztlich also Kindertageseinrichtungen zu vielfältigen *Bildungs- und Erfahrungsorten* für Kinder und ihre Eltern weiterzuentwickeln (vgl. ebd.).

Für Meier-Gräwe passen *Familienzentren* bestens zu einer umfassenden innovativen „zukunftsfähigen Familienpolitik", die immer ein „intelligenter Mix aus Zeit-, Infrastruktur- und monetärer Transferpolitik sei, der unterschiedliche Lebensformen und Lebenslaufphasen berücksichtigt". Solche „integrierten Handlungskonzepte für mehr Bildungsgerechtigkeit" würden eine „Kultur der Kooperation statt Konkurrenz zwischen familien- und kindbegleitenden Diensten vor Ort" voraussetzen (Meier-Gräwe 2006a, S. 24 ff.; 2006b, S. 23 ff.)

Familienzentren können die unterschiedlichsten Organisationsformen annehmen und auch unterschiedlich große Sozialräume abdecken. Es gibt sie in den Formen:

1. *Zentrum* („Alles unter einem Dach')
2. *Galerie* (Kooperationsmodell)
3. *Lotse* (reine Vermittlung weitergehender Angebote)
4. *Verbund* (Kooperation mehrerer Kitas)
5. *Kindertageseinrichtung Plus* (zum vorsichtigen Anfangen)
(vgl. MGFFI 2009, S. 8 und Diller 2005, S. 9 f. – abgewandelt: WS)

Familienzentren (siehe dazu das ausführliche Praxisportrait von Engelhardt im parallel erscheinenden Praxisband) dürften ein besonders interessanter Beitrag zur Vereinbarkeit von Familie und Beruf sein. Im Regelfall decken Familienzentren mit ihrem breiten und bunten Angebot verschiedener wohnbereichsnaher, vielfältig vernetzter Dienstleistungen die Altersspanne von 0 – 6 bzw. 10 (Hort-Alter) ab. Die Tageseinrichtungen für Kinder eignen sich hervorragend als Frühwarnsystem. Ihr großer Vorteil ist die Bündelung aller familienunterstützenden Angebote in einer Hand (sei es durch eigene Angebote oder durch sinnvolle Kooperationen) in einem überschaubaren Sozialraum, was die Niedrigschwelligkeit und Zugänglichkeit deutlich erhöht. Familienzentren sind Teil der Jugendhilfe, können aber in besonders geeigneter Weise die Kooperation mit dem Sozialhilfesystem, dem Gesundheitssystem und den zivilgesellschaftlichen Angeboten herstellen. Hier sollte man in den Organisationsformen undogmatisch und flexibel vorgehen und Kooperation statt Konkurrenz der Tageseinrichtungen forcieren. Nicht alle sollten alles anbieten, wie z.B. in der Stadt Monheim, wo in einem besonders belasteten Stadtteil unterschiedliche Träger von Kindertagesstätten *gemeinsam* ein Familienzentrum betreiben (siehe dazu das ausführliche Praxisportrait von Berg im Praxisband). Die Gesamtplanungshoheit der Jugendhilfe sollte akzeptiert werden (die jedoch Ressourcen für spezielle sozialraumbezogene Steuerungsinstrumente wie Netzwerkbüros zur Verfügung stellen muss). Hier kann ein komplettes Angebot familien- und kinderunterstützender Dienste aus einer Hand wohnbereichsnah und mit niedrigen Zugangsschwellen vorgehalten werden, von Schwangeren-Kursen über Eltern-Kind-Gruppen, Sprachtrainings, Dolmetscherkursen für MigrantInnen, Eltern-Kompetenz-Trainings, Sprechstunden der Erziehungsberatungsstelle, Organisation von Kindertagespflege, Sozialberatung usw. – also nicht nur *Familienbildung*, sondern *Erziehungs- und Bildungspartnerschaften* in einem umfassenden und vollständigen Sinne.

Wegen der hier angedeuteten Strukturvorteile und der Vielfalt möglicher, sozialräumlich fundierter Zugänge und der hinlänglich bekannten Tatsache, dass in den ersten Lebensjahren der Kinder die Motivation der Eltern zur Kooperation mit Bildungseinrichtungen besonders ausgeprägt ist, bietet sich das Familienzentrum als exzellenter Ausgangspunkt für die Organisation von Erziehungs- und Bildungspartnerschaften als Teil kommunaler Präventions- und Bildungsketten und für die Vernetzung vielfältiger Partner in besonderer Weise an.

Die *Kinder- und Jugendhilfe* – sofern sie eine vernünftige Jugendhilfeplanung betreibt und sich ihrer gesetzlich vorgeschriebenen Gesamtverantwortung bzw. ihrer Steuerungs- und Handlungsverpflichtung auch wirklich bewusst ist – kann sicher aufgrund ihrer häufig unterschätzen, gesetzlich untermauerten Ressourcen den allergrößten Teil der präventiven Angebote im Rahmen einer umfassenden, großen *kommunalen Präventions- und Bildungskette* und natürlich auch den Bildungsanteil für die Zeitspanne 0 – 6 Jahre (und zum Teil 0 – 10) abdecken. Die Kinder- und Jugendhilfe ist auch häufig der stärkere Part (wiederum aufgrund ihrer Ressourcen), wenn es darum geht, präventive Angebote innerhalb von Schulen im Rahmen der Konzepte zur *Kooperation von Schule und Jugendhilfe* zu initiieren und zu betreiben. Sie ist deshalb im Rahmen eines Gesamtkonzeptes einer kommunalen Präventions- und Bildungskette ein gleichwertiger Partner der Schulen und kann mit ihrem spezifischen Anteil innerhalb *Kommunaler Bildungslandschaften* auf gleicher Augenhöhe kooperieren (siehe dazu auch die Abbildungen auf S. 536 f.).

7. Exkurs II: Kommunale Bildungslandschaften

Ein Versuch der Netzwerkbildung, bei dem die Initiative nicht vom Jugendhilfebereich, sondern sehr kraftvoll vom schulischen Sektor ausgeht, ist die Diskussion um *Regionale, Kommunale und Lokale Bildungslandschaften*. Was genau sind nun Lokale Bildungslandschaften? Es sind „langfristige, professionell gestaltete, auf gemeinsames, planvolles Handeln abzielende, kommunalpolitisch gewollte Netzwerke zum Thema Bildung, die – ausgehend von der Perspektive des lernenden Subjeks – formale Bildungsorte und informelle Lebenswelten umfassen und sich auf einen definierten lokalen Raum beziehen" (Bleckmann/Durdel 2009, S. 12). Müller definiert sie folgendermaßen:

„Bildungslandschaften sind (…) Leitbild einer systematischen infrastrukturellen Entwicklung hin zu einem regionalen bzw. kommunalen Gesamtsystem Bildung, Betreuung und Erziehung (…). Im Systemzusammenhang werden sie als lernendes Gesamtsystem (…) mit lernenden Teilsystemen verstanden (…). In ihren räumlichen Bezügen werden sie facettenreich beschrieben: Sowohl das geographisch-räumliche Aktionsfeld als auch die spezifischen Merkmale dieser Landschaften, die in den Blick genommen werden, sind relativ offen. Es wird von sozialräumlich-orientierten, lokalen, kommunalen oder regionalen Bildungslandschaften gesprochen (…)" (Müller 2011, S. 41).

Bei diesem Versuch der Netzwerkentwicklung steht eindeutig das Thema *Bildung* und das Zusammenführen aller Institutionen und Organisationen, die in einem eingegrenzten kommunalen Raum schwerpunktmäßig sich um Bildung kümmern, im Mittelpunkt. Müller (2011, S. 43) hebt folgende „Zieldimensionen von Bildungslandschaften" heraus:

- „Optimierung der Kooperation zwischen Jugendhilfe und Ganztagsschule
- Modernisierung bzw. Reform kommunaler Verwaltungsstruktur
- Qualitätssteigerung von Bildungsangeboten durch Synergie-Effekte
- Reduzierung von Bildungsbenachteiligung
- Erhöhung von Rationalität und Planung
- Förderung bürgerschaftlichen Engagements im Gemeinwesen".

Müller bündelt ihre Überlegungen zu den Grundformen[9] von Bildungslandschaften in zwei Modellen: dem *fokussierten* und dem *multidimensionalen* Entwicklungsmodell. *Fokussierte Modelle* der Bildungslandschaft sind die *Qualifizierungslandschaft*, die *Schullandschaft* und das Modell der *Frühkindlichen Bildungslandschaft*. *Multidimensionale Entwicklungsansätze* zeichnen sich aus durch

- „einen breiteren Adressatenkreis
- den Einbezug vielfältiger Bildungsorte und Lernwelten
- die damit verbundene breite Bildungsangebotsstruktur
- die Eigen-Finanzierung
- die Vorstellungen von der Entstehung einer solchen Bildungslandschaft" (Müller 2011, S. 46)

Hier öffnet sich die rein institutionenzentrierte Sichtweise (Schule, Jugendhilfe-Einrichtungen) in Richtung „auf den gesamten Bildungsraum", auf „Kultureinrichtungen, Betriebe und Einrichtungen des Gesundheitswesens (...) aber auch zivilgesellschaftliche Akteure, wie Eltern, Kinder und Jugendliche" (Müller 2011, S. 58).

Zwar geht es also immer auch um den *Ausgleich von Bildungsbenachteiligungen*, zwar ist die Jugendhilfe in den meisten kommunalen Bildungslandschaften mit dabei, aber der Fokus dieses Netzwerktyps liegt doch – bei aller Professionalität und allem gemeinsamen planvollen Handelns, trotz im Regelfall durchaus starken politischen Mandats für diese Art von Bündnis (Abstimmung und Entwicklung der Bildungsangebote) – eindeutig auf der *Bildung*, faktisch meistens sogar auf *formeller Bildung*. Zwar gibt es kaum eine Lokale Bildungslandschaft, bei der nicht die *informellen Bildungswelten* und die Einbeziehung außerschulischer Lernorte propagiert wird. Dennoch drängt sich der Eindruck auf, dass die Jugendhilfe mit ihren besonderen Chancen und ihrem Fokus auf Prävention und Intervention, aber auch einem ganz eigenständigen Bildungsbegriff (non-formal und informell) hier nur ‚die zweite Geige spielt'. Es bleibt der Auftrag, aus zweifellos aufgewerteten und optimierten *Bildungsketten* endlich umfassende *Präventions- und Bildungsketten*, also *Ge-*

---

9 Müller (2011, S. 44 f.) legt dabei verschiedene Entwicklungsmodelle für Lokale Bildungslandschaften zugrunde:
- schulzentriertes Modell
- kooperationszentriertes Modell
- Qualifizierungslandschaften (starker Arbeitsmarktbezug)
- multidimensionale Bildungslandschaften („Region bzw. Kommunen" als „zentraler Bezugspunkt politischen Handelns", nicht nur bestimmte Zielgruppen, sondern für „alle Altersgruppen von der frühen Kindheit bis zur älteren Generation (...) vielfältige Bildungsorte, Lernwelten, Partner und Angebotsstrukturen". Überwindung sektoraler Grenzen der Institutionen und der Verwaltung)

samtkonzepte zu entwickeln. Der Deutsche Städtetag fordert in diesem Zusammenhang: „Kommunale Bildungsplanung sollte zu einem fachübergreifenden Handlungsansatz unter Beteiligung aller gesellschaftlichen Akteure weiterentwickelt werden, der Schulentwicklungsplanung und Jugendhilfeplanung integriert" (Deutscher Städtetag 2005, S. 4)[10].

Die Begriffe *kommunal* oder *lokal* sind im Allgemeinen territorial und ordnungspolitisch gemeint (Verwaltungsgliederung nach Gemeinden, Landkreisen und kreisfreien Städten), wobei meistens die unteren sozialräumlichen Gliederungen beschrieben werden. Allerdings können politische und geografische Grenzen bei der Schaffung von Bildungslandschaften auch Probleme bereiten, z.B. wenn auch die Gymnasien und Berufsschulen, die ja in der Regel größere Einzugsbereiche – zumindest im ländlichen Raum – haben, einbezogen werden sollen. Das kann problematisch werden, wenn man mit Müller auf eine „erweiterte Definition von ‚Kommune'" verweist, die eher den „sozialen Raum", „das Gemeinwesen, den Sozialraum und die Gemeinschaft" ins Blickfeld rückt, also eine „integrierte Betrachtung von Bildungs- und Sozialräumen" zugrunde legt und den rein territorialen Blick erweitert (Müller 2011, S.46 f.).

8. Das Verfahren der Entwicklung von Gesamtkonzepten für Erziehungspartnerschaften in Kommunalen Präventions- und Bildungsketten

Das hier vorgeschlagene Verfahren orientiert sich am Konzept der *Bedarfsanalyse* von Stange, das im Rahmen des niedersächsischen *NiKo*-Programms erprobt wurde (Stange 2010) und an dieser Stelle nur komprimiert in Form eines einfachen Phasengerüstes vorgestellt werden kann:

1. Sozialraum- und Lebensweltanalyse (Zielgruppenanalyse, Rahmenbedingungen)

- Sozialraumbeschreibung
- Sozialgeografie (Verkehrssituation, Umweltsituation/Ökologie usw.)
- Zielgruppenanalyse/Lebenswelt-Analyse (Interessen – Bedürfnisse – Wünsche – Probleme), die über eine Kinder- und Jugendbefragung erfolgt
- ggf. Organisationsanalyse für wichtige integrierte Institutionen

2. Bestandsermittlung

Bestandsaufnahme der Angebote, Programme, Dienste, Maßnahmen, Projekte und Veranstaltungen

3. Bewertung

Unter Berücksichtigung der relevanten fachlichen *Kriterien* und *Standards* bzw. der vorhandenen Möglichkeiten, objektiven Rahmenbedingungen und Ressourcen.

3.1 Bewertung der Sozialraum- und Lebensweltanalyse

Besonderheiten, Auffälligkeiten, Zusammenfassung: Gebietsprofil

---

10 Bei den multidimensionalen Modellen sind die Voraussetzungen dafür sicher am besten.

3.2 Abgleich der Sozialraumanalyse mit dem Angebot

Bewertung des Bestandes

4. Bedarfsfeststellung

4.1 Bedarfsdefinition aus fachlicher Sicht

Ausarbeitung der ersten groben Bedarfsfeststellung, Lösungen: erste grobe Maßnahmen-, Programm- und Projektesammlung; Entwicklung eines *Gesamtkonzeptes* bzw. eines *Integrierten Handlungsansatzes* – ggf. mit besonderen, am Gebietsprofil orientierten Schwerpunkten – d.h. Orientierung an *Angebotslücken*[11] und *Qualitätslücken*; Überprüfung der Maßnahmen und Programm-Vorschläge auf empirisch abgesicherte Wirksamkeit: Nutzung von Datenbanken

4.2 Vorläufige Prioritäten-Feststellung und Auswahl

4.3 Prüf-Filter

Vorprüfung der Realisierungschancen, Interessenlagen, Einflüsse, Risiken usw. für mögliche Maßnahmen und Projekte

4.4 Bedarfsfeststellung aus politischer Sicht: Entscheidungen

Endgültige Prioritätenfestlegung und Auswahl), Fixierung der Ergebnisse in einem lokalen Aktionsplan (Dokumentation und Veröffentlichung)

5. Umsetzung

Realisierung, einschließlich Evaluation und Monitoring

9. Von der strategischen Makroebene zur methodischen Mezo- und Mikroebene: das reichhaltige Methodenarsenal der Elternarbeit als Erziehungs- und Bildungspartnerschaft

So kompliziert und widersprüchlich die Verhältnisse auf der strategischen Planungs- und Steuerungsebene waren, so einfach scheinen sie – zumindest auf den ersten Blick – auf der konkreteren methodischen Mezo- und Mikroebene zu sein. Hier ist viel vorhanden aus der Tradition der Elternarbeit, vorzugsweise im Kindertagesstättenbereich, der schon immer einen vergleichsweise hohen Standard vorweisen konnte. Aber auch aus der Tradition der in diesem Bereich faktisch weniger kreativen und vielfältigen (gleichwohl schulrechtlich mit hoch bewerteten Kooperationsvorschriften versehenen) Schule und auch aus dem Bereich der Familien- und Elternbildung (§ 16 SGB VIII) lässt sich ein breites und farbiges Spektrum konkreter Methoden gewinnen. Dazu sei im Einzelnen auf die Beiträge dieses Bandes im Abschnitt *Arbeitsformen und Methoden-Muster* (S. 397 ff.) verwiesen.

---

11 Vergleichbar: *CTC – Communites That Care*, wo auf der Basis eines repräsentativen Schülersurveys unter Einbeziehung vorhandener Daten der Kommune die Ermittlung der am schwersten wiegenden Risikofaktoren und der am wenigsten ausgebildeten Schutzfaktoren in einem Gebiet die Grundlage für die Auswahl bildet (Landespräventionsrat Niedersachsen 2009, S. 8).

Das Problem in diesem Bereich ist nicht die konkrete Angebotspalette. Wir haben kein Methodendefizit. Die Instrumente der Elternarbeit sind reichhaltig vorhanden. Die Probleme liegen eher in der mangelnden Systematik und Zielorientierung (siehe dazu den Abschnitt *Arbeitsformen und Methodenmuster*, den Beitrag von Bargsten zu den *Zielen von Erziehungs- und Bildungspartnerschaften* in diesem Band, S. 391 ff. und das gesamte Praxisbuch) und in der mangelnden Fundierung durch *Qualitätskriterien* für Methoden von Erziehungs- und Bildungspartnerschaften. Auch im Grundverständnis der Methodenanwendung, in der vorgelagerten Methoden-Philosophie, gibt es gelegentlich Probleme (siehe dazu den Beitrag zu den *Qualitätskriterien* in diesem Band, S. 476 ff.).

Ausdruck der mangelnden Systematik und Zielorientierung ist das regelmäßig zu beobachtende Phänomen, dass Einzel-Methoden für das Ganze genommen werden. So wird häufig so getan, als seien Erziehungskompetenz-Trainings das Ganze der Erziehungs- und Bildungspartnerschaften und vergessen, dass dies nur ein begleitendes Element darstellt – während der Kern eher im viel schwieriger zu gestaltenden, weil aufwändigen Aushandeln und Abstimmen von Erziehungs- und Bildungsvorstellungen der Partner besteht. Außerdem gibt es wenig *Indikationsklarheit*: Welche der Methoden aus dem bunten und breiten Überangebot eignet sich für welche Zielgruppe, für welchen Anlass, zu welcher Zielsetzung, unter welchen Rahmenbedingungen? Ein klassischer Fall ist hier der gutgemeinte Versuch von hochmotivierten LehrerInnen allgemeine Erziehungskompetenz-Trainings anzubieten. Hierfür dürfte die Schule nun gerade nicht optimal geeignet sein. Sie ist vielen Eltern nicht niedrigschwellig genug[12].

Eine solche Intervention eignet sich viel besser für die Lebensphase 0 – 6 Jahre und in niedrigschwelligeren Kindertagesstätten (so z.B. über das *FuN*-Programm – siehe dazu das Praxisportrait von Brixius und Piltman im Praxisband). Für die Schule sehr gut geeignet sind dagegen – dies ergibt die empirische Forschung dazu – sogenannte *Home-based Trainings*, in denen Eltern gezielt auf die Unterstützung beim häuslichen Lernen (nicht im Sinne von Nachhilfe, sondern in einem viel umfassenderen, lernunterstützenden Sinne) durch Eltern-Trainings vorbereitet werden (vgl. dazu den Beitrag von Sacher in diesem Band, S. 232 ff.). Auch eine Konzentration auf Themen, die in besonderer Weise in Schulen ‚auflaufen', dürfte zielführender sein als ein allgemeines Erziehungstraining. Die Schule sollte neben punktueller Elternmitarbeit und Elternmitbestimmung echte Elterntrainings vor allem für ihre *eigenen* Themen (Lernförderung, schulische Probleme von Jugendlichen, vielleicht auch noch Themen wie Pubertät, Jugendphase usw.) anbieten.

Die Schule, auch die Sekundarschule, verfügt dennoch selbst in diesem Feld über einige Chancen. Es gibt genügend besondere Anlässe wie Transitionen, Einschulung, Feste, Schuljahresbeginn und -ende, Zeugnisse, Wechsel zu weiterführenden Schulen, Konflikte, Gewalt (siehe Rütli-Schule), Computer, Handy-Gewaltvideos, Probleme in der Schule, psychosoziale Entwicklung, Besprechung des Entwicklungsstandes (was noch analog den Kindertagesstätten auszubauen wäre), Schullaufbahnberatung, Berufswahl-Vorbereitung (hier auch in Verbindung zum KJHG § 13, z.B. in der neunten Klasse Hauptschule).[13]

---

12 Ausnahme: Sprachförderung von MigrantInnen als Elternbildung in der Grundschule (Rucksackprojekt als Fortsetzung des Kindergartenprogramms) – siehe dazu den Beitrag von Nikbin im Praxisband.
13 Kirk nennt weitere Themen:
  • Leistungsbeurteilung – ein Konfliktbereich zwischen Elternhaus und Schule?

Auch die Kooperation und Koordination bei Schulübergängen (Kindergarten – Grundschule, Grundschule – Sekundarbereich I) ist ein wichtiges Thema der Elternarbeit.

Konkrete Methoden und auch eine Methodensystematik werden im Überblicksartikel zu den Methoden (in diesem Buch, S. 398 ff.) vorgestellt.

10. Differenzierende Elternarbeit

10.1 Lebenswelt- und lebenslagenbezogene Differenzierung

Der bisherige Argumentationsgang in diesem Beitrag zur Herausarbeitung und Entfaltung einer Gesamtstrategie, der Strukturen und Grundelemente von Erziehungs- und Bildungspartnerschaften ist von einer Vereinfachung ausgegangen, indem zunächst einmal von den Eltern her als geschlossener Gesamtgruppe, die anderen Erziehungsinstitutionen und Partnern gegenübersteht, ausgegangen wurde. Die Kooperation und Mitwirkung von Eltern muss aber immer auch *lebenslagenspezifisch* und *milieu- und lebensweltspezifisch* differenziert werden. Wir haben nun genauer zu beleuchten: Wer sind ‚die' Eltern? Gefragt sind Modelle *differenzierender Elternarbeit* (dazu genauer: Sacher im Praxisband und die Beiträge im vorliegenden Band 1 von Grote, S. 320 ff.; Deniz, S. 326 ff.; Henschel, S. 332 ff.; Sacher, S. 297 ff. und Eylert, S. 286 ff.).

Kern der zugrundeliegenden Problematik ist, dass wir in der Elternarbeit bzw. in der Gestaltung von Erziehungs- und Bildungspartnerschaften jeweils ganz besondere professionelle Zugänge zu unterschiedlichen Milieus und Lebenswelten benötigen, um wirklich zielorientiert und effektiv arbeiten zu können. Bartscher und andere weisen auf folgenden Sachverhalt hin:

„Alle Menschen sind vor dem Gesetz gleich (Grundgesetz); dies gilt auch für Eltern. Das Schulgesetz (…) unterscheidet nicht zwischen verschiedenen Gruppen von Eltern. In der Praxis führt aber die positiv gedachte Gleichbehandlung von Eltern in der Schule zu einem Mangel an Differenzierung zwischen Eltern aus unterschiedlichen soziokulturellen Milieus (und damit zu einer impliziten Diskriminierung) (…) Fachkräfte halten die methodisch-didaktische Gleichbehandlung aller Eltern – ohne notwendige Differenzierung – für die Erfüllung des gesetzlichen Anspruchs auf Gleichberechtigung. Doch ‚die Eltern' sind nicht generell für eine Zusammenarbeit erreichbar oder unerreichbar, vielmehr kommt es darauf an, ihre individuelle Situation wahrzunehmen, Angebote auf die verschiedenen Lebenslagen zuzuschneiden und auch die Zugänge milieuspezifisch zu gestalten. Ein erster wichtiger methodischer Schritt in der Gestaltung von ‚Bildungs- und Erziehungspartnerschaften' ist es also, Eltern in ihrer Unterschiedlichkeit wahrzunehmen und anzuerkennen" (Bartscher et al. 2010, S. 30)

Die mangelnde lebenswelt- und lebenslagenbezogene Differenzierung ist eine der wichtigsten Ursachen für die oft beschriebene Erfolglosigkeit, von der Elternarbeit zum Teil gekennzeichnet ist. Der Anspruch, alle Eltern mit universalen Arbeitsformen zu erreichen, kann keinesfalls aufrechterhalten werden. Es gibt nur wenige universale Themen und Methoden, die für alle Eltern geeignet sind (vgl. ebd., S. 30 f.). Die Wahrnehmung der Unter-

---

- Hausaufgaben als familiales und schulisches Problemfeld (Kritik und Reformansätze)
- Nachhilfe – die Lösungsstrategie bei Lernproblemen? (Bestandsaufnahme – Kritik – Konsequenzen)
- Veränderte Lebenswelt – veränderte Kindheit – veränderte Schule? Schule in der Erziehungskontinuität (Problembereiche zwischen Elternhaus und Schule)
- Schulinterne Fördermaßnahmen
- Übergänge im Rahmen der Schullaufbahngestaltung
- Medienerziehung (vgl. Kirk in diesem Band, S. 379)

schiedlichkeit von Eltern und ihrer Situation ist eine zentrale professionelle Herausforderung.

„Eltern unterscheiden sich z.B. hinsichtlich

- ihres Geschlechts
- ihres sozioökonomischen Status bzw. Zugehörigkeit zu einer sozialen Schicht
- ihres Bildungsniveaus und ihrer Bildungsgewohnheiten
- ihrer Herkunft
- ihrer kulturellen Vorlieben
- ihrer moralischen Werte
- ihrer Zeitmuster (z.B. Arbeitszeit, Planung – Spontaneität usw.)" (Bartscher et al. 2010, S. 30)

Die strategischen und methodischen Konsequenzen der sensiblen Wahrnehmung der Unterschiedlichkeit von Eltern und deren Berücksichtigung auf der Ebene der Inhalte, Methoden und Settings macht es mittlerweile möglich, funktionierende zielgruppen- und milieuangepasste Programme zu entwickeln. Bartscher et al. (2010, S. 29 ff.) haben sehr überzeugend dargelegt, dass z.B. eine Orientierung an den sog. *Sinus-Milieus* (vgl. dazu auch den Beitrag von Eylert *Vielfalt als Chance* in diesem Band, S. 286 ff. und die Originalstudie „Eltern unter Druck" von Merkle/Wippermann 2008) sehr erfolgversprechend ist. Die Autorengruppe Bartscher u.a. hat nicht nur die hohe praktische Relevanz sogenannter *Demarkationslinien sozialhierarchischer und sozio-kultureller Abgrenzung* von Elterngruppen[14] erörtert (vgl. ebd., S. 33), sondern sogar konsequent das Gesamtspektrum der Methoden milieuspezifisch durchgeprüft und mit Empfehlungen versehen (vgl. ebd., S. 34 f.). Die milieuspezifisch betrachtete Erreichbarkeit von Eltern ist aber nicht nur eine Frage der Methodik und der Inhalte, sondern auch eine Frage der *Zugänge* der Bildungs- und Präventionseinrichtungen zu den Eltern bzw. der Zugänge der Eltern zu den entsprechenden Angeboten. Die professionelle strategisch-methodische Berücksichtigung solcher Überlegungen lässt vielleicht doch den optimistischen Schluss zu, dass *alle* Eltern erreichbar seien – unabhängig von ihrer Herkunft und ihren Milieus.

10.2 Lebensalterdifferenzierende Elternarbeit

Die Kooperation mit Eltern diversifiziert sich außer im Hinblick auf Lebenslagen und Elternmilieus auch im Hinblick auf das Lebensalter ihrer Kinder. Jedes Lebensalter definiert unterschiedliche Aufgabenstellungen für Eltern und fordert ganz unterschiedliche Kompetenzen ab. Entlang des Lebensalters von Kindern haben sich auch spezielle fachlich zuständige Institutionen, Einrichtungen und Programme entwickelt. Natürlich macht es einen gewaltigen Unterschied aus, ob es sich um einen Schwangeren-Kurs oder um die Gestal-

---

14 „Kulturelle Gräben" und soziokulturelle Abgrenzungsmechanismen zwischen den verschiedenen Milieus: „Zunächst ist die Abgrenzung ´von oben nach unten´ erkennbar; die Mittel- und Oberschicht grenzt sich gegen die unteren Schichten ab. Auch innerhalb der unteren Schichten gibt es noch einmal diese Abgrenzungsrichtung von oben nach unten. Erkennbar sind auch weitere Abgrenzungsrichtungen (…), die zum Teil auf dem sozialen Status, zum Teil auf unterschiedlichen Wertorientierungen beruhen" (Bartscher et al. 2010, S. 33).

tung von Erziehungs- und Bildungspartnerschaften in der Krippe oder in der Schule handelt. Ein Gesamtkonzept für Erziehungs- und Bildungspartnerschaften wird sich also nicht nur entlang der verschiedenen Elternmilieus strukturieren müssen, sondern auch entlang der lebensalter-spezifischen Institutionen. Und es wird nachvollziehbare Indikationen für die einzelnen Programme und Methoden benennen müssen. Bartscher et al. (2010, S. 47) haben dies vorbildlich für den Bereich der Schule gelöst, indem sie sieben klare Profile für die verschiedenen Phasen der schulischen Entwicklung in der Form eines „Curriculums der Erziehungs- und Bildungspartnerschaft" entworfen haben.

Das Durchdeklinieren einer eigenen *akteursbezogenen Differenzierung* (Akteure, Kooperationspartner, Stakeholder) als Teil einer differenzierenden Elternarbeit ist vermutlich nicht sehr sinnvoll, weil es sich hier eher um eine abhängige Variable handelt, die als Rahmenbedingung jedes lebenslagen- und milieuspezifischen bzw. lebensalter-bezogenen Programms mitgedacht werden muss, aber keine eigene programmstrukturierende Evidenz entfalten kann.

10.3 Differenzierung nach Rechtsansprüchen

Der rein lebenslagen- und milieuspezifische bzw. der lebensalterspezifische Blick reicht nicht aus. Einerseits gibt es in allen Milieus vergleichbare Aufgabenstellungen (z.B. die besonderen Anforderungen und Belastungen von Familien in den ersten Lebensjahren) und andererseits gibt es auffällige Häufungen von Problemlagen in bestimmten soziologischen Milieus. Das führt aber nicht automatisch und in jedem Fall zur Erfordernis von Maßnahmen und präventiven Interventionen der Einrichtungen mit einem besonderen Fokus auf Elternkooperation.

Innerhalb der Milieus unterscheiden sich die Zielgruppen nochmals erheblich dadurch, ob sie Rechtsansprüche geltend machen können gegenüber den öffentlichen Institutionen oder nicht (z.B. Anspruch auf Hilfen zur Erziehung, Rechtsanspruch auf Beschulung in der Regelschule bei behinderten Kindern, Rechtsansprüche auf personenbezogene Dienstleistungen für behinderte Kinder nach SGB XII usw.). Eine Gesamtstrategie wird unter dem Aspekt der *differenzierenden Elternarbeit* sowohl Angebote für *alle* Kinder und Jugendlichen (bzw. deren Eltern) als auch für besondere Zielgruppen, die spezielle rechtliche Ansprüche haben, umfassen. Hieraus resultieren auch besondere inhaltliche und methodische Strategien und eine spezifische Ausgestaltung der Erziehungs-und Bildungspartnerschaften. Das Gleiche muss mitgedacht werden im Hinblick auf Ansprüche des Staates an bestimmte Eltern und Kinder, z.B., wenn im Rahmen des *Wächteramtes des Staates* bei Kindeswohlgefährdungen gehandelt werden muss. Auch dies ist wieder eine ganz spezifische Form der Ausgestaltung von Erziehungs- und Bildungspartnerschaften im Grenzbereich von Kooperation.

11. Das Programmportfolio eines Gesamtkonzeptes

Ein Programmportfolio für ein kommunales Gesamtkonzept von Erziehungs- und Bildungspartnerschaften als integraler Bestandteil von Präventions- und Bildungsketten muss
- Angebote umfassen für *alle relevanten Zielgruppen und Milieus* von Kindern und Eltern (und dabei lebenslagendifferenziert vorgehen)
- *altersgruppen-differenziert* sein, d.h. entlang der Biografie von Kindern und Jugendlichen organisiert sein

- eine Vielfalt *geeigneter Institutionen* als Teil eines großen Netzwerks mit gemeinsamen Zielsetzungen und ohne Parallelstrukturen berücksichtigen
- alle *drei zentralen Säulen* der Erziehungs- und Bildungspartnerschaft als Teil von Präventions- und Bildungsketten (siehe S. 521) berücksichtigen

Ein *Programmportfolio* für ein kommunales Gesamtkonzept von Erziehungs- und Bildungspartnerschaften in Präventions- und Bildungsketten könnte die folgende Struktur haben:

Zielgruppen-Merkmale:

Lebenslage, Einteilung z.B.:	Lebensalter:	Schwangerschaft/Geburt	Erstes, zweites, drittes Lebensjahr	Kindergartenalter	Grundschulalter	Sekundarschulalter
nach Sinus-Milieus: Konsum-Materialisten, Hedonisten, Traditions-verwurzelte, Bürgerliche Mitte, Postmaterialisten, Experimentalisten, Etablierte, Konservative, Etablierte, Moderne Performer						
z.B. nach Bildungsgrad und Bildungsgewohntheit: (z.B. durchschnittliche Eltern, bildungsgewohnte Eltern, bildungsungewohnte Eltern)						
Zusätzliche Kategorien, z.B. Jugendhilfe-spezifische Elterngruppen (Eltern, die sich in Trennung o. Scheidung befinden, Eltern aus HzE-Maßnahmen)						
Eltern mit Migrationshintergrund						
Anbieter: Institutionen, Organisationen (freie und öffentliche Träger) und einzelne Akteure - mit Schwerpunkt in einer der *Lebensalterphasen*						

Programm-Muster

... sind nicht einfach Methodentypen, sondern differenzieren sich aus nach den spezifischen Anforderungen der konkreten Praxissituation durch ein markantes Profil, das sie über eine für sie jeweils typische Zusammenstellung aus folgenden Merkmalen gewinnen:

1. Zielgruppenmerkmale
- Lebensalter
- Lebenslage (Einkommen, Bildung, Milieu usw.)
- Geschlecht (Väter, Mütter , Jungen und Mädchen)
  Die meisten Elternprogramme differenzieren hier allerdings nicht und bieten geschlechtsneutrale Programme an. Wenn im Einzelfall Programme, z.B. nur für Väter, angeboten werden, wird dies jeweils ergänzend vermerkt.

2. Strukturelemente von Programmen (sh. S. 398 ff.)
- Ausgangslage (Anlässe, Indikationen, Interessenlagen)
- Akteure (Durchführende, Kooperationspartner)
- Zugänge
- Arbeitsfelder (Orte)
- Themen (Gegenstände)
- Ziele
- Methoden

Es ist es wichtig, dass das Portfolio auch das gesamte Spektrum der Grundstrategien und Programmmuster für Erziehungs- und Bildungspartnerschaften abbildet und nicht reduziert (z.B. nur Elternmitarbeit oder nur Kita-und Schulansätze oder nur Familienbildungsstätten).

Abbildung 5: *Struktur eines Programm-Muster-Portfolios für Erziehungs- und Bildungspartnerschaften*[15]

---

[15] Diese Struktur hat sich anregen lassen von einem Modell Matthias Bartschers, das er im Zusammenhang mit der *Hammer Elternschule* entwickelt hat und im Praxisband (Stange/Henschel/Krüger/Schmitt (Hrsg.):

Ein Beispiel für ein solches Gesamtkonzept, das eine solche Struktur schon gut abbildet, ist das Projekt *Mo.Ki – Monheim für Kinder*. Ein weiteres aus Hamm folgt weiter unten. *Mo.Ki* ist ein Modellprojekt zur Förderung von Kindern und Familien, das 2004 den Deutschen Präventionspreis erhielt. In Monheim ist es gelungen, ein Gesamtkonzept zum Aufbau einer Präventionskette zur Vermeidung von Armutsfolgen bei Kindern von der Geburt bis zur Berufsausbildung zu etablieren. Im Kern stand dabei die Verbesserung der Entwicklungs-und Bildungschancen von benachteiligten Kindern und die Unterstützung von Familien bei der Teilhabe am kulturellen Leben sowie bei ihrer Integration in die Stadt Monheim (vgl. Berg 2011, S. 2 ff.).

Den in diesem Buch geforderten Paradigmenwechsel in der Jugendhilfe und in der Schule hin zur Prävention auf allen Ebenen hat es in der Stadt Monheim gegeben. Es kam zur Entwicklung eines sehr umfassenden Trägernetzwerkes. Das entwickelte Konzept hat seinen Schwerpunkt auf einem besonders belasteten Stadtteil, in dem Angebote von der Geburt bis zur Berufsausbildung erarbeitet wurden. *Mo.Ki – Monheim für Kinder* will eine „Förderung und Bildung vom Baby bis zum Azubi" anschieben („Bildungsoffensive 2020") und das Leitziel „Kinder- und Familienfreundlichkeit" verwirklichen (Berg 2011, S. 5). Der Ausbau der Monheimer Präventionskette umfasst folgende Elemente:

- 0 – 3 Jahre: Familien – *Unter 3 dabei!*
- 3 – 6 Jahre: Mo.Ki I: Kindertagesstätte, *Knotenpunkt und Familienzentren*
- 6 – 10 Jahre: Mo.Ki II: Grundschule
- 10 – 16 Jahre: Mo.Ki III: Weiterführende Schule
- ab 16 Jahren: Mo.Ki IV: Berufsausbildung, Berufseinstieg
  (vgl. Berg 2011, S. 5, 8)

Im Zuge dieser Präventionskette wird ein faszinierender und aufregender bunter Strauß an Angeboten mit niedrigschwelliger Zugänglichkeit angeboten, wie z.B.:

- Elternkompetenzkurse in allen Kindertagesstätten
- Eltern-Kind-Kurse *Bewegung*
- Kurse *Fit fürs Baby* durch die Familienhilfe
- Babymassage
- Familien-Hebamme
- Hausbesuche aller Familien mit Neugeborenen
- Mutter-Kind-Gruppe ab vier Monaten
- Musikalische Früherziehung in allen Schulen in Kooperation mit der Musikschule
- *Marte-Meo*-Ausbildung für Erzieherinnen
- Angebot für Väter und Kinder *Papa hat Zeit für sich und mich*
- Laien-Dolmetscherinnen sorgen für bessere Verständigung
- zweisprachige Elterninformations-Nachmittage
- interkultureller Frauentreff
- *Fam-Tische* (für Frauen nach dem ‚Tupper-Party-Prinzip')
- LogopädInnen

(2011): Erziehungs- und Bildungspartnerschaften – Praxisbuch: Elternarbeit als Netzwerkaufgabe, Wiesbaden: Verlag für Sozialwissenschaften) ausführlich vorstellt.

- Mütterkurs *Erfolgreich lernen in der Grundschule* – türkische Mütter helfen ihren Kindern
- Eltern-Cafés und Sprachkurse in der Grundschule
- Übergangskonzept Kita – Grundschule
- Elternzentrum an der Schule
- Sozial-Trainings in der Schule
- besondere Konzepte für den Übergang Schule – Beruf
- Netzwerkbüro des Jugendamtes im Stadtteil
- usw. usf. (vgl. Berg 2011, S. 5 ff., 14. ff.)

Ein weiteres *Programmportfolio* für ein kommunales Gesamtkonzept von Erziehungs- und Bildungspartnerschaften in Präventions- und Bildungsketten wird im Folgenden abgebildet. Dieses Portfolio-Beispiel ist einem Beitrag von Matthias Bartscher entnommen, der hier seine Erfahrungen im Zusammenhang mit der *Hammer Elternschule* bündelt (vgl. dazu Bartschers Beitrag im Praxisband 2). Auch dieses Beispiel zeigt sehr schön die *Zielgruppendifferenzierung* (mit den Schwerpunkten auf *Lebenslagen-Differenzierung* und *Altersgruppen-Differenzierung*, die entlang der Biografie von Kindern und Jugendlichen organisiert ist) und die *Einbeziehung aller drei Säulen* der Erziehungs- und Bildungspartnerschaft.

Das Beispiel beweist auch überzeugend, dass es möglich ist, sehr unterschiedliche Institutionen und Einrichtungen, freie wie öffentliche Träger in einem gemeinsamen Gesamtkonzept zu erfassen, das alle Bestandteile aufeinander abstimmt (ohne Parallelstrukturen und Konkurrenzen) und – gebündelt unter gemeinsamen Zielsetzungen – einen systematischen Aufbau zeigt, der ja erst eine *Kette* ausmacht. Auch Bartschers Konzept von Erziehungs- und Bildungspartnerschaften als Teil einer kommunalen Präventions- und Bildungskette für die Stadt Hamm ist nicht nur ein Plan, sondern bereits realisiert. Er zeigt, dass intelligente Steuerung und Koordination, verbunden mit der Zur-Verfügung-Stellung von Ressourcen durch die Stadt, aus einer Utopie Wirklichkeit werden lassen kann.

Die folgende Tabelle konzentriert sich exemplarisch auf den Teilausschnitt *Elternbildung*. In weiteren Tabellen müsste man entsprechend Ergänzungen zu den klassischen Elementen der Elternarbeit in der *Kindertagesstätte* oder *Schule* eintragen, die über reine Elternbildung hinausgehen (was aus Gründen der Übersichtlichkeit hier nicht erfolgen kann und nur mitgedacht ist): Alle klassischen *Methoden*, in denen es um Information, Kontaktpflege, Koordination und Austausch, Beratung, Coaching, materielle Hilfen, Partizipation usw. und die aus ihnen zusammengesetzten *Programm-Muster* geht (siehe dazu den Überblick über Methoden- und Programm-Muster in diesem Band, S. 398 ff.), können ohne Schwierigkeiten in die entsprechenden Felder eingesetzt werden.

Tabelle¹: Verschiedene Elternbildungsprogramme für unterschiedliche Zielgruppen

Lebensalter: Lebenslage:	Elternschafts-Vorbereitung	Schwangerschaft / Geburt	Erstes Lebensjahr	Zweites / drittes Lebensjahr	Kindergartenalter	Grundschulzeit	Sek I-Phase
Anbieter in der jeweiligen Phase:	Schulen	Kliniken, Hebammenpraxen, Familienbildung,	Kliniken, Hebammenpraxen	Kliniken, Familienbildung, VHS, Kitas	Kindertageseinrichtungen	Grundschulen, Jugendhilfeträger, VHS, Stadtteilbüros	Weiterführende Schulen, Jugendhilfeträger
Bildungsgewohnte Eltern	*Paulchen – Elternschaft auf Probe* (2003)²	Geburtsvorbereitungskurse³ Sonstige Angebote wie z.B. *Das Baby verstehen*, *Säuglingspflege* usw. (2006)	*PEKiP*, *Eltern-Kind-Gruppen*, *Elternkurs Klein reingehen – Groß rauskommen* (2008)	Spiel- und Bewegungsgruppen, *Eltern-Kind-Gruppen*, *Elternkurs Klein reingehen – Groß rauskommen*, *Starke Eltern – Starke Kinder* (Kleinkind 2008), *Elternbegleitbuch* (2008)	*Starke Eltern – Starke Kinder* (2000), *Elternbegleitbuch* (2006)	*Starke Eltern – Starke Kinder* (2000), *Häusliches Lernen*, *Triple P* (2008), *Konfrontative Pädagogik* (2009)	*Aufbruch – Umbruch – kein Zusammenbruch* (2005), *Elterncoaching Präsenz* (2004), *Hilfe – mein Kind pubertiert* (2008)
Gut integrierte Eltern mit Migrationshintergrund		*SAFE – Trainingsprogramm* (2011)	*Starke Eltern – Starke Kinder* (Kleinkind 2008), *SAFE – Trainingsprogramm* (2011), *Elternbegleitbuch* (2006)			*ELIF* (2008), *Interkulturelles Training* (2009)	
					Suchtprävention im Dialog der Kulturen (2010)		
Bildungsungewohnte Eltern			*FuN Baby* (2009), *Aufsuchende Elternhilfe* (2001), *Familienhebamme* (2001)	*FuN Kleinkind* (2009)	*FuN* (2006), *KESS-Erziehen* (2008)	*FuN* (2006), *Elterncafé-Arbeit* (2004), *KESS-Erziehen* (2008)	*FuN – Berufs- und Lebensplanung* (2007), *KESS-Erziehen Pubertät* (2009), *Eltern-Schüler-Projekte im Übergang Schule-Beruf* (2006)
Wenig integrierte Eltern mit Migrationshintergrund		*FaMi* (2009)	*FaMi-Baby* (2009)		*Mein Kind wird fit – ich mach mit!* (2007)	z.T. *ELIF* (2008), *Elterncafé-Arbeit* (2004), *Interkulturelles Training* (2009)	*LISA-Projekt*
Eltern mit hohen Vorbehalten und Ängsten		*Familienhebamme* (2001)	*Familienhebamme* (2001), *Aufsuchende Elternhilfe* (2001)			*Aktivierende Elternarbeit Ludgerischule* (2007)	
					Hammer Elterntraining (2006)		
Eltern, die sich in Trennung / Scheidung befinden	*Kinder in Blick* (2011)						
Eltern mit geringem Bewegungsradius	Die gesamte *Elternschule Hamm* ist konzeptionell auf niederschwellige Erreichbarkeit und Dezentralisierung der Angebote ausgerichtet. Sie deckt sich nicht mit gängigen soziologischen bzw. bildungstheoretischen Kategorien, war aber dennoch durchaus planungsrelevant und hilfreich.						
Eltern mit geringer Zeitmanagementkompetenz		*Familienhebamme*, *Aufsuchende Elternhilfe*	*Familienhebamme*, *Aufsuchende Elternhilfe*	Verschiedene Träger bündeln die Angebote zu familienpädagogischen Blockseminaren			

In der Tabelle werden Familienphasen und Zielgruppen systematisch differenziert. Die verwendete Zielgruppenskala ist aus der Praxis gewachsen. Sie deckt sich nicht mit gängigen soziologischen bzw. bildungstheoretischen Kategorien, war aber dennoch durchaus planungsrelevant und hilfreich.

¹ Das Projekt *Paulchen* wird überwiegend in Zusammenarbeit mit Schulen durchgeführt, sodass keine Zielgruppendifferenzierung möglich ist.
² Kursprogramme ohne Jahresangabe bestanden schon vor Projektbeginn.

Für die Weiterentwicklung solcher *Gesamtkonzepte* und *Programm-Portfolios* wird in Zukunft ein sehr wichtiger Schritt darin bestehen, dass solche kompletten *Kommunalen Präventions- und Bildungsketten* immer nur solche Programme zum Einsatz bringen, deren Wirksamkeit auch wirklich nachgewiesen ist (wie im *CTC*-Ansatz[16], der z.B. nur Evaluationsstudien mit Zufallszuweisung in Interventions- und Kontrollgruppen zulässt). In Deutschland können diese Standards zum Teil noch nicht wirklich erreicht und eingehalten werden. Aber der Modellversuch *SPIN* (Sozialräumliche Prävention in Netzwerken), der auf dem 16. Deutschen Präventionstag in Oldenburg 2011 vorgestellt wurde, versucht mit einer umfassenden Datenbank genau in diese Richtung zu gehen. In der *SPIN*-Datenbank, die für die Auswahl von Programmen vergleichbare Kriterien wie bei *CTC* zugrunde legt, sind etliche der Programme, die in unseren Überlegungen für ein *Gesamtkonzept kommunaler Erziehungs- und Bildungspartnerschaften* eine Rolle spielen, aufgenommen (vgl. Groeger-Roth et al. 2011, S. 21 ff.) – hier einige Beispiele:[17]

---

16 Communities That Care
17 Die noch fehlenden Programme hier in einer Übersicht:
„*Programme, deren Effektivität nachgewiesen ist (6):*
- *EFFEKT* – Entwicklungsförderung in Familien: Eltern- und Kinder- Training: universelle Prävention von Gewalt und Sucht in Familie, Kita und Grundschule
- *GO!* – Gesundheit und Optimismus: universelle und selektive Prävention von Angst und Depression in Schule und Jugendarbeit
- *KlasseKinderSpiel* – Spielerisch Verhaltensregeln lernen: universelle Prävention von Gewalt, Sucht und Schulversagen in Schule und Jugendarbeit (…)
- *PFADe* – Programm zur Förderung alternativer Denkstrategien: universelle Prävention Gewalt, Sucht, Angst und Depression in Familie und Schule (…)

Programme, deren Effektivität wahrscheinlich ist (15):
- *ALF* – Allgemeine Lebenskompetenzen und -fertigkeiten: universelle Prävention von Sucht in der Schule (…)
- *Big Brothers, Big Sisters* – Mentoren für Kinder: universelle und selektive Prävention von Schulversagen in Schule und Jugendarbeit (…)
- *Freunde* – Bausteine zur Förderung der Lebenskompetenz: universelle Prävention von Gewalt, Sucht, Depression und Angst in Kita und Schule
- *Klasse2000* – Gesundheitsförderung in der Grundschule – Gewaltvorbeugung und Suchtvorbeugung: universelle Prävention (…)
- Mobbingfreie Schule – gemeinsam Klasse sein! Universelle Prävention von Gewalt in der Schule
- *Olweus* – Bullying Prevention Program: universelle Prävention von Gewalt, Depression und Angst in der Schule (…)
- *PaC* – Prävention als Chance: universelle und selektive Prävention von Gewalt in Kita und Schule
- *Starke Eltern, starke Kinder* – universelle Prävention in der Familie
- *STEEP* – Steps toward effective and enjoyable parenting: selektive Prävention in der Familie
- *STEP* – Systematic Training for Effective Parenting: universelle und selektive Prävention in Familie und Kita
- *Training mit Jugendlichen* – Förderung von Arbeits- und Sozialverhalten: universelle Prävention von Gewalt in der Schule

Programme, deren Effektivität theoretisch gut begründet ist (4):
- (…) *Wir kümmern uns selbst* – universelle Prävention von Delinquenz in Jugendarbeit und Nachbarschaft.

Programme, die noch ‚auf der Schwelle stehen (4):
- (…) *Griffbereit* – universelle Prävention von Schulversagen in Familie, Kita und Nachbarschaft
- *Ich bin ich* – Gesundheitsförderung durch Selbstwertstärkung in Kindergärten und Schulen: universelle Prävention von Sucht in Kita und Schule" (Groeger-Roth et al. 2011, S. 21-27)

„Programme, deren Effektivität nachgewiesen ist (6):
- *(...) Papilio* – Programm für Kindergärten zur Primärprävention von Verhaltensproblemen und zur Förderung sozial-emotionaler Kompetenz (...)
- *Triple P* – Positives Erziehungsprogramm für alle Eltern: universelle, selektive und indizierte Prävention von Gewalt in Familie, Kita und Schule

Programme, deren Effektivität wahrscheinlich ist (15):
- *(...) Balu und Du* – universelle Prävention von Gewalt, Sucht und Delinquenz in Schule und Jugendarbeit (...)
- *Buddy* – universelle Prävention von Gewalt und Delinquenz in Familie und Schule
- *(...) Lions Quest* – Erwachsen werden: universelle Suchtprävention in der Schule
- *(...) Opstapje* – Schritt für Schritt: selektive Prävention von Schulversagen in Familie und Nachbarschaft (…)

Programme, deren Effektivität theoretisch gut begründet ist (4):
- *FuN* – Familie und Nachbarschaft – ein Modell zur Kooperation und Vernetzung familienbezogener Arbeit im Stadtteil: universelle und selektive Prävention in Kita, Schule und Nachbarschaft
- *HIPPY* – Home Instruction for Parents of Preschool Youngsters (Hausbesuchsprogramm für Eltern mit Vorschulkindern): universelle Prävention von Schulversagen in der Familie
- *Rucksack* – universelle Prävention von Schulversagen in Familie, Kita und Schule (...)

Programme, die noch ‚auf der Schwelle' stehen (4):
- *Eltern-AG* – universelle Prävention in Familie und Nachbarschaft
- *Faustlo*s – Curriculum zur Förderung sozial-emotionaler Kompetenzen und zur Gewaltprävention: universelle Prävention von Gewalt, Angst und Depression in Familie, Kita und Schule (...)" (Groeger-Roth et al. 2011, S. 21-27)

12. Abschlussbemerkung: Sich an den erfolgversprechenden Formen und Prinzipien für Erziehungs- und Bildungspartnerschaften orientieren!

Sacher weist darauf hin, dass Strategien kommunaler Erziehungs- und Bildungspartnerschaften im schulischen Sektor dann erfolgreich sind, wenn sie folgende Merkmale erfüllen und ...

- vielfältige Kommunikationswege und bidirektionale Kommunikation vorsehen
- Maßnahmen der Elternbildung und des Elterntrainings enthalten
- ausdrücklich *alle* Eltern einbeziehen
- Strategien für schwer erreichbare Eltern enthalten
- vielfältige Beteiligungsmöglichkeiten für Eltern in einem möglichst früh einsetzenden, gut organisierten, langfristigen Programm anbieten, das regelmäßig evaluiert wird
- vom gesamten Kollegium und insbesondere auch von der Schulleitung getragen werden
- an der Entwicklung der Konzepte die Eltern und nach Möglichkeit auch die SchülerInnen beteiligen. (Vgl. Sachers Beiträge in diesem Band, S. 232 ff. und S. 297 ff.)

Außerdem gelten lt. Sacher folgende Grundsätze: Am effektivsten seien Konzepte, welche den Schwerpunkt auf die elterliche Unterstützung der häuslichen Lernprozesse der Kinder und Jugendlichen legen und die Eltern mit entsprechenden konkreten, wirklich handlungsanleitenden Informationen versorgen. Elternkooperation sei allerdings nur dann erfolgreich, wenn ihr ein Konzept zugrunde liege, das der Forschungslage Rechnung trüge. Konzeptionslose, impressionistische und rein erlebnisorientierte Elternarbeit, die ohne klares Bewusstsein Energie in purem, manchmal für alle Beteiligten durchaus lustvollen Aktionismus investiert, nütze niemandem. Kontraproduktiv nach Sacher ist sowohl eine *kolonisierende* Elternarbeit, welche die Elternhäuser zu bloßen Außenstellen der Schule macht als auch eine *parentokratische* Elternarbeit, welche den Eltern übergewichtigen Einfluss auf die Gestaltung von Schule und Unterricht einräumt. Das Bemühen um ein wirklich *partnerschaftliches Verhältnis* zwischen Schule und Elternhaus sei ein entscheidendes Erfolgskriterium effektiver Elternarbeit (vgl. Sachers Beiträge in diesem Band, S. 232 ff. und S. 297 ff.)!

Auch wenn diese Hinweise zunächst einmal nur für die Elternarbeit in Schulen und nicht für die gesamte Breite der Erziehungs- und Bildungspartnerschaften in kommunalen Präventions- und Bildungsketten formuliert wurden, sind sie doch auf alle Formen der *Elternarbeit als Erziehungs- und Bildungspartnerschaft* übertragbar. Hinzu kommen müssen als *Erfolgsfaktor* die in den vorherigen Abschnitten formulierten Hinweise zur *Kooperation* und *Vernetzung* aller sozialökologischer Partner, das Prinzip an den bestehenden Strukturen der beiden ‚starken' Teilsysteme *Jugendhilfe* und *Schule* anzudocken und von dort aus moderne, intelligente Steuerungsmechanismen und Gremien zu entwickeln (siehe dazu Abschnitt 3, S. 522 ff., und Abschnitt 5, S. 528 ff.). Entscheidend ist, dass sich das Denken im kommunalen Planungsprozess hin zum *Denken in Gesamtkonzepten* und *integrierten Handlungsstrategien* entwickelt. Wenn dann der *Faktor Eltern* über das Konstrukt der *Erziehungs-und Bildungspartnerschaften als integraler Teil kommunaler Präventions- und Bildungsketten* den angemessenen Stellenwert erhält, wird die Umsetzung solcher Gesamtkonzepte zu einer wirksamen positiven Veränderung bei den *Kindern und Jugendlichen* – und um die geht es ja, wenn wir Elternarbeit machen – führen. Das wird auch in den kommunalen Sozialräumen als ganzheitlichen kulturellen Einheiten zu Klimaveränderungen führen und – wie im Einleitungsaufsatz zu diesem Buch dargelegt – vielleicht sogar die Steigerung der Sozialkosten stoppen, auf Dauer und über viele Jahre hinweg vielleicht sogar senken können. Dies alles wäre dann wirklich sozial nachhaltig!

Literatur

AWO Nordrhein-Westfalen (2003): ERIK – Erziehungshilfe, Rat und Information im Kindergarten. Projektdarstellung. www.awo-erik.de/(Download am 12.11.2003)

Bartscher, Matthias/Boßhammer, Herbert/Kreter, Gabriela/Schröder, Birgit (2010): Bildungs- und Erziehungspartnerschaft. Rahmenkonzeption für die konstruktive Zusammenarbeit mit Eltern in Ganztagsschulen. In: Der GanzTag in NRW. Beiträge zur Qualitätsentwicklung 2010, Heft 18

Berg, Annette (2009): Mo.Ki – Monheim für Kinder. Mit konsequenter Präventionsarbeit gegen soziale Benachteiligung der Kinder. Powerpoint-Präsentation. Monheim

Berg, Annette (2011): Mo.Ki – Monheim für Kinder. Vernetzung in Kindertagesstätten im Berliner Viertel/Monheim am Rhein. Powerpoint-Präsentation. Monheim

Bertelsmann Stiftung (2007) (Hrsg.): Kinder- und Jugendbeteiligung in Deutschland. Gütersloh: Bertelsmann-Stiftung

Bleckmann, Peter/Durdel, Anja (Hrsg.) (2009): Lokale Bildungslandschaften. Perspektiven für Ganztagsschulen und Kommunen. Wiesbaden: Verlag für Sozialwissenschaften

Deutscher Städtetag (2005): Forum E: Neue Formen der Zusammenarbeit in der Bildungs- und Jugendpolitik. Die Zukunft liegt in den Städten. 33. Ordentliche Hauptversammlung des Deutschen Städtetages, 31.05 – 02.06.2005 in Berlin. http://www.staedtetag.de/imperia/md/content/schwerpunkte/hv2005/10.pdf (Download am 7.10.2010)

Diller, Angelika (2005): Eltern-Kind-Zentren Die neue Generation kinder- und familien-fördernder Institutionen. Grundlagenbericht im Auftrag des BMFSFJ. München: DJI

Diller, Angelika/Schelle, Regine (2009): Von der Kita zum Familienzentrum. Freiburg im Breisgau: Herder

ERIK – Erziehungshilfe, Rat und Information im Kindergarten (2001/2009): Abschlussbericht. Düsseldorf. http://erik.awo-duesseldorf.de/(Download am 21.05.2009)

„ERIK – Erziehungshilfe, Rat und Information im Kindergarten" (2003). Projektdarstellung. www.awo-erik.de/(Download am 12.11.2003)

Groeger-Roth, Frederick (2010): Wie kann eine effektive Präventionsstrategie auf kommunaler Ebene gefördert werden? In: forum kriminalprävention 4/2010. S. 4 ff.

Groeger-Roth, Frederick/Hasenpusch, Burkhard/Richter, Britta/Landespräventionsrat Niedersachsen (2011): 1001 Präventionsprogramme. Welches ist für mich? Präsentation auf dem 16. Deutschen Präventionstag in Oldenburg. Hannover: SPIN – Sozialräumliche Prävention in Netzwerken

Henschel, Angelika/Krüger, Rolf/Schmitt, Christof/Stange, Waldemar (Hrsg.) (2008): Jugendhilfe und Schule. Handbuch für eine gelingende Kooperation. Wiesbaden: Verlag für Sozialwissenschaften

Holz, Gerda (2007): Wer fördert Deutschlands sozial benachteiligte Kinder? Rahmenbedingungen zur Arbeit von Kitas mit Kindern aus sozial benachteiligten Familien. Gütersloh: Bertelsmann Stiftung

Holz, Gerda/Skoluda, Susanne (2003): Armut im frühen Grundschulalter. Frankfurt am Main: ISS

Jugendamt der Stadt Dormagen (Hrsg.) (2011): Dormagener Qualitätskatalog der Kinder- und Jugendhilfe. Ein Modell kooperativer Qualitätsentwicklung. Opladen und Farmington Hills: Barbara Budrich

Keck, Rudolf W./Kirk, Sabine (Hrsg.) (2001): Erziehungspartnerschaft zwischen Elternhaus und Schule – Analysen – Erfahrungen – Perspektiven. Baltmannsweiler: Schneider Hohengehren

Kirk, Sabine (2001): Verkehrsformen zwischen Elternhaus und Schule. In: Keck/Kirk (2001) S. 27 ff.

Koch, Stefan/Fisch, Rudolf (Hrsg.) (2004): Schulen für die Zukunft. Neue Steuerung im Bildungswesen. Baltmannsweiler: Schneider Hohengehren

Landespräventionsrat Niedersachsen (Hrsg.) (2009): Communities That Care – CTC. Hannover

Lohre, Wilfried (2004): Selbstständige Schule – Konzept und Profil eines gemeinsamen Projekts des Landes Nordrhein-Westfalen und der Bertelsmann Stiftung. In: Koch/Fisch (2004): S. 141-152

Meier-Gräwe, Uta (2006a). Jedes Kind zählt – Bildungsgerechtigkeit für alle Kinder als zukunftsweisende Aufgabe einer vorsorgenden Gesellschaftspolitik. Expertise im Auftrag der Bertelsmann Stiftung. Gütersloh: Bertelsmann Stiftung

Meier-Gräwe, Uta (2006b). Jedes Kind zählt – Bildungsgerechtigkeit für alle Kinder als zukunftsweisende Aufgabe einer vorsorgenden Gesellschaftspolitik. Präsentation auf dem 3. Forum Kindheit und Jugend der Bertelsmann Stiftung. Gütersloh und Berlin: Bertelsmann Stiftung

Merkle, Tanja/Wippermann, Carsten (2008): Eltern unter Druck. Selbstverständnisse, Befindlichkeiten, und Bedürfnisse von Eltern in verschiedenen Lebenswelten. Stuttgart: Konrad-Adenauer-Stiftung

Ministerium für Generationen, Familie, Frauen und Integration (2009): Wege zum Familienzentrum Nordrhein-Westfalen. Eine Handreichung, 1058. Düsseldorf: MGFFI

Ministerium für Generationen, Familie, Frauen und Integration (2008): Gütesiegel Familienzentrum Nordrhein-Westfalen. Eine Handreichung, 1041. Düsseldorf: MGFFI

Müller, Caroline (2011): Kommunale Bildungslandschaften als Entwicklungsraum früher Bildung, Betreuung und Erziehung. Münster, New York, München und Berlin: Waxmann

Pellander, Fritz (2001): Abschlussbericht zum Kooperationsprojekt ERIK – Erziehungshilfe, Rat und Information im Kindergarten. Düsseldorf. http://erik.awo-duesseldorf.de/(Download am 21.05.2009)

Sacher, Werner (2008): Elternarbeit. Gestaltungsmöglichkeiten und Grundlagen für alle Schularten. Bad Heilbrunn: Klinkhardt

Sekretariat der Ständigen Konferenz der Kultusminister der Länder der Bundesrepublik Deutschland (2004): Erziehung als Auftrag von Elternhaus und Schule. Informationen der Länder über die Zusammenarbeit von Eltern und Schule (Beschluss der Kultusministerkonferenz vom 04.12.2003). www.kmk.org/doc/beschl/Elternhaus_Schule_04_12.pdf (Download am 22.01.2011)

Schack, Stefan (2007): Netzwerke für Beteiligung Organisieren und Steuern. In: Bertelsmann Stiftung (2007): S. 247 ff.

Stange, Waldemar (2010): Bedarfsanalyse – Planungsverfahren für Maßnahmen, Projekte, Programme in Sozialräumen unterschiedlicher Größe. Unveröffentlichtes Manuskript. Lüneburg: Leuphana Universität

Textor, Martin R. (2006): Erziehungs- und Bildungspartnerschaft mit Eltern. Gemeinsam Verantwortung übernehmen. Freiburg im Breisgau: Herder
Textor, Martin R. (2005): Elternarbeit im Kindergarten. Ziele, Formen, Methoden. Norderstedt: Books on Demand
Textor, Martin R. (2009): Bildungs- und Erziehungspartnerschaft in der Schule. Gründe, Ziele, Formen. Norderstedt: Books on Demand
Wagenblass, Sabine (2006): Familien im Zentrum – Öffentliche Erziehung und Bildung zwischen Angebot und Nachfrage. Gutachten. Gütersloh: Bertelsmann Stiftung
Walper, Sabine (2006): Stärkung elterlicher Erziehungskompetenzen. Vorlesungstext (Powerpoint-Präsentation). München

Verzeichnis der AutorInnen

Bargsten, Andrea – Dipl. Sozialpädagogin/Sozialarbeiterin (M.A.)
Projektkoordinatorin für das Projekt *Entwicklung, Durchführung und Evaluation von Angeboten der Elternbildung an vier Standorten im nifbe Regionalnetzwerkes NordOst* an der Leuphana-Universität Lüneburg
- Elternbildung, Selbst- und Fremdevaluation in der Sozialen Arbeit, Erziehungs- und Bildungspartnerschaften

Bönkost, Klaus Jürgen – Prof. Dr. rer. pol., Prof. h.c., Diplom-Ökonom, Betriebswirt (grad.)
Universität Bremen, Erziehungs- und Bildungswissenschaft, Institut für arbeitsorientierte Bildung
- Business and Economics Education

Borchers, Andreas – Dr.
Institut für Entwicklungsplanung und Strukturforschung an der Universität Hannover
- Kommunale Sozialpolitik, Integrationspolitik, Sozialberichterstattung, empirische Sozialforschung

Born, Ronja – Dipl. Psychologin
Triple-P-Ausbilderin
- Durchführung von Fortbildungen und Projektmanagement für Triple P Deutschland

Deinet, Ulrich – Dr. rer. soc., Dipl.-Pädagoge
Professor für Didaktik/Methoden der Sozialen Arbeit an der Fachhochschule Düsseldorf
- Kooperation von Jugendhilfe und Schule, sozialräumliche Jugendarbeit, Sozialraumorientierung, Konzept- und Qualitätsentwicklung

Deniz, Cengiz – Dr.
Mitarbeiter im Interkulturellen Büro der Wissenschaftsstadt Darmstadt, Beratung der Migrantenvereine, Kinder- und Jugendhilfe
- Väterarbeit, Interkulturelle Fortbildung für soziale Fachkräfte und Lehrer, Elternarbeit in interkulturellen Zusammenhängen, Deutsch-Türkische Austauschprogramme

Dirscherl, Thomas – Dr., Dipl. Psychologe
Psychologischer Psychotherapeut, Geschäftsführer Triple P Deutschland
- Durchführung von Fortbildungen und Projektmanagement für Triple P Deutschland

Eylert, Andreas – Dipl.-Sozialarbeiter/Sozialpädagoge
Promoviert derzeit zu Fragen der Elternbeteiligung an der Leuphana-Universität Lüneburg
- Elternmitarbeit, Konzepte pädagogischen Handelns, partizipative Gemeinwesenentwicklung, Aus-, Fort- und Weiterbildung pädagogischer Fachkräfte

Fox, Mario – Dr.
Psychologe im Klinikum Bad Bramstedt, Freiberuflicher Referent/Lehrbeauftragter
- Klinische Psychologie und Sozialpsychologie

Gaus, Detlef – PD Dr. habil.
Mitglied im Institut für Bildungswissenschaft der Universität Lüneburg
- Bildungstheorie und Bildungsgeschichte

Gerlach, Irene – Prof., Dr.
Professorin für Politikwissenschaft an der Evangelischen Fachhochschule Bochum, Leiterin des Forschungszentrums für Familienbewusste Personalpolitik an der Westfälischen Wilhelms-Universität in Münster, Vorsitzende des Wiss. Beirats für Familienfragen beim BMFSFJ
Davor: Mitglied der Agenda-Gruppe familienbezogene Leistung bei der Bundesfamilienministerin, Vorsitzende des Fachausschusses Sozialpolitik und Recht der Evangelischen Aktionsgemeinschaft für Familienfragen, Vorstand der Deutschen Gesellschaft für Politikwissenschaft
- Familien- und Sozialpolitik

Görtemaker, Heike
Erzieherin, Sozialpädagogin/Sozialarbeiterin
- Tafeln und Sozialarbeit

Griebel, Wilfried – Dipl. Psychologe
Wiss. Referent im Staatsinstitut für Frühpädagogik, München, Mitglied in der European Early Childhood Education Research Association (EECERA)
- Transitionen in Familie und Bildungseinrichtungen, psychische Widerstandskraft (Resilienz) und heterogene Gruppen (Diversität)

Grote, Christoph – Dipl. Religionspädagoge
Mediator, Systemsicher Berater, Jungenbildungsreferent bei mannigfaltig, Verein für Jungen- und Männerarbeit in Hannover
- Jungenberatungsarbeit, Selbstbehauptungsarbeit und geschlechtsbezogene Bildungsarbeit, Schule und Jungen, Genderthemen in pädagogischen Einrichtungen

Häger, Hartmut – Dr.
Direktor beim NLQ a.D.
- Qualitätsentwicklung in Schulen, Gesamtschulberatung, Projekte für Kindertagesstätten und Schulen im Rahmen der Hildesheimer Bildungsstiftung

Hartmann, Kristin – Dipl. Sozialarbeiterin/Sozialpädagogin
Studiengangskoordinatorin des berufsbegleitenden Bachelorstudienganges *Soziale Arbeit für Erzieherinnen und Erzieher* an der Leuphana Universität Lüneburg, zertifizierte Moderatorin für Kinder- und Jugendbeteiligung, zertifizierte Trainerin in der Erwachsenenbildung
- Moderation, Hilfen zur Erziehung

Henschel, Angelika – Prof., Dr., Sonderpädagogin
Mitglied des Forschungs- und Entwicklungsteams NetzwerG, Institut für Sozialarbeit/ Sozialpädagogik der Leuphana-Universität Lüneburg
- Sozialpädagogik, insbes. Genderforschung, Gewalt im Geschlechterverhältnis, Kinder und häusliche Gewalt, Kooperation von Schule und Jugendhilfe, Lebens- und Problemlagen von Mädchen und Frauen mit Behinderung, Inklusion

Homfeldt, Hans Günther – Dr. phil., Professor em.
Professor für Pädagogik, Abt. Sozialpädagogik/Sozialarbeit an der Universität Trier
- Gesundheit und Soziale Arbeit, Internationale Soziale Arbeit, Lebensalter und Soziale Arbeit, schulbezogene Jugendhilfe, aktuelle Fragestellungen in Disziplin und Profession der Sozialen Arbeit

Kämpfe, Karin
Wiss. Mitarbeiterin im Institut für Sozialwesen, FB Humanwissenschaften an der Universität Kassel
- (Außerschulische) Bildung in modernen Einwanderungsgesellschaften

Keil, Siegfried – Prof. em., Dr. theol., Dr. phil.
1971-2011 Mitglied des Wiss. Beirats des Bundesfamilienministeriums, nach 30jähriger Präsidentschaft Ehrenpräsident der Evangelischen Aktionsgemeinschaft für Familienfragen
Davor:1972-1985 Ordinarius für Sozialpädagogik in Dortmund, 1977-1980 Prorektor und Rektor der PH Ruhr, 1986-2002 Ordinarius für Sozialethik in Marburg
- Sexualität, Lebensphasen und Lebensformen, Sozial- und Familienpolitik

Kirk, Sabine – Dr. phil.
Akad. Rätin am Institut für Erziehungswissenschaft der Universität Hildesheim
- Erziehungspartnerschaft Elternhaus und Schule, Leistungsbeurteilung, schulgeschichtliche Forschung im Rahmen der Stiftung Schulmuseum der Universität Hildesheim

Krüger, Nina – Dipl. Journalistin
Doktorandin und Promotionsstipendiatin der Leuphana-Universität Lüneburg, Institut für Sozialarbeit und Sozialpädagogik
- Öffentlichkeitsarbeit in der Sozialen Arbeit

Krüger, Rolf – Dipl. Sozialarbeiter, Sozialoberamtsrat
Lehrender Sozialarbeiter an der Leuphana-Universität Lüneburg, Institut für Sozialarbeit und Sozialpädagogik
- Institutionelle Rahmenbedingungen der Sozialen Arbeit, Sozialberatung, Kommunale Jugend- und Sozialpolitik, Jugendhilfe und Schule, Finanzierung der Sozialen Arbeit

Langhorst, Kristine – Informatikerin, Sozialpädagogin
Sozialpädagogin im Allgemeinen Sozialen Dienst eines Großstadtjugendamtes, Informatikerin, Auslandsaufenthalt mit Tätigkeit in der Sozialarbeit in Australien,
- Informatik, Multimedia, Sozialpädagogik

Lösel, Friedrich – Prof., Dr., Dr. h.c.
Direktor des Institute of Criminology of Cambridge (Großbritannien), Vorstand am Institut für Psychologie der Universität Erlangen-Nürnberg
- Klinische Psychologie, Kriminologie, Diagnostik, Rechtspsychologie und Evaluationsforschung

Meier-Gräwe, Uta – Prof. Dr.
Professorin für Wirtschaftslehre des Privathaushalts und Familienwissenschaft an der Justus-Liebig-Universität Gießen
Davor: 2003-2005 Mitglied der Sachverständigenkommission des Siebten Familienberichts der Bundesregierung, 1. Vizepräsidentin der Deutschen Liga für das Kind, seit 2007 Mitglied im Kompetenzzentrum für familienbezogene Leistungen des BMFSFJ, 2008-2011 Mitglied der Sachverständigenkommission des 1. Gleichstellungsberichts der Bundesregierung
- Familien-, Haushalts- und Geschlechtersoziologie, Nachhaltiges Haushalten, Armuts- und Zeitforschung

Möhle, Heinz-Roland – Dipl. Sozialpädagoge/Sozialarbeiter
Wiss. Mitarbeiter und Promotionsstipendiat der Leuphana-Universität Lüneburg, Institut für Sozialarbeit und Sozialpädagogik
- Partizipation von Kindern und Jugendlichen, Migration, Methodik des Lernens

Rademacker, Hermann – Dipl. Pädagoge
Ruhestand, freiberufl. wissenschaftl. Arbeit; bis 2001 Wiss. Referent am DJI
- Schuldistanz; Übergang Schule – Beruf; Zusammenarbeit Jugendhilfe – Schule, Schulsozialarbeit

Rudolph, Margitta – Dr.
Leiterin des Weiterbildungszentrums der Universität Hildesheim, Leitung WiN (Weiterbildung in Netzwerken)
- Inklusive Pädagogik und Kommunikation, Berufsorientierung, Fort- und Weiterbildung

Runkel, Daniela – Dr.
Wiss. Mitarbeiterin am Lehrstuhl für Psychologische Diagnostik, Universität Erlangen-Nürnberg
- Prävention von Verhaltensauffälligkeiten im Kindes- und Jugendalter, psychologische Diagnostik

Sacher, Werner – Prof., Dr. phil., Dr. phil. habil.
Schuldienst und Mitarbeitertätigkeit an den Universitäten Würzburg und Bamberg, Lehrstuhlvertretung in Kiel, Professuren an den Universitäten Augsburg und Erlangen-Nürnberg, Gastprofessur in Linz; 2008 emeritiert
- Medienpädagogik, Pädagogische Diagnostik, Elternarbeit

Schmitt, Christof – Dipl. Sozialarbeiter/Sozialpädagoge, Master of Social Managment
Mitglied des Forschungs- und Entwicklungsteams NetzwerG, Leiter Praktikumsverwaltung und Mitarbeiter in der Professional School, Leuphana Universität Lüneburg
- Gründung und Finanzierung freier Träger, Kooperation Schule und Jugendhilfe, Techniken und Instrumente in der Sozialen Arbeit

Schneewind, Klaus A. – Prof. em., Dr.
Ludwig-Maximilians-Universität München, Department Psychologie
- Familienpsychologie, Transplantationspsychologie

Schwarz, Birgit – Mag.[a] der Politikwissenschaft, Mag.[a] der Pädagogik
Moderatorin für Beteiligungsprozesse in Schwerin und Mecklenburg-Vorpommern
- Frühkindliche Bildung, Betreuung und Entwicklung; Kinder- und Jugendbeteiligung; Demokratiebildung und Minderheitenpolitik

Smolka, Adelheid – Dr. rer. pol., Dipl. Soziologin
Wiss. Mitarbeiterin am Staatsinstitut für Familienforschung an der Universität Bamberg (ifb)
- Familiensoziologie, Forschung zu Strukturen und Konzepten der Eltern- und Familienbildung, Beratungs- und Hilfestrukturen für besondere Lebenslagen, Qualitative Sozial- und Evaluationsforschung

Solf, Christiane – Dr. phil., Dipl. Pädagogin
Systemische Beraterin und Therapeutin, Pädagogische Mitarbeiterin in einem Stadtteilzentrum
- Ehrenamt, Hilfen zur Erziehung, Partizipation, Jugendberufshilfe, Elternarbeit, sozialpädagogische Praxisforschung

Soppart-Liese, Susanne – Dr. rer. soc.
Allg. Studienberatung FernUniversität in Hagen, Gesundheitsberichterstattung Rhein-Erft-Kreis
- Public Health, Psycho-soziale Beratung

Spies, Carsten – Dipl. Sozialpädagoge
Landesgeschäftsführer des Deutschen Kinderschutzbundes in Mecklenburg-Vorpommern
- Konzepte gegen Kinderarmut, Entwicklung von Bildungskonzeptionen, Weiterentwicklung der Kinderschutzarbeit, Entwicklung von Beteiligungsinstrumenten für Kinder und Jugendliche

Stange, Waldemar – Prof., Dr., Erziehungswissenschaftler
Professor an der Leuphana-Universität Lüneburg, Fakultät Bildung, Leitung von Forschungs- und Entwicklungsprojekten, Beratungstätigkeit für Ministerien und Organisationen im sozialen Sektor. Mitglied im Projektbeirat *mitWirkung!* und *jungbewegt* der Bertelsmann-Stiftung
- Beteiligung von Kindern und Jugendlichen in der Dorferneuerung, Kommunale Partizipation von Kindern und Jugendlichen, Kooperation von Schule und Jugendhilfe, Elternbildung, Elternarbeit als Erziehungs- und Bildungspartnerschaft in Kindertagesstätten und Schulen, Sozialraumanalysen, Entwicklung von Familienzentren

Tibussek, Mario
Programmleiter Deutsche Kinder- und Jugendstiftung
- Bildungs- und Chancengerechtigkeit, lokale/kommunale/regionale Bildungslandschaften, Local/Regional Governance, Kooperation von Staat und Stiftungen, Netzwerkmanagement

von Saldern, Matthias – Dr. phil. habil., Dipl. Pädagoge
Professor für Schulpädagogik an der Leuphana Universität Lüneburg
- Schul- und Unterrichtsentwicklung, Bildungsforschung, Mobbing, Wissenschafts- und Erkenntnistheorie sowie Gewaltprävention durch Kampfsportarten

Vossler, Andreas – Dr.
Lecturer in Psychology, Faculty of Social Science, The Open University, Milton Keynes, UK
- Psychotherapieforschung, Systemische Therapie, Gemeindepsychologie

Westphal, Manuela – Prof., Dr. phil.
Professur für Sozialisation, Migration und Interkulturelle Bildung, geschäftsf. Leiterin der Abteilung Sozialpädagogik und Soziologie der Lebensalter und -lagen im Institut für Sozialwesen, FB Humanwissenschaften an der Universität Kassel
- Bildungs- und Berufserfolg in der Migration, Gender in der Kinder- und Jugendbildung, Interkulturelle Bildungsansätze, Gender und Diversität in Erziehung, Bildung und Sozialisation

Erziehungs- und Bildungspartnerschaften – Praxisbuch: Elternarbeit als Netzwerkaufgabe

- Vorwort (Die Herausgeber)

Einführung/Überblick

- Präventions- und Bildungsketten – Elternarbeit als Netzwerkaufgabe (Waldemar Stange)
- Differenzierende Elternarbeit in der Schule (Werner Sacher)
- Schülerorientierte Elternarbeit (Werner Sacher)

1. Programme für frühkindliche Bildung, Betreuung und Erziehung (Altersgruppe 0 – 3)

- Programme für werdende Eltern und Eltern mit Kindern bis 3 Jahren – ein Überblick (Kerstin Seewald)
- Elternkurs: Das Baby verstehen (Manfred Cierpka)
- DELFI-Kurse (Matthias Skorning)
- Buchstart – Lesen von Anfang an (Rosemarie Isensee)
- PEKiP – das Prager Eltern-Kind-Programm (Angelika Nieder)
- Wellcome (Regine Wagenblast/Esther Langkafel)
- Opstapje – Schritt für Schritt (Alexandra Sann)
- Eltern-Kind-Gruppen, Krefeld (Ute Lindemann-Degen)
- Familien-Hebammen (Jennifer Jaque-Rodney)
- Elternarbeit in der Tagespflege, Tagesmütter (Karin Spies)
- Elternarbeit in der Krippe (Heinz-Roland Möhle)

2. Programme für die Altersgruppe 4 – 6

- Überblick: Formen der Elternarbeit im Bereich Kita (Karin Kämpfe/ Manuela Westphal)
- Der Rote Faden (Kerstin Rau-Berthold)
- Projektauswertung: Erziehungs- und Bildungspartnerschaft – der ungehobene Schatz für Kita, Schule und Eltern, Niedersächsische EEB und KEB (Sabine Kirk/Hartmut Schröder)
- Kita als Lernort für Familie (Christiane Voigtländer)
- HIPPY – Home Instructions for Parents of Preschool Youngsters (Michael Buck)
- Rucksack Kita (Livia Daveri)

3. Programme für den Bereich Schule

- Elternarbeit und Erziehungs- und Bildungspartnerschaften in der Schule (Hartmut Schröder)
- Rucksack in der Grundschule, Essen (Anne Nikbin)
- FAST – Families and Schools Together (Thilo Eisenhardt)
- Familienfreundliche Schule im Bündnis für Familie, Nürnberg (Michaela Schmetzer)
- FuN – Familie und Nachbarschaft, PräPäd-Institut (Bernd Brixius/Birgit Piltman)

4. Altersübergreifende Programme

4.1 Medienorientierte Elternarbeit
- Möglichkeiten mediengestützter Elternarbeit – ein Überblick (Heinz-Roland Möhle)
- Elternbriefe vom Arbeitskreis Neue Erziehung (Gisela Steppke-Bruhn)
- Online-Beratung für Eltern (Andrea Bargsten)
- Elternratgeber (Markus Höffer-Mehlmer)
- DVD ‚Freiheit in Grenzen' – Stärkung der Erziehungskompetenzen (Klaus A. Schneewind/Beate Böhmert)

4.2 Elternarbeit in anderen Bereichen des SGB VIII (insb. in den Hilfen zur Erziehung)
- Überblick: Elternarbeit im Rahmen der Hilfen zur Erziehung (Rolf Krüger)
- Elternarbeit in der Heimerziehung (Hans Günther Homfeldt/Jörgen Schulze-Krüdener)
- Elternarbeit in der Tagesgruppe (Christiane Solf)
- AWO-Elternwerkstatt (Christine Klauenberg u.a.)

4.3 Aufsuchende Hilfen
- Überblick (Kristin Hartmann)
- Erziehungslotsen, Lüneburg (Matthias Skorning)
- Familienbesucherinnen, Osnabrück (Gerda Wesseln-Borgelt)
- Guter Start ins Kinderleben (Helga Conzen)
- Marte Meo Video-Home-Training (Inge Nowak)

4.4 Beratung – altersgruppenübergreifend
- Überblick über altersübergreifende Beratungsangebote (Rolf Krüger)
- Sozialberatung und Schuldnerberatung (Jürgen Enke)
- Familienrechtliche Beratung (Frauke Pinkvoß)
- Erziehungsberatung institutionell und funktionell (Matthias Bartscher)

4.5 Materielle Unterstützung außerhalb gesetzlicher Ansprüche
- Überblick: Direkte materielle Unterstützung (Heike Görtemaker)
- Die Tafeln (Heike Görtemaker)

4.6 Familienbildung als Angebot der Jugendhilfe (Familienbildungsstätten usw.)
- Familienbildung als Angebot der Jugendhilfe – ein Überblick (Andrea Bargsten)
- Familienbildungsstätte des Diakonischen Werks, Lüneburg (Matthias Skorning/ Katy Schröder)
- MoFa – Mobile Familienbildung der AWO (Verena Wittke)
- Jenaer Elternschule: Gemeinsam stark! (Kathleen König)
- Die Kampagne Erziehung, Nürnberg (Gerlinde Marquardt-Neuberger)

4.7 Elternkurse (allg. Trainings von Erziehungskompetenzen) altersübergreifend
- Elternkurse zur Stärkung der Erziehungskompetenzen – ein Überblick (Andrea Bargsten/Kerstin Seewald)
- Triple P – Positive Parenting Program (Ronja Born/Thomas Dirscherl)
- Macht Euch stark für starke Kinder! (Gerda Wesseln-Borgelt)
- TAFF – Training, Anleitung, Förderung von und für Familien (Beate Lamm)
- Starke Eltern – Starke Kinder (Paula Honkanen-Schoberth)
- Das EFFEKT-Elterntraining (Friedrich Lösel u.a.)
- FiF – Familie in Form (Regina Jauch)

4.8 Partizipation (übergreifend)
- Elternmitwirkung, Elternmitbestimmung, Elternbeirat (Susanne Soppart-Liese)
- Der Bundeselternrat (Ursula Walther)
- Schule aus Sicht der Elternvertretung (Margitta Rudolph)
- Kindertagestätte aus Elternsicht (Corinna Maria Dartenne)

4.9 Gesamtkonzepte (einschl. Gesamt-Netzwerkarbeit)
- Gesamtkonzepte und Netzwerke – ein Überblick (Waldemar Stange)
- Mo.Ki – Monheim für Kinder (Annette Berg)
- Familienzentrum Hannover (Heike Engelhardt)
- Primäre Prävention durch Familienbildung, Potsdam (Ursula Schneider-Firsching)
- Der Hort im Blick (Günther Refle)
- Elternschule Hamm (Matthias Bartscher)
- Familienbildung in deutschen Großstadt-Jugendämtern (Bernd Kammerer)

5. Planung und Strukturierung von Elternarbeit: Gesamtkonzepte und Netzwerke

- Planung und Strukturierung von Gesamtkonzepten für Erziehungs- und Bildungspartnerschaften (Waldemar Stange)